Gesetze über die Rechtsverhältnisse der Reichsbeamten

Reichsbeamtengesetz
Hinterbliebenenfürsorgegesetz
Unfallfürsorgegesetz

mit allen Abänderungs- und Ergänzungsvorschriften

erläutert von

Dr. A. Brand

Landgerichtspräsident in Duisburg

Dritte, bedeutend erweiterte und vollständig umgearbeitete Auflage

Springer-Verlag Berlin Heidelberg GmbH
1929

Preis RM 36.—. Partiepreis für 25 Ex. je RM 29.—.

ISBN 978-3-642-52553-7 ISBN 978-3-642-52607-7 (eBook)
DOI 10.1007/978-3-642-52607-7

Vorwort zur dritten Auflage.

Seit Erscheinen der zweiten Auflage des Buches sind mehr als zwanzig Jahre verflossen. Schon seit langer Zeit hatte sich das Bedürfnis nach einer neuen Auflage herausgestellt. Wenn trotzdem die Neuherausgabe immer wieder zurückgestellt wurde, so war dies lediglich darauf zurückzuführen, daß mit einer baldigen Verabschiedung der Reichsdienststrafordnung, des Beamtenvertretungsgesetzes und des neuen Unfallfürsorgegesetzes gerechnet wurde. Besonders der Entwurf einer Reichsdienststrafordnung, der schon im Reichskabinett und im Reichsrat sowie schließlich in 3 Lesungen des Beamtenausschusses des früheren Reichstages durchberaten war, schien in nicht zu ferner Zeit Gesetz werden zu sollen. Mit der Auflösung des Reichstags mußten aber alle Hoffnungen auf baldige Verabschiedung dieses Gesetzentwurfes begraben werden. Aller Voraussicht nach wird noch viel Zeit vergehen, ehe die Reichsdienststrafordnung, die nunmehr von neuem im Kabinett, Reichsrat und in dem neuen Reichstag beraten werden muß, Gesetz wird. Auch mit dem baldigen Inkrafttreten des Beamtenvertretungsgesetzes und des neuen Unfallfürsorgegesetzes ist nicht zu rechnen.

Bei dieser Sachlage habe ich mich in Übereinstimmung mit der Verlagsbuchhandlung entschlossen, jetzt mein Buch in neuer Auflage herauszugeben. Denn die Praxis und die Wissenschaft verlangen schon seit geraumer Zeit dringend nach einem Erläuterungsbuche zu dem Reichsbeamtengesetze und seinen Nebengesetzen. Es fehlt zur Zeit völlig an einem solchen Buche, das die gegenwärtige Rechtslage und den neuesten Stand der Rechtsprechung und des Schrifttums auf dem Gebiete des Reichsbeamtenrechts berücksichtigt.

Das Reichsbeamtengesetz ist fast 60 Jahre in Geltung und in diesem langen Zeitraum wiederholt, besonders auch nach der Staatsumwälzung geändert worden. Ähnliches gilt von den Nebengesetzen zum Reichsbeamtengesetz, inbesondere von dem Beamtenhinterbliebenengesetz und dem Unfallfürsorgegesetz für Beamte und Personen des Soldatenstandes, die zwar erst aus den Jahren 1907 und 1901 stammen, aber auch schon viele Änderungen erfahren haben.

Die zahlreichen Änderungen der Texte aller dieser Gesetze haben eine erhebliche Rechtsunsicherheit hervorgerufen und es gelingt oft erst nach langem Suchen in dem weitschichtigen Gesetz- und Verordnungsmaterial den derzeitigen Rechtszustand festzustellen.

Diesem Übelstande will die Neubearbeitung des Buches abhelfen. Alle Änderungen sind bis in die neueste Zeit in das Werk hineingearbeitet worden, so daß überall unter Ausschaltung des veralteten Rechtsstoffes der gegenwärtige Rechtszustand zutage tritt.

Im übrigen habe ich mit der neuen Auflage erheblich weitergehende Ziele als mit den beiden ersten Auflagen verfolgt. Letztere gehörten zu einer Sammlung kurzgefaßter Kommentare und mußten daher dem Zwecke dieser Sammlung entsprechend knapp bearbeitet werden. Das Buch ist jetzt aus dieser Sammlung herausgenommen und zu einem selbständigen ausführlichen Erläuterungsbuch ausgestaltet, das einen etwa doppelt so großen Umfang hat, als die früheren Auflagen. Man wird das Buch in seiner neuen Gestalt nicht wiedererkennen, da es auch inhaltlich große Gebiete, die früher überhaupt nicht oder nur ganz kurz berührt waren, eingehend behandelt. Dahin gehören z. B. das Besoldungswesen, die Haftpflicht des Reiches und der Beamten, das materielle Disziplinarrecht mit eingehender Darstellung der Beamtenpflichten, die Steuerpflichten der Beamten, die wohlerworbenen Rechte der Beamten, das Recht auf das Amt, die politischen Rechte der Beamten, die eigenartig gestalteten Rechtsverhältnisse der Beamten der Reichsbahngesellschaft, der Reichsbank u. a. Außerdem schien es mir geboten, die beiden wichtigsten Nebengesetze zum Reichsbeamtengesetze, das Beamtenhinterbliebenengesetz und das Unfallfürsorgegesetz, die in den beiden ersten Auflagen ohne Anmerkungen abgedruckt waren, mit eingehenden Erläuterungen zu versehen.

Schließlich habe ich im Anhang des Buches eine Reihe weiterer wichtiger Gesetze und Verordnungen aufgenommen, insbesondere die beamtenrechtlichen Vorschriften der Reichsverfassung, die Verordnung über die Zuständigkeit der Reichsbehörden zur Ausführung des Reichsbeamtengesetzes, das Gesetz über die Pflichten der Beamten zum Schutze der Republik, die Urlaubsverordnung, das Gesetz über die Haftung des Reichs für seine Beamten, das Gesetz über die Abtretung von Beamtenbezügen zum Heimstättenbau u. a.

In die Erläuterungen sind alle Reichsgesetze und Verordnungen beamtenrechtlichen Inhalts eingearbeitet worden, so daß das Buch die Gesamtmaterie des in zahllosen Gesetzen und Verordnungen zerstreuten Reichsbeamtenrechts berücksichtigt.

Besonders eingehend sind in der neuen Auflage die Rechtsverhältnisse der Beamten der Reichspost, der Reichsbahngesellschaft und der Reichsbank berücksichtigt worden.

Um eine größere Übersichtlichkeit und schnelleres Zurechtfinden in dem weitschichtigen Material zu ermöglichen, habe ich die Anmerkungen zu den einzelnen Gesetzesparagraphen überall systematisch gegliedert und geordnet, ohne mich an die Reihenfolge der Gesetzesworte zu halten.

Die höchstrichterliche Rechtsprechung und das einschlägige Schrifttum sind bis in die neueste Zeit auf das eingehendste berücksichtigt worden. Dabei habe ich auch die Rechtsprechung und das Schrifttum zu den preußischen Beamtengesetzen, die vielfach der Reichsbeamtengesetzgebung zum Vorbild gedient haben, herangezogen. Eine große Anzahl nicht veröffentlichter älterer Entscheidungen des Reichsdisziplinarhofs, die sonst nirgends mitgeteilt sind, habe ich ebenso wie in den beiden ersten Auflagen mit aufgenommen; sie sind seinerzeit mit höherer Genehmigung einer amtlichen Sammlung (Aktenzeichen F) entnommen worden.

Überall habe ich zu den zahlreich auftauchenden Streitfragen Stellung genommen und unter besonderer Berücksichtigung des Entwurfs einer Reichsdienststrafordnung Abänderungsvorschläge gemacht.

Meinem Buche ist zugute gekommen, daß ich auf dem Beamtenrechtsgebiet seit mehr als 30 Jahren praktisch und wissenschaftlich unausgesetzt tätig gewesen bin. Insbesondere lieferte mir mein großes Werk „Das Beamtenrecht", das vor kurzem in 3. Auflage erschienen ist und die Rechtsverhältnisse der preußischen Beamten in systematischer Form behandelt, reiches Material für die Bearbeitung des Reichsbeamtenrechts.

So darf ich hoffen, daß die neue Auflage meines Buches der Praxis und der Wissenschaft auf dem bisher arg vernachlässigten Gebiete des Rechts der Reichsbeamten gute Dienste leisten wird.

Besonders dankbar werde ich für Vorschläge zur Abänderung und Verbesserung meines Buches sein.

Das Sachverzeichnis hat mein Sohn, Gerichtsassessor Dr. Ernst Brand, angefertigt; er hat es auf meinen Wunsch besonders ausführlich gestaltet, um die Benutzung des Buches zu erleichtern.

Duisburg, im Mai 1929.

Brand.

Inhaltsverzeichnis.

Abkürzungen.

AGO.	Allgemeine Gerichtsordnung.
aM.	anderer Meinung.
ALR.	Allgemeines Landrecht für die preußischen Staaten.
ArchöffentlR. . . .	Archiv für öffentliches Recht.
Arndt	Arndt, Das Staatsrecht des Deutschen Reiches 1901.
ArndtRBG.. . . .	Arndt, Kommentar zum RBG. 3. Aufl. 1923.
AusschBer.	Bericht des 14. Ausschusses des Reichstags über den Entwurf einer Reichsdienststrafordnung.
AVB.	Armeeverordnungsblatt.
Beamtenbund . .	Zeitschrift des Deutschen Beamtenbundes.
BeamtJahrb. . . .	Beamten-Jahrbuch, wissenschaftliche Monatsschrift für das deutsche Berufsbeamtentum.
BesoldO.	Besoldungsordnung.
BesSperrG. . . .	Besoldungssperrgesetz.
BGB.	Bürgerliches Gesetzbuch.
BHK.	Mitteilungen des Berufsvereins der höheren Kommunalbeamten Deutschlands E. V.
v. Bitter	Handwörterbuch der preußischen Verwaltung; herausgeg. von v. Bitter, 2. Aufl. 1928.
Bolze	Bolze, Praxis des Reichsgerichts in Zivilsachen.
Bongard	Die Rechtsverhältnisse der Warte- und Ruhestandsbeamten des Reichs von Bongard, 1927.
Bürgermeister . .	Der Bürgermeister, Organ des deutschen Bürgermeisterbundes.
Bornhak	Bornhak, Preußisches Staatsrecht, 2. Aufl. 1911 u. 1912.
Brand BeamtR. .	Brand, Beamtenrecht, die Rechtsverhältnisse der preußischen Staats- und Kommunalbeamten, 3. Aufl. 1928.
Brand PG. . . .	Brand, Die preußischen Beamten-Ruhegehalts-, Wartegeld-, Hinterbliebenen- u. Unfallfürsorgegesetze, Kommentar 2. Aufl. 1927, mit Nachtrag 1928.
Brand Reform . .	Brand, Die Reformbedürftigkeit der preußischen Disziplinargesetzgebung 1909.
Buko.	Personal- und Dienstordnung für das Büro der preußischen Justizbehörden v. 1. 7. 27.
Conrad	Beamtencharakter und Beamtenrecht in ihrer Wechselwirkung von Conrad. Berlin 1927, Verlag der Berliner Börsenzeitung.
DBeamtArch. . . .	Deutsches Beamtenarchiv.
Delius	Delius, Die Beamtenhaftpflichtgesetze des Reichs und der Länder, 3. Aufl. 1921.
Der Beamte . . .	Vierteljahrshefte für Beamtenrecht und Beamtenpolitik, Verlagsgesellschaft des Allgemeinen Deutschen Beamtenbundes.

DJZ.	Deutsche Juristenzeitung.
DPZ.	Deutsche Postzeitung.
DRichtZ.	Deutsche Richter-Zeitung.
v. Dultzig	v. Dultzig, Das preußische Disziplinargesetz für die nichtrichterlichen Beamten, nebst Kommentar, 1914.
Dutzmann	Dutzmann, Das Pensionswesen der preuß. unmittelb. Staatsbeamten 1903.
EhrengRA.	Entscheidungen des Ehrengerichtshofs für deutsche Rechtsanwälte (H. W. Moeser, Buchhandlung, Berlin), 17 Bde.
EM.	Eisenbahnminister.
EntwRDStrO.	Entwurf zu einer Reichsdienststrafordnung.
Erythropel-König	Erythropel-König, Die preuß. Besoldungsgesetze, 4. Aufl. 1928.
EVB.	Preuß. Eisenbahnverordnungsblatt.
FGG.	Reichsgesetz über die Angelegenheiten der freiwilligen Gerichtsbarkeit.
FM.	Pr. Finanzminister.
Friedrichs	Friedrichs, Das Landesverwaltungsgesetz vom 30. 7. 83 mit Kommentar, 1910.
Friedrichs KBR.	Friedrichs, Preußisches Kommunalbeamtenrecht, Berlin 1926.
GeschO.	Geschäftsordnung für die Disziplinarbehörden vom 18. 4. 80 (JBl. 203).
GrDisS. AntlSammlg.	Entscheidungen des Großen Disziplinarsenats, zusammengestellt im Preuß. Justizministerium.
Gruchot	Beiträge zur Erläuterung des deutschen Rechts.
GS.	Preußische Gesetzsammlung.
GVG.	Deutsches Gerichtsverfassungsgesetz v. 27. 1. 77 (RGBl. 41) in der Fassung der Bekanntm. v. 22. 3. 24 (RGBl. I 299).
GewO.	Reichsgewerbeordnung.
Giese	Kommentar zur Reichsverfassung, 7. Aufl.
Görres	Görres, Kommentar zum RBG.
Hatschek	Hatschek, Lehrbuch des deutschen und preußischen Verwaltungsrechts, 2. Aufl.
PHausV.	Preuß. Haushaltsvorschriften.
HFG.	Beamtenhinterbliebenengesetz v. 17. 5. 07 (RGBl. 208).
HRR.	Höchstrichterliche Rechtsprechung, Vereinigte Entscheidungs-Sammlung der bisherigen Zeitschriften: Rechtsprechung der Oberlandesgerichte, Höchstrichterliche Rechtsprechung in Strafsachen und Rechtsprechung, Beilage der Jur. Rundschau (erscheint seit 1. 1. 28).
Huber	Huber, Kommentar zur Verfassung des Freistaats Preußen v. 30. 11. 20, 1921.
Illing-Kautz	Illing-Kautz, Handbuch für preußische Verwaltungsbeamte, 10. Aufl., 1912.
JM.	Justizminister.
JMBl.	Justizministerialblatt.
Jur. Rundsch.	Juristische Rundschau.
JW.	Juristische Wochenschrift (Entscheidung des Reichsgerichts, abgedruckt in der JW.).
KabO.	Kabinettsorder.
v. Kamptz	v. Kamptz, Annalen.
Kanngießer	Kommentar zum RBG. von Kanngießer.
Kautz-Appelius	Kautz-Appelius, Preußisches Kommunalbeamtenrecht, 2. Aufl.
KGJ.	Entscheidungen des Kammergerichts, herausgegeben von Johow u. Ring.

KKGH. . . . . . Entscheidungen des preußischen Gerichtshofs zur Entscheidung der Kompetenzkonflikte.
KM. . . . . . . Pr. Minister für Kunst, Wissenschaft und Volksbildung.
KomBG. . . . . Pr. Ges. betr. die Anstellung und Versorgung der Kommunalbeamten v. 30. 7. 99.
Köttgen . . . . . Das deutsche Berufsbeamtentum und die parlamentarische Demokratie. 1928.
Laband . . . . . Laband, Das Staatsrecht des Deutschen Reiches, 5. Aufl.
Ledermann-Brühl . Ledermann-Brühl, Kommentar zum Kommunalbeamtengesetz, 2. Aufl., 1914.
LM. . . . . Minister für Landwirtschaft.
LMBl. . . . . . Ministerialblatt für Landwirtschaftsverwaltung.
Löning . . . . . Löning, Lehrbuch des deutschen Verwaltungsrechts, 1884.
LVerwG.. . . . . Gesetz über die allgemeine Landesverwaltung v. 30. 7. 83 (GS. 195).
LZ. . . . . Leipziger Zeitschrift.
MBl. . . . . . . Ministerialblatt für die gesamte preuß. innere Verwaltung.
ME. . . . . Ministerialerlaß.
G. Meyer. . . . . Georg Meyer, Lehrbuch des deutschen Staatsrechts, 6. Aufl.
Meyer-Anschütz . . G. Meyer u. A. Anschütz, Lehrbuch des deutschen Staatsrechts, 7. Aufl., 1914—1919.
MfdB. . . . . . . Monatsschrift für deutsche Beamte.
MJ. . . . . Minister des Innern.
Mügel-Ehm . . . Mügel-Ehm, Die Preußischen Kostengesetze mit Kommentar, 7. Aufl., 1916.
Müller . . . . . . Müller, Die preußische Justizverwaltung, 6. Aufl., 1909.
MPG. . . . . . . Militärpensionsgesetz.
Nischk . . . . . . Nischk, Das Kommunalbeamtenrecht, 1925.
Oberneck . . . . . Oberneck, Das Notariatsrecht, 8.—10. Aufl., 1929.
OLG. . . . . . . Rechtsprechung der Oberlandesgerichte, herausgegeben von Mugdan und Falkmann.
OTrib. . . . . . Entscheidungen des Preußischen Obertribunals.
OVG. . . . . . . Entscheidungen des Pr. Oberverwaltungsgerichts.
Perels-Spilling . . Perels-Spilling, Kommentar zum Reichsbeamtengesetz, 2. Aufl., 1906.
Perso . . . . . . Personalordnung der deutschen Reichsbahngesellschaft vom 3. 2. 25 (RGBl. 98).
PBG. . . . . . . Polizeibeamtengesetz v. 31. 7. 27 (GS. 151).
PDA. . . . . . . Allgemeine Dienstanweisung für Post- und Telegraphie.
PG. . . . . Gesetz, betr. die Pensionierung der unmittelbaren preuß. Staatsbeamten usw. v. 27. 3. 72 (GS. 268) mit Änderungen.
Pieper . . . . . . Pieper, Kommentar zum RGB., 2. Aufl.
PolizZ. . . . . . Zeitschrift für Polizei- und Verwaltungsbeamte.
Preuß . . . . . . Preuß, Das städtische Amtsrecht in Preußen, 1902.
PrBesBl. . . . . Preußisches Besoldungsblatt.
PrBesG. . . . . Preußisches Besoldungsgesetz v. 17. 12. 27 (GS. 223).
PBV. . . . . . . Ausführungsbestimmungen v. 30. 3. 28 (PrBesBl. 151ff.) zum PrBesG.
PrEhrGÄrzte . . . Entscheidungen des Preuß. Ehrengerichtshofs für Ärzte (Richard Schoetz, Berlin).
PrDisHfnichtrB. . Preußischer Disziplinarhof für die nichtrichterlichen Beamten.
PrFGG. . . . . . Preuß. Gesetz über die freiwillige Gerichtsbarkeit.
PrGKG. . . . . Preußisches Gerichtskostengesetz v. 28. 10. 22 (GS. 363) nebst Änderungen.

PrVerwBl.	Preußisches Verwaltungsblatt, seit kurzem auch Reichsverwaltungsblatt.
PrV.	Die Verfassung des Freistaats Preußen v. 30. 11. 20.
RAbgO.	Reichsabgabenordnung v. 13. 12. 19 (RGBl. 1993).
RAnz.	Deutscher Reichs- und Preußischer Staatsanzeiger.
RAO.	Rechtsanwaltsordnung vom 1. Juli 1878.
RBesBl.	Reichsbesoldungsblatt.
RBG.	Reichsbeamtengesetz v. 31. 3. 73 mit Änderungen.
RDStrO.	Reichsdienststrafordnung.
RDisG.	Gesetz betreffend die Dienstvergehen der Richter v. 7. 5. 51 (GS. 218).
RDisH.	Entscheidungen des Reichsdisziplinarhofs in Leipzig.
Recht	Zeitschrift „Das Recht".
Reindl	Reindl, Kommentar zum Bayerischen Beamtengesetz v. 16. 8. 08, 1909ff.
Reskr.	Reskript.
RFBl.	Reichsfinanzblatt.
RPM.	Reichspostminister.
RFM.	Reichsfinanzminister.
RG.	Entscheidungen des Reichsgerichts in Zivilsachen.
RGAnn.	Annalen des Reichsgerichts.
RGBl.	Reichsgesetzblatt.
RGewO.	Reichsgewerbeordnung.
RGSt.	Entscheidungen des Reichsgerichts in Strafsachen.
v. Rheinb.	v. Rheinbaben, Die preußischen Disziplinargesetze, 2. Aufl. 1911.
RMBl.	Reichsministerialblatt.
v. Rönne-Zorn	v. Rönne-Zorn, Das Staatsrecht der preußischen Monarchie, 5. Aufl.
RundschfKom.	Rundschau für Kommunalbeamte.
RVuPrVBl.	Reichs- und Preußisches Verwaltungsblatt.
RV.	Die Verfassung des Deutschen Reiches v. 11. 8. 1919.
RVO.	Reichsversicherungsordnung.
Schneider	Schneider, Das Gemeindebeamtenrecht in Thüringen 1927.
Schlegelberger	Schlegelberger, Gesetz über die Angelegenheit der freiwilligen Gerichtsbarkeit, 3. Aufl. 1927.
Schulverband	Zeitschrift für die Angelegenheiten der Schulverbände.
Schulze	Schulze, Kommentar zum Reichsbeamtengesetz.
Schulze Rspr.	Schulze, Die Rechtsprechung des Reichsdisziplinarhofs.
Schulze PrStR.	Schulze, Preußisches Staatsrecht.
Schulze-Simons	Die Rechtsprechung des Reichsdisziplinarhofs. Berlin 1926.
SchutzPBG.	Schutzpolizeibeamtengesetz v. 16. 8. 22 (GS. 251) in der Fassung v. 30. 5. 25 (GS. 57) und 6. 8. 26 (GS. 248) und 13. 1. 27 (GS. 9).
Seydel	Seydel, Kommentar zu dem Disziplinargesetze v. 21. 7. 52, 2. Aufl., 1894.
Sölch-Ziegelasch	Kommentar zum Reichsbesoldungsgesetz v. 16. 12. 27 von Sölch und Ziegelasch.
Staats- u. Selbstv.	Staats- und Selbstverwaltung, Zeitschrift für Staats- und Kommunalverwaltungen.
StGB.	Strafgesetzbuch.
Stier-Somlo	Handbuch des kommunalen Verfassungsrechts in Preußen von Stier-Somlo. 2. Aufl. Erste Hälfte: Städterecht.
StMBeschl.	Staatsministerialbeschluß.

StPO.	Strafprozeßordnung v. 1. 2. 77 (RGBl. 253) in der Fassung der Bekanntmachung v. 22. 3. 24 (RGBl. I 299).
StriethA.	Striethorsts Archiv für Rechtsfälle aus der Praxis des Obertribunals.
Thudichum	Kommentar zum RBG. von Thudichum.
UFG.	Gesetz, betr. die Fürsorge für Beamte und Personen des Soldatenstandes infolge von Betriebsunfällen v. 18. 6. 01 (RGBl. 211) nebst Änderungen.
UM.	Pr. Minister für Kunst, Wissenschaft und Volksbildung.
V.	Verfügung.
Vdg.	Verordnung.
VDisG.	Gesetz, betr. Dienstvergehen der nichtrichterlichen Beamten v. 21. 7. 52 (GS. 465).
VerwArch.	Verwaltungsarchiv, Zeitschrift für Verwaltungsrecht und Verwaltungsgerichtsbarkeit.
Vogels KomBR. .	Vogels, Anstellung und Versorgung der Kommunalbeamten. Kommentar. 1927.
Wolfstieg	Wolfstieg, Beamtenreichsrecht, 1921.
ZBl.	Zentralblatt für das Deutsche Reich; jetzt Reichsministerialblatt.
ZBlUV.	Zentralblatt für die preuß. Unterrichtsverwaltung.
ZBR.	Zeitschrift für Beamtenrecht. Carl Heymanns Verlag.
Zedl.Neuk.	v. Zedlitz-Neukirch, Die Rechtsverhältnisse der Reichsbeamten. 1873.
Zorn	Das Staatsrecht des Deutschen Reiches von Zorn, 2. Aufl. 95—97.
ZPO.	Zivilprozeßordnung in der Fassung der Bekanntmachung v. 13. 5. 24 (RGBl. I 437).

I. Gesetz über die Rechtsverhältnisse der Reichsbeamten (Reichsbeamtengesetz).

Vom 31. März 1873 (RGBl. S. 61) mit allen Abänderungen.

Vorbemerkung.

1. Das RBG. ist **geändert** durch G. v. 21. 4. 86, 25. 5. 87, 23. 5. 03, 22. 4. 05 und 17. 5. 07 (RGBl. **86** 80; **87** 194; **03** 241; **05** 316; **07** 201). Durch das BGB. ist das RBG. unberührt geblieben (Art. 32 EG. BGB.).

Mit der Staatsumwälzung im Jahre 1918 ist das RBG. nicht außer Kraft getreten. G. 4. 3. 19 (RGBl. 285); Art. 178 RV.; es sind aber seitdem erhebliche weitere Änderungen erfolgt; es sind geändert bzw. neu hinzugekommen:

a) §§ 3, 10a, 10b, 72, 76, 87 Abs. 2, 89, 91, 93 durch das G. über die Pflichten der Beamten zum Schutze der Republik v. 21. 7. 22 (RGBl. I 590);

b) §§ 4 Abs. 2, 5, 26 Abs. 3 durch die Besoldgsgesetze v. 30. 4. 20 (RGBl. 805), 17. 12. 20 (RGBl. 2075), 21. 11. 21 (RGBl. 1365), 25. 10. 22 (RGBl. I 802), 16. 5. 23 (RGBl. I 295), 18. 6. 23 (RGBl. I 385) u. 16. 12. 27 (RGBl. I 349);

c) §§ 26, 30, 41, 57 Nr. 2, 58, 59, 60 Abs. 2 durch G. 18. 6. 23 (RGBl. I 385);

d) §§ 23, 26, 27, 46, 55, 60a, 67, 75, 158 durch die Personalabbau-Vdg. v. 27. 10. 23 (RGBl. I 999) und Vdg. über deren Abänderg. v. 28. 1. 24 (RGBl. I 39) und AusfBest. v. 27. 2. 24 (RBesBl. 45);

e) § 87 durch V. v. 23. 6. 19 (RGBl. 582) u. 27. 9. 22 (RGBl. I 759);

f) § 91 Abs. 1 durch G. v. 4. 7. u. 21. 7. 22 (RGBl. I 565 u. 590);

g) § 101 durch G. v. 17. 7. 23 (RGBl. I 683);

h) §§ 120–122 durch das Wehrgesetz (§ 48) v. 23. 3. 21 (RGBl. 329);

i) §§ 23, 26, 27, 55, 60a, 67 durch G. über Einstellung des Personalabbaus und Änderung der Personalabbau-Vdg. v. 4. 8. 25 (RGBl. I 181);

k) § 46 durch G. 27. 3., 15. 7. u. 28. 12. 26 u. 16. 7. 27 (RGBl. I **26** 185, 411, 531; **27** 185).

2. Aus Anlaß der Staatsumwälzung im Jahre 1918 sind wichtige, das RBG. berührende **organisatorische Änderungen** eingetreten:

a) Die Befugnisse, die dem Kaiser zustanden, sind auf den Reichspräsidenten übergegangen, soweit nicht durch die RV. oder das Gesetz etwas anderes bestimmt ist; § 4 G. 4. 3. 19 (RGBl. 285); Art. 179 RV.;

b) An die Stelle des Bundesrats ist der Reichsrat getreten. Art. 60 u. 179 RV.;

c) die zum Deutschen Reiche gehörigen Einzelstaaten werden nicht mehr als Bundesstaaten, sondern als Länder bezeichnet. Art. 2 RV.

Diese organisatorischen Änderungen dürfen nicht ohne weiteres bei der Wiedergabe des Wortlauts des Gesetzes berücksichtigt werden, da insoweit das Gesetz nicht geändert ist und häufig auch ein einfacher Austausch der früheren Bezeichnungen gegen die neuen nicht richtig sein würde. Es sind deshalb beim Abdruck des Gesetzes die früheren Bezeichnungen „Kaiser“, „Bundesrat“ und „Bundesstaat“ beibehalten worden; überall ist aber in den Anmerkungen auf die Änderungen hingewiesen worden.

Im übrigen ist aber der Gesetzestext stets in der jetzt gültigen Fassung wiedergegeben worden.

Der von der Reichsregierung im Januar 1929 eingebrachte Entwurf eines Gesetzes über Änderung der Rechtsverhältnisse der Wartegeldempfänger fand nicht die für das Gesetz erforderliche qualifizierte (Zweidrittel-) Mehrheit des Reichstags.

Der Entwurf zur Reichsdienststrafordnung, der vom Ausschuß des früheren Reichstages bereits in 3 Lesungen durchberaten war, ist von der neuen Reichsregierung bisher nicht wieder eingebracht worden.

3. Als wichtige Rechtsquelle für das Recht der Reichsbeamten kommt ebenso wie für die Landesbeamten das in der RV. niedergelegte **Beamtenreichsrecht** in Betracht; vgl. insbes. Art. 128–131 RV. Auch über die Form des Diensteides, über Titelverleihungen, über Verleihung von Orden u. Ehrenzeichen u. dgl. enthält die RV. Vorschriften; s. Art. 128, 16, 39, 46, 103–106, 109 Abs. 4, 176 RV.

4. Neben den Gesetzen und Verordnungen kommen als Rechtsquellen auch die zahlreichen **Verfügungen, Erlasse und Ausführungsanweisungen der Reichsminister** in Betracht. Diese sind, soweit sie mit den in den Gesetzen enthaltenen beamtenrechtlichen Normen nicht in Widerspruch stehen und ordnungsmäßig verkündet sind, für die Gerichte verbindlich. RG. **78** 97; **82** 281.

5. **Das RBG. findet Anwendung:**

a) **auf die Beamten der deutschen Reichspost.** Denn nach dem ReichspostfinanzG. 18. 3. 24 (RGBl. I 287) sind diese Beamten Reichsbeamte mit allen Rechten und Pflichten geblieben; s. Näheres unten Anm. 3 II Ziff. 4 zu § 1.

b) auf **die Beamten der Reichsbank.** Nach § 9 Abs. 3 BankG. v. 30. 8. 24 (RGBl. II 235 ff.) sind die Beamten der Reichsbank zwar nicht mehr Reichsbeamte im Sinne des RBG.s; sie können aber ebenso wie die Reichsbahnbeamten als Reichsbeamte eigener Art bezeichnet werden. Auch findet auf ihre Rechtsverhältnisse das RBG. entsprechende Anwendung, soweit nicht in dem für sie erlassenen Personalstatut oder sonst besondere Vorschriften gelten; Näheres s. Anm. II Z. 8 zu § 1 RBG.; RG. **119** 428.

c) auf die **Reichstagsbeamten.** § 156 RBG.;

d) auf die **Personen des Soldatenstandes, jedoch nur** in den §§ 134–148 über die Defekte der Beamten; ferner in den §§ 3, 10a u. 10b über die Vereidigung und die Dienstpflichten zum Schutze der Republik, ohne daß hierdurch die weitergehenden Vorschriften des Wehrgesetzes v. 23. 3. 21 (RGBl. 329), insbes. die Vorschriften des § 36 über das Verbot politischer Betätigung berührt werden. § 157 RBG.; Art. II G. v. 21. 7. 22 (RGBl. I 590);

e) auf die **Kolonialbeamten** mit den aus dem KolonialbeamtenG. 8. 6. 10 (RGBl. 881) sich ergebenden besonderen Vorschriften. Naturgemäß hat nach dem Verluste der Kolonien das KolBG. nur noch beschränkte Bedeutung. Es gilt noch für die in den einstweiligen oder dauernden Ruhestand versetzten früheren Kolonialbeamten und ihre Hinterbliebenen. S. die V. über die Regelung der kolonialen Angelegenh. v. 21. 3. 24 (RGBl. I 371); RFM. 6. 5. 25 (RBesBl. 135).

f) auf die Festangestellten im Dienstbereich der am 1. 10. 27 errichteten **Reichsanstalt für Arbeitsvermittlung und Arbeitslosenversicherung.** § 153 Abs. 5 RG. v. 16. 7. 27 (RGBl. I 187.) Die übergetretenen Beamten haben mit diesem Zeitpunkt aufgehört, Gemeindebeamte zu sein.

6. Auf die **Reichsbahnbeamten,** die als **Reichsbeamte eigener Art** anzusehen sind (s. Anm. II Z. 7 zu § 1) findet zwar das RBG. keine Anwendung. Ihre Rechtsverhältnisse richten sich nach der Personalordnung der Deutschen Reichsbahn-Gesellschaft v. 3. 2. 25 (RMBl. 98). Diese Personalordnung, die in der folgenden Darstellung überall berücksichtigt ist, lehnt sich aber vielfach wieder an das RBG. an oder weist auf dieses Gesetz hin; s. dazu RG. 17. 5. 27 JurRundsch. **27** Rspr. Sp. 964 Nr. 1551.

Allgemeine Bestimmungen.

§ 1.

Reichsbeamter im Sinne dieses Gesetzes ist jeder Beamte, welcher entweder vom Kaiser (Reichspräsidenten) angestellt oder nach Vorschrift der Reichsverfassung den Anordnungen des Kaisers (Reichspräsidenten) Folge zu leisten verpflichtet ist.

1. An die Stelle des Kaisers ist der **Reichspräsident** getreten; s. Vorbemerkung Nr. 3a.

2. Das RBG. gibt keine Bestimmung des Begriffs der Reichsbeamten im allgemeinen, sondern bestimmt nur, wer **als Reichsbeamter im Sinne des RBG.** anzusehen ist.

3. Zum **Begriff des Reichsbeamten im Sinne des RBG.** ist vorausgesetzt: die Beamteneigenschaft und entweder Anstellung vom Kaiser bzw. jetzt vom Reichspräsidenten oder Vorliegen der Verpflichtung, nach Vorschrift der Reichsverfassung den Anordnungen des Reichspräsidenten Folge zu leisten.

I. **Die Beamteneigenschaft.** Wann eine Person als Beamter anzusehen ist, ist mangels einer Vorschrift im RBG. in jedem einzelnen Falle unter Zugrundelegung der beamtenrechtlichen Normen, der Erlasse der obersten Reichsbehörden, der Staatsrechtswissenschaft, der Rechtsprechung und der besonderen Tatumstände zu entscheiden; vgl. RG. bei Gruchot **39** 1035; JW. **83** 23; OVG. **13** 122; s. die ausführlichen Darlegungen bei Brand BR. 15ff. Im allgemeinen ist folgendes zu beachten:

A. **Das Hauptmerkmal des Beamtenverhältnisses** im Gegensatz zu einem bloßen Privat-Dienstverhältnis beruht in dem öffentlich-rechtlichen Gewalt- und Schutzverhältnis des Reichs oder Staats zu dem Beamten. Das Reich hat die Pflicht, den Beamten einen besonderen Schutz (vgl. den strafrechtlichen Schutz bei rechtmäßiger Ausübung des Amtes nach §§ 110, 113, 114, 116, 196 StGB., den Anspruch auf Gehorsam seitens der Untergebenen und auf Befolgung seiner rechtmäßigen Anordnungen bei Vermeidung von Zwangsmaßregeln, die vermögensrechtlichen Vorteile, Gehalt, Wartegeld, Ruhegehalt, Hinterbliebenenbezüge, Entlassung nur im förmlichen Dienststrafverfahren usw.) zu gewähren, wogegen der Beamte besondere Gehorsams-, Treue- und Dienstpflichten gegen das Reich und seine Organe, besonders den Reichspräsidenten überkommt. Während der private Dienstvertrag ein Verhältnis sich gleichberechtigt gegenüberstehender Vertragschließenden begründet, setzt der Reichs- und Staatsdienst ein Überordnungsverhältnis des Reiches usw. gegenüber dem Beamten voraus. RG. **6** 107; **18** 174; **28** 84; **37** 243 u. 315; **53** 427; **95** 145; **111** 121; JW. **97** 645; RGSt. **5** 338; **30** 29; **32** 259; **38** 17; **60** 139; RDisH. 30. 6. 77 bei Schulze 6; RDisH. bei Schulze-Simons S. 2; OVG. **20** 128; **22** 57; **35** 59; **48** 59; **52** 430; **65** 175; **70** 257; v. Rheinbaben 18; Laband **1** 435; Zorn **1** 295; Arndt 634; Rehm **2** 88.

Neuerdings ist von gewisser Seite (Potthoff u. Lutz Richter) der Standpunkt vertreten, das Beamtenrecht sei nur ein Teil des allgemeinen Arbeitsrechts. Dies ist unrichtig. Das Beamten- und Arbeitsrecht sind grundverschieden in ihrem allgemeinen Wesen und in ihren einzelnen Rechtsformen; s. Näheres Kaskel BeamtJahrb. **26** 423ff., 471ff.; Brand VerwArch. **32** 158ff. Gerade im gegenwärtigen parlamentarischen Staat ist ein unabhängiges und unparteiisches Berufsbeamtentum, das ein Gegengewicht gegen die wechselnden politischen Regierungsgewalten bildet, besonders am Platze; vgl. Köttgen 38ff., 57ff., 120ff., 238ff.; Koellreuter BeamtJahrb. **28** 339ff.; Ehrmann Rundsch. f. Kom. **28** 477ff.; Brand DRichtZtg. **28** 328ff.

Liegt solches Gewaltverhältnis nicht vor, so steht nur ein Privat-Dienstverhältnis in Frage, das nach den Regeln des Dienst-Mietevertrages (§§ 611ff BGB.) zu beurteilen ist; dies ist z. B. oft der Fall, wenn es sich um gering gelohnte, lediglich mechanische Dienstleistungen handelt, die aus sächlichen Fonds vergütet werden. Vgl. näheres unter B 5.

Die Vorschriften des Privatrechts können auf das Beamtenverhältnis auch keine entsprechende Anwendung finden. Sie lassen sich nur insofern dafür verwerten, als sie einen allgemeinen Rechtsgedanken ausdrücken, der für das öffentliche Recht auch gilt und der deshalb in Ausfüllung einer Lücke des positiven Rechts als ein Bestandteil des öffentlichen Rechts anzuwenden ist, wie z. B. § 618 BGB. RG. **95** 146; **97** 43; **104** 58; **107** 189; **111** 82 ff. u. 179; **112** 290. So muß auch der im § 162 BGB. enthaltene Rechtsgrundsatz als ein auch das öffentliche Recht beherrschender Grundsatz anerkannt werden. Deshalb muß sich ein Beamter, der die Erfüllung einer Bedingung, von der sein Ausscheiden aus dem Dienst abhängig gemacht war, willkürlich vereitelt hat, so behandeln lassen, als wäre die Bedingung eingetreten. RG. JurRundsch. **25** 730 Nr. 1042.

Ebenso gilt der Rechtsgedanke, der im § 278 BGB. für das private Vertragsrecht seinen Niederschlag gefunden hat, auch für öffentlich-rechtliche Verhältnisse, es sei denn, daß die Eigenart des einen oder des anderen seine Anwendung ausschließt. RG. **112** 293. Dagegen kann der im § 242 BGB. ausgesprochene Grundsatz von Treu und Glauben, aus dem die Rechtsprechung die Verpflichtung zur Aufwertung hergeleitet hat, nicht ohne Einschränkung auf das öffentliche Recht übertragen werden. RG. 30. 4. 26 DJZ. **26** Sp. 1709.

Aus der Bestimmung des Begriffs der Beamteneigenschaft folgt, daß niemand gleichzeitig Beamter von zwei verschiedenen Staaten sein kann. Reich und Länder stehen einander aber nicht als fremde Staaten gegenüber. Die Länder sind Glieder des Reichs und bilden mit ihm ein Ganzes. So ist es möglich, daß jemand zugleich Reichsbeamter und Landesbeamter ist, z. B. wenn er aus seinem Landesamt beurlaubt und in einem Reichsamt tätig ist. RG. **111** 121.

Um künftige Rechtsstreitigkeiten tunlichst zu vermeiden, müssen die annehmenden Behörden in allen Zweifelsfällen von vornherein prüfen, ob der Anzunehmende als Beamter oder Dienstverpflichteter nach bürgerlichem Recht anzusehen sei und ihrer Rechtsansicht bei der Annahme tunlichst in urkundlicher Form Ausdruck geben; vgl. Z. 2 PrME. 9. 4. 95 (MBl. 88); OVG. 15. 5. 13 im PrVBl. 113. Entscheidend ist, wie sich die Erklärungen nach außen darstellen und wie der Beamte sie auffassen durfte und mußte RG. 20. 1. 28 „Recht" **28** 173. Erleichtert wird die Beantwortung der Frage der Beamteneigenschaft durch § 4 RBG., wonach jeder Reichsbeamte bei seiner Anstellung eine Anstellungsurkunde erhalten soll. Ist der Wille der Anstellungsbehörde nicht klar hervorgetreten, so müssen die einzelnen Umstände des jeweiligen Falles die Grundlage der oft schwierigen Entscheidung bilden; vgl. OVG. PrVBl. **1913** S. 113.

Die Erlasse der Zentralbehörden sind oft für die Frage, ob ein Beamtenverhältnis vorliegt, wichtig. Auch gewisse Verwaltungsgrundsätze und Erfahrungstatsachen können mitunter zur Klärung der Rechtslage beitragen.

So wird eine Beamtenstellung oft dann in Frage kommen, wenn das Bedürfnis nach gesteigerter Verantwortlichkeit des Angestellten und nach gesteigertem Schutz seiner Tätigkeit in Frage steht, es auch wünschenswert erscheint, daß Zuwiderhandlungen gegen die Dienstpflicht mit Disziplinar- und erhöhten strafrechtlichen Folgen geahndet werden. Weisbart VerwArch. **26** 387ff.

Wer gegen ein festes „Gehalt" mit Ruhegehaltsberechtigung angestellt ist, wird, besonders wenn noch Vereidigung und Unterstellung unter die Disziplinargewalt eines Vorgesetzten hinzutritt, regelmäßig Beamter sein; vgl. OVG. 27. 2. 06. bei v. Rheinb. 22. Auch die Ausübung aufsichtsrechtlicher und hoheitlicher Befugnisse wird in der Regel für die Beamteneigenschaft sprechen. StMBeschl. 7. 3. 93 bei v. Rheinb. 22.

Entscheidendes Gewicht wird, wie erwähnt, bei der Prüfung der Beamteneigenschaft regelmäßig auf den in irgendeiner Weise nach außen erkennbar hervorgetretenen **Willen der Behörde** bei der Anstellung zu legen sein; RG. **78** 3; **108** 418; ME. 30. 9. 92 Nr. 1 (MBl. 285); Apel JW. **27** 2185, 2186; Vogels Verw.-Arch. **31** 24ff., der den Willen der Behörde und des Anzustellenden (Parteiwille) entscheiden lassen will. Jedoch sind auch Fälle denkbar, wo trotz dieses nach einer bestimmten Richtung hervorgetretenen Willens der Behörde ein widersprechender Rechtszustand tatsächlich erreicht wird, z. B. durch die Art der dem Beteiligten übertragenen öffentlich-rechtlichen Dienste, die Dauer seiner Beschäftigung, die Regelung seines Urlaubs u. dgl. So kann es z. B. vorkommen, daß eine Person, die mit obrigkeitlichen Funktionen, z. B. polizeilicher Art, nicht bloß vorübergehend betraut wird, Beamteneigenschaft, und zwar nicht nur nach außen, sondern auch im Innenverhältnis erlangt, obwohl die Anstellungsbehörde nur ein Privatdienstverhältnis begründen wollte; dabei ist möglich, daß sich die Dienststellung erst allmählich im Laufe der Jahre in ein öffentlich-rechtliches umgestaltet; eine ähnliche Rechtsauffassung vertritt RG. **37** 225ff., 246ff.; **82** 4; **89** 297; **99** 267; **104** 261; **106** 18; **108** 418; **122** 6; JW. **10** 663; **20** 556; RG. 7. 7. 26 JurRundschRspr. Nr. 1746; RG. 30. 3. 26 JurW. **26** 2288 = RG. **113** 219; Eckstein, „Recht" **21** 111; Eckstein, Arch. öffentl. R. **27** 481ff. (er unterscheidet zwischen „Partialbeamten" und „Totalbeamten"); Heyland JW. **26** 2288; ähnlich Vogels VerwArch. **31** 10ff.; dagegen scheinen RG. **26** 31; **28** 90; RGSt. **16** 378; **32** 259; **35** 325; **37** 227; **39** 233; **52** 268 (also die ältere Rechtsprechung), ferner Weisbart, VerwArch. **26** 387ff. und Schulze 33 die Art und Beschaffenheit der tatsächlich verrichteten Dienste für nicht geeignet zu halten, den fehlenden Anstellungswillen zu ersetzen. Dasselbe nehmen Liebisch LZ. **26** 898ff. und Apel JurW. **27** 449 an. Der Anstellungswille wird übrigens nicht etwa um deswillen zu verneinen sein, weil Personen niederen Ranges eine Zusammenfassung ihrer sich aus anderweiten und zerstreuten Gesetzen ergebenden Rechte und Pflichten in die Hand gegeben wird. RG. **78** 3.

Hiernach gehören z. B. zu den Reichsbeamten:

a) Die von Deutschland ernannten Mitglieder der nach dem Versailler Vertrag errichteten gemischten Schiedsgerichtshöfe, RG. **111** 120 ff. = JW. **25** 1619[8].

b) Die Arbeiter- und Soldatenräte. Sie hatten öffentlich-rechtliche Funktionen und deshalb Beamtencharakter. Sie waren bald Organe des Reichs oder eines Landes oder u. U. auch eines Gemeindeverbandes. RG. 4. 4. 22 JW **24** 48; RG. **112** 99.

Die Angehörigen des Reichsheeres und der Reichsmarine sind nicht Beamte im staatsrechtlichen Sinne; es finden aber einige Vorschriften des RBG.s auf sie Anwendung; s. Näheres Vorbemerk. Nr. 5d.

Nicht zu den Beamten gehören ferner die Angestellten der meist in Form von Aktiengesellschaften bestehenden Eisenbahngesellschaften. Auch diejenigen Bediensteten solcher Gesellschaften, welchen die Wahrnehmung der Bahnpolizei, also die Ausübung eines an sich dem Staate vorbehaltenen Hoheitsrechts übertragen ist, können nicht zu den Beamten im Sinne des Staatsrechts (wohl aber des Strafrechts) gerechnet werden; vgl. RG. **67** 118; §§ 45, 74 Eisenbahn-Bau- u. BetriebsO. v. 17. 7. 28 (RGBl. II 541); die abweichende, auch von Seydel 19 gebilligte Ansicht des OTrib. **26** 163 ist unzutreffend.

Auch die Angestellten von Korporationen, die wie die Aktiengesellschaften, Genossenschaften, rechtsfähigen Vereine und dgl. nicht dem Staate untergeordnet sind und sich nicht als Behörden in die Verfassung des Staates organisch eingliedern, auch keine staatlichen Zwecke fördern sollen, gehören nicht zu den Staatsbeamten; vgl. Schreiben des MJ. und FM. an JM. 16. 11. 39 (v. Kamptz **23** 460); OTrib. **26** 163; RG. **62** 233, 241; OVG. **16** 156; **19** 429.

Liegt ein Privatdienstverhältnis vor, so ist für die Anwendung von Beamtenrecht kein Raum. Die Einleitung eines amtlichen Dienststrafverfahrens ist ausgeschlossen. RG. 1. 3. 27 „Recht" **27** 305 = JurRundsch. **27** Rspr. 582.

B. Von der Eigenschaft des Beamten im staatsrechtlichen Sinne ist zu unterscheiden **die Beamteneigenschaft im Sinne des Strafrechts.** Nach § 359 StGB. sind unter Beamten im Sinne des Strafrechts zu verstehen alle im Dienste des Reichs oder in unmittelbarem oder mittelbarem Dienste eines Landes auf Lebenszeit, auf Zeit oder nur vorläufig angestellte Personen, ohne Unterschied, ob sie einen Diensteid geleistet haben oder nicht.

Hiernach wird die Beamtenstellung im Sinne des Strafrechts durch die Anstellung für ein öffentliches Amt erworben. RGSt. **30** 29. Es genügt aber, daß jemand öffentlich-rechtliche Funktionen auf Grund staatlicher Berufung wahrnimmt. RGSt. **16** 379; **21** 311; **35** 325; **51** 66; **52** 268 u. 310; **54** 203; **56** 367; **57** 126, 366; **60** 140; Arndt, JurW. **23** 405. Auch Ehrenbeamte sind Beamte im Sinne des § 359 StGB. RGSt. **57** 127. Die Beeidigung ist nicht entscheidend. RGSt. **24** 24; **39** 95;

RG. JurW. **24** 1606[10]. Auch der ist Beamter im Sinne des StGB., der bei der Anstellung infolge strafgerichtlicher Verurteilung unfähig war, öffentliche Ämter zu erlangen. RGSt. **50** 19. Der Beamtenbegriff ist hier ein weiterer als im staatsrechtlichen Sinne. Beamteneigenschaft im Sinne des Strafrechts, und zwar während der ganzen Dauer seiner dienstlichen Verwendung, mag er auch zeitweise nur unselbständig und nur zu Ausbildungszwecken verwendet werden, hat ein im Schalterdienst der Reichseisenbahn beschäftigter Dienstanfänger oder Hilfsarbeiter, der Funktionen öffentlich-rechtlicher Art wahrzunehmen hat, obwohl er nicht Beamteneigenschaft im staatsrechtlichen Sinne hat. RG. JurW. **24** 1878[8]; RG. 19. 1. 28 JW. **28** 1457. Es kann vorkommen, daß jemand für ein öffentliches Amt angestellt ist, ohne Beamter im staatsrechtlichen Sinne mit allen Rechten auf Gehalt, Pension usw. zu sein. RDisH. bei Schulze-Simons 13. Wer z. B. von einem Privatjagdberechtigten für den Jagdschutz bestellt und von der zuständigen Behörde (z. B. dem Landrat) in seinem Privatamte bestätigt ist, gilt damit als öffentlicher Jagdpolizeibeamter im Sinne des StGB. RGSt. **37** 32; **43** 215; RGZ. **108** 240; KGJ. **35** 20. Auch ein Angestellter, der bei gerichtlichen Vernehmungen Protokoll führt, ist Beamter im Sinne des § 359 StGB. Es ist also für den Beamtenbegriff des StGB. nicht die Bestellung durch das Reich oder durch eine öffentliche, als solche vom Reich anerkannte Behörde erforderlich; es genügt vielmehr, daß das Reich die von anderer Seite – sei es auch von Privatpersonen oder von privatrechtlichen Korporationen oder Genossenschaften – erfolgte Anstellung der zur Ausübung polizeilicher oder anderer öffentlich-rechtlicher, dem Staatsinteresse dienender Obliegenheiten berufenen Personen seinerseits anerkennt und deren Dienstverrichtungen hierdurch staatliche Autorität verleiht. RGSt. **60** 141; RGAnnal. **7** 29. Es muß sich aber stets um die Ausübung von Befugnissen öffentlich-rechtlicher Natur handeln, die unmittelbar oder mittelbar staatlichen Zwecken dienen. RGSt. **38** 17; **60** 141. Deshalb sind auch die Bediensteten der Deutschen Reichsbahngesellschaft Beamte im Sinne des StGB.; RGSt. **60** 139; Bayr. Obrst. Landesgericht in JW. **25** 1647 = LZ. **25** 878; RG. 19. 1. 28 JW. **28** 1457; 17. 9. 28 JurRundschRsp. 2326; §§ 45, 74 Eisenbahn-Bau- u. BetriebsO. v. 17. 7. 28 (RGBl. II 541).

Zu den Beamten im Sinne des StGB., nicht aber des Staatsrechts, gehören z. B. die öffentlich angestellten Fleischbeschauer. RGSt. **4** 422; **38** 349; **40** 341; **53** 165; ferner der Registrator bei einer Vorprüfungsstelle für Verdrängungsschäden, auch wenn er nicht vom Reiche selbst angestellt ist. RGSt. **62** 337. Ferner sind Beamte im Sinne des StGB., nicht des Staatsrechts, die mit der Wahrnehmung der Bahnpolizei beauftragten Bediensteten einer Privateisenbahngesellschaft. Seydel 19, v. Rheinbaben 31; §§ 45, 74 Eisenbahn-Bau- u. BetriebsO. v. 17. 7. 28 (RGBl. II 541); der Geschäftsführer eines öffentlichen Arbeitsnachweises RG. **62** 188; der ständige Vertreter eines Postagenten RGSt. **54** 203; die Postaushelfer RGSt. **51** 66 u. 399; **52** 310; auch wenn sie nur mit dem Ordnen und Abstempeln der Briefe und Karten beauftragt sind. RG. 10. 2. 28 JW. **28** 2324; oder die Briefkästen zu leeren haben. RG. 4. 10. 28 JurRundsch. **29** Rspr. 176; oder Marken im Postschalterdienst verkaufen. RG. in HRR. **29** 677.

Der Entwurf eines Allgem. deutschen Strafgesetzbuchs kennt nur den „Amtsträger", nicht den „Beamten"; vgl. Burchardi BHK. **27** 93ff.; Landsberg „Der Beamte" **1** 29ff.

C. **Nicht wesentliche, aber regelmäßig vorhandene Merkmale des Beamtenverhältnisses sind:**

1. **Die Lebenslänglichkeit der Anstellung.** Diese wird bei den Richtern der ordentlichen Gerichtsbarkeit in Art. 104 RV. und mit Einschränkung bei den übrigen Beamten in Art. 129 Abs. 1 RV besonders betont. Dasselbe gilt von den Mitgliedern des RFH. § 34 RAbgO. Es sind aber auch die nur auf Kündigung, Widerruf oder Zeit Angestellten häufig Beamte. Art. 129 Abs. 1 RV.; §§ 2, 3, 37 RBG.; RG. **6** 107; **37** 302; RGSt. **2** 190; OVG. **22** 58; s. Näheres unten § 2. Der Begriff des Berufsbeamtentums hat aber die Lebenslänglichkeit und dauernde Übertragung des Amtes sowie eine auskömmliche Besoldung zur Voraussetzung. Köttgen 142ff.

2. **Die dauernde Übertragung eines Amtes.** Auch die nicht ständig zur Befriedigung eines vorübergehenden Bedürfnisses angestellten Hilfsarbeiter können Beamte sein; regelmäßig wird dies allerdings nicht der Fall sein; vgl. oben unter A. Vogels VerwArch. **31** 27. Manche Ämter bestehen überhaupt nur vorübergehend und werden trotzdem von Personen verwaltet, die zweifellos Beamteneigenschaft haben; vgl. §§ 32, 38; RDisH. 19. 6. 22 Schulze-Simons S. 17; OVG. **13** 124.

3. **Die Besoldung.** Auch unbesoldete Personen können Beamte sein, wie z. B. die Wahlkonsuln (§ 16 Abs. 2, 21 Abs. 2 RBG.), die im auswärtigen Dienste des Reichs unentgeltlich beschäftigten Attachés und die Honorarprofessoren an den Universitäten. Auch die sog. Ehrenbeamten, z. B. die ehrenamtlichen Mitglieder der Finanzgerichte (§§ 14ff. RAbgO. und die Beisitzer der Organe der Reichsanstalt für Arbeitsvermittlung und Arbeitslosenversicherung (§ 18 RG. 16. 7. 27, RGBl. I 187) sind Beamte im staatsrechtlichen Sinne; dasselbe gilt von den Mitgliedern der bei den Finanzämtern gebildeten Ausschüsse. § 26 RAbgO.; s. Näheres Brand BR. 55ff.

Auch auf die Art der Besoldung und ihrer Bezahlung kommt es nicht an. Beamte können auch die Personen sein, die nur Tagegelder, Schreibgebühren oder Naturalien erhalten. OVG. in DJZ. **11** 1158; RDisH. 30. 6. 77. So gelten z. B. auf Tantieme angestellte Reichsbankbeamte, denen ein Mindestbetrag der Tantieme zugesichert ist, als festbesoldet; dabei gilt die Gesamtsumme und nicht bloß der garantierte Mindestbetrag als Besoldung. OVG. im PrVBl. **16** 312. Jedoch stehen häufig die gegen Tage- oder Stücklohn beschäftigten Personen in einem nur privatrechtlichen Dienstverhältnis; s. oben unter A.

4. **Die Vereidigung.** Daß die Vereidigung für die Beamteneigenschaft nicht unbedingt erforderlich ist, folgt aus §§ 3, 45 Abs. 2 RBG. Auch im § 359 StGB. werden unter Beamten (allerdings im strafrechtlichen Sinne) die im Dienste des Reiches oder eines Landes angestellten Personen verstanden, ohne Unterschied, ob sie einen Diensteid geleistet haben oder nicht. Auch die Rechtsprechung (RG. **6** 108; **32** 26; **37** 241; **47** 283; **51** 297; **62** 246; **84** 220; **99** 265; RGSt. **2** 190; **5** 419; **17** 408; **29** 233; **43** 46; **53** 165; RG. in JurW. **24** 1606[10] und besonders scharf OVG. **35** 65, s. auch OVG. in JMBl. **92** 172) hält die Vereidigung zur Begründung des Beamtenverhältnisses nicht für erforderlich. Allerdings haben nach der RV. alle Reichsbeamten den Diensteid zu leisten; daraus folgt aber nicht, daß sie auch die Beamteneigenschaft erst erlangen, sobald sie den Eid geleistet haben. Die Vereidigung hat vielmehr nur den Zweck, die Verbindlichkeit zur Erfüllung der übernommenen Pflichten subjektiv zu verstärken und eine größere Gewähr für gewissenhafte Führung des Amtes zu bieten; s. unten § 3. Die Beamteneigenschaft wird daher schon mit der Annahme der Anstellungsurkunde oder mit dem Antritte des Dienstes erworben. RDisH. 18. 3. 76 (JNr. 27). Hiernach hat die Vereidigung nur deklaratorische und nicht konstitutive Bedeutung. Sie begründet aber die Vermutung, daß ein Beamtenverhältnis entstanden ist. Vogels VerwArch. **31** 25 u. 26.

Mitunter werden auch die nur auf Grund eines privatrechtlichen Dienstvertrags angenommenen Personen vereidigt; vgl. z. B. § 74 Eisenbahn-Bau- u. Betriebs-O. v. 17. 7. 28 (RGBl. II 541).

5. **Die obrigkeitliche Natur der Dienstgeschäfte.** Obrigkeitliche Funktionen sind solche, die in die Verfassung des Staates organisch eingreifen und Zwecke zu erfüllen haben, die in direkten Beziehungen zu den Staatsaufgaben stehen. OVG. **20** 39. Auch ausschließlich oder vorwiegend wissenschaftliche, künstlerische oder technische Arbeitsleistungen können den ausschließlichen Tätigkeitsbereich des Beamten bilden, wie dies z. B. bei zahlreichen bei der reinen Verwaltung des Reichsvermögens beschäftigten Personen der Fall ist. OVG. **1** 42; **20** 128; **22** 69; **26** 30; RGSt. **5** 338; **23** 405; **32** 260; **38** 17; Bolze **17** Nr. 657. Die Kassenleiter, Oberbuchhalter, Buchhalter und Kassierer der Reichskassen müssen Reichsbeamte sein. § 10 Abs. 2 RKO. Dagegen sind z. B. die Beamten der Berufsgenossenschaften nicht Beamte im staatsrechtlichen Sinne. RG. **71** 239; **114** 22; OVG. **20** 41; RGSt. **38** 17. Ferner können auch mechanische, nur die körperlichen, nicht auch die geistigen Kräfte in Anspruch nehmende Leistungen, sowie solche, die nur in der Ausführung dienstlicher Befehle bestehen, unter Umständen den Inhalt der Amtstätigkeit bilden. Es ist

nicht erforderlich, daß die Dienste mit der Fällung von Entscheidungen verbunden sind und eine wissenschaftliche Ausbildung und selbständige geistige Tätigkeit voraussetzen. Deshalb sind auch die Heizer, Wachtmeister und Hausmeister in den Dienstgebäuden des Reichs und ähnliche Beamte mit untergeordneter mechanischer Tätigkeit Beamte, wenn sie „angestellt" sind, d. h. nicht in einem nur privatrechtlichen Dienstverhältnis zum Fiskus stehen. RG. **6** 107; **28** 90; RGSt. **2** 23; **5** 338; **16** 379; **23** 405; **24** 85; **32** 260; **38** 17; StriethA. **21** 91; OVG. **13** 137; **26** 30.

Es sind auch die für die unmittelbare Leitung und Ausführung des Rangierdienstes bestellten Rangiermeister Beamte, selbst wenn sie der Aufsicht eines anderen Beamten, z. B. des Stationsvorstehers, unterstellt sind. JW. **24** 314. Gegen die Beamteneigenschaft der Werkstattschlosser und Schrankenwärterinnen sprechen sich aus RE. 751 u. 752 RVA. (Amt.-Nachr. **99** 586 u. 588).

Übrigens sind bei vielen Ämtern obrigkeitliche Geschäfte mit anderen Dienstobliegenheiten verbunden.

Mitunter kann trotz der obrigkeitlichen Natur der tatsächlich verrichteten Dienste kein Beamten-, sondern ein Privatdienstverhältnis vorliegen. RG. **28** 84; **62** 234; RG. JurRundsch. **26** Nr. 307; RGSt. **16** 378; **28** 241; RG. in DJZ. **1** 446; JW. **95** 402; Zern **1** 295; s. auch RG. **108** 418. Auch Angestellte von Privateisenbahnen können möglicherweise mit Polizeibefugnissen ausgerüstet und trotzdem nicht Beamte im staatsrechtlichen Sinne, sondern nur gemäß § 113 StGB. sein. RG. **67** 118; **106** 68; §§ 45, 78 Eisenbahn-Bau- u. Betriebs-O. v. 17. 7. 28 (RGBl. II 541); dagegen nimmt RG. **108** 418 u. in JurRundsch. **26** Nr. 307 an, daß jemand auch gegen den Willen der annehmenden Behörde Beamter geworden sei, wenn ihm die Ausübung obrigkeitlicher Befugnisse übertragen worden wäre; s. RG. **112** 126; **113** 221; RG. 13. 3. 28 BHR. **28** 62; s. oben S. 6.

Vogels VerwArch. **31** 10ff. will in solchen Fällen nach außen Beamteneigenschaft, nach innen ein Privatdienstverhältnis entstehen lassen.

Die Regel aber bildet, daß von der obrigkeitlichen Natur der Dienstobliegenheiten ein Rückschluß auf den Beamtencharakter des Dienstinhabers möglich ist. Vogels VerwArch. **31** 26. Deshalb gelten auch die Angestellten einer in dauernde Verwaltung des Reichs übernommenen Privateisenbahn als Beamte, sofern sie nicht etwa auf Grund ausdrücklicher Bestimmung nur als Gesellschaftsbedienstete beschäftigt wurden. ME. 2. 1. 80, 7. 11. 80; 10. 4. 83 Z. a 6 (MBl. **80** 52 u. 105; **83** 57); OVG. 9 34; Gruchot **26** 1116; RG. **112** 126; Brand, BR. 25.

6. **Die tatsächliche Verwaltung eines Amtes.** Schon mit der Anstellung und noch vor Antritt eines bestimmten Amtes entsteht die Beamteneigenschaft, und sie wird nicht notwendig mit der dauernden oder vorübergehenden Beendigung des Amtsverhältnisses beseitigt. Auch der Suspendierte oder

einstweilig in den Ruhestand Versetzte bleibt Beamter. OVG. **20** 127; Laband **1** 430; Brand BR. 26. Nur die Personen, die kraft gesetzlichen Zwanges vorübergehend amtliche Obliegenheiten ausüben, wie Schöffen und Geschworene, sind nur während und bei Ausübung ihres Amtes Beamte, und zwar auch nur im Sinne des StGB., nicht des Staatsrechts.

In der Regel ist freilich die Berufung zum Staatsdienst mit der sofortigen Berufung auf eine bestimmte Staatsdienststelle verbunden. Rehm **2** 166ff.; Löning 115, 116. **Ein Recht auf das Amt** und die damit verbundene Ausübung der Dienstobliegenheiten hat der Beamte nur in beschränktem Umfang; s. hierzu die ausführlichen Darlegungen von Brand BHK. **27** 47ff.; Brand BR. 117ff. Die Behörde kann also dem Beamten unter gewissen Voraussetzungen die Einstellung der Dienstverrichtungen befehlen. Dies ist praktisch bedeutsam in Fällen, wo der Beamte, ohne daß die Möglichkeit seiner förmlichen Suspension besteht, z. B. wegen Geisteskrankheit, sofort vom Amt entfernt werden muß. Natürlich verbleibt dem Beamten in solchen Fällen der Anspruch auf Gehalt, Ruhegehalt, Hinterbliebenenversorgung und dgl. Andererseits besteht aber auch für das Reich keine Möglichkeit, den Beamten etwa im Klagewege zur Leistung der übernommenen Dienste anzuhalten; vielmehr bleibt gegen den ungehorsamen und untätigen Beamten nur der Weg der Disziplinarbestrafung, der allerdings einen starken mittelbaren Zwang zur Erfüllung der Dienstpflichten enthält und deshalb praktisch regelmäßig ebensogut oder noch besser zum Ziele führt wie eine Zivilklage.

7. **Die Verwaltung eines Hauptamtes,** d. h. eines Amtes, dessen Führung als wesentlicher oder ausschließlicher Lebensberuf gedacht ist. Daher verleiht die Bekleidung auch nur eines Nebenamtes Beamtencharakter. § 38 RBG.; OVG. **12** 52; Vogels VerwArch. **21** 263ff. So sind z. B. die im Bereich der Postverwaltung im Nebenamt beschäftigten Postagenten und die Post- und Telegraphen-Hilfsstelleninhaber Beamte; s. X 1 §§ 85—88 PDA. Beamte, die im Reichsdienst nur ein Nebenamt bekleiden, erhalten keinen Wohnungsgeldzuschuß und keine Kinderzuschläge. § 18 Abs. 2 RBesG.

Möglich ist, daß ein reichsdienstliches Nebenamt mit einem landesdienstlichen Hauptamt Hand in Hand geht. RG. **43** 131; **111** 122; RDisH. 19. 6. 22 Schulze-Simons S. 16; Friedrichs JurRundsch. **27** 312. Dies ist z. B. der Fall, wenn ein preußischer Richter nebenamtlich als richterlicher Beisitzer im Reichsversicherungsamt tätig ist.

8. **Die freiwillige Übernahme eines Amtes.** Zu den Beamten gehören auch viele Organe der Selbstverwaltung, die ihre Dienste nicht freiwillig, sondern kraft gesetzlicher Verpflichtung leisten.

D. **Das Beamtenverhältnis entsteht** mit geringen Ausnahmen **durch freie Entschließung.** RG. **37** 241. Eine Ablehnung des Amtes ist in der Regel zulässig; einen Zwang zur Annahme eines Amtes gibt es regelmäßig nicht. Auch kann ein Reichsbeamter zur Beibehaltung eines übernommenen Amtes nicht gezwungen werden; er kann, auch wenn er noch dienstfähig ist, seine Entlassung fordern, wenn auch nicht zur Unzeit und unter gewissen Voraussetzungen. Andererseits gibt es selbst für die Personen, die die vorgeschriebenen Prüfungen bestanden haben, einen Rechtsanspruch auf Anstellung und auf Beibehaltung des Amtes nicht. Vgl. § 24 RBG. KKGH. in JMBl. **84** 83; OVG. **42** 68; **44** 48; RG. in PrVBl. **26** 237; Ullmann BeamtJahrb. **26** 228; Gruchot **34** 924.

Die Anstellung eines Beamten mit Rückwirkung auf einen früheren Zeitpunkt ist zulässig und entspricht — in den gesetzlichen Grenzen — ständiger Übung. Allerdings kann eine solche Anstellung dem Ernannten nicht für die zurückliegende Zeit Beamteneigenschaft mit allen Rechten und Pflichten beilegen; vielmehr dient die rückwirkende Anstellung vorzugsweise der nachträglichen Gewährung von Bezügen. RDisH. 20. 10. 24 Schulze-Simons S. 14. Andererseits kann auch keine Bevorzugung gegenüber den seit dem früheren Zeitpunkt bereits angestellten Beamten eintreten. Deshalb kann einem Beamten auch für die zurückliegende Zeit neben dem Diensteinkommen nicht das volle Ruhegehalt gewährt werden. RG. „Recht" **24** 276.

E. Trotz der ihm regelmäßig zugrunde liegenden freien Entschließung **kommt das Beamtenverhältnis nicht durch einen Vertrag, sondern durch einen einseitigen staatlichen Hoheits- oder Verwaltungsakt** des Vertreters der Staatsgewalt, des Reichsoberhauptes oder einer von diesem oder durch Gesetz hierzu ermächtigten Behörde zustande. Dieser einseitige Staatsakt wird **Anstellung** genannt; seine Zulässigkeit und Wirksamkeit ist allerdings von der vorher erklärten Einwilligung des Anzustellenden abhängig. Ein Vertrag setzt gleichberechtigte, sich unabhängig gegenüberstehende Kontrahenten voraus. Bei der Schaffung des Beamtenverhältnisses, durch welches Hoheitsrechte übertragen werden, hat der Staat von vornherein eine Gewalt- und Autoritätsstellung gegenüber dem Anzustellenden. Er steht über, nicht neben ihm. Daher ist auch die Erfüllung der Beamtenpflichten nicht Vertragserfüllung, sondern Erfüllung der besonderen Treue-, Gehorsams- und Dienstpflichten; ihre Verletzung ist nicht Vertragsverletzung, sondern Dienstvergehen. RGZurW. **17** 354; **21** 419 und in ständiger neuerer Rechtsprechung: RG. **84** 220, 368; **96** 303; **100** 297; **110** 192; RDisH. 12. 1. 26 in DRichtZtg. **26** Rspr. Heft 3 Nr. 337 = JurRundsch. Rspr. Nr. 1065; Brand BR. 60; v. Rheinbaben 18. Jedoch wird auch vielfach die Entstehung des Beamtenverhältnisses auf einen Vertrag öffentlich-rechtlicher Natur zurückgeführt. So die frühere Rechtsprechung des Reichsgerichts: RG. **18** 173; **28** 85; **37** 243 u. 315; **53** 427; **71** 239; JW. **13** 107; RGSt. **12** 422; ferner KKGH. im MBl. **54** 43; OVG. **13** 135; Laband **1** 434, 449; Schulze 4, 31; Görres 1; Perels u. Spilling 4; Pieper 13; Arndt 641; Wolffstieg 24; Vogels VerwArch. **31** 49ff. u. a.

Beruht hiernach auch richtiger Ansicht nach die Anstellung auf einem einseitigen Staatsakt, so muß doch, wenn jemand als Beamter tätig werden soll, jener Staatsakt ihm gegenüber in die Erscheinung getreten, also regelmäßig ihm durch amtliche Mitteilung eröffnet worden sein. RG. **100** 297. Die gegen den Anstellungsakt erhobenen Einwendungen des Betruges und wesentlichen Irrtums können im Rechtsweg geltend gemacht werden. RG. **83** 429ff.; Hartmann, JW. **15** 120ff.; Jellinek, Der fehlerhafte Staatsakt 126; Kormann System 371; Friedrichs KomVR. 14, 15. Auch für das Beamtenrecht gilt ferner der Grundsatz, daß bei Willenserklärungen nur der wirkliche, in die Erscheinung getretene, nicht der innere, unausgesprochen gebliebene Wille als Inhalt der Erklärung in Betracht kommt. RG. **97** 309. Über Erschleichung des Doktortitels s. RDisH. Schulze-Simons S. 3.

Ist hiernach auch der richtigen Ansicht nach in der Regel bei der Anstellung kein Raum für Vereinbarungen über die Rechte und Pflichten des Beamten (JW. **96** 328; RG. **110** 192), **so kann doch vor der Anstellung eine vertragsmäßige Einigung über bestimmte Punkte,** z. B. Gehalt, Rang, Anrechnung einer bestimmten Dienstzeit bei der Versetzung in den Ruhestand u. dgl. (JW. **99** 52) zwischen dem zu Berufenden und dem Staat usw. erfolgt sein. RG. **81** 385; JW. **13** 108; Giese, RV. 143; Fleiner, Institutionen d. deutschen Verwaltungsrechts[3] 1913 S. 182ff. Diese Einigung hat aber für die Begründung des Beamtenverhältnisses nur einen vorbereitenden Charakter und bildet keinen Bestandteil der Ernennung. Zorn **1** 307. Die Zusicherung des Staates über gewisse Rechte, z. B. auf Gehalt, kann auch stillschweigend durch konkludente Handlungen erfolgen. RG. 22. 3. 12 in DJZ. **12** 635. Der Vertrag über die künftige Amtsübertragung ist hiernach statthaft (JW. **03** 158; OLG. München 10. 6. 26 JurW. **26** 2305[5] a. E. u. Heyland ebenda S. 2306), begründet aber keinen klagbaren Anspruch auf Übertragung des Amtes; vgl. v. Rheinbaben 19. Näheres über die Frage der Zulässigkeit solcher Abreden, auch zwischen einem abgehenden Beamten und seinem Nachfolger oder der Behörde s. bei v. Rönne-Zorn **1** 434; Arndt 640; Bornhak **2** 32; v. Rheinbaben 19; OLG. **2** 247; RG. 14. 3. 13. Solche Abreden sind nur dann ungültig, wenn sie mit der öffentlich-rechtlichen Natur der davon betroffenen Ansprüche nicht im Einklang stehen. Denn die Anstellung ist nicht privatrechtlich, sondern öffentlich-rechtlicher Natur. RG. **53** 427; **95** 145; vgl. dazu Eickel, BeamtJahrb. **26** 17ff.; ferner Arndt, JurW. **24** 1052, der alle Reverse, die sich die Staatsregierung über Gehaltsfragen ausstellen läßt, für unwirksam hält. So kann z. B. ein Beamter auf die gesetzlich geregelte Anrechnung von Dienstzeit bei der Festsetzung des Besoldungsdienstalters oder auf Teile seiner gesetzlichen Bezüge nicht rechtswirksam verzichten. RG. **59** 163; Württemb. VerwGH. 18. 11. 25 DBeamtArch. **26** 543. Durch die Unwirksamkeit des Verzichts ist aber nicht die ganze Anstellung nach § 139 BGB. nichtig. Auch wenn man § 139 BGB. auf den öffentlich-rechtlichen Akt der Anstellung eines Beamten anwenden wollte (RG **83** 430), so ist doch unter Berücksichtigung aller Umstände zu prüfen, ob die Anstellung auch ohne Verzicht erfolgt wäre. RG. „Recht" **22** Rspr. **108** S. 564.

Was für Abreden bei der Anstellung gilt, kommt auch für sonstige Vereinbarungen zwischen der Behörde und dem Beamten in Betracht. So sind z. B. die Abkommen über freiwilliges Ausscheiden aus dem Dienst nur nach staatsrechtlichen Gesichtspunkten zu beurteilen. Solche Vereinbarungen sind insoweit ungültig, als sie mit der öffentlich-rechtlichen Natur der davon betroffenen Ansprüche nicht im Einklang stehen. RG. im PrVBl. **37** 169.

Die aus einer rechtsverbindlichen Zusicherung entstandenen Ansprüche sind wohlerworbene Beamtenrechte im Sinne des Art. 129 RV. Sie sind, soweit sie vermögensrechtlicher Natur sind, im Rechtsweg verfolgbar; s. unten §§ 149ff.

Überhaupt erzeugt das durch die Anstellung begründete Rechtsverhältnis zwischen dem Beamten und dem Reich beiderseitige Rechte und Pflichten. Die Pflichten des Reichs erschöpfen sich nicht in der Gehaltszahlung; das Reich hat auch sonstige Fürsorgepflichten dem Beamten gegenüber; verletzt es schuldhaft diese Pflicht, so hat der Beamte Anspruch auf Schadensersatz. RG. **103** 430; RG. 5. 4. 27 Jur. Rundsch. **27** Rspr. Sp. 814.

F. Über die **Form des Anstellungsaktes** vgl. §§ 2, 4 RBG.

G. Über die Natur der aus der Anstellung erwachsenden **vermögensrechtlichen Ansprüche** vgl. Anm. 1 zu § 149 RBG.

H. Über die **Vorbedingungen für die Anstellung** s. Anm. 8 zu § 4.

J. **Angestellte und Arbeiter bei den Reichsbehörden.** Bei den meisten Reichsbehörden gibt es außer den Beamten auch Angestellte und Arbeiter. Diese werden auf Grund eines Privatdienstvertrages nach BGB. angenommen und haben nicht die Rechte und Pflichten der Beamten. RG. **110** 298. Sie sind bei der Einstellung auf die Verfassung des Reichs zu vereidigen.

Die Rechtsverhältnisse der Angestellten und Arbeiter sind jetzt allgemein durch Tarifverträge geregelt, die zwischen der Regierung und den Vertretern der Angestellten und Arbeiter abgeschlossen sind. Es kommen in Betracht für die Angestellten der Reichsangest. Tarifvertrag v. 2. 5. 24 (RBesBl. 113) mit Änderung v. 24. 3. 25 u. 4. 3. 27 (RBesBl. **25** 91; **27** 15) u. durch Schiedsspruch v. 26. 1. 28 (RBesBl. 11), und für die Arbeiter der Tarifvertrag v. 8. 6. 26 (RBesBl. 85) mit Änderung v. 26. 4. u. 18. 5. 27 (RBesBl. 27 u. 33). Diese Tarifverträge enthalten Vorschriften über die Einstellung, die Pflichten, Grundvergütung, Ortszuschlag, die Einreihung in die Vergütungsgruppen, Gewährung von Kinderzuschlägen, örtlichen Sonderzuschlag, Urlaub, Entlassungs-, Kündigungsgründe usw.

Es gilt für die Lohnberechnung der Lohnempfänger noch das alte Ortsklassenverzeichnis mit seinen bisherigen Änderungen; dagegen kommt für die Angestellten (ebenso wie für die Beamten) die mit Wirkung vom 1. 11. 24 ab erfolgte Neuregelung der Ortsklasseneinteilung in Betracht.

Wegen der Lohnzahlung für die Verwaltungsarbeiter s. RFM. 19. 10. u. 26. 10. 25 (RBesBl. 225).

Wegen der zusätzlichen Altersversorgung der Angestellten und Arbeiter s. FM. 21. u. 22. 10. 28 (PrBesBl. 327 u. 337); FM. 25. 1., 2. 4. u. 15. 4. 29 (PrBesBl. 5, 69 u. 94).

Für die Schwerbeschädigten gelten die besonderen Beschäftigungsverpflichtungen und Kündigungsbeschränkungen des G. 12. 1. 23 (RGBl. I 57ff.) nebst Änder. v. 8. 7. 26 (RGBl. I 398) nebst AusfVO. v. 13. 2. 24 (RGBl. I 73); über die Vormerkung Schwerbeschädigter s. RFM. 19. 10. 25 (RFBl. 185). Für Preußen s. G. 24. 1. 21 (GS. 226).

Ferner kommt in Betracht das BetriebsräteG. v. 4. 2. 20 (RGBl. 147).

Für die Kündigung von Angestellten, die mindestens 5 Jahre beschäftigt worden sind, gelten die besonderen Kündigungsfristen des Reichsges. v. 9. 7. 26 (RGBl. I Nr. 46). Über die Kündigung von Angestellten mit mehr als 10 Dienstjahren s. RFM. 10. 2. 27 (RBesBl. 11). Es sind dies die sog. Dauerangestellten, die eine beamtenähnliche Stellung haben. Bei der Annahme und bei der Kündigung soll auf ältere Angestellte besonders Rücksicht genommen werden. RFM. 27. 11. 26 (RFBl. 117). Vgl. das Handbuch von Kschischo-Odzuk „Der Angestellten-Tarifvertrag für die Reichs- u. Preuß. Staatsverwaltg." Verlag von Georg Bath, Berlin SW 61.

Wegen des Übergangsgeldes für Angestellte s. RFM. 18. 5. 26 (RBesBl. 82).

Wegen der Ausstellung eines Zeugnisses für Angestellte s. § 630 BGB. und Falck Beamtenjahrb. **29** 4ff.; abweichendes gilt für Beamte, s. unten Übersicht Ziff. 10e vor § 149.

II. Neben der Beamteneigenschaft gehört zum Begriffe des Reichsbeamten im Sinne des RBG. **die Anstellung vom Kaiser, jetzt vom Reichspräsidenten oder das Bestehen der Verpflichtung nach Vorschrift der Reichsverfassung den Anordnungen des Reichspräsidenten Folge zu leisten.**

1. **Vor der Staatsumwälzung** gab es zwei Arten von Reichsbeamten im Sinne des RBG.:

a) **die unmittelbaren Reichsbeamten,** die vom Kaiser persönlich oder kraft Ermächtigung in seinem Namen und Auftrag durch die obersten und oberen Reichsbehörden angestellt wurden. Sie wurden auch „Kaiserliche Beamte" genannt. Zu ihnen gehörten z. B. die Mitglieder der obersten und der höheren Reichsbehörden, die Beamten des Auswärtigen Amtes, die Gesandten und Konsuln, die oberen Post- und Telegraphenbeamten u. a.;

b) **die mittelbaren Reichsbeamten,** die von den Bundesoberhäuptern oder deren Vertretern für den Reichsdienst angestellt wurden und neben ihren

Pflichten als Beamte ihres Landesherrn gleichzeitig nach Vorschrift der Reichsverfassung den Anordnungen des Kaisers Folge zu leisten hatten. Zu ihnen gehörten insbes. die mittleren und unteren Beamten der Reichs-, Post- und Telegraphenverwaltung und der Militär- und Zivilbeamten des Reichsheers mit Ausnahme der Post- und Telegraphenbeamten in Bayern und Württemberg und der Militärbeamten in diesen Ländern.

Die Rechtsstellung dieser beiden Beamtengruppen [zu a) und b)] war im allgemeinen dieselbe; jedoch bedurften nur die unmittelbaren Reichsbeamten bei Annahme von Titeln, Orden usw. seitens anderer Regenten und Regierungen der Genehmigung des Kaisers. § 15 RBG.

2. **Nach der neuen RV.** gibt es jetzt **nur noch unmittelbare Reichsbeamte.** Nach § 46 RV. ernennt und entläßt der Reichspräsident die Reichsbeamten, soweit nicht durch Gesetz etwas anderes bestimmt ist. Er kann das Ernennungs- und Entlassungsrecht durch andere Behörden ausüben lassen. Von dieser Befugnis hat er in weitgehendem Umfange Gebrauch gemacht.

Friedrichs im Artikel „Beamtenrecht" im Handwörterbuch der Rechtswissenschaft von Stier-Somlo und Elster 1926ff. Bd. I S. 546 rechnet zu den mittelbaren Reichsbeamten die Beamten der Reichsbank, des Reichstags, der Branntweinmonopolverwaltung, der Reichsbahngesellschaft, der Rentenbank, der Rentenbank-Kreditanstalt (landwirtschaftliche Zentralbank), Golddiskontbank, Bank für deutsche Industrieobligationen, Träger der öffentlich-rechtlichen Versicherung. Diese Beamten sind aber der richtigen Ansicht nach nicht mittelbare Reichsbeamte im Sinne des § 1 RBG., sondern Reichsbeamte besonderer Art.

3. **Der Kreis der Reichsbeamten** hat sich seit der Staatsumwälzung **sehr erweitert;** so sind insbesondere die Steuer- und Zollbeamten, die früher Landesbeamte waren, jetzt Reichsbeamte; s. §§ 8ff. RAbgO; über die rechtliche Stellung der in den Reichsdienst übernommenen Länderfinanzbeamten s. RG. v. 27. 3. 28 und Berger DJZ **28** 1236. Reichsbeamte sind ferner die Beamten der Verwaltung der Reichsversorgung. § 4 G. über das Verfahren in Versorgungssachen 20. 3. 28 (RGBl. I 71). Die Lotsen sind trotz Übernahme der Wasserstraßen auf das Reich Länderbeamte geblieben. RG. 31. 5. 27 JW. **27** 2203. Vgl. im übrigen das alljährlich erscheinende Handbuch des Deutschen Reichs und den Reichshaushalt. Auch die Rechtsverhältnisse der Reichsbahnbeamten richten sich in wichtigen Punkten nach dem RBG.; s. Näheres oben 6 der Vorbem. vor § 1 und unten Ziff. 7 (S. 19).

Richtlinien über den Beamtennachwuchs der obersten Reichsbehörden sind (ohne Datum) im RMBl. **27** 140 enthalten.

Nach dem Stande vom 1. 7. 28 gab es bei den Hoheitsverwaltungen des Reichs 98281 Beamte, bei der Deutschen Reichspost 247337 Beamte; s. näheres DJZ. **29** 430. Bei der Reichsbahn waren am 1. 4. 27: 307222 planmäßige und 7352 außerplanmäßige Beamte. Weibliche Beamte gab es am 1. 4. 27 bei den Reichshoheitsverwaltungen 441 und bei der Reichspost 44989. Die Gesamtzahl aller Beamten in Deutschland (Reichs- und Länderbeamten) wird auf 1580000 geschätzt. „Der Beamte" **1** 60.

4. **Die Post- und Telegraphenbeamten** sind unmittelbare Reichsbeamte. Im Gegensatz zu der Regelung, die der Reichsbahn im Reichsgesetze vom 30. 8. 24 (RGBl. II 272) die Stellung einer besonderen juristischen Person verschafft hat, ist die Deutsche Reichspost nach dem am 1. 4. 24 in Kraft getretenen Reichspostfinanzgesetz v. 18. 3. 24 (RGBl. I 287) Reichsverwaltung geblieben. Seit der durch dies G. bewirkten Loslösung des Posthaushalts vom allgemeinen Reichshaushalt hat die Postverwaltung ihr Vermögen und ihre Einnahmen und Ausgaben zu verwalten, ohne an die durch die RV. gegebene Zuständigkeit des Reichstags und Reichsrats bei der Festsetzung ihrer Ausgaben und der Gebühren gebunden zu sein. Die Befugnisse des Reichsrats und des Reichstags sind auf den Verwaltungsrat der Deutschen Reichspost übergegangen. §§ 3, 6 a. a. O. Trotzdem ist dem Personal der Post- und Telegraphenverwaltung die Rechtsstellung der Reichsbeamten erhalten geblieben. § 12 Abs. 1 ReichspostfinanzG.; RG. **123** 209; RG. 3. 1. 29 DRichtZtg. Sp. 173 (Postagenten als Reichsbeamte); vgl. Scheda in DJZ. **25** 639 ff. Es finden daher die Vorschriften des RBG. auf die Post- und Telegraphenbeamten Anwendung. Wegen der Dienstbezüge s. § 12 Abs. 2 u. 3 PostfinanzG.

5. **Der Reichspräsident** ist nicht Reichsbeamter. AusschBer. 212. Er ist vielmehr ein Organ des Reichs. Klüber VerwArch. **31** 153; Köttgen, Zeitschr. f. Selbstverw. Nr. 2 v. 15. 1. 29; **a. M.** Delius LZ. **28**, 242; Arndt ZBR. **1** 132 ff. Da er nicht Beamter ist, unterliegt er nicht der disziplinaren Verantwortlichkeit, wie die Beamten. Er ist aber gerichtlich und staatsgerichtlich verantwortlich. Doch ist zu seiner strafgerichtlichen Verfolgung die Zustimmung des Reichstags erforderlich. Art. 43 Abs. 3 RV. Die staatsgerichtliche Verantwortlichkeit trifft ihn ebenso wie den Reichskanzler und die Reichsminister. Art. 59 RV. Ebenso findet auf ihn die Haftpflichtgesetzgebung Anwendung. Köttgen a. a. O.

Obwohl er nicht Beamter ist, hat er doch eine Reihe von Rechten und Pflichten, die denen der Beamten nachgebildet sind. So hat er nach Art. 42 RV. einen Eid zu leisten. Ferner bezieht er Gehalt und Aufwandsgelder und hat freie Dienstwohnung mit Geräteausstattung. Auch steht ihm ein Dispositionsfonds zur Verfügung. Er bezieht auch ein Ruhegehalt gemäß G. v. 31. 12. 22 u. 3. 6. 25 (RGBl. I **23** 53 u. **25** I 81); vgl. Näheres unten Anm. 14 Vorbemerkung vor § 34 RBG.

Dagegen sind **die Reichsminister** einschließlich **des Reichskanzlers** Reichsbeamte. RG. **120** 388 ff.; Norheim BeamtJahrb. **27** 71 ff.; AusschBer. 212.; Abraham ZLR. **1** 23; a. M. Juliusberger ZBR. **1** 21. Sie haben auch im parlamentarischen Staat alle Rechte und Pflichten der Reichsbeamten, also z. B. Anspruch auf Diensteinkommen (Grundgehalt, Wohnungsgeldzuschuß, Kinderzuschläge, örtliche Sonderzuschläge u. dgl.), auf Ruhegehalt, auf Witwen- und Waisenversorgung, Tagegelder und Reisekosten u. dgl. RG. **120** 388ff. Die Altersgrenze (Vollendung des 65. bzw. 68. Lebensjahrs) findet aber auf sie keine Anwendung. Dagegen finden die Grundsätze über Nebenämter und Nebenbeschäftigungen auf sie Anwendung; s. Näheres unten § 16 RBG. Auch unterliegen sie zwar der zivilrechtlichen und strafrechtlichen, nicht aber der disziplinarischen Verantwortlichkeit; s. § 142 EntwRDStO. Man wird aber den Reichskanzler und die Reichsminister nicht dem eigentlichen Berufsbeamtentum zurechnen können; sie sind nur vorübergehend im Amt und nicht wie jenes einem höheren Willen untergeordnet; s. Näheres Köttgen 45ff. Die Reichsminister werden auf Vorschlag des Reichskanzlers vom Reichspräsidenten ernannt und entlassen. Art. 53 RV.

6. **Die Personen des Soldatenstandes,** zu denen auch **die Offiziere** gehören, zählen nicht zu den Reichsbeamten. Sie nehmen nach § 1 ReichswehrG. 23. 3. 21 (RGBl. 329) eine Sonderstellung ein. Einige Vorschriften des RBG. (§§ 3, 10a, 10b, 134–148; s. Näheres oben Vorbemerk. 5d) finden zwar auf sie Anwendung. § 157 RBG. Auch können sie ihre aus ihrem Berufe fließenden Vermögensansprüche gegen das Reich im Rechtswege verfolgen. Art. 129 Abs. 4 RV. Sie gelten auch insoweit als Beamte im Sinne des § 359 StGB., als strafgesetzliche Bestimmungen zum Schutze der Beamten erlassen sind. RGSt. **29** 15 u. 19; dies gilt nicht, soweit sie als Täter strafbarer Handlungen im Sinne der §§ 331ff. StGB. in Frage kommen. § 145 MStGB.; RG. v. 16. 10. 25 in JurRundsch. **25** 1397.

Im übrigen haben sie aber nicht die Vorrechte der Beamten. So haben sie nicht das Recht der politischen Betätigung, der freien Meinungsäußerung und des Vereins-, Versammlungs- und Petitionsrechts. § 36 I WehrO. Sie können in der Wahl der Zeitungen sowie in der Beteiligung an nichtpolitischen Vereinen sowie in der Selbstgründung von Vereinen nichtpolitischer Art beschränkt werden. § 37 WehrG. Sie haben auch nicht das aktive Wahlrecht zum Reichstag, zu den Volksvertretungen der Länder und zu den Gemeindevertretungen; sie haben auch kein Stimmrecht bei der Wahl und Absetzung des Reichspräsidenten sowie beim Volksbegehren und Volksentscheid im Reich und in den Ländern. § 36 Abs. 3 RWehrG.; § 7 Abs. 3 WahlG. für die preuß. Provinziallandtage und Kreistage v. 7. 10. 25 (GS. 123).

Die **Militärbeamten** des Reichsheers und der Reichsmarine gehören zwar zur „Wehrmacht" (§ 1 WehrG.), nicht aber zu den Personen des Soldatenstandes. Sie sind Reichsbeamte und unterstehen den Vorschriften des RBG.s, soweit nicht Abweichendes besonders bestimmt ist; wegen ihrer Steuervorrechte s. unten § 19. Die in der Verwaltung der Wehrmacht angestellten Zivilbeamten sind in jeder Hinsicht Reichsbeamte und unterliegen ohne Einschränkung dem RBG.

7. **Die Beamten der Deutschen Reichsbahngesellschaft sind nicht**

2*

Reichsbeamte im Sinne des RBG. Nach der V. v. 12. 2. 24 (RGBl. I 57) waren die bei der Deutschen Reichsbahn beschäftigten Beamten Reichsbeamte auch im Sinne des RBG. mit allen Rechten und Pflichten. Dies hat sich durch das G. v. 30. 8. 24 (RGBl. II 272) geändert. Dadurch ist die Trennung der Aufsicht von der Leitung des Unternehmens vollzogen. Aufsicht und staatliche Hoheitsrechte sind beim Reiche verblieben; dagegen ist der Betrieb der im Eigentum des Reichs stehenden Eisenbahnen auf die Reichsbahngesellschaft, eine Gesellschaft eigenen Rechts mit privatwirtschaftlichem Charakter übergegangen. Die Reichsbahnbeamten sind keine eigentlichen Reichsbeamten RG. **109** 92; sie stellen eine neue Art von Reichsbeamten dar. Sie können als Reichsbeamte eigener Art bezeichnet werden. Es sind Beamte „neuen eigenen und öffentlichen Rechts". Sie sind nicht nur Beamte der Gesellschaft, deren Interessen sie wirtschaftlich wahrzunehmen haben, sondern Diener der Allgemeinheit; so auch RDisH. v. 29. u. 30. 6. 25 in DRichtZtg. **25** 158. Das ReichsbahnG., das ReichsbahnpersonalG. und die Personalordnung der Deutschen Reichsbahn-Gesellschaft v. 3. 2. 25 (RMBl. 98), mit „Perso" abgekürzt (geändert durch 4. 12. 25; 29. 1., 14. 4. 26 u. 9. 1. 28, RMBl. **25** 1386; **26** 122; **28** 51) haben die Rechte und Pflichten der Reichsbahnbeamten gemäß § 22 Abs. 3 ReichsbahnG. unter Berücksichtigung der besonderen Verhältnisse der Reichsbahngesellschaft in Anlehnung an die für Reichsbeamte geltenden Vorschriften geregelt; sie sind so ausgestaltet, daß sie denen eines Reichsberufsbeamten und nicht eines Reichsangestellten entsprechen. Bayr. ObLG. v. 28. 4. 25 LZ. **25** 878 = DJZ. **25** 1441 = JurRundsch. **25** 969 = JurW. **25** 1647; OLG. Stuttgart in DJZ. **25** 1442 = JurRundsch. **25** 969; RFinanzHof in JW. **26** S. 395 = JurRundsch. **26** Rspr. Nr. 1044 bezeichnet die Reichsbahnbeamten als mittelbare Reichsbeamte. So auch Sarter-Kittel § 160. Es handelt sich also um Beamte im Sinne der RV. und auf allen Gebieten des Staats- und des Strafrechts. RDisH. 30. 6. 25 Schulze-Simons S. 30. Sie werden in der Regel auf Lebenszeit angestellt (§ 2 RBahnPersG.); sie haben das Recht auf feste Dienstbezüge (§ 26 RBahnG.); sie haben neben den Interessen der Gesellschaft das öffentliche Interesse zu wahren (§ 23 RBahnG.); sie haben unter Beobachtung der RV. und der Gesetze ihre Dienstgeschäfte zu verrichten, das Dienstgeheimnis zu wahren (§ 3 RBahnPersG.); sie unterstehen den Dienststrafgerichten des Reichs (§ 4 RBahnPersG.); RDisH. 30. 6. 25 Schulze-Simons S. 29; Reichsbahnbeamte sind zur Mitwirkung als Richter in den Dienststrafgerichten des Reichs berufen; die von ihnen im Rahmen ihrer Zuständigkeit aufgenommenen Urkunden sind öffentliche Urkunden im Sinne des § 415 ZPO. Götte JurW. **25** 2746; Hans. OLG. 5. 11. 25 in JurRundsch. **25** 1396; RG. 27. 10. u. 19. 11. 25 in DJZ. **26** 72 und dazu Conrad ebenda; **a. M.** OLG. Frankfurt a. M. 20. 10. 25 und Groeschner in DJZ. **26** 439, die die Reichsbahngesellschaft nicht als öffentliche Behörde ansehen. Nach § 20 RBahnG. sind aber bei Übergang des Betriebsrechts auf die Reichsbahngesellschaft nur „die im Dienste stehenden Beamten" übernommen. Die übrigen Beamten, also die auf Ruhegehalt oder Wartegeld stehenden, verblieben in ihrer bisherigen Stellung und unter der bisherigen Zuständigkeit; ihre höchste Reichsbehörde ist mithin der Reichsverkehrsminister geblieben. RDisH. v. 12. 1. 26 in JurRundsch. **26** Nr. 305 = DRichtZtg. **26** Rspr. Heft 3 Nr. 338; im übrigen sind nach V Vdg. 20. 7. 26 (RGBl. I 418) für diese Beamten gewisse Reichsbahnbehörden zuständig. RDisH. 25. 1. 28 DJZ. 806 = ZBR. **1** 153.

Aus § 19 RBahnG. und § 3 Abs. 1, § 5 Abs. 1 u. 2 RBahnPersG. folgt, daß das RBG. auch auf die Angehörigen der Reichsbahn Anwendung findet. RDisH. v. 30. 6. 25 in DRichtZtg. S. 158. Auch Galperin DJZ. **25** 1803 hält sie für mittelbare Reichsbeamte. Nach RGSt. **60** 2 u. 139ff., 144ff. sind die Reichsbahnbeamten Beamte im Sinne des § 359 StGB. Dagegen hält OLG. Marienwerder (5. 10. 25) nur diejenigen Reichsbahnbeamten für Beamte im Sinne des § 359 StGB., die staatliche Hoheitsrechte ausüben, z. B. als Bahn- oder Sicherheitspolizei, will aber die Eisenbahnschaffner, die Fahrkarten verkaufen, nicht als Beamte im Sinne des § 359 StGB. ansehen und wendet sich gegen die abweichende Rechtsprechung des Bayr. ObLG. und des OLG. Stuttgart. Die Reichsbahnbeamten sind jedoch nach der richtigen Ansicht bei jeder Diensthandlung als mittelbare Reichsbeamte anzusehen. RG. 27. 10. u. 19. 11. 25 in DJZ. **26** 72; RG. 19. 3. 26 JW. **27** 708ff.; Recht **25** 790; RGSt. **59** 384ff.; **60** 139ff., 144ff. KG. 27. 3. 26 JurRundsch. **26** Rsp. Nr. 1447.

Nach § 2 PersO. werden die Rechts- und Dienstverhältnisse der Reichsbahnbeamten durch die §§ 5 Abs. 4, 16 Abs. 4, 19–26 u. 43 Abs. 1 RBahnG., § 15 Abs. 1 der Gesellschaftssatzung, das RBahnPersG. und die PersO., die Ausgestaltung und Durchführung der Rechts- und Dienstverhältnisse durch allgemeine Dienstvorschriften und besondere Anordnungen des Generaldirektors geregelt. Der Generaldirektor kann zur Durchführung der Gesetze und der Personalordnung seine Befugnisse auf andere Stellen der Gesellschaft übertragen.

Die Direktoren und die oberen Beamten werden vom Verwaltungsrat auf Vorschlag des Generaldirektors ernannt. Teil II § 3 PersO. Der Generaldirektor bedarf der Bestätigung des Reichspräsidenten; über die rechtliche Bedeutung der Bestätigung s. Glünicke DJZ. **27** 633.

Die Rechtsverhältnisse der Reichsbahnbeamten sind an allen Stellen des Buches im Anschluß an die Vorschriften des RBG. besonders berücksichtigt. Sie stimmen vielfach mit ihnen überein, s. dazu RG. 17. 5. 27 JurRundsch. **27** Rspr. Sp. 964 Nr. 1551.

8. **Die Beamten der Reichsbank** sind ebenfalls nicht Beamte im Sinne des RBG.; vielmehr sind sie ebenso wie die Beamten der Deutschen Reichsbahngesellschaft Reichsbeamte eigener Art.

Die Reichsbank ist nach § 1 BankG. v. 30. 8. 24 (RGBl. II 235) eine von der Reichsregierung unabhängige Bank, welche die Eigenschaft einer juristischen Person besitzt. Die Reichsbank und ihre Stellen sind öffentliche Behörden. KG. 25. 3. 26 OLG. **45** 103ff. = JFG **4** 255. Die Rechtsverhältnisse der Beamten der Bank sind durch ein — nicht veröffentlichtes — vom Reichsbankdirektorium erlassenes besonderes Beamtenstatut geregelt. § 9 Abs. 2 BankG. Dies Statut ist auf Grund der dem Reichsbankdirektorium vom Reich übertragenen Befugnisse zur selbständigen Regelung der Beamtenverhältnisse erlassen und hat Gesetzeskraft. RG. **119** 428; JW. **28** 1291, dazu Potthoff ebenda. Das Beamtenstatut wahrt den Beamten der Reichsbank die Rechte der Reichsbeamten und legt ihnen die Pflichten der Reichsbeamten auf. Es ist den Vorschriften des Reichsbeamtengesetzes nachgebildet, und Abweichungen vom Reichsbeamtenrecht sind nur insoweit zulässig, als es zur Aufrechterhaltung eines geordneten und leistungsfähigen Bankbetriebes notwendig ist. § 9 Abs. 3 BankG.

Deshalb sind die Vorschriften der RV. und im wesentlichen auch die des RBG. auch für die Beamten der Reichsbank maßgebend. RG. 12. 4. 27 „Recht" **27** 467. Besonders hervorgehoben ist dies für das Dienststrafverfahren. § 9 Abs. 4 BankG. Hierbei übt der Präsident des Reichsbankdirektoriums die Befugnisse der obersten Reichsbehörde aus.

Auch bei den Vorschriften über die Gehälter, Wartegelder, Ruhegehälter und Hinterbliebenenbezüge, die das Reichsbankdirektorium für die Beamten der Reichsbank erläßt, sind die reichsrechtlichen Vorschriften zugrunde zu legen. § 10 Abs. 2 BankG. Es kommen also auch insoweit das RBG., die Reichsbesoldungsgesetze und das Reichshinterbliebenengesetz zur Anwendung. Nur können die Dienstbezüge der Beamten der Bank im Vergleich zu den Dienstbezügen gleich zu bewertender Reichsbeamten günstiger geregelt werden, wenn diese günstigere Regelung zur Aufrechterhaltung eines geordneten und leistungsfähigen Bankbetriebes notwendig ist; s. Näheres § 10 Abs. 3—8 BankG.

Auch Art. 129 Abs. 1 Satz 3 RV. und die §§ 149—155 RBG. finden auf die Beamten der Reichsbank Anwendung. RG. 12. 4. 27 „Recht" **27** 467.

Für den Präsidenten und die Mitglieder des Direktoriums, die nicht Reichsbeamte sind (KG. in JFG **4** 258), werden die Vorschriften über die Gehälter, Wartegelder, Ruhegehälter und Hinterbliebenenbezüge vom Generalrat erlassen. § 10 Abs. 1 BankG.

9. Nach § 102 Abs. 1 AngestVersG. haben die im § 101 das. bezeichneten **Beamten der Reichsversicherungsanstalt** — der Präsident, die beamteten Mitglieder des Direktoriums und die höheren etatmäßigen Beamten — die Rechte und Pflichten der Reichsbeamten. RG. „Recht" **25** 764 = Gruchot **68** 666. Die Reichsversicherungsanstalt kann nun aber auch eigene Beamte im Sinne des öffentlichen Rechts ernennen; zu diesen gehören z. B. die Hilfsbeamten der Rentenausschüsse; für diese haftet die Reichsversicherungsanstalt und nicht das Reich gemäß § 1 Reichshaftsges. und Art. 131 RV.

Reichsger. 30. 10. 25 JW. **26** 1442 = Gruchot **68** 668; a. M. Jellinek JW. **26** 1442, der die Haftung der Reichsversicherungsanstalt ablehnt und nur die Beamten selbst haften lassen will. Die Verwaltungspraxis behandelt die Bediensteten der RVersAnst. als Angestellte; ihren Rechtsschutz finden sie vor den Arbeitsgerichten und nicht vor den ordentlichen Gerichten.

10. Wegen der **Beamten im Dienstbereich der Reichsanstalt für Arbeitsvermittlung und Arbeitslosenversicherung** in Berlin s. RG. v. 16. 7. 27 (RGBl. I 187).

Der Präsident und seine ständigen Stellvertreter sowie die Vorsitzenden der Landesarbeitsämter und ihre ständigen Vertreter haben die Rechte und Pflichten der Reichsbeamten. Die Vorsitzenden der Arbeitsämter und ihre ständigen Stellvertreter sowie die Mitglieder der Hauptstelle, die nicht ständige Stellvertreter des Präsidenten sind, können nach Anhörung des Verwaltungsrats die Rechte und Pflichten der Reichsbeamten erhalten. § 35 RG. 16. 7. 27 (RGBl. I 187). Abgesehen von den leitenden Beamten werden die übrigen Arbeitskräfte durch Privatdienstvertrag angestellt.

11. Wegen der ehemaligen **elsaß-lothringischen Beamten** s. RG. 11. 1. 22 (RGBl. I 29); s. dazu RG. 8. 11. 27 JW. **28** 1036 u. Jahrreiß JW. **28** 1021.

12. Außer den Beamten werden bei den Reichsbehörden auch **Angestellte** und **Arbeiter** beschäftigt. Sie stehen im Privatdienstverhältnis. Sie werden nicht nach dem RBG., sondern nach BGB. beurteilt; s. Näheres oben Anm. 3 I J zu § 1.

§ 2.

Soweit die Anstellung der Reichsbeamten nicht unter dem ausdrücklichen Vorbehalt des Widerrufs oder der Kündigung erfolgt, gelten dieselben als auf Lebenszeit angestellt.

1. Das Reich hat in der Regel nicht das Recht, das Dienstverhältnis einseitig zu lösen. Vielmehr bildet die **Lebenslänglichkeit** der Anstellung bei den Reichsbeamten die Regel. Art. 104 Abs. 1, 129 Abs. 1 RV., RGSt. **54** 261.

Für gewisse Beamte ist die Anstellung auf Lebenszeit besonders vorgeschrieben:

a) Die **Richter** der ordentlichen Gerichtsbarkeit werden auf Lebenszeit ernannt. Art. 104 Abs. 1 Satz 1 RV.; § 6 GVG.; RG. **111** 119. Dasselbe gilt von den Mitgliedern des Reichsfinanzhofs. § 34 RAbgO. Zur ordentlichen Gerichtsbarkeit gehören nach Art. 103 RV. das Reichsgericht und die Gerichte der Länder, also nach § 12 GVG. die Oberlandesgerichte, Landgerichte und Amtsgerichte. Den Gegensatz zur ordentlichen Gerichtsbarkeit bilden die Verwaltungsgerichte und die reichsgesetzlich zugelassenen Sondergerichte (Arbeits-, Rhein- und Elbschiffahrtsgerichte, Agrargerichte); auch die Richter solcher Gerichte können kraft besonderer gesetzlicher Bestimmung auf Lebenszeit ernannt werden, stehen aber nicht unter dem Schutz des Art. 104 Abs. 1 Satz 1 RV.; jedoch findet auf die ständigen Mitglieder des Reichswirtschaftsgerichts jetzt Art. 104 RV. Anwendung. G. 31. 3. 28 (RGBl. I 135). Dasselbe gilt von den Mitgliedern des Reichsfinanzhofs. § 36 RAbgO. Die Handelsrichter, Schöffen und Geschworenen sind den Berufsrichtern der ordentlichen Gerichtsbarkeit nicht gleichgestellt. Art. 104 Abs. 4 RV. Die Mitglieder der Finanzgerichte sind zwar als solche unabhängig und nur dem Gesetz unterworfen. § 14 Abs. 4 RAbgO. Die Vorsitzenden und ständigen Mitglieder kann der RFM. aber aus ihrem Richteramt entfernen, indem er sie aus ihrem Hauptamt als Mitglieder des Landesfinanzamts abberuft. § 15 das.

Ausnahmen von der Lebenslänglichkeit der Anstellung der Richter sind im Abs. 1 Satz 3 und Abs. 3 Art. 104 RV. und § 8 Abs. 1 Satz 2 und Abs. 3 GVG. festgesetzt. Danach können auch für die Richter durch Gesetz Altersgrenzen eingeführt werden, mit deren Erreichung sie in den Ruhestand treten. Von dieser Befugnis ist im Reich (für die Mitglieder des Reichsgerichts) und in Preußen Gebrauch gemacht; s. Näheres unten Anm. 1 ff. zu § 60a; Brand BR. 299 ff. Auch können bei einer Veränderung in der Einrichtung der Gerichte oder ihrer Bezirke die Richter durch die Landesjustizverwaltung an ein anderes Gericht versetzt oder vom Amt entfernt werden, jedoch nur unter Belassung des vollen Gehalts; s. Brand BR. 647 ff.

Die von Deutschland ernannten Mitglieder der nach dem Versailler Vertrag errichteten gemischten Schiedsgerichtshöfe sind weder nach völkerrechtlichen noch staatsrechtlichen Grundsätzen unabsetzbare Richter. RG. **111** 115 ff.

b) Die **Reichsbahnbeamten** gelten ebenfalls als auf Lebenszeit angestellt, soweit sie nicht unter dem ausdrücklichen Vorbehalt des Widerrufs oder der Kündigung angestellt werden. § 2 RBahnPersG.; § 6 Z. 2 Abs. 1 PersO.

c) Die **Reichsbankbeamten** werden zwar zunächst in der Regel auf Kündigung angestellt; nach einer gewissen Zeit — in der Regel nach 3 Jahren — werden sie auf Lebenszeit angestellt. Der Präsident des Reichsbankdirektoriums wird aber nur auf 4 Jahre gewählt und kann aus wichtigem Grunde jederzeit abberufen werden unter Wahrung der ihm vertraglich zustehenden Ansprüche. § 6 Abs. 8 u. 10 BankG. Die Mitglieder des Reichsbankdirektoriums werden nach Zustimmung des Generalrats durch den Präsidenten der Reichsbank auf 12 Jahre mit der Maßgabe ernannt, daß jedes Mitglied bei Erreichung eines Lebensalters von 65 Jahren ausscheidet. § 6 Abs. 6 BankG. Auch können sie aus wichtigem Grunde jederzeit abberufen werden, unter Wahrung der ihnen vertraglich zustehenden Ansprüche. § 6 Abs. 10 BankG.

2. **Zwei Ausnahmen von dem Grundsatze der Lebenslänglichkeit** treten ein:

a) *kraft Gesetzes*: Der *Reichskanzler* und die *Reichsminister* können jederzeit ihre Entlassung erhalten und fordern (§ 35). Die Anstellung der Wahlkonsuln kann jederzeit widerrufen werden. § 10 Abs. 3 KonsGes. v. 8. 11. 62 (BGBl. 137);

b) kraft ausdrücklichen Vorbehalts in der Anstellungsurkunde (§§ 2, 4).

3. **Der Vorbehalt** (2b) muß **vor oder bei der Anstellung,** d. h. bei der Übertragung der Amtsfunktionen, ausgesprochen werden. Ein späterer Vorbehalt ist rechtsunwirksam, selbst wenn er mit Zustimmung des Beamten gemacht wird oder durch allgemeine reglementarische Bestimmungen, die mit dem Gesetz in Widerspruch stehen, erfolgt; die Vorschrift des § 2 ist öffentlich-rechtlicher Natur, also der Vereinbarung der Interessenten entzogen. RG. **37** 225 ff.; **82** 48; Arndt 25; Görres 8; a. M. Schulze 42. Auch wenn der Kündigungsvorbehalt nur versehentlich unterblieben war, ist eine Anfechtung der Anstellungserklärung unzulässig. RG. **120** 63 = „Recht" **28** 172 = JW. **28** 1038; dazu Mayr JW. **28** 1451. Auf die Meinung des Beamten, daß er auf Lebenszeit, nicht aber auf Kündigung angestellt sei, kommt es natürlich nicht an. RG. **37** 226, 234; **57** 120; Gruchot **33** 1038. Gegenüber dem die Kündigung für zulässig erklärenden Inhalt der Anstellungsurkunde sind mündliche Äußerungen der Anstellungsorgane, die Kündigungsklausel stehe nur auf dem Papier, unwirksam. RG. **101** 258.

4. Der Vorbehalt (2b) muß **ausdrücklich** sein; es genügt nicht ein stillschweigender Vorbehalt, der aus der Lage des Falls im allgemeinen, dem Gesamtverhalten der Beteiligten, der Art der übertragenen Dienstverrichtungen und dem tatsächlichen Nichtfortbestande des Dienstverhältnisses gefolgert werden kann. RG. **37** 226, 227; **111** 122; RG. 21. 9. 26 Jur.-Rundsch. Rspr. **26** 1628. Ein solcher Vorbehalt liegt auch nicht darin, daß in der Anstellungsverfügung von einer monatlich nachträglich zu zahlenden „Remuneration" oder Vergütung, nicht von einem „Gehalt" gesprochen ist. Gruchot **31** 1114. RG. 21. 9. 26 JurRundsch. Rspr. **26** 1628.

Bei Reichsbahnbeamten ist der Vorbehalt des Widerrufs oder der Kündigung in der Anstellungsurkunde besonders auszusprechen; bei kündbaren Beamten ist in der Anstellungsurkunde auch die Kündigungsfrist zu bezeichnen. Ziff. 3 § 6 PersO.

Die oberen Beamten der Reichsbahngesellschaft werden während einer Bewährungsfrist von 3 Jahren, gerechnet von der Beendigung des Vorbereitungsdienstes, kündbar angestellt. Die ordentliche Kündigung ist nur für den Schluß eines Kalendervierteljahrs unter Einhaltung einer Kündigungsfrist von 3 Monaten zulässig. Teil II § 6 PersO.

Bei Übernahme der Kündigungsbeamten der Ländereisenbahn bedurfte es nicht der Erklärung eines ausdrücklichen Kündigungsvorbehaltes. RG. 27. 5. 27 JurRundsch. **27** Rspr. Sp. 964 Nr. 1550 = „Recht" **27** 567 = JW. **27** 2195 = RG. **117** 153.

5. Die Kündigungsbeamten sind **wahre Staatsbeamte.** Gruchot **33** 1038. Ihre Stellung zu der annehmenden Behörde ist keine privatrechtliche.

6. **Welche Reichsämter nur unter Vorbehalt zu verleihen sind,** ist im

allgemeinen gesetzlich nicht bestimmt. Art. 129 Abs. 1 RV. steht der Annahme von Beamten auf Widerruf oder Kündigung nicht entgegen. Diese Verfassungsvorschrift will die Beamten nur vor einer Willkür der sie annehmenden Verwaltungsbehörde schützen; sie will aber nicht einer Sonderregelung vorbeugen. RG. **101** 259; Vogels PrVBl. **41** 512; Huber 164. Ob also die Anstellung widerruflich oder auf Kündigung oder auf Lebenszeit erfolgt, entscheidet die Anstellungsbehörde unter Berücksichtigung des Charakters der betreffenden Stelle, des Herkommens und der dienstlichen Rücksichten. § 2 RBG. bezieht sich nicht etwa nur auf planmäßige Beamte. RG. **111** 122; RG. 21. 9. 26 JurRundsch. **26** Rspr. 1629.

Unter Vorbehalt angestellte Beamte finden sich besonders im Bereich des Auswärtigen Amtes (Wahlkonsuln), der Marine- und Militärverwaltung, der Post- und Telegraphenverwaltung (X 2 §§ 18ff. PDA.) und der Verwaltung der Reichsbahngesellschaft. Beamte im Probe- oder Vorbereitungsdienst, sowie Hilfsbeamte werden stets, die Personen, die wesentlich mechanische, gewöhnliche Tagelöhner- und handwerksmäßige Dienste zu leisten haben, in der Regel auf Widerruf oder Kündigung angestellt. Doch wird das Verhältnis bei den planmäßigen Beamten oft nach längerer Zeit in ein unwiderrufliches umgewandelt, so im Bereich der Post, Telegraphie, der Reichsbahngesellschaft und der Reichsbank. Solche Umwandlung kann auch stillschweigend durch spätere Maßnahmen der Anstellungsbehörde geschehen, so z. B. wenn sie den Beamten in wichtige und besonderes Vertrauen voraussetzende Stellen befördert, die regelmäßig nur festangestellten Staatsdienern verliehen werden. RG. 11. 5. 28 KomRundsch. **28** 367. Doch ist in solchen Fällen stets der Wille der Anstellungsbehörde aus den begleitenden Umständen sorgfältig zu erforschen. RG. **37** 232ff. Der Anstellung auf Kündigung liegt nicht die Absicht zugrunde, für die Reichskasse Ersparnisse an Ruhegehalt zu erzielen, sondern die Behörde soll dadurch die Möglichkeit haben, Beamte, die sich nicht bewährt haben, ohne weiteres entlassen zu können. RG. **81** 170.

7. Die **Annahme auf Probe** unterscheidet sich nach ihrem Zwecke von der Anstellung auf Kündigung. Denn die Anstellung auf Probe ist bei vielen Beamtenstellen nötig, um die Leistungen und die Persönlichkeit des Anzustellenden kennen zu lernen; dagegen ist ein Probedienst regelmäßig nicht nötig bei Dienststellen, wo es bloß auf mechanische Dienstverrichtungen ankommt. Nach Ablauf der Probezeit stehen die Beamten regelmäßig den festangestellten, wenn auch nicht immer den lebenslänglich angestellten Beamten gleich.

8. Die sog. **Hilfsarbeiter** werden überall nur auf Widerruf eingestellt; man versteht darunter diejenigen Beamten, welche infolge eines außerordentlichen Bedürfnisses zur Unterstützung der planmäßigen Beamtenkräfte berufen werden; ihre Tätigkeit endet mit dem Fortfalle des Bedürfnisses ohne weiteres.

9. Von den Kündigungsbeamten zu unterscheiden sind diejenigen Beamten, die **von vornherein nur auf eine bestimmte Zeit** gewählt oder angestellt werden, wie z. B. der Präsident der Reichsbank (4 Jahre) und die Mitglieder des Reichsbankdirektoriums (12 Jahre). § 6 Abs. 10 BankG. sowie die nur für ein Abwicklungsgeschäft Angenommenen. RG. **122** 7 = JW. **28** 3226; dazu Stier-Somlo a. a. O. Bei solchen Beamten erlischt das Amt mit dem Ablauf dieser Zeit von selbst. § 102 II 10 ALR.

10. Die Vorschriften des BGB., z. B. § 628, finden auf die **Kündigungsbeamten** keine Anwendung, da sie lediglich den **öffentlich-rechtlichen Vorschriften** des Beamtenrechts unterstehen. RG. **95** 146; **97** 43; **104** 58; **107** 189. Das Kündigungsrecht ist staatsrechtlicher Natur. RG. **81** 384. Behält sich also das Reich z. B. eine einmonatige Kündigungsfrist vor, so ist es nicht auf Kündigung gerade zum Ende des Kalendervierteljahrs oder Kalendermonats angewiesen; es kann also z. B. am 3. März zum 3. April kündigen.

Die ordentliche Kündigung ist bei allen außerplanmäßigen Beamten der **Reichsbahn** nur für den Schluß eines Kalendermonats zulässig und hat spätestens am 1. des Monats zu erfolgen; wegen der Kündigung der planmäßigen Beamten der Besoldungsgruppen 15—17 (auch 17a) mit und ohne Bewährungsfrist von 5 Jahren und der planmäßigen Beamten der Besoldungsgruppen 10—14 (auch 14a) und 6—9 (auch 9a) s. Ziff. 3 Abs. 1 § 6 PersO. in d. Fassg. v. 9. 1. 28 (RMBl. 51).

Die einem geisteskranken Beamten persönlich erklärte Kündigung ist nichtig; es muß zuvor dem Beamten ein Pfleger bestellt und diesem gegenüber die Kündigung ausgesprochen werden.

11. **Ein auf Widerruf angestellter Beamter** kann **jederzeit** durch Ausspruch des Widerrufs, **ein auf Kündigung Angestellter** nur nach Kündigung oder Ablauf der bestimmten Kündigungsfrist durch die Anstellungsbehörde **entlassen** werden. S. Näheres unten § 32; ein förmliches Dienststrafverfahren findet in der Regel nicht statt. Anm. 5 zu § 32. Doch steht das Kündigungs- oder Widerrufsrecht regelmäßig nur der Behörde, nicht dem Beamten zu. RG. **28** 80; Seydel 282; Arndt 26. Steht es ausnahmsweise auch dem Beamten zu, so wird häufig nur ein Privatdienstverhältnis vorliegen. RG. **81** 383, 384. Doch können auch die kündbaren Reichsbeamten nach Erledigung ihrer Geschäfte und unter Verzicht auf alle Rechte aus dem Beamtenverhältnis jederzeit ihre Entlassung verlangen. § 100 RBG. Der Beginn der Kündigungsfrist ist von dem Tage ab zu rechnen, der auf den Tag folgt, an dem die Dienstkündigung stattgefunden hat.

Nichtplanmäßigen Reichsbahnbeamten und Reichspostbeamten kann bei grober Verletzung der Dienstpflichten ohne Einhaltung einer Kündigungsfrist gekündigt werden. Ziff. 3 PersO. i. d. Fassg. v. 8. 5. 26 (RMBl. **27** 23, 24); § 11 X 1 PDA.

12. Die auf Widerruf usw. angestellten Beamten haben einen gesetz-

lichen **Ruhegehaltsanspruch** nur, wenn sie eine in den Besoldungsetats aufgeführte Stelle bekleiden; sonst kann ihnen eine Pension im Gnadenwege bewilligt werden. S. § 37.

13. Hatte der Kündigungsbeamte keine planmäßige Stelle bekleidet, so haben **die Hinterbliebenen** keinen Anspruch auf Witwen- und Waisengeld nach dem HFG., wohl aber auf Witwen- und Waisenrenten nach dem UFG. Es kann aber in besonderen Fällen die gnadenweise Gewährung von Witwen- und Waisengeld durch den Fachminister in Gemeinschaft mit dem Finanzminister erfolgen.

14. Bei den Reichsbahnbeamten ist die Zurücknahme der Kündbarkeit den Beamten schriftlich mitzuteilen. Ziff. 3 § 6 Perso.

15. Einem **Schwerbeschädigten** kann rechtswirksam nur mit Zustimmung der Hauptfürsorgestelle gekündigt werden; § 12 G. 6. 4. 20 (RGBl. 458). Dies gilt aber nur für die Arbeiter und Angestellten, nicht für Beamte. RG. 12. 1. 23 (RGBl. I 57) § 13 Abs. 6. Im übrigen s. wegen der Kündigungsbeschränkungen bei Schwerbeschädigten RG. 24. 3. 22 (RGBl. 279); s. auch G. 6. 4. 20 (RGBl. 458) in d. Fassg. 12. 1. 23 (RGBl. I 57) u. AusfV. 17. 5. 20 (RGBl. 978). Schwerbeschädigte sollen in erster Reihe angestellt werden. § 13 Abs. 1 HaushaltsG. 31. 3. 28 (RGBl. II 209).

Die Entscheidungen der Hauptfürsorgestellen und des Schwerbeschädigtenausschusses über die Einstellung von Schwerbeschädigten unterliegen der Nachprüfung der Gerichte daraufhin, ob sie gegen zwingende gesetzliche Vorschriften verstoßen. Einen solchen Verstoß enthält die Zuweisung eines Arbeitnehmers mit bestimmter Anweisung der Art seiner Verwendung, wenn ein Arbeitsplatz dieser Art im Betriebe gar nicht vorhanden war. OLG. Stuttgart 24. 6. 26 SeuffArch. **80** 276.

16. Wegen des **Gnadenvierteljahrs** der Kündigungsbeamten s. Anm. 5 zu §§ 7, 8 RBG.

17. **Tagegelder und Reisekosten** erhalten die Kündigungsbeamten ebenso wie die lebenslänglich angestellten Beamten. Dagegen erhalten sie bei Versetzungen keine Umzugskosten, sondern nur Tagegelder und Reisekosten; nur die eine planmäßige Stelle bekleidenden Kündigungsbeamten haben einen Anspruch auf Umzugskosten.

18. **Im übrigen s.** wegen der Rechtsverhältnisse der Kündigungsbeamten **unten § 32.** Wegen der Kündigung und Abfindung verheirateter weiblicher Beamter s. unten § 4 Anm. 8c.

§ 3.

Jeder Reichsbeamte ist auf die Reichsverfassung (Artikel 176) und auf die gewissenhafte Erfüllung aller Obliegenheiten des ihm übertragenen Amtes eidlich zu verpflichten.

Die Eidesleistung soll bei der Aushändigung der Bestallung

oder dem Dienstantritt, spätestens in unmittelbarem Anschluß an den Dienstantritt, stattfinden. Wird sie verweigert, so ist die Ernennung des Beamten in seinem Rechtsverhältnis zum Reich nichtig.

Über den Ersatz der Eidesleistung durch eine andere feierliche Erklärung bei Angehörigen einer Religionsgemeinschaft, denen die Eidesleistung aus religiösen Gründen verboten ist, bestimmt der Reichsminister des Innern im einzelnen Fall.

1. **Die jetzige Fassung des § 3** beruht auf dem G. v. 21. 7. 22 (RGBl. 590) über die Pflichten der Beamten zum Schutze der Republik.

2. **Der Diensteid der Reichsbeamten,** der vor oder unverzüglich nach dem Dienstantritt zu leisten ist, lautet nach Art. 176 RV. u. V. 14. 8. 19 (RGBl. 1419):

„Ich schwöre Treue der Verfassung, Gehorsam den Gesetzen und gewissenhafte Erfüllung meiner Amtspflichten."

Diesen Eid leisten alle Reichsbeamten; auch die Beamten der Reichsbahngesellschaft (s. § 5 Ziff. 1 PersO.) und die Beamten der Reichsbank leisten denselben Eid.

Wegen der Beamten und Angestellten der Post s. § 7 PDA. X 1.

Die Angehörigen der Wehrmacht leisten folgenden Eid: „Ich schwöre Treue der Reichsverfassung und gelobe, daß ich als tapferer Soldat das Deutsche Reich und seine gesetzmäßigen Einrichtungen jederzeit schützen, dem Reichspräsidenten und meinen Vorgesetzten Gehorsam leisten will."

3. Die Formulierung des Eides für die Reichsbeamten **bezweckt,** eine so weitgehende Bindung, wie sie die Treupflicht des alten Lehnrechts bedingte, von den Beamten nach Änderung der Staatsform nicht mehr zu verlangen. Sonst wären die den Beamten durch die Verfassung gewährleisteten Rechte der freien Meinungsäußerung (Art. 118) und Freiheit der politischen Gesinnung (Art. 130) gefährdet gewesen.

Die Vereidigung auf die RV. verpflichtet die Beamten auf die Bestimmungen der Reichsverfassung in Wahrnehmung ihres Amts, d. h. nur in ihrer amtlichen Tätigkeit; die Bestimmungen über ihre staatsbürgerliche Freiheit (Art. 130 Abs. 2 u. 118 RV.) werden davon in keiner Weise eingeschränkt oder berührt. Durch diesen Beamteneid übernehmen also die Beamten nur die Verpflichtung, in ihrer Tätigkeit als Beamte in Wahrnehmung ihres Amtes die Verfassungsbestimmungen genau zu beachten. OVG. im PrVBl. **44** 453; OVG. **77** 495; **78** 441. RDisH. 5. 12. 21 — 77/21; Groß DisSenat d. KG.s 7. 2. 22 – Y 12. 21./11 amtl. Sammlg. 82 ff.; Wolfstieg 56 ff.

4. Der Eid entbehrt der religiösen Form. GrDisS. 7. 2. 22 amtl. Sammlg. 90; Art. 136 Abs. 4 RV. Dem Schwörenden bleibt es aber überlassen, den Eidesworten (zu 1 und 2) die seinem religiösen Bekenntnis entsprechende **Bekräftigungsformel hinzuzufügen.**

Wegen der Eide der Juden vgl. G. 15. 3. 69 (GS. 484), der Mennoniten V. 11. 3. 1827 (GS. 28) und der Philipponen Erl. 19. 11. 36 u. Nr. 2 V. 28. 1. 37 (v. Kamptz **49** 175); s. X 1 § 7 PDA.

5. Der Eid verpflichtet den Schwörenden nicht nur für die zur Zeit der Eidesleistung von ihm bekleideten, **sondern auch für alle ihm etwa später zu übertragenden Ämter.** Der Beamte braucht daher, wenn ihm später ein anderes Amt übertragen wird, den Eid nicht von neuem zu leisten. JM. 28. 1. 21. (JMBl. 89); Huber 162; § 7 X 1 PDA. Die früher vorgeschriebene Verweisung auf den geleisteten Diensteid bei Einführung in ein anderes Amt ist beseitigt.

6. **Nur Beamte** haben den Eid zu leisten. Hierzu gehören aber nicht nur die endgültig angestellten Reichsbeamten, sondern es müssen auch alle diejenigen Personen vereidigt werden, die zu ihrer Ausbildung, wie z. B. Referendare, oder zur Aushilfe oder zur Probe angenommen werden. Eine Ausnahme findet nur in dem Falle statt, wenn Personen lediglich zu augenblicklicher Aushilfe im Beamtendienst angenommen werden; solche Personen sind nicht zu vereidigen, sondern nur durch Handschlag auf treue Pflichterfüllung zu verpflichten. JM. 11. 7. 17 (JMBl. 191); s. dazu Vdg. des Bundesrats v. 5. 5. 17 (RGBl. 393).

Frühere preußische Beamte haben den Reichsbeamteneid nur dann nicht zu leisten, wenn sie bereits vor ihrem Eintritt in den preußischen Staatsdienst im Reichsdienste tätig gewesen waren und den Diensteid geleistet hatten.

Wegen der Vereidigung der Angestellten s. oben Anm. 3 I J. zu § 1; wegen der Vereidigung der Eisenbahnpolizeibeamten s. § 74 Eisenbahn-Bau- u. BetriebsO. v. 17. 7. 28 (RGBl. II 541).

Wer aus dem Reichsdienst ausgeschieden ist, muß bei seinem demnächstigen Wiedereintritt in den Reichsdienst auch dann vereidigt werden, wenn er früher schon einmal den Verfassungseid geleistet hatte. Neuerdings wird in manchen Verwaltungen angenommen, daß es bei denjenigen Personen, die den Beamteneid bereits geleistet haben, keiner nochmaligen Beeidigung bedarf; sie sind aber bei ihrer Wiedereinstellung darauf hinzuweisen, daß sie durch die frühere Eidesleistung für alle ihnen übertragenen oder zu übertragenden Ämter verpflichtet worden sind.

7. Für das **Verfahren bei Abnahme des Diensteides** ist folgendes zu beachten:

a) Alle Diensteide werden bei den Verwaltungsbehörden ohne Zuziehung einer Gerichtsperson abgenommen. Im allgemeinen gilt der Grundsatz, daß die Vereidigung eines jeden Beamten seitens der ihm zunächst vorgesetzten Dienstbehörde oder nach deren näherer Bestimmung vor einem anderen älteren, in höherer oder doch in gleicher Stellung befindlichen Beamten desselben Verwaltungszweiges zu bewirken ist.

b) Vor der Eidesabnahme ist dem zu Vereidigenden der

Ernst und die Heiligkeit der vorzunehmenden Handlung vorzuhalten.

c) Die Eidesformel muß den Beamten vor der Eidesleistung vorgelesen werden. Den Eid auf die Reichsverfassung sprechen die Beamten nach. Nach Ziff. 1 § 5 PersO. hat der zu Vereidigende dem die Eideshandlung vornehmenden Beamten durch Nachsprechen die Eidesformel „in die Hand zu geloben".

Bei der Eidesleistung hat der Schwörende die rechte Hand zu erheben. PrStMBeschl., mitgeteilt durch PrFM. 26. 11. 27 (PrBesBl. 156).

d) Die über die Vereidigung aufzunehmende Niederschrift (vgl. Ziff. 3 § 5 PersO.) hat den Diensteid entweder wörtlich zu enthalten oder es wird die Eidesformel in einer Anlage besonders niedergeschrieben und von dem Schwörenden vollzogen, auch daß dies geschehen, in dem Protokoll ersichtlich gemacht. Das Protokoll wird zu den Personalakten des Beamten genommen. Art. 4 V. 14. 8. 19 (RGBl. 1419); JM. 28. 1. 21 (JMBl. 89); HM. 2. 4. 21 (HMBl. 74).

8. **Die Bedeutung des Diensteides** beruht darin, daß der Beamte durch die Vereidigung zur Beobachtung der Verfassung und der Gesetze, ferner zur Verschwiegenheit, Sorgfalt, Treue und Zuverlässigkeit bei der Besorgung amtlicher Geschäfte verpflichtet wird und daher ohne Gefährdung der öffentlichen Interessen im Dienste verwendet werden kann. RG. **37** 229; **51** 230. Die Eidesleistung soll die Verbindlichkeit des Beamten zur Erfüllung der Amtspflichten verstärken und eine größere Gewähr für gewissenhafte Erfüllung bieten. RGSt. **17** 406; **53** 166; RG. **84** 220. Außerdem wird die dem Ruhegehalt zugrunde zu legende Dienstzeit regelmäßig vom Tage der ersten eidlichen Verpflichtung für den Reichsdienst gerechnet; vgl. § 45 Abs. 1 RBG.

Im übrigen hat die Ableistung des Diensteides keine staatsrechtlichen Folgen; daraus ergibt sich:

a) Die Vereidigung ist für die Beamteneigenschaft nicht entscheidend. Vielmehr wird die letztere schon mit der Annahme der Anstellungsurkunde oder mit dem Antritte des Dienstes erworben; RDisG. 18. 3. 76; Huber 162. Auch werden mitunter die nur auf Grund eines privatrechtlichen Dienstvertrages angestellten Personen vereidigt, ohne daß sie dadurch Beamteneigenschaft erlangen; s. oben § 1 S. 9.

Der Beamte ist sonach schon vor seiner Beeidigung zur Erfüllung der ihm übertragenen Dienstpflichten verbunden und wegen deren Verletzung disziplinarisch oder strafrechtlich verfolgbar. § 359 StGB; RDisH. 5. 12. 21 Schulze-Simons 107.

b) Die Vereidigung bildet keine Voraussetzung für die Rechtsgültigkeit der Amtshandlungen; s. aber für den Fall der Eidesverweigerung § 3 Abs. 2 Satz 2.

9. Die Eidesleistung ist eine aus dem Dienstverhältnisse sich er-

gebende **Dienstpflicht.** OVG. **77** 495; **78** 444; GrDisS. 7. 2. 22 amtl. Sammlg. 90. Die Verweigerung der Eidesleistung durch den Beamten macht die Ernennung des Beamten in seinem Rechtsverhältnis zum Reich nichtig. § 3 Abs. 2 Satz 2 RBG. Ein solcher Beamter ist ohne weiteres und ohne Dienststrafverfahren zu entlassen. Anderes gilt bei preuß. Beamten s. Brand BR. 78.

10. Besonders vorgeschrieben ist eine Vereidigung des Schriftführers im Zwangspensionierungs- und Dienststrafverfahren; s. § 64 Abs. 4 u. § 95 RBG.

§ 4.

Jeder Reichsbeamte erhält bei seiner Anstellung eine Anstellungsurkunde.

Der Anspruch des Beamten auf Gewährung des mit dem Amte verbundenen Diensteinkommens beginnt in Ermangelung besonderer Festsetzungen mit dem Tage des Amtsantritts.

Der Abs. 2 des § 4 hat **seinen jetzigen Wortlaut** durch § 31 des Reichsbeamten-Besoldungsgesetzes v. 30. 4. 20 (RGBl. 805) erhalten.

A. Die Anstellung der Reichsbeamten und die Anstellungsurkunde.

1. **Die Anstellungsurkunde.** Sie hat keine rechtsbegründende (konstitutive), sondern wie bei den preußischen Staats- und Kommunalbeamten nur eine kundmachende (deklarative) Eigenschaft. Die Reichsbeamten können also trotz der anscheinend abweichenden Fassung des Abs. 1 § 4 RBG. auch mündlich, oder durch schlüssige Handlungen, rechtswirksam angestellt werden. § 4 Abs. 1 aaO. legt lediglich den anstellenden Behörden eine Verpflichtung auf, ohne den Anstellungsakt rechtsunwirksam zu machen, wenn dem Beamten eine Bestallung nicht ausgehändigt wird. RG. **6** 107; **28** 80; **53** 427; **84** 220; **99** 265; RG. „Recht" **21** 419 = PrVBl. **42** 24; Arndt 28, 29; **a. M.** OVG. **35** 59; **42** 68; **53** 428; **67** 460; **69** 215; **73** 254; Hatschek VerwR. 2. Aufl. S. 298; Kautz-Appel. 46; Klüber VerwArch. **31** 141. Köttgen, Zeitschr. f. Selbstverw. Nr. 2 v. 15. 1. 29. Ist also die Reichsbeamtenstellung durch einseitigen Staatsakt einmal geschaffen, so fehlt es der richtigen Ansicht nach an der rechtlichen Möglichkeit, die Rechtswirksamkeit des Anstellungsaktes von der Übergabe einer Urkunde abhängig zu machen und sie ihres hoheitsrechtlichen Charakters deshalb zu entkleiden, weil die Ausfertigung der Urkunde, sei es versehentlich, sei es aus anderem Anlaß, unterblieben ist. RG. **99** 265; RG. „Recht" **21** 419 = PrVBl. **42** 911.

Übrigens kann in der Eröffnung des Anstellungswillens von maßgebender Stelle und in endgültiger Form die zur Anstellung erforderliche Bestallung erblickt werden. RG. 12. 1. 26 JurRundsch. **26** Rspr. Nr. 722 (S. 579).

2. Die schriftliche Eröffnung heißt bei den vom Reichspräsidenten persönlich ernannten Beamten „**Bestallung**". Eine Bestallung erhalten: a) die Mitglieder der höheren Reichsbehörden sowie die Reichsbeamten, die nach ihrer dienstlichen Stellung ihnen vorgehen oder gleichstehen; b) die Konsuln. Die Anstellungsurkunden der übrigen Reichsbeamten werden im Namen des Reichspräsidenten vom Reichskanzler oder von den durch ihn dazu ermächtigten Behörden erteilt. Die Reichsbahnbeamten erhalten über die Anstellung eine Urkunde, in die etwaige besondere Bedingungen aufzunehmen sind.

3. Besondere **Formen sind für die Anstellungsurkunde** nicht vorgeschrieben; es genügt vielmehr, wenn aus der Urkunde, die auch die Gestalt einer Verfügung, eines Protokolls oder dgl. haben kann, der Wille der anstellenden Behörde, eine bestimmte Person in eine bestimmte Beamtenklasse des Reichsdienstes einzustellen, klar erhellt. RG. **111** 122. Regelmäßig, aber nicht notwendig, enthält die Urkunde noch den Tag der Ausfertigung, die Zeit, von der an das Beamtenverhältnis beginnen soll und den Betrag der Besoldung. Der Inhalt der Anstellungsurkunde und nicht der etwa davon abweichende Wille der Behörde ist entscheidend. RG. 20. 1. 28 „Recht" **28** 173.

4. **Welche Behörde** im einzelnen zuständig zur Anstellung der Reichsbeamten ist, ist für die einzelnen Beamtenklassen durch besondere gesetzliche Bestimmungen und Verordnungen geregelt. Nach Vdg. des RPräs. v. 14. 6. 22 (RGBl. I 577) u. 6. 7. 28 (RGBl. I 196) hat dieser auf Grund von Art. 46 RV. das ihm zustehende Ernennungs- und Entlassungsrecht hinsichtlich der Beamten der Gruppen 4—12 der Besoldungsordnung A und der Gruppen 4—8 der Anlage dazu den Leitern der obersten Reichsbehörden übertragen. Jeder dieser Leiter kann Ernennungen nur in seinem Geschäftsbereich wirksam vornehmen. Das gleiche gilt von Beförderungen. Daher kann ein Reichsminister Beamte, die seiner Dienstgewalt nicht oder nicht mehr unterstehen, mit rechtlicher Wirkung nicht befördern. RG. **111** 358. Auch für die Versetzungen von Beamten in den einstweiligen Ruhestand gelten dieselben Vorschriften. Die Leiter der obersten Reichsbehörden gelten auch als ermächtigt, das ihnen zustehende Ernennungs- und Entlassungsrecht ganz oder zum Teil auf die Leiter der ihnen nachgeordneten Behörden zu übertragen. Nur für besondere Fälle hat sich der Reichspräsident das Recht der Anstellung usw. auch bezüglich der Beamten vorbehalten, deren Ernennung und Entlassung nach den vorstehenden Bestimmungen anderen Stellen übertragen ist.

Bei gewissen Beamtengruppen ist die Zustimmung des Kabinetts erforderlich. §§ 18, 19 GeschäftsO. der Reichsregierung. Bei einzelnen — hohen — Beamten hat der Reichsrat ein Vorschlags- bzw. Zustimmungsrecht.

Über die Ernennung der Beamten der Reichsanstalt für Arbeitsvermittlung und Arbeitslosenversicherung und ihrer Organe s. § 34 RG. 16. 7. 27 (RGBl. I 187). Wegen der Übernahme der in einem Arbeitsnachweisamt tätigen Beamten als Beamte in die Reichsanstalt für Arbeitsvermittlung und Arbeitslosenversicherung s. §§ 225 ff. RG. 16. 7. 27 (RGBl. I 187).

Die Reichsbankbeamten werden vom Präsidenten des Reichsbankdirektoriums angestellt. BankG. v. 30. 8. 24. Ähnlich liegen die Anstellungsverhältnisse bei der ReichsbahnGes. seit dem G. v. 30. 8. 24.

5. **Die vorbehaltlose Entgegennahme der Anstellungsurkunde macht den Anstellungsakt erst wirksam.** Besondere Formen sind für die Annahme nicht vorgeschrieben; auch eine stillschweigende Annahme genügt. ROHG. **21** 381; RDisH. 18. 3. 76 bei Schulze 27 u. Schulze-Simons 6; Pieper 18; Laband **1** 452; v. Rönne DStR. **1** 346; v. Rönne-Zorn **1** 435; Rehm **2** 141; Vogels PrVBl. **45** 370; § 6 Ziff. 1 Abs. 2 Perso.; **a. M.** Perels-Spilling 4. Die anstellende Behörde kann also die schon ausgefertigte und sogar die schon abgesandte Urkunde rechtswirksam wieder einziehen, wenn sie noch nicht in die Hände des Anzustellenden gelangt ist. Dies kann z. B. dann vorkommen, wenn die Behörde nachträglich Tatsachen erfährt, die gegen die Würdigkeit des Anzustellenden sprechen. Der Anzustellende erwirbt die Rechte aus der Anstellung erst, wenn er die Urkunde, ohne Einspruch zu erheben, angenommen hat. OVG. PrVBl. **13** 113. Deshalb dürfen ihm auch vor der Aushändigung der Urkunde keine amtlichen Mitteilungen über seine Ernennung zugehen, da sonst in dem Anzustellenden die — irrige — Vorstellung erweckt wird, als sei die Anstellung schon mit der Mitteilung perfekt geworden. Stirbt der Anzustellende vor dem Augenblicke der Annahme, oder wird er sonst vorher, z. B. infolge von Geisteskrankheit zur Annahme unfähig, so haben er oder seine Erben keine Ansprüche aus dem Anstellungsakt.

Die Anstellung der Reichsbahnbeamten wird ebenfalls rechtswirksam durch Aushändigung der Anstellungsurkunde an den Beamten; in der ausgehändigten Urkunde kann auch ein früherer oder späterer Zeitpunkt der Rechtswirksamkeit bestimmt sein. § 6 Ziff. 1 Perso.

6. Die **öffentliche Bekanntmachung der Anstellung** ist gesetzlich nicht vorgeschrieben und ist jedenfalls für die Begründung des Dienstverhältnisses ohne Bedeutung. Dagegen ist sie zur Legitimation des Beamten Dritten gegenüber in dem Fall erheblich, daß mit dem Amt obrigkeitliche Befugnisse oder eine Vertretungsbefugnis zum Abschlusse von Rechtsgeschäften verbunden ist. Laband **1** 453.

Jede von der Reichsregierung erfolgte Ernennung und Beförderung wird aber durch den Reichs- und Staatsanzeiger veröffentlicht. Im Bereiche der einzelnen Verwaltungen werden regelmäßig die Personalveränderungen, jedenfalls soweit sie die höheren Beamten betreffen, durch die Ministerialblätter besonders bekannt gemacht.

7. Nach Art. 7 PersAbbauVdg. bedurfte es zur Einstellung von Beamten-

anwärtern in den Reichsdienst **der vorherigen Zustimmung des RFM.** und es waren bei Einstellungen in erster Linie Versorgungsanwärter, Schwerbeschädigte sowie nach Möglichkeit leistungsfähige entlassene oder in den einstweiligen Ruhestand versetzte oder in das Arbeiterverhältnis überführte Beamte heranzuziehen. Jetzt gilt § 40 RBesG., s. näheres unten B Nr. 5.

Über den Beamtenersatz des gehobenen mittleren Dienstes bei den in Besoldungsgruppe A 4a aufgeführten höheren Reichsbehörden s. RMF. 13. 11. 28 (RMBl. 28 615).

3. Wer als Reichsbeamter angestellt sein will, muß gewisse **Vorbedingungen** erfüllt haben. Hervorzuheben ist folgendes:

a) **Die Reichsangehörigkeit.** Zu Reichsbeamten können nach Art. 128 Abs. 1 RV. alle Reichsangehörige ohne Unterschied nach Maßgabe der Gesetze und entsprechend ihrer Befähigung und ihren Leistungen zugelassen werden. Nach Art. 110 Abs. 1 u. 2 RV. besteht für ganz Deutschland ein gemeinsames Indigenat mit der Wirkung, daß der Angehörige eines Landes zugleich Reichsangehöriger ist und jeder Deutsche in jedem Lande des Reichs die gleichen Rechte und Pflichten hat wie die Angehörigen des Landes selbst. Der Erwerb und Verlust der Reichs- und Staatsangehörigkeit bestimmt sich nach dem RG. v. 22. 7. 13 (RGBl. 583).

Die RV. eröffnet und wünscht den Zutritt zur Beamtenschaft aus allen sozialen Schichten des deutschen Volkes. Die Beamtenlaufbahn soll nicht nur ein Vorrecht begüterter Kreise sein, sondern jedem offen stehen, der die nötige Befähigung und die erforderlichen Charaktereigenschaften hat; auf diese Weise wird erreicht, daß die Beamtenschaft vom Volke nicht als ein Fremdkörper, sondern als lebendiger Teil des Ganzen empfunden wird; s. auch Köttgen 270ff.

Ausländer haben keinen Anspruch auf Zulassung zu deutschen Ämtern, erwerben aber, wenn sie im Reichsdienst angestellt werden und in einem deutschen Lande ihren dienstlichen Wohnsitz haben, nach § 15 Reichs- u. StaatsangG. durch Einbürgerung die deutsche Staatsangehörigkeit, soweit nicht in der Anstellungs- oder Bestätigungsurkunde ein Vorbehalt gemacht worden ist. Die Anstellung eines Ausländers im Dienste der Reichsbank oder der Deutschen Reichsbahngesellschaft gilt nach dem Bankgesetz v. 30. 8. 24 und dem Gesetz über die Deutsche Reichsbahngesellschaft v. 30. 8. 24 nicht mehr als Anstellung im „Reichsdienst" und hat daher die Einbürgerung nicht mehr zur Folge. Dagegen gilt Abweichendes für die Geltungszeit der Vdg. über die Schaffung eines Unternehmens „Deutsche Reichsbahn" v. 12. 2. 24, da diese Unternehmung ungeachtet ihrer selbständigen juristischen Persönlichkeit durch ihre Verwaltung nach innen und außen mit dem Reich eng verknüpft war.

Nach § 1 Abs. 2 RBahnPersG. setzt die Ernennung zum Reichsbahnbeamten den Besitz der deutschen Staatsangehörigkeit voraus. Durch Staatsverträge festgelegte Ausnahmen bleiben unberührt.

Der Verlust der Reichsangehörigkeit hat nicht ohne weiteres den der Eigenschaft eines Reichsbeamten zur Folge. § 22 Nr. 5 RG. 22. 7. 13; RDisH. 2. 7. 24 bei Schulze-Simons S. 24; RDisH. 3. 10. 27 DJZ. **28** 99. Eine deutsche Beamtin, die einen Nichtdeutschen heiratet und damit die ausländische Staatsangehörigkeit erwirbt, behält die Beamteneigenschaft. Dies ist unerfreulich. Es müßte die Möglichkeit bestehen, eine solche Beamtin u. U. aus dem Dienst zu entlassen.

b) Die **Landesangehörigkeit.** Nach Art. 16 RV. sollen die mit der unmittelbaren Reichsverwaltung in den Ländern betrauten Beamten in der Regel Landesangehörige sein und es sollen die Beamten der Reichsverwaltung auf ihren Wunsch tunlichst in ihren Heimatsgebieten verwendet werden. Ebenso § 21 ReichsbahnG. Mit dieser Vorschrift wollte man eine zu weitgehende Vereinheitlichung des Beamtenkörpers verhindern. Sie gilt nur für die Beamten der Verwaltung und nicht der Justiz. Für die Zentralbehörden gilt sie nicht. Betroffen werden aber die Reichsbehörden in den Ländern z. B. Landesfinanzämter, Finanzämter, Post- und Telegraphendirektionen und die ihnen unterstellten Ortsbehörden, die einzelnen Behörden der Heeres- und Marineverwaltung u. a. Auch für die Verwendung von Beamten in den Arbeitsämtern und den Landesarbeitsämtern gilt dasselbe. § 38 RG. 16. 7. 27 (RGBl. I 187). Danach kann das betreffende Land die Besetzung der Reichsbehörden mit Landesangehörigen verlangen. Bei Meinungsverschiedenheiten zwischen den Reichs- und Landesregierungen entscheidet der Reichsrat. Schlußprotokoll zum Staatsvertrag v. 30. 4. 20 (RGBl. 773) zu § 37. Die Vorstände der höheren Reichseisenbahnbehörden (jetzt Reichsbahngesellschaftsbehörden) sollen nach diesem Schlußprotokoll im Einvernehmen mit der Landesregierung oder der von ihr bestimmten Stelle ernannt werden. Bezüglich der Post-, Telegraphen- und Finanzbehörden bestehen solche Zusicherungen für die Länder nicht.

Die Beamten sind „auf ihren Wunsch" in den „Heimat"gebieten zu verwenden. Der Begriff der „Heimatgebiete" beruht auf ethischer und geographischer Zusammengehörigkeit; er deckt sich meist mit den Stammesgebieten, in Preußen meist mit den Provinzen, nicht notwendig aber mit den politischen Grenzen. Preußen und Bayern zerfallen in mehrere „Heimatgebiete". Andererseits bilden z. B. die thüringischen Länder — jetzt das Land Thüringen — ein gemeinsames Heimatgebiet. Zusammengehörig sind im ethischen Sinne das rein westfälische Land Lippe und die preußische Provinz Westfalen; ferner Anhalt und die Provinz Sachsen; vgl. Jacobi in DJZ. **24** 430ff.

Art. 16 RV. bezieht sich als Übergangsbestimmung nur auf die am 1. 4. 20 übernommenen Beamten.

Die Erfüllung des Wunsches der Beamten ist nach Art. 16 nur gewährleistet, „soweit dies möglich ist" und nicht Rücksichten auf ihre Ausbildung und die Erfordernisse des Dienstes entgegenstehen. Ebenso § 21 ReichsbahnG. u. § 38 RG. über Arbeitsvermittlung u. Arbeitslosenversicherung v. 16. 7. 27 (RGBl. I 187). Hiernach hat die zuständige Behörde zu ermessen, ob sie im Einzelfall den landsmännischen Charakter der Behörde wahren kann. Für die Beamten ist es mitunter nicht förderlich, im Heimatlande zu bleiben. Vielfach werden ein weiterer Blick und die Kenntnis anderer Verhältnisse nur bei einer Verwendung außerhalb des Heimatgebietes erworben. Jacobi in DJZ. **24** 430ff.

c) **Das Geschlecht.** Nach Art. 128 Abs. 2 RV. waren alle Ausnahmebestimmungen gegen **weibliche Beamte** beseitigt. In Übereinstimmung hiermit läßt Art. 77 alle Reichsangehörigen ohne Rücksicht auf Geschlecht zu den Staatsämtern zu. Nach G. 11. 7. 22 (RGBl. I 573) kann die Fähigkeit zum Richteramt auch von Frauen erworben werden. Ebenso können Frauen zu Handelsrichtern, Amtsanwälten, Urkundsbeamten der gerichtlichen Geschäftsstelle, Gerichtsvollziehern und Schiedsmännern ernannt werden; s. Brand BR. 84.

Nach G. 11. 6. 20 (RGBl. 1209) können weibliche Personen auch zu Standesbeamten oder ihren Vertretern ernannt werden.

Alle Ausnahmebestimmungen gegen weibliche Beamte waren ursprünglich nicht nur für die Zukunft beseitigt, sondern es waren auch die zur Zeit des Inkrafttretens der RV. bereits bestehenden außer Kraft gesetzt. Der Zweck der Verfassungsnorm, die Ungleichheit in der beamtenrechtlichen Behandlung beider Geschlechter zu beseitigen, konnte nur dann vollkommen verwirklicht werden, wenn auch bereits erlassene, hiermit unverträgliche landesgesetzliche Vorschriften beseitigt wurden. Sie konnten gemäß Art. 13 Abs. 1 RV. neben Art. 128 Abs. 2 keinen Bestand haben. RG. **102** 145; **106** 154; Kaisenberg Archiv f. öffentl. R. **41** 216; Fürstenau JW. **23** 897; **a. M.** Friebe PrVBl. **45** 162ff.; Anschütz RV. Anm. 4 zu Art. 128.

Art. 128 Abs. 2 RV. gilt aber nur für weibliche Beamte. Deshalb ist bei den auf Privatdienstvertrag angestellten weiblichen Personen Verheiratung stets ein wichtiger Grund für eine Kündigung im Sinne des § 626 BGB. gewesen. RG. **110** 297; a. M. Traumann DJZ. **26** 567.

Die Vorschrift des Art. 128 Abs. 2 RV. richtete sich hauptsächlich gegen die sog. „Verheiratungsklausel" der Lehrerinnen. Diese Heiratsklausel war durch Art. 128 Abs. 2 RV. beseitigt. Diese Verfassungsbestimmung war vorübergehend durch G. v. 4. 8. 25 (RGBl. I 181) erheblich eingeschränkt. Art. 14 a. a. O. bestimmte folgendes:

Das Dienstverhältnis verheirateter weiblicher Beamter und Lehrer im Dienste des Reichs, der Länder und Gemeinden (Gemeindeverbände) kann beiderseits jederzeit zum Schlusse eines Monats unter Einhaltung einer Kündigungsfrist von 3 Monaten gekündigt werden. Die Kündigung durch die Verwaltung darf erfolgen, wenn nach dem Ermessen der zuständigen Behörde *a*) die wirtschaftliche Versorgung des weiblichen Beamten nach der Höhe des Familieneinkommens gesichert erscheint und

b) das Ausscheiden aus dienstlichen Gründen erforderlich ist.

Der weibliche Beamte konnte nicht kündigen, wenn sein Ausscheiden den dienstlichen Bedürfnissen zuwiderlief.

Dies galt auch bei lebenslänglicher Anstellung.

Von der Anwendung des Art. 14 konnte nur abgesehen werden, wenn der verheiratete weibliche Beamte nachwies, daß seine wirtschaftliche Versorgung trotz der Verheiratung nicht gesichert erschien.

Den auf Grund des Abs. 1 Ausgeschiedenen war unter Verlust der Rechte aus Abs. 2 eine Abfindungssumme zu bewilligen, sofern ein entsprechender Antrag innerhalb von 6 Monaten nach dem Ausscheiden gestellt wurde.

Art. 14 ist am 31. März 1929 außer Kraft getreten. (Art. II § 2 X. Abs. 2 G. v. 4. 8. 25, RBesBl. 168); Versuche, eine Verlängerung des Art. 14 herbeizuführen, sind gescheitert; dasselbe Schicksal hatte ein sozialdemokratischer Antrag, der den wegen Verheiratung freiwillig ausscheidenden Beamtinnen eine Abfindungssumme zubilligen wollte; s. dazu RPM. 30. 3. 29 (RPBl. 111).

Die Reichsregierung hat 1920 Grundsätze über die Rechte und Pflichten der verheirateten Beamtinnen aufgestellt (abgedruckt im Archiv. d. öffentl. Rechts **41** 229, 230); s. auch UM. 5. 4. 22 (ZBlUV. 194). Es sind dies folgende:

1. Wohnort.

Die Verwaltung kann gegenüber dem Rechte des Ehemanns (§ 1354 BGB.), den Wohnort seiner Frau zu bestimmen, nicht auf ihr Recht, der verheirateten Beamtin den Dienstort anzuweisen, verzichten. Auf die Wünsche der verheiratetenBeamtin soll insofern Rücksicht genommen werden, als ihrem Antrag auf Versetzung an den Wohnort ihres Ehemannes vor anderen Anträgen tunlichst der Vorzug gegeben und daß von Versetzungen verheirateter Beamtinnen gegen ihren Willen tunlichst Abstand genommen werden soll.

Sofern allgemeine Anordnungen bestehen, daß Versetzungen auf Wunsch nur bei Verzicht auf Umzugskosten ausgesprochen werden, gelten diese auch für verheiratete Beamtinnen.

Gegen eine Anordnung, daß bei Versetzungen eines Beamten oder seiner beamteten Ehefrau die Umzugskosten nur einmal gewährt werden, wenn nur ein Umzug notwendig war, sind keine Bedenken zu erheben.

2. Wohnung.

a) Die verheiratete Beamtin ist zur Annahme einer mit ihrer Dienststelle verbundenen Dienstwohnung verpflichtet und muß sie, wenn die Verwaltung es aus dienstlichen Gründen für notwendig erachtet, bewohnen.

b) Die verheiratete Beamtin hat grundsätzlich das Recht, ihren Ehemann und ihre Kinder in die ihr zugewiesene Dienstwohnung aufzunehmen; nur aus zwingenden sachlichen Gründen kann ihr die Aufnahme untersagt werden.

c) Sofern es nicht aus sachlichen Gründen geboten ist, daß eine verheiratete Beamtin die ihr zugewiesene Dienstwohnung bewohnt, hat sie das Recht, auf die Dienstwohnung zu verzichten. Tut sie dies, so gelten hinsichtlich der Schadloshaltung die allgemeinen Bestimmungen für Verzicht auf Dienstwohnungen.

d) Die Verwaltungen sind gehalten, für Beamtinnen in gleichem Maße wie für Beamte Verheirateten- und Unverheiratetenwohnungen bereitzustellen.

3. Niederkunft.

Im Falle der Niederkunft sind folgende Diensterleichterungen zu gewähren:

a) Die verheiratete Beamtin darf 2 Wochen vor und 4 Wochen nach der Niederkunft dienstlich nicht beschäftigt werden; auf Verlangen ist sie bereits 4 Wochen vor der Niederkunft vom Dienste zu befreien, ohne daß es des Nachweises der Arbeitsunfähigkeit bedarf. Auf Verlangen kann sie bereits vor Ablauf von 4 Wochen nach der Niederkunft wieder beschäftigt werden, sofern sie durch ein ärztliches Zeugnis ihre Arbeitsfähigkeit nachweist.

b) Vom Nachtdienst ist die verheiratete Beamtin 3 Monate vor und 6 Monate nach der Niederkunft zu befreien; Nachtdienst ist der Dienst zwischen 10 Uhr abends und 7 Uhr morgens.

c) Bei Regelung des Dienstes soll nach Möglichkeit darauf Rücksicht genommen werden, daß die verheiratete Beamtin ihr Kind stillen kann (z. B. durch Teilung oder Kürzung der Arbeitszeit, Schaffung von Stillstuben u. dgl.).

d) Während der aus Anlaß der Niederkunft gewährten Dienstbefreiung soll die Beamtin auf die Dauer von 10 Wochen das volle Diensteinkommen, für etwaige weitere 7 Wochen das halbe Diensteinkommen erhalten. Darüber hinaus steht ihr ein Anspruch auf Diensteinkommen nicht zu. Die Bestimmungen über Gewährung des Diensteinkommens in Krankheitsfällen bleiben unberührt.

Vertretungskosten dürfen der Beamtin während der aus Anlaß der Niederkunft ihr gewährten Dienstbefreiung nicht zur Last gelegt werden.

e) Ist die verheiratete Beamtin aus Anlaß der Niederkunft 8 Wochen oder weniger vom Dienst befreit gewesen, so wird ihr Anspruch auf den jährlichen Erholungsurlaub hierdurch nicht berührt. Bei längerer als achtwöchiger Dienstbefreiung kann die Verwaltung die über 8 Wochen hinausgehende Zeit auf den Erholungsurlaub anrechnen.

d) **Das Lebensalter.** Im allgemeinen ist die Fähigkeit zur Führung eines Amtes an ein bestimmtes Lebensalter nicht geknüpft. Auch wer vor erlangter Volljährigkeit ein Amt übertragen erhält, kann rechtsverbindliche Amtshandlungen vornehmen. § 810 II 18 ALR. Jedoch kann zum Mitgliede des Reichsgerichts und des Reichsfinanzhofs und in Preußen des Gerichtshofs für Kompetenzkonflikte nur ernannt werden, wer das 35. Lebensjahr vollendet hat. § 125 Abs. 2 GVG.; § 35 RAbgO.; § 2 Abs. 1 V. 1. 8. 79 (GS. 573). Die Mitglieder des Preuß. Oberverwaltungsgerichts müssen das 30. Lebensjahr vollendet haben. § 17 Abs. 2 G. v. 2. 8. 80 (GS. 328).

Die Beamten des schwierigen und einfachen Bürodienstes sollen in Preußen nicht vor vollendetem 24. bezw. 21. Lebensjahr, Gerichtsvollzieher und Justizwachtmeister nicht vor vollendetem 25. Lebensjahr angestellt werden. §§ 20, 28 Personal- u. DienstO. v. 1. 7. 27 (JMBl. **27** 216); § 1 GerVO.; § 3 JWO.; § 5 TDO. Über das Lebensalter im Bereiche der Post- u. Telegraphenverwaltung s. X 1 § 3 PDA.

e) **Das religiöse Bekenntnis.** Die Befähigung zur Bekleidung öffentlicher Ämter ist vom religiösen Bekenntnis unabhängig. G. 3. 7. 69 (BGBl. 292). Daher können auch jüdische Staatsangehörige im allgemeinen von den öffentlichen Ämtern nicht ausgeschlossen werden. Dabei ist aber vorausgesetzt, daß die Juden nicht verhindert sind, am Sabbat diejenigen Arbeiten zu verrichten, welche die Dienstpflicht gegen den Staat ihnen auferlegt. V. 6. 9. 99 bei Müller 340.

Auch sonst darf kein Beamter bloß deshalb, weil er sich von seiner Kirche getrennt und einer anderen Religionsgesellschaft angeschlossen hat, in den mit seinem Amt verbundenen Rechten geschmälert werden, sofern nicht das Amt selbst, wie z. B. mitunter bei Lehrern, eine bestimmte Konfession verlangt. AOrder 30. 3. 47 (MBl. 79); KM. 15. 3. 51 (MBl. 35).

f) **Würdigkeit.** Vor der Annahme ist von jedem Anwärter die pflichtmäßige Versicherung zu erfordern, **daß er keine Schulden habe.** Alle erheblicher verschuldeten Personen sind zurückzuweisen. V. 16. 12. 42 (MBl. **43** 2); V. 24. 1. 43 (JMBl. 22); JM. 16. 4. 91 bei Müller 452; § 3 X 1 PDA. Die Beamten des mittleren und unteren Dienstes sind vor der ersten planmäßigen Anstellung nochmals zu einer Erklärung über die Schulden aufzufordern. Hat der Anzustellende Schulden, die nach Lage der Umstände verhältnismäßig hoch sind, so unterbleibt die Anstellung bis zum Nachweise, daß die Schulden getilgt sind. JM. 16. 4. 91 bei Müller 452; JM. 8. 4. 19 bei Friedrichs JV. 36. Diese Grundsätze des preußischen Beamtenrechts werden auch für die Reichsbeamten gelten müssen, da sie allgemeine Bedeutung haben. Wegen der Reichsbahnbeamten s. Ziff. 5 § 4 PersO.

Personen, die **sich nicht im Vollbesitze der bürgerlichen Ehrenrechte** befinden, können nicht angestellt werden. Nach § 31 StGB. hat die Verurteilung zu Zuchthausstrafe die dauernde Unfähigkeit zur Bekleidung öffentlicher Ämter von Rechts wegen zur Folge, und zwar auch dann, wenn die Strafe aus irgendwelchen Gründen, z. B. infolge eines — sich nicht auf die Unfähigkeit zur Ämterbekleidung erstreckenden — Gnadenerlasses nicht vollstreckt ist. V. 11. 9. 56 bei Müller 341. Nach den §§ 33, 34 StGB. bewirkt die Aberkennung der bürgerlichen Ehrenrechte nicht nur den Verlust der bekleideten Ämter, sondern auch die Unfähigkeit, während der im Urteile bestimmten Zeit öffentliche Ämter zu erlangen. Endlich kann nach § 35 StGB. neben einer Gefängnisstrafe, mit der die Aberkennung der bürgerlichen Ehrenrechte hätte verbunden werden können, auf die Unfähigkeit zur Bekleidung öffentlicher Ämter auf die Dauer von 1 bis zu 5 Jahren erkannt werden.

Alle als Beamte anzunehmenden Personen müssen einen guten Leumund besitzen. Vgl. Ziff. 5 § 4 PersO.; X 1 § 3 PDA. Wegen der Beschaffung von Strafregisterauszügen s. X 1 § 4 PDA.

g) **Körperliche Gesundheit.** Nur gesunde und körperlich kräftige Anwärter können im Reichsdienst angestellt werden; vgl. X 1 § 3 PDA. Die Prüfung der körperlichen Rüstigkeit vor der Anstellung ist nötig, weil sonst die Behörde infolge häufiger Erkrankung und baldiger Dienstunfähigkeit des Beamten mit Stellvertretungskosten, Pensionen, Witwen- und Waisengeldern u. dgl. sehr belastet werden würde. Das Reich ist aber keine Versorgungsanstalt für gebrechliche Anwärter und deren Familien.

Die Reichsbahnbeamten müssen besonderen Anforderungen hinsichtlich der körperlichen Tauglichkeit genügen. Insbesondere müssen sie die zur Wahrnehmung ihres Dienstes nötige körperliche Rüstigkeit und Gewandtheit und für den Betriebsdienst ein ausreichendes Hör-, Seh- und Farbenunterscheidungsvermögen besitzen. Das Vorhandensein der Tauglichkeit ist durch das Zeugnis eines Bahnarztes der Gesellschaft nachzuweisen. Ziff. 3 § 4 PersO.

Wegen bevorzugter Berücksichtigung der Schwerkriegsbeschädigten bei der Anstellung s. G. 12. 1. 23 (RGBl. I 57), geändert durch G. 8. 7. 26 (RGBl. I 398), nebst AusfV. 13. 2. 24 (RGBl. I 73); s. dazu für die Reichsbahnbeamten § 27 PersO., für die Reichsbankbeamten § 46 Abs. 6 BankG.

h) **Nachweis der Befähigung für ein Amt.** Niemandem soll ein Amt aufgetragen werden, der sich dazu nicht hinreichend eignet und „Proben seiner Geschicklichkeit" abgelegt hat. § 70 II 10 ALR. Auch Art. 128 Abs. 1 und 143 Abs. 2 RV. setzen die Befähigung für das Amt voraus. In welcher Weise der Nachweis der Befähigung zu führen ist, ist je nach der Verschiedenheit der amtlichen Stellungen durch besondere Gesetze und Verordnungen bestimmt. In der Regel müssen ein im einzelnen näher geregelter Vorbereitungsdienst nachgewiesen und eine oder mehrere besondere Prüfungen abgelegt werden; dazu tritt meist der Nachweis einer auf Lehranstalten oder Universitäten zu erwerbenden wissenschaftlichen Befähigung. Je höher und besser besoldet die erstrebte Berufsstellung ist, um so höher sind auch die Anforderungen, die an die Kenntnisse und Leistungen der Bewerber gestellt werden. Das RBG. enthält keine Bestimmungen über die Vorbildung. Es kommen also für die Reichsbeamten nur Ministerialerlasse in Betracht; vergl. Köttgen 128 ff. Wegen des Nachweises der Befähigung und der Ausbildung der Reichsbahnbeamten s. § 4 Ziff. 1 u. 2. Perso.; der Post- und Telegraphenbeamten s. X 1 §§ 15—109; Anl. 21 ff. zu X 1 PDA.

Für die Stellen der Regierungsdirektoren bei den Oberversicherungsämtern ist die Befähigung zum höheren Verwaltungsdienst oder zum Richteramt nach der RVO. nicht vorgeschrieben. PrMJ. u. PrMVW. 17. 11. 27 DBeamtArch. **8** 145.

In zahlreichen Städten, z. B. in Berlin, Dresden, Düsseldorf, Hannover, Königsberg, Leipzig und München sind „Beamtenhochschulen", „Beamtenschulen" und „Verwaltungsakademien" ins Leben gerufen; vgl. Nischk 11 ff. und das Beamtenjahrbuch. Die zum Reichsverbande Deutscher Verwaltungsakademien gehörigen Anstalten sind im RMBl. **26** 860 verzeichnet.

Wegen der Fortbildung der Beamten in fremden Sprachen, insbes. in der englischen und französischen Sprache s. Richtlinien des RFM. 16. 5. 26 (RFBl. 207 = RMBl. **27** 213).

Beamte, die Verwaltungsakademien mit Erfolg besucht und im Dienste sich bewährt haben, ist Gelegenheit zu geben, in schwierigeren Dienstposten sich zu betätigen, in denen ihre gewonnenen Kenntnisse nutzbar gemacht werden können. Hierbei wird die Einrichtung von Hilfsdezernaten und die Heranziehung von Beamten auch des mittleren Dienstes zur Vertretung von Leitern der Lokalbehörden und von Referenten in den Zentral- und Provinzialbehörden empfohlen. Die Zeugnisse über den Besuch der Verwaltungsakademien sind zu den Personalakten des Beamten zu nehmen, damit sie bei der Wertung der Berufsleistungen der Beamten mitberücksichtigt werden. Die durch den Besuch der Vorlesungen gesteigerten Leistungen im Berufe lassen es zweckdienlich erscheinen, die Inhaber der Zeugnisse auf entsprechend schwierigen Dienstposten zu beschäftigen. ReichsinnenM. 9. 8. 26 (RMBl. 967).

9. **Die Anstellung der Versorgungsanwärter im Zivildienst.** Das Reich kann eine ausreichende Menge für die Wehrmacht und die Schutzpolizei geeignete Kräfte nur gewinnen, wenn es denen, die längere Zeit in der Wehrmacht oder Schutzpolizei tätig gewesen sind, die Aussicht auf Anstellung im Zivildienst eröffnet; vgl. RG. **73** 325; **80** 353; **81** 394. Allerdings kann ein Recht auf Anstellung in einer bestimmten Dienststelle nicht anerkannt werden, da für jedes Amt gewisse Vorbedingungen zu erfüllen sind, ohne die es mit Erfolg nicht bekleidet werden kann. Hiernach verleiht der Versorgungsschein nur eine Anwartschaft, aber keinen Anspruch auf Anstellung als Beamter. PrFM. 24. 2. 25 DBeamtArch. **25** 378.

Durch die Anstellungsgrundsätze ist den Versorgungsanwärtern bezüglich der Zulässigkeit des Rechtswegs keine andere Stellung gegeben wie den übrigen Beamten. Sie können also ebensowenig wie diese im Rechtswege einen Anspruch auf Verleihung eines bestimmten Amtes verfolgen. RG. **110** 268, s. RG. **49** 1; **104** 253. Sie erlangen auch noch nicht dadurch einen Anspruch auf Anstellung, daß sie in die Bewerberliste eingetragen sind. RG. 24. 6./20. 5. 27 JurRundsch. **27** Rspr. 1138.

Die Grundsätze, nach denen die Inhaber eines Versorgungsscheins anzustellen sind, sind von der Reichsregierung unter dem 26. Juli 1922 auf Grund des § 11 des Wehrmachtversorgsgesetzes v. 4. 8. 21 (RGBl. 993ff.), i. d. Fassg. v. 22. 6. 23 (RGBl. I 409) u. 19. 9. 25 (RGBl. I 349), des § 2 RG. über die Schutzpolizei der Länder v. 17. 7. 22 (RGBl. I 597) und des § 33 Reichsversorgsges. v. 12. 5. 20 (RGBl. 989ff.) i. d. Fassg. v. 22. 6. 23 (RGBl. I 513) erlassen und im ZBl. f. d. D. Reich 1922 S. 445 und im RGBl. 1923 I 651ff. abgedruckt. Sie sind geändert am 9. 4. 25 (RGBl. I 47); 2. Ergänzung v. 27. 2. 26 (RGBl. I 150), 3. Ergänzung v. 31. 7. 26 (RGBl. I 431) u. 4. Ergänzung v. 18. 7. 27 (RGBl. I 222). Die Anstellungsgrundsätze sind neu gefaßt durch Bekanntm. v. 31. 7. 26 (RGBl. I 435ff.). Zu ihnen ist eine allgemeine Ausführungsanweisung vom 16. 7. 23 (RGBl. I 662ff.), geändert am 9. 4. 25 (RGBl. I 48), V. 27. 2. 26 (RGBl. I 150) u. 31. 7. 26 (RGBl. I 433) ergangen. Die allgemeine Ausführungsanweisung ist neu gefaßt durch Bekanntm. 31. 7. 26 (RGBl. I 445ff.) mit Änderung v. 18. 7. 27 (RGBl. I 223).

Diese Grundsätze sind mit Wirkung vom 1. 9. 22 an die Stelle der früheren Grundsätze v. 20. 6. 07 (ZBl. **1907** 309ff.) getreten.

Sie sind nicht bloß für die Verwaltungsbehörden bindend, sondern haben den Charakter einer Rechtsverordnung; RG. **40** 68; **48** 84; **81** 339; OLG. **13** 341 (Celle). Verletzt eine Behörde die ihr nach den Anstellungsgrundsätzen obliegenden Pflichten und erwächst dadurch dem Versorgungsanwärter ein Schaden, so haben über den Schadensersatzanspruch die ordentlichen Gerichte zu befinden. RG. 24. 6./20. 5. 27 JurRundsch. **27** Rspr. 1138.

Ist jemand, der nicht Versorgungsanwärter ist, unter Verletzung der Anstellungsgrundsätze angestellt, so ist die Anstellung rechtlich unwirksam. Bolze **10** 233; Gruchot **41** 1114; **44** 1012; RG. **57** 127.

Nach § 25 ReichsbahnG. hat die Reichsbahngesellschaft bei künftig notwendiger Einstellung von Reichsbahnbeamten und -angestellten für 15 vH der freien Plätze Versorgungsanwärtern des Heeres, der Marine und der Polizei den Vorrang einzuräumen. Im übrigen enthält § 7 Perso. die besonderen Bestimmungen für die im Bereiche der Reichsbahn zu verwendenden Versorgungsberechtigten. § 7 Perso. Die Versorgungsvorschriften gelten auch für die Reichsbank. § 46 Abs. 6 BankG. Wegen der Post s. Anl. 33 zu X 1 PDA. Der RFM. hat für die Reichsfinanzverwaltung eine Sonderanweisung erlassen. 15. 8. 27 (RFBl. 93). Bei der Stellenbesetzung im Bereiche der Reichsanstalt für Arbeitsvermittlung und Arbeitslosenversicherung besteht für Inhaber eines Versorgungsscheins kein Vorrecht. § 37 Reichsg. 16. 7. 27 (RGBl. I 187).

Die Personen, die einen Anspruch auf Anstellung im Zivildienst haben, heißen Versorgungsanwärter (früher Militäranwärter).

Der Anspruch auf den Zivilversorgungsschein und die Rechte aus dem bereits erworbenen Schein gehen durch eine spätere Beförderung des Berechtigten zum Offizier nicht wieder verloren. RG. **73** 320; **80** 353.

Wegen der Einzelheiten s. Brand BR. 96ff. Die Verzeichnisse der den Versorgungsanwärtern vorbehaltenen Stellen sind im RMBl. 1925 z. B. S. 1269, 1296 u. 1300 sowie 1926 veröffentlicht.

Über die Versorgung der Polizeibeamten beim Reichswasserschutz s. G. 26. 2. 26 (RGBl. I 149) und dazu AusfB. des RAM. v. 3. 4. 26 (RVers.-Bl. 14).

Gewisse Stellen sind im Wege des Privatdienstvertrags zu besetzen. §§ 68ff. Grunds. i. d. Fassg. der 3. Ergänzung v. 31. 7. 26. (RGBl. I 431); dazu AusfAnw. v. 31. 7. 26 (RGBl. I 433).

B. Die wohlerworbenen Rechte der Beamten.

1. Nach Art. 129 Abs. 1 Satz 3 RV. sind die wohlerworbenen Rechte der Beamten (auch der nicht lebenslänglich angestellten RG. **120** 388ff.) **unverletzlich**; sie stehen also unter verfassungsmäßigem Schutz.

2. Bis zum Inkrafttreten der RV. konnten die wohlerworbenen Rechte durch einfaches Reichsgesetz oder Landesgesetz beschränkt werden. Jetzt ist zur Aufhebung oder Beschränkung solcher Rechte nach Art. 76 RV. ein **verfassungsänderndes Reichsgesetz** mit Zweidrittelmehrheit nötig. RG. **119** 301; **122** 99; Brand DRichtZ. **28** 328ff. Einfache Gesetze, die die wohlerworbenen Rechte der Beamten beeinträchtigen, sind den betroffenen Beamten gegenüber unwirksam. RG. 20. 3. 28 JW. **28** 1500. Darüber ob auch der Anspruch auf Verzinsung der nicht rechtzeitig gezahlten Beamtenbezüge zu den wohlerworbenen Rechten gehört s. unten C 5b.

3. Art. 129 Abs. 1 Satz 3 RV. drückt aus, daß es bei dem Berufsbeamtentum, der Lebenslänglichkeit und festen Besoldung bleiben soll. Zu **den wohlerworbenen Rechten** gehören die vermögensrechtlichen Ansprüche der Beamten auf Gehalt, Ruhegehalt und Hinterbliebenenversorgung, freie Dienstwohnung (RG. **122** 99), ferner das Recht auf die Beamteneigenschaft (Richhardt BeamtJahrb. **28** 58), Amtsbezeichnung, Dienstkleidung pp. RG. **109** 121; RG. 15. 5. 28 JW. **28** 1935; Brand DRichtZ. **28** 328ff.; Eickel BeamtJahrb. **29** 61ff. Ferner der Anspruch auf gehaltliche Gleichstellung mit anderen Beamten auf Grund besonderer Zusicherung. RG. JW. **25** 54 = LZ. **25** Sp. 265 = DJZ. **25** Sp. 105; PrVBl. **47** 198. Auch die einer gewissen Gruppe von Beamten erteilte Zusicherung dauernder Gleichstellung mit einer anderen Beamtengruppe verleiht der ersten ein den Schutz des Art. 129 Abs. 1 Satz 3 RV. ge-

nießendes wohlerworbenes Recht. RG. 15. 5. 28 JW. **28** 1935 = HRR. **28** Nr. 1849; Schrader, Bürgermeister **28** 105 ff. Sodann hat der Beamte ein Recht darauf, nur auf Grund der gesetzlichen Vorschriften in den einstweiligen oder dauernden Ruhestand oder in eine andere Stelle versetzt oder vorläufig seines Dienstes enthoben zu werden. Kein wohlerworbenes Recht besteht aber darauf, daß bei einer Änderung der Besoldungsordnung Beamte, die bisher mit anderen in einer Gehaltsgruppe vereinigt waren, stets dieselben Bezüge behalten, wie alle Angehörigen dieser Gruppe. RG. **122** 8.

Eine bloße Anwartschaft auf ein künftiges Recht steht aber nicht unter verfassungsmäßigem Schutz. OLG. Hamm 30. 3. 27 JurRundsch. **27** 741; **a. M.** LG. Dortmund 15. 11. 26 „Beamtenbund" Nr. 71 = DBeamtArch. **8** 134.

Wegen des wohlerworbenen Rechtes auf die bisherige Höhe des Gehalts pp. s. unten S. 55.

4. Ob auch **das Recht am Amt** zu den wohlerworbenen Rechten gehört, ist streitig. Der richtigen Ansicht nach wird man ein solches Recht anerkennen müssen. Es unterliegt aber gewissen Beschränkungen, die durch die Staatsnotwendigkeiten bedingt sind; so können z. B. geisteskranke, betrunkene und schroff widersetzliche Beamte dauernd oder zeitweilig auch gegen ihren Willen vom Amt entfernt werden, unbeschadet ihres Rechts auf Weiterbezug des Gehalts pp. Ebenso hat der Beamte ein Recht auf Belassung in seinen Amtsfunktionen dergestalt, daß ihm nicht Geschäfte übertragen werden dürfen, die sich nicht mit seiner Vorbildung, seiner Berufsstellung pp. vereinigen lassen. Vgl. zu diesen sehr umstrittenen Fragen Brand BR. 117 ff. und BHK. **27** 47 ff. und das dort angegebene Schrifttum.

5. Der **Beamtenabbau** hatte auf Grund besonderer Ermächtigung bei der großen Notlage des Staates in die wohlerworbenen Rechte der Beamten eingegriffen und ermöglicht, Beamte auch gegen ihren Willen und ohne Erfüllung der sonst hierfür geforderten gesetzlichen Voraussetzungen in den einstw. oder dauernden Ruhestand zu versetzen. Dieser Eingriff ist jetzt nach Beendigung des Beamtenabbaus nicht mehr zulässig.

Eine neue Art von Beamtenabbau der Reichsbeamten ist in den §§ 40, 43 RBesG. geschaffen. Danach fällt für die Dauer von zunächst 5 Jahren, beginnend mit dem 1. 4. 28, von je 3 freien oder freiwerdenden planmäßigen Beamtenstellen der BesO. A aufsteigende Gehälter, Anl. 1 zum RBesG., eine Stelle weg. Dies gilt nicht, wenn eine Wahrnehmung der Geschäfte durch eine Hilfskraft nach gesetzlicher Vorschrift unzulässig ist. Im übrigen sind Ausnahmen nur mit Zustimmung der RFM. zulässig. Über die zugelassenen Ausnahmen sind dem Ausschuß für den Reichshaushalt vierteljährlich Übersichten vorzulegen. § 40 RBesG.; s. dazu Rundschreiben des RFM. 11. 1. 28 (RBesBl. 3) u. Sölch-Ziegelasch 318 ff. Die wieder zu besetzenden Stellen sollen tunlichst mit Wartestandsbeamten besetzt werden.

Diese Vorschriften finden auf die Reichspostverwaltung entsprechende Anwendung. § 43 RBesG.; s. auch Art. 4 G. v. 26. 3. 29 (RGBl. II 161). Wegen der Länder, Gemeinden pp. s. §§ 41, 42 RBesG.; Sölch-Ziegelasch 324ff.

C. Der Anspruch auf das Diensteinkommen.

1. Begriff des Diensteinkommens. Das wichtigste Vermögensrecht des Beamten ist der Anspruch auf das **Diensteinkommen.** Dieses Einkommen soll dem Beamten ausreichende Mittel zur standesgemäßen Lebensführung gewährleisten. Hiernach ist das Diensteinkommen nicht so sehr die Entschädigung für die geleisteten Dienste, als die Gegenleistung des Staates dafür, daß der Beamte seine ganze Arbeitskraft dauernd und ausschließlich seinem Staatsamte widmet. Dieser öffentlich-rechtlichen Gegenleistung geht der Beamte nicht dadurch verlustig, daß er zeitweise keine Dienste leistet, wohl aber dann, wenn seine Verpflichtung, sich dem öffentlichen Dienst zu widmen, überhaupt aufhört.

Das Diensteinkommen hat hiernach die Natur der Alimente und ist als eine für die Dauer des Amtes gewährte Unterhaltsrente anzusehen. RG. **37** 160; **38** 320; **45** 244; **53** 429; **84** 400; **89** 106; **94** 225; **96** 87, 147 u. 221; **104** 61; **105** 78; **107** 190; Gruchot **34** 925; **42** 1028; JW. **96** 677[26], 679; **99** 761; **00** 141[3], 806[8], 843[14]; ROHG. **21** 48; OVG. **12** 56; **14** 100; **17** 262; **41** 158; **67** 104; OLG. München „Recht" **24** 255; Laband **1** 560ff. und die dort angeführten Schriftsteller; Brand BR. 129; **a. M.** Arndt 663 u. JurW. **24** 50 u. 1542, 1543 sowie Görres 8, die das Diensteinkommen als eine privatrechtliche Lohnforderung mit einem durch die Natur des öffentlich-rechtlichen Verhältnisses bedingten eigenartigen Charakter bezeichnen; s. auch Josef (PrVBl. **43** 137) und du Chesne DRichtZtg. **27** 154.

Aus der Natur des Diensteinkommens als einer Unterhaltsrente ergibt sich, daß sich **die Höhe des Gehalts** nicht nach der Schwierigkeit und dem Umfange der Arbeit, sondern nach der Bedeutung des Amtes und nach den Bedüfnissen des Beamten und seiner Familie richtet. Es steigt deshalb mit zunehmendem Alter des Beamten und soll ihm ermöglichen, die regelmäßig allmählich zunehmenden Kosten für den Unterhalt der Familie, insbesondere die Ausbildung der Kinder zu bestreiten. Das volle Gehalt wird nur für das den Lebensberuf des Beamten bildende Hauptamt gewährt, während das Nebenamt, das noch für andere Erwerbstätigkeit Raum läßt, entsprechend niedriger bezahlt wird.

Das Reich will seine Beamten **versorgen;** daraus folgt, daß es ihnen auch dann, wenn sie einstweilig oder dauernd in den Ruhestand versetzt werden, eine — wenn auch hinter dem Diensteinkommen zurückbleibende — Rente gewährt und für seine Witwen und Waisen sorgt.

Außer dem Gehalt werden u. U. an Beamte im Dienst und an frühere Beamte sowie an Hinterbliebene von Beamten Unterstützungen gewährt.

Beamte, die nach dem ReichsversorgungsG. 12. 5. 20 (RGBl. 989) i. d.

Fassg. v. 21. 12. 27 (RGBl. I 487) Versorgungsansprüche haben, müssen sich ein Ruhen der Versorgungsbezüge (vgl. §§ 62ff. RBG.) gefallen lassen. Dasselbe gilt von solchen Beamten, für die die Ruhensvorschriften des OffizierspensionsG. 31. 5. 06, des MannschaftsversorgsG. 31. 5. 06, des MilitärhinterbliebenenG. 17. 5. 07, des OffiziersentschädigsG. 13. 9. 19, des KapitulantenentschädigsG. 13. 9. 19 und des WehrmachtversorgG. 4. 8. 21 i. d. Fassg. v. 19. 9. 25 (RGBl. I 349) gelten. Die Reichsbehörden haben, wenn sie einen auf Grund dieser Versorgungsgesetze Versorgungsberechtigten verwenden, sofort dem zuständigen Versorgungsamt nähere Mitteilung zu machen; dasselbe gilt bei Veränderungen und Abgängen. Wegen der Erstattungen an die Zivilpensionsfonds in solchen Fällen s. RAM. 25. 10. 26 (RMBl. 979).

Da das Diensteinkommen keine Gegenleistung für die geleisteten Dienste ist, so wird es **auch weiter gezahlt,** wenn der Beamte durch Krankheit, Urlaub und Erfüllung staatsbürgerlicher Pflichten an der Erfüllung seiner Amtspflichten gehindert ist. RG. **107** 190. Dasselbe gilt, wenn der Beamte Verfehlungen begangen hat; sie beeinträchtigen die Gehaltszahlung nicht eher, als bis der Beamte infolge unerlaubter Entfernung vom Amt oder Amtsverlustes im Straf- oder Dienststrafverfahren oder Amtsenthebung den Gehaltsanspruch ganz oder teilweise verloren hat. RG. 23. 3. 28 JW. **28** 1504.

Der Gehaltsforderung eines zu Unrecht entlassenen Beamten gegenüber ist nicht zulässig gemäß § 615 BGB. der Einwand, daß der Beamte anderweit eine gewinnbringende Tätigkeit ausgeübt habe. RG. bei Gruchot **42** 131; RG. **37** 160; **45** 242; **114** 131; RG. 8. 11. 27 HRR. **28** Nr. 567; RG. 13. 3. 28 BHR. **28** 62.

Ein allgemeiner Verzicht des Beamten auf das Diensteinkommen oder Teile desselben ist wegen seiner öffentlich-rechtlichen Natur nicht zulässig. Sächs. OVG. 10. 9. 06 Jahrb. d. sächs. OVG. **9** 249; Württemb. VerwGH. 18. 11. 25 im „Beamtenrecht", Beilage d. Zeitschr. d. Reichsb. d. höheren Beamt. **26** 16 = „Bürgermeister" **27** 149; RVersorgG. v. 14. 1. 29 (JW **29** 969); OLG. Breslau 7. 5. 28 BHR. **28** 99; Gnuse BeamtJahrb. **26** 150; Fleiner Institut. des Verwaltungsrechts 1920 S. 169; v. Bonin JW **29** 1125; Brand „Bürgermeister" **27** 183ff. u. das dort verzeichnete Schrifttum; Jaschkowitz „Beamtenrecht", Beil. z. Ztschr. des Reichsb. d. höher. B. **26** 14ff. u. JW **27** 2843; OLG. Düsseldorf 25. 6. 28. ZBR. **1** 95; Brand DRichtZ. **28** 336; **a. M.** Otto Mayer DeutschVerwR. **1917** I 115; II 464; Jellinek Syst. d. subjekt. öffentl. R. 333ff. Ausnahmen gelten nur, wenn der Beamte unter Verzicht auf Gehalt, Ruhegehalt pp. gemäß § 100 RBG. entlassen wird. Brand „Bürgermeister" **27** 183ff.

2. **Arten und Bestandteile des Diensteinkommens.** Die Dienstbezüge der im Dienste befindlichen Beamtern gliedern sich nach dem RBesG. v. 16. 12. 27 (RGBl. I 349) in:

a) Das Grundgehalt.
b) Den Wohnungsgeldzuschuß.
c) Die Kinderzuschläge.
d) Die Zulagen.

In manchen besonders teuren Orten, z. B. im rheinisch-westfälischen Industriegebiet, ferner im besetzten Gebiet und in einzelnen bestimmten Orten, wie Berlin, Hamburg u. dgl., wird ein sog. örtlicher Sonderzuschlag in Höhe von 3,5 u. 8% gewährt.

Verheiratete Beamte erhalten außer dem Diensteinkommen einen Kinderzuschlag, der aber nur für die Kinder bis zum vollendeten 16. Lebensjahre ohne Einschränkung, dagegen für die Kinder vom 16. bis zum vollendeten 21. Lebensjahr nur unter gewissen Voraussetzungen gewährt wird. Der Frauenzuschlag ist fortgefallen.

Die Dienstaufwandsentschädigungen, die nicht sonderzuschlagsfähig und nicht ruhegehaltsfähig sind, werden durch den Reichshaushalt bestimmt.

Die Reisekosten sowie die Auftrags- oder Beschäftigungstagegelder der Reichsbeamten sind durch besonderes Gesetz geregelt; s. näheres unten § 18.

3. **Die Voraussetzungen und der Beginn des Anspruchs auf das Diensteinkommen.**

a) Der Anspruch auf das Diensteinkommen setzt voraus, daß der Beamte planmäßig angestellt ist. § 1 RBesG. Über die rechtliche Natur der Anstellung s. oben Anm. 3 I D zu § 1 RBG. — Planmäßig sind die Beamten angestellt, die nach dem Reichshaushaltsplan angestellt sind.

b) Der Anspruch auf das Diensteinkommen beginnt nach § 4 Abs. 2 RBG. in Ermangelung besonderer Festsetzungen mit dem Tage des Amtsantritts, sei es daß das Amt infolge erstmaliger Anstellung oder infolge einer mit Gehaltsänderung verbundenen Versetzung oder Beförderung angetreten wird. ROHG. **21** 378; RG. **6** 107. Ist daher der Beamte aus Gründen, die in seiner Person liegen, so infolge Ablebens, körperlicher oder geistiger Krankheit, Abwesenheit u. dgl., außerstande, seinen Dienst anzutreten, so haben weder er noch seine Erben trotz der erfolgten Anstellung einen Anspruch auf das mit dem Amte verbundene Diensteinkommen. OTrib. **73** 214; RG. **11** 296; **13** 261; **15** 274; Bolze **14** 375; **15** 350; Gruchot **36** 1058; ME. 9. 3. 94 (MBl. 55). Kann aber der Beamte aus Gründen, die nicht in seiner Person liegen, so auf ausdrücklichen Befehl seiner vorgesetzten Behörde, wegen höherer Gewalt usw., seinen Dienst nicht rechtzeitig antreten, so hat er den Anspruch mit dem Tage erworben, an welchem er, wenn jene von ihm nicht zu vertretenden Umstände sich nicht ereignet hätten, seinen Dienst anzutreten bereit und imstande gewesen wäre. Gruchot **42** 1028; JW. **1900** 141 Nr. 30; Pieper 26; Kanng. 31.

Ein Beamter kann Gehaltsansprüche nur aus dem von ihm bekleideten Amt herleiten; beim Übertritt in ein anderes Amt, bestimmen sich seine Rechte nach den für das neue Amt geltenden Vorschriften. RG. 8. 11. 27 HRR. **28** Nr. 568 = JW. **28** 1036; s. aber Jahrreiß JW. **28** 1021.

c) Der Tag des Amtsantritts ist für den Anspruch auf das Diensteinkommen nicht entscheidend, wenn der Beginn der Bezüge besonders festgesetzt ist. Dies geschieht in der Regel in der Anstellungsurkunde oder in einem besonderen Schreiben. Der so festgesetzte Tag kann vor oder nach dem Amtsantritt liegen. Hierdurch erwirbt der Beamte in solchem Falle den Anspruch auf das Diensteinkommen, wenn er den besonders bezeichneten Tag erlebt hat. Stirbt er nach diesem Tage oder tritt er sonst aus irgendwelchen Gründen sein Amt überhaupt nicht an, so ist trotzdem der Anspruch auf das Diensteinkommen entstanden. Doch muß ihm die Anstellungsurkunde oder die sonstige Urkunde, in der ihm das Diensteinkommen mitgeteilt ist, noch bei Lebzeiten zugegangen sein; s. oben Anm. A 5 zu § 4.

d) Dienstalterszulagen mußten früher von der zuständigen Behörde besonders bewilligt werden, und der Beamte erwarb sie erst mit dem Tage der Bewilligung; es konnte eine der Zeit nach fällige Gehaltszulage dem Beamten versagt werden, wenn sein dienstliches oder außerdienstliches Verhalten zu erheblichen Ausstellungen Veranlassung gegeben hatte. Nur die Richter hatten einen Rechtsanspruch auf das Aufrücken im Gehalt durch die Gewährung von Dienstalterszulagen. Dieser Rechtszustand ist jetzt geändert. Nunmehr haben alle planmäßigen Beamten einen klagbaren Rechtsanspruch auf das Aufrücken im Grundgehalt, und es kann ihnen eine Dienstalterszulage wegen tadelnswerten dienstlichen oder außerdienstlichen Verhaltens nicht versagt werden. § 4 Abs. 1 Satz 1 RBesG.

Die fälligen Dienstalterszulagen wurden früher stets erst vom Ersten des folgenden Kalendervierteljahrs an bewilligt. Jetzt werden die höheren Gehaltssätze jeweils vom Ersten des Kalendermonats an gezahlt, in den der Eintritt in die neue Dienstaltersstufe fällt. § 3 Abs. 3 RBesG.

e) Eine durch den Reichshaushalt neugeschaffene Stelle kann, auch wenn die Besetzung später ausgesprochen wird, bereits mit Wirkung vom Beginne des Rechnungsjahrs, eine andere freie Stelle mit Rückwirkung von höchstens 3 Monaten verliehen werden, wenn und solange der betreffende Beamte die Obliegenheiten der ihm übertragenen oder einer gleichartigen Stelle tatsächlich wahrgenommen hat. Ziff. 11 BesV. Diese Rückwirkung sichert dem Beamten den früheren Bezug des Stelleneinkommens und gegebenenfalls ein günstigeres Besoldungsdienstalter. Im übrigen aber wird die Beamteneigenschaft nicht rückwirkend zuerkannt. Entsch. d. RG. 21. 11. 24 im RBesBl. **25** 3; Ziff. 11 Abs. 3 BesV.

4. **Die Bewilligung des Diensteinkommens.**

a) Die Bewilligung des Diensteinkommens erfolgt durch die zuständige Behörde; regelmäßig wird das Einkommen ziffernmäßig unter Angabe des Anfangstages in der Anstellungs-, Beförderungs- oder sonstigen Urkunde angegeben. Doch liegt in der Verleihung eines Amtes stets stillschweigend auch die Zubilligung des mit diesem Amte verbundenen Diensteinkommens.

Durch den Haushaltsplan erwerben die Beamten noch nicht das Recht auf die dort vorgesehenen Stellen und ausgeworfenen Gehälter. Erst die besondere Verleihung einer solchen Stelle gewährt einen Rechtsanspruch. RG. 12. 4. 27 JW. **27** 2185; RG. 30. 3. 28 „Recht" **28** 360; RG. **109** 270.

b) Besoldungen und andere bei der Versetzung in den Ruhestand anzurechnende Diensteinkünfte dürfen nur auf Grund einer durch den Reichshaushalt oder durch besondere Gesetze erteilten Ermächtigung verliehen werden.

c) Die Verwaltung muß bei der Gehaltsbewilligung sich im Rahmen der in dem Haushalt festgesetzten Höchst- und Mindestbeträge halten. Die Besoldung wird nur durch die Besoldungsgesetze und den Haushalt bestimmt; sie richtet sich nach der Gruppe, der der Beamte angehört. Wenn ihm irrtümlich höhere Sätze bewilligt sind, so hat er daraus keinen Anspruch; vielmehr kann der Irrtum jederzeit berichtigt werden. RG. **110** 266.

d) Bei der Verleihung von Diensteinkommen sind nichtruhegehaltsfähige Teile als solche zu bezeichnen. Ruhegehaltsfähig sind im allgemeinen die unter „Besoldungen" aufgeführten Bezüge, soweit nicht im Haushalt oder sonst ausdrücklich etwas anderes bestimmt ist. Dagegen sind die unter den „anderen persönlichen Ausgaben" aufgeführten fortlaufenden Bezüge auf Widerruf und als nicht ruhegehaltsfähig zu verleihen.

e) Kommt die Wiederentziehung eines Diensteinkommens in Frage, so ist es nur mit einem Vorbehalt zu verleihen, und zwar auch dann, wenn es als nichtruhegehaltsfähig bezeichnet ist. Es erfolgt dann die Verleihung für die Dauer der Bekleidung eines bestimmten Amtes oder für die Wahrnehmung gewisser Geschäfte, wie z. B. für die Tätigkeit eines Rendanten. Bei ausgesprochener Widerruflichkeit der Zulagen besteht die Möglichkeit, den Beamten, wenn er sich nicht bewährt oder wenn er aus anderen Gründen aus der nur mit widerruflichen Bezügen ausgestatteten Stelle entfernt werden soll, ohne Mehrbelastung der Reichskasse abzuberufen.

f) Neu anzustellenden Beamten sollen die Besoldungen erst für die Zeit nach Ablauf der Sterbe- und Gnadengehaltsfristen angewiesen werden. Nr. 4, 5 V. 7. 1. 1828 (v. Kamptz **31** 161); Nr. 6 V. 20. 6. 44 (JMBl. 156); ME. 28. 3. 81 (MBl. 77). Es soll nicht für dieselbe Stelle eine gewisse Zeit hindurch die mit ihr verbundene Besoldung doppelt bezahlt werden.

g) Hinsichtlich der Verfügungsbefugnis über die Besoldungen gelten für die einzelnen Verwaltungen besondere Vorschriften.

5. **Der Zeitpunkt der Zahlung des Diensteinkommens.**

a) Die Reichsbeamten, und zwar auch die nichtplanmäßigen, erhalten ihre Dienstbezüge einschließlich der Kinderzuschläge, der Sonderzuschläge usw., soweit sie ihnen in festen Barbezügen zustehen, aus der Reichskasse monatlich im voraus. Der RFM. kann mit Zustimmung des Reichsrates und des Ausschusses des Reichstags für den Reichshaushalt bestimmen, daß die Dienstbezüge der planmäßigen Beamten bei Überweisung auf ein Konto vierteljährlich im voraus gezahlt werden dürfen. § 21 Abs. 1 RBesG. Von dieser Ermächtigung hat der RFM. bisher keinen Gebrauch gemacht.

b) Art. 7 V. 12. 12. 23 (RGBl. I 1181) — der auch jetzt noch gültig ist s. Sölch-Ziegelach 329 a. M. v. Bonin JW. **29** 1121 — schließt den Anspruch auf Verzinsung und Aufwertung rückständiger Beamtenbezüge aus. Diese — für die Inflationszeit bedeutsam gewesene — Vorschrift wird von Kaufmann JurW. **24** 1036, Wolff LZ. **29** 73 ff. und Reinhold JW. **25** 215 für rechtsunwirksam bezeichnet, da der Beamte ein wohlerworbenes Recht auf rechtzeitige Zahlung des Gehalts habe; zu vgl. Art. 153 u. 129 Abs. 1 Satz 2 RV. Ebenso Delius PrVBl. **45** 16; Hüfner LZ. **24** 281 ff. Dagegen hält RG. JurW. **24** 1871[17] in DJZ. **24** 828 u. JW. **25** 54 den Art. 7 a. a. O. für rechtswirksam und verneint, daß durch ihn Art. 129 Abs. 1 Satz 3 oder Art. 153 verletzt werde. Ebenso Sölch JurW. **24** 1871 Anm. zu Nr. 17; Josef DJZ. **25** 337; OLG. Kiel in DJZ. **25** 352; s. auch Lindemann „Recht" **24** 24. Dagegen nimmt RG. LZ. **25** 266 u. RG. **112** 104; **113** 82 an, daß zwar nicht Verzinsung und Schadensersatz, wohl aber Aufwertung hinsichtlich der nach Fälligkeit gezahlten Bezüge zulässig sei; an dieser Auffassung hat das RG. trotz abweichender preuß. ME. festgehalten; ebenso Wagner PrVBl. **46** 513; Arndt JW. **26** 1484 ff. a. M. RVersorgG. **5** 51 = JW. **26** 1484 hinsichtlich der Ruhegehaltsgebührnisse der Berufssoldaten; Delius PrVBl. **46** 434. Auch der dem Beamten während der Suspension vom Amt einbehaltene Diensteinkommensteil ist bei der Nachzahlung aufzuwerten. RG. v. 5. 1. 26 JurRundsch. **26** Rspr. Nr. 723 = Rspr. Aufw.-Ring **1** 236 = JW. **26** 1443 u. Arndt ebenda. Wegen der Errechnung der aufgewertet nachzuzahlenden Beträge s. PrFM. 15. 4. 25 nebst Berichtig. (PrBesBl. **25** 96, 132 u. 150). Auch wird der Anspruch auf die richtige Bemessung der geschuldeten Beträge mit Rücksicht auf die zwischen Zahlung und Fälligkeit eingetretene Geldentwertung durch Art. 7 VO. nicht ausgeschlossen. RG. „Jurist. Rundsch." **25** 732 Nr. 1044. Dies gilt auch für die Hinterbliebenen- u. Gnadenbezüge. RG. „Recht" **26** Nr. 211; RG. **112** 104; a. M. RVersorgG. **5** 51 = JW. **26** 1484. Bei der Aufwertung rückständiger Ruhegehaltsbezüge kommt in der Regel der Abzug eines sog. Verarmungsfaktors nicht in Frage. RG. 7. 7. u. 25. 6. 26 JurRundsch. Rspr. Nr. 1247 S. 1299 = Rspr. Aufw. Ring **1** 641.

Das RG. „Recht" **25** 70 (ebenso RG. **111** 366; „Recht" **25** 723 u. JurRundsch. **25** 1269; s. auch Wolff LZ. **29** 73 ff.) hat ferner Art. 7 Abs. 1

a. a. O. auch dann nicht für anwendbar erklärt, wenn der Beamte nicht sowohl Dienst- oder Versorgungsbezüge, als vielmehr Schadensersatzansprüche, insbes. auch Verzugszinsen nach Art. 131 RV. erhoben hatte und zwar auch dann, wenn der gemäß § 839 BGB. oder gemäß der allgemeinen Fürsorgepflicht des Staates erstattet verlangte Schaden in der vorzeitigen Pensionierung besteht und der Anspruch auf Erstattung entgehender Dienstbezüge gerichtet ist.

Dagegen hat der Beamte keinen Aufwertungsanspruch nach § 242 BGB. bezüglich des in Papiermark rechtzeitig gezahlten Gehalts. RG. **113** 82; RG. 11. 1. 27 JurRundsch. Rspr. **27** 427; LZ. **25** 979.

Der durch verspätete Auszahlung von Militärgebühren entstandene Schaden ist vor den Versorgungsgerichten geltend zu machen. RG. **111** 366.

c) Vorzeitig dürfen Besoldungen, d. h. Gehaltsvorschüsse, nur bis zur Höhe des einmonatigen Diensteinkommens an Grundgehalt oder Diäten und Wohnungsgeldzuschuß (nicht auch der Kinderzuschläge) gezahlt werden, wenn Beamte zu besonderen Aufwendungen genötigt sind, z. B. anläßlich des Umzugs in eine andere Wohnung, zum Ankauf von Öfen, zur Ausstattung von Kindern, bei schwerer Erkrankung oder Tod von Familienangehörigen, wenn keine Notstandsbeihilfe (s. unten S. 64) gewährt werden kann, bei Verlusten durch Brandschäden u. dgl. Richtlinien v. 8. 11. 24 (RBesBl. 337).

d) Die Dienstbezüge werden am letzten Werktag gezahlt, der dem Zeitabschnitt vorhergeht, für den die Zahlung bestimmt ist. Ziff. 90 BesV. Über die Berechnung der Bezüge für Teile eines Monats s. Nr. 91 BesV. u. RFM. 28. 8. 28 (RBesBl. 169).

e) Für welche Zeitabschnitte die Dienstbezüge der Polizeibeamten beim Reichswasserschutze gezahlt werden, bestimmt der Fachminister im Einvernehmen mit dem RFM. § 21 Abs. 3 Satz 2 RBesG.

f) Wegen der Weiterzahlung der Bezüge an verschollene Beamte bezw. an deren Pfleger s. OLG. Hamburg „Recht" **19** Rspr. Nr. 706; BVersG. JW. **26** 80.

6. **Der Ort und die Art der Zahlung des Diensteinkommens.**

a) Die Beamten, die am Orte einer Kasse ihren amtlichen Wohnsitz haben, sind verpflichtet, ihr Gehalt bei der Kasse abzuheben. Art. 11 PrAGBGB. Jedoch können sich die Beamten ihre Bezüge auch im Wege des Giro- oder Postscheckverkehrs durch Überweisung auf ein Bankkonto oder Postscheckkonto zahlen lassen; s. Näheres Brand BR. 140.

b) Der RFM. kann Vorschriften über die Abrundung der auszuzahlenden Beträge erlassen. § 21 Abs. 4 RBesG.

c) Bei allen Gehaltszahlungen müssen die Einkommensteuerbeträge einbehalten werden; s. Näheres Brand BR. 142 u. Durchführungsbestim. 5. 9. 25 (RMBl. 1186) i. d. Fassg. v. 21. 12. 25 (RMBl. 1436), 19. 2. 27 (RMBl. 77) u. 31. 12. 27 (RMBl. **28** 11) u. 6. 8. 28 (RMBl. 552); ReichsG. 23. 7. 28 (RGBl. I 290).

7. **Rückzahlung zu Unrecht bezogenen Diensteinkommens.** Die Beamten, die ihr Gehalt monatlich im voraus erhalten haben, haben ein unbedingtes Recht auf das ihnen gezahlte Monatsgehalt nicht erworben. Scheiden sie also während dieser Zeit durch Tod oder Entlassung, sei es auf Antrag oder auf Grund eines rechtskräftigen Disziplinar- oder Strafurteils aus dem Amte aus, so sind sie oder ihre Erben verpflichtet, von dem vorausempfangenen Gehalt nebst Wohnungsgeldzuschuß usw. das zurückzuzahlen, was auf die Zeit entfällt, während der sie nicht mehr im Amte gewesen sind. Die Bestimmungen der §§ 760 Abs. 3 und 1612 BGB., wonach der Gläubiger, der den Beginn des Zeitabschnittes erlebt, für den die Rente im voraus zu entrichten ist, den vollen auf den Zeitabschnitt entfallenden Betrag erhält, sind auf das Gehalt des Beamten nicht entsprechend anwendbar. JW. **93** 69; Bolze **14** Nr. 576a; RG. **95** 146; **97** 43; **104** 58; **107** 190 (läßt dahingestellt, ob das Rückforderungsrecht des Staates auch im Falle des Todes des Beamten besteht); Pieper 48; auch die preußische Verwaltungspraxis teilt diese Rechtsansicht: vgl. ME. 17. 3. 85; Müller 610, 611; jedoch beläßt die Verwaltungsübung den Erben des Beamten das voraus erhobene Gehalt auch dann, wenn die Hinterbliebenen keinen Anspruch auf das Gnadenvierteljahr haben.

Dies gilt auch für sonstige Rückzahlungen von Gehalt usw., das den Beamten aus irgendwelchen Gründen z. B. aus Versehen zu Unrecht bezahlt ist. Früher nahm man an, daß § 818 Abs. 3 BGB. anwendbar sei, wonach der Empfänger dem Herausgabeanspruch mit dem Einwande des Wegfalls der Bereicherung begegnen kann. Der Beamte konnte also einwenden, daß er durch die überhobenen Beträge an Gehalt usw. nicht mehr bereichert sei. RG. **81** 340, **83** 161, **107** 190; s. auch JW. **10** 108[7]; **11** 323. Friedrichs „Recht" **22** 129ff.; Laue PrVBl. **38** 149; Schimmelpfennig BlK. **27** 1ff.; Boeters PrVBl. **48** 39. Dieser Rechtszustand war vorübergehend geändert. Denn gemäß § 288 Abs. 2 der früheren RBesV. waren alle zuviel erhobenen Dienstbezüge, Wartegelder, Ruhegehälter und Hinterbliebenenbezüge zurückzuzahlen. Deshalb konnte der Wegfall der Bereicherung gegenüber dem Anspruch auf Rückzahlung zu Unrecht bezahlter Versorgungsbezüge nicht mehr geltend gemacht werden. Es sollten aber von der Verwaltung die wirtschaftlichen Verhältnisse der zur Rückzahlung verpflichteten Beamten und ihrer Hinterbliebenen berücksichtigt, insbes. Teilzahlungen bewilligt und u. U. sollte aus Billigkeitsgründen auf die Rückforderung ganz oder teilweise verzichtet werden; vgl. Gehl Ztsch. d. Verb. d. Pr. Justizamtmänner **27** 49; Raasch PrVBl. **48** 119; Josef DJZ. **27** 1185; s. auch Delius PrVBl. **48** 123 u. 143. Ausnahmen galten nur, wenn die Erben oder Hinterbliebenen aus anderen Gründen, z. B. wegen ihrer Ansprüche auf den Sterbemonat und das Gnadenquartal zur Rückzahlung nicht verpflichtet waren.

Die Regierung hatte eine dem § 288 Abs. 2 der früheren RBesV. entsprechende Vorschrift im Abs. 4 § 39 RBesG. vorgeschlagen; der Reichstag hat aber diesen Vorschlag abgelehnt, so daß jetzt wieder § 818 Abs. 3 BGB. anwendbar ist; s. auch Nr. 95 der neuen BesVorschr.; Sölch-Ziegelach 265; RFM. 4. 9. 28 (HVBl. 111) über Fragen der Übergangszeit. Abweichendes gilt in Preußen nach § 39 Abs. 3 PrBesG.

Werden Beamte bei Änderung der Gehälter usw. oder der Einreihung in die Gruppen der Besoldungsordnung mit rückwirkender Kraft schlechter gestellt, so brauchen sie die Unterschiedsbeträge nicht zurückzuerstatten.

8. **Verjährung des Anspruchs auf das Diensteinkommen.**

a) Die Ansprüche auf Rückstände von Besoldungen verjähren nach § 197 BGB. in vier Jahren. Die Verjährung beginnt nach den §§ 198, 201 BGB. mit dem Schlusse des Jahres, in dem das Gehalt fällig geworden ist.

b) Die zu a erwähnten Vorschriften finden in folgenden Fällen keine Anwendung:

aa) Wenn es sich nicht um einzelne fällige und ihrem Betrage nach feststehende Gehaltsteile, sondern um die Feststellung der Verbindlichkeit zur Gehaltszahlung überhaupt handelt. JW. **97** 592.

bb) Wenn es sich um Umzugskosten, Tagegelder und Reisekosten handelt. Denn diese Bezüge gehören nicht zur „Besoldung" im Sinne des § 197 BGB. und sind auch nicht andere regelmäßig d. h. in bestimmten Terminen wiederkehrende Leistungen im Sinne der gedachten Vorschrift. B. 16. 10. 05 bei Müller 705; RG. **84** 406. Sie verjähren erst in 30 Jahren.

c) Dagegen finden die Vorschriften zu a) auch auf die Dienstalterszulagen Anwendung. Sie verjähren, da alle planmäßigen Beamten (nicht nur wie früher die Richter) einen Rechtsanspruch auf die Zulagen haben, nach § 197 BGB. in 4 Jahren.

9. **Die einzelnen Teile des Diensteinkommens.**

a) **Die gesetzlichen Vorschriften.** Das **ReichsbesoldungsG.** v. 30. 4. 20 (RGBl. 805), das durch zahlreiche Gesetze geändert worden war, ist durch das neue RBesoldgG. v. 16. 12. 27 (RGBl. I 349) außer Kraft gesetzt. § 44 Abs. 2 RBesG.; s. dazu die Ausführungsbest. 12. 3. 28 (RBesBl. 49) und den Kommentar zum RBesG. von Sölch-Ziegelach 1928 (Trowitzsch & Sohn, Berlin). Das neue RBesG. und die ihm beigegebene BesoldO. haben gegenüber dem bisherigen Rechtszustand viele **grundlegende Änderungen** gebracht. Hervorzuheben ist folgendes:

aa) das bisherige Aufrücken durch mehrere Gruppen ist grundsätzlich beseitigt. Das bisherige System führte zu Härten und Ungerechtigkeiten. Das Aufrücken in die höhere Stufe war davon abhängig, daß Aufrückungsstellen durch den Wegfall der Vordermänner frei wurden. Jeder Beamte steigt jetzt in den gleichen Fristen bis zum Endgehalt der neuen Gruppe ohne Rücksicht auf den Wegfall der Vordermänner auf.

bb) Durch diese Änderung des Systems (Wegfall der Schlüsselung oder

Sechstelung) ist die sogen. Verzahnung beseitigt. Darunter versteht man, daß Beamte verschiedener Laufbahnen (höhere und mittlere bzw. mittlere und untere) in einer Gruppe enthalten sind. Es sind jetzt sogen. „Gräben“ zwischen den verschiedenen Laufbahnen geschaffen. Nur eine sogen. Überschneidung der Bezüge ist bei den Beamten der verschiedenen Laufbahnen möglich und häufig; es sind die höchsten Gehälter der Beamten niedrigerer Laufbahnen höher als die unteren Gehälter der Beamten der höheren Laufbahnen.

cc) Die Zahl der Gruppen der aufsteigenden Gehälter ist vergrößert. Früher gab es 13 Gruppen. Jetzt gibt es 12, von denen aber die meisten wieder in Untergruppen zerfallen.

dd) Der Wohnungsgeldzuschuß für die ledigen Beamten bis zum vollendeten 45. Lebensjahre ist gekürzt. In Preußen ist diese Kürzung allgemein für alle Altersklassen.

ee) Die Kinderzuschläge betragen gleichmäßig für die Kinder aller Altersstufen monatlich 20 RM. Eine Erhöhung der Zuschläge vom 3. Kinde an, wie in Preußen, tritt bei Reichsbeamten nicht ein.

ff) Die Frauenzulage ist beseitigt.

gg) Die Diäten der nichtplanmäßigen Beamten sind nicht mehr nach Hundertsätzen des Anfangsgrundgehalts der Besoldungsgruppe, sondern nach festen, von 2 zu 2 Jahren steigenden Sätzen bemessen. Die Anwärter steigen auch nicht mehr weiter auf, sondern müssen vom 6. Anwärterjahr ab bis zur Anstellung auf dem Anfangsgehalt ihrer Normalgruppe stehen bleiben. Nur für die am 1. 10. 27 bereits im Dienst befindlichen Anwärter gilt Abweichendes.

hh) Die örtlichen Sonderzuschläge sind teils überhaupt fortgefallen, teils stark abgebaut.

Waren die bisherigen Dienstbezüge eines Beamten nach dem Stande v. 30. 9. 27 höher als die ihm auf Grund des RBesG. zustehenden Dienstbezüge, so ist ihm der Unterschiedsbetrag, soweit es sich um ruhegehaltsfähige Bezüge handelt, als ruhegehaltsfähiger Zuschuß, im übrigen als nicht ruhegehaltsfähiger Zuschuß über den Reichshaushaltsplan bis zu dem Zeitpunkt weiter zu gewähren, in dem er durch die Erhöhung der neuen Bezüge ausgeglichen wird; s. näheres § 37 Abs. 1 RBesG.

Änderungen der durch das RBesG. geregelten Dienstbezüge, Wartegelder, Ruhegehälter, Hinterbliebenenbezüge und Versorgungsgebührnisse, ebenso Änderungen der Einreihung der Beamten in die Gruppen der Besoldungsordnungen können durch einfaches Gesetz ohne Änderung der RV. erfolgen. § 39 Abs. 1 RBesG.; s. dazu RG. **120** 388ff. Es kann durch solche Änderungen auch eine Schlechterstellung der Beamten eintreten und sogar mit rückwirkender Kraft, und für solche Fälle ist in § 39 Abs. 2 RBesG. lediglich bestimmt, daß die Unterschiedsbeträge nicht zurückzuerstatten sind. Übrigens gilt § 39 Abs. 2 RBesG. auch dann, wenn die Unterschiedsbeträge entstanden sind durch eine mit Rückwirkung erfolgte Verschlechterung der Rechtslage hinsichtlich der Ruhensvorschriften bei wieder beschäftigten Ruhegehaltsempfängern. RG. 9. 3. 28 JW. **28** 1450. § 39 Abs. 1 RBesG. ist aber im Hinblick auf Art. 129 Abs. 1 Satz RV., wonach die wohlerworbenen Rechte der Beamten unverletzlich sind, rechtsunwirksam, s. näheres Brand DRichtZ. **28** 328ff. und das dort angeführte Schrifttum; Eickel BeamtJahrb. **29** 61ff.; Obergericht Danzig (Plenum) v. 25. 9. 28 DRichtZ. **28** 448 = JW. **28** 3257 = DJZ. **28** 1556 = JurRundsch. **29** Rspr. Nr. 145; OLG. Jena 4. 8. 28 ZBR. **1** 97; Kruspi Mitt. d. PrRichtV. **28** 153; **a. M.** v. Bonin JW. **28** 3237; Sölch-Ziegelach 316 und Falck BeamtJahrb. **28** 229ff. Dagegen haben die Beamten keinen Rechtsanspruch darauf, daß das Gehalt unabhängig von seiner jeweiligen gesetzlichen Festlegung stets die gleiche Kaufkraft oder den ursprünglich vorgesehenen Geldwert hat. RG. 2. 10. 28 JurRundsch. Rspr. **29** Nr. 144.

Die Dienstbezüge der Reichsbahnbeamten mit Ausnahme der leitenden Beamten hat die Reichsbahngesellschaft unter Berücksichtigung der Verhältnisse der Reichsbeamten festzusetzen. Im Falle einer Erhöhung der Dienstbezüge von Klassen der Reichsbahnbeamten mit Ausnahme der leitenden Beamten hat die Gesellschaft ihre Absichten vor der Durchführung der Reichsregierung mitzuteilen. Unter gewissen Voraussetzungen kann die Reichsregierung gegen diese Absicht Einspruch erheben oder Änderung verlangen. Die Gesellschaft kann das im § 44 ReichsbahnG. bezeichnete, beim Reichsgericht gebildete besondere Gericht anrufen. In besonderen Fällen kann aber die Gesellschaft Vergütungen gewähren, solange diese nicht 5 vH des gesamten Aufwandes für die Dienstbezüge der Beamten übersteigen. §§ 22 Abs. 1c, 26 Abs. 1—3 ReichsbahnG. Die Dienstbezüge der leitenden Beamten bestimmt die Gesellschaft allein; den Kreis dieser Beamten setzt der Verwaltungsrat fest. § 26 Abs. 4 a. a. O.; Teil **II** § 8 PersO i. d. Fassg. v. 9. 1. 28 (RMBl. 51); s. auch § 11 PersO i. d. Fassg. v. 9. 1. 28 (RMBl. 51). Wegen der Besoldungszusicherung gegenüber den in den Reichsdienst übernommenen Landeseisenbahnbeamten s. RG. 1. 11. 27 HRR. **28** 270, sowie der Länderfinanzbeamten RG. 27. 3. 28 u. Berger DJZ. **28** 1236; s. auch die neue BesO. für die Reichsbahnbeamten v. 10. 1. 28 DBeamtArch. **28** 285ff. RMBl. **28** 104ff. mit Ausführungsbestimmungen v. 31. 3. 28.

Die Dienstbezüge der Beamten im Geschäftsbereich der Reichsanstalt für Arbeitsvermittlung und Arbeitslosenversicherung werden in einer vom Verwaltungsrat erlassenen Dienstordnung geregelt. Sie sind unter Berücksichtigung der Verhältnisse der Reichsbeamten festzusetzen. Günstiger als die Dienstbezüge vergleichbarer Reichsbeamten dürfen die Dienstbezüge der Beamten der Reichsanstalt nur dann festgesetzt werden, wenn das zur Aufrechterhaltung eines geordneten und leistungsfähigen Betriebs notwendig ist. § 39 Abs. 1 RG. 16. 7. 27 (RGBl. I 187). Wegen der Bezüge der in den Dienst der Reichsanstalt zu übernehmenden Reichs-, Länder- und Kommunalbeamten s. §§ 225, 226 RG. 16. 7. 27 und Ausführungsanw. des Präs. der Reichsanstalt v. 12. 1. 28 und dazu Skarus KomRundsch. **28** 568ff.

Wegen der Regelung der Bezüge der Reichspostbeamten s. § 12 Abs. 2 u. 3 PostfinanzG. 18. 3. 24 (RGBl. I 287). Wegen der Entschädigung der Mitglieder des Verwaltungsrats der Deutschen Reichspost für ihre Geschäftsführung s. V. 19. 6. 24 u. 7. 3. 25 (RMBl. **24** 215; **25** 130). Die neue BesO. der Reichsbank ist im DBeamtArch. **28** 437ff. abgedruckt. Wegen der Bezüge der im Auslande tätigen Reichsbeamten s. RBesBl. 1927 S. 150.

Das RBesG. v. 30. 4. 20 war durch das RG. zur Sicherung einer einheitlichen Regelung der Beamtenbesoldung v. 21. 12. 20 (RGBl. 2117) i. d. Fassg. des G. v. 22. 3. 23 u. 23. 6. 23 (RGBl. I 215 u. 419), auch **Besoldungssperrgesetz** genannt, für die Regelung der Beamtenbesoldung in den Ländern, Gemeinden und sonstigen öffentlichen Körperschaften für bindend erklärt worden; jedoch ist das BesoldungssperrG. mit dem 31. 3. 26 außer Kraft getreten. Nur den Wohnungsgeldzuschuß und die Ortsklasseneinteilung dürfen die Länder, Gemeinden usw. nicht günstiger regeln, als es für die Reichsbeamten gleicher Besoldungsgruppen und gleicher Dienstaltersstufen an demselben Ort geschieht. G. 27. 3. 26 (RGBl. I 180).

b) **Das Grundgehalt.** Die planmäßigen Reichsbeamten erhalten ein Grundgehalt nach Maßgabe der dem RBesG. beigefügten Besoldungsordnungen A (für aufsteigende Gehälter) und B (für feste Gehälter). Die Soldaten der Wehrmacht erhalten jetzt im Gegensatz zum früheren Rechtszustand, wo sie in die allgemeine BesO. eingruppiert waren, ihr Grundgehalt nach der BesO. C. Die Polizeibeamten beim Reichswasserschutz richten sich mit ihren Grundgehältern nach der der BesO. A als Anlage beigefügten besonderen BesO. Dem RBesG. ist als Anlage 6 beigefügt eine Übersicht über die Überleitung der am 30. 9. 27 im Amte gewesenen planmäßigen Reichsbeamten sowie der Polizeibeamten beim Reichswasserschutz in die Besoldungsverordnungen A u. B (RGBl. I **27** 394—484). § 2 RBesG.

Das Grundgehalt entspricht dem früheren „Gehalt". Unter „Gehalt" wird jetzt Grundgehalt und Wohnungsgeldzuschuß zusammen als einheitliches Ganze verstanden, was z. B. für die Ruhegehaltsfähigkeit, die Pfändung, das Gnadenvierteljahr und die Verminderung des Diensteinkommens im Dienststrafverfahren um einen Bruchteil von Bedeutung ist.

Die Grundgehälter sind entweder:

a) nach Dienstaltersstufen aufsteigende Gehälter.

b) Feste Gehälter.

Die einzelnen Grundgehälter sind in der Besoldungsordnung enthalten.

Die planmäßigen Beamten mit aufsteigenden Gehältern werden in 12 Besoldungsgruppen, von denen die meisten wieder Untergruppen haben, und 8 Gruppen mit festen Gehältern zusammengefaßt.

Die Beamten einer bestimmten Gruppe haben kein wohlerworbenes Recht im Sinne des Art. 129 Abs. 1 Satz 3 RV. darauf, daß sie mit einer ihnen bisher im Diensteinkommen gleichgestellten anderen Gruppe im Gehalt aufgebessert werden. RG. **108** 315; überhaupt haben die Beamten kein klagbares Recht auf Eingruppierung in eine bestimmte Besoldungsklasse. RG. **107** 326; s. auch unten Anm. 5, Vorbem. zu § 159 RBG.

Rechtlich zulässig ist auch die in der neuen BesO. vorgenommene verschiedenartige Einstufung der fach- und sondergeprüften Obersekretäre; s. Falck BeamtJahrb. **28** 232 ff.

Die Gruppeneinteilung ist nur finanztechnisch und soll Rangunterschiede weder aufrecht erhalten, noch neu begründen. Bei der Eingliederung der Beamtenschaft in die Besoldungsgruppen sind Beamte, die nach der Schwierigkeit und Wichtigkeit ihrer Tätigkeit und der mit dem Amt verbundenen Verantwortung etwa gleich zu bewerten sind, in dieselbe Gruppe eingereiht.

Die Gruppen für feste Gehälter sind fast ausschließlich für Beamte vorgesehen, die an der Spitze großer Behörden oder an leitender oder sonst besonders bedeutungsvoller Stelle stehen.

Die Beamten in den Ministerien und den den Ministerien gleichzubewertenden Zentralbehörden sind wegen der besonderen Bedeutung, Wichtigkeit, Schwierigkeit und Arbeitsfülle ihres Dienstes in eine entsprechend höhere Gruppe eingegliedert worden.

Beamten, die gleichzeitig mehr als eine Stelle im Reichsdienst bekleiden, wird das Diensteinkommen nur der Stelle gewährt, die auf den höchsten Satz Anspruch gibt. § 18 Abs. 1 RBesG. Damit sollte die sog. Ämterhäufung verhindert werden.

Bei dem Grundgehalt sind **die Dienstaltersstufen** und **das Besoldungsdienstalter** von besonderer Bedeutung.

aa) **Die Dienstaltersstufen.** Das Grundgehalt der planmäßigen Beamten, soweit es nicht ein festes Gehalt ist, steigt nach Dienstaltersstufen. § 3 Abs. 1 RBesG. Ausgenommen von diesem Grundsatz sind die Beamten des Büros des Reichspräsidenten und der Reichskanzlei; sie werden in die Dienstaltersstufen nach dem Ermessen des Reichspräsidenten oder des Reichskanzlers eingewiesen. § 3 Abs. 4 RBesG.

In den einzelnen Dienstaltersstufen verweilen die Beamten 2 Jahre. Das Endgrundgehalt wird erreicht in 8—20 Jahren. § 3 Abs. 2 RBesG.

Die Dienstalterszulagen werden jeweils vom Ersten des Kalendermonats bewilligt, in den der Eintritt in die neue Dienstaltersstufe fällt. § 3 Abs. 3 RBesG.

Alle planmäßigen Beamten — nicht nur, wie früher, die Richter — haben auf das Aufrücken im Grundgehalt einen Rechtsanspruch. § 4 Abs. 1 Satz 1 RBesG; RG. **107** 326, 329.

Den Beamten kann eine Dienstalterszulage nicht mehr aus Gründen versagt werden, die in der Beanstandung ihres dienstlichen oder außerdienstlichen Verhaltens liegen.

Voraussetzung für die Klage auf Zahlung einer Dienstalterszulage ist, daß der Beamte den Anspruch zunächst im Verwaltungswege bis zur höchsten Dienststelle vergeblich geltend gemacht hat. § 150 RBG. Ferner muß er den Tag der Zulage als Beamter im Dienst erlebt haben.

Der Anspruch auf die Zulagen ruht:

α) solange ein förmliches Dienststrafverfahren schwebt;

β) solange wegen eines Verbrechens oder Vergehens ein Hauptverfahren oder eine Voruntersuchung schwebt. (§§ 198 ff., 178 ff. StPO.) § 4 Abs. 1 Satz 2 RBesG.

Führt das Strafverfahren zur Verurteilung wegen eines Verbrechens oder Vergehens, und wird binnen dreier Monate nach Abschluß des strafgerichtlichen Verfahrens wegen der nämlichen Tatsachen ein förmliches Dienststrafverfahren eingeleitet, so ruht der Anspruch auch während der Zwischenzeit. Führt das Verfahren zum Verluste des Amtes, so erlischt der Anspruch auch für die Zeit des Ruhens. § 4 RBesG.

bb) **Besoldungsdienstalter** (BDA). Für die praktisch wichtige, aber sehr schwierige und verwickelte Regelung des BDA. gelten §§ 5 bis 8 RBesG. u. Nr. 7—47 BesVorschr. Folgendes ist hervorzuheben:

α) Zuständig für die Festsetzung des BDA. ist in der Regel die vorgesetzte Dienstbehörde. Diese Festsetzung ist für die Beurteilung der gerichtlich geltend gemachten vermögensrechtlichen Ansprüche maßgebend. § 8 Abs. 2 RBesG.; s. RG. **48** 321; **103** 292; RG. „Recht" **22** 107[5]; RG. 13. 12. 27 JW. **28** 1041 = „Recht" **28** 173 = RG. **119** 240; s. Sölch-Ziegelach 167, 168. Der Beamte kann also im Rechtsweg nicht geltend machen, er hätte bei seiner Anstellung in einer höheren Besoldungsgruppe, als geschehen, eingereiht werden sollen und hätte deshalb ein höheres Gehalt zu beanspruchen. RG. **103** 292. Es gilt dies auch, wenn das BDA. später infolge früheren Irrtums der Behörde anderweit geregelt wird; nur reine Willkür bei Festsetzung des BDA. könnte den Rechtsweg eröffnen. RG. 10. 1. 28 JW. 1042 = HRR. **28** 1346. Ein Recht auf ein bestimmtes BDA. hat der Beamte nur dann, wenn ihm ein solcher Anspruch durch besondere Zusicherung eingeräumt worden ist, auf Grund deren er eine bestimmte Stufe in einer Besoldungsgruppe einnimmt, z. B. bei Anrechnung bestimmter Dienstjahre. Appelius PrVBl. **42** 324. Die Zusicherung muß aber von der zuständigen Behörde erfolgt sein. RG. 10. 1. 28 JW. 1042. Der Rechtsweg ist auch zulässig, wenn es sich um die Auslegung einer das BDA. festsetzenden Entscheidung der Verwaltungsbehörde handelt. OLG. Jena 7. 12. 27 ZBR. **1** 40.

Die Behörde hat die Beamten von der Festsetzung ihres BDA. schriftlich zu benachrichtigen. § 8 Abs. 1 RBesG.

β) Das BDA. der planmäßigen Beamten mit aufsteigenden Gehältern beginnt in der Regel mit dem Tage der Anstellung in der jeweiligen planmäßigen Stelle. Von diesem Zeitpunkt ab sind die Zeitabschnitte für das Verbleiben im Anfangsgehalt und für das Aufsteigen in die höheren Dienstaltersstufen zu rechnen. § 5 Abs. 1 RBesG.

γ) Das BDA. kommt in der Regel nur für die Regelung der Gehaltsbezüge, nicht aber für die Berechnung der ruhegehaltsfähigen Dienstzeit, die Reihenfolge bei Beförderungen usw. in Betracht. Nr. 13 BesVorschr.

δ) Außer dem Besoldungsdienstalter gibt es noch das Diätendienstalter (in Preußen Anwärterdienstalter genannt) und das Stellendienstalter, auch allgemeines Dienstalter genannt. Das letztere beginnt bei planmäßigen Beamten mit der ersten planmäßigen Anstellung in einem bestimmten Amt und wird in der Regel durch den Tag der Ernennung (Datum der Bestallung) begründet; s. näheres RInnM. 24. 10. 22 und 27. 10. 28 „Beamtenbund" **22** Nr. 45 und **28** Nr. 87.

Ein Rangdienstalter gibt es nicht mehr.

ε) Beamte mit festen Gehältern und nichtplanmäßige Beamte haben kein BDA.

ζ) Als Tag der planmäßigen Anstellung, von dem ab das BDA. läuft, gilt der Tag, von dem ab das Diensteinkommen der planmäßigen Stelle bezogen wird. § 5 Abs. 1 Satz 3 RBesG.

η) Bei der ersten planmäßigen Anstellung außerplanmäßiger Beamten wird die im außerplanmäßigen Reichsbeamtenverhältnis bei derselben Dienstlaufbahn zwischen dem Beginne des Diätendienstalters und der ersten planmäßigen Anstellung liegende Zeit auf das BDA. angerechnet, soweit sie 5 Jahre, bei Versorgungsanwärtern 4 Jahre, bei den vor dem 1. 1. 25 angestellten weiblichen Beamten der Deutschen Reichspost 8 Jahre übersteigt. § 5 Abs. 2 RBesG.; Nr. 18, 86 BesVorschr.

ϑ) Recht verwickelte Vorschriften gelten für die Festsetzung des BDA. beim Übertritt aus einer Besoldungsgruppe in eine andere mit gleichem oder höherem Endgrundgehalt; s. Näheres § 7 RBesG.; Nr. 29—36 BesVorschr. Wegen der Übergangsvorschriften s. Nr. 98 BesVorschr. und die gegen seine Gültigkeit in den Gutachten von Smend u. Nawiasky (Beamtenbund **28** Nr. 55 u. 64) hervorgehobenen Bedenken.

Bei Verleihung einer Stellenzulage ohne Wechsel der Besoldungsgruppe wird das BDA. nicht geändert. § 7 Abs. 3 RBesG.

ι) Den Versorgungsanwärtern werden gewisse Zeiten auf das BDA. angerechnet; s. § 5 Abs. 3—6, § 23 RBesG.; Nr. 20—26 BesVorschr.; wegen des BDA. der am 30. 9. 27 im Dienst befindlichen Versorgungsanwärter s. RFM. 15. 11. 28 (HVBl. **29** 17). Besondere Vorteile genießen bei Festsetzung des BDA. die schwerkriegsbeschädigten Beamten nach § 5 Abs. 8 RBesG. u. Nr. 27 BesV.; s. dazu RFM. 4. 7., 29. 8. u. 28. 12. 28 (HBBl. **28** 86, 112 u. **29** 2). S. auch RFM. 29. 1. 29 (RBesBl. 3).

κ) Gewisse Zeiten, z. B. die im Staatsdienst oder sonst außerhalb des Reichsbeamtenverhältnisses zurückgelegten Dienstzeiten oder die Zeiten einer praktischen Beschäftigung, können nach näherer Maßgabe des § 6 RBesG. auf das BDA. angerechnet werden; Nr. 28 BesVorschr. Über die Frage, ob die Zeit, während der ein Reichsbeamter ohne Gehalt beurlaubt wird, auf das BDA. anzurechnen ist, s. BesVorschr. Nr 45. Den am 1. 4. 20 in den Dienst der Reichsbahn übernommenen Beamten der ehemaligen Preußischen Staatseisenbahn mußte das Reich einen ihnen seinerzeit unter Fortdauer des Landesbeamtenverhältnisses vorbehaltlos erteilten Urlaub bei der Festsetzung des Reichsbesoldungsdienstalters als Landesdienst anrechnen, wenn und soweit ihn der Preuß. Minister d. öffentl. Arbeiten als Staatsdienstzeit angerechnet hatte. § 30 Staatsvertr. über den Übergang der Staatseisenbahn auf das Reich v. 31. 3. 20 (RGBl. 773). Entschdg. des Staatsgerichtshofs 18. 10. 24 in RG. **109** 220.

λ) Besondere Vorschriften für die Festsetzung des BDA. gelten endlich beim Wiedereintritt von ausgeschiedenen Reichsbeamten, beim Übertritt aus dem Landesdienst, bei Versetzungen auf Grund eines Dienststrafurteils und in besonderen Fällen. Nr. 37—44 BesVorschr.

μ) Über das BDA. wiederbeschäftigter Wartegeldempfänger s. RFM. 16. 12. 25 (ReBesBl. 237) u. Nr. 43 BesV.

ν) Das Besoldungsdienstalter der Polizeibeamten beim Reichswasserschutz in den Besoldungsgruppen mit aufsteigenden Gehältern beginnt mit dem Tage der Beförderung. § 5 Abs. 1 Satz 4 RBesG.

Über das Besoldungsdienstalter ehemaliger und jetziger Heereszahlmeister und ehemaliger Zahlmeisteranwärter s. RFM. 14. 6. 23 u. 5. 11. 25 (RBesBl. **23** 183; **25** 229); über das BDA. der aus Anlaß der Heeresverminderung in andere Verwaltungen übergetretenen Fachoffiziere s. RFM. 14. 9. 27 (RBesBl. 81).

c) **Der Wohnungsgeldzuschuß.**

aa) Er bildet mit dem Grundgehalt ein einheitliches Ganzes, z. B. bei Berechnung des Ruhegehalts, des Gnadenquartals, bei der Pfändung, Verminderung des Diensteinkommens im Dienststrafverfahren um einen Bruchteil usw. Er wird nach § 16 Abs. 2 RBesG. auch zu den Diäten der nichtplanmäßigen Beamten gewährt.

bb) Der WGZ. bezweckt, dem Beamten einen Bruchteil der mit seinem Wohnungsaufwand verbundenen Unkosten zu ersetzen; er will nur einen Zuschuß darstellen, muß also unter den wirklich gezahlten Mieten liegen. Dagegen wollte der früher an Stelle des WGZ. geltende Ortszuschlag das Grundgehalt und die Diäten allgemein der Verschiedenheit der örtlichen

Preisverhältnisse anpassen. Neuerdings ist man zu dem alten System des Wohnungsgeldzuschusses zurückgekehrt, weil sich die Mietpreise und damit die Unterschiede einwandfreier feststellen lassen als bei Berücksichtigung sonstiger Teuerungsmomente. An sich gerechter ist der Ortszuschlag, der neben den Mieten auch den Aufwand für die sonstige Lebenshaltung, insbesondere für die Ernährung an den einzelnen Orten berücksichtigt; die jetzige auf den Mietpreisen aufgebaute Grundlage ist bei den durch die Wohnungsnot hervorgerufenen unzureichenden und unterschiedlichen Wohnverhältnissen ungeeignet.

Das jetzt für die Einteilung der Orte oder von Ortsteilen in Ortsklassen maßgebende Ortsklassenverzeichnis ist im RBesBl. **24** 291ff. abgedruckt; dazu Änderungen: RFM. 29. 10., 5. 11 u. 26. 11. 24, 12. 6. u. 13. 10. 25 (RBesBl. **24** 325, 331, 358; **25** 145 u. 219); 21. 4. 26 (RBesBl. 79); § 12 Abs. 1 RBesG. Die Einreihung von Orten oder Ortsteilen in das Verzeichnis im Falle von Neuaufstellungen erfolgt durch RFM. mit Zustimmung des Reichsrats nach den vom Reichsrat und einem Reichstagsausschuß festzulegenden Grundsätzen. § 12 Abs. 2 u. 3 RBesG.

Der Zeitpunkt für spätere Neuaufstellungen wird durch den Reichsrat und den Reichstag bestimmt. In der Zeit zwischen Neuaufstellungen kann der RFM. mit Zustimmung des Reichsrats einzelne Orte oder Ortsteile bei hervortretendem Bedürfnis in eine andere Ortsklasse einreihen; s. Näheres § 12 Abs. 3—6 RBesG.

Die Wohnungsgeldzuschußsätze ergeben sich aus Anlage 4 zur BesO. Sie sind in ihrer Höhe abgestuft:

α) je nach der Stellung des Dienstortes im Reichsortsklassenverzeichnis (RBesBl. **24** 291ff.) nach 5 Ortsklassen, nämlich den 4 Ortsklassen A—D und einer Sonderklasse; maßgebend für die Ortsklasse ist der dienstliche Wohnsitz. § 13 Abs. 1 RBesG. Bei Verlegung des dienstlichen Wohnsitzes gilt § 13 Abs. 2 u. 3 RBesG. In die Sonderklasse sind Orte eingereiht, die besonders hohe Mieten aufweisen und ferner im Hinblick auf ihre besonderen Verhältnisse Berlin, Hamburg und München und

β) je nach der Höhe des jeweils bezogenen Grundgehalts (bzw. der Diäten) in sieben verschiedenen Tarifklassen.

Über die Abrundung des Wohnungsgeldzuschusses s. RFM. 17. 4. 25 (RBesBl. 123).

Verheiratete Beamtinnen erhalten den WGZ. zur Hälfte. Sie erhalten keinen WGZ., wenn der Ehemann Beamter oder Angestellter des Reichs, eines Landes, einer Gemeinde oder einer sonstigen Körperschaft des öffentlichen Rechtes ist. § 9 Abs. 4 RBesG.

Der RFM. kann den Hundertsatz des auszuzahlenden WGZ. erhöhen. § 9 Abs. 2 RBesG. Zur Zeit beträgt er 120%. RFM. 17. 12. 27 (RBesBl. 153).

Ledige Beamte bis zum vollendeten 45. Lebensjahre erhalten den

WGZ. der nächstniedrigeren Tarifklasse; an Stelle des WGZ. VII treten hierbei die um 40 vH. gekürzten Sätze. § 10 Abs. 1 RBesG.

Beamte, die im Reichsdienst nur ein Nebenamt bekleiden, erhalten keinen WGZ. § 18 Abs. 2 RBesG.

Bezieht ein Beamter ein Grundgehalt aus Reichsmitteln und zugleich aus Mitteln eines Landes, einer Gemeinde oder einer sonstigen Körperschaft des öffentlichen Rechts, so erhält er vom WGZ. aus Reichsmitteln nur den Teilbetrag, der dem aus Reichsmitteln bezahlten Grundgehalt entspricht. Die Höhe des WGZ. richtet sich nach dem höchsten Grundgehalt. § 18 Abs. 3 RBesG.

Polizeibeamte beim Reichswasserschutz erhalten keinen WGZ. § 9 Abs. 3 Satz 2 RBesG.

γ) **Nebenbezüge und sonstige Vergünstigungen.** Zulagen, die im RBesG. nicht vorgesehen sind, dürfen nur insoweit bewilligt werden, als der Reichshaushaltsplan dies bestimmt oder besondere Mittel dazu zur Verfügung stellt. Solche Zulagen kommen als sog. Betriebszulagen besonders bei Beamten der Reichsbahngesellschaft vor. Ebenso können in Ausnahmefällen Vergütungen für Nebenämter und Nebenbeschäftigungen gewährt werden. § 15 Abs. 1 RBesG. Für Nebenämter usw. kann den Beamten nur dann eine besondere Vergütung aus der Reichskasse bewilligt werden, wenn sie mit dem Hauptamt nicht in unmittelbarem Zusammenhang stehen.

Besondere Vergütungen für Überstunden, Mehrarbeit usw. können nicht gewährt werden, da jeder Beamte seine volle Arbeitskraft auch bei erhöhter Inanspruchnahme gegen das gewährte Diensteinkommen zur Verfügung stellen muß.

Sonstige mit einem Amt verbundene Nebenbezüge werden dem Beamten mit einem angemessenen Betrage auf das Diensteinkommen angerechnet. Die Höhe dieses Betrages wird von der obersten Reichsbehörde im Einvernehmen mit dem RFM. festgesetzt. Zu diesen Vergütungen gehören die Nutzung von Wirtschaftsland, Feuerungs- und Beleuchtungsmittel, Verpflegung, Jagdnutzung, Dienstkleidung u. dgl. § 19 RBesG.

Den Reichsbahnbeamten können für besondere Leistungen, z. B. Spitzenverkehr, Rangieren, Stoffersparnis Prämien gewährt werden. § 11 Ziff. 4 PersO. Bei den Postbeamten kommen Nachtdienstentschädigungen und bei den Bahnpostbeamten sog. Abwesenheitsgelder in Betracht. Über Vergütungen für außergewöhnliche Dienstleistungen im Zoll- und Verbrauchsteuerverkehr s. RFM. 27. 9. 28 (RGBl. 355).

Den Vollziehungsbeamten der Finanzämter (Hauptzollämter), die gemäß §§ 40, 41 BeitreibgsO. Vollstreckungsmaßnahmen ausführen, ist als Entschädigung für den bei der Vollstreckung erwachsenen Aufwand ein Anteil an den Vollstreckungsgebühren zu gewähren. RFM. 18. 4. 25 (RFBl. 75).

Die Polizeibeamten beim Reichswasserschutz haben Anspruch auf freie ärztliche Behandlung, auf freie Krankenhauspflege und auf Gebrauch von

Heil- und Kurmitteln; außerdem haben sie Anspruch auf freie ärztliche Behandlung ihrer Ehefrau und der nach § 14 RBesG. zu berücksichtigenden Kinder. § 20 Abs. 6 in Verbindung mit Abs. 3 RBesG.

Sondervergütungen dürfen den Beamten nur gewährt werden, wenn sie in der Besoldungsordnung vorgesehen sind. Es kommen als solche in Betracht:

aa) die Aufwandsentschädigungen;

bb) die Ministerialzulagen; sie bieten einen gewissen Ersatz für die Aufwendungen der Beamten der Ministerien infolge ihrer stärkeren Berührung mit dem Parlament. Sie werden an alle planmäßig angestellten sowie vorübergehend beschäftigten planmäßigen und außerplanmäßigen Beamten der Reichsministerien, des Büros des Reichspräsidenten, des Reichstags, der Reichskanzlei, des Rechnungshofs für das Deutsche Reich, des Reichsfinanzhofs und des Reichskommissariats für die besetzten rheinischen Gebiete vom Tage der Beschäftigung bei den genannten Stellen gewährt. Voraussetzung ist, daß die Beamten das 28. Lebensjahr vollendet haben.

cc) Für eine größere Zahl von Orten mit besonders schwierigen wirtschaftlichen Verhältnissen wird ein örtlicher Sonderzuschlag gewährt. S. Näheres über die Sonderzuschläge unten zu g.

dd) Für das besetzte Gebiet wird die sog. Besatzungszulage gezahlt, und zwar bis zum Ablauf des Monats, in dem das Gebiet geräumt worden ist. RFM. 1. 11. 24 im RBesBl. 332; s. unter g Nr. 2.

ee) Den Beamten, die ihren dienstlichen Wohnsitz nicht im deutschen Reich haben, werden Auslandszulagen gewährt. V. 26. 2. 24 (RBesBl. 55); Nr. 3 BesV.

ff) In gewissen Fällen (bei Geburten, Todesfällen und Erkrankungen) können den Beamten (auch den nichtplanmäßigen) und den Wartegeldempfängern, Pensionären und Hinterbliebenen auf Antrag Notstandsbeihilfen gewährt werden. Das Nähere bestimmt RFM. 11. 12. 28 (RBesBl. 197). Bei Prüfung der Anträge ist wohlwollend zu verfahren, insbesondere auch bei Prüfung der Frage, in welchem Umfange aus Billigkeitsgründen die Erträgnisse aus Sterbekassen usw. bei Bemessung der Notstandsbeihilfen unberücksichtigt bleiben dürfen; s. näheres § 43. RFM. 11. 12. 28 (RBesBl. 197) und RwM. 29. 12. 28 (HVBl. **29** 2). Für preußische Beamte gilt PrFM. 25. 3. 29 (PrBesBl. 47).

gg) Unter gewissen Voraussetzungen erhalten Beamte, die an ihrem Amtssitz keine Wohnung finden können und zur Führung eines doppelten Hausstandes genötigt sind, Wohnungsbeihilfen; s. Anm. C 3 zu § 18.

Über die Wohnungsfürsorge des Reichs für Reichsbeamte und -bedienstete s. RFM. 9. 6. 25 (RBesBl. 145).

hh) Über Unterhaltszuschüsse und Vergütungen für Beamte im Vorbereitungsdienst s. V. 2. 7. 24 (RBesBl. 201) und jetzt RFM. 21. 5. 28 RBesBl. 109) und 3. 9. 28 (RBesBl. 169). Über die Art der Zahlung) solcher Bezüge s. RFM. 6. 2. 26 (RBesBl. 62). Solche Bezüge sind einkommensteuerpflichtig. Gutachten d. RFH. 12. 8. 27 DJZ. **27** 1275 gegen RFH. 2. 2. 27 DJZ. **27** 531. Über Unterstützungen an abgebaute Reichsbeamte s. RFM. 20. 9. 24 (RBesBl. 283) u. 2. 12. u. 23. 12. 24 (RBesBl. 362 u. 367).

e) **Die Kinderzuschläge.**

1. Die Gewährung besonderer Kinderzuschläge an die Beamten bedeutet aus bevölkerungspolitischen Gründen ein Abweichen von der sonst beobachteten reinen Leistungstheorie zugunsten der Unterhaltstheorie. Man wollte auf diese Weise dem Grundsatze des Art. 119 Abs. 2 Satz 2 RV., wonach kinderreiche Familien Anspruch auf ausgleichende Fürsorge haben, auch für die Beamten Geltung verschaffen.

2. Die Kinderzuschläge stellen nur einen Beitrag zu den Kosten der Unterhaltung und Erziehung der Kinder dar. In erster Linie liegt es den Eltern und nicht dem Reiche ob, die Kinder zu erhalten und zu erziehen.

3. Der Kinderzuschlag ist nicht, wie Grundgehalt und Wohnungsgeldzuschuß, Bestandteil des Diensteinkommens, sondern ein selbständiger, nicht ruhegehaltsfähiger Teil der Dienstbezüge. Der Kinderzuschlag ist nicht pfändbar, nicht abtretbar und nicht verpfändbar, unterliegt auch nicht der Kürzung, wenn im Falle der Suspension oder im Dienststrafverfahren das Diensteinkommen gekürzt wird; er wird auch nicht anteilmäßig gekürzt, sondern in voller Höhe gezahlt, wenn einem mit Dienstentlassung bestraften Beamten ein Teil seines gesetzlichen Pensionsbetrages auf bestimmte Zeit oder lebenslänglich als Unterstützung belassen worden ist. RFM. 9. 6. 25 (RBesBl. 145); Reindl LZ. **27** 35.

4. Die Beamten erhalten für jedes eheliche Kind bis zum vollendeten 21. Lebensjahr ohne Unterschied des Lebensalters und der Zahl der Kinder einen Kinderzuschlag von monatlich 20 RM. In Preußen werden vom 3. Kinde ab höhere Beträge gezahlt.

5. Für Kinder vom vollendeten 16. bis zum vollendeten 21. Lebensjahr wird der Kinderzuschlag nur gewährt, wenn sie sich in der Schulausbildung oder in der Ausbildung für einen künftig gegen Entgelt auszuübenden Lebensberuf befinden und wenn sie nicht ein eigenes Einkommen von mindestens 30 RM. monatlich haben; s. dazu RFM. 18. 1. 29 (HVBl. 7).

6. Beamte, die im Reichsdienst nur ein Nebenamt bekleiden, erhalten keine Kinderzuschläge. § 18 Abs. 2 RBesG.

7. Bezieht ein Beamter ein Grundgehalt aus Reichsmitteln und zugleich aus Mitteln eines Landes, einer Gemeinde oder einer sonstigen Körperschaft des öffentlichen Rechts, so erhält er von den Kinderzuschlägen aus Reichsmitteln nur den Teilbetrag, der dem aus Reichsmitteln bezahlten Grundgehalt entspricht. § 18 Abs. 3 RBesG.

Im übrigen s. wegen der Einzelheiten über die Kinderzuschläge § 14 RBesG. u. Nr. 65—75 BesV.; RFM. 28. 3. 28 (RBesBl. 57) über Gewährung von Kinderbeihilfen für Kinder vom 21. bis 24. Lebensjahr; s. auch RFM. 30. 8. 28 „Beamtenbund" **28** Beil. zu Nr. 76; über Kinderzuschläge für Pflegekinder und Enkel s. RFM. 18. 9. 28 (RFBl. 458) u. 15. 3. 29 „Beamtenbund" Nr. 26 u. 27. 3. 29 (RFBl. 97); für dauernd erwerbsunfähige Kinder s. RwM. 6. 2. 29 (HVBl. 11).

f) Ein **Frauenzuschlag** wird nach dem neuen RBesG. nicht mehr gewährt.

g) **Örtlicher Sonderzuschlag. Besatzungszulage.**

1. Für eine größere Anzahl von Orten mit besonderen Teuerungsverhältnissen wird ein örtlicher Sonderzuschlag gewährt. Er besteht in einem prozentualen, je nach der Teuerung der einzelnen Orte verschieden bemessenen Zuschlag (zur Zeit 3 vH, 5 u. 8 vH). Die ursprünglichen Sätze für den Sonderzuschlag sind enthalten in RFM. 3. 5. 23 (RBesBl. 129); die jetzt geltenden sind an der Hand dieser Zusammenstellung unter Berücksichtigung der späteren Änderungen zu ermitteln. Siehe RFM. 16 u. 17. 12. 27 (RBesBl. 149, 150); dazu RFM. 5. 1. 29 (RBesBl. 1). Diese Sonderzuschläge erwiesen sich als nötig, weil die Abstufung der Gehälter durch die Ortszuschläge (Wohnungsgeldzuschüsse) den stark unterschiedlichen Teuerungsverhältnissen nicht gerecht wurde und die schwankenden politischen und wirtschaftlichen Verhältnisse die Teuerung an einzelnen Orten oft unvermutet schnell und stark verändern.

Der örtliche Sonderzuschlag wird jetzt nur noch zum Grundgehalt und zu den Diäten, aber nicht mehr zum Wohnungsgeldzuschuß, sowie zu den Kinderzuschlägen gewährt. Jedoch erhalten den örtlichen Sonderzuschlag auch die Wartegeldempfänger, Ruhegehaltsempfänger sowie die Witwen und Waisen; sie haben ebenso wie die aktiven Beamten einen Rechtsanspruch auf diesen. OLG. Breslau im DBeamtArch. **25** 671. Zum Sterbegeld wird er aber nicht gewährt. RAM. 8. 12. 25 in RVersBl. 105.

Der örtliche Sonderzuschlag tritt zu dem Grundgehalt oder Diäten, wie diese Bezüge tatsächlich gewährt werden. So erhalten z. B. Beamte, deren Diensteinkommen auf Grund eines Dienststrafurteils gekürzt oder wegen vorläufiger Dienstenthebung zum Teil einbehalten ist, den ganzen Sonderzuschlag aus den gekürzten Bezügen.

Der Sonderzuschlag ist ein Bestandteil der Dienstbezüge und daher pfändbar ebenso wie das Gehalt.

Über örtliche Sonderzuschläge bei Eingemeindungen s. RFM. 17. 12. 27 (RBesBl. 150).

2. Für das besetzte Gebiet wird ferner die sog. Besatzungszulage neben den Grundgehältern, Diäten, Wartegeldern und Ruhegehältern gezahlt. RFM. 28. 2. u. 10. 12. 23 (RBesBl. 88 u. 423). Sie wird gewährt bis zum Ablauf des Monats, in dem das Gebiet geräumt worden ist. RFM. 1. 11. 24 (RBesBl. 332).

Auch zu den Kinderzuschlägen wird die Besatzungszulage gewährt, und zwar auch dann, wenn sich das Kind etwa zu Studienzwecken usw. größtenteils in Orten des unbesetzten Gebiets aufhält. Vollwaisen erhalten die Besatzungszulage für Kinder, wenn sie ihren ständigen Wohnsitz im besetzten Gebiet haben. RFM. 8. 11. 26 (RBesBl. 143).

h) **Die außerplanmäßigen Reichsbeamten** erhalten bei voller Beschäftigung im Reichsdienst **Diäten** nach der als Anlage 5 dem RBesG. beigefügten Diätenordnung sowie den Wohnungsgeldzuschuß, den sie in der ersten Dienstaltersstufe der Besoldungsgruppe beziehen würden, in der sie beim regelmäßigen Verlauf ihrer Dienstlaufbahn zuerst planmäßig angestellt werden. § 16 Abs. 1 RBesG.

Die Bezüge der außerplanmäßigen Reichsbeamten sind aber nicht mehr nach Hundertsätzen des Grundgehalts eines planmäßigen Beamten der ersten Besoldungsstufe ihrer Gruppe, sondern nach festen, in 3 Gruppen eingeteilten Sätzen bestimmt. Die Höchstvergütung erhalten sie im 5., die Versorgungsanwärter im 4. Diätendienstjahr.

Die außerplanmäßige Dienstzeit soll 5 Jahre, bei Versorgungsanwärtern 4 Jahre, bei den vor dem 1. 1. 25 eingestellten, weiblichen Beamten der Deutschen Reichspost 8 Jahre nicht übersteigen.

Zivilanwärter erhalten vom Beginne des 6., Versorgungsanwärter vom Beginn des 5., die vor dem 1. 1. 25 eingestellten weiblichen Beamten der Deutschen Reichspost vom Beginn des 9. Diätendienstjahres an Diäten in Höhe der Grundgehälter der ersten Dienstaltersstufe der planmäßigen Beamten ihrer Eingangsgruppe. Die am 1. 10. 27 im Dienst befindlichen außerplanmäßigen Beamten rücken, wie die planmäßigen Beamten, weiter im Grundgehalt auf. Die nach dem 1. 10. 27 in den Dienst getretenen außerplanmäßigen Beamten rücken nicht weiter auf. Dadurch soll ein Druck auf sie ausgeübt werden, daß sie sich planmäßig anstellen lassen. Wegen der Einzelheiten s. §§ 16, 17 RBesG u. Nr. 76—88 BesV. Günstiger stehen die am 1. 10. 27 bereits im Dienste befindlichen außerplanmäßigen Beamten; s. Näheres Abs. 2 der Bemerkungen zur Diätenordnung (Anl. 5).

Es besteht ein gesetzlicher Anspruch auf die Diäten. Ihre durch Gesetz bestimmte Höhe kann weder durch ministerielle Anordnung, noch durch Vereinbarung mit dem Beamten herabgesetzt werden. RG. 22. 6. 26 ZBR. **1** 32.

§ 5.

Der § 5 ist auf Grund des Gesetzes vom 30. April 1920 (RGBl. 805) aufgehoben worden. Er hatte folgenden Wortlaut:

„Die Zahlung des Gehalts erfolgt monatlich im voraus. Dem Bundesrat bleibt vorbehalten, diejenigen Beamten zu bestimmen, an welche die Gehaltszahlung vierteljährlich stattfinden soll.

Beamte, welche bis zum Erlasse dieses Gesetzes ihr Gehalt vierteljährlich bezogen haben, sollen dasselbe jedenfalls bis zu ihrer Beförderung in ein höheres Amt in gleicher Weise fortbeziehen."

Der Zeitpunkt der Zahlung des Gehalts nach den jetzt geltenden Vorschriften ist oben Anm. B Ziff. 5 zu § 4 (S. 51 ff.) näher erörtert worden.

§ 6.

Die Reichsbeamten können den auf die Zahlung von Diensteinkünften, Wartegeldern oder Pensionen ihnen zustehenden Anspruch mit rechtlicher Wirkung nur insoweit zedieren, verpfänden oder sonst übertragen, als sie der Beschlagnahme unterliegen (§ 19).

1. Der Hinweis auf § 19 RBG. ist veraltet. Der Grundsatz des § 6 ist jetzt für alle Forderungen **im § 400 BGB.** ausgesprochen. Er gilt für alle Reichsbeamten, auch soweit sie nur auf Kündigung oder Widerruf angestellt sind.

2. Den Reichsbeamten soll der zum einigermaßen standesgemäßen Lebensunterhalt gehörende Gehaltsteil unter allen Umständen erhalten bleiben. Deshalb können sie ihre Diensteinkünfte, Ruhegehälter und Wartegelder sowie das nach ihrem Tode den Hinterbliebenen zu gewährende sog. Gnadenvierteljahr und die Ruhegehälter der Witwen und die Waisengelder rechtswirksam **nur insoweit abtreten, verpfänden oder sonst übertragen, als sie der Pfändung** (Beschlagnahme) **unterliegen.**

3. Die **zur Verwaltung des Dienstes** oder Ausübung des Berufs erforderlichen Gegenstände sowie anständige Kleidung der Beamten ist **überhaupt nicht pfändbar.** § 811 ZPO.

4. **Die Geldbeträge,** die dem der Pfändung nicht unterworfenen Teile des Diensteinkommens, des Ruhegehalts, Wartegelds usw. für die Zeit von der Pfändung bis zum nächsten Termine der Zahlung gleichkommen, sind selbst mit Zustimmung des Beamten nicht pfändbar. § 811 Z. 8 ZPO.

Es ist hiernach zu berechnen, welcher Betrag des Diensteinkommens nach § 850 Nr. 8 ZPO. überhaupt der Pfändung entzogen ist und wieviel hiervon auf den Zeitraum vom Tage der Pfändung bis zum nächsten Bezugstermin entfällt. Hat z. B. ein Beamter an Grundgehalt nebst Wohnungsgeldzuschuß monatlich 300 RM., und wird am 11. Februar bei ihm gepfändet, so ist, da von dem Monatsbezug 195 RM. von der Pfändung freibleiben und von den weiteren 105 RM. nur der dritte Teil gepfändet werden kann, nur ein Betrag von 35 RM. pfändbar.

Die Pfändungsbeschränkungen gelten aber nicht für die Verwandten, den Ehegatten und das uneheliche Kind nach näherer Maßgabe des § 850 Abs. 4 ZPO.

5. Ferner ist das **Diensteinkommen der Beamten der Pfändung nur insoweit unterworfen, als es die Summe von 195 RM. monatlich über-**

steigt, und auch der Mehrbetrag ist nur zum dritten Teile pfändbar. § 850 Abs. 2 Satz 1, 2 ZPO. in der Fassung des G. v. 27. 2. 28 (RGBl. I 45). Für die Frage, ob und in welcher Höhe die Forderung der Beamten pfändbar und damit übertragbar ist, ist der Zeitpunkt der Pfändung oder Abtretung maßgebend. Bei späteren Änderungen, z. B. durch Versetzung in den Ruhestand oder in eine niedrigere Ortsklasse muß in Pfändungsfällen auf erhobene Erinnerung des Pfändungsschuldners eine Beschränkung der bereits erfolgten Pfändung eintreten; im Falle der Abtretung kann der Beamte seine Abtretungserklärung ohne Zustimmung des Abtretungsgläubigers einschränken, wenn sich seine Bezüge nachträglich verringern.

Bezieht der Beamte aus verschiedenen Quellen, aber aus öffentlichrechtlichem Dienstverhältnis Einnahmen, so unterliegt nur der dritte Teil des 195 RM. monatlich übersteigenden Gesamtbetrags der Pfändung.

Dagegen findet, wenn der Beamte neben seinem Amte eine private entgeltliche Tätigkeit ausübt, eine Zusammenrechnung der Einkünfte nicht statt. § 850 Abs. 2 ZPO. bezieht sich auf diesen Fall nicht; das Einkommen des Beamten aus der privaten Tätigkeit ist vielmehr unbeschränkt pfändbar, weil sich diese private Tätigkeit bei der ihn voll in Anspruch nehmenden und daher als Haupterwerbstätigkeit anzusehenden Ausübung des öffentlichen Amtes als Nebenerwerb darstellt und auf einen solchen die V. über Lohn und Gehaltspfändung v. 7. 1. 24 (RGBl. 25) keine Anwendung findet.

6. Bei der **Berechnung des pfändungsfähigen Teils des Diensteinkommens** ist folgendes zu beachten:

a) Der Wohnungsgeldzuschuß ist dem Gehalte oder den Diäten zuzurechnen, so daß er ebenfalls zum entsprechenden Teile pfändbar ist. ME. 19. 7. 73 (MBl. 207). Dasselbe gilt von dem örtlichen Sonderzuschlag, den Ministerialzulagen und Besatzungszulagen. Dagegen bleiben die Kinderzuschläge außer Betracht. § 850 Abs. 2 Satz 4 ZPO. Dasselbe gilt vom Gnadenvierteljahr. § 7 Abs. 4 RBG. Begründung d. RMJ. 15. 11. 26 zum G. über Abtretung von Beamtenbezügen zum Heimstättenbau v. 30. 6. 27 (RGBl. I 133) im DBeamt.-Arch. **26** Heft 5 S. 131; s. auch RAM. 2. 2. 29 (RABl. V 5).

b) Bei suspendierten Beamten ist von der nach eingetretener Suspension zu gewährenden Gehaltshälfte vorweg die Summe von 195 RM. monatlich ganz frei zu lassen. ME. 12. 6. 54 (MBl. 126).

c) Die Einkünfte, die zur Bestreitung eines Dienstaufwandes bestimmt sind, sind bei der Ermittlung, ob und zu welchem Betrage ein Diensteinkommen der Pfändung unterliegt, nicht zu berechnen und sind überhaupt der Pfändung nicht unterworfen. § 850 Abs. 2 Satz 5 ZPO. Dazu gehören auch die Tagegelder, Reisekosten, Umzugskosten usw.

7. Das unter Nr. 5 erörterte **Pfändungsprivileg** der Beamten ist gemäß Abs. 4 § 850 ZPO. **zugunsten gewisser Personen und gewisser**

Forderungen durchbrochen. Es können daher die Gehaltsforderungen der Beamten einschließlich der Kinderzuschläge unbeschränkt gepfändet und somit auch abgetreten und verpfändet werden:

a) wegen der den Verwandten, dem Ehegatten und dem früheren Ehegatten für die Zeit nach Erhebung der Klage und für das diesem Zeitpunkte vorausgehende letzte Vierteljahr kraft Gesetzes zu entrichtenden Unterhaltsbeiträge;

b) wegen der zugunsten eines unehelichen Kindes von dem Vater für den bezeichneten Zeitraum kraft Gesetzes zu entrichtenden Unterhaltsbeiträge.

Während aber wegen der Forderungen zu a die Gehaltsforderung des Beamten ohne Einschränkung gepfändet werden kann, muß wegen der Unterhaltsansprüche der unehelichen Kinder die Pfändung so viel freilassen, als der Beamte von der Gehaltsforderung zum eigenen notdürftigen Unterhalt und zur Erfüllung der ihm den Verwandten, der Ehefrau oder der früheren Ehefrau gegenüber gesetzlich obliegenden Unterhaltspflicht bedarf, d. h. soweit nicht der Unterhalt aus anderen Einnahmequellen gedeckt werden kann. Diese Unterhaltsberechtigten gehen also dem unehelichen Kinde vor und brauchen sich nicht mit dem zu begnügen, was der Beamte nach Erfüllung der Ansprüche des Kindes noch leisten kann.

8. **Absatz 2 § 6 RBG.** ist durch Art. 43 EG. BGB. **aufgehoben** und durch § 411 BGB. ersetzt. § 411 BGB. lautet:

„Tritt eine Militärperson, ein Beamter ... den übertragbaren Teil des Diensteinkommens, des Wartegeldes oder des Ruhegehalts ab, so ist die auszahlende Kasse durch Aushändigung einer von dem bisherigen Gläubiger ausgestellten, öffentlich beglaubigten Urkunde von der Abtretung zu benachrichtigen. Bis zur Benachrichtigung gilt die Abtretung als der Kasse nicht bekannt."

Die Rechtsgültigkeit der Abtretung wird durch die Nichtbeachtung dieser Vorschrift nicht berührt, und eine Zahlung an den neuen Gläubiger befreit die Kasse auch dem bisherigen Gläubiger gegenüber. Die Kasse braucht aber im Interesse einer geordneten Kassenführung und zur Sicherstellung der Kassenbeamten gegen Verluste nicht ohne die vorgeschriebene — durch den Zedenten oder den Zessionar zu bewirkende — Benachrichtigung an den Zessionar zu zahlen.

9. Die Besoldungen der **preußischen Beamten** können **überhaupt nicht abgetreten oder verpfändet werden**; s. Näheres Brand BR. 147 ff. Es ist ist also — im Gegensatze zu § 6 RBG. — die Abtretung oder Verpfändung der Bezüge dieser Beamten auch nicht insoweit statthaft, als die Gehälter der Beschlagnahme unterliegen; mithin ist auch der dritte Teil des die Summe von 195 RM. monatlich übersteigenden Betrages zwar pfändbar nach § 850 Nr. 8 ZPO., nicht aber abtretbar oder verpfändbar.

10. **Die Abtretung der Bezüge ist erleichtert zu Zwecken des Heimstättenbaus** nach ReichsG. 30. 6. 27 (RGBl. I 133) mit DurchführgV. v. 12. 3. 28 (RGBl. I 61); s. auch RArbM. 2. 2. 29 „Beamtenbund" **29** Nr. 21 u. RFM. 23. 3. 29 (RFBl. 97). § 1 dieses G. gestattet dem Beamten nach seiner Wahl einen nach oben begrenzten (bis zwei Drittel des Betrages, um den das Diensteinkommen, Ruhegehalt usw. mit Ausnahme etwaiger Dienstaufwandsentschädigung die Summe von insgesamt 1560 RM. für das Jahr übersteigt), im übrigen aber von ihm selbst zu bestimmenden Teil seiner künftig fällig werdenden Dienstbezüge auf eine von ihm zu bestimmende Zeit abzutreten und damit ein Sicherheitsobjekt für ein von ihm begehrtes Baudarlehen zu haben. Jedoch ist die Abtretung nur zum Erwerb von Eigenheimen zulässig; für Abtretungen zu anderen Zwecken verbleibt es beim § 6 RBG. Es kann auch nur an öffentlichrechtliche Kreditinstitute oder gemeinnützige Unternehmungen, die von der Reichs- oder den Landesregierungen zur Entgegennahme von Abtretungen ermächtigt sind, abgetreten werden. Die Abtretungssummen müssen alsbald in Form von Baudarlehn an die abtretenden Beamten ausgegeben werden. Bei der Verwendung der Abtretungsbeträge zu Baudarlehn wirken die vom RAM. durch Erl. 10. 6. u. 24. 7. 28 (PrBesBl. 263 u. 264) bestimmten Stellen mit. Die Abtretung kann von dem Beamten kurzfristig gekündigt werden mit der Wirkung, daß der Beamte von der weiteren Zahlung der abgetretenen Teile seines Diensteinkommens befreit ist. Gewisse Beschränkungen gelten hinsichtlich der Abtretung gegenüber Unterhaltsberechtigten. S. auch Daniels KomRundsch. **27** 482, 483; RArbM. 2. 2. 29 (RABl. V 5).

11. Zur Vermeidung gerichtlicher Pfändungen und Verteilungen kann auch **ein außergerichtliches Verfahren zur Tilgung der Schulden eines Beamten** eingeleitet werden. Ein solches kommt in Frage, wenn ein Beamter ohne eigenes Verschulden durch Unglücksfälle oder andere ungewöhnliche Ereignisse in Schulden geraten ist. Es soll dann von dem Vorgesetzten darauf gehalten werden, daß die Schulden nach und nach bezahlt und es soll dem Beamten dabei möglichst geholfen werden. In der Regel wird durch einen Kommissar eine außergerichtliche kostenfrei zu bearbeitende gütliche Einigung zwischen dem verschuldeten Beamten und den Gläubigern über deren Befriedigung durch freiwillige Gehaltsabzüge versucht, und, falls die Einigung gelingt, die Befriedigung der Gläubiger in Vierteljahrsbeträgen (jetzt Monatsbeträgen) durch den Kommissar bewirkt. Nr. 10 V. 24. 1. 43 (JMBl. 22). Die Grundlage solcher Vermittelungen bildet ein vollständiges Gläubigerverzeichnis. Deshalb können die Vorgesetzten von den ihnen unterstellten Beamten wahrheitsgemäße Angaben über ihre Schulden verlangen und unwahre oder unvollständige Angaben über die Schuldenverhältnisse sind disziplinarisch zu ahnden. StMBeschl. 3. 12. 04 bei Müller 453. Diese zunächst für die preußischen Beamten geltenden Grund-

sätze werden entsprechend auch für die Reichsbeamten angewendet werden können. Für die Postbeamten s. X 2 §§ 82ff. PDA.

12. Nach § 394 BGB. findet die Aufrechnung gegen eine Forderung insoweit nicht statt, als die letztere der Pfändung nicht unterworfen ist. Hiernach kann **das Reich gegen die Gehaltsforderungen der Beamten insoweit nicht aufrechnen, als sie der Pfändung nicht unterworfen sind.** Da gemäß § 850 Abs. 1 Nr. 8 ZPO. das Diensteinkommen der Beamten nur zum dritten Teile des den Monatsbetrag von 195 RM. übersteigenden Mehrbetrages pfändbar ist, so kann auch die Verwaltung mit ihren Gegenforderungen nur in dieser Höhe aufrechnen. RG. **90** 316. Sie wird nicht selten von ihrer Aufrechnungsbefugnis Gebrauch machen; so z. B. wenn ein Beamter ihr aus Kassendefekten oder wegen zuviel empfangener Tagegelder, Umzugs- und Reisekosten, wegen Unterschlagungen, wegen überhobenen Gehalts u. dgl. Geldbeträge verschuldet. RG. **50** 316. Die Aufrechnung führt viel schneller und bequemer zum Ziel als besondere Defektenbeschlüsse, Klagen und Zwangsvollstreckungen; denn sie erfolgt nach § 388 Satz 1 BGB. durch einfache Erklärung gegenüber dem Beamten. Einen förmlichen Defektenbeschluß hat die Verwaltung nur in den gesetzlich vorgesehenen Fällen, d. h. nur beim Vorliegen eigentlicher Kassendefekte (s. unten § 134) zu erlassen; ein solcher Defektenbeschluß behält gegenüber dem Aufrechnungsrecht seine Bedeutung bei solchen Forderungen, die durch den abzugsfähigen Gehaltsteil nicht gedeckt werden können; denn auf Grund des Defektenbeschlusses kann auch das übrige Vermögen des Beamten mit Beschlag belegt werden.

13. Neben dem Aufrechnungsrecht steht nach der herrschenden Meinung dem Fiskus nach § 273 BGB. **ein Zurückbehaltungsrecht an dem Diensteinkommen des Beamten zu.** PrMJ. 3. 7. 22 (MBl. 667). Voraussetzung der Geltendmachung ist, daß der Fiskus aus demselben rechtlichen Verhältnis, auf dem seine Verpflichtung zur Gehaltszahlung beruht, einen fälligen Anspruch gegen den Beamten hat. Er kann dann, soweit nicht aus dem Schuldverhältnisse sich etwas anderes ergibt, das geschuldete Gehalt zurückhalten, bis der Beamte die dem Fiskus gebührende Leistung bewirkt hat. Das Reich darf aber nicht durch uneingeschränkte Geltendmachung des Zurückbehaltungsrechts dem Beamten jede Unterhaltsmittel nehmen. Das RG. (**83** 138 u. **85** 103ff.) hat die Zurückbehaltung, die in Wahrheit eine Aufrechnung ist, im allgemeinen für unzulässig erklärt, und es soll von der Zurückbehaltung des Gehalts so weit abgesehen werden, als das Gehalt der Pfändung nicht unterworfen ist. Das RG. **85** 116ff. (aufrechterhalten durch RG. 2. 10. 28 JW. **29** 103 = JurRundsch. **29** Rspr. Nr. 89) läßt aber die Aufrechnung zu, wenn die gegen den Beamten erwachsene Schadenersatzforderung des Staates oder Reiches sich gründet auf eine vorsätzliche unerlaubte und sogar strafbare Handlung, die im Rahmen des Dienstverhältnisses, aus dem der Anspruch des Beamten entsteht, begangen

ist. Denn in solchen Fällen würde der Beamte, der sich auf § 394 BGB. beriefe, gegen Treu und Glauben verstoßen. Darüber hinaus ist aber die Aufrechnung nicht zulässig, z. B. auch nicht zu dem Zwecke, um dem Staate, der durch unerlaubte Handlung des Beamten nicht direkt geschädigt ist, im Falle der Suspension des Beamten wegen der entstandenen Stellvertretungskosten Deckung zu verschaffen. RG. **89** 106.

Dieses Zurückbehaltungsrecht steht dem Staat auch an der Hälfte oder dem Viertel des Diensteinkommens zu, die dem Beamten während der Amtssuspension verbleibt. Die abweichende V. des PrJM. 7. 9. 57 (Müller 528 Z. 12) u. 24. 6. 07 (Müller 834 e), die solche Aufrechnung nicht zulassen, haben gegenüber RG. **85** 116 ff. ihre Bedeutung verloren und sind aufgehoben. Besondere wirtschaftliche Verhältnisse des Beamten und seiner Familie können aber berücksichtigt werden, so daß es nicht in allen Fällen zur Einbehaltung kommt. PrJM. 19. 4. 28 (Ztschr. d. Verb. preuß. Justizamtmänner **28** 212).

14. Einer anderen rechtlichen Beurteilung unterliegt die **Zurückbehaltung vorgeschossener Gehaltsbeträge** bei späterer Auszahlung der Gehälter. Denn hier beruht die Kürzung des zu zahlenden Gehalts nicht auf der fiskalischen Gegenforderung, sondern auf der bereits erfolgten Vorauszahlung eines Gehaltsteils; eine eigentliche Zurückzahlung findet daher überhaupt nicht statt. Es muß aber hierbei zwischen wirklichen Gehaltsvorschüssen und überhobenen Gehaltsteilen unterschieden werden. Die Wiedereinziehung der letzteren stellt sich als eine Rückforderung seitens des Staates dar und darf nach der richtigen Ansicht nur in den durch § 394 BGB. und § 850 ZPO. gezogenen Grenzen erfolgen.

§ 7.

Hinterläßt ein Beamter, welcher mit der Wahrnehmung einer in den Besoldungsetats aufgeführten Stelle betraut ist, eine Witwe oder eheliche oder legitimierte Abkömmlinge, so gebührt den Hinterbliebenen für das auf den Sterbemonat folgende Vierteljahr noch die volle Besoldung des Verstorbenen (Gnadenvierteljahr), unbeschadet jedoch weitergehender Ansprüche, welche ihm etwa vor Erlaß dieses Gesetzes und vor Eintritt in den Reichsdienst zugestanden worden sind. Zur Besoldung im Sinne der vorstehenden Bestimmung gehören außer dem Gehalt auch die sonstigen, dem Verstorbenen aus Reichsfonds gewährten Diensteinkünfte. Nur die zur Bestreitung von Dienstaufwandskosten bestimmten Einkünfte scheiden aus, und von den zur Repräsentation bestimmten werden zwanzig vom Hundert in Abzug gebracht.

Den Hinterbliebenen eines Beamten, welcher nicht mit der

Wahrnehmung einer in den Besoldungsetats aufgeführten Stelle betraut gewesen ist, kann das Gnadenvierteljahr von der vorgesetzten Dienstbehörde bewilligt werden.

Das Gnadenvierteljahr wird im voraus in einer Summe gezahlt. An wen die Zahlung zu leisten ist, bestimmt die vorgesetzte Dienstbehörde.

Das Gnadenvierteljahr ist der Pfändung nicht unterworfen.

§ 8.

Die Gewährung des Gnadenvierteljahrs kann in Ermanglung der im § 7 bezeichneten Hinterbliebenen mit Genehmigung der obersten Reichsbehörde auch dann stattfinden, wenn der Verstorbene Verwandte der aufsteigenden Linie, Geschwister, Geschwisterkinder oder Pflegekinder, deren Ernährer er ganz oder überwiegend gewesen ist, in Bedürftigkeit hinterläßt, oder wenn und soweit der Nachlaß nicht ausreicht, um die Kosten der letzten Krankheit und der Beerdigung zu decken. Die oberste Reichsbehörde kann die Befugnis zur Genehmigung auf andere Behörden übertragen.

1. **Die §§ 7, 8 gehören zusammen** und sind daher gemeinsam zu erläutern. Sie entsprechen dem Pr. G. v. 7. 3. 08 (GS. 35); vgl. Brand BR. 223ff. Über das Gnadenvierteljahr bei Wartegeldempfängern s. § 31, bei Ruhestandsbeamten s. § 69. Wegen der Bezüge der Hinterbliebenen (insbesondere wegen des Sterbegeldes auf Grund des UFG. s. unten S. 519. Wegen der Witwen- und Waisengelder auf Grund des HFG. s. unten S. 500. Wegen der Weiterzahlung des Gehalts an verschollene Beamte s. oben S. 52 zu f.

2. Das Gehalt des Beamten wird auch nach seinem Tode im Interesse der Erben und Hinterbliebenen noch eine gewisse Zeit weitergezahlt, um ihnen den Übergang in mindergünstige wirtschaftliche Verhältnisse zu erleichtern und zur Deckung der Kosten der letzten Krankheit und Beerdigung beizutragen.

Man unterscheidet **zwei Arten solcher Gehaltsbezüge:** den sogenannten **Sterbemonat** und das **Gnadenvierteljahr.** Während der Sterbemonat den Erben des Verstorbenen gebührt, fällt das Gnadenvierteljahr den Hinterbliebenen zu, die mit den Erben nicht identisch zu sein brauchen.

3. Die Besoldung des **Sterbemonats,** d. h. des Monats, in dem der Beamte gestorben ist, gebührt in voller Höhe den Erben des Beamten. Sie sind nicht etwa verpflichtet, denjenigen Teil des im voraus gezahlten Gehalts zurückzuzahlen, der als auf die Zeit vom Todestage bis zum Schlusse des Monats gezahlt gilt. Dies gilt auch für die ständigen Hilfsarbeiter.

4. Das **Gnadenvierteljahr** besteht in der vollen Besoldung des Verstorbenen für die auf den Sterbemonat folgenden 3 Monate. Zu der **vollen Besoldung** gehören:

a) außer dem Grundgehalt bzw. den Diäten auch der Wohnungsgeldzuschuß, und zwar nach seiner tatsächlichen Höhe, nicht etwa nach der Klasse B;

b) ferner die etwaigen Sonderzuschläge. Bei Beamten in den besetzten Gebieten die Besatzungszulage;

c) die etwaigen Kinderzuschläge;

d) bei Zahlung des Gnadenvierteljahrs sind zu berücksichtigen die zur Zeit des Todes des Beamten bezogenen Diensteinkünfte und alle allgemeinen Änderungen der Gebührnisse, die in der Zeit zwischen dem Tode des Beamten und des Ablaufs des Gnadenvierteljahrs eintreten, also durch Änderung der Grundgehälter, des Wohnungsgeldzuschusses, der Kinderzuschläge, der Zahl der für die Gewährung von Kinderzuschlägen zu berücksichtigenden Kinder und der sonstigen für die Gewährung und die Höhe der Kinderzuschläge bestehenden Voraussetzungen der Kinderzuschläge, der örtlichen Sonderzuschläge und Besatzungszulage. Pieper 39; Per. u. Sp. 17. Dagegen sind bei der Zahlung des Gnadenvierteljahrs nicht zu berücksichtigen alle Änderungen, die in der Zeit zwischen dem Tode des Beamten und dem Ablauf des Gnadenvierteljahrs in den persönlichen Verhältnissen des Beamten eingetreten wären, z. B. Aufrücken in der Dienstaltersstufe oder Besoldungsgruppe. RFM. 6. 10. 22 (RGBl. I 771).

Nicht zur Besoldung gehören die zur Bestreitung von Dienstaufwandskosten bestimmten Einkünfte, und von den zur Repräsentation bestimmten werden 20 vH abgezogen.

e) den Hinterbliebenen eines während der vorläufigen Dienstenthebung verstorbenen Beamten sind die Gnadenbezüge nicht von dem — auf die Hälfte verminderten — Suspensionseinkommen, sondern vom vollen Einkommen der Stelle zu gewähren. Nr. 5 § 58 PrHaushV.; PrFM. 3. 5. 76 (MBl. 123). Ebenso wird, wenn ein zur Strafversetzung mit Verminderung des Diensteinkommens verurteilter Beamter nach Rechtskraft der Entscheidung, aber vor erfolgter Versetzung stirbt, der bisherige Gehaltssatz der Gewährung der Gnadenbezüge zugrunde gelegt. PrFM. 1. 9. 06 bei Müller 888.

f) die Bezüge, die aus Anlaß einer Wiederverwendung des pensioniert gewesenen Verstorbenen im öffentlichen Dienst den Hinterbliebenen über den Sterbemonat hinaus gewährt werden, bewirken ein Ruhen der Gnadengebührnisse ebenso wie zu Lebzeiten des Verstorbenen. RFM. 10. 11. 24 (RBesBl. 344).

5. Das Gnadenvierteljahr wird gewährt den Hinterbliebenen von Reichsbeamten, die **eine planmäßige Stelle bekleiden.** Daß ihnen das Amt in der Absicht dauernder Belassung übertragen sein müsse, ist nicht

erforderlich; **a. M.** Pieper 34; Per. u. Sp. 17. Dasselbe gilt von den auf Kündigung, Probe oder Widerruf angestellten Beamten, wenn sie eine planmäßige Stelle bekleiden.

Die Hinterbliebenen aller dieser Beamten haben einen Rechtsanspruch auf das Gnadenvierteljahr und sind nicht etwa wie die Hinterbliebenen der nichtplanmäßigen Beamten auf das Wohlwollen der Behörde angewiesen. Die Bezeichnung „Gnadenvierteljahr" wäre besser durch „Sterbenachgehalt" oder „Nachvierteljahr" zu ersetzen.

6. Den Hinterbliebenen eines Reichsbeamten, **der eine planmäßige Stelle nicht bekleidete, kann das Gnadenvierteljahr** von den ihm in festen monatlichen oder vierteljährlichen Beträgen zustehenden Diensteinkünften **gewährt werden** und zwar durch die vorgesetzte Dienstbehörde (Ziff. III u. VB V. 10. 8. 28, RGBl. I 369, unten S. 547).

Die Bewilligung wird bei Würdigkeit und Bedürftigkeit des Verstorbenen und der Empfänger des Gnadenvierteljahrs regelmäßig erfolgen.

7. **Die Hinterbliebenen** der unter 5 bezeichneten Beamten erhalten das Gnadenvierteljahr. Zu den Hinterbliebenen gehören nicht die Erben als solche; vielmehr erhalten die Hinterbliebenen die Bezüge auch dann, wenn sie nicht Erben des verstorbenen Beamten geworden sind, der Erbschaft entsagt haben oder rechtswirksam enterbt sind. Die Gläubiger des Verstorbenen haben daher auf das Gnadenvierteljahr keinen Anspruch. Die Hinterbliebenen erwerben den Anspruch oder die Anwartschaft auf die Bezüge mit dem Tode des Beamten und übertragen diese Vorteile auf die Erben. Nach Pieper 44 (vgl. v. Kamptz **30**, 489; **32** 838) ist der Anspruch erst vererblich, wenn die bewilligende Verfügung in den Besitz des Ausgewählten gelangt ist, nach Per. u. Sp. 18, sobald die zuständige Behörde den Zahlungsempfänger bestimmt hat; vgl. ROHG. **21** 56. Zu den Hinterbliebenen, denen die Gnadenbezüge zufließen, gehören im einzelnen:

a) die Ehefrau des verstorbenen Beamten. Ob sich die Ehefrau tatsächlich beim Tode des Beamten in dessen Hausgemeinschaft befunden hat oder nicht, ist gleichgültig. Ist ihre eheliche Gemeinschaft aufgehoben, so sind zwar nach § 1586 BGB. die mit der Scheidung verbundenen Wirkungen eingetreten. § 1586 BGB. kann aber als zivilrechtliche Vorschrift auf das öffentliche Beamtenverhältnis nicht ohne weiteres angewendet werden. Es haben also nur rechtskräftig geschiedene Ehefrauen keinerlei Anrechte auf die Gnadenbezüge. PrME. 5. 8. 85 (MBl. 221).

b) die ehelichen Kinder oder Kindeskinder des Verstorbenen. Die Kindeskinder (Enkel) können aber nur in Frage kommen, wenn der Elternteil, der von dem verstorbenen Beamten abstammt, nicht mehr lebt; denn sonst werden sie von diesem ausgeschlossen; auch volljährige Kinder und Kindeskinder haben den Anspruch; auch ist unerheblich, ob sie versorgt sind oder nicht;

c) die legitimierten Kinder des Verstorbenen, und zwar gleichviel ob die Legitimation durch nachfolgende Ehe oder durch Verfügung der Staatsgewalt erfolgt ist (§§ 1719ff., 1723ff. BGB.).

Nicht zu den Hinterbliebenen, denen Gnadenbezüge zufallen, gehören:

a) bei weiblichen Beamten der hinterbliebene Ehemann;

b) die Adoptivkinder (an Kindes Statt angenommene Kinder) trotz der Vorschrift des § 1757 BGB. und die Pflegekinder. PrV. 19. 4. 95 (JMBl. 130); PrFM. 30. 6. 08 (MBl. 157);

c) die Stiefkinder;

d) die unehelichen Kinder, sofern sie nicht legitimiert sind.

8. Sind **mehrere Hinterbliebene** vorhanden, so gebührt ihnen das Gnadenvierteljahr gemeinschaftlich. Insbesondere schließt die Witwe nicht etwa die ehelichen oder legitimierten Nachkommen aus; nur die Enkel werden durch ihre Eltern ausgeschlossen. Im Zweifel wird das Gnadenvierteljahr nach den für die Teilung der Erbschaft geltenden Grundsätzen des gesetzlichen Erbrechts, nicht etwa, wie Schulze 65 meint, nach dem Grade der Unterhaltsbedürftigkeit unter die einzelnen Hinterbliebenen verteilt. Görres 12. Die vorgesetzte Behörde kann aber unter Ausschluß des Rechtswegs frei darüber bestimmen, an wen das Gnadenvierteljahr zu zahlen und in welcher Weise etwa die Verteilung unter mehrere Hinterbliebene stattzufinden hat. Dabei ist zu berücksichtigen, daß der Betrag des Gnadenvierteljahrs, entsprechend seiner Natur als eine über den Tod hinaus verlängerte Zahlung der Besoldung, in erster Linie zur Deckung der Kosten des Haushaltes des Verstorbenen einschließlich der durch die letzte Krankheit und die Beerdigung entstandenen Ausgaben dienen soll.

Die vorgesetzte Behörde wird in der Regel der Einfachheit halber die ganze Summe an einen Berechtigten entrichten, und zwar meist an die Witwe, in deren Ermangelung an die volljährigen Kinder, und beim Vorhandensein nur minderjähriger Kinder an den Vormund. Durch solche Zahlung wird die Behörde von ihrer Verpflichtung befreit; die Auseinandersetzung unter den einzelnen Berechtigten erfolgt ohne Mitwirkung der Dienstbehörde, und zwar nicht nach dem Grade der Bedürftigkeit, sondern nach den Regeln der gesetzlichen Erbfolge; **a. M.** Schulze 65. Die Bedürftigkeit der einzelnen kann nur dann in Frage kommen, wenn es sich um einen Gnadenakt der Behörde gegenüber den Hinterbliebenen nicht planmäßiger Beamten handelt; in diesem Falle bestimmt die Behörde durch ihre auch unter den Beteiligten maßgebende Verfügung, welche Beträge an die einzelnen zu zahlen sind. Sie wird hierbei auf die Bedürftigkeit Rücksicht nehmen; hat sie dies aber nicht getan, so können die mehr Bedürftigen nicht etwa gegen die Empfänger der Bezüge auf Herauszahlung eines entsprechenden Teils klagen.

9. Das Gnadenvierteljahr wird **im voraus** und unverzüglich nach dem Tode des Beamten in einer Summe gezahlt. Es **beginnt** mit dem ersten Tage des auf den Sterbemonat folgenden Monats.

10. Die **Todesursache** des Beamten ist nicht entscheidend. Auch die Hinterbliebenen eines Selbstmörders haben die Rechte auf das Gnadenvierteljahr. Pieper 36; Per. u. Sp. 17; PrME. 5. 8. 85 (MBl. 221).

11. Die **Pfändung** des Gnadenvierteljahrs ist im Gegensatz zum Sterbemonat (s. oben Ziff. 3) nach § 7 Abs. 4 RBG. unzulässig. Die Reichsbeamten stehen hier günstiger als die preußischen Beamten, bei denen die Pfändung im Rahmen des § 850 Abs. 2 bis 4 ZPO. zulässig ist.

Dagegen ist die **Abtretung** und **Verpfändung** des Gnadenvierteljahrs bei den preußischen Beamten nicht zulässig; es gilt hier das, was oben Anm. 9 zu § 6 über die Unzulässigkeit der Abtretung usw. des Diensteinkommens bemerkt ist. Ob es bei den Reichsbeamten abgetreten und verpfändet werden kann, ist streitig. Der Umstand, daß es den Unterhalt der Familie nach dem Tode des Beamten sichern und die mit dem Tode des Beamten entstandenen hohen Kosten für die letzte Krankheit, Beerdigung usw. decken soll, spricht für die Unzulässigkeit der Übertragung. Pieper 45; **a. M.** mit Rücksicht auf den Wortlaut des Gesetzes, das nur die Unzulässigkeit der Pfändung ausdrücklich hervorhebt, Per. u. Sp. 19; Turnau 14.

12. **Wenn der Beamte weder eine Witwe noch eheliche oder legitimierte Nachkommen hinterlassen hat, so besteht ein Rechtsanspruch auf das Gnadenvierteljahr nicht. Es kann aber unter folgenden Voraussetzungen ein Gnadenvierteljahr bewilligt werden:**

a) Der Verstorbene muß Verwandte der aufsteigenden Linie, Geschwister, Geschwisterkinder oder Pflegekinder, deren Ernährer er ganz oder überwiegend gewesen ist, in Bedürftigkeit hinterlassen haben.

aa) Zu den Verwandten der aufsteigenden Linie gehören die Eltern, Großeltern und Urgroßeltern, nicht dagegen der Stiefvater, die Stiefmutter, der Pflegevater oder die Pflegemutter. PrME. 15. 7. 93 (ZBlUV. **94** 297); PrV. 15. 4. 03 bei Müller 886. Zu den Geschwistern gehören nicht die Stiefgeschwister. Dagegen rechnen zu den Pflegekindern auch die an Kindes Statt angenommenen Kinder nach § 1741 BGB.; vgl. PrME. 1. 2. 95 (ZBlUV. 395).

bb) Der Beamte muß ferner der Ernährer dieser Personen ganz oder überwiegend gewesen sein; daß er zu ihrem Unterhalt rechtlich (§ 1601 BGB.) verpflichtet gewesen wäre, ist ohne Belang; entscheidend ist lediglich der tatsächlich gewährte Unterhalt.

cc) Die vorbezeichneten Personen müssen zur Zeit des Todes des Beamten und der Bewilligung des Gnadenvierteljahrs in Bedürftigkeit leben.

b) Wenn und soweit der Nachlaß nicht ausreicht, um die Kosten der letzten Krankheit und der Beerdigung zu decken. In diesem Falle brauchen die zu a erörterten Voraussetzungen nicht vorzuliegen, so daß z. B. die Zahlung auch dann zulässig ist, wenn vermögende nahe Verwandte vorhanden sind, welche die Erbschaft ausgeschlagen haben. Die Beträge werden aber nur insoweit gezahlt, als der nach der Bezahlung aller sonstigen vom Beamten hinterlassenen Schulden verbleibende Nachlaßbestand nicht ausreicht, um die Kosten der letzten Krankheit und Beerdigung zu decken. Es soll das Andenken und das Ansehen des verstorbenen Beamten nicht dadurch Einbuße erleiden, daß dritte Personen oder gar die Armenverwaltung zur Deckung der erwähnten Kosten Aufwendungen machen müssen, die sie nicht erstattet erhalten.

Zu den Beerdigungskosten gehören die Kosten einer standesgemäßen Beerdigung, einschließlich der Kosten für die Errichtung eines angemessenen Grabmals und der Grabumzäunung. Dagegen fallen die Kosten der dauernden Unterhaltung und Pflege der Grabstätte nicht hierunter. Schulze 73; Recht **6** 324; PrV. 30. 4. 08 bei Müller 883.

c) Die nach den vorstehenden Vorschriften zahlbaren Beträge werden nach freiem Ermessen der Verwaltung an diejenigen entrichtet, welche die Kosten der letzten Krankheit und der Beerdigung gedeckt haben, sei es, daß dies Privatpersonen oder Gemeinden oder Institute oder Anstalten waren. PrKM. 27. 10. 79 u. 8. 1. 88 bei Müller 887. Hat die Behörde dem Erwählten die Bewilligung mitgeteilt, so hat er ein unentziehbares und vererbliches Recht auf das Gnadenvierteljahr. Per. u. Sp. 44. Wegen der Zahlung an Erben, denen Gnadengebührnisse nicht zustehen, s. RFM. 20. 2. 24 (RBesBl. 43).

d) Die Bewilligung erfolgt durch die oberste Reichsbehörde. Was unter oberster Reichsbehörde zu verstehen ist, ergibt Vdg. 10. 8. 28 (RGBl. I 369); s. unten S. 547. Die oberste Reichsbehörde kann die Befugnis zur Genehmigung auf andere Behörden übertragen.

13. Wegen der **Belassung der Dienstwohnung an die Hinterbliebenen** eines Beamten s. § 9.

14. Die Bezüge des Gnadenvierteljahrs und des Gnadenmonats sieht der RFM. als **steuerpflichtig** an. RFM. 7. 1. 22.

§ 9.

In dem Genusse der von dem verstorbenen Beamten bewohnten Dienstwohnung ist die hinterbliebene Familie nach Ablauf des Sterbemonats noch drei fernere Monate zu belassen.

Hinterläßt der Beamte keine Familie, so ist denjenigen, auf welche sein Nachlaß übergeht, eine vom Todestage an zu rechnende dreißigtägige Frist zur Räumung der Dienstwohnung zu gewähren.

In jedem Falle müssen Arbeits- und Sessionszimmer sowie

sonstige für den amtlichen Gebrauch bestimmte Lokalitäten sofort geräumt werden.

1. Für die Reichsbeamten hat der RFM. auf Grund der Ziff. 172 AusfBest. RBesG. von 1920 **Dienstwohnungsvorschriften** (DWV.) erlassen. Sie sind in der vom 1. 10. 22 gültigen Fassung und mit den bis zum 10. 6. 25 erlassenen Änderungen und Ergänzungen abgedruckt im DBeamtArch. 1925 S. 517ff.; s. dazu Behlendorf „Staats- u. Selbstverw." **26** 348 u. 383. Neue Änderungen der DWV. sind durch RFM. 6. 1. u. 1. 6. 28 (RBesBl. 10 u. 143) erlassen.

2. Die zu 1. erwähnten Vorschriften finden Anwendung **auf alle Dienstwohnungen** der Reichsbeamten **mit Ausnahme** der Dienstwohnungen des Reichskanzlers, der Reichsminister, der Botschafter und der Gesandten.

Die Dienstwohnungen im Bereiche der Reichspostverwaltung und der Deutschen Reichsbahn-Gesellschaft werden mit gewissen, unwesentlich veränderten Ausführungsverordnungen nach den gleichen Grundsätzen behandelt; s. § 17 Perso.

3. Unter den **Begriff „Dienstwohnung"** fallen nur die in Nr. 52 BesVorschr. bezeichneten Wohnungen.

Bei den Dienstwohnungen steht dem Beamten nicht der Fiskus, sondern das Reich gegenüber. Die Vorschriften des BGB. über Miete oder Nießbrauch sind daher auch nicht entsprechend anwendbar. Josef PrVBl. **42** 448. Die Schadensersatzansprüche, die die Beamten wegen Mängel der Dienstwohnungen erheben, richten sich nicht ohne weiteres nach den §§ 538, 539 BGB.

Die vom Reiche vermieteten Wohnungen werden eingeteilt in:

a) Dienstwohnungen für Reichsbeamte, d. h. solche Wohnungen, die einem Beamten im Interesse des Dienstes zugewiesen werden und im Reichshaushaltsplan vermerkt sind;

b) an nichtbeamtete Personen im dienstlichen Interesse überwiesene Wohnungen, d. h. solche Wohnungen, die Lohnempfängern und Angestellten im dienstlichen Interesse zugeteilt werden (Pförtner, Heizer, Kraftwagenführer), in Preußen Werkwohnungen genannt;

c) Kasernenquartiere, d. h. sämtliche Räume, die zur kasernenmäßigen Unterkunft der Wehrmacht oder der Schutzpolizei dienen (Räume ohne Küche);

d) Kasernenwohnungen, d. h. Wohnräume mit Küche, die in unmittelbarem Zusammenhang mit Mannschaftsquartieren in ein und demselben Gebäude liegen;

e) Mietwohnungen.

4. Ein **Anspruch** auf Dienstwohnungen besteht nicht, selbst wenn im Haushalt eine solche vorgesehen ist. § 2 Abs. 3 DWV.

5. Die **Oberaufsicht** über die Dienstwohnungen führt die jeweilige oberste Reichsbehörde für ihren Geschäftsbereich. Sie kann ihre Befugnisse auf nachgeordnete Stellen übertragen. Die zuständige Aufsichtsbehörde

hat die Erfüllung der den Wohnungsinhabern obliegenden Verpflichtungen gemäß § 3 DWV. zu überwachen.

6. **Veränderungen** in Anordnung, Umfang und Ausstattung der Dienstwohnungen sind nur gemäß § 4 DWV. statthaft.

7. Über jede Dienstwohnung wird ein **Bestandverzeichnis** gemäß § 5 DWV. geführt.

8. Die **Übernahme und Rücknahme der Dienstwohnung** erfolgt gemäß § 6 DWV. Der Beamte hat an der Dienstwohuung den sog. mittelbaren Besitz (§ 868 BGB.) und hat neben dem Reich die Besitzschutzklage. Josef PrVBl. **42** 448.

9. Der Inhaber einer Dienstwohnung ist ohne Genehmigung der Aufsichtsbehörde nicht berechtigt, deren Gebrauch ganz oder teilweise **einem andern zu überlassen,** insbesondere sie zu vermieten. § 13 DWV.

10. Der Beamte hat **keinen Anspruch auf dauernde Überlassung** der Dienstwohnung; er hat sie vielmehr auf Verlangen der Aufsichtsbehörde binnen einer angemessenen Räumungsfrist ohne Anspruch auf Entschädigung zurückzugewähren. § 14 DWV.

Andererseits darf er die Annahme einer ihm angewiesenen Dienstwohnung nicht verweigern.

11. Der Beamte hat die Wohnung in brauchbarem Zustand zu erhalten und die erforderlichen **Ausbesserungen** usw., insbesondere die im § 15 Ziff. 1—20 DWV. vorgesehenen Reparaturen usw. selbst vorzunehmen. Die Reichskasse hat nur die im § 16 a. a. O. vorgesehenen Arbeiten auf ihre Kosten zu bewirken. Wegen der Kosten für die Sammelheizungs- und Warmwasserbereitungsanlagen s. § 17a DWV. Wegen des Rechts der zu gewissen Besoldungsgruppen gehörenden Beamten auf Bezug von Feuerungsstoffen aus den Vorräten der Behörden gegen Entschädigung s. § 18 DWV.

12. **Der für die Dienstwohnungen anzurechnende Betrag** bestimmt sich nach § 11 BesG. u. Nr. 53—59 BesVorschr. Der Betrag wird dem Beamten auf seine Dienstbezüge angerechnet (sog. Anrechnungsbetrag). Er wird von der zuständigen Behörde unter Mitwirkung der örtlichen Beamtenvertretung und unter Berücksichtigung des örtlichen Mietwertes festgesetzt. § 11 RBesG. Die Grundlage für die Berechnung der Vergütung bildet die Friedensmiete nach Nr. 58 BesVorschr. Doch gilt für Dienstwohnungen im allgemeinen das Reichsmietegesetz nicht; s. § 16 RMG. v. 24. 3. 22. Das Nähere über die Festsetzung der Vergütung, die nach Hundertteilen der Friedensmiete zu bemessen ist, bestimmt § 19 DWV. Zur Zeit beträgt der Hundertsatz mit Wirkung v. 1. 10. 27 ab 120. RFM. 23. 9. 27 (RBesBl. 86). Die Vergütung darf den dem Beamten zustehenden Wohnungsgeldzuschuß nicht übersteigen (sog. höchster Anrechnungssatz).

Durch den Anrechnungsbetrag werden alle Leistungen abgegolten, deren Kosten vom Reich zu tragen sind. Auch sind dadurch alle auf dem Grundstück ruhenden Steuern einschließlich der Hauszinssteuer mit gewissen Ausnahmen abgegolten. RFM. 25. 9. 25 (RBesBl. 217).

Die unentgeltliche Einräumung einer Dienstwohnung ist unzulässig.

Wegen der Rundfunkantennenanlagen s. § 19 Abs. 20ff. DWV.

Wegen der zur Dienstwohnung gehörenden Gärten s. §§ 21, 22 a. a. O.

In den Hausgärten der Dienstwohnung von dem Beamten gepflanzte Bäume und Sträucher können von dem Beamten fortgenommen werden. Das Recht des Beamten an seinem Hausgarten ist ein öffentlich-rechtliches Nutzungsrecht; eine privatrechtliche Verpachtung oder Nutznießung liegt nicht vor. OLG. Frankfurt DJZ. **24** 851. An den Früchten erwirbt er mit der Trennung Eigentum. § 956 Abs. 1 Satz 1 BGB.; Josef PrVBl. **42** 448.

13. Besondere Vorschriften sind ergangen über Dienstwohnungen mit **Repräsentationsräumen**; s. §§ 23—25 a. a. O.

14. Wegen der Dienstwohnungen **in gemieteten Räumen** s. §§ 26, 27 DWV.

15. Besondere Vorschriften sind im Teil II und III DWV. ergangen über die Dienstwohnungen des **Reichskanzlers** und der **Reichsminister** sowie über Wohnungen, die **nicht beamteten** Personen in reichseigenen oder angemieteten Dienstgebäuden im dienstlichen Interesse überwiesen sind.

16. Die **Anhangsbestimmungen** Nr. I—III zu den Dienstwohnungsvorschriften betreffen:

a) die Kostenbeiträge der Dienstwohnungsinhaber bei gemeinsamer Benutzung von Wasserleitungen, Gasleitungen, Anlagen für elektrische Beleuchtung und Sammelheizungen zu Wohn- und Geschäfts- (Betriebs-) Zwecken;

b) die Grundsätze über die Einrichtung und Benutzung von Fernsprechanschlüssen in Diensträumen und Wohnungen;

c) die Grundsätze über die zulässige Raumausdehnung der Dienstwohnungen für Reichsbeamte und Soldaten der Wehrmacht.

17. Der Inhaber der Dienstwohnung **haftet für die Sicherheit des Zugangs** zu ihr; ihm liegt auch die **Streu- und Beleuchtungspflicht** der Straße usw., wo solche besteht, ob. Josef PrVBl. **42** 448.

Das Reinigen der Straße haben die Wohnungsinhaber nicht zu besorgen. Insoweit aber durch ortspolizeiliche Vorschrift oder Ortsgebrauch die Reinigung der Straße oder der Ersatz der Reinigungskosten oder die Entrichtung einer Abgabe für die Straßenreinigung nicht den Hauseigentümern, sondern den Wohnungsinhabern als solchen auferlegt ist, sind auch die Dienstwohnungsinhaber hierzu verpflichtet. PrME. 12. 11. 00 (MBl. **01** 12) u. 6. 6. 01 (ZBlAV. 165).

18. Andererseits kann der Beamte **Ansprüche aus der mangelhaften Beschaffenheit der Dienstwohnung,** z. B. bei Gesundheitsschädlichkeit im

Rechtswege geltend machen. RG. **71** 243; **91** 23; **95** 146; **97** 43; **104** 58; **107** 189; **111** 24; Martini BeamtJahrb. **28** 3ff.; dies gilt auch dann, wenn die Gesundheit zwar nicht des Beamten selbst, wohl aber seiner Angehörigen durch die gesundheitsgefährliche Beschaffenheit der Dienstwohnung gelitten hat. RG. **91** 23.

19. Wird der Beamte in **den dauernden oder einstweiligen Ruhestand oder an einen anderen Ort versetzt** oder gibt er die Stelle auf, mit der die Dienstwohnung verbunden ist, so muß er sich selbst sofort **um eine Ersatzwohnung bemühen.** Tut er dies nicht und bringt er nicht die Bescheinigung des Wohnungsamts bei, daß er keine andere Wohnung finden könne, so setzt er sich der Räumungsklage aus. Diese kann ohne Zustimmung des Mieteinigungsamts durchgeführt werden, da dieses Amt bei Dienstwohnungen nicht zuständig ist. OLG. Braunschweig JurW. **23** 772; RG. **102** 186; **103** 273.

Bleibt der Beamte nach seinem Ausscheiden aus dem Reichsdienst in der bisherigen Dienstwohnung, so darf diese nicht etwa als *Mietwohnung* bezeichnet oder mit dem bisherigen Dienstwohnungsinhaber ein *Miet*vertrag abgeschlossen werden, da durch die Weiterbelassung in der Wohnung kein neues bürgerlich-rechtliches Vertragsverhältnis an Stelle des bisherigen öffentlich-rechtlichen tritt (vgl. RG. im RFBl. **22** 427). Trotzdem können die für die Wohnungsbenutzung festzusetzenden Entschädigungen anderweit festgesetzt werden. PrFM. 6. 8. 23 (FMBl. 575); s. auch RFM. 30. 7. 24 (RBesBl. 219); PrFM. 10. 7. 23, mitgeteilt in Ziff. 43 FM. 17. 3. 25 (PrBesBl. 62, 63). Bei der Festsetzung sind die bei Mietwohnungen geltenden Grundsätze zu beachten. RFM. 8. 5. 24 (RFBl. 53).

20. **Im Falle des Todes des Beamten, der eine Dienstwohnung innehatte,** gilt nach § 9 RBG. (ähnlich § 4 PrG. 7. 3. 08, GS. 35) im Interesse der Hinterbliebenen folgendes:

a) Die *hinterbliebene Familie* hat die unten unter b—c erörterten Rechte. Unter Familie versteht man hier nicht nur die Ehefrau, Kinder oder Eltern, sondern auch andere nahe Verwandte oder Pflegebefohlene des verstorbenen Beamten, die mit ihm einen gemeinsamen Hausstand gebildet und die Dienstwohnung mitbenutzt hatten, gleichgültig ob er zu ihrer Verpflegung und Gewährung von Wohnung gesetzlich oder auch nur moralisch verpflichtet war. FM. 11. 4. 08. (MBl. 92).

b) Die Hinterbliebenen sind nach Ablauf des Sterbemonats *noch drei fernere Monate* im Genusse der Dienstwohnung zu belassen.

Es müssen aber Arbeits- und Sitzungszimmer sowie sonstige, für den amtlichen Gebrauch bestimmte Räumlichkeiten sofort geräumt werden. § 9 Abs. 3 RBG.

c) *Hinterläßt der Beamte keine Familie*, so ist denjenigen, auf welche sein Nachlaß übergeht (also der Universalnachfolger: Erbe oder Erbschaftskäufer), eine vom Todestage an zu rechnende 30tägige Frist zur Räumung der Dienstwohnung zu gewähren. Bei Berechnung der Frist wird der Todestag nicht mitgezählt. Die sofortige Räumungspflicht hinsichtlich der Arbeits- usw. Zimmer gilt auch hier.

21. Von den Dienstwohnungen zu unterscheiden sind die **Mietwohnungen**, d. h. Wohnungen in reichseigenen oder vom Reich angemieteten Gebäuden, die öffentlichen Zwecken oder zur Unterbringung von Angehörigen der Reichsverwaltung dienen. Solche Wohnungen dürfen an Beamte nur auf Grund besonderer Mietverträge und gegen Zahlung des ortsüblichen Mietpreises überlassen werden. Bei ihnen treten sich der Beamte und der Fiskus gleichberechtigt gegenüber; der Wille des Reiches ist nicht, wie bei den Dienstwohnungen, allein maßgebend; s. Näheres Brand BR. 220.

22. Wegen der **Besteuerung der Dienstwohnungen in Preußen** vgl. Stölzel PrVBl. **45** 323; Plenarbeschluß des PrOVG. 20. 6. 14 (OVG. **68** 207); § 24 KomAbgG. v. 14. 7. 93 (GS. 152).

Über die Höhe der Steuern für die Dienstwohnungen gilt das RG. v. 16. 6. 22 (RGBl. I 517); s. § 3; Richtlinien des RFM. zu diesem G., abgedruckt RMBl. **23** 385 ff. Danach darf für die Dienstwohnungen der Mietwert, von dem die Steuer erhoben wird, nicht höher als der Betrag bemessen werden, der dem Beamten für die Dienstwohnung auf seine Bezüge angerechnet wird. Dasselbe gilt, wenn statt der Steuererhebung nach dem Nutzungswert der Wohnungen die Erhebung in Form einer Steuer vom Grundvermögen erfolgt. § 1 a. a. O.

23. Außer Dienstwohnungen kommen für alle Beamten die eigentlichen **Diensträume** in Betracht. Diese müssen ebenso wie die sonst den Beamten zum dienstlichen Gebrauch überlassenen Gerätschaften, Vorrichtungen, Treppen usw. von der Verwaltung so eingerichtet und unterhalten werden, daß der Beamte gegen Gefahr für Leben und Gesundheit und für sein Vermögen ausreichend geschützt ist. § 618 BGB. findet entsprechende Anwendung. JW. **08** 448 u. **11** 757; RG. **71** 246; **91** 22; RG. 29. 3. 12 in PrVBl. **33** 555; das Reich haftet daher den Beamten u. U. auch für die ihnen in den Diensträumen abhanden gekommene Garderobe z. B. wenn kein verschließbarer Schrank zu deren Unterbringung vorhanden ist u. dgl. Ebenso haftet es für allen Schaden, der dem Beamten durch die gesundheitswidrige Beschaffenheit der Diensträume usw. erwächst. RG. **71** 246. Auch der Schaden, den Familienangehörige des Beamten durch ungeeignete oder gesundheitsschädliche Dienstwohnungen erleiden, ist zu ersetzen. RG. **91** 21.

§ 10.

Jeder Reichsbeamte hat die Verpflichtung, das ihm übertragene Amt der Verfassung und den Gesetzen entsprechend gewissenhaft wahrzunehmen und durch sein Verhalten in und außer

dem Amte der Achtung, die sein Beruf erfordert, sich würdig zu zeigen.

1. **§ 10 enthält die allgemeinen, die §§ 11—16 einige wichtige besondere Pflichten der Reichsbeamten.** § 10 bildet gleichzeitig die wichtigste materielle Grundlage für das Dienststrafrecht, da eine Verletzung der hier bezeichneten Pflichten ein Dienstvergehen ist und die Disziplinarbestrafung nach sich zieht.

Der Reichsbahnbeamte ist nach § 23 Abs. 1 RBahnG. und § 8 PersO. verpflichtet, das öffentliche Interesse und das Interesse der Gesellschaft zu wahren. Nach § 23 Abs. 2 a. a. O. wird er bei Verletzung der ihm obliegenden Pflichten unter sinngemäßer Anwendung des Dienststrafrechts der Reichsbeamten zur Rechenschaft gezogen. Als Oberste Reichsbehörde gilt der Generaldirektor, der seine Befugnisse auf andere Stellen der Gesellschaft übertragen kann. Nach § 3 Abs. 1 RBahnPersG. und § 8 PersO. hat der Reichsbahnbeamte seine Dienstgeschäfte unter Beachtung der RV. und der Gesetze gewissenhaft wahrzunehmen und durch sein Verhalten in und außer dem Dienst der Achtung, die sein Beruf erfordert, sich würdig zu zeigen.

2. Jeder Reichsbeamte hat **zwei Arten von Dienstpflichten** zu erfüllen: a) gewissenhafte Wahrnehmung des Amtes, der Verfassung und den Gesetzen entsprechend, und b) würdiges Verhalten in und außer dem Amt; vgl. X 2 § 1 PDA. Zum Begriff des Dienstvergehens gehört nicht nur die Feststellung der objektiven Tatbestände, sondern auch das Vorliegen eines Verschuldens. GrDisS. 22. 9. 26 amtl. Sammlg. 161 ff.

3. Der Reichsbeamte hat sich bei der Wahrnehmung seines Amtes nach der **Reichsverfassung**, den **Reichsgesetzen** und in Ermangelung solcher gemäß § 19 RBG. nach den **Landesgesetzen** zu richten, die an seinem Wohnort oder in seinem Heimatstaat oder in Ermangelung eines solchen in Preußen gelten; fehlen auch landesgesetzliche Vorschriften, so kommen die dienstlichen Anordnungen der Vorgesetzten (vgl. § 4 KonsulG.), soweit sie den Gesetzen nicht widersprechen, und endlich die innerhalb einzelner Verwaltungszweige tatsächlich geübte Dienstpragmatik in Betracht. Zu einer gewissenhaften Wahrnehmung des Amtes gehören zahllose einzelne Verpflichtungen, die für die einzelnen Beamtengruppen verschieden sind und nicht sämtlich aufgeführt werden können.

4. Die **wichtigsten Beamtenpflichten** sind neben den in §§ 11 ff. enthaltenen:

A. Die Gehorsamspflicht.

1. Der Beamte ist zum Gehorsam gegenüber **den dienstlichen Anordnungen** der Vorgesetzten verpflichtet. Dieser Grundsatz ergibt sich aus dem System der Behördeneinrichtung. Der gesamte Dienstbetrieb könnte nicht aufrechterhalten werden, wenn die Gehorsamspflicht nicht bestände und jeder Beamte tun und lassen könnte, was ihm beliebt. Der Beamte braucht aber nur denjenigen Anordnungen seiner Vorgesetzten zu folgen,

die auf seine Dienststellung als solche Bezug haben. Befehle, die die Privatrechtssphäre des Vorgesetzten oder des Beamten betreffen, braucht er nicht zu befolgen.

So braucht z. B. ein Beamter Anordnungen eines Vorgesetzten zur Leistung von häuslichen Diensten oder Anordnungen, die in sein Privatleben eingreifen, z. B. eine bestimmte Zeitung zu halten, die Kirche zu besuchen usw., nicht nachzukommen. Der Beamte kann auch nicht gezwungen werden, in den Dienst einer Privatgesellschaft überzutreten. OVG. 13. 1. 28 KomRundsch. **28** 451. Doch kann z. B. der Vorgesetzte seinen Untergebenen aus Gründen der Disziplin den Besuch gewisser Lokale untersagen. OVG. in Selbstv. **35** 483.

Auch auf die Abstimmung bei kollegialischen Beschlußfassungen bezieht sich die Gehorsamspflicht nicht. Vielmehr muß jeder Abstimmende sich lediglich nach den Gesetzen, den Verordnungen und zuletzt nach seiner freien, nach bestem Wissen und Gewissen gebildeten Überzeugung richten. Von seiner eigenen Überzeugung darf er sich niemals lediglich dadurch abbringen lassen, daß sein im Kollegium mittätiger Dienstvorgesetzter einen abweichenden Standpunkt einnimmt.

Besonderes gilt für die Gehorsamspflicht in militärischen Dienstsachen; s. Rotermund LZ. **26** 674 ff.

2. Auch zum dienstlichen Gehorsam ist der Beamte nur verpflichtet, wenn folgende **vier Voraussetzungen vorliegen:**

a) Der Dienstbefehl muß **innerhalb der örtlichen und sachlichen Zuständigkeit des Dienstvorgesetzten** liegen und (wenn dies vorgeschrieben ist) von der höheren Instanz genehmigt sein.

So hat z. B. die Behörde das Recht, sich durch einen beamteten Arzt von dem Zustande eines angeblich erkrankten Beamten oder eines Beamten, der wegen dauernder Unfähigkeit zur Erfüllung seiner Amtspflichten in den Ruhestand versetzt werden soll, zu überzeugen. Der Beamte, der in solchen Fällen sich weigern würde, sich dem Kreisarzte zur Untersuchung zu stellen, würde sich disziplinarisch strafbar machen. OVG. 13. 1. 05 bei v. Rheinb. 127; RDisH. 8. 7. 01, F 5/01; 19. 3. 06 bei Schulze-Simons 70. Die Weigerung eines Beamten, sich zur Beobachtung seines Geisteszustandes in eine Irrenanstalt zu begeben, ist aber nicht disziplinarisch strafbar. OVG. 12. 11. 09 bei v. Rheinb. 382; PrDisHf. nichtr. B. 29. 10. 28 DJZ. **28** 1685; **a. M.** GrDisS. des KG. 4. 12. 17 im JMBl. **18** 59; s. auch GrDisS. des KG. 20. 6. 23 amtl. Sammlg. 105 ff. Ebenso kann auch sonst die Behörde den Beamten nicht zwingen, sich zur Beobachtung seines Gesundheitszustandes oder zur Wiederherstellung seiner Gesundheit in ein Krankenhaus einweisen zu lassen. Dies würde gegen Art. 114 RV. (Freiheit der Person) verstoßen.

Die Behörde kann ferner verlangen, daß der Beamte ein Protokoll über eine Verhandlung dienstlichen Inhalts unterzeichnet. RDisH. 4. 2. 84 bei Schulze 112 u. 19. 4. 15 Schulze-Simons 171.

Auch kann sie die Vorlegung sämtlicher Schriftstücke, auch der Konzepte, die ein nachgeordneter Beamter hinter sich hat, zwecks Einsichtnahme verlangen. Die Nichtbefolgung der Einforderung der Akten ist Gehorsamsverweigerung. OVG. „Recht" **21** Rspr. 311 Nr. 2125.

Gehorsamsverweigerung liegt auch dann vor, wenn ein Beamter sich weigert, unter einem bestimmten Beamten als Vorgesetzten zu arbeiten. RDisH. 19. 3. 06 Schulze-Simons 69; OVG. „Recht" **22** 108 Nr. 561 = PrVBl. **43** 202.

Auch mit entgegenstehenden gewerkschaftlichen Weisungen kann sich der Beamte nicht entschludigen. RDisH. 24. 9. 23 Schulze-Simons 67.

Der Beamte macht sich ferner des Ungehorsams schuldig, wenn er sich weigert eine Dienstwohnung zu beziehen. StMBeschl. 27. 2. 07 bei v. Rheinb. 79, 80.

Die Behörde kann ferner verlangen, daß der Beamte jederzeit ihre Anordnungen und Mitteilungen amtlicher Art anzunehmen bereit ist. Ersieht also der Beamte schon aus der äußeren Beschaffenheit eines Schriftstücks, daß es amtlichen Charakter trägt, so muß er es selbst dann annehmen, wenn es ihm etwa versehentlich unfrankiert als „portopflichtige Dienstsache" zugesendet sein sollte. OVG. **50** 430.

Dasselbe gilt, wenn das Schreiben etwa mit einer unrichtigen Amtsbezeichnung versehen sein sollte, vorausgesetzt, daß begründete Zweifel über die Person des Adressaten nicht aufkommen können. OVG. **52** 440.

Der Beamte ist ferner verpflichtet, dem Vorgesetzten auf dessen Verlangen über seine gesamte Diensttätigkeit und über sein außeramtliches Verhalten insoweit, als es das dienstliche Interesse erfordert, jederzeit Auskunft zu geben; in welcher Weise (schriftlich oder mündlich) die Auskunft erteilt werden soll, kann der Vorgesetzte nach seinem Ermessen bestimmen. OVG. **42** 429. Nur nach Einleitung der Voruntersuchung in einem förmlichen Dienststrafverfahren kann der angeschuldigte Beamte seine Aussage verweigern. StMBeschl. 9. 4. 10 bei v. Rheinb. 80; RDisH. 26. 5. 25 DJZ. **27** 234.

Überschreitet der Vorgesetzte seine sachlichen Befugnisse bei der Anordnung, so braucht ihr der Beamte nicht zu folgen. So kann z. B. nicht wegen Ungehorsams der Beamte bestraft werden, der sich weigert, ein ihm übertragenes neues Amt, in das er im Interesse des Dienstes versetzt ist, anzutreten, wenn das neue Amt hinsichtlich des Ranges und des planmäßigen Diensteinkommens hinter der seither bekleideten Stellung zurückbleibt. OVG. **51** 413; **52** 436. Die Verwaltung ist auch nicht berechtigt, den Beamten anzuweisen, eine bestimmte Wohnung z. B. in einer Beamtenkolonie zu nehmen. RDisH. 6. 12. 26 DJZ. **27** 533. Sie kann auch nicht verlangen, daß ein Beamter Dienstleistungen übernimmt, zu denen er gesundheitlich nicht befähigt ist. RG. 28. 2. 27 KomRundsch. **27** 631.

b) Der Dienstbefehl muß **innerhalb der örtlichen und sachlichen Zu-**

ständigkeit des Untergebenen liegen; vgl. OVG. **26** 412. Es braucht also z. B. der Beamte des unteren Dienstes auf Geheiß eines Vorgesetzten nicht solche Amtshandlungen vorzunehmen, die den Bürobeamten vorbehalten sind.

Ebenso kann ein Bürobeamter die Ausführung solcher Arbeiten verweigern, die lediglich eine mechanische Tätigkeit, z. B. eine Kanzleiarbeit darstellen. OVG. **51** 419; **77** 523.

c) Der Dienstbefehl **darf den Gesetzen und der Verfassung nicht offenbar zuwiderlaufen.** Die Befehle der Vorgesetzten haben aber die Vermutung der Gesetzmäßigkeit für sich, und der Beamte wird daher im Zweifel eher den für Befolgung des Befehls als den für eine Gehorsamsverweigerung sprechenden Grund bevorzugen. In zweifelhaften Fällen wird er zweckmäßig seine Zweifel der vorgesetzten Behörde mitteilen und ist, wenn diese auf der Anordnung besteht, gedeckt. Dies gilt aber nur, wenn ein berechtigter Zweifel vorliegt. Ein gesetzwidriger Befehl kann nicht durch mehrfache Erteilung rechtswirksam werden, und ein Beamter kann sich nicht durch Scheinvorstellungen bei seiner vorgesetzten Behörde decken. Einem gesetzwidrigen, selbst wiederholt erteilten und von einer höheren Stelle bestätigten (RG. JW. **25** 2777) Befehl darf daher der Beamte bei Vermeidung der zivil- und strafrechtlichen Verantwortlichkeit nicht nachkommen, und er macht sich durch die Nichtbefolgung keines disziplinarisch strafbaren Ungehorsams schuldig.

Hiernach kann der Ungehorsam gegen eine Anordnung, die gegen Verbotsgesetze verstößt, Pflicht des Beamten sein; vgl. OVG. **12** 426; OVG. in PrVBl. **4** 192. RG. 19. 6. 28 JW. **28** 2326. Von dieser Pflicht kann der Beamte auch dann, wenn ihm z. B. in dienstlicher Hinsicht erhebliche Nachteile drohen, nicht entbunden werden. RG. a. a. O. Abgesehen hiervon wird der Beamte selbst rechtlich unrichtigen oder tatsächlich unbegründeten Verfügungen den Gehorsam nicht versagen dürfen. Dasselbe gilt, wenn eine Anordnung der vorgesetzten Behörde mit rechtskräftigen gerichtlichen Entscheidungen im Widerspruche steht. StMBeschl. 18. 1. 02 bei v. Rheinb. 76. Doch wird in solchen Fällen ebenso wie wenn die Anordnung auf Irrtum oder gar auf Willkür beruht, die Gehorsamsverweigerung milder zu beurteilen sein, da dann materielle Interessen des Dienstes nicht gefährdet werden. RG. JW. **25** 2774ff.

d) Endlich muß der Dienstbefehl **in der vorschriftsmäßigen** äußeren **Form** erlassen sein. So kann z. B. die Schriftform vorgeschrieben sein, die stets die Unterschrift des zur Vertretung der Behörde legitimierten Beamten erfordert. Doch bestehen im allgemeinen keine Vorschriften über die Form amtlicher Verfügungen, und in vielen Fällen genügen mündliche Anordnungen der Vorgesetzten.

Die vorstehenden vier Erfordernisse für einen zum Gehorsam zwingenden Dienstbefehl werden von der beamtenrechtlichen Literatur fast durchweg verlangt: Rehm 153; Pieper 81ff.; Per. u. Sp. 36, 37; Kanng. 48, 49, 66; Schulze 76, 77; Laband **1** 460ff.; v. Rönne-Zorn **1** 462; Hatschek 294ff.; Reindl 71ff. Auch die obersten Gerichtshöfe vertreten denselben Rechtsstandpunkt. GoltdArch. **19** 819 u. **20** 94; RGSt. **1** 131; **2** 411; **6** 440; RGRechtspr. in Strafs. **2** 249, 424, 559; **4** 419 u. 605; GrDisS. 27. 10. 15 amtl. Sammlg. 64ff.; s. aber OVG. **28** 408. Zorn **1** 315 hält die vier Erfordernisse zwar für wertvolle Richtpunkte, aber nicht in jedem Falle für geeignet, die schwierige Frage der Gehorsamspflicht erschöpfend zu beantworten.

3. **Der Beamte muß** das Vorliegen der zu 2 angeführten **vier Erfordernisse in jedem Falle prüfen.** Doch ist er zur Prüfung seiner und der vorgesetzten Behörde Zuständigkeit weder berechtigt noch verpflichtet, wenn über diese Zuständigkeit ein rechtskräftiges Urteil der ordentlichen oder Verwaltungsgerichte ergangen ist.

Kommt der Beamte einem Befehle nach, dem auch nur eins der vier Erfordernisse fehlt, so ist er zivilrechtlich und strafrechtlich, wenn auch nicht disziplinarisch, verantwortlich.

Kommt er aber einem formell richtigen Befehle nach, bei dem die vier Voraussetzungen gegeben sind, so ist er gedeckt und hat die materielle Richtigkeit des Befehls nicht zu vertreten. Für diese haftet nur die anordnende Behörde. Wollte jeder Beamte die materielle Richtigkeit und Rechtmäßigkeit der Entscheidungen und Verfügungen seiner Vorgesetzten nochmals prüfen und deren Befolgung von dem Ausfall dieser Prüfung abhängig machen, so wäre eine ordnungsmäßige Erledigung der Dienstgeschäfte unmöglich.

Die Art und Weise, in der die — an sich gerechtfertigte — Weigerung des Untergebenen sich betätigt, kann zum disziplinarischen Einschreiten Anlaß bieten. OVG. **12** 426; **26** 412; **49** 408; **51** 434; JW. **05** 16.

4. Kommt der Beamte einem formell einwandfreien Befehl nicht nach, weil er annimmt, daß eins der vier Erfordernisse (oben zu 2) nicht vorliege, **so handelt er auf seine eigene Gefahr.** Er macht sich also disziplinarisch strafbar, wenn seine Weigerung von der höheren Behörde oder vom Disziplinarrichter für unberechtigt erklärt wird. OVG. **14** 418; **52** 437; **78** 454; StM. 11. 11. 10 bei v. Rheinb. 76. Ein Irrtum ist selbst dann kein Strafausschließungsgrund, wenn er entschuldbar ist. OVG. 24. 1. u. 28. 1. 08 bei v. Rheinb. 76. Der Beamte wird daher in Fällen, in denen die Unrechtmäßigkeit des Dienstbefehls nicht ganz klar ist, einstweilen der Anordnung Folge leisten und sich darauf beschränken müssen, seine abweichende Auffassung bei seiner vorgesetzten Behörde im Beschwerdewege zur Geltung zu bringen. OVG. 29. 12. 08 bei v. Rheinb. 76, 77; Roß JurRundsch. **27** 36. Die Verweigerung des Gehorsams gegenüber einer Weisung der Dienstvorgesetzten auf Grund einer objektiv unrichtigen Rechtsauffassung stellt ein Dienstvergehen dann dar, wenn der Beamte

eine gründliche und gewissenhafte Nachprüfung dieser von allen Vorgesetzten einhellig gemißbilligten Auffassung unterlassen hat. GrDisS. 6. 10. 26 amtl. Sammlg. 166ff.

5. **Für die richterlichen Beamten,** die jedenfalls insoweit, als sie reine richterliche Amtshandlungen vornehmen, nur unter der Autorität des Gesetzes stehen, kommt die Gehorsamspflicht nur beschränkt in Betracht. Sie sind nur insoweit zum Gehorsam verpflichtet, als ihre richterliche Tätigkeit nicht in Frage kommt; vgl. Art. 102 RV.; §§ 21, 22 III 2 AGO.; GrDisS. 18. 12. 00 bei v. Rheinb. 426; v. Rönne DStR. **1** 353; v. Stengel in Marquardf. Handb. **2** 146; **a. M.** Bornhak PStR. **2** 54; v. Rönne-Zorn **1** 461.

B. Die Residenzpflicht.

1. Der Beamte muß **seine ganze Arbeitskraft zum Besten des ihm übertragenen Amtes verwenden.**

Um das Recht der Verwaltung, die Beamten im Bedarfsfalle zur Verrichtung staatlicher Geschäfte sofort anzuhalten, praktisch wirksam zu gestalten, ist den Beamten die sog. **Residenzpflicht** auferlegt. Sie ist in dem heute noch gültigen § 92 II 10 ALR., der auch für die Reichsbeamten entsprechend anzuwenden ist, näher geregelt. Sie besteht darin, daß **kein Beamter den** zur Ausübung seines Amtes ihm angewiesenen **Wohnort,** und zwar jedenfalls nicht über Nacht **ohne Vorwissen und Genehmigung seiner Vorgesetzten verlassen darf.** RDisH. 9. 4. 00 Schulze-Simons 128.

Zur Ermöglichung des neuerdings üblich gewordenen sog. „Wochenendes" wird man die Residenzpflicht milder beurteilen können. Überhaupt empfiehlt sich eine Neuregelung der nicht mehr zeitgemäßen Vorschriften über die Residenzpflicht; s. näheres KomRundsch. **28** 357.

Auch ein wegen Krankheit dienstunfähiger Beamter darf sich nicht außerhalb seines Amtssitzes aufhalten. Nur wenn ein bereits wegen Krankheit dauernd dienstunfähiger Beamter an einen anderen Ort versetzt ist, liegt darin, daß er sich nicht an den ihm zugewiesenen neuen Amtssitz begibt, keine unerlaubte Entfernung. Anders wäre nur zu entscheiden, wenn der Beamte überhaupt in die Lage hätte kommen können, in absehbarer Zeit die Amtstätigkeit an seinem neuen Dienstort aufzunehmen. PrDisH. f. nichtr. B. 15. 10. 23 in DJZ. **24** 114, 155.

2. Aus der Residenzpflicht folgt auch die **Pflicht des Beamten, am Sitze der Behörde, der er angehört, zu wohnen.** Ausdrücklich braucht den Beamten bei der Anstellung ein Wohnsitz nicht angewiesen zu werden. OVG. **51** 425. Dienstlicher Wohnsitz ist in der Regel der Amtssitz, d. h. der Sitz der Behörde oder Dienststelle, bei der der Beamte angestellt ist. Der Begriff des Wohnsitzes bestimmt sich nach § 7 BGB.

Wer an einem anderen Orte sich eine Wohnung nehmen will, muß sich vorher der Genehmigung seiner vorgesetzten Dienstbehörde vergewissern. X 2 § 1 PDA. Dies gilt auch dann, wenn der Ort, der als Wohnsitz in Aussicht genommen wird, mit dem Orte, an dem die Behörde ihren Sitz hat, eine wirtschaftliche Einheit bildet.

Darüber, welche Behörde befugt ist, den Beamten die Erlaubnis zum Wohnen außerhalb ihres Amtssitzes zu erteilen, sind in den einzelnen Verwaltungen besondere Vorschriften ergangen.

3. Bei der Erteilung der Genehmigung zum Auswärtswohnen wird die Behörde **die Interessen des Dienstes sowohl wie die des Beamten** berücksichtigen müssen. Das angenehmere, billigere und gesündere Wohnen in den Vororten der Großstädte wird den Beamten regelmäßig dann gestattet werden können, wenn die Interessen des Dienstes dies irgend zulassen und entweder den örtlichen Gewohnheiten entspricht oder zwingende Gründe, z. B. die Wohnungsnot, dafür geltend gemacht werden; s. PrStM. 10. 10. 19 (JM. 16. 12. 19, JMBl. 631).

C. Einzelne Amtspflichten.

1. Zunächst hat der Beamte alle diejenigen Verpflichtungen zu erfüllen, **die mit der Führung seines Amtes unmittelbar zusammenhängen.** § 10 RBG. Dabei wird unterschieden zwischen den Pflichten, die ihm sein Amt auferlegt, und dem würdigen Verhalten in und außer dem Amt. Zu den erstgenannten Pflichten gehört die Beobachtung der Dienstvorschriften des betreffenden Amtes. Unwürdiges Verhalten im Amt betrifft die nicht unter die besonderen Dienstvorschriften fallende amtliche Tätigkeit, insbes. ein Verhalten, das die lautere Gesinnung und einen ohne Rücksicht auf persönliche Interessen lediglich auf die Erfüllung des Amtszwecks gerichteten Willen vermissen läßt. Vgl. GrDisS. 31. 10. 16 amtl. Sammlg. 74. Im einzelnen gilt folgendes:

a) Die Beamten sind Diener der Gesamtheit, nicht einer Partei. Art. 130 Abs. 1 RV. Sie haben sich daher in ihren Entschließungen nur von der Rücksicht auf das Gemeinwohl und nicht auf einzelne Parteien leiten zu lassen. OVG. **76** 743; **79** 436; Nawiaski DJZ. **26** 68ff. Sie haben die Pflicht, ihr Amt mit größter Treue und Redlichkeit, ohne Rücksicht auf Privatvorteile (vgl. §§ 72—82 II 10 ALR.), mit größter Unparteilichkeit (RDisH. 11. 11. 95 u. 25. 2. 01; OVG. 11. 2. 08 bei v. Rheinb. 74), mit höchstem Fleiße, größter Gewissenhaftigkeit und Sorgfalt zu führen; RDisH. 2. 4. 83; 9. 10. 16 u. 1. 10. 23 Schulze-Simons 137 u. 139; X 2 § 1 PDA. Der Beamte muß sich auch den Ruf der Unparteilichkeit wahren. RDisH. 11. 11. 95 bei Schulze Rspr. 128, 129; Klüber VerwArch. **31** 197. Er macht sich disziplinarisch strafbar, wenn er es pflichtwidrig unterläßt, gegen einen Untergebenen dienststrafrechtlich einzuschreiten. GrDisS. 7. 10. 25 amtl. Sammlg. 142ff. Er darf kein Geld für dienstliche Gefälligkeiten annehmen. RDisH. Schulze-Simons 136.

Ein Beamter, dessen persönliches Interesse bei der Ausübung einer Amtshandlung erheblich berührt wird, soll sich der Amtsverrichtungen enthalten. OVG. **51** 434; Guillaume PrVBl. **48** 181 ff. Kein Beamter darf dienstliche Angelegenheiten mit außeramtlichen verknüpfen. GrDiſS. 6. 10. 26 amtl. Sammlg. 168. Ein disziplinarisch strafbarer Verdacht pflichtwidriger Begünstigung von Lieferanten des Reichs liegt vor, wenn sich der Beamte von diesen Darlehen geben läßt. RDiſH. 2. 12. 12 bei Schulze Rſpr. 79. Jedoch kann in der nur botenmäßigen Besorgung der Steuerzahlung für Steuerpflichtige durch einen Steuerbeamten gegen Vergütung höchstens eine ganz geringe Verfehlung erblickt werden. RDiſH. 11. 1. 27 DJZ. 611.

Die Beamten machen sich aber nicht disziplinarisch strafbar, wenn und soweit sie im Rahmen des ihnen eingeräumten freien Ermessens gehandelt haben. Mißbrauchen sie aber dieses freie Ermessen, indem sie sich bei ihren Entschließungen von anderen als rein sachlichen Erwägungen leiten lassen, so machen sie sich disziplinarisch strafbar.

b) Kein Beamter darf seine Amtsgeschäfte eigenmächtig einem anderen übertragen; vgl. §§ 41—45 I 13 ALR. Andererseits darf er nicht die Grenzen seiner Zuständigkeit überschreiten und nicht solche Amtshandlungen vornehmen, die zum Geschäftsbereich anderer Beamten gehören. RG. **71** 62.

c) Ein Dienstvergehen liegt nicht vor, wenn ein Beamter neue und schwierige Rechtsvorschriften zwar mißverständlich, aber entschuldbar auslegt. PrOVG. „Recht" **23** 233 = PrVBl. **44** 155; BayerVGH. „Recht" **24** 259 Nr. 750. Der Mangel an geistigen und technischen Fähigkeiten, die zur ordnungsmäßigen Erfüllung der Berufspflichten erforderlich sind, birgt regelmäßig keine Verletzung der allgemeinen Amtspflichten in sich. GrDiſS. 31. 10. 26 amtl. Sammlg. 74. Hat aber der Beamte diese Mängel durch ausschweifendes Leben, Trunksucht u. dgl. selbst verschuldet, so kann er wegen dieses unwürdigen Verhaltens, nicht aber wegen der Dienstunbrauchbarkeit disziplinarisch bestraft werden. RDiſH. 23. 11. 78.

d) Ein Dienstvergehen liegt vor, wenn ein Beamter ohne Genehmigung seiner Vorgesetzten einen Kollegen während des Dienstes aufgesucht und mit ihm längere Zeit über eine Privatangelegenheit verhandelt hat. OVG. „Recht" **24** 149 Nr. 431.

e) Hat ein Beamter seine Uniform aus seinem Diensteinkommen zu beschaffen, so macht er sich disziplinarisch strafbar, wenn er die Anschaffung schuldhaft unterläßt. OVG. **67** 458.

f) Sauberkeit in der Kleidung und am Körper sowie Sorgfalt bei der Handhabung der deutschen Sprache in Wort und Schrift muß von jedem Beamten in und außer dem Dienst verlangt werden; s. dazu Friedrichs KomVR. 85.

2. Die Beamten müssen die **Dienststunden pünktlich einhalten** und dürfen den Dienst nicht zu spät antreten oder zu früh verlassen. Beginn und Ende der Dienstzeit wird von den Vorgesetzten festgesetzt. Geteilte Dienstzeit, d. h. solche, die durch eine mindestens zweistündige Mittagpause unterbrochen wird, ist im allgemeinen für eine angemessene Erledigung der Ge-

schäfte und Frischerhaltung der Beamten günstiger, als die durchgehende Dienstzeit ohne längere Pause. Letztere läßt sich im allgemeinen nur in ganz großen Städten, in denen die meisten Beamten einen sehr weiten Weg zur Dienststätte haben, rechtfertigen.

Die wöchentliche Dienstzeit beträgt für Reichsbeamte nach V. 3. 3. 25 (RMBl. 121 = RBesBl. 75) 51 Stunden (für preuß. B. 48 St.); s. dazu Anschütz „Beamtenbund" **29** Nr. 5 Beilage. Diese Vorschriften gelten auch für die Reichsbank. § 46 Abs. 6 BankG. Eine Verkürzung ist nicht statthaft. Doch ist eine gewisse Verschiebung, um den vielfach üblichen sog. „freien Nachmittag" zu gewinnen, zulässig. Bei durchgehender Dienstzeit ist eine halbstündige Pause, die auf die Arbeitszeit anzurechnen ist, zu gewähren. StMBeschl. 24. 6. 24. Die Dienstzeit der an einem Ort befindlichen Reichs-, Staats- und Kommunalbehörden soll möglichst gleichmäßig geregelt werden. Eine besondere Regelung erfordert bei vielen Behörden der Sonntagsdienst. Unter den Beamten gibt es sog. Heimarbeiter, bei denen eine Regelung der Arbeitszeit weder möglich noch nötig ist; dies ist z. B. bei Richtern der Zivil- und Strafgerichtsbarkeit der Fall, die — abgesehen von Sitzungen — meist zu Hause arbeiten müssen.

Wegen der Arbeitszeit der Reichsbahnbeamten s. § 15 PersO.; für das Betriebs- und Verkehrspersonal der Reichsbahn gelten besondere Bestimmungen.

Bei sog. bloßer **Dienstbereitschaft** ist eine Erhöhung der Dienstzeit zulässig.

3. Es besteht ferner die allgemeine Beamtenpflicht, sich ohne rechtlichen Anspruch auf besondere Vergütung eine **Erweiterung oder Veränderung des bisherigen Geschäftskreises** und die Übertragung neuer Geschäfte und Nebenämter gefallen zu lassen, soweit sie der Vorbildung und Befähigung des Beamten entsprechen, nicht ganz abweichender Natur sind und weder der sonstigen Wirksamkeit des Beamten noch der Würde des Amtes Eintrag tun; vgl. RG. **68** 220; Vogels PrVBl. **41** 546. Natürlich dürfen solche Vermehrungen der Arbeitslast nicht zu einer Überbürdung des Beamten führen. Auf einen schonungsbedürftigen Beamten muß der Vorgesetzte Rücksicht nehmen. RG. **104** 25. Anordnungen der vorgesetzten Behörde über den Umfang der mit dem Amte verbundenen Dienstgeschäfte können aber auf ihre Rechtmäßigkeit nicht im gerichtlichen Verfahren, sondern nur im Verwaltungswege, also durch Beschwerde im Instanzenzuge geprüft werden. KKGH. 2. 11. 50 u. 9. 3. 67 (JMBl. **51** 35; **67** 342). Sie können aber u. U. eine Ersatzpflicht des Fiskus begründen.

Eine Bezahlung für sog. Überstunden ist unzulässig, da die Beamten gegen die Gewährung der Bezüge ihre volle Arbeitskraft dem Dienste widmen müssen. Auch sog. Streikarbeit, d. h. die Arbeit, die sonst die streikenden Arbeiter verrichten, müssen die Beamten auf Erfordern leisten. In solchen Fällen der Not haben u. U. auch höhere Beamte rein körperliche Arbeiten zu verrichten. RGSt. **59** 149; Richter JurW. **25** 182 ff.

Es darf dem Beamten aber nicht eine amtliche Verwendung zuteil werden, die in dienstlicher, wirtschaftlicher und sozialer Beziehung unter dasjenige heruntergeht, was er nach den Bedingungen seiner Anstellung und nach dem von ihm bisher bekleideten Amte beanspruchen kann. OVG. **61** 437; vgl. dazu Brand BHK. **27** 47ff., insbesondere 54, 55 u. „Der Bürgermeister" **27** 85ff., insbesondere 89, 90.

Es kann von jedem Beamten auch die Aneignung der für Erweiterung oder Veränderung des Amtes nötigen Kenntnisse bei Vermeidung disziplinarischer Ahndung verlangt werden. RDisH. 18. 12. 82 bei Schulze-Simons 134.

4. Der Beamte hat sodann die **Pflicht der Wahrhaftigkeit,** GrDisS. 28. 3. 05 Y. 2. 05; RDisH. 18. 3. 76 u. 24. 2. 13 bei Schulze Rspr. S. 29 u. 33. u. Schulze-Simons S. 7 u. 9. Einen Sondertatbestand eines Dienstvergehens bildet die sog. Amtserschleichung nicht. RDisH. 24. 2. 13 bei Schulze-Simons 10. Der Beamte muß daher bei allen dienstlichen Äußerungen, auch wenn sie von ihm zur Entkräftung einer Beschuldigung verlangt werden, streng bei der Wahrheit bleiben und darf wichtige Tatsachen, auf deren Offenlegung es der Behörde ersichtlich ankommt, nicht verschweigen; vgl. StMBeschl. 21. 2. 03 u. 9. 4. 10 bei v. Rheinb. 73; PrStMBeschl. 8. 11. 27 DJZ. **28** 527; Roß JurRundsch. **27** 41.

Auch dem Untersuchungskommissar gegenüber hat der angeschuldigte Beamte die Pflicht, sich über dienstliche Angelegenheiten wahrheitsgemäß zu äußern. GrDisS. 10. 12. 07 bei v. Rheinb. 73; a. M. Roß JurRundsch. **27** 41.

Der Vortrag irriger, nicht auf Fahrlässigkeit beruhender Rechtsauffassungen ist natürlich disziplinarisch nicht verfolgbar. OVG. **38** 13.

Der Beamte ist auch verpflichtet, die vorgeschriebenen Berichte pünktlich zu erstatten und seiner vorgesetzten Dienstbehörde über alle Dienstvorkommnisse sowie über sein außerdienstliches Verhalten jede gewünschte Auskunft wahrheitsgemäß zu geben. OVG. **42** 429, RDisH. 19. 4. 15 Schulze-Simons 131.

Auch die unaufgefordert erstatteten Berichte müssen wahrheitsgemäß sein. OVG. JW. **93** 1114.

5. Die Beamten haben auch **die Pflicht der Ehrerbietung** gegen die Vorgesetzten in und außer dem Dienste. Voraussetzung des Vorgesetztenverhältnisses ist ein organisatorisch festgelegtes Über- und Unterordnungsverhältnis und Aufsichtsrecht. RGSt. **29** 273; **59** 133; OLG. Breslau 5. 6. 28 JW. **28** 2374. Die Beamten dürfen die Pflicht der Ehrerbietung auch dann nicht außer acht lassen, wenn der Vorgesetzte sich nicht einwandfrei benimmt. RDisH. 24. 5. 80 bei Schulze Rspr. 65; OVG. 2. 2. 12 in Selbstv. **39** 237. Unterlassung des Grußes in der üblichen Form gilt als Achtungsverletzung. RDisH. 10. 12. 94; PrOVG. 16. 4. 90 im PrVBl. **89/90** 360 u. 407; weiblichen Beamten wird man aber nicht zumuten können, die Vorgesetzten

zuerst zu grüßen. Der Beamte (auch der weibliche) muß sich von seinem Platze erheben, wenn das Zimmer, in dem er dienstlich beschäftigt ist, von seinem Vorgesetzten betreten wird. OVG. 21. 6. 90 bei Müller 465. Eine Anrede des Vorgesetzten in der dritten Person ist zwar nicht vorgeschrieben, aber vielfach üblich. KommunRundsch. **27** 240. Außerdem müssen alle Beamten in und außer dem Dienst allen übrigen Trägern öffentlicher Ämter, insbesondere aber den eine höhere Stufe in der Beamtenwelt Einnehmenden rücksichtsvolle Achtung beweisen. OVG. 12. 11. 97 bei Illing-Kautz 399; OVG. **14** 407; **42** 429; **55** 467; **77** 509; **79** 427; PrVBl. **43** 404; **44** 403.

Die Verwertung von Notizen über vermeintliche Verstöße eines Vorgesetzten zeigt regelmäßig eine niedrige Gesinnung und ist auch dann disziplinarisch zu ahnden, wenn sich die Verstöße als wahr erweisen sollten; vgl. OVG. 22. 9. 03 bei v. Rheinb. 81; RDisH. 8. 3. 27 KomRundsch. **28** 238. Auch leichtfertige Beschuldigungen gegen andere Beamte, besonders gegen Vorgesetzte, verdienen disziplinarische Bestrafung. OVG. 10. 1. 08 bei v. Rheinb. 81; RDisH. 19. 3. 06 ebenda 81; 5. 2. 17 Schulze-Simons 177; GrDisS. 30. 6. 26 amtl. Sammlg. 160. Dabei ist § 193 StGB. nicht entsprechend anwendbar; RDisH. 5. 7. 97 Schulze-Simons 176; es verlieren also Beleidigungen von Vorgesetzten usw. den Charakter von Dienstvergehen nicht ohne weiteres dadurch, daß sie aus Anlaß einer Beschwerdeführung begangen werden; dadurch ist freilich nicht ausgeschlossen, daß solche Beleidigungen nach Lage des Einzelfalls milder zu beurteilen sind. RDisG. 9. 7. 00 bei Schulze Rspr. 47; 18. 3. 18. u. 26. 5. 25 Schulze-Simons 164, 170. Ein erhebliches Dienstvergehen liegt auch in der Herausforderung des Vorgesetzten, der dem Untergebenen dienstliche Vorhaltungen gemacht hatte, zum Zweikampf. RDisG. 14. 3. 10 Schulze-Simons 161. Dasselbe gilt von der Denunziation eines Beamten bei einer ausländischen Behörde. RDisH. 1. 10. 24 Schulze-Simons 199. Der Beamte darf auch nicht einem Dritten, von dem er angriffsweises Vorgehen gegen die Verwaltung in der Presse erwarten muß, amtliches Material liefern. RDisH 30. 6. 77 Schulze-Simons 220. Hämische Bemerkungen und üble Nachreden über Vorgesetzte sind disziplinarisch zu ahnden. RDisH. 24. 3. u. 26. 5. 25 Schulze-Simons 162, 165. Dagegen sind vertrauliche abfällige Äußerungen über Vorgesetzte zu guten Bekannten nicht zu ahnden. RDisH. 5. 2. 17 Schulze-Simons 177.

Die grundlose Verweigerung der Unterschrift unter ein vom Dienstvorgesetzten oder Untersuchungskommissar aufgenommenes Protokoll gilt als strafbare Achtungsverletzung. OVG. 15. 4. 04 im PrVBl. **26** 100.

Ein Vorgesetzter, der sich mit einem angetrunkenen Beamten in ein Gelage eingelassen hat, muß das Gespräch und das Zusammensein abbrechen, wenn die Unterhaltung gereizt wird. Tut er es nicht, und kommt es dann zu Tätlichkeiten oder sonstigen Beleidigungen, so trägt der Vorgesetzte die Verantwortung. OVG. „Recht" **23** 117. Auch sonst kann das Verhalten des Vorgesetzten strafmildernd wirken. RDisH. 26. 6. 22 u. 18. 6. 24 Schulze-Simons S. 305, 306.

Auch der Vorsitzende eines Beamtenausschusses hat sich bei Wahrnehmung seiner hiermit verbundenen Aufgaben seinem Vorgesetzten gegenüber entsprechend seiner Beamtenstellung zu verhalten. OVG. **77** 509.

Auch in Eingaben an die Aufsichtsbehörden dürfen die Grenzen nicht überschritten werden, die durch die rücksichtsvolle Achtung gegenüber den Vorgesetzten gezogen sind. OVG. im PrVBl. **43** 405.

Einen ihm tatsächlich oder vermeintlich von dem Dienstvorgesetzten gemachten Vorwurf darf ein Beamter, ohne sich einer Dienstverfehlung schuldig zu machen, zurückweisen, vorausgesetzt, daß er über den Inhalt des Vorwurfs nichts Unrichtiges behauptet und die Form seiner Verwahrung die dem Vorgesetzten schuldige Achtung nicht verletzt. Der Beamte hat das Recht, sich über Maßnahmen seines Vorgesetzten zu beschweren, und wenn er auf dies Recht hinweist, begeht er keine Verfehlung, vorausgesetzt, daß der Hinweis sich in angemessenen Formen bewegt. OVG. **81** 438.

Die Anstellung einer Privatklage gegen einen Vorgesetzten, der den Beamten beleidigt hat, ist an sich kein Dienstvergehen, und der Beamte braucht nicht zuvor den Beschwerdeweg zu erschöpfen. Er darf aber bei der gerichtlichen Verfolgung der Sache die Achtung gegenüber dem Vorgesetzten nicht vergessen. OVG. 12. 11. 97 bei Kautz-Appel 360. Das gleiche gilt bei der Erstattung einer Anzeige gegen einen Vorgesetzten. RG. „Recht" **07** Nr. 2646. Andererseits ist der Vorgesetzte verpflichtet, einen als unbegründet erkannten Vorwurf dem Untergebenen gegenüber in unzweideutiger Weise zurückzunehmen. OVG. 25. 6. 12 JW. **13** 1114.

Die Beamten verstoßen auch nicht gegen ihre Dienstpflichten, wenn sie eine Beschwerde in dienstlichen Angelegenheiten nicht bei ihren unmittelbaren, sondern einem höheren Vorgesetzten einreichen. OVG. **73** 423. Sie machen sich auch u. U. nicht dadurch disziplinarisch strafbar, daß sie sich bei schwierigeren, ihre Rechte wahrenden Eingaben an die vorgesetzte Behörde der Hilfe eines Rechtsanwalts als Vertreter bedienen. RDisKamm. Berlin I 16. 3. 25 in JW. **25** 1512; s. auch Roß JurRundsch. **37** 37.

6. **Im Verkehr mit dem Publikum sollen die Beamten höflich sein.** Sie dürfen die Beteiligten nicht grundlos anfahren und durch taktlose Äußerungen kränken. GrDisS. 30. 6. 26 amtl. Sammlg. 159. Sie müssen jede Schroffheit und jede Lässigkeit vermeiden, freundlich und gefällig sein, die sie in Anspruch Nehmenden in ihren Angelegenheiten, soweit angängig, zu fördern suchen und rechts- und geschäftsungewandten Personen bereitwillig Rat und Auskunft erteilen, soweit nicht dienstliche Pflichten oder zu berücksichtigende Interessen anderer Beteiligter entgegenstehen. Ruhe und Besonnenheit ist stets zu beachten. PrJM. 18. 11. 18

(JMBl. 425) u. 7. 4. 27 (JMBl. 136); X 2 § 1 PDA.; s. RPM. 1. 5. 26 (RPostBl. 262). Die Beamten haben sich auch im Verkehr untereinander Hilfe und Förderung zuteil werden zu lassen. PrJM. 18. 11. 18 (JMBl. 425).

7. **Beleidigungen**, die Beamten im Dienst oder auch außerhalb des Dienstes zugefügt sind, dürfen regelmäßig nicht ungesühnt bleiben, da sonst die Achtung und das Ansehen, das die Beamten genießen, Schaden erleiden können. Im Zweifel wird es sich daher für die Beamten empfehlen, von den ihnen im Amte zugefügten Ehrverletzungen ihrer vorgesetzten Dienstbehörde Anzeige zu machen. Diese hat das Recht, für den Beamten Strafantrag wegen Beleidigung zu stellen, wenn sie begangen ist, während der Beamte in der Ausübung seines Berufs begriffen war oder wenn sie in Beziehung auf seinen Beruf begangen war. § 196 StGB. Der Vorgesetzte hat dies selbständige Antragsrecht, um die Ehre des Amtes nach Möglichkeit zu wahren. Es soll nicht ausschließlich vom Belieben des Beamten abhängen, ob eine ihm zugefügte Ehrenkränkung ungesühnt bleiben darf. RGSt. **57** 421. Lehnt die vorgesetzte Behörde die Stellung des Strafantrags ab, so bleibt es dem Beamten unbenommen, selbst den erforderlichen Strafantrag zu stellen oder Privatklage zu erheben. Zweifelhaft ist, ob die vorgesetzte Behörde das Recht hat, dem Beamten die Anrufung des Gerichts zu untersagen und ihm die Zurücknahme des von ihm gestellten Strafantrags oder der von ihm angestrengten Privatklage aufzugeben. v. Dultzig 41 bejaht dies, und man wird ihm darin beitreten müssen, daß es Fälle gibt, in denen die öffentliche Verhandlung der Sache vor Gericht den dienstlichen Interessen zuwiderläuft; in solchen Fällen muß der Beamte seine persönlichen Ansprüche auf Genugtuung hinter den Interessen des Amtes zurücktreten lassen. Weigert er sich trotzdem, den Strafantrag oder die Privatklage zurückzunehmen, so setzt er sich der Gefahr disziplinarischer Bestrafung wegen Ungehorsams aus. Alles dies gilt auch für Beleidigung von Beamten unter sich.

§ 193 StGB. ist im Disziplinarverfahren nicht anwendbar. Beleidigende Äußerungen eines Beamten unterliegen auch dann dienststrafrechtlicher Ahndung, wenn der Beamte sie zur Wahrnehmung berechtigter Interessen gemacht hat und weder aus der Form der Äußerungen noch aus den begleitenden Umständen die Absicht der Beleidigung hervorgeht. RDisH. 24. 2. 25 DRichtZtg. **25** 141; PrDisH. f. nichtr. B. 8. 6. 25 JurRundsch. **25** 2026 = DJZ. **25** 1812 = DRichtZtg. **27** Rspr. 31; GrDisS. 6. 10. 26 amtl. Sammlg. 165; Ehreng. Rechtsanw. **11** 24; **15** 82, 255, 282. Auch eine Aufrechnung von Beleidigungen findet im Dienststrafverfahren nicht statt. Ehreng. Rechtsanw. **3** 289; **4** 18.

8. Ferner aber muß der Beamte sich auch durch sein **Verhalten außer dem Amte**, der Achtung, des Ansehens und des Vertrauens, die sein Beruf erfordert, würdig zeigen. Er muß daher seine gesamte Lebensführung

so einrichten, wie es die herrschenden Anschauungen über Ehre, Sitte und Moral erfordern. X 2 § 1 PDA. Unregelmäßige Lebensart, Trunksucht, übermäßiger Wirtshausbesuch, leichtfertiges Schuldenmachen, Spiel oder Verschwendung sind Dienstvergehen, ebenso das Spekulieren der Kassenbeamten sowie aller bei Geldinstituten angestellten Beamten in Papieren und Waren. RDisH. 24. 5. 80, 26. 5. 13 u. 9. 3. 14 bei Schulze Rspr. 66ff.; 68ff.; Schulze-Simons 289, 293; GrDisS. 22. 9. 26 amtl. Sammlg. 161. Bei dem Schuldenmachen kommt es wesentlich auf die Art und den Anlaß der Entstehung der Schulden sowie darauf an, ob ihr Vorhandensein das Ansehen des Beamten zu beeinträchtigen geeignet ist. RDisH. 2. 12. 12 bei Schulze Rspr. 72ff. Auch ungehörige Anleiheversuche insbes. bei dem mit dem Beamten dienstlich in Berührung kommenden Publikum enthalten ein Dienstvergehen. RDisH. 12. 10. 27 DJZ. **28** 98. Besonders bedenklich ist, wenn ein Beamter seine Untergebenen anborgt. RDisH. bei Schulze Rspr. 81; X 2 § 1 PDA.

Der Beamte darf auch nicht seine Gesundheit schuldhaft gefährden und seine Genesung durch unwürdige Lebensführung verzögern. RDisH. 12. 10. 14 Schulze-Simons 235.

Der Beamte muß auch die Steuervorschriften beachten und insbesondere auch seine Einnahmen aus Nebenämtern und Nebenbeschäftigungen zur Steuer angeben; sonst setzt er sich neben der Steuerbestrafung auch scharfer disziplinarischer Ahndung aus.

Mildernd kann u. U. berücksichtigt werden, daß es sich um ein außerdienstliches Vergehen handelt, das nicht auf Eigenschaften oder Neigungen zurückgeführt werden kann, die für die Amtsführung des Beamten Gefahren in sich schließen. RDisH. 28. 6. 26 DJZ. **26** 1423.

Über den Bruch des Ehrenworts, die Aufhebung eines Verlöbnisses, standesunwürdiges Verhalten bei einer Verlobung s. PrEhrengH. f. Ärzte **1** 132, 149; **2** 181.

Ein Beamter hat bei Meinungsäußerungen über das Ergebnis einer öffentlichen deutschen Wahl, die einem unbestimmten Personenkreise zur Kenntnis kommen können, auf die besonderen, ihm durch sein Amt auferlegten Pflichten zu achten, ein Beamter des Auswärtigen Dienstes bei solchen Äußerungen im Ausland alles zu vermeiden, was dem Ansehen des Reichs abträglich sein oder als in solchem Sinne gemeint gedeutet werden könnte. Er verletzt mit einer hiergegen verstoßenden Äußerung die Pflicht zu achtungswürdigem Verhalten außerhalb des Dienstes schon dann, wenn er bei gehöriger Aufmerksamkeit die Tragweite der Äußerung erkennen konnte. RDisH. 6. 7. 26 DJZ. **26** 1568.

Dem Beamten liegt neben der Pflicht zum eigenen vorbildlichen Wandel nicht auch absolut die Verpflichtung ob, dafür einzustehen, daß auch durch den Wandel seiner Familienangehörigen seine Ehre und sein Ruf nicht beeinträchtigt werden. Nur soweit ihm selbst etwa durch Vernachlässigung der Aufsicht, Unterlassung energischen Einschreitens gegen Verschwendung, unsittlichen Lebenswandel der Frau, Kinder usw. ein Verschulden trifft, macht er sich disziplinarisch strafbar. RDisH. 22. 12. 13 u. 19. 1. 14 Schulze-Simons 238, 245; Thümmel PrVBl. **44** 149. Er muß auch eine leichtsinnige Wirtschaftsführung seiner Ehefrau zu verhindern suchen. RDisH. 26. 5. 13 Schulze Rspr. 69 ff.; RDisH. 12. 10. 27 DJZ. **28** 99.

Verfehlungen gegen die Gesetze der Moral werden regelmäßig nur dann ein disziplinarisches Einschreiten gegen den Beamten rechtfertigen, wenn dadurch das sittliche Empfinden der Allgemeinheit beeinträchtigt, also öffentlich Anstoß erregt worden ist. v. Rheinb. 74. So ist der **außereheliche Geschlechtsverkehr** zwischen einem unverheirateten Beamten und einer volljährigen, selbständigen Frauensperson, z. B. seiner Haushälterin, an sich reine Privatsache, die das öffentliche Interesse nicht berührt und keine Verletzung der Dienstpflicht enthält. Solches Verhalten mag unmoralisch sein, aber disziplinarisch strafbar ist es nicht; vgl. Peters KomRundsch. **27** 351. Nur soweit die Sache in die Öffentlichkeit gelangt und Anstoß erregt, wird sie ein Dienstvergehen; denn dann sinkt der Beamte in der allgemeinen Achtung und gefährdet das Ansehen, dessen er im Interesse seines Amtes bedarf. RDisH. 1. 6. 08 bei v. Rheinb. 74 u. Schulze-Simons 252. Dagegen ist außerehelicher Geschlechtsverkehr unter Vorspiegelung der Ehe stets ein Dienstvergehen. RDisH. 11. 11. 01 Schulze-Simons 253.

Ein verheirateter Beamter, der sich des Ehebruchs schuldig macht, oder ein unverheirateter Beamter, der mit einer verheirateten Frauensperson Geschlechtsverkehr unterhält, schädigt die Würde seines Standes und büßt die Achtung und das Ansehen ein, die sein Beruf erfordert. OVG. 22. 10. 07 bei v. Rheinb.; RDisH. 17. 10. 81 Schulze-Simons 256; OVG. **80** 246. Dies gilt auch dann, wenn die Ehefrau des Beamten mit dem Ehebruch einverstanden war. RDisH. 27. 4. 26 DRichtZtg. **27** Rspr. Sp. 188 erblickt jedoch in dem ehebrecherischen Verkehr eines Beamten nur in der Regel, nicht aber unter allen Umständen ein Dienstvergehen.

Milderungsgründe können in allen Fällen Berücksichtigung finden; solche Gründe liegen z. B. vor, wenn der Beamte von einer geschlechtlich bescholtenen Frau dauernd in Versuchung geführt wird und seine Frau ihm verziehen hat, auch bereit ist, das eheliche Leben trotz seiner Verfehlung mit ihm fortzusetzen. StM. 23. 4. 09 bei v. Rheinb. 75; PrDisH. f. nichtr. B. 11. 5. 25 DJZ. **25** 1661 = JurRundsch. **25** 1043. Hiernach hängt von den Umständen des Falls ab, welche Dienststrafe zu verhängen ist. Erschwerend kommt in Betracht, daß der Ehebruch in Amtsräumen begangen ist. OVG. **80** 426 ff.

Ein schweres Dienstvergehen liegt natürlich vor, wenn ein Beamter unter Mißbrauch seiner Vorgesetztenstellung zu einer weiblichen Untergebenen in unsittliche Beziehungen tritt. RDisH. 16. 1. 04 bei Schulze-Simons 188; OVG. **80** 428.

Ein Beamter, der sich des Verbrechens der Unzucht mit Kindern schuldig gemacht hat, wird regelmäßig mit Dienstentlassung zu bestrafen sein. RDisH. 3. 5. 27 DRichtZtg. **27** Rspr. Sp. 303. Ein Beamter, der bei der Abtreibung der Frucht einer von ihm Geschwängerten Hilfe leistet, wird trotz der durch G. v. 18. 5. 26 eingeführten Milderung der Strafvorschrift mit erheblicher Dienststrafe (Strafversetzung oder Dienstentlassung) zu belegen sein. RDisH. 11. 7. 27 DRichtZtg. **27** Rspr. Sp. 304.

Die bloße homosexuelle Veranlagung eines Beamten für sich allein bildet keinen Anlaß zu einer disziplinarischen Bestrafung. Vielmehr muß diese Veranlagung in irgendwelchen Handlungen ihren Ausdruck gefunden haben. RDisH. 1. 6. 08 Schulze-Simons 262. Deshalb ist ein Beamter disziplinarisch zu bestrafen, der bei bewußter eigener sexueller Veranlagung in homosexuellen Kreisen verkehrt. RDisH. 4. 11. 24 in DRichtZtg. **25** 101 = Schulze-Simons 264.

9. Damit die vorgesetzte Behörde **von der schlechten Vermögenslage des Beamten tunlichst bald Kenntnis** erhält, sind folgende Anordnungen getroffen:

a) Der vorgesetzten Dienstbehörde ist von allen gegen die Beamten eingereichten **Klagen** wegen Schuldverbindlichkeiten durch Mitteilung einer Abschrift der Klage Kenntnis zu geben. PrJM. 12. 7. 54 u. 22. 1. 72 bei Müller 453; s. auch Anh. § 49 I 6 § 8 AGO.

b) Wenn ein Beamter in **Konkurs** gerät, so hat der Beamte der Geschäftsstelle eine beglaubigte Abschrift der Formel des Eröffnungsbeschlusses der Dienstbehörde des Gemeinschuldners mitzuteilen. § 112 KO. Außerdem sind der vorgesetzten Dienstbehörde alle bei der Inventur vorgefundenen dienstlichen Schriften sowie alle Bücher, Siegel und andere Gegenstände zu verabfolgen, die dem Gemeinschuldner zur Verwaltung seines Amtes anvertraut sind. Dasselbe gilt von den Gegenständen, die der Gemeinschuldner auf eigene Kosten zum dienstlichen Gebrauch angeschafft hat, sofern die Gegenstände ohne Nachteil des Dienstes nicht veräußert werden können; in diesem Falle muß der Konkursmasse der Taxwert der Gegenstände vergütet werden. Die Dienstbehörde kann diese Gegenstände in der Konkursmasse belassen, wenn sie in einen solchen Zustand gesetzt werden, daß sie ohne Nachteil für den Dienst veräußert werden können. Die Dienstbehörde ist von dem Tage, an dem die Inventur stattfindet, vorher in Kenntnis zu setzen; sie kann bei der Inventur das Interesse des Dienstes durch einen Beamten wahrnehmen lassen. § 154 PrKonO. 8. 5. 55 (GS. 231). Diese Vorschriften sind zwar durch § 55 G. 6. 3. 79 (GS. 109) aufgehoben, jedoch wird, wie Müller 454 zutreffend bemerkt, auch jetzt noch entsprechend zu verfahren sein.

c) **Vor der Verhaftung eines Beamten** zur Erzwingung der Ableistung des Offenbarungseides ist der vorgesetzten Dienstbehörde von dem Gerichtsvollzieher Anzeige zu machen. Die Verhaftung darf erst erfolgen, nachdem die vorgesetzte Behörde für die dienstliche Vertretung des Schuldners gesorgt hat. Die Behörde ist verpflichtet, ohne Verzug die erforderlichen Anordnungen zu treffen und den Gerichtsvollzieher hiervon zu benachrichtigen. § 910 ZPO.

10. Auch bei der **Eheschließung** haben die Beamten gewisse Pflichten. Sie bedürfen allerdings — abgesehen von den Militärbeamten — zur Eingehung der Ehe keiner besonderen Erlaubnis. Sie haben nur von der erfolgten Eheschließung alsbald der unmittelbar vorgesetzten Dienstbehörde Anzeige zu erstatten. In der Anzeige sind der Tag der Eheschließung, der Ruf- und Geburtsname, das Lebensalter und der etwaige Beruf der Ehefrau, ferner der Ruf- und Familienname und der Beruf des Vaters der Ehefrau anzugeben. Falls die Eheschließung mit einer verwitweten oder geschiedenen Frau erfolgt ist, ist in der Anzeige auch der Name und der Beruf des früheren Ehemannes anzugeben. RFM. 25. 1. 22 (RFBl. 85); FM. 20. 4. 97 (FMBl. 98). Diese Angaben sollen der vorgesetzten Dienstbehörde die Nachprüfung ermöglichen, ob die Ehe sich mit der Würde und dem Ansehen des Beamtenstandes vereinigen läßt.

11. **Pflichten der Beamten auf politischem Gebiet.** Nach Art. 130 Abs. 2 RV. ist allen Beamten die Freiheit ihrer politischen Gesinnung ausdrücklich gewährleistet. Außerdem hat nach Art. 118 Abs. 1 RV. jeder Deutsche, also auch jeder deutsche Beamte das Recht, innerhalb der Schranken der allgemeinen Gesetze (z. B. §§ 185ff., 166, 130 StGB. und der Beamtengesetze, Wolffstieg BeamtJahrb. **26** 489) seine Meinung durch Wort, Schrift, Druck, Bild oder in sonstiger Weise frei zu äußern. Wegen des Verhaltens der Reichsbehörden bei besonderen Anlässen (Hoheitsanordnungen, Flaggen pp.) s. RK. u. RMJ. 20. 3. 29 (RMBl. 265).

Für die Soldaten ruht die Ausübung des Wahlrechts während der Dauer der Zugehörigkeit zur Wehrmacht. § 2 Abs. 2 G. 24. 10. 24 (GS. 671). Die Militärbeamten gehören nicht zu den Soldaten der Wehrmacht, wohl aber die Offiziere. § 2 Abs. 2 WahlO. 29. 10. 24 (GS. 684).

Den Beamten sind aber bei ihrer politischen Betätigung gewisse durch ihr Amt bedingte Rücksichten auferlegt, die für andere Staatsbürger nicht in Frage kommen. Während diese nicht nur gegen die allgemeinen Strafgesetze verstoßen dürfen, müssen die Beamten beachten, daß sie in einem besonderen Treueverhältnis zum Staate stehen und sich daher Zurückhaltung auferlegen müssen. AusschBer. RDStrO. 138, 139. So dürfen sie z. B. nicht in einer Versammlung ein Kaiserhoch ausbringen. OVG. 15. 6. 28 JW. **28** 3279. Bei der Beflaggung der Dienstgebäude müssen alle Reichsbehörden die Reichsflagge zeigen. OVG. **82** 94. Behördenvertreter dürfen an Veranstaltungen, an denen Flaggenschmuck verwendet wird, nur teilnehmen, wenn die Reichsfarben an hervorragender Stelle gezeigt werden und ihnen ein angemessener und würdiger Anteil an dem Flaggenschmuck eingeräumt wird. RK. u. RMJ. 20. 3. 29 (RMBl. 266).

Stärker sind die Fesseln, die in politischer Beziehung die Beamten bindet, soweit sie amtlich tätig werden. Freier werden sie sich bewegen können, soweit ihr außeramtliches Leben in Frage kommt. Dies hängt damit zusammen, daß sie bei der Führung ihres Amtes grundsätzlich alle politischen Gesichtspunkte auszuschalten und strengste Sachlichkeit sich zum Leitstern ihres amtlichen Wirkens zu machen haben. Bei allen ihren amtlichen Maßnahmen müssen sie sich stets vor Augen halten, daß sie getreu dem im Art. 130 RV. verkörperten Grundsatz Diener der Gesamtheit und nicht einer Partei sind. Wer dies zur Richtschnur seines amtlichen Wirkens nimmt, wird zur Festigung des Staates zu seinem Teile wesentlich beitragen. Unparteilichkeit und Gerechtigkeit sind die Grundpfeiler jedes Staatswesens. Hält das Berufsbeamtentum an diesen Grundsätzen fest, und läßt es von ihnen sein eigenes amtliches Wirken durchdringen, so wird es damit nicht nur zur Festigung des Staates ungemein viel beitragen, sondern auch alle Angriffe gegen seinen — des Berufsbeamtentums — Bestand zum Scheitern bringen. Ein unparteilicher und streng gerechter Berufsbeamtenstand ist das beste Bollwerk gegen gewisse Gefahren, die naturnotwendig mit dem gegenwärtigen parlamentarischen Staat verknüpft sind. Denn die Leitung des Staates ist von den fest verankerten konstitutionellen Gewalten gegenwärtig in die Hand der politischen Faktoren übergegangen, die häufig wechseln und voneinander abweichende politische Anschauungen zur Geltung bringen. Bei dieser Sachlage wäre ohne ein überparteiliches Berufsbeamtentum an eine ruhige und zielbewußte Förderung der Verwaltungsaufgaben nicht zu denken; die Gefahr der Politisierung und Parteilichkeit der Verwaltung wäre in unheilvoller Weise heraufbeschworen, wenn die Staatsgeschäfte aus der Hand der ständigen Berufsbeamten in die Hände von Beamten übergingen, die zusammen mit den obersten Leitern der Staatsgeschäfte jeweilig wechselten.

Die Verwirklichung des idealen Ziels der Überparteilichkeit läßt sich aber bei dem Berufsbeamtentum nur durchführen, wenn dieses rechtlich und wirtschaftlich gesichert ist. Deshalb muß entschieden abgelehnt werden die von gewisser Seite befürwortete starke Annäherung des Beamtenverhältnisses an den privatrechtlichen Arbeitsvertrag mit der Möglichkeit des Streiks oder der sogenannten passiven Resistenz.

Man kann den Beamten zur Wahrung ihrer Unparteilichkeit auch nur raten, sich außeramtlich nicht allzu sehr der Parteipolitik hinzugeben. Dies gilt besonders von den richterlichen Beamten; diese werden ihre wichtigen Aufgaben um so einwandfreier erfüllen können, je mehr sie sich von zu starker Teilnahme am Parteileben fernhalten und damit in den Kreisen des rechtsuchenden Publikums nicht die Meinung aufkommen lassen, als ob sie durch parteipolitische Rücksichten sich bei ihrer Rechtsprechung irgendwie beeinflussen ließen. Vgl. hierzu Unger ZBR. 55ff., der eine intensive politische Betätigung des Richters für durchaus unerwünscht hält.

Alle Unparteilichkeit muß naturgemäß stets von der Achtung vor der gegenwärtigen Staatsform getragen sein. Man kann deshalb von den Beamten eine staatsbejahende Haltung verlangen. Wer dies nicht kann oder will, soll nicht Beamter bleiben. Er hat Treue der Reichsverfassung eidlich gelobt und sich damit zur republikanischen Staatsform feierlich bekannt. Sein amtliches Wirken muß daher als Dienst am Volke gestaltet werden, von dem alle Gewalt ausgeht, und das sich in der deutschen Republik zusammengeschlossen hat; s. dazu Grzesinski „Der Beamte" **1** 7ff.

Dieser Pflicht der Beamtenschaft zur Unparteilichkeit und Staatsbejahung steht nun aber die Pflicht der jeweiligen Regierung gegenüber, auch ihrerseits bei der Anstellung und Beförderung der Beamten und bei der Handhabung der Dienstzucht jede parteipolitische Einstellung zu vermeiden. Mögen vielleicht bei der Besetzung rein politischer Ämter gewisse Ausnahmen zugelassen werden, so darf im übrigen die Regierung bei ihren Maßnahmen auf dem Gebiete der Ämterbesetzung nicht neben der — leider oft viel zu stark betonten konfessionellen Parität — auch noch eine parteipolitische Parität großziehen. Die Beamtenschaft kann verlangen, daß lediglich die Tüchtigkeit und sachliche Eignung entscheidet und nicht, wie es leider nicht selten vorgekommen ist, die Parteizugehörigkeit den Sieg über die Tüchtigkeit davonträgt. Sonst besteht die Gefahr der Großzüchtung eines politischen Strebertums und des Eindringens von „Außenseitern", die nur bei besonderer Befähigung ausnahmsweise, nicht aber lediglich wegen ihrer politischen Einstellung, im Berufsbeamtentum ihren Platz finden dürfen; vgl. Köttgen 249ff. Für den Reichskanzler und die Reichsminister gilt das vorstehend Gesagte nicht. Sie zählen zwar auch zu den Beamten, unterscheiden sich aber als politische Führer wesentlich von den Fachbeamten; s. hierzu Koellreutter BeamtJahrb. **28** 350.

Die den Beamten obliegenden Pflichten schließen sie im allgemeinen von der Beteiligung am öffentlichen Leben und vom Anschluß an eine der bestehenden Parteien selbst dann nicht aus, wenn die Partei die Politik der jeweiligen Staatsregierung in ihren Grundzügen mißbilligt. GrDisS. 20. 6. 23 amtl. Sammlg. 102. Daher sind die Beamten auch bei der Ausübung ihres Wahlrechts an sich unbeschränkt. Sie müssen aber bei ihrer politischen Betätigung die Grenzen einhalten, die ihnen die Rücksicht auf die Unparteilichkeit ihrer Amtsführung auferlegt. Unzulässig ist jede Verquickung amtlicher und politischer Tätigkeit. Insbesondere darf das Vorgesetztenverhältnis nie zu einer Einwirkung auf die politische Gesinnung und Betätigung dienstlich unterstellter Personen mißbraucht werden. Jede politische Agitation in Diensträumen ist streng verboten. Auch darf kein Beamter seine amtliche oder soziale Macht zur Einwirkung auf die Abstimmung der Wähler benutzen. PrJM. 15. 1. 19 (JMBl. 18). PrMJ. 18. 1. 22 (MBl. 180). Politische Abzeichen dürfen die Beamten im Dienst nicht tragen. RFM. 16. 3. 29 (RFBl. 93).

Zur Teilnahme an der Wahl kann kein Beamter im Dienstaufsichtswege gezwungen werden. Wahlenthaltung ist kein Dienstvergehen. Deshalb kann auch von den Beamten keine amtliche Äußerung darüber verlangt werden, ob sie ihr Wahlrecht ausgeübt haben oder nicht.

Nach Art. 130 Abs. 2 RV. ist jedem Beamten die Freiheit gewährleistet, sich nach außen hin zu einer politischen Auffassung zu bekennen, wie sie von einer bestimmten Partei vertreten wird. Die Dienstbestrafung eines Beamten wegen des bloßen Bekenntnisses zu einer Partei ist ausgeschlossen. OVG. „Recht" **22** 148 Nr. 754; OVG. **77** 493; **78** 446 u. 455. Die sogen. Gesinnungsschnüffelei ist auf das schärfste zu mißbilligen.

Nach zwei Richtungen hin sind aber allen Beamten ohne Ausnahme **bei der politischen Tätigkeit** (abgesehen von den Vorschriften in § 10a) **Schranken** gezogen:

a) Zunächst dürfen sie nicht die Bestrebungen von Parteien, welche die Grundlagen der bestehenden republikanischen Staatsform mit Gewalt beseitigen wollen, wie der Kommunistischen Partei oder der Sonderbündler, durch positive Handlungen, die nach §§ 82 bis 84, 43ff. StGB. strafbar sind, fördern oder unterstützen. StM.-Beschl. 15. 3. 74 bei v. Rheinb. 82; OVG. **14** 406; **58** 447; OVG. im MBl. **88** 33; **97** 92; **99** 84; OVG. „Recht" **22** 148 Nr. 754; OVG. **77** 493; **78** 445, 455; GrDisS. 20. 6. 23 amtl. Sammlg. 103; Gutachten d. Personalabbau-Einspruchsausschusses v. 3. 9. 24 DJZ. 878. Ein solches Verhalten würde gegen den geleisteten Staatsdienereid verstoßen und einen schweren Bruch des Treuebandes bedeuten, das durch den Anstellungsakt zwischen dem Reich und dem Beamten geknüpft ist.

Wegen des sog. Streikrechts der Beamten s. unten Anm. 12 zu § 14.

b) Ferner müssen die Beamten bei der Ausübung ihrer politischen Tätigkeit sich einer ruhigen und sachlichen Kritik von Regierungsmaßnahmen, die ihnen unverwehrt ist, befleißigen. Sie dürfen die Regierung nicht in gehässiger, agitatorischer oder aufhetzender Weise, sei es in Vereinen oder Gesellschaften, sei es öffentlich (z. B. in der Presse) oder in privaten Kreisen bekämpfen. Sie dürfen nicht Unwillen und Unmut gegen die Behörden erregen, das Pflichtbewußtsein und Pflichtgefühl der Beamten untergraben, das Gefühl der Treue in den Beamten erschüttern und Zucht und Ordnung im Beamtenkörper gefährden. Sie dürfen sich auch nicht an einer nach Form oder Inhalt ungehörigen Entschließung beteiligen oder gar deren Veröffentlichung zulassen. Sie dürfen endlich auch niemals die für einen Beamten unbedingt nötige gemäßigte Form des Ausdrucks außer acht lassen. StM.-Beschl. 15. 3. 74 bei v. Rheinb. 82; 24. 9. 25 DJZ. **26** 520 = PrVBl. **47** 481; OVG. **14** 406; **55** 467; **77** 512; OVG. „Recht" **23** 117 Nr. 453; „Recht" **24** 149 Nr. 430 = JW. **24** 341; MBl. **88** 33; **97** 92; **99** 84; RDisH. 22. 12. 90 u. 4. 7. 10 bei Schulze-Simons 214, 215; RDisH. 18. 8. 13, 5. 12. 21, 1. 7. 24 u. 24. 2. 25 Schulze-Simons 170, 200, 207; JurRundsch.

25 418; GrDisS. 20. 6. 23; 16. 6. u. 26. 10. 26 amtl. Sammlg. 100ff., 157ff. u. 169ff.; PrDisH. f. nichtr. B. 6. 4. 25 DJZ. **25** 1591 = DRichtZtg. **27** Sp. 11; Reichsregierung im AusschBer. RDStrO. 138, 139; Arndt JW. **24** 341; Giese ebenda 345. Auch die Stellung als Leiter von Beamtenausschüssen gibt keine Berechtigung für ein Verhalten, das mit den besonderen Dienstpflichten nicht vereinbar ist. Hierdurch wird das Recht der sachlichen Kritik sowie das Recht zur Erhebung sachlicher Gegenvorstellungen gegen Eröffnungen der Aufsichtsbehörde und das Recht der Beschwerde gegen Anordnungen und Entscheidungen der Aufsichtsbehörde in den den Beamten selbst betreffenden Angelegenheiten nicht berührt; deren Form muß sich aber in den durch die Beamtenpflichten gebotenen Grenzen halten. OVG. „Recht" **24** 149 Nr. 30 = JW. **24** 341; OVG. 20. 5. 27 PrVBl. **49** 24 = JW. **27** 2867.

c) Die sog. politischen Beamten werden im Dienst die Regierungspolitik auch aktiv vertreten müssen; a. M. Köttgen 154, 259. Sie dürfen unter keinen Umständen gegen die Auffassung der Regierung wirken. Sie dürfen nicht die von der Regierung getroffenen oder geplanten Maßnahmen durch Angriffe in der Öffentlichkeit zu durchkreuzen suchen. Stock DJZ. **25** 1330; Wolffstieg 78, 79; Giese 345. S. übrigens auch §§ 10a u. 10b RBG., wonach alle Reichsbeamten verpflichtet sind, in ihrer amtlichen Tätigkeit für die republikanische Staatsgewalt einzutreten.

Seit Einführung des parlamentarischen Systems gibt es unter den zu den Berufsbeamten zu rechnenden politischen Beamten auch rein parteipolitische Persönlichkeiten, die häufig ohne Berufserfahrung und Vorbildung sind und nur wegen ihrer politischen Einstellung in ihre Ämter berufen sind. Sie sind zwar ebenfalls Beamte mit allen Rechten und Pflichten, sind aber im Berufsbeamtentum Fremdkörper. Bei diesen Persönlichkeiten besteht die Gefahr, daß sie wegen ihrer rein parteipolitischen Zukunft die im Art. 130 Abs. 1 RV. geforderte völlige Unparteilichkeit der Beamtenschaft nicht wahren können; vgl. Köttgen 154ff., 258ff.

12. **Die Pflichten der Beamten bei Ausübung des Petitionsrechts.**

a) Nach Art. 126 RV. hat jeder Deutsche, also auch jeder deutsche Beamte das Recht, sich schriftlich mit Bitten oder Beschwerden an die Volksvertretung zu wenden; dieses Recht kann sowohl von einzelnen als auch von mehreren gemeinsam ausgeübt werden. Sie brauchen dabei auch nicht den Dienstweg einzuhalten und können direkt die Hilfe einzelner Abgeordneten in Anspruch nehmen; sie können dabei dem Abgeordneten auch eine an das Ministerium selbst gerichtete Eingabe übermitteln. RFM. 4. 3. 29 „Beamtenbund" **29** Nr. 21.

Der Reichstag kann über die Petitionen Auskunft von der Reichsregierung einziehen und durch die Überweisung der Petitionen an die Reichsregierung auf diese einwirken.

b) Hiernach ist auch den Beamten unbenommen, sich mit Petitionen wegen Aufbesserung ihrer Besoldungs- usw. Verhältnisse an die gesetzgebenden Körperschaften des Reichs oder des Landes zu wenden. Beschränkt ist das Petitionsrecht der Beamten aber insofern, als Eingaben, die sich auf gerichtlich anhängige Sachen, auf schwebende Disziplinaruntersuchungen oder auf rechtskräftige Urteile der ordentlichen oder der Disziplinargerichte beziehen, unzulässig sind und zurückgewiesen werden. Eine Petition an das Parlament muß in solchen Fällen als ein Eingriff in die Unabhängigkeit der Gerichte angesehen werden. Dagegen hat das Parlament das Recht, die auf Grund praktischer Erfahrungen in Petitionen gemachten allgemeinen Verbesserungsvorschläge in der Rechtspflege aus Beamtenkreisen oder sonst entgegenzunehmen und der Regierung zur Berücksichtigung oder als Material zu unterbreiten. Petitionen von Beamten, die Beschwerden über Behörden enthalten, werden aber zurückgewiesen werden müssen, wenn der Petent nicht nachweist, daß er den vorgeschriebenen Instanzenzug ohne Erfolg erschöpft hat. Görres 16.

c) Selbstverständlich müssen die Beamten auch in ihren Petitionen sich gemäßigt ausdrücken und alles vermeiden, was als Beleidigung ihrer vorgesetzten Dienstbehörde sowie anderer Beamten oder Privatpersonen aufgefaßt werden kann; sie dürfen in Petitionen nicht die Regierung in gehässiger, agitatorischer oder aufhetzender Weise bekämpfen. RDisH. 4. 7. 10 bei Schulze Rspr. 54; OVG. **77** 512. Sie müssen vielmehr in den Petitionen die durch die Dienstzucht gebotenen Formen wahren und auch bezüglich des sachlichen Inhalts nicht gegen die durch die Beamtenstellung auferlegten besonderen Pflichten verstoßen. RDisH. 21. 10. 24 Schulze-Simons 233 = DJZ. **24** 114 = DRichtZtg. **25** 14 = JW. **25** 372; PrDisH. f. nichtr. B. 6. 4. 25 DJZ. **25** 1591 = JurRundsch. **25** 2025; Falck BeamtJahrb. **26** 188, 189; abweichend RDisH. 22. 3. 24 JurW. **24** 1354[2] u. Görres ebenda, der die Meinung vertritt, daß eine unangemessene Petition lediglich durch das Parlament an den Petenten zurückzuleiten sei, ohne daß sonstige Nachteile für ihn einzutreten hätten. Die Volksvertretung oder ein Abgeordneter, der die Petition besitzt, können allerdings nicht gezwungen werden, sie zum Zweck der disziplinarischen oder strafgerichtlichen Verfolgung herauszugeben.

d) Beschränkt ist das Petitionsrecht bei den Reichsbahnbeamten. Deren Petitionen können nicht etwa ohne Einschränkung der Reichsregierung zur Erteilung von Auskunft zugeleitet werden. Denn die Möglichkeit der Reichsregierung, dem Reichstag Auskunft zu geben und seine Beschlüsse durchzuführen, beschränkt sich der Reichsbahngesellschaft gegenüber auf die Gebiete, in denen die Reichsregierung ein Aufsichts- und Auskunftsrecht gegenüber der Deutschen Reichsbahngesellschaft besitzt. Hiernach hat das Petitionsrecht für die Bediensteten der Gesellschaft im wesentlichen nur noch in Fragen der Arbeitszeitregelung im Betriebsdienst und der Einhaltung des Reichsbahn- und Reichsbahnpersonalgesetzes durch die Gesellschaft Bedeutung. Die Reichsbahngesellschaft hat sich aber bereit erklärt, Petitionen, auf die sie keine Auskunft geben könne, den innerhalb der Reichsbahnverwaltung zuständigen Stellen zur Prüfung des sachlichen Inhalts der Petitionen zuzuleiten, wenn der Reichstag von einer Beschlußfassung absähe und die Petitionen der Reichsbahngesellschaft zur geschäftlichen Behandlung überlasse; vgl. DBeamtArch. **26** 513, 514.

13. **Die Pflichten der Beamten bei Ausübung des Vereins- und Versammlungsrechts.** In den Art. 123 und 124 RV. ist **das Versammlungs- und Vereinsrecht** allen Deutschen gewährleistet. Bei Ausübung dieser Rechte sind die Beamten nicht mehr in so weitgehendem Maße wie früher durch Rücksichten auf die Interessen des Dienstes beschränkt; s. über den früheren Zustand Falkenberg „Der Beamte" **1** 2ff.; s. auch Kotzur „Der Beamte" **1** 89ff.

a) Sie können sich, wie alle Staatsbürger, zu **Vereinen oder Gesellschaften oder Vereinigungen,** deren Zwecke den Strafgesetzen nicht zuwiderlaufen, für die Wahrnehmung ihrer gemeinschaftlichen Interessen zusammenschließen. Art. 130 Abs. 2 RV. Die frühere Beschränkung, wonach die Beamten an solchen Vereinen nicht teilnehmen durften, deren Zwecke den staatlichen oder dienstlichen Zwecken zuwiderliefen, ist beseitigt. Jeder Beamte kann jetzt auch politischen Vereinen irgendeiner Parteirichtung angehören, soweit sie nicht eine Änderung der Staatsform durch Gewalt erstreben. Art. 124 Abs. 1 RV. Nach Art. 159 RV. ist die Vereinigungsfreiheit zur Wahrung und Förderung der Arbeits- und Wirtschaftsbedingungen für jedermann und für alle Berufe, also auch für die Beamten gewährleistet. Von diesem Recht — dem sog. Koalitionsrecht —, das aber ein sog. Streikrecht (s. unten § 14 S. 151) nicht in sich schließt, haben die Beamten weitgehenden Gebrauch gemacht und sich zu zahlreichen Verbänden zusammengeschlossen.

b) **Die Beamtenorganisationen** bezwecken die Erhaltung des Berufsbeamtentums, die wirtschaftliche Hebung des Beamtenstandes, die Schaffung eines einheitlichen Beamtenrechts gemäß Art. 128 Abs. 3 RV. u. ä.

Sie haben sich jeder Einwirkung auf die dienstliche Tätigkeit der Behörden und Beamten zu enthalten und sind auch nicht dazu berufen, Wünsche und Beschwerden einzelner Beamten, soweit es sich nicht gleichzeitig um grundsätzliche Angelegenheiten handelt, bei den vorgesetzten Behörden zu verfolgen; damit sollen vielmehr die Beamtenausschüsse befaßt werden.

Über die zur Zeit bestehenden Beamtenorganisationen s. Brand BR. 490, 491; Hesse BeamtJahrb. **26** 367 f. u. 430ff.; „Der Beamte" **1** 86, 87.

c) Unbenommen ist es den Beamten auch, sich zu **Konsum- und Beamtenwirtschaftsvereinen, Bezugsgenossenschaften, Beamtenbanken, Lebens-, Kranken- und Sterbeversicherungsvereinen** zusammenzuschließen; auch Beamtenbau- und Siedelungsgenossenschaften sind erlaubt. Ebenso wie alle anderen Staatsbürger sich zur Erlangung wirtschaftlicher Vorteile, z. B. billigerer Lebensmittel, Gebrauchsgegenstände u. dgl., sowie gesunder und preiswerter Wohnungen vereinigen können, kann und darf auch den Beamten dieser Weg zur Verbesserung ihrer wirtschaftlichen Lage nicht abgeschnitten werden.

Gewissen Beschränkungen sind aber dabei die Beamten naturgemäß unterworfen. Sie dürfen Dienststunden für die Besorgung der Angelegenheiten solcher Vereine nicht verwenden; unzulässig ist auch die regelmäßige Benutzung der Diensträume als Lagerstätte für Waren beim Betreiben eines sog. Zwischenhandels durch Beamte; nur in Ausnahmefällen können Diensträume mit Genehmigung der Vorgesetzten zu Warenverkaufs- und Lagerungszwecken hergegeben werden. Die gleiche Genehmigung ist bei Übernahme besoldeter Ämter in Konsumvereinen, Beamtenbanken u. dgl. erforderlich. Die Erteilung der Genehmigung ist jedenfalls dann ausgeschlossen, wenn die Höhe der Vergütung eine ungünstige Rückwirkung auf die dienstliche Haltung und Stellung des Beamten befürchten läßt. Die Beförderung gemeinschaftlich bezogener Waren durch staatlich angestellte Boten oder staatliche Einrichtungen (Aktenwagen u. dgl.) ist nicht gestattet. PrMdJ. 29. 3. u. 5. 7. 11; 26. 2. 12 bei Illing-Kautz 1748; s. dazu HM. 30. 12. 13 (HMBl. **14** 2). Auch ist Personen, die außerhalb der Behörde stehen und sich gewerbsmäßig mit Verkauf von Waren oder dem Aufsuchen von Warenbestellungen befassen, das Betreten von Diensträumen zu diesem Zwecke grundsätzlich zu untersagen; nur in besonderen Ausnahmefällen, z. B. beim Bezug von Büchern oder Geräten zu dienstlicher Verwendung sind Abweichungen von diesem Grundsatz zulässig. DBeamtArch. **25** 356 (Postverwaltung); **25** 606 (ReichsM. d. J.); RFM. 13. 7. 28 (RFBl. 439); RPostM. 7. 12. 26 (RPostBl. 541); DBeamtArch. **28** 642 (Reichsbahnverwaltung); Pr. Staatsm. (PrFM. 3. 11. 26, PrBesBl. 185).

Andererseits können den Beamten, die ehrenamtlich bei der Leitung von Baugenossenschaften, Beamtensiedlungsvereinen u. dgl. tätig sind, u. U. gewisse Diensterleichterungen gewährt werden. WM. 13. 6. 23 (RWBl. 342).

§ 10a.

Der Reichsbeamte ist verpflichtet, in seiner amtlichen Tätigkeit für die verfassungsmäßige republikanische Staatsgewalt einzutreten.

Er hat alles zu unterlassen, was mit seiner Stellung als Beamter der Republik nicht zu vereinen ist. Insbesondere ist ihm untersagt; 1. sein Amt oder die ihm kraft seiner amtlichen Stellung zugänglichen Einrichtungen für Bestrebungen zur Änderung der verfassungsmäßigen republikanischen Staatsform zu mißbrauchen; 2. bei Ausübung der Amtstätigkeit oder unter Mißbrauch seiner amtlichen Stellung über die verfassungsmäßige republikanische Staats-

form, die Reichsflagge oder über die verfassungsmäßigen Regierungen des Reichs oder eines Landes zur Bekundung der Mißachtung Äußerungen zu tun, die geeignet sind, sie in der öffentlichen Meinung herabzusetzen; 3. bei Ausübung der Amtstätigkeit oder unter Mißbrauch seiner amtlichen Stellung auf die ihm unterstellten oder zugewiesenen Beamten, Angestellten und Arbeiter, Zöglinge oder Schüler im Sinne mißachtender Herabsetzung der verfassungsmäßigen republikanischen Staatsform oder der verfassungsmäßigen Regierungen des Reichs oder eines Landes einzuwirken; 4. Handlungen nach Nr. 1 bis 3 bei dienstlich unterstellten Personen, sofern sie im Dienste begangen werden, zu dulden.

Dem Reichsbeamten ist weiterhin untersagt, in der Öffentlichkeit gehässig oder aufreizend die Bestrebungen zu fördern, die auf Wiederherstellung der Monarchie oder gegen den Bestand der Republik gerichtet sind, oder solche Bestrebungen durch Verleumdung, Beschimpfung oder Verächtlichmachung der Republik oder von Mitgliedern der im Amte befindlichen Regierung des Reichs oder eines Landes zu unterstützen.

§ 10b.

Weitergehende Verpflichtungen, die sich für den Reichsbeamten innerhalb oder außerhalb seines Amtes über die Bestimmungen des § 10a hinaus aus den besonderen Aufgaben des ihm übertragenen Amtes oder den Umständen des Falles nach den allgemeinen Vorschriften über die Pflichten der Reichsbeamten ergeben, bleiben unberührt.

1. Die §§ 10a und 10b sind auf **Grund des Gesetzes zum Schutze der Republik** v. 21. Juli 1922 (RGBl. I 590) in das RBG. eingefügt worden. Gegen diese Vorschriften verstößt auch, wer die Reichsflagge verächtlich macht. GrDisS. 16. 6. 26 amtl. Sammlg. 157. Ebenso wer die verfassungsmäßigen Reichsfarben beschimpft. PrDisH. f. nichtr. B. 12. 12. 27 DJZ. **28** 462, RG. als Disziplinargericht 13. 7. 28 ZBR. **1** 156. Diese Vorschriften gelten auch jetzt noch, nachdem die Geltungsdauer des RepublikschutzG. verlängert worden ist.

2. Wer gegen die ihm in den §§ 10a u. b auferlegten Pflichten verstößt, begeht ein **Dienstvergehen** und hat die Disziplinarbestrafung verwirkt. § 72 RBG. Liegt ein Vergehen gegen § 10a Abs. 2 u. 3 im Rückfall vor, so ist nach § 76 Abs. 2 RBG. auf Dienstentlassung zu erkennen.

§ 11.

Über die vermöge seines Amtes ihm bekannt gewordenen Angelegenheiten, deren Geheimhaltung ihrer Natur nach erforderlich oder von seinem Vorgesetzten vorgeschrieben ist, hat der Beamte Verschwiegenheit zu beobachten, auch nachdem das Dienstverhältnis aufgelöst ist.

1. Mit § 11 stimmt § 3 Abs. 2 Satz 1 RBahnPersG. und § 9 Ziff. 2 PersO. überein.

2. Hiernach hat der Beamte Verschwiegenheit nur zu beobachten, **wenn sie aus der Natur der Sache folgt** oder **wenn sie ihm von seinen Vorgesetzten besonders vorgeschrieben ist.** RGSt. **28** 424; **35** 403; **41** 4.

3. Ob die betreffende Angelegenheit zu denen gehört, deren Geheimhaltung **ihrer Natur nach** erforderlich ist, ob also die Geheimhaltung im Interesse des Reiches, eines Landes, Kommunalverbandes usw. oder einer Privatperson geboten ist, hat der Beamte nach eigenem pflichtmäßigen Ermessen unter Berücksichtigung aller Umstände des Falls zu beurteilen und wird sich im Zweifel für die Geheimhaltung zu entscheiden haben. So sind z. B. Verfügungen der Vorgesetzten, die amtlich nicht veröffentlicht werden, geheim zu halten. RDisH. 2. 4. 06 Schulze-Simons 122.

Bei der Post- und Telegraphenverwaltung gehören hierher alle dienstlichen Vorkommnisse, aus deren weiterer Mitteilung für die Verwaltung oder für einzelne Personen ein Nachteil entstehen kann und Tatsachen dieser Art, die sich auf den Postversendungs- und Telegrammverkehr beziehen.

Zu den geheimzuhaltenden Angelegenheiten können auch bloße Erwägungen oder Bedenken gehören, die in einer Behörde gegen Maßnahmen geäußert sind, die ein Beamter im Dienst vorgebracht hat. Stock in DJZ. **25** 1331.

Geheim zu halten sind auch Verwaltungsberichte, die nur für die Kenntnisnahme eines eng begrenzten Personenkreises bestimmt sind. RDisH. 18. 3. 89 bei Schulze Rspr. 101.

Die Mitteilungen, die einem Beamten über seine bevorstehende Versetzung gemacht werden, fallen ebenfalls unter die Pflicht zur Amtsverschwiegenheit. RGSt. **15** 89.

Der Beamte darf auch nicht etwa die von ihm an seinen Vorgesetzten gerichteten Beschwerden und die ihm darauf erteilten Bescheide veröffentlichen. RDisH. 29. 3. 09 bei Schulze Rspr. 62. Er darf auch nicht amtl. Schriftstücke einem Mitgliede der Kommun. Partei zur Einsicht oder gar zur Abschriftnahme überlassen. OVG. 15. 6. 28 „Beamtenbund" 1929 Beil. zu Nr. 2.

Mitteilungen aus Akten, insbesondere von Personalverfügungen an zur Entgegennahme solcher Mitteilungen nicht Berechtigte müssen unterbleiben; auch den Beamtenorganisationen dürfen solche Mitteilungen nicht gemacht werden; Falck BeamtJahrb. **26** 185ff.; ebenso darf anderen Beamten von einer nicht zu ihrer Kenntnisnahme ausdrücklich bestimmten Verfügung keine Einsicht gewährt oder gar die Entnahme einer Abschrift gestattet werden. Dieselbe Zurückhaltung muß auch gegenüber den Volksvertretungen geübt werden. Falck BeamtJahrb. **26** 188.

4. **Personalakten** sind aber nicht mehr Geheimakten; vielmehr ist dem Beamten auf Verlangen Einsicht in seine Personalnachweise zu gewähren. Art. 129 Abs. 3 Satz 3 RV.; s. näheres Falck, Die Personalakten nach den Bestimmungen der RV. 1928; Hüfner LZ. **29** 1 ff.; für Bayern s. Vollzugsvorschriften v. 19. 3. 29 (GVBl. 42); „Beamtenbund" **29** Nr. 29. Berichte der Vorgesetzten über Befähigung, Leistungen und Führung eines Beamten dürfen nicht zu einem dem Beamten nicht zugänglichen Sonderheft genommen werden, da sonst das verfassungsmäßige Recht des Beamten auf Einsichtnahme in seine Personalakten verletzt werden würde; s. auch Hachenburg DJZ. **25** 565, 566. Es bleibt aber dem Vorstand der Behörde, bei der die Personalakten geführt werden, überlassen, vor Gewährung der Einsicht diejenigen vor dem 1. 10. 19 zu den Personalakten gelangten Schriftstücke aus den Akten zu entfernen und zu vernichten, die sich zur Vorlegung an den Beamten nicht eignen, insbesondere deshalb, weil dritten Personen aus der Vorlegung Nachteile entstehen könnten. Über die Vernichtung ist ein kurzer Vermerk zu den Akten zu machen, der sich zur Einsichtnahme durch den Beamten eignet. JM. 7. 9. 26 (JMBl. 340); JM. 18. 11. 19 u. 3. 11. 20 (JMBl. **19** 574; **20** 601); RM. d. J. 20. 3. 23 (RMBl. 272) mit Ergänzung v. 2. 10. 23 (RMBl. 971); PrMJ. 8. u 19. 11. 20 (MBl. 395); UM. 25. 1. 21 (ZBlUV. 89); Friebe Staats- u. Selbstverw. **24** 142ff. u. 167ff. U. U. kann auch ein ärztliches Zeugnis sich zur Einsichtnahme durch den Beamten nicht eignen. RAM. 8. 5. 24 (RVB. 80); PrFM. 28. 4. 28 (PrBesBl. 139).

Der Antrag auf Gestattung der Einsicht ist auf dem Dienstwege an den Vorstand der Behörde zu richten, bei der die Personalakten geführt werden.

Das Recht auf Einsichtnahme ist grundsätzlich rein persönlich; durch Bevollmächtigte kann es im allgemeinen nicht ausgeübt werden. Ist aber der Beamte durch besondere Verhältnisse an der persönlichen Ausübung verhindert, so kann der Vorstand der Behörde, bei der die Personalakten geführt werden, ausnahmsweise die Einsicht auch einem Vertreter gestatten, der seine Vertretungsmacht nachweist. Die Personalakten sind bei der Behörde einzusehen, bei der sie geführt werden. Liegen besondere Gründe vor, so kann der Vorstand dieser Behörde die Einsicht bei einer anderen Behörde gestatten. Die Personalakten sind bei der Behörde unter Aufsicht eines von ihr mit der Vorlegung beauftragten Beamten während der Dienststunden einzusehen. Beschl. d. PrStaatsm. mitgeteilt durch PrFM. 26. 8. 26 (PrBesBl. 160). Auch die zu Personalakten geführten Nebenakten, wie Akten über Dienststrafverfahren, Ermittlungsakten usw. können eingesehen werden. Auch die Prüfungsakten können eingesehen werden, soweit sie nicht von der Prüfungskommission aufbewahrt werden. Mit Genehmigung des Beamten können die Personalakten auch dem Vorsitzenden des zuständigen Beamtenausschusses vorgelegt werden.

Berechtigt zur Einsicht sind auf ihr Verlangen die aktiven Beamten, auch soweit sie vorläufig ihres Amtes enthoben oder einstweilig in den Ruhestand versetzt sind. Hüfner LZ. **29** 1ff. Soweit ausgeschiedene Beamte ein berechtigtes Interesse dartun und dienstliche Interessen nicht entgegenstehen, soll auch ihnen die Einsicht in ihre Personalnachweise (Personalakten) gestattet werden. Beschl. d. PrStaatsm., mitgeteilt durch PrFM. 26. 8. 26 (PrBesBl. 160); RMdJ. 20. 3. 23 (RMBl. 272); Hüfner a. a. O.

Die Beamten können sich aus den Personalakten Abschriften fertigen oder Aufzeichnungen über den Inhalt der Akten machen. RDisKammer Berlin I 16. 3. 25 in JW. **25** 1512, Falck BeamtJahrb. **26** 3ff.

Stehen der Einsichtnahme erhebliche Schwierigkeiten entgegen, so soll einem Antrage auf Erteilung von Abschriften gegen Erstattung von Schreibgebühren insoweit tunlichst entsprochen werden, als es sich um Abschriften von einzelnen bestimmt zu bezeichnenden Schriftstücken handelt. Die Einsicht darf nicht zu einer Beeinträchtigung des Dienstbetriebes oder des Geschäftsganges führen. Der Beamte darf von der Kenntnis, die er durch die Einsicht in seine Personalakten oder durch die ihm überlassenen Abschriften erlangte, nur insoweit Gebrauch machen, als es zur Wahrung seiner eigenen Interessen notwendig ist. Die Vorschriften über die Wahrung des Amtsgeheimnisses bleiben unberührt. Das gleiche gilt für ausgeschiedene Beamte, denen die Einsicht in ihre Personalakten gestattet wird. Beschl. d. PrStaatsm., mitgeteilt durch PrFM. 26. 8. 26 (PrBesBl. 160); Falck BeamtJahrb. **26** 185ff.; s. auch RM. d. J. 20. 3. 23 (RMBl. 272). Die Beamten haben nicht das Recht, die Entfernung von Aktenstücken, die ungünstige Mitteilung über sie enthalten, aus den über ihre Person geführten Nachweisen zu verlangen. WürttembVGH. 15. 11. 22 PrVBl. **48** 189.

Ein Rechtsschutz bei Geltendmachung des Anspruchs auf Einsicht in die Personalakten besteht für die Reichsbeamten ebensowenig wie für die preußischen Beamten; Jaschkowitz ZBR. **1** 193; KG. 5. 10. 28 ZBR. **1** 198; a. M. Fraenkel ZBR. **1** 221. Günstiger stehen die Beamten in Württemberg, die den dortigen Verwaltungsgerichtshof anrufen können; s. Falck BeamtJahrb. **27** 401ff. Ähnliches wäre auch für die Reichsbeamten anzustreben. Hüfner LZ. **29** 7ff.

Eintragungen über Strafverfahren in die Personalnachweise sind zu löschen, sobald die in den Strafregistern erfolgten Vermerke über die Verurteilung auf Grund des G. v. 9. 4. 20 (RGBl. 507) zu tilgen sind. Eintragungen über Dienststrafen in die Personalnachweise sind zu löschen, wenn die Löschung durch Gnadenakt angeordnet ist oder wenn eine gesetzlich noch zu bestimmende Bewährungsfrist verstrichen ist, innerhalb deren der Beamte die Pflichten seines Amtes zufriedenstellend erfüllt hat. Bis zur gesetzlichen Regelung der Bewährungsfrist beträgt diese vom Tage der Verurteilung an gerechnet bei Warnungen, Verweisen und Geldstrafen bis zu 30 RM. 5 Jahre, bei sonstigen Dienststrafen 10 Jahre. Ist eine Geldstrafe nach dem Inkrafttreten des G. v. 16. 5. 23 (RGBl. I 285) festgesetzt worden, so beträgt die Bewährungsfrist bei Geldstrafen bis zu einem Viertel des höchsten zulässigen Betrages 5 Jahre, bei sonstigen Geldstrafen 10 Jahre. Die Löschung erfolgt durch Durchstreichen der betreffenden Eintragungen (Verhandlungen usw.) unter Anbringung eines Löschungsvermerks. Gelöschte Eintragungen sollen den Beamten nicht mehr zum Vorwurf gereichen und bei Auskunftserteilungen nicht erwähnt werden. RM. d. J. 26. 3. 23 (RMBl. 272).

Eintragungen von ungünstigen Tatsachen — im Gegensatz zu Werturteilen — dürfen erst gemacht werden, wenn zuvor dem Beamten Gelegenheit zur Äußerung gegeben ist. Art. 129 Abs. 3 Satz 2 RV.

5. Der Beamte hat ferner auch dann Verschwiegenheit zu beobachten, **wenn sie ihm durch Gesetz oder allgemeine oder besondere Anordnungen seiner Vorgesetzten für gewisse Geschäftszweige überhaupt oder nur für bestimmte einzelne Angelegenheiten vorgeschrieben ist.** Es ist also Sache jedes Beamten, sich zu vergewissern, ob solche Anordnungen ergangen sind. Dies gilt z. B. für auswärtige Angelegenheiten, § 353a Abs. 1 StGB. und Angelegenheiten der Reichsbank.

6. **Verletzt der Beamte seine Pflicht zur Amtsverschwiegenheit,** so kann er möglicherweise disziplinarisch, strafrechtlich und zivilrechtlich zur Rechenschaft gezogen werden.

a) Die **disziplinarische** Ahndung der Verletzung der Verschwiegenheitspflicht wird regelmäßig eintreten. Für die Höhe der zu verhängenden Dienststrafe wird der Beweggrund der Pflichtverletzung und die Art der Bekanntmachung der geheimzuhaltenden Tatsache von besonderer Bedeutung sein. U. U. kann sogar Dienstentlassung in Frage kommen. OVG. 15. 6. 28 „Beamtenbund" 1929 Beil. zu Nr. 2.

b) In vielen Fällen hat die Verletzung der Verschwiegenheitspflicht auch eine **strafgerichtliche Ahndung** zur Folge; s. §§ 90a, 92, 353a, 354, 355 StGB. Im Entwurf zu einem neuen StGB. ist ein neues Delikt „Verletzung des Amtsgeheimnisses" vorgesehen.

c) Entsteht durch die Verfehlung dem Fiskus oder einem Privaten ein Schaden, so kann der Beamte auch **zivilrechtlich** zur Rechenschaft gezogen werden, falls auch die sonstigen Voraussetzungen eines solchen Schadensersatzanspruchs nach den Vorschriften des BGB. im einzelnen Falle gegeben sind. RG. **87** 420.

7. Auch die Beamten, die aus ihrem Amt freiwillig **ausgeschieden, entlassen** oder **zur Ruhe gesetzt** sind, haben die Pflicht zur Amtsverschwiegenheit; eine Verletzung dieser Pflicht ist aber bei ihnen nicht disziplinarisch verfolgbar, da sie nicht mehr der Amtsdisziplin unterworfen sind. Die ausgeschiedenen Beamten können daher nur zivilrechtlich zur Verant-

wortung gezogen werden, wenn durch ihre Verfehlung dem Fiskus oder einem Privaten ein Schaden entstanden ist. Auch strafrechtlich können sie unter Umständen in Anspruch genommen werden; AusschBer. RDStrO. 37.

8. Kein Verstoß gegen die Pflicht zur Amtsverschwiegenheit liegt vor, wenn der Beamte zur **Wahrung eigener Interessen** als Partei in einem bürgerlichen Rechtsstreit oder als Angeklagter im Straf- oder Dienststrafverfahren an sich geheimzuhaltende Tatsachen vorbringt. Doch darf von diesem Recht nur ein beschränkter Gebrauch und nur in dem Umfang gemacht werden, wie dies für die Zwecke der Rechtsverfolgung oder Verteidigung unbedingt geboten ist.

9. **Besondere Vorschriften** über die Wahrung von Amtsgeheimnissen sind enthalten im Post- u. TelegraphenG.; s. insbes. die neue Vorschrift des § 8a TelegrG. in d. Fassg. v. 3. 12. 27 (RGBl. I 331), §§ 299, 300 StGB., im Art. 6 V. 4. 5. 20 (RGBl. 858) über die Mitglieder des Reichswirtschaftsrats u. im § 2 G. über d. Verfahr. in Versorgungss. v. 20. 3. 28 (RGBl. I 71). Die Amtsverschwiegenheit der Steuerbeamten regelt § 10 ReichsabgabenO. 13. 12. 19 (RGBl. 1993) und der Reichsbankbeamten § 20 RBankG. 30. 8. 24 (RGBl. II 235). Die Mitglieder der Dienststrafgerichte haben über den Hergang bei der Beratung und Abstimmung Stillschweigen zu beobachten. RGSt. **61** 217. Wegen der Pflicht der Richter zur Amtsverschwiegenheit über Vorgänge im Beratungszimmer s. auch RG. 29. 6. 26 JW. **26** 2579 = RGSt. **60** 295; RG. 25. 10. 27 DRichtZtg. Rspr. 374; Ascher DRichtZtg. **29** 89; Brand BR. 493; s. aber Hartmann JW. **29** 236.

10. Die Grundsätze des § 11 gelten auch für **preußische Beamte**; s. Näheres Brand BR. 493ff.; KabO. 21. 11. 35 (GS. 237); RG. StS. **28** 424; RG. **35** 403.

§ 12.

Bevor ein Reichsbeamter als Sachverständiger ein außergerichtliches Gutachten abgibt, hat derselbe dazu die Genehmigung seiner vorgesetzten Behörde einzuholen.

Ebenso haben Reichsbeamte, auch wenn sie nicht mehr im Dienste sind, ihr Zeugnis in betreff derjenigen Tatsachen, auf welche die Verpflichtung zur Amtsverschwiegenheit sich bezieht, insoweit zu verweigern, als sie nicht dieser Verpflichtung in dem einzelnen Falle durch die ihnen vorgesetzte oder zuletzt vorgesetzt gewesene Dienstbehörde entbunden sind.

1. Mit § 12 stimmt § 3 Abs. 2 Satz 2 u. 3 RBahnPersG. u. § 9 Ziff. 2 PersO. überein.

2. Die Reichsbeamten haben bei ihren gerichtlichen Vernehmungen **als Zeugen und Sachverständige** sich gewisse Beschränkungen aufzuerlegen.

3. Soll ein Reichsbeamter **als Zeuge** vernommen werden, so bieten sich natürlich nur dann Besonderheiten, wenn die Vernehmung sich auf Umstände erstrecken soll, auf die sich die Pflicht der Beamten zur Amtsverschwiegenheit bezieht. Das Gericht, das einen Beamten in einem Zivilprozeß oder Strafprozeß als Zeugen vernehmen will, hat § 376 ZPO. und § 54 StPO. zu beachten.

Danach dürfen öffentliche Beamte, auch wenn sie nicht mehr im Dienste sind, über Umstände, auf die sich ihre Pflicht zur Amtsverschwiegenheit bezieht, als Zeugen **nur mit Genehmigung ihrer vorgesetzten Dienstbehörde** oder der ihnen zuletzt vorgesetzt gewesenen Dienstbehörde vernommen werden. Wer der zuständige Vorgesetzte ist, ergibt III V. 10. 8. 28 (RGBl. I 369); s. unten S. 547; bei Reichsbahnbeamten s. Ziff. V B a. a. O. Für die Mitglieder der Reichsregierung bedarf es der Genehmigung der Reichsregierung § 54 Art. 1 StPO., 376 Abs. 1 ZPO.; X 2 § 1 PDA. Diese Genehmigung darf nur versagt werden, wenn die Ablegung des Zeugnisses dem Wohle des Reichs oder eines deutschen Landes Nachteil bereiten würde. § 54 Abs. 2 StPO., § 376 Abs. 2 ZPO. Durch diese Vorschriften soll das öffentliche Interesse an der Wahrung des Amtsgeheimnisses geschützt werden. RG. **35** 400. Die Genehmigung muß nach § 376 Abs. 3 ZPO. durch das Prozeßgericht eingeholt und dem Zeugen bekanntgemacht werden. Dies gilt auch für Strafsachen. PrJM. 9. 2. 27 (JMBl. 30).

Der Reichspräsident kann unter den vorstehend erörterten Voraussetzungen das Zeugnis verweigern. Dies gilt auch für einen früheren Präsidenten, soweit es sich um Tatsachen handelt, die sich während seiner Amtsführung ereignet haben oder die ihm infolge seiner Amtsführung bekannt geworden sind. § 54 Abs. 3 StPO., § 376 Abs. 4 ZPO.

Diese Vorschriften der Prozeßgesetze enthalten nicht etwa eine Anweisung an den Beamten, sondern lediglich an das Gericht. Das Gericht ist verpflichtet, jedesmal, wenn es einen Beamten als Zeugen vorladen will, zu prüfen, ob der Beamte über Umstände vernommen werden soll, auf welche sich die Pflicht zur Amtsverschwiegenheit bezieht. Bei der Prüfung dieser Frage hat das Gericht die im § 11 RBG. niedergelegten Grundsätze zu beachten. Nur wenn die Verneinung dieser Frage sich als völlig zweifelsfrei herausstellt, darf die Ladung oder die Vernehmung des Beamten ohne Rückfrage bei seiner vorgesetzten Dienstbehörde erfolgen. Ergibt aber die Prüfung einen Zweifel oder wird ein solcher von dem zu vernehmenden Beamten durch Verweigerung des Zeugnisses unter Berufung auf seine Pflicht zur Amtsverschwiegenheit geltend gemacht, so muß dieser Zweifel durch Einholung einer Äußerung der vorgesetzten Dienstbehörde erledigt und, falls die Auskunft dahin geht, daß die Pflicht zur Amtsverschwiegenheit sich auf den Gegenstand der Vernehmung bezieht, die Vernehmung bis zur Erteilung der durch das Gericht nachzusuchenden Genehmigung zu dieser ausgesetzt werden. JM. 24. 5. 86 (JMBl.

137). Der Ausspruch der Dienstbehörde ist für den Richter maßgebend; vgl. auch Hamm DJZ. 11 1548; X 2 § 1 PDA.

Wird die Genehmigung versagt, so ist die Angelegenheit damit für den Beamten erledigt; das Gericht darf dann den Beamten überhaupt nicht als Zeugen vorladen.

Hat die vorgesetzte Dienstbehörde **genehmigt,** daß der Beamte über Umstände, auf die sich seine Pflicht zur Amtsverschwiegenheit bezieht, vernommen wird, so lädt das Gericht den Beamten als Zeugen vor und teilt ihm dabei mit, daß seine vorgesetzte Dienstbehörde die Genehmigung zu seiner Vernehmung über die im einzelnen zu bezeichnenden Punkte erteilt habe. Der Beamte kann nunmehr über die fraglichen Gegenstände aussagen, ohne Gefahr zu laufen, sich disziplinarrechtlich oder sonst verantwortlich zu machen. Danach haben die Beamten ihr Zeugnis in betreff derjenigen Tatsachen, auf die sich die Verpflichtung zur Amtsverschwiegenheit bezieht, insoweit zu verweigern, als sie nicht von dieser Verpflichtung im einzelnen Falle durch ihre vorgesetzte Dienstbehörde entbunden sind.

Ist der Beamte von der Pflicht zur Amtsverschwiegenheit befreit, so darf er sein Zeugnis nicht verweigern.

Dieselben Grundsätze gelten auch, wenn ein Reichsbeamter vor den Dienststraf-, Verwaltungs-, Arbeits- usw. Gerichten als Zeuge vernommen werden soll.

4. **Als Sachverständige** haben die Reichsbeamten, auch wenn sie nicht mehr im Dienste sind, folgendes zu beachten:

a) bei **gerichtlichen Gutachten** müssen sie ihr Gutachten verweigern:

aa) wenn sie durch Erstattung desselben ihre Pflicht zur Amtsverschwiegenheit verletzen würden. In dieser Hinsicht gilt dasselbe wie für die als Zeugen vernommenen Beamten. Vgl. zu 3 und §§ 402, 408 ZPO., §§ 72, 76 StPO.

bb) wenn ihre vorgesetzte Behörde erklärt, daß die Vernehmung den dienstlichen Interessen Nachteile bereiten würde. § 408 Abs. 2 ZPO., § 76 Abs. 2 StPO. Die Erklärung der Behörde erfolgt von Amts wegen nach erlangter Kenntnis von der Vernehmung des Beamten; einzelne Beamtenkategorien, wie die Postbeamten, sind verpflichtet, der Behörde vor ihrer Vernehmung Anzeige zu erstatten, damit die Behörde rechtzeitig ihr Einspruchsrecht wahren kann. Die Gerichte haben von Amts wegen die Erklärung nicht herbeizuführen; anderes gilt, wenn es sich um die Gutachtenverweigerung wegen der Amtsverschwiegenheitspflicht handelt. Doch hat das Gericht in Zweifelsfällen stets die Entscheidung der vorgesetzten Dienstbehörde des Beamten darüber einzuholen, ob sich auf den Gegenstand der beabsichtigten Vernehmung die Pflicht des Beamten zur Amtsverschwiegenheit bezieht, siehe aa. Die Erklärung der Behörde kann durch das Gericht und von den Parteien des betreffenden Zivil- oder Strafprozesses durch Beschwerde bei der nächsthöheren Reichsbehörde angefochten werden. Die Gründe der Versagung der Genehmigung, die z. B. in Zeitmangel des Beamten, in Kollisionen zwischen amtlicher Stellung und Gutachterfunktion u. dgl. bestehen können, braucht die Behörde selbst in der Beschwerdeinstanz nicht anzugeben. Pieper 56ff.; Per. u. Sd. 26; vgl. ME. 24. 5. 86 (JMBl. 137) u. 28. 7. 86 (MBl. 181). Hat die Behörde erklärt, daß die Vernehmung den dienstlichen Interessen nachteilig sein würde, so hat das Gericht den bereits geladenen Beamten wieder abzubestellen.

cc) bei gerichtlichen Vernehmungen können die Beamten ihr Gutachten ferner verweigern, wenn sie durch dessen Erstattung befürchten müßten, den dienstlichen Interessen Nachteile zu bereiten. Beim Widerspruch des Gerichts oder einer Prozeßpartei wird die Entscheidung der vorgesetzten Behörde einzuholen sein.

Wegen der Sachverständigenvergütung der Beamten s. § 17 GebührO. f. Zeug. u. Sachv. v. 21. 12. 25 (RGBl. I 471) u. Thom, Berl. BörsZtg. Beil. „Der Deutsche Beamte" **27** Nr. 30; **28** Nr. 4; s. auch KG. 11. 2. u. 4. 3. 25, 4. 7. u. 9. 7. 27 Rundsch. f. Kom. **29** 289; OLG. Celle 15. 6. 28 „Recht" **28** 483 = LZ. **28** 1270.

b) **Außergerichtliche Gutachten,** selbst unentgeltliche, dürfen Reichsbeamte bei Vermeidung disziplinarischer Ahndung nur nach Einholung der Genehmigung der vorgesetzten Behörde — nicht der obersten Reichsbehörde, wie im Fall des § 16 — erstatten. RDisH. 21. 3. 98 (F. 2. 98).

Als außergerichtliches Gutachten ist eine gutachtliche Äußerung anzusehen, wenn sie auf Grund einer im Dienste erworbenen Sachkunde abgegeben wird oder die gegenwärtige oder eine frühere dienstliche Stellung des Verfassers die Annahme einer besonderen Sachkunde nahelegt, und wenn die Äußerung dem Empfänger zur Verwendung gegenüber dritten Personen oder Behörden als Äußerung des Verfassers zur Verfügung gestellt wird. Ob die Äußerung schriftlich oder mündlich abgegeben wird, ist dabei ohne Bedeutung. RMJ. 4. 8. 27 DBeamtArch. **27** 705.

Wer als vorgesetzte Behörde anzusehen ist, ergibt sich aus Nr. III V. 10. 3. 28 (RGBl. I 369); s. unten S. 547. Die vorgesetzte Behörde kann die Genehmigung nach freiem Ermessen erteilen oder versagen. Letzteres wird sie z. B. tun, wenn das Gutachten von Industriellen oder kaufmännischen Unternehmungen in einer dem Ansehen des Beamtenstandes schädlichen Weise zur Anlockung des Kapitals, Anpreisung des Unternehmens u. dgl. ausgebeutet werden soll, oder wenn voraussichtlich der Beamte später in derselben Sache amtlich tätig sein wird. StenBer. RDStrO. 152ff., 893.

Im übrigen wird die für die Entschließung zuständige vorgesetzte Behörde zu prüfen haben, ob die Erstattung des Gutachtens mit der Standeswürde in Einklang steht, ob nach Gegenstand und Art der erbetenen Äußerung etwa die Besorgnis besteht, der Beamte könne sich bei Erstattung des Gutachtens zu einem Verstoß gegen seine Pflicht zur Amtsverschwiegenheit (§ 11 RBG.) verleiten lassen, ferner, ob die Erstattung des Gutachtens mit der dienstlichen Inanspruchnahme des Beamten vereinbar ist und endlich, ob die Möglichkeit, daß die Behörde, der der Beamte angehört, künftig mit der Angelegenheit befaßt wird, die Erstattung des Gutachtens unerwünscht erscheinen läßt. U. U. kann sich empfehlen, die im § 12 Abs. 1 vorgesehene Zuständigkeit der vorgesetzten Behörde im Verwaltungswege der höheren Instanz zu übertragen oder auch für die höchste Instanz selbst in Anspruch zu nehmen. RMJ. 4. 8. 27 DBeamtArch. **27** 705. Die Abgabe außergerichtlicher Sachverständigengutachten durch Heeresbeamte unterliegt in jedem Falle der Genehmigung des Reichswehrministeriums. RWM. 24. 8. 27 (HVBl. 107).

Ein Beamter, der mit Genehmigung seiner vorgesetzten Dienststelle für gewisse Arten von Gutachten zum gerichtlichen Sachverständigen ernannt ist, darf auf Grund dieser Ernennung nur im Falle des Ersuchens durch die Gerichte diesen Gutachten erstatten. Wenn die Behörde einen Beamten dem Gerichte behufs Ausübung der Tätigkeit als gerichtlicher Sachverständiger zur Verfügung stellt, so gestattet sie ihm nur insoweit eine Nebenbeschäftigung, ermächtigt ihn aber noch nicht, auch auf Ansuchen von Privatpersonen diesen Gutachten gegen Entgelt zu erstatten, ohne hierfür die erforderliche Genehmigung seiner vorgesetzten Dienststelle einzuholen. PrDisH. f. nichtr. B. 1. 2. 26 DJZ. **26** 1046 = DRichtZtg. **27** 95 = PrVBl. **47** 559.

Die Reichsbeamten, die sich im dauernden oder einstweiligen Ruhestand befinden, dürfen außergerichtliche Gutachten ohne Genehmigung ihrer früheren Behörde erstatten. Pieper 54; Kanng. 101; Turnau 18; vgl. auch § 16; a. M. Per. u. Sp. 55.

c) Bloße **gelegentliche sachverständige Meinungsäußerungen** sind keine Gutachten und fallen nicht unter § 12. Sie können daher auch ohne Einholung einer Genehmigung abgegeben werden, sofern sie nicht etwa gegen die Amtsverschwiegenheitspflicht verstoßen. Dies gilt auch von wissenschaftlichen Aufsätzen, in denen der Beamte in Fachzeitschriften zu einer Streitfrage Stellung nimmt. Dagegen wird eine Erlaubnis erforderlich sein, wenn der Beamte auf Wunsch einer Einzelperson oder Körperschaft, die ein wirtschaftliches Interesse an der Auslegung einer Streitfrage oder Beurteilung eines Sachverhältnisses hat, ein Gutachten abgeben soll.

5. **Wegen Verletzung der im § 12 aufgeführten Pflichten** kann nur der im Dienst befindliche Beamte disziplinarisch bestraft werden. Ausgeschiedene oder pensionierte Beamte unterliegen einem Dienststrafverfahren nicht mehr und können sich daher durch pflichtwidrige Ablegung des Zeugnisses oder Gutachtens nur unter Umständen zivilrechtlich schadensersatzpflichtig machen.

§ 13.

Jeder Reichsbeamte ist für die Gesetzmäßigkeit seiner amtlichen Handlungen verantwortlich.

A. Allgemeines.

1. Wenn ein Beamter in Ausübung seiner amtlichen Verrichtungen oder infolge Unterlassung der ihm obliegenden Dienstgeschäfte jemandem einen Schaden zugefügt hat, so kann er wegen dieser Verletzung seiner Dienstpflichten **auf dreifach verschiedene Art** zur Rechenschaft gezogen werden:

a) Zunächst kann er sich strafrechtlich verantwortlich machen, sofern die Voraussetzungen der §§ 330 ff. StGB. vorliegen.

b) Sodann kann er sich disziplinarisch strafbar machen und deshalb entweder im nicht förmlichen oder im förmlichen Dienststrafverfahren belangt werden, sofern er durch die schadenbringende Handlung seine Amtspflichten verletzt oder sich der Achtung, des Ansehens oder des Vertrauens, die sein Beruf erfordert, unwürdig gezeigt hat.

c) Endlich aber kann er sich zivilrechtlich haftbar machen und zum Ersatz des von ihm angerichteten Schadens herangezogen werden. Diese zivilrechtliche Haftung des Beamten hat § 13 im Auge; sie wird im folgenden näher erörtert.

Über die Haftung der Reichsbank und der Reichsbahngesellschaft für ihre Beamten s. Ullmann BeamtJahrb. **26** 335 ff.; s. auch unten B Ziff. 2. Wegen der Postbeamten s. X 2 § 1 PDA.

Bei der beträchtlichen Gefahr der Haftung, der die Beamten bei schuldhaftem Verhalten bei Verrichtung ihrer Amtsobliegenheiten ausgesetzt sind, sind Versicherungen gegen solche Haftpflicht häufig. Nach der Praxis des Aufsichtsamts für Privatversicherung dürfen die Versicherungsgesellschaften bei reinen Vermögensschäden zur Verhinderung der Abschwächung des Verantwortlichkeitsgefühls höchstens 80 vH des Schadens mit gewissen Maßgaben ersetzen.

2. Es ist im einzelnen Falle nicht ausgeschlossen, daß der Beamte **wegen derselben schädigenden Handlung sowohl strafrechtlich wie disziplinarrechtlich** verfolgt und **daneben noch zivilrechtlich** haftbar gemacht wird. Andererseits ist es auch möglich, daß die pflichtwidrige Handlung nur auf die eine oder die andere Art geahndet wird. Regelmäßig sind die Entscheidungen der drei Richter — Straf-, Dienststraf- und Zivilrichter — voneinander völlig unabhängig, so daß jeder von seinem Standpunkt aus die Verfehlung verschieden beurteilen kann. Dies gilt jedenfalls ohne Einschränkung für den Zivil- und Strafrichter. Dagegen ist der Dienststrafrichter in gewissem Umfange an die Feststellungen und Entscheidungen des Strafrichters gebunden; s. unten § 78.

3. **Die zivilrechtlichen Folgen** der schädigenden Handlung usw. eines Beamten sind verschieden, je nachdem der Beamte entweder:

a) in Ausübung der ihm anvertrauten **privatrechtlichen** (fiskalischen) **Verrichtungen** gehandelt hat, wobei er das Reich lediglich in seiner Eigenschaft als privatrechtliches Vermögenssubjekt, als Fiskus, vertreten hat oder:

b) in Ausübung der ihm anvertrauten **öffentlichen Gewalt,** d. h. der Staatshoheitsrechte, seine Amtspflichten verletzt hat.

In den Fällen zu a kann der Dritte den Beamten gemäß §§ 839—841 BGB. stets direkt in Anspruch nehmen, wobei ihm allerdings u. U. die Vorschrift des § 839 Abs. 1 Satz 2 BGB. eine vorherige Inanspruchnahme des Reichs zur Pflicht machen kann. Daneben kann er aber auch unter den Voraussetzungen der §§ 31, 89 BGB. das Reich direkt haftbar machen.

In den Fällen zu b dagegen trifft nach Art. 131 Abs. 1 RV. und dem noch jetzt geltenden RG. v. 22. 5. 10 (RGBl. 798) die im § 839 BGB. bestimmte Verantwortlichkeit an Stelle des Beamten das Reich. Hiernach kann der Geschädigte sich, wenn die Pflichtverletzung von dem Beamten in Ausübung der öffentlichen Gewalt begangen ist, überhaupt nicht an den Beamten halten, sondern nur an das Reich, und zwar an das letztere nach Maßgabe des § 839 BGB. Das G. v. 22. 5. 10 gilt auch für die Reichsbank und ihre Beamten. § 46 Abs. 7 BankG.

Der Reichspräsident ist nicht Beamter und fällt daher nicht unter Art. 131 RV. s. o. S. 18; a. M. Delius LZ. **28** 242.

4. Hat das Reich an Stelle des Beamten den Schaden für ihn tragen müssen, so wird es in den meisten Fällen seinen **Rückgriff** (Regreß) **gegen den schuldigen Beamten** nehmen können. Dieser Rückgriff wird in den Fällen zu 3b stets in Frage kommen, da hier — wo es sich um Verletzung der Amtspflichten bei Ausübung von Hoheitsrechten handelt — das Reich direkt haftet, also stets den Schaden dem geschädigten Dritten ersetzen muß. Das Rückgriffsrecht des Reichs für solche Fälle ist im § 2 Satz 1 RG. 22. 5. 10 ausdrücklich bestimmt.

In den Fällen zu 3a kann von einem Rückgriff des Reichs nur die Rede sein, wenn das Reich von dem Geschädigten unmittelbar in Anspruch genommen worden ist.

5. Es ist ferner denkbar, daß **das Reich selbst** durch die pflichtwidrige Handlung usw. des Beamten **unmittelbar** — und nicht etwa nur mittelbar als Ersatzpflichtiger — **geschädigt ist;** so z. B. bei Unterschlagungen an amtlichen Geldern oder bei Streik der Beamten. In diesem Falle kommt nur für den Inhalt und Umfang der Haftung und den Einfluß eines mitwirkenden Verschuldens das BGB. (RG. **92** 237, **99** 79) in Betracht, im übrigen findet nicht § 839 BGB. Anwendung, sondern nach Art. 80 Abs. 1 EG. BGB. entscheidet dann gemäß § 19 RBG. das am Wohnort des Beamten geltende öffentliche Recht. Reichsger. 15. 2. 27 (JurRundsch. Rspr. **27** Sp. 480); 24. 2. 27 JW. **27** 1249; RG. **97** 24. Es kommen daher in Preußen die §§ 88—91, 127—145 II 10 ALR. in Betracht, so daß der Beamte dem Reich abgesehen vom Vorsatz (RG. **82** 280) nur subsidiär haftet. Dies gilt auch in der Rheinprovinz. RG. **95** 346. Solche Schadensersatzansprüche des Reiches verjähren nicht in 3 Jahren gemäß § 852 BGB.,

sondern unterliegen der allgemeinen Verjährungsvorschrift des § 195 BGB., die auch für Ansprüche aus §§ 88ff. II 10 ALR. an die Stelle der entsprechenden Vorschrift in § 546 I 9 ALR. getreten ist. RG. **92** 237; RG. 24. 2. 27 JW **27** 1249 = JurRundsch. **27** Rspr. Nr. 1016.

Die Reichsbahnbeamten haften nach § 32 Perso. bei vorsätzlicher oder fahrlässiger Verletzung ihrer Dienstpflichten der Reichsbahngesellschaft für den ihr daraus entstehenden Schaden unmittelbar.

Der Generaldirektor und die anderen Mitglieder des Vorstandes der Reichsbahngesellschaft haben bei ihrer Geschäftsführung die Sorgfalt eines ordentlichen Geschäftsmannes wahrzunehmen und haften bei Verletzung ihrer Obliegenheiten der Gesellschaft gegenüber. § 4 Teil II Perso.

Über die Amtsverantwortlichkeit der Reichspostbeamten vgl. Niggl 1927 (Verl. f. Verkehrswissensch. Berlin-Lichterfelde).

6. Endlich kann **der Beamte selbst durch das Reich geschädigt sein**, z. B. wenn er infolge ungesunder Diensträume, mangelhafter Heizung oder fehlerhafter Beschaffenheit des Arbeitsplatzes oder der Arbeitsgeräte oder ungesunder Beschaffenheit des Bahnpostwagens (RG. 20. 5. 27 DBeamt-Anh. **27** 622) oder wegen Nichtberücksichtigung seines schonungsbedürftigen Zustandes krank und dienstunfähig geworden ist.

Das Reich würde z. B. dem Beamten auch haften, wenn es ihn aus reiner Willkür und ohne daß die gesetzlichen Voraussetzungen vorliegen, in den einstweiligen Ruhestand versetzt hätte; solche Pflichtwidrigkeit ist jedoch nicht zu vermuten, sondern muß von dem Beamten, der Ansprüche aus ihr herleitet, bewiesen werden. RG. 25. 3. 27 JurRundsch. **27** Rspr. Sp. 813 = JW. **27** 2198; RG. 5. 4. 27 ebenda **27** RsprSp. 814 = JW. **27** 2190; s. auch RG. **103** 430. Solche Schadensersatzansprüche können im ordentlichen Rechtswege verfolgt werden. Hierbei kann § 618 BGB. zwar nicht entsprechend angewendet werden; aber der in ihm liegende allgemeine Rechtsgedanke ist auch für das öffentlich-rechtliche Beamtenverhältnis verwertbar. RG. **71** 246; **91** 22; **92** 307; **95** 146; **97** 43; **98** 342; **104** 25 u. 58; **107** 189; **111** 22; RG. „Recht" **25** 574 Nr. 1939. In Ansehung dieser Fürsorgepflicht haftet das Reich auch für das Verschulden seiner Erfüllungsgehilfen und für die notwendigen Schutzvorrichtungen. RG. 25. 3. 27 KomRundsch. **27** 613 = JW **27** 2233. Es ist aber nicht minder die Begrenzung des Anspruchs gemäß § 618 Abs. 3, verbunden mit § 844 Abs. 2 BGB. als allgemein gültig anzusehen. Daher erstreckt sich die Schadensersatzpflicht des Reiches nicht auf volle Ersatzleistung. Den Hinterbliebenen eines geschädigten Beamten ist daher nur dafür Ersatz zu leisten, daß ihnen durch den Tod des Unterhaltsverpflichteten das Recht auf Unterhalt entzogen ist. Deshalb haben die Hinterbliebenen keinen Anspruch auf Fortbezug des vollen Gehalts des gestorbenen Beamten. RG. „Recht" **25** 1616 = JurRundsch. **25** 1042. Der Schade des Beamten umfaßt auch die Nachteile, die sich daraus ergeben, daß er infolge seiner durch Schuld der Verwaltung entstandenen Dienstunfähigkeit und seiner dadurch veranlaßten Zurruhesetzung die Mehreinnahmen verloren hat, die er im Falle der Beförderung bezogen haben würde. RG. 14. 6. 27 KomRundsch. **27** 813. Das Reich haftet dem Beamten auch dann, wenn seine Familienangehörigen durch die gesundheitschädigende Beschaffenheit der Dienstwohnung erkranken. RG. **91** 33; Martini BeamtJahrb. **28** 7ff. Der Beamte hat keinen Schadensersatzanspruch wegen Ablehnung des Ruhestandsgesuchs durch die Behörde, wohl aber wenn ein Gesuch des Beamten durch Schuld der Behörde der zuständigen Stelle nicht vorgelegt ist. RG. **89** 423; **101** 329; **103** 430; RG. 28. 9. 26 JurRundsch. Rspr. **26** 1629; RG. 18. 12. 28 „Beamtenbund" **29** Nr. 19 = „Recht" **29** 129. Ferner haftet die Behörde für sorgfältige Aufbewahrung der Fahrräder der Beamten, wenn sie einen Abstellraum zur Verfügung gestellt hat. RG. „Recht" **23** 341 Nr. 1192. Dasselbe gilt bei mangelhafter Verwahrung der Garderobe der Beamten. OLG. Hamburg „Recht" **1922** 241 Nr. 1150, sowie bei wahrheitswidrigen Berichten des Vorgesetzten. RG. **105** 197. Wegen Sicherung von Fahrrädern gegen Diebstahl aus Reichsgebäuden s. RPM. 15. 10. 26 — I/VI O 1497. Wegen der Pflicht zur ordnungsmäßigen und nicht gesundheitsschädlichen Instandsetzung von Dienstwohuungen s. RG. **71** 243; **91** 21. Verjährung nach § 852 BGB. tritt in allen diesen Fällen nicht ein. RG. „Recht" **24** 485 Nr. 1676. Wegen der Entschädigung der von Tumultschäden betroffenen Beamten s. MJ. 14. 3. 21 (MBl. 94).

Aus den Gründen einer Dienstbeschädigung haftet das Reich nach § 6 RHaftG. 22. 5. 10 nur nach dem MannschaftsversorgungsG und in dessen Umfang. RG. **98** 208; JW. **21** 272 Nr. 5; **a. M.** OLG. Dresden 9. 1. 19. JW. **19** 197 Nr. 5.

B. Die Schadensersatzpflicht bei Vornahme privatrechtlicher Verrichtungen.

1. Nicht selten stehen sich das Reich bzw. der es vertretende Beamte **und das Publikum gleichberechtigt** gegenüber. Es ist dies stets der Fall, wenn das Reich nicht als Inhaber der Hoheitsgewalt, sondern **als Vermögenssubjekt (als Fiskus)** mit Privatpersonen auf privatrechtlichem Gebiete in Beziehungen tritt.

2. Das Reich betreibt wie Private **eine Reihe von kaufmännischen und gewerblichen Unternehmungen,** z. B. Eisenbahnen, Post- und Telegraphenanstalten, Bergwerke, Salinen u. dgl. Das Reich wird deshalb beim Betriebe solcher Gewerbe im allgemeinen nach denselben Grundsätzen beurteilt wie sonstige Gewerbetreibende. Seine Beamten, die es hierbei vertreten, z. B. Transportverträge abschließen (RG. **109** 209), Verkäufe bewirken, bei der Leitung und Durchführung des Unternehmens tätig sind, Auskünfte erteilen (RG. **68** 285) u. dgl., verlassen daher bei solchen Rechtsakten das privatrechtliche Gebiet nicht, handeln vielmehr als Betriebsgehilfen. RG. **109** 209. Daran ändert auch nichts der Umstand, daß durch besondere Gesetze gewisse große Unternehmungen, wie die Post und die Eisenbahn, aus dem Kreise der

Kaufleute herausgehoben sind, wie dies z. B. durch § 452 HGB. u. PostG. 28. 10. 71, 26. 3. 14 u. 22. 3. 21 für die Post und die §§ 453ff. HGB. für die Eisenbahnen hinsichtlich der von ihnen vorzunehmenden Beförderung von Gütern und Personen geschehen ist. RG. „Recht" **23** 357 Nr. 1237; RG. **109** 209. So sind z. B. die dienstlichen Verrichtungen der Postbeamten, die sie zur Vorbereitung, beim Abschlusse oder in Erfüllung solcher Verträge vorzunehmen haben, in der Regel privatwirtschaftlicher Natur. So sind auch die von der Postverwaltung im Rahmen des Postscheckverkehrs mit den Postscheckkunden geschlossenen Verträge ebenso wie der Postanweisungsvertrag privatrechtlich. RG. 18. 6. 26 JurW. **26** 2295 Nr. 11. Dasselbe gilt vom Leeren der Briefkästen, dem Sortieren der Briefe, der Beförderung der Briefe und Pakete von einem Postamt zum anderen oder zum Bahnhof. RG. JW. **25** 942 Nr. 11. Ferner ist privatrechtlich auch die Erteilung von Auskünften über den Umrechnungskurs bei Geldüberweisungen aus dem Ausland. RG. 18. 6. 26 SeuffArch. **81** 47. Vereinzelt treten die Verkehrsbeamten allerdings als Träger von Hoheitsrechten auf, z. B. bei Handhabung der Bahnpolizei, bei der Zustellung von Briefen mit Zustellungsurkunde, der Aufnahme von Wechselprotesten, der Vornahme von Vollstreckungshandlungen im Verwaltungszwangsverfahren und der Beitreibung von Gebühren. Breithaupt JW. **25** 942; **26** 2295 Nr. 11; RG. **91** 273; **104** 143; **107** 275.

Die neue Deutsche Reichsbahngesellschaft wird nicht für Rechnung des Reichs verwaltet, sondern ist eine Aktiengesellschaft, die den Betrieb der ihr nur anvertrauten Reichsbahn kraft eigenen Rechts und für eigene Rechnung führt. Nach § 5 Abs. 4 RBahnG. sind mit dem Betriebsrecht alle mit den Bahnen und alle mit dem Unternehmen „Deutsche Reichsbahn" (V. 12. 2. 24, RGBl. I 57) verbundenen Rechte und Pflichten auf die Gesellschaft übergegangen; nach § 43 a. a. O. hat sie die Rechte und Pflichten des Reichs, die sich aus dem durch den Staatsvertrag v. 30. 4. 20 bewirkten Übergang der Staatsbahnen auf das Reich ergaben, übernommen. Die bei dem Reichsbahnfiskus entstandenen Verpflichtungen, insbesondere auch die Schadenersatzpflichten, die vor dem Inkrafttreten der VO. v. 12. 2. 24 durch Amtspflichtverletzungen für das Deutsche Reich begründet sind, sind auf die Deutsche Reichsbahngesellschaft übergegangen. RG. 11. 3. 27 JW. **27** 1352 = JurRundsch. Rspr. **27** Nr. 1130. Deshalb kommen auch die Grundsätze über die Haftpflicht, wie sie für die Staatseisenbahnen galten, auf die neue Reichsbahngesellschaft zur Anwendung. RG. 14. 11. 24 in DJZ. **24** 110, 111; OLG. Darmstadt 14. 7. 24 in DJZ. **24** 124. Es haftet für Verschulden ihrer Beamten die Bahngesellschaft und nicht das Reich. Ebenso haftet für Verschulden der Beamten der Reichsbank diese und nicht das Reich. Der Schaden entsteht bei diesen Unternehmungen meist auf Privatrechtsgebiet; Fälle, in denen diese Beamtengruppen als Träger der öffentlichen Gewalt hervortreten, sind verhältnismäßig selten; vgl. Ullmann BeamtJahrb. **26** 337ff.

3. Ferner aber tritt **das Reich auch sonst,** abgesehen von seiner Tätigkeit als Gewerbetreibender, **als Privatrechtsperson** mit der Außenwelt in Berührung. Es geschieht dies z. B., wenn das Reich Grundstücke ankauft, um darauf Gebäude zu errichten, wenn es als Bauherr bei Errichtung eines fiskalischen Neubaues mit Architekten, Bauhandwerkern u. dgl. Verträge abschließt, wenn es Utensilien für den Geschäftsbedarf der Behörden und Beamten anschafft, wenn es Rechte wahrnimmt oder Pflichten erfüllt, die aus dem Eigentum oder dem Nachbarrecht entspringen u. dgl.; vgl. hierzu RG. **56** 88; **71** 46; **72** 349; JW. **02** 226[48].

4. Endlich fallen in den Privatrechtsbereich auch alle diejenigen Handlungen, die **nur aus Anlaß der Ausübung von Hoheitsrechten** erfolgen, aber **ihrer Natur und Zweckbestimmung** nach **der reinen staatlichen Vermögensverwaltung** angehören. JW. **12** 381 [1]. Eine Abgrenzung der reinen Hoheitssphäre des Staates von privatrechtlicher Vermögensverwaltung ist nicht immer leicht. Aus der reichen Rechtsprechung seien folgende Fälle hervorgehoben:

a) **Auf militärischem Gebiet** sind die Grenzlinien mitunter besonders zweifelhaft.

So wird man z. B. die schadenbringende Tätigkeit eines Offiziers als Ausübung der öffentlichen Gewalt ansehen müssen, wenn es sich hierbei um einen auf die militärische Ausbildung der Truppen gerichteten Akt gehandelt hat; hierher gehören die in direkter Ausübung des Militärhoheitsrechts veranstalteten Schießübungen der Truppen sowie der Übungen der Pioniere im Schanzen- oder Brückenbau (RG. **24** 36; **54** 198; RG. „Recht" **23** 357 Nr. 1238) sowie die Übungsfahrten der Kriegsschiffe (RG. **72** 347). Auch der Betrieb der einen Teil der Militärverwaltung bildenden militärtechnischen Einrichtungen, wie Artilleriewerkstätten, wird als Ausfluß des Militärhoheitsrechtes anzusehen sein (RG. **44** 225). Dasselbe gilt, wenn ein Offizier durch eine ungenaue oder zu weit gehende Fassung einer dienstlichen Weisung die Schadenstiftung eines Militärpostens verschuldet hat. RG. **91** 11. Ein militärisches Fahrzeug wird nur dann in Ausübung der öffentlichen Gewalt benutzt, wenn seine Verwendung in engster Beziehung zur Ausbildung der Truppe und zur Förderung von deren militärischer Verwendungsfähigkeit steht. RG. 29. 3. 27 JW. **27** 2199. Dagegen sind Anordnungen und Handlungen der Militärverwaltung, die lediglich aus Anlaß der Ausübung eines Hoheitsrechts erfolgen, jedoch ihrer Natur und Zweckbestimmung nach der staatlichen Vermögensverwaltung angehören, militärfiskalische Anordnungen oder Akte. Dies gilt insbesondere hinsichtlich der vom Gesetze dem Eigentümer oder Besitzer auferlegten Verantwortlichkeit wegen der durch seine Sachen verursachten Beschädigungen. So hat der Militärfiskus die privatrechtliche Pflicht der ordnungsmäßigen Verwahrung, Untersuchung, Be- oder Wegschaffung der zu fiskalischen Beständen gehörigen Materialien (RG. **55**

174; 78 329); ferner hat er die zivilrechtliche Unterhaltungspflicht an Gebäuden und an den mit einem Grundstück verbundenen Werken, die Fürsorge für eine solche Beschaffenheit oder Behandlung von Eigentumsgegenständen, die Gefährdungen ausschließen (RG. **53** 276; **54** 53 u. 157). Daher kommt auch dann die Militärhoheit nicht in Frage, wenn durch die von der Militärbehörde zu Übungs- und Verkehrszwecken eingerichtete Telegraphenleitung eine zufällig vorübergehende Person getötet wird; denn in der Unterhaltung und Beaufsichtigung eines dem Militärfiskus gehörigen Gegenstandes liegt lediglich eine privatrechtliche Angelegenheit. OLG. **5** 246 (OLG. Colmar). Dasselbe gilt, wenn im Anschluß an eine militärische Übung ein Offizier einen Transportvertrag abschließt. RG. **120** 304 = JW. **28** 1289; s. dazu Wagner ebenda.

Die Arbeiter- und Soldatenräte waren nicht Vertreter des Reichs im Sinne der §§ 89, 31 BGB., sondern handelten in Ausübung der ihnen anvertrauten öffentlichen Gewalt. RG. **99** 285; **100** 26; **112** 99.

b) Privatrechtliche Pflichten stehen in Rede, wenn es sich um Pflichten handelt, **die jeder Eigentümer hat.** Damit ist die Haftpflicht des Fiskus in seiner Eigenschaft als Eigentümer von Grundstücken oder als Bauherr, Bauunternehmer usw. ausgesprochen (vgl. RG. **50** 397; **53** 53 u. 276; **62** 31; **78** 329; **91** 273; **106** 340; Delius 8ff.).

Wird bei Ausübung des Rechts, Telegraphenanlagen zu errichten, die Verkehrssicherheit gefährdet und dadurch Schaden angerichtet, so handelt es sich nicht um Vorgänge bei Ausübung der öffentlichen Gewalt. In solchen Fällen haftet also die Reichspost nicht nach Art. 131 RV. u. G. 22. 5. 10, sondern nach § 831 BGB. So z. B. für Umstürzen einer morschen Telegraphenstange RG. **55** 174; für Sturz infolge mangelhafter Beleuchtung einer Baustelle beim Telegraphenbau RG. **91** 273; für den Zusammenstoß eines Postwagens mit einer Straßenbahn RG. **109** 209; für Schäden infolge Legens von Schienen oder Rohrleitungen auf öffentlichen Wegen sowie infolge Überspannung des Luftraumes mit Drähten RG. **118** 93; eine Gefährdungshaftung ohne Verschulden eines Beamten kann aber in solchen Fällen nicht anerkannt werden. RG. 14. 3. 27 JW. **27** 1599 und „Recht" **27** 342; Neugebauer ebenda; s. auch unten C II Ziff. 4.

c) Ferner handelt es sich auch dann um zivilrechtliche Pflichten des Fiskus, wenn er als **Verwahrer** der ihm amtlich übergebenen Gegenstände in Frage kommt, vgl. hierzu Weigert Gruchot **69** 303ff.

So liegt ihm eine das Privatrechtsgebiet berührende Fürsorge ob für die von der Zollverwaltung zum Zwecke der zollamtlichen Behandlung in Besitz genommenen Sachen. RG. **48** 256; **67** 340; s. auch Bolze **3** Nr. 311; RG. **48** 257; **51** 220; **67** 340; **84** 339; **108** 251; RG. „Recht" **23** 51 Nr. 194.

5. Hat der Beamte in Ausübung privatrechtlicher Verpflichtungen Schaden angerichtet, **so kommen für die Haftung des Reichs die §§ 31, 89 BGB.** und **für die Haftung des Beamten,** falls dieser unmittelbar in

Anspruch genommen wird, **die §§ 839 bis 841 zur Anwendung.** Der Geschädigte hat im allgemeinen die Wahl, ob er das Reich oder den Beamten verklagen will (s. aber § 839 Abs. 1 Satz 2 BGB.). Haftet das Reich nicht, weil die besonderen Voraussetzungen der §§ 31, 89 BGB. nicht gegeben sind, so haftet der Beamte allein. Der Geschädigte wird in der Regel, wenn er sich auf die §§ 31, 89 BGB. stützen kann, sich an das Reich halten, da er von diesem, falls sein Anspruch begründet ist, sicherer Ersatz erhält als bei dem nicht selten vermögenslosen Beamten. Dagegen kann er das Reich und den Beamten gemäß §§ 421, 840 BGB. als Gesamtschuldner in demselben Rechtsstreit auf Ersatz des Schadens verklagen. RG. „Recht" **07** 966 Nr. 2241).

Die Entscheidung der Frage, ob der Geschädigte von einem Dritten Ersatz des Schadens verlangen kann, kann auch in dem Rechtsstreit des Geschädigten gegen den Fiskus herbeigeführt werden. Dies braucht nicht etwa in einem besonderen Rechtsstreit zu geschehen. RG. **96** 164.

6. Das Reich ist nach den §§ 31, 89 BGB. Abs. 1 für den Schaden verantwortlich, **den ein verfassungsmäßig berufener Vertreter durch eine in Ausführung der ihm zustehenden Verrichtungen begangene, zum Schadensersatze verpflichtende Handlung einem Dritten zufügt.** Hiernach tritt die Haftung des Reichs usw. unter folgenden Voraussetzungen ein:

a) Der schädigende Beamte muß ein **verfassungsmäßig berufener Vertreter** des Reichs sein. Verfassungsmäßig zum Vertreter des Reichs berufen sind diejenigen Personen, die, wenn sie auch zur Leitung der Körperschaft nicht notwendig berufen sind, doch eine mehr oder weniger umfangreiche Tätigkeit innerhalb eines größeren sachlichen Geschäftskreises oder örtlichen Gebietes auf Grund der die Verwaltungsorganisation regelnden Bestimmungen entfalten. RG. **53** 279; **55** 176; **62** 31; **70** 119; **74** 23; JW. **11** 149[3]; **12** 282[1]. Es muß sich um Willensvertreter, nicht um Werkzeuge der eigentlichen Vertreter handeln. RG. **53** 279; **55** 176; **62** 35.

Als verfassungsmäßig berufene Vertreter im Sinne des § 31 BGB. sind z. B. anerkannt worden:

der Betriebsinspektor der Eisenbahn (RG. **53** 276); der Stationsvorsteher der Reichsbahn. OLG. Stuttgart (JW. **28** 1756); RG. 5. 7. 28 JW. **28** 2317 = RG. **121** 382; die örtlichen und stellvertretenden Leiter der „Dienststellen" (Bahnhöfe, Bahnmeistereien, Güterabfertigungen usw.). RG. 24. 1. 29 „Recht" **29** 124 = BHR. **29** 34; der Betriebsdirektor des Kanalamts (RG. **79** 107); der Vorstand der Kanalbauverwaltung (RG. **106** 340). Bei der Reichsbank gehören zu ihnen z. B. die Vorstandsbeamten der Hauptstellen und der selbständigen Bankanstalten; vgl. Ullmann BeamtJahrb. **26** 339.

In diesen Fällen haftet also das Reich pp. trotz sorgfältiger Auswahl. RG. 5. 7. 28 JW. **28** 2317 = RG. **121** 382.

Dagegen sind nicht als verfassungsmäßig berufene Vertreter, sondern als bloße Angestellte oder Werkzeuge angesehen worden:

der Kanallotse (RG. **74** 250; **79** 104; dagegen RG. **86** 122 u. **87** 348, wonach die Tätigkeit des Kanallotsen als Ausübung der öffentlichen Gewalt angesehen und daher die Staatshaftung bejaht wird); s. dazu RG. 31. 5. 27 JW. **27** 2203; ferner der Offizier, der nur auf Anordnung eines Vorgesetzten zu einer Verrichtung z. B. zur Beförderung von Baustoffen bestellt war RG. 15. 3. 28 JW. 1289 = HRR. **28** Nr. 1242 = RG. **120** 304.

b) Außerdem **haftet das Reich**, soweit es sich nicht um Vertragsverhältnisse handelt, für seine Beamten, die nur als seine Werkzeuge anzusehen sind, nur **gemäß §§ 664, 691, 812ff., 831 und 701 BGB.**

Von diesen Vorschriften **ist § 831 von besonderer praktischer Bedeutung.** Danach haftet das Reich für den Schaden, den seine Beamten (Werkzeuge) in Ausführung ihrer amtlichen Verrichtungen — auf privatrechtlichem Gebiet — einem Dritten widerrechtlich zufügen, dann nicht, wenn es bei der Auswahl des Beamten — und sofern es, wie z. B. bei fiskalischen Bauten, Vorrichtungen oder Gerätschaften zu beschaffen oder die Ausführung der Verrichtung zu leiten hat, bei der Beschaffung oder der Leitung — die im Verkehr erforderliche Sorgfalt beobachtet hat; auch ist seine Ersatzpflicht ausgeschlossen, wenn der Schaden auch bei Anwendung dieser Sorgfalt entstanden sein würde. Hiernach haftet grundsätzlich das Reich für die — außervertraglichen — Schadenszufügungen seiner nicht zu den verfassungsmäßig berufenen Vertretern gehörigen Beamten auf privatrechtlichem Gebiet (im Gegensatz zu Staatshoheitsakten) nur insoweit, als es selbst ein Verschulden trifft. Das Reich ist hiernach verpflichtet, die zur Verrichtung einer Amtshandlung bestellten Beamten sorgfältig auszuwählen und zu beaufsichtigen und haftet nur bei Verletzung dieser Pflicht für den Schaden, den die bestellten Beamten durch eine in Ausführung ihrer Verrichtungen begangene unerlaubte Handlung einem Dritten zugefügt haben, vorausgesetzt, daß der Schaden ohne die Pflichtverletzung nicht entstanden sein würde. Das Reich haftet dann nach § 823 BGB. für die schuldhafte Verletzung seiner allgemeinen Überwachungs-, Kontroll- und Unterweisungspflicht unmittelbar und kann sich nicht auf § 831 BGB. berufen. RG. JurRundsch. **25** 697; RG. **112** 295.

c) Die schädigende Handlung muß ferner, um die Haftpflicht des Reiches zu begründen, **in Ausführung der dem Beamten zustehenden Verrichtungen** begangen sein. Hiernach tritt die Haftung des Reiches nicht nur ein, wenn der Beamte in Ausführung seiner Vertretungsmacht, also auf rechtsgeschäftlichem Gebiete gehandelt hat, sondern auch dann, wenn er nur Verrichtungen tatsächlicher Art, z. B. technische Handlungen oder Schriftwechsel ohne rechtsgeschäftlichen Inhalt vornimmt; JW. **13** 590. Die Haftung des Reiches tritt daher z. B. dann ein, wenn der Beamte bei der Leitung einer fiskalischen Fabrik, eines Bergwerks oder dergleichen oder bei der Aufsicht oder Verwahrung fiskalischer Sachen unerlaubte

Handlungen vornimmt, z. B. durch eine gesetzwidrige Anordnung in der Fabrik eine Gesundheitsschädigung verursacht (RG. **57** 97) oder durch Fabrikation von Waren ein Patentrecht verletzt (RG. „Recht" **05** 829[2093]).

d) Die schadenbringende Handlung kann entweder **eine positive Handlung** oder **eine Unterlassung** sein. Hiernach ist die Haftung des Reiches auch dann begründet, wenn der Beamte diejenigen Handlungen unterläßt, die ihm durch Gesetz oder Verwaltungsanordnung übertragen sind. JW. **03** Beil. 39; **04** 284; **05** 486[4]; **06** 376; RG. bei Gruchot **44** 715; RG. im „Recht" **04** 628; OLG. **9** 27 (OLG. Dresden); s. auch RG. **53** 276.

e) Die schädigende Handlung oder Unterlassung muß **innerhalb des verfassungsmäßigen Wirkungskreises** des Beamten liegen. Nur unter dieser Voraussetzung haftet das Reich für eine Handlung des Beamten, die falsch oder pflichtwidrig oder unter Überschreitung amtlicher Befugnisse vorgenommen war, und für eine Unterlassung des Beamten, der eine ihm verfassungsmäßig zukommende Aufgabe nicht oder nicht gehörig erfüllt hat. RG. „Recht" **09** Nr. 1837; OLG. **8** 14 (OLG. Hamburg); **9** 20 (OLG. Dresden); RG. **117** 65; RG. 26. 3. 28 SeuffArch. **82** 258. Das Reich braucht hiernach nicht das zu vertreten, was der Beamte außerhalb seines Geschäftskreises oder nur bei Gelegenheit der Ausübung seiner amtlichen Verrichtungen vornimmt.

Ebenso braucht das Reich nicht für das einzustehen, was ein unberechtigter Vertreter einem Dritten zugesichert hat; denn rechtsunwirksame Verträge binden die betreffende Körperschaft nicht und können auch nicht dazu führen, im Hinblick auf das — nur im bürgerlichen Recht anzuerkennende — sog. Vertrauensinteresse der Körperschaft eine entsprechende Verpflichtung aufzuerlegen. RG. „Recht" **25** 257 Nr. 887 = Gruchot **68** 550 = RG. **110** 293; **a. M.** Stoll JW. **25** 1616; Josef PrVBl. **47** 303, 304.

7. Die Haftung des Reiches gemäß § 31 BGB. umfaßt nur die Fälle des **außervertraglich verursachten Schadens.** Bei der Erfüllung von vertragsmäßig übernommenen Verbindlichkeiten haftet das Reich für seine Beamten nach § 278 BGB.; s. oben unter B 2 S. 122.

8. In zahlreichen praktisch sehr wichtigen Fällen ist **die Haftung des Reiches abweichend vom § 31 BGB. durch Sondergesetze geregelt.** Diese Sondervorschriften sind durch Art. 32 EG. BGB. aufrecht erhalten (vgl. RG. **19** 101; **41** 103; **57** 151; **67** 182; **70** 314; OLG. **9** 22). Sie sind auch nicht durch Art. 131 RV. beseitigt. RG. **107** 42. Es sind dies:

a) Die beschränkte Haftpflicht der Eisenbahnen bei Beförderung von Gütern und Personen gemäß §§ 453 ff. HGB.

b) Die beschränkte Haftpflicht des Post- und Telegraphenfiskus bei der Beförderung von Briefen, Telegrammen usw. gemäß §§ 6 ff. RPostG. 28. 10. 71 (RGBl. 347); §§ 18 XV, 19 VIII Postordg. 28. 7. 17; § 13 PostscheckO. 6. 11. 08 (RGBl. 763); § 21 TelegrO. 16. 6. 04 (R.G. **57** 150; **67** 182; **70** 314; **107** 42).

c) Die beschränkte Haftpflicht der Postverwaltung bei der Erledigung von Protestaufträgen gemäß § 4 RG. betr. die Erleichterung des Wechselprotestes v. 30. 5. 08 (RGBl. 321).

d) Die erweiterte Haftpflicht der Eisenbahnen usw. für die bei dem Betriebe von Eisenbahnen, Bergwerken usw. herbeigeführten Tötungen und Körperverletzungen gemäß dem Reichshaftpflichtgesetz 7. 6. 71 (RGBl. 207).

e) Die erweiterte Haftpflicht der Eisenbahnunternehmungen für den Schaden, der bei der Beförderung von Sachen auf der Bahn entstanden ist, gemäß §§ 25, 47 des preuß. Eisenbahnges. 3. 11. 38 (GS. 505). Diese Vorschrift ist gemäß Art. 105 EG. BGB. insoweit, als sie sich auf die Beschädigung von Sachen bezieht, aufrecht erhalten.

f) Eine beschränkte Haftung des Reiches usw. ist endlich in den §§ 10, 12, 13 RUFG. vorgesehen; s. auch über die Militärversorgungsgesetze RG. **98** 208.

C. Die Haftung des Beamten.

I. gegenüber dem Reiche.

1. Das Reich kann durch die schadenstiftende Handlung des Beamten bei Vornahme privatrechtlicher Akte entweder **direkt** geschädigt sein, indem sich die Handlung gegen es selbst richtete, oder es ist nur **mittelbar** geschädigt, indem es gemäß § 31 oder § 278 oder endlich gemäß § 831 BGB. für den Schaden hat aufkommen müssen, den der Beamte einem Dritten zugefügt hat. Im letzteren Falle tritt das Reich als Regreßnehmer auf und verlangt vom Beamten das erstattet, was es dem Dritten als Schaden hat ersetzen müssen. In gewissen Fällen kann das Reich im Defektenverfahren Ersatz verlangen; vgl. unten §§ 134ff.

2. Ob und inwieweit der Beamte dem Reiche haftet, bestimmt sich gemäß Art. 80 EG. BGB. und § 19 RBG. in Preußen nach den **preußischrechtlichen Vorschriften.** Es sind daher auch jetzt noch maßgebend die Bestimmungen in den §§ 88 bis 91, 127 bis 145 II 10 ALR. RG. **43** 385; **56** 340; **82** 279; **95** 346; JW. **06** 551[20]; RG. JurRundsch. **25** 188.

3. **Ist das Reich durch den Beamten geschädigt,** so kann es von ihm Ersatz verlangen für jedes Versehen, das bei gehöriger Aufmerksamkeit und nach den Kenntnissen, die bei der Verwaltung des Amtes erfordert werden, hätte vermieden werden können und sollen.

a) Der Beamte haftet für jedes, auch geringes Versehen. Er kann sich nicht etwa damit entschuldigen, daß er die einschlägige Gesetzesvorschrift nicht gekannt oder nicht die erforderliche Bildung oder Erfahrung besitze oder daß er die Angelegenheit vor ihrer Erledigung mit anderen Beamten besprochen habe. RG. bei Gruchot **28** 968; **30** 137; RG. in MfdB. **08** 438; RG. **75** 233.

b) Ein vertretbares Versehen liegt aber nicht vor, wenn das Gesetz verschieden ausgelegt werden kann und die vom Beamten befolgte

Auslegung auch sonst im Schrifttum oder der Praxis gebilligt wird. Bolze **7** 100. Dasselbe gilt, wenn in einem zweifelhaften Falle der Beamte seiner Auffassung folgt, während später die ihm vorgesetzte Behörde oder das erkennende Gericht ein anderes Verfahren für richtiger hält. JW. **94** 93 u. RG. **42** 346. Auch liegt kein Verschulden vor, wenn der Beamte auf Grund einer zwar rechtsirrigen, aber doch zweifelhaften und von einem Kollegialgericht vertretenen Beurteilung einer Rechtsfrage obrigkeitliche Handlungen vorgenommen hat. RG. 5. 4. 27 JW. **27** 2203.

c) **Der Beamte haftet dem Reiche** in allen Fällen des nur durch Fahrlässigkeit verursachten Schadens **nur subsidiär,** d. h. nur dann, wenn kein anderes Mittel, durch das die nachteiligen Folgen der Verfehlung des Beamten beseitigt werden können, mehr übrig ist. § 91 II 10 ALR.; s. auch RG. **32** 322. Solange der Anspruch noch gegen andere Personen verfolgt werden kann, ist die Klage des Fiskus gegen den Beamten unzulässig. JW. **98** 186; **02** 436. Bei Vorsatz haftet der Beamte dem Reiche unmittelbar und nicht nur subsidiär. RG. **82** 280 u. die dort verzeichnete Literatur; **a. M.** Delius 132.

d) Die **Verjährung** des Regreßanspruchs gegen den schuldigen Beamten tritt in 3 Jahren ein. Dies gilt aber nach § 2 G. v. 22. 5. 10 nur, wenn das Reich auf Grund eines Hoheitsaktes des Beamten in Anspruch genommen wird. Sonst verjährt der Anspruch erst in 30 Jahren. Delius 116. Der etwaige Verzicht auf den Regreßanspruch ist nach den Regeln des öffentlichen Rechts zu beurteilen. RG. „Recht" **23** 357 Nr. 1238.

II. gegenüber Dritten.

1. Die Haftpflicht der Beamten Dritten gegenüber **regelt sich jetzt ausschließlich nach § 839 BGB.** Danach gelten folgende Hauptrechtsgrundsätze:

a) Jeder Beamte, der vorsätzlich oder fahrlässig die ihm einem Dritten gegenüber obliegende Amtspflicht verletzt, hat dem Dritten den daraus entstehenden Schaden zu ersetzen.

Dies gilt aber nur bei Pflichtverletzungen auf dem Privatrechtsgebiet. Handelt es sich um die Ausübung der öffentlichen Gewalt, so ist, jedenfalls soweit § 839 Platz greift, an die Stelle des Beamten hinsichtlich der Haftpflicht nach Art. 131 RV. und nach dem Gesetze vom 22. 5. 10 das Reich getreten; s. auch oben A 3.

b) Fällt dem Beamten kein Vorsatz, sondern nur Fahrlässigkeit zur Last, so kann er nur dann in Anspruch genommen werden, wenn der Verletzte nicht auf andere Weise Ersatz zu erlangen vermag. In diesem Falle haftet also der Beamte nur subsidiär.

c) Verletzt ein Beamter bei dem Urteil in einer Rechtssache seine Amtspflicht, so ist er für den daraus entstehenden Schaden nur dann verantwortlich, wenn die Pflichtverletzung mit einer im Wege des gerichtlichen Strafverfahrens zu verhängenden öffentlichen Strafe bedroht ist. Es muß sich aber dabei um solche Sachentscheidungen handeln, die in der äußeren Form eines Urteils ergehen. Bloße Beschlüsse des Gerichts fallen nicht unter die Ausnahmevorschrift. RG. 8. 2. 27 JW. **27** 1250. Bei pflichtwidriger Verweigerung oder Verzögerung haften aber die Richter ebenso wie andere Beamte. Es muß sich auch um Urteile in Zivil- oder Strafsachen nach der ZPO. oder StPO. handeln. Entscheidungen des Mieteinigungsamtes kommen hier nicht in Betracht. RG. 17. 2. 28 HRR. **28** Nr. 1243 = DRichtZtg. **28** Rspr. Sp. 204.

d) In allen Fällen (zu a bis c) tritt eine Ersatzpflicht des Beamten nicht ein, wenn der Verletzte vorsätzlich oder fahrlässig unterlassen hat, den Schaden durch Gebrauch eines Rechtsmittels abzuwenden. Dies konkurrierende Verschulden des Beschädigten beseitigt also die Haftpflicht des Beamten.

2. Der § 839 BGB. regelt die Beamtenhaftung erschöpfend, es kommen nicht daneben noch die allgemeinen Bestimmungen der §§ 823ff. BGB. in Betracht. RG. **87** 348; **94** 103; **100** 287.

3. Der Beamte muß, um haftpflichtig zu sein, **eine ihm gegenüber einem Dritten obliegende Amtspflicht verletzt haben.**

Was alles zu den Amtspflichten eines Beamten gehört, läßt sich allgemein nicht beantworten. Der Kreis dieser Pflichten ist für jeden Beamten durch Gesetze, Verordnungen, Dienstanweisungen, Verfügungen seiner Vorgesetzten und die tatsächliche Verwaltungsübung besonders festgelegt.

Nicht unter § 839 fallen die zahlreichen Dienstvorschriften, deren Zweck nur die Aufrechterhaltung der öffentlichen Ordnung, der Landesverteidigung, der Strafrechtspflege, des Besteuerungswesens, der Schutz der vermögensrechtlichen Interessen des Gemeinwesens oder das Interesse des Gemeinwesens an einer ordentlichen Amtsführung des Beamten ist. RG. **78** 243; RG. „LZ." **24** 639. Die Staatshaftung fällt deshalb fort, wenn es sich um eine Verletzung von Pflichten handelt, die dem Beamten lediglich im Interesse des Staates und der Allgemeinheit auferlegt sind, so z. B. wenn ein Minister bei Währungsmaßnahmen in der Wahl der Mittel fehlgegriffen hat. RG. 4. 11. 27 HRR. **28** 59 = RG. **118** 325; a. M. Delius LZ. **28** 242. Keine Amtspflicht verletzt ferner z. B. ein Minister, wenn er die zugunsten eines Beamten gefaßten Beschlüsse eines Reichstagsausschusses, z. B. zur „Berücksichtigung einer Beamtenpetition", nicht befolgt. RG. 11. 11. 26 DRichtZtg. Rspr. **27** 6. Keine Amtspflicht einem Dritten, sondern nur dem Vorgesetzten gegenüber verletzt in der Regel der vorverfügende Beamte; schadensersatzpflichtig nach außen ist in solchen Fällen regelmäßig nur der Vorgesetzte, der die schadenstiftende Verfügung unterschrieben hat, bzw. das Reich. Nur ausnahmsweise haftet der vorverfügende Beamte neben dem Vorgesetzten, nämlich dann, wenn der vorverfügende Beamte zu dieser Tätigkeit durch eine, auch ihn als verantwortlich bezeichnende Vorschrift bestimmt ist. In allen Fällen bleibt dem Vorgesetzten der Rückgriff gegen den vorverfügenden Beamten offen. Vgl. Josef „LZ." **27** 1099ff.

Dagegen sind als **Pflichten, die dem Beamten gegenüber Dritten** obliegen, solche anzusehen, die dem Beamten im Interesse des einzelnen auferlegt sind. RG. **78** 243.

Hierher gehören z. B. die Pflicht zur Amtsverschwiegenheit. Josef in ArchZPr. **98** 428; Delius **144**; durch Bruch der Schweigepflicht verletzt daher ein Beamter die ihm einem Dritten gegenüber obliegende Amtspflicht. RG. **87** 419; **88** 171; ferner gehört hierher die Pflicht zur Anmeldung eines nichtplanmäßigen, versicherungspflichtigen Beamten zur Angestelltenversicherung. RG. „Recht" **23** 52 Nr. 195; die Pflicht des eine Ausweisung verfügenden Beamten, die Auslegung des Staatsangehörigkeitsgesetzes durch das Reichsgericht zu beachten. RG. „Recht" **22** 169 Nr. 845; die Pflicht eines mit Vergleichsverhandlungen über Ersatz von Besatzungsschäden beauftragten Vertreters der Reichsinteressen zur Erteilung richtiger Auskünfte RG. 13. 3. 28 JW. **28** 1445; s. JW. **28** 2022; die Pflicht der Beamten, die Grenzen ihrer Zuständigkeit einzuhalten. RG. „Recht" **22** 227 Nr. 1102; ferner die Verpflichtung des Telegraphenbeamten zur Vergleichung der behufs Kontrolle von der Endstation abgesandten Rückdepesche mit dem Original. RG. bei Gruchot **48** 929; die Verpflichtung des Postbeamten zur Beobachtung der vorgeschriebenen Vorsichtsmaßregeln bei Auszahlung postlagernder telegraphischer Postanweisungen. OLG. Colmar in OLG. **12** 117; die Pflicht des Eisenbahnbeamten, sich von der Übereinstimmung des von ihm abgestempelten Frachtbriefduplikats mit dem Frachtbriefe zu überzeugen. RG. „Recht" **24** 220 Nr. 639; die Pflicht der Reichsbahnbeamten, den Duplikatfrachtbrief vor Annahme des Gutes nicht zu unterstempeln und herauszugeben. RG. 11. 3. 27 JW. **27** 1352; die Pflicht der Reichsbahnbeamten, nicht zu streiken. RG. „Recht" **25** 647 = „LZ." **25** 1156;

die Pflicht, im Steuerveranlagungsverfahren unter bestimmten Voraussetzungen den Steuerschuldner zu hören. RG. „LZ." **24** 639 = „Recht" **24** 187 Nr. 538; die Pflicht der Steuerbeamten zur ordnungsmäßigen Erledigung ihrer Dienstgeschäfte. RG. **111** 64; die Pflicht der Zollbeamten zur Erteilung richtiger Auskünfte. Obergericht Danzig 13. 7. 27 ZBR. **1** 82; RG. 22. 5. 28 ZBR. **1** 82 = RG. **121** 173;

die Pflicht der Kanalbeamten, die Schleusentore ordnungsmäßig zu bedienen. RG. **105** 100.

Der Dritte kann auch ein anderer Beamter sein; so verletzt z. B. ein Beamter seine Amtspflicht, wenn er einem seiner Aufsicht unterstellten Beamten zwar nicht einen bindenden Befehl, aber einen schadenbringenden Rat erteilt oder sonstige Maßnahmen getroffen hat, die für die Entschließung des unterstellten Beamten von Einfluß waren. RG. 23. 9. 27 JW. **27** 2851 = JurRundschRspr. 1391.

4. Den Beamten muß **ein Verschulden** treffen. Das Verschulden kann in Vorsatz oder Fahrlässigkeit bestehen. Ohne Verschulden des Beamten ist eine Haftpflicht aus § 839 BGB. undenkbar. Der Beamte macht sich also nicht schon dadurch verantwortlich, daß er eine objektive gesetzwidrige Handlung vornimmt. RG. **102** 168; RG. JW. **24** 540; **25** 1875²; s. auch Bang Ru.PrVBl. **50** 65ff.

Eine sog. Gefährdungshaftung des Reichs z. B. des Postfiskus bei schadenbringender Legung von Telephondrähten ohne Verschulden eines Beamten ist nicht anzuerkennen. RG. 14. 3. 27 „Recht" **27** 342 = JW **27** 1599 = RG. **116** 286; s. auch oben B 4 zu b.

Der Beamte haftet nach § 276 BGB. nicht bloß für grobes, sondern für jedes, auch das geringste Versehen. Ein Verschulden liegt z. B. nicht vor, wenn der Beamte infolge Überlastung die Vorschriften nicht befolgen konnte. RG. **90** 389; s. aber RG. 1. 10. 26 JurRundsch. **26** Rspr. Nr. 2342. Ob im einzelnen Falle ein vertretbares Versehen vorliegt, ist Tatfrage und nicht immer leicht zu entscheiden. Man wird hierbei nicht den Maßstab eines ideal vollkommenen Musterbeamten, sondern nur den eines pflichtgetreuen Durchschnittsbeamten anwenden können. OLG. Colmar im „Recht" **07** 766; Bolze **3** Nr. 368; **19** Nr. 263; Delius 204; RG. JW. **25** 1875² = „Recht" **25** 222 Nr. 649. Daher liegt Fahrlässigkeit stets dann vor, wenn ein Beamter klare und unzweideutige Vorschriften (Gesetze, Verordnungen, dienstliche Anweisungen u. dgl.), grundlegende Entscheidungen der höchsten Gerichtshöfe, den Inhalt der Akten und der sonst bei der Bearbeitung einer Sache zu berücksichtigenden Urkunden nicht beachtet oder unrichtig anwendet. Dagegen kann von Fahrlässigkeit keine Rede sein, wenn der Beamte zweifelhafte Gesetze oder Verordnungen unrichtig oder entgegen der herrschenden Ansicht auslegt. RG. **42** 236; **58** 430; **59** 381, 388; **85** 72; **105** 222ff.; RG. „Recht" **22** 325 Nr. 1447; OLG. Jena im „Recht" **03** 209; JW. **06** 53 u. 162, 539 (RG.); **09** 11; s. auch RG. **57** 179; **60** 392; **Gruchot 50** 832; RGSt. **30** 140; Bolze **7** Nr. 273. Über die Beweislast des Beamten s. RG. **120** 67. Ein Beamter überschreitet seine Amtsbefugnisse nicht, wenn er bei pflichtmäßiger Prüfung zu der Auffassung kommen durfte, daß er zu seinem Vorgehen berechtigt war. OVG. im PrVBl. **42** 66. Die Beamten, denen das Gesetz eine Freiheit des Handelns in gewissen Grenzen gewährt und denen oft ein schnelles und entschlossenes Handeln durch die Amtspflicht geboten ist, kann nicht der Vorwurf eines schuldhaften Verhaltens treffen, weil nachträglich eine andere als die von ihnen getroffene Maßregel für sachdienlicher und weniger einschneidend erachtet wird. RG. **99** 255; RG. „Recht" **23** 253 Nr. 885; s. auch RG. **104** 264. Ebenso haftet der Beamte, der nach seinem pflichtmäßigen Ermessen zu entscheiden hatte, ob eine bestimmte

Handlung zweckmäßig war, nur unter besonderen Umständen etwa dann, wenn behauptet ist, daß er sein Ermessen mißbraucht oder rein willkürlich gehandelt habe. Solche Willkür liegt vor, wenn ein verständiger Beamter nicht oder doch nicht leicht in solcher Weise gehandelt hätte. RG. **106** 219; **113** 20; RG. „Recht" **23** 253 Nr. 885; RG. JW. **25** 1875 = „Recht" **25** 222 Nr. 649; s. auch „Recht" **25** 765. Ein Ermessensmißbrauch kann auch schon in der Wahl eines durch den zu erreichenden Zweck nicht gerechtfertigten Mittels liegen. RG. 22. 5. 28 HRR. **28** Nr. 1850 = RG. **121** 231 ff. Die Befolgung einer Ansicht, die der Mehrheit der Schriftsteller oder der Auffassung der obersten Gerichtshöfe widerspricht, ist nicht unter allen Umständen als Fahrlässigkeit aufzufassen. JW **04** 536.

Rechtsirrtum kann hiernach nur ausnahmsweise entschuldigen, nämlich dann, wenn die Rechtsnormen selbst unklar sind oder ungewöhnlich verwickelte Tatbestände die richtige Gesetzesanwendung verhindert haben. RG. bei Gruchot **30** 137; **33** 1117; JW. **94** 93; s. auch RG. **39** 99; **40** 204; **42** 326; JW. **88** 36; **06** 132.

5. Der Schaden muß mit der Amtspflichtverletzung **in ursächlichem Zusammenhang** stehen. Dabei genügt es, daß die schädigende Handlung oder Unterlassung erst in Verbindung mit anderen Ereignissen den Schaden verursacht hat.

6. Trifft den Beschädigten an dem eingetretenen Schaden die **Mitschuld,** ist also die Amtspflichtverletzung nicht die alleinige Ursache des Schadens, so kommen über die Verpflichtung zum Schadensersatz die Vorschriften des § 254 BGB. in Betracht. RG. **68** 283.

So liegt z. B. eine Mitschuld vor, wenn der Absender eines Telegramms in wichtigen Fällen eine Zahl nicht in Buchstaben wiederholt hat. RG. im SächsArch. **09** 358, 363 oder wenn der Empfänger die Unrichtigkeit des Telegramms hätte erkennen müssen. OLG. Celle im „Recht" **04** Nr. 1038.

Nach § 839 Abs. 3 BGB. tritt aber die Ersatzpflicht nicht ein, wenn der Verletzte vorsätzlich oder fahrlässig **unterlassen hat, den Schaden durch Gebrauch eines Rechtsmittels abzuwenden.**

Unter einem **Rechtsmittel** versteht man alle Rechtsbehelfe, die eine Beseitigung der schädigenden Verfügung durch eine andere, meist höhere, Instanz ermöglichen, z. B. auch eine Aufsichtsbeschwerde. RG. 24. 1. 27 JW. **27** 1412; RG. 28. 2. 28 JW. **28** 1586 = DRichtZtg. **28** Rspr. Sp. 205.

7. Endlich ist Voraussetzung für die Haftpflicht der **Eintritt eines Schadens.** Die bloße Möglichkeit, daß künftig ein Schaden eintreten werde, genügt also nicht. Mit der Rechtskraft der schadenbringenden Entscheidung steht aber der Schaden bereits fest, und es braucht nicht erst die Vollstreckung der rechtskräftigen Entscheidung abgewartet zu werden.

8. Hat der Beamte eine **fahrlässige** Pflichtverletzung zu vertreten, so steht ihm das wichtige Vorrecht aus § 839 Abs. 1 Satz 2 BGB. zu, wonach

er verlangen kann, **daß der Verletzte sich zunächst auf andere Weise Ersatz zu verschaffen suchen muß.** RG. **51** 192. Wird der Beamte oder der Staat verklagt, aber eingewendet, daß der Kläger sich an einen Dritten halten könne, so kann die Frage eines Verschuldens des Beamten dahingestellt gelassen bleiben. RG. 11. 5. 28 „Recht" **28** 458.

Haftet der Beamte selbst auf Grund der §§ 31, 89 BGB., d. h. in dem Falle, daß der Beamte als verfassungsmäßig berufener Vertreter des Staats den Schaden angerichtet hat, so kann der Beamte von dem Beschädigten zunächst verlangen, daß er sich an den Staat hält.

In allen Fällen muß der Geschädigte den in erster Linie Verpflichteten **erfolglos** in Anspruch genommen haben, ehe er sich an den Beamten halten kann.

9. Nach § 852 Abs. 1 BGB. **verjährt** der Anspruch auf Ersatz des durch die Amtspflichtverletzung des Beamten entstandenen Schadens **in 3 Jahren** von dem Zeitpunkt an, in welchem der Verletzte von dem Schaden und der Person des Ersatzpflichtigen Kenntnis erlangt, ohne Rücksicht auf diese Kenntnis in 30 Jahren von der Begehung der Handlung. Der Beginn der Verjährung hängt aber nicht davon ab, daß der Verletzte auch von dem Umfang des Schadens Kenntnis erlangt hat. RG. **70** 157; JW. **07** 302; **09** 725; s. RG. 4. 5. 26 JW. **26** 2284.

10. Die Verfolgung eines Schadensersatzanspruchs im Rechtswege gegen einen Beamten ist **an die Genehmigung der vorgesetzten Behörde des Beamten nicht gebunden.** Art. 131 Abs. 1 Satz 3 RV.; § 11 EG. GVG.; vgl. RG. **20** 300; OVG. **8** 413; **9** 437; **10** 375; **11** 411; **14** 420; **16** 410.

Die Erhebung des Konfliktes ist unzulässig; dies gilt jetzt auch für preußische Beamte; vgl. G. 16. 11. 20 (GS. **21** 65).

Auch die Entscheidung über eine Vorfrage kann nicht einer anderen Behörde, auch nicht dem Reichswirtschaftsgericht (V. 22. 3. 20, RGBl. 334) so übertragen werden, daß seine Entscheidung für die ordentlichen Gerichte bindend wäre. Das Reichswirtschaftsgericht ist ein Verwaltungsgericht und nicht etwa ein zur Entscheidung bürgerlich-rechtlicher Streitigkeiten berufenes Sondergericht RG. PrVBl. **45** 83.

D. Schadensersatzpflicht bei Ausübung der öffentlichen Gewalt.

1. Hat der Beamte in Ausübung der ihm anvertrauten **öffentlichen Gewalt** gehandelt, so tritt er als öffentlich-rechtlicher Vertreter des Reichs auf. Es haftet in solchen Fällen das Reich für die schädigenden Handlungen des Beamten. RG. **103** 430; RG. JurRundsch. **25** 469; s. auch PrGH. f. KK. 20. 3. 26 JW. **26** 2652 Nr. 2.

Dieser Rechtszustand ist durch Art. 131 Abs. 1 Satz 1 RV. für ganz Deutschland anerkannt. Diese Anerkennung der Reichshaftung ist aus der Erwägung hervorgegangen, daß das Reich, das den Beamten mit obrigkeitlichen Befugnissen ausstattet und solche durch sie ausüben läßt, für die hierbei vorkommenden Verfehlungen dieser seiner Organe aufkommen muß. Die Quelle der Reichshaftung ist jetzt nicht mehr G. v. 22. 5. 10, sondern Art. 131 Abs. 1 Satz 1 u. 3 RV. Die in dem G. v. 22. 5. 10 enthaltenen Bestimmungen haben aber ihre Gültigkeit behalten, soweit sie dem Art. 131 Abs. 1 Satz 1 u. 3 RV. nicht widersprechen; insoweit sind sie eine schon vorhandene „nähere Regelung" im Sinne des Art. 131 Abs. 2 RV. RG. **102** 168; **106** 34; **107** 61. Bei solchen Amtspflichtverletzungen ist also jetzt der Rechtsweg zuzulassen ohne Rücksicht auf die Natur des Rechtsverhältnisses, um das es sich bei der Amtshandlung handelte, insbesondere auch, wenn Akte staatlicher Hoheitsrechte oder sonstige an sich der richterlichen Nachprüfung nicht unterliegende Rechtsfragen in Betracht kommen. Dabei ist allerdings Voraussetzung, daß die Klage sich nicht gegen die Vornahme oder Nichtvornahme des Hoheits- oder Verwaltungsaktes selbst richtet. RG. **103** 134; **107** 367; **109** 294; **110** 348; RG. 12. 4. 26 JurRundsch. **26** Rspr. Nr. 1299. Auch für einen auf Verschulden eines Steuerbeamten sich gründenden Schadenersatzanspruch ist der Rechtsweg zulässig, da es sich nicht etwa um eine Steuersache handelt. RG. 5. 5. 25 JurRundsch. **25** 949. Dasselbe gilt von einem Schadensersatzanspruch, der auf Verschulden der Behörde bei Anwendung der Anstellungsgrundsätze für Versorgungsanwärter (s. oben Anm. A 9 zu § 4) gestützt wird. RG. 24. 6./20. 5. 27 JurRundsch. **27** Rspr. 1138.

Das Reich hat ein Rückgriffsrecht gegen den Beamten bei jedem Verschulden.

Art. 131 belastet mit der Verantwortung für ihre Beamten auch alle sonstigen öffentlichen Körperschaften, wie z. B. die Anstalten öffentlichen Rechts, z. B. die Reichsversicherungsanstalt für Angestellte. RG. 30. 10. 25 JW. **26** 1442 = RG. **112** 335 = Gruchot **68** 666; ferner die Reichsanstalt für Arbeitsvermittlung und Arbeitslosenversicherung; die Reichstreuhandgesellschaft (RG. **111** 403); die Reichsbahngesellschaft (JW. **27** 708 u. 1352) und die Reichsbank (JW. **27** 2197 u. 2855); Ullmann BeamtJahrb. **26** 335 ff.; Josef JurRundsch. **27** 516.

Keine im Rechtsweg verfolgbare Haftung des Reiches tritt ein durch die Handhabung der Gesetzgebungsgewalt. RG. 4. 11. u. 8. 11. 27 JW. **28** 102 u. 1036.

2. Die Haftung des Reichs tritt ein, wenn die Handlung von einem **Reichsbeamten** begangen ist. Auch die auf Kündigung, zur Probe oder auf Widerruf angestellten Beamten kommen in Betracht. Es genügt auch, wenn die Handlung vorgenommen ist von einer nichtbeamteten Person, deren sich das Reich zur Ausübung der öffentlichen Gewalt bedient. RG. **67** 118; **84** 368; **90** 260; **105** 335; **114** 201; RG. „Recht" **22** 38 Nr. 178; **24** 91 Nr. 265; Gruchot **65** 631; RG. JW. **24** 1360 Nr. 7; RG. 2. 7. 26 JW. **26** 2294 Nr. 10; RG. „Recht" **21** Rspr. 104 Nr. 807; Arndt JW. **24** 1360; Ullmann BeamtJahrb. **26** 335; a. M. Delius 67; Apel JW. **26**

2294. Es muß sich aber auch nach Ansicht des RG. um eine Person handeln, die „als Träger öffentlicher Machtbefugnisse" gehandelt hat; das ist bei einem Angestellten mit einer bloßen Kanzlei- oder Werkstättentätigkeit regelmäßig nicht der Fall; jedoch gilt anderes, wenn ein solcher Angestellter bei der Führung eines öffentlichen Registers mitwirkt, indem er den Inhalt, der den Eintragungen zu geben ist, maßgeblich feststellt. RG. **118** 241 = HRR. **28** 58 = JW. **28** 235; zustimmend Friedrichs JW. **28** 235.

Die Lotsen sind trotz Übernahme der Wasserstraßen auf das Reich Länderbeamte geblieben; für sie kommt also eine Haftung des Reichs nicht in Frage. RG. 31. 5. 27 JW. **27** 2203 = „Recht" **27** 664 = JurRundsch. Rspr. **27** 1068. Auch für einen preuß. Hafenmeister haftet das Land und nicht das Reich, da die Verwaltung der Reichswasserstraßen durch die mittleren und unteren Landesbehörden, wenn auch auf Kosten und nach Anleitung des Reiches erfolgt. RG. 6. 12. 27 „Recht" **28** 75 = HRR. **28** Nr. 565.

Die Arbeiter- und Soldatenräte waren Organe der neuen Reichs-, Landes- usw. Gewalt. Für ihre Handlungen haftete daher das Reich, Land usw., RG. **99** 285; **100** 26; **112** 99. Die Haftung des Reichs entfiel, sofern ein Arbeiter- und Soldatenrat eine der Regierung feindliche Tätigkeit entfaltet hatte. RG. **104** 263; JW. **24** 48ff. Es haftete das Reich, der Staat oder der Gemeindeverband je nachdem als wessen Organ der Arbeiter- und Soldatenrat im Einzelfall tätig geworden war oder zu welchem Geschäftsbereich die schädigende Handlung gehört hatte. RG. in „Recht" **23** 11 Nr. 36, 174 Nr. 648; **23** 254 Nr. 888; RG. **100** 190; JW. **24** 48ff.; s. auch RG. **85** 25; **97** 315; **104** 257.

3. Der Beamte muß in Ausübung der ihm anvertrauten **öffentlichen Gewalt** gehandelt haben, wenn die unmittelbare und ausschließliche Haftung des Reiches usw. in Frage kommen soll. Diese Tätigkeit der Beamten steht im Gegensatz zu derjenigen Amtsausübung, die sich mit der Vertretung des Fiskus in seiner Eigenschaft als Privatrechtssubjekt befaßt. Daß die Handlung des Beamten in Ausübung eines staatlichen Zwangsrechts erfolgt ist, ist nicht erforderlich. Es kann vielmehr auch ein Akt des staatlichen Schutzes oder der staatlichen Fürsorge sich als Betätigung der öffentlichen Gewalt darstellen. RG. **56** 89; **68** 285; **82** 86; **84** 27; **86** 122; **91** 384; **97** 265; **101** 354; **102** 32; **111** 179; **114** 201; RG. 1. 10. 26 JurRundsch. Rspr. **26** Nr. 2342; RG. 24. 5. 27 JW. **27** 1994.

Überhaupt braucht es sich nicht um Ausübung einer obrigkeitlichen Gewalt zu handeln; getroffen wird vielmehr das gesamte, nicht von §§ 31, 89 BGB. umspannte Gebiet amtlicher Tätigkeit des Beamten, mithin jede Amtsausübung, die sich nicht als Wahrnehmung privatrechtlicher Interessen des Reiches darstellt. RG. **91** 274; **101** 355; **104** 289; **105** 100.

Im einzelnen stellen sich z. B. **folgende Akte als Reichshoheitsmaßnahmen** dar:

Die Handlungen der Offiziere usw., die zur militärischen Ausbildung der Truppen vorgenommen sind; hierher gehören z. B. die Schießübungen, die Übungen der Pioniere im Schanzen- und Brückenbau. RG. **24** 36; **54** 198; ferner die Handlungen der Personen des Soldatenstandes (RG. **108** 388), bei denen man nicht vom „Amt", sondern vom „Dienst" spricht, z. B. wenn ein Soldat seine Waffe im Quartier entlädt und dabei eine Person verletzt. RG. **101** 355; wenn Soldaten während des Dienstes plündern RG. **107** 270; wenn Soldaten bei einer militärischen Durchsuchung Sachen beschädigen oder stehlen RG. **105** 338; „Recht" **23** 174 Nr. 647; aber nicht, wenn die Soldaten außerhalb des Dienstes Schaden stiften. RG. „Recht" **22** 243 Nr. 1155; RG. **104** 288; **105** 232. Auch der Betrieb der einen Teil der Militärverwaltung bildenden militärtechnischen Einrichtungen ist Ausfluß des Militärhoheitsrechts. RG. **44** 225; vgl. Näheres auch oben B 4. So ist ein Hoheitsakt die Beschaffung von Sachgütern mit militärischen Kraftwagen, sofern sie in engster Beziehung zur Ausbildung und Förderung der militärischen Verwendungsfähigkeit der Truppe steht. RG. 29. 3. 27 „Recht" **27** 344 = JurRundsch. **27** Rspr. Sp. 809. Ferner sind Hoheitsakte: die Veranstaltung von Übungsfahrten der Kriegsschiffe (RG. **72** 349); die Tätigkeit der Zwangslotsen und der Beamten des Kaiser-Wilhelm-Kanals RG. **86** 122; **87** 348; **93** 36; **105** 101; **111** 378. Nach der Betriebsordnung v. 31. 3. 22 ist der Kanallotse nicht mehr Zwangslotse, sondern selbständiger Gewerbetreibender, so daß der Fiskus für das Verschulden des Lotsen nur beim Vorliegen eines besonderen Verpflichtungsgrundes haftet. RG. **110** 349; Wüstendörfer JW. **25** 1274 Anm. zu Nr. 7. Ein Hoheitsakt ist ferner: die Urkundstätigkeit der Bahnbeamten bei der Herstellung öffentlicher Urkunden, z. B. von Frachtbriefen, während im übrigen der Eisenbahnbetrieb eine privatwirtschaftliche Tätigkeit des öffentlichen Bahnunternehmens darstellt. RG. **107** 272; RG. „Recht" **22** 393 Nr. 1681; **24** 198 Nr. 866; 226 Nr. 980; RG. JW. **24** 1714; LZ. **26** 52; RG. 11. 3. 27 JW. **27** 1352[4].

Dagegen befinden sich die Telegraphenbauführer bei Überwachung von Kabellegungsarbeiten nicht in Ausübung öffentlicher Gewalt. RG. **91** 273.

4. Der Beamte muß ferner **in Ausübung** der ihm **anvertrauten** öffentlichen Gewalt den Schaden angerichtet haben. Es muß also ein innerer Zusammenhang zwischen der schädigenden Handlung und den Obliegenheiten, für die dem Beamten die öffentliche Gewalt anvertraut war, bestehen.

5. Der Beamte muß die **ihm einem Dritten gegenüber obliegende Amtspflicht** verletzt haben; s. oben B II 3.

6. Der Beamte muß endlich die zu 5. bezeichnete Amtspflicht **vorsätzlich** oder **fahrlässig** verletzt haben; vgl. über diese Begriffe oben B II 1 u. Bang RuPrVBl. **50** 65ff. Hat der Beamte in berechtigter Notwehr gehandelt, so haftet der Staat nicht. RG. **117** 142.

7. Das Reich haftet, wenn die erörterten Voraussetzungen vorliegen, **nur insoweit, als der Beamte nach § 839 BGB. haften würde,** wenn er unmittelbar in Anspruch genommen werden könnte. RG. **96** 143. Hiernach kann das Reich dieselben Rechtswohltaten für sich in Anspruch nehmen, wie sie im § 839 dem Beamten eingeräumt sind. Daraus folgt, daß die Haftung des Reichs ausgeschlossen ist:

a) wenn den Beamten nur der Vorwurf der Fahrlässigkeit trifft, der Verletzte aber auf andere Weise Ersatz verlangen kann;

b) wenn der Beamte bei einem Urteil in einer Rechtssache seine Amtspflicht verletzt hat, es sei denn, daß die Pflichtverletzung mit einer im Wege des gerichtlichen Strafverfahrens zu verhängenden öffentlichen Strafe bedroht ist;

c) wenn der Verletzte vorsätzlich oder fahrlässig unterlassen hat, den Schaden durch Gebrauch eines Rechtsmittels abzuwenden. § 839 Abs. 1 Satz 2 Abs. 2 u. Abs. 3 BGB.

§ 831 BGB. findet neben § 839 BGB. keine Anwendung. RG. 23. 3. 28 HRR. **28** Nr. 1244. Dasselbe gilt von § 278 BGB, der nur bei öffentlich rechtlichen Vertragsverhältnissen (s. oben zu B) entsprechend anwendbar ist. RG. **120** 162 = HRR. **28** Nr. 1241 = JW. **28** 1286; dazu Stier-Somlo JW. **28** 1286.

8. Das Reich haftet **an Stelle des Beamten.** Damit ist dem Geschädigten jeder Anspruch gegen den Beamten genommen. Er kann sich nur an das Reich halten.

9. Der Anspruch des Geschädigten gegen das Reich **verjährt** gemäß § 852 BGB. in 3 Jahren von dem Zeitpunkte an, in dem der Verletzte von dem Schaden und von der Person des Ersatzpflichtigen Kenntnis erlangt, ohne Rücksicht auf diese Kenntnis in 30 Jahren von der Begehung der Handlung an.

10. **In einem besonderen Falle geht die Haftung des Reichs weiter** als die Haftung des Beamten sich erstrecken würde, wenn er in Anspruch genommen werden könnte. Es ist dies der Fall, wenn der Beamte den Schaden im Zustande der Bewußtlosigkeit oder in einem die freie Willensbestimmung ausschließenden Zustande krankhafter Störung der Geistestätigkeit verursacht hat. Das Reich haftet bei solcher Sachlage auch dann, wenn der Beamte völlig schuldlos in diesen Zustand geraten und darin Schaden angerichtet hat.

11. **Keine Haftung des Reichs tritt ein** bei Beamten, die ausschließlich auf **den Bezug der Gebühren angewiesen sind,** sowie bei solchen Amtshandlungen anderer Beamten, für welche die Beamten eine besondere Vergütung durch Gebühren von den Beteiligten zu beziehen haben. Hierher gehören z. B. die Wahlkonsuln nach § 9 G. v. 8. 11. 67.

Abweichendes gilt von den Lotsen im Stettin-Swinemünder Schiffahrtsgebiet, deren Einkommen den Charakter einer staatlichen Besoldung hat, wenn auch die Kasse, aus der sie die Bezüge erhalten, durch die Lotsengebühren gespeist wird. RG. **93** 38.

12. Wegen der Haftung des Reichs für seine Beamten gegenüber **Ausländern** s. § 7 G. 22. 5. 10. Hinsichtlich der Niederländer s. Bekanntm. v. 18. 12. 28 (RGBl. I 414).

13. Für militärische Amtspflichtverletzungen **der Personen des Soldatenstandes** haftet allein das Reich und nicht das einzelne Land. RG. **97** 265.

Für die Hilfslandjäger in Preußen haftet der preußische Staat und nicht das Reich, da die Landjäger unmittelbare Staatsbeamte sind. RG. „Recht" **23** 328 Nr. 1154.

Für Amtsvergehen der Demobilmachungskommissare haften die Länder und nicht das Reich. RG. **106** 371.

Für die Angestellten der vom Reich seinerzeit gegründeten Kriegsgesellschaften, z. B. Reichsgetreidestelle, Reichsstelle für Gemüse und Obst usw., haftete die Kriegsgesellschaft in entsprechender Anwendung des § 839 BGB., da die Gesellschaften, wenn sie auch in privatrechtlicher Form betrieben wurden, Hilfsorgane des Reichs waren und ihre Angestellten eine beamtenähnliche Stellung einnahmen. RG. JW. **24** 408; RG. **96** 104; **99** 147; **100** 142; **101** 20; **103** 52 u. 133; **104** 208; RG. „Recht" **23** 10 Nr. 34.

14. **In den Prozessen,** in denen das Reich wegen Amtspflichtverletzungen seiner Beamten belangt wird, wird es durch bestimmte Behörden **vertreten,** die für die einzelnen Verwaltungen verschieden bestimmt sind; s. dazu RG. 23. 9. 27 JW. **27** 2851. Eine Schadensersatzklage, die gegen verschiedene Vertreter des Fiskus angestrengt ist, kann nicht gegen einen dieser Vertreter allein endgültig abgewiesen werden, weil das Reich ein einheitliches Rechtssubjekt ist und nur zu prüfen ist, ob eine Haftung des Reiches begründet ist. RG. „Recht" **25** 222 Nr. 650 = DJZ. **25** 1121.

Zu verklagen ist der Fiskus entweder in seinem **allgemeinen Gerichtsstand,** d. h. an dem Ort, an dem die zu seiner Vertretung berufene Behörde ihren Sitz hat (§ 18 ZPO.), oder im **Gerichtsstand der unerlaubten Handlung,** d. h. an dem Ort, in dessen Bezirk der Beamte die Pflichtverletzung begangen hat (§ 32 ZPO.).

Zuständig zur Entscheidung derartiger Schadensersatzklagen gegen den Fiskus wegen Verschuldung von Reichsbeamten **sind die Landgerichte** ohne Rücksicht auf den Streitwert. § 39 Z. 2 PrAG. GVG.

Soll der Beamte selbst in Anspruch genommen werden — was aber nur möglich ist, wenn er keine Staatshoheitsakte vorgenommen hat — so ist nach § 39 Z. 3 PrAG. GVG. ebenfalls die ausschließliche Zuständigkeit der Landgerichte begründet. RG. **107** 61. Wird aber das Reich auf Grund der §§ 31, 89 BGB. in Anspruch genommen, so ist die ausschließliche Zuständigkeit der Landgerichte und damit die uneingeschränkte Revision nicht gegeben. Denn in diesen Fällen handelt es sich weniger um eigentliche Amtshandlungen, als um privatrechtliche Akte, die der Beamte als verfassungsmäßig berufener Willensvertreter vorgenommen hat. RG. **20** 388; **32** 372; **46** 340.

Für eine Klage auf **Unterlassung einer hoheitsrechtlichen Handlung** ist der Rechtsweg unzulässig. § 36 V. 26. 12. 08; PrKabO. 4. 12. 31; RG. **71** 47.

15. **Das Reich kann seinen Rückgriff gegen den Beamten auch dann nehmen, wenn dem letzteren nur geringes Verschulden zur Last fällt.** Nur wenn der Staat wegen des Verschuldens eines Grundbuchbeamten in Anspruch genommen ist, kann er in Preußen nach der auch jetzt noch geltenden Sondervorschrift des Art. 8 PrAG. GBO. nur dann seinen Rückgriff gegen den Beamten nehmen, wenn dieser seine Amtspflicht vorsätzlich oder grob fahrlässig verletzt hat. RG. **77** 429.

In dem Rückgriffsprozesse, den das Reich gegen den Beamten anstrengt, kann der Beamte den Beweis seiner Schuldlosigkeit selbst dann führen, wenn die Schuldfrage im Vorprozesse rechtskräftig bejaht ist oder das Reich den Ersatzanspruch des Dritten anerkannt hat. Anders liegt die Sache, wenn das Reich dem Beamten — was regelmäßig geschehen wird — in dem Vorprozesse den Streit verkündet hat. Der Beamte muß dann die in diesem Prozesse getroffenen Feststellungen auch in seinem Verhältnis zum Reiche gemäß §§ 68, 74 Abs. 3 ZPO. gegen sich gelten lassen. JW. **02** 250; **06** 339; Delius 76.

Für den Rückgriffsprozeß sind die Landgerichte ausschließlich zuständig. § 39 Z. 3 PrAG. GVG. Dies hat zur Folge, daß stets die Revision an das Reichsgericht zulässig ist.

Der Rückgriffsanspruch des Reichs gegen den Beamten **verjährt** in 3 Jahren von dem Zeitpunkt an, in welchem der Ersatzanspruch des Dritten diesem gegenüber anerkannt oder dem Reiche gegenüber rechtskräftig festgestellt ist.

§ 14.

Die Vorschriften über den Urlaub der Reichsbeamten und deren Stellvertretung werden vom Kaiser (Reichspräsidenten) erlassen.

In Krankheitsfällen sowie in solchen Abwesenheitsfällen, zu denen die Beamten eines Urlaubs nicht bedürfen (Reichsverfassung Art. 21, jetzt 39) findet ein Abzug vom Gehalte nicht statt. Die Stellvertretungskosten fallen der Reichskasse zur Last.

Ein Beamter, welcher sich ohne den vorschriftsmäßigen Urlaub von seinem Amte entfernt hält, oder den erteilten Urlaub überschreitet, ist, wenn ihm nicht besondere Entschuldigungsgründe zur Seite stehen, für die Zeit der unerlaubten Entfernung seines Diensteinkommens verlustig.

1. **Die Vorschriften über den Urlaub der Reichsbeamten** und deren Stellvertretung enthält die Verordnung vom 2. 11. 74 (RGBl. 129) i. d. Fassg. v. 4. 1. 04 (RGBl. 1), die auch für die Militärbeamten gilt; vgl. auch die im § 8 der Vdg. aufgeführten besonderen Bestimmungen über Beurlaubung. Für die gesandtschaftlichen und Konsulatsbeamten gilt die Vdg. v. 23. 4. 79 (RGBl. 134) i. d. Fassg. v. 4. 1. 04 (RGBl. 1) u. 17. 8. 94 (RGBl. 518), für die Wahlkonsuln § 6 der allgemeinen Dienstinstruktion 6. 6. 71 in Hirths Annalen **71** 614 und § 13 Vdg. 23. 4. 79 (RGBl. 134); s. ferner Richtlinien für die Erteilung des Erholungsurlaubs für die Reichsbeamten v. 9. 3. 25 (RMBl. 121 = RBesBl. 75) u. v. 6. 3. 28 (RMBl. 89); für die Beamten der DRPost s. Anl. z. AmtsBlVfg. Nr. 156/29 (RPBl. 129); für die Beamten der Reichsfinanzverwaltung RFM. 20. 3. 28 (RFBl. 366); für außerplanmäßige Reichsbeamte RMJ. 12. 8. 27 (HVBl. 106); für die Reichsbahnbeamten hat der Generaldirektor Richtlinien aufgestellt; vgl. Ziff. 1—3 § 13 Perso.

2. Wollen sich Beamte zu Zeiten, wo der Dienst ihre Anwesenheit erfordert, von ihrem Amt entfernt halten oder wollen Beamte zur dienstfreien Zeit ihren Wohnort zur Vornahme einer Reise verlassen, so bedürfen sie hierzu **des Urlaubs**, d. h. der Genehmigung ihrer vorgesetzten Dienstbehörde. Halten sich Beamte ohne diese Genehmigung von ihrem Amte fern, so machen sie sich auch dann disziplinarisch strafbar, wenn sie von ihrem Fernbleiben ihrer vorgesetzten Behörde Mitteilung gemacht haben. OVG. 26. 5. 11 (JW. **13** 1115).

Es kann einem Beamten auch gegen seinen Willen „Urlaub" erteilt werden, z. B. um in seiner Abwesenheit eine Kassenrevision vorzunehmen oder weil er sich vergangen hat oder weil er plötzlich geisteskrank geworden ist. Es handelt sich in solchen Fällen des sogenannten Zwangsurlaubs nicht um einen eigentlichen Urlaub, sondern um Fernhaltung von den Amtsgeschäften; s. Näheres Brand BHK. **27** 47ff.; Württemb. VerwG. 14. 7. 25 JW. **25** 2512 u. Arndt ebenda.

Die Urlaubserteilung ist eine Fürsorgemaßregel zugunsten des Beamten, auf die jeder, der sie entbehren zu können glaubt, ohne weiteres verzichten kann. RG. **94** 225. Der Beamte kann jederzeit den Urlaub abbrechen und den Dienst mit allen Rechten und Pflichten wieder aufnehmen. Es erlischt dann auch die Befugnis der Vertreters.

In manchen Verwaltungen ist ein sog. Urlaubsbuch eingeführt, in das die Beamten kürzere Urlaubsgesuche eintragen können; es ist sofort dem Leiter der Behörde vorzulegen, damit etwaige Urlaubsverweigerungen noch rechtzeitig ausgesprochen werden können; vgl. PrJM. 17. 7. 20. Die Einrichtung hat sich in Preußen bewährt.

3. Urlaub darf nur unter der **Voraussetzung** erteilt werden, **daß der Dienst dadurch nicht beeinträchtigt wird.** Es setzt also jede Beurlaubung voraus, daß für eine ordnungsmäßige Wahrnehmung des Dienstes gesorgt ist. Deshalb darf der Urlaub regelmäßig nicht eher angetreten werden,

als bis der stellvertretende Beamte die Geschäfte des zu beurlaubenden übernommen hat.

Ob Beurlaubungen aus besonderen Gründen, z. B. zu Weihnachten, Ostern, Pfingsten, bei Todesfällen naher Angehöriger, zum Besuch von Tagungen auf den Erholungsurlaub anzurechnen ist, ist nach Lage des einzelnen Falles zu entscheiden.

Zur Frage der Anrechnung von Krankheitstagen und Kurzeiten auf den jährlichen Erholungsurlaub haben die obersten Reichsbehörden übereinstimmende Richtlinien aufgestellt. Danach findet eine Anrechnung nicht statt, wenn mit der Krankheit Dienstunfähigkeit verbunden ist. Handelt es sich nur um eine Wiederherstellung oder Erhaltung der Dienstfähigkeit oder um Erholung von einer überstandenen Krankheit, so ist nach den Umständen des Einzelfalls zu entscheiden, ob und in welchem Umfang von der Anrechnung eines solchen Urlaubs auf den jährlichen Erholungsurlaub abgesehen werden kann. RWM. 30. 8. 27 (HVBl. **27** 109).

In gewissen Fällen, z. B. bei Hochzeiten, Taufen oder Beerdigungen naher Verwandter oder Angehöriger, werden selbst solche Beamte, deren Vertretung Schwierigkeiten bereitet, nicht leicht abschlägig beschieden werden. Dagegen wird sich regelmäßig eine Urlaubserteilung nicht rechtfertigen lassen, wenn die Angelegenheit durch Bevollmächtigte oder auf schriftlichem Wege erledigt werden kann.

4. In den Urlaubsgesuchen werden stets ausführlich die **Gründe** dargelegt werden müssen, die ein Fernbleiben vom Dienst rechtfertigen. Nur in diesem Falle ist die Behörde zu der für die Urlaubserteilung nötigen Nachprüfung in der Lage.

In den Urlaubsgesuchen ist außerdem die **Dauer der Behinderung** und, wenn angängig, der **Ort** anzugeben, an dem sich der Beurlaubte während des Urlaubs aufzuhalten gedenkt oder wo ihn Schriftstücke erreichen. Die letztere Angabe ist erforderlich, einmal damit dem Beamten auch während der Urlaubszeit dienstliche Verfügungen zugestellt werden können und zum anderen, weil die Urlaubserteilung jederzeit zurückgenommen werden kann, wenn es das dienstliche Interesse erheischt.

5. Abgesehen von der unten Nr. 7 u. 11 erörterten Gehaltsschmälerung ist **ein weiterer Nachteil mit der Urlaubserteilung nicht verknüpft.** Insbesondere wird das Beamtenverhältnis in seinem Bestande nicht berührt und der Fortlauf der Dienstzeit nicht gehemmt. RDisH. 10. 4. 23 Schulze-Simons 20. Es wird also die in den Urlaub fallende Zeit bei der Berechnung des Besoldungsdienstalters, des Stellendienstalters und, was besonders wichtig ist, bei der Festsetzung des Ruhegehaltsdienstalters mitgerechnet. Dies gilt selbst dann, wenn die Beurlaubung zu einer Privatbeschäftigung, etwa einer größeren wissenschaftlichen Arbeit, zu längeren Reisen u. dgl. erfolgt war. JW. **98** 391[22]; **00** 792[23]; RG. **41** 111; **47** 287.

6. Einen **Rechtsanspruch** auf Urlaub haben die Beamten **nicht**. Jeder

Urlaub wird ausdrücklich oder stillschweigend unter dem Vorbehalt des Widerrufs erteilt. RDisH. 4. 2. 84 Schulze-Simons 72. Die Bedingungen, unter denen Urlaub gewährt ist, können daher jederzeit abgeändert werden. UM. 5. 4. 22 (ZUV. 181). Alles dies gilt auch von dem Ferienurlaub.

7. Wird bei der Beurlaubung eines Beamten **ein besonderer Vertreter** eingestellt, so entstehen regelmäßig **Stellvertretungskosten.** Nach § 6 UrlaubsV. v. 2. 11. 74 findet zur Deckung von Stellvertretungskosten erst bei einem Urlaub von mehr als 1½—6 Monaten für den 1½ Monate übersteigenden Zeitraum ein Abzug vom Diensteinkommen des Beurlaubten im Betrage der Hälfte desselben statt. Bei fernerem Urlaub wird das ganze Diensteinkommen einbehalten.

Bei Beurlaubungen wegen Krankheit und zur Herstellung der Gesundheit findet auch für die über die 1½ Monate hinausgehende Zeit der unumgänglich notwendigen Abwesenheit des Beamten kein Abzug vom Diensteinkommen statt; s. auch § 14 PersO., wo auch über die Kündigung gegenüber den Kündigungsbeamten bei längerer Krankheit Näheres bestimmt ist.

8. Soweit der Beamte während des Urlaubs sein Gehalt weiter bezieht, hat er damit noch nicht einen Anspruch auf die **Dienstaufwandsentschädigungen.** Denn diese sind nur zur Bestreitung der mit dem Amte verbundenen Unkosten bestimmt.

9. **Die zur Erteilung des Urlaubs befugten Behörden** sind für jede Verwaltung besonders bezeichnet. In der Regel können unbeschränkten Urlaub nur die Zentralbehörden erteilen, während die übrigen Behörden nur für beschränkte, im einzelnen genau bezeichnete Zeiträume Urlaub erteilen können; s. Näheres Richtlinien 12. 3. 25 (RMBl. 121).

Gewisse Beamte, besonders die Vorsteher mancher Behörden, können sich bis zu drei Tagen **selbst beurlauben.**

10. **In einer Reihe von Fällen bedürfen die Beamten,** die vom Dienst fernbleiben wollen, **keines Urlaubs.**

a) Hierher gehört zunächst der sehr häufige Fall der **Erkrankung** eines Beamten, vorausgesetzt, daß die Krankheit die Dienstunfähigkeit des Beamten zur Folge hat. OVG. 22. 6. 06 u. 14. 12. 09 bei v. Rheinb. 127.

Dienstunfähigkeit ist auch dann anzunehmen, wenn der Beamte seine Dienstgeschäfte nur unter der dringenden Gefahr einer Verschlimmerung seines Zustandes verrichten könnte; vgl. OVG. 22. 6. 06 bei v. Rheinb. 127; RG. bei Gruchot 28 1111.

Darüber, ob Dienstunfähigkeit vorliegt, entscheidet in Zweifelsfällen die Verwaltung und nicht etwa der Beamte.

Es genügt, wenn der Beamte von seiner Erkrankung und ihrer voraussichtlichen Dauer sofort seinem nächsten Vorgesetzten Anzeige macht oder machen läßt, damit rechtzeitig für Übertragung der Geschäfte auf einen anderen Beamten oder für Heranziehung eines geeigneten Stellvertreters gesorgt werden kann. Der erkrankte Beamte hat seine Dienstunfähigkeit längstens nach 3 Tagen — vom Beginn des Fernbleibens an gerechnet — glaubhaft nachzuweisen.

Bei Wiedereintritt in den Dienst hat der Beamte ebenfalls der vorgesetzten Behörde Anzeige zu machen. OVG. 30. 3. 06 bei v. Rheinb. 128.

Beamte, denen ein Anspruch auf unentgeltliche ärztliche Behandlung zusteht, haben diesen Nachweis der Dienstunfähigkeit ohne weiteres durch Vorlage eines ärztlichen Zeugnisses zu erbringen. Bei anderen Beamten kann der Leiter der Dienstbehörde die Vorlage einer ärztlichen Bescheinigung verlangen.

Dauert die Dienstunfähigkeit länger als 10 Tage, so ist der Beamte in jedem Falle zur umgehenden Vorlage einer ärztlichen Bescheinigung verpflichtet. Erachtet der Leiter der Behörde oder Dienststelle die Dienstunfähigkeit für glaubhaft nachgewiesen, so kann er den Beamten von der Verpflichtung zur Vorlage einer ärztlichen Bescheinigung befreien.

Bei längerem Fernbleiben vom Dienste ist der Nachweis der Dienstunfähigkeit auf jedesmaliges Verlangen der vorgesetzten Dienstbehörde zu wiederholen.

Der Leiter der Behörde oder Dienststelle hat das Recht, in besonderen Fällen, insbesondere dann, wenn Zweifel an der Dienstunfähigkeit bestehen, schon unmittelbar nach Eingang der Krankheitsanzeige die umgehende Beibringung eines ärztlichen Zeugnisses zu fordern. Außerdem bleibt es der Dienstbehörde unbenommen, in besonderen Fällen die Vorlage eines amtsärztlichen Zeugnisses herbeizuführen. Zur Vermeidung besonderer Kosten sind zur Ausstellung solcher amtsärztlicher Zeugnisse nach Möglichkeit die Versorgungsärzte heranzuziehen.

Die Leiter der Behörden oder Dienststellen haben ihr besonderes Augenmerk darauf zu richten, daß die Befugnis der Beamten, ohne Vorlage eines ärztlichen Zeugnisses krankheitshalber dem Dienste fernzubleiben, nicht mißbraucht wird.

V. 27. März 1924 (RBesBl. 80).

Der Beamte, der sich weigert, sich von dem Arzt untersuchen zu lassen, macht sich disziplinarisch strafbar. OVG. 13. 1. 05 bei v. Rheinb. 127. Natürlich wird die Verwaltung eine solche auf Untersuchung des Beamten gerichtete Maßnahme nur treffen, wenn sie begründete Zweifel in das Vorliegen einer mit Dienstunfähigkeit verbundenen Krankheit hat. Ein Urlaub ist in solchen Krankheitsfällen nur erforderlich, wenn der Beamte beabsichtigt, seinen Wohnsitz zu verlassen, etwa, um sich in eine Heilanstalt, Klinik, in einen Badeort oder dgl. zu begeben. StM. 31. 12. 02 u. 15. 12. 08 bei v. Rheinb. 127; OVG. 8. 1. 01 ebenda. Ein kranker Beamter, der sich ohne Urlaub von seinem Amtssitz entfernt, macht sich disziplinarisch strafbar. RDisH. 4. 11. 12 bei Schulze Rspr. 287. Dies gilt selbst dann, wenn ärztlich bescheinigt ist, daß der Beamte sich außerhalb seines Wohnorts erholen müsse. Auch in diesem Falle bedarf der Beamte der vorherigen Genehmigung der vorgesetzten Stelle zum Verlassen des Amtssitzes. OVG. **73** 427.

Der Kreisarzt kann in Preußen für die Ausstellung des Zeugnisses Gebühren beanspruchen. JM. 14. 3. 21 (MBl. 94). Er hat außerdem gemäß G. 29. 9. 23 (GS. 455) eine Verwaltungsgebühr zu erheben, falls nicht die Ausstellung des Zeugnisses überwiegend im öffentlichen Interesse erfolgt. MfV. 4. 12. 24 (PrBesBl. **25** 13).

Langandauernde Krankheiten eines Beamten werden der Verwaltung oft Veranlassung geben, die Versetzung in den Ruhestand in Erwägung zu ziehen, zumal wenn nach den vorgelegten ärztlichen Zeugnissen eine Wiederherstellung der Gesundheit des Erkrankten in absehbarer Zeit nicht zu erwarten ist.

b) Ferner braucht der Beamte keinen Urlaub, wenn die Abwesenheit **zur Wahrnehmung allgemeiner staatsbürgerlicher Pflichten** erforderlich ist. Es bedürfen daher keines Urlaubs die Beamten, die zur Vernehmung als Zeugen oder Sachverständige, zur Verpflichtung als Vormund, Gegenvormund oder Pfleger und zur Wahrnehmung des Schöffen- und Geschworenendienstes geladen sind. Dasselbe gilt, wenn die Beamten als Beschuldigte vor Gericht geladen werden. Die dadurch entstehenden Stellvertretungskosten sind aus der Reichskasse zu bestreiten.

In solchen Fällen muß der Beamte seiner vorgesetzten Dienstbehörde unverzüglich von seiner bevorstehenden Abwesenheit Anzeige erstatten, damit die Dauer der Verhinderung nachgeprüft, für Stellvertretung gesorgt und gegebenenfalls bei den zuständigen Behörden, in der Regel also bei den Gerichten, soweit dies zulässig und zweckmäßig ist, gegen die dortige Verwendung des Beamten Einspruch erhoben werden kann. RG. Rspr. **1** 810; OVG. **16** 398; FM. 24. 8. 49 (MBl. 189); JM. 30. 7. 81 bei Müller 427.

c) Auch zur Ausübung der Tätigkeit als **Abgeordneter zum Reichstag oder einem Landtag** bedürfen die Beamten keines Urlaubs. Art. 39 Abs. 1 RV.; § 13 Ziff. 5 Perso. Die Beamten haben die Wahl der vorgesetzten Behörde anzuzeigen. JM. 22. 8. 19 (JMBl. 404); MJ. 28. 7. 19 (MBl. 369). Dagegen bedürfen die Reichsbeamten im Gegensatz zu den preußischen Beamten (vgl. Art. 36 u. 75 PrV.) des Urlaubs für die Ausübung des Amtes als Mitglied des Staatsrats und für die Ausübung der Tätigkeit als Mitglied einer Provinzial-, Kreis-, Stadtverordnetenversammlung und Gemeindevertretung.

Das Gehalt ist während der Tätigkeit als Abgeordneter zum Reichs- oder einem Landtag den Reichsbeamten ohne Abzug weiterzuzahlen. Eine Anrechnung von Aufwandsentschädigungen auf das Diensteinkommen findet nicht statt. II Z. 1 JM. 11. 12. 20 (JMBl. 721); MJ. 13. 10. 20 u. 4. 6. 21 (MBl. **21** 3 u. 188).

Bewerben die Beamten sich um einen Sitz im Reichstag oder Landtage, so ist ihnen der zur Vorbereitung ihrer Wahl erforderliche Urlaub zu gewähren, z. B. zur Bereisung ihrer Wahlkreise, Halten von Wahlreden u. dgl. Art. 39 Abs. 2 RV.; Art. 11 Abs. 2 PrV.; § 13 Ziff. 5 Perso. Zu diesem Zwecke, d. h. zu der zur Vorbereitung der Wahl zu entfaltenden Tätigkeit erhält der Beamte also nicht kraft Gesetzes Urlaub, wie zur Ausübung der Tätigkeit als Abgeordneter, sondern muß den Urlaub besonders nachsuchen. Wolfstieg 81; Giese 145. Er wird ihm zu gewähren sein, wenn er ernstlich als Bewerber in Frage kommt, z. B. nach Aufnahme in die offizielle Kandidatenliste einer Partei. RPM. 28. 2. 28 KomRundsch. **28** 222. Zur Vorbereitung der Wahl zu den Provinzial-, Kreis- und Gemeindevertretungen hat der Beamte keinen Anspruch auf Urlaub.

Auch während dieses Urlaubs ist das Gehalt weiterzuzahlen. Als Wahlkandidaten gelten Beamte erst von dem Zeitpunkt an, zu dem die Wahlvorschläge bei dem Wahlvorsteher eingereicht sind. JM. 11. 12. 20 (JMBl. 721); FM. 26. 1. 21 (FMBl. 109); UM. 8. 10. 21 (ZBlUV. 403).

Die Ausübung der Obliegenheiten als Mitglied des Reichstags oder des Landtags wird stets angenommen für die Zeit der Tagung und einer kurzfristigen Vertagung des Reichstags oder Landtags. Während der Zeit einer langfristigen Vertagung liegt eine Ausübung der Obliegenheiten als Mitglied des Reichstags oder Landtags dann vor, wenn der Abgeordnete sich einer Tätigkeit unterzieht, die mit seinem Mandat in engstem Zusammenhange steht, z. B. der Teilnahme an den Sitzungen eines Ausschusses, dem er als Mitglied nicht angehört, Teilnahme an Fraktionssitzungen und an Wählerversammlungen, um dort Rechenschaft abzulegen u. dgl.; vgl. Würmeling „Staats- u. Selbstv." **28** 179. Eine Vertagung ist kurzfristig, wenn sie nicht länger als 14 Werktage dauert; bei längerer Dauer ist sie langfristig. Will ein Beamtenabgeordneter während einer langfristigen Vertagung des Reichstags oder Landtags sein Abgeordnetenmandat in vorstehendem Sinne ausüben, so hat er seinem Dienstvorgesetzten rechtzeitig vorher Anzeige zu erstatten und hierbei darzutun, inwiefern eine Ausübung seiner Obliegenheiten als Abgeordneter vorliegt. Auch die den Mitgliedern der Vertretungsorgane der Provinzen, Kreise und Gemeinden gewährte Dienstbefreiung erstreckt sich auf die Zeiträume, die durch Teilnahme an den Sitzungen dieser Organe oder zur Erledigung besonderer, den Beamten als Mitgliedern von dem Selbstverwaltungsorgan erteilter Aufträge (Besichtigungen u. dgl.) in Anspruch genommen werden. II Z. 1 Abs. 3 u. 4, JM. 11. 12. 20 (JMBl. 721); MJ. 13. 10. 20 (MBl. **21** 3) u. 4. 6. 21 (MBl. 188).

Giese 125 läßt für die ganze Zwischenzeit zwischen den Tagungen die Beurlaubung kraft Gesetzes wirksam sein, will es aber dem Pflichtgefühl des Beamten überlassen, daß er sich seinem Beamtendienst nicht weiter entzieht, als es sein Abgeordnetenberuf unbedingt erfordert.

Alles dies gilt auch für die richterlichen Beamten.

Beseitigt ist die Vorschrift der früheren RV. und PrV., daß Abgeordnete, die ein Staatsamt erhalten oder in ein höheres Amt aufrücken, Sitz und Stimme im Parlament verlieren und nur durch Neuwahl wiedererlangen.

Auch zur Teilnahme an den Verhandlungen des Reichswirtschaftsrats und seiner Ausschüsse bedürfen die Beamten keines Urlaubs. Art. 5 Abs. 4 V. 4. 5. 20 (RGBl. 858).

11. **Die Folgen der Überschreitung des Urlaubs und der unerlaubten Entfernung vom Amte** sind in § 14 Abs. 3 RBG. geregelt. Hiermit stimmt § 13 Ziff. 4 PersO. überein. Danach ergibt sich folgender Rechtszustand:

a) Ein Reichsbeamter, der sich ohne vorschriftsmäßigen Urlaub von seinem Amt entfernt hält oder den erteilten Urlaub überschreitet, ist, wenn ihm nicht besondere Entschuldigungsgründe zur Seite stehen, **für die Zeit der unerlaubten Entfernung seines Diensteinkommens verlustig.**

Dieselben Folgen treten auch bei Beamten ein, die, ohne beurlaubt zu sein, ein ihnen übertragenes neues Amt anzutreten unterlassen, insbesondere also auch bei Beamten, die im Interesse des Dienstes oder auf Grund eines auf Strafversetzung lautenden rechtskräftigen Dienststrafurteils versetzt sind und sich grundlos weigern, die ihnen übertragene neue Stelle zu übernehmen; vgl. ME. 2. 1. 68 (ZBlUV. 226). Erfolgt aber die Strafversetzung unter Verletzung des Gesetzes in ein Amt von geringerem Range oder von geringerem planmäßigen Diensteinkommen, so ist der Beamte nicht verpflichtet, dieser ungesetzlichen Versetzung zu folgen und eine „unerlaubte" Amtsantrittsweigerung liegt nicht vor. v. Dultzig 68; OVG. **51** 414; **52** 437. Ebenso begeht ein Beamter, der wegen Krankheit dauernd dienstunfähig ist, keine unerlaubte Entfernung vom Amt, wenn er sich nach Versetzung an einen anderen Ort nicht an seinen neuen Amtssitz begibt; denn er würde sich dort zwecklos aufhalten, da keine Möglichkeit der künftigen Erfüllung von Dienstpflichten besteht, also ein dienstliches Interesse der Übersiedelung des Beamten an den neuen Dienstort nicht besteht. Anders liegt die Sache, wenn die Dienstunfähigkeit keine dauernde ist. PrDisH. f. nichtr. B. 15. 10. 23 DRichtZtg. **25** 142.

Auch bei den auf Probe, Kündigung oder Widerruf angestellten Beamten findet § 14 Abs. 3 Anwendung. Es unterliegen deshalb insbesondere auch diejenigen Beamten der Vorschrift des § 14 Abs. 3, die nach bereits ausgesprochener Kündigung des Dienstverhältnisses sich unerlaubt vom Amt fernhalten; vgl. OVG. **28** 410 u. 22. 2. 98 bei v. Rheinb. 138.

§ 14 Abs. 3 ist ferner auch auf die vom Amt suspendierten Beamten anwendbar.

Die Suspension für sich ist freilich keine unerlaubte Entfernung vom Amt, denn der Beamte hält sich nur infolge der Verfügung der zuständigen Behörde oder auf Grund gesetzlicher Vorschrift von seinem Amt fern. ME. 22. 4. 69 (ZBlUV. 283). Wenn aber ein Beamter sich von seinem Amt entfernt und deshalb den Anspruch auf sein Gehalt verwirkt hat, so wird nicht dadurch etwas geändert, daß er später suspendiert wird. Denn sonst würde die Suspension mit Vermögensvorteilen verknüpft sein. RG. **113** 145. Eine andere Auffassung ist nur dann möglich, wenn sichere Anhaltspunkte dafür vorliegen, daß der Beamte sein Amt wieder aufgenommen hätte, wenn er nicht inzwischen suspendiert worden wäre. Wenn diese Beamten auch von der Ausübung der Amtsobliegenheiten ausgeschlossen sind, so bleiben sie doch nach wie vor Beamte mit allen deren sonstigen Pflichten und sind daher der Dienststrafgewalt der vorgesetzten Dienstbehörden weiter unterworfen. Sie dürfen sich daher ohne Genehmigung ihrer Vorgesetzten weder von ihrem bisherigen Amtssitze entfernen noch andere Stellungen übernehmen, müssen sich vielmehr stets dienstbereit halten, da sie jederzeit mit der Aufhebung der Suspension und ihrer Wiedereinstellung in den Dienst rechnen müssen. Verstoßen sie gegen diese Pflicht, so machen sie sich nicht nur wegen Verletzung der Residenzpflicht disziplinarisch strafbar, sondern müssen sich auch die Entziehung der ihnen verbliebenen Hälfte des Diensteinkommens gefallen lassen. PrStM. in ständiger Praxis (25. 7. 07, 6. 5. 08 u. 26. 7. 09 bei v. Rheinb. 133, 136), RDisH. 2. 4. 83 bei Schulze Rspr. 106; RG. **113** 145; Klüber VerwArch. **31** 206; und auch v. Rheinb. 133; a. M. v. Dultzig 65. Das Diensteinkommen ist nämlich die Gegenleistung nicht sowohl für die tatsächliche Verrichtung der mit dem Amt verbundenen Geschäfte als für die Führung des Amtes im allgemeinen und die stete Dienstbereitschaft. A. M. OVG. in **47** 418 u. **73** 429; sowie v. 28. 4. 08 bei v. Rheinb. 131. Nach PrDisH f. nichtr. B. („Recht" **24** 497 Nr. 1722 = DRichtZtg. **25** 142) soll eine unerlaubte Entfernung vom Amt nicht vorliegen, wenn ein vom Amt suspendierter Beamter, der am Sitze seines Amtes geblieben ist, ohne Erlaubnis eine mit seinem Amt nicht vereinbarte Nebenbeschäftigung übernommen hat; ein unerlaubtes Fernbleiben von der Amtstätigkeit könne darin nicht gefunden werden, weil ihm durch die Suspension ja gerade jede Amtstätigkeit untersagt wäre; der Beamte könne also nur wegen der eigenmächtigen Annahme der Nebenbeschäftigung disziplinarisch bestraft werden. Dem kann nicht zugestimmt werden. Denn der Begriff des „Amtes" umfaßt nicht nur die eigentliche Diensttätigkeit im engeren Sinne, sondern auch diejenigen Amtspflichten, die wie die Residenzpflicht eine jederzeit erfolgreiche Bekleidung des Amts ermöglichen und vorbereiten; durch die Nebentätigkeit hat aber der Beamte unmöglich gemacht, daß er gegebenenfalls wieder sein Amt ausübt. Er muß also trotz der Suspension so angesehen werden, als wenn er sich unerlaubt vom Amt fernhielte. Ebenso RG. **113** 143ff.

Auch die auf Grund der PersAbbauV. in den einstweiligen Ruhestand versetzten Beamten können wegen unerlaubten Sichentfernthaltens vom Amt disziplinarisch bestraft werden, wenn sie sich weigern, eine ihnen zeitweise übertragene Tätigkeit zu übernehmen. PrDisH. f. nichtr. B. 25. 1. 26 JW. **26** 1461 = DJZ. **26** 967 = JurRundsch. **26** Rspr. Nr. 1292 = DRicht.-Ztg. Rspr. **27** 96.

b) Die Entziehung des Diensteinkommens wegen unerlaubter Entfernung vom Amte stellt sich **nicht** wie bei preußischen Beamten als eine **Disziplinarmaßregel** dar; sie ist ein bloß **vermögensrechtlicher Nachteil** als Folge der Nichterfüllung der Amtspflicht und des dadurch dem Reich zugefügten Schadens: RG. **52** 22; **113** 146. Die preußischen Beamten stehen hier ungünstiger als die Reichsbeamten. Die letzteren gehen zwar nach § 14 Abs. 3 RBG. für die Zeit ihrer unerlaubten Entfernung von ihrem Amt ebenfalls ihres Diensteinkommens verlustig, wenn ihnen nicht besondere Entschuldigungsgründe zur Seite stehen. Es ist aber bei ihnen, wie die Stellung der aus den Disziplinarbestimmungen herausgehobenen Vorschrift im System des Gesetzes zeigt, die Entziehung des Diensteinkommens in den Fällen der geschilderten Art keine Disziplinarstrafe, sondern eine **zivilrechtliche** Folge der Nichterfüllung der Amtspflicht und des dadurch dem Staate zugefügten Schadens. RG. **52** 20; RDisH. 4. 2. 84 Schulze-Simons 496; RG. **113** 146. Es kann also der Reichsbeamte gegen die Entziehung des Diensteinkommens die ordentlichen Gerichte anrufen. Hier kann er das ihm einbehaltene Gehalt mit der Begründung nachfordern, daß ihm besondere Entschuldigungsgründe für seine urlaublose Entfernung vom Amte zur Seite ständen. RG. **113** 146. Dem preußischen Beamten dagegen ist die Beschreitung des ordentlichen Rechtswegs nicht gestattet; widerspricht er der Gehaltsentziehung, so findet das förmliche Disziplinarverfahren statt; § 10 PrBDisG.; § 9 Pr. RDisG.

Es ist nicht ausgeschlossen, daß neben der Gehaltsentziehung noch Dienststrafmaßregeln gegen den Beamten ergriffen werden, der sich unerlaubt von seinem Amt entfernt hält. OVG. **51** 419; GrDisS. 26. 4. 98 bei v. Rheinb. 440; RDisH. 4. 2. 84 Schulze-Simons 496. Wird in einem dieserhalb eingeleiteten Dienststrafverfahren auf Dienstentlassung erkannt, so kann dem Angesch. trotz § 14 Abs. 3 ein Ruhegehaltsteil belassen werden. RDisH. 6. 6. 28 DRichtZtg. **28** 351.

c) **Die Entziehung des Diensteinkommens wird von derjenigen Behörde verfügt, die den Urlaub zu erteilen hat.** Diese Verfügung hat nur deklaratorischen, nicht aber konstitutiven Charakter. Sie soll erlassen werden, um die Entziehung des Einkommens auch nach außen erkennbar zu machen und jede Möglichkeit eines späteren Zweifels auszuschließen. Ist sie versehentlich unterblieben, so hat der Beamte nicht etwa trotz der unerlaubten Entfernung vom Amt einen Anspruch auf das Diensteinkommen. Denn der Verlust des Diensteinkommens ist die von selbst eintretende gesetzliche Folge der unerlaubten Entfernung vom Amt. JM. 9. 8. 72 bei Müller 444.

Ist die Entziehung des Diensteinkommens verfügt, so *wirkt* diese

Verfügung bis zu dem Augenblick, mit dem der Beamte wieder in sein Amt zurückkehrt. Wird nachträglich der Beamte vom Amt suspendiert, so erhält er sein Gehalt — und zwar nunmehr infolge der Suspension zur Hälfte — erst dann wieder, wenn er nicht nur die Absicht, sich von seinem Amt fernzuhalten, aufgibt und diesen Entschluß seinem Vorgesetzten mitteilt (so v. Rheinb. 137), sondern auch, wenn er durch sein tatsächliches Verhalten, insbesondere durch seine Rückkehr an seinen Amtssitz der Behörde die Möglichkeit gibt, jederzeit über ihn zu verfügen. Günstiger steht der Beamte, der nach unerlaubter Amtsentfernung wegen des dringenden Verdachts einer strafbaren Handlung in Untersuchungshaft genommen wird; einem solchen Beamten muß, gleichviel ob er sich freiwillig gestellt hat oder zwangsweise verhaftet ist, vom Augenblick seiner Verhaftung an das Gehalt wieder weitergezahlt werden, da er sich nicht freiwillig von seinem Amt entfernt hält; vgl. auch v. Rheinb. 137.

d) Die Reichsbeamten werden trotz urlaubsloser Entfernung vom Amte des Diensteinkommens nicht verlustig, **wenn ihnen besondere Entschuldigungsgründe zur Seite stehen.** Ob solche vorhanden, entscheidet die Verwaltungsbehörde, eventuell der Richter nach freiem Ermessen. Beweispflichtig ist der Beamte. Gruchot **28** 1111; Arndt 645; OVG. **12** 430. Als solcher Entschuldigungsgrund kann es gelten, wenn ein wider seinen Willen versetzter Beamter Grund zu der Annahme zu haben glaubt, das neue Amt sei von geringerem Rang als das seitherige. OVG. **53** 445. Einem verzeihlich erscheinenden Irrtum des Beamten darüber, ob er zum Antritt eines Amtes verpflichtet ist, kann nicht jede Bedeutung abgesprochen werden. GrDisS. 25. 11. 25 amtl. Sammlg. 152. Eine Entschuldigung liegt jedenfalls dann vor, wenn der Beamte dienstunfähig war und deshalb sein Amt nicht antreten konnte. GrDisS. 9. 12. 25 amtl. Sammlg. 153ff. Auch liegt eine Entschuldigung vor, wenn der Beamte nur um deswillen vom Amt fernbleibt, weil er nicht die Mittel hat, um von seinem auswärtigen Wohnort die Reisekosten nach seinem Dienstort und die entstehenden Zehrkosten zu tragen. RDisH. 14. 6. 27 DJZ. **27** 1625. Pieper 75 u. Thudich. 281 wollen das freie Ermessen des Richters beschränken und halten ihn an gewisse Entscheidungen der Verwaltungsbehörden oder der Dienststrafgerichte insbesondere darüber, ob besondere Entschuldigungsgründe vorliegen oder nicht, gemäß § 155 für gebunden.

12. **Abwesenheit vom Amt infolge eines Streiks.** Ein sog. Streikrecht der Beamten kann nicht anerkannt werden. Eigenmächtige Dienstverweigerung der Beamten ist nicht zulässig, auch nicht als Mittel zur Wahrung und Förderung der Arbeits- und Wirtschaftsbedingungen. Wenn auch nach Art. 159 RV. das Vereins- und Versammlungsrecht keiner Beschränkung unterliegt, ebensowenig wie das Koalitionsrecht, so ist damit noch nicht ein Streikrecht gegeben. RDisH. 14. 12. 22 Schulze-Simons 80. Der Streik ist unvereinbar mit der rechtlichen Eigenart des Beamten-

verhältnisses, das sich als öffentlich-rechtliches Gewaltverhältnis darstellt und mit dem privatrechtlichen Arbeitsvertrag nur äußere Ähnlichkeit hat. Stände dem Beamten ein Streikrecht zu, so müßte auch dem Reich ein Kündigungs- und Entlassungsrecht zustehen. Dann wäre die lebenslängliche Anstellung und die Ruhegehalts- und Hinterbliebenenversorgung nicht mehr zu rechtfertigen. Nur ein sog. Abwehr- oder Ordnungsstreik ist zulässig. Bei ihm ist von einem eigentlichen Streik überhaupt keine Rede. Er ist regelmäßig von der vorgesetzten Behörde ausdrücklich oder stillschweigend gestattet und dient dazu, die verfassungsmäßigen Grundlagen des Reichs gegenüber Usurpatoren (Kommunisten, Rheinbündlern usw.) zu schützen. Vdg. d. Reichspräs. 1. 2. 22 (RGBl. 187) betr. Streik der Beamten der Reichsbahn, aufgehoben durch V. 9. 2. 22 (RGBl. I 205). PrMJ. 25. 2. 22 (MBl. 259) bezügl. der Polizeibehörden; RG. „Recht" **23** 32 Nr. 111 u. **23** 274 Nr. 966; RDisH. 14. 12. 22, 30. 1. u. 10. 4. 23 bei Schulze-Simons **21** S. 77 u. 405; OVG. **78** 452; RGSt. **56** 422; Damme-Korn „Recht" **21** 66; Flad Streikrecht der Beamten „Recht" **22** 85ff.; Moritz PrVBl. **44** 160; Menne PrVBl. **44** 180; Lohmeier PrVBl. **41** 87ff.; Groh Arch. öffentl. R. **23** 369ff.; Kaskel BeamtJahrb. **26** 481; Giese RV. 346; Wolfstieg 86ff. und das dort verzeichnete Schrifttum; Damme JZ. **19** 735; Riesenburger 81ff., der aber bei besonderer Sachlage ein Streikrecht zubilligen will; Klüber VerwArch. **31** 227ff.; Friedrichs KomVR. 67; LG. III Berlin in JW. **23** 245; LG. II Berlin in LZ. **25** 250. Dagegen halten den Streik für zulässig: Scheibig PrVBl. **41** 168; Bendix, Das Streikrecht der Beamten 1922. Über das Streikrecht der Angestellten und Arbeiter s. LZ. **25** 251.

Durch Teilnahme am Streik verletzt ein Beamter seine Amtspflicht so schwer, daß von der Strafe der Dienstentlassung nur beim Vorliegen besonderer mildernder Umstände abgesehen werden kann. OVG. **78** 453; RDisH. 10. 4. 23 Schulze-Simons 21. Strafschärfend wirkt die Teilnahme an einem wilden Streik. RDisH. 8. 5. 23 Schulze-Simons 85. Was vom Streik gilt, gilt auch von der sogenannten passiven Resistenz. Wolfstieg 87; Nischk 92. Auch eine „Neutralität" oder gar eine „Sympathiekundgebung" zugunsten von Streikenden stellt eine Verletzung der Amtspflichten dar. PrMJ. 25. 2. 22 (MBl. 260).

Da das Streiken eine unerlaubte Entfernung vom Amt darstellt, verliert der Streikende für die Zeit des Fernbleibens seinen Anspruch auf das Diensteinkommen. § 14 Abs. 3. Außerdem macht er sich schadensersatzpflichtig. RG. 24. 2. 27 JW. **27** 1249.

13. Die Abwesenheit vom Amt **infolge Verbüßung einer Freiheitsstrafe** ist keine unerlaubte Entfernung vom Amt und zieht den Diensteinkommensverlust nicht nach sich. Denn die Strafe ist dem Beamten von Rechts wegen auferlegt, und ihrer Verbüßung darf er sich nicht entziehen. RG. **38** 317; **40** 245.

Ob der gefänglich eingezogene Beamte dem Fiskus wegen der schuldhaften Entziehung seiner Arbeitskraft **für die Stellvertretungskosten schadensersatzpflichtig ist,** ist zweifelhaft. Die Vorschriften des BGB. über Schadensersatz wegen schuldhafter Nichterfüllung eines Vertrages können bei dem öffentlich-rechtlichen Charakter des Anstellungsaktes, der der richtigen Ansicht nach überhaupt keinen Vertragscharakter hat, nicht angewendet werden; zudem wird es zur Begründung einer Schadensersatzklage aus § 823 BGB. in den meisten Fällen an einem vertretbaren Verschulden fehlen. RG. **38** 317; **40** 245; Gruchot **30** 854[49]. Dagegen wird in der preußischen Verwaltungspraxis der entgegengesetzte Rechtsstandpunkt gebilligt. Es werden nach dem ME. 19. 10. 03 (MBl. **04** 141), JM. 24. 8. 03 bei Müller 473 u. Erl. 12. 2. 04 (ZBlUV. 254) die während der Strafverbüßung entstandenen Stellvertretungskosten bei der Gehaltszahlung einbehalten und in einem etwaigen Rechtsstreit im Wege der Aufrechnung oder, soweit das Gehalt unpfändbar ist, durch Ausübung des Zurückbehaltungsrechts nach § 273 BGB. geltend gemacht. Da aber die vom Amte suspendierten Beamten nicht über die einbehaltene Hälfte ihres Diensteinkommens hinaus zu den Stellvertretungskosten herangezogen werden dürfen, so werden auch den mit einer Freiheitsstrafe belegten — nicht suspendierten — Beamten die Stellvertretungskosten nur bis zur Hälfte ihres Diensteinkommens zur Last gelegt. ME. 14. 2. 05 (EVBl. 99); ME. 10. 4. 05 (MBl. 72). Für Wartegeldempfänger gilt Abweichendes. ME. 2. 2. 54 u. 2. 12. 63 (MBl. 66; **64** 27).

§ 15.

Die vom Kaiser (Reichspräsidenten) angestellten Beamten dürfen Titel, Ehrenzeichen, Geschenke, Gehaltsbezüge oder Remunerationen von anderen Regenten oder Regierungen nur mit Genehmigung des Kaisers (Reichspräsidenten) annehmen.

Zur Annahme von Geschenken oder Belohnungen in bezug auf sein Amt bedarf jeder Reichsbeamte der Genehmigung der obersten Reichsbehörde.

1. Abs. 1 § 15 bezog sich früher nur auf die **unmittelbaren** Reichsbeamten, und zwar auch dann, wenn und soweit sie nur auf Widerruf oder Kündigung angestellt waren; auch die Wartegeldempfänger sowie die unbesoldeten Reichsbeamten (insbesondere die Wahlkonsuln) waren von der Vorschrift betroffen. **Sie hat jetzt gegenüber dem Art. 109 RV. viel von ihrer Bedeutung verloren.** Denn nach Abs. 5 Art. 109 darf kein Deutscher von einer ausländischen Regierung Titel oder Orden annehmen. Außerdem dürfen nach Abs. 3 a. a. O. Titel nur noch verliehen werden, wenn sie ein Amt oder einen Beruf bezeichnen; s. Näheres § 17 RBG. Endlich dürfen Orden und Ehrenzeichen vom Staat (Reich) nicht mehr verliehen werden;

s. Näheres unten zu § 17. Hiernach kann nur noch in Frage kommen, daß die Reichsbeamten von der Regierung eines deutschen Landes oder einer ausländischen Regierung Geschenke für gelegentliche Dienste oder Gehaltsbezüge bzw. Remunerationen für fortlaufende dienstliche Handlungen beziehen sollen. In solchen Fällen wäre die Annahme nur mit Genehmigung des Reichspräsidenten (früher des Kaisers) zulässig.

Mit § 15 Abs. 2 stimmt § 3 Abs. 3 RBahnPersG. überein.

2. **Das Verhalten bei der Annahme von Geschenken.** Ein Beamter, der für eine in sein Amt einschlagende, **an sich nicht pflichtwidrige Handlung** Geschenke oder andere Vorteile annimmt, fordert oder sich versprechen läßt, wird mit Geldstrafe bis zu 300 RM. oder mit Gefängnis bis zu 6 Monaten bestraft. § 331 StGB. Dagegen wird ein Beamter, der für eine Handlung, **die eine Verletzung einer Amts- oder Dienstpflicht enthält,** Geschenke oder andere Vorteile annimmt, fordert oder sich versprechen läßt, wegen Bestechung mit Zuchthaus bis zu 5 Jahren bestraft. Sind mildernde Umstände vorhanden, so tritt Gefängnisstrafe ein. § 332 StGB.

Reichsbeamte dürfen, wenn sie sich nicht der Gefahr strafgerichtlicher und disziplinarischer Bestrafung aussetzen wollen, **Geschenke und andere Zuwendungen in bezug auf ihr Amt von Privatpersonen nur nach vorgängiger Genehmigung der obersten Reichsbehörde** annehmen. X 2 § 1 PDA; RDisH. 14. 11. 23 u. 1. 10. 24 Schulze-Simons 146, 148; § 15 Abs. 2 RGB. Was unter der obersten Reichsbehörde zu verstehen ist, ergibt V. v. 10. 8. 28 (RGBl. I 369); s. unten S. 547. Im Sinne des § 15 Abs. 2 RGB. muß eine dem Geber und Empfänger bewußte Beziehung der Zuwendung zu dem Amt vorhanden sein, und es genügt jede irgendwie geartete, insbesondere auch eine bloß mittelbare Beziehung. RDisH. 19. 6. 22 Schulze-Simons S. 17.

Die **Genehmigung wird nur selten** und immer nur dann **erteilt,** wenn die besondere Lage des Falles eine Gewähr dafür bietet, daß die Annahme des angebotenen Geschenks mehr den Charakter einer Ehrengabe als den einer Belohnung für geleistete Dienste an sich trägt. Müller 467. Denn im allgemeinen ist die Annahme von Geschenken, besonders von barem Gelde, die durch eine Privatperson oder eine Korporation aus Anlaß oder in Anerkennung der dienstlichen Tätigkeit eines Beamten gemacht werden, mit dem Ansehen und der Integrität des Beamtenstandes unvereinbar. FM. 13. 7. 81 bei Müller 467; MJ. 2. 8. 12 (MBl. 276). Auch muß vermieden werden, das Empfinden des Beamten für die bestehende Rechtslage (§ 331 StGB.) abzustumpfen oder zu zerstören. MJ. 2. 8. 12 (MBl. 276).

Die Genehmigung wird nicht in der Weise erteilt, daß die Zuwendungen den Beamten direkt gemacht werden dürfen. Es sind vielmehr in allen Fällen, in denen die beantragte Genehmigung erteilt wird, **die Geschenke von der vorgesetzten Behörde entgegenzunehmen,** die ihrerseits nach Maßgabe der in der Genehmigungsverfügung getroffenen Bestimmungen wegen der Überweisung an die ihr unterstellten Beamten Verfügung trifft. ME. 22. 11. 01 (MBl. 255). Unter Umständen wird die Genehmigung derart erteilt werden können, daß die Geschenke nicht den einzelnen Beamten, sondern der Beamtenschaft, z. B. durch Gründung oder Unterhaltung gewisser für die Gesamtheit der Beamtenschaft bestimmter Wohlfahrtseinrichtungen zugute kommen. MJ. 2. 8. 12 u. 9. 2. 21 (MBl. **12** 273; **21** 56).

In keinem Falle genügt es, wenn der Beamte, anstatt die Genehmigung einzuholen, sich bei der Annahme von Geschenken für Amtshandlungen darauf beschränkt, seiner vorgesetzten Behörde **Anzeige** zu machen. ME. 16. 9. 47 (MBl. 249).

Die Erlaubnis zur Annahme von Geschenken kann auch **durch stillschweigende Duldung** seitens der zuständigen Behörden erteilt werden. So entspricht es z. B. einer allgemeinen Sitte, gewissen Beamten, wie Wachtmeistern, Amtsgehilfen, Boten, Kastellanen u. dgl. zu Neujahr oder Weihnachten oder auch sonst kleine Geldgeschenke zu machen. Dasselbe gilt hinsichtlich des Trinkgeldes an die Briefträger; vgl. Näheres bei Reindl 122; Görres 20; Laband **1** 467.

Die Beamten werden ohne Genehmigung **auch von ihren Untergebenen** keine Geschenke entgegennehmen dürfen, es sei denn, daß es sich um Verwandte handelt oder das Geschenk in einem literarischen Erzeugnis des Untergebenen besteht.

§ 16.

Kein Reichsbeamter darf ohne vorgängige Genehmigung der obersten Reichsbehörde ein Nebenamt oder eine Nebenbeschäftigung, mit welcher eine fortlaufende Remuneration verbunden ist, übernehmen oder ein Gewerbe betreiben. Dieselbe Genehmigung ist zu dem Eintritt eines Reichsbeamten in den Vorstand, Verwaltungs- oder Aufsichtsrat einer jeden auf Erwerb gerichteten Gesellschaft erforderlich. Sie darf jedoch nicht erteilt werden, sofern die Stelle mittelbar oder unmittelbar mit einer Remuneration verbunden ist.

Die erteilte Genehmigung ist jederzeit widerruflich.

Auf Wahlkonsuln und einstweilen in den Ruhestand versetzte Beamte finden diese Bestimmungen keine Anwendung.

1. Die Beamten sollen **ihre ganze Zeit und Kraft der treuen Besorgung ihrer Amtsgeschäfte widmen** und dürfen deshalb Nebenämter oder mit einer fortlaufenden Vergütung verbundene Nebenbeschäftigungen nur übernehmen, soweit sie mit den durch das Hauptamt an sie gestellten Ansprüchen verträglich sind und ein staatliches Interesse für die Erteilung der Genehmigung nicht entgegensteht. Darüber, ob dies der Fall ist, hat die oberste Reichsbehörde (wegen der Reichsbahnbeamten s. Ziff. 1 Abs. 2 § 9

PersO.) zu befinden. Was unter oberster Reichsbehörde zu verstehen ist, ergibt V. 10. 8. 28 (RGBl. I 369); s. unten S. 547. Die Übernahme eines Nebenamtes oder einer mit fortlaufender Vergütung verbundenen Nebenbeschäftigung darf daher in allen Fällen nur mit ihrer Genehmigung erfolgen; vgl. Vogels, VerwArch. **21** 263ff., **22** 65ff. Dies gilt auch für die vorläufig vom Dienst enthobenen Beamten. PrOVG. 29. 4. 27 PrVBl. **49** 22. Die Genehmigung darf aber nicht an beliebige Bedingungen geknüpft werden, an deren Einhaltung die Behörde kein von ihr zu wahrendes Interesse hat. OVG. aaO. Besonders beschränkt sind die Reichsbahnbeamten. Denn diesen ist die Ausübung eines Nebenerwerbs oder einer Nebenbeschäftigung stets, also auch wenn sie nicht mit einer fortlaufenden Remuneration verbunden ist, nur mit Genehmigung gestattet. § 3 Abs. 3 RBahnPersG.; § 9 Ziff. 1 PersO. Der Generaldirektor und die anderen Mitglieder des Vorstandes der Reichsbahngesellschaft dürfen eine gleichzeitige andere Erwerbstätigkeit oder eine Nebenbeschäftigung nur mit Genehmigung des Verwaltungsrats ausüben. § 7 Teil II PersO.

2. Die Reichsbeamten sind aber ebenso wie die Beamten der Länder und Gemeinden (Gemeindeverbände) **verpflichtet, jedes Nebenamt oder jede Nebenbeschäftigung im öffentlichen Dienst anzunehmen,** sofern die auszuübende Tätigkeit ihrer Vor- oder Berufsbildung entspricht. Art. 13 PersAbbauVdg. § 16 RBG. und die Frage der Gewährung einer Vergütung für die Ausübung der Nebentätigkeit bleibt durch Art. 13 aaO. unberührt.

Eine besondere Vergütung kann für das Nebenamt nur bewilligt werden, wenn es mit dem Hauptamt nicht im unmittelbaren Zusammenhang steht oder den Beamten in besonderem Maße in Anspruch nimmt. Für eine mit dem Hauptamt verbundene Nebentätigkeit, z. B. als Aufsichtsratsmitglied eines Unternehmens, dürfen die Beamten keine besondere Vergütung erhalten; die ihnen zufließenden Beträge an Aufwandsentschädigungen und Tantiemen sind an die Reichskasse abzuführen. Nur für den aus dieser Tätigkeit sich ergebenden Mehraufwand darf eine von Fall zu Fall der Höhe nach zu beantragende Aufwandsentschädigung belassen werden. RWM. 17. 12. 25 in HVBl. 121.

3. Die erteilte Genehmigung ist nach § 16 Abs. 2 RBG. **jederzeit widerruflich,** ohne daß eine Beschwerde darüber zulässig wäre oder eine Entschädigung für den Verlust der mit dem Nebenamt oder der Nebenbeschäftigung verbundenen Einnahmen oder Vorteile beansprucht werden könnte. Der Widerruf darf aber nicht willkürlich, sondern nur aus berechtigten Gründen erfolgen. OVG. 29. 4. 27 PrVBl. **49** 22.

4. **Eine Genehmigung wird in den Fällen nicht erfordert,** in denen die Übernahme des Nebenamts eine gesetzliche Pflicht des zu ihm Gewählten ist, insbesondere auch die Bekleidung des Hauptamts keinen Grund zur Ablehnung des Nebenamts gibt. In solchen Fällen genügt eine bloße Anzeige von der Übernahme des Nebenamtes.

5. Das mit Nebenämtern verbundene Einkommen begründet keinen **Anspruch auf Ruhegehalt.** § 38 RBG.

6. **Die Wartegeldempfänger und die Wahlkonsuln** fallen nicht unter § 16. Auch die nichtständigen Mitglieder des Reichspatent- und Reichsversicherungsamts dürfen ein Nebenamt ohne Genehmigung übernehmen.

7. Als **Nebenamt,** zu dessen Übernahme Genehmigung erforderlich ist, ist jede Tätigkeit neben dem Hauptamt zu betrachten, die nicht schon nach der Gliederung und Verfassung der betreffenden Behörde selbst mit dem Hauptamt verbunden ist oder verbunden werden kann und die sich als ein öffentliches Amt im Reiche oder Lande, in der Kommunalverwaltung, im Dienste von Kirche und Schule oder einer sonstigen öffentlich-rechtlichen Korporation darstellt. RG. **80** 308; OVG. **80** 73. Auch die Stellen der Vorsitzenden und der stellvertretenden Vorsitzenden der Oberversicherungsämter sind, wenn sie nebenamtlich bekleidet werden, Nebenämter im Sinne des § 16. ME. 9. 10. 90 bei Müller 420. Zur Übernahme eines besoldeten oder unbesoldeten Amtes in einer Gemeindeverwaltung ist die Genehmigung erforderlich.

Ein Reichsbeamter kann nebenamtlich preußischer unmittelbarer oder mittelbarer Staatsbeamter sein; auch der umgekehrte Fall ist rechtlich zulässig. R.G **43** 131; **111** 121; RG. JW. **25** 1619ff., insbesondere 1621 = Recht **25** 573 = JurRundsch. **25** 902; RDisH. 19. 6. 22 Schulze-Simons 16.

Wegen der Tätigkeit der Beamten des Reichs, Staats, der Gemeinden und der sonstigen Körperschaften des öffentlichen Rechts als Mitglieder des Reichstags, eines Landtags, des Staatsrats und einer Provinzial-, Kreis- und Gemeindevertretung s. oben § 14 Anm. 10 zu c.

Die Beamten bedürfen der Genehmigung zur Übernahme der Tätigkeit in verwaltenden Körperschaften, wie Kreis-, Bezirks- und Provinzialausschuß und Provinzialrat. RG. **80** 310; OVG. **10** 370; Huber PrV. 156. Das Reichsministerium hat hierüber Richtlinien v. 5. 10. 20 (JMBl. 721) aufgestellt.

Die von den Beamten übernommene Tätigkeit in solchen Körperschaften haben sie unter Beobachtung der allgemeinen Beamtenpflichten nach bestem Wissen und Können zu verwalten. Die Frage, ob sie dieser Pflicht nachkommen, hat der Dienstvorgesetzte unter Berücksichtigung aller Umstände zu entscheiden. FM. u. JM. 11. 12. 20 (JMBl. 721).

Darauf, ob das Nebenamt **mit Dienstbezügen** verknüpft ist, kommt es im allgemeinen nicht an; auch zu **bloß ehrenamtlichen** Stellungen, z. B. als Waisenrat, als Mitglied städtischer Deputationen und Kommissionen, ist die Genehmigung erforderlich. FM. 16. 2. 76 bei Müller 422.

Auch zur Übernahme des Amtes als Schiedsmann bedürfen Reichsbeamte der Genehmigung. § 2 Abs. 2 SchiedmO. 3. 12. 24 (GS. 751).

Die Wahrnehmung der Tätigkeit als Schöffe oder Geschworener ist als Nebenamt nicht anzusehen.

8. Als **Nebenbeschäftigung,** zu der es einer Genehmigung bedarf, wird jede Tätigkeit anzusehen sein, zu der ein Beamter sich gegenüber einer Reichsbehörde, einer Staatsbehörde, einer Kommunal-, Kirchen- oder Schulbehörde, einer Korporation oder Gesellschaft oder auch einer Privatperson rechtswirksam verpflichtet; v. Rheinb. 87 nimmt in Übereinstimmung mit RDisH. 11. 11. 95 u. 19. 6. 11 bei Schulze-Simons 279 u. 284 an, daß ein Einzelgeschäft von kurzer Dauer als eine „Beschäftigung" nicht angesehen werden könne. Nach ihm soll erst eine Reihe von Einzelgeschäften als „Beschäftigung" gelten, wenn sie sich als ein einheitliches Tun darstellt. Dies ist nach RDisH. a. a. O. namentlich dann der Fall, wenn die einzelnen Geschäfte gleichartig sind und mit geringen zeitlichen Zwischenräumen aufeinander folgen, nicht minder aber auch dann, wenn sie insgesamt von demselben Vorsatz beherrscht werden, also eine Wiederholung bei sich darbietender Gelegenheit in Aussicht genommen ist.

Diese Grundsätze, die für das preußische Beamtenrecht streitig sind, sind auf Reichsbeamte unbedenklich anwendbar, da für sie eine Nebenbeschäftigung — im Gegensatze zu den preußischen Beamten — **nur genehmigungspflichtig ist, wenn mit ihr eine fortlaufende Remuneration verbunden ist;** letztere kann nur in Frage kommen, wenn die Nebenbeschäftigung von einer gewissen Dauer ist, sich also nicht als einheitliche und einmalige darstellt. Deshalb bedarf der Reichsbeamte im Gegensatze zum preußischen Beamten z. B. keiner Genehmigung zur Übernahme einer schiedsgerichtlichen Tätigkeit. Abweichendes gilt für die Reichsbahnbeamten nach § 3 Abs. 3 RBahnPersG. u. § 9 Z. 1 PersO., die denselben Beschränkungen wie die preußischen Beamten unterliegen. Ein außergerichtliches Gutachten darf allerdings auch der Reichsbeamte nicht ohne Genehmigung seiner vorgesetzten Dienstbehörde erstatten; dies folgt aber nicht aus § 16 (denn um eine mit fortlaufender Remuneration verbundene Nebenbeschäftigung handelt es sich hierbei nicht), wohl aber aus § 12 Abs. 1, der diese Genehmigung ausdrücklich verlangt.

Die Remuneration kann in Geld oder anderen Vorteilen, z. B. freier Wohnung (ME. 12. 8. 84, MBl. 230) bestehen. Sie ist als eine fortlaufende nur anzusehen, wenn sie in bestimmten Zwischenräumen (Monaten, Vierteljahren usw.) für eine fortlaufende Beschäftigung vereinbart und regelmäßig bezahlt wird; doch ist gleichgültig, daß feste Zahlungstermine nicht eingehalten werden; auch braucht nicht die Zahl und der Umfang der zu leistenden Arbeiten vorher vereinbart zu sein. RDisH. 11. 11. 95 (F. 3. 95). Genügen kann schon eine bloß tatsächliche Übung, wenn die geübte Tätigkeit mit der Aussicht auf eine fortlaufende Vergütung verbunden erscheint. RDisH. 19. 6. 11 bei Schulze Rspr. 133. Dagegen verstößt auch die Vornahme einer größeren Zahl von Erwerbsgeschäften ohne Genehmigung der obersten Reichsbehörde nicht gegen die Amtspflicht, wenn sie sich nicht als Betrieb eines Gewerbes darstellt, es sich vielmehr nur um gelegentliche Geschäfte handelt, auch eine fortlaufende Vergütung nicht bezogen wird. RDisH. 1. 12. 24 DJZ. **27** 235. So bedarf z. B. die Herausgabe einer Fachzeitung der Genehmigung. RDisH. 21. 10. 89 (F. 3. 89).

9. Nicht zu den Nebenämtern, **sondern zu den Nebenbeschäftigungen** gehören die **Mandate** der nicht von Behörden angestellten, sondern von der Bürgerschaft usw. gewählten **Gemeinde-, Stadtverordneten, Kreistags-, Provinziallandtags-** und **Landtagsabgeordneten.** Für die Übernahme dieser Mandate ist also eine Genehmigung nach § 16 RBG. nicht erforderlich; inwieweit aber für solche Tätigkeiten ein Urlaub erforderlich ist, ergibt § 14 RBG.; s. Anm. 10 zu c § 14.

10. Auch das **Amt eines Vormundes, Gegenvormundes, Pflegers oder Beistandes** ist nur eine Nebenbeschäftigung und erfordert daher nur in dem Falle eine Genehmigung, wenn es mit fortlaufender Remuneration verbunden ist. v. Rönne DStR. **1** 357, Note 6; Kanng. 76; Pieper 82 u. Per. u. Sp. 34. Abweichendes gilt für preußische Beamte nach Art. 72 AG. BGB.; s. Näheres Brand BR. 514; s. aber X 2 § 1 PDA.

11. Die Reichsbeamten dürfen ein **Gewerbe** nur nach vorangegangener Genehmigung der obersten Reichsbehörde (§ 159) betreiben. RDisH. 21. 10. 89 (F. 3. 89); X 2 § 1 PDA. Die Wahlkonsuln, die Wartegeldempfänger und die nichtständigen Mitglieder des Reichspatent- und Reichsversicherungsamtes dürfen ein Gewerbe auch ohne Genehmigung betreiben. § 16 Abs. 3 RBG; § 13 PatentG. Wegen der Angehörigen der Wehrmacht s. § 31 WehrG. 20. 3. 20 (RGBl. 329).

Eine stillschweigende Genehmigung ist anzunehmen, wenn ein Reichsbeamter beim Eintritt in den Reichsdienst ein Gewerbe mit Kenntnis der Anstellungsbehörde betreibt, ohne daß die letztere die Einstellung des Betriebes verlangt. Pieper 85; Per. u. Sp. 34.

Ob ein Gewerbebetrieb vorliegt, hat die oberste Reichsbehörde nicht nach der Reichsgewerbeordnung oder dem Gewerbesteuergesetz, die den Begriff des Gewerbes nur für ihre Zwecke umgrenzen, sondern nach freiem Ermessen zu entscheiden. Ein Gewerbebetrieb liegt auch vor, wenn das Gewerbe zwar formaljuristisch durch eine Gesellschaft (z. B. mit beschränkter Haftung), tatsächlich aber durch den Beamten betrieben wird. RDisH. 7. 4. 14 Schulze-Simons 277. Auch dann liegt ein Gewerbebetrieb vor, wenn der Beamte durch eine vorgeschobene, von ihm abhängige und wie ein Angestellter nach seinen Weisungen tätige Person ein Gewerbe betreiben läßt, das wirtschaftlich seine eigene Veranstaltung darstellt, so daß er selbst der wirkliche Träger von Gewinn und Verlust aus dem Geschäft und somit der Geschäftsherr ist. RDisH 26. 1. 27 DRichtZtg. **27** Rspr. Sp. 190. Dagegen liegt ein Betrieb noch nicht vor, wenn nur die Konzession z. B. zum Betriebe einer Schankwirtschaft erwirkt, die Ausübung aber durch einen anderen auf dessen Rechnung erfolgen soll. Ein Gewerbebetrieb liegt nicht vor, wenn der Beamte nur als Angestellter, wenn auch als

Generalbevollmächtigter in einem fremden Geschäft tätig ist. OVG. 29. 4. 27 PrVBl. **49** 22. Nicht als Gewerbebetrieb ist ferner anzusehen: die Landwirtschaft, auch wenn mit ihr ein Gewerbebetrieb, z. B. Ziegelei, Schnapsbrennerei u. dgl. verbunden ist. Thudich. 283; Per. u. Sp. 34; Pieper 84; Kanng. 76; v. Rönne DStR. **1** 357; dasselbe gilt für Militärbeamte nach § 43 RMG. und für preußische Beamte nach § 19 PrGewO. Musikmachen und Erteilen von Privatunterricht wird in der Regel nur dann als Gewerbebetrieb anzusehen sein, wenn diese Beschäftigungen regelmäßig wiederholt und als ständige Einnahmequellen betrieben werden. ME. 19. 5. 79 u. 16. 10. 82 (MBl. **79** 158; ZBlUB. **82** 717); Per. u. Sp. 34.

Zur Musikausübung gegen Entgelt soll die Genehmigung aus § 16 als erteilt gelten, wenn die Musikausübung nicht öfter als 36 mal im Jahr und außerdem in keinem Vierteljahr öfter als 9 mal stattfindet. Darüber hinaus wird mit Rücksicht auf die gegenwärtige Wirtschaftslage sowie aus dienstlichen Gründen die Genehmigung in keinem Falle erteilt werden. Auch soweit nach vorstehendem die Genehmigung als erteilt gilt, kann die vorgesetzte Dienstbehörde einem Reichsbeamten die Musikausübung untersagen, falls er durch das Musizieren so stark in Anspruch genommen wird, daß die dienstlichen Interessen darunter leiden oder zu besorgen ist, daß das Musizieren im einzelnen Fall gegen die Würde des Beamten verstößt. In jedem Falle ist mit Rücksicht auf das Ansehen des Beamtentums in der Öffentlichkeit die Musikausübung in zweifelhaften Gaststätten und Räumlichkeiten verboten. Z. 1 u. 2 der Richtlinien RMJ. 5. 8. 27 (RMBl. 351).

Um eine Prüfung zu ermöglichen, ob die vorstehenden Vorschriften gewahrt sind, haben Reichsbeamte, die gegen Entgelt Musik ausüben wollen, dies unter Angabe des Unternehmers, des Tages und des Ortes der Veranstaltung, der Dauer der Musikausübung sowie des vereinbarten und enthaltenen Entgelts ihrer Dienstbehörde anzuzeigen. Der Anzeigepflicht kann noch in den beiden ersten Dienststunden des auf die Musikausübung folgenden Tages genügt werden, falls die Bestellung erst nach Dienstschluß erfolgt ist. — Musikausübung, für die ein Entgelt in keinerlei Form gewährt wird, braucht nicht angezeigt zu werden. Den Reichsbeamten ist die gewerbsmäßige Nachweisung der Gelegenheit zur Musikausübung verboten. Z. 3—5 der Richtlinien 5. 8. 27 (RMBl. 351).

Die vorstehenden Richtlinien finden auf die Erteilung von Musikunterricht durch Reichsbeamte entsprechende Anwendung. Z. 6 aaO.

Für preuß. Beamte gelten abweichende Grundsätze s. PrStaatsm. in PrFM. 9. 10. 26 (PrBesBl. 176); ME. 19. 5. 79 (MBl. 158); JM. 17. 8. 80 bei Müller 423; PrFM. 9. 10. 26 (PrBesBl. 176).

Der Betrieb der Schankwirtschaft ist stets ein Gewerbe und wird regelmäßig zu verbieten sein; preußischen Beamten ist ein solcher Betrieb allgemein verboten. ME. 25. 5. 42 (MBl. 229); v. Rönne PrStR. **3** 466, 467 Note 4c.

Unter „Gewerbe" fällt nicht die Erwerbstätigkeit auf dem Gebiet der Wissenschaft und freien Künste. Schriftstellerische Tätigkeit ist kein Gewerbe, auch wenn mit ihr fortlaufend Gewinn erzielt werden soll und der Beamte seine Schrift im Selbstverlag erscheinen läßt. RDisH. 15. 1. 04 u. 7. 4. 14 bei Schulze-Simons 265, 276.

Ein Gewerbebetrieb des Reichsbeamten liegt nicht vor, wenn nur seine Hausstandsangehörigen, seine Ehefrau, Kinder oder Hausangestellten ein Gewerbe betreiben. Oft betreiben aber diese Personen nur zum Schein das Gewerbe zur Umgehung des Gewerbeverbots, und der eigentliche Inhaber ist der Reichsbeamte selbst. Ob eine Mitwirkung beim Gewerbe der Ehefrau sich als Gewerbebetrieb darstellt, ist konkret zu prüfen. Per. u. Sp. 35; Pieper 85; vgl. RDisH. 9. 4. 1900 (F. 2. 1900); RFM. 8. 3. 28 – P II/III 4954. Ist der Gewerbebetrieb der Ehefrau oder eines Angehörigen mit der Stellung des Beamten unvereinbar, so kann auf Einstellung des Betriebes hingewirkt werden. Es kann auch die Versetzung des Beamten, ja u. U. sogar disziplinarisches Einschreiten gegen ihn in Frage kommen. RFM. 8. 3. 28 P. II/III 4959. Preußische Beamte bedürfen der Genehmigung der vorgesetzten Dienstbehörde auch zum Betrieb eines Gewerbes ihrer Hausstandsgenossen. § 19 preuß. GewO. 17. 1. 45 (GS. 44), aufrecht erhalten durch § 12 Abs. 2 RGewO.; Edikt 28. 10. 1810; § 19 Ed. 2. 11. 1810; § 81 Ed. 7. 9. 1811 (GS. **1810**, 83; **1811** 271); § 1 Nr. 5 V. 23. 9. 67 (GS. 1619); § 1 Nr. 4 G. 25. 2. 78 (GS. 97). Die Genehmigung ist nicht zu erteilen für die Führung von Gast- und Schankwirtschaften und im allgemeinen auch nicht für die Führung eines offenen Ladengeschäfts. PrMJ. 11. 10. 21 (MBl. 357). Hiernach darf z. B. die Ehefrau eines Beamten, wenn sie auch nach dem BGB. hieran nicht gehindert ist, nach dem preuß. Beamtenrecht ohne Genehmigung der ihrem Ehemann vorgesetzten Behörde ein Handelsgeschäft auch nicht unter dem Namen ihrer Mutter betreiben; in solchem Falle kann der Vorgesetzte dem Beamten die Ausübung des Gewerbebetriebes durch seine Ehefrau untersagen. OVG. **58** 444; Helfritz JW. **25** 2825. Der preußische Beamte muß seiner Frau den Gewerbebetrieb untersagen und wegen Einstellung desselben auf sie nach Möglichkeit einwirken. Der Vorgesetzte kann, wenn der preußische Beamte dem Verbot keine Folge leistet, mit disziplinarischen Maßregeln gegen ihn einschreiten. OVG. DJZ. **22** 454 = „Recht" **22** 300 Nr. 1373; BayrVerwGH. 4. 6. 24 JurW. **25** 2825; Klüber VerwArch. **31** 205. Im Verhältnis zu seiner Frau steht nach § 1354 Abs. 1 BGB. dem Manne die Entscheidung zu.

12. **Folgende Nebenbeschäftigungen** von Reichsbeamten sind genehmigungspflichtig, wenn mit ihnen **eine laufende Vergütung** verbunden ist:

a) die **Übernahme von Agenturen** für Versicherungsgesellschaften; dabei stellt der nicht nur gelegentliche oder zufällige Abschluß von Versicherungen und das Einziehen von Versicherungsbeiträgen gegen Entgelt eine über die Grenzen gewerkschaftlicher Betätigung hinausgehende Nebenbeschäftigung dar, zu der die vorherige Genehmigung der zuständigen obersten Reichsbehörde einzuholen ist. RPM. 16. 2. 26 (RPBl. 77);

b) Übernahme einer **Testamentsvollstreckung**, die Vornahme von **Revisionen** der Geschäftsführung oder der Bücher bei Erwerbsgesellschaften, Sparkassen usw., die Leitung von Reiseunternehmungen;

c) die **Herausgabe von Zeitschriften;** dagegen erfordert eine noch so umfangreiche und zeitraubende **literarische Tätigkeit** nach feststehender Verwaltungsübung keine Genehmigung; dies gilt auch dann, wenn der Beamte sich zur Übernahme literarischer Arbeiten auf Grund eines festen Verlagsvertrages gegen Entgelt verpflichtet hat;

d) die **Veranstaltung von Repetitorien;**

e) das **Halten von Vorlesungen** an Universitäten oder sonstigen Lehr- und Unterrichtsanstalten. Zur Übernahme der Stellung eines Privatdozenten ist die Genehmigung erforderlich, da der Privatdozent — jedenfalls in Preußen — eine beamtenähnliche Stellung hat (Art. 4 G. 4. 8. 22 GS. 209) und die Befugnis besitzt, fortlaufend eine öffentliche Lehrtätigkeit an der Universität gegen Honorar auszuüben;

f) die Übernahme von **Kuratelen bei Familienfideikommissen und Stiftungen,** und zwar auch dann, wenn in der Stiftungs- oder Fideikommißurkunde ein nur allgemein bezeichneter Beamter einer bestimmten Behörde zur Kuratel berufen ist.

13. **Unbedingt verboten** ist den Reichsbeamten mit Ausnahme der Wahlkonsuln, der Wartegeldempfänger sowie der nichtständigen Mitglieder des Reichspatentamtes (§ 16 Abs. 3 RBG.; § 13 Abs. 2 PatG.), zur Vermeidung etwaiger Interessenkollisionen, zur Wahrung der Beamtenintegrität und im Interesse des von ihnen verwalteten Hauptamts der **Eintritt in den Vorstand, Aufsichtsrat usw. einer jeden Erwerbsgesellschaft,** wenn die Stelle mit einer, wenn auch nur einmaligen oder mittelbaren Remuneration (Überlassung von Aktien zu niedrigerem als dem Tageskurs u. dgl.) verbunden ist. Eine solche Vergütung darf auch nicht in Form von Tantiemen vom Reingewinn gewährt werden; daran ändert auch nichts ein Verzicht auf Tantieme der Gesellschaft gegenüber; denn durch solche privatrechtlichen Verzichtsverträge kann das öffentlich-rechtliche Verbot nicht beseitigt werden. Stelling DJZ. **25** 500.

Abweichendes gilt für die Reichsbahnbeamten, denen der Eintritt in den Vorstand usw. einer auf Erwerb gerichteten Gesellschaft auch dann gestattet werden kann, wenn die Tätigkeit mit einer Vergütung verbunden ist. § 3 Abs. 3 RBahnPersG.; § 9 Ziff. 1 Abs. 2 Perso.

Ist der Eintritt in den Vorstand usw. durch Erbgang (Erbanfall eines Anteils an einer Erwerbsgesellschaft) hervorgerufen, so bildet der ererbte Anteil mit seinen Dividenden keine Vergütung für die Verwaltung fremden

Vermögens. Kanng. 77; Thudich. 283; Pieper 83. Ist die Stelle nicht mit einer Remuneration verbunden, so ist der Eintritt in den Vorstand usw. zulässig, jedoch nur nach vorgängiger Genehmigung der obersten Reichsbehörde (vgl. § 159). Auch ist dem Reichsbeamten im Gegensatze zu den preußischen Beamten gestattet, ohne Genehmigung als Gründer solcher Erwerbsgesellschaften tätig zu werden. Zu den Erwerbsgesellschaften gehören alle Gesellschaften, die, wenn auch nur nebenbei oder zu wohltätigen oder gemeinnützigen Zwecken, einen Erwerb anstreben, z. B. Erwerbs- oder Wirtschaftsgenossenschaften, Sparkassen usw. Nicht zu den Erwerbsgesellschaften gehören aber die Gesellschaften, die nur gemeinnützige, künstlerische, wissenschaftliche, gesellige u. dgl. Zwecke verfolgen; der Eintritt in den Vorstand usw. solcher Gesellschaften ist daher stets zulässig und bedarf der Genehmigung nur in dem Falle, daß mit der Stelle eine fortlaufende Remuneration verbunden ist. Laband **1** 425 Anm. **3**; v. Rönne DStR. **1** 357 Note 2. Vgl. für preußische Beamte G. 10. 6. 74 (GS. 244) u. Seydel 53. Bei den preußischen Beamten sind für Aktiengesellschaften, Kommanditgesellschaften auf Aktien und Bergwerksgesellschaften besondere Vorschriften getroffen, die sich unterscheiden von denen, die für sonstige Erwerbsgesellschaften getroffen sind. Bei den Reichsbeamten ist dieser Unterschied nicht gemacht; bei ihnen kommen Erwerbsgesellschaften jeder Art unterschiedslos in Betracht. Deshalb bedarf ein Reichsbeamter z. B. auch dann der Genehmigung, wenn er als Geschäftsführer einer G. m. b. H. tätig werden will. RDisH. 23. 3. 26 DRichtZtg. **26** Rspr. 189, 190.

Übt ein Beamter auf Veranlassung seiner vorgesetzten Dienstbehörde eine Tätigkeit im Vorstand, Aufsichtsrat oder Verwaltungsrat einer Gesellschaft aus, an der das Reich beteiligt ist, so ist er verpflichtet, alle Bezüge, die er von der Gesellschaft — gleichviel in welcher Form und unter welcher Bezeichnung — erhält, seiner vorgesetzten Dienstbehörde anzuzeigen und an die Reichskasse abzuliefern. Die Höhe der Bezüge, die dem Beamten als Ersatz für tatsächliche Aufwendungen belassen werden können, bestimmt die vorgesetzte Dienstbehörde (s. III V. 10. 8. 28, unten S. 547) nach Grundsätzen, die vom RFM. zu erlassen sind. In Ausnahmefällen kann dem Beamten nach näherer Bestimmung des RFM. eine besondere Vergütung belassen oder bewilligt werden. In diesen Fällen findet § 16 Abs. 1 Satz 2 u. **3** RBG. keine Anwendung. § 15 Abs. 2 RBesG. Über „Beamte als Aufsichtsräte" s. Wimpfheimer, Sonderabdruck aus der Festschrift für Heinitz (Verlag von Reimar Hobbing, Berlin 1927); v. Schwartzkoppen Ru. PrVBl. **50** 185.

Die Frage der **Erfindungen** der Beamten ist gesetzlich nicht klargestellt, auch liegen höchstrichterliche Entscheidungen bisher nicht vor. Der RVerkehrsM. hat für die Beamten seines Ministeriums Sonderbestimmungen erlassen, nach denen Beamte, die eine von ihnen gemachte Erfindung oder Verbesserung, die mit ihrer dienstlichen Tätigkeit zusammenhängt, gegen Entgelt anderweit verwerten oder bei Erfindungen oder Verbesserungen Dritter mitwirken wollen, hierzu die Genehmigung des Ministers einzuholen haben. Der RM. d. Innern hat eine allgemeine Regelung des Urheberrechts der Beamten in dem künftigen RBG. in Aussicht gestellt. Köln. Ztg. Beil. zur Morgenausgabe Nr. 670 v. 6. 12. 28.

14. **Eine Reihe von Reichsbeamten unterliegt ferner folgenden Beschränkungen:**

a) Der Präsident sowie die Mitglieder des Rechnungshofs des Deutschen Reichs dürfen Nebenämter oder mit einmaliger oder fortlaufender Remuneration verbundene Nebenbeschäftigungen nicht übernehmen. Eine Genehmigung ist unzulässig. § 11 G. 23. 5. 73 (RGBl. 117) u. § 4 PrG. 27. 3. 72 (GS. 278).

b) Berufskonsuln dürfen kaufmännische Geschäfte unter keinen Umständen betreiben; zur Übernahme von Konsulaten fremder Mächte bedürfen sie der Genehmigung des Reichspräsidenten. §§ 5, 7, 8 G. 8. 11. 67 (BGBl. 139).

c) Reichsbankbeamte dürfen keine Anteilscheine der Reichsbank besitzen. § 28 BankG. 14. 3. 75 (RGBl. 177).

d) Die Mitglieder des Aufsichtsamts für Privatversicherung dürfen nicht gleichzeitig Leiter oder Beamte von öffentlichen Versicherungsanstalten sein. § 70 Abs. 4 G. 12. 5. 1901 (RGBl. 139).

§ 17.

Titel, Rang und Uniform der Reichsbeamten werden durch Kaiserliche Verordnung (Verordnung des Reichspräsidenten) bestimmt.

A. Der Titel.

1. **Es gibt zwei Arten von Titeln.** Die erste Gruppe entspricht der amtlichen Stellung einer Person und bezeichnet das von ihr bekleidete Amt oder sie weist auf die Bekleidung eines Amtes hin, wie z. B. Ministerialrat, Regierungsrat u. dgl. Die zweite Gruppe von Titeln dagegen wurde den Beamten zur Anerkennung bestimmter Verdienste oder zu sonstiger Ehrung verliehen. Diese letzteren Titel, wie z. B. Wirklicher Geheimer Rat mit dem Prädikate Exzellenz, Geheimer Regierungsrat, Geheimer Justizrat, Justizrat, Rechnungsrat u. dgl. stellten sich als von einem Amt unabhängige Charakterbezeichnungen dar. RG. 28. 1. 84 Ann. **9** 318; OVG. 24. 1. u. 26. 5. 08 bei v. Rheinb. 169; OVG. **52** 440. Die letzterwähnten Titelverleihungen waren hiernach dazu bestimmt, den mit ihnen bedachten Beamten, teils in Anerkennung besonderer dienstlicher Betätigung, teils mit Rücksicht auf ihr Dienst- und Lebensalter, eine besondere Auszeichnung in der Amtsbenennung, einen nach allgemeinen Anschauungen höheren Amtscharakter und insofern auch eine erhöhte Rangstellung unter den übrigen Beamten gleicher Art zu gewähren. ME. 23. 10. 01 (MBl. 256).

Friedrichs KomBR. 46ff. unterscheidet von dem Amtstitel noch die

„Amtsbezeichnung", z. B. Vorsteher des Zentralbüros, Urkundsbeamter der Geschäftsstelle des Amtsgerichts. Solche Amtsbezeichnungen sind aber keine persönlichen, sondern nur sachliche Bezeichnungen und kommen hier nicht in Frage.

2. Der zu 1 gekennzeichnete Rechtszustand hat sich seit der Staatsumwälzung geändert. **Nach Art. 109 Abs. 4 RV. dürfen Titel nur verliehen werden, wenn sie ein Amt oder einen Beruf bezeichnen.** Titel (abgesehen von den eigentlichen Amtsbezeichnungen) dürfen künftig nicht mehr verliehen werden. Man wollte mit diesen Vorschriften das Titelunwesen beseitigen. Dieses Ziel ist aber keineswegs erreicht, da die Amtsbezeichnungen in einer Weise ausgestaltet sind, daß der Zustand gegen früher nur noch verschlimmert ist. Bestrebungen auf Wiedereinführung von Titeln neben den Amtsbezeichnungen sind im Gange. In Bayern ist man bereits wieder dazu übergegangen, Titel zu verleihen, was sich allerdings mit der Reichsverfassung nicht vereinigen läßt. Welche Amtsbezeichnungen zulässig sind, ergibt sich aus den Besoldungsgesetzen und aus dem Reichshaushalt. Reichsbeamte, deren bisherige Amtsbezeichnung in dem neuen RBesG. nicht vorgesehen ist, dürfen ihre bisherige Amtsbezeichnung in und außer Dienst weiterführen. In Zweifelsfällen entscheidet die oberste Reichsbehörde (s. I V. 10. 8. 28, unter S. 547) im Einvernehmen mit dem RMJ. V. 22. 12. 27 (RGBl. I 508).

Änderungen der im RBesG. vorgesehenen Amtsbezeichnungen erfolgen durch den Reichspräsidenten. § 34 RBesG.; Sölch-Ziegelach 306ff.

Es können die bisher verliehenen Titel, z. B. Rechnungsrat, Geheimer Rechnungsrat, Wirklicher Geheimer Rat von den zu ihrer Führung berechtigten Beamten beibehalten und neben der festgestellten Amtsbezeichnung auch im amtlichen Verkehr weiter verwendet werden. RFM. 21. 12. 20 (RFBl. **21** 3). Als Titel in diesem Sinne gilt auch der Geheimratstitel der Ministerialräte, so daß er künftig nicht mehr verliehen werden kann. Ebenso sind künftig verboten die bei höherem Dienstalter üblich gewesenen Charakterverleihungen z. B. als Geheimer Regierungsrat. Auch der Titel „Exzellenz", der nie eine Amtsbezeichnung war, kann nicht mehr verliehen werden und steht daher auch den nach dem Umsturz ernannten Ministern nicht mehr zu. Auf den Exzellenztitel wird man aber mindestens für Minister, Botschafter und Gesandte schon aus internationalen Gründen auf die Dauer nicht verzichten können; vgl. Rietzsch PrVBl. **42** 56, 57. Bei manchen Titeln kann es zweifelhaft sein, ob sie — zulässige — Amtsbezeichnungen oder — unzulässige — Titel sind.

Der Reichspräsident hat im Anschluß an das neue RBesG. durch V. v. 22. 12. 27 (RGBl. I 508) über die Führung von Amtsbezeichnungen Bestimmungen getroffen; s. auch RPostM. 31. 1. 28 (RPostBl. 39); RWM. 22. 2. 28 (HVBl. 22). Die Reichsbahnbeamten führen die in der Anlage zur PersO. Teil I zusammengestellten Dienstbezeichnungen; s.

die Abänderungen in der V. 8. 5. 26 (RMBl. **27** 23, 24); für die oberen Beamten gelten die in der Anlage zu Teil II. Perso. geregelten Dienstbezeichnungen.

3. **Die Verleihung akademischer Grade,** insbesondere des Doktortitels ist auch jetzt zulässig, was in Art. 109 Abs. 4 RV. ausdrücklich anerkannt ist. Sie steht den Universitäten und den technischen Hochschulen (Dr.-Ing.) zu; vgl. wegen der Titel „Dipl.-Ing." und „Dr.-Ing." V. 8. 1. 12 (MBl. 27). Preußische Staatsangehörige, die einen akademischen Grad einer Hochschule außerhalb Preußens (Doktor oder Lizentiat) erworben haben, bedürfen zur Führung dieses Grades in Preußen der Genehmigung des UM. Diese Genehmigung kann hinsichtlich der akademischen Grade bestimmter außerpreußischer Hochschulen allgemein erteilt werden. Eine Genehmigung ist nicht erforderlich, wenn es sich um den akademischen Grad einer deutschen Hochschule handelt, der auf Grund einer schon vor dem 1. 1. 23 bestehenden Satzung verliehen worden ist. Die V. v. 7. 4. 97 (GS. 99) ist aufgehoben. V. 30. 9. 24 (GS. 605).

4. Die **im früheren Heere erworbenen Dienstgrade** oder Charakterbezeichnungen dürfen im amtlichen Verkehr der Amtsbezeichnung nicht beigefügt werden. MJ. 12. 3. 21 (MBl. 266).

5. Die mit einem Amte bereits verbundenen Amtsbezeichnungen werden mit der darüber ausgefertigten Bestallung verliehen. § 84 II 10 ALR. Entscheidend ist für den **Erwerb der Amtsbezeichnung** der Augenblick, in welchem dem Beamten die Bestallung zugegangen ist; vgl. ME. 14. 7. 02 bei Müller 530. Bis zur rechtmäßigen Übertragung eines anderen Amtes muß die bisherige Amtsbezeichnung geführt werden. OVG. **52** 436.

6. **Ein Rechtsanspruch auf Verleihung einer Amtsbezeichnung besteht nicht.** Es kann deshalb kein Beamter — etwa mit der Behauptung, daß ihm nach seinen Leistungen und seinem Dienstalter eine bestimmte Amtsbezeichnung beigelegt werden müsse — auf Verleihung einer Amtsbezeichnung klagbar werden. Denn nur vermögensrechtliche Ansprüche aus dem Dienstverhältnisse sind im Rechtswege verfolgbar. RG. **53** 423.

7. **Ausgeschiedene Beamte behalten ihre letzte Amtsbezeichnung,** falls sie auf ihren Antrag oder sonst in Ehren entlassen worden sind; dies gilt auch dann, wenn ihnen bei ihrer Verabschiedung die Befugnis zur Fortführung der Amtsbezeichnung nicht ausdrücklich vorbehalten war. V. 27. 10. 34 (v. Kamptz **44** 360); ME. 2. 2. 43 (MBl. 25). In solchen Fällen muß der Amtsbezeichnung, z. B. Regierungsrat, Landrat, Regierungsbaumeister, ein entsprechender Zusatz (a. D., i. R. oder z. D.) beigefügt werden FM. 31. 12. 24 (LMBl. **25** 12); RG. Annal. **9** 318: KGJ. **20** C 101; **26** C 59. Der persönliche Titel dagegen, z. B. Exzellenz, Geheimer Regierungsrat, Geheimer Justizrat, Oberbürgermeister u. dgl., wird, soweit er überhaupt noch zulässig ist, ohne solchen Zusatz weitergeführt. OVG. **51** 418; ME. 24. 1. 11 (ZPVB. **19** 155). Wenn aber ein Beamter aus seiner bis-

herigen Stellung ausscheidet, um ein anderes Amt zu übernehmen, so verliert er die Bezeichnung seines früheren Amtes. Widerrufsbeamte verlieren mit dem Widerruf das Recht auf Führung des Amtstitels. KG. 13. 7. 27 DRichtZtg. **27** Rspr. Sp. 339 = DJZ. **27** 1560.

Ausgeschiedene, insbes. pensionierte Beamte behalten ihre letzte Amtsbezeichnung und dürfen neue — nach ihrem Ausscheiden eingeführte — Amtsbezeichnungen nicht führen. „Bürgermeister" **29** 24.

8. **Der Verlust der Amtsbezeichnung tritt ein:**

a) infolge von Dienstentlassung im förmlichen Dienststrafverfahren.

b) infolge Aberkennung der bürgerlichen Ehrenrechte durch Strafurteil. § 33 StGB. Außerdem bewirkt die Aberkennung der bürgerlichen Ehrenrechte die Unfähigkeit, während der im Urteile bestimmten Zeit eine Amtsbezeichnung zu erlangen. § 34 Z. 3 StGB.

Die Beamten, die auf einem zu a und b bezeichneten Wege ihre Amtsbezeichnung verloren haben, dürfen nicht etwa ihre frühere Amtsbezeichnung mit dem Zusatz „i. R." gebrauchen; dies Recht haben nur die in Ehren ausgeschiedenen Beamten. RG. Annal. **9** 318; KGJ. **26** C 59.

9. **Die unbefugte Führung einer Amtsbezeichnung** wird nach § 360 Z. 8 StGB. **bestraft.**

10. Von **einer ausländischen Regierung** darf kein Deutscher Titel annehmen. Art. 109 Abs. 6 RV.

11. Der Titel „Frau" ist den unverheirateten weiblichen Beamten nicht ohne weiteres beizulegen. RMJ. KomRundsch. **28** 517.

B. Der Rang.

1. Rang und äußere Ehren kennzeichnen seit der Staatsumwälzung nicht mehr die Bedeutung eines Amtes. **Die Rangordnung** der preußischen Beamten, die sich auf die Vdg. v. 7. 2. 1817 (GS. 61) nebst ergänzenden Erlassen und Verfügungen gründete und die auch auf die Reichsbeamten entsprechend angewendet wurde, **ist beseitigt. Als Rang hat jetzt zu gelten** das auf der gesamten dienstlichen Stellung des Beamten beruhende Verhältnis der Über-, Neben- und Unterordnung der einzelnen Beamtengruppen (nicht die Zugehörigkeit zu einer Besoldungsgruppe), so daß eine Verschiedenheit des Ranges aus der Vergleichung der Ämter und ihrer Bedeutung festzustellen ist. RFM. 3. 6. 22. Immerhin geben für die Rangeinstufung einen gewissen Anhalt die Besoldungsgruppen, in welche die Beamten eingereiht sind. Die Bezeichnung „höhere, mittlere und untere Beamte" ist nicht mehr im Gebrauch. Dagegen lassen sich die Bezeichnungen „Beamte des höheren, mittleren und unteren Dienstes" nicht entbehren. Dabei zählen die Kanzleibeamten zu den Beamten des mittleren Dienstes.

2. Der **Rang** ist bei Versetzungen im Interesse des Dienstes und bei Strafversetzungen im förmlichen Dienststrafverfahren von **Bedeutung;** vgl.

Huber 163. Auch bei der Verteilung der Dienstgeschäfte spielt der Rang oft eine erhebliche Rolle; so kann es z. B. vorkommen, daß Beamte, die in derselben Besoldungsgruppe sind und einen verschiedenen Rang haben, je nach ihrer Rangstellung mit wichtigeren oder minderwichtigeren Geschäften betraut werden. Auch im gesellschaftlichen Leben wird nach wie vor dem Range Bedeutung beigelegt.

C. Orden und Ehrenzeichen.

1. Es bestimmt RV. Art. 109 Abs. 5, daß **Orden und Ehrenzeichen vom Staat (Reich) nicht verliehen werden dürfen.** Nur die Rettungsmedaille darf nach einem neuerlichen Beschluß des PrStaatsministeriums wieder verliehen werden. Dagegen ist es jedem gestattet, ihm früher verliehene Orden, insbesondere auch Kriegserinnerungszeichen, weiter zu tragen. Art. 175 RV. hebt ausdrücklich hervor, daß die Bestimmung des Art. 109 keine Anwendung findet auf Orden und Ehrenzeichen, die für Verdienste in den Kriegsjahren 1914—1919 verliehen werden sollen. Solche Verleihungen sind jetzt nicht mehr zulässig. PrMJ. 7. 3. 25 (MBl. 299).

2. Die preußischen Orden und Ehrenzeichen sind nach dem Ableben ihrer Besitzer von den Hinterbliebenen der Regierung **zurückzugeben;** sie können aber von den Beliehenen oder ihren Angehörigen auch gegen Entrichtung von für jede Ordensgruppe verschieden bestimmter Preise käuflich erworben werden. PrStaatsmin. 10. 4. 26 u. 4. 3. 27 (PrBesBl. **26** 49; **27** 51). Einige Orden, insbesondere auch das im Kriege häufig verliehene Verdienstkreuz und das Eiserne Kreuz brauchen von den Hinterbliebenen nicht zurückgegeben zu werden. Dasselbe gilt von den im Heere und in der Marine erworbenen Dienstauszeichnungen aller Art. Die Ehrenzulagen an Inhaber des Eisernen Kreuzes von 1870/71, des Preußischen Militärverdienstkreuzes, der Militärehrenzeichen usw. werden, soweit sie früher 120 M. jährlich nicht überschritten, vom 1. 4. 25 ab in ihrer alten vollen Höhe in Reichsmark wiedergewährt. RAM. 7. 4. 25 im RVBl. 25.

3. Die Orden und Ehrenzeichen werden den Beamten **entzogen,** wenn gegen sie rechtskräftig **auf Verlust der bürgerlichen Ehrenrechte** erkannt worden ist. § 33 StGB.

4. Das **unbefugte Tragen von Orden und Ehrenzeichen** wird nach § 360 Z. 8 StGB. bestraft.

5. Eine **Pfändung** der Orden und Ehrenzeichen ist unzulässig. § 811 Nr. 11 ZPO.

D. Uniformen und Dienstkleidung.

1. Die Vorschriften über die **Uniformen** der Reichsbeamten und der preußischen Staatsbeamten (V. 29. 7. 89, MBl. 518) sind zwar nicht ausdrücklich aufgehoben, aber durch die tatsächliche Übung außer Kraft gesetzt. Wegen der Befugnis zum Tragen der Militäruniform s. Vdg. des Reichs-

präs. 30. 8. 21 (RGBl. 1251) und AusfAnw. d. Reichskanzl. 3. 10. 21 (RG.-Bl. 1280); s. auch unter Vorbemerkung vor § 34 Ziff. 7.

2. Von der Uniform zu unterscheiden ist die **Dienstkleidung.** Während die Uniform nur bei besonderen feierlichen oder festlichen Anlässen angelegt wurde, wird die Dienstkleidung im täglichen Dienste getragen. Sie soll die durch den Beamten vertretene Staatsautorität dem Publikum gegenüber deutlich machen und in dem Beamten selbst das Bewußtsein seiner Stellung lebendig erhalten; außerdem befriedigt sie bis zu einem gewissen Maße das wirtschaftliche Kleidungsbedürfnis. RG. 14. 10. 87 (JMBl. **88** 287); vgl. ME. 18. 1. 82 (MBl. 35). Für die Reichsbahnbeamten mit Ausnahme der oberen (Teil II § 2 Perso.) gilt § 16 Perso.

3. Die Beamten haben ihre Dienstkleidung regelmäßig **auf eigene Kosten zu beschaffen.** ME. 5. 2. 36 (v. Kamptz **20** 130); Nr. 6 V. 13. 9. 81 bei Müller 572. Doch wird den Beamten, die im Interesse der öffentlichen Sicherheit und Ordnung zum Tragen der Dienstkleidung gezwungen sind, diese unter Anrechnung eines angemessenen Betrages auf das Diensteinkommen geliefert. Als angemessen gilt nur ein Betrag, der mindestens zwei Drittel der Selbstkosten beträgt. RFM. 13. 1. 23; PrMJ. 12. 4. 23 (MBl. 388). Dienstkleidungen, die im Interesse der öffentlichen Sicherheit und Ordnung nicht erforderlich sind, können vom Staat (Reich) nicht gewährt werden. Unentgeltlich, d. h. ohne Anrechnung auf das Diensteinkommen, darf die Dienstkleidung nicht mehr geliefert werden. PrLandesschiedsG. 30. 6. 24 (PrBBl. **46** 78); ReichsschiedsG. 22. 10. 21 u. 13. 5. 22 (RBesBl. **23** 204); 27. 5. u. 2. 6. 22 (MBl. 731). Für die Reichsbahnbeamten gibt es Kleiderkassen; s. § 16 Z. 2 Perso.

Über Schutzbekleidungsstücke s. RFM. 28. 2. 27 (RFBl. 41).

4. Für viele Beamtengruppen sind die Dienstkleidungen durch **Sondervorschriften** bestimmt; vgl. Brand BR. 114; wegen der Postbeamten s. X 2 §§ 58 ff. PDA. u. neuerdings RPostM. 27. 1. 28 (RPostBl. 23). Die Polizeibeamten beim Reichswasserschutz erhalten Dienstbekleidung bzw. eine Entschädigung für besondere Abnutzung der Dienstbekleidung. § 20 Abs. 7 in Verbindung mit Abs. 1 u. 2 RBesG.

5. Über den **Waffengebrauch** gelten für einzelne Beamtengruppen besondere Vorschriften; s. G. über den Waffengebrauch des Grenzaufsichtspersonals der Reichsfinanzverwaltung v. 2. 7. 21 (RGBl. 935). Über den Gebrauch von Schußwaffen und Munition gilt jetzt G. v. 12. 4. 28 (RGBl. I 143), gültig vom 1. 10. 28 ab; s. insbes. § 19 a. a. O. u. Kommentar von Hoche 1928. Durch mißbräuchliche Ausübung des Rechts zum Waffengebrauch machen sich die Beamten disziplinarisch und strafrechtlich verantwortlich; vgl. §§ 222 Abs. 2, 230 Abs. 2, 232 Abs. 1 u. 340 StGB.

6. **Das unbefugte Tragen von Amtskleidungen** ist strafbar nach § 360 Nr. 8 StGB. Hierunter fällt nicht der Fall, daß ein Beamter die ihm zustehende Amtskleidung zu Zeiten und Gelegenheiten trägt, wo ihm das

Tragen nicht gestattet ist. In solchem Falle hat der Beamte nur ein disziplinarisches Einschreiten zu gewärtigen.

7. **Außerdienstliche Abzeichen** jeder Art und Form, insbesondere politische Abzeichen, dürfen Reichs- und preußische Beamte während des Dienstes nicht tragen. RArbM. 23. 2. 23 (RVBl. 90); RFM. 16. 3. 29 „Beamtenbund" **29** Nr. 26; PrFM. 15. 7. 25 (PrBesBl. 170); JM. 23. 9. 25 (JMBl. 358). Dies Verbot bezieht sich auch auf die verfassungsmäßigen Farben des Reichs und Preußens, es sei denn, daß sie als Kennzeichen eines Vereins oder einer sonstigen Organisation getragen werden. MJ. 9. 7. 28 (MBl. 686). Die Reichsfinanzbeamten dürfen das von dem Reichsausschuß für Leibesübungen verliehene Deutsche Turn- und Sportabzeichen in und außer dem Dienst zur Dienstkleidung tragen; vor Anlegung dieses Abzeichens ist dem unmittelbaren Dienstvorgesetzten Anzeige zu machen. RFM. 28. 5. 27 (RFBl. 79).

E. Dienstjubiläen.

Der Vollendung der 50jährigen Dienstzeit eines Beamten wird amtlich gedacht. Infolge der Einführung der gesetzlichen Altersgrenze von 65 Jahren kann jedoch der Fall, daß ein Beamter sein 50jähriges Amtsjubiläum begeht, kaum mehr eintreten. Manche Verwaltungen sind deshalb dazu übergegangen, bereits bei Vollendung einer 40jährigen Dienstzeit eine Ehrung des Beamten durch Überreichung eines Anerkennungsschreibens stattfinden zu lassen. Die Reichsbeamten erhalten nach 40jähriger vorwurfsfreier Dienstzeit ein Anerkennungsschreiben des Reichspräsidenten. KomRundsch. **28** 604. Wegen der Berechnung der 40 Dienstjahre s. RPM. 4. 12. 25 (RPBl. 593); Rundsch. f. KomB. **27** 402.

§ 18.

Die Höhe der den Reichsbeamten bei dienstlicher Beschäftigung außerhalb ihres Wohnorts zustehenden Tagegelder und Fuhrkosten, ingleichen der Betrag der bei Versetzungen derselben zu vergütenden Umzugskosten, wird durch eine im Einvernehmen mit dem Bundesrate (Reichsrate) zu erlassende Verordnung des Kaisers (Reichspräsidenten) geregelt.

Die Höhe der den Reichsbeamten zustehenden Tagegelder, Fahrkosten und Umzugskosten bestimmt jetzt der Reichspräsident im Einvernehmen mit dem Reichsrat. „Einvernehmen" bedeutet vorherige Anhörung, nicht Zustimmung. Thudich. 267; Kanng. 180; a. M. Arndt 56.

A. Reisekosten und Tagegelder der Reichsbeamten.

1. Sie bestimmen sich nach der **Reisekostenverordnung** vom 14. Oktober 1921 (RGBl. 1345), geändert durch V. v. 16. 2. 23 (RGBl. II 152), v. 15. 10. 23 (RGBl. I 981) u. v. 17. 1. u. 29. 11 24 (RGBl. I 3 u. 361); dazu sind

unter dem 6. 12. 21 (RMBl. 943) mit Änderungen v. 1. 5., 23. 5. u. 26. 10. 25 (RBesBl. 133, 143 u. 223) Ausführungsbestimmungen ergangen.

Die Höhe der Tage- und Übernachtungsgelder bestimmen sich vom 1. 12. 24 ab nach RFM. 29. 11. 24 (RBesBl. 361).

Über Reisekosten bei Benutzung von Kraftwagen s. RFM 12. 6. 25 (RBesBl. 153).

Über Reisekosten bei Dienstreisen mit eigenem Kraftwagen s. RFM. 30. 10. 26 (RFBl. 111).

Wegen der Kraftfahrzeughaltung durch die Beamten der Reichsfinanzverwaltung s. RFM. 30. 11. 26 (RFBl. 123).

Über Dienstaufwandsentschädigung, Abfindung der Militärbeamten sowie der Zivilbeamten beim Reichsheer und bei der Reichsmarine auf Märschen, bei Übungen usw. RM. 1. 10. 27 (RGBl. II 885).

Wegen der Entschädigung bei Ausübung des Dienstes an Bord im Fluge befindlicher Luftfahrzeuge s. RVM. 16. 9. 26 (RMBl. 925).

Wegen der Tagegelder und Reisekosten der als Zeugen oder Sachverständige vernommenen Beamten s. § 14 GebO. f. Zeugen u. Sachverst. v. 21. 12. 25 (RGBl. I 471).

Wegen der Fahrkosten bei Urlaubsreisen von Beamten usw. s. V. 31. 1. 25 (RBesBl. 63).

2. **Die wichtigsten Änderungen gegenüber der früher gültigen V. v. 25. 6. 01 (RGBl. 241) u. 8. 9. 10 (RGBl. 993) sind:**

a) Trennung von Tage- und Übernachtungsgeld, während bisher beide Beträge im einheitlichen „Tagegeld" vereinigt waren.

b) Änderung der Stufeneinteilung. An Stelle von 7 sind 5 Stufen gebildet, deren jede mehrere der durch die RBesO. geschaffenen Besoldungsgruppen umfaßt.

c) Erstattung der tatsächlich aufgewendeten Fahrkosten bei der Benutzung von Eisenbahnen usw. an Stelle der bisherigen Gewährung von Kilometergeldern.

3. **Näheres über die Reisekosten** s. bei Meyeren u. Barz, Reisekostenvorschriften pp. für die Reichsbeamten 3. Aufl. und Brand BR. 249ff.

B. Beschäftigungstagegelder.

Planmäßige und nichtplanmäßige Beamte, die vorübergehend außerhalb ihres dienstlichen Wohnsitzes oder ihres tatsächlichen Wohnortes bei einer Behörde beschäftigt werden oder die sich sonst zu auswärtigen Dienstgeschäften an demselben Orte voraussichtlich länger als 4 Wochen aufhalten, erhalten neben ihrer Besoldung eine besondere Vergütung; s. Näheres Nr. 60 u. 61 AusfBest. RFM. 29. 11. 24 (RBesBl. 361) u. 10. 6. 25 (RFBl. 96). Diese Vergütungen werden jetzt Beschäftigungstagegelder genannt, früher hießen sie Mehraufwandsentschädigungen. Die Wohnungstauschnachweisstelle (Wota) in Berlin ist aufgelöst. Über Abstandsummen bei Räumung von Wohnungen in reichseigenen Gebäuden s. RFM. 23. 11. 26 (RFBl. 117).

C. Umzugskosten.

1. Die Umzugskosten der Reichsbeamten waren geregelt durch **die Bestimmungen v. 24. 3. 25** (RBesBl. 79); s. dazu Ausführbes. RBesBl. **25** 84. Die Geltungsdauer der vorläufigen „Umzugskostenbestimmungen" war bis zum 30. 6. 28 verlängert worden. RFM. 27. 6. 27 (RBesBl. 67). Das Nähere ergibt das Werk von Panzeram-Barz, „Die neuen Umzugskostenbestimmungen für die Reichsbeamten"; s. auch Brand BR. 231 ff. Jetzt gilt mit Wirkung v. 1. 7. 28 die Umzugskostenverordnung v. 2. 5. 28 (RBesBl. 67) u. die UmzugskostenVerordnung für Auslandsversetzungen von Reichsbeamten v. 2. 5. 28 (RBesBl. 70) nebst Ausführungsbest. RFM. 24. 5. 28 (RBesBl. 111) u. 29. 5. 28 (RBesBl. 128); s. auch RwM. 11. 4. 29 (HVBl. 48). Über Umzugskostenbeihilfen an Wartegeldempfänger s. RFM. 29. 1. 29 (HVBl. 37). Wegen der Gewährung von Umzugskostenentschädigung an Privatpersonen bei Räumung von Wohnungen in Gebäuden, die im Eigentum oder in der Verwaltung des Reiches stehen s. RFM. 30. 5. 28 (RBesBl. 142).

2. **Keine Voraussetzung** des Anspruchs auf Umzugskosten ist es, **daß die Versetzung,** wenn sie auch auf Antrag oder doch mit Zustimmung des Beamten erfolgt ist, **im dienstlichen Interesse liegen müsse.** Es kommt oft vor, daß Versetzungen von Beamten erfolgen, obwohl dienstliche Interessen sie nicht erforderlich, ja vielleicht nicht einmal wünschenswert erscheinen lassen; Fälle dieser Art treten z. B ein, wenn die Beamten aus persönlichen Gründen, insbesondere denen der Gesundheit, der Familie u. dgl. ihren Amtssitz ändern wollen. Bei der schwierigen Finanzlage des Reichs sollen aber Versetzungen, durch die Kosten entstehen, nur noch ausgesprochen werden, wenn sie überwiegend im dienstlichen Interesse notwendig sind. Liegt die Versetzung nicht überwiegend im dienstlichen Interesse, so haben die Beamten ihren Verzicht auf Umzugskosten zu erklären. Solche Erklärung ist nur anzunehmen, wenn kein Zweifel besteht, daß der Beamte die Folgen des Verzichts tragen kann. Vor Ausführung der Versetzung ist dem Beamten in solchen Fällen zu eröffnen, daß er unter keinen Umständen mit der Bewilligung der Wohnungsbeihilfe und der Umzugskostenvergütung zu rechnen habe.

3. Besoldete planmäßige und nichtplanmäßige Reichsbeamte, die an einen anderen Ort *versetzt* worden sind und an diesem neuen Dienstort oder dessen nächster Umgebung infolge der Wohnungsnot für sich allein oder für sich und ihre Familie oder für ihre Familie *eine eigene Wohnung zunächst nicht finden* oder wegen Sperre oder Streik vorläufig nicht beziehen können, erhalten **für die Zeit der getrennten Haushaltsführung** oder für die Zeit der Unterstellung ihrer Möbel **eine Wohnungsbeihilfe.** Diese Wohnungsbeihilfe dient zur Erleichterung der Mehr-

aufwendungen, die den Beamten durch die Beibehaltung der bisherigen Wohnung und durch die damit verbundene Führung eines doppelten Haushalts erwachsen; s. Näheres Brand BR. 240 ff.; vgl. auch die VO. über die Bewirtschaftung des Wohnraums für Reichs- und unmittelbare Staatsbeamte v. 29. 5. 25 (PrGS. 65); dazu RFM. 9. 9. 25 (RBesBl. 213). Diese VO. nebst Durchführungsbest. gilt auch in Gemeinden ohne Wohnungsmangel. § 2b V. 13. 10. 27 (GS. 195). Über Wohnungsbeschaffung für versetzte Beamte s. RFM. 20. 12. 26 (RBesBl. 163); s. dazu RFM. 6. 4. 27 (RBesBl. 26). Über Gewährung von Kosten für Möbelunterstellung an unverheiratete Beamte s. RFM. 7. 11. 25 (RFBl. 191). Über Umzugskosten und Trennungsentschädigung an Wartegeldempfänger, die in den Dienst der Länder usw. übertreten s. RFM. 29. 10. 25 (RBesBl. 227). Über Gewährung einer Entschädigung an versetzte Beamte und von Umzugskosten am Orte s. G. 21. 5. 20 (RGBl. 1061) i. d. Fassg. v. 29. 11. 24 (RBesBl. 361); über Trennungsentschädigung während der Umzugstage s. RFM. 4. 6. u. 13. 6. 28 (RFBl. 145 u. 416); ein Rechtsanspruch auf diese Vergütungen besteht nicht. V. 23. 1. 24 (RGBl. I 37).

4. Den versetzten Beamten steht **ein Anspruch auf Erstattung doppelt gezahlter Wohnungsmiete zu.** Die Erstattung beschränkt sich aber auf den Mietzins, den die Beamten für die Wohnung an ihrem bisherigen Aufenthaltsort auf die Zeit von dem Verlassen des letzteren bis zu dem Zeitpunkte haben aufwenden müssen, mit dem die Auflösung des Mietverhältnisses möglich war. Die Vergütung darf aber längstens für einen neunmonatigen Zeitraum gewährt werden; wegen der Einzelheiten s. Brand BR. 244 ff.; RFM. 16. 10. 25 (RFBl. 185) u. 3. 11. 25 (RBesBl. 227); RPM. 31. 12. 25 (RPBl. 639). Über das Mietkündigungsrecht der Beamten s. Brand BR. 247 ff. u. § 570 BGB.

§ 19.

Auf die Rechtsverhältnisse der aktiven und der aus dem Dienste geschiedenen Reichsbeamten, über welche nicht durch Reichsgesetz Bestimmung getroffen ist, finden diejenigen gesetzlichen Vorschriften Anwendung, welche an ihren Wohnorten für die aktiven beziehungsweise für die aus dem Dienste geschiedenen Staatsbeamten gelten. Für diejenigen Reichsbeamten, deren Wohnort außerhalb der Bundesstaaten sich befindet, kommen hinsichtlich dieser Rechtsverhältnisse vor deutschen Behörden die gesetzlichen Bestimmungen ihres Heimatsstaats (§ 21) und in Ermangelung eines solchen die Vorschriften des preußischen Rechtes zur Anwendung.

Diejenigen Begünstigungen, welche nach der Gesetzgebung der einzelnen Bundesstaaten den Hinterbliebenen der Staatsbeamten hinsichtlich der Besteuerung der aus Staatsfonds oder aus öffent-

lichen Versorgungskassen denselben gewährten Pensionen, Unterstützungen oder sonstigen Zuwendungen zustehen, finden auch zugunsten der Hinterbliebenen von Reichsbeamten hinsichtlich der denselben aus Reichs- oder Staatsfonds oder aus öffentlichen Versorgungskassen zufließenden gleichartigen Bezüge Anwendung.

1. Die Rechtsverhältnisse der — aktiven, einstweilen und definitiv in den Ruhestand versetzten — Reichsbeamten werden in erster Linie durch Reichsgesetze, insbesondere das RBG. geregelt. **Soweit aber die Reichsgesetze keine Bestimmungen treffen,** kommen für die Reichsbeamten zur Anwendung: **die staatsrechtlichen** — nicht etwa auch die privatrechtlichen — Vorschriften der Gesetze, welche **an dem Wohnort oder in dem Heimatsstaate** der Beamten oder in Preußen für die dortigen Landesbeamten gelten. RG. 15. 2. 27 (JurRundsch. **27** Rspr. Sp. 480); RG. 24. 2. 27 JW. **27** 1249.

2. Unter dem **Wohnort,** der für die in Betracht kommenden Landesgesetze maßgebend ist, ist bei aktiven Beamten der Sitz ihrer Behörde (bei Militärbeamten der Garnisonort, § 9 BGB.), also ihr dienstlicher, nicht ihr davon möglicherweise — mit Genehmigung der vorgesetzten Behörde — verschiedener tatsächlicher Wohnort, bei zeitweise oder dauernd in den Ruhestand versetzten Beamten ihr tatsächlicher Wohnort zu verstehen. §§ 20, 21 RBG.; § 14 ZPO.; § 1 G. 30. 6. 73 (RGBl. 166); RG. **20** 267; **22** 385; Gruchot **39** 1042; § 8 Pr. Vdg. 23. 9. 67 (GS. 1648). Bezüglich der Kommunalbesteuerung ist stets der tatsächliche, nicht der dienstliche Wohnsitz entscheidend. § 12 G. 27. 7. 85 (GS. 327); §§ 33, 41 G. 14. 7. 93 (GS. 152). Über die Besteuerung der Dienstwohnungen der Militärbeamten vgl. OVG. **30** 81.

3. Für die Reichsbeamten, deren Wohnsitz **außerhalb der deutschen Länder** ist, so z. B. für die nach § 29 Abs. 3 RBG. mit Genehmigung des Reichskanzlers außerhalb Deutschlands lebenden Wartegeldempfänger, kommen die gesetzlichen Bestimmungen ihres Heimatsstaates zur Anwendung. Unter Heimatsstaat ist das deutsche Land zu verstehen, in dem der Reichsbeamte die Staatsangehörigkeit hat, nicht etwa der, in dem er vor seiner Anstellung im Auslande seinen letzten dienstlichen Wohnsitz hatte. Ist der Beamte in mehreren deutschen Ländern staatsangehörig, so fehlt es an einer Bestimmung darüber, welchen Landes Gesetze Anwendung finden sollen. Man wird dann die Gesetze für ausschlaggebend erachten müssen, die für den Beamten günstiger sind.

Hat der Beamte kein deutsches Heimatsland, d. h. fehlt ihm die Reichsangehörigkeit, so kommt nicht etwa das Recht seines außerdeutschen Heimatsstaates, sondern stets das preußische Recht zur Anwendung. Laband **1** 485; Pieper 97; Arndt 57; Schulze 113; vgl. RG. **92** 237; **99** 79. Von dem preußischen Rechte kommen aber nur die staatsrechtlichen, nicht die zivilrechtlichen Vorschriften in Betracht; RG. 24. 2. 27 JW. **27** 1249; s. auch Anm. A 5 zu § 13. Gelten in verschiedenen Rechtsgebieten Preußens verschiedene staatsrechtliche Bestimmungen, so wird man das in Berlin geltende Recht für maßgebend halten müssen. Vgl. § 15 ZPO.; Pieper 98; Turnau 26; Laband 1 509.

4. **Die Bestimmungen der Reichsgesetze, die die Rechtsverhältnisse der Reichsbeamten neben dem RBG. regeln,** sind sehr zahlreich; es kommen in Betracht:

a) Das in der neuen RV. niedergelegte **Beamtenreichsrecht,** d. h. das Recht, das für alle deutschen Beamten, sei es daß sie Reichsbeamte oder Beamte der Länder oder Gemeinden sind, gilt, insbesondere Art. 16, 39, 46, 102, 104, 109, 128—131, 176; s. oben Z. 4 Vorbem. vor § 1 RBG.

b) Die Vdg. über die **Vereidigung** der öffentlichen Beamten v. 14. 8. 19 (RGBl. 1419); s. oben Anm. 2 zu § 3.

c) Das G. über die **Pflichten** der Beamten **zum Schutze der Republik** v. 21. 7. 22 (RGBl. I 590); s. oben Anm. 1 zu § 10a u. b.

d) Das **Reichs- und StaatsangehörigkeitsG.** v. 22. 7. 13 (RGBl. 583).

e) Die Vdg. über **Ernennung und Entlassung** von Reichsbeamten v. 14. 6. 22 (RGBl. I 577); s. oben Anm. 4 zu § 4.

f) Vdg. über die **Zuständigkeit der Reichsbehörden** zur Ausführung des RBG. 10. 8. 28 (RG.Bl. I 369); s. unten S. 547 ff.

g) G. betr. die **Dienstvergehen der richterlichen Militärjustizbeamten** 1. 12. 98 (RGBl. 1297).

h) Das **Beamtenhinterbliebenengesetz** v. 17. 5. 07 (RGBl. 208) mit Änderungen; s. unten S. 500 ff.

i) Das **UnfallfürsorgeG.** für Beamte und Personen des Soldatenstandes v. 18. 6. 01 (RGBl. 211) mit Änderungen; s. unten S. 519 ff.

k) Das **Besoldungsgesetz** v. 16. 12. 27 (RGBl. I 349) mit Änderungen; s. oben § 4 Anm. C 9.

l) Das G. über die **Haftung des Reichs** für seine Beamten v. 22. 5. 10 (RGBl. 798); s. oben § 13 Anm. D und unten S. 560.

m) Die **Reichsversicherungsordnung.**

n) Das **Angestelltenversicherungsgesetz.**

o) Das **StGB.** §§ 4, 31, 33, 34, 35, 36, 83 ff., 113 ff., 132, 155, 174, 196, 331 ff.

p) Das **BGB.**, z. B. §§ 9, 15, 89, 197, 394, 400, 411, 570, 839 ff., 1315, 1784, 1792, 1888, 1915 u. a.

Die gesamte Beamtengesetzgebung des Deutschen Reichs bis Ende 1925 ist zusammengestellt in dem Werke von Wolfstieg, Volkswirtschaftl. Verlagsgesellschaft m. b. H. 1925.

Die wichtigsten der neben dem RBG. für die Reichsbeamten geltenden reichsgesetzlichen Vorschriften sind überall bei den Erläuterungen zu den einzelnen Paragraphen mitgeteilt.

Besonders abgedruckt und erläutert sind wegen ihrer für die Rechtsverhältnisse der Reichsbeamten besonders großen Bedeutung: die Vdg. über die Zuständigkeit der Reichsbehörden zur Ausführung des RBG.s v. 10.8.28 (RGBl. I 369) S. 547 ff., das Beamtenhinterbliebenengesetz S. 500 ff. und das Unfallfürsorgegesetz für Beamte und für Personen des Soldatenstandes S. 519 ff.

5. Nach Art. 130 Abs. 3 RV. sollen die Reichsbeamten besondere **Beamtenvertretungen** erhalten. Ein besonderes G. über Beamtenvertretungen liegt im Entwurf seit langer Zeit dem Reichsrat vor.

Die Beamtenvertretung soll die Interessen der Beamten gegenüber den Dienstvorgesetzten wahrnehmen und an der Erhaltung eines zuverlässigen, pflichttreuen Beamtentums mitarbeiten. Sie soll das Einvernehmen der Beamten untereinander und das Vertrauen zwischen ihnen und den Vorgesetzten heben. Sie soll die Verwaltung in Erfüllung ihrer Aufgaben unterstützen; s. Näheres Brand BR. 116.

Für die Reichsbahnbeamten s. § 18 PersO.; s. auch V. über die Bildung von Betriebsvertretungen nach dem BetriebsräteG. v. 4. 2. 20 im Bereiche der Deutschen Reichsbahngesellschaft und die Wahlordg. für die Betriebsvertretungen bei der Deutschen Reichsbahngesellschaft v. 15. 12. 24 (RMBl. **25** 30 u. 40 mit Änderungen v. 21. 12. 27 (RMBl. 596). V. 21. 6. 27 (RMBl. 197); s. ferner V. über die Bildung von Betriebsvertretungen in der Reichsfinanzverwaltung v. 12. 8. 21 (RGBl. 1199) mit Änderung v. 18. 11. 27 (RGBl. I 330).

Über die Wahl der Beamtenausschüsse bei der Reichspost s. DBeamtArch. 6. Jahrg. S. 8ff.; 9. Jahrg. S. 264ff.; s. auch V. 18. 1 23 (RGBl. I 68) u. 7. 12. 28 (RGBl. I 404).

Bei vielen Verwaltungen haben infolge Beruhigung der Beamtenschaft und Wiederherstellung des alten Vertrauensverhältnisses zu der vorgesetzten Behörde die Beamtenausschüsse manches an ihrer ursprünglichen Bedeutung verloren.

6. Reichsrechtlich geregelt durch die RVO. und das AngestelltenversicherG. ist **die Versicherung der Beamten, Arbeiter und Angestellten** gegen Krankheit, Unfall, Alter und Invalidität; s. Näheres §§ 169 ff., 554 ff., 1255 ff. RVO.; AngestVersG. 28. 5. 24 (RGBl. I 563) i. d. Fassg. v. 28. 7. 25 (RGBl. I 157); Änderung v. 29. 3. 28 (RGBl. I 117) u. 10. 8. 28 (RGBl. I 372); s. auch Brand BR. 470 ff.

Hinsichtlich der Reichsbahnbeamten hat die Deutsche Reichsbahngesellschaft auf dem Gebiete der Kranken-, Unfall-, Invaliden- und Angestelltenversicherung, desgleichen hinsichtlich der Zusatzversicherungen die Aufgaben der Reichsbahnverwaltung übernommen; s. Näheres §§ 10, 11 RBahnPersG.

Wegen der Versicherung der Angehörigen der Schutzpolizei der Länder s. §§ 12—14 RG. 17. 7. 22 (RGBl. I 597) und AusfV. 10. 3. 24 (RGBl. I 270).

7. Die **Steuerpflichten der Reichsbeamten** richteten sich früher im wesentlichen nach Landesrecht, jetzt nach Reichsrecht. Im einzelnen gilt folgendes:

a) **Alle Steuervorrechte der Beamten,** die früher besonders auf dem Gebiete der Gemeindesteuern, Kreis- und Provinzialabgaben bestanden, **sind aufgehoben.** Die Beamten, und zwar auch die früher angestellt gewesenen, genießen hinsichtlich der an das Reich zu entrichtenden Steuern keine besonderen Vergünstigungen mehr. ReichsG. 30. 3. 20 (RGBl. 402); Wolfstieg 104.

Früher war die Steuergesetzgebung fast ausschließlich Landesrecht. Auf Grund des Art. 8 RV. hat das Reich in weitem Umfang Reichssteuern geschaffen, so u. a. für die Einkommensteuer durch das EinkommensteuerG. 29. 3. 20 (RGBl. 359); es gilt jetzt in der neuen Fassung v. 10. 8. 25 (RGBl. I 189); geändert durch G. 19. 12. 25 (RGBl. I 469) u. 26. 2. 26 (RGBl. I 107); s. die AusfBest. 8. 5. 26 (RMBl. **26** 209). Bei allen Gehalts- usw. Zahlungen werden gewisse Steuerbeträge, die im Höchstfalle 10 vH betragen, einbehalten; s. Näheres oben S. 52.

b) Als **steuerpflichtiges Einkommen** der Beamten gelten nach § 6 Nr. 4 ESteuerG. auch die Einkünfte aus nichtselbständiger Arbeit (Arbeitslohn). Hierzu gehören nach § 36 Abs. 1 Z. 1 ESteuerG. u. a. die **Besoldungen** der Reichsbeamten; dabei ist unerheblich, unter welcher Bezeichnung (Gehalt, Diäten, Wohnungsgeldzuschuß, Kinderzuschläge, Sonderzuschläge, Besatzungszulage u. dgl.) die Besoldung der Beamten gewährt wird; ebensowenig kommt es darauf an, ob die Besoldung planmäßig und bei der Zurruhesetzung anrechnungsfähig ist oder nicht. OVGSt. **13** 198. Nachzahlungen an Gehalt usw. an Beamte infolge Änderung der Besoldungsvorschriften gehören zum Einkommen desjenigen Kalenderjahres, in dem für den Beamten alle Voraussetzungen für die Fälligkeit des Anspruchs auf die Nachzahlung eingetreten sind. RFH. **10** 132; Strutz ESteuerG.[3] 195. Nur mit Rücksicht auf die besonderen Verhältnisse der im Auslande tätigen Beamten ist eine Ausnahme gemacht; s. Näheres § 2 Z. 2. u. § 9 Abs. 1 ESteuerG.

Es müssen hiernach versteuert werden die gesamten, dem Beamten für seine Tätigkeit ausdrücklich oder stillschweigend zugesicherten oder tatsächlich gewährten Gegenleistungen (Bezüge, geldwerte Vorteile und Entschädigungen. § 36 Abs. 1 Ziff. 1 ESteuerG.).

Im einzelnen ist folgendes hervorzuheben:

aa) Steuerpflichtig sind die für Wahrnehmung von Nebenämtern sowie Nebenbeschäftigungen oder für besonders übertragene Leistungen gewährten Vergütungen, auch wenn es sich, wie z. B. bei der Tätigkeit als Schiedsrichter, nur um eine einmalige Leistung handelt. Strutz ESteuerG.[3] Anm. 36 zu § 9, S. 72. Umsatzsteuerpflichtig ist die schiedsrichterliche Tätigkeit eines Beamten dann, wenn die Zahl der von ihm innerhalb eines bestimmten Zeitraums übernommenen Schiedsgerichtssachen so groß ist, daß sich äußerlich das Bild einer fortlaufenden Tätigkeit auf diesem Gebiet ergibt. RFH. 18. 2. 27 (DJZ. 609). Auch die Erstattung von Rechtsgutachten ist umsatzsteuerpflichtig, wenn sie nicht vereinzelt ist und auf der dauernden Eigenschaft als Rechtskundiger beruht. RFH. 1. 12. 27 LZ. **28** 196.

Auch die Reichsbeamten, die ihren dienstlichen Wohnsitz im Ausland haben, werden von der Steuerpflicht erfaßt. Ausgenommen sind die Wahlkonsuln. Den Reichsbeamten stehen die Beamten der Deutschen Reichsbahngesellschaft und der Reichsbank gleich. § 2 Z. 2 ESteuerG.

bb) Der im Dienststrafverfahren einem Beamten neben der Strafe der Dienstentlassung zugebilligte Ruhegehaltsteil (§ 75 RBG.; s. unter S. 332) ist steuerpflichtig.

cc) Ob Vergütungen, Unterstützungen u. dgl., die den Beamten ohne Beziehung auf bestimmte dienstliche Leistungen zugewendet werden, steuerpflichtig sind, läßt sich allgemein nicht beantworten. Es ist nach den Umständen des einzelnen Falles zu beurteilen, ob Bezüge dieser Art als Vergütung für die dienstliche Tätigkeit anzusehen und deshalb als steuerpflichtiges Einkommen zu erachten sind. Letzteres ist regelmäßig anzunehmen, wenn es sich um solche Zuwendungen handelt, die in dem betreffenden Verwaltungszweig zu bestimmten Zeiten, wie z. B. zu Weihnachten oder am Jahresschlusse, an gewisse Beamten oder Beamtenklassen herkömmlich gewährt werden. FM. 20. 3. 93 bei Müller 590; OVGSt. **2** 98. Entscheidend ist also lediglich die tatsächliche, in gewisser Stetigkeit wiederholte, in Anerkennung geleisteter oder zu leistender Dienste gewährte Zuwendung; daß die Zuwendung im Rechtswege erzwingbar ist, ist nicht erforderlich. OVGSt. **1** 240. Steuerpflichtig sind aber nicht Unterstützungen im Falle der Hilfsbedürftigkeit. OVG. in DJZ. **10** 151. Sie gelten nach § 8 Nr. 10 ESteuerG. nicht als steuerbares Einkommen und unterliegen auch nicht dem Steuerabzug. HM. 13. 2. 23 (HMBl. 83). Unterstützungen, deren Entrichtung überhaupt oder deren Betrag von dem freien Willen des Gebers abhängt und die auch nicht als Gegenleistung für eine Tätigkeit des Empfängers gelten können, sind also nicht steuerpflichtig. Hierher gehören insbesondere die an Beamte ausdrücklich als „Unterstützung" aus den dazu bestimmten Mitteln bewilligten Beträge.

dd) Vergütungen für Bearbeitung amtlicher Angelegenheiten außerhalb der Dienststunden gelten als Einkommen aus gewinnbringender Beschäftigung. OVGSt. **13** 198; **14** 151.

ee) Die Waisengelder, die nach dem HFG. an hinterbliebene Kinder von Reichsbeamten gewährt werden, bilden Einkommen der Kinder und dürfen dem steuerpflichtigen Einkommen der Mutter nicht zugerechnet werden. OVG. **11** 154. Die Waisengelder übersteigen meist nicht die Höhe des steuerfreien Lohnbetrages. Deshalb soll eine Ausschreibung von

Steuerkarten für die Waisengeld beziehenden minderjährigen Kinder unterbleiben. RFM. 24. 8. 26 (RBesBl. 131). Die einer Mutter für einen ihrer Haushaltung angehörigen Sohn im Gnadenwege zugesicherte jährliche Erziehungsbeihilfe ist als Teil ihres Einkommens mitzuversteuern. OVGSt. **2** 336.

ff) Steuerpflichtig sind die Unterhaltszuschüsse der Beamtenanwärter. RFinanzhof 28. 6. 22 (ZBlUB. 445). Auch die Unterhaltszuschüsse der Preuß. Gerichtsreferendare sind einkommensteuerpflichtig nach § 36 Abs. 1. EinkSteuerG. Gutachten des RFH. 12. 8. 27 DJZ. **27** 1275 gegen RFH. 2. 2. 27 (JMBl. **27** 170 = DJZ. **27** 53).

c) Außer den baren Einnahmen ist auch der Geldwert der etwaigen **Naturalbezüge,** der **Dienstwohnungen** und **Dienstländereien** der Beamten zu berücksichtigen. Die Vergütungen für diese werden auf das Diensteinkommen angerechnet (s. oben b). Sie sind daher dem steuerpflichtigen Einkommen nicht hinzuzurechnen; ebensowenig ist aber der als Vergütung bzw. Miet- oder Pachtzins geltende Besoldungsabzug vom Einkommen abzurechnen. Strutz ESteuerG. 3. Aufl. S. 65. Anm. 8. u. 9; s. auch § 34 Abs. 4 ESteuerG. Wegen der Besteuerung der Dienstwohnungen s. oben S. 82, 83.

Die nach § 20 Abs. 1—3 RBesG. den Polizeibeamten beim Reichswasserschutz gewährten Materialbezüge und Entschädigungen fallen unter § 8 Nr. 6 EStG. § 20 Abs. 6 u. 7 RBesG.

d) Nicht zum steuerpflichtigen Einkommen gehören die aus öffentlichen Kassen gewährten Aufwandsentschädigungen. § 36 Abs. 2 Z. 1 ESteuerG. Es handelt sich dabei um den zur Bestreitung des **Dienstaufwandes** bestimmten Teil des Diensteinkommens der Reichsbeamten. RFM. 20. 12. 23 (RBesBl. 432); OVG. 18. 2. 11 in DJZ. **11** 1223. S. Näheres Brand BR. 636 ff.

e) **Dem Dienstaufwande werden gleich geachtet** und **daher bei der Besteuerung außer Ansatz gelassen:**

aa) Die an Beamte ausdrücklich als Repräsentationskosten gewährten Bezüge. Beträge, die dem Beamten persönlich in Anerkennung seiner Leistungen bewilligt sind, um ihm zugleich seine Repräsentationspflichten zu erleichtern, sind steuerpflichtig. OVGSt. **6** 156; vgl. auch Strutz ESteuerG. 234.

bb) Reisekostenvergütungen und solche Tagegelder oder Vergütungen, die an die Beamten für Dienstreisen und für die Dauer ihrer vorübergehenden Beschäftigung außerhalb ihres Wohnortes als Entschädigung für den Mehraufwand gewährt werden. § 36 Abs. 2 Ziff. 1 ESteuerG.; RFH. 21. 3. 21 bei Strutz Handb. 206.

cc) Die aus öffentlichen Kassen als Entschädigung für die mit der Erfüllung staatsbürgerlicher Pflichten verbundenen Aufwendungen gewährten Tagegelder und Reisekosten.

dd) Abzuziehen sind ferner die Beiträge, die ein Beamter für die Versicherung gegen Schäden aus dem Amte, insbesondere gegen Regreßansprüche an eine Versicherungsgesellschaft zahlt. OVG. 8. 7. 03 in StS. **11** 193. Dagegen dürfen die Kosten für Beschaffung der Dienstkleidung nicht abgezogen werden, sofern nicht etwa ein Teil des Diensteinkommens hierfür ausdrücklich als Dienstaufwandsentschädigung gewährt wird. OVG. 28. 6. 05 (ZBlAV. 764 = EVBl. 267); PrVBl. **27** 85, 333 u. 579. Vielmehr ist der Wert der den Beamten neben ihrem baren Gehalte gewährten Dienstkleidung zu versteuern. OVGSt. **1** 125.

f) Steuerpflichtig sind ferner alle **sonstigen fortlaufenden Einkünfte**, wie z. B. die Wartegelder und Ruhegehälter der Beamten und ihrer Hinterbliebenen (Witwen- und Waisengelder). § 36 Abs. 1 Z. 2 ESteuerG.

Die in der Beamtensiedelungsvdg. v. 11. 2. 24 vorgesehenen Siedelungsrenten sowie die übrigen gemäß § 16 Vdg. von Ländern und Gemeinden bewilligten entsprechenden Renten (Pr. G. v. 27. 3. 24 GS. 195) können von den Finanzämtern gemäß § 108 Abs. 1 Satz 1 ReichsabgabenO. von der Einkommensteuer befreit werden. Die Steuerpflicht des dem Ruhegehalts- oder Wartegeldempfänger verbleibenden Teils des Ruhegehalts (Wartegelds) bleibt unberührt. RFM. 28. 3. 25 (RBesBl. 124).

g) **Von der Besteuerung sind ausgeschlossen:**

aa) Die auf Grund der Militärpensions- und -versorgungsgesetze bezogenen Verstümmelungs-, Kriegs-, Luftdienst-, Alters- und Tropenzulagen, Pensionszulagen u. dgl. mit den entsprechenden Sonderzulagen; die Kriegsversorgung der Militärhinterbliebenen; die Versorgungsgebührnisse nach dem ReichsversorgsG. v. 12. 5. 20 i. d. Fassg. v. 31. 7. 25 (RGBl. I 166); die mit deutschen Kriegsdekorationen verbundenen Ehrensolde. § 8 Nr. 1—5 u. 7 ESteuerG.

bb) Die im RBesoldG. bezeichneten Naturalbezüge und Entschädigungen der Angehörigen der Wehrmacht sowie die Entschädigung für Rückgabe von Versorgungsscheinen. § 8 Nr. 6 ESteuerG.

cc) Die Abfindungssummen, die an verheiratete weibliche Beamte und Lehrer bei ihrer Entlassung gewährt wurden; s. § 4 Anm. A 8c. RFM. 25. 11. 25 (RMBl. 1358).

h) Hinsichtlich der **Kirchensteuern** sind die Beamten in Preußen nicht günstiger gestellt als andere zu der Kirchengemeinde gehörende Personen. Nur die in der Verwaltung der Reichswehrmacht angestellten Militär- und Zivilbeamten sind, da sie zum „Militärstand" gehören, in Preußen gemäß §§ 278, 279, 305 II 11 ALR. von der Kirchensteuerpflicht in ihrer Wohnsitzkirchengemeinde befreit. Dies gilt, obwohl die Zivilbeamten der Reichswehrmachtverwaltung nicht zu den „Militärbeamten" des Reichsheeres und der Reichsmarine, also nicht zur „Wehrmacht" im Sinne des Wehrgesetzes v. 23. 3. 21 (RGBl. 329) gehören. OVG. **69** 295; **79** 95 ff.

i) Die Verpflichtung zur Entrichtung von **Schulabgaben** ruht in

Preußen teils auf der bürgerlichen Gemeinde, teils auf der besonderen Schulgemeinde.

Wird die Schullast von der aus den Hausvätern des Orts oder — bei Konfessionsschulen — des Glaubensbekenntnisses bestehenden besonderen Schulgemeinde getragen, so liegt sie den Hausvätern, zu denen auch die im Schulgemeindebezirk wohnenden Beamten gehören, ob, solange nicht die politische Gemeinde, mit Zustimmung der Schulgemeinde, die Schulunterhaltungskosten auf den Gemeindehaushalt übernommen hat. §§ 29 bis 34 II 12 ALR.; ME. 9. 9. 59; 5. u. 27. 9. 72 (MBl. **59** 333; **72** 221 u. 250); OVG. **49** 184; s. auch OVG. 17. 1. 77 im MBl. 130 und 10. 12. 95 im ZBlUV. **96** 302.

k) Die Beamten sind in Preußen befreit von den den sonstigen Gemeindemitgliedern obliegenden **Naturaldiensten,** wie z. B. Hand- und Spanndienste, Wegebaudienste, Feuerlöschdienste, Transportdienste u. dgl. § 68 Abs. 6 KomAbgG. 14. 7. 93 (GS. 152). Diese Vorschrift gilt auch jetzt noch. MF. 31. 7. 23 bei Nischk 81. Auch die in den Ruhestand versetzten Beamten genießen diese Befreiung. Nischk 81. Sind aber in einer Polizeiverordnung die aktiven Beamten von der Löschpflicht befreit, so kommt diese Vergünstigung den in den dauernden oder einstweiligen Ruhestand versetzten Beamten nicht zugute. KG. 22. 1. 26 Ring 4. Ergänzgsb. S. 347. Aber auch die aktiven Beamten sind insoweit nicht befreit, als die Naturaldienste auf ihren Grundstücken lasten. Nöll-Freund 319. Nach § 3 Abs. 3 Nr. 3 RG. v. 6. 4. 25 (RGBl. I 44) sind Beamte im Reichs-Staats- oder Kommunaldienst von der Stellung von Vorspann für die bewaffnete Macht im Frieden befreit hinsichtlich der zur Ausübung ihres Dienstes notwendigen Pferde.

Auf Grund eines Ortsstatuts, das an § 68 Abs. 6 KomAbgG. 14. 7. 93 (GS 152) nicht gebunden ist (Abs. 4 G. 21. 12. 04 GS. 291) dürfen in Preußen auch Beamte zu Naturaldiensten, sofern sie im Interesse des Feuerlöschwesens liegen, herangezogen werden. Die Beamten sind, falls das Ortsstatut dies vorsieht, sogar verpflichtet, an Mannschaftsübungen einer freiwilligen Feuerwehr teilzunehmen. Laue PrVBl. **46** 22; Nischk 81. Jedoch ist eine Bestrafung aktiver Beamten wegen Fernbleibens zur Feuerlöschübung auf Grund eines Ortsstatuts unzulässig. KG. 11. 2. 27 PrVBl. 1927 S. 534.

l) Von der Zahlung eines **Bürgerrechtsgeldes,** das in Preußen in einzelnen Stadtgemeinden beim Erwerbe des Bürgerrechts erhoben wurde, darf die Ausübung des Bürgerrechts nicht mehr abhängig gemacht werden. Entgegenstehende Vorschriften sind durch V. 24. 1. 19 (GS. 13) aufgehoben.

§ 20.

Ingleichen bestehen bezüglich:

1. der Mitwirkung bei der Siegelung des Nachlasses eines Reichsbeamten,

2. des Vorzugsrechts im Konkurse oder außerhalb desselben wegen der einem Reichsbeamten zur Last fallenden Defekte aus einer von demselben geführten Kassen- oder sonstigen Vermögensverwaltung,
dem Reiche beziehungsweise dessen Behörden im Verhältnisse zu den Reichsbeamten dieselben Rechte zu, welche die am dienstlichen Wohnsitze des Reichsbeamten geltende Gesetzgebung des einzelnen Bundesstaats dem Staate beziehungsweise dessen Behörden den Staatsbeamten gegenüber gewährt.

1. Über die **Mitwirkung der Behörden bei der Siegelung des Nachlasses von Beamten** bestimmt Art. 20 PrFGG.:

Nach dem Tode eines Beamten hat, unbeschadet der Zuständigkeit des Nachlaßgerichts, die Behörde, welcher der Verstorbene angehörte, oder die Aufsichtsbehörde für die Sicherung der amtlichen Akten und der sonstigen Sachen, deren Herausgabe auf Grund des Dienstverhältnisses verlangt werden kann, zu sorgen, soweit hierfür ein Bedürfnis zusteht.

Werden bei der Ausführung einer Maßregel, die das Gericht zur Sicherung eines Nachlasses angeordnet hat, Sachen der im Abs. 1 bezeichneten Art vorgefunden, so hat das Gericht die Behörde, welcher der Verstorbene angehörte, oder die Aufsichtsbehörde hiervon zu benachrichtigen und ihr zugleich von den Sicherungsmaßregeln, die in Ansehung dieser Sachen vorgenommen sind, Mitteilung zu machen. Der Behörde liegt es ob, das Weitere zu veranlassen.

Die bisherigen Vorschriften des preußischen Staatsrechts (KabO. 14. 7. 43, GS. 31 u. AGO. II, 5 §§ 6, 31, 39 Anh. 433, 436 u. a.) sind aufgehoben.

Welche Sachen im einzelnen auf Grund des Dienstverhältnisses von der Behörde herausverlangt werden können, ist mitunter zweifelhaft. So ist bestritten, ob die Erben des Beamten auch solche Schriftstücke herausgeben müssen, die nicht als unmittelbare dienstliche Arbeiten des Beamten anzusehen sind, obgleich sie von ihm mit Benutzung amtlicher Quellen angefertigt sind, so z. B. Abschriften und Auszüge aus Akten und Urkunden, Sammlungen von statistischen Nachrichten und Notizen. Für die Herausgabe solcher Schriften tritt ein PrMinReskr. 8. 7. 1822 (v. Kamptz Jahrb. **20** 44); gegen eine solche mit Recht v. Rönne PrStR. **3** 530 Note 7 mit der Begründung, daß sonst alle Geistesarbeiten eines Beamten, zu denen ihm sein Amt Anregung und Stoff gegeben, als Staatseigentum beansprucht werden könnten, was sich in diesem Umfange nicht rechtfertigen ließe.

Orden und Ehrenzeichen verstorbener Beamten, nicht aber die Verleihungsurkunden, sind zurückzugeben; jedoch sind für gewisse Kriegsorden usw. Ausnahmen zugelassen; s. oben § 15.

2. Ein **Vorzugsrecht in oder außerhalb des Konkurses** wegen der

Defekte eines Beamten aus dessen Kassen- oder sonstiger Vermögensverwaltung steht dem Fiskus nach der KonkO. oder der ZPO. nicht zu. § 20 Abs. 2 RBG. ist also bedeutungslos. Bei der Sicherung der zur Konkursmasse eines Beamten gehörigen Sachen ist die vorgesetzte Dienstbehörde zu einer Mitwirkung nicht befugt. Doch sind der vorgesetzten Dienstbehörde des in Konkurs geratenen Beamten alle bei der Inventur vorgefundenen amtlichen Schriften, Bücher, Siegel u. dgl. zu verabfolgen; vgl. v. Rönne PrStR. 3 521.

§ 21.

Reichsbeamte, deren dienstlicher Wohnsitz sich im Auslande befindet, behalten den ordentlichen persönlichen Gerichtsstand, welchen sie in ihrem Heimatsstaate hatten. In Ermangelung eines solchen Gerichtsstandes ist ihr ordentlicher persönlicher Gerichtsstand in der Hauptstadt des Heimatsstaats und in Ermangelung eines Heimatsstaats vor dem Amtsgerichte Berlin-Mitte beziehungsweise dem Landgericht I zu Berlin begründet. Ist die Hauptstadt in mehrere Gerichtsbezirke geteilt, so wird das zuständige Gericht im Wege der Justizverwaltung durch allgemeine Anordnung bestimmt.

Auf Wahlkonsuln finden diese Bestimmungen keine Anwendung.

1. **Die prozeßrechtlichen Bestimmungen des** § 21 sind nach § 13 EG. ZPO. u. § 5 EG. StPO. durch die ZPO. u. StPO. unberührt geblieben und finden sich fast wörtlich in § 16 ZPO., § 11 StPO. u. § 3 RFGG.

2. **Dienstlicher Wohnsitz** bedeutet nur Amtssitz; einen gesetzlichen Wohnsitz begründet der Wohnsitz nicht; nur die Militärbeamten haben ihren gesetzlichen Wohnsitz am Garnisonort. § 9 BGB.

3. Reichsbeamte, deren **dienstlicher Wohnsitz im Auslande** ist, so z. B. Gesandte, im Ausland beschäftigte Beamte der Reichspost, die in Grenzländern stationierten Reichszoll- und Bahnbeamten u. a., haben in Zivil- und Strafsachen und in freiwilliger Gerichtsbarkeit ihren ordentlichen persönlichen Gerichtsstand nicht im Auslande, sondern stets in ihrem Heimatslande, und zwar:

a) wenn sie in ihrem Heimatslande vor ihrer Versetzung ins Ausland einen persönlichen Gerichtsstand hatten, so behalten sie diesen;

b) hatten sie einen solchen persönlichen Gerichtsstand in ihrem Heimatslande nicht, so behalten sie ihren bisherigen Gerichtsstand nicht, sondern erlangen einen solchen in der Hauptstadt ihres Heimatslandes. So erlangt ein im Auswärtigen Amt in Berlin beschäftigter Bayer, der zuletzt seinen persönlichen Gerichtsstand in Berlin hatte, bei seiner Versetzung ins Ausland einen neuen persönlichen Gerichtsstand in München, der Hauptstadt seines Heimatslandes. Laband 1 486; Pieper 101.

4. Hat ein im Ausland angestellter Reichsbeamter **kein deutsches Heimatsland,** fehlt ihm also die Reichsangehörigkeit — was bei denjenigen Ausländern zutrifft, die ein Reichsamt mit Anweisung ihres Amtssitzes im Auslande übertragen erhalten —, so hat er seinen persönlichen Gerichtsstand vor dem Amtsgericht Berlin-Mitte und dem Landgericht I in Berlin. Doch können die als Beamte angestellten Ausländer die Aufnahme in den Staatsverband eines Landes verlangen.

5. Haben die im Ausland angestellten Reichsbeamten ihren dienstlichen Wohnsitz in **einem Lande mit Konsulargerichtsbarkeit,** so gilt § 22 (doppelter Gerichtsstand).

6. Nicht im Auslande, sondern **im Inlande sind angestellt** und fallen daher nicht unter § 21:

die an Bord kommandierten Beamten der Marine. Diese haben ihren ordentlichen Gerichtsstand im Inland, weil Kriegsschiffe stets als Teile ihres Heimatslandes gelten. Per. u. Sp. 51.

7. **Wahlkonsuln** fallen nicht unter § 21; sie haben ihren persönlichen Gerichtsstand nach den allgemeinen Vorschriften der Reichsgesetze, also in der Regel an ihrem Wohnort. Per. u. Sp. 51.

§ 22.

Befindet sich der dienstliche Wohnort des Beamten (§ 21) in einem Lande, in welchem Reichs-Konsulargerichtsbarkeit besteht, so wird durch die vorstehende Bestimmung nicht ausgeschlossen, daß der Beamte zugleich der Reichs-Konsulargerichtsbarkeit nach Maßgabe des Gesetzes vom 7. April 1900 (Reichs-Gesetzbl S. 213) unterliegt.

1. Die Reichsbeamten, **deren dienstlicher Wohnsitz** (vgl. § 21 Anm. 2) **sich in einem Lande mit Konsulargerichtsbarkeit befindet,** unterliegen neben der ordentlichen Gerichtsbarkeit (§ 21) auch der Konsulargerichtsbarkeit nach dem G. v. 7. 4. 1900 (RGBl. 213), geändert durch G. 23. 11. 21 (RGBl. 1135); vgl. dazu Dienstanweisung 27. 10. 1900 (ZBl. 577).

2. **Die Konsulargerichtsbarkeit,** die infolge des Versailler Friedensvertrags größtenteils aufgehoben werden mußte, besteht nur noch in Albanien, Persien, Spanisch-Marokko und Ägypten. Wegen Ägypten vgl. G. 24. 7. 25 u. V. 31. 7. 25 (RGBl. II 735). Vgl. auch das G. betr. die Überleitung von Rechtsangelegenheiten der Konsulargerichtsbarkeit v. 1. 7. 21 (RGBl. 805).

Versetzung in ein anderes Amt.

§ 23.

Jeder Reichsbeamte muß sich die Versetzung in ein anderes Amt von nicht geringerem Range und planmäßigem Dienstein-

kommen unter Vergütung der vorschriftsmäßigen Umzugskosten gefallen lassen, wenn es das dienstliche Bedürfnis erfordert.

Als eine Verkürzung im Einkommen ist es nicht anzusehen, wenn die Gelegenheit zur Verwaltung von Nebenämtern entzogen wird, oder die Ortszulage oder endlich die Beziehung der für Dienstunkosten besonders ausgesetzten Einnahmen mit diesen Unkosten fortfällt.

1. **Die jetzige Fassung des § 23 Abs. 1 beruht** auf dem G. v. 4. 8. 25 (RGBl. I 181), geändert durch G. 27. 3. u. 25. 7. 26 (RGBl. I 185, 411). Die neue Vorschrift ist an die Stelle der durch die PersonalabbauVdg. v. 27. 10. 23 geschaffenen Vorschrift getreten. Nach dieser mußten sich die Reichsbeamten im Interesse der Personalverminderung die Versetzung in ein Amt von geringerem Range und planmäßigem Diensteinkommen gefallen lassen; soweit solche Versetzungen erfolgt sind, sind die erworbenen Rechte dieser Beamten unverändert bestehen geblieben. Art. 2 II G. 4. 8. 25. S. auch Art. 129 Abs. 2 RV.; RG. **105** 28; RG. 13. 7. 28 „Beamtenbund" 28 Nr. 71 u. RGBl. 1928 I 373 = DRichtZtg. **28** Rspr. Sp. 404 = RG. **122** 10; **a. M.** Reindl LZ. **26** 978.

Die Reichsbahnbeamten können auf Dienstposten von geringerer Bewertung versetzt werden, wenn es das dienstliche Bedürfnis, z. B. Abnahme des Geschäftsumfangs, Veränderung oder Umbildung von Gesellschaftseinrichtungen, Überzähligkeit oder geringwertige Leistungen des Beamten, erfordert. § 24 RBahnG.; § 21 Ziff. 1 PersO. Politische, professionelle oder gewerkschaftliche Betätigung des Beamten darf nicht zu einer solchen Versetzung Anlaß geben; vgl. Ziff. 3 § 21 PersO. Bei Versetzung auf Dienstposten von geringerer Bewertung sind die Dienstbezüge gemäß Ziff. 4 § 21 PersO. zu kürzen. Auch in dieser Hinsicht stehen also die Beamten der Reichsbahngesellschaft besonders ungünstig, und die Möglichkeit, gegen eine solche Degradierung Einspruch erheben zu können, über den gemäß Ziff. 6 § 21 PersO. ein Einspruchsausschuß entscheidet, bietet keinen auch nur einigermaßen erträglichen Ausgleich für die jedem Bahnbeamten drohende Gefahr der Degradierung.

2. **Die Mitglieder des Reichsgerichts, des Bundesamtes für das Heimatwesen, des Rechnungshofes des Deutschen Reiches** und die ihnen gleichstehenden richterlichen Beamten können wider ihren Willen nur bei Organisationsveränderungen, sonst nur kraft richterlicher Entscheidung und nur aus bestimmten Gründen und in bestimmten Formen versetzt werden. § 158 RBG.; § 8 GVG.; § 43 G. 6. 6. 70 (RGBl. 360). Auch auf die Mitglieder der Reichsschuldenverwaltung findet § 23 keine Anwendung. RSchuldO. 13. 2. 24 (RGBl. I 95).

3. **Die nichtrichterlichen Beamten** müssen sich eine **Versetzung** gefallen lassen, **die im Interesse des Dienstes erfolgt.** Es muß sich aber zweifels-

frei um eine „Versetzung" handeln. Etwaige Unklarheiten in dieser Hinsicht hat das Reich zu tragen. RG. 12. 10. 28 JW. **28** 3234 = RG. **122** 120. Das dienstliche Bedürfnis muß also die Veranlassung zu einer solchen Versetzung sein. Es kann sehr verschiedener Art sein. Die Versetzung kann nötig werden, um Einseitigkeit zu verhindern, den Gesichtskreis, die Kenntnisse und Erfahrungen der Beamten zu erweitern und auf diese Weise der Zentralverwaltung geeignete Kräfte zuzuführen.

Mitunter dient aber die Versetzung auch dazu, den Beamten aus Verhältnissen herauszubringen, in denen er sich nicht bewährt oder in denen sein Ansehen gelitten hat und seine Stellung unhaltbar geworden ist. Deshalb hat in Fällen der letztgedachten Art die sog. Versetzung im Interesse des Dienstes **nicht selten einen Strafcharakter,** wenn sie auch rechtlich nicht als Disziplinarmaßregel anzusehen ist. Sie wird vielfach zur Vermeidung eines förmlichen Dienststrafverfahrens und als Ersatz für dieses gewählt, um den Beamten schnell und sicher aus seinem bisherigen Wirkungskreise zu entfernen, ohne daß der umständliche und schwerfällige Apparat des förmlichen Dienststrafverfahrens entfaltet zu werden brauchte. Freilich hat diese für die Behörde sehr bequeme Art, einen Beamten, wenn auch nicht rechtlich, so doch tatsächlich strafzuversetzen, nicht selten für den Beamten große Härten. Es kommt mitunter vor, daß der Beamte, ohne gehört zu sein, wegen angeblicher, von seinen Vorgesetzten für erwiesen erachteter Verfehlungen an einen anderen Ort versetzt wird; diese Art, den Beamten mit einer Versetzung, die für seine Lebensverhältnisse von einschneidender Bedeutung ist, zu überraschen, ist nicht zu billigen. Es wäre daher eine gesetzliche Vorschrift erwünscht, wonach der Beamte vor der Versetzung zu hören und das Sachverhältnis auf Grund sorgfältiger Ermittlungen zu klären ist.

4. Ein Beamter, **der seiner zu Recht erfolgten Versetzung keine Folge leistet** und sein neues Amt nicht antritt, macht sich **disziplinarisch strafbar** und setzt sich der Gefahr aus, gemäß § 14 Abs. 3 RBG. sein Diensteinkommen zu verlieren. Gelingt ihm aber der Nachweis, daß die Versetzungsverfügung ungesetzlich war, z. B. weil das neue Amt im Range oder im Diensteinkommen hinter dem alten zurücksteht, so brauchte er der Verfügung nicht zu folgen und hat sich deshalb auch nicht disziplinarisch vergangen. OVG. **51** 414; **52** 437; **61** 438; RDisH. 1. 7. 24 Schulze-Simons 212.

5. Die Versetzung im Interesse des Dienstes ist **nur unter folgenden** — nicht abänderungsfähigen OVG. **52** 436 — **Voraussetzungen zulässig:**

a) **Das neue Amt darf von nicht geringerem Range sein als das alte.** Art. 129 Abs. 2 RV.; RG. **105** 28. Das RG. 13. 7. 28 hat § 5 Abs. 1 BadBG. in d. Fassg. v. 28. 1. 26 insoweit nicht mit der RV. vereinbar erklärt, da er die Versetzung in ein anderes Amt mit geringerem Range zuläßt. RGBl. 1928 I 373 = RG. **122** 10. Einen eigentlichen Rang im Sinne des Rangreglements gibt es nicht mehr. Man wird daher unter Rang nur eine Klassifizierung der Stellung verstehen, wie sie ihr im Hinblick auf ihre Bedeutung nach der herrschenden Meinung zukommt. Derartige Rangunterschiede müssen je nach der Bedeutung des Amtes und der amtlichen Obliegenheiten im einzelnen Falle festgelegt werden; s. oben § 17; Sembritzki PrVBl. **42** 277.

So hat z. B. der Bürobeamte einen höheren Rang im Sinne obiger Vorschrift als der Kanzleibeamte. OVG. 8. 4. 10 bei v. Rheinb. 368; OVG. **56** 448. Der Steuererheber steht höher wie der Bote, weil der Bote wesentlich mechanische Arbeiten zu verrichten hat, während der Steuererheber und Vollziehungsbeamte ein nicht unerhebliches Maß von Gesetzeskenntnis und selbständiger Urteilstätigkeit aufwenden muß. OVG. 27. 6. 02 bei v. Rheinb. 368. Ferner steht der Vorsteher einer Verwaltungsstelle höher als ein bloßer Bürobeamter. OVG. **51** 424.

Darauf, daß das neue Amt eine geringere Selbständigkeit hat als das alte, kommt es nicht an. RDisH. 22. 1. 76 bei Schulze-Simons 94.

Im Rechtswege kann aber darüber, ob ein Amt, in das ein Beamter versetzt ist, denselben Rang hat wie das bisher von ihm bekleidete, nicht gestritten werden. RG. **68** 220.

Während des Personalabbaus konnten auch Versetzungen in ein Amt von geringerem Range erfolgen; s. oben Anm. 1.

b) **Das neue Amt darf nicht mit einem geringeren planmäßigen Diensteinkommen versehen sein als das alte.**

Zu dem Diensteinkommen gehört das gesamte, von dem Beamten in der alten Stelle bezogene Gehalt einschließlich des Wohnungsgeldzuschusses. Es wird aber die bei einer Versetzung an einen Ort mit niedrigerer Ortsklasse eintretende Verminderung des Wohnungsgeldzuschusses als eine Verminderung im Einkommen nicht angesehen. RDisH. 22. 1. 76 Schulze-Simons 95. Außerplanmäßige Stellenzulagen, z. B. die Ministerialzulage, bleiben außer Betracht. RG. 16. 11. 26 JW. **27** 784 = DRichtZtg. **27** Rspr. 6.

Ferner wird als eine Verkürzung im Einkommen nicht angesehen, wenn die Gelegenheit zur Verwaltung von Nebenämtern entzogen wird oder der Bezug der für die Dienstunkosten besonders ausgesetzten Einnahmen mit diesen Unkosten selbst fortfällt. Deshalb werden zu dem Diensteinkommen z. B. nicht gerechnet die örtlichen Sonderzulagen, die nur für eine besonders teure Wirtschafts- und Dienstführung und nur für bestimmte Orte bewilligt werden; dasselbe gilt von den für Dienstunkosten ausgesetzten Einnahmen, wie Repräsentations-, Dienstaufwandsgelder u. dgl. ROHG. **21** 378. Durch den Wegfall der Bezüge dieser Art wird der Beamte meist nicht oder nur unerheblich geschädigt, da ihm in seinem neuen Amt auch die entsprechenden Ausgaben erspart bleiben.

Eine erhebliche Benachteiligung erleidet aber der Beamte, der gut besoldete Nebenämter bekleidete und an seinem neuen Amtssitz solchen Nebenverdienst nicht erzielen kann. Zur Vermeidung unbilliger Härten wird die

Verwaltung daher in derartigen Fällen mit Versetzungen besonders vorsichtig und unter wohlwollender Berücksichtigung der wirtschaftlichen Lage des Beamten verfahren müssen.

Unter dem Diensteinkommen ist nicht nur das augenblicklich bezogene zu verstehen. Vielmehr ist eine Stelle, in der geringere Aussicht auf Erlangung bestimmter Gehaltszulagen besteht oder in der die Gehaltszulagen in längeren Zwischenräumen erreicht werden, nicht eine solche mit nicht geringerem Diensteinkommen im Sinne des § 23, mag sie auch zur Zeit das gleiche Diensteinkommen gewähren. Denn da jetzt alle Beamte einen Rechtsanspruch auf Gehaltszulagen haben, so erreichen sie stets diese Zulagen. Ein Beamter, der in ein Amt versetzt wird, das mit geringeren Zulagen ausgestattet ist als das früher von ihm innegehaltene, wird daher benachteiligt und bezieht später tatsächlich weniger Gehalt, als wie er bezogen hätte, wenn er in seiner alten Stelle verblieben wäre. Das soll aber gerade nach Absicht des Gesetzgebers vermieden werden. OVG. **52** 439; s. DJZ. **3** 447; v. Rheinb. 370; Reindl 55; Nischk 106; **a. M.** RG. **59** 420; ME. 31. 1. 07 (MBl. 89 = ZBlUV. 325); JM. 26. 2. 07 bei Müller 492; Schulze 121; Appelius PrVBl. **42** 324.

Die nicht ruhegehaltsfähigen Stellen- und Funktionszulagen bleiben außer Betracht.

Kein geringeres planmäßiges Diensteinkommen im Sinne des § 23 liegt aber vor, wenn das Endgrundgehalt der bisherigen Besoldungsgruppe zuzüglich der dem Beamten verliehenen ruhegehaltsfähigen und unwiderruflichen Stellenzulagen nicht höher ist als das Endgrundgehalt der neuen Besoldungsgruppe zuzüglich der dem Beamten in der neuen Besoldungsgruppe verliehenen ruhegehaltsfähigen und unwiderruflichen Stellenzulagen. § 35 RBesG.; Sölch-Ziegelach 309, 310.

Gegen eine unzulässige Verkürzung des Diensteinkommens ist der Rechtsweg zulässig.

Während des Personalabbaus konnten auch Versetzungen in ein Amt mit geringerem planmäßigen Diensteinkommen erfolgen; s. oben Anm. 1.

c) **Das neue Amt muß der Berufsbildung und den Fähigkeiten des Beamten entsprechen.** OVG. **51** 422. Es darf auch das neue Amt nicht mit einer Beschäftigung verbunden sein, die der bisherigen dienstlichen Stellung des Beamten vollständig widerspricht. OVG. 5. 7. 07 bei v. Rheinb. 370. Es darf auch nicht in wirtschaftlicher und sozialer Beziehung unter das heruntergehen, was der Beamte nach den Bedingungen seiner Anstellung und nach dem von ihm bisher bekleideten Amte beanspruchen kann. OVG. **61** 437. Das neue Amt braucht aber nicht denselben Geschäftsumfang zu haben, da sich jeder Beamte eine Erweiterung seines Geschäftskreises gefallen lassen muß; es braucht auch nicht in demselben Dienstzweig zu liegen. Auch leichter braucht das neue Amt nicht zu sein. OVG. **53** 445; s. OVG. **52** 436; **56** 449.

d) Die Versetzung muß ferner **durch das dienstliche Bedürfnis erfordert werden,** also im Interesse des Dienstes liegen. Ob dies der Fall ist, entscheidet die zuständige Behörde nach freiem Ermessen unter Ausschluß des Rechtsweges. Es ist nur die Beschwerde an die nächsthöhere Instanz zulässig. Der Beamte hat keinen Rechtsanspruch auf Belassung im Amt, wenn die Voraussetzungen des § 23 vorliegen. Er hat auch keinen im Rechtsweg verfolgbaren Anspruch darauf, daß das Reich vermöge seiner Fürsorgepflicht den Beamten in ein anderes für seinen Gesundheitszustand geeignetes Amt versetzt. RG. **92** 431. Auch der Dienststrafrichter ist bei Entscheidung der Frage, ob ein Beamter sich durch Nichtbefolgung der Versetzungsverfügung disziplinarisch vergangen hat, an die Entscheidung der Verwaltungsbehörde über das Vorliegen eines dienstlichen Bedürfnisses gebunden. RDisH. 24. 11. 77 bei Perels-Spilling 79; Schulze-Simons 96; a. M. Schulze 122, 123. OVG. **79** 430 gestattet dem Dienststrafrichter nur eine Nachprüfung darüber, ob die Versetzung sich, rein äußerlich betrachtet, als im Interesse des Dienstes erfolgt darstellt.

e) Die vorschriftsmäßigen **Umzugskosten müssen vergütet werden.** Der Rechtsweg zur Erlangung der Umzugskosten ist zulässig.

f) Die Versetzung muß **durch die zuständige Behörde** ausgesprochen werden. Zuständig ist jede zur Anstellung berechtigte Behörde innerhalb ihres Geschäftskreises.

6. § 23 bezieht sich nur auf **planmäßig** angestellte Beamte. **Nicht planmäßig** angestellte Beamte können stets ohne weiteres unter Gewährung der vorgeschriebenen Tagegelder und Fahrkosten versetzt werden und haben keinen Anspruch auf Umzugskosten.

7. Unzulässig ist die Versetzung des **Reichskanzlers** und der **Reichsminister,** da es für sie ein Amt von gleichem Range nicht gibt.

Einstweilige Versetzung in den Ruhestand.

Vorbemerkungen.

1. Die einstweilige Versetzung in den Ruhestand gemäß §§ 24 bis 31 ist **nur möglich:** a) im Falle einer Umbildung von Reichsbehörden (§ 24); b) bei bestimmten Beamten ohne die Voraussetzung zu a (§ 25). Sie ist ausgeschlossen als Strafe im Dienststrafverfahren. Anders § 46 PrVDisG. Auch ist sie bei richterlichen und den ihnen gleichstehenden Beamten ausgeschlossen; diese können nur unter gewissen Voraussetzungen mit vollem Gehalt in den einstweiligen Ruhestand versetzt werden. § 8 Abs. 3 GVG.; § 158 RBG. Besonderes gilt für die Reichsbahnbeamten und die Beamten der Reichsbank; s. Anm. 7 u. 8 zu § 24.

Die Möglichkeit, gewisse Beamte (auch Reichsmilitärbeamte RG. 13. 1. 28 „Recht" **28** 244) einstweilen oder dauernd in den Ruhestand zu versetzen, gewährte die Vdg. zur Verminderung der Personalausgaben des

Reichs v. 27. 10. 23 (RGBl. I 999) mit Änderung v. 28. 1. 24 (RGBl. I 39). Die Personalabbauverordnung ist durch G. v. 4. 8. 25 (RGBl. I 131) zum größten Teile beseitigt. Im Oktober 27 waren an Wartestandsbeamten im Reich (ohne Post und Eisenbahn) 7178 vorhanden, von denen 940 im Reichsdienst wieder beschäftigt waren; ferner bei der Reichsbahn 25000 und bei der Post 16500 Wartestandsbeamte. DBeamtArch. **8** 52.

Die Zahl der Wartestandsbeamten ist auch dadurch vermehrt worden, daß bei der Auflösung des alten Heeres und der Kriegsmarine zahlreiche Beamte in den einstw. Ruhestand versetzt wurden.

Ein Anfang 1929 von der Reichsregierung eingebrachter Entwurf, der die Rechtsverhältnisse der Wartegeldempfänger neu regeln sollte, fand nicht die nötige Zweidrittelmehrheit des Reichstags und wurde abgelehnt.

2. Der Wartegeldempfänger nimmt eine **Mittelstellung zwischen dem aktiven Beamten und dem Ruhegehaltsempfänger** ein. Im Zweifel werden seine Rechtsverhältnisse aber wie die der aktiven Beamten beurteilt. Er ist Reichsbeamter ohne Amt. RG. **79** 7; RDisH. 24. 11. 24, 17. 7. 24 u. 10. 6. 25 Schulze-Simons 157, 317 u. 318; RG. 26. 11. 26 u. RVersG. (Großer Senat) v. 18. 5. 27 BerlBörsZtg. **27** Nr. 267 = DRZtg. **27** Rspr. Sp. 301 = DJZ. **28** 1273; RG. 15. 5. 28 JW. **28** 2320.

Deshalb haben auch die Frauen und Kinder der Wartegeldempfänger die erst nach dem Übertritt in den einstweiligen Ruhestand geheiratet haben, im Falle des Todes ihres Ehemanns und Vaters dieselben Rechte auf Witwen- und Waisenversorgung wie die Frauen und Kinder der aktiven Beamten; Abweichendes gilt bei den Witwen und Waisen der R u h e g e h a l t s e m p f ä n g e r, die erst nach Eintritt in den dauernden Ruhestand geheiratet haben; s. unten S. 510ff.

3. **Der Wartegeldempfänger hat mit dem aktiven Beamten** u. a. **gemeinsam:**

a) die allgemeinen Standespflichten; die Pflichten zum Gehorsam und zur jederzeitigen Übernahme eines Amtes; die Pflicht zur Amtsverschwiegenheit (§ 11), zur Gutachten- und Zeugnisverweigerung in gewissen Fällen (§ 12), zur Einholung der Genehmigung des Reichspräsidenten oder der obersten Reichsbehörde bei Annahme von Titeln usw. von anderen Regenten oder Regierungen oder von Geschenken usw. in bezug auf sein Amt (§ 15);

b) die persönlichen Ehrenrechte. Der Wartegeldempfänger führt seinen letzten Amtstitel mit Hinzufügung eines seine Stellung auf Wartegeld andeutenden Zusatzes „a. W." oder „i. e. R.";

c) die Art der Zahlung seiner Bezüge, vierteljährlich oder monatlich im voraus (§ 27).

d) das Gnadenvierteljahr;

e) die Anrechnung der Zeit der V e r w e n d u n g des Wartegeldempfängers im Reichs- oder sonstigen öffentlichen Dienst auf die Dienstzeit bei der Pensionierung und Berechnung der Pension nach dem vollen letzten Gehalt (§§ 42, 46 Abs. 1).

f) die Verpflichtung, seinen Wohnsitz ohne Genehmigung nicht außerhalb des Reichsgebietes zu legen; innerhalb dieses kann er aber im Gegensatz zum aktiven Beamten seinen Wohnsitz frei wählen; jedoch muß er die Verlegung seines Wohnsitzes bei Vermeidung disziplinarischer Ahndung seiner zuletzt vorgesetzten Dienstbehörde mitteilen. Hüfner LZ. **29** 5.

g) Unterwerfung unter das förmliche Dienststrafverfahren; RDisH. 30. 6. u. 10. 6. 25 Schulze-Simons 30, 157, 317 u. 318. Zuständig ist die Reichsdienststrafkammer, in deren Bezirk der beschäftigte Wartestandsbeamte bei Einleitung des förmlichen Dienststrafverfahrens seinen Wohnsitz hat. Auch Reichsbahnbeamte, die in den einstweiligen Ruhestand versetzt sind, können mit Dienstentlassung bestraft werden.

Ob auch auf Strafversetzung gegen Wartegeldempfänger erkannt werden kann, ist streitig. Dafür RDisH. 17. 6. 24 u. 10. 6. 25 Schulze-Simons 317, 318; a. M. RDisH. 7. 11. 81 Schulze Rspr. 156. Die Amtssuspension kann nicht gegen sie verhängt werden. Sie beziehen daher während eines Dienststrafverfahrens stets das volle Wartegeld weiter, und es kann nicht etwa zur Deckung der Untersuchungskosten usw. um die Hälfte gekürzt werden. Dem nicht förmlichen Dienststrafverfahren, also der Disziplinargewalt der Dienstvorgesetzten, unterliegt der Wartegeldempfänger mangels der Verwaltung eines Amtes nicht;

h) Erstattung von Umzugskosten bei Wiederanstellung, die wie eine Versetzung von dem früher bekleideten in das neue Amt behandelt wird (§ 28).

4. **Der Wartegeldempfänger hat mit dem Pensionär** u. a. **gemeinsam:**

a) die Befreiung von Dienstgeschäften und von der Dienststrafgewalt der Dienstvorgesetzten (vgl. 3g);

b) die Zulässigkeit der Übernahme von Nebenämtern usw. oder einer mit fortlaufender Remuneration verbundenen Nebenbeschäftigung ohne Genehmigung, des Betriebes eines Gewerbes und des Eintritts in den Vorstand usw. einer jeden Erwerbsgesellschaft (§ 16 Abs. 3);

c) die Kürzung der Bezüge beim Wiedereintritt in den Reichs- oder Staats- oder sonstigen öffentlichen Dienst.

d) Bei Berechnung des Wartegeldes kommt der Wohnungsgeldzuschuß nicht seinem vollen Betrage nach, sondern wie bei Berechnung der Pension mit dem Satz nach der Ortsklasse B in Betracht;

5. **Vermögensrechtliche Ansprüche** aus ihrem Dienstverhältnis können die Wartegeldempfänger im Rechtswege geltend machen. Die Entscheidung der Dienststraf- und Verwaltungsbehörden darüber, ob und von welchem Zeitpunkt ab ein Reichsbeamter einstweilig in den Ruhestand zu versetzen ist, sind aber für die Beurteilung der vor dem ordentlichen Gerichte geltend gemachten vermögensrechtlichen Ansprüche maßgebend. (§§ 149, 155). Seydel 301; Per. u. Sp. 53; RG. **12** 70. Es kann aber der betroffene

Beamte im Rechtswege geltend machen, die Versetzung in den einstweiligen Ruhestand enthalte eine schuldhafte Verletzung seiner Rechte und begründe einen Schadensersatzanspruch. RG. **103** 429; RG. 25. 3. u. 5. 4. 27 Jur.-Rundsch. **27** Rspr. Sp. 813 u. 815.

6. Die Rechtsverhältnisse der **preußischen Wartegeldempfänger** sind geregelt durch Vdg. 26. 2. 19 (GS. 33) nebst zahlreichen Änderungen; s. Näheres Brand BR. 261ff.

7. Über Versorgung von Wartegeldempfängern und Pensionären durch Erleichterung des Erwerbs und der Bebauung von gärtnerischem und landwirtschaftlichem **Siedelungsland** s. Beamten-SiedlungsV. 11. 2. 24 (RGBl. I 53).

§ 24.

Jeder Reichsbeamte kann unter Bewilligung des gesetzlichen Wartegeldes einstweilig in den Ruhestand versetzt werden, wenn das von ihm verwaltete Amt infolge einer Umbildung der Reichsbehörden aufhört.

1. **Alle Reichsbeamten,** die unmittelbaren und mittelbaren, die fest und auf Kündigung oder Widerruf oder nur im Nebenamt angestellten, **können jederzeit,** also nicht etwa erst nach mindestens zehnjähriger Dienstzeit einstweilen mit dem gesetzlichen Wartegeld (§ 26) in den Ruhestand versetzt werden, wenn die Voraussetzung zu 2 vorliegt; ein Zwang zur Versetzung in den Ruhestand besteht für die Reichsregierung nicht; auch haben die Reichsbeamten kein Recht auf Versetzung in den einstw. Ruhestand; RG. 6. 7. 28 III 2. 28; s. auch Bongard „Beamtenbund" **28** Nr. 69; andere Grundsätze gelten für die Pensionierung, die unter bestimmten Voraussetzungen erfolgen muß. § 24 gilt nicht für die im § 158 bezeichneten Beamten.

Die Versetzung in den einstw. Ruhestand nimmt die Anstellungsbehörde vor. In den Fällen des § 25 wird die Versetzung in den einstw. Ruhestand vom Reichspräsidenten und bei Versetzungen gemäß G. v. 21. 7. 22 (Anm. 5 zu § 25) von der obersten Reichsbehörde vorgenommen. Die Bekanntgabe der Versetzung kann auch von anderen Stellen erfolgen, die von der zur Versetzung an sich zuständigen Stelle hierzu beauftragt sind. Bongard 12. Wirksam wird die Versetzung erst mit der ordnungsmäßigen Bekanntgabe. Bis zu dieser kann die Versetzung von der Behörde zurückgenommen werden. Bongard 12.

2. **Voraussetzung** der Versetzung in den Ruhestand ist, daß das von dem Reichsbeamten verwaltete Amt aufhört infolge einer **organischen Umgestaltung der Reichsbehörden,** nicht bloß infolge einer Vereinfachung oder Veränderung des Geschäftsganges, Verminderung der Geschäfte oder Veränderung in den Einrichtungen einer Behörde, die ihren organischen Fortbestand nicht berührt, so z. B. bei Veräußerung oder Einstellung von

Staatswerken, Veräußerung von Forst- oder Domänengrundstücken, fiskalischen Hüttenwerken usw. Liegt keine organische Umgestaltung vor, so können die Beamten nur mit vollem Gehalt in den einstweiligen Ruhestand versetzt werden. RG. **19** 283. Ob eine solche Umgestaltung vorliegt, kann im Rechtsweg nachgeprüft werden. Die RG. **12** 70 vertretene gegenteilige Ansicht hat ganz neuerdings das RG. 9. 4. 29 III 352/28 aufgegeben; ebenso bayr. Gerichtshof f. Kompetenzkonflikte 24. 10. 25 DJZ. **26** 178. Eine weitere Frage ist, ob dem Beamten u. U. ein Schadensersatzanspruch gemäß § 839 BGB. in Verbindung mit dem ReichshaftgsG. 22. 5. 10 (RGBl. 798) gegeben ist; vgl. Seel „Beamtenrecht" Beil. d. Zeitschr. d. Reichsb. d. höh. B. Nr. 4, Jahrg. **26** 13, 14. Selbstverständlich dürfen von der Maßnahme nur solche Beamten erfaßt werden, die der umgebildeten Behörde angehört haben. RG. 12. 10. 28 „Beamtenbund" Beil. zu Nr. 96 = JW. **28** 3234 = JurRundsch. **29** Rspr. Nr. 149 = RG. **122** 119. Es muß auch das betr. Amt infolge der Umbildung aufgehört haben. RG. 9. 4. 29 III 352/28.

Werden bei der Durchführung einer Verwaltungsreform Beamte entbehrlich, so können sie nur dann auf Wartegeld gesetzt werden, wenn eine **Umbildung von Reichsbehörden** vorliegt. Wird eine Behörde überhaupt aufgehoben, so sind die Voraussetzungen des § 24 RBG. zweifellos erfüllt. Die bloße Verkleinerung einer Behörde infolge der Verringerung der Arbeit oder infolge der Übertragung eines Teils der von ihr geleisteten Arbeit auf andere Behörden ist keine Umbildung, d. h. organische Änderung; vgl. Bongard 11. So lag z. B. keine „Umbildung" vor, als das Reichspensionsamt für die ehem. Wehrmacht auf Grund der V. 30. 6. 23 (RGBl. I 512) vom Reichsministerium des Innern auf das Reichsarbeitsministerium überging. Auch eine anderweite Verteilung der Geschäfte und Aufgaben innerhalb einer Behörde ist keine organische Umbildung. Das Gegenteil ist der Fall, wenn solche Veränderungen stattgefunden haben, daß nicht nur der Geschäftsgang, sondern auch die Organisation sachlich geändert worden ist. RG. 9. 4. 29 III 352/28; s. auch RG. **113** 207 (211). Ist aber mit dem Übergang des Aufgabenkreises einer Behörde auf eine andere eine Aufhebung der ursprünglichen Organisation verbunden, so daß eine Neueinteilung der Geschäfte erforderlich wird, so liegt eine organische Umbildung vor, z. B. Übergang der Geschäfte des Reichspensionsamts auf die Hauptversorgungsämter und Versorgungsämter gemäß V. 9. 2. 24 (RGBl. I 65). Auch eine nicht völlig gelungene Umbildung kann eine solche im Rechtssinne sein, wenn sie nur gewollt war und die zu ihrer Durchführung vorgenommenen Maßnahmen hierzu geeignet, insbes. wesentliche organische Änderungen waren. RG. 9. 4. 29 III 352/28. Fraglich ist, ob die infolge der Neuordnung des Reichsfinanzministeriums gemäß V. 7. 9. 26 (RGBl. I 469) erfolgten Versetzungen in den einstweiligen Ruhestand zulässig waren; vgl. hierzu RG. 9. 4. 29 III 352/28; Seel im „Beamtenrecht", Beil. d. Zeitschr.

des Reichsb. d. höheren B. Nr. 4 Jahrg. **26** S. 13, 14; Apel in der Wochenbeilage der Berliner Börsenzeitg. „Der Deutsche Beamte" 1927 Nr. 18; s. über den Begriff der Umbildung Denkschrift des RFM. über die Umbildung des Reichsfinanzm. v. 10. 11. 26 DBeamtArch. 7. Jahrg., Heft 4, S. 105ff.; Schiffer DJZ. **27** 113ff. hält nur den Reichspräsidenten, nicht den RFM. zur „Umbildung" für befugt; dagegen hält RG. 9. 4. 29 III 352/28 eine Übertragung (Delegation) der dem Reichspräsidenten zustehenden Organisationsgewalt an den RFM. für zulässig.

3. Die organische Umgestaltung der Behörden und die damit verbundene Zurdispositionsstellung der Beamten **erfolgt durch Gesetz oder Verfügung.** Vor seiner Versetzung in den einstweiligen Ruhestand braucht der Beamte nicht besonders gehört zu werden. Kanng. 120, 121.

4. Die **nur auf Widerruf oder Kündigung angestellten Beamten** können im Fall des § 24 auch durch einfachen Widerruf oder Kündigung entlassen werden. Sie haben dann einen Anspruch auf Wartegeld nur bis zu dem Zeitpunkt, für den der Widerruf oder die Kündigung frühestens zulässig wäre. Abweichendes gilt für die auf Grund der RAbbauV. in den einstw. Ruhestand versetzten nicht planmäßigen Beamten. RG. 16. 11. 28 JW. **29**.

5. Die Versetzung von Reichsbeamten in den einstweiligen Ruhestand auf Grund der **PersAbbauVdg.** ist durch G. v. 4. 8. 25 (RGBl. I 181) mit der Maßgabe beseitigt, daß erworbene Rechte bestehen bleiben.

6. Die **Reichsbahnbeamten** können jederzeit unter Bewilligung von Wartegeld einstweilen in den Ruhestand versetzt werden. § 24 Satz 2 RBahnG.; § 20 Ziff. 1 PersO. Dadurch soll eine möglichst hohe Wirtschaftlichkeit des Reichsbahnunternehmens erreicht werden. Die Versetzung in den einstweiligen Ruhestand soll nur erfolgen, wenn der Beamtenkörper der Gesellschaft wegen Einschränkung des Aufgabenkreises, Abnahme des Geschäftsumfangs, der Veränderung oder Umbildung von Einrichtungen der Gesellschaft oder wegen sonstiger Vereinfachungen vermindert werden muß oder wenn die Gesellschaft den Beamten wegen seiner Überzähligkeit oder des Werts seiner dienstlichen Leistungen nicht mehr beibehalten kann. Die Versetzung in den einstweiligen Ruhestand ist aber unzulässig wegen der politischen oder konfessionellen oder gewerkschaftlichen Betätigung des Beamten oder wegen der ordnungsmäßigen Ausübung der Tätigkeit als Beamtenratsmitglied oder wegen seiner Zugehörigkeit oder Nichtzugehörigkeit zu einer politischen Partei oder zu einem politischen, konfessionellen oder Berufsverein. § 20 Ziff. 3 PersO. Hiernach ist die Stellung der Reichsbahnbeamten sehr unsicher, und es hängen diese Beamten mehr als alle anderen von der Beurteilung ihrer Vorgesetzten ab, die sie bei angeblich nicht vollwertigen dienstlichen Leistungen zu Falle bringen können. Ein gewisses Gegengewicht gegen diese große Unsicherheit ihrer Stellung ist ihnen in dem Einspruch gegen die Versetzung in den einstweiligen Ruhe-

stand gegeben, über den ein Einspruchsausschuß oder eine Schiedsstelle entscheidet; s. Näheres Ziff. 6—15 § 20 Perso.

7. Die **Reichsbankbeamten** können nach dem ReichsbankG. v. 30. 8. 24 und § 11 des Beamtenstatuts jederzeit durch Beschluß des Reichsbankdirektoriums einstweilen in den Ruhestand versetzt werden, also auch dann, wenn die besonderen Voraussetzungen der §§ 24, 25 RBG. nicht vorliegen. RG. **119** 428. Surholt JW. **27** 2835 hält die Gültigkeit dieser Vorschrift für zweifelhaft.

8. Mit § 24 stimmt **§ 1 PreußV. 26. 2. 19** (GS. 33) in der Fassung des Art. II G. 12. 7. 23 (GS. 305) überein.

9. Werden Beamte **aus anderen Gründen** als infolge Umbildung von Reichsbehörden entbehrlich, so dürfen sie, soweit sie nicht zu den im § 25 RBG. bezeichneten Beamten gehören, nicht auf Wartegeld gesetzt werden, sondern müssen, wenn ihre Versetzung in den Ruhestand nicht zulässig ist, **im Genuß ihres vollen Gehalts belassen werden.**

10. Werden Beamte **infolge einer Umbildung der Reichsbehörden** aus Anlaß der Umgestaltung des Staatswesens aus dienstlichen Rücksichten **in Stellen von geringerem Diensteinkommen verwendet,** so erhalten sie während der Dauer dieser Verwendung die Dienstbezüge, die sie in ihrer früheren Stelle nach den Vorschriften des RBesG. bezogen hätten. § 24 Abs. 1 RBesG.

§ 25.

Außer dem im § 24 bezeichneten Falle können durch Kaiserliche Verfügung (Verfügung des Reichspräsidenten) die nachbenannten Beamten jederzeit mit Gewährung des gesetzlichen Wartegeldes einstweilig in den Ruhestand versetzt werden: der Reichskanzler, die Staatssekretäre, die Unterstaatssekretäre, Direktoren und Abteilungschefs in den dem Reichskanzler unmittelbar unterstellten obersten Reichsbehörden, in der Reichskanzlei und in den Ministerien, die vortragenden Räte und etatsmäßigen Hilfsarbeiter in der Reichskanzlei und im Auswärtigen Amte, die Militär- und Marine-Intendanten, die Ressortdirektoren für Schiffbau und die Ressortdirektoren für Maschinenbau in der Kaiserlichen Marine, die Vorsteher der diplomatischen Missionen und der Konsulate sowie die Legationssekretäre.

1. Die Notwendigkeit einer fortdauernden Übereinstimmung in prinzipiellen Ansichten zwischen der Reichsregierung und den ihr zunächst stehenden Beamten erfordert, daß die im § 25 aufgeführten, vorzugsweise **mit der Bearbeitung politischer Sachen betrauten Beamten** jederzeit und ohne daß die Voraussetzungen des § 24 vorliegen, durch den Reichspräsidenten mit Gewährung des gesetzlichen Wartegeldes einstweilen in den Ruhestand versetzt werden können. Motive S. 71.

2. Es heißen jetzt die Staatssekretäre Reichsminister, die Unterstaatssekretäre Staatssekretäre.

3. Unter den Vorstehern der diplomatischen Missionen sind die Botschafter, Gesandten und Ministerresidenten, unter den Vorstehern der Konsulate nur die Berufskonsuln zu verstehen; die Wahlkonsuln beziehen kein Gehalt und können jederzeit ohne Entschädigung aus ihrem Amt entlassen werden. Laband 2 37; Pieper 111.

4. Außer den im § 25 genannten Beamten können der Oberreichsanwalt und die Reichsanwälte nach § 150 GVG. jederzeit mit Gewährung des gesetzlichen Wartegeldes in den einstweiligen Ruhestand versetzt werden.

5. **Gemäß Art. II u. IV G. zum Schutze der Republik** v. 21. 7. 22 (RGBl. 590) können ferner durch die vorgesetzte oberste Reichsbehörde mit Gewährung des gesetzlichen Wartegeldes ohne besonderes Verfahren und ohne vorherige Anhörung des Beamten oder Angabe der Entlassungsgründe im Interesse der Festigung der verfassungsmäßigen republikanischen Staatsform jederzeit einstweilen in den Ruhestand versetzt werden **folgende weitere nichtrichterliche Reichsbeamte:**

a) Leiter von Reichsbehörden und ihre Stellvertreter, die der Besoldungsgruppe A 1 (früher A XIII) oder einer höheren Gruppe angehören;

b) Ministerialräte in Dirigentenstellen;

c) Beamte, die den Besoldungsgruppen von A 1c (früher A XII) an aufwärts angehören, wenn sie mit Aufgaben zum Schutze der Republik besonders betraut sind.

Diese Beamtenstellen sind in einem dem G. beigefügten Verzeichnis, das von der Reichsregierung unter Mitwirkung eines Ausschusses des Reichstags geändert werden kann, aufgeführt. Zu diesen Beamten gehören: der Reichskommissar für die Überwachung der öffentlichen Ordnung; die planmäßigen und außerplanmäßigen Referenten des Büros des Reichspräsidenten; Beamte der Reichskanzlei; die Beamten der Abteilungen für Politik und Verfassung und für öffentliche Ordnung im Reichsministerium des Innern sowie der Presseabteilung der Reichsregierung und des Reichskommissars für die Überwachung der öffentlichen Ordnung; die Zivilamtschefs und die planmäßigen und außerplanmäßigen Referenten des Reichswehrministeriums; die Ministerialbürodirektoren des Büros des Reichspräsidenten, der Reichskanzlei, des Reichsministeriums des Innern und des Reichswehrministeriums.

6. Beamten, die auf Grund des § 25 RBG. oder auf Grund des G. v. 21. 7. 22 (s. unter Nr. 5) in den einstweiligen Ruhestand versetzt werden, sind die **Kosten des Umzugs** nach den für Reichsbeamte geltenden allgemeinen Vorschriften zu gewähren, sofern der Umzug bis zum Ablauf eines Jahres seit der Versetzung in den einstweiligen Ruhestand ausgeführt wird. Kann der Umzug aus wichtigen Gründen innerhalb dieser Frist nicht erfolgen, so bleibt der Anspruch auf Gewährung der Umzugskosten

bei Ausführung des Umzugs innerhalb einer angemessenen Frist seit Wegfall der wichtigen Gründe unberührt. Art. V G. 21. 7. 22 (RGBl. 590).

7. Die Versetzung in den einstweiligen Ruhestand auf Grund des G. 21. 7. 22 **erfordert nicht ein nachweisbares republikfeindliches Verhalten** oder disziplinarische Verfehlungen des Beamten im Sinne des Art. I a. a. O., sondern nur die pflichtgemäße Überzeugung der Reichszentralbehörde, daß die Maßnahme im Interesse der Festigung der republikanischen Staatsform liege. Die Versetzung in den einstweiligen Ruhestand darf aber nicht einen Willkürakt darstellen. Ein solcher würde z. B. dann vorliegen, wenn ein Reichsminister sie ohne Prüfung der Frage, ob sie der Festigung der republikanischen Staatsform diene, oder gar trotz des Bewußtseins verfügte, daß diese Voraussetzung nicht vorhanden sei. Ein solches Verhalten würde eine Verletzung seiner ihm dem Untergebenen gegenüber obliegenden Amtspflicht bedeuten und das Reich nach Art. 131 RV. mit der Verpflichtung zum Ersatze des durch sie entstandenen Schadens belasten. Eine solche Pflichtwidrigkeit ist aber nicht zu vermuten, sondern muß von dem Beamten, der den Anspruch daraus herleitet, bewiesen werden. RG. 25. 3. 27 JurRundsch. **27** Rspr. Sp. 813; s. dazu Anschütz JW. **27** 2692; Corsing DJZ. **28** 770; **a. M.** Erythropel DJZ. **28** 651.

§ 26.

Das Wartegeld beträgt 80 vom Hundert des bei der Berechnung des Ruhegehalts zugrunde zu legenden Diensteinkommens. Hat der Beamte zur Zeit seiner einstweiligen Versetzung in den Ruhestand eine ruhegehaltsfähige Dienstzeit von 25 Jahren noch nicht zurückgelegt, so wird das Wartegeld für jedes volle oder angefangene Jahr, das dem Beamten an der Dienstzeit von 25 Jahren fehlt, um je 2 vom Hundert des ruhegehaltsfähigen Diensteinkommens geringer bemessen. Das Wartegeld beträgt jedoch wenigstens 50 vom Hundert dieses Diensteinkommens.

Das Wartegeld beträgt in keinem Falle mehr als 80 vom Hundert des bei der Berechnung des Ruhegehalts zugrunde zu legenden Diensteinkommens eines Beamten aus der letzten Dienstaltersstufe der Besoldungsgruppe A 1. Hat der Beamte indessen zur Zeit seiner einstweiligen Versetzung in den Ruhestand bereits ein höheres Ruhegehalt erdient, so erhält er ein Wartegeld in Höhe des zu diesem Zeitpunkt erdienten Ruhegehalts.

1. **Die jetzige Fassung** des § 26 beruht auf RG. v. 4. 8. 25 (RGBl. I 181) und entspricht dem § 3a PreußV. 26. 2. 19 i. d. Fassg. des § 83 Nr. 1 PrAbbauVdg. 8. 2. 24 (GS. 73) u. § 28 Nr. 2 PrAbbauAbwG. An die Stelle

der Besoldungsgruppe A XIII ist auf Grund des neuen RBesG. die Besoldungsgruppe A 1 getreten. RFM. 23. 12. 27 (RBesBl. 201).

2. **Das Wartegeld beträgt** 80 vH des der Berechnung des Ruhegehalts zugrunde zu legenden Diensteinkommens.

a) Hat der Beamte zur Zeit seiner einstweiligen Versetzung in den Ruhestand eine ruhegehaltsfähige Dienstzeit von 25 Jahren noch nicht zurückgelegt, so wird das Wartegeld für jedes volle oder angefangene Jahr, das dem Beamten an der Dienstzeit von 25 Jahren fehlt, um je 2 vH des ruhegehaltsfähigen Diensteinkommens geringer bemessen; das Wartegeld beträgt jedoch wenigstens 50 vH dieses Diensteinkommens. Die Beamtenschaft verlangt mit Recht, daß die Kürzung des Wartegeldes erst eintritt, wenn der Beamte eine ruhegehaltsfähige Dienstzeit von weniger als 20 (statt wie jetzt 25) Jahren zurückgelegt hat. Früher war die Bemessung des Wartegeldes günstiger; es betrug ohne Rücksicht auf die Länge der ruhegehaltsfähigen Dienstzeit 75 bzw. 80 vH des pensionsfähigen Diensteinkommens.

b) Das Wartegeld beträgt höchstens 80 vH des der Berechnung des Ruhegehalts zugrunde zu legenden Diensteinkommens eines Beamten aus der letzten Dienstaltersstufe der Besoldungsgruppe A 1. Hat der Beamte indessen zur Zeit seiner einstweiligen Versetzung in den Ruhestand bereits ein höheres Ruhegehalt erdient, so erhält er ein Wartegeld in Höhe des zu diesem Zeitpunkte erdienten Ruhegehalts.

Ein Beamter, der früher ein mit einem höheren ruhegehaltsfähigen Diensteinkommen verbundenes Amt bekleidet, und dieses Einkommen wenigstens ein Jahr bezogen hat, erhält gemäß § 43 RBG. unter den dort vorgesehenen Voraussetzungen ein Wartegeld, das nach dem früher bezogenen höheren Diensteinkommen berechnet wird; s. Näheres Anm. 1 zu § 43.

Der im Abs. 2 § 26 vorgesehene Höchstsatz des Wartegeldes — 80 vH des bei der Berechnung des Ruhegehalts zugrunde zu legenden Diensteinkommens eines Beamten aus der letzten Dienstaltersstufe der Besoldungsgruppe A 1 — unterliegt nicht der in Abs. 1 § 26 für eine Dienstzeit von weniger als 25 Jahren aufgestellten Kürzungsvorschrift. Demgemäß erhält ein Beamter, wenn das nach Abs. 1 gekürzte Wartegeld höher ist als 80 vH des bei der Berechnung des Ruhegehalts zugrunde zu legenden Diensteinkommens eines Beamten aus der letzten Dienstaltersstufe der Besoldungsgruppe A 1 nur den in Abs. 2 Satz 1 bzw 2 bezeichneten Höchstbetrag. Ist dagegen das nach Abs. 1 gekürzte Wartegeld geringer als 80 vH des bei der Berechnung des Ruhegehalts zugrunde zu legenden Diensteinkommens eines Beamten aus der letzten Dienstaltersstufe der Besoldungsgruppe A 1, so erhält der Beamte das nach Abs. 1 bezeichnete Wartegeld.

c) Der Monatsbetrag des Wartegeldes ist auf volle durch drei teilbare Reichsmarkbeträge nach oben abzurunden; vgl. § 4 PrV. 26. 2. 19.

d) Zu dem Wartegeld werden örtliche Sonderzuschläge, Besatzungszulagen sowie Kinderzuschläge ebenso wie zu dem Ruhegehalte gewährt; s. § 31 RBesG. Der Wohnungsgeldzuschuß wird nach Ortsklasse B der Berechnung des Wartegeldes zugrunde gelegt. Die Beamten erstreben mit Recht das volle Wohnungsgeld nicht nach der Ortsklasse B, sondern nach ihrem jeweiligen Wohnort, da die zum großen Teil in Orten mit höherem Wohnungsgeld lebenden Beamten bei der gegenwärtigen Lage des Wohnungsmarktes ihren Wohnsitz nicht ändern können.

e) Wegen der Feststellung und Anweisung des Wartegeldes gilt dasselbe, was unten S. 276 für das Ruhegehalt gesagt ist.

f) Die Bezüge der am 1. 10. 27 im einstw. Ruhestand befindlichen Beamten sind mit Wirkung v. 1. 10. 27 nach dem RBesG. neu festgesetzt worden, so daß im Gegensatz zu den Pensionären die Wartegeldempfänger die Besoldungsverbesserungen des neuen RBesG. in vollem Umfange genossen haben; anders in Preußen nach §§ 18ff. PrBesG.

An Gehaltsverbesserungen der aktiven Beamten nehmen die Wartegeldempfänger nur teil, wenn dies besonders vorgesehen ist. RG. 15. 5. 28 „Recht" **28** 500 = JW. **28** 2320 = RG. **121** 147 = DRichtZ. **28** Rspr. Sp. 403 = JurRundsch. **29** Rspr. Nr. 148.

3. Für die gemäß G. v. 17. 8. 20 (RGBl. 1579) in den einstw. Ruhestand versetzten **richterlichen Militärjustizbeamten** der ehemal. Wehrmacht hat das Wartegeld die Höhe des letzten Diensteinkommens. Auch der Wohnungsgeldzuschuß ist in diesem Falle nach den Sätzen des letzten dienstlichen Wohnsitzes zu bemessen.

§ 27.

Die Zahlung des Wartegeldes erfolgt im voraus in derselben Weise, in welcher bis dahin die Zahlung des Gehalts stattgefunden hat. Die Gehaltszahlung hört auf und die Zahlung des Wartegeldes beginnt mit dem Ablaufe des Vierteljahrs, welches auf den Monat folgt, in welchem dem Beamten die Entscheidung über seine einstweilige Versetzung in den Ruhestand bekannt gemacht worden ist. Vom Zeitpunkte der einstweiligen Versetzung in den Ruhestand bis zum Beginne der Zahlung des Wartegeldes stehen dem Beamten die zur Bestreitung von Dienstaufwandskosten gewährten Einkünfte nicht zu und von den zur Bestreitung von Repräsentationskosten gewährten kommen zwanzig vom Hundert in Abzug.

1. Das Wartegeld wird **monatlich im voraus** gezahlt. § 21 Abs. 1 u. 2 RBesG.

2. **Die Gehaltszahlung hört erst auf,** wenn dem Beamten die Entscheidung über die Zurdispositionsstellung bekannt gemacht und seit Ablauf des Bekanntmachungsmonats ein Vierteljahr verflossen ist. Die neue Fassung der Vorschrift beruht auf G. v. 4. 8. 25 (RGBl. I 181); ebenso

Ziff. 5 § 20 Perso. i. d. Fassg. 4. 12. 25 (RMBl. 1386). Danach brauchen der Zeitpunkt der einstweiligen Versetzung in den Ruhestand sowie die Höhe des Wartegeldes nicht mehr wie früher alsbald mit der Entscheidung über die Versetzung in den einstweiligen Ruhestand bekannt gemacht zu werden; vielmehr kann die Mitteilung über diese Punkte auch später erfolgen. Durch den Vierteljahrszeitraum soll der Beamte Zeit gewinnen, sich auf die Einkommensverminderung wirtschaftlich vorzubereiten.

Die einem Beamten gemachte Mitteilung, daß seine Versetzung in den Ruhestand in Zukunft erfolgen werde, ist nicht die Bekanntmachung im Sinne des § 27 Satz 2. RG. 27. 5. 27 DBeamtArch. **27** 677.

3. Oft nötigen dienstliche Gründe dazu, den Zeitpunkt der einstweiligen Versetzung in den Ruhestand schon vor Ablauf des Vierteljahrs eintreten zu lassen. In solchen Fällen kann dasjenige Diensteinkommen, das nur zur Bestreitung amtlicher Auslagen bestimmt ist, nicht fortgezahlt werden, sobald der Beamte solche Auslagen, z. B. für Beschaffung oder Heizung und Beleuchtung nicht mehr zu machen hat. Als solche **Dienstaufwandsentschädigungen** stellen sich auch Pauschgebühren für Reisekosten dar.

Die Ortszulagen der Auslandsbeamten dienen dagegen zur Bestreitung des persönlichen Unterhalts der Beamten und ihrer Familie und sind deshalb in der Übergangszeit fortzuzahlen. Von den Repräsentationskosten kommen für die gedachte Zeit 20 vH in Abzug, da ja das Amt tatsächlich nicht mehr bekleidet wird und die Kosten für die Auflösung des mit Rücksicht auf die zu erfüllende Repräsentation eingerichteten Haushalts aus den verbleibenden 80 vH der Repräsentationsgelder gedeckt werden können. Begr. zum G. v. 17. 5. 07 S. 11; ROHG. **21** 378.

Ist in der Verfügung kein bestimmter Tag angegeben, an dem die Versetzung in den Wartestand wirksam sein soll, so bleiben die Beamten nicht etwa bis zum Ablaufe der „Gehaltszahlung" aktive Beamte. Die bis zum Ablaufe des 3. Monats zu zahlenden Bezüge sind trotz der irreführenden Bezeichnung kein Gehalt, sondern Wartegeld. Bongard 13. Entscheidend ist der Zeitpunkt der Zustellung des Bescheides, nicht der der Einstellung der Tätigkeit. Wird also einem Beamten der Bescheid schon mehrere Monate vor Beendigung seiner Amtstätigkeit zugestellt, so endet die Dreimonatsfrist, während der noch die bisherigen Bezüge weiter gezahlt werden, nicht etwa erst nach Ablauf von 3 Monaten seit dem Monat, in dem die Tätigkeit eingestellt ist. Bongard 17, 18. Wird der Wartestandsbeamte während dieser Dreimonatsfrist bereits wieder als außerplanmäßiger Beamter beschäftigt, so kommen die Ruhensvorschriften des § 30 zur Anwendung. Bongard 18.

4. **Unter dem Zeitpunkte der einstweiligen Versetzung in den Ruhestand** ist nicht der Tag zu verstehen, an dem diese Versetzung verfügt ist, sondern der Tag, an dem die amtliche Tätigkeit eingestellt ist. Begr. zum G. v. 17. 5. 07 S. 11.

5. Der Anspruch auf Rückstände von Wartegeld **verjährt** in 4 Jahren; die Verjährung beginnt mit dem Schluß des Jahres, in dem das Wartegeld fällig geworden ist. §§ 197, 198, 201 BGB.

6. Wegen **Abtretung und Verpfändung** des Wartegeldes vgl. § 6.

7. Mit § 27 stimmt überein **§ 5 PrVdg. v. 26. 2. 19** i. d. Fassg. des § 28 Nr. 3 PrAbbauAbwG.

§ 28.

Die einstweilig in den Ruhestand versetzten Beamten sind bei Verlust des Wartegeldes zur Annahme eines ihnen übertragenen Reichsamtes, welches ihrer Berufsbildung entspricht, unter denselben Voraussetzungen verpflichtet, unter denen nach § 23 ein Reichsbeamter die Versetzung in ein anderes Amt sich gefallen lassen muß.

1. Der Wartegeldempfänger **muß ein ihm übertragenes Reichsamt annehmen unter folgenden Voraussetzungen:**

a) Das Reichsamt muß ein lebenslängliches sein; zur Übernahme eines Amtes auf Widerruf oder Kündigung oder zur Erledigung einzelner Aufträge ist der Beamte nicht verpflichtet. Thudich. 290; Kanng. 113. Abweichendes gilt für preußische Wartegeldempfänger nach den §§ 7, 8 V. 26. 2. 19 (GS. 33) u. § 28 Nr. 5 PrAbbauAbwG. Danach sind diese Beamten auch zur vorübergehenden Wahrnehmung von Ämtern im unmittelbaren Staats- oder im Reichsdienst bei Verlust des Wartegeldes verpflichtet.

b) Das Reichsamt muß der Berufsbildung und Fähigkeit des Beamten entsprechen; vgl. Anm. 5c zu § 23.

c) Das Reichsamt muß von dem gleichen Range und planmäßigen Diensteinkommen sein wie das frühere; vgl. Anm. 5a u. b zu § 23.

d) Die Wiedereinberufung des Beamten muß durch das dienstliche Bedürfnis erfordert sein; darin liegt ein Schutz gegen Willkür bei der Einberufung; der Beamte kann verlangen, daß, wenn noch andere Wartestandsbeamte vorhanden sind und nicht ein dienstliches Bedürfnis, gerade seine Person einzuberufen, vorliegt, von seiner Einberufung Abstand genommen wird, wenn er durch sie z. B. durch Übernahme anderweiter Geschäfte besonders schwer betroffen werden würde; vgl. Bongard 14; s. auch Anm. 5d zu § 23.

e) Dem wiedereinberufenen Beamten, der in der Wahl seines Wohnortes im Inlande nicht beschränkt war und der mit Genehmigung des Reichskanzlers sogar im Auslande wohnen konnte, sind die Umzugskosten von seinem letzten tatsächlichen Wohnorte nach seinem neuen Amtssitze zu vergüten; s. oben Anm. 5e zu § 23.

Daß der Beamte vor seiner Wiedereinberufung gehört wird, ist nicht vorgeschrieben, aber zweckmäßig. Unter Umständen, so z. B. wenn er inzwischen eine einträgliche Beschäftigung übernommen hat, kann er durch die Pflicht zur Wiederaufnahme eines Reichsamtes empfindlich betroffen werden.

Der Beamte muß sich ärztlich untersuchen lassen, wenn dies die Behörde zur Feststellung darüber für nötig hält, ob er zur Übernahme eines seiner Berufsausbildung entsprechenden Amtes tauglich ist oder ob die Voraussetzungen zur Einleitung der Zwangspensionierung gegeben sind. RDisH. 25. 1. 28 DJZ. **28** 506 = ZBR. **1** 153.

2. **Liegen die Voraussetzungen zu 1a bis e vor,** und **leistet trotzdem der Beamte der Einberufung keine Folge, so treten folgende Nachteile für ihn ein:**

a) er verliert das Wartegeld durch den Ausspruch der Anstellungsbehörde; hiergegen hat er den Beschwerde- und den Rechtsweg. In letzterem ist aber die Nachprüfung darüber, ob das Erfordernis zu 1d vorliegt, ausgeschlossen, da über das dienstliche Bedürfnis nur die vorgesetzte Behörde befinden kann; **a. M.** Schulze 132; Arndt 70. Mit dem Verlust des Wartegeldes ist der Verlust der Beamteneigenschaft nicht verbunden. Der Beamte behält vielmehr außer dem Wartegelde alle Beamtenrechte, so auch den Pensionsanspruch. Deshalb erhält er bei Dienstunfähigkeit oder Erreichung der Altersgrenze trotz des Verlustes des Wartegeldes Ruhegehalt.

b) er kann außerdem im förmlichen Dienststrafverfahren wegen unerlaubten Fernbleibens vom Amt bestraft werden. PrDisH. f. nichtr. B. 25. 1. 26 JW. **26** 1461 = DJZ. **26** 1967 = JurRundsch. **26** Rspr. Nr. 1297. Wird hier auf Dienstentlassung erkannt, so verliert er natürlich alle Beamtenrechte, also auch den Anspruch auf Pension. Ein solches Verfahren kann schon dann gegen ihn eingeleitet werden, wenn sein Aufenthaltsort infolge unterlassener Anzeige unbekannt und deshalb seine Einberufung unmöglich geworden ist. Pieper 115.

Handelt es sich um einen Kündigungsbeamten, so hat er an Stelle des Dienststrafverfahrens Kündigung zu gewärtigen.

3. **Bei Besetzung freigewordener oder neuer planmäßiger Stellen sind die Wartegeldempfänger** in ihrem und im fiskalischen Interesse vor allen anderen Beamten **zu berücksichtigen,** wenn sie die erforderliche Befähigung besitzen. Auch der RFM. hat darauf hingewiesen, daß es im Interesse der Reichsfinanzen liege, auf Heranziehung der Wartegeldempfänger bei eintretendem Bedarf mehr wie bisher Bedacht zu nehmen. § 13 ReichshaushaltsG. 31. 3. 28 (RGBl. II 209); s. auch Art. 7 G. 4. 8. 25.

Neuerdings hat RFM. bestimmt, daß Wartestandsbeamte, die das Höchstgehalt ihrer Besoldungsgruppe verdient haben, nicht wieder beschäftigt werden, sondern ihre Versetzung in den dauernden Ruhestand beantragen sollen. Dies ist aber nur möglich, wenn sie dauernd dienstunfähig sind.

4. **Liegen die Voraussetzungen zu 1 nicht vor,** so hängt die Annahme des übertragenen Amts von dem freien Willen des Beamten ab;

die Folgen der Anm. 2 treten dann nicht ein, wenn sich der Beamte weigert, ein Reichsamt zu übernehmen.

5. § 28 entspricht dem **§ 6 PrVdg. v. 26. 2. 19** i. d. Fassg. des § 19 PrVDEG. 17. 12. 20 (GS. **21** 135).

6. Die einstweilig in den Ruhestand versetzten **Reichsbahnbeamten** sind bei Verlust des Wartegeldes zur Annahme eines ihnen übertragenen Reichsamts oder eines ihnen angebotenen Gesellschaftsdienstes verpflichtet, wenn das Amt oder der Dienst ihrer Berufsbildung und die Amts- oder Dienstbezeichnung sowie das Diensteinkommen der früheren Tätigkeit im Gesellschaftsdienst entsprechen. § 4 RBahnPersG.; § 26 Ziff. 1 PersO.

§ 29.

Das Recht auf den Bezug des Wartegeldes hört auf:

1. wenn der Beamte im Reichsdienste mit einem dem früher von ihm bezogenen Diensteinkommen mindestens gleichen Diensteinkommen wieder angestellt wird,

2. wenn der Beamte das deutsche Indigenat verliert,

3. wenn der Beamte ohne Genehmigung des Reichskanzlers seinen Wohnsitz außerhalb der Bundesstaaten nimmt,

4. wenn der Beamte des Dienstes entlassen wird.

1. **§ 29 bespricht die Fälle des Verlustes, § 30 die des Ruhens des Wartegeldes.** In den Fällen des § 29 ist beim Eintritt des Ereignisses das Wartegeld dauernd verloren, während in den Fällen des § 30 nach dem Fortfall des Ereignisses der Bezug des Wartegeldes wieder auflebt. Dem § 29 entspricht § 9 PrVdg. v. 26. 2. 19.

2. Zu dem **Reichsdienst** (Nr. 1) gehört nicht der Dienst bei der Reichsbank. Die Reichsbank ist seit dem ReichsbankG. v. 30. 8. 24 (RGBl. II 235) keine Reichsbehörde mehr. Das neue Amt, in dem der Beamte wieder angestellt wird, braucht nicht, wie in den §§ 23, 28, einen gleichen Rang wie das frühere zu haben und der Berufsbildung des Beamten zu entsprechen; das neue Amt braucht auch nicht mit demselben oder einem höheren planmäßigen Diensteinkommen verbunden zu sein, wenn nur das tatsächlich mit dem Amte verbundene Diensteinkommen mindestens dieselbe Höhe hat. Auch ist nicht erfordert, daß dem Beamten die vorschriftsmäßigen Umzugskosten erstattet sind. Per. u. Sp. 59.

3. **Die Wirkung der Wiederanstellung** eines Wartegeldempfängers ist eine andere als die der Wiedereinstellung eines Pensionärs. Während der erstere das Wartegeld endgültig verliert, ruht bei letzterem nur die Pension und lebt dann wieder auf, wenn der Beamte das neue Diensteinkommen infolge gerichtlicher oder disziplinarischer Untersuchung verloren hat. Per. u. Sp. 59.

4. **Das deutsche Indigenat wird verloren** durch Verlust der Staatsangehörigkeit in einem deutschen Lande gemäß RG. 22. 7. 13 (RGBl. 583).

Das Wartegeld wird in diesem Falle im Gegensatze zum Ruhegehalt, das bei Wiedererlangung des deutschen Indigenats nach § 57 Z. 1 wieder auflebt, dauernd verloren. Mit dem Indigenatsverlust ist aber für den Wartegeldempfänger der Verlust der Beamteneigenschaft nicht verbunden.

5. Innerhalb der deutschen Länder kann der Wartegeldempfänger, ohne Verlust des Wartegeldes, seinen **Wohnort frei wählen;** auch erleidet er keine Nachteile, wenn er sich nur vorübergehend und ohne Begründung eines festen Wohnsitzes ohne Genehmigung im Ausland aufhält. Dasselbe gilt für die Wartestandsbeamten, die in den abgetretenen Gebieten geblieben sind, da sie einen neuen Wohnsitz außerhalb der deutschen Länder nicht „genommen" haben. Bongard 23. Eine Flucht ins Ausland infolge drohender Verhaftung läßt nicht ohne weiteres die Absicht dauernden Aufenthaltes im Auslande erkennen. Der unerlaubte dauernde Aufenthalt im Ausland wird meist neben dem Wartegeldverlust auch die Dienstentlassung im förmlichen Dienststrafverfahren nach sich ziehen, vgl. Anm. 2b zu § 28; RG. Annal. **8** 64; Turnau 33; Kanng. 114; Laband **1** 461 Anm. 1; Per. u. Sp. 59, 60; Pieper 118.

6. Die **Dienstentlassung** (§ 29 Nr. 4) kann erfolgen durch strafgerichtliches Erkenntnis gemäß §§ 31 ff. StGB. oder durch Urteil des Dienststrafrichters oder durch Widerruf oder Kündigung bei nicht fest angestellten Beamten.

7. **Den Verlust des Wartegeldes** spricht im Falle der Nr. 1 **die Behörde** aus, die den Beamten in das neue Amt beruft, in den übrigen Fällen die zuletzt vorgesetzt gewesene Behörde. Als Zeitpunkt, mit dem die Zahlung des Wartegeldes aufhört, gilt der Ablauf des Tages, an dem das den Verlust des Wartegeldes bedingende Ereignis eintritt. Per. u. Sp. 60; Seydel 306; Schulze 135; A. M. Pieper 122, der — ohne erkennbaren Grund — den § 60 Abs. 1 analog anwenden will; vgl. auch PrME. 5. 2. 81 u. 26. 4. 88 (BMBl. **81** 77; JMBl. **88** 109).

8. Beamte, die sich im einstweiligen Ruhestande befinden, konnten auf Antrag unter Verzicht auf Wartegeld und Ruhegehalt — einschließlich der Hinterbliebenenbezüge — **gegen Gewährung von Abfindungssummen** aus dem Reichsdienst entlassen werden. Diese Vorschrift, mit der für die Reichsbahnbeamten § 26a Persv. i. d. Fassg. v. 4. 12. 25 (RMBl. 1386) übereinstimmte, ist am 31. 3. 26 außer Kraft getreten. Art. 3, 7 Abs. 6 G. 4. 8. 25 (RGBl. I 181). Handelte es sich dabei um Beamte, die bereits früher ein Ruhegehalt erdient hatten, so mußten ihre Versorgungsgebührnisse aus der früheren Stellung so geregelt werden (nach §§ 58, 59 RBG.), als ob die Abfindung nicht gewährt wäre. RAM. 5. 12. 25 in RVersBl. 105.

9. **Beim Eintritt dauernder Dienstunfähigkeit** verliert der Wartegeldempfänger das Wartegeld. Er wird dann nach denselben Grundsätzen in den endgültigen Ruhestand versetzt wie der aktive Beamte. Bei Berechnung der ruhegehaltsfähigen Dienstzeit kommt aber die Zeit, in der er Wartegeld bezogen hat, nur dann in Betracht, wenn und soweit er im

einstweiligen Ruhestand im Reichs-, Staats- oder sonstigem öffentlichen Dienst verwendet worden ist; s. § 46 Abs. 1 Z. 1 RGB.

Der Höchstbetrag des Ruhegehalts beträgt auch in diesen Fällen nicht wie früher $^{45}/_{60}$, sondern $^{80}/_{100}$. RG. 7. 7. 26 JW **27** 450. Mit Vollendung des 65. Lebensjahrs treten nach § 60a RBG. auch die Wartegeldempfänger in den endgültigen Ruhestand.

10. Nach Art. 3 § 6 PersAbbauV. konnten die auf Grund dieser Vorschrift in den einstw. Ruhestand versetzten Beamten auf ihren Antrag **auch ohne Nachweis der Dienstunfähigkeit** unter Bewilligung des gesetzlichen Ruhegehalts in den dauernden Ruhestand versetzt werden. Diese Vorschrift ist durch Art. 1 G. 4. 8. 25 mit der Maßgabe aufgehoben, daß erworbene Rechte bestehen bleiben. Deshalb können die auf Grund des Art. 3 PersAbbauV. abgebauten Beamten — nicht etwa auch die gemäß §§ 24, 25 RBG. in den Wartestand versetzten Beamten — auch jetzt noch jederzeit verlangen, auch ohne Nachweis der Dienstunfähigkeit mit der gesetzlichen Pension in den dauernden Ruhestand versetzt zu werden; s. Bongard 15; dies gilt auch für die nichtplanmäßigen Beamten. RG. 16. 11. 28 JW. **29** u. unten Anm. 3 zu § 37.

§ 30.

Das Recht auf den Bezug des Wartegeldes ruht, wenn und solange der einstweilig in den Ruhestand versetzte Beamte infolge einer Wiederanstellung oder Beschäftigung im Sinne des § 57 Nr. 2 ein Diensteinkommen bezieht, insoweit als der Betrag dieses neuen Diensteinkommens unter Hinzurechnung des Wartegeldes den Betrag des von dem Beamten vor der einstweiligen Versetzung in den Ruhestand bezogenen Diensteinkommens übersteigt. Für die Berechnung des Diensteinkommens und des Wartegeldes gilt § 57 Nr. 2, für den Zeitpunkt der Einziehung, Kürzung und Wiedergewährung des Wartegeldes § 60 entsprechend.

1. **Der jetzige Wortlaut des § 30** beruht auf Art. 2 der 9. Ergänzung des RBesG. v. 18. 6. 23 (RGBl. I 385). Für preußische Beamte gilt die ähnliche Vorschrift des § 10 Vdg. v. 26. 2. 19 i. d. Fassg. des § 28 Nr. 6 PrAbbauAbwG.

Früher ruhte das Wartegeld auch bei Privateinkommen nach der AbbauV. Diese Vorschriften sind beseitigt.

2. Das Recht auf den Bezug des Wartegeldes **ruht** gemäß § 30, wenn und solange der Wartegeldempfänger ein Diensteinkommen bezieht:

a) infolge **Wiederanstellung im Reichsdienst.** Die Bezeichnung „Wiederanstellung" ist nicht genau, da ja der Wartestandsbeamte Beamter — wenn auch ohne Amt — bleibt und deshalb nicht wieder angestellt, sondern nur wieder mit einer Amtsstelle betraut werden kann. Bongard 22. Der

Bezug des Wartegeldes ruht aber in diesen Fällen nur, wenn die neue Stelle ein geringeres Gehalt als die frühere einbringt. Bei gleichem oder höherem Diensteinkommen in dem neuen Amte hört der Bezug des Wartegeldes nach § 29 endgültig auf. Die Wiederanstellung mit einem geringeren Ge- ist im Gegensatz zu einer solchen mit einem gleichen oder höheren Gehalt (§ 28) nur möglich, wenn der Beamte einwilligt;

b) infolge einer **Beschäftigung im Reichsdienst.** Eine solche Beschäftigung liegt nach der Verwaltungspraxis vor, wenn es sich um Dienstverrichtungen handelt, die bei dauerndem Bedürfnis fest angestellten Reichsbeamten übertragen zu werden pflegen. Früher konnten solche Beschäftigungen, welche auch bei dauerndem oder periodisch wiederkehrendem Bedürfnis fest angestellten Beamten nicht übertragen zu werden pflegen, so z. B. nur mechanische, an die Leistungen gewöhnlicher Tage- und Lohnarbeiter grenzende Dienstverrichtungen nicht als solche im Reichsdienst gelten, also auf Kürzung oder Einziehung des Wartegeldes keinen Einfluß haben. PrME. 19. 8. 80 (MBl. 261); Per. u. Sp. 62; Meißner 106, 107. Dieser Rechtszustand ist durch die Neufassung des § 57 Ziff. 2 geändert. Danach ist jede Beschäftigung im Reichsdienst, selbst die nichtamtliche, Grund für das Ruhen des Wartegeldes (vgl. Anm. 3 zu § 57), falls die übrigen Voraussetzungen des § 30 vorliegen.

c) infolge einer **Wiederanstellung oder Beschäftigung im Staatsdienst oder in einem sonstigen öffentlichen Dienst,** z. B. im Kommunaldienst, bei den Versicherungsanstalten der Reichsversicherung usw. Einer Genehmigung seiner vorgesetzten Behörde hierzu bedarf der Reichsbeamte nicht; doch muß er dafür sorgen, daß er jederzeit aus dem Staatsdienst usw. ausscheiden und ein Amt im Reichsdienst antreten kann. Was der Beamte im fremden Staats- usw. Dienst (vgl. § 15) erwirbt, kommt bei Bemessung des Wartegeldes nicht in Anrechnung. Ist das Staats- usw. Amt freiwillig oder unfreiwillig, z. B. infolge Kündigung oder Dienststrafurteils, verloren, so lebt der Anspruch auf das Wartegeld wieder auf und endet erst, wenn eine Entlassung auch aus dem Reichsdienst erfolgt ist. Ein strafgerichtliches, allgemein die Unfähigkeit zur Bekleidung öffentlicher Ämter aussprechendes Urteil beendet auch den Reichsdienst und bringt daher auch den Wartegeldbezug in Fortfall. Ist das Einkommen im Staats- usw. Dienst mindestens so hoch wie das früher im Reichsdienst bezogene, so ruht der Bezug des Wartegeldes und fällt nicht, wie im gleichen Falle bei der Wiederanstellung im Reichsdienst, endgültig fort. Pieper 120, 121;

3. **Ohne Einfluß auf den Bezug des Wartegeldes** sind **die Einnahmen,** die der Wartegeldempfänger, abgesehen von den in Anm. 2c erwähnten Fällen im Gewerbe- oder sonstigen **Privatbetriebe,** im Dienste von Gesellschaften u. dgl. erwirbt. Dasselbe gilt für Pensionäre bezüglich der Berechnung der Pension. §§ 57 Nr. 2, 59, 60 Abs. 2. Wartegeldempfänger und Pensionäre sollen in der Verbesserung ihrer Einkommensverhältnisse

nicht beschränkt und dem Privatdienste nicht entzogen werden. Der abweichende Rechtszustand der ReichsabbauV. ist beseitigt.

4. Das neue und das alte Diensteinkommen wird **nach den** in Anm. 5b **zu § 23 angeführten Grundsätzen berechnet.**

5. Eine Kürzung des Wartegeldes findet nicht statt, wenn und solange der Beamte eine **Freiheitsstrafe verbüßt;** vgl. auch Anm. 14 zu § 14.

6. Die Einziehung und Kürzung des Wartegeldes ist nach §§ 149ff. **im Rechtswege verfolgbar.**

7. Reichsbeamte, die in den einstweiligen Ruhestand versetzt sind und laut schriftlicher Eröffnung der Verwaltung als nichtplanmäßige Beamte **vorübergehend im Reichsdienst voll beschäftigt werden,** erhalten die Bezüge eines im Dienste befindlichen Reichsbeamten derjenigen Besoldungsgruppe, der sie zuletzt angehört haben. Hierbei gilt § 4 Abs. 2 des BesG. sinngemäß, d. h. wenn während der Beschäftigung die erforderliche Zeit zurückgelegt ist, rückt der Wartestandsbeamte in gleicher Weise, wie wenn er aktiver Beamter wäre, in den Altersstufen seiner Gehaltsgruppe auf. Beginnt oder endigt die Beschäftigung im Laufe eines Kalendermonats, so ist auf die Bezüge der Betrag anzurechnen, der dem Beamten daneben für die Zeit seiner Beschäftigung als Wartegeld gezahlt wird.

Scheiden Beamte im einstweiligen Ruhestand aus einer Beschäftigung im Sinne des Abs. 1 wieder aus, so ist ihr Wartegeld, unbeschadet der Vorschrift des § 26 Abs. 2 RBG., unter Berücksichtigung inzwischen etwa erreichter Dienstalterszulagen und der verlängerten ruhegehaltsfähigen Dienstzeit neu festzusetzen.

Soweit einstweilen in den Ruhestand versetzte Beamte während einer vorübergehenden Beschäftigung im Reichsdienst nach Abs. 1 ein höheres Diensteinkommen als vor der einstweiligen Versetzung in den Ruhestand erhalten haben, ist dieses Diensteinkommen bei Anwendung der Vorschrift des § 30 RBG. an Stelle des vor der einstweiligen Versetzung in den Ruhestand bezogenen Diensteinkommens zu berücksichtigen und das Ruhegehalt über die Vorschrift des § 42 Abs. 2 RBG. hinaus von diesem höheren Diensteinkommen zu berechnen. Gemeint ist hier nicht etwa das Diensteinkommen einer höheren Gruppe, das während der Wiederverwendung bezogen wurde, sondern aus einer während der Wiederbeschäftigung erdienten höheren Altersstufe. Bongard 25, 26.

Diese Bestimmung war nötig, um das Ruhegehalt nach dem während der Wiederverwendung bezogenen höheren Diensteinkommen berechnen zu können, da nach § 42 Abs. 2 RBG. das Ruhegehalt für die Wartegeldempfänger von dem zur Zeit ihrer Versetzung in den Ruhestand bezogenen gesamten Diensteinkommen berechnet wird. Bongard 25.

Die Vorschriften im Abs. 1—4 gelten entsprechend für die Beamten im einstweiligen Ruhestande der vom Reiche übernommenen Verwaltungen der Länder.

Abs. 2 bis 4 können auch auf Reichsbeamte im einstweiligen Ruhestand angewendet werden, die im Dienste eines Landes eine Beschäftigung im Sinne des Abs. 1 ausgeübt haben.

Art. 5 G. 4. 8. 25 (RGBl. I 181).

Abs. 1 wird auch auf Landesbeamte im einstweiligen Ruhestand erstreckt, die laut schriftlicher Eröffnung als nicht planmäßige Beamte vorübergehend im Reichsdienst voll beschäftigt werden. RAM. 18. 5. 26 (RVersBl. 35).

Für Preußen s. die Regelung im § 7 V. 26. 2. 19 (GS. 33) u. § 28 PrAbbauAbw. G. 25. 3. 26 (GS. 105); danach sind die im einstw. Ruhestand befindlichen Staatsbeamten im Gegensatz zu den Reichsbeamten bei Verlust des Wartegeldes auch zur vorübergehenden Wahrnehmung der im § 6 V. v. 26. 2. 19 bezeichneten Ämter im unmittelbaren Staatsdienst oder Reichsdienst verpflichtet.

§ 31.

Nach dem Tode eines einstweilig in den Ruhestand versetzten Beamten erfolgt die Gewährung des Gnadenvierteljahrs vom Wartegelde an die Hinterbliebenen nach den in den §§ 7 und 8 enthaltenen Grundsätzen.

1. Die Hinterbliebenen des Wartegeldempfängers haben wie die der aktiven Beamten Anspruch auf Gewährung eines Gnadenvierteljahrs. Das Gnadenvierteljahr wird aber nicht, wie bei aktiven Beamten, von der vollen Besoldung (§ 7), sondern nur von dem Wartegelde nach den Grundsätzen der §§ 7, 8 berechnet.

2. Ist das Wartegeld beim Tode des Beamten bereits gemäß §§ 28, 29 verwirkt, so erhalten auch die Hinterbliebenen kein Gnadenvierteljahr. Schulze 137. Ruhte der Bezug des Wartegeldes nur, so ist der Anspruch auf das Gnadenvierteljahr gegeben, da mit dem Tode des Beamten das Ruhen beendet wird.

3. Für die preußischen Beamten gilt § 5 G. 7. 3. 08 (GS. 35).

Entlassung der auf Probe, Kündigung oder auf Widerruf angestellten Beamten.

§ 32.

Die Entlassung der auf Probe, auf Kündigung oder sonst auf Widerruf angestellten Beamten erfolgt durch diejenige Behörde, welche die Anstellung verfügt hat.

1. **Über die Beamtengruppen,** die nur auf Widerruf angestellt werden, vgl. Anm. 5 zu § 2.

2. Die auf Widerruf angestellten Beamten werden durch die Reichs-

behörde, die sie **angestellt** hat, **nicht etwa durch eine höhere** Reichsbehörde **entlassen.** Ebenso in Preußen. OVG **51** 52; **71** 135; vgl. auch § 83 PrVDisG. Bei Reichsbahnbeamten verfügt die Ausübung des Widerrufs oder der Kündigung die Stelle, die für die Anstellung zuständig ist. § 25 Z. 4 Abs. 1 PersO. Die von einer unzuständigen Behörde ausgehende Kündigung ist bedeutungslos. JW. **1902** S. 260.

Die Widerrufsbeamten verlieren mit dem Widerruf das Recht auf Führung des Amtstitels. KG. 13. 7. 27 DRichtZtg. Rspr. **27** Sp. 339 = DJZ. **27** Sp. 1560.

3. **Wegen der Rechtsverhältnisse der Kündigungsbeamten** s. oben Anm. 5ff. zu § 2. Wegen der Annahme **auf Probe** und der sog. Hilfsarbeiter s. oben Anm. 6 u. 7 zu § 2.

4. **Einen Ruhegehaltsanspruch** haben die Kündigungsbeamten nur dann, wenn sie eine in den Besoldungsetats aufgeführte Stelle bekleiden; es kann ihnen jedoch, wenn sie eine solche Stelle nicht bekleiden, bei ihrer Versetzung in den Ruhestand ein Ruhegehalt bewilligt werden; s. unten § 37 RBG. Ferner müssen sie in den Ruhestand versetzt und nicht etwa im Wege der Kündigung oder des Widerrufs entlassen sein.

Den auf Widerruf oder Kündigung angestellten Reichsbahnbeamten kann bei Widerruf oder Kündigung eine im § 25 Z. 2 PersO. näher geregelte Abfindungssumme bewilligt werden; bei mindestens 10jähriger Beamtendienstzeit kann ihnen beim Ausscheiden an Stelle der Abfindungssumme für den Fall der späteren Vollendung des 65. Lebensjahres und u. U. auch nach Eintritt der Erwerbsunfähigkeit ein Ruhegehalt zugebilligt werden; s. Näheres Ziff. 3 u. Ziff. 4 Abs. 2 § 25 PersO.

Auch einem Kündigungsbeamten, der unter Bewilligung von Wartegeld einstweilen in den Ruhestand versetzt werden kann, kann gekündigt werden; erfolgt die Kündigung, so hat er keinen Anspruch auf Wartegeld.

5. Die Kündigungsbeamten können **ohne ein förmliches Dienststrafverfahren** von der Behörde, welche ihre Anstellung verfügt hat, **entlassen** werden. OVG. **51** 52; **71** 135³. Die Entlassung dieser Beamten erfolgt hiernach regelmäßig nur im Wege der Kündigung; diese wird erst wirksam, wenn sie dem Beamten zugegangen ist. OVG. **59** 449. Sie kann aber bis zum Entlassungstage zurückgenommen werden. PrDisH. f. nichtr. B. 11. 6. 28 DJZ. **28** 1088.

Die Kündigung erfolgt auch dann, wenn solche Beamte sich einer Pflichtwidrigkeit oder eines Dienstvergehens schuldig machen, welches ihre Entlassung aus dem Amte nötig macht. OVG. **51** 53. Die Kündigung des Dienstverhältnisses ist in solchen Fällen eine disziplinarische Maßregel, welche das förmliche Dienststrafverfahren ersetzen soll und daher nur dann auszusprechen ist, wenn der Beamte sich nach dem Ergebnisse der anzustellenden Ermittlungen so tadelnswert geführt hat, daß er voraussichtlich auch im förmlichen Dienststrafverfahren mit Dienstentlassung bestraft worden wäre. Ist z. B. nur Strafversetzung angezeigt oder soll ein Pensionsteil als Unterstützung gemäß § 75 RBG. zugebilligt werden, so wird das förmliche Dienststrafverfahren einzuleiten sein. RDisH. 6. 7. 96 bei Schulze Rspr. 157.

War das Dienststrafverfahren bereits eingeleitet, so ist es einzustellen, sobald das Dienstverhältnis infolge Kündigung beendet worden ist. Bad. VerwGerHof. 9. 11. 25 DJZ. **26** 755.

Hat sich die Anstellungsbehörde nur für den Fall eines Dienstvergehens die Entlassung vorbehalten, so handelt es sich überhaupt nicht um Kündigungsbeamte im engeren Sinne, und es muß trotz des Vorbehalts zur Entfernung des Beamten das förmliche Dienststrafverfahren eingeleitet werden. Gruchot **45** 924; s. auch RG. 29. 6. 09 im PrVBl. **31** 296. Der Vorbehalt ist also rechtsunwirksam.

Auch die auf Widerruf oder Kündigung angestellten Reichsbahnbeamten können wegen Dienstvergehens durch Ausübung des Widerrufs oder der Kündigung entlassen werden. Gegen die Kündigung ist Beschwerde zulässig, über die ein Beschwerdeausschuß entscheidet; s. Näheres § 19F Perso.

6. Der Umstand, daß ein im Wege der Kündigung entlassener Beamter **bereits einen Ruhegehaltsanspruch erlangt hatte** — was regelmäßig nur möglich ist, wenn er nach Ablauf von mindestens 10 Dienstjahren oder Vollendung des 65. Lebensjahres dienstunfähig geworden ist und wenn er eine planmäßige Stelle bekleidet hat —, **hindert die vorgesetzte Dienstbehörde nicht, ihn im Wege der Kündigung aus dem Dienste zu entfernen, falls die Kündigung aus Gründen der Dienstzucht erfolgt.** RG **81** 106; RG. 27. 5. 27 JurRundsch. Rspr. **27** Sp. 998 Nr. 1596 = „Recht" **27** 567 = RG. **117** 153; Delius PrVBl. **45** 323; Möller ZBR. **1** 214ff.; **a. M.** Friedrichs im PrVBl. **34** 604 u. **39** 39ff. u. KomBR. 141, 142. Dasselbe gilt, wenn einem Beamten aus einem anderen Grunde, z. B. wegen Wegfalls des Bedürfnisses, zum Zwecke des Personalabbaus, wegen anderweitiger Einrichtung und Gliederung der Behörden oder ihres Dienstes das Dienstverhältnis gekündigt wird, falls nicht besondere Bestimmungen entgegenstehen. RG. **81** 106; s. dazu Appelius PrVBl. **46** 363 u. 540; Delius ebenda 402. Die Kündigung ist also in solchen Fällen auch zulässig, wenn der Beamte länger als 10 Jahre im Dienste war. Delius PrVBl. **45** 323. Auch Massenkündigungen von Beamten, d. h. die gleichzeitige Kündigung einer größeren Zahl von Beamten aus Gründen des dienstlichen Bedürfnisses, sind zulässig. RG. 27. 5. 27 JurRundsch. Rspr. **27** Sp. 998 Nr. 1596 = „Recht" **27** 567 = RG. **117** 153.

Durch die Kündigung aus solchen Veranlassungen gehen alle Ansprüche, insbesondere auch der Anspruch auf Gehalt und Ruhegehalt sowie die Aussicht auf Hinterbliebenenversorgung, das Recht auf Führung der Amtsbezeichnung usw. unter. RG. **3** 93; **72** 75; **81** 106. Die Kündigung ist eine Verwaltungsmaßregel, deren Gründe der richterlichen Nachprüfung nicht unterliegen. Die Ausübung der Kündigung ist vollkommen dem pflichtmäßigen Ermessen der Behörde überlassen. RG. **3** 93; **72** 75; Bolze **12** 335; **13** 338; OVG. **51** 52; Gruchot **26** 1114; **47** 1093; RG. 21. 2. 12 — III 187/11 u. 23. 2. 12 III 215/11; RG. 27. 5. 27 JurRundsch. Rspr. **27** Sp. 998 Nr. 1596 = „Recht" **27** 567 = RG. **117** 153; Delius PrVBl. **45** 323.

Diese Vorschriften gelten auch für die auf Kündigung angestellten Reichsbahnbeamten. RG. 27. 5. 27 a. a. O.

In diesem Rechtszustande liegt eine Härte, da den Kündigungsbeamten durch den einfachen Ausspruch der Kündigung alle Ansprüche genommen werden können, ohne daß eine Gewähr dafür besteht, daß in einem die Rechte des Beamten wahrenden, dem förmlichen Dienststrafverfahren entsprechenden Verfahren die Verfehlungen oder die sonstigen Gründe der Kündigung sorgfältig erörtert und geprüft werden. Diese ungünstige Rechtslage entspringt aber der Unsicherheit der Stellung der Kündigungsbeamten, die ihnen schon bei ihrer Anstellung bekannt war. RG. **81** 107.

Dem Beamten steht aber ein Anspruch, sei es ein Ruhegehaltsanspruch (beim Vorhandensein der gesetzlichen Voraussetzungen s. unten § 34), sei es ein sonstiger — etwa Schadensersatzanspruch in Höhe des geforderten Ruhegehalts —, dann zu, wenn das Kündigungsrecht von der Verwaltungsbehörde dazu mißbraucht worden ist, dem dienstunfähig gewordenen Beamten, dessen Entlassung nicht durch andere Gründe veranlaßt worden ist, geflissentlich den Anspruch auf Ruhegehalt abzuschneiden. RG. 21. 2. 12— III 187/11 u. 23. 2. 12 — III 215/11; vgl. auch Gruchot **43** 1211; Görres 28; Vogels PrVBl. **42** 420; Möller ZBR. I 214ff.; **a. M.** anscheinend v. Rheinb. 356; Reindl 49, 50; Schulze 152. Noch weiter geht aber RG. **81** 107ff. Dagegen nimmt RG. **89** 421 an, daß das ordentliche Gericht nicht nachprüfen dürfe, ob die Anstellungsbehörde ihr Kündigungsrecht mißbraucht habe, um dem Kündigungsbeamten seinen Pensionsanspruch abzuschneiden. Das billige Ermessen der Verwaltungsbehörde soll allein entscheidend sein. Delius PrVBl. **45** 323; **47** 61.

Über die Frage der Dienstunfähigkeit entscheidet ausschließlich die Verwaltungsbehörde und nicht das Gericht. RG. **82** 261; **110** 264.

Ein Dienststrafverfahren ist nötig, wenn dem Beamten ein Teil des Ruhegehalts als Unterstützung im Dienststrafverfahren zugebilligt werden soll; a. M. Laue PrVBl. **37** 62, der es für zulässig hält, einen Ruhegehaltsteil auch ohne Dienststrafverfahren zuzusprechen.

7. Der Anspruch auf ein **Unfallruhegehalt** geht gemäß dem UFG. durch die Kündigung oder den Widerruf nicht verloren, weil Beamte, die einen Betriebsunfall erlitten haben und durch ihn in ihrer Erwerbsfähigkeit beeinträchtigt sind, Anspruch auf Unfallruhegehalt auch dann haben, wenn sie nicht dauernd dienstunfähig geworden sind. Den Kündigungs-

beamten kann der Anspruch auf das Unfallruhegehalt auch dann nicht entzogen werden, wenn gegen sie im förmlichen Dienststrafverfahren auf Dienstentlassung erkannt oder gegen sie ein Strafurteil ergangen ist, das den Amtsverlust kraft Gesetzes nach sich zieht. RG. **72** 76; Nr. 9 PME. 21. 7. 87 (EVBl. 298).

8. Sollen die Kündigungsbeamten wegen Schwäche ihrer geistigen oder körperlichen Kräfte **zwangsweise in den Ruhestand versetzt werden,** so findet ein förmliches Zwangspensionierungsverfahren nicht statt; den Beamten ist vielmehr, sobald der Fall der Versetzung in den Ruhestand vorliegt, hiervon Kenntnis zu geben und gleichzeitig der vorbehaltlich der höheren Genehmigung ihnen voraussichtlich zu gewährende Ruhegehaltsbetrag mitzuteilen, auch ihre etwaige Gegenerklärung entgegenzunehmen. Sodann ist der Antrag auf Versetzung in den Ruhestand mit den entstandenen Verhandlungen dem Fachminister einzureichen und nach ergangener Entscheidung die im § 54 RBG. vorgesehene Bekanntmachung bei gleichzeitiger Kündigung des Dienstverhältnisses zu dem in Aussicht genommenen Termin zu bewirken. ME. 12. 11. 73 (MBl. **74** 23); ME. 30. 10. 80 (EVBl. 520). Im Rechtswege kann die Frage der Dienstunfähigkeit des Kündigungsbeamten nicht nachgeprüft werden. RG. **44** 35; **74** 103; **110** 264.

9. Mit Rücksicht auf die weittragenden Folgen der Kündigung für die Kündigungsbeamten wird eine **sorgfältige Prüfung der Sachlage** besondere Pflicht der zuständigen Behörden sein. Die Kündigung soll nur aus erheblichen Gründen und in der Regel nur, wenn der Beamte selbst zur Kündigung Veranlassung gegeben hat, erfolgen, und es soll auch vorher dem Beamten Gelegenheit zur Verantwortung gegeben werden. Nr. I 5 V. 26. 11. 41 (JMBl. 363).

Bei der Kündigung aus anderen als dienststrafrechtlichen Gründen betragen die Kündigungsfristen je nach der Dauer der Beschäftigungszeit 3—6 Monate, und zwar nur für den Schluß eines Kalendervierteljahres RWM. 28. 3. 28 (HVBl. 32).

Die Kündigung muß auch bestimmt, klar und unzweideutig sein, weil nur dann der Beamte sich anderweit binden kann. Dies erfordert die Fürsorgepflicht des Reiches. RG. „Recht" **25** 260 Nr. 691. Für Willenserklärungen durch schlüssige Handlungen ist bei der Kündigung kein Raum. RG. „Recht" **26** 481 = JurRundsch. Rspr. **26** Nr. 1744 = LZ. **27** 538.

10. Gegen die die Entlassung im Wege der Kündigung aussprechende Verfügung der Anstellungsbehörde steht den Kündigungsbeamten als **Rechtsbehelf nur die Beschwerde** bei der dieser Behörde vorgesetzten Instanz zu; vgl. Lohmeier PrVBl. **41** 464. Sie eröffnet nur die allgemein gegebene Möglichkeit der Anfechtung der Verfügung einer Behörde bei der übergeordneten Instanz; sie hat daher keine aufschiebende Wirkung und ist nicht etwa von dem Erfolge begleitet, daß der beschwerde-

führende Beamte in allen Fällen bis zum Austrag seiner Beschwerde im Amt und im Genusse seines Gehalts verbleiben müßte. FM. u. MJ. 23. 2. 61 (MBl. 159). Die Reichsbahnbeamten können gegen die Kündigung Einspruch einlegen, über den der Einspruchsausschuß oder die Schiedsstelle entscheidet; s. Näheres Ziff. 5 § 25 Perso.

11. **Die Berufung auf den Rechtsweg** steht dem Beamten gegen die Kündigung **nicht** zu; der Beamte kann vor den ordentlichen Gerichten nicht geltend machen, daß vorzeitig gekündigt sei oder ein genügender Kündigungsgrund nicht vorgelegen habe. Die rechtliche Beurteilung über die Fortdauer oder Auflösung des Beamtenverhältnisses steht nicht den Gerichten, sondern nur den Verwaltungsbehörden zu. Der Beamte kann aber im Rechtswege behaupten, daß er lebenslänglich und nicht auf Kündigung angestellt sei; auch kann er vermögensrechtliche Ansprüche aus seinem Dienstverhältnisse geltend machen, z. B. das Gehalt bis zum Ablauf der Kündigungsfrist im Rechtsweg verlangen. Doch hat der Richter dabei stets die Entscheidung der Behörde darüber, ob und von welchem Zeitpunkt an der Beamte aus seinem Dienste zu entfernen sei, für maßgebend zu erachten. § 155 RBG.; KKGH. 17. 12. 53 (MBl. **54** 42 = JMBl. **54** 83); 30. 10. 58 (JMBl. **59** 172); 8. 3. 79 (EBBl. 51); RG. **1** 34; **3** 93; **44** 35; **74** 103; **110** 264; Bayr. KKGH. v. 24. 10. 25 DJZ. **26** 178; Gruchot **26** 1114; **31** 1114; RG. 23. 2. 12 in PrVBl. **33** 586; RG. im „Beamtenbund" **1927** Nr. 10; Delius PrVBl. **45** 323. Der Richter kann aber bei der Geltendmachung vermögensrechtlicher Ansprüche prüfen, ob die Kündigungsverfügung das Beamtenverhältnis in einer das Gericht bindenden Weise beendet habe.

12. Die Härte, die darin liegt, daß die Kündigungsbeamten ohne Dienststrafverfahren aus dem Amt entlassen werden können, wird dadurch gemildert, daß ihnen in allen Fällen **bis zum Ablaufe der Kündigung ihr volles Diensteinkommen zu gewähren ist.** Dies gilt aber nicht, wenn der Beamte vom Dienste suspendiert worden ist, oder wenn vor Ablauf der Kündigungsfrist die Suspension vom Amte kraft Gesetzes eintritt; anderes gilt nach preußischem Beamtenrecht Brand BR. 50. Jede weitere Gehaltszahlung hört sofort auf, wenn gegen die Kündigungsbeamten durch rechtskräftiges Strafurteil auf Verlust des Amtes oder auf Verlust der bürgerlichen Ehrenrechte oder Stellung unter Polizeiaufsicht erkannt worden ist. §§ 31, 33, 34, 35, 36 StGB.

13. Auf Probe, Kündigung oder Widerruf angestellten Reichsbeamten sowie außerplanmäßigen oder im Vorbereitungsdienste befindlichen Reichsbeamten konnte nach der PersAbbauVdg. eine **Abfindungssumme** gewährt werden, falls sie infolge Abbaues des Beamtenkörpers aus ihrer Verwaltung ausscheiden mußten. Ähnliches galt für lebenslänglich angestellte Beamte. Diese Vorschriften sind am 31. 3. 26 außer Kraft getreten. G. 4. 8. 25 (RGBl. I 181).

Wiederanstellung ausgeschiedener Beamten.

§ 33.

Zur Wiederanstellung von Beamten, welche aus dem Reichsdienste freiwillig oder unfreiwillig ausgeschieden sind, bedarf es der Genehmigung der obersten Reichsbehörde.

1. **Die Genehmigung** der **obersten Reichsbehörde** (V. 10. 8. 28, RGBl. I 369); s. unten S. 547) **zur Wiederanstellung ist erforderlich,** damit nicht von der Reichsregierung entlassene Beamte ohne ihre Mitwirkung von nachgeordneten Reichsbehörden oder Landesregierungen im Reichsdienst wieder angestellt werden; s. X 1 § 13 PDA.

2. **Die Genehmigung ist erforderlich,** gleichgültig, ob die Wiederanstellung in einem planmäßigen oder außerplanmäßigen, lebenslänglichen oder widerruflichen Reichsamt erfolgt. Die Genehmigung ist aber nicht nötig, wenn es sich um eine Anstellung im Landesdienst handelt, oder wenn der Beamte aus dem Dienste eines Landes ausgeschieden ist und seine Anstellung im Reichsdienste verlangt.

3. **Jeder Reichsbeamte kann freiwillig jederzeit** auch während eines disziplinarischen oder strafrechtlichen Verfahrens **seine Entlassung beantragen.** Seinem Antrage muß stattgegeben werden, wenn er auf Titel, Gehalt, Pensionsanspruch und Hinterbliebenenbezüge verzichtet, seine amtlichen Geschäfte erledigt und über die ihm etwa anvertraute Verwaltung von Reichsvermögen Rechnung gelegt hat. § 100 RBG. Es können dem Beamten beim freiwilligen Ausscheiden die Ehrenrechte (z. B. Titel) belassen werden. Kanng. 116; Pieper 126.

Über die Frage, welche Behörde zur Entlassung zuständig ist, s. oben § 4 Anm. 4.

4. **Der Entlassungsantrag des Beamten muß bestimmt** und **klar sein,** besonders wenn mit ihm der Verzicht auf Ruhegehalt usw. verbunden ist. Im Zweifel wird in der Erklärung des Beamten kein Verzicht auf diese wichtigen Rechte zu erblicken sein. RG. JW. **13** 697 Nr. 17; RG. **95** 297; **96** 303; **114** 130; **120** 66; OVG. **78** 253. Zur Zeit der politischen Umwälzung genügte statt eines ausdrücklichen Entlassungsantrags auch das tatsächliche Verhalten des Beamten, z. B. seine Erklärung, die neue Staatsgewalt nicht anerkennen zu wollen. An Stelle der sonst üblichen Entlassung durch Ausspruch der Behörde in einer besonderen Urkunde erfolgte damals die Zustimmung des Staates zur Entlassung rechtswirksam durch allgemeine Bek. v. 12., 13. u. 14. 11. 18. RG. 29. 3. 27 JW. **27** 2197.

Der Entlassungsantrag ist jederzeit bis zur Mitteilung der darauf verfügten Entlassung **frei widerruflich;** der Beamte kann ihn also bis zu diesem Zeitpunkt zurücknehmen, und zwar selbst dann, wenn die vorgesetzte Behörde die Zustellung eines amtlichen Entlassungsantrages mit Rücksicht auf das Entlassungsgesuch unterlassen hat. RG. 25. 5. 27 JurRundsch. **27** Rspr. Sp. 997 Nr. 1595 = JW. **27** 2186.

5. **Zu Unrecht entlassene Beamte** können, da das Beamtenverhältnis fortbesteht, ihre bisherigen Titel ohne Hinzufügung der Bezeichnung „a. D." weiterführen. OVG. „Recht" **23** 118 Nr. 463; OVG. **78** 253. Die Gesetzmäßigkeit der Entlassung kann durch die Gerichte nachgeprüft werden. Jellinek, Festgabe zum 50jährigen Bestehen des OVG. 1925 S. 84ff. Streitig ist, ob zu Unrecht entlassene Beamte sich auf das ihnen nach- und weiterzuzahlende Gehalt einen etwaigen anderweiten Verdienst anrechnen lassen müssen. Dagegen RG. **37** 160; **45** 242. § 615 Satz 2 BGB. ist nach Ansicht des RG. nicht anwendbar; **a. M.** Bovensiepen DJZ. **26** 1635, da sonst eine nicht zu rechtfertigende Bereicherung des Beamten eintreten würde.

6. **Die Entlassung kann auch erfolgen, wenn die Anstellung im Prozeßwege wegen Betrugs** oder **wesentlichen Irrtums angefochten und für unwirksam erklärt ist.** JW. **14** 422. Das RG. **83** 429 will §§ 119ff. BGB. entsprechend anwenden. Vogels VerwArch. **27** 248ff. will außer Täuschung und Irrtum beim Anstellungsakt auch sonstige Willensmängel gelten lassen und nimmt zwar keine Nichtigkeit, aber Anfechtbarkeit des Aktes an und verbreitet sich über die Frage der Einhaltung der Anfechtungsfristen usw. **A. M.** Josef PrVBl. **41** 588 u. JW. **27** 2622, der §§ 119ff. BGB. nicht entsprechend anwenden will, eine Anfechtung des Anstellungsaktes für unzulässig hält und die Entfernung des Beamten, der sich die Anstellung erschlichen hat, nur im Wege des Dienststrafverfahrens zulassen will. Die herrschende Lehre schließt sich aber gegen Josef dem RG. an: so Hubrich, Arch. d. öffentl. R. **39** 150ff.; Laband DJZ. **07** 207; Otto Mayer Deutsches Verwaltungsrecht I 1914 S. 267; Fleiner Verwaltungsrecht, 2. Aufl., S. 187; Kormann System der rechtsgeschäftlichen Staatsakte 1910 S. 375; Jellinek, der fehlerhafte Staatsakt 1908 S. 166; s. auch § 8 II 14 ALR. u. § 72 II 10 ALR. Es können durch Täuschung der Behörde erschlichene Anstellungsakte jederzeit für kraftlos erklärt werden. PrDisH. f. nichtr. B. 28. 6. 26 BHR. **26** 144 = DJZ. **26** 1784 = PrVBl. **1926** 71. Die Behörde kann also einen solchen Beamten auch ohne Prozeß jederzeit entlassen und im Rechtswege kann diese Entlassung nicht angefochten werden, da kein Beamter ein klagbares Recht auf Ausübung seines Dienstes hat. Wegen seiner vermögensrechtlichen Ansprüche (auf Gehalt, Ruhegehalt und Hinterbliebenenversorgung) kann aber ein solcher Beamter den Rechtsweg beschreiten, da der Zivilrichter nach § 155 RBG. nur die im Wege des Dienststrafverfahrens erfolgte Dienstentlassung, nicht aber die sonst erfolgte Entlassung seiner Entscheidung zugrunde zu legen hat; s. Abramczyk JW. **27** 2842; RG. **110** 193.

7. **Das unfreiwillige Ausscheiden erfolgt** durch Dienstentlassung nach vorheriger **Kündigung** oder im **Dienststrafverfahren** oder im **Strafver-**

fahren durch Aberkennung der Fähigkeit zur Bekleidung öffentlicher Ämter. Ist die Aberkennung ohne Zeitbeschränkung ausgesprochen, so ist eine Wiederanstellung selbst mit Genehmigung der obersten Reichsbehörde ausgeschlossen, es sei denn, daß im Gnadenwege die Fähigkeit zur Bekleidung öffentlicher Ämter wieder verliehen ist. Ist die Aberkennung auf Zeit erfolgt, so kann die Genehmigung zur Wiederanstellung erst nach Ablauf dieser Zeit erteilt werden.

8. Handelt es sich um die Wiederanstellung durch die oberste Reichsbehörde **eines anderen Geschäftsbereichs** als dessen, dem der Beamte vorher angehörte, so ist ein Einvernehmen mit dem Chef der letzteren anzeigt und im Streitfalle die Entscheidung des Reichskanzlers einzuholen.

Der Reichsdienst endet nicht ohne weiteres, wenn ein Reichsbeamter in den preußischen Staatsdienst beurlaubt und ihm dort ein Staatsamt auf Lebenszeit übertragen wird. RG. 30. 9. 26 „Recht" **26** 684.

9. **§ 33 bezieht sich nicht auf Beamte,** die infolge Pensionierung aus dem Amte geschieden oder in den einstweiligen Ruhestand versetzt sind. Schulze 139; Arndt 74; s. RG. **89** 267.

10. Zur Wiederanstellung von **Reichsbahnbeamten,** die wegen Dienstvergehens entlassen worden sind oder ihre Beamtenstellung kraft Gesetzes verloren haben, bedarf es der Genehmigung der Hauptverwaltung, die diese Befugnis auf andere Stellen der Gesellschaft übertragen kann. Ziff. 6 § 6 PersO.

Wird ein nach § 25 PersO. ausgeschiedener — auf Widerruf oder Kündigung angestellt gewesener — Reichsbahnbeamter im Reichsbahndienst wieder angestellt, so gilt Ziff. 9 § 25 PersO. i. d. Fassg. v. 4. 12. 25 (RMBl. 1386).

Pensionierung der Beamten.

Anspruch auf Pension.

Vorbemerkungen.

1. Neben den §§ 34ff. haben bezüglich der Pensionierung der Reichsbeamten etwaige **landesgesetzliche Bestimmungen,** soweit sie nicht im RBG. aufrechterhalten sind, ihre Geltung verloren. RG. in JW. **99** 283 Nr. 21 und im Archiv f. Rhein. R. **95** Abt. II S. 103; RG. **43** 131.

2. **Die §§ 34 bis 52, 55 bis 60, 69 bis 71 enthalten das materielle, §§ 53, 54, 60a bis 68 das formelle Pensionsrecht.**

Die Vorschriften der §§ 34ff. sind **abgeändert** und **ergänzt** durch die Gesetze vom 21. 4. 86, 25. 5. 87 u. 17. 5. 07 (RGBl. **86** 80; **87** 194; **07** 201); ferner durch G. 12. 9. 19 (RGBl. 1653); G. 21. 12. 20 (RGBl. 2109); Art. 2 der 9. Ergänz. des RBesG. 18. 6. 23 (RGBl. I 385); G. u. V. 28. 9. 23 (RGBl. I 915); V. 24. 10. 23 (RGBl. I 1037 u. RBesBl. 355); Art. 5 V. 12. 12. 23 (RGBl. I 1181); PersAbbauVdg. 27. 10. 23 (RGBl. I

999) i. d. Fassg. der V. v. 28. 1. 24 (RGBl. I 39) u. Beschluß der Reichsregierung v. 6. 11. 24 (RBesBl. 335); RBesG. i. d. Fassg. v. 18. 2. 24 (RBesBl. 31); V. 4. 7. 24 (RBesBl. 201) u. RBesG. vom 16. 12. 27 §§ 26ff., 36, 42.

3. **Über das Pensionsrecht** als einen Teil des öffentlichen Rechts sind **Vereinbarungen** zwischen dem Fiskus und dem Beamten, z. B. über eine von den Bestimmungen des RBG. abweichende Pension **unzulässig.** v. Rönne DStR. **1** 381 Note 5; Per. u. Sp. 65, 66; Pieper 127; RG. **43** 13 u. 131; **82** 409; **96** 305. Abweichendes gilt nach manchen Städteordnungen bezüglich der Pensionierung von Gemeindebeamten, vgl. § 65 Abs. 2 Städteordnung v. 30. 5. 53 (GS. 261) u. dazu ME. 19. 1. 98 (MBl. 23). Hat z. B. ein Bürgermeister mit einer Stadtgemeinde vereinbart, daß er in bezug auf seine Versorgung wie ein Reichsbeamter oder unmittelbarer Staatsbeamter gestellt werden solle, so ist der Bürgermeister nicht auf den Bezug von Ruhegehalt beschränkt, sondern kann auch Hinterbliebenenversorgung verlangen. RG. 10. 5. 27 BHR. **27** 122. Niedrigere Pensionsbezüge als die durch Gesetz oder Ortsstatut festgesetzten, dürfen aber nicht vereinbart werden. Denn ein Verzicht auf Ruhegehalt ist weder ganz noch teilweise zulässig.; s. näheres Brand „Bürgermeister" **27** 183 — und oben Anm. C 1a E. zu § 4. Was dort von der Unzulässigkeit des Verzichts auf das Gehalt gesagt ist, gilt auch von dem Verzicht auf Ruhegehalt.

V o r der Anstellung sind aber Vereinbarungen über die Höhe der Pension zulässig. Görres 30; Brand BR. S. 64.

4. Der Pensionär ist **frei von jeder Dienstpflicht.** Die Wiederübernahme eines Amtes auch bei völliger Genesung beruht auf seinem freien Willen. Kanng. 120; Thudich. 292; Per. u. Sp. 65; Arndt 76; a. M. Bornhak PrStR. **2** 91 u. v. Stengel PrStR. in Marqu. Handb. **2** 164. Die Pensionierung kann also auch bei Besserung des Gesundheitszustandes des pensionierten Beamten nicht aufgehoben werden. RG. 3. 1. 25 in „Staats- u. Selbstvw." **25** 661.

5. Der Pensionär ist in **der Wahl seines Wohnsitzes völlig unbeschränkt;** er kann auch im Auslande wohnen. Er hat ferner zwar die **Pflicht** zur **Amtsverschwiegenheit** und die damit verbundene Zeugnisverweigerungspflicht; ihre Verletzung kann aber nicht im Straf- oder Dienststrafverfahren (abgesehen von § 35a StGB.) verfolgt werden, sondern höchstens einen zivilrechtlichen Anspruch begründen; vgl. Anm. 6 zu § 12.

6. Der Pensionär **unterliegt nicht der Dienstdisziplin.**

7. **Der Pensionär ist nicht mehr Beamter;** RG. St. **35** 99; dies ist auch der Standpunkt der Reichsregierung. AusschBer. zur RDStrO. 37; s. auch Bongard 31; **a. M.** Schulze 141; bei seinem Wiedereintritt in den Reichs- oder Staatsdienst braucht er aber nicht von neuem „angestellt" zu werden. Schulze 140; Pieper Anm. 2 vor § 34; Arndt 76. Auch sonst behält er gewisse Beamtenrechte. So behält er seinen letzten Amtstitel mit einem sein Pensions-

verhältnis andeutenden Zusatz (a. D. oder i. R.). Dies gilt nicht für Kündigungsbeamte ohne Ruhegehaltsanspruch. Bongard 31. Titel sowie Orden und Ehrenzeichen können dem Pensionär nur im Strafverfahren genommen werden, wenn auf Verlust der bürgerlichen Ehrenrechte oder auf Unfähigkeit zur Bekleidung öffentlicher Ämter erkannt wird. Die Pension kann er auch im Strafverfahren nicht verlieren. Gruchot **33** 1067; RG. **17** 242; Kanng. 120; Arndt 672. Dasselbe gilt von den Witwen- und Waisenbezügen. Schulze 141. Der Pensionär hat hinsichtlich der Pfändbarkeit, Abtretbarkeit und Aufrechenbarkeit dieselben Rechte wie die aktiven Beamten; s. oben Anm. 2ff. zu § 6; dasselbe gilt für die Verfolgbarkeit seiner vermögensrechtlichen Ansprüche; s. §§ 149ff. RBG.

Wegen der Berechtigung zum Tragen der Uniform für Heeres- und Marinebeamte s. KabO. 5. 1. 18 (Armeeverordgsbl. 15); V. d. Reichspräs. 19. 5. 26 (Heeresvdgsblatt Nr. 13).

Wegen des Anspruchs auf Umzugskosten s. § 40.

8. **Das Ruhegehalt ist eine feste Jahresrente,** die die standesgemäße Versorgung des Beamten im Alter oder bei eingetretener Dienstunfähigkeit bildet. Sie ist eine Gegenleistung des Reiches dafür, daß der Beamte seine volle Arbeitskraft für eine gewisse Mindestzeit dem Reiche gewidmet hat und deshalb durch andere Erwerbstätigkeit nicht für seinen Lebensunterhalt im Alter sorgen konnte; vgl. RG. **38** 322; **64** 354. Zugleich dient das Ruhegehalt zur Wahrung der Würde und des Ansehens des Beamtentums, indem es dem Beamten während seines Ruhestandes fortdauernd die Mittel zu angemessener Lebensführung gewährt.

Der Beamte braucht daher, solange er auf der Höhe seiner Schaffenskraft steht, nicht oder doch nicht in demselben Maße wie seine nichtbeamteten Mitmenschen für die Zeiten des Alters oder der Erwerbsunfähigkeit zu sparen; auch braucht er in der Regel nicht in demselben Maße wie andere durch Lebensversicherungen und ähnliche Maßnahmen seine und seiner Familie Zukunft sicherzustellen. Er steht auch besser wie der gewöhnliche Lohnarbeiter, der ja auch im Falle des Alters und der Invalidität eine Rente erhält. Denn einmal braucht er nicht wie dieser von seinen Bezügen nicht unerhebliche Bruchteile als Beiträge zu entrichten. Zum anderen aber erhält er schon bei sog. Berufsinvalidität das Ruhegehalt, während der Lohnarbeiter die Invalidenrente erst beanspruchen kann, wenn er auf dem allgemeinen Arbeitsmarkt erwerbsunfähig geworden ist. § 1255 RVO.

Diese Invaliditäts- und Altersversorgung der Beamten durch Gewährung von lebenslänglichem Ruhegehalt entspricht der Billigkeit. Denn der Beamte stellt lebenslänglich seine ganze Arbeitskraft in den Dienst des Reiches und verzichtet darauf, sie im freien Erwerbsleben in einer nutzbringenden Weise zu verwerten. Gerade in einer Zeit, wo der Beamte auf der Höhe seiner Schaffenskraft steht und daher durch Teilnahme am allgemeinen wirtschaftlichen Wettbewerb sich große Summen erwerben könnte, muß er sich meist mit einem bescheidenen, zu den geleisteten Arbeiten nach Art und Umfang nicht selten in keinem richtigen Verhältnis stehenden Gehalte begnügen. Dafür hat er aber die sichere Anwartschaft auf Versorgung im Alter und bei eingetretener Berufsinvalidität. Während die im freien Erwerbsleben stehenden Personen von ihren Einnahmen erhebliche Beträge zurücklegen müssen, um im Falle des Alters oder der Erwerbsunfähigkeit sich und ihre Familie vor Not und öffentlicher Armenpflege zu bewahren, übernimmt bei den Beamten das Reich die Sorge für die Zukunft. Es zahlt von vornherein den Beamten Gehälter aus, die um die Summen bereits gekürzt sind, die zur Ansammlung der erforderlichen Ruhegehaltssummen nötig sind.

9. Die **Anwartschaft auf den künftigen Pensionsbezug** wird schon mit der Anstellung erworben und geht verloren mit dem Verluste des Amtes im Dienststraf- oder Strafverfahren oder durch Kündigung. Der bereits erworbene Pensionsanspruch geht zwar bei Kündigungsbeamten regelmäßig durch Kündigung, sonst aber nur im Dienststraf- oder Strafverfahren verloren (vgl. Anm. 6 zu § 32). Der Beamte hat schon während seiner Dienstzeit einen bedingten bezw. betagten Anspruch auf das Ruhegehalt; mit dem Pensionsfall entsteht ein Bezugsrecht auf die Pension; s. Skarus „Beamtenbund" **28** Nr. 70 u. 72; Brand DRichtZtg. **28** 336. Die einmal bewilligte Pension kann dem Beamten nicht wieder genommen werden. Ihr Bezug ruht aber in gewissen Fällen; vgl. § 57.

10. Die §§ 34ff. gelten auch für die **Militärbeamten** mit gewissen Ergänzungen, besonders bezüglich außerordentlicher Pensionsansprüche (Pensionserhöhungen, Verstümmelungszulagen), vgl. §§ 32ff. MPG. v. 31. 5. 06 (RGBl. S. 565). Die §§ 34ff. finden auch auf die **Reichsbankbeamten** Anwendung. § 9 Abs. 2 u. 3 BankG. v. 30. 8. 24 (RGBl. II 235).

11. **Wahlkonsuln** fallen nicht unter § 34ff.

12. Wegen der **Altruhegehaltsempfänger** s. unten Anm. 4 zu § 41

12. Für die **Mitglieder des Reichsgerichts** gelten besondere Vorschriften; vgl. §§ 130, 131 GVG.; §§ 60a u. 158 RBG.

13. Für die **Reichsbahnbeamten** gelten ähnliche Bestimmungen; s. Näheres § 22, 23 Perso.

Die preußischen Eisenbahnbeamten, die in Gemäßheit des Staatsvertrages v. 30. 4. 20 in den Reichsdienst übergetreten sind, haben die Rechte der Reichsbeamten nur unter den Beschränkungen erlangt, die sich aus einer vor dem 1. 4. 20 durch die zuständige Landesbehörde verfügte Versetzung in den Ruhestand oder Kündigung ergeben. RG. **106** 256.

14. Für das Ruhegehalt des **Reichspräsidenten** gilt G. 31. 12. 22 (RGBl. 23 I 53) nebst Änderg. v. 3. 6. 25 (RGBl. I 81).

15. Für die ruhegehaltsberechtigten **Kolonialbeamten** und ehemaligen Kolonialbeamten sowie ihre Hinterbliebenen gelten gewisse Vergünstigungen, z. B. Zuschüsse zur Pension und zum Witwengeld als Ausgleich

für den Wegfall der früher bezogenen Tropenzulage oder der ihr entsprechenden Witwenzulage (§§ 25, 34 KolonialBG.). RFM. 6. 5. 25 RBesBl. 135); RFM. 30. 1. 26 (RBesBl. 61). Übrigens ist der Anspruch der pensionierten Kolonialbeamten auf Tropenzulage (§ 25 KolonialBG. v. 8. 6. 10) durch die PersonalabbauVdg. (Art. 21 II) nicht beseitigt. RG. **113** 78.

16. Über die Versorgung **der Polizeibeamten beim Reichswasserschutze** s. G. v. 26. 2. 26 (RGBl. I 149) u. AusfV. v. 29. 3. 26 (RMBl. 115).

17. Wegen der **Siedelung** von Beamten s. V. 11. 2. 24 (RGBl. 53) nebst AusfBest. v. 21. 5. 24 (RBesBl. 145).

§ 34.

Jeder Beamte, welcher sein Diensteinkommen aus der Reichskasse bezieht, erhält aus der letzteren eine lebenslängliche Pension, wenn er nach einer Dienstzeit von wenigstens zehn Jahren infolge eines körperlichen Gebrechens oder wegen Schwäche seiner körperlichen oder geistigen Kräfte zu der Erfüllung seiner Amtspflichten dauernd unfähig ist und deshalb in den Ruhestand versetzt wird.

1. **§ 34 enthält die regelmäßigen, § 35 bis 39 enthalten die besonderen Vorbedingungen für die Pensionierung.**

Mit § 34 stimmen § 1 Abs. 1 PrPG und § 22 Ziff. 1 PersO. im wesentlichen überein.

2. **In der Regel tritt eine Pensionierung nur unter folgenden Voraussetzungen** ein:

a) **Der Beamte muß lebenslänglich angestellt sein;** dagegen ist gleich — abgesehen von dem auf Widerruf oder Kündigung angestellten Beamten (§ 37) —, ob er eine planmäßige Stelle bekleidet oder nicht. Strieth. **72** 132. Wegen der Kündigungsbeamten s. § 37. Die auf Probe oder im Vorbereitungsdienst angestellten Beamten haben keinen Anspruch auf Pension.

b) **Der Beamte muß sein Diensteinkommen aus der Reichskasse beziehen;** daher sind die Wahlkonsuln nicht pensionsberechtigt. Ausnahmen gelten für die Reichsbankbeamten, vgl. Anm. 10 der Vorbem. zu § 34. Als Diensteinkommen im Sinne des § 34 gilt auch das Wartegeld. Pieper 229; Per. u. Sp. 67; Thudich. 292; Kanng. 122.

c) **Der Beamte muß mindestens 10 Jahre im Dienste sein.** Über die Berechnung der Dienstzeit vgl. §§ 45ff. Vor dieser Zeit hat er einen Pensionsanspruch nur in den Fällen der §§ 34a, 35, 36. Doch kann ihm auch vor Ablauf dieser Zeit im Falle der §§ 39, 68 Abs. 2 eine Pension unter bestimmten Voraussetzungen bewilligt werden. Für die Mitglieder des Reichsgerichts ist keine bestimmte Dienstzeit vorgeschrieben. § 130 Abs. 3 GVG.

Diese zehnjährige Wartezeit **beginnt** mit dem Augenblicke, wo der Beamte in den Reichsdienst eingetreten ist. Hat aber eine Vereidigung stattgefunden, so rechnet die Wartezeit schon vom Tage der Vereidigung an, wenn auch der Dienst erst später angetreten ist. § 45. In welcher Weise im übrigen die Wartezeit zu berechnen ist und welche Zeiten auf sie angerechnet werden können, ist in den §§ 46 ff. näher dargelegt; s. auch Brand BR. 321 ff. Deshalb ist ein Beamter schon dann ruhegehaltsberechtigt, wenn sich für ihn, ohne daß er 10 Jahre im Dienst gewesen ist, durch die Anrechnung von Kriegsjahren (s. unten § 49) eine mindestens zehnjährige Dienstzeit ergibt. PrMJ. 17. 3. 21 (MBl. 95).

Unter gewissen Voraussetzungen ist die Erfüllung der Wartezeit keine Vorbedingung für die Pensionsgewährung (s. §§ 35 ff.).

d) **Der Beamte muß dienstunfähig sein,** d. h. er muß infolge eines körperlichen Gebrechens oder wegen Schwäche seiner körperlichen oder geistigen Kräfte zu der Erfüllung seiner Amtspflichten dauernd unfähig sein. Der Beamte braucht nicht zur Wahrnehmung eines jeden Amtes unfähig zu sein; es genügt, wenn er das von ihm bisher innegehabte oder ein diesem dem Range, den Bildungserfordernissen, Gehalt usw. gleich zu achtendes Amt nicht mehr wahrnehmen kann. Es muß also bei der Versetzung eines Beamten in den Ruhestand sorgfältig geprüft werden, ob er nicht ein anderes Amt, wenn auch in einem anderen Dienstzweige, noch versehen kann, das an seine körperlichen und geistigen Kräfte geringere Anforderungen stellt als sein bisheriges Amt. RG. **44** 42; **104** 25. So wird nicht selten ein bisher im Außendienst beschäftigter Beamter zwar die mit diesem verbundenen Anstrengungen nicht mehr ertragen oder ohne Gefahr für seine Gesundheit sich den Unbilden der Witterung nicht mehr aussetzen können, aber den Anforderungen des Innendienstes, für den im allgemeinen eine geringere körperliche Rüstigkeit ausreicht, noch gewachsen sein; vgl. JM. 26. 2. 07 bei Müller 783; MJ. 31. 1. 07 (MBl. 89). Auch kann mitunter ein durch einen Unfall verletzter Beamter u. a. noch in einer anderen, seiner nunmehrigen Arbeitsfähigkeit entsprechenden dienstlichen Stellung gleichen Ranges beschäftigt werden. RG. **103** 145. Andererseits ist aber zur Annahme „dauernder Dienstunfähigkeit" nicht erforderlich, daß der Beamte vollständig und absolut unfähig sei, seine Amtspflichten zu erfüllen. Es genügt vielmehr, wenn er durch ein bleibendes körperliches oder geistiges Leiden behindert ist, seine Amtspflichten in dem ihm obliegenden Umfange zu erfüllen oder wenn die Möglichkeit der Wiederherstellung eine nur denkbare und völlig ungewisse ist. StMBeschl. 17. 7. 83 bei Müller 782. Ob der Beamte die Dienstunfähigkeit durch Trunksucht, geschlechtliche Ausschweifungen u. dgl. selbst verschuldet hat, ist für die Frage der Versetzung in den Ruhestand ohne Belang. Jedoch kann in Frage kommen, ob nicht wegen der zur Dienstunfähigkeit führenden Verfehlungen **vor** der Versetzung in den Ruhestand das Dienststrafverfahren mit dem Ziele der Dienstentlassung einzuleiten sei.

Die Behörde ist nicht verpflichtet, den Beamten zur Abwendung der Pensionierung zu versetzen; sie kann ihn also, auch wenn sie anderweite Verwendung für ihn hat, bei Unfähigkeit zur Bekleidung des derzeitigen Amtes in den Ruhestand versetzen. OVG. **55** 478; **56** 451.

Über die Frage der Dienstunfähigkeit entscheidet ausschließlich die Verwaltungsbehörde unter Ausschluß des Rechtswegs; s. unten Anm. 2c zu § 155.

In einigen Fällen ist Dienstunfähigkeit zur Versetzung in den Ruhestand nicht erforderlich; s. §§ 34a, 35.

e) **Der Beamte muß in den Ruhestand versetzt worden sein.** Diese Versetzung erfolgt durch Erklärung der zuständigen Behörde; s. § 54 RBG. Bei den Kündigungsbeamten, die im Wege der Kündigung aus dem Dienst entlassen werden, ersetzt die Kündigung die Verfügung, durch die sonst ein Beamter in den Ruhestand versetzt wird. RG. **81** 107; **82** 260; RG. 21. 1. 27 JW. **27** 1255.

f) **Das bekleidete Amt muß den Lebensberuf des Beamten bilden** und darf ihn nicht nur nebenbei in Anspruch nehmen; ob dies der Fall, entscheidet die vorgesetzte Dienstbehörde bei der Dienstübertragung (§ 38).

3. **Pflichttreue Dienstführung ist kein Erfordernis der Pensionierung.** Es kann aber unter Umständen bei mangelhafter Dienstführung das Dienststrafverfahren eingeleitet und das etwa schwebende Pensionierungsverfahren ausgesetzt werden.

4. **Aus anderen Gründen als denen des § 34,** etwa aus Gründen des öffentlichen Wohles oder im Interesse des Dienstes oder wegen mangelhafter Dienstführung **ist eine Pensionierung nicht möglich.**

5. Nach der **PersAbbauVdg.** konnte planmäßig angestellten Reichsbeamten, die bis zum 31. März 1926 mit Zustimmung ihrer Verwaltung ihr Ausscheiden aus dem Reichsdienst beantragt hatten, bei ihrem Ausscheiden, sofern sie eine ruhegehaltsfähige Dienstzeit von wenigstens 10 Jahren zurückgelegt hatten und ihr Ausscheiden im Interesse des Abbaus des Beamtenkörpers ihrer Verwaltung erfolgt war, für den Fall der späteren Dienstunfähigkeit oder der Vollendung des 65. Lebensjahrs ein Ruhegehalt und für den Fall des Ablebens Hinterbliebenenversorgung zugesichert werden. Diese Vorschrift ist am 31. 3. 26 mit der Maßgabe außer Kraft getreten, daß erworbene Rechte bestehen bleiben. G. 4. 8. 25 (RGBl. 181).

Einen Pensionsanspruch haben auch, und zwar ohne Vorliegen von Dienstunfähigkeit, die auf Grund des Art. 3 § 1 PersAbbauV. v. 28. 1. 24 in den einstweiligen Ruhestand versetzten Beamten; diese Wartestandsbeamten können jederzeit ihre Versetzung in den dauernden Ruhestand unter Gewährung des gesetzlichen Ruhegehalts verlangen, auch wenn sie nicht dienstunfähig sind. Ist aber ein solcher Wartestandsbeamter wieder dauernd oder vorübergehend in den Reichsdienst in eine den Anforderungen der §§ 23, 28

RBG. entsprechende Stelle oder in eine Planstelle übernommen, so ist er nicht mehr Wartestandsbeamter und hat damit das Recht auf Pensionierung ohne Dienstunfähigkeit verloren. Abweichendes gilt, wenn er nur vorübergehend als außerplanmäßiger Beamter wieder beschäftigt worden ist. Bongard 35.

6. Liegen die Voraussetzungen des § 34 beim Tode eines Beamten vor, so erhalten seine Witwe und Kinder **Witwen- und Waisengeld** nach dem HFG. (s. unten S. 500).

7. Nach §§ 169, 1234 RVO. u. § 11 Abs. 1 AngestelltenversG. v. 28. 5. 24 i. d. Fassg. v. 28. 7. 25 u. 25. 6. 26 (RGBl. **25** I 157; **26** I 312) sind die Reichsbeamten von der **Versicherungspflicht** (Kranken-, Invaliden-, Alters-, Hinterbliebenen- und Angestelltenversicherung) **befreit**, wenn ihnen Anwartschaft auf Gehalt, Ruhegeld usw. im anderthalbfachen Betrage des Krankengeldes, auf Ruhegeld im Mindestbetrage der Invalidenrente nach den Sätzen der ersten Lohnklasse sowie auf Witwenrente nach den Sätzen der gleichen Lohnklasse und auf Waisenrente bzw. im Mindestbetrage der ihrem Diensteinkommen entsprechenden Höhe gewährleistet ist; s. Näheres Brand BR. 470 ff.

8. Für das Ruhegehalt und die Hinterbliebenenbezüge der **verdrängten elsaß-lothringischen Beamten** gelten §§ 10—14 G. v. 11. 1. 22 (RGBl. 29); s. auch das G. betr. der deutsch-französischen Abkommen über Zahlung der elsaß-lothr. Pensionen v. 14. 2. 21 (RGBl. 176).

§ 34a.

Bei denjenigen aus dem Dienste scheidenden Beamten, welche das fünfundsechzigste Lebensjahr vollendet haben, ist eingetretene Dienstunfähigkeit nicht Vorbedingung des Anspruchs auf Pension.

1. **§ 34a** hat durch die neue Fassung des § 60a **im wesentlichen seine Bedeutung verloren.** Denn nach § 60a treten jetzt die Reichsbeamten mit Ausnahme der Mitglieder des Reichsgerichts usw. mit Ablauf des Vierteljahrs in den Ruhestand, das auf den Monat folgt, in dem sie das 65. Lebensjahr vollendet haben. Wegen der Reichsbahnbeamten s. § 22 PersO.

2. § 34a hat **noch nach zwei Richtungen hin Bedeutung:**

a) Zunächst können alle Reichsbeamten, die das **65. Lebensjahr vollendet haben,** stets ihre **alsbaldige** Zurruhesetzung verlangen. Sie brauchen also nicht zu warten, bis das Vierteljahr abgelaufen ist, das auf den Monat folgt, in dem sie 65 Jahr alt werden. Die Altersgrenze und der Zeitpunkt, zu dem der Reichsbeamte seine Zurruhesetzung auch ohne Dienstfähigkeit verlangen kann, decken sich also nicht genau.

b) **Die Mitglieder des Reichsgerichts, des Reichsfinanzhofs, und des Rechnungshofs des Deutschen Reichs** treten nach § 60a Abs. 1 Satz 2 RBG.

erst mit Ablauf des Vierteljahrs in den Ruhestand, das auf den Monat folgt, in dem sie das **68.** Lebensjahr vollendet haben. Für diese Beamten ist also § 34a nach wie vor von erheblicher Bedeutung, da sie verlangen können, schon mit Vollendung des 65. Lebensjahrs, ohne dienstunfähig zu sein, in den Ruhestand versetzt zu werden. Gegen ihren Willen können sie nur unter den besonderen Voraussetzungen der §§ 130, 131 GBG. zwangsweise in den Ruhestand versetzt werden; s. Näheres § 158 RBG.

3. **Vorübergehende Bedeutung** hatte **das G.** betr. die Pensionierung von Reichsbeamten infolge der Umgestaltung des Staatswesens vom **12. 9. 19** (RGBl. 1654) mit AusfBest. v. 28. 11. 19 (RZBl. 1535). Danach konnten Reichsbeamte, die mit der Wahrnehmung politischer Obliegenheiten betraut waren und bis zum 31. März 1920 infolge der Umgestaltung des Staatswesens ihre Pensionierung nachsuchten, in den Ruhestand versetzt werden, ohne daß eingetretene Dienstunfähigkeit oder die Vollendung des 65. Lebensjahrs Vorbedingung des Anspruchs auf Pension war. RG. 20. 3. 28 JW. **28** 1500 = DRichtZtg. **28** Rspr. Sp. 209 = RG. **120** 321; RFM. im RBesBl. **28** 165. Wegen des Ruhegehalts der früheren preuß. Oberzollrevisoren, jetzigen Oberzollinspektoren s. RG. **121** 116.

4. Nach Art. 2 **PersAbbauV.** konnten Reichsbeamte, die das 58. Lebensjahr vollendet und eine ruhegehaltsfähige Dienstzeit von wenigstens 10 Jahren zurückgelegt hatten, auf ihren Antrag mit Zustimmung der obersten Reichsbehörde ohne Nachweis der Dienstunfähigkeit unter Bewilligung des gesetzlichen Ruhegehalts in den Ruhestand versetzt werden, sofern ihr Ausscheiden mit den dienstlichen Bedürfnissen nicht in Widerspruch stand. Diese Vorschrift ist am 31. 3. 26 mit der Maßgabe außer Kraft getreten, daß erworbene Rechte bestehen bleiben. G. v. 4. 8. 25 (RGBl. 168)

§ 35.

Der Reichskanzler und die Staatssekretäre können jederzeit ihre Entlassung erhalten und fordern. Auch ohne eingetretene Dienstunfähigkeit erhalten sie Pension, wenn sie entweder ihr Amt mindestens zwei Jahre bekleidet oder sich mindestens zehn Jahre im Dienste befunden haben.

1. Die Staatssekretäre heißen jetzt **Reichsminister.** Art. 52 RV.

2. Die Beamten des § 35, die im Interesse des Reiches gemäß Art. 53 RV. vom Reichspräsidenten jederzeit entlassen werden und ihre Entlassung fordern können, dürfen unter der Unsicherheit ihrer Stellung keine Einbuße an ihren Pensionsrechten erleiden. Sie unterliegen daher neben dem allgemeinen noch einem **besonderen Pensionsrecht.**

a) Sie haben zunächst **dasselbe Pensionsrecht wie alle anderen Reichsbeamten.** Sie erhalten also nach einer Gesamtdienstzeit von mindestens 10 Jahren, im Falle des § 36 auch früher, bei dauernder Dienstunfähigkeit oder nach Vollendung des 65. Lebensjahres die vorschriftsmäßige regelmäßige Pension des § 41, gleichgültig, ob sie ihr letztes Amt 2 Jahre oder kürzer bekleidet haben. Laband 1 481; Pieper 135; Schulze 146.

b) Daneben haben sie das **besondere Pensionsrecht des § 35.** Sie erhalten also auch ohne Dienstunfähigkeit eine Pension, wenn sie das Amt des § 35 mindestens 2 Jahre bekleidet haben. Haben sie mehrere solcher Ämter zuletzt ununterbrochen innegehabt, so wird die Zeit für die mehreren Ämter zusammengezählt. Laband 1 481; Pieper 136. Sie erhalten als Pension auch ohne eine mindestens zehnjährige Dienstzeit $^{35}/_{100}$ des planmäßigen Gehalts (§ 41). Haben sie mehr als 10 Jahre Gesamtdienst hinter sich, so steigt ihre Pension für jedes Dienstjahr nach Maßgabe des § 41 Abs. 1. Für den Bezug der Pension gelten auch im übrigen die allgemeinen Vorschriften der §§ 41, 42, 55 bis 60. Pieper 137; a. M. Per. u. Sp. 68.

Haben sie das politische Amt kürzer als 2 Jahre bekleidet, so haben sie bei einer Gesamtdienstzeit von mindestens 10 Jahren einen Pensionsanspruch, auch wenn sie nicht dienstunfähig sind. Die bisherige Streitfrage, wonach es zweifelhaft war, ob die Beamten des § 35 ohne eingetretene Dienstunfähigkeit nach einer Dienstzeit von mindestens 10 Jahren Anspruch auf Pension hätten, wenn sie das Amt des § 35 weniger als 2 Jahre bekleidet hatten, ist durch die jetzige, auf dem G. v. 17. 5. 07 beruhende Fassung des § 35 beseitigt.

3. **Die Berechnung der Dienstzeit** der im § 35 erwähnten Beamten erfolgt gemäß §§ 45 bis 52.

So wird z. B. auch gemäß § 47 der Zivildienstzeit die Zeit des aktiven Militärdienstes hinzugerechnet und gemäß § 49 RBG. werden für die Kriegsdienstzeit ein Kriegsjahr oder mehrere Kriegsjahre zu der wirklichen Dauer der Dienstzeit hinzugerechnet. Dies führt zu eigenartigen Ergebnissen. Es hat z. B. ein Reichsminister, der nur wenige Monate die Ministerstellung bekleidet, aber durch Anrechnung der Militär- und Kriegsdienstzeit sich mindestens 10 Jahre im Dienst befunden hat, Ruhegehalt von seinen hohen Ministerbezügen zu beanspruchen. Es ist deshalb erwägenswert, ob man nicht im Reich die Pensionierung des Reichskanzlers und der Reichsminister ähnlich regeln solle, wie dies in Preußen für die Staatsminister geschehen ist; s. unter Nr. 5.

4. Die im § 35 bezeichneten Beamten haben das **Recht auf Entlassung,** d. h. auf Versetzung in den dauernden Ruhestand (vgl. Schulze 145) **nur solange, als sie im aktiven Dienste sind,** nicht auch als Wartegeldempfänger. Laband 481; Schulze 145. Da sie auch unter § 25 fallen, kann der Reichspräsident sie jederzeit in den einstweiligen (nicht auch, wie Schulze 145 irrig annimmt, in den dauernden) Ruhestand versetzen. Wird ein solcher Beamter in den einstweiligen Ruhestand versetzt, so kann er gemäß § 35 statt dessen seine Pensionierung fordern, muß aber dieses Recht sofort geltend machen. Laband 481; Schulze 146. Die Versetzung in den einstweiligen Ruhestand kann er nicht verlangen.

5. **Die Versorgung der preußischen Staatsminister** ist durch G. 13. 6. 24 (GS. 547) geregelt.

Danach erhält ein zurücktretender preußischer Staatsminister seine Dienstbezüge mit Ausnahme der Aufwandsentschädigung noch bis zum Ablaufe des Monats, der auf den Monat folgt, in dem er seine Amtsgeschäfte niedergelegt hat. § 1 G.

Über diesen Zeitpunkt hinaus erhält der frühere Staatsminister, sofern er sein Amt während voller 4 Monate bekleidet hat, ein sog. Übergangsgeld für die Dauer von 3 Monaten. Hat er sein Amt länger bekleidet, so erhält er das Übergangsgeld auf längere Zeit, die sich je nach der Dauer der Amtszeit verschieden abstuft; s. Näheres Abs. 1 u. 4 § 2 G.

Hat der frühere Staatsminister sein Amt volle 4 Jahre oder länger innegehabt und hat er beim Ablaufe des Übergangsgeldes das 50. Lebensjahr vollendet, so erhält er im Anschluß an das Übergangsgeld ein Ruhegehalt. Es steigt je nach der Amtsdauer von 25 vH bis auf 40 vH der Dienstbezüge der im Amt befindlichen Staatsminister unter Ausschluß der Aufwandsentschädigung; dabei wird der Wohnungsgeldzuschuß nach Ortsklasse B angerechnet. § 2 Abs. 2 u. 5 G.

Tritt ein Staatsminister zurück, der im Zeitpunkte der Übernahme des Ministeramts als Beamter im Reichs- unmittelbaren oder mittelbaren Staatsdienst oder im Dienst einer öffentlich-rechtlichen Körperschaft gestanden hat, so erhält er ein Wartegeld in Höhe von 80 vH des ruhegehaltsfähigen Diensteinkommens eines Beamten aus Gruppe B 8 der festen Gehälter. Hat der Minister jedoch ein höheres Ruhegehalt bereits erdient, so erhält er ein Wartegeld in Höhe des Ruhegehalts. § 7 Abs. 1 G. in der Fassung des § 28 Nr. 4a PrBes.G.

Für die Versetzung und den Übertritt eines früheren oder eines dienstunfähig gewordenen Ministers, der nach Vorstehendem Wartegeld bezieht oder nach dem Ausscheiden zu beziehen hätte, in den dauernden Ruhestand, gelten die für die unmittelbaren Staatsbeamten geltenden allgemeinen Vorschriften. Bei der Berechnung der ruhegehaltsfähigen Dienstzeit ist auch die Zeit bis zur Niederlegung des Ministeramtes anzurechnen. Der Berechnung des Ruhegehalts ist das Diensteinkommen zugrunde zu legen, das er in der vor Übernahme des Ministeramts von ihm bekleideten Stelle zur Zeit der Niederlegung der Ministergeschäfte erreicht hätte, mindestens aber das Diensteinkommen eines Beamten der Gruppe B 8 der festen Gehälter. § 7 Abs. 3 G. in der Fassung des § 28 Nr. 4a PrBesG.

Wegen der übrigen sehr ins Einzelne gehenden Vorschriften wird auf die §§ 12—14 G. verwiesen.

§ 36.

Ist die Dienstunfähigkeit (§ 34) die Folge einer Krankheit, Verwundung oder sonstigen Beschädigung, welche der Beamte bei

Ausübung des Dienstes oder aus Veranlassung desselben ohne eigene Verschuldung sich zugezogen hat, so tritt die Pensionsberechtigung auch bei kürzerer als zehnjähriger Dienstzeit ein.

1. **Ein Recht auf Pension** (und zwar stets auf 35/100 des Gehalts, § 41 Abs. 1) **bei kürzerer als zehnjähriger Dienstzeit** haben die Reichsbeamten nur unter **folgenden Voraussetzungen:**

a) Die Dienstunfähigkeit (§ 34) muß die **Folge einer Krankheit, Verwundung oder sonstigen Beschädigung** sein.

b) Die Krankheit usw. muß sich der Beamte entweder bei Ausübung oder aus Veranlassung des Dienstes zugezogen haben. **„Bei Ausübung des Dienstes"** setzt einen Kausalzusammenhang zwischen der Dienstverrichtung und der Dienstunfähigkeit voraus. A. M. v. Rönne PrStR. **3** 535, Note 2. Nicht nur die Betriebsunfälle, sondern auch die leider recht häufigen sog. Berufskrankheiten gehören hierher. So werden z. B. lungenleidende Beamte, die gezwungen waren, in staubigen, zugigen und schlecht gelüfteten Räumen zu arbeiten, nicht selten dartun können, daß sie sich ihre Krankheit bei Ausübung ihres Dienstes geholt haben.

„Aus Veranlassung des Dienstes" zieht sich der Beamte eine Krankheit, Verletzung usw. zu, wenn er sie gerade wegen seiner Beamteneigenschaft bekommen hat und sie voraussichtlich nicht erhalten haben würde, wenn er nicht Beamter gewesen wäre. Dieser Fall tritt z. B. ein, wenn Beamte bei Tumulten um ihrer Stellung willen Verletzungen ausgesetzt sind. Ein innerer Zusammenhang zwischen der eigentlichen dienstlichen Tätigkeit und der Erkrankung, die die Dienstunfähigkeit des Beamten zur Folge hatte, ist nicht erforderlich. Auch an den Zusammenhang zwischen dem Dienste und dieser Erkrankung dürfen keine strengen Anforderungen gestellt werden. So genügt es z. B., wenn ein Beamter dienstlich in ein verseuchtes Gelände gesandt und dort von der Seuche erfaßt wird; er ist dann der dort bestehenden erhöhten Ansteckungsgefahr nur „aus Veranlassung des Dienstes" ausgesetzt gewesen und zum Opfer gefallen. RG. **105** 422; Schulze 147.

c) In allen Fällen muß die Krankheit usw. **im Reichsdienst** erworben sein. Ist dagegen die Dienstunfähigkeit die Folge einer erst später hervorgetretenen, in Veranlassung früheren Militärdienstes entstandenen Krankheit, so findet § 36 keine Anwendung. Nr. 7 ME. 13. 3. 85 (JMBl. 104).

d) Die Krankheit usw. darf von dem Beamten **nicht verschuldet** sein. Schon ein geringes Versehen, das zur Dienstunfähigkeit geführt hat, schließt den Anspruch aus. Er muß also die im Verkehr erforderliche Sorgfalt beobachtet haben; vgl. § 276 BGB. Hat z. B. sich ein Beamter trotz Abratens seiner Vorgesetzten und Mitbeamten durch unzeitgemäßes Öffnen der Fenster des Dienstraums dem Zuge und der Kälte ausgesetzt und sich dadurch ein Leiden zugezogen, so kann er kein Ruhegehalt beanspruchen, wenn er die Wartezeit nicht erfüllt hat. Er ist vielmehr dann auf die Gnadenzuwendung aus § 39 angewiesen.

e) Endlich muß der Beamte **lebenslänglich** angestellt sein. Ist er auf Kündigung oder Widerruf angestellt, so hat er das Recht aus § 36 nur, wenn er eine planmäßige Stelle bekleidet.

Darüber, ob die besonderen Voraussetzungen des § 36 vorliegen, entscheidet im Streitfall der Richter im ordentlichen Rechtswege. RG. **74** 91; **105** 421.

Daneben bestehen die Schadensersatzansprüche des Beamten gegen den Fiskus oder einen Dritten wegen schuldhafter Beschädigung. JW. **97** 69[21]; **07** 287[50]; RG. **18** 173; **19** 343; OLG. Dresden in DJZ. **07** 191; **a. M.** Pieper § 13 Anm. 7; Schulze 150; Piloty in SeuffBl. **07** 803.

2. Liegen die Voraussetzungen zu 1a bis e vor, so hat der Beamte ein **Recht auf Ruhegehalt,** und zwar kann er verlangen, daß ihm dasjenige Ruhegehalt gezahlt wird, das ihm hätte entrichtet werden müssen, wenn er die Wartezeit erfüllt hätte, also 10 Jahre im Dienst gewesen wäre. Das Ruhegehalt beträgt daher in allen Fällen dieser Art $^{35}/_{100}$ des Diensteinkommens. § 41.

Da diese Beamten, die erst kurze Zeit im Dienste sind, regelmäßig sehr niedrige Gehälter beziehen, so wird auch das Ruhegehalt meist sehr gering sein. Eine bessere Versorgung dieser lediglich bei treuer Pflichterfüllung zu Schaden gekommenen Beamten, die in Wahrheit ein Opfer ihres Berufs geworden sind, ist ein unabweisbares Bedürfnis. Dies muß um so mehr gelten, als nach dem UFG. die Beamten, die in reichsgesetzlich der Unfallversicherung unterliegenden Betrieben beschäftigt und dort infolge eines im Dienst erlittenen Betriebsunfalls dauernd dienstunfähig werden, viel günstiger gestellt sind. Denn sie erhalten ohne Rücksicht auf die Dauer der Dienstzeit 66⅔ vH, d. h. zwei Drittel des zuletzt bezogenen Diensteinkommens. Sie bekommen also ein fast doppelt so hohes Ruhegehalt als wie die Beamten, die nicht in solchen Betrieben infolge eines Unfalls, sondern sonst infolge einer Berufskrankheit usw. dienstunfähig geworden sind. Wünschenswert wäre, daß alle Beamten ohne Ausnahme, sobald sie durch den Dienst sich ihr mit Dienstunfähigkeit verbundenes Leiden geholt haben, das im UFG. vorgesehene höhere Ruhegehalt erhielten. Das UFG. müßte daher auf alle sog. Berufskrankheiten ausgedehnt werden. Die Beamten, die nicht durch einen Unfall dienstunfähig werden, sind auch insofern benachteiligt, als sie ihren Ruhegehaltsanspruch aus § 36, wie oben hervorgehoben, schon beim geringsten ursächlichen Verschulden verlieren. Die unfallverletzten Beamten dagegen gehen ihres Anspruchs auf das Unfallruhegehalt nur dann verlustig, wenn sie den Unfall vorsätzlich oder durch ein besonders geartetes schweres Verschulden verursacht haben; vgl. Näheres § 7 Abs. 1 UFG. Endlich findet § 36 nur auf die planmäßigen Beamten Anwendung, während sich das UFG. auch auf alle außerplanmäßig, auf

Probe, Widerruf oder Kündigung angestellten Beamten erstreckt; s. Näheres unten bei den Erläuterungen zum UFG. S. 519ff.

3. Ist ein Reichsbeamter aus anderen als den im § 36 hervorgehobenen Gründen vor dem Ablauf des zehnten Dienstjahres dienstunfähig geworden, **so kommt nur die Gnadenpension aus § 39** für ihn in Betracht. Wegen der Reichsbahnbeamten s. § 22 Ziff. 4 PersO.

4. Mit § 36 stimmt § 1 Abs. 2 PrPG. und § 22 Z. 3 PersO. überein.

§ 37.

Die unter dem Vorbehalte des Widerrufs oder der Kündigung angestellten Beamten haben einen Anspruch auf Pension nach Maßgabe dieses Gesetzes nur dann, wenn sie eine in den Besoldungsetats aufgeführte Stelle bekleiden; es kann ihnen jedoch, wenn sie eine solche Stelle nicht bekleiden, bei ihrer Versetzung in den Ruhestand eine Pension bis auf Höhe der durch dieses Gesetz bestimmten Sätze bewilligt werden.

1. **Die auf Widerruf oder Kündigung angestellten Beamten** (vgl. oben § 2), denen die nur auf Probe beschäftigten gleichstehen, **haben ein Recht auf Pension nur, wenn sie allen zur Pensionierung** nach den §§ 34, 34a und 36 **erforderten Voraussetzungen entsprechen** (vgl. RGZ. S. **1** 35) **und eine in den Besoldungsetats aufgeführte Stelle bekleiden.**

2. **Die planmäßige Stelle,** die sie zur Erlangung eines Pensionsanspruchs bekleiden müssen, dürfen sie nicht nur vorübergehend — wenn auch mit Aussicht auf demnächstige planmäßige Anstellung —, sondern in der Absicht der dauernden Beibehaltung, wenn auch nur auf Probe oder Kündigung, verwalten. ME. 9. 3. 74 und 25. 2. 84 (MBl. **74** 152; **84** 48). Ist dies der Fall, so sind auch die Versorgungsanwärter ruhegehaltsberechtigt, vorausgesetzt, daß sie der Reichswehr nicht mehr angehören. Gehören sie aber während ihrer Probeanstellung im Zivildienst noch der Reichswehr an, so können sie auch kein Zivilruhegehalt erwerben. OVG. **19** 56; ME. 19. 12. 00 und 27. 2. 01 (ZBlUV. **01** 186; MBl. **01** 123).

Unter den in den Besoldungsetats aufgeführten Stellen versteht man solche, mit denen Grundgehalt und Wohnungsgeldzuschuß verbunden sind.

Neue Stellen sind, solange der Haushalt nicht gesetzlich festgestellt ist, keine planmäßigen. Sie können vor ihrer endgültigen Bewilligung nicht im Wege der Anstellung verliehen werden und berechtigen daher die sie einstweilen verwaltenden Beamten nicht zum Ruhegehalt. Bekleidete aber ein solcher Beamter vorher eine andere, planmäßige Stelle, und ist ihm diese offengehalten, so verbleibt ihm die mit ihr verbundene Ruhegehaltsberechtigung bis zur Neuanstellung. ME. 2. 11. 82 und 10. 4. 83 (ZBlUV. **82** 346; MBl. **83** 54).

3. Unter **„Besoldungsetats"** sind nur die Titel „Besoldung" im Reichshaushalt, aus dem die einzelnen Beamtenstellen ersichtlich sind, nicht etwa die Spezialbesoldungsetats der Reichsverwaltung, zu verstehen, in denen auch die aus anderen persönlichen oder sächlichen Fonds bezahlten Beamten aufgeführt sind. Bongard 33. Im Haushalt brauchen die Stellen der Beamtengruppen nur der Zahl nach aufgeführt zu sein; eine namentliche Aufführung der einzelnen Beamten im Haushalt findet nicht statt. Gruchot **26** 1114. Es genügt aber nicht, daß die Pauschalsumme, aus der der Beamte seine Vergütung bezogen hat, im Haushalt steht; denn der Haushalt enthält sämtliche Einnahmen und Ausgaben, also auch die Vergütung für alle auf Widerruf oder Kündigung angestellten Beamten. Gruchot **43** 1211; JW. **99** 497[39]; RG. „Recht" **23** 52 Nr. 195. Voraussetzung des Ruhegehaltsanspruchs ist auch, daß die Beamten das planmäßige Stelleneinkommen (Gehalt, Wohnungsgeldzuschuß, pensionsfähige Zulagen) erhalten.

Das Erfordernis der Bekleidung einer planmäßigen Stelle ist aufgestellt, weil sonst die zahlreichen, nur zu untergeordneten Dienstleistungen angenommenen Beamten ruhegehaltsberechtigt wären und damit dem Reiche sehr erhebliche finanzielle Lasten aufgebürdet würden. Die Zukunft dieser Beamten muß daher in anderer Weise (durch Teilnahme an der allgemeinen Invaliditäts- und Altersversicherung oder der Angestelltenversicherung usw.) sichergestellt werden. Sind die auf Widerruf usw. angenommenen Personen nicht Beamte, sondern stehen sie nur in einem privatrechtlichen Dienstverhältnis, so haben sie natürlich unter keinen Umständen einen Anspruch auf Ruhegehalt.

Günstiger stehen die nicht planmäßigen Reichsbeamten, die gemäß RPersAbbauV. v. 27. 10. 23 in den einstw. Ruhestand versetzt waren und nunmehr nach Art. 3 § 6 aaO. die Versetzung in den endgültigen Ruhestand verlangen; sie haben einen Anspruch auf die gesetzliche Pension und sind nicht auf die Gnadenpension nach § 37 angewiesen. RG. 16. 11. 28.

4. Bei Versagung des Ruhegehalts kann der Beamte, der das Vorliegen der Voraussetzungen des § 37, insbesondere die Bekleidung einer planmäßigen Stelle behauptet, **im Rechtswege** vorgehen; s. Näheres unten §§ 149ff. Entscheidend ist aber die Stelle, in der er sich bei seinem Ausscheiden aus dem Reichsdienst befunden hat. JW. **99** 324.

5. Hat der auf Widerruf oder Kündigung angestellte Beamte keinen Ruhegehaltsanspruch, so haben auch seine **Hinterbliebenen** keinen Anspruch auf Witwen- und Waisengeld.

6. **Über den Verlust des Ruhegehalts im Falle des Widerrufs oder der Kündigung vgl. oben § 2.**

7. Die auf Widerruf usw. angestellten Beamten, **die keine planmäßige Stelle bekleiden, können im Gnadenwege** eine nach dem Ermessen der zuständigen Behörde zu bemessende **Pension erhalten,** die aber die gesetzliche Pension nicht übersteigen darf. Ihre Bewilligung setzt das Vorliegen der

Erfordernisse der nach den §§ 34, 34a, 36, 38 erfolgenden Pensionierung voraus. Doch ist Bedürftigkeit, wie im § 39, nicht gefordert. Die bewilligende Behörde ist die oberste Reichsbehörde, die die Befugnis auf die höhere Reichsbehörde übertragen kann. Pieper 140; Per. u. Sp. 70; Schulze 151. Zuständig ist dagegen nicht, wie im § 39, der Reichsrat. Die Gnadenpension des § 37 wird im Gegensatz zu der des § 39 stets lebenslänglich gewährt. Schulze 151; **a. M.** Perels-Spilling 151. Bei ihrer Gewährung besteht ein Rechtsanspruch auf Witwen- und Waisengeld nicht. § 10 Abs. 2 HFG. Es kann aber den Hinterbliebenen im Gnadenwege Witwen- und Waisengeld bewilligt werden.

8. Mit § 37 stimmt **§ 2 PrPG. wörtlich überein.**

9. Die Ansprüche **aus dem UFG.** wegen eines Betriebsunfalls werden durch die Kündigung oder den Widerruf nicht berührt; denn diese Ansprüche entstehen mit jeder Entlassung aus dem Dienst, mag diese auch keine Versetzung in den Ruhestand sein; s. unten S. 519ff.

§ 38.

Reichsbeamte, deren Zeit und Kräfte durch die ihnen übertragenen Geschäfte nur nebenbei in Anspruch genommen, oder welche ausdrücklich nur auf eine bestimmte Zeit oder für ein seiner Natur nach vorübergehendes Geschäft angenommen werden, erwerben keinen Anspruch auf eine Pension nach den Bestimmungen dieses Gesetzes.

Darüber, ob eine Dienststellung eine solche ist, daß sie die Zeit und die Kräfte eines Beamten nur nebenbei in Anspruch nimmt, entscheidet bei der Dienstübertragung die dem Beamten vorgesetzte Dienstbehörde.

1. **§ 38 handelt von Nebenämtern, die ohne Hauptamt bekleidet werden. Von Nebenämtern,** die **neben einem Hauptamt ausgeübt werden, spricht § 44;** vgl. RG. 21. 3. 99 im Archiv. f. Rhein. R. Abt. **2** S. 104.

2. Den ein Nebenamt bekleidenden Reichsbeamten sind gleichgestellt Beamte, die **ausdrücklich** (RG. in JW. **1900** 792 Nr. 23; RG. **47** 288; **81** 230) nur auf eine bestimmte Zeit oder für ein seiner Natur nach vorübergehendes Geschäft angenommen werden. Es muß aber bei der Anstellung der Wille des Reiches, die Anstellung in dieser Weise zu beschränken, deutlich zum Ausdruck gekommen sein. Es genügt dabei jede Erklärung, die, wenn auch im Wege der Auslegung unmittelbar aus sich selbst heraus die Absicht einer zeitlich begrenzten Anstellung erkennen läßt. RG. „Recht" **21** Rspr. S. 420, Nr. 2655. Zu den Nebenämtern gehören z. B. die von Privatpersonen neben ihrer Hauptprivaterwerbstätigkeit übernommenen Ämter, so die von Kaufleuten usw. übernommenen Postagenturen (RG.

„Recht" **24** 282), Postexpeditionen u. dgl., die von Privattechnikern übernommenen nichtständigen Mitgliederstellen im Patentamt, Bundesamt für das Heimatwesen u. a. Die Annahme, daß der Beamte nur für ein seiner Natur nach vorübergehendes Geschäft angenommen worden ist, ist gerechtfertigt, wenn der Beamte nur für eine bestimmte Aufgabe in den Reichsdienst übernommen wurde und diese Aufgabe vorübergehender Art ist. Eine Aufgabe dieser Art kann auch dann vorliegen, wenn der Zeitpunkt ihrer Beendigung ungewiß ist und die Stelle daher für unbestimmte Dauer vorgesehen war; erforderlich ist nur, daß bei der Annahme des Beamten mit einer Beendigung des Dienstgeschäfts in absehbarer, wenn auch nicht von vornherein zu bestimmender Zeit gerechnet wurde, z. B. Annahme eines Medizinalbeamten zur Typhusbekämpfung in bestimmten Teilen des Reiches. RG. 30. 9. 26 „Recht" **26** 684; JurRundsch. **26** Rspr. 1629. Es ist aber nicht jede Betätigung des Reichs, für die die erforderlichen Mittel im Reichshaushaltsplan unter den einmaligen Ausgaben aufgeführt werden, ihrer Natur nach vorübergehend. Es kann sich auch ein ursprünglich als vorübergehend angesehenes Geschäft des Reichs allmählich auch ohne Umstellung der Posten im Reichshaushaltsplan zu einem dauernden entwickeln. RG. 26. 9. 27 „Recht" **27** 802.

3. Ob die Dienststellung die Kräfte und Zeit des Beamten nur nebenbei in Anspruch nimmt, **bestimmt die vorgesetzte Dienstbehörde** (Ziff. III u. V B V. 10. 8. 28, RGBl. I 369, unten S. 547) **bei der Dienstübertragung.** Die Bestimmung ist regelmäßig in der Anstellungsurkunde (§ 4) enthalten; doch ist dies nicht vorgeschrieben.

4. Ist der Dienst bei seiner Übertragung als Nebendienst bezeichnet, so kann von dem Beamten **im Rechtswege nicht** behauptet werden, daß er ein Hauptdienst sei. Ist aber die Entscheidung bei der Dienstübertragung unterblieben, so ist der Rechtsweg über die Art des Dienstes zulässig, und der Beamte kann darlegen, daß er voll beschäftigt gewesen sei und daher Pension erhalten müsse. RG. **43** 930; **84** 56; Pieper 142; Per. u. Sp. 71; Kanng. 126; Thudich. 295. Preußischen Beamten ist der Rechtsweg über die Art des Dienstes stets versagt. § 5 Abs. 2 PrPG.

5. Die im § 38 bezeichneten Beamten können **selbst im Gnadenwege keine Pension** erhalten.

6. Bei Berechnung einer anderweit erdienten Pension kann die Zeit, in der ein Beamter im Sinne des § 38 nur nebenbei beschäftigt war, **nicht berücksichtigt werden.** § 45 Abs. 3 Satz 1.

7. Mit § 38 stimmt überein **§ 5 PrPG.**

8. Gewissen, auf Widerruf mit **Heeresbeamtenstellen** beliehenen Personen kann im Falle einer durch Kriegsdienstbeschädigung hervorgerufenen Erwerbsminderung Versorgung nach dem Versorgungsgesetz, früher nach § 35 OffPenG. 31. 5. 06 gewährt werden. § 108 RVersG. 31. 7. 25 (RGBl. I 165).

Außerdem steht allen ehemaligen aktiven Beamten der alten Wehrmacht, sofern sie nicht gemäß § 109 RVersG. 31. 7. 25 (RGBl. I 165) die Versorgung nach diesem Gesetz gewählt haben, auch nach ihrem Ausscheiden Anspruch auf Versorgung gemäß § 32 OffPensG. zu; s. näheres Bongard 36, 37.

§ 39.

Wird außer dem in § 36 bezeichneten Falle ein Beamter vor Vollendung des zehnten Dienstjahrs dienstunfähig und deshalb in den Ruhestand versetzt, so kann demselben bei vorhandener Bedürftigkeit durch Beschluß des Bundesrats (Reichsrats) eine Pension entweder auf bestimmte Zeit oder lebenslänglich bewilligt werden.

1. Abgesehen vom Falle des § 36 können die weniger als 10 Jahre im Dienste befindlichen Beamten **nur im Gnadenwege** unter Ausschluß des Rechtsweges eine Pension, und zwar höchstens $^{35}/_{100}$ ihres Gehalts (§ 41 Abs. 3) erhalten; Voraussetzung hierfür ist aber, daß sie dienstunfähig sind, ein Einkommen aus der Reichskasse beziehen und lebenslänglich oder widerruflich und nicht nur nebenbei (§ 38) angestellt sind. Im Gegensatz zu § 37 ist nach § 39 Voraussetzung für die Bewilligung einer Gnadenpension **Bedürftigkeit** des Beamten.

2. Über die Bewilligung der Pension und ihre Höhe entscheidet der Reichsrat **nach freiem Ermessen.** Bei der Prüfung des Gesuchs werden die Würdigkeit und Bedürftigkeit des Beamten, seine Familienverhältnisse, namentlich auch Alter und Zahl der Familienmitglieder, die Länge seiner Dienstzeit und der Umstand zu berücksichtigen sein, ob der Beamte durch einen Unglücksfall oder eignes Verschulden dienstunfähig geworden ist. Jedoch wird die Bewilligung nicht dadurch ausgeschlossen, daß der Beamte seine Dienstunfähigkeit selbst verschuldet und deshalb keinen Pensionsanspruch nach § 36 hat. Schulze 155.

3. Das Ruhegehalt kann auf **Lebenszeit oder auf bestimmte Zeit** bewilligt werden, und zwar nach dem freien Ermessen des Reichsrats. Würdige Beamte mit längerer vorwurfsfreier Dienstzeit werden regelmäßig auf Lebenszeit bedacht werden. Diese Art der Bewilligung ist auch für die Familie des Beamten von der größten Tragweite. Denn nach § 1 HFG. erhalten die Witwen und die hinterbliebenen ehelichen oder legitimierten Kinder von Beamten, denen auf Grund des § 39 Ruhegehalt zugebilligt ist, nur dann Witwen- und Waisengeld, wenn diese Zubilligung auf Lebenszeit erfolgt ist. Wird also einem Beamten ein lebenslängliches Gnadenruhegehalt verabfolgt, so werden damit gleichzeitig die Witwe und die Waisen dieses Beamten mitversorgt. Stirbt ein Beamter, dem nach § 39 eine Pension hätte bewilligt werden können, so kann der Reichskanzler Witwen- und Waisengeld nach § 9 HFG. bis zur gesetzlichen Höhe und für die ganze nach § 14 HFG. zulässige Zeit bewilligen.

Wird die Pension nur auf Zeit bewilligt, so darf für den Wegfall nur ein festbestimmter Zeitpunkt, nicht aber der Eintritt eines Ereignisses, z. B. der Wiedererlangung der Dienstfähigkeit, bezeichnet werden. Schulze 155.

4. Vor Bewilligung des Gnadenruhegehalts muß geprüft werden, ob der Beamte **dienstunfähig** ist. Die Frage der Dienstunfähigkeit muß bei Beamten, die die Wartezeit noch nicht erfüllt haben, besonders sorgfältig geprüft werden; denn ihre Versetzung in den Ruhestand schneidet ihnen die Möglichkeit ab, durch längeres Verbleiben im Dienste die Wartezeit zu erfüllen und damit einen Rechtsanspruch auf Ruhegehalt zu erwerben.

Gegen seinen Willen kann deshalb ein solcher Beamter nach § 68 **nur unter Beobachtung derjenigen Formen, die für das förmliche Dienststrafverfahren vorgeschrieben sind, in den Ruhestand versetzt werden;** s. Näheres unten § 68.

5. Zweifelhaft ist, ob das Gnadenruhegehalt des § 39 nur lebenslänglich angestellten Beamten **oder auch den nur auf Kündigung oder Widerruf angestellten Beamten bewilligt werden kann.** Soweit die letztgenannten Beamtenrgruppen eine planmäßige Stelle bekleiden, wird man sie ohne Bedenken zum Empfange eines Gnadenruhegehalts aus § 39 für befugt erachten können. Der richtigen Ansicht nach wird man aber auch den nichtplanmäßigen Kündigungsbeamten bei weniger als 10 Dienstjahren die Möglichkeit, eine Gnadenruhegehalt aus § 39 zu erlangen, nicht versagen dürfen. Denn § 39 spricht ohne Einschränkung von Beamten, und zu diesen gehören auch die nichtplanmäßigen Kündigungsbeamten. Bei anderer Auslegung des Gesetzes könnten die außerplanmäßigen Kündigungsbeamten ein Ruhegehalt nur erhalten, wenn sie die zehnjährige Wartezeit erfüllt hätten. Es ist aber schwerlich anzunehmen, daß der Gesetzgeber sie in allen Fällen, in denen sie vor Erfüllung der Wartezeit dienstunfähig werden, von jedem Ruhegehaltsbezug habe ausschließen wollen. Ebenso Schulze 155; Perels-Spilling § 39 Anm. 3; Arndt 80; **a. M.** Pieper § 39 Anm. 1.

6. **Glaubt der Beamte** die Wartezeit erfüllt und **deshalb ein Recht auf Ruhegehalt zu haben,** so ist er nicht etwa auf den Gnadenweg des § 39 angewiesen, wenn die Verwaltung anderer Ansicht ist und die Wartezeit nicht für erfüllt hält. Streitpunkte über die Frage der Erfüllung der Wartezeit sind nicht selten, da es mitunter zweifelhaft ist, ob eine gewisse Beschäftigungszeit auf die Anwartschaftsperiode angerechnet werden kann. Solche Zweifel kann dann, wenn die Behörde und der Beamte sich nicht einigen, nur der ordentliche Richter entscheiden, dessen Anrufung dem Beamten in solchen Fällen stets möglich ist.

7. Mit § 39 stimmt **§ 7 PrPG.** überein.

Anspruch auf Umzugskosten.

§ 40.

Hat der in den Ruhestand oder in den einstweiligen Ruhestand versetzte Beamte seinen dienstlichen Wohnsitz im Auslande, so sind demselben die Kosten des Umzugs nach dem innerhalb des Reichs von ihm gewählten Wohnorte zu gewähren.

Der Beamte, der seinen dienstlichen Wohnsitz (Anm. 2 zu § 19) im Auslande hat, wozu auch die Konsulargerichtsbezirke gehören, hat, wenn er endgültig oder einstweilen in den Ruhestand versetzt wird, Anspruch auf Umzugskosten nach dem innerhalb des Reichs gewählten Wohnort gemäß Vdg. v. 24. 3. 25 (RBesBl. 90); s. jetzt § 15 Umzugskostenverordnung für Auslandsversetzungen von Reichsbeamten v. 2. 5. 28 (RBesBl. 70).

Betrag der Pension.

§ 41.

Die Pension beträgt bei vollendeter zehnjähriger oder kürzerer Dienstzeit $^{35}/_{100}$ und steigt nach vollendetem zehnten Dienstjahre mit jedem weiter zurückgelegten Dienstjahre bis zum vollendeten fünfundzwanzigsten Dienstjahr um $^{2}/_{100}$ und von da ab um $^{1}/_{100}$ des in den §§ 42 bis 44 bestimmten Diensteinkommens.

Über den Betrag von $^{80}/_{100}$ dieses Einkommens hinaus findet eine Steigerung nicht statt.

In dem im § 39 erwähnten Falle beträgt die Pension höchstens $^{35}/_{100}$ des vorbezeichneten Diensteinkommens.

1. § 41 hat seinen **jetzigen Wortlaut** durch Art. 2 der 9. Ergänzung des RBesG. v. 18. 6. 23 (RGBl. I 385) erhalten. Absatz 4, wonach der Jahresbetrag der Pension nach oben so abgerundet werden sollte, daß bei Teilung durch drei sich volle Markbeträge ergeben sollten, dürfte wieder in Kraft gesetzt sein; s. für Preußen FM. 13. 12. 23 (PrBesBl. 217).

2. **Die Höhe des Ruhegehalts bestimmt sich einmal nach der Höhe des Diensteinkommens und sodann nach der Länge der im Dienste verbrachten Zeit.** Diese Regelung entspricht der Billigkeit. Denn der Beamte, der ein höheres Diensteinkommen bezogen oder eine längere Dienstzeit hinter sich hat, muß ein höheres Ruhegehalt erhalten, als der Beamte, der beim Eintritte des Ruhegehaltsfalls weniger Gehalt erhält oder kürzere Zeit seine Kraft dem Reiche gewidmet hat. Entscheidend ist dabei stets, soweit nicht besondere Vorschriften entgegenstehen, die zur Zeit der Versetzung in den Ruhestand bekleidete Dienststellung. RG. **63** 291.

a) Von den Bestandteilen des Diensteinkommens kommen nur diejenigen in Ansatz, denen die Eigenschaft, als Grundlage für das Ruhegehalt zu dienen, beigelegt ist; diese Teile bilden das sogenannte **ruhegehaltsfähige Diensteinkommen**; s. unten §§ 42ff.

b) Die zurückgelegten Dienstjahre werden nach der Natur der geleisteten Dienste entweder unbedingt berechnet (sogenannte **anrechnungsfähige Dienstzeit**), oder sie können nur mit besonderer Genehmigung der zuständigen Behörde oder des Reichsrats angerechnet werden (anrechnungsfähige Dienstzeit im weiteren Sinne). Für die anrechnungsfähige Dienstzeit sind außerdem gewisse allgemeine Zeitschranken vorgeschrieben. Nur volle Dienstjahre werden berücksichtigt; der über die vollen Dienstjahre hinaus im Dienste verbrachte Zeitraum bleibt unberücksichtigt.

3. Hiernach ist im § 41 **der Betrag des Ruhegehalts** dahin geregelt: Es beträgt, wenn die Versetzung in den Ruhestand nach vollendetem 10., jedoch vor vollendetem 11. Dienstjahre eintritt, $^{35}/_{100}$ und steigt mit jedem weiter zurückgelegten Dienstjahre bis zum vollendeten 25. Dienstjahre um $^{2}/_{100}$ und von da ab um $^{1}/_{100}$ des in den §§ 42 bis 44 bestimmten Diensteinkommens. Nach 40 Dienstjahren wird die höchste Pension erreicht. Über den Betrag von $^{80}/_{100}$ dieses Einkommens, d. h. vier Fünftel (früher $^{45}/_{60}$ = drei Viertel) findet eine Steigerung nicht statt.

Für eine größere Anzahl von Orten mit besonderen Teuerungsverhältnissen wird auch für die Ruhegehaltsempfänger ein örtlicher Sonderzuschlag in Höhe von 3,5 u. 8 vH gewährt. Dasselbe gilt von der Besatzungszulage.

Zu dem Ruhegehalt tritt der Wohnungsgeldzuschuß nach der Ortsklasse B.

Endlich erhalten die Ruhegehaltsempfänger auch die Kinderzuschläge wie die Beamten im Dienst. § 31 RBesG.

Auch an allen Erhöhungen der Grundgehälter usw. nehmen die Ruhegehaltsempfänger teil; abweichendes gilt für die Altruhegehaltsempfänger nach dem neuen RBesG. s. Anm. 4.

Die Einführung von sogen. Höchstpensionen würde ein unzulässiger Eingriff in das wohlerworbene Recht der Beamten im Sinne des Art. 129 Abs. 1 Satz 3 RV. sein und nur mit Zweidrittelmehrheit des Reichstags vorgenommen werden dürfen; s. näheres Brand DRichtZtg. **28** 335ff.

4 Diese Regelung der Ruhegehaltsbezüge galt auch für die sog. **Altruhegehaltsempfänger.** Es sind dies die vor dem Inkrafttreten des Besoldungsgesetzes von 1920 in den Ruhestand versetzten Beamten. Das Beamtenaltruhegehaltsgesetz (das sog. Pensionsergänzungsgesetz v. 21. 12. 20 [RGBl. 2109] mit Änderungen, insbes. G. 7. 4. 22 [RGBl. I 328]) dehnte die Verbesserung im Ruhegehalt auch auf die vor Inkrafttreten der neuen Bestimmungen in den Ruhestand versetzten Beamten aus. An sich hätten sie keinen Anspruch gehabt auf die Teilnahme an den Verbesserungen der neuen Besoldungsgesetze und der neuen Ruhege-

haltsregelung, weil sie durch die einmal erfolgte Festsetzung ihrer Versorgungsbezüge auf Grund des tatsächlich bezogenen letzten Beamtendiensteinkommens mit ihren Ansprüchen gegen das Reich abgefunden waren. Änderungen in den Pensions- und Besoldungsgesetzen konnten zugunsten der Altpensionäre nicht berücksichtigt werden. Früher wurde bei allen Besoldungsaufbesserungen hiernach verfahren, und etwaige Härten konnten nur durch im Gnadenwege zuzuwendenden „Ausgleichszuwendungen" gemildert werden.

Dieser unerfreuliche Rechtszustand war vorübergehend beseitigt. Es waren alle Altruhegehaltsempfänger den Neuruhegehaltsempfängern gleichgestellt, und alle Gehaltserhöhungen der aktiven Beamten hatten daher eine Erhöhung des Ruhegehalts der Altruhegehaltsempfänger zur Folge. Ein selbsttätiges (automatisches) Einrücken in Aufrückungsstellen fand aber nicht statt; diese Stellen wurden vielmehr besonders verliehen und auf ihre Verleihung hatten die Beamten keinen Rechtsanspruch. War ihnen also eine Aufrückungsstelle vor ihrer Zurruhesetzung nicht verliehen worden, so konnten sie auf die Bezüge einer Aufrückungsstelle keinen Anspruch erheben. Das Ruhegehalt des Altversorgungsberechtigten sollte nicht so bemessen werden, als ob er noch am 1. April 1920 im Dienst gewesen wäre, sondern als ob bei seinem Ausscheiden die für einen Neuruheständler geltenden Bestimmungen schon in Kraft gewesen wären. RG. 7. 1. 27 JurRundsch. Rspr. 65 = BHK. **27** 121.

Die Einreihung der Altruhegehaltsempfänger in die Gruppen der neuen Besoldungsordnung war im allgemeinen unter Berücksichtigung der früheren Amtsbezeichnungen und des früheren Normalgehalts, verglichen mit den entsprechenden neuen Amtsbezeichnungen und dem damit gewährten Grundgehalt erfolgt. Der FM. bestimmte in Gemeinschaft mit dem FachM., welchem Amte der Besoldungsordnung von 1920 die von dem im Ruhestand befindlichen Beamten zuletzt bekleidete Stelle entsprach. Daran waren die Gerichte gebunden, ohne in eine sachliche Nachprüfung der ministeriellen Entscheidung eintreten zu dürfen. § 8 G. v. 21. 12. 20 (RGBl. 2109); RG. **114** 108; RG. 11. 1. 29 III 177/28. Auf Bezüge einer Aufrückungsstelle hatten Versorgungsberechtigte keinen Anspruch. RG. 7. 1. 27 JurRundsch. **27** 363; RG. 11. 1. 29 „Beamtenbund" **29** Beil. zu Nr. 20. Versuche von Altpensionären, eine höhere Eingruppierung zu erreichen, sind fehlgeschlagen; vgl. Denkschrift des RFM. 12. 2. 25 zur Altpensionärfrage im DBeamtArch. **25** 401 ff.

Dieser für die Altpensionierten verhältnismäßig günstige Rechtszustand ist leider durch das neue RBesG. geändert worden. Die am 1. 10. 27 im dauernden Ruhestand befindlichen Beamten sowie die Hinterbliebenen der bis dahin im Dienste oder im einstweiligen oder dauernden Ruhestande verstorbenen Beamten nehmen an der am 1. 10. 27 eingetretenen Besoldungserhöhung nicht teil. Vielmehr werden nach § 26 RBesG. ihre Bezüge mit Wirkung v. 1. 10. 27 ab in der Weise erhöht, daß dem für die Berechnung des ruhegehaltsfähigen Diensteinkommens bisher maßgebend gewesene Grundgehalt je nach der Höhe der Bezüge 25, 22, 19 u. 16 vH hinzutreten; der sich hierbei als neues Grundgehalt ergebende Betrag darf 13200 RM. nicht übersteigen. Bei den früher in der Eingangsgruppe verbliebenen Altpensionären d. h. den vor dem 1. 4. 20 Pensionierten werden diese Hundertsätze um 8 erhöht. Wegen der Einzelheiten s. §§ 26—28 RBesG. Zu dem hiernach erhöhten Grundgehalt wird der Wohnungsgeldzuschuß nach der bisherigen Tarifklasse hinzugerechnet. Neben den erhöhten Bezügen wird der Frauenzuschlag nach den bis zum 30. 9. 27 geltenden Vorschriften gewährt. §§ 28, 30 RBesG.

Über das Verhältnis der Ansprüche aus dem PensionsversorgungsG. v. 21. 12. 20 zu dem ReichsversorgG. 12. 5. 20 s. Beyer PrVBl. **44** 176. Die Anrechnung einer Beamtenpension auf die Versorgungsgebührnisse erfolgt nach § 63 RVersG. in der dort bestimmten Höhe.

Die vor dem 1. 4. 20 in den Ruhestand getretenen **Beamten der Eisenbahnen der Länder** können gemäß § 28 des Staatsvertr. v. 30. 4. 20 (RGBl. 773) ihre Ruhegehaltsansprüche gegen die Deutsche Reichsbahngesellschaft geltend machen; die Höhe dieser Ruhegehaltsansprüche richtet sich aber nach Landesrecht. RG. **114** 97 u. 104.

5. **Wird ein Beamter vor dem Ablauf des 10. Dienstjahrs in den Ruhestand versetzt,** so erhält er die Mindestpension von $^{35}/_{100}$ seines Diensteinkommens in den Fällen der §§ 36, 37; im Falle des § 39 (Gnadenpension) kann er höchstens $^{35}/_{100}$ seines Diensteinkommens als Pension erhalten; vgl. die Anm. zu den §§ 36, 37, 39. Wird ihm nach § 37 eine Gnadenpension zugebilligt, so dürfen die Sätze des § 41 nicht überschritten werden. Besonderes gilt für die Unfallpensionen nach dem UFG.; s. unten S. 519.

6. Der Betrag des Ruhegehalts ist **maßgebend für das Witwen- und Waisengeld**; s. Näheres Anm. 2 zu § 2 HFG.

7. Besonderes gilt für die **Mitglieder des Reichsgerichts** und des ehemaligen **Reichsmilitärgerichts.** § 158 Abs. 2 u. Anm. 3 zu § 158.

8. **Für die aktiven Beamten der ehemaligen Wehrmacht,** die mit Kriegsstellen beliehen waren, enthält § 32 OffPG. ergänzende Vorschriften; s. näheres Bongard 39, 40.

Die im OffPG. 31. 5. 06 u. in anderen Versorgsges. vorgesehene Kriegszulage, Tropenzulage, Luftdienstzulage usw. werden gemäß Art. 21 II PersAbbauV. nicht mehr gezahlt. An ihre Stelle kann ein Zuschuß zu den Versorgungsgebührnissen bis zur Höhe von 80% der früheren Bezüge durch die Versorgungsämter zugebilligt werden. RVersBl. **24** 77; **25** 65; Bongard 41.

9. Wegen der Erhöhung der Ruhegehälter der Reichsbeamten, die nach Vollendung des 65. Lebensjahrs bis zum 31. März 1920 die Versetzung in den Ruhestand nachgesucht haben, s. **G. 12. 9. 19** (RGBl. 1653) u. oben Anm. 3 zu § 34a.

§ 42.

Der Berechnung der Pension wird das von dem Beamten zuletzt bezogene gesamte Diensteinkommen nach Maßgabe der folgenden näheren Bestimmungen zugrunde gelegt:

1. Der Wohnungsgeldzuschuß kommt nach den hierfür geltenden gesetzlichen Bestimmungen zur Anrechnung; ist im Reichshaushaltsetat für eine freie Dienstwohnung ein Wert ausdrücklich als anrechnungsfähig bezeichnet, so kommt dieser zur Anrechnung.

2. Funktions-, Stellen-, Teuerungs- und andere Zulagen kommen, sofern im Haushaltsetat nicht etwas anderes bestimmt ist, dann zur Anrechnung, wenn sie unter den Besoldungstiteln ausgebracht sind.

3. Weitere feststehende Bezüge, namentlich Feuerungs- und Erleuchtungsmaterial, Naturalbezüge an Getreide, Winterfutter und dergleichen, sowie der Ertrag von Dienstgrundstücken, kommen nur insoweit zur Anrechnung, als ihr Wert im Reichshaushaltsetat unter den Besoldungstiteln auf die Geldbesoldung in Rechnung gestellt oder zu einem bestimmten Geldbetrag als anrechnungsfähig bezeichnet ist.

4. Bezüge, die ihrer Natur nach steigend und fallend sind, werden nur, sofern sie als pensionsfähig gewährt oder im Reichshaushaltsetat bezeichnet sind, zur Anrechnung gebracht, und zwar nach den im Reichshaushaltsetat unter den Besoldungstiteln oder sonst bei Verleihung des Rechtes auf sie deshalb getroffenen Festsetzungen oder in Ermangelung solcher Festsetzungen nach ihrem durchschnittlichen Betrage während der drei letzten Rechnungsjahre vor dem Rechnungsjahr, in welchem die Pension festgesetzt wird.

5. Die zur Bestreitung von Dienstaufwands- und Repräsentationskosten bestimmten Einkünfte sowie die Ortszulage der Auslandsbeamten kommen nicht zur Anrechnung.

6. Bloß zufällige Diensteinkünfte, wie widerrufliche Gewinnanteile, Auftragsgebühren, außerordentliche Remunerationen und dergleichen kommen nicht zur Anrechnung.

Die Pension für die einstweilen in den Ruhestand versetzten Beamten wird von dem zur Zeit ihrer Versetzung in den Ruhestand bezogenen gesamten Diensteinkommen berechnet.

I. Da die Pension nach Bruchteilen des Gehalts berechnet wird, so muß festgestellt werden, **welches Gehalt in Betracht kommt und was alles zum Gehalt gerechnet wird.**

Nach § 42 in Verbindung mit § 36 RBesG. — für die preußischen Beamten gilt § 10 Abs. 1 u. 2 PG. i. d. Fassg. des neuen PrBesG. — wird der **Berechnung des Ruhegehalts das von dem Beamten zuletzt bezogene gesamte Diensteinkommen** (Grundgehalt oder Diäten und Wohnungsgeldzuschuß) zugrunde gelegt. Jedoch wird der Wohnungsgeldzuschuß stets nach der Ortsklasse B bemessen, und zwar auch dann, wenn der Beamte einen Wohnungsgeldzuschuß nicht oder nur teilweise bezogen hat. Dabei wird bei ledigen Beamten bis zum vollendeten 45. Lebensjahr der WGZ. der nächstniedrigeren Tarifklasse und an Stelle des WGZ. VII ein um 40 vH gekürzter Betrag zugrunde gelegt. § 36 RBesG. Wegen der Höhe des Wohnungsgeldzuschusses s. oben S. 61, 62. Ruhegehaltsfähig ist also das Gehalt, das der Beamte zu der Zeit bezogen hat, zu der ihm seine Versetzung in den Ruhestand bekannt gemacht ist. Es kommen aber zur Berechnung die Gehaltsaufbesserungen, Dienstalterszulagen usw., die in die Zeit von Bekanntmachung der Zurruhesetzung bis zum Anfangstermin der letzteren fallen. Wenn sich nach dem Eintritte des Beamten in den Ruhestand ergibt, daß die Anweisung einer ihm zu gewährenden Zulage unterblieben ist, so ist diese nachträglich zu bewilligen. Nur wenn ein Beamter mit Ende des Vierteljahrs, nach dessen Ablauf ihm eine Gehaltszulage hätte gewährt werden können, in den Ruhestand tritt, so unterbleibt deren Bewilligung, und es wird das Ruhegehalt nach dem bisherigen Gehalte berechnet. Alle Beamten haben nach dem RBesG. einen Rechtsanspruch auf Verleihung der Gehaltszulagen vom Tage der Fälligkeit ab. Deshalb muß auch ihr Ruhegehalt nach diesem erhöhten Gehalte berechnet werden, wenn der Fälligkeitstermin vor dem Zeitpunkte liegt, mit dem der Beamte in den Ruhestand tritt; vgl. PrFM., MJ. u. LM. 7. 2. 23 (FMBl. 69). Wegen der Altruhegehaltsempfänger s. oben Anm. 4 zu § 41.

In Fällen, in denen Beamte zu einem Zeitpunkt in den Ruhestand versetzt werden müssen oder sterben, in dem ihr Diensteinkommen noch einer durch Dienststrafurteil geordneten Kürzung unterworfen ist (s. § 75), wirkt die Kürzung bei Festsetzung des Ruhegehalts und der Hinterbliebenenbezüge ohne zeitliche Begrenzung fort, während sie, wenn der Beamte im Reichsdienst bleiben würde, nach Ablauf der im Urteil festgesetzten Zeit ihre Bedeutung verlieren würde. Zur Vermeidung von Härten kann in solchen Fällen nur im Gnadenwege geholfen werden.

II. **Ruhegehaltsfähig ist das Diensteinkommen nur insoweit, als es für den Unterhalt der Person, nicht auch, soweit es für die Verwaltung des Amtes bestimmt war.**

Hiernach sind folgende Gehaltsteile ruhegehaltsfähig:

1. Zunächst das **Gehalt** im engeren Sinne (Grundgehalt oder Diäten).
2. Sodann der **Wohnungsgeldzuschuß**. Er wird aber nicht nach seinem tatsächlichen Betrage, sondern allgemein auch bei den nichtplanmäßigen Beamten usw. **nach dem Satze für die Ortsklasse B angerechnet.**

Würde der von dem in den Ruhestand zu versetzenden Beamten tatsächlich zuletzt bezogene Wohnungsgeldzuschuß dem Ruhegehalt zugrunde gelegt, so würden die Beamten, die zufällig bei Eintritt des Ruhegehaltsfalles an Orten einer niedrigen Ortsklasse angestellt sind, ungebührlich hinter den an Orten einer höheren Ortsklasse zurückstehen müssen. Es müssen aber die Ruhegehaltsempfänger, die häufig ihren bisherigen dienstlichen Wohnsitz verlassen und sich an Orten mit anderen Teuerungsverhältnissen niederlassen, einander gleichgestellt werden, soweit die Anrechnungsfähigkeit des Wohnungsgeldzuschusses in Frage kommt. Allerdings wird bei der gegenwärtigen Wohnungsnot ein Wohnungswechsel nicht immer leicht sein, und deshalb werden die Beamten, die in Orten der Klasse A oder der Sonderklasse zur Zeit ihres Übertritts in den Ruhestand wohnten, nicht selten durch die Regelung erheblich geschädigt. Deshalb erstreben die Beamten mit Recht das volle Wohnungsgeld nicht nach der Ortsklasse B, sondern nach ihrem jeweiligen Wohnort.

Der Satz (nach Ortsklasse B) gilt als ruhegehaltsfähiger Durchschnittssatz auch für diejenigen Beamten, denen eine Dienstwohnung gewährt war. Freie Dienstwohnungen, für die § 42 Z. 1 besondere Bestimmung trifft, gibt es nicht mehr.

3. **Die sonstigen Vergütungen** der planmäßigen und nichtplanmäßigen Beamten werden mit dem Betrage, mit dem sie den Beamten auf das Diensteinkommen angerechnet werden, dem tatsächlich bezogenen Diensteinkommen hinzugerechnet.

4. Die im Besoldungsgesetz oder im Reichshaushaltsplan **ausdrücklich als ruhegehaltsfähig bezeichneten Zulagen.** § 36 RBesG.

5. **Dienstbezüge, die ihrer Natur nach steigend und fallend sind,** werden nach den in den Haushaltsplänen oder sonst bei Verleihung des Rechts auf diese Bezüge getroffenen Festsetzungen und in Ermangelung solcher Festsetzungen nach ihrem durchschnittlichen Betrage während der drei letzten Rechnungsjahre (nicht Kalenderjahre) vor der Zurruhesetzung angerechnet. Die Einnahmen, die ihrem Betrage nach nicht feststehen, sollen nach dem Durchschnitt für die drei letzten Rechnungsjahre vor der regelrechten, d. h. fristzeitigen Feststellung des Ruhegehalts berücksichtigt werden. Es ist daher unzulässig, die Versetzung in den Ruhestand auszusprechen, die Bestimmung der Höhe des Ruhegehalts aber über den Beginn des Rechnungsjahres hinauszuschieben, um die Einnahmen des zuletzt abgelaufenen Jahres mitzuberücksichtigen oder den Zeitpunkt der Zurruhesetzung vorzudatieren, um die Einnahmen des letzten Jahres unberücksichtigt zu lassen. Müller 789.

6. **Nicht ruhegehaltsfähig sind folgende Gehaltsteile:**

a) **Die Dienstaufwandsentschädigungen.** Dies gilt auch insoweit, als der Beamte von diesen Entschädigungen Ersparnisse macht. Strieth. Arch. **17** 231; ROHG. **16** 177; **21** 378ff.

b) **Alle bloß zufälligen Diensteinkünfte**, wie z. B. widerrufliche Gewinnbeteiligung, Gratifikationen Kommissionsgebühren, Tagegelder u. dgl. s. OVG im PrVBl. **33** 749; PrVBl. **32** 313; OTrib. in Strieth. Arch. **97** 75. Die einem Beamten planmäßig und dauernd zu seinem Gehalte gewährte Zulage ist kein „bloß zufälliger Dienstbezug", sondern ein fester Teil seines Gehalts und deshalb im Zweifel ruhegehaltsfähig. OVG. **69** 96; OVG. PrVBl. **31** 273; **33** 749; **36** 714; **37** 718; **38** 322; Appelius PrVBl. **41** 451.

Zu den „zufälligen Diensteinkünften" gehören auch die besonderen Vergütungen, die dem Beamten ohne Rechtsanspruch für einen Teil seiner hauptamtlichen Tätigkeit gewährt sind, auch wenn sie von ihm ständig bezogen werden. OVG. PrVBl. **39** 240.

c) Die **Kinderzuschläge** sowie etwaige **Sonderzuschläge**. Diese Zuschläge werden aber zu dem Ruhegehalt gewährt.

7. Bei der **Berechnung des Ruhegehalts der Wartegeldempfänger** ist nicht etwa das Wartegeld, sondern das nach den vorstehenden Grundsätzen zu ermittelnde Einkommen zugrunde zu legen, das der Beamte zur Zeit seiner Versetzung in den einstweiligen Ruhestand bezogen hatte, das also auch bei der Berechnung des Wartegeldes maßgebend war.

Über alle Fragen des § 42 ist der **Rechtsweg** zulässig; vgl. §§ 149, 155; Pieper 156; Schulze 165.

9. **Die Vorschriften des § 42 gelten auch für die Berechnung der Ruhegehälter gemäß UFG.**

10. **Wegen der Vergütungen für Nebenämter und Nebengeschäfte** s. § 44.

§ 43.

Ein Beamter, welcher früher ein mit einem höheren Diensteinkommen verbundenes Amt bekleidet und dieses Einkommen wenigstens ein Jahr bezogen hat, erhält, sofern der Eintritt oder die Versetzung in ein Amt von geringerem Diensteinkommen nicht lediglich auf seinen im eigenen Interesse gestellten Antrag erfolgt oder aber als Strafe auf Grund des § 75 gegen ihn verhängt ist, bei seiner Versetzung in den Ruhestand eine nach Maßgabe des früheren höheren Diensteinkommens unter Berücksichtigung der gesamten Dienstzeit berechnete Pension. Jedoch soll die gesamte Pension das letzte pensionsberechtigte Diensteinkommen nicht übersteigen.

1. Regelmäßig wird bei Berechnung der Pension das von dem Beamten zuletzt bezogene Diensteinkommen zugrunde gelegt. **Ein früher bezogenes Diensteinkommen kommt bei der Pensionsberechnung nur unter folgenden Voraussetzungen in Betracht:**

a) **das frühere Diensteinkommen muß höher** als **das zuletzt bezogene sein.**

b) **Das frühere, höhere Diensteinkommen darf nicht in einem Amte bezogen sein, nach dessen Bekleidung der Beamte aus dem Dienst entlassen und erst demnächst wieder angestellt ist.** Hierbei ist aber zu unterscheiden, ob die Entlassung ohne oder mit Pension erfolgt ist.

aa) Ist die Entlassung ohne Pension erfolgt, so sind alle Ansprüche des Beamten aus seinem Dienstverhältnis fortgefallen und leben nach seiner Wiederanstellung nicht wieder auf. Der Berechnung seiner in der neuen Stelle erworbenen Pension ist sonach lediglich das von ihm in dem neuen Amt bezogene Diensteinkommen zugrunde zu legen. Pieper 156; Per. u. Sp. 78; ME. 17. 3. 85 Nr. 10 (FMBl. 104).

bb) Ist die Entlassung mit Pension erfolgt und der Beamte demnächst mit einem geringeren Gehalt in einer pensionsfähigen Stelle wieder angestellt, so kommt § 58 zur Anwendung. Es erhält also ein solcher Beamter in der Regel die Pension von seinem früheren, höheren Diensteinkommen, d. h. sein altes Pensionsrecht lebt wieder auf. Da aber der Berechnung der Pension aus der letzten Dienststellung die gesamte Dienstzeit zugrunde gelegt wird, so ist denkbar, daß die so berechnete Pension der letzten Dienststellung trotz des mit ihr verbundenen geringeren Gehalts höher ist als die früher bezogene Pension; in diesem Falle kommt dann die zuletzt erdiente Pension allein in Betracht; vgl. Nr. 10 ME. 17. 3. 85 (FMBl. 104).

c) **Das frühere, höhere Diensteinkommen muß wenigstens ein Jahr bezogen sein.** War nur die letzte Gehaltszulage noch kein Jahr bezogen, so scheidet bei Berechnung des früheren Diensteinkommens nur diese aus. Pieper 156.

d) **Das frühere,** höhere Diensteinkommen **muß an sich pensionsfähig,** d. h. von dem Beamten mit Pensionsberechtigung bezogen sein. ME. 29. 7. 84 u. 17. 3. 85 Nr. 10 (MBl. **84** 194; FMBl. **85** 104); Per. u. Sp. 78; Pieper 157; RG. 17. 4. 28 JW. **28** 1655 = RG. **121** 59 = HRR. **28** Nr. 1852.

Auch die länger als ein Jahr bekleideten **Kriegsstellen** sind zu berücksichtigen. Das im Felde bezogene höhere Diensteinkommen kommt aber nicht zu dem wirklich gezahlten Betrag in Betracht, sondern nur, wenn und soweit es pensionsfähig war. Der Beamte soll durch seinen Übertritt in ein geringer besoldetes Amt für den Fall seiner Pensionierung nicht schlechter gestellt werden und soll deshalb so behandelt werden, als ob er auch seine weitere Dienstzeit in dem höher besoldeten Amt zurückgelegt hätte und aus ihm in den Ruhestand getreten wäre. Es würde jedoch eine innerlich nicht zu rechtfertigende Besserstellung der Beamten bedeuten, wenn auch das nichtpensionsfähige Diensteinkommen der früheren Stelle bei seiner späteren Pensionierung aus einem geringer besoldeten Amt berücksichtigt würde. Der Umfang der Pensionsfähigkeit des Diensteinkommens der Kriegsstellen von Militärbeamten ist aus § 32 Abs. 3 G. 31. 5. 06

(RGBl. 565) zu entnehmen. Diese Vorschrift ist entsprechend anzuwenden, wenn bei späterer Pensionierung eines Militärbeamten gemäß § 43 RBG. das höhere Diensteinkommen seiner früheren Stelle zu berücksichtigen ist. Nach § 32 Abs. 4 aaO. ist, falls die Dienstunfähigkeit des Militärbeamten *Kriegsfolge* ist, das höhere Diensteinkommen der Kriegsstelle für die Pensionsberechnung auch dann maßgebend, wenn der Beamte das frühere Diensteinkommen, wie es § 43 erfordert, noch nicht ein Jahr bezogen hat. Jedoch muß es für die Militärbeamten im Gegensatz zu Offizieren bei den *niedrigsten* Gebührnissen der ihren Kriegsstellen entsprechenden Friedensstellen bewenden. RG. 10. 5. 27 JurRunsch. **27** Rspr. Sp. 910 Nr. 1466 = „Recht" **27** 567 = JW. **27** 2187 = RG. **117** 77; s. dazu Bongard BeamtJahrb. **27** 389ff. RAM. 13. 2. 28 (RVBl. 18) u. RBesBl. **28** 55.

e) Es muß der „*Eintritt*" (beim Verbleiben an demselben Orte) oder die „*Versetzung*" (beim Übersiedeln an einen anderen Ort) in das Amt von geringerem Diensteinkommen **mit Zustimmung des Beamten** erfolgt sein; liegt die Zustimmung des Beamten, wie in den Fällen des § 23 RBG. u. § 75 nicht vor, so findet § 43 keine Anwendung. Das höhere Diensteinkommen ist also nicht zu berücksichtigen, wenn der Beamte im förmlichen Dienststrafverfahren mit Strafversetzung unter Verminderung des Diensteinkommens bestraft worden ist; s. Näheres unten § 75.

f) Der *Eintritt* oder die *Versetzung* in das Amt von geringerem Diensteinkommen darf **nicht ausschließlich auf den im eigenen Interesse gestellten Antrag des Beamten erfolgt sein.** Es muß vielmehr stets ein dienstliches Interesse mit in Frage gestanden haben, so wenn der Beamte für die besser besoldete Stelle nicht mehr befähigt ist, wohl aber das niedriger besoldete Amt noch ausfüllen kann. Pieper 157. In derartigen Fällen, in denen die Staatsinteressen zur Versetzung des Beamten nötigen, würde es unbillig sein, wenn man das Ruhegehalt nicht nach dem früheren, höheren Diensteinkommen, sondern nach dem zuletzt bezogenen niedrigeren Gehalte berechnen würde.

2. Die nach dem früheren, höheren Diensteinkommen berechnete Pension **darf das letzte (niedrigere) Diensteinkommen nicht übersteigen,** da ein Beamter im Ruhestand nicht mehr beziehen soll als während irgendeiner Zeit seiner Amtstätigkeit. Meißner 33; Pieper 157.

3. Mit § 43 stimmt überein **§ 11 PrPG.**

4. Über die Anwendung des § 43 auf **Altpensionäre** s. RG. 17. 4. 28 JW. **28** 1655 = RG. **121** 59 = HRR. **28** Nr. 1852 und Brand BR. 317.

§ 44.

Das mit Nebenämtern oder Nebengeschäften verbundene Einkommen begründet nur dann einen Anspruch auf Pension, wenn eine etatsmäßige Stelle als Nebenamt bleibend verliehen ist.

1. Regelmäßig wird eine Pensionsberechtigung nur durch Bekleidung eines Hauptamtes erworben. **Das mit Nebenämtern oder Nebenbeschäftigungen** (vgl. über die Begriffe des „Nebenamts" und des „Nebengeschäfts" oben § 16 Anm. 7 u. 8) **verbundene Diensteinkommen begründet einen Pensionsanspruch nur, wenn:**

a) das Nebenamt neben einem Hauptamt bekleidet wird. Das Hauptamt braucht aber kein reichsdienstliches zu sein; auch ein unmittelbares oder mittelbares Staatsamt, also auch ein Gemeindeamt, z. B. eines Bürgermeisters, genügt. JurW. **99** 283 Nr. 21 und Archiv f. Rhein. R. Bd. **95** Abt. II 104; RG. **43** 132. Wird ein Hauptamt nicht bekleidet, so kommt § 38 zur Anwendung;

b) das Nebenamt planmäßig ist; vgl. Per. u. Sp. 78;

c) das Nebenamt bleibend, also lebenslänglich, nicht auf bestimmte Zeit oder widerruflich oder auf die Dauer des Hauptamts verliehen ist. Solche bleibend verliehenen Nebenämter sind selten, z. B. die Mitgliedschaft des Bundesamts für das Heimatwesen. § 42 G. 6. 6. 70 (BGBl. 360). Die meisten Nebenämter werden auf bestimmte Zeit, meist 3 oder 5 Jahre oder für die Dauer des Hauptamts verliehen.

2. **Liegen die Voraussetzungen zu 1a bis c vor, so ist das Nebenamt mit einem Pensionsanspruch verbunden,** falls im übrigen die allgemeinen Voraussetzungen für die Pensionsgewährung (Dienstunfähigkeit, Erfüllung der Wartezeit usw.) vorliegen; etwaige abweichende Haushaltsbestimmungen sind ungesetzlich und ungültig. Pieper 159; Schulze 168. A. M. Per. u. Sp. 79, die es für zulässig halten, daß die Pensionsberechtigung auch beim Vorliegen der Voraussetzungen zu 1a bis c durch den Haushalt ausgeschlossen wird.

Bei der Bemessung der für ein haushaltsmäßiges Nebenamt zu gewährenden Pension wird grundsätzlich die gesamte anrechnungsfähige Dienstzeit des betreffenden Beamten berücksichtigt, ohne Rücksicht darauf, wie lange er das Nebenamt bekleidet hat. ME. 3. 4. 97 (ZBlUB. 360); Schulze 168.

Scheidet der Beamte zunächst nur aus dem Hauptamt aus, so läuft die ruhegehaltsfähige Dienstzeit des Nebenamtes weiter. Das Amt ist dann zwar kein Nebenamt mehr; da es aber seinerzeit als solches bleibend verliehen ist, so ist es nach § 44 ruhegehaltsfähig. Dutzmann 78.

Steht der Beamte auch im Hauptamt im Reichsdienst und scheidet er aus dem Haupt- und aus dem Nebenamte zu gleicher Zeit aus, so wird das Ruhegehalt nach dem gesamten ruhegehaltsfähigen Diensteinkommen beider Stellen in einer Summe ermittelt. Scheidet er dagegen zunächst nur aus dem Nebenamte aus oder scheidet er nur aus dem Hauptamt aus, so ist der jedesmaligen Ruhegehaltsberechnung das Diensteinkommen der beiden Ämter getrennt zugrunde zu legen.

3. Über die Einholung der **Genehmigung** der obersten Reichsbehörde zur Annahme eines Nebenamts oder einer Nebenbeschäftigung vgl. § 16.

4. **Mit der Versetzung aus dem Hauptamt geht auch das** bleibend verliehene **Nebenamt** mit seinem Pensionsanspruch **verloren,** wenn infolge Wechsels des Wohnorts die weitere Ausübung des Nebenamts unmöglich geworden ist. Laband **1** 398; Pieper 159, 160. Dasselbe gilt, wenn ein Beamter infolge Widerrufs der Genehmigung seine Entlassung aus dem Nebenamt fordern muß.

5. Mit § 44 stimmt wörtlich überein **§ 12 PrPG.**

6. Einkünfte für die Wahrnehmung solcher **Nebenämter, die mit dem Hauptamt organisch verbunden sind,** kommen hier nicht in Frage. OVG. PrVBl. **37** 716.

7. **Die Hinterbliebenen** der nur nebenamtlich im Reichsdienst angestellt gewesenen Beamten haben keinen Anspruch auf Witwen- und Waisengeld. § 1 Abs. 2 HFG.

Berechnung der Dienstzeit.

§ 45.

Die Dienstzeit wird vom Tage der ersten eidlichen Verpflichtung für den Reichsdienst an gerechnet.

Kann jedoch ein Beamter nachweisen, daß seine Vereidigung erst nach seinem Eintritt in den Reichsdienst stattgefunden hat, so wird die Dienstzeit von dem letzteren Zeitpunkt an gerechnet.

Unberücksichtigt bleibt diejenige Zeit, in welcher der Beamte ohne bleibende Verleihung einer etatsmäßigen Stelle nur in der im § 38 angegebenen Weise beschäftigt gewesen ist. Die Zeit unentgeltlicher Beschäftigung wird nur insoweit berücksichtigt, als die Beschäftigung zur Erreichung eines mit einem Diensteinkommen aus der Reichskasse verbundenen Amtes bestimmt war.

1. **Die Berechnung der Dienstzeit** ist nicht nur für die Höhe des Ruhegehalts, sondern auch **für die Frage, ob die Wartezeit erfüllt ist, von Bedeutung.**

Die §§ 45 ff. gelten auch für die Reichsbahnbeamten. § 22 Ziff. 2 u. § 23 Perso.

2. Hat eine Vereidigung für den Reichsdienst stattgefunden, so rechnet die Dienstzeit **schon vom Tage der Vereidigung,** wenn auch der Dienst erst später angetreten ist. JW. **1900** 792 Nr. 23; RG. **41** 110 112; **47** 286; **81** 380. Dadurch sollen Zweifel über den Beginn der Dienstzeit nach Möglichkeit beseitigt werden. RG. **47** 283; **51** 296. Es braucht also nicht festgestellt zu werden, ob mit dem Zeitpunkt der Vereidigung der Beeidigte tatsächlich in den Staatsdienst eingetreten ist. RG. **81** 380; RG. 21. 1. 27 JurRundsch. Rspr. **27** 427 = JW. **27** 1255; **a. M.** Apel JW. **27** 2185, 2186. Dies gilt auch dann, wenn der Beamte bei seiner Ver-

eidigung nur auf Kündigung und in einer nicht zum Ruhegehalt berechtigenden Stelle angestellt war. RG. **43** 129; **51** 290; **84** 56; RG. 21. 1. 27 JurRundsch. **27** Rspr. 427 = JW. **27** 1255.

Ist die Vereidigung für den Dienst eines deutschen Landes erfolgt, so wird die Dienstzeit bei Berechnung der Reichspension nicht nach dem Tage der Vereidigung, sondern nach dem Eintritt in den Dienst des Landes gerechnet. § 46 Nr. 2.

Ist die Vereidigung in privatrechtlichen Verhältnissen erfolgt, was möglich ist, wenn der Privatbeamte in gewisser Hinsicht öffentlich-rechtliche Befugnisse ausübt, z. B. die mit bahnpolizeilichen Geschäften betrauten Hilfsbahnwärter, Hilfsweichensteller und Hilfsbremser der Reichsbahngesellschaft (vgl. ME. 10. 4. 83 Nr. 3 u. 16. 3. 93; MBl. **83** 56; **93** 106; RG. 16. 5. 99 im Archiv f. Rhein. R. **95** Abt. II 106 ff. RG. **51** 295), so hat dies für die Berechnung der Dienstzeit keine Bedeutung; nur brauchen solche Beamte beim etwaigen späteren Eintritt in den Reichsdienst nicht noch einmal vereidigt zu werden; s. Pieper 161.

3. Ist die Vereidigung erst nach dem Eintritte des Beamten in den Reichsdienst erfolgt oder ganz unterblieben, so wird die Dienstzeit **vom Eintritt in den Reichsdienst** an gerechnet, sofern der Beamte beweist, daß seine Vereidigung erst später erfolgt ist. In diesem Falle entscheidet also nicht der Tag, an dem der Beamte seine Bestallung erhält, sondern der, an dem er seine Tätigkeit beginnt. Gleichgültig ist, ob der Dienst in einer planmäßigen oder außerplanmäßigen, besoldeten oder nichtbesoldeten, nur vorläufig, zur Vorbereitung, auf Probe oder Kündigung oder auf Lebenszeit verliehenen Stelle beginnt; in allen diesen Fällen kommt die Dienstzeit bei der Pensionierung zur Anrechnung, wenn nur der Beamte zur Zeit seiner Pensionierung ruhegehaltsberechtigt war. Kanng. 134, 135; v. Zed.-Neuk. 28; Schulze 170; JW. **98** 407 Nr. 69; **99** 283 Nr. 21 u. Archiv f. Rhein. R. **95** Abt. II 105; Gruchot **42** 1040. Unerheblich ist auch, ob die Stellung zum Reichsdienst oder zum Dienst eines deutschen Landes gehört; vgl. § 46 Nr. 2. Indessen muß die Stellung in der Regel auf einem öffentlich-rechtlichen Anstellungsakt beruhen; die in Privatdiensten verbrachte Dienstzeit wird nur unter den besonderen Voraussetzungen der §§ 46 Nr. 4 u. 52 Nr. 3 und 4 angerechnet. Daher wird die Beschäftigung bei einem Reichsbeamten in dessen Privatdiensten, unter dessen alleiniger Verantwortung und für dessen Rechnung (abgesehen von den Fällen der §§ 46 Nr. 4 u. 52 Nr. 3 u. 4) nicht gerechnet, selbst wenn sie zur Vorbereitung für eine spätere Tätigkeit im Reichsdienst erfolgt. OTrib. **81** 141; Meißner 34, 35; Nr. 4 Anlage ME. 1. 5. 83 u. 15. 3. 95 (JMBl. **83** 139, 141; **95** 104); RG. 16. 5. 99 im Archiv f. Rhein. R. **95** Abt. II S. 106 ff.; RG. **51** 295. Dagegen findet eine Anrechnung statt, wenn der Beamte zum Zwecke der Vorbereitung für seinen künftigen Beruf oder aus sonstigen dienstlichen Gründen zwar im Dienste eines Reichsbeamten steht, aber dies Verhältnis als ein öffentlich-

rechtliches anzusehen ist, so wenn der Beamte aus Reichs-, nicht Privatmitteln besoldet wird, eine Anstellungsurkunde erhalten hat, eine autoritative Bedeutung dem Publikum gegenüber einnimmt, unmittelbare Verpflichtungen gegen das Reich hat usw. So haben z. B. die bei der Postverwaltung beschäftigten Postgehilfen und Posthilfsboten, die mitunter im privatrechtlichen Verhältnis zu den Posthaltern stehen und von diesen und nicht unmittelbar aus der Postkasse besoldet werden, wegen ihrer Reichsbeamteneigenschaft Anspruch auf Anrechnung dieser Dienstzeit. OVG. **19** 56; RG. **17** 62; JW. **93** 49; ME. 21. 2. 95 u. 15. 3. 95 (MBl. 96; JMBl. 104). Außerdem kann mit Genehmigung des Reichsrats unter den Voraussetzungen des § 52 Nr. 4 auch die Zeit angerechnet werden, während der ein Beamter vor seiner Anstellung im privatrechtlichen Vertragsverhältnis eines Dienstverpflichteten dem Reiche oder einem deutschen Lande Dienste geleistet hat. Nicht angerechnet wird die Studienzeit. Auch werden nicht angerechnet Zeiten der Ausbildung und der unentgeltlichen Beschäftigung, wenn sie nur in einem privatrechtlichen Dienstverhältnis verbracht sind. RG. 30. 3. 26 JW. **26** 2288[5].

4. **Auch die Zeit findet bei der Pensionsberechnung Anrechnung, während der der Beamte krank oder beurlaubt war,** selbst dann, wenn die Beurlaubung zu einer Privatbeschäftigung, längeren Reisen oder dgl. erfolgt war. RG. **41** 111; **47** 287; **51** 304; **86** 291; **94** 198; JW. **1900** 792 Nr. 23. Eine Ausnahme gilt nur, wenn bei der Urlaubserteilung ausdrücklich das Gegenteil bemerkt ist; doch ist nicht zweifellos, ob nicht eine solche Bemerkung unzulässig ist und nicht vielmehr der Beamte zum Ausscheiden aus dem Dienst unter Zusicherung späterer Wiederanstellung zu veranlassen sein möchte. Unabhängig hiervon ist die Frage zu beantworten, ob dem Beamten sein Stellen- und Besoldungsdienstalter um die Urlaubszeit zu kürzen ist.

5. Auch die Zeit, während der ein Beamter **unerlaubt vom Amte ferngeblieben, gefänglich eingezogen** oder vom Amte **suspendiert** war, wird gerechnet. Per. u. Sp. 79; Pieper 163; Kanng. 135; v. Zedl.Neuk. 27, 28; Schulze 171. A. M. für preußische Beamte Meißner 35, 36, der die Zeit der Amtssuspension — als verschuldete Dienstlosigkeit — nicht anrechnen will. Dies ist schon um deswillen unrichtig, weil die Suspension, wenn sich später ihre Grundlosigkeit herausstellt, durchaus nicht eine auf Verschulden des Beamten beruhende Dienstlosigkeit zu sein braucht. Der richtigen Ansicht nach hört vielmehr auch bei preußischen Beamten die Anrechnung der Dienstzeit erst mit der Rechtskraft des auf Dienstentlassung lautenden Dienststrafurteils auf.

6. In allen Fällen wird **der Tag des Dienstantritts und des Dienstaustritts** mitgerechnet. Dasselbe gilt von dem Tage der Vereidigung. Schulze 169. War die Vereidigung mit Rücksicht auf einen vorhergehenden Sonn- und Feiertag erst am folgenden Werktage erfolgt, so rechnet die

Dienstzeit schon vom vorhergehenden Tage. Schulze 169. Ist dem Beamten, auch dem nur auf Kündigung oder Widerruf, aber planmäßig angestellten Beamten, die Entscheidung über seine Versetzung in den Ruhestand bekannt gemacht, so wird nach § 55 noch das Vierteljahr als Dienstzeit gerechnet, das auf den Monat folgt, in dem dem Beamten die Entscheidung bekannt gemacht ist. Bei den nichtplanmäßigen, auf Kündigung oder Widerruf angestellten Beamten wird die Dienstzeit nur bis zum Tage des nach Maßgabe des Widerrufs oder der Kündigung erfolgenden Dienstaustritts berechnet. Nr. 2 u. 6 ME. 21. 10. 76 (AVBl. 216).

7. **Bestritten ist, ob die Dienstzeit gerechnet wird,** die **ein ausgeschiedener** und **demnächst wieder angestellter Beamter vor seinem Ausscheiden aus dem früheren Amt in diesem zugebracht hat.** Nach der herrschenden Ansicht wird die Militärdienstzeit unter allen Umständen, die vor der Entlassung und demnächstigen Wiederanstellung liegende Zivildienstzeit jedoch nur angerechnet, wenn die Entlassung nicht zur Strafe oder zwar zur Strafe, aber im Wege der Kündigung erfolgt ist; vgl. aber ME. 20. 6. 95 (ZBlUV. 596). War aber die Entlassung zur Strafe im Straf- oder Dienststrafverfahren oder auf Antrag des Beamten nach § 100 erfolgt, so soll eine Anrechnung auch dann nicht stattfinden, wenn etwa dem Beamten später im Gnadenwege die Anstellungsfähigkeit für den betreffenden Dienstzweig wieder verliehen ist. ME. 29. 7. 84 u. Nr. 12 ME. 17. 3. 85 (MBl. **84** 194; JMBl. **85** 104); RG. **2** 292; Kanng. 136; Seydel 79, 111; Illing **1** 147 Anm. 3. Mit Recht rechnen dagegen Pieper 163, 164; Schulze 171 u. Per. u. Sp. 80, 81 stets die gesamte Militär- und Zivildienstzeit an, gleichgültig, ob sie vor der Entlassung und darauffolgenden Wiederanstellung liegt oder nicht. Denn es fehlt an jeder Vorschrift dafür, daß durch die Entlassung zur Strafe die bisherige Dienstzeit als nicht vorhanden betrachtet werden soll; vgl. dazu auch ME. 18. 5. 97 (ZBlUV. 634); auch die preußische Verwaltungspraxis stimmt hiermit überein. ME. 22. 4. 01, 24. 5. 01 u. 7. 7. 01 (MBl. S. 153, 160 u. 189). RG. **2** 292 gründet sich auf das frühere, nicht mehr maßgebende preußische Pensionsrecht. Natürlich bleibt bei der Zurruhesetzung die zwischen der Entlassung aus dem früheren Amt und der Wiederanstellung liegende Zeit außer Betracht, da ja in dieser Zeit der Beamte nicht im Reichs- oder Staatsdienst gestanden hat. RG. **89** 296.

8. Die Zeit, während der die Zeit und Kräfte eines Beamten durch die ihm übertragenen Kräfte nur **nebenbei** in Anspruch genommen gewesen sind, wird bei der Pensionierung nicht gerechnet. RG. 30. 3. 26 JW. **26** 2288. Anders nach preußischem Beamtenrecht. RG. **84** 54ff.; JM. u. FM. 10. 9. 15 (JMBl. 203); s. auch RG. **86** 289; **94** 198 u. 258 (Anrechnung der Hilfslehrerzeit auch bei geringer Tätigkeit). Ebenso haben Reichsbeamte, die ausdrücklich nur auf eine bestimmte Zeit oder für ein seiner Natur nach vorübergehendes Geschäft angenommen werden, keinen Anspruch auf Anrechnung dieser Dienstzeit. Das gilt in beiden Fällen

auch dann, wenn der betreffende Beamte eidlich verpflichtet war. Die Zeit der Vertretung erkrankter oder beurlaubter Beamten kann also dann nicht angerechnet werden, wenn es sich um die Übertragung von Geschäften handelt, die ihrer Natur nach vorübergehende sind. Die Anrechnung ist auch dann nicht zulässig, wenn durch die Art und Weise der Tätigkeit während der Ausbildungszeit schon vorher ein fortdauerndes Beamtenverhältnis begründet sein sollte. RG. 30. 3. 26 JW. **26** 2287 = RG. **113** 219.

Auch die Zeit einer unentgeltlichen Beschäftigung wird nur mitgerechnet, wenn sie auf die Erreichung einer Dienststelle gerichtet ist, deren Inhaber ein Diensteinkommen vom Reiche beziehen. Hierher gehört namentlich die Beschäftigung im Vorbereitungsdienst und als unbesoldeter geprüfter Beamter bis zur Übernahme in ein dauerndes Diätariatsverhältnis oder bis zur Anstellung. Begründ. zum G. v. 17. 5. 07 S. 17; RG. 30. 3. 26 JurW. **26** 2288 Nr. 5. Die Anrechnungsfähigkeit einer Zeit unentgeltlicher Beschäftigung ist auch von der Vorbedingung abhängig, daß die unentgeltliche Tätigkeit auf einem öffentlich-rechtlichen und nicht lediglich auf einem privatrechtlichen Dienstverhältnis beruht. Es sollen also nur solche Zeiten der Dienstleistung angerechnet werden, die der Beamte im Beamtenverhältnis zurückgelegt hat. RG. 30. 3. 26 JW. **26** 2288 = RG. **113** 219.

Soweit nebenamtliche Beschäftigung einen Anspruch auf Pension begründet (§ 44), muß die Zeit solcher Beschäftigung auch bei der Pensionierung angerechnet werden.

9. Die **während der Pensionierung** verbrachte Zeit wird einem Beamten, der später wieder in den Dienst tritt, nicht angerechnet. Anrechnungsfähig ist aber die Zeit des einstweiligen Ruhestandes, falls der Beamte im Reichs-, Staats- oder Kommunaldienst wieder verwendet worden ist (§ 46 Nr. 1).

10. Über die Fragen der §§ 45ff. betreffend Anrechnung der Dienstzeit ist der **Rechtsweg** zulässig. Pieper 164; Per. u. Sp. 81; Schulze 172.

11. **Bei Berechnung der ruhegehaltsfähigen Dienstzeit wird den Reichsbeamten, die während der Zeit vom 1. 8. 14 bis 31. 12. 18** im Reichs- oder Militärdienst **verbrachte Zeit, sofern sie mindestens 6 Monate beträgt, anderthalbfach angerechnet.** G. 4. 7. 21 (RGBl. 825) nebst AusfBest. RFM. 29. 8. 24 (RBesBl. 279) u. 18. 4. 25 (RBesBl. 127) u. RArbM. 18. 6. 25 (RVBl. 98). Dasselbe gilt für die preußischen Beamten nach G. 28. 11. 20 (GS. **21** 89).

Die erhöhte Anrechnung erstreckt sich nicht auf sonstige Zeiträume, die nach §§ 46 Abs. 1 Nr. 1, 2 u. 4, 50, 52 RBG. als ruhegehaltsfähige Dienstzeiten angerechnet werden. Sie erstreckt sich ferner nicht auf die in solche Kalenderjahre fallende Dienstzeit, in denen der Beamte als Kriegsteilnehmer die Bedingungen erfüllt hat, die für ihn die besondere Anrechnung eines Kriegsjahrs zur Folge haben. Sie erstreckt sich auch nicht auf Zeiträume, die auf Grund anderer gesetzlicher Bestimmungen doppelt anzurechnen sind. Halbe Tage, die sich bei Berechnung der Gesamtdienstzeit ergeben, werden nicht mitgezählt. G. 4. 7. 21 (RGBl. 825). Dagegen kann für die Internierungszeit eine eineinhalbfache Berechnung der Dienstzeit auch stattfinden, wenn die bisherige Voraussetzung der Beschäftigung des Betreffenden im Reichs- und Militärdienst nicht erfüllt ist. RFM. 18. 4. 25 (RBesBl. 127).

Zulässig ist es, den Beamten die Zeit gemäß § 1 G. 4. 7. 21 1½ fach anzurechnen, in der sie während des Krieges vom Amt suspendiert waren. RWM. 11. 1. 26 (HVBl. 3).

12. Bei der Ruhegehaltsfestsetzung sind die einzelnen in Frage kommenden Dienstzeiten, soweit sie vom Tage des Dienstantritts **nicht volle Jahre umfassen, nur nach Tagen,** und zwar einschließlich der 31. Monatstage und bei der Zusammenrechnung je 365 Tage als ein Jahr anzusetzen. Mehrere getrennte Dienstzeiten werden hierbei rechnungsmäßig gesondert behandelt, ihre Ergebnisse aber zusammengerechnet. Da **nur volle Dienstjahre** einen Einfluß auf die Höhe des Ruhegehalts haben, so bleiben die über volle Jahre sich ergebenden Tage von weniger als 365 außer Betracht. FM. 14.12. 00 (ZBlAB. 598); EM. 26. 11. 00 (EVBl. 616).

§ 46.

Bei Berechnung der Dienstzeit kommt auch die Zeit in Anrechnung, während welcher ein Beamter

1. im einstweiligen Ruhestand im Reichs- oder Landesdienste verwendet worden ist,

2. im Dienste eines Bundesstaats oder der Regierung eines zu einem Bundesstaate gehörenden Gebiets sich befunden hat, oder

3. als anstellungsberechtigte ehemalige Militärperson nur vorläufig oder auf Probe im Zivildienste des Reichs, eines Bundesstaats oder der Regierung eines zu einem Bundesstaate gehörenden Gebiets beschäftigt worden ist oder

4. eine praktische Beschäftigung außerhalb des Dienstes des Reichs oder eines Bundesstaats ausübte, insofern und insoweit diese Beschäftigung vor Erlangung der Anstellung in einem Reichs- oder unmittelbaren Staatsamte behufs der technischen Ausbildung in den Prüfungsvorschriften ausdrücklich angeordnet ist.

Im Falle der Nr. 2 wird die Dienstzeit nach den für die Berechnung der Dienstzeit im Reichsdienste gegebenen Bestimmungen berechnet.

Wegen der preußischen Beamten s. die ähnliche Vorschrift des § 14 PrPG.

Gemäß § 46 **werden folgende Zeiten angerechnet:**

1. **Die Zeit, während der ein Beamter** im einstweiligen Ruhestand im **Reichs-** oder **Landesdienst verwendet worden ist.** Die Fassung des § 46 Z. 1 beruht auf Art. 1 Ziff. IV u. Art. 22 Abs. 1 Satz 2 ReichspersonalabbauVdg. 27. 10. 23 (RGBl. I 999) u. G. v. 4. 8. 25 (RGBl. I 181). Es wird also nicht mehr wie früher die Zeit angerechnet, während der ein Beamter unter Bezug von Wartegeld sich im einstweiligen Ruhestand befunden hat, sondern es muß eine Verwendung des Wartegeldempfängers im Reichs- oder Staatsdienst stattgefunden haben. Dies ist eine für die Beamten sehr ungünstige Neuerung, auf deren Beseitigung aus Billigkeitsgründen hingewirkt werden muß. Die Vorschrift gilt einstweilen bis zum 31. 1. 29 mit der Maßgabe, daß erworbene Rechte bestehen bleiben. G. 25. 7. 28 (RGBl. I 289). Sie gilt auch für Reichsbahnbeamte. V. 7. 9. 28 DBeamtArch. 9. Jahrg. S. 17.

Hiernach wird die im einstweiligen Ruhestand verbrachte Dienstzeit nur bis zum 30. 10. 23 (dem Tage des Inkrafttretens der gegenwärtigen Vorschriften) ohne weiteres und von da ab nur dann gerechnet, wenn eine Verwendung im Reichs- oder Landesdienst während der Wartestandszeit erfolgt ist. Bei bereits im Wartestand befindlichen Beamten im besetzten Gebiet rechnet aber die ruhegehaltsfähige Dienstzeit bis zum Inkrafttreten des G. 4. 8. 25, diesen Beamten ist also die Zeit von der einstweiligen Versetzung in den Ruhestand bis zum Inkrafttreten des G. 4. 8. 25 in allen Fällen (auch ohne Wiederverwendung im Reichs- oder Landesdienst) als ruhegehaltsfähige Dienstzeit anzurechnen; die nach diesem Zeitpunkt liegende Zeit rechnet auch bei diesen Beamten nur noch insoweit als ruhegehaltsfähig, als eine Verwendung des Wartegeldempfängers im Reichs- usw. Dienst erfolgt ist; s. PrFM. 2. 6. 26 (PrBesBl. 73).

Nicht angerechnet wird die Dienstzeit, für die eine Abfindung gemäß Art. 5 PersAbbauVdg. gewährt worden ist. Art. 5 § 4 G. 4. 8. 25 (RGBl. I 181); ebenso in Preußen § 3 AbbauAbwG.

2. **Die im Dienste eines deutschen Landes verbrachte Dienstzeit.** Sie wird nach den für die Berechnung der Dienstzeit im Reichsdienste gegebenen Bestimmungen der §§ 45 ff. berechnet. § 46 Abs. 2. Der Beginn der Dienstzeit in dem Lande wird also stets von der Vereidigung oder dem Dienstantritt an gerechnet; der Zivildienstzeit wird stets die aktive Militärdienstzeit hinzugerechnet; jede vor dem 18. Lebensjahr liegende Dienstzeit wird nicht gerechnet. RG. **6** 40; vgl. ME. 21. 5. 74; 24. 9. 74; 6. 1. 75; 3. 6. 78 (MBl. **74** 166 u. 249; **75** 66; **78** 116). Dagegen ist die Vorfrage, ob die in einem deutschen Lande verbrachte Dienstzeit sich als amtliche oder nur privatrechtliche darstellt, nicht nach dem Reichsrecht, sondern nach dem Staatsrecht des betreffenden Landes zu beurteilen. Dies folgt aus der Fassung des Schlußsatzes des § 46. Pieper 167, 168 u. Schulze 173. A. M. Per. u. Sp. 82 und RG. **6** 105; RG. 7. 7. 26 LZ. **27** 169. Der Probekandidat hat in Preußen für die Dauer des Probejahrs keine Beamteneigen-

schaft; deshalb kann das pädagogische Probejahr auf die ruhegehaltsfähige Dienstzeit nicht angerechnet werden. RG. 7. 7. 26 LZ. **27** 169. Ebensowenig kann der Dienst bei Kolonialgesellschaften, der privatrechtlicher Natur ist, angerechnet werden. RG. **62** 247.

3. **Die Zeit, die der Beamte im Dienste der** — wenn auch fremden — **Regierung eines Gebiets zugebracht hat, welches jetzt zu einem deutschen Lande gehört,** z. B. in den früher zu fremden Staaten gehörenden Landesteilen von Hessen-Nassau und Hannover. Nr. 2 § 46 hat aber nur den unmittelbaren Staatsdienst im Sinn. Der mittelbare Staatsdienst (Gemeinde-Schuldienst) fällt unter § 52 Nr. 1 und kann (nicht muß) mit Genehmigung des Reichsrats angerechnet werden. Schulze 173. Eine Ausnahme besteht für die Mitglieder des Reichsgerichts; diesen wird auch die Zeit angerechnet, die sie im Gemeindedienst eines deutschen Landes zugebracht haben. § 130 Abs. 3 GVG.

4. **Als anstellungsberechtigte ehemalige Militärperson gemäß § 46 Z. 3 beschäftigt worden ist;** vgl. Anm. 8i zu § 4.

Im Interesse der Militäranwärter (Versorgungsanwärter) hat das PrStM. in freier und wohlwollender Auslegung des dem § 46 Z. 3 entsprechenden § 14 Nr. 3 PrPG. durch Beschluß 27. 3. 10 (ME. 30. 3. u. 21. 4. 10 EVBl. 127; MBl. 77 und ME. 3. 5. 10, JMBl. 154) folgende nach RFM. 16. 10. 24 (RBesBl. 323) auch jetzt noch geltenden und auch für den Reichsdienst anwendbaren Bestimmungen getroffen:

a) Für die Anrechnung der in § 46 Z. 3 RBG. näher bezeichneten Zeit ist nicht Voraussetzung, daß die Beschäftigung mit Rücksicht auf die Anstellungsberechtigung erfolgt ist. Es genügt, wenn die ehemalige Militärperson während der Zeit der Beschäftigung anstellungsberechtigt war; s. RFM. 4. 1. 27 (RFBl. 12).

b) Die Anrechnung ist auch dann begründet, wenn die Beschäftigung nicht in einem Beamten-, sondern in einem privatrechtlichen Verhältnisse zur Staats- oder Reichsgewalt erfolgt ist. Die Beschäftigung muß aber eine beamtenähnliche, d. h. eine solche gewesen sein, die im allgemeinen von Beamten wahrgenommen wird. Die ehemalige Militärperson muß mithin während der Dauer dieser vorläufigen Tätigkeit ständig und überwiegend Obliegenheiten wahrgenommen haben, die nach den bestehenden Einrichtungen des betreffenden Verwaltungszweiges regelmäßig auch von Beamten verrichtet werden, wie das z. B. für Hilfsaufseher in einem Gefängnisse, für Hilfshausdiener bei einer Verwaltungsbehörde, für Hilfszollaufseher, Hilfsbriefträger, Hilfsrottenführer usw. sowie namentlich für jede aushilfsweise, wenn auch nur vorübergehende Beschäftigung im Büro- oder Kanzleidienst zutrifft.

Ausgeschlossen ist aber von der Anrechnung die Zeit der vorläufigen Beschäftigung einer anstellungsberechtigten ehemaligen Militärperson als gewöhnlicher Arbeiter im privatrechtlichen Verhältnisse bei einer Behörde.

c) Für die Anrechnung der Zeit der „nur vorläufig oder auf Probe" erfolgten Beschäftigung einer anstellungsberechtigten ehemaligen Militärperson ist es nicht erforderlich, daß diese Beschäftigung mit der Absicht der späteren Anstellung als Beamter erfolgt ist.

Nicht in Frage kommt die Zeit, die die unmittelbar aus den Truppenteilen zur Zivilverwaltung einberufenen Militäranwärter vor ihrer endgültigen Entlassung vom Militär bei Zivilbehörden zurücklegen; denn diese Zeit wird nach § 47 RBG. als aktive Militärdienstzeit bei der Zurruhesetzung berücksichtigt, so daß nicht in Frage kommen kann, ob sie nach § 46 Z. 3 a. a. O. anzurechnen ist.

Anderen Personen als den anstellungsberechtigten ehemaligen Militärpersonen können Zeiträume, während welcher sie vor ihrer Anstellung in einer planmäßigen oder ständigen diätarischen Stelle, auf Probe, als zeitweilige Vertreter planmäßiger Beamten oder sonst vorübergehend im Reichs- oder Staatsdienst beschäftigt waren, im allgemeinen auf die ruhegehaltsfähige Dienstzeit nicht angerechnet werden; dies gilt selbst dann, wenn den Dienstleistungen die Abnahme des Diensteides vorangegangen war. Andererseits bilden solche Dienstleistungen vielfach die Einleitung zu der Aufnahme in eine feste Beamtenstellung. Es wird deshalb in der preußischen Verwaltungspraxis die Anrechnung solcher Dienstzeiten nicht unbedingt als unzulässig erachtet, jedoch als grundsätzliches Erfordernis aufgestellt, daß die Dienstleistungen den Charakter der Ständigkeit an sich getragen haben müssen, um anrechnungsfähig zu sein. Ein solcher Charakter der Ständigkeit wird dann anzunehmen sein, wenn es sich auf seiten der annehmenden Behörde um die Befriedigung eines regelmäßigen und dauernden Geschäftsbedürfnisses, nicht um eine ganz vorübergehende Aushilfe gehandelt hat. JM. 18. 7. 74 bei Müller 793, 794; s. auch StMBeschl. 12. 10. 61 (JMBl. 252).

5. **Die Zeit, während welcher ein Beamter eine praktische Beschäftigung außerhalb des Staatsdienstes ausübte,** insofern und insoweit diese Beschäftigung vor Erlangung der Anstellung in einem unmittelbaren Staatsamte **behufs der technischen Ausbildung in den Prüfungsvorschriften ausdrücklich angeordnet ist.** Es entspricht der Billigkeit, daß diese im praktischen, wenn auch außeramtlichen Dienst verbrachte Dienstzeit angerechnet wird; denn den anderen Beamten, wie z. B. den Referendaren u. dgl., wird der praktische Vorbereitungsdienst, den sie im Dienste des Staates verbringen, ohne weiteres angerechnet. RG. **94** 257. Um die Anrechnungsfähigkeit der praktischen außerdienstlichen Vorbereitungszeit zu rechtfertigen, **müssen aber folgende Voraussetzungen vorliegen:**

a) Es muß sich um eine praktische Beschäftigung handeln. Studien oder der Besuch von Hochschulen gelten nicht als praktische Ausbildung; vgl. OTrib. 7. 4. 79 in MfdB. **81** 43; Schulze 173; Brand PG. 46.

b) Die praktische Beschäftigung muß zum Zwecke der technischen

Ausbildung erfolgt sein. Die „technische Ausbildung" richtet sich auf den Erwerb von solchen Kunstfertigkeiten, die nach dem Wortsinn und dem davon nicht abweichenden des Gesetzes als „technische" bezeichnet werden. Bolze **20** 348. Unter Technik versteht man den Inbegriff derjenigen Regeln und Erfahrungen, welche die Gewinnung, die Weiterschaffung und die Verarbeitung der Rohstoffe, insbesondere mit Hilfe der Naturkräfte, sowie der Herstellung von Bauten und Maschinen irgendwelcher Art betreffen. Deshalb ist eine technische Ausbildung nur eine solche, welche Kenntnisse oder Fähigkeit in solchen der Gewinnung usw. der Rohstoffe gewidmeten Gewerben oder im Baugewerbe verschaffen soll. Darunter fällt die kaufmännische Ausbildung nicht. JW. **11** 992[34]. Ebenso auch nicht die Ausbildung in der Landwirtschaft. Dagegen wird z. B. auch die Beschäftigung angerechnet, die von Wagenwärtern, Maschinen- und Dampfkesselwärtern, Lokomotivheizern, Lokomotivführern, Wagenmeistern, Werkführern, Werkmeistern, Zeichnern, Werkstättenvorstehern auf Grund ausdrücklicher Anordnung der Prüfungsvorschriften ausgeübt ist. Ausgeschlossen von der Anrechnung bleibt aber die Zeit, während welcher die genannten Personen lediglich als Handwerker oder Handarbeiter in den Werkstätten beschäftigt worden sind. ME. 30. 12. 95 (EVBl. **96** 1). Darüber, ob die Beschäftigung zum Zwecke der technischen Ausbildung erfolgt ist, kann der ordentliche Richter befinden. Gruchot **39** 1035; Schulze 174.

c) Die praktisch-technische Beschäftigung muß in den Prüfungsvorschriften ausdrücklich angeordnet sein. Es muß sich hierbei aber um Prüfungsvorschriften des Reichs handeln. Die über die in den Prüfungsvorschriften bestimmte Zeit hinaus in einer praktischen Tätigkeit verbrachte Zeit kommt nicht zur Anrechnung. Den nicht-technischen Beamten kann die außerhalb des Reichs- oder Staatsdienstes zugebrachte praktische Beschäftigungszeit nur gemäß § 52 Nr. 3 angerechnet werden. RG. 16. 5. 99 im Archiv f. Rhein. R. **95** Abt. II S. 109.

Unerheblich ist, ob die Prüfung demnächst tatsächlich abgelegt ist, und zwar jedenfalls dann, wenn dem Beamten die Prüfung erlassen ist. RG. 24. 1. 28 „Recht" **28** 173.

6. **Den oberen Marinebeamten** wird die bei der Handelsmarine zugebrachte Fahrzeit zur Hälfte als pensionsfähige Dienstzeit gerechnet. § 9 G. 4. 4. 74 u. Art. II G. 21. 4. 86 (RGBl. **74** 25; **86** 80).

7. **Den Mitgliedern des Reichsgerichts** wird bei Berechnung der Dienstzeit auch die Zeit gerechnet, während der sie in einem deutschen Lande (also im Inland, nicht dagegen im Ausland, vgl. § 52) als Anwalt, Notar oder öffentlicher Lehrer des Rechts an einer deutschen Universität gewirkt haben. § 130 Abs. 3 GVG.

8. Die Amtsdauer als **Vorsitzender eines Arbeitsgerichts** ist als Dienst im Reich oder Land anzurechnen. § 19 Abs. 2 ArbeitsgerG. 23. 12. 26 (RGBl. I 507).

9. Der **Rechtsweg** über die Anrechnung der Dienstzeit nach § 46 ist zulässig, namentlich auch über die Frage, ob und wie lange ein Dienstverhältnis im Sinne der Nr. 2 u. 3 und eine praktische Beschäftigung im Sinne der Nr. 4 bestanden hat. RG. **6** 105.

§ 47.

Der Zivildienstzeit wird die Zeit des aktiven Militärdienstes hinzugerechnet.

1. **Die Zeit des aktiven Dienstes im Heer und der Marine wird bei der Pensionierung eines Zivilbeamten stets mitgerechnet;** es ist gleich, ob der Dienst als Gemeiner, Einjährig-Freiwilliger, Offizier, Arzt oder Militärbeamter abgeleistet ist. § 38 RMG. Schiffsjungen sind nicht Gemeine; die Schiffsjungenzeit kann daher der Zivildienstzeit nicht zugerechnet werden. RG. **92** 286. Die Zeit, während der die Militärpersonen vor ihrer endgültigen Entlassung aus dem aktiven Militärdienst im Zivildienst tätig gewesen sind, ist bei ihrer Pensionierung als aktiver Militärdienst zu behandeln. ME. 8. 8. 98 (MBl. 153). Ein ununterbrochener Zusammenhang des Militärdienstes wird nicht gefordert. Auch wird die Militärdienstzeit stets gerechnet, wenn der Beamte nach ihrer Ableistung in den Zivildienst getreten, aus diesem zur Strafe entlassen und dann wieder angestellt ist; vgl. Näheres Anm. 7 zu § 45. Doch wird die Zeit des Beurlaubtenstandes und die nach der Verabschiedung bis zur Versorgung im Zivildienst verbrachte Wartezeit nicht gerechnet, und die vor Beginn des 18. Lebensjahres liegende Militärdienstzeit wird nur in Kriegsfällen angerechnet (§ 48). Pieper 168; Per. u. Sp. 83.

2. Den nach § 11 WehrmachtversorgsG. v. 4. 8. 21 i. d. Fassg. v. 22. 6. 23 (RGBl. I 409) u. v. 31. 7. 25 (RGBl. I 161) angestellten **Inhabern des Zivildienstscheins** wird die Militärdienstzeit als ruhegehaltsfähige Dienstzeit nach Maßgabe des RBG. (§§ 47, 48) oder doch mindestens so weit angerechnet, als die Zivildienstzeit nach den Vorschriften des Landesrechts angerechnet wird. Für die vor Inkrafttreten des G. v. 4. 8. 21 entlassenen Versorgungsanwärter gilt die ähnliche Vorschrift des § 23 MannschVG. v. 1906.

3. **Die in der Marine auf Seereisen außerhalb der Nord- und Ostsee zugebrachte Dienstzeit wird** auch während des Friedens bei der Pensionierung **doppelt gerechnet,** wenn der Aufenthalt außerhalb jener heimischen Gewässer mindestens 6 Monate gedauert oder bei kürzerer Dauer für die Gesundheit der Schiffsbesatzung besonders schädliche Folgen gehabt hat. Im letzteren Falle tritt aber die Doppelrechnung nur infolge Anordnung früher des Kaisers, jetzt des Reichspräsidenten ein. Art. 1 G. 24. 3. 87; Art. 4 G. 22. 5. 93 (RGBl. **87** 149; **93** 171). Dagegen will Schulze 175 bei der Pensionierung eines Zivilbeamten dessen Militär-

dienstzeit grundsätzlich nicht nach den für die Militärpersonen geltenden Vorschriften, sondern nach Maßgabe des RBG. berechnen. Deshalb will er auch bei der Pensionierung eines Reichszivilbeamten nicht diejenige Militärdienstzeit doppelt rechnen, die vorstehend bezeichnet ist. **A. M.** mit Recht Pieper § 47 Anm. 2, 3; Perels-Spilling § 47 Anm. 1, 3.

4. Mit § 47 stimmt **§ 15 PrPG.** überein.

§ 48.

Die Dienstzeit, welche vor den Beginn des achtzehnten Lebensjahrs fällt, bleibt außer Berechnung.

Nur im Kriegsfalle wird die Militärdienstzeit vom Beginne des Krieges, beim Eintritt in den Militärdienst während des Krieges vom Tage des Eintritts ab gerechnet.

Als Kriegszeit gilt in dieser Beziehung die Zeit vom Tage einer angeordneten Mobilmachung, auf welche ein Krieg folgt, bis zum Tage der Demobilmachung.

1. **Außer Anrechnung bleibt** bei der Bestimmung der ruhegehaltsfähigen Dienstzeit **die vor den Beginn des 18. Lebensjahres fallende Dienstzeit.** Diese Dienstzeit bleibt bei Berechnung des Zivilruhegehalts auch dann außer Betracht, wenn sie im Militär- oder Marinedienst verbracht ist.

Die außeramtlichen Beschäftigungen der im § 46 Z. 3, 4 u. § 52 genannten Art können erst vom 18. Lebensjahre an in Betracht kommen. Pieper § 48 Anm. 1; Schulze 176.

2. **Nur im Kriegsfalle wird die Militärdienstzeit auch dann gerechnet,** wenn und insoweit sie vor dem Beginne des 18. Lebensjahres liegt. Es wird dann die Militärdienstzeit vom Beginne des Krieges und beim Eintritt in den Militärdienst während des Krieges vom Tage des Eintritts ab gerechnet. Eine Zivildienstzeit kann auch im Kriegsfalle vor Beginn des 18. Lebensjahres nicht gerechnet werden.

Als Kriegszeit im Sinne des § 48 gilt die Zeit vom Tage einer angeordneten Mobilmachung, auf welche ein Krieg folgt, bis zum Tage der Demobilmachung. § 48 Abs. 3.

§ 49.

Für jeden Krieg, an welchem ein Beamter im Reichsheer, in der Kaiserlichen Marine oder bei den Kaiserlichen Schutztruppen oder in der bewaffneten Macht eines Bundesstaats teilgenommen hat, wird zu der wirklichen Dauer der Dienstzeit ein Jahr (Kriegsjahr) hinzugerechnet; jedoch ist für mehrere in ein Kalenderjahr fallende Kriege die Anrechnung nur eines Kriegsjahrs zulässig.

Wer als Teilnehmer an einem Kriege anzusehen ist, unter welchen Voraussetzungen bei Kriegen von längerer Dauer mehrere Kriegsjahre anzurechnen sind, welche militärische Unternehmung als ein Krieg im Sinne dieses Gesetzes anzusehen und welche Zeit als Kriegszeit zu rechnen ist, wenn keine Mobilmachung oder Demobilmachung stattgefunden hat, dafür ist die nach § 17 des Offizierpensionsgesetzes vom 31. Mai 1906 in jedem Falle ergehende Bestimmung des Kaisers (Reichspräsidenten) maßgebend. Für die Vergangenheit bewendet es bei den hierüber in den einzelnen Bundesstaaten getroffenen Bestimmungen.

1. **Für jeden Krieg,** an welchem ein Beamter im Heer oder in der Marine oder bei den Schutztruppen teilgenommen hat, **wird ihm zu der wirklichen Dauer der Dienstzeit ein Jahr,** das sog. Kriegsjahr, **zugerechnet.**

Für den letzten Krieg kommen in Betracht die Erlasse v. 7. 9. 15, 24. 1. 16, 30. 1. u. 20. 3. 17 u. 21. 1. 18 (RGBl. **15** 599; **16** 85; **17** 149 u. 315; **18** 73); ferner Vdg. 30. 11. 18 (RGBl. **19** 183 Abs. 2). **Danach kommt die Anrechnung für diejenigen Kriegsteilnehmer in Frage,** die

a) an einer Schlacht, einem Gefecht, einem Stellungskampf oder einer Belagerung teilgenommen haben;

b) ohne vor den Feind gekommen zu sein, sich während des Krieges aus dienstlichem Anlaß mindestens 2 Monate im Kriegsgebiet aufgehalten haben. Als solcher Aufenthalt ist auch der Aufenthalt als Kranker in einem Lazarett pp. des Kriegsgebietes anzusehen. RFM. 5. 4. 29 (RBesBl. 26). Dies gilt auch für Reichsbahnbeamte. RVM. 22. 4. 29 BeamtArch. **9** 433. Als *Kriegsgebiet* gilt:

aa) das Gebiet der Staaten, mit denen sich das Deutsche Reich und die mit ihm verbündeten oder befreundeten Staaten im Kriege befanden, einschließlich der Kolonien dieser Staaten und Luxemburg,

bb) sämtliche deutsche Schutzgebiete,

cc) die Gebietsteile des Deutschen Reichs und der mit ihm verbündeten oder befreundeten Staaten, soweit in ihnen kriegerische Operationen stattgefunden haben,

dd) das gesamte Meeresgebiet und

ee) das Küstengebiet,

soweit sie vom Feinde gefährdet waren.

Für jedes Jahr, in dem eine dieser Voraussetzungen erfüllt ist, wird bei der Versetzung in den Ruhestand *ein weiteres Jahr hinzugerechnet.*

Es kommt für die Hinzurechnung von Kriegsjahren nur die Zeit vom 1. August 1914 bis zum 31. Dezember 1918 in Betracht. RFM. 29. 8. 24 (RBesBl. 279).

Die Anrechnung von Kriegsjahren kommt danach für die Mitglieder der freiwilligen Krankenpflege, für die zum vaterländischen Hilfsdienst eingezogenen Beamten, für die Zivilbeamten des Generalgouvernements Brüssel und Warschau und der Zivilverwaltung Oberost, ferner für die Beamten, die auf Befehl ihrer Vorgesetzten zur Unterstützung militärischer Maßnahmen verwendet und damit einem militärischen Befehlshaber unterstellt waren, nicht in Frage, da bei diesen das Begriffsmerkmal des Heeresangehörigen fehlt. Für die genannten Beamten wird in der Regel die eineinhalbfache Anrechnung nach dem G. v. 4. 7. 21 (RGBl. 285; s. Anm. 11 zu § 45) erfolgen können, während diese für die Mitglieder der freiwilligen Krankenpflege als solche, d. h. sofern sie nicht gleichzeitig Beamte waren, nicht in Frage kommt. Für die Zeit, während der ein Beamter interniert war, wird von der Voraussetzung der tatsächlichen Beschäftigung abgesehen; die Internierungszeit wird daher eineinhalbfach gerechnet, wenn die sonstigen Bedingungen erfüllt sind. RFM. 18. 4. 25 im RBesBl. 127. Dies gilt auch für die von Austauschgefangenen (Kriegsgefangenen) in der Schweiz oder in einem anderen neutralen Lande verbrachte Militärdienstzeit. RAM. 29. 10. 25 (RVersBl. 98).

Hat ein Kriegsteilnehmer während eines Kalenderjahres, in dem er an einer Schlacht nicht teilgenommen hat, die zur Anrechnung erforderlichen 2 Monate des Aufenthalts im Kriegsgebiet nicht erreicht, dagegen diese Zeit erfüllt unter Hinzurechnung der ohne Unterbrechung sich anschließenden Zeit des nächsten Kalenderjahrs (hat er sich also z. B. vom 2. 11. 14 bis 27. 1. 15 im Kriegsgebiet aufgehalten, ohne 1914 an einer Schlacht teilgenommen zu haben), so gilt das folgende Kalenderjahr (im Beispielsfalle 1915) als Kriegsjahr. Hat er dagegen im ersten Jahre die Bedingungen der Anrechnung durch Teilnahme an einer Schlacht erfüllt, so ist das zweite Kalenderjahr nur dann als Kriegsjahr anzurechnen, wenn in diesem gleichfalls entweder die Beteiligung an einer Schlacht vorliegt oder in diesem Kalenderjahr für sich die Bedingung des zweimonatigen Aufenthalts im Kriegsgebiet erfüllt ist.

Die Jahre 1919ff. kommen als Kriegsjahre in keinem Falle in Frage. RFBl. **25** 58ff.; PrFM. 18. 7. 24 (PrBesBl. 247).

Es ist ohne Bedeutung für die Anrechnung, ob der Zeitraum vor oder nach dem Eintritt in den Reichsdienst liegt.

Die Frage, welche Gebiete in den einzelnen Zeiträumen vom Feinde gefährdet gewesen und deshalb als Kriegsgebiet anzusehen sind, ist in den Erlassen des Kriegsministers (ArmeeVdgsblatt **17** 28, 253, 297, 373 u. 445) bestimmt.

Wegen der $1^1/_2$fachen Anrechnung von Kriegsdienstzeit s. G. 4. 7. 21 (RGBl. 285) u. oben Anm. 11 zu § 45.

2. **Besondere Bestimmungen sind bezüglich der militärischen Unternehmungen in den deutschen Schutzgebieten und der gegen China gerichteten Expedition in Ostasien ergangen**; vgl. MVBl. **85** 102; **89** 83; **91** 265; **92** 195 u. 267; **93** 81; **94** 172; **95** 227; vgl. V. 29. 9. 04 (RGBl. 381); 12. 10. 05

(RGBl. 761); 27. 2. 06 (RGBl. 430); 17. 11. 06 (RGBl. **07** 742); 30. 1. 07 (RGBl. 39); 12. 4. 07 (RGBl. 154) u. 14. 1. 08 (RGBl. 13).

3. Mit § 49 stimmt **§ 17 PrPG.** im wesentlichen überein.

§ 50.

Inwieweit die Zeit eines Festungsarrestes oder einer Kriegsgefangenschaft angerechnet werden könne, ist nach den für die Pensionierung der Militärpersonen des Reichsheeres und der Marine geltenden gesetzlichen Bestimmungen zu bemessen.

1. Im allgemeinen hebt eine Unterbrechung der Dienstleistung den Lauf der Dienstzeit nicht auf. § 50 enthält hiervon eine Ausnahmevorschrift. JW. **98** 391 Nr. 22. Für preußische Beamte gilt die ähnliche Vorschrift des § 18 PrPG.

2. Inwieweit die Zeit eines **Festungsarrestes** (Festungshaft) oder eine Kriegsgefangenschaft anzurechnen ist, bestimmt § 18 G. 31. 5. 06 (RGBl. 565) i. d. Fassg. des G. v. 4. 8. 14 (RGBl. 335) u. V. 30. 11. 18 (RGBl. **19** 183).

Hat die Festungshaft kürzere Zeit als ein Jahr gedauert, so wird sie ohne weiteres auf die ruhegehaltsfähige Dienstzeit voll angerechnet; denn es kommt dann der Grundsatz zur Geltung, daß eine Unterbrechung der Dienstleistung den Lauf der anrechnungsfähigen Dienstzeit nicht aufhält. § 50 in Verbindung mit § 18 G. 31. 5. 06 enthält also eine Ausnahme von diesem Grundsatz, indem er bei einjähriger oder längerer Festungshaft die Anrechnungsfähigkeit grundsätzlich verneint und nur unter besonderen Umständen mit Genehmigung des Reichspräsidenten die Anrechnung dieser längeren Festungshaft zuläßt; vgl. JW. **98** 391[22]. Bei Beurteilung der Dauer dieser Freiheitsstrafe ist nicht die zuerkannte, sondern die tatsächlich abgebüßte Strafzeit in Betracht zu ziehen. Hat der Beamte mehrere Festungsstrafen erlitten, so ist die Anrechnungsfähigkeit dieser Zeiten nur dann von Genehmigung abhängig, wenn und soweit die einzelnen Strafen ein Jahr oder länger betragen haben. Ergeben die einzelnen Strafen nur zusammen ein Jahr oder mehr, so werden die Strafzeiten ohne weiteres auf die ruhegehaltsfähige Dienstzeit angerechnet. KrM. 4. 11. 71 bei Müller 803.

3. **Die Zeit der Kriegsgefangenschaft.** V. 30. 11. 18 (RGBl. **19** 183). Sie wird den Beamten, die als Angehörige des deutschen Heeres, der Marine oder der Schutz- und Landverteidigungstruppen in den Schutzgebieten während des Zeitraums v. 1. 8. 14 bis 31. 12. 18 — gleichviel ob bei deutschen Streitkräften oder den Streitkräften eines mit dem Deutschen Reich verbündeten oder befreundeten Staates — in Kriegsgefangenschaft geraten sind, angerechnet, wenn nicht nachgewiesen ist, daß sie durch eigenes

Verschulden in Kriegsgefangenschaft geraten sind. RAM. 9. 10. 22 (RVBl. 465); s. auch PrStaatsminist. 6. 6. 24 (PrBesBl. 248) und die Zusammenstellung der in den deutschen Ländern maßgebenden Gesetzesvorschriften für die erhöhte Anrechnung von Kriegsdienstzeit im RFBl. **25** 58ff. (RFM. 7. 3. 25).

Nachforschungen darüber, ob ein Beamter durch eigenes Verschulden in Kriegsgefangenschaft geraten ist, sind nur dann anzustellen, wenn der Behörde bekannt geworden ist, daß ein kriegsgerichtliches Verfahren aus diesem Anlaß geschwebt hat oder wenn sonst besondere Gründe für die Annahme eigenen Verschuldens vorliegen.

Die einfache Anrechnung der in Kriegsgefangenschaft zugebrachten Zeit 1919ff. ist demnach begründet, falls die Gefangennahme vor dem 1. 1. 19 stattgefunden hat. Wegen der Doppelrechnung der Kriegsgefangenschaft s. Vdg. d. Reichsregierung 30. 12. 18 (RGBl. **19** 183). Die Anrechnung von Kriegsjahren in der Kriegsgefangenschaft ist bereits begründet, wenn die besonderen Gefahren für Leben und Gesundheit an je einem Tage der betr. Kalenderjahre vorgelegen haben. Abs. 2 G. 30. 11. 18 (RGBl. **19** 183). Daß solche besonderen Gefahren vorgelegen haben, wird vermutet. RFM. 29. 8. 24 (RBesBl. 279). Stützt sich die Doppelrechnung darauf, daß der Beamte in der Kriegsgefangenschaft besonderen Gefahren für Leben und Gesundheit ausgesetzt gewesen ist, so ist im Regelfall das Vorhandensein einer besonderen Gefährdung anzunehmen. Diese Annahme trifft zu, wenn der Beamte nach seinen Angaben in Kriegsgefangenenlagern untergebracht war, nicht aber, wenn er als landwirtschaftlicher Arbeiter ohne lagermäßige Bewachung beschäftigt war.

Die Jahre 1919ff. kommen als Kriegsjahre auch bei der Kriegsgefangenschaft nicht in Frage. Die eineinhalbfache Anrechnung der Zeit der Kriegsgefangenschaft ist ausgeschlossen; s. § 2 PrG. 23. 11. 20 (GS. **21** 89). Nach § 29 Ziff. 5 PrBesG. ist sie jetzt aber zulässig, so daß die preuß. Beamten günstiger als die Reichsbeamten stehen.

Für die Anrechnung ist ohne Bedeutung, ob der Zeitraum vor oder nach dem Eintritt in den Reichsdienst liegt.

PrFM. 18. 7. 24 (PrBesBl. 247).

§ 51.

Den Beamten, welche in außereuropäischen Ländern eine längere als einjährige Verwendung gefunden haben, wird die daselbst zugebrachte Dienstzeit bei Verwendung in Ost- und Mittelasien, Mittel- und Südamerika bei der Pensionierung doppelt in Anrechnung gebracht.

Bei Verwendung von Beamten in anderen außereuropäischen Ländern als den vorbezeichneten ist es dem Beschlusse des Bundes-

rats (Reichsrats) vorbehalten, dem Vorstehenden entsprechende Bestimmungen zu treffen.

1. Wegen der Gefährlichkeit des Klimas und der Entfremdung von der Heimat wird **den in gewissen außereuropäischen Ländern verwendeten Beamten die dort zugebrachte Dienstzeit, wenn sie länger als ein Jahr gedauert hat,** bei der Pensionierung **doppelt gerechnet.**

2. § 51 bezog sich ursprünglich nur auf die gesandtschaftlichen und besoldeten Konsulatsbeamten, da damals nur diese als Reichsbeamte in außereuropäischen Ländern beschäftigt wurden. Jetzt gilt die Vorschrift **für alle Beamten, die im Auslande länger als ein Jahr verwendet werden.** Arndt 95; Schulze 179.

3. An die Stelle des Bundesrats (Abs. 2) ist jetzt der **Reichsrat** getreten.

4. **Wegen sonstiger Doppelrechnung** gewisser Zeiten s. Anm. 3 zu § 47.

§ 52.

Mit Genehmigung des Bundesrats (Reichsrats) kann nach Maßgabe der Bestimmungen in den §§ 45 bis 49 die Zeit angerechnet werden, während welcher ein Beamter

1. sei es im In- oder Ausland, als Sachwalter oder Notar fungiert, im Gemeinde-, Kirchen- oder Schuldienst oder im Dienste einer landesherrlichen Haus- oder Hofverwaltung sich befunden oder

2. im Dienste eines dem Reiche nicht angehörigen Staates gestanden hat oder

3. außerhalb des Dienstes des Reichs oder eines Bundesstaats praktisch beschäftigt gewesen ist, insofern und insoweit diese Beschäftigung vor Erlangung der Anstellung in einem Reichs- oder unmittelbaren Staatsamte herkömmlich war,

4. vor seiner Anstellung ununterbrochen im privatrechtlichen Vertragsverhältnis eines Dienstverpflichteten dem Reiche oder einem Bundesstaate gegen unmittelbare Bezahlung aus der Reichs- oder einer Staatskasse Dienste geleistet hat, insofern er mit Aussicht auf dauernde Verwendung ständig und hauptsächlich mit den Dienstverrichtungen eines Beamten betraut gewesen ist und diese Beschäftigung zu seiner Anstellung geführt hat.

1. **§ 52 bestimmt, in welchen Fällen eine außerhalb des Reichsdienstes verbrachte Zeit angerechnet werden kann; § 46 enthält die Fälle, wo die Anrechnung erfolgen muß.**

Häufig wird es nur nach vorheriger Zusicherung der Anrechnung der außerhalb des Reichsdienstes verbrachten Dienstzeit gelingen, hervorragende Kräfte für den Reichsdienst zu gewinnen. Hat also das Reich ein wesentliches Interesse an der Übernahme eines Beamten, so wird es ihm die Anrechnung so vieler Jahre der außerstaatlichen Dienstzeit zusichern müssen, als unter Zugrundelegung des bei seiner Anstellung gewährten ruhegehaltsfähigen Diensteinkommens und unter Mitberücksichtigung der kraft Gesetzes anzurechnenden Dienstzeiten (z. B. Militär- oder Staatsdienstzeit) erforderlich sind, um ihn nicht schlechter zu stellen wie zuvor. Auf diese Weise kann ihm im Falle seiner Dienstunfähigkeit derselbe Ruhegehaltsbetrag gewährt werden, den er in seinem außerstaatlichen Amt erhalten haben würde, wenn er zur Zeit seines Ausscheidens in den Ruhestand versetzt worden wäre.

2. Die Anrechnung in den Fällen des § 52 soll nur ausnahmsweise erfolgen und erfordert die **Genehmigung des Reichsrats.**

Der Reichsrat entscheidet **nach freiem Ermessen** über die volle oder teilweise Anrechnung der im § 52 bezeichneten Zeit; er wird hierbei die Vermögenslage, die Würdigkeit, das Alter, die dienstliche und außerdienstliche Führung usw. des Beamten berücksichtigen; ME. 21. 4. 73 (ZBlUB. 386); EM. 30. 10. 03 (MBl. 247); er hat bei seiner Entscheidung die §§ 45 bis 49 zu beachten, darf also z. B. die vor dem 18. Lebensjahre liegende Zeit niemals anrechnen. Die Entscheidung ist erst einzuholen, wenn die Pensionierung erfolgen soll, nicht schon, wenn der Beamte das Reichsamt übernimmt; Per. u. Sp. 87; dagegen soll für preußische Beamte die vom Staatsministerium zu treffende Entscheidung schon vor der Anstellung erfolgen; Meißner 45. A. M. ME. 9. 4. 97 (ZBlUB. 375), wonach eine Entscheidung über die Anrechnung einer an sich nicht pensionsfähigen Dienstzeit stets erst beim Eintritt des Pensionsfalles unter Berücksichtigung der Bedürftigkeit und Würdigkeit des betreffenden Beamten getroffen werden kann; ebenso Schulze 182.

Ein Rechtsanspruch auf die Anrechnung besteht nicht. RG. **81** 400; **84** 221; Brand BR. 289.

Die Anrechnung kommt nicht in Betracht, wenn eine Stelle mit rückwirkender Kraft verliehen ist (sogen. Vorpatentierung). Denn die Vorpatentierung legt dem Ernannten für die zurückliegende Zeit nicht etwa Beamteneigenschaft bei mit allen Rechten und Pflichten; sie dient vielmehr vorzugsweise der nachträglichen Gewährung von Beamtenbezügen. RG. **109** 220.

3. Der Reichskanzler ist ermächtigt, **den aus der Klasse der Militäranwärter** (Versorgungsanwärter) **hervorgegangenen Reichsbeamten** ohne jedesmalige besondere Genehmigung des Reichsrats die Zeit anzurechnen, während der sie im Inland im Gemeinde-, Kirchen- oder Schuldienst sich befunden haben, vorausgesetzt, daß die Beamten bedürftig sind, nicht nur nebenamtlich beschäftigt waren und sich in und außer dem Amte gut geführt haben.

4. **Auch die im Dienste der öffentlichen Zwecken dienenden, dem Staat**

untergeordneten Körperschaften, wie Kreise, Provinzen, Feuersozietäten, Deichverbände, Handelskammern usw., verbrachte Dienstzeit kann gemäß § 52 Nr. 1 angerechnet werden. Pieper 182; Per. u. Sp. 87; v. Rönne PrStR. **3** 404; Bolze **2** 346; OVG. **19** 63. Wegen des Kirchendienstes vgl. OVG. **19** 451; **22** 36. Bezüglich des Schuldienstes ist zu beachten, daß die an staatlichen und nichtstaatlichen höheren Unterrichtsanstalten in Preußen im öffentlichen Schuldienst verbrachte Dienstzeit eines Lehrers in Betracht kommt; hierbei ist unerheblich, ob der Lehrer akademisch oder seminaristisch gebildet ist. Damit ist jede Ungleichheit zwischen den Lehrern an staatlichen und nichtstaatlichen höheren Schulen beseitigt. RG. **94** 198. Hiernach fallen unter § 52, abgesehen von den „Beamten" an den nichtstaatlichen höheren Unterrichtsanstalten, die Lehrer, die an den nichtstaatlichen, nicht zu den höheren Anstalten gehörigen Schulen angestellt waren; es muß sich aber auch dabei um die Wahrnehmung eines öffentlichen Amtes gehandelt haben. Sonst bedarf es des Nachweises, daß wenigstens materiell die Beschäftigung an einer Privatanstalt eine in allen wesentlichen Beziehungen der Tätigkeit in solchem öffentlichen Amt gleichartige gewesen, die Anstalt selbst mithin der Hauptsache nach entsprechend den Staats- und Kommunalinstituten, welche die nämlichen Zwecke verfolgen, organisiert ist. ME. 28. 1. 75 (ZBlUV. 387).

5. **Die praktische Beschäftigung im Sinne der Nr. 3 des § 52 muß** angerechnet werden, wenn und soweit sie in den Prüfungsvorschriften behufs der technischen Ausbildung ausdrücklich angeordnet ist. § 46 Nr. 4. Sie kann angerechnet werden, wenn und soweit sie herkömmlich ist, und zwar auch, wenn es sich um eine nichttechnische Ausbildung, z. B. für den Justiz- oder Verwaltungsdienst, handelt; eine über die herkömmliche Zeit sich hinaus erstreckende Beschäftigungszeit kann also niemals angerechnet werden. Herkömmlich ist eine der Aufnahme in den Reichsdienst voraufgehende allgemein übliche Tätigkeit bei Unterbehörden, durch die der Betreffende eine praktische Brauchbarkeit und Ausbildung erlangt, die ihn zur Annahme im Staatsdienst geeignet erscheinen läßt. Die Beschäftigung muß vor Erlangung der Anstellung herkömmlich gewesen sein. Es muß also zwischen der Ausbildung und der Aufnahme in den Reichs- oder unmittelbaren Staatsdienst ein ununterbrochener Zusammenhang bestehen. War der Beamte inzwischen im mittelbaren Staatsdienst, z. B. bei einer Stadtgemeinde, angestellt, so ist § 52 Nr. 2 nicht anwendbar. Dutzmann 137. Die Vorschrift hat Zeitabschnitte im Auge, die hinter der Beeidigung des Beamten zurückliegen. § 53 Nr. 3 ist wichtig z. B. für die Beamten des Lotsenwesens, die zur Erlangung der erforderlichen seemännischen Kenntnisse und Erfahrungen der Regel nach längere Zeit im Privatdienst, insbesondere auf Kauffahrteischiffen, tätig sind. RG. **47** 288.

6. Es gibt in der Verwaltung Personen, die — nach oder ohne Ver-

eidigung — zwar im wesentlichen mit gleichen Funktionen, wie sie in demselben Verwaltungszweige ständig von Beamten wahrgenommen werden, betraut sind, gleichwohl aber zum Reiche oder Staate nicht im Verhältnis eines Beamten, sondern **im privatrechtlichen Vertragsverhältnis** eines Dienstverpflichteten stehen, so namentlich in der Eisenbahnverwaltung Hilfsheizer, -bremser, -weichensteller, -schaffner. Diese pflegen später in gleichartige Beamtenstellen einzurücken. Beim Übertritt in diese kann ihnen nunmehr die frühere, nicht im Beamtenverhältnis zugebrachte Beschäftigungszeit angerechnet werden; s. RG. **78** 97; **81** 403. Ein Rechtsanspruch auf die Anrechnung des privatrechtlichen Arbeitsverhältnisses auf die Dienstzeit ist nicht gegeben. Schulze 183.

Über die Anrechnung derartiger privatrechtlicher Vordienstzeit hat der Reichsrat am 30. 6. 27 (mitgeteilt durch RFM. 15. 7. 27 RBesBl. **27** 69) folgende — wohlwollende — Grundsätze aufgestellt:

Die Ressortminister sind ermächtigt, im Einvernehmen mit dem Reichsminister der Finanzen

1. denjenigen Beamten,

a) die auf Grund des § 24 RBG. in den einstweiligen Ruhestand versetzt worden sind oder noch versetzt werden,

b) die zu oder nach dem 1. Dezember 1923 auf Grund der Personal-Abbau-Verordnung vom 27. Oktober 1923 in den einstweiligen Ruhestand versetzt worden sind,

c) die zu oder nach dem 1. Dezember 1923 auf Grund des RBG. in den dauernden Ruhestand versetzt worden sind oder noch versetzt werden,

die im privatrechtlichen Vertragsverhältnisse verbrachte Vordienstzeit (Hilfsbedienstetenzeit) als ruhegehaltsfähige Dienstzeit gemäß § 52 Ziffer 4 RBG. nach den in Nr. 53 der Drucksachen aufgeführten Grundsätzen, die an Stelle der im § 451 der Protokolle des Bundesrats von 1914 genannten treten, mit der Maßgabe anzurechnen, daß Nachzahlungen vor dem 1. April 1927 zu unterbleiben haben;

2. die den Ministern durch den Beschluß unter 1 übertragene Befugnis zur Anrechnung von Vordienstzeit (Hilfsbedienstetenzeit) als ruhegehaltsfähige Dienstzeit auf die höheren Reichsbehörden widerruflich zu übertragen.

Der Wortlaut der Grundsätze ist folgender:

Grundsätze für die Anrechnung der Vordienstzeit (Hilfsbedienstetenzeit) als ruhegehaltsfähige Dienstzeit (§ 52, 4 RBG.).

a) Der Beamte muß vor seiner Anstellung in einem Dienstvertragsverhältnisse zum Reiche oder zu den Ländern gegen unmittelbare Bezahlung aus der Reichs- oder Staatskasse gestanden haben und voll beschäftigt gewesen sein. Dieses Dienstverhältnis muß bis zu seiner Übernahme in das Beamtenverhältnis ununterbrochen fortgedauert haben.

b) Innerhalb der Dauer des der Übernahme in das Beamtenverhältnis voraufgegangenen Dienstverhältnisses kommen nur solche Zeiten in Betracht, während deren der Bedienstete als ständige Hilfskraft tätig gewesen ist. Eine nur aushilfsweise und vorübergehend oder nebenbei erfolgte Beschäftigung genügt nicht. Der Bedienstete muß vielmehr zur Befriedigung eines voraussichtlich dauernden Bedürfnisses ausschließlich oder überwiegend mit denselben Dienstverrichtungen wie Beamte betraut gewesen sein.

c) Wird diese Tätigkeit unterbrochen, so wird die vor der Unterbrechung liegende Dienstzeit nicht angerechnet. Eine Ausnahme hiervon ist nur dann zulässig, wenn die Unterbrechung der Tätigkeit nachweislich ohne Willen und ohne Verschulden des Bediensteten eingetreten ist.

Im Falle einer Unterbrechung der Tätigkeit bleibt die Zwischenzeit, während welcher der Hilfsbedienstete nicht als solcher beschäftigt gewesen ist, außer Anrechnung, es sei denn, daß es sich nur um eine kurze Unterbrechung der Tätigkeit handelt und die Veränderung der Beschäftigung nicht über die bei planmäßigen Beamten üblichen Grenzen hinausgeht. In der Regel soll eine mehr als dreimonatige Zwischenzeit nicht angerechnet werden.

d) Bei den Beamten der mittleren und höheren Laufbahn wird die nach diesen Grundsätzen anzurechnende Vordienstzeit (Hilfsbedienstetenzeit) in der Regel nur insoweit berücksichtigt, als sie den Zeitraum von 3 Jahren überschreitet. Das Nähere regelt der Ressortminister im Einvernehmen mit dem Reichsminister der Finanzen.

e) Die nach den vorstehenden Grundsätzen in Betracht kommende Tätigkeit ist ferner zu kürzen, wenn der Beamte neben dem ihm unter Mitberücksichtigung dieser Dienstzeit zustehenden Ruhegehalt Anspruch auf eine Pension oder Zusatzrente aus einer Verwaltungseinrichtung haben würde, die über die gesetzlichen Leistungen der Sozialversicherungen für Arbeiter und Angestellte hinausgeht.

f) Die Feststellung einer besonderen Würdigkeit und Bedürftigkeit des Beamten ist für die Anrechnung der Vordienstzeit (Hilfsbedienstetenzeit) im einzelnen Falle nicht erforderlich; doch soll bei gröberen Verfehlungen, die das Vorliegen einer Unwürdigkeit offenbar ergeben, von der Anrechnung abgesehen werden.

Diese Grundsätze gelten auch für Reichsbahnbeamte. DReichsbG. v. 9. 6. 27 DBeamtArch. **27** 613, 614.

Zu diesen Grundsätzen hat RFM. am 24. 11. 27 (RFBl. **28** 8) u. 13. 8. 28 (RFBl. 448) Ausführungsvorschriften erlassen. Für den Bereich der Reichspost s. AusfBest. 2. 12. 27 (RPostBl. 466).

7. Wegen der **Mitglieder des Reichsgerichts** s. § 130 Abs. 3 GVG.; nach § 158 Abs. 2 RBG. findet § 52 auf sie keine Anwendung.

8. **Für preußische Beamte** gilt der ähnlich lautende § 19 PrPG. s. auch PrFM. 11. 5. 28 (PrBesBl. 147) u. JM. 22. 5. 28 (JMBl. 278).

Das Zurruhesetzungsverfahren.

Vorbemerkung.

1. **Das Verfahren wird in der Regel dann nicht eingeleitet** oder weiter geführt werden, **wenn gegen den Beamten ein Straf- oder Dienststrafverfahren schwebt,** das möglicherweise zum Verlust des Amts führen kann.

2. Zur Versetzung eines Beamten in den Ruhestand ist der **Antrag** des Beamten erforderlich. Die in dem Antrage enthaltene Zustimmung kann wegen Willensmängel, z. B. wegen Irrtum, Drohung usw., angefochten werden; vgl. Görres 29.

Von Amts wegen geht die Behörde nur vor, wenn sie den Beamten nicht mehr für dienstfähig hält, der Beamte aber im Amte verbleiben will.

Für beide Fälle ist das Verfahren, in dem die Zurruhesetzung des Beamten herbeigeführt wird, verschieden geordnet.

a) **Beim freiwilligen Übertritt des Beamten in den Ruhestand** ist der Zurruhesetzungsgrund, nämlich Dienstunfähigkeit oder Vollendung des 65. Lebensjahres, in einem formlosen Verfahren festzustellen. Außerdem ist in diesem Verfahren der Ruhegehaltsanspruch und dessen Höhe nach Maßgabe des Diensteinkommens und der anrechnungsfähigen Dienstzeit zu bestimmen.

b) **Das Zwangspensionierungsverfahren** setzt voraus, daß der Beamte seine von der vorgesetzten Behörde behauptete Dienstunfähigkeit nicht anerkennt. Um dem Beamten zu ermöglichen, die Auffassung der Behörde durch Behauptungen und Beweise zu widerlegen, ist **ein besonders geartetes, förmliches Verfahren** vorgesehen. Dieses Verfahren braucht aber dann nicht eingeleitet zu werden, wenn der Beamte, der zwangsweise pensioniert werden soll, das 65. Lebensjahr vollendet hat; vielmehr tritt ein solcher Beamter auf Grund des § 60a RBG. kraft Gesetzes in den Ruhestand; nur für die Mitglieder des Reichsgerichts, des Reichsfinanzhofs und des Rechnungshofs des Deutschen Reiches besteht eine Ausnahme insofern, als sie erst nach Vollendung des 68. Lebensjahrs in den Ruhestand treten. Ferner ist die Einleitung des Zwangspensionierungsverfahrens nicht nötig bei den auf Widerruf oder Kündigung angestellten Beamten. Denn wenn diese Beamten im Falle ihrer Dienstunfähigkeit die Versetzung in den Ruhestand nicht nachsuchen, so erfolgt ihre Entlassung unter Bewilligung des erdienten Ruhegehalts lediglich im Wege des Widerrufs oder der Kündigung.

3. Ist ein Beamter **vor dem Zeitpunkte, mit welchem die Ruhegehaltsberechtigung für ihn eingetreten sein würde** (also in der Regel vor Vollendung des zehnten Dienstjahres) **dienstunfähig geworden,** so kann er **gegen seinen Willen** nur unter Beobachtung derjenigen Formen, welche **für das förmliche Dienststrafverfahren** vorgeschrieben sind, in den Ruhestand

versetzt werden. § 68 RBG. Man wollte einem Beamten, der überhaupt kein Ruhegehalt erhalten soll, die Möglichkeit geben, in einem förmlichen, mit größeren Rechtsgarantien ausgestatteten Verfahren seinen Standpunkt, daß er noch nicht dienstunfähig sei, zu begründen.

Nachweis der Dienstunfähigkeit.

§ 53.

Zum Erweise der Dienstunfähigkeit eines seine Versetzung in den Ruhestand nachsuchenden Reichsbeamten ist die Erklärung der demselben unmittelbar vorgesetzten Dienstbehörde erforderlich, daß sie nach pflichtmäßigem Ermessen den Beamten für unfähig halte, seine Amtspflichten ferner zu erfüllen.

Inwieweit andere Beweismittel zu erfordern oder der Erklärung der unmittelbar vorgesetzten Behörde entgegen für ausreichend zu erachten sind, hängt von dem Ermessen der über die Versetzung in den Ruhestand entscheidenden Behörde ab.

1. **Die §§ 53 bis 55 behandeln die freiwillige, §§ 60a bis 68 die unfreiwillige Pensionierung.** Die §§ 53 bis 55, nicht aber die §§ 60a bis 68 finden auch auf die nur auf Widerruf oder Kündigung angestellten, pensionsberechtigten Beamten Anwendung. Die Kündigung ihres Dienstverhältnisses ist der förmlichen Versetzung in den Ruhestand gleichzustellen. RG. **82** 261; RG. 21. 1. 27 JW. **27** 1255.

2. Der Beamte, **der das 65. Lebensjahr vollendet hat,** tritt jetzt nach § 60a **kraft Gesetzes** mit Ablauf des Vierteljahrs **in den Ruhestand,** das auf den Monat folgt, in dem er das 65. Lebensjahr (die Mitglieder des Reichsgerichts usw. das 68. Lebensjahr) vollendet hat; s. Näheres unten § 60a. In diesen Fällen kommt also der Nachweis der Dienstunfähigkeit nicht in Frage.

3. Die Beamten, die **vor Erreichung des 65. Lebensjahres** ihre Versetzung in den Ruhestand beantragen wollen, müssen in ihrem Gesuch ausführlich **die Umstände anzeigen,** die ihr Ausscheiden aus dem Dienst nötig machen, und haben die Gründe darzulegen, auf die sie ihr Gesuch stützen.

Einem Beamten, der seine Versetzung in den Ruhestand nachgesucht hat, kann Urlaub vor seiner Zurruhesetzung nur gegeben werden, wenn von ihm die Erfüllung seiner Dienstpflichten bis zu seinem Ausscheiden aus dem Dienst nicht mehr verlangt werden kann. Ist letzteres der Fall, so ist die Zurruhesetzung zu dem frühesten gesetzlich zulässigen Zeitpunkt auszusprechen, falls nicht der Beamte selbst seine Zurruhesetzung zu einem noch früheren Zeitpunkt beantragt. PrJM. 29. 9. 20 (JMBl. 496).

4. Die unmittelbar vorgesetzte Dienstbehörde (Ziff. IV, bei Reichsbahnbeamten Ziff. V V. 10. 8. 28, RGBl. I 369, unten S. 547) hat eine

eingehende Untersuchung über die Dienstunfähigkeit des Beamten und deren Veranlassung sowie unter Umständen über seine etwa noch für andere Dienstleistungen vorhandene Brauchbarkeit vorzunehmen. Überzeugt sie sich auf Grund der angestellten Ermittlungen davon, daß der Beamte dienstunfähig ist, **so hat sie die Erklärung abzugeben, daß sie nach pflichtmäßigem Ermessen den Beamten für unfähig halte, seine Amtspflichten ferner zu erfüllen.** Diese Erklärung ist zum Nachweise der Dienstunfähigkeit unbedingt erforderlich und kann nicht etwa durch ärztliche Zeugnisse u. dgl. ersetzt werden; vgl. FM. 5. 5. 72 (MBl. 129); auch ihre Ersetzung durch Feststellungen im ordentlichen Rechtswege ist untunlich. JW. **12** 261. Bei Ausstellung dieser Erklärung ist zu beachten, daß nach § 34 RBG. Dienstunfähigkeit nur dann vorliegt, wenn sie die Folge eines körperlichen Gebrechens oder einer Schwäche der körperlichen oder geistigen Kräfte des Beamten ist. Eine nicht durch einen dieser Umstände hervorgerufene Dienstunfähigkeit bildet keinen Zurruhesetzungsgrund. FM. 20. 4. 04 bei Müller 805.

Bei der Pensionierung von Wartegeldempfängern hat die Erklärung die Behörde auszustellen, die ihnen zuletzt unmittelbar vorgesetzt war.

5. Die zuständige Dienstbehörde — es braucht nicht die dem Beamten unmittelbar vorgesetzte zu sein, sondern kann auch eine höhere sein — hat über das Gesuch **an die über dasselbe entscheidende Behörde** (s. Nr. 6) **zu berichten.** Bei Erstattung des Berichtes ist die sog. **Ruhegehaltsnachweisung** beizufügen. V. 8. 6. 37 (v. Kamptz **49** 486) und ORK. 18. 12. 08 bei Müller 819. Diese Nachweisung erörtert in 10 Spalten alle für die Entscheidung über das Gesuch und die Höhe des zu bewilligenden Ruhegehalts wichtigen Punkte. Dahin gehören: das Lebensalter des Beamten, seine einzelnen Dienstzeiten, und zwar sowohl beim Militär wie bei Zivilbehörden unter Hervorhebung der ruhegehaltsfähigen Zeitabschnitte und endlich die ruhegehaltsfähigen Teile des Diensteinkommens. Ferner sind in der Nachweisung der sich ergebende Ruhegehaltsbetrag, die an Militärinvalidenruhegehalt oder Militärrente zu erstattenden Summen, der Beginn der Ruhegehaltszahlung, etwaige Gründe, aus welchen Witwen- und Waisengeld seinerzeit nicht zu zahlen ist, der Grund der Zurruhesetzung und die Kasse, der das Militärinvalidenruhegehalt oder die Militärrente zur Last fällt, anzugeben. Am Schlusse der Nachweisung ist von dem Rechnungsbeamten ihre rechnerische Richtigkeit und im Anschlusse daran von der ausfertigenden Behörde die Richtigkeit und Vollständigkeit aller in der Nachweisung enthaltenen tatsächlichen Angaben zu bescheinigen.

6. Auf Grund des Berichtes und der Ruhegehaltsnachweisung (s. unter Nr. 5) macht sich **die über die Versetzung in den Ruhestand entscheidende Behörde** (§ 54) **schlüssig.** Sie kann nach freiem Ermessen darüber befinden, ob und inwieweit sie noch andere Beweismittel erfordern oder ob sie sich mit der Erklärung der unmittelbar vorgesetzten Dienstbehörde über die

Dienstunfähigkeit begnügen will. Jedenfalls ist sie an die Erklärung der unmittelbar vorgesetzten Dienstbehörde in keinem Falle gebunden. In der Regel wird sie das Zeugnis eines beamteten Arztes einfordern, wenn ein solches bisher nicht beigebracht ist. Diese Ärzte sind in Preußen regelmäßig nicht verpflichtet, die Untersuchung und Begutachtung der Beamten unentgeltlich vorzunehmen. Vielmehr gehören diese Handlungen in Preußen zu den vertrauensärztlichen Verrichtungen, die nicht zu ihren amtlichen Aufgaben zu rechnen sind. Es können also hierfür aus der Reichskasse Gebühren verlangt werden. ME. 14. 3. 21 (MBl. 94). Dies gilt auch von den Kosten des Obergutachtens des gerichtsärztlichen Ausschusses, wenn es ausschließlich im dienstlichen Interesse eingeholt ist. UM. 22. 11. 24 (ZBlUV. 312; (s. auch UM. 21. 4. 22 (ZBlUV. 270). Die Kosten solches Zeugnisses oder Gutachtens hat der Beamte nur dann zu tragen, wenn es nicht ausschließlich oder überwiegend im dienstlichen Interesse beigebracht ist. In letzterem Falle haben die Kreisärzte in Preußen auch die staatliche Verwaltungsgebühr gemäß G. 29. 9. 23 (GS. 455) zu erheben; s. Näheres MfV. 4. 12. 24 (PrBesBl. **25** 13) u. § 2 Ziff. 1 VerwaltgsGebO. 29. 12. 23 (GS. **24** 1) i. d. Fassg. der Vdg. 3. 1. 25 (PrBesBl. 15). Darüber, ob der Beamte gezwungen werden kann, sich zur Beobachtung in ein Krankenhaus einweisen zu lassen, s. oben S. 86.

Zur Einholung eines Arztzeugnisses ist aber die über die Versetzung in den Ruhestand entscheidende Behörde nicht verpflichtet. Wie sie sich die Überzeugung von der Dienstunfähigkeit eines Beamten verschaffen will, ist vollkommen ihrem freien Ermessen überlassen. JM. 20. 4. 04 bei Müller 805. So wird sie von der Einforderung eines ärztlichen Zeugnisses unter Umständen dann absehen können, wenn der Beamte in vorgerücktem Dienstalter nach einer langjährigen pflichtmäßigen Dienstführung oder nach längerer Krankheit die Versetzung in den Ruhestand nachsucht und an der Richtigkeit der von ihm angeführten Umstände nicht zu zweifeln ist.

7. Über die Frage, ob der Beamte dienstunfähig und deshalb in den Ruhestand zu versetzen sei, **ist der Rechtsweg nicht zulässig.** RG. **70** 398 u. 419; **89** 421; RG. PrVBl. **33** 62. Dies folgt aus §§ 149, 155 RBG. Abweichendes gilt nur bei einer Entscheidung darüber, ob eine Dienstunfähigkeit gemäß § 36 RBG. vorliegt. RG. **74** 97. Auch der Dienststrafrichter darf die Frage der Dienstunfähigkeit nicht nachprüfen. RDisH. 19. 12. 22 Schulze-Simons 119.

Der Umstand, daß die Verwaltungsbehörden auf diesem Gebiete eine so große, der Nachprüfung seitens der Gerichte entzogene Machtbefugnis haben, mag befremden; ändern läßt sich aber dieser Rechtszustand nicht. Denn die Frage, ob ein Beamter noch im Dienste verwendbar ist oder nicht, vermögen nur die vorgesetzten Dienstbehörden zu entscheiden; sie allein können den ganzen Betrieb und die an jeden Beamten zu stellenden Anforderungen übersehen und richtig beurteilen. Die Aufrechterhaltung des Dienstbetriebes wäre ernstlich gefährdet, wenn die den Verwaltungszweigen fernstehenden rechtsprechenden Behörden Beamte als dienstfähig bezeichnen könnten, die nach den von ihren Vorgesetzten gemachten Erfahrungen ihren Pflichtenkreis nicht mehr ausfüllen können. Hiernach kann, erst wenn die Dienstunfähigkeit im Verwaltungswege bejaht ist, über die Frage, ob und in welcher Höhe der Ruhegehaltsanspruch begründet ist, im Rechtswege gestritten werden. RG. **89** 423; s. Näheres §§ 149ff. RBG.

8. § 53 findet auch **für den Fall des im UFG.** bei dauernder Dienstunfähigkeit **bewilligten Ruhegehalts** Anwendung. JW. **99** 544 Nr. 43; vgl. Anm. 2c zu § 155.

9. Mit § 53 stimmt § 20 PrPG. und § 22 Ziff. 7 PersO. überein.

§ 54.

Die Bestimmung darüber, ob und zu welchem Zeitpunkte dem Antrag eines Beamten auf Versetzung in den Ruhestand stattzugeben ist, sowie ob und welche Pension demselben zusteht, erfolgt durch die oberste Reichsbehörde, welche die Befugnis zu solcher Bestimmung auf die höhere Reichsbehörde übertragen kann. Bei denjenigen Beamten, welche eine Kaiserliche Bestallung (Bestallung des Reichspräsidenten) erhalten haben, ist die Genehmigung des Kaisers (Reichspräsidenten) zur Versetzung in den Ruhestand erforderlich.

1. **Die oberste Reichsbehörde** (V. 10. 8. 28, RGBl. I 369; s. unten S. 547) oder kraft Delegation die **höhere Reichsbehörde** (V. 10. 8. 28 aaO.) entscheidet über die Pensionierung der Reichsbeamten. Bei den Reichsbahnbeamten sind hierfür die Reichsbahndirektionen, die zentralen Ämter und das Eisenbahnzentralamt, in Bayern die in Ziff. 10 § 22 PersO. bezeichneten Behörden zuständig; s. auch Ziff. V A V. 10. 8. 28.

Die Entscheidung hat nicht die Bedeutung, daß erst durch sie, dann aber auch unabänderlich, das Recht des Beamten auf den Ruhegehaltsbezug in der festgesetzten Höhe begründet würde, sondern die, daß sie das gesetzlich bereits begründete Recht des Beamten anerkennt und feststellt. **Die Entscheidung ist demnach nicht konstitutiver, sondern deklarativer Natur.** RG. **62** 238; **81** 105; **91** 376; Daniels Beamtenjahrb. **29** 57. Das Reich kann aber ein bereits gezahltes Ruhegehalt ganz oder teilweise zurückfordern, wenn und soweit die Voraussetzungen der §§ 812, 814 BGB. erfüllt sind. RG. **32** 121; **62** 238; **85** 192. Nach § **39** RBesO. u. Nr. 95 RBesV. sind alle zu Unrecht gezahlten Ruhegehälter zurückzuzahlen, es sei denn, daß der Wegfall der Bereicherung nach § 818 Abs. 3 BGB. geltend gemacht werden kann; s. oben Anm. B 7 zu § 4.

Die Pensionierung erfolgt nicht durch Vertrag, sondern durch behördliche Verfügung. RDisH. 12. 1. 26 DRichtZtg. Rspr. Heft **3** Nr. 337. Der Pensionierungsbescheid kann, auch wenn er dem Beamten bekannt gemacht ist, bis zum Eintritt des Empfängers in den Ruhestand widerrufen werden, so z. B., wenn gegen den Beamten ein förmliches Dienststrafverfahren durchzuführen ist, aber bis zu dem für den Eintritt in den Ruhestand bestimmten Tage noch nicht eingeleitet werden konnte. RG. **85** 192; RDisH. 8. 10. 23, 11. 12. 25 u. 12. 1. 26 DRichtZtg. **26** Rspr. 89; JurRundsch. **26** 849; DJZ. **27** 90; **a. M.** Schlayer Ztschr. f. d. ges. Strafrechtsw. **23** 239; Richhardt Beamtenjahrb. **28** 10ff.; Daniels Beamtenjahrb. **29** 55. Unzweifelhaft wird der Bescheid infolge Todes des Beamten vor dem Termin zur Zurruhesetzung nicht wirksam.

2. Gegen die Entscheidung der obersten Reichsbehörde, ob und zu welchem Zeitpunkte die beantragte Pensionierung erfolgt, **gibt es kein Rechtsmittel,** weder Beschwerde noch Klage im ordentlichen Rechtsweg. Gegen die Entscheidung der höheren Reichsbehörde findet **nur die** an keine Frist gebundene, nicht mit aufschiebender Wirkung verbundene **Beschwerde** an die oberste Reichsbehörde statt. RG. **62** 238. Dagegen kann über die Frage der Berechtigung zur Pensionierung und die Höhe der Pension (abgesehen vom Fall des § 38 Abs. 2) im ordentlichen Rechtsweg nach §§ 149ff. gestritten werden; es muß aber vor der Anrufung der ordentlichen Gerichte eine Entscheidung der obersten Reichsbehörde ergangen und die Klage innerhalb 6 Monaten nach Bekanntmachung dieser Entscheidung erhoben werden. Hat die höhere Reichsbehörde Entscheidung getroffen, so muß zur Wahrung des Klagerechts außerdem noch gegen diese Entscheidung binnen 6 Monaten die Beschwerde bei der obersten Reichsbehörde erhoben werden. § 150; vgl. Per. u. Sp. 89; Pieper 186.

3. **Der Zeitpunkt der Pensionierung** ist unter Berücksichtigung der dienstlichen und finanziellen Interessen des Reichs zu bestimmen. RDisH. 14. 12. 25 in DRichtZtg. **26** Rspr. Nr. 336. Doch darf diese Berücksichtigung nicht zu Härten gegen den Beamten führen; vielmehr sind stets dessen persönliche Wünsche und Interessen wohlwollend in Betracht zu ziehen; so kann z. B., wenn es das dienstliche Interesse zuläßt, die Pensionierung so lange hinausgeschoben werden, daß ein weiteres Dienstjahr vollendet ist. Per. u. Sp. 89; Schulze 186. Strenger ist Pieper 185. Nach preußischer Staatspraxis ist der Zeitpunkt der Pensionierung, wenn nicht besondere dienstliche Rücksichten eine abweichende Anordnung erfordern, stets auf das Ende eines Monats zu bestimmen. ME. 17. 3. 85 (JMBl. 104); vgl. Anm. 2 zu § 55. Sofern dieser Termin nicht mit dem Ende eines Kalendervierteljahrs zusammenfällt, ist zur Vermeidung späterer Gehaltserstattungen tunlichst die Zustimmung des Beamten dazu herbeizuführen, daß die letzte Gehaltszahlung nur für den Zeitraum bis zum Ausscheiden des Beamten aus dem Dienst erfolgt. Diese Vorschrift ist zur Zeit, wo die Gehälter monatlich gezahlt werden, ohne Bedeutung.

4. **Während eines Strafverfahrens oder einer Dienststrafuntersuchung** darf einem Pensionsantrage nicht stattgegeben werden; ein schwebendes

Pensionierungsverfahren muß bis zur Beendigung einer inzwischen eingeleiteten straf- oder dienststrafgerichtlichen Untersuchung ausgesetzt werden; dies ist geboten, weil eine einmal bewilligte Pension auch im Straf- oder Disziplinarverfahren nicht entzogen werden kann. Pieper 185, 186; ME. 29. 7. 84 u. 17. 3. 85 (MBl. **84** 194; **85** 104).

Ein Recht auf Ruhegehalt steht dem Beamten bei Eintritt der gesetzlichen Voraussetzungen der Versetzung in den Ruhestand allgemein nur zu, wenn er nicht durch sein Verhalten Grund zur disziplinären Ausscheidung aus dem Dienst gegeben hat; es kann, falls ein solcher Grund besteht, nicht dadurch, daß der Beamte mit seinem Pensionierungsgesuche dem disziplinären Eingreifen der Behörde zuvorkommt, den Folgen des Dienstvergehens entzogen werden. RDisH. 14. 12. 25 in DRichtZtg. **26** Rspr. Nr. 336. Ähnliches gilt für die Reichsbahnbeamten nach § 22 Ziff. 6 Perso.

5. Die Beamten, die früher vom Kaiser, jetzt vom Reichspräsidenten ernannt sind, können nur **mit Genehmigung des Reichspräsidenten** pensioniert werden. Der Reichspräsident genehmigt aber nur die Versetzung in den Ruhestand; über die Berechtigung zur Pension und ihre Höhe entscheidet die Verwaltungsbehörde. Nach der von Per. u. Sp. 89 mitgeteilten Dienstpragmatik wird aber, wenn der Pensionsanspruch begründet ist, die Genehmigung zur Pensionierung mit gesetzlicher Pension eingeholt; jedoch wird der Betrag der Pension in dem Erlasse des Reichspräsidenten nicht angegeben.

6. Wird nachträglich ein Rechtsanspruch auf Pensionserhöhung anerkannt, so findet eine Nachzahlung des Unterschiedes zwischen der erhöhten und der früher angewiesenen Pension nur in den durch die **Verjährungsvorschriften** bestimmten Grenzen statt. ME. 17. 3. 85 (JMBl. 104).

7. **Für preußische Beamte** vgl. §§ 21, 22 PrPG.; ME. 24. 9. 74 (MBl. 249); Meißner 92ff.

Zahlbarkeit der Pensionen.

§ 55.

Die Versetzung in den Ruhestand tritt, sofern nicht auf den Antrag oder mit ausdrücklicher Zustimmung des Reichsbeamten ein früherer Zeitpunkt festgesetzt wird, mit dem Ablauf des Vierteljahrs ein, das auf den Monat folgt, in dem dem Beamten die Entscheidung über seine Versetzung in den Ruhestand bekannt gemacht worden ist.

1. **Die Bestimmung des § 55 bezweckt,** den Beamten über den Zeitpunkt seiner Pensionierung längere Zeit vorher zu unterrichten, damit er sich in Ruhe in wirtschaftlicher und häuslicher Beziehung auf den Einnahmeausfall und die veränderten Lebensverhältnisse vorbereiten kann; vgl. die aus gleichem Grunde erlassenen Vorschriften der §§ 63 Abs. 2 u. 67 RBG. Ähnliches gilt für die Reichsbahnbeamten nach § 92 Ziff. 9 u. 10 Perso.

Die Vorschrift des § 55 war gemäß § 55 PersAbbauVdg. v. 27. 10. 23 dahin geändert worden, daß die Versetzung in den Ruhestand schon mit Ablauf des Monats eintrat, der auf den Monat folgt, in dem dem Beamten die Entscheidung bekannt gemacht worden war. Durch RG. v. 4. 8. 25 (RGBl. I 181) ist die alte Fassung wiederhergestellt worden mit der Maßgabe, daß die Höhe der dem Beamten zustehenden Pension nicht notwendig alsbald mit der Bekanntgabe der Entscheidung über die Versetzung in den Ruhestand mitgeteilt zu werden braucht; sie kann auch später, soll jedoch tunlichst vor dem Ausscheiden des Beamten mitgeteilt werden.

2. **Der Termin, zu dem die Pensionierung beginnen soll,** ergibt sich aus § 55 und braucht daher in der Entscheidung nicht angegeben zu werden. Unter dem Vierteljahr ist nicht das Kalendervierteljahr, sondern ein Zeitraum von 3 Monaten zu verstehen. Eine Ausnahme hiervon tritt ein, wenn auf Antrag oder mit Zustimmung des Beamten ein früherer Zeitpunkt maßgebend ist; auch in diesem Falle ist aber der Termin, wenn nicht besondere dienstliche Rücksichten entgegenstehen, auf das Ende eines Monats zu bestimmen. Nr. 3 ME. 17. 3. 85 (JMBl. 104). Vor der Berichterstattung über einen Ruhegehaltsantrag ist tunlichst, wenn nicht schon in dem Antrag ein bestimmter Zeitpunkt für den Eintritt des Ruhestandes angegeben wird, eine ausdrückliche Vereinbarung über diesen Termin herbeizuführen. Nr. 2 PrFM. 6. 1. 75 (MBl. 66). Der Beamte kann u. U. ein Interesse daran haben, daß seine Zurruhesetzung schon zu einem früheren, als dem im § 55 vorgesehenen Zeitpunkt eintritt; so z. B., wenn er nicht mehr Dienst tun kann oder will, aber auch keinen Urlaub für die gemäß § 55 zwischen der Zustellung des Bescheides und dem Beginn der Versetzung in den Ruhestand liegende Zeit bewilligt erhält. Hat die Verwaltungsbehörde den Zeitpunkt der Pensionierung abweichend von der Vorschrift des § 55 normiert, ohne daß ein Antrag oder die ausdrückliche Zustimmung des Beamten zu dem gewählten Zeitpunkte vorliegt, so ist diese gesetzwidrige Festsetzung nicht im Rechtswege, sondern höchstens — wenn sie von der höheren Reichsbehörde bewirkt ist — im Beschwerdewege anfechtbar. RG. **38** 293ff., vgl. Anm. 3 zu § 54.

Die Reichsbahnbeamten können gegen die Mitteilung ihrer Zurruhesetzung Einwendungen oder Einspruch erheben. Über den Einspruch entscheidet der Einspruchsausschuß; s. Näheres Ziff. 9, 12—15 § 22 PersO.

Hat eine höhere Reichsbehörde die Pensionierung ausgesprochen, so ist der Tag der Zustellung ihrer Entscheidung und nicht etwa des im Beschwerdewege ergangenen, die Pensionierung bestätigenden Bescheides der obersten Reichsbehörde maßgebend. Pieper 188; Schulze 188. Sonst würde eine Belohnung auf unbegründete Beschwerden gesetzt, und der Beamte würde, um möglichst lange im Genusse seines Gehalts zu bleiben, zur Beschwerdeführung geradezu veranlaßt werden.

Die Festsetzung eines späteren als des im § 55 bestimmten Termins darf nur ausnahmsweise erfolgen, wenn es das dienstliche Interesse verlangt und das geldliche Interesse des Reichs nicht gefährdet wird. PrME. 18. 5. 85 u. 14. 11. 95 (EVBl. **85** 139 u. **95** 719). Die Behörde ist also bei Festsetzung dieses Termins nicht an die Anträge des Beamten gebunden. RDisH. 14. 12. 25 JurRundsch. **26** Rspr. Nr. 1066 = DRichtZtg. **26** Rspr. Nr. 336. Behufs Durchführung eines anhängigen, aber erst einzuleitenden Dienststrafverfahrens darf der Zeitpunkt der Pensionierung hinausgeschoben werden. RDisH. a. a. O.

3. **Die Bekanntmachung wird** dem Beamten oder seinem nötigenfalls hierzu besonders zu bestellenden Pfleger (vgl. § 62 Anm. 3) formlos, auf dem gewöhnlichen Verwaltungswege **zugestellt.** § 133 RBG kommt für diese Zustellung nicht in Anwendung; vgl. Pieper 189.

4. **Bei den auf Kündigung angestellten Beamten** wird die Entscheidung über ihre Pensionierung mit der Kündigung des Dienstverhältnisses verbunden. Soweit diese Beamten einen Rechtsanspruch auf Pension haben (§ 37), findet § 55 auf sie Anwendung; vgl. für preußische Kündigungsbeamte Meißner 51, 52; ME. 12. 11. 73, 23. 11. 73, 30. 10. 80, Nr. 3 d. Erl. 17. 3. 85 (MBl. **74** 237; EisVBl. **80** 520; JMBl. **85** 104).

5. Auch nach Zustellung der Bekanntmachung **bleibt der Beamte bis zum Tage des Eintritts der Versetzung in den Ruhestand aktiver Beamter** mit allen Rechten und Pflichten; er ist also nach wie vor zur Dienstleistung verpflichtet, darf ohne Urlaub seinen Amtssitz nicht verlassen usw. Stirbt er während dieser Zeit, so erhalten seine Hinterbliebenen gemäß § 7 das Gnadenquartal vom bisherigen Diensteinkommen und nicht nach § 69. Wird der Beamte während dieser Zeit rechtskräftig im Straf- oder Dienststrafverfahren zu einer mit dem Verluste des Amtes verbundenen Strafe verurteilt, so verliert er den Pensionsanspruch. Pieper 188, 189; Per. u. Sp. 90, 91 u. 117; RG. **17** 242. Hiernach wird die Pensionierungsverfügung gegenstandslos, wenn vor dem bestimmten Zeitpunkt der Beamte gestorben oder seine Entlassung aus dem Dienste auf Ansuchen oder infolge rechtskräftiger Verurteilung erfolgt ist. RDisH. 12. 1. 26 in DRichtZtg. **26** Rspr. Heft. 3 Nr. 337 = JurRundsch. **26** Rspr. Nr. 1065.

Ob die Pensionierungsverfügung von der Behörde nach ihrer Bekanntgabe wieder zurückgenommen werden kann, ist zweifelhaft. Bejahend RDisH. 8. 10. 23 bei Schulze-Simons S. 23; **a. M.** Schlayer Ztschr. f. d. ges. Strafrechtsw. **23** S. 239; s. auch oben § 54 Anm. 1.

6. **Für preußische Beamte** vgl. den mit § 55 übereinstimmenden § 24 PrPG.

§ 56.

Die Pensionen werden vierteljährlich im voraus gezahlt.

1. Zur Zeit werden die Ruhegehälter wie die Gehälter **monatlich im voraus gezahlt;** s. oben Anm. B 5 zu § 4; § 21 Abs. 1 u. 2 RBesG. Die Ruhegehälter sind am letzten Werktag, der dem Zeitabschnitt vorhergeht,

für den die Zahlung bestimmt ist, zu zahlen. Der Zeitpunkt der Fälligkeit wird hierdurch nicht berührt. PrFM. 27. 7. 25 (PrBesBl. 173).

2. **Die Feststellung und Anweisung der Ruhegehälter** erfolgt erstmalig durch die Behörde, in deren Bezirk der Beamte angestellt war; spätere Feststellungen und Anweisungen erfolgen von der Behörde des Wohnsitzes. Diese entscheidet auch über die Einbehaltung und Kürzung des Ruhegehalts bei Wiederbeschäftigung des Empfängers im öffentlichen Dienst. JM. 27. 3. 24 (JMBl. 140).

3. **Die Zahlung der Pension** erfolgt an der Kasse oder durch Inanspruchnahme des Giro- und Postscheckverkehrs oder auf Sparkassenkonto; vgl. oben Anm. B 6 zu § 4. Eine portofreie Zusendung findet nicht statt; nur bei schwerkriegsbeschädigten, gebrechlichen und altersschwachen Empfängern werden Ausnahmen gemacht; s. RArbM. 14. 4. 24. Fällt der Monatserste auf einen Sonn- oder Festtag, so kann das Ruhegehalt schon am vorhergehenden Werktage gezahlt werden. Die zahlenden Kassen können aber die verfrühte Zahlung beanstanden, wenn, wie etwa bei schwerer Erkrankung des Ruhegehaltsempfängers, eine Gefahr des Verlustes für die Reichskasse entstehen könnte. ME. 20. 6. 94 u. 30. 8. 00 (ZBlUV. **94** 531; **00** 843).

Die Kasse darf Ruhegehälter nicht ohne Vorlage von Lebensbescheinigungen auszahlen. Solche Bescheinigungen dürfen von den Kassenbeamten nicht ausgestellt werden. Für das neue Rechnungsjahr dürfen Ruhegehälter erst gezahlt werden, wenn eine Lebensbescheinigung aus dem letzten Monat des abgelaufenen Rechnungsjahrs vorliegt. § 45 RKO. v. 6. 8. 27 (RMBl. 357).

Bezüglich der im Auslande wohnenden Empfänger sind erleichterte Bestimmungen, in Preußen vom FM. 10. 1. 25 (PrBesBl. 4), ergangen.

4. Der Anspruch auf Rückstände von Pensionen **verjährt** in 4 Jahren; die Verjährung beginnt mit dem Schluß des Jahres, in dem die Pension fällig geworden ist. §§ 197, 198, 201 BGB.; RG. **31** 129.

5. Über **Abtretung, Verpfändung** usw. des Rechts auf den Pensionsbezug vgl. § 6; preußische Beamte können das Recht auf den Bezug der Pension weder abtreten noch verpfänden. § 26 PrPG. vgl. Anm. 9 zu § 6. Zulässig ist aber die Abtretung der Pensionsbezüge zum Heimstättenbau gemäß G. 30. 6. 27 (RGBl. I 133); s. oben S. 70.

6. Hinsichtlich der **Pfändung des Ruhegehalts** gelten dieselben Vorschriften wie für die Pfändung des Gehalts; s. § 6 RBG. Auch die in Dienststrafurteilen neben der Strafe der Dienstentlassung zugebilligten Pensionsteile werden bei der Pfändung ebenso behandelt wie das Ruhegehalt.

7. Wegen der Zulässigkeit der **Aufrechnung** gegen die Ruhegehaltsforderungen wie auch wegen der Geltendmachung des **Zurückbehaltungsrechtes** an den fälligen Ruhegehaltsbeträgen seitens des Fiskus gilt das oben Anm. 11 u. 12 zu § 6 für das Gehalt Gesagte auch hier.

8. Für **preußische Beamte** gilt die gleiche Bestimmung des § 25 PrPG.

Kürzung, Einziehung und Wiedergewährung der Pension.

§ 57.

Das Recht auf den Bezug der Pension ruht:

1. wenn ein Pensionär das deutsche Indigenat verliert, bis zu etwaiger Wiedererlangung desselben;

2. wenn und solange ein Pensionär aus der Verwendung im Reichs- oder in einem sonstigen öffentlichen Dienste ein Diensteinkommen bezieht, insoweit, als der Betrag dieses neuen Diensteinkommens unter Hinzurechnung der Pension den Betrag des von dem Beamten im Zeitpunkt des Ausscheidens aus dem Dienste bezogenen Diensteinkommens übersteigt.

Als Verwendung im Reichs- oder in einem sonstigen öffentlichen Dienst im Sinne dieser Vorschrift gilt ohne Rücksicht auf die Art und Dauer der Beschäftigung jede Tätigkeit, für die eine Vergütung gewährt wird, die ganz oder zum Teil unmittelbar oder mittelbar aus öffentlichen Mitteln fließt. Auch die Beschäftigung im Kirchendienst und bei der Reichsbank gilt als Verwendung im sonstigen öffentlichen Dienst im Sinne dieser Vorschrift.

Bei Berechnung des früheren und des neuen Diensteinkommens sind die Dienstaufwandsgelder, die jederzeit widerruflichen Zulagen für eine Tätigkeit bei bestimmten Behörden und die Auslandszulagen nicht in Ansatz zu bringen. Dagegen sind sowohl dem früheren und dem neuen Diensteinkommen als auch der Pension die daneben zahlbaren Zuschläge hinzuzurechnen, und zwar nach dem Familienstand und nach den Sätzen zur Zeit der Verwendung. Nach Ortsklassen abgestufte Diensteinkommensteile sind in dem früheren Diensteinkommen mit den für den Ort der Verwendung maßgebenden Sätzen zu berücksichtigen.

1. **Die einmal erworbene Pension kann dem Beamten im Dienststrafverfahren nicht entzogen werden;** vgl. Nr. 7 der Vorbemerkung vor § 34. Dagegen ist die Entziehung der Pension unbeschränkt möglich, wenn dem Beamten die Pensionierung bekannt gemacht, aber der Tag des Eintritts in den Ruhestand noch nicht gekommen ist; vgl. Anm. 1 zu § 54.

Andere Grundsätze gelten für das Wartegeld; dies geht in den Fällen des § 29 verloren.

Das Ruhegehalt wird auch durch nachträgliche Veränderungen in dem geistigen und körperlichen Befinden des Pensionärs nicht berührt. RG. **91** 373; RG. in DRichtZtg. **25** 49 = „Recht" **25** 71.

Wegen der Anwendung der Ruhensvorschriften s. RArbM. 16. 3. 26

(RBBl. 9). Über das Ruhen der Versorgungsgebührnisse s. Behrend, Staats- u. Selbstverw. **26** 327.

2. **Das Recht auf den Bezug der Pension ruht, wenn ein Pensionär das deutsche Indigenat verliert;** darüber, wann der Verlust des deutschen Indigenats eintritt, s. RG. 22. 7. 13 (RGBl. 583); insbesondere wird die Staatsangehörigkeit unter gewissen Voraussetzungen durch den Erwerb einer ausländischen Staatsangehörigkeit verloren. § 25 G. 22. 7. 13. Das Pensionsbezugsrecht lebt wieder auf, wenn der Pensionär das Indigenat wiedererlangt. § 57 Nr. 1 findet aber auf Beamte, die das deutsche Indigenat niemals besessen haben, so z. B. die im Ausland als Reichsbeamte angestellten Ausländer, keine Anwendung; solche Beamte haben überhaupt einen Pensionsanspruch erst, wenn sie das deutsche Indigenat erworben haben. Per. u. Sp. 91; Pieper 191, 192. Ein Ruhen der Pension tritt nicht ein, wenn der Pensionär seinen Wohnsitz ohne Genehmigung in das Ausland verlegt; er ist vielmehr in der Wahl seines Wohnortes völlig unbeschränkt. Anderes gilt für den Wartegeldempfänger. § 29 Nr. 3.

3. **Ziff. 2 Abs. 1—3 hat** durch Art. 2 der 9. Ergänzung des BesG. v. 18. 6. 23 (RBesBl. 186) **eine vollkommen neue** — im mitgeteilten Text berücksichtigte — **Fassung erhalten.**

Der Vorschrift liegt die Erwägung zugrunde, daß ein Beamter, der in einem neuen Dienst wieder Einkommen erzielt, billigerweise eine Unterstützung des Reiches nur noch in entsprechend beschränktem Maße beanspruchen kann. Stellt sich später heraus, daß der Beamte durch seine Arbeitskraft erhebliche Einnahmen erzielt, so ist eine Kürzung des Ruhegehalts angezeigt; s. dagegen v. Bonin JW. **29** 1123. Diese Erwägungen treffen auch dann zu, wenn der Ruhegehaltsempfänger zwar nicht in einem öffentlichen Amt, wohl aber durch eine private Tätigkeit, z. B. im Dienste privatrechtlicher Körperschaften, oder durch schiedsrichterliche Tätigkeit oder auch durch schriftstellerische Arbeiten erheblichere Einnahmen erzielt. Diese Bezüge aus privaten Quellen hatte der Gesetzgeber früher unberücksichtigt gelassen, und zwar wohl in der Erwägung, daß eine Feststellung dieser Einnahmen zu einem unliebsamen Eindringen in die Privatverhältnisse des Ruhegehaltsempfängers führen müsse und daß das Reich die Bezüge nicht um deswillen kürzen oder ganz beseitigen dürfe, weil der Beamte aus rein privaten Mitteln Einnahmen fortlaufend zugebilligt erhalte. Dieser Rechtszustand war vorübergehend durch PersAbbauV. v. 27. 10. 23 (RGBl. I 999) geändert und es wurden die Ruhegehaltsbezüge auch bei Privateinkommen gekürzt; diese Vorschriften, die allgemein angefeindet wurden, sind für die Reichsbeamten durch ReichsG. 4. 8. 25 (RGBl. I 181) beseitigt.

Das Ruhen gemäß § 57 Nr. 2 ist im einzelnen von folgenden Voraussetzungen abhängig:

a) Der Ruhegehaltsempfänger muß in dem Reichs- oder in einem sonstigen öffentlichen Dienst wieder verwendet sein. Als Verwendung im

Reichs- oder sonstigen öffentlichen Dienst gilt ohne Rücksicht auf die Art und Dauer der Beschäftigung jede — auch nichtamtliche — Tätigkeit, für die eine Vergütung gewährt wird, die ganz oder zum wesentlichen, mehr als die Hälfte betragenden Teil unmittelbar oder mittelbar aus öffentlichen Mitteln fließt. RG. 17. 11. 25 JurRundsch. **26** Nr. 3 Rspr. 239 = „Recht" **26** Nr. 210; RArbM. 30. 3. 29 (RABl. V 8); RFM. „Bürgermeister" **28** 108; der RPM. hat in Katalogform die Tätigkeiten bezeichnet, bei denen das gewährte Einkommen aus öffentlichen Mitteln fließend angesehen wird; s. „Bürgermeister" **28** 83, 84; Lewin ZBR. **1** 126ff. So gilt z. B. die Tätigkeit bei einer Handelskammer als Verwendung im öffentlichen Dienst. HM. 27. 12. 23 (HMBl. **24** 22). Ebenso die Tätigkeit bei der deutschen Girozentrale (deutschen Kommunalbank) oder bei einem Deichamt. KG. 24. 1. 29 (JMBl. 80); RVG. 18. u. 19. 12. 25 (RVersBl. **26** 17 u. 19), ferner bei den Dampfkessel-Überwachungsvereinen. RAM. 16. 3. 26 (RVersBl. 9), bei einer Berufsgenossenschaft. RVersorgsG. 10. 3. 26 DJZ. **26** 1348 und bei einer Aktiengesellschaft, die aus staatlichem Bergwerksbesitz gebildet ist. RAM. 15. 10. 25 (RVBl. 97). Nicht hierher gehört aber die Tätigkeit als Leiter des Preuß. Landkreistages. RG. **122** 295.

Auch die Beschäftigung im Kirchendienst und bei der Reichsbank gilt als Verwendung im sonstigen öffentlichen Dienste im Sinne der Ruhensvorschriften. § 57 Abs. 2 Satz 2 RGB. Dasselbe gilt von der Beschäftigung im Dienste der durch ReichsG. v. 18. 7. 25 (RGBl. I 145) errichteten Deutschen Rentenbank-Kreditanstalt. RAM. 11. 6. 26 (RVersBl. 49) und von der Beschäftigung bei der Deutschen Rentenbank, da sie aus öffentlichen Mitteln unterhalten wird. RG. 6. 12. 27 JW. **28** 280 = RG. **119** 209; von dem Dienste der Inneren Mission oder als Synagogendiener. RVersG. 7. 12. 26 u. 14. 3. 27 (DBeamtArch. **27** 476, 477); von der Beschäftigung bei der „Deutschen Reichs-Postreklame-Gesellschaft mit beschränkter Haftung". RPM. in „Der Deutsche Beamte" Beil. der Berl. BörsZ. **27** Nr. 35; von der Beschäftigung bei der Deutschen Girozentrale (Deutschen Kommunalbank) KG. 24. 1. 29 (JMBl. 80) oder bei der Girozentrale eines Giroverbandes sächsischer Gemeinden. OLG. Dresden 23. 2. 27 LZ. **27** 1286; oder in einem Unternehmen, an dessen Stammkapital das Reich oder ein deutsches Land, Gemeinde pp. mit mehr als der Hälfte beteiligt ist. RG. 26. 11. 26 JW. **27** 781; RVersG. 22. 3. 27 DBeamtArch. **27** 477; ferner vom Dienste bei den Krankenkassen, Knappschaftsvereinen und der Reichsbahngesellschaft; s. RArbM. 30. 3. 29 (RABl. V 8); Seel im „Beamtenrecht", Beilage d. Ztschr. d. Reichsbundes d. höher. Beamt. **26** Heft 3 S. 10ff.; Friedrichs BHK. **29** 38. So muß sich z. B. ein pensionierter oder auf Wartegeld gesetzter Reichsmedizinalbeamter auf seine Pension oder sein Wartegeld das anrechnen lassen, was er als Vertrauensarzt von Krankenkassen erhält, auch wenn es nicht in Gestalt von festem Gehalt, sondern in Gebühren für den Einzelfall gezahlt wird. RG. 19. 6. 28 „Recht" **28** 500 = DRichtZtg. **28** Rspr. Sp. 403 = JurRundsch. **29** Rspr. Nr. 150.

Es findet hiernach jetzt eine Einziehung oder Kürzung des Ruhegehalts auch dann statt, wenn der Ruhegehaltsempfänger zu der ihn wieder beschäftigenden Behörde nur in ein privatrechtliches Verhältnis tritt. Die Unterschiedsbeträge, die durch diese mit Rückwirkung ausgestattete neue Rechtslage entstanden sind, brauchen die wiederbeschäftigten Pensionäre für die zurückliegende Zeit nicht zurückzuerstatten. RG. 9. 3. 28 JW. **28** 1450.

Wegen der Anwendung der Ruhensvorschriften bei Beschäftigung im öffentlichen Dienst außerhalb des Wohnorts der Familie s. RArbM. 13. 12. 28 (RArbBl. **29** 1).

b) Die neue Verwendung kann vorübergehend sein. Es wäre aber richtiger, bei einer nur vorübergehenden Beschäftigung überhaupt keine Kürzung eintreten zu lassen.

c) Die neue Beschäftigung muß mit einer Vergütung verbunden sein, die ganz oder zum Teil unmittelbar oder mittelbar aus öffentlichen Mitteln fließt. Ob die Vergütung in Form eines Ruhegehalts oder einer Abfindungsrente gewährt wird, ist gleich. RG. **123** 211. Deshalb tritt eine Kürzung auch ein, wenn der Beamte tätig wird bei einem Unternehmen, an dem sich das Reich oder ein deutsches Land mit Gewinn und Verlust zu einem die Hälfte übersteigenden Anteil beteiligt; jedoch nicht, wenn dem Unternehmen ein — wenn auch unkündbares — Darlehen vom Reich, einem Lande oder einem Kommunalverbande gewährt worden ist. RVersG. 5. 12. 27 DRichtZtg. **29** Rspr. Sp. 40; s. auch oben unter a). Diese weitgehenden Kürzungsvorschriften sind sehr unerfreulich; s. Bonin JW. **29** 1123. Sie können aber nicht rechtswirksam durch Abkommen, die eine absichtliche Umgehung des Gesetzes bezwecken, abgeändert werden. RG. **123** 211.

d) Das Ruhegehalt muß aus der Reichskasse gezahlt werden. Deshalb findet die Vorschrift auch Anwendung auf Ruhegehaltsempfänger, die ein Offizierruhegehalt oder ein Militärinvalidenruhegehalt beziehen. Ob und inwieweit diese Militärruhegehälter im Falle der Wiederbeschäftigung im öffentlichen Dienst einzuziehen oder zu kürzen sind, bestimmt sich nach OffizierspensionsG. 31. 5. 06 (RGBl. 565), ReichsmannschaftsversG. 31. 5. 06 (RGBl. 596), MilitärhinterbliebenenG. 17. 5. 07, dem OffizierentschädgsG. 13. 9. 19, dem KapitulantenentschädG. 13. 9. 19 u. dem WehrmachtversG. 4. 8. 21 i. d. Fassg. v. 22. 6. 23 u. 19. 9. 25 (RGBl. I **23** 409; **25** 349); endlich nach dem ReichsversG. 12. 5. 20 (RGBl. 989) i. d. Fassg. v. 22. 6. 23 (RGBl. I 513); vgl. Haehnel Rundsch. f. KomB. **27** 353; s. auch RArbM. 25. 10. 26 u. 11. 5. 27 (RMBl. **26** 979; RVBl. **27** 21) und Entsch. d. ReichsversG. Bd. **6** S. 207. Wegen der Kolonialbeamten s. RArbM. 3. 3. 26.

Ein staatliches Wartegeld, das ein pensionierter Reichsbeamter erhält, zieht ein Ruhen seines Ruhegehalts nur insoweit nach sich, als beide Bezüge zusammen sein letztes Reichsdiensteinkommen übersteigen. Reichsgericht 26. 11. 26 JW. **27** 781 ff. Das Wartegeld wird dabei wie ein Diensteinkommen und nicht wie ein Ruhegehalt angesehen. GrSen. RVersG. 18. 5. 27 DRichtZtg. **27** Rspr. Sp. 301; RG. 18. 11. 27 JW. **28** 1041.

e) Die Vergütung muß neu sein. Sie muß für die neue Tätigkeit gewährt werden. Danach wird, wenn ein Beamter zwei Ämter hatte und in dem einen, und zwar in dem Hauptamt, zur Ruhe gesetzt, in dem Nebenamt aber belassen worden ist, das Einkommen aus dem Nebenamt niemals unter § 57 Nr. 2 fallen können; denn dieses Einkommen bezieht der Beamte nicht als Ruhegehaltsempfänger, sondern als aktiv gebliebener Beamter. ME. 5. 6. 94 (MBl. 101); s. Näheres Friedrichs BHK. **29** 39.

4. Bei der Frage, **ob und in welcher Höhe das Ruhegehalt** beim Vorliegen der unter 2 erörterten Voraussetzungen **zu kürzen ist**, sind zu vergleichen: auf der einen Seite das neue Diensteinkommen unter Hinzurechnung des Ruhegehalts, auf der anderen Seite das von dem Beamten vor der Zurruhesetzung bezogene Diensteinkommen.

a) Bei Berechnung des alten und des neuen Diensteinkommens wird alles berücksichtigt, was wirklich eine Vergütung für die dienstliche Tätigkeit gebildet hat oder gegenwärtig bildet, was also zur eigentlichen Besoldung des Beamten gehört; dagegen ist das ruhegehaltsfähige Diensteinkommen gemäß § 42 nicht maßgebend. JW. **96** 323[21, 22]. Hiernach kommen zur Anrechnung zunächst das gesamte Gehalt in Geld oder Naturalien (JW. **99** 731[14]) und der Wohnungsgeldzuschuß nach Ortsklasse B.

Ferner sind hinzuzurechnen die nach dem Familienstand zahlbaren Kinderzuschläge und die örtlichen Sonderzuschläge (§ 57 Nr. 2 Abs. 3). Über die Ruhensberechnung bei Zahlung von Frauen- und Kinderzuschlägen, bei der eine Doppelzahlung dieser Zuschläge vermieden werden muß, vgl. RAM. Ic 2490/28 und die dort angeführten Beispiele. DBeamtArch. **28** 703 ff.

Kommt für das frühere Diensteinkommen die Zeit vor dem 1. 10. 27 in Betracht, so ist das nach §§ 26 ff. RBesG. für die Altpensionäre, d. h. die vor dem 1. 10. 27 pensionierten Beamten neu ermittelte Grundgehalt der Berechnung des früheren Diensteinkommens zugrunde zu legen. § 32 RBesG.

Ihrer Natur nach schwankende Diensteinkünfte kommen nach § 42 Z. 4 nach ihrem durchschnittlichen Betrage während der drei letzten Rechnungsjahre vor der Zurruhesetzung zum Ansatz.

Die Dienstkleidungszuschüsse sind nicht mitzurechnen. ME. 9. 12. 08 (LMBl. **09** 107). Dasselbe gilt von der Vergütung, die als besondere Dienstunkostenentschädigung für die Kosten der Reinigung und Heizung der Geschäftsräume sowie zur Beschaffung der dabei erforderlichen Gerätschaften und Materialien gewährt wird. JM. 30. 4. 84 bei Müller 810.

Hat der Beamte mehrere neue Beschäftigungen im öffentlichen Dienst, so wird der Berechnung der Gesamtbetrag des Einkommens, das der Beamte in den verschiedenen Stellungen bezieht, zugrunde gelegt.

b) Bei Berechnung der Diensteinkommen bleiben außer Ansatz diejenigen Beträge, welche für die Bestreitung von Dienstaufwands- oder Repräsentationskosten sowie die jederzeit widerruflichen Zulagen für eine Tätigkeit bei bestimmten Behörden und die Auslandszulagen. Darüber, welcher Teil des Diensteinkommens eine Dienstaufwandsentschädigung ist, entscheidet die Anstellungsbehörde unter Ausschluß des Rechtswegs. RG. **90** 259.

Ebenso sind die Zulagen der Reichsbankbeamten nicht in Ansatz zu bringen. Denn sie sind „jederzeit widerrufliche Zulagen für eine Tätigkeit bei bestimmten Behörden" im Sinne des Art. 2 IV der 9. Ergänz. d. BesG.; RAM. 13. 3. 26 (RVersBl. 9).

5. Die Kürzung oder völlige Einstellung der Zahlung kann erst erfolgen, wenn die zuständige Behörde **Kenntnis von der Wiederbeschäftigung des Ruhegehaltsempfängers im öffentlichen Dienst erlangt hat.** Deshalb hat diejenige Reichs-, Staats-, Kommunal- usw. Behörde, welche einen Ruhegehaltsempfänger anstellt oder beschäftigt, der Ruhegehaltsregelungsbehörde, oder wenn diese nicht bekannt ist, der zahlenden Kasse von der erfolgten Anstellung oder Beschäftigung unter genauer Bezeichnung der neuen Dienststelle **Nachricht** zu geben. Die Benachrichtigung muß genaue Angaben über die Art und die Höhe der bewilligten neuen Bezüge unter Beachtung der Vorschriften des § 57 Abs. 3 enthalten und den Zeitpunkt angeben, mit welchem der Bezug beginnt. Ebenso hat eine Benachrichtigung von allen Veränderungen in den Dienstverhältnissen des angestellten oder wieder beschäftigten Ruhegehaltsempfängers, insbesondere bei Erhöhung oder Verminderung der Bezüge, bei Stellenwechsel oder Wiederausscheiden aus dem Dienste stattzufinden. Ruht aber der Ruhegehaltsbezug bereits ganz, so bedarf es der Mitteilung einer Diensteinkommenserhöhung nicht. Nr. 4 u. 5 ME. 5. 4. 09 (JMBl. 81); Z. 2 d. Allg. Best. d. Bundesr. 19. 6. 06 (ZBl. 659) u. Erl. 30. 3. 08 (MBl. 90); vgl. auch PrVBl. **29** 231, 545 u. 693).

Dabei ist zu beachten, daß die Versorgungsgebührnisse aus den Reichsversorgungsgesetzen v. 12. 5. 20 (RGBl. 989) i. d. Fassg. v. 30. 6. 23 (RGBl. I 523) seit dem 1. 1. 23 nur ruhen, wenn der Versorgungsberechtigte ein entsprechendes Jahreseinkommen aus öffentlichen Mitteln hat; s. Näheres Reichsarbeitsminister 26. 11. 23 (JMBl. 81).

Wegen der Mitteilungen an die Versorgungsbehörden s. RArbM. im RVersBl. **23** 445, **24** 23, **25** 80; ferner RArbM. 30. 3. 29 (RArbBl. V 8); s. auch RPostM. im RPBl. **29** 168 und PrJM. 3. 2. 24, 6. 10. 25 u. 15. 4. 29 (JMBl. **24** 81; **25** 366; **29** 120).

Werden Versorgungsberechtigte im Reichs- oder in einem sonstigen öffentlichen Dienste verwendet, so werden ihre Versorgungsbezüge nach Maßgabe der in der 9. Ergänzung des BesG. v. 18. 6. 23 (RGBl. I 385) vorgesehenen Kürzungsbestimmungen geregelt. Dies gilt nicht für die im Zivildienste wieder beschäftigten, vor dem 1. 7. 23 in den endgültigen oder einstweiligen Ruhestand versetzten ehemaligen Militär- und Marinepfarrer Art. 10 PersAbbauVdg. i. d. Fassg. d. G. v. 4. 8. 25 (RGBl. I 181).

Bei der 9. Ergänzung des BesG. ist im Reichstag eine Feststellung, daß die Verabschiedeung des Gesetzes mit der für ein verfassungsänderndes Gesetz erforderlichen Zweidrittelmehrheit erfolgt ist, nicht gemacht worden. Die neuen Kürzungsbestimmungen konnten deshalb nur so weit angewendet werden, als dadurch nicht wohlerworbene Rechte der Beamten verletzt wurden. Die besonderen Vergünstigungen, die hinsichtlich der Kürzungsvorschriften auf Grund des Härteparagraphen (§ 17) der 9. Ergänzung des BesG. für die Übergangszeit zugestanden werden mußten, sind außer Kraft getreten.

Die durch die PAbbauV. erfolgten Änderungen der Vorschriften über das Wartegeld bedingen, daß bei Ruhegehaltsempfängern, die im Reichs- oder in einem sonstigen öffentlichen Dienst wieder angestellt waren und aus diesem Dienst in den einstweiligen Ruhestand versetzt worden sind, das Wartegeld bei der Regelung des früher erdienten Ruhegehalts nicht als Diensteinkommen, sondern als Ruhegehalt zu gelten hat; s. aber oben S. 280, 281.

Wegen der Erstattungen an die Zivilpensionsfonds s. RArbM. 25. 10. 26 (RMBl. 979) u. § 26 letzt. Abs. OffPersG. 31. 5. 06 (RGBl. 565), § 36 Abs. 1 Nr. 4 letzt. Satz MannschVersG. 31. 5. 06 (RGBl. 593), § 67 vierter Abs. WehrmachtversG. 4. 8. 21 (RGBl. 993) u. neue AusfBest. zu §§ 63—68 Abs. 3 WehrmachtversG.

6. **Scheidet der Beamte freiwillig oder unfreiwillig** (infolge Kündigung oder Entlassung) **aus seiner neuen Tätigkeit aus, so lebt der ruhende Ruhegehaltsanspruch wieder auf.** Dagegen ist dies nicht der Fall, wenn dem Beamten infolge Suspension vom Amt ein Teil des neuen Diensteinkommens einbehalten wird. Schulze 193.

7. Die vorstehend unter Nr. 1 bis 6 erörterten Vorschriften kommen auch dann zur Anwendung, wenn es sich um Ruhegehälter handelt, die gemäß §§ 37, 39 **im Gnadenwege** oder **im Dienststrafverfahren** in Verbindung mit der Strafe der Dienstentlassung bewilligt worden sind. FM. 10. 7. 89 bei Müller 810; FM. 8. 5. 98 (ZBlAV. 237); KKGH. 12. 2. 59 (JMBl. 309); Schulze 194; a. M. Görres 46.

8. Über die Frage, ob die Pension nach § 57 ruht, kann im **Rechtsweg** gestritten werden. RG. **36** 78; vgl. Anm. 6d Übersicht vor § 149.

9. Andere Fälle des Ruhens der Pension als die im § 57 angeführten gbit es nicht; insbesondere ist die **Untersuchungs- oder Strafhaft** auf den Bezug der Pension ohne Einfluß. Per. u. Sp. 91. Dagegen kann der Verlust einzelner Teilbeträge der Pension aus zivilrechtlichen Gründen, z. B. infolge von **Verjährung,** eintreten. RG. **31** 129; vgl. Anm. 7 zu § 150. Die Beschlagnahme der Pension zur Deckung der Straf- und Untersuchungskosten erfolgt nach den allgemeinen Bestimmungen über die Zwangsvoll-

streckung in Forderungen. §§ 828ff. ZPO. Über die Abtretung und Verpfändung sowie die Aufrechnung und Zurückbehaltung der Pension vgl. § 6 und oben Anm. 5 und 7 zu § 56 (S. 276, 277).

10. Durch das Ruhen des Pensionsanspruchs werden die **Ansprüche der Hinterbliebenen** auf das gesetzliche Witwen- und Waisengeld nicht berührt. Schulze 194.

11. Hat ein Beamter **Anspruch auf 2 Pensionen oder 2 Wartegelder** oder **auf Pension und Wartegeld** und bezieht er außerdem ein neues Diensteinkommen im Sinne der Ruhensvorschriften, so wird durch dieses Diensteinkommen der Anspruch auf den älteren Versorgungsbezug nicht berührt. RArbM. 15. 1. 29 (RArbBl. V 3).

12. Wegen der **preußischen Beamten** vgl. die ähnlichen Vorschriften der §§ 27, 28 PrPG.; § 13 PrKomBG.

§ 58.

Ein Pensionär, welcher in eine an sich zur Pension berechtigende Stellung des Reichsdienstes wieder eingetreten ist (§ 57 Nr. 2), erwirbt für den Fall des Zurücktretens in den Ruhestand den Anspruch auf Gewährung einer nach Maßgabe seiner nunmehrigen verlängerten Dienstzeit und des in der neuen Stellung bezogenen Diensteinkommens berechneten Pension nur dann, wenn die neu hinzutretende Dienstzeit wenigstens ein Jahr betragen hat.

Neben einer hiernach neu berechneten Pension ist die alte Pension nur bis zur Erreichung desjenigen Pensionsbetrags zu zahlen, welcher sich für die Gesamtdienstzeit aus dem der Festsetzung der alten Pension zugrunde gelegten Diensteinkommen ergibt. § 57 Nr. 2 Abs. 3 gilt entsprechend.

§ 59.

Erdient ein Pensionär außerhalb des Reichsdienstes eine Pension, die unmittelbar oder mittelbar aus öffentlichen Mitteln gewährt wird, so ist neben ihr die Reichspension nur bis zur Erreichung des im § 58 Abs. 2 angegebenen Betrags zu zahlen. § 57 Nr. 2 Abs. 3 gilt entsprechend.

1. **Die §§ 58 u. 59 stehen in engem Zusammenhange.** Sie entsprechen den §§ 28, 28a PrPG. und sind **neu gefaßt** durch Art. 2 der 9. Ergänzung des BesG. v. 18. 6. 23. § 58 spricht von einem Pensionär, der in den Reichsdienst, § 59 von einem solchen, der außerhalb des Reichsdienstes in eine aus öffentlichen Mitteln gespeiste Stelle wieder eingetreten ist. Der Unterschied zwischen den beiden Fällen, der durch die frühere Fassung des § 58 2 und § 59 hervorgerufen war und für die in den Reichsdienst wieder eingetretenen Beamten gegenüber den nicht in den Reichsdienst wieder-

eingetretenen zu unbilligen Härten geführt hatte, ist durch das G. v. 17. 5. 07 beseitigt. Es wird jetzt in jedem Falle die alte Pension neben einer neu erdienten insoweit gekürzt, als sie zuzüglich der neuen Pension denjenigen Betrag überschreitet, der sich für die Gesamtdienstzeit aus dem der alten Pension zugrunde gelegten pensionsfähigen Diensteinkommen ergibt. Auf diese Weise wird erreicht, daß jede fernere Dienstzeit eines Pensionärs, der die Höchstpension noch nicht erdient hatte, zu einer Steigerung seiner Pensionsbezüge führt. Die neuen Pensionskürzungsbestimmungen finden auch auf das Ruhegehalt eines Reichsbeamten Anwendung, der vor Erlaß des G. v. 17. 5. 07 in den Ruhestand getreten ist und später im Kommunaldienst einen weiteren Anspruch auf Ruhegehalt erworben hat. RG. **115** 115.

2. **Der neue Dienst im Sinne des § 58 muß an sich zur Pension berechtigen.** Dies bedeutet nur die grundsätzliche Anwartschaft auf Ruhegehalt, ohne daß die weiteren gesetzlichen Voraussetzungen eines wirklichen Pensionsanspruchs bereits gegeben sein müssen.

3. **Eine Neuberechnung der Pension nach § 58 tritt nur ein, wenn der Pensionär mindestens ein Jahr lang wieder im Reichsdienst tätig gewesen ist.** Es soll dadurch verhütet werden, daß in Fällen, wo in den Ruhestand versetzte Beamte vorübergehend und auf kurze Zeit zur Aushilfe wieder im Reichsdienst beschäftigt werden, sie aus dem dadurch herbeigeführten geringen Zuwachs an Dienstzeit einen Anspruch auf ein höheres Ruhegehalt erheben; deshalb wird das Recht auf Ruhegehaltserhöhung von einer Mindestdauer der neuen Dienstzeit von einem Jahre abhängig gemacht. RG. **92** 429. Die neue Dienstzeit muß aber im Reichsdienst verbracht sein; ist sie anderweit, z. B. im Staats- oder Kommunaldienst, verbracht, so hat das Reich keinen Anlaß, seinem früheren Beamten demnächst ein höheres Ruhegehalt zu zahlen. Seine Pension wird, falls die neue mindestens einjährige Dienstzeit im Reichsdienst verbracht ist, nach der nunmehr größeren Zahl der Gesamtdienstjahre berechnet. Der Berechnung ist stets das neue Diensteinkommen zugrunde zu legen; das neue Einkommen wird nach §§ 42, 57 Z. 2 Abs. 3 berechnet; eine neben ihm etwa zahlbar gebliebene Pension kommt bei seiner Berechnung nicht in Betracht. ME. 29. 7. 84 Nr. 10 (MBl. 194); Pieper 197. Das der alten Pension zugrunde gelegte Diensteinkommen wird aber insofern berücksichtigt, als es der Berechnung einer Pension unter Anrechnung der nunmehr verlängerten Dienstzeit zugrunde gelegt wird. Ergibt diese Neuberechnung einen höheren Pensionsbetrag, als derjenige ist, der unter Berücksichtigung des neuen Diensteinkommens erzielt worden ist, so wird neben der nach dem neuen Diensteinkommen neu berechneten Pension die alte Pension insoweit weiter bezahlt, daß der nach dem alten Diensteinkommen nach Maßgabe der größeren Zahl von Dienstjahren neu berechnete Betrag erreicht wird. Ist die neue Pension — was die Regel sein wird — geringer,

so wird nach dem Wortlaut des Abs. 2 des § 58 die neue und ein Teil der alten gezahlt; aus praktischen Gründen wird aber in einem solchen Falle nur die alte in der neu berechneten Höhe gezahlt. Dieser Fall wird stets eintreten, wenn das neue Diensteinkommen geringer war als das alte. Ist es aber höher als dieses, so kommt nur die neue Pension zur Zahlung, da bei ihrer Berechnung schon die längere Gesamtdienstzeit berücksichtigt ist. Dieselben Grundsätze gelten auch, wenn im Gnadenwege nach § 37 den nur auf Widerruf oder Kündigung neu angestellten Pensionären nach einer neuen, mindestens einjährigen Dienstzeit eine neue Pension bewilligt wird. Pieper 196; Per. u. Sp. 93.

4. Da nach den unter 1—3 erörterten Vorschriften das alte Ruhegehalt im Falle der Wiederzurruhesetzung wegfallen oder gekürzt werden kann, so ist, **sobald ein neues Ruhegehalt festgesetzt wird,** von der festsetzenden (staatlichen, kommunalen usw.) Behörde **der Ruhegehaltsregelungsbehörde,** oder wenn diese nicht bekannt ist, der das alte Ruhegehalt zahlenden Kasse unter Beifügung einer Abschrift der neuen Nachweisung **Nachricht** zu geben. Nr. 1 u. 2 ME. 5. 4. 09 (JMBl. 81).

5. Wenn und soweit nach den unter Nr. 1—3 erörterten Vorschriften das Recht auf den Bezug des alten Ruhegehalts fortfällt, **erlöschen auch die Ansprüche der Hinterbliebenen auf das Witwen- und Waisengeld.** Da aber in solchen Fällen ein neues Ruhegehalt erdient sein muß, das höher als das alte ist, und da die Ansprüche der Witwen und Waisen sich dann nach diesem höheren Ruhegehalt richten, so können die Hinterbliebenen eines erneut zur Ruhe gesetzten Beamten infolge des Wegfalls des alten Ruhegehalts niemals schlechter, sondern höchstens besser gestellt werden als zuvor. Es führt eben jede fernere Dienstzeit eines Ruhegehaltsempfängers, der das Höchstruhegehalt noch nicht erdient hatte, zu einer Steigerung seiner Bezüge und damit auch zu einer Erhöhung der Witwen- und Waisengelder.

6. **Ist ein Ruhegehaltsempfänger aus der ruhegehaltsberechtigten Stelle, in der er wieder angestellt war, durch rechtskräftiges Dienststrafurteil entlassen und ist ihm dabei ein Pensionsteil als Unterstützung bewilligt,** so ist auch bei Bemessung dieser Unterstützung das Ruhegehalt nach Maßgabe der nunmehr verlängerten Dienstzeit und des in der neuen Stellung bezogenen Diensteinkommens zu berechnen. Das in der früheren Stellung erworbene Ruhegehaltsrecht wird durch die Strafe der Dienstentlassung nicht berührt. Die Unterstützung hat die Natur eines Ruhegehalts (KKGH. 12. 5. 59, JMBl. 309); deshalb findet auch § 58 Abs. 2 dergestalt Anwendung, daß neben dem als Unterstützung zugebilligten Ruhegehalt das alte Ruhegehalt nur bis zur Erreichung desjenigen Ruhegehaltsbetrages zu zahlen ist, der sich für die Gesamtdienstzeit aus dem der Festsetzung des alten Ruhegehalts zugrunde gelegten Diensteinkommen ergibt.

Hat z. B. das Dienststrafgericht einem wieder angestellten Ruhegehaltsempfänger bei der Dienstentlassung die Hälfte des Ruhegehalts auf Lebenszeit zugebilligt, so ist das Ruhegehalt, von dem die Hälfte zugebilligt ist, gemäß § 58 Abs. 2 zu berechnen. Dieses Ruhegehalt wird, da das neue Diensteinkommen regelmäßig niedriger sein wird als das alte, nach dem letzteren unter Zugrundelegung der nunmehrigen verlängerten Dienstzeit zu berechnen sein, so daß im praktischen Ergebnis lediglich das alte, infolge der verlängerten Dienstzeit höher gewordene Ruhegehalt zu entrichten ist. In diesem Falle ist die Rechtslage also nicht anders, als wenn der Beamte mit vollem Ruhegehalt in den Ruhestand versetzt wäre. Praktische Bedeutung hat daher die Zubilligung des Ruhegehaltsteils insofern, als der Beamte nunmehr so angesehen wird, als ob er aus der neuen Stelle in den Ruhestand versetzt wäre. Anders liegt die Sache, wenn dem Beamten im Hinblick auf seine neue Stelle nur auf eine gewisse Zeit ein Teil des Ruhegehalts im Dienststrafurteil zugebilligt wird. Denn sobald der Ruhegehaltsteil fortfällt, wird der Beamte nunmehr so angesehen, als ob er aus der zweiten Stelle überhaupt nicht zur Ruhe gesetzt worden wäre; es fällt deshalb künftig die Möglichkeit fort, ihm gemäß § 58 Abs. 2 ein höheres Ruhegehalt zu gewähren; der Beamte muß sich vielmehr in diesem Falle fortan mit seinem alten Ruhegehalt begnügen.

§ 60.

Die Einziehung oder Kürzung der Pension auf Grund der Bestimmungen in den §§ 57 bis 59 tritt mit dem Ende des Monats ein, in welchem das eine solche Veränderung bedingende Ereignis sich zugetragen hat; tritt dieses Ereignis am ersten Tage eines Monats ein, so hört die Zahlung mit dem Beginne dieses Monats auf.

Die Wiedergewährung der Pension hebt mit dem Beginne des Monats an, in welchem das eine solche Veränderung bedingende Ereignis sich zugetragen hat.

1. **Die Einziehung, Kürzung oder Wiedergewährung des Ruhegehalts** auf Grund der §§ 57—59 tritt **mit dem Ende desjenigen Monats ein,** in dem das Ereignis sich zugetragen hat. Das Ereignis, das eine solche Veränderung nach sich zieht, ist der Verlust oder die Wiedererlangung des deutschen Indigenats, die neuen Bezüge in einer Stelle des Reichs-, Staats- oder sonstigen öffentlichen Dienstes oder das Aufhören solcher Bezüge oder eine spätere Erhöhung dieser neuen Bezüge oder die Gewährung eines neuen aus öffentlichen Mitteln gewährten Ruhegehalts im Reichs-, oder sonstigen öffentlichen Dienst.

Fällt dieses Ereignis auf den ersten Tag eines Monats, so ist bereits für diesen Monat die Einziehung, Kürzung oder Wiedergewährung des Ruhegehalts herbeizuführen; anderenfalls tritt eine solche Wirkung erst mit dem Ende des Monats ein. Der Fall, daß eine Wiederbeschäftigung im

Reichs-, Staats- oder sonstigen öffentlichen Dienst im Laufe eines Monats aufhört, ist selten. Tritt er aber ein, so kann der Ruhegehaltsempfänger gegen Verzicht auf die Bezüge für die einzelnen Tage des letzten Monats seiner Wiederbeschäftigung das Recht auf den Bezug seines vollen Ruhegehalts schon vom Beginn des Monats ab erwerben. ME. 4. 9. 75 (MBl. 264).

2. **Eine Ausnahme** von dem unter 1 entwickelten Grundsatze **war früher** im § 60 Abs. 2 für den Fall vorgesehen, **daß ein Ruhegehaltsempfänger gegen Tagegelder usw. vorübergehend wieder beschäftigt wurde;** es wurde dann das Ruhegehalt für die ersten 6 Monate dieser Beschäftigung unverkürzt, dagegen vom 7. Monat ab nur zu dem gekürzten Betrage gewährt. Diese Vorschrift ist durch Art. 2 der 9. Ergänzung des BesG. v. 18. 6. 23 beseitigt. Es tritt daher jetzt auch in solchen Fällen vorübergehender Beschäftigung eine Kürzung des Ruhegehalts nach den unter Nr. 1 mitgeteilten Grundsätzen ein.

3. Mit § 60 stimmt **§ 29 PrPG.** überein.

§ 60a.

Reichsbeamte treten mit Ablauf des Vierteljahrs in den Ruhestand, das auf den Monat folgt, in dem sie das fünfundsechzigste Lebensjahr vollendet haben. Bei den Mitgliedern des Reichsgerichts, des Reichsfinanzhofs und des Rechnungshofs des Deutschen Reichs tritt an die Stelle des fünfundsechzigsten Lebensjahrs das achtundsechzigste Lebensjahr.

Abs. 1 gilt nicht für im Dienste befindliche Reichsminister.

Wenn dringende dienstliche Rücksichten der Reichsverwaltung in Einzelfällen die Fortführung der Dienstgeschäfte durch bestimmte Reichsbeamte erfordern, kann die Reichsregierung auf Antrag der obersten Reichsbehörde die Versetzung in den Ruhestand hinausschieben. Dies gilt jedoch nicht für die Mitglieder des Reichsgerichts, des Reichsfinanzhofs und des Rechnungshofs des Deutschen Reichs.

§§ 54, 55 finden keine Anwendung.

1. **§ 60a** ist durch die PersAbbauVdg. v. 27. 10. 23 **neu gefaßt** und durch das RG. v. 4. 8. 25 (RGBl. I 181) insofern geändert worden, als nunmehr die Reichsbeamten in den Ruhestand treten nicht mehr mit Ablauf des Monats, sondern des Vierteljahrs, das auf den Monat folgt, in dem sie 65 bzw. 68 Jahr alt werden. Ein am ersten eines Monats geborener Beamter hat das 65. bzw. 68. Lebensjahr nicht erst an dem betreff. Monatsersten des auf die Geburt folgenden 65. bzw. 68. Jahres, sondern schon mit Ablauf des vorhergegangenen Monatsletzten vollendet. RFM. 16. 5. 28 (RBesBl. 109.)

Der Übertritt in den Ruhestand erfolgt nach Erreichung der Altersgrenze gemäß § 60a auch dann, wenn ein Dienststrafverfahren schwebt. Ist dieses vor dem Übertritt nicht rechtskräftig beendet, so kann es gemäß § 75 RBG. mit dem Ziele der Aberkennung des Ruhegehalts pp. fortgeführt werden.

§ 60a gilt auch für die Wartestandsbeamten.

2. Die Beamten, **die das 65. Lebensjahr vollendet haben,** konnten früher nach mindestens zehnjähriger Dienstzeit ihre Versetzung in den Ruhestand verlangen, ohne den Nachweis der Dienstunfähigkeit führen zu müssen. Gegen ihren Willen konnten sie nur beim Nachweis der Dienstunfähigkeit in den Ruhestand versetzt werden.

Dieser Rechtszustand ist für die Reichsbeamten durch § 60a und für die preußischen Beamten durch das G. betreffend Einführung einer Altersgrenze v. 15. 12. 20 (GS. 621) i. d. Fassg. des § 84 PrPers.-AbbauVdg. 8. 2. 24 (GS. 90) grundlegend geändert worden.

Diese Gesetze gründen sich, soweit die Richter in Betracht kommen, auf Art. 104 Abs. 1 RV., wonach die Gesetzgebung Altersgrenzen festsetzen kann, bei deren Erreichung die Richter in den Ruhestand treten.

Das RG. (**104** 58ff. u. 66ff.) hat diese Gesetze, auch soweit sie eine Altersgrenze für die zur Zeit ihres Inkrafttretens bereits angestellten Beamten bestimmt, für gültig erklärt; sie stehen nach Ansicht des RG. dem in Art. 129 Abs. 1 Satz 3 RV. ausgesprochenen Grundsatz der Unverletzlichkeit der wohlerworbenen Rechte der Beamten nicht entgegen. Ebenso Arndt PrVBl. **43** 37. **A. M.** Samter „Recht" **23** 117; Triepel Archiv-öffentlR. **40** 349ff.; Damme PrVBl. **42** 421ff.; Fürst LZ. **27** 1; auch Giese 285 will das G. auf die vor seinem Erlaß angestellten Richter nicht anwenden.

Danach treten in Preußen alle unmittelbaren Staatsbeamten einschließlich der richterlichen Beamten mit dem auf die Vollendung des 65. Lebensjahrs zunächst folgenden 1. April oder 1. Oktober kraft Gesetzes in den Ruhestand. Die Lehrer an den wissenschaftlichen Hochschulen werden mit dem auf die Vollendung des 65. Lebensjahrs zunächst folgenden 1. April oder 1. Oktober kraft Gesetzes von ihren amtlichen Verpflichtungen entbunden. Die Beamten der allgemeinen kirchlichen Verwaltung treten in Preußen erst mit Ablauf des Vierteljahrs in den Ruhestand, das auf den Monat folgt, in dem sie das **70.** Lebensjahr vollendet haben. Art. 160 RV.; PrKirchenG. 5. 5. 27 (KGVBl. v. 9. 11. 27 S. 211).

Für die Reichsbeamten ist im § 60a der Zeitpunkt des Übertritts in den Ruhestand etwas abweichend bestimmt (3 Monate nach Ablauf des Monats, in dem der Beamte 65 Jahre alt wird). Die Reichsrichter, d. h. die Mitglieder des Reichsgerichts und des Reichsfinanzhofs sowie die Mitglieder des Rechnungshofs sind gegenüber den übrigen Reichsbeamten und auch gegenüber den preußischen Richtern bevorzugt. Sie können 3 Jahre länger im Dienst bleiben als jene. Es wäre erwünscht, wenn dieser Unterschied beseitigt und die Altersgrenze allgemein auf 68 Jahre heraufgesetzt würde.

Ein finanzieller Vorteil erwächst dem Reich und den Ländern durch die Altersgrenze nicht, da dadurch die Belastung der Pensionsfonds gewaltig gewachsen ist.

Der Übertritt erfolgt kraft Gesetzes, also auch ohne besonderen Verwaltungsakt. Doch ist ein solcher Akt allgemein üblich.

3. Die im Dienste befindlichen **Reichsminister** sind von der Altersgrenze ausgenommen.

4. § 60a gilt auch für **Beamte der Versicherungsträger** (Krankenkassen usw.), dagegen nicht für die nicht ruhegehaltsberechtigten Angestellten. PrMfVolksw. 19. 9. 25 (VMBl. 402).

5. Die Reichsregierung kann **die Versetzung in den Ruhestand** bis nach Vollendung des 65. Lebensjahrs **hinausschieben,** wenn **folgende Voraussetzungen** vorliegen:

a) die oberste Reichsbehörde (V. 10. 8. 28, RGBl. I 369; s. unten S. 547) muß es beantragen;

b) dringende dienstliche Rücksichten der Reichsverwaltung müssen in Einzelfällen die Fortführung der Dienstgeschäfte durch bestimmte Reichsbeamte erfordern; es wird sich hierbei meist um besonders hervorragende Persönlichkeiten handeln, die schwer zu ersetzen sind;

c) es darf sich nicht um Mitglieder des Reichsgerichts, des Reichsfinanzhofs und des Rechnungshofs handeln. Diese treten ausnahmslos mit 68 Jahren in den Ruhestand; zur Wahrung der Unabhängigkeit ihrer hohen Stellung können hiervon keine Ausnahmen zugelassen werden.

Eine Grenze für die Hinausschiebung ist nicht gesetzt. Die Reichsbeamten — mit Ausnahme der vorbezeichneten Richter usw. — können daher u. U. auch noch über das vollendete 68. Lebensjahr hinaus im Dienste belassen werden. Anderes gilt für preußische Beamte, bei denen eine Verlängerung der Altersgrenze über den auf Vollendung des 68. Lebensjahrs folgenden 1. April oder 1. Oktober hinaus nicht zulässig ist. § 8 Abs. 1 G. v. 15. 12. 20 (GS. 621).

6. Wegen der zwangsweisen Amtsenthebung der Richter bei Organisationsveränderungen gemäß Art. 104 Abs. 3 RV. s. Brand BR. 300; Fürst LZ. **27** Sp. 29.

7. Die planmäßige Anstellung oder die Wiederanstellung von Beamten, die die Altersgrenze überschritten haben, ist ausgeschlossen.

Zwangsweise Versetzung in den Ruhestand.

§ 61.

Ein Reichsbeamter, welcher durch Blindheit, Taubheit oder ein sonstiges körperliches Gebrechen oder wegen Schwäche seiner

körperlichen oder geistigen Kräfte zu der Erfüllung seiner Amtspflichten dauernd unfähig ist, soll in den Ruhestand versetzt werden.

1. Die §§ 61—68 enthalten die Vorschriften über **die Zwangspensionierung der Reichsbeamten.** Ähnliche Bestimmungen gelten für die zwangsweise Pensionierung der richterlichen Militärjustizbeamten; vgl. §§ 34, 35 G. 1. 12. 98 und der preußischen Beamten s. §§ 88—93 PrVDisG. Wegen der im § 158 genannten Beamten s. dort Anm. 1 ff. Wegen der Kündigungsbeamten s. oben § 32.

2. Der Beamte muß, wenn seine Zwangspensionierung erfolgen soll, infolge der in § 61 angeführten Gebrechen oder Schwächen zur Erfüllung seines oder eines ähnlichen, seiner Berufsbildung und Stellung entsprechenden Amtes **völlig unfähig sein;** eine teilweise Dienstunfähigkeit genügt nicht; vgl. KabO. 19. 10. 35 u. ME. 15. 5. 61 (MBl. 158). Es ist aber nicht erforderlich, daß er zur Bekleidung eines jeden Amtes unfähig ist. Mangelhafte Leistungen und mangelnde Begabung bilden keinen Anlaß zur Zwangspensionierung, können aber u. U. zur Disziplinarbestrafung des Beamten führen.

3. Liegen die Voraussetzungen des § 61 vor, so **muß** die Reichsregierung die Zwangspensionierung sofort in die Wege leiten und darf sie nicht aus Billigkeitserwägungen hinausschieben. Thudich. 304; Kanng. 145; Pieper 205. Im dienstlichen Interesse ist die Entfernung eines dienstunfähigen Beamten aus seinem Amt unbedingt erforderlich, und die Interessen des Reichs gehen denen des einzelnen Beamten vor. Weigert sich ein dienstunfähiger Beamter seine dienstliche Tätigkeit einzustellen, so kann er zwar nicht vom Amt „suspendiert" werden; denn die Suspension (vorläufige Dienstenthebung) ist eine Maßregel, die nur nach Einleitung eines gerichtlichen Straf- oder Dienststrafverfahrens verhängt werden kann. Dagegen kann dem Beamten die Weiterführung seines Amtes untersagt und dieser Untersagung nötigenfalls (z. B. wenn den Mitbeamten, dem Publikum, amtlichen Schriften Gefahr droht) im Wege des Zwangs Geltung verschafft werden. Denn der Beamte hat zwar ein Recht auf Amtsausübung, muß sich aber eine Beschränkung dieses Rechtes aus Gründen des öffentlichen Wohls gefallen lassen; s. Näheres Brand „Das Recht des Beamten auf Belassung im Amt und in den Amtsfunktionen" BHK. **27** 47 ff.; „Der Bürgermeister" **27** 85 ff. Natürlich wird sie vorher in geeigneten Fällen versuchen, den Beamten zu veranlassen, seine Pensionierung selbst zu beantragen.

4. Solange **Aussicht auf dauernde Genesung,** nicht etwa nur auf vorübergehende Besserung, besteht, darf die Pensionierung selbst bei langdauernder Krankheit nicht erfolgen. Per. u. Sp. 96; Thudich. 304; Pieper 205; Kanng. 144; vgl. Anm. 10a zu § 14. Ob Unheilbarkeit des Leidens vorliegt, hat die Behörde nach freiem Ermessen unter Ausschluß des Rechtswegs zu ent-

scheiden; vgl. aber die in Anm. 3 zu § 155 für die auf Kündigung usw. angestellten Beamten geltenden Ausnahmen. Das Ermessen der Behörde wird in der Regel durch ein amtliches Gutachten einer Medizinalperson unterstützt werden. Über die Form und den Inhalt solcher amtlichen Atteste und Gutachten vgl. ME. 20. 1. 53; 11. 2. 56; 25. 5. 61; 6. 1. 75 (MBl. **53** 2; **56** 1; Zentralbl. f. Abgab.-Verw. **61** 208; **75** 33); s. auch oben Anm. 6 zu § 53. Es kann auch ein Obergutachten vom gerichtsärztlichen Ausschuß eingeholt und der Beamte auch wider seinen Willen von einem Arzt untersucht werden; dagegen ist es nicht zulässig, den Beamten zur Beobachtung seines Geisteszustandes in einer Irrenanstalt unterzubringen. GrDisS. 20. 6. 23 amtl. Sammlg. 105 ff.; PrDisHsnichtrB. 29. 10. 28 DJZ. **28** 1685 = ZBR. **1** 251 = R. u. PrVBl. **29** 96; die abweichende E. des GrDisS. 4. 12. 17 (JMBl. **18** 59) bezieht sich nur auf das Dienststrafverfahren. Darüber, ob auch sonst der Beamte gezwungen werden kann, sich zur Beobachtung in ein Krankenhaus einweisen zu lassen, s. oben S. 86.

5. Die Voraussetzungen des § 61 können im **Rechtswege** nicht nachgeprüft werden. § 155.

6. **Behauptet der Beamte, daß er dienstunfähig sei, wird dies aber von der Behörde bestritten,** so kann nicht etwa der Beamte seine Versetzung in den Ruhestand erzwingen. RGPrVBl. **34** 134. Bleibt er in solchem Falle wegen angeblicher Dienstunfähigkeit vom Amte fern, so setzt er sich der Gefahr der Disziplinarbestrafung wegen unerlaubter Entfernung vom Amte aus. Friedrichs im Artikel „Beamtenrecht" im Handwörterb. d. Rechtsw. Stier-Somlo und Elster I 552.

§ 62.

Sucht der Beamte in einem solchen Falle seine Versetzung in den Ruhestand nicht nach, so wird ihm oder seinem nötigenfalls hierzu besonders zu bestellenden Kurator von der vorgesetzten Dienstbehörde unter Angabe der Gründe der Pensionierung und des zu gewährenden Pensionsbetrages eröffnet, daß der Fall seiner Versetzung in den Ruhestand vorliege.

1. **Das Verfahren** zur Feststellung der Gebrechen oder Schwächen im Sinne des § 61 ist **formlos;** die Verwaltungsbehörde kann sich die Überzeugung von der dauernden Dienstunfähigkeit des Beamten verschaffen, ohne hierbei an bestimmte Verfahrensvorschriften gebunden zu sein. Erst wenn von dem Beamten Einwendungen gegen die Versetzung in den Ruhestand erhoben werden, findet ein förmliches Verfahren nach §§ 64 ff. statt. Mit einem Dienststrafverfahren darf das Zwangspensionierungsverfahren nicht verbunden werden; es muß vielmehr eingestellt werden, sobald das förmliche Dienststrafverfahren eingeleitet wird. RDisG. 8. 7. 01 Schulze-Simons 435.

2. Die im § 62 vorgeschriebene **Eröffnung** bildet die Einleitung des

Pensionierungsverfahrens. Sie wird von der vorgesetzten Dienstbehörde (Ziff. III u. V B V. 10. 8. 28, RGBl. I 369, unten S. 547) bewirkt. Sie ist in der Regel dem Beamten persönlich, nur ausnahmsweise seinem Kurator mündlich zu Protokoll oder durch die nach § 133 zu bewirkende Zustellung eines Schriftstückes zu machen. Die Eröffnung enthält die Gründe der Pensionierung, den festgesetzten Pensionsbetrag, die der Pensionsberechnung zugrunde gelegte Dienstzeit, Diensteinkommen usw. Die Pension ist unter der Voraussetzung zu berechnen, daß der Beamte sich bei der Eröffnung beruhigen werde und daher sofort nach Ablauf der sechswöchigen Frist (§ 63) seine Pensionierung erfolgen könne. Es genügt nicht eine allgemeine Angabe, daß ein Ruhegehalt nach Maßgabe der jeweils geltenden Bestimmungen gezahlt werde. FM. 18. 5. 25 (PrBesBl. 142). Erhebt der Beamte gegen die Eröffnung Widerspruch, und verlängert sich infolgedessen seine der Pension zugrunde zu legende Dienstzeit, so muß später eine Neuberechnung der Pension erfolgen. Pieper 206; Per. u. Sp. 97. Hierdurch wird eine Prämie auf grundlosen Widerspruch gesetzt; ein gewisses Gegengewicht liegt darin, daß die baren Auslagen für die durch die Schuld des zu pensionierenden Beamten veranlaßten erfolglosen Ermittlungen ihm zur Last fallen. § 65 Abs. 2.

In der Eröffnung pflegt auch der **Zeitpunkt** mitgeteilt zu werden, für den die Zurruhesetzung in Aussicht genommen ist. Auch hierbei wird davon auszugehen sein, daß der Bescheid zur Versetzung in den Ruhestand der zuständigen Stelle alsbald nach Ablauf der Einwendungsfrist von 6 Wochen ergeht; der Zeitpunkt der Zurruhesetzung wird daher gemäß § 67 derart zu bestimmen sein, daß ein Vierteljahr nach Ablauf desjenigen Monats, in dem die sechswöchige Frist abgelaufen ist, verflossen sein muß. Auch dieser Zeitpunkt der Zurruhesetzung wird in dem Falle, daß der Beamte Widerspruch erhebt — namentlich wenn dies gegen Ende der sechswöchigen Frist geschieht —, später oft anderweit bestimmt werden müssen. Denn es werden nicht selten infolge des Widerspruchs des Beamten noch weitere Ermittlungen notwendig werden, ehe der Bescheid ergeht. Der Beamte hat also das lebhafteste Interesse daran, durch Stellung von Beweisanträgen und sonstige Mittel das Verfahren zu verschleppen. Empfehlenswert wäre es daher, durch Gesetzesänderung nicht den Bescheid zur Versetzung in den Ruhestand, sondern den Ablauf der sechswöchigen Einwendungsfrist in allen Fällen für die Berechnung der einmonatigen Frist maßgebend sein zu lassen.

3. Ein **Kurator (Pfleger)** wird bestellt, wenn der Beamte zur Entgegennahme und Würdigung der Eröffnung (Anm. 2) und zur Wahrnehmung seiner Rechte im Zwangspensionierungsverfahren nicht mehr fähig ist, so z. B. wenn er geisteskrank ist. KGJ. **7** 80. Die Einwilligung des Beamten zur Bestellung des Kurators ist nicht erforderlich. § 1910 Abs. 3 BGB., wonach die Pflegschaft nur mit Einwilligung des Gebrechlichen angeordnet werden kann, es sei denn, daß eine Verständigung mit ihm nicht

möglich ist, hat gegenüber § 62 RBG. keine Bedeutung, enthält aber auch praktisch keine Abweichung von § 62, da ein Pfleger nach § 62 nur bestellt wird, wenn eine Verständigung mit dem Beamten nicht mehr möglich ist.

Die Kuratel (Pflegschaft) verfolgt im öffentlichen Interesse den Zweck, die Auseinandersetzung des Reiches mit seinem nicht mehr diensttauglichen Beamten zu ermöglichen; sie ist demnach eine im öffentlichen Beamtenrecht wurzelnde Pflegschaft besonderer Art, die von der im BGB. geregelten bürgerlich-rechtlichen Pflegschaft (§ 1910 BGB.) völlig verschieden ist. Die Eröffnungen und Zustellungen in dem Verfahren können nunmehr an den Kurator rechtswirksam erfolgen; **a. M.** Görres 51. Die Vorschriften des BGB. finden auf diese Pflegschaft keine Anwendung. Insbesondere ist daher die Einwilligung des Beamten zur Bestellung des Kurators nicht erforderlich, und der Beamte kann die Aufhebung der Pflegschaft nicht verlangen. KGJ. **30** A. 28; **37** A. 69.

Die Bestellung des Kurators erfolgt nach der in der Verwaltung herrschenden Rechtsauffassung entweder durch die Verwaltungsbehörde formlos (durch Verpflichtung mittels Handschlags an Eides Statt; Nr. 7 ME. 22. 10. 84 (EVBl. 386) oder durch das zuständige Amtsgericht. StMBeschl. 26. 5. 64 (EVBl. **84** 386); FM. 14. 5. 91 bei Müller 517, wo ein StMBeschl. v. 1. 12. 81 in Bezug genommen ist. Zweifelhaft ist, ob überhaupt die Amtsgerichte befugt sind, den Kurator zu bestellen; es fehlt an einer Gesetzesvorschrift, die ihnen die Bestellung eines solchen, lediglich durch Vorschriften des Beamtenrechts geschaffenen Pflegers übertragen hätte. § 38 FGG. hat nur die Gebrechlichkeitspflegschaft des § 1910 BGB. im Sinn und steht in dem mit „Vormundschaftssachen" überschriebenen Abschnitte des Gesetzes. Er kann daher nicht, wie dies KGJ. **30** A. 33 u. **37** A. 73 will, auf diese besondere Pflegschaft des Beamtenrechts ausgedehnt werden. Unrichtig ist auch die im Schrifttum mehrfach vertretene Ansicht, daß nur das Amtsgericht zur Bestellung eines Kurators zuständig sei.

Es steht nichts im Wege, daß das Amtsgericht beim Vorliegen der gesetzlichen Voraussetzungen an Stelle der beamtenrechtlichen Pflegschaft eine auf den privatrechtlichen Vorschriften des § 1910 BGB. beruhende Pflegschaft einleitet, die ebenfalls wie jene lediglich bezweckt, dem Beamten in dem Zwangspensionierungsverfahren einen Vertreter zu beschaffen und seine Rechte in diesem Verfahren wahrnehmen zu lassen. Eine solche Pflegschaft richtet sich dann aber in jeder Hinsicht nach den Vorschriften des BGB.; vgl. KG. in OLG. **2** 234; KGJ. **19** 47; **37** A 74; OLG. Kolmar in DJZ. **1917** S. 443.

Die Bestellung eines Kurators ist nicht erforderlich, wenn bereits in anderer Weise, wie z. B. im Falle der Geisteskrankheit nach Entmündigung durch Bestellung eines Vormundes oder durch einen Pfleger gemäß § 1910 BGB. durch das Gericht für ausreichende Vertretung des Beamten gesorgt ist; Seydel 312.

4. Ob auch bei **Reichsbahnbeamten** § 62 uneingeschränkt anzuwenden ist, ist zweifelhaft, da die Fassung des § 22 Nr. 9 Satz 1 Personalordnung der Reichsbahngesellschaft vom § 62 abweicht. Deshalb nimmt Ewald JurRundsch. **26** 755, 756 an, daß es für Reichsbahnbeamte bei der Bestellung des Pflegers im Zwangspensionierungsverfahren der Einwilligung des Reichsbahnbeamten nach § 1910 Abs. 3 BGB. bedürfe, wenn eine Verständigung mit ihm möglich sei.

§ 63.

Wenn der Beamte gegen die ihm gemachte Eröffnung (§ 62) innerhalb sechs Wochen keine Einwendung erhoben hat, so wird in derselben Weise verfügt, als wenn er seine Pensionierung selbst nachgesucht hätte.

Die Zahlung des vollen Gehalts dauert bis zum Ablaufe desjenigen Vierteljahres, welches auf den Monat folgt, in dem ihm die Verfügung über die erfolgte Versetzung in den Ruhestand mitgeteilt ist.

1. **Die sechswöchige Widerspruchsfrist** beginnt mit Ablauf des Tages, an welchem dem Beamten oder seinem Kurator die Eröffnung des § 62 zugestellt oder zu Protokoll erklärt ist. Die Frist ist keine Ausschlußfrist; ein verspäteter Widerspruch kann noch so lange zugelassen werden, als nicht die Pensionierung nach § 54 verfügt ist. Pieper 207; Per. u. Sp. 98; sie kann aber nicht verlängert werden. Schulze 206; a. M. Pieper § 63 Anm. 1.

2. Hat der Beamte gegen die Eröffnung des § 62 **keine Einwendungen** (selbst oder durch einen Rechtsanwalt) erhoben, so wird gemäß § 54 verfahren, also über den Zeitpunkt der Pensionierung, eine etwa zu gewährende Pension und ihre Höhe von der obersten oder höheren Reichsbehörde Beschluß gefaßt und bei den mit Bestallung, früher des Kaisers, jetzt des Reichspräsidenten, versehenen Beamten die Genehmigung des Reichspräsidenten eingeholt. Gegen den Beschluß der höheren Reichsbehörde findet die Beschwerde an die oberste Reichsbehörde statt; wegen der Zulässigkeit des Rechtswegs in diesen Fällen vgl. Anm. 3 zu § 54.

3. Hat der Beamte zwar **Einwendungen** erhoben, richten sich diese aber nicht gegen die zwangsweise Pensionierung als solche, sondern nur **gegen die Höhe der Pension** oder **ihre Nichtgewährung** oder den Zeitpunkt der Pensionierung, so wird ebenfalls gemäß § 54 verfahren.

4. Zu dem **vollen Gehalt** des Abs. 2 gehören alle dem Beamten gewährten Gehaltsteile, insbesondere der Wohnungsgeldzuschuß, die Repräsentations- und sonstigen Dienstaufwandsgelder aber nur so lange, als der Beamte sein Amt tatsächlich noch weiterführt; Pieper 207.

5. Unter der im Abs. 2 erwähnten, nach § 133 zuzustellenden **Verfügung** ist nicht die des § 62, sondern die des § 63 Abs. 1, also die nach § 54 erlassene

Verfügung zu verstehen. Jedoch ist für den Fall, daß die höhere Reichsbehörde die Verfügung gemäß §§ 63 Abs. 1, 54 erlassen hat, der Zeitpunkt dieser und nicht der im Beschwerdewege ergangenen, sie bestätigenden Verfügung der obersten Reichsbehörde maßgebend; vgl. Anm. 2 zu § 55.

§ 64.

Werden von dem Beamten gegen die Versetzung in den Ruhestand Einwendungen erhoben, so beschließt die oberste Reichsbehörde, ob dem Verfahren Fortgang zu geben sei.

In diesem Falle hat der damit von der obersten Reichsbehörde zu beauftragende Beamte die streitigen Tatsachen zu erörtern, die erforderlichen Zeugen und Sachverständigen eidlich zu vernehmen und dem zu pensionierenden Beamten oder dessen Kurator zu gestatten, den Vernehmungen beizuwohnen.

Zum Schluß ist der zu pensionierende Beamte oder dessen Kurator über das Ergebnis der Ermittelungen mit seiner Erklärung und seinem Antrage zu hören.

Zu den Verhandlungen ist ein vereideter Protokollführer zuzuziehen.

1. Das in den §§ 64, 65 vorgesehene **Verfahren** gewährt den Reichsbeamten volle Verteidigung und liefert der entscheidenden Reichsbehörde ein glaubwürdiges Beweismaterial.

Den §§ 64, 65 entsprechen die §§ 60 bis 62 PrRDisG. Ungünstiger gestellt sind die preußischen Verwaltungsbeamten nach § 90 PrVDisG.

2. Der Beamte hat seine **Einwendungen** innerhalb 6 Wochen nach der Zustellung der Eröffnungsverfügung des § 62 bei der vorgesetzten Dienstbehörde anzubringen. Das Verfahren nach den §§ 64, 65 findet aber nur statt, wenn sich die Einwendungen auf die Versetzung in den Ruhestand selbst beziehen; sind Einwendungen nur erhoben, nicht weil die zwangsweise Pensionierung an sich bemängelt wird, sondern nur, weil eine Pension nicht oder nicht in der beanspruchten Höhe bewilligt ist, so wird die gemäß § 63 Abs. 1 getroffene Entscheidung dadurch nicht berührt und kann höchstens, wenn sie von der höheren Reichsbehörde erlassen ist, durch Beschwerde angefochten werden. Doch steht dem Beamten wegen der bemängelten Punkte die Berufung auf den ordentlichen Rechtsweg zu. Thudich. 304, 305; Pieper 209; Per. u. Sp. 98, 99.

3. Auf die Einwendungen **beschließt** die oberste Reichsbehörde (V. 10. 8. 28, RGBl. I 369; s. unten S. 547) nach freiem Ermessen, ob gemäß § 66 Entscheidung zu treffen sei oder noch ein **Ermittlungsverfahren** stattzufinden habe. Wird letzteres beschlossen, so bestellt die oberste Reichsbehörde einen Untersuchungskommissar, der die erforderlichen Zeugen und Sachverständigen eidlich gemäß den Vor-

schriften der StPO. zu vernehmen hat. Schulze 207 hält es nicht für zulässig, daß die oberste Reichsbehörde sogleich ohne Erörterungsverfahren nach § 66 die Versetzung in den Ruhestand verfügt. Nach seiner Ansicht muß stets ein besonderes Ermittlungsverfahren der Entscheidung vorangehen. Der Beamte oder dessen Kurator (Anm. 3 zu § 62) darf den Vernehmungen beiwohnen, hierbei Anträge stellen und die Zeugen und Sachverständigen befragen. Kanng. 147; Per. u. Sp. 99. Letzteres Recht will Pieper 209 den Beamten — ohne erkennbaren Grund — nicht zugestehen. Zum Schluß ist stets dem Beamten oder seinem Kurator das Ergebnis der Ermittlungen mitzuteilen und seine etwaigen Erklärungen und Anträge sind entgegenzunehmen. Ob solchen Anträgen stattzugeben ist, entscheidet der Untersuchungskommissar, in der Beschwerdeinstanz die oberste Reichsbehörde. Im übrigen sind auf die Beweisaufnahme in Zweifelsfällen die Vorschriften der Reichsstrafprozeßordnung entsprechend anzuwenden. Zu einer körperlichen Untersuchung kann der Beamte nicht gezwungen werden. Weigert er sich aber ohne ausreichenden Grund, so macht er sich disziplinarisch strafbar, und es können aus der Weigerung für ihn ungünstige Schlüsse gezogen werden. Wegen der Möglichkeit, ihn zur Beobachtung in eine Irrenanstalt zu überweisen, s. oben Anm. 4 zu § 61. Wegen der Einholung von Gutachten der gerichtsärztlichen Ausschüsse in den Provinzen Preußens s. StMBeschl. 30. 4. 21 u. AusfAnw. MfVolkswohlf. 25. 9. 21 u. 3. 1. 25 s. JMBl. 69 (JM. 18. 2. 25). Zur Sicherung der Treue der Beurkundungen ist zu den Verhandlungen ein vereidigter Schriftführer zuzuziehen. Es genügt aber, wenn der zugezogene Beamte durch Handschlag an Eides Statt unter Hinweis auf den geleisteten Diensteid verpflichtet wird. ME. 2. 11. 52 (MBl. 285); OVG. 11. 1. 88 (MBl. 33); Pieper 270. Die Mitteilungen, Zustellungen und Ladungen erfolgen nach § 133.

§ 65.

Die geschlossenen Akten werden der obersten Reichsbehörde eingereicht, welche geeigneten Falles eine Vervollständigung der Ermittelungen anordnet.

Die baren Auslagen für die durch die Schuld des zu pensionierenden Beamten veranlaßten erfolglosen Ermittelungen fallen demselben zur Last.

1. Die von der obersten Reichsbehörde (V. 10. 8. 28, RGBl. I 369; s. unten S. 547) angeordnete **Vervollständigung** der Ermittlungen hat der bisherige Untersuchungskommissar zu bewirken.

2. Der Beamte hat gemäß Abs. 2 nur die **baren Auslagen,** nicht etwa besondere Gebühren und Stempel zu tragen. Der Beamte hat nicht für die baren Auslagen aller erfolglosen Ermittlungen, sondern nur

solcher aufzukommen, deren Ergebnislosigkeit er voraussah oder voraussehen mußte, die er aber trotzdem beantragte, um die Sache zu verschleppen usw. Die Entscheidung über die dem Beamten zur Last fallenden baren Auslagen wird gleichzeitig mit seiner Versetzung in den Ruhestand (§ 66) getroffen.

§ 66.

Hat der Beamte eine Kaiserliche Bestallung (Bestallung des Reichspräsidenten) erhalten, so erfolgt die Entscheidung über die Versetzung in den Ruhestand vom Kaiser (Reichspräsidenten) im Einvernehmen mit dem Bundesrat (Reichsrat).

In betreff der übrigen Beamten steht die Entscheidung der obersten Reichsbehörde zu. Gegen diese Entscheidung hat der Beamte binnen einer Frist von vier Wochen nach deren Empfang den Rekurs an den Bundesrat (Reichsrat). Des Rekursrechts ungeachtet kann der Beamte von der obersten Reichsbehörde sofort der weiteren Amtsverwaltung vorläufig enthoben werden.

1. Bei den Beamten, die eine **Bestallung,** früher des Kaisers, jetzt **des Reichspräsidenten,** erhalten haben (Anm. 6 zu § 54), entscheidet der Reichspräsident über die Versetzung in den Ruhestand endgültig, ohne daß der Beamte noch ein Rechtsmittel hat. Die Entscheidung erfolgt im „Einvernehmen" mit dem Reichsrat; die Zustimmung des Reichsrats ist nicht erforderlich. Pieper 211; Thudich. 267; Kanng. 148; v. Rönne DStR. 1 378; vgl. § 18.

2. Bei den übrigen Beamten entscheidet die **oberste Reichsbehörde** (V. 10. 8. 28, RGBl. I 369; s. unten S. 547). Gegen deren Entscheidung hat der Beamte den **Rekurs** an den Reichsrat binnen einer Ausschlußfrist von 4 Wochen; die Frist beginnt mit Ablauf des Tages, an dem dem Beamten die Entscheidung zugestellt ist. Der Rekurs hat keine aufschiebende Wirkung; der Beamte kann sofort nach Erlaß der Entscheidung von der obersten Reichsbehörde seines Amtes vorläufig enthoben werden. Seydel 313; Laband 1 483. Diese Maßregel ist nicht gleichbedeutend mit der vorläufigen Dienstenthebung im Dienststrafverfahren; sie erfolgt im allgemeinen dienstlichen Interesse und hat für den Beamten außer der Entziehung der Amtsverwaltung keine Nachteile; insbesondere erhält er sein Gehalt bis zur endgültigen Durchführung der Zwangspensionierung nach § 67 unverkürzt weiter. Bei den mit Bestallung, früher des Kaisers, jetzt des Reichspräsidenten, versehenen Beamten ist die Maßregel nicht zulässig. Pieper 212; Per. u. Sp. 100; Thudich. 305; Kanng. 149. Die Entscheidung der obersten Reichsbehörde ist auch insofern ohne aufschiebende Wirkung, als der Monat, in dem sie zugestellt ist, für die Dauer der Zahlung des vollen Gehalts nach § 67 maßgebend ist; die Entscheidung des Reichsrats in der Rekursinstanz

ist hierfür ohne Belang. Eine Form für die Entscheidung ist nicht vorgeschrieben.

Kündigungsbeamte, die auf Grund einer Kündigung in den Ruhestand versetzt sind, haben nicht das Recht des Rekurses; ihnen bleibt nur der Weg an die ordentlichen Gerichte. Entsch. d. Reichsrat. DBA. 8 117.

3. Der Rekurs kann bei der obersten Reichsbehörde oder dem Reichsrat wirksam **eingelegt** werden. Pieper 121; Per. u. Sp. 99. A. M. Thudich. 305, der nur die Einlegung bei der obersten Reichsbehörde gelten lassen will. Er kann auch durch einen Bevollmächtigten eingelegt werden.

4. Der Rekurs ist **nur über die Frage zulässig,** ob und gegebenenfalls zu welchem Zeitpunkte die Versetzung in den Ruhestand stattfinden soll. Die Festsetzung der Pension erfolgt außerhalb dieses Verfahrens. Einwendungen gegen die Berechnung und Höhe des Ruhegehalts sind im ordentlichen Rechtsweg geltend zu machen und berühren das Zwangspensionierungsverfahren nicht. Sie gelten auch nicht als Einwendungen im Sinne des § 63; vgl. Anm. 3 zu § 63 u. Anm. 2 zu § 64. Ähnlich Pieper 211. Wegen der Kosten s. § 65 Abs. 2.

5. Der Reichsrat kann infolge des Rekurses des Beamten eine **Vervollständigung der Ermittlungen** anordnen, den Beamten, der auch neue Tatsachen und Beweismittel vorbringen darf (a. M. Kanng. 148), mit seinen Einwendungen und Anträgen schriftlich oder mündlich hören oder auch sofort ohne weitere Ermittlungen nach Lage der Akten entscheiden.

6. Gegen die zwangsweise Versetzung in den Ruhestand ist die Berufung auf den **Rechtsweg ausgeschlossen.** Die Motive, S. 73, die sich aber auf die später geänderte Regierungsvorlage beziehen, wollen den Rechtsweg in dem Falle zulassen, daß die Pensionierung ohne Beobachtung des vorgeschriebenen Verfahrens verfügt ist. Dies widerspricht aber dem § 155. So auch Rehm 211; Laband 1 483.

§ 67.

Die Zahlung des vollen Gehalts dauert bis zum Ablauf des Vierteljahres, das auf den Monat folgt, in welchem dem in Ruhestand versetzten Beamten die Entscheidung (§ 66) zugestellt worden ist.

1. § 67, der seine jetzige Fassung durch G. v. 4. 8. 25 (RGBl. I 181) erhalten hat, will dem Beamten Zeit gewähren, sich auf den verminderten Einkommensbezug **wirtschaftlich vorzubereiten;** die Bestimmung entspricht der Vorschrift des Abs. 2 des § 63.

2. Wegen des Begriffes des **„vollen Gehalts"** vgl. Anm. 4 zu § 63.

3. Maßgebend ist die **Zustellung** der Entscheidung des Reichspräsidenten bei den mit Bestallung, früher des Kaisers, jetzt des Reichspräsidenten, versehenen Beamten, bei den übrigen Beamten die Zustellung der Entscheidung

der obersten Reichsbehörde (§ 159). Das Datum der Entscheidung ist bedeutungslos. Die Zustellung der die Zwangspensionierung bestätigenden Entscheidung des Reichsrats, die auf den Rekurs des Beamten ergangen ist, ist für die Dauer der Zahlung des vollen Gehalts bedeutungslos. Dadurch ist verhindert, daß auf die unbegründete Einlegung des Rekurses noch gewissermaßen eine Belohnung gesetzt ist, wie dies in dem Falle geschieht, wenn der Beamte gegen die erste Eröffnung des § 62 Einwendungen erhebt. Anm. 2 zu § 62; § 91 PrBDisG.; StMBeschl. 3. 11. u. 9. 3. 59 (MBl. 45 u. 109); OTrib. **72** 107; Pieper 212; Thudich. 306; v. Zedl.Neuk. 38; Kanng. 149; Seydel 314.

§ 68.

Ist ein Beamter vor dem Zeitpunkte, mit welchem die Pensionsberechtigung für ihn eingetreten sein würde, dienstunfähig geworden, so kann er gegen seinen Willen nur unter Beobachtung derjenigen Formen, welche für das förmliche Disziplinarverfahren vorgeschrieben sind, in den Ruhestand versetzt werden.

Wird es jedoch von der obersten Reichsbehörde mit Zustimmung des Bundesrates (Reichsrats) angemessen befunden, dem Beamten eine Pension zu dem Betrage zu bewilligen, welcher ihm bei Erreichung des vorgedachten Zeitpunktes zustehen würde, so kann die Pensionierung desselben nach den Vorschriften der §§ 61 bis 67 erfolgen.

1. Der § 68 Abs. 1 findet nur Anwendung auf **lebenslänglich** angestellte Beamte, die bei mindestens zehnjähriger Dienstzeit ein Recht auf Pension erwerben würden, dieses Recht aber nur deshalb nicht erworben haben oder aller Voraussicht nach nicht erwerben werden, **weil sie noch nicht 10 Jahre im Dienste sind.**

Als Endpunkt der für den Ruhegehaltsanspruch maßgebenden Dienstzeit ist nicht der Eintritt der Dienstunfähigkeit, sondern der Zeitpunkt anzusehen, mit dem das Dienstverhältnis endet, d. h. mit dem ein die Versetzung in den Ruhestand aussprechendes Urteil rechtskräftig geworden ist. Vollendet sich bei einem Beamten der zehnjährige Zeitraum während eines gegen ihn gerichteten Zwangspensionierungsverfahrens, so ist dies wegen Fortfalls der Voraussetzungen des § 68 einzustellen. PrDisH. f. nichtr. B. 7. 5. 23 DJZ. **24** 913; OVG. PrVBl. **20** 242.

Ausgeschlossen von der Vorschrift des § 68 sind die Beamten, die pensionsberechtigt sind, sei es auf Grund einer mindestens zehnjährigen Dienstzeit (§ 34) oder gemäß §§ 35, 36. Ferner fallen nicht unter Abs. 1 die Beamten, die sich mit ihrer zwangsweisen Pensionierung ohne Zuerkennung einer Pension bedingungslos einverstanden erklärt haben. Seydel 317. Dies Einverständnis ist aber nicht, wie Pieper 213 meint, darin zu finden, daß sie auf die ihnen nach § 62 gemachte Eröffnung, daß der Fall ihrer

Versetzung in den Ruhestand vorliege, binnen 6 Wochen keine Einwendungen erhoben haben; vielmehr sind die Beamten, denen eine Pensionsberechtigung nicht zuerkannt wird, an die Frist des § 62 nicht in einer ihre Rechtsverhältnisse irgendwie beeinflussenden Weise gebunden, wie denn überhaupt die Vorschriften der §§ 61 bis 67 auf sie nicht ohne weiteres Anwendung finden. Dies folgt auch schon aus Abs. 2 des § 63, wonach die §§ 61 ff. auf sie nur anzuwenden sind, wenn ihnen eine Pension bewilligt wird.

Der Vorschrift des § 68 unterliegen endlich auch nicht die nur auf Widerruf oder Kündigung angestellten, noch nicht pensionsberechtigten Beamten; sie haben, selbst wenn sie eine planmäßige Stelle bekleiden, keinen Anspruch auf ein förmliches Dienststraf- oder Zwangspensionierungsverfahren; ihre Entlassung wegen dauernder Dienstunfähigkeit findet im Wege der Kündigung oder des Widerrufs statt. Sie können aber durch Beschluß des Reichsrats bei vorhandenener Bedürftigkeit nach § 39 eine Gnadenpension erhalten. StMBeschl. 9. 4. 74 bei Meißner 60; Pieper 213. Andere Grundsätze gelten aber in gewissen Fällen, wenn sie bereits einen Pensionsanspruch erworben haben. Anm. 6 zu 32.

2. Die Pensionierung der noch nicht pensionsberechtigten, lebenslänglich angestellten Beamten (Anm. 1) kann gegen ihren Willen (Anm. 1) in dem Falle, daß sie keine Pension erhalten, **nur in den Formen des förmlichen Dienststrafverfahrens** erfolgen. Letzteres wird von der obersten Reichsbehörde (§ 159) eingeleitet und besteht in einer schriftlichen Voruntersuchung und mündlichen Verhandlung vor der Reichsdisziplinarkammer in erster und vor dem Reichsdisziplinarhof in zweiter Instanz. Auf diese Weise wird in einem möglichst gründlichen und von jeder etwaigen Willkür der Verwaltungsbehörden freien Verfahren untersucht, ob die Beamten dienstunfähig sind oder nicht. Laband 1 494; Thudich. 307.

3. In dem in Anm. 2 geschilderten Dienststrafverfahren kann nur darüber befunden werden, ob wegen Dienstunfähigkeit der Fall der Versetzung in den Ruhestand vorliege oder nicht. Zur Zubilligung eines Pensionsteils nach § 75 RBG. sind die **Dienststrafgerichte nicht befugt,** weil § 75 voraussetzt, daß der betreffende Beamte einen gesetzlichen Pensionsanspruch hat, und daß wegen eines Dienstvergehens auf Dienstentlassung erkannt ist. Daher darf auch die Einwendung des Beamten, daß er einen gesetzlichen Anspruch auf Pensionierung gemäß §§ 34 ff. habe, im Dienststrafverfahren nicht beachtet werden. Dagegen kann der Beamte solche Einwendungen im Rechtswege gemäß § 149 RBG. geltend machen und dort unter der Behauptung, daß er nach §§ 34 ff. pensionsberechtigt sei, auf Gewährung einer Pension klagbar werden. Der Beamte, dessen zwangsweise Zurruhesetzung im Dienststrafverfahren ausgesprochen wird, kann daher, wenn er den Rechtsweg nicht beschreitet, nur eine Gnadenpension nach § 39 erhalten, da er mangels Erfüllung der zehnjährigen Wartezeit einen Rechtsanspruch auf Ruhegehalt nicht hat. RDisH.

24. 10. 27 DRichtZ. **28** Rspr. 79 = DJZ. **28** 180; Laband 1 528; Pieper 214; Thudich. 307.

4. **Die Kosten** eines solchen förmlichen Dienststrafverfahrens können in Ermanglung einer gesetzlichen Vorschrift dem Beamten nicht auferlegt werden. OVG. **54** 478, 480; **61** 432; **a. M.** Rheinb. 395. für den Fall eines Verschuldens des Beamten. § 465 StPO. ist aber nicht entsprechend anwendbar.

5. **Gewährt die oberste Reichsbehörde** (V. 10. 8. 28, RGBl. I 369; s. unten S. 547) den in Abs. 1 § 68 genannten Beamten **eine Pension** nach Abs. 2 a. a. O., so braucht ihre Pensionierung nicht nach den Vorschriften des förmlichen Dienststrafverfahrens zu erfolgen, sondern kann in den einfacheren Formen der §§ 61 bis 67 bewirkt werden. Die Bewilligung erfolgt durch die oberste Reichsbehörde nach freiem Ermessen unter Zustimmung des Reichsrats und ist auch zulässig, wenn eine Bedürftigkeit des Beamten nicht vorliegt. Es muß aber dem Beamten der volle und unverkürzte Betrag des ihm bei Eintritt der gesetzlichen Pensionsberechtigung zu gewährenden Ruhegehalts bewilligt werden; eine geringere als die gesetzliche Mindestpension, d. h. $^{35}/_{100}$ des zuletzt bezogenen Gehalts, darf der Beamte nicht erhalten. Geschieht dies trotzdem, oder wird ihm die Pension unter einer Bedingung gewährt, z. B. daß die Hälfte der Pension, wenn er für seine Familie nicht sorgen werde, seiner Ehefrau ausgezahlt werde, so kann die Versetzung in den Ruhestand nur im förmlichen Dienststrafverfahren erfolgen. Erst wenn in diesem rechtskräftig auf zwangsweise Zurruhesetzung erkannt ist, kann dem Beamten im Gnadenwege nach § 39 eine hinter der gesetzlichen Mindestpension zurückbleibende oder mit Bedingungen beschwerte Pension gewährt werden. ME. 14. 12. 68 (MBl. **69** 15); Seydel 317; Meißner 60.

6. Wegen der **preußischen Verwaltungsbeamten** vgl. §§ 63, 93 VDisG.

Bewilligung für Hinterbliebene.

§ 69.

Hinterläßt ein Pensionär eine Witwe oder eheliche oder legitimierte Abkömmlinge, so wird die Pension einschließlich einer etwaigen auf Grund des Offizierpensionsgesetzes vom 31. Mai 1906 gewährten Verstümmelungszulage, Kriegszulage und Alterszulage, Pensionserhöhung und Tropenzulage noch für das auf den Sterbemonat folgende Vierteljahr unter Anrechnung des vor dem Tode des Pensionärs fällig gewordenen Betrags gezahlt. Die Zahlung erfolgt im voraus in einer Summe. An wen die Zahlung erfolgt, bestimmt die oberste Reichsbehörde.

Die Zahlung kann mit Genehmigung der obersten Reichsbehörde auch dann stattfinden, wenn der Verstorbene Verwandte der auf-

steigenden Linie, Geschwister, Geschwisterkinder oder Pflegekinder, deren Ernährer er ganz oder überwiegend gewesen ist, in Bedürftigkeit hinterläßt oder wenn und soweit der Nachlaß nicht ausreicht, um die Kosten der letzten Krankheit und der Beerdigung zu decken.

Die oberste Reichsbehörde kann die ihr zustehenden Befugnisse auf andere Behörden übertragen.

Der über den Sterbemonat hinaus gewährte Betrag ist der Pfändung nicht unterworfen.

1. Die Hinterbliebenen eines Pensionärs haben ebenso wie die eines aktiven und eines im einstweiligen Ruhestande befindlichen Beamten auf ein **Gnadenvierteljahr** Anspruch; vgl. §§ 7, 8, 31. § 69 Abs. 1 u. 4 entspricht dem § 7, § 69 Abs. 2 u. 3 dem § 8; vgl. die Anm. zu §§ 7 u. 8. Wegen Weiterzahlung des Ruhegehalts an verschollene Pensionäre s. oben S. 52.

2. **An wen die Zahlung** des Gnadenvierteljahrs **erfolgt, bestimmt** im Falle des § 7 die vorgesetzte Dienstbehörde, im Falle des § 69 **die oberste oder höhere Reichsbehörde** (V. 10. 8. 28, RGBl. I 369; s. unten S. 547), da der pensionierte Beamte keine vorgesetzte Dienstbehörde hatte. Die Witwe und die ehelichen sowie die legitimierten Abkömmlinge des Pensionärs haben einen gesetzlichen, im Rechtswege verfolgbaren Anspruch auf das Gnadenvierteljahr. KKGH. 14. 5. 70 (FMBl. 270). Die Kinder und Kindeskinder haben den Anspruch auch dann, wenn sie volljährig sind; auch Bedürftigkeit ist keine Voraussetzung des Anspruchs. Die übrigen Hinterbliebenen können im Falle der Bedürftigkeit mit Genehmigung der obersten Reichsbehörde im Gnadenwege das Gnadenvierteljahr bewilligt erhalten, wenn keine Witwe oder eheliche oder legitimierte Abkömmlinge vorhanden sind; s. Näheres oben Anm. 12 zu § 8.

3. Gemäß Abs. 1 § 69 wird **auch die Gnadenpension** der § 37, 39 sowie die im Zwangspensionierungsverfahren und der im Dienststrafverfahren bewilligte Pensionsteil weitergezahlt. Im letzteren Falle ist es gleich, ob der Pensionsteil auf Lebenszeit oder nur auf gewisse Jahre zuerkannt war; von den nur auf Zeit bewilligten Unterstützungen ist aber das Gnadenvierteljahr nur zu bewilligen, wenn der Tod des entlassenen Beamten noch in die Bewilligungsfrist fällt. ME. 30. 5. 91 (MBl. 96; JMBl. 165); Kanng. 150; Pieper 216.

4. **Wenn** zur Zeit des Todes **das Ruhegehalt** nach § 57 Ziff. 1 **wegen Verlustes des deutschen Indigenats ruht,** können die Hinterbliebenen kein Gnadenvierteljahr beanspruchen, da ja die Reichsangehörigkeit nicht mehr wiedererlangt werden kann. Wenn aber die Pension zur Zeit des Todes nach § 57 Ziff. 2 ruht, so steht den Hinterbliebenen das Gnadenquartal zu, ist aber, soweit aus der neuen Dienststelle bereits ein Gnadenvierteljahr gewährt wird, nach § 57 zu kürzen. Schulze 214.

5. Die Witwe hat einen Anspruch auf das Gnadenvierteljahr, auch **wenn die Ehe erst nach der Pensionierung geschlossen ist.** Ein Witwengeld steht ihr aber in diesem Falle nicht zu.

6. Über die Frage, ob das Gnadenvierteljahr nach § 69 wirksam **abgetreten** oder **verpfändet** werden könne, gilt das Anm. 11 zu § 7 über die Abtretung oder Verpfändung des dortigen Gnadenquartals Angeführte. Gepfändet kann es nach § 69 Abs. 4 nicht werden. Für preußische Beamte gilt Abweichendes. Hier unterliegt die Pfändung des Gnadenvierteljahrs denselben Beschränkungen wie die des Diensteinkommens, ist also im Rahmen des § 850 Abs. 2—4 ZPO. zulässig.

7. **Der Sterbemonat** gebührt stets den Erben und nicht den Hinterbliebenen des Pensionärs; vgl. Anm. 13 zu § 7.

8. **Für preußische Beamte** gilt die ähnliche Vorschrift des § 31 PrPG; vgl. auch § 4 PrKomBG.

Transitorische Bestimmungen.

§ 70.

Ist die nach Maßgabe dieses Gesetzes bemessene Pension geringer als die Pension, welche dem Beamten hätte gewährt werden müssen, wenn er vor dem Erlasse dieses Gesetzes nach den damals für ihn geltenden Bestimmungen pensioniert worden wäre, so wird die letztere Pension an Stelle der ersteren bewilligt.

1. §§ 70 u. 71 schützen die zur Zeit des Inkrafttretens des RBG. und der später ergangenen zahlreichen Novellen bereits wohlerworbenen Pensionsrechte der Beamten.

2. § 70 bestimmt, daß die Reichsbeamten, die unter Zugrundelegung der Vorschriften des RBG. und der Abänderungsgesetze eine niedrigere Pension erhalten würden, als wenn ihre Pension nach den vor Inkrafttreten des RBG. bzw. der Abänderungsgesetze unter Zugrundelegung ihres damaligen Diensteinkommens und ihrer damaligen Dienstzeit bemessen wäre, die letztere Pension erhalten sollen. RG. 1 306; JurW. **91** 476 Nr. 32; Bolze **13** 336. Günstigere Pensionsbestimmungen als für die Reichsbeamten gelten z. B. für die Beamten in Hamburg. RG. **38** 148.

§ 71.

Insofern vor der Übernahme eines Beamten in den Reichsdienst hinsichtlich der aus den früheren Dienstverhältnissen demselben erwachsenden Pensionsansprüche mittels eines vor dem Erlasse dieses Gesetzes abgeschlossenen Staatsvertrages besondere Festsetzungen getroffen sind, sollen diese Festsetzungen auch für die Berechnung der jenem Beamten demnächst aus der Reichskasse zu gewährenden Pension maßgebend sein. Indes sollen statt der ge-

dachten besonderen Bestimmungen die im gegenwärtigen Gesetz enthaltenen Vorschriften insoweit Anwendung finden, als sie für den Beamten günstiger sind.

1. § 71 hat jetzt **keine Bedeutung mehr.** Die in Frage kommenden Staatsverträge sind in den Jahren 1866 und 1871 geschlossen, können also für die jetzt lebenden Beamten und Pensionäre nicht mehr maßgebend sein.

2. Wegen der **neuen Staatsverträge** s. G. 27. u. 30. 4. 20 (RGBl. 643 u. 773).

3. Bezüglich der sog. **Altpensionäre,** d. h. der vor dem 1. 4. 20 Pensionierten vgl. PensionsergänzungsG. 21. 12. 20 (RGBl. 2109); dazu AusfBest. 9. 7. 21 (RGBl. 886); s. auch oben Anm. 4 zu § 41.

Allgemeine Bestimmungen über Dienstvergehen und deren Bestrafung.

Vorbemerkungen.

1. Die Reichsdienststrafordnung (RDStO.) sollte **an die Stelle der §§ 72 bis 133 RBG. treten.** Man hielt diesen Abschnitt des RBG. für besonders abänderungsbedürftig und wollte ihn vorweg neu regeln, ohne zunächst das ganze Beamtenrecht in einem neuen Reichsgesetz zusammenzufassen. Die RDStO. ist in drei Lesungen des 14. Ausschusses (Beamtenangelegenheiten) des früheren Reichstages durchberaten worden. Über die Verhandlungen ist ein 299 Druckseiten langer Bericht veröffentlicht worden (Karl Heymanns Verlag), im folgenden mit AusschBer. abgekürzt. Mit der Auflösung des früheren Reichstags ist die RDStO. unerledigt geblieben. Sie soll nunmehr von neuem vorgelegt werden. Ihre Verabschiedung ist aber in absehbarer Zeit nicht zu erwarten.

2. Die RDStO. sollte gegenüber dem RBG. **wesentliche Verbesserungen** bringen; sie wollte die Strafbefugnis ausdehnen auf früher im Dienst eines Landes usw. begangene Verfehlungen, die Verjährung einführen, die Rechtsbeschwerde auch im nichtförmlichen Dienststrafverfahren schaffen, und zwar auch gegen die Entscheidung des Ministers bei dem Reichsdienststrafhof, ferner die Rechtskraft einführen, die Verteidigungsrechte des Angeschuldigten erweitern, für alle dem Angeschuldigten nachteiligen Entscheidungen die Zweidrittelmehrheit fordern, in Verfolg der Anweisung im Art. 129 Abs. 3 Satz 1 RV. gegen jedes dienstliche Straferkenntnis die Möglichkeit der Wiederaufnahme des Verfahrens schaffen u. a.

3. Nach § 23 Abs. 2 RBahnG. 30. 8. 24 (RGBl. II 272) finden das RBG. und somit auch die §§ 72—133 auf die **Reichsbahnbeamten** Anwendung, und zwar auch soweit sie sich im einstweiligen Ruhestand befinden. RDisH. 30. 6. 25 Schulze-Simons 29 = DRichtZ. **25** 173. Auch die **Reichsbankbeamten** fallen unter die §§ 72ff. § 9 Abs. 4 BankG. 30. 8. 24 (RGBl.

II 235); s. auch oben Anm. 8 zu § 1 RBG. Die §§ 72—133 finden aber keine Anwendung auf die im § 158 aufgeführten Beamten sowie auf Pensionäre und ausgeschiedene Beamte.

4. **Die rechtliche Natur des Dienststrafrechts und der Dienstvergehen** ist sehr bestritten; vgl. die ausführlichen Darlegungen von Labes, Die Disziplinargewalt des Staates über seine Beamten in Hirths Ann. **89** 213 ff., insbes. 224 ff. Nach der früher herrschenden Meinung ist das Dienststrafrecht nur ein Sonderstrafrecht für Beamte, die Dienstvergehen nur eine Klasse der Amtsvergehen und das Dienststrafverfahren nur eine besondere Form des Strafverfahrens. Die Unterschiede zwischen dem gewöhnlichen Strafverfahren und dem Dienststrafverfahren sollen nur darin bestehen, daß im ersteren im allgemeinen Interesse der Gemeinschaft der Verstoß gegen die allgemeinen Menschenpflichten, im letzteren der Verstoß gegen die besonderen Beamtenpflichten im besonderen Interesse der Gemeinschaft geahndet wird, ferner daß die Behörde, die die Strafe verhängt, eine andere und das der Strafverhängung vorausgehende Verfahren ein anderes ist. H. Meyer, Lehrb. des Strafrechts 700; G. Meyer, StaatsR. 468 ff.; Zorn **1** 328; v. Rönne-Zorn **1** 469; OVG. **22** 445 und die bei Laband **1** 440 Anm. 1 angeführten Schriftsteller. Mit dieser Ansicht läßt es sich aber nach dem Grundsatz „ne bis in idem" nicht vereinigen, daß ein Beamter wegen desselben Vergehens strafrechtlich und disziplinarisch belangt werden kann; auch erklärt sie nicht den Rechtssatz, daß die Verjährung der Strafverfolgung die Disziplinarbestrafung nicht ausschließt.

Nach der richtigen, neuerdings wohl allgemein vertretenen Ansicht ist daher das Dienststrafrecht nicht ein Zweig des allgemeinen Strafrechts, und das Dienststrafverfahren ist von dem gewöhnlichen Strafverfahren völlig verschieden. Der Unterschied liegt darin, daß bei einem kriminellen Vergehen ein Verstoß gegen die allgemeine bürgerliche Rechtsordnung vorliegt und daher stets das allgemeine öffentliche Interesse dessen Ahndung fordert, während bei einem Dienstvergehen in der Regel nur eine Verletzung der dem Beamten aus seinem Dienstverhältnis erwachsenden besonderen Pflichten in die Erscheinung tritt und daher nur das dienstliche Interesse eine Bestrafung wünschenswert erscheinen läßt. Während daher im allgemeinen Strafrecht der Staat nicht nur das Recht, sondern auch die Pflicht hat, zu strafen, straft er im Dienststrafrecht nur, wenn er es im Interesse des Dienstes für geboten hält. Verstößt das Dienstvergehen sowohl gegen die allgemeine bürgerliche Rechtsordnung wie gegen die besonderen Amtspflichten, ist also die Bestrafung außer im dienstlichen auch im allgemeinen öffentlichen Interesse geboten, so finden zwei gesonderte Verfahren statt, die an sich voneinander völlig unabhängig sind und nur aus Gründen praktischer Zweckmäßigkeit in einen gewissen Zusammenhang gebracht sind; Pieper 222; Bornhak PrStR. **2** 65; Seydel **4** 63; Schulze, DStR. **1** 331; Laband **1** 443.

5. **Der Zweck des Dienststrafrechts** ist die Aufrechterhaltung der Ordnung und Disziplin unter den Beamten; die Dienststrafe ist keine Strafe im Sinne des Strafrechts, sondern sichert die Erfüllung der Dienstpflicht seitens der Beamten. Rehm 191 ff.; Schulze, DStR. **1** 35; Bornhak, PrStR. **2** 65; v. Stengel, PrStR. in Marquardſ. Handb. **2** 157; Kanng. 156.

6. **Das Dienststrafrecht beruht** nicht auf der öffentlichen Strafgewalt des Reiches, sondern auf dem Gewaltverhältnis zwischen Staat (Reich) und Staats-(Reichs-)diener. Laband **1** 441; Rehm 192; Schulze DStR. **1** 331. Deshalb erstreckt sich auch die Dienststrafgewalt des Reiches im Gegensatz zu seiner Justizgewalt und seiner ordentlichen Gerichtsbarkeit über die Grenze des Reiches hinaus über alle Beamten, die er **im Ausland** angestellt hat, und folglich auch in die Länder, in denen er sie angestellt hat. RDisH. 5. 7. 97 (F. 3. 97).

7. Das Dienststrafrecht beruht **nicht,** wie das Strafrecht, **auf dem Legalitätsprinzip,** sondern auf dem **Opportunitätsprinzip.** Ob wegen eines Dienstvergehens ein Dienststrafverfahren — sei es ein nichtförmliches oder ein förmliches — einzuleiten sei, steht daher im Ermessen der zuständigen Behörde; Pfeiffer VerwArch. **27** 438; Schneider 256. Das Dienststrafrecht ist nicht ein Zweig des allgemeinen Strafrechts, sondern von diesem grundsätzlich verschieden; es ist auf Reinhaltung des Beamtentums gerichtet und ergreift nicht, wie das allgemeine Strafrecht, alle Staatsbürger. Laband 440ff.; v. Dultzig 2ff. Über die rechtliche Natur der Disziplinarbestrafung vgl. Schöne VerwArch. **19** 180.

8. Nur gegen **Beamte** ist ein Disziplinarverfahren zulässig. Eine im privatrechtl. Angestelltenverhältnis begangene Handlung kann auch dann nicht als Dienstvergehen behandelt werden, wenn der Täter danach mit Rückwirkung auf die Zeit der Begehung als Beamter angestellt worden ist. RDisH. 18. 6. 28 DJZ. **29** 247.

Der Irrtum eines Beamten über seine Beamteneigenschaft ist kein Hindernis für Disziplinarverfolgung oder Annahme eines Dienstvergehens. RDisH. 23. 3. 27 DJZ. **27** 817 = DRichtZtg. **27** Rspr. Sp. 187.

9. Die Ausübung der Disziplinargewalt findet ohne Rücksicht auf den Zeitpunkt der Verfehlung (auch wenn die Verfehlung im früheren Landesdienst begangen war) gegen die in den Reichsdienst übernommenen Beamten nach **Reichsrecht** statt. RDisH. 11. 1. 27 DRichtZtg. 27 Rspr. Sp. 190.

10. Die §§ 72—76 enthalten das **materielle Disziplinarrecht,** die §§ 77—79 bestimmen das Verhältnis des materiellen Disziplinarstrafrechts zum gemeinen Strafrecht und zu Zivilansprüchen, die §§ 80—124 behandeln das **Disziplinarverfahren** und die §§ 125—132 die **vorläufige Dienstenthebung.**

Alle diese Vorschriften sind den Bestimmungen des PrBDisG. v. 21. 7. 1852 (GS. 465) nachgebildet; doch finden sich im einzelnen erhebliche Abweichungen.

20*

11. Die Disziplinarverhältnisse der **preußischen Staatsbeamten** sind durch das G. 7. 5. 51 betr. die Dienstvergehen der Richter und das G. 21. 7. 52 betr. die Dienstvergehen der nichtrichterlichen Beamten geregelt; s. Näheres Brand, Kommentar zu diesen Gesetzen 1929 (Karl Heymanns Verlag).

12. Wegen der Verhängung von Ordnungsstrafen gegen **Angestellte** als Posthelfer und Posthelferinnen s. RPM. 15. 1. 26 (RPBl. 12).

13. Über die Amtsenthebung der **ehrenamtlichen Mitglieder der Finanzgerichte** s. § 18 RAbgO.

§ 72.

Ein Reichsbeamter, welcher die ihm obliegenden Pflichten (§§ 10, 10a, 10b) verletzt, begeht ein Dienstvergehen und hat die Disziplinarbestrafung verwirkt.

1. Im § 72 sind auf Grund des Ges. zum Schutze der Republik v. 21. 7. 22 (RGBl. I 590) in der Klammer die §§ 10a und 10b (s. oben S. 108) **neu eingefügt** worden.

2. § 72 enthält den Tatbestand des Dienstvergehens, also das **materielle Dienststrafrecht,** wie es in den §§ 10, 10a und 10b sowie §§ 11ff. näher erörtert ist. Danach ist jede schuldhafte Nichterfüllung der Dienstpflicht ein Disziplinarvergehen.

Die Vergehen der Beamten sind entweder **gemeine,** unter das Strafgesetzbuch fallende Delikte oder **Dienstvergehen.** Die Dienstvergehen sind entweder Verbrechen oder Vergehen im Amt, die neben der disziplinarischen Ahndung eine Bestrafung nach den §§ 331 bis 359 StGB. nach sich ziehen, oder bloße Dienstvergehen, die nur disziplinarisch zu verfolgen sind. Wegen der reinen Dienstvergehen vgl. §§ 10 bis 12, 14 bis 16. Der im § 72 enthaltene Hinweis auf § 10 berührt auch die §§ 11, 12, 14 bis 16, da der § 10 auch die besonderen Beamtenpflichten der §§ 11ff. mit umfaßt. Per. u. Sp. 103; Kanng. 155.

3. **Eine Aufführung der einzelnen dienstlichen Verfehlungen nach Art der kriminellen Straftaten ist unausführbar und deshalb unterblieben.** Jedoch sind vielfach in Sonderbestimmungen, die neben den §§ 72ff. gelten, gewisse Tatbestände als Dienstvergehen bezeichnet; s. oben §§ 10ff. RBG. Man hat mehrfach in Beamtengesetzen Versuche gemacht, die Dienstvergehen, wie z. B. Ungehorsam, Verletzung der Verschwiegenheitspflicht, Trunksucht, Verletzung der Residenzpflicht usw. einzeln aufzuführen und mit bestimmten Strafen zu belegen. Die Versuche dieser Art haben sich aber in der Praxis nicht bewährt. Es müssen sich nämlich bei der großen Zahl der Dienstvergehen, die sich nicht allein auf das amtliche Gebiet, sondern auch auf das vielverzweigte außeramtliche Leben des Beamten erstrecken, selbst bei der größten Sorgfalt und Genauigkeit in der Aufzählung der einzelnen disziplinarisch zu ahndenden Handlungen, immer wieder Tat-

bestände ergeben, die sich unter keins der einzeln aufgeführten Vergehen einreihen lassen. Dazu kommt, daß jedes Dienstvergehen derselben Art, etwa Ungehorsam, Nachlässigkeit im Amt u. dgl. überaus verschieden beurteilt werden muß, je nach der Persönlichkeit des Beamten, seine bisherige Führung, dem Grade der Verfehlung u. dgl. Deshalb wäre es unangebracht, für ein bestimmtes Dienstvergehen eine bestimmte Dienststrafe festzusetzen, also etwa zu bestimmen, daß der Ungehorsam stets mit Dienstentlassung oder nur mit einer Ordnungsstrafe zu belegen sei u. dgl. Mit Recht lassen daher die Dienststrafgesetze dem Dienststrafrichter nach allen Richtungen hin völlig freie Hand sowohl bei der Prüfung der Frage, ob überhaupt ein Dienstvergehen vorliegt, wie auch bei der Erörterung, welche Dienststrafe gerade im gegebenen Fall am Platze ist. Daß die Dienststrafgerichte bei der Ausübung ihres freien Ermessens nicht willkürlich vorgehen, dafür muß ihre Zusammensetzung bürgen. Außerdem muß das Verfahren so gestaltet sein, daß der beschuldigte Beamte sich ausreichend verteidigen kann.

Eine Ausnahme von der Anführung eines besonderen Dienststrafvergehens enthält das **G. zum Schutze der Republik** s. §§ 10a und b RBG.; s. oben S. 108 ff.

4. Der im § 76 niedergelegte **Grundsatz des freien Strafbestimmungsrechts des Dienststrafrichters** ist durchaus zu billigen. Der Dienststrafrichter hat nach der größeren oder geringeren Erheblichkeit des Dienstvergehens mit Rücksicht auf die sonstige Führung des Angeschuldigten zu ermessen, welche Dienststrafe er anwenden will. Liegen hiernach z. B. mehrere Anschuldigungspunkte vor, so stehen nicht verschiedene selbständige, einzeln zu ahndende Tatbestände in Frage, sondern es kommt nur in Betracht, ob und inwieweit der Beamte nach Maßgabe des sich aus den Einzelhandlungen zusammensetzenden Gesamtbildes eine Pflichtverletzung begangen hat. GrDisS. des RG. 14. 11. 23 Amtl. Sammlg. 110. Ob es sich um ein sog. fortgesetztes Delikt im strafrechtlichen Sinne handelt oder nicht, ob also etwa die mehreren Taten auf einem einheitlichen Willensentschluß beruhen, ist für das Dienststrafgericht ohne Bedeutung. GrDisS. 10. 11. 03 bei v. Rheinb. 179; RDisH. 10. 2. 13 bei Schulze-Simons 496 und in DJZ. 516; s. dazu Reindl DJZ. **13** 970; RDisH. 2. 3. 03 und 24. 2. 13 bei Schulze Rspr. 31 und 170; Schulze-Simons 437.

Nur für die Vergehen gegen § 10a Abs. 2 u. 3 im Rückfall kennt § 76 Abs. 2 eine Ausnahme von dem freien Strafbestimmungsrecht des Disziplinarrichters.

Eine weitere **Ausnahme von der Regel,** daß die Wahl der in jedem einzelnen Fall anzuwendenden Strafe dem Ermessen der Dienststrafbehörde überlassen bleiben soll, ist **in den preußischen Disziplinargesetzen** (§ 9 BDisG. und § 8 RDisG.) enthalten. Danach hat der Beamte, der sich länger als 8 bzw. nach vorheriger Aufforderung länger als 4 Wochen unerlaubt vom Amte entfernt hält, die Dienstentlassung verwirkt. In solchem Falle muß also nach preußischem Rechte der Dienststrafrichter unter allen Umständen auf Dienstentlassung erkennen und darf nicht etwa, wenn ihm der Fall aus irgendwelchen Gründen milder zu liegen scheint, von der Dienstentlassung absehen und sich mit einer geringeren Strafe begnügen.

Das RBG. hat dagegen auch für die schwereren Fälle der unerlaubten Entfernung vom Amt keine absolute Strafe angedroht, sondern auch bei solchen Verfehlungen dem Ermessen des Dienststrafrichters freie Hand gelassen. Dies ist zu billigen. Denn jede Beschränkung des freien Strafverhängungsrechts des Dienststrafrichters ist unangebracht. Auch die Fälle der längeren unerlaubten Amtsentfernung können so liegen, daß die Strafe der Dienstentlassung zu hart ist.

5. Im allgemeinen müssen die Verfehlungen, um zur Bestrafung zu führen, erwiesen sein; **ein bloßer Verdacht genügt nicht.** Begründen die Handlungen eines Beamten nur den Verdacht eines pflichtwidrigen Verhaltens, so sind sie nur dann disziplinarisch zu ahnden, wenn sie geeignet sind, das Ansehen des Beamtenstandes zu schädigen oder zu gefährden sowie das Vertrauen zu dem Beamten zu erschüttern, vorausgesetzt daß sich der Beamte einem solchen Verdacht durch bewußtes oder leichtfertiges Handeln schuldhafterweise ausgesetzt hat, mag auch der Verdacht sachlich unbegründet sein. RDisH. 21.9.85 und 2.12.12 bei Schulze-Simons 300 und Schulze Rspr. 76.

6. Jedes Dienstvergehen und jede Disziplinarbestrafung wegen eines solchen setzt voraus, daß den Beamten **ein Verschulden** trifft. GrDisS. v. 22. 9. 1926 Amtl. Sammlg. 161. Befindet sich also ein Beschuldigter nicht im Irrtum über eine bestehende Vorschrift des Beamtenrechts — was ihm regelmäßig als Verschulden angerechnet werden müßte — sondern in Unklarheit über ihre Anwendung und läßt sich nicht feststellen, daß seine irrige Auslegung eine bewußte oder fahrlässige gewesen ist, so kann er disziplinarisch nicht bestraft werden. Thür. DienstStG. v. 28. 4. 1928 JW. **28** 2748. Der strafrechtliche Grundsatz „error juris nocet" kann eben nicht ohne weiteres auf das Dienststrafrecht angewendet werden; s. v. Bonin JW. **28** 2749; RDisH. Schulze-Simons 10, 21, 283. In der Regel wird man allerdings von jedem Beamten verlangen können, daß er sich mit den Pflichten seines Amtes bekannt macht.

Die Vorschriften des § 51 StGB. und des § 105 BGB. sind entsprechend anzuwenden. Wer zur Zeit der Verfehlung **nicht zurechnungsfähig** war, kann in der Regel nicht zur Verantwortung gezogen werden. RDisH. v. 17. 2. 1925 JurRundsch. **25** 418. Ein Verschulden kann aber auch im Falle des § 51 StGB., nämlich dann vorliegen, wenn sich der Beamte die Unzurechnungsfähigkeit, Geisteskrankheit usw. durch Trunksucht, Ausschweifungen anderer Art usw. selbst zugezogen hat; v. Dultzig 43.

Verminderte Zurechnungsfähigkeit reicht nicht aus, um den Beamten straflos zu machen; sie kann aber für das Strafmaß von Bedeutung sein; s. auch OVG. **12** 427; PrOVG. im PrVBl. **45** 215 „Recht" **24** 261 Nr. 760; Ehreng. f. RAnwälte **9** 35; RDisH. v. 7. 12. 1908 Schulze-Simons 372.

Geistesschwäche eines Beamten kann u. U. auch zur Freisprechung oder Einstellung des Disziplinarverfahrens führen und Veranlassung zur Einleitung der Zwangspensionierung geben; v. Dultzig 43.

Auch mangelnde Befähigung eines sonst fleißigen Beamten kann als Verschulden nicht angesehen werden, so daß unzureichende Leistungen eines Beamten, die nur auf Unfähigkeit zurückzuführen sind, disziplinarisch nicht geahndet werden können; v. Dultzig 43, 44.

7. Eine **Verjährung** gibt es im RBG. ebenso wie im Pr. Disziplinarrecht nicht. Oppenh. Rspr. **1** 285; OVG. v. 28. 2. 1891 in MfdV. **94** 221; GrDisS. v. 21. 10. 1925 Amtl. Sammlg. 146. Das Interesse an der Reinhaltung des Beamtenstandes erfordert, daß die Möglichkeit der Ausschließung unwürdiger Elemente jederzeit gegeben sei. Die Disziplin berücksichtigt nicht nur die Handlung an und für sich, sondern hauptsächlich das daraus hervorgehende Ärgernis und ihre üble Einwirkung auf die Gesamtheit des Beamtentums. StMBeschl. v. 23. 12. 1897 bei Müller 505; RDisH. 28. 11. 98 (F 13/98) u. 19. 2. 1900 (F 9/93). Die Einführung der Verjährung für die disziplinarischen Verfehlungen ist auch u. E. nicht empfehlenswert; **a. M.** Reindl LZ. **27** 125, der bezeugt, daß sich die in Bayern längst eingeführte Verjährung durchaus bewährt habe. Nach § 14 Abs. 1 Entw. RDStO. soll die Strafverfolgung von Dienstvergehen in 3 Jahren verjähren; verstößt aber die Tat auch gegen ein Strafgesetz, so soll die Strafverfolgung des Dienstvergehens nicht vor der Verjährung der Straftat verjähren.

Nach gegenwärtiger Rechtslage aber kann eine strafbare Handlung, die nach dem Strafgesetze wegen eingetretener Verjährung nicht mehr verfolgt werden kann, im Disziplinarverfahren gegenüber dem schuldigen Beamten jederzeit gesühnt werden.

Auch bloße Ordnungswidrigkeiten, die im nicht förmlichen Disziplinarverfahren oder im Dienstaufsichtswege gesühnt werden sollen, unterliegen nicht der Verjährung.

Jedoch ist es dem Disziplinarrichter unbenommen, eine Verfehlung mit Rücksicht auf die Länge der seitdem verflossenen Zeit entweder als völlig straffrei zu bezeichnen oder doch erheblich milder zu sühnen, als wenn sie erst neuerdings begangen wäre; v. Dultzig 46, 47; s. auch die bei v. Rheinb. 99 angeführte Entsch. d. OVG. v. 31. 10. 1902.

8. Ob eine Disziplinarbestrafung zulässig ist wegen der **vor der Anstellung begangenen Verfehlungen,** ist streitig.

a) Das RBG. und die preuß. Disziplinargesetze enthalten keine Bestimmung darüber, ob die Handlungen, **die ein Beamter vor der Anstellung begangen hat,** im Disziplinarverfahren geahndet werden können. Die praktisch wichtige Frage wird daher in der Rechtsprechung und im Schrifttum verschieden beantwortet.

b) Hat der Beamte vor seiner Anstellung in seinem gegenwärtigen

Amt **ein Dienstvergehen in einem früheren Reichsamt begangen,** so kann er deswegen unbedenklich disziplinarisch bestraft werden.

Eine Disziplinarbestrafung ist auch zulässig, wenn ein Reichsbeamter in den preußischen Staatsdienst oder ein preußischer Staats- oder Kommunalbeamter in den Reichsdienst eintritt. Die abweichende Entsch. des RDisH. v. 19. 5. 1884 bei Schulze Rspr. 23 = Schulze-Simons 42 (s. aber abweichend RDisH. v. 19. 5. 84 (F 5/84), v. 14. 2. 1921, 4. 12. 1923 und 28. 1. 1924 Schulze-Simons 42ff. bei Übernahme eines ganzen Verwaltungszweiges auf das Reich) wird von v. Rheinb. 94 u. Seydel 43 mit Recht bekämpft. Der RDisH. meint, daß der Reichs- und Staatsdienst nur bei Berechnung des Ruhegehaltes gemäß §§ 46 Nr. 2 u. 3 u. 57 Nr. 2 RBG., nicht aber allgemein als zusammenhängendes Ganzes anzusehen sei. Dem kann nicht beigetreten werden und läßt sich jedenfalls nach der neuen RV., die den Zusammenhang des Reichs mit den Ländern stärker wie die frühere Verfassg. betont, nicht mehr aufrechterhalten. Auch § 1 Abs. 2 Entw. RDStO. läßt die Bestrafung wegen eines Dienstvergehens zu, das vor dem Eintritt in den Reichsdienst als Beamter eines Landes, einer Gemeinde usw. begangen ist. Jedoch richtet sich in solchen Fällen das Verfahren nach dem Disziplinargesetze, dem der Beamte gegenwärtig untersteht, so daß z. B. ein Reichsbeamter, der in seiner früheren preußischen Beamtenstellung Verfehlungen begangen hat, von den Reichsdisziplinarbehörden nach dem RBG. abgeurteilt wird, während allerdings die materielle Beurteilung der Verfehlung sich nach den Disziplinargesetzen richten muß, denen der Beamte zur Zeit der Verfehlung unterstellt war; s. v. Rheinb. 95; Brand DJZ. **26** 39; **a. M.** Peters RundschKom. **27** 350.

c) Zweifelhaft ist dagegen, ob ein Beamter auch wegen solcher Handlungen disziplinarisch bestraft werden kann, **die er vor Erlangung der Beamteneigenschaft begangen hat.** Das PrStaatsM. hielt bisher die Bestrafung für zulässig (Erl. v. 23. 12. 1882 und v. 7. 1. 1893 bei v. Rheinb. 95); ebenso Seydel 42ff.; Oberneck 37; Schlegelberger 1178; das OVG. dagegen (Bd. **22** S. 423) verneint mit Recht die Zulässigkeit in Übereinstimmung mit dem GrDisS. (v. 20. 12. 1904 Y 6. 1904 Amtl. Sammlg. 27ff. u. bei v. Rheinb. 95, 429 und DJZ. **05** 346) und mit dem RDisH. v. 12. 2. 1906 bei Schulze-Simons 307 = v. Rheinb. 95; v. 20. 10. 1924 Schulze-Simons 14; v. 29. 11. 1926 DJZ. **27** 467 = JW. **27** 795 = DRichtZ. **27** Rspr. Sp. 189; Schulze Rspr. 26; ebenso PrDisHfnichtrB. v. 28. 6. 1926 PrBBl. **26** 71; Kautz-Appelius 358; Görres 57; Roß JurRundsch. **27** 10; Hubrich ArchöffentlR. **39** 140; Brand DJZ. **26** 42; Graff „Staats u. Selbstverw." **28** 509. Der § 1 Abs. 3 Entw. z. RDStO. will ebenfalls eine Verfehlung, die vor Eintritt in den öffentlichen Dienst begangen ist, dem Dienststrafrecht nicht unterwerfen; dagegen hatte der Reichsrat vorgeschlagen, daß gegen Reichsbeamte, die unter arglistiger Verschweigung von Handlungen, die die Entlassung aus dem Dienst gerechtfertigt haben würden, eine Anstellung erlangt haben, Disziplinarbestrafung eintreten könne; s. dazu Roß JurRundsch. **27** 10. Dem hat sich aber der Reichstagsausschuß nicht angeschlossen.

Das PrStaatsM. führte bisher zur Begründung seiner Auffassung aus, es werde durch den Ausdruck im § 2 Nr. 2 BDisG. (§ 1 Nr. 2 RDisG.) „sich unwürdig zeigt" im Gegensatz zu unwürdig „ist„ oder „sich benimmt" das entscheidende Gewicht nicht sowohl auf den Zeitpunkt des Begehens, als vielmehr auf denjenigen des Bekanntwerdens unwürdiger Handlungen während der Anstellung des Beamten gelegt; es erscheine die der Würde des Amts entsprechende persönliche Integrität als eine besondere Pflicht des Beamten. Wenn somit Wesen und Bedeutung der Disziplin in ihrem Endziele darauf gerichtet seien, solche Individuen, die sich zur Bekleidung eines öffentlichen Amtes, wann und wie auch immer unwürdig gemacht hätten, aus dem Staatsdienste zu entfernen, so müsse im Disziplinarverfahren auch die gesetzliche Handhabe gefunden werden, um sich derjenigen Beamten wieder zu entledigen, von denen sich nachträglich ergebe, daß sie bereits vor dem Eintritt in den Staatsdienst sich Handlungen hätten zuschulden kommen lassen, die sie der Achtung, des Ansehens und des Vertrauens, die der Beruf erfordere, beraubten und sie deshalb zur Bekleidung eines öffentlichen Amtes unwürdig erscheinen ließen.

Diese Ausführungen sind von gesunden, auf Reinhaltung des Beamtenstandes von unwürdigen Elementen abzielenden Grundsätzen getragen. Es wäre in der Tat unerträglich, wenn das Reich gezwungen wäre, jemanden als Beamten zu behalten, der vielleicht vor noch nicht langer Zeit, ehe er Beamter wurde, wegen eines ehrenrührigen Verbrechens oder Vergehens mit Zuchthaus oder Gefängnis vorbestraft ist und diese Strafe auch verbüßt hat. Dennoch läßt sich aus dem Wortlaut des Gesetzes die Möglichkeit zu einem disziplinaren Vorgehen gegen einen Beamten, der sich nur vor seiner Amtslaufbahn, nicht aber während seiner Amtsführung etwas hat zuschulden kommen lassen, nicht begründen. Denn das Gesetz läßt disziplinarische Bestrafung nur eintreten, wenn ein Dienstvergehen vorliegt, wenn also eine Person zu einer Zeit, wo sie bereits im Beamtenverhältnis stand, eine Pflichtwidrigkeit begangen hat. Es würde ein Widerspruch in sich selbst sein, wenn jemand durch seine Handlungen zu einer Zeit, in der er noch gar nicht Beamter war, diejenige Pflicht verletzt haben sollte, die er eben nur als Beamter auf sich nehmen und überkommen konnte; a. M. Dultzig 45, 46 unter Berufung auf § 72 II 10 ALR.; Oberneck 37.

Dieser hier vertretene Rechtszustand hat mitunter auch erfreuliche Ergebnisse. Denn der Beamte ist dagegen geschützt, daß aus seinem Vorleben alte Jugendverfehlungen u. dgl. wieder ausgegraben werden.

Übrigens hat neuerdings das PrStaatsM. seinen bisherigen Standpunkt aufgegeben und nunmehr in Übereinstimmung mit PrDisHfnichtrB. v. 28. 6. 1926 angenommen, daß Handlungen, die vor Anstellung eines

Beamten begangen sind, nicht Gegenstand der Bestrafung wegen Dienstvergehen bilden können. PrStaatsM. v. 8. 11. 1927 DJZ. **28** 389.

d) Mitunter ist versucht worden, die Ahndung der vor der Anstellung begangenen Verfehlungen mit Rücksicht darauf herbeizuführen, **daß der Beamte bei der Anstellung seine Vorstrafen, seine Verfehlung oder starke Verschuldung verschwiegen habe.** Dem steht die Erwägung entgegen, daß der Anwärter bei der Einreichung seines Lebenslaufs oder seiner Bewerbung noch nicht Beamter war, also auch durch Verschweigen der Strafe, der Verfehlung oder der Verschuldung seine Amtspflichten nicht verletzen konnte; der Beamte hat also nur eine ethische Verpflichtung verletzt, weil er sein Vorleben in diesem wichtigen Punkte nicht offenlegte.

v. Rheinb. 97, 98 meint (ähnlich auch RDisH. 9. 11. 96 (F. 6/96), 5. 6. 99 (F. 5/99) u. v. 24. 5. 1909 bei v. Rheinb. 97, 98), diese Regel erleide eine Ausnahme, wenn die Strafe, die Verschuldung oder die Verfehlung derart seien, daß der Beamte bei seiner Anstellung hätte voraussehen müssen, sie würden im Falle ihres Bekanntwerdens seine Anstellung hindern. Denn dann verletze der Beamte dadurch, daß er nach dem Eintritt in das Beamtenverhältnis die Täuschung der Behörde über seine Eignung zum Beamten aufrechterhalte, die jedem Beamten obliegende Pflicht der Wahrhaftigkeit und zeige sich deshalb als Beamter der Achtung und des Vertrauens unwürdig, die sein Beruf erfordere. Diese Ausführungen überspannen den Begriff der Pflicht der Wahrhaftigkeit. Der Beamte ist nicht verpflichtet, aus freien Stücken und ohne jede Aufforderung seiner vorgesetzten Behörde alles mitzuteilen, was ihm ungünstig ist und sein Verbleiben im Amt gefährden würde. Eine solche Selbstbeschuldigung kann man von niemandem verlangen. Die Unwahrhaftigkeit liegt vielmehr in solchen Fällen nur vor der Anstellung. Bestraft kann daher nur der Beamte werden, der nach seiner Anstellung ausdrücklich nach Vorstrafen gefragt wird und diese Frage wahrheitswidrig verneint. So auch Hubrich, ArchöffR. **39** 140ff. u. PrDisHfnichtrB. v. 28. 6. 1926, DJZ. **26** 178 = DRZtg. **27** Nr. 95; s. auch Josef JW. **27** 2622; ähnlich Graff, Staats- u. Selbstv. **28** 509.

Ein arglistiges Verschweigen liegt übrigens dann nicht vor, wenn ein Beamter seine Gesundheitsgefährdung z. B. durch erbliche Belastung, frühere Ansteckung usw. der Anstellungsbehörde gegenüber verschwiegen hat. SächsOLG. v. 8. 7. 1927, RundschKom. **27** 645.

Der oben mitgeteilte Reichsratsbeschluß wollte aber dem Entwurfe der Reichsdienststrafordnung eine Bestimmung einfügen, wonach auch das arglistige Verschweigen solcher Vorstrafen usw. Anlaß zu disziplinarischem Einschreiten geben könne. Außerdem sieht der Entwurf zu einem neuen Strafgesetzbuch § 139 als neues Delikt „die Erschleichung eines Amtes" und „die Erschleichung der Befähigung zu einem Amte" vor. Über Erschleichung des Doktortitels s. RDisH. Schulze-Simons 4.

e) Eine andere Frage ist, ob nicht die Behörde in solchen Fällen, in denen der Beamte sein Amt durch Irrtumserregung erschlichen hat, den Anstellungsakt wegen arglistiger Täuschung dem Beamten gegenüber **für unwirksam erklären kann.** Dies ist zu bejahen. JW. **14** 422 = RG. **83** 429 will §§ 119ff. BGB. entsprechend anwenden. Ebenso Vogels VerwArch. **27** 248ff., der außer Täuschung und Irrtum beim Anstellungsakt auch sonstige Willensmängel gelten lassen will, zwar keine Nichtigkeit, aber Anfechtbarkeit des Aktes annimmt und sich über die Frage der Einhaltung der Anfechtungsfristen usw. verbreitet. A. M. Josef, PrVBl. **41** 588 u. JW. **27** 2622, der §§ 119ff. BGB. nicht entsprechend anwenden will, eine Anfechtung des Anstellungsaktes für unzulässig hält und die Entfernung des Beamten, der sich die Anstellung erschlichen hat, nur im Wege des Disziplinarverfahrens zulassen will. Die herrschende Lehre schließt sich aber mit Recht gegen Josef dem RG. an: so auch Hubrich, ArchöffentlR. **39** 150ff.; Laband, DJZ. **07** 207; Otto Mayer, Deutsch. Verwaltungsrecht I 1914, S. 267; Schneider 71, 73, 105ff.; Fleiner, Verwaltungsrecht, 2. Aufl., S. 187; Kormann, System der rechtsgeschäftlichen Staatsakte 1910 S. 375; Jellinek, Der fehlerhafte Staatsakt 1908 S. 166; Friedrichs, KomBR. 14, 15; s. auch § 8 II 14 u. § 72 II 10 ALR., s. ferner Reindl, Bayer. Gemeinde- u. Verwaltungszeitg. 1922 S. 99; Kollath, JW. **27** 2184. Danach können durch Täuschung der Behörde erschlichene Anstellungsakte jederzeit für kraftlos erklärt werden. PrDisHsnichtrB. v. 28. 6. 1926 BHK. **26** 144 = DJZ. **26** 1784 = PrVBl. **26** 71. Die Behörde kann also einen solchen Beamten auch ohne Prozeß jederzeit entlassen und im Rechtswege kann diese Entlassung nicht angefochten werden, da kein Beamter ein klagbares Recht auf Ausübung seines Dienstes hat. RG. v. 24. 11. 1925 PrVBl. **47** 295; Schneider 110. Wegen seiner vermögensrechtlichen Ansprüche (auf Gehalt, Ruhegehalt und Hinterbliebenenversorgung) kann aber ein solcher Beamter den Rechtsweg beschreiten, da der Zivilrichter nach § 155 RBG. und § 5 PrG. v. 24. 5. 1861 nur die im Wege des Disziplinarverfahrens erfolgte Dienstentlassung, nicht aber die sonst erfolgte Entlassung seiner Entscheidung zugrunde zu legen hat; s. Abramczyk JW. **27** 2842; RG. **110** 193; Schneider 105ff. Die Anfechtung des fehlerhaften Staatsaktes wirkt ex tunc und nicht erst ex nunc. Schneider 109. Doch dürfen Rechte Dritter nicht beeinträchtigt werden.

Bei dieser Rechtslage kann ein dringendes Bedürfnis dafür, daß Beamte auch wegen der vor ihrem Eintritt in ihr Amt liegenden Verfehlungen disziplinarisch bestraft werden können, nicht anerkannt werden. Man kann sich eben solcher Persönlichkeiten auch auf andere Weise entledigen.

9. a) Bekleidet ein Beamter **mehrere Ämter mit verschiedenen Dienstherren,** ist er z. B. sowohl im Reichsdienst wie im preußischen Staatsdienst tätig, so kann er **von jedem Dienstherrn** wegen der außer dem Amte begangenen Verfehlungen zur Rechenschaft gezogen werden. Der Grundsatz „ne bis in idem" findet hier keine Anwendung, da ein und dieselbe

Verfehlung für jedes Amt verschieden beurteilt werden kann. GrDisS. v. 8. 3. 1886; Ehrengerichtshof für RA. **13** 34ff.; vgl. Vogels, VerwArch. **22** 87, 88; s. auch über Disziplin im Nebenamt Vogels VerwArch. **21** 289ff. u. PrVBl. **41** 385ff.

b) Bekleidet ein Beamter im Reichsdienst ein **Haupt- und ein Nebenamt,** so hat die ihm im Hauptamt vorgesetzte Behörde auch hinsichtlich des Nebenamtes, wenigstens soweit die Ordnungsstrafgewalt in Betracht kommt, die Disziplin zu handhaben. JM. v. 24. 11. 1891 bei Müller 486; s. auch § 6 Dienst- u. VollzugsO. f. d. Gefangenenanst. v. 1. 8. 1923. Die vorgesetzte Dienstbehörde des Nebenamts wird daher bei Verfehlungen des Beamten die Behörde des Hauptamts zwecks disziplinarischen Einschreitens benachrichtigen; vgl. ME. v. 19. 7. 1895 (MBl. 168). Dagegen nimmt Vogels PrVBl. **41** 385ff. an, daß die Behörde des Nebenamts die in diesem begangenen Verfehlungen zu ahnden habe.

c) Bekleidet ein Beamter **neben seinem Hauptamt ein einem anderen Dienstherrn unterstelltes Nebenamt außer dem Bereiche der Reichsverwaltung,** so wird regelmäßig für nebenamtliche Verfehlungen die für das Nebenamt zuständige Behörde die Disziplin handhaben. OVG. **5** 41.

d) Soweit eine **außeramtliche Verfehlung** in Frage kommt, wird sie regelmäßig **nur vom Dienstherrn des Hauptamts** verfolgt werden, obwohl es an sich auch zulässig wäre, daß die für das Nebenamt zuständige Behörde einschritte. Ein Dienstvergehen, das im Nebenamt begangen wird, kann sich für das Hauptamt als ein unwürdiges Verhalten außer dem Amte darstellen. StMBeschl. v. 25. 5. 1891 und v. 30. 12. 1904 und GrDisS. v. 21. 3. 1887 bei v. Rheinb. 83; Ehrengerichtshof für RA. Bd. **13** 34ff.; vgl. auch OVG. **25** 412; ME. v. 24. 11. 1891 bei Müller 486; v. 19. 7. 1895 (MBl. 168).

e) Ist der Beamte **zum Zwecke der Beschäftigung in einem anderen Geschäftsbereich beurlaubt,** so untersteht er nach wie vor, soweit außerdienstliche Vorgänge in Frage kommen, der Disziplin der Behörde, der er angehört und die ihm den Urlaub erteilt hat. Schr. d. JM. v. 5. 5. 1905 bei Müller 486; JM. v. 8. 6. 1905 ebenda; StM. v. 3. 2. 1873 bei v. Rheinb. 217.

10. Daß die Verfehlung des Beamten **im Inland** begangen sein muß, um sie disziplinarisch zu ahnden, ist nicht erforderlich. Das Disziplinarrecht weicht also insofern vom StrGB. (§§ 3, 4) ab. Wenn sich also Reichsbeamte im **Auslande** disziplinarisch vergehen, so können sie ebenso verfolgt werden, als ob sie sich im Inlande vergangen hätten; v. Dultzig 44, Labes Hirths Annalen **89** 261; s. oben Ziff. 6 Vorbemerkungen vor § 72.

§ 73.

Die Disziplinarstrafen bestehen in:

1. Ordnungsstrafen,

2. Entfernung aus dem Amte.

1. **Über die rechtliche Natur des Disziplinarrechts und der Disziplinarstrafen** s. oben Vorbem. 4 vor § 72.

Ordnungsstrafen sind nach § 74 RBG. Warnung, Verweis und Geldstrafe. Die Arreststrafe gab es im RBG. niemals; auch im PreußBDisG. ist sie beseitigt. G. v. 25. 3. 1917 (GS. 49).

Die Entfernung aus dem Amte besteht nach § 75 in Versetzung in ein anderes Amt von gleichem Range (Strafversetzung), jedoch mit Verminderung des Diensteinkommens oder mit einer Geldstrafe oder in Dienstentlassung.

Wegen des Ordnungsstrafverfahrens s. § 80, wegen des förmlichen Disziplinarverfahrens s. §§ 84ff.

2. Die **„Entfernung aus dem Amt" kann nur im förmlichen Disziplinarverfahren** verhängt werden, während Ordnungsstrafen in der Regel im nichtförmlichen Disziplinarverfahren ausgesprochen werden. Es ist aber natürlich möglich und kommt nicht selten vor, daß Ordnungsstrafen auch im förmlichen Disziplinarverfahren, nämlich dann verhängt werden, wenn sich die Verfehlung milder herausstellt, als wie bei Einleitung des auf Entfernung aus dem Amt abzielenden förmlichen Disziplinarverfahrens angenommen wurde.

3. Außer den eigentlichen Disziplinarstrafen gibt es **Disziplinarmaßregeln mit strafähnlichem Charakter, die aber keine Disziplinarstrafen sind** (vgl. v. Rheinb. 148); hierher gehören vor allem die Ermahnungen, Zurechtweisungen und Rügen; s. Näheres § 74 Anm. 4.

„Strafdienst" ist keine Disziplinarstrafe im Sinne des § 74. Sie kann nur durch Beschwerde im Dienstaufsichtswege angefochten werden. Solcher „Strafdienst" findet seine rechtliche Stütze in der der vorgesetzten Behörde zustehenden Dienstgewalt, vermöge deren sie über die Heranziehung der ihr unterstellten Beamten zum Dienst nach ihrem Ermessen zu befinden hat. OVG. **72** 427.

Einen disziplinaren Charakter hat mitunter auch die Versetzung im Interesse des Dienstes; s. § 23.

4. Keine Disziplinarstrafen sind ferner die **Zwangsstrafen,** auch Exekutivstrafen genannt. Sie bezwecken, den Beamten zur Befolgung einer dienstlichen Anordnung innerhalb einer vorgeschriebenen Frist zu nötigen, dienen also nicht, wie die Disziplinarstrafen, dazu, eine bereits begangene Verfehlung zu sühnen. Eigentliche Zwangsstrafen gibt es gegen Reichsbeamte nicht; s. aber § 82 Abs. 3. Wegen der Zwangsstrafen gegen preußische Beamte s. Brand BR. 670.

§ 74.

Ordnungsstrafen sind:

1. Warnung,

2. Verweis,

3. Geldstrafe,

bei besoldeten Beamten bis zur Hälfte des Betrages des dem Beamten zurzeit der Bestrafung zustehenden monatlichen Diensteinkommens, bei unbesoldeten Beamten bis zu einem Achtel des monatlichen Diensteinkommens, das einem aus der 1. Gehaltsstufe der Besoldungsgruppe X besoldeten Beamten zusteht. Unter Diensteinkommen im Sinne dieser Vorschrift sind bei planmäßigen Beamten das Grundgehalt nebst dem allgemeinen Teuerungszuschlage hierzu, bei außerplanmäßigen Beamten die Diäten nebst dem allgemeinen Teuerungszuschlage hierzu zu verstehen.

Geldstrafe kann mit Verweis verbunden werden.

1. **Nr. 3 Abs. 1 § 74 beruht auf G. v. 16. 5. 23** (RGBl. I 295). Die Besoldungsgruppe X war aus dem RBesoldG. v. 30. 4. 20 entnommen; jetzt tritt an deren Stelle die entsprechende Besoldungsgruppe des neuen RBesG. Der allgemeine Teuerungszuschlag zu dem Grundgehalt und den Diäten ist fortgefallen.

2. **Warnung, Verweis** und **Geldstrafe** können auch im nichtförmlichen Dienststrafverfahren verhängt werden. § 80. Dagegen können **Strafversetzung** und **Dienstentlassung** nur im förmlichen Dienststrafverfahren von den Dienststrafgerichten verhängt werden. § 84.

3. **Die Verbindung mehrerer Dienststrafen** ist — mit der im Abs. 2 erörterten Ausnahme — nicht zulässig, da die Gliederung der Dienststrafen nicht die Bedeutung einer gleichwertigen Aufführung der verschiedenen Strafen nebeneinander hat, sondern für die Ahndung der Dienstvergehen je nach deren Schwere eine aufsteigende Stufenfolge selbständiger Strafen vorsieht, bei der die härtere Strafe die leichtere ausschließt. PrDisH. f. nichtr. B. DJZ. **24** 832.

Jedoch ist die Verbindung des Verweises mit einer Geldstrafe im § 74 Abs. 2 RBG. ausdrücklich gestattet. Auf Geldstrafe in Verbindung mit Verweis wird zu erkennen sein, wenn man nicht die Entfernung aus dem Amt, aber eine ihr möglichst nahe kommende Strafe aussprechen will; auch neben der höchsten Geldstrafe bleibt der Verweis, so namentlich bei höheren Beamten, eine wirksame Strafe; a. M. Pieper 227, 228 u. Per. u. Sp. 105, die die Strafenverbindung für praktisch bedeutungslos halten.

4. Außer den eigentlichen Dienststrafen gibt es **Dienstmaßregeln mit strafähnlichem Charakter, die aber keine Dienststrafen sind.** Hierher gehören vor allem die Ermahnungen, Zurechtweisungen und Rügen, wie sie in jedem Dienstbetriebe zur Abstellung von Mißständen, zur Ahndung geringfügiger Dienstverstöße usw. häufig vorkommen. Die letztgedachten Dienststrafmaßregeln bezwecken nicht, die davon betroffenen Beamten diszi-

plinarisch zu bestrafen, sondern wollen ihnen nur vor Augen führen, daß diese oder jene Maßnahme oder Unterlassung nicht zu billigen sei. Mitunter ist nicht leicht zu erkennen, ob eine bloße Rüge oder eine wirkliche Dienststrafe beabsichtigt ist. Spricht ein Vorgesetzter einem Untergebenen sein „ernstes Mißfallen" aus, so wird trotz der strengen Fassung der Rüge im Zweifel keine förmliche Dienststrafe verhängt sein. Vielmehr ist der Ausdruck nur als eine im Aufsichtsrechte der vorgesetzten Behörde begründete Kritik über das amtliche Verhalten des Untergebenen aufzufassen; vgl. OVG. 3. 1. 99 und 12. 11. 07 bei v. Rheinb. 186; OVG. **73** 425.

Andererseits kann unter Umständen eine bloße „Rüge" als die Dienststrafe der Warnung angesehen werden, wenn etwa ausdrücklich auf das Dienststrafgesetz dabei Bezug genommen ist. Freilich wäre in solchem Falle das Wort „Rüge" nicht zu empfehlen, da es geeignet ist, die Absicht des Vorgesetzten zu verdunkeln, wie denn überhaupt den die Disziplin handhabenden Behörden zu empfehlen ist, sich bei der Bezeichnung der Strafen genau an den Wortlaut des Gesetzes zu halten. OVG. **79** 421.

Gegen die Erteilung einer solchen Rüge gibt es nur das Beschwerderecht im Instanzenzuge. Der Beamte kann nicht verlangen, daß das Dienststrafverfahren zur Nachprüfung der Rechtmäßigkeit der Rüge eingeleitet wird; vgl. Klüber VerwArch. **31** 209.

5. **Die Warnung,** die mit den Rügen, Ermahnungen und Mahnungen (s. Anm. 4) nicht zu verwechseln ist, ist die mildeste Dienststrafe und bildet die Vorstufe für die Strafe des Verweises. Ein erheblicher Unterschied zwischen Warnung und Verweis ist nicht ersichtlich; doch hat man die „Warnung" beibehalten, um besonders leicht liegende Dienststrafverfehlungen als solche kennzeichnen zu können.

Warnungen und Verweise können von den Dienstvorgesetzten verhängt werden. § 80.

6. **Weitere als** die im § 74 vorgesehenen **Ordnungsstrafen gibt es nicht.** Insbesondere ist nicht zulässig die Arreststrafe, die sich im preußischen Beamtenrecht früher vorfand, aber auch dort durch G. 25. 3. 17 (GS. 49) beseitigt worden ist.

Auch ist ein Zurückgreifen auf sonstige einschlägige Bestimmungen des Landesrechts nicht zulässig gegenüber Reichsbeamten, die früher im Landesdienst gestanden haben. RDisH. 3. 11. 24 Schulze-Simons 45.

7. Die Geldstrafe ist auch bei den **nur auf Kündigung oder Widerruf angestellten Beamten** zulässig.

8. Die Geldstrafe gilt gleichmäßig für **das nichtförmliche, wie für das förmliche Dienststrafverfahren.**

9. Bei der Ermittlung des Diensteinkommens für Bemessung der Geldstrafe kommt nach der ausdrücklichen Vorschrift des § 74 Abs. 1 Nr. 3 Satz 2 nur das Grundgehalt, nicht auch der Wohnungsgeldzuschuß, in Betracht. Der frühere, für die Reichsbeamten ungünstigere Rechtszustand,

nach dem auch der Wohnungsgeldzuschuß zu berücksichtigen war und die Höchstgrenze einen vollen Monatsbetrag und nicht, wie jetzt, nur die Hälfte eines solchen betrug, ist durch G. v. 16. 5. 23 (RGBl. I 295) beseitigt. Dasselbe gilt von den Diäten der außerplanmäßigen Beamten. Auch sind bei Berechnung des Diensteinkommens die Kinderzuschläge außer Ansatz zu lassen. Dasselbe gilt von Repräsentationsgeldern usw.

Bei Bestimmung der Höhe der Geldstrafe soll den schwierigen wirtschaftlichen Verhältnissen der Beamten und insbesondere auch der Tatsache Rechnung getragen werden, daß die Vierteljahrszahlungen zur Zeit fortgefallen sind. PrJM. 10. 1. 25 (JMBl. 30).

Die Begrenzung der Geldstrafe verhindert, daß die wirtschaftliche Lage des Beamten und seiner unschuldigen Familie übermäßig gefährdet wird und ermöglicht es andererseits, dem Beamten eine empfindliche Strafe aufzuerlegen; vgl. OVG. **32** 432.

Maßgebend ist das Diensteinkommen, das der Beamte zur Zeit des Erlasses der endgültigen Entscheidung bezieht. Es hat also die Beschwerde- oder die Berufungsinstanz die Geldstrafe nach Maßgabe des jeweiligen Diensteinkommens festzusetzen. Nicht maßgebend ist das Diensteinkommen zur Zeit der Rechtskraft der Entscheidung und auch nicht das, das der Beamte in dem Zeitpunkt bezieht, in dem die Zahlung erfolgt.

10. Der bezeichnete Höchstbetrag der Geldstrafe darf auch **beim Zusammentreffen mehrerer Dienstvergehen** nicht überschritten werden. OVG. **32** 431. Eine Zerlegung des Verhaltens des Beamten in einzelne Teile zu dem Zwecke, daß jeder Teil für sich Gegenstand einer gesonderten Ahndung wird, ist unzulässig. Sollen also mehrere Vergehen je mit einer Geldstrafe gesühnt werden, so muß die Höchstgrenze derart eingehalten werden, daß die Summe aller Geldstrafen nicht über das gesetzlich statthafte Höchstmaß hinausgeht. Denn sonst würde der Zweck des Gesetzes vereitelt und der Beamte und seine Familie unter Umständen wirtschaftlich schwer gefährdet werden.

Dagegen nimmt OVG. „Recht" **22** 192 Nr. 959 = PrVBl. **43** 272 an, daß die Höchstgrenze überschritten werden könne, wenn es sich um mehrere Disziplinarfälle handele, für die je eine Ordnungsstrafe festgesetzt werde. Dem kann nur mit der Einschränkung zugestimmt werden, daß es sich dabei um mehrere besondere Verfahren handeln muß, die nicht zusammengelegt werden konnten; s. § 13 Abs. 2 Entw. RDStO.

Bekleidet ein Beamter noch ein Nebenamt, so bemißt sich der Höchstbetrag nicht etwa nach dem Gesamtdiensteinkommen aus dem Haupt- und Nebenamt, sondern nach dem Diensteinkommen entweder nur aus dem Hauptamt oder nur aus dem Nebenamt, je nachdem die Verfehlung im Hinblick auf das Hauptamt oder auf das Nebenamt gesühnt werden soll. Die abweichende Ansicht des OVG. (**25** 412) wird von v. Rheinb. 195, 196 und v. Dultzig 81 mit Recht unter Hinweis darauf bekämpft, daß sonst der Beamte, der wegen desselben Dienstvergehens sowohl im Hauptamt wie im Nebenamt belangt werden könne, möglicherweise zweimal mit einer Geldstrafe belegt werden würde, die einem halben Monatsbetrag des Gesamteinkommens entspreche. Das Diensteinkommen, das die Grundlage für die Geldstrafe bildet, ist hiernach stets nur das Einkommen aus demjenigen Amte, das den Anlaß zu der Dienstbestrafung gegeben hat. Da in den weitaus meisten Fällen dies das Hauptamt sein wird, so kommt auch regelmäßig nur das Diensteinkommen aus diesem in Frage.

11. Über die **Befugnis zur Verhängung von Geldstrafen** im nichtförmlichen Dienststrafverfahren s. § 81. Wegen des Ordnungsstrafverfahrens s. § 82.

12. Die Geldstrafe fließt in die **Reichskasse.** Im Fall des Unvermögens darf sie nicht etwa in eine Freiheitsstrafe umgewandelt werden. PrStaatsM. 2. 3. 50 (JMBl. 111). Die Vollstreckung kann aber im Wege der Gehaltspfändung oder, was schneller zum Ziele führt, im Wege der Aufrechnung oder der Zurückbehaltung erfolgen; s. näheres oben Anm. 5—7, 12 u. 13 § 6 RBG.

§ 75.

Die Entfernung aus dem Amte kann bestehen:

1. In Strafversetzung.

Dieselbe erfolgt durch Versetzung in ein anderes Amt von gleichem Range, jedoch mit Verminderung des Diensteinkommens um höchstens ein Fünftel. Statt der Verminderung des Diensteinkommens kann eine Geldstrafe verhängt werden, welche das Doppelte des monatlichen Diensteinkommens (§ 74 Abs. 1 Nr. 3 Satz 2) nicht übersteigt.

Die Strafversetzung wird durch die oberste Reichsbehörde in Ausführung gebracht.

2. In Dienstentlassung.

Dieselbe hat den Verlust des Titels und Pensionsanspruchs von Rechts wegen zur Folge. Hat vor Beendigung des Disziplinarverfahrens das Amtsverhältnis bereits aufgehört, so wird, falls nicht der Angeschuldigte unter Übernahme der Kosten freiwillig auf Titel und Pensionsanspruch verzichtet, auf deren Verlust an Stelle der Dienstentlassung erkannt.

Ist gegen einen Reichsbeamten zu dem Zeitpunkt, in dem er auf Grund der Vorschriften des § 60a in den Ruhestand tritt, ein förmliches Disziplinarverfahren anhängig, so kann dieses mit dem Ziele der Aberkennung des Ruhegehalts und der Amtsbezeichnung fortgeführt werden.

Gehört der Angeschuldigte zu den Beamten, die einen Anspruch auf Pension haben, und lassen besondere Umstände eine mildere Beurteilung zu, so ist die Disziplinarbehörde ermächtigt, in ihrer Entscheidung zugleich festzusetzen, daß dem Angeschuldigten ein Teil des gesetzlichen Pensionsbetrags auf Lebenszeit oder auf gewisse Jahre zu belassen sei.

1. Im § 75 sind gegenüber der ursprünglichen Fassung vom 31. März 1873 **zwei Änderungen** eingetreten.

a) In Nr. 1 Abs. 2 hat Satz 2 die oben wiedergegebene Fassung auf Grund des Gesetzes vom 16. Mai 1923 (RGBl. I 295) erhalten. Er hatte vorher in der Fassung vom 31. März 1873 folgenden Wortlaut: „Statt der Verminderung des Diensteinkommens kann eine Geldstrafe verhängt werden, welche ein Drittel des Diensteinkommens eines Jahres nicht übersteigt."

b) In Nr. 2 Abs. 2 ist der letzte Satz von „Ist gegen" bis „fortgeführt werden" auf Grund der Personal-Abbau-Verordnung vom 27. 10. 1923 (RGBl. I 999) in den § 75 neu eingefügt worden.

2. Die in § 75 erörterten Strafen, die zur Entfernung aus dem Amt, sei es im Wege der Strafversetzung oder der Dienstentlassung führen, können **nur im förmlichen Disziplinarverfahren** verhängt werden. § 84.

3. Die **Strafversetzung** erfolgt durch Versetzung in ein anderes Amt von gleichem Range. Es kann niemals auf sie allein, sondern nur in Verbindung mit Vermögensnachteilen erkannt werden. Diese bestehen entweder in Verminderung des Diensteinkommens oder in einer Geldstrafe. Auf Verlust des Anspruchs auf Umzugskosten, wie gegen preußische Verwaltungsbeamte und Richter nach § 16 VDisG. u. § 15 Ziff. 3 RDisG. kann nicht erkannt werden. Vielmehr erhalten strafversetzte Reichsbeamte die Umzugskosten stets erstattet. RDisH. 24. 9. 23 Schulze-Simons 321. Dies ist durchaus zu billigen. Denn wenn ein Disziplinargericht auf Verlust des Anspruchs auf Umzugskosten erkennt, so kann es in der Regel auch nicht annähernd übersehen, von welchen wirtschaftlichen Nachteilen sein Erkenntnis für den bestraften Beamten begleitet sein wird. Denn es weiß nicht, an welchen Ort der Beamte von der Verwaltungsbehörde in Ausführung des Disziplinarurteils versetzt werden wird. Wird der Beamte an einen von seinem bisherigen Amtssitz weit entfernt gelegenen Ort versetzt, so muß es ihn besonders hart treffen, wenn er die dann sehr hohen Umzugskosten aus eigenen Mitteln bezahlen muß. Viel weniger wird es ihn dagegen berühren, wenn ihn die Versetzung an einen unweit gelegenen Ort führt. Es ist daher begrüßenswert, daß die Nebenstrafe des Verlustes des Anspruchs auf Umzugskosten im RBG. beseitigt worden ist.

4. **Vielfach ist eine Beseitigung der Strafversetzung für erwünscht bezeichnet;** s. die ausführlichen Darlegungen in meiner Schrift „Die

Reformbedürftigkeit der Preuß. Disziplinargesetzgebung" 28ff. In Sachsen kennt man die Strafversetzung als Disziplinarstrafe nicht. Der Entwurf zur RDStO. hat die Strafversetzung beseitigt und durch Gehaltskürzung ersetzt. § 4 Entwurf. Bei der Beratung über die preuß. V. v. 11. 7. 1849 beschloß die Kommission der Zweiten Kammer, die Strafe zu beseitigen, weil sie oft unausführbar sei und ihre Tragweite in der Hand der Vollstreckungsbehörde liege. Die Regierung bezeichnete aber die Strafe als Mittelstrafe zwischen den Ordnungsstrafen und der Dienstentlassung als unentbehrlich und wies auf ihre Zweckmäßigkeit bei Dienstvergehen von vorwiegend lokaler Natur hin, für die man den Beamten nicht mit Dienstentlassung bestrafen, sondern nur aus seinem Wirkungskreise entfernen wolle. Darauf stellte die Zweite Kammer die Regierungsvorlage wieder her (v. Rheinb. 156, 157).

Gegen die Beibehaltung der Strafversetzung spricht, daß sie oft nicht als Strafe, sondern als nicht unwillkommene Wohnsitzveränderung empfunden wird. Dies ist besonders dann der Fall, wenn der Beamte durch die Versetzung aus mißlichen gesellschaftlichen, wirtschaftlichen usw. Verhältnissen herauskommt und in einen Ort gelangt, der auch sonst z. B. in landschaftlicher Hinsicht vor jenem bevorzugt ist. Diesem Bedenken wird die Verwaltung durch sorgfältige Auswahl des neuen Amtssitzes begegnen und sich für einen Ort entscheiden müssen, der nach Würdigung aller Verhältnisse als weniger angenehm bezeichnet werden muß als der bisherige. Ein weiteres Bedenken gegen die Strafversetzung liegt darin, daß oft die Beamten des Orts, an den die Strafversetzung erfolgt, sich gekränkt fühlen und namentlich, wenn solche Strafversetzungen an ihren Amtssitz häufiger erfolgen, in einer „Strafkolonie" sich zu befinden glauben. Die Verwaltung wird deshalb davon absehen müssen, bestimmte Orte häufiger mit strafversetzten Beamten zu besetzen; sie wird vielmehr auf eine angemessene Verteilung der strafzuversetzenden Beamten unter eine größere Zahl von Orten besonders Bedacht nehmen müssen.

Trotz aller Bedenken läßt sich aber m. E. die Strafversetzung als Disziplinarstrafe nicht entbehren. Zunächst bildet sie bei richterlichen Beamten, die „im Interesse des Dienstes" überhaupt nicht versetzt werden können, das einzige Mittel, um sie von ihrem bisherigen Amtssitze zu entfernen. Ferner aber genügt oft die einfache verwaltungsseitig angeordnete Versetzung nicht, um die Verfehlung eines Beamten angemessen zu sühnen; denn die Versetzung „im Interesse des Dienstes" darf mit keinerlei vermögensrechtlichen Nachteilen verbunden sein. Sie erfolgt vielmehr stets unter voller Vergütung der Umzugskosten und in ein Amt mit demselben planmäßigen Diensteinkommen. Die Strafversetzung ist dagegen stets mit empfindlichen Einbußen am Vermögen verbunden. Endlich aber ist sie eine dem Disziplinarrichter unentbehrliche Mittelstrafe zwischen der schwersten Ordnungsstrafe (Geldstrafe) und der Dienstentlassung; vgl. RDisH. v. 24. 2. 1913 bei Schulze 35 und Schulze-Simons 11; so auch Pfeiffer,

VerwArch. **27** 438ff. Gäbe es keine Strafversetzung, so müßte oft auf Dienstentlassung erkannt werden, die nach Lage der Sache zu hart wäre, aber nicht vermieden werden könnte, da eine Ordnungsstrafe keine angemessene Sühne der begangenen Verfehlung wäre. Die Strafversetzung bildet gleichzeitig eine eindringliche und ernste Mahnung dem bestraften Beamten gegenüber, der sich klarmachen muß, daß erneute erheblichere Verfehlungen die Dienstentlassung nach sich ziehen müssen. Die im Entwurfe zur RDStO. in Aussicht genommene „Gehaltskürzung" ist nichts anderes als eine Geldstrafe und daher als besondere Strafart wenig geeignet.

Dagegen läßt sich die Strafversetzung, wenigstens soweit die nichtrichterlichen Beamten in Betracht kommen, nicht aus der Erwägung rechtfertigen, daß sie gerade in den Fällen Abhilfe gewähre, in denen die dem Beamten zur Last fallende Verletzung der Amtsehre mehr lokaler Natur sei, für die man den Beamten nur aus dem Wirkungskreis entfernen wolle, wo ihn das begangene Disziplinarvergehen in seiner ferneren amtlichen Tätigkeit hemmen würde. Denn dieser Zweck wird in solchen Fällen viel schneller und einfacher durch eine Versetzung „im Interesse des Dienstes" erreicht. Die Strafversetzung wird übrigens nicht dadurch unmöglich, daß der Beamte während des Verfahrens im Interesse des Dienstes versetzt wird. Friedrichs PrVBl. **39** 39ff.

5. Die Strafversetzung findet auch auf **Kündigungsbeamte** Anwendung. RDisH. 6. 7. 96 Schulze-Simons 318.

Gegen einen **einstweilen in den Ruhestand versetzten** Beamten kann auf Strafversetzung nicht erkannt werden. RDisH. v. 7. 11. 1881 bei Schulze Rspr. 156; **a. M.** die jetzt ständige Rspr. des RDisH. v. 17. 6. 1924 und v. 24. 2. und v. 10. 6. 1925 Schulze-Simons 317, 318 u. Jur-Rundsch. **25** 418 und v. 10. 6. 1925 DRichtZtg. **25** 173.

6. Gegen Beamte, die **keine feste Besoldung** (Gehalt oder ständige Tagegelder) **beziehen, ist die Strafversetzung ausgeschlossen,** da bei ihnen weder von einer Verminderung des Diensteinkommens, noch von einer nach dem Diensteinkommen (§ 74 Abs. 1 Nr. 3 Satz 2) zu bemessenden Geldstrafe die Rede sein kann. Auch bei Beamten im Nebenamt ist sie regelmäßig nicht möglich. Vogels PrVBl. **41** 385ff.

7. Die Strafversetzung besteht in **Versetzung in ein anderes Amt von gleichem Range.** Hiernach ist die Versetzung in ein Amt mit einem niedrigeren Range (die sog. **Degradation**) ausgeschlossen. RG. **105** 24; **107** 6; s. auch Art. 129 Abs. 2 RV. Abweichendes gilt nach Art. 109 Bayr. BeamtG. v. 16. 8. 1908. Ob diese bayer. Bestimmung jetzt noch gilt, ist zweifelhaft. RG. **105** 24 u. **107** 6 verneinen die Gültigkeit; **a. M.** Reindl LZ. **26** 978. Das RG. hält nach Art. 129 Abs. 2 RV. die Versetzung eines Beamten in ein Amt mit geringerem Amt auch in Bayern für unzulässig.

Dagegen kommt es darauf, ob die Strafversetzung praktisch schwer auszuführen ist, z. B. weil es ähnliche Stellen nicht oder nur in sehr beschränkter Zahl gibt, nicht an. Der Disziplinarrichter hat nur nach der Schwere der Verfehlung die Strafe zu bemessen und darf keine Rücksicht darauf nehmen, ob sich die erkannte Strafe nicht oder nur schwer vollstrecken läßt. RDisH. 2. 12. 1889 (F 4/89); RDisH. v. 3. 3. 1913 Schulze-Simons 315.

Die Beamten brauchen nicht in ein „gleiches Amt" versetzt zu werden. Denn sonst würde die Strafversetzung in vielen Fällen versagen. Gerade die Besonderheit der Dienstvergehen und Fehler des Versetzten können dazu nötigen, ihn nicht in ein gleiches, sondern in ein anderes Amt von gleichem Range zu bringen, z. B. den unordentlichen und nachlässigen Rendanten nicht wieder als Kassenverwalter, sondern als Bürobeamten unterzubringen. RDisH. v. 22. 1. 1876 Schulze-Simons 316. Die oberste Reichsbehörde (s. V. 10. 8. 28, RGBl. I 369), der die Versetzung des bestraften Beamten obliegt, wird hierbei zu berücksichtigen haben, daß das neue Amt, wenn es von anderer Art ist, als das bisher bekleidete, den Kenntnissen und körperlichen sowie geistigen Fähigkeiten des Beamten entspricht. Sie darf also z. B. nicht einen schwächlichen, bisher nur im Bürodienst beschäftigten Beamten auf einen anstrengenden Posten des Außendienstes setzen, dem er körperlich nicht gewachsen ist. Denn wenn die Versetzung auch eine Strafe sein soll, so darf sie doch nicht dazu führen, einen Beamten zugrunde zu richten oder ihm Aufgaben aufzubürden, denen er nicht gewachsen ist.

8. **Die Strafversetzung ist stets mit Vermögensnachteilen verknüpft,** auf die jedesmal besonders zu erkennen ist.

Ist dies versehentlich unterblieben, so muß es in einem nachträglichen Berichtigungsverfahren von der erkennenden Disziplinarbehörde nachgeholt werden. Es darf nicht etwa die Verwaltungsbehörde die Kürzung nach ihrem Ermessen bestimmen. In welcher Form die erkennende Disziplinarbehörde die nachträgliche Festsetzung zu bewirken hat, ist zweifelhaft. Eine bloße Auslegung des Urteils, die Seydel 108 befürwortet, genügt nicht; in der Regel werden die Parteien (Angeschuldigter und Beamter der Staatsanwaltschaft) von neuem vorzuladen und mit ihren Erklärungen zu hören sein. ME. 1. 3. 81 (MBl. 716). Es ist aber nicht angängig, mit Görres 61 einfach den geringsten zulässigen Vermögensnachteil als ausgesprochen anzusehen.

Es gibt zwei verschiedene Arten von Vermögensnachteilen:

a) **Verminderung des Diensteinkommens.** Der Umfang der Diensteinkommensverminderung muß vom Disziplinarrichter bestimmt werden, darf also nicht dem zuständigen Reichsminister überlassen bleiben. StM-Beschl. v. 29. 5. 1874 (bei v. Rheinb. 160 u. 465). Es ist also ziffernmäßig der Bruchteil, um den das Diensteinkommen gekürzt werden soll, in dem Urteil anzugeben. Vorteilhafter wäre es für den Beamten, wenn ein bestimmter Betrag für die Kürzung festgesetzt würde; denn in diesem Falle kämen dem Beamten spätere Gehaltszulagen voll zugute; wird aber das Gehalt um einen Bruchteil gekürzt, so werden alle Gehaltszulagen ebenfalls um diesen Bruchteil gekürzt (v. Rheinb. 160). Der PrDisHfnichtrB. (DRichtZtg. **25** 174) empfiehlt, die Verminderung nicht auf einen festen Betrag oder einen Bruchteil des Diensteinkommens, sondern dahin festzusetzen, daß letzteres um eine oder mehrere Gehaltsstufen vermindert wird. Der Angeschuldigte wird dann von dem Tage ab, zu dem die Versetzung verfügt ist, um eine oder mehrere Gehaltsstufen seiner Besoldungsgruppe zurückversetzt und beginnt von da ab in der gesetzlichen Frist wieder neu aufzurücken. Das RGB. gestattet aber ein derartiges Vorgehen leider nicht. Hier muß im Gegensatz zum Preuß. Disziplinarrecht das Diensteinkommen stets um einen Bruchteil — und zwar im Höchstbetrage um ein Fünftel — gemindert werden. Erscheint dies dem Disziplinarrichter nicht angezeigt, so muß er neben der Strafversetzung auf eine Geldstrafe erkennen; bei der ihm ein weiter Spielraum gegeben ist; s. Näheres zu b. Dagegen nehmen Per. u. Sp. 108 an, daß der Disziplinarrichter statt auf Verminderung des Diensteinkommens auch auf Verminderung desselben um einen bestimmten Betrag erkennen könne. Die Frage wird künftig im Sinne dieser — m. E. mit der jetzigen Gesetzesfassung leider nicht zu vereinbarenden — Auslegung geregelt werden müssen.

Zu dem Diensteinkommen, das gekürzt werden kann, gehören das Grundgehalt oder die Diäten und der Wohnungsgeldzuschuß, nicht die zur Bestreitung eines Dienstaufwandes gewährten Bezüge. Auch bleiben dem Beamten die Kinderzulagen in ungekürzter Höhe. Ist auf Verminderung des Diensteinkommens um einen Bruchteil erkannt, so ist dieser Bruchteil auch von dem Wohnungsgeldzuschuß an dem neuen Dienstort zu berechnen, gleichviel ob der Zuschlag höher oder niedriger ist, als zuvor.

Es kann daher z. B. bei der Kürzung nicht etwa berücksichtigt werden, daß der Wohnungsgeldzuschuß an dem neuen Orte niedriger ist und deshalb der Beamte um so viel weniger erhält, als der Unterschied zwischen dem früheren und jetzigen Wohnungsgeldzuschuß beträgt. Denn dieser Unterschied wird dadurch ausgeglichen, daß sich der Beamte nunmehr an einem billigeren Orte mit geringeren Mietpreisen befindet als vorher. Die bei Versetzungen eintretende Verminderung des Wohnungsgeldzuschusses ist eben als eine Verkürzung des Diensteinkommens nicht anzusehen. Daß dem Beamten durch die Versetzung die Bezüge aus einem Nebenamt entgehen, ist ohne Belang. RDisH. v. 22. 12. 1890 Schulze-Simons 319.

Auf die Verminderung des Diensteinkommens kann auch dann erkannt werden, wenn der Beamte das Mindestgehalt seiner Stelle bezieht und deshalb infolge der Disziplinarstrafe weniger Gehalt bezieht, als die auf der untersten Stufe seiner Gehaltsklasse stehenden Beamten. FM. v. 27. 5. 1896 bei Müller 493.

Die Verminderung des Diensteinkommens beginnt in Preußen nach feststehender Verwaltungspraxis nicht mit der Rechtskraft oder der Zustellung des Disziplinarurteils, sondern erst mit dem Tage, zu dem die Versetzung verfügt ist. JM. v. 12. 5. 1906 bei Müller 493; § 53 Nr. 9 HaushV. Im Reich ist der Zeitpunkt der Rechtskraft maßgebend.

Auf wie lange Zeit der Disziplinarrichter die Verminderung des Diensteinkommens aussprechen darf, ist gesetzlich nicht vorgesehen. Man nimmt daher vielfach an, daß die Verminderung stets ohne Zeitbeschränkung ausgesprochen werden müsse. Die Bestimmung der Dauer wird als ein dem Ermessen der Verwaltungsbehörde vorbehaltener Akt der Strafvollstreckung angesehen. Diese Art der Regelung ist recht bedenklich. Denn nunmehr kann die Verwaltungsbehörde nach ihrem Belieben die Einkommensverminderung früher oder später in Wegfall bringen. Sie kann schon eine einmalige Gehaltsschmälerung für ausreichend erachten. Sie kann aber auch den Beamten bis zum Ende seiner Dienstlaufbahn unter dem Druck des Disziplinarurteils belassen und die Kürzung bis zum Ausscheiden des Beamten weiter bestehen lassen. Dies ist unter anderem auch um deswillen für die Beamten von großer Bedeutung, weil auch ihr Ruhegehalt sich nach ihrem zuletzt bezogenen — um den im Disziplinarurteil vorgesehenen Teil gekürzten — Diensteinkommen richtet; auch die Witwen und Waisen haben darunter zu leiden, weil auch die Hinterbliebenenbezüge sich nach dem letzten Gehalt oder dem letzten Ruhegehalt des Beamten richten. Diesen Bedenken hat neuerdings erfreulicherweise der PrDisHfnichtrV. („Recht" **24** 497 Nr. 1724 = DJZ. **25** 262 = PrVBl. **45** 472; DRichtZ. **25** 174) Rechnung getragen. Er nimmt an, daß in dem Urteil eine bestimmte Zeitdauer für die Verminderung des Gehalts festgesetzt werden müsse; diese Festsetzung sei ein Teil des Urteils und dürfe nicht als ein dem Ermessen der Verwaltungsbehörde überlassener Akt der Strafvollstreckung angesehen werden. Ebenso LM. v. 25. 2. 1928 (LMBl. 108).

b) **An Stelle der Verminderung des Diensteinkommens kann eine Geldstrafe verhängt werden.** Diese Geldstrafe ist nach unten nicht begrenzt. Sie darf aber das Doppelte des monatlichen Diensteinkommens nicht übersteigen. Unter Diensteinkommen sind hier wie in § 74 Abs. 1 Nr. 3 Satz 2 bei planmäßigen Beamten das Grundgehalt und bei außerplanmäßigen Beamten die Diäten zu verstehen. Auch hier ist es nicht zulässig, den Wohnungsgeldzuschuß mit heranzuziehen. Hierzu besteht auch kein Bedürfnis, da eine Geldstrafe, die das Doppelte des monatlichen Grundgehalts oder der monatlichen Diäten erreicht, eine sehr schwere wirtschaftliche Belastung des Beamten darstellt. Selbst bei schwereren Fällen wird dieser Höchstrahmen der Geldstrafe, der neben dem Beamten auch dessen unschuldige Familie ungemein hart trifft, wohl kaum jemals erreicht werden.

9. Die schwerste Disziplinarstrafe ist die **Dienstentlassung.** Sie kann nur gegen Beamte verhängt werden, die sich noch im Dienste befinden. Sind

sie bereits ausgeschieden, z. B. infolge der mit Zustimmung der vorgesetzten Behörde gemäß § 100 RBG. erfolgten Amtsniederlegung oder infolge inzwischen eingetretener Zurruhesetzung oder Ablebens, so kann der Disziplinarrichter auf Dienstentlassung nicht mehr erkennen. Das Disziplinarverfahren ist aber in solchen Fällen nur dann zu Ende und einzustellen, wenn der Beamte infolge Ausscheidens aus dem Dienste jede Verbindung mit dem Reiche verloren und insbesondere ein Recht weder auf Führung des bisherigen Titels (etwa mit dem Zusatze a. D. oder i. R.) noch auf Ruhegehaltsbezug geltend machen kann; s. § 100 (Einstellung des Verfahrens). Denn wer aufgehört hat, Beamter zu sein und keinerlei Ansprüche aus seinem Beamtenverhältnis mehr gegen das Reich hat, untersteht der Disziplinargerichtsbarkeit nicht mehr. OVG. v. 31. 10. 1902 und v. 8. 11. 1904 bei v. Rheinb. 163.

Ein ausgeschiedener Beamter hat auch nicht die Möglichkeit, eine zu seinen Ungunsten ergangene erstinstanzliche Entscheidung durch Berufung anzufechten, um seine Amtsehre wiederherzustellen. **A. M.** OVG. PrVBl. **12** 582; dahingestellt gelassen von GrDisS. v. 24. 9. 1924 Amtl. Sammlg. 122.

Gegen Wartestandsbeamte kann aber auf Dienstentlassung erkannt werden (§ 119).

Ein Beamter aber, der zwar aus dem Dienst ausgeschieden ist, jedoch seinen früheren Titel weiterführt und Ruhegehaltsansprüche hat, steht noch in gewisser Beziehung zum Reich und deshalb kann gegen ihn, **falls zur Zeit seines Ausscheidens bereits ein Disziplinarverfahren gegen ihn anhängig war,** auf Verlust des Titels und des Ruhegehaltsanspruchs an Stelle der mit diesen Nachteilen ohne weiteres verknüpften Strafe der Dienstentlassung erkannt werden, falls er nicht freiwillig auf Titel und Pensionsanspruch unter Übernahme der Kosten verzichtet. Auch nach § 16 Entw. zur RDStrO. ist derselbe Rechtszustand in Aussicht genommen. Dagegen ist es nicht etwa zulässig, gegen einen Beamten, der bereits mit Ruhegehalt aus dem Dienst ausgeschieden ist, später ein Disziplinarverfahren zu dem Zwecke einzuleiten, ihm den Titel und den Ruhegehaltsanspruch zu nehmen.

Um die Ausnahmevorschrift anwenden zu können, muß, wie bemerkt, das Disziplinarverfahren vor dem endgültigen Ausscheiden des Beamten aus dem Dienst eingeleitet sein. Wird gegen den Beamten nach Erteilung des Pensionierungsbescheides, aber vor dem Eintritt in den Ruhestand ein Disziplinarverfahren eingeleitet, so kann dem Beamten das bewilligte Ruhegehalt im Disziplinarverfahren wieder genommen werden. Ergeht das Urteil erst nach dem Tage, an dem der Beamte tatsächlich in den Ruhestand übergetreten ist, so kann, da der Beamte aus dem Dienst bereits ausgeschieden ist, nicht mehr auf Dienstentlassung, sondern nur noch auf Verlust des Titels und des Ruhegehaltsanspruchs erkannt werden. Dem steht nicht entgegen, daß der Beamte bereits einen ihm durch Pensionierungsbescheid zugesicherten

Anspruch auf Ruhegehalt hatte; denn auch ein solcher vom Reiche bereits ziffermäßig durch Bewilligung eines Ruhegehalts anerkannter Anspruch fällt unter § 75 RBG. RG. **17** 240; v. Rhein b. 167, 168. Hiernach kann das bereits zugesprochene Ruhegehalt stets dann wieder aberkannt werden, wenn das Disziplinarverfahren noch vor dem tatsächlichen Ausscheiden des Beamten eingeleitet worden ist; vgl. die entsprechende Vorschrift des § 16 Abs. 2 BDisG. u. § 15 Nr. 4 Abs. 1 RDisG. in der Fassung des § 82 PrAbbauV. v. 8. 2. 24 (GS. 89).

Immerhin bleibt es nach Lage der jetzigen Gesetzgebung mißlich, wenn dem Beamten, dem durch einen Akt der Staatsgewalt bereits ein Ruhegehalt bewilligt war, dieses durch Spruch des Disziplinarrichters wieder genommen wird. Deshalb empfiehlt es sich, ein bereits eingeleitetes Pensionierungsverfahren auszusetzen, sobald gegen einen Beamten ein Disziplinarverfahren eingeleitet ist; vgl. Nr. 2 ME. v. 29. 7. 1884 (MBl. 194). Ebenso wird zu verfahren sein, wenn gegen den Beamten ein Strafverfahren eingeleitet wird. In letzterem Falle besteht sogar die Gefahr, daß bei Weiterführung des Pensionierungsverfahrens der Beamte, dem inzwischen das Ruhegehalt bewilligt ist, trotz Verurteilung zu einer den Amtsverlust kraft Gesetzes nach sich ziehenden Strafe im Genusse des Ruhegehalts bleibt. Denn wenn das Strafurteil erst nach dem Tage ergeht, an dem der Beamte aus seinem Amte tatsächlich ausgeschieden ist, so kann die Rechtsfolge des Amtsverlustes, die etwa mit dem Strafurteil an sich verknüpft wäre, nicht mehr eintreten, da der Bestrafte kein Amt mehr hat, das er verlieren könnte. Der Verlust des Titels und Ruhegehaltsanspruchs an Stelle des — nicht mehr möglichen — Amtsverlustes kann aber nicht eintreten, weil das StrGB. einen solchen Verlust als Folge eines Strafurteils überhaupt nicht kennt. RG. **17** 240.

In Braunschweig, wo bisher ein dem vorstehenden entsprechender Rechtszustand galt, ist dies durch G. v. 26. 6. 28 (Braunschw. GS. 69) geändert; es ist nunmehr dort die Fortführung des Disziplinarverfahrens nicht mehr zulässig, wenn der Beamte pensioniert worden ist.

Zu den Titeln, auf deren Verlust unter den vorbezeichneten Voraussetzungen erkannt werden kann, gehören nicht die Amtsbezeichnungen, die nur den Geschäftskreis des Beamten näher bestimmen und seine amtliche Stellung nach außen erkennbar machen sollen, und die nach Aufhören des Amtsverhältnisses nicht, auch nicht mit dem Zusatz a. D. weitergeführt werden dürfen.

10. **Die Folgen der Dienstentlassung** bestehen darin, daß der Beamte alle Ehrenrechte und auch alle vermögensrechtlichen Ansprüche (auf Gehalt, Ruhegehalt, Witwen- und Waisenversorgung) verliert. Dagegen wird der Anspruch auf Unfallruhegehalt nur dann beseitigt, wenn in dem Urteil des Disziplinargerichts das Verschulden, das den Unfall herbeigeführt hat, als so erheblich bezeichnet ist, daß allein wegen dieses Verschuldens die Dienst-

entlassung oder die Aberkennung des Titels und des Ruhegehaltsanspruchs ausgesprochen wird. § 7 UFH.; s. auch RG. „Recht" **09** 813; EM. v. 21. 7. 1887 (EBBl. 278). Das Diensteinkommen wird dem Beamten, gegen den auf Dienstentlassung erkannt ist, im Preußischen Beamtenrecht noch bis zum Ablauf des Monats gezahlt, in dem das Disziplinarurteil rechtskräftig geworden ist, nach RBR. jedoch nur bis zur Rechtskraft des Urteils. RDisH. 25. 3. 99 (F. 1/99). Die preußische Rechtsübung ist die wohlwollendere und daher vorzuziehen; sie gewährt dem Beamten noch eine — wenn auch kurze — Übergangszeit, in der er sich auf die veränderte wirtschaftliche Lage einigermaßen vorbereiten kann. Die während des Disziplinarverfahrens fällig gewordenen, aber zurückbehaltenen Gehaltszulagen werden dem Beamten, gegen den auf Dienstentlassung erkannt ist, nicht nachgezahlt.

Ein früher erdientes Ruhegehalt wird aber durch die Dienstentlassung nicht beeinflußt. Wird also ein wiederangestellter früherer Ruhegehaltsempfänger durch Disziplinarurteil aus seinem Amt entlassen, so verliert er dadurch nicht das Recht auf sein früher erdientes Ruhegehalt. Nr. 2 ME. v. 27. 7. 1901 (MBl. 206). Dasselbe gilt von der früheren Amtsbezeichnung; v. Dultzig 90.

Auch die Fähigkeit, später wieder angestellt zu werden, geht durch die Dienstentlassung nicht verloren. RDisH. 20. 1. 75 (FNr. 10); vgl. ME. 25. 6. 87 (EBBl. 272); s. auch § 33. Es wird die Wiederanstellung aber nur unter besonderen Umständen und nach Ablauf längerer Bewährungsfristen in Frage kommen. Ein Gnadenakt des Reichspräsidenten (§ 118) ist nur nötig, wenn der Beamte in sein früheres Amt wieder eingesetzt werden soll, oder wenn der Amtsverlust nicht im Disziplinarsondern im Strafverfahren infolge Verurteilung zur Zuchthausstrafe pp. erfolgt war. Seydel 110; Per. u. Sp. 108, 109.

11. **Auf Dienstentlassung kann nicht mehr erkannt werden, wenn das Dienstverhältnis aufgehört hat.** In solchen Fällen ist das Disziplinarverfahren einzustellen. GrDisS. v. 17. 1. 1922 und v. 25. 6. 1924 bei Schlegelberger 1178.

Eine Beendigung des Amtsverhältnisses tritt (abgesehen vom Tode des Beamten) nur in folgenden Fällen ein:

a) Wenn die Amtszeit des Beamten abgelaufen ist.

b) Wenn der Beamte zur Ruhe gesetzt worden ist und der Tag, zu dem der Übertritt in den Ruhestand erfolgt, bereits verstrichen ist. Deshalb muß mit Zurruhesetzung von Beamten, gegen die ein Disziplinarverfahren anhängig oder in Aussicht ist, vorsichtig zu Werke gegangen werden. In der Regel wird ein schwebendes Pensionierungsverfahren bis zur Beendigung des Disziplinarverfahrens auszusetzen sein. RDisH. v. 3. 7. 1922 Schulze-Simons 438; RDisH. v. 14. 12. 1925 JurRundsch. **26** Rspr. Nr. 1066. Ist aber in dem Disziplinarverfahren, z. B. wegen Geisteskrankheit des Beamten zur Zeit der ihm zur Last gelegten Verfehlungen, Freisprechung zu erwarten, so empfiehlt es sich nicht nur, einem etwa anhängigen Pensionierungsverfahren schleunigst Fortgang zu geben, sondern gegebenenfalls auch ein Zwangspensionierungsverfahren in die Wege zu leiten. Denn sonst beziehen die Beamten nur um deswillen, weil ein Disziplinarverfahren gegen sie schwebt, noch ihr volles Gehalt, während sie sonst sich schon viel früher mit dem Ruhegehalt begnügen müßten.

Der Antrag eines Beamten auf Zurruhesetzung, der während der Dauer einer gegen ihn eingeleiteten Disziplinaruntersuchung gestellt ist, wird regelmäßig abzulehnen sein.

c) Wenn der Beamte sein Amt freiwillig niedergelegt hat und ihm von der zuständigen Stelle die Entlassung erteilt worden ist. Es genügt also nicht schon die einseitige Erklärung des Beamten, daß er sein Amt niederlege, um das gegen ihn eingeleitete Disziplinarverfahren zu beenden.

Wenn aber der Angeschuldigte seine Entlassung aus dem Reichsdienst mit Verzicht auf Titel, Gehalt und Pensionsanspruch nachsucht, so muß diesem Gesuche gemäß § 100 RBG. entsprochen werden, vorausgesetzt, daß der angeschuldigte Beamte seine amtlichen Geschäfte bereits erledigt und über eine ihm etwa anvertraute Verwaltung von Reichsvermögen vollständige Rechnung gelegt hat. Durch diese Vorschrift des § 100, die sich im preuß. Disziplinarrecht nicht findet, werden sehr oft Disziplinarverfahren erledigt. Es kommt dann zur Einstellung des Verfahrens.

d) Endet das Dienstverhältnis infolge Widerrufs oder Kündigung, so ist in der Regel das Disziplinarverfahren einzustellen. Dies gilt auch dann, wenn der Beamte bereits einen Pensionsanspruch nach § 37 erworben hatte; er verliert auch diesen Anspruch mit dem Widerruf oder dem Ablauf der Kündigungsfrist, und die Durchführung des Disziplinarverfahrens ist nicht erforderlich; vgl. Anm. 6 zu § 32. Es ist also in diesem Falle wegen der Beendigung des Amtsverhältnisses dem Verfahren kein Fortgang zu geben. — Der Widerruf oder die Kündigung wird aber in der Regel erst erfolgen, wenn sich Ordnungsstrafen als unzureichend gezeigt haben. X 2 § 180 Abs. 5 P.D.A.

Die dem Beamten einmal erteilte und ihm bekannt gemachte Entlassung kann durch einseitige Erklärung der zuständigen Behörde nicht zurückgenommen werden; vgl. StM. v. 2. 9. 1902 bei v. Rheinb. 171. Der Beamte kann aber seinen Entlassungsantrag so lange widerrufen, bis auf die Entlassung von der zuständigen Behörde Beschluß gefaßt und dieser Beschluß dem Beamten mitgeteilt ist; vgl. Behr in DJZ. **09** 1486; Schneider 100.

Das Entlassungsgesuch des Beamten ist dann nicht wirksam, wenn er zur Zeit der Stellung des Gesuchs infolge Geistesstörung willensunfähig gewesen ist. RG. **69** 398; RG. v. 13. 2. 1912 im „Recht" **12** 208.

e) Eine Beendigung des Dienstverhältnisses kann schließlich auch eintreten, wenn der angeschuldigte Beamte **die Altersgrenze** des § 60a RBG.

erreicht und deshalb kraft Gesetzes in den Ruhestand tritt. Ist gegen einen solchen Beamten zu dem Zeitpunkt, in dem er gemäß § 60a in den Ruhestand tritt, ein förmliches Disziplinarverfahren anhängig, so kann das Verfahren fortgeführt werden; es kann aber in ihm nicht mehr auf Dienstentlassung erkannt werden, da ja der Beamte kraft Gesetzes aus dem aktiven Dienst ausgeschieden und in den Ruhestand getreten ist. Es kann dann aber auf Aberkennung des Ruhegehalts und der Amtsbezeichnung erkannt werden. Nach der Erreichung der Altersgrenze kann aber ein Disziplinarverfahren gegen den Beamten nicht mehr eingeleitet werden.

12. Unter Umständen kann die Disziplinarbehörde in ihrem auf Dienstentlassung lautenden Urteil bestimmen, **daß dem Angeschuldigten ein Teil des Ruhegehalts auf Lebenszeit oder auf gewisse Jahre zu gewähren sei;** ebenso § 16 Abs. 3 BDisG.; § 15 Nr. 4 Abs. 2 RDisG.

Gegenüber dem Wortlaute dieser gesetzlichen Bestimmungen: „auf gewisse Jahre" nahm man bisher allgemein an, daß die Unterstützung auf weniger als ein Jahr nicht zugebilligt werden dürfe. RDisH. 25. 3. 99 (F. 1/99). Hieran hat der RDisH. v. 1. 12. 1924 (DRichtZ. **25** 40; Schulze-Simons 345) insoweit nicht mehr festgehalten, als er jetzt eine Ruhegehaltsbelassung für kürzere Zeit als 1 Jahr mit dem Wortlaut des Gesetzes für vereinbar hält und es auch u. U. als ausreichend ansieht, zwecks Erleichterung des Überganges in eine andere Beschäftigung weniger wie eine Jahreshilfe zu gewähren; dagegen halten RDisH. v. 29. 11. 1922, v. 6. 7. 1925 und v. 10. 3. 1926 (Schulze-Simons 343; DRichtZ. **25** 174; **26** Rspr. 190) es für unzulässig, die Unterstützung bis zu einem festbestimmten Tag zuzubilligen. Sie darf auch nicht nach Kalendertagen begrenzt werden. RDisH. v. 29. 9. 1925 (DRichtZ. **25** 186). Sie kann auch nicht erst von einem bestimmten Lebensalter ab gewährt werden. RDisH. v. 5. 5. 1925 Schulze-Simons 335ff. und v. 11. 5. 1926 JW. **26** 2199 = DJZ. **27** 170 = DRichtZ. **27** Rspr. Sp. 190 und dazu Apel JW. **26** 2199. Auch der PrDisHfnichtrB. hält in den Entsch. v. 29. 3. 1926 (DJZ. **26** 1047 = PrVBl. **48** 177) für unzulässig die Zubilligung einer Unterstützung, deren Bezug sich zeitlich nicht unmittelbar an die Verurteilung zur Dienstentlassung anschließen soll, oder von einer Bedingung z. B. für den Fall der Verbüßung einer gerichtlichen Strafe abhängig gemacht ist; s. hierzu die z. T. abweichenden bei Schulze-Simons 335ff. mitgeteilten Gutachten und die ebenfalls abweichende Entsch. des RDisH. v. 11. 11. 1925 DRichtZ. **26** Rspr. **29** = JurRundsch. **26** Nr. 306. Die Unterstützung hat in einem ein für allemal feststehenden Bruchteil des Ruhegehalts zu bestehen; es ist aber zulässig, daß der Disziplinarrichter den Bruchteil für bestimmte Zeiträume bald höher, bald niedriger festsetzt; nur darf er die Höhe des Bruchteils nicht von der jeweils wechselnden Höhe der sonstigen Einnahmen des Beamten abhängig machen. OVG. 11. 1. 29 KommRundsch. **29** 187.

Die Zubilligung ist auch dann zulässig, wenn die Dienstentlassung wegen unerlaubter Entfernung vom Amt verhängt worden ist. RDiſH. v. 6. 7. 1928 DRichtZ. **28** Rſpr. 351 = ZBR. **1** 152.

13. Auch den **auf Probe oder Kündigung** angeſtellten Beamten kann bei der Dienſtentlaſſung eine Unterſtützung bewilligt werden; v. Rheinb. 178. Es kann dies aber nur vom Diſziplinarrichter im förmlichen Diſziplinarverfahren geſchehen. Wird dieſen Beamten — wenn auch aus diſziplinarer Veranlaſſung — gekündigt, ſo kann bei der Kündigung nicht etwa ein Teil des Ruhegehalts zugebilligt werden.

14. Vorausſetzung der Bewilligung der Unterſtützung iſt, **daß beſondere Umſtände eine mildere Beurteilung zulaſſen.** Die Bewilligung enthält ſtets eine Vergünſtigung. Sie wird bei einer Verfehlung ſchwerer Art in der Regel ausgeſchloſſen ſein oder doch nur in geringem Umfang gewährt werden können. RDiſH. v. 23. 2. und v. 23. 3. 1927 DRichtZ. **27** Rſpr. Sp. 190. Als Umſtände, die eine mildere Beurteilung zulaſſen, können alle diejenigen in Betracht kommen, die überhaupt für die Strafzumeſſung erheblich ſind. Insbeſondere brauchen die zu berückſichtigenden Umſtände nicht notwendig dem beſonderen Tatbeſtande des abzuurteilenden Diſziplinarfalles anzugehören, ſondern es können auch andere, außerhalb dieſes Tatbeſtandes liegende Milderungsgründe berückſichtigt werden, z. B. bisherige tadelloſe Führung, Teilnahme am Krieg, lange vorwurfsfreie Dienſtlaufbahn, frühere beſondere Verdienſte, eifriges Bemühen, die Folgen der Straftat wieder gut zu machen u. dgl. ME. v. 18. 11. 1898 (MBl. 99 1); RDiſH. v. 15. 2. 1909, v. 14. 9. u. v. 22. 10. 1924 Schulze-Simons 325 und 327 und in DRichtZ. **25** 14. Es kommen als ſolche beſonderen Umſtände nicht nur die innerhalb des Kreiſes der für die Strafzumeſſung liegenden Momente des zu beurteilenden Falles in Betracht. Der Diſziplinarrichter muß aber beachten, daß nur „beſondere" Umſtände die Bewilligung eines Ruhegehaltsteils rechtfertigen können. Die Bewilligung iſt deshalb unangebracht, wenn der Beamte ſich einer ſolchen ausnahmsweiſen Rückſichtnahme unwürdig gezeigt, z. B. bei den ihm zur Laſt gelegten Verfehlungen einen Mangel an ehrliebender Geſinnung an den Tag gelegt hat. ME. v. 23. 12. 1883 bei Müller 494. Liegen aber ſolche beſonderen Umſtände vor, ſo muß der Richter über den Umfang der Unterſtützung befinden. RDiſG. v. 13. 3. 1924 Schulze-Simons 324.

Abwegig iſt es, wie es vorgekommen iſt, die Bewilligung der Unterſtützung an einen Beamten des unteren Dienſtes damit zu begründen, daß der Umgang mit Geld ſtets eine erhebliche Verſuchung bilde, der gering beſoldete Beamte, wie der Beſchuldigte, beſſer nicht ausgeſetzt werden ſollten. Denn in der Natur der Aufgaben vieler Behörden liegt es, daß auch Beamte mit niedrigem Gehalt mit Geld und Geldeswert befaßt werden. Der Beamte darf den Grund ſeines Verantwortungsgefühls unter keinen Umſtänden von der Höhe ſeines Dienſteinkommens abhängig machen. RPoſtM. v. 3. 10. 1927.

15. Die Bewilligung des Ruhegehaltsteils erfolgt **als Unterstützung.** In § 6 Entw. RDStrO. wird von einem „Unterhaltszuschuß" gesprochen. Es sollen die äußeren Verhältnisse des Beamten dabei in Betracht gezogen werden. Es soll einer etwaigen, durch die dauernde oder vorläufige Unfähigkeit des entlassenen Beamten zu anderweitigem Erwerbe seines Lebensunterhalts verursachten dringenden Hilfsbedürftigkeit Rechnung getragen werden. Die Belassung des Ruhegehaltsteils auf bestimmte Zeit soll dem Beamten den Übergang in den neuen Beruf erleichtern, aber keine Dauerrente darstellen. RDisH. v. 1. 10. und v. 17. 11. 1924 Schulze-Simons 323 und 329; PrDisHfnichtrB. v. 29. 3. 1926 DJZ. **26** 1047 = PrVBl. **48** 177. Sie soll auch nicht eine Sicherstellung des vollen Unterhalts des entlassenen Beamten und seiner Familie herbeiführen. OVG. v. 20. 4. 1928 RuPrVBl. **49** 769. Ist der Beamte aber infolge Alters, Krankheit oder aus sonstigen Gründen zu einer anderweitigen Erwerbsbetätigung nicht mehr fähig, dann kann die ausfallende Erwerbsmöglichkeit durch Belassung eines Ruhegehaltsteils auf Lebenszeit wenigstens teilweise ausgeglichen werden. RDisH. v. 5. 5. 1925, DRichtZ. **25** 141, 142; Schulze-Simons 331; PrDisHfnichtrB. v. 29. 3. 1926 DJZ. **26** 1047 = PrVBl. **48** 177; OVG. v. 20. 4. 1928 RuPrVBl. **49** 769. Deshalb dürfen z. B. nicht verhältnismäßig jungen und völlig erwerbsfähigen Beamten erhebliche Bruchteile des gesetzlichen Ruhegehalts, etwa gar auf eine längere Reihe von Jahren bewilligt werden. RDisH. v. 6. 11. 1911 Schulze-Simons 330.

So dürfen z. B. nicht, wie es vorgekommen ist, einem erst 46 Jahre alten, gesunden Beamten zwei Drittel des Ruhegehalts auf Lebenszeit als Unterstützung zugebilligt werden. Festsetzungen dieser Art schädigen nicht nur die Reichskasse, sondern sind in ihren Folgen auch geeignet, die Bedeutung und die Wirkung der Dienstentlassung als des schwersten Disziplinarmittels hinfällig zu machen und einem unwürdigen Beamten die Vorteile der Zurruhesetzung mittels Dienstvergehens erreichbar erscheinen zu lassen, unter Umständen, unter denen sie einem würdigen und zum Rücktritt vom aktiven Dienst geneigten Beamten versagt bleiben müssen. ME. v. 23. 12. 1883; v. 19. 1. 1884 bei Müller 494; ME. v. 18. 11. 1898 (MBl. **99** 1). — Zu hohe Unterstützungssätze (z. B. 99/100) nehmen der Dienstentlassung fast den Charakter von Strafe und sind deshalb zu vermeiden. RDisH. v. 18. 3. 1918 und v. 27. 5. 1924 Schulze-Simons 174 und 329. Andererseits ist es angängig, einem Beamten den Ruhegehaltsteil u. a. auch dann lebenslänglich zu belassen, wenn er wegen einer Kriegsverletzung eine Heeresrente und eine Abfindung erhalten hat. RDisH. v. 24. 5. 1927 DRichtZ. **27** 383. Es ist aber nicht zu billigen, einen Angeschuldigten, der ohnehin auf Grund der Abbauvorschriften entlassen worden wäre, über die Abfindungssumme hinaus durch das Dienststrafurteil besser zu stellen. RDisH. v. 14. 10. 1924 in DRichtZ. **25** 14 und Schulze-Simons 327.

Hiernach gehört die Bedürftigkeit des Angeschuldigten begrifflich nicht zu den „besonderen Umständen", die eine mildere Beurteilung zulassen. Vielmehr ist die Frage, ob die äußeren Verhältnisse des Angeschuldigten die Zubilligung eines Ruhegehaltsteils rechtfertigen, selbständig neben der Frage nach dem Vorhandensein der besonderen Strafmilderungsgründe zu prüfen. ME. v. 18. 11. 1898 (MBl. **99** 1). Dies verkennt Schulze 232.

16. **Der Zweck** der Bewilligung der Unterstützung besteht nicht darin, Mängel in der Beweisaufnahme auszugleichen oder die Dienstentlassung auf Fälle anwendbar zu machen, für die sie, objektiv betrachtet, eine zu harte Strafe sein würde. Tatbestand und Schuldfrage sind ganz selbständig zu beurteilen, und erst wenn diese Beurteilung zur Verhängung der Dienstentlassung führt, kann die Frage entstehen, ob besondere Umstände eine mildere Beurteilung gestatten. ME. v. 29. 3. 1870 (ZBlUV. 213).

17. **In den Disziplinarurteilen ist ersichtlich zu machen,** in welchen Tatsachen das Gericht die besonderen Umstände erblickt hat, welche eine mildere Beurteilung zulassen. RDisH. 4. 2. 89 (F 9/88), 20. 1. 90 bei Per. u. Sp. 109. Dies ist erforderlich, um Unklarheiten und Irrtümer zu vermeiden und eine sachgemäße Prüfung der getroffenen Entscheidung in der Berufungsinstanz zu ermöglichen. ME. v. 18. 11. 1898 (MBl. **99** 1).

18. Den Beamten der Staatsanwaltschaft liegt es ob, eine den vorstehenden Grundsätzen entsprechende Rechtsprechung tunlichst zu sichern und demgemäß durch geeignete Anträge und erforderlichenfalls **durch Einlegung der Berufung auf die Beobachtung der Grundsätze hinzuwirken.** ME. v. 10. 3. 1887 und v. 13. 12. 1902 bei Müller 494, 495, ME. 6. 2. 03 (MBl. 32), ME. 5. 5. 05 bei Müller 496; FM. v. 18. 5. 1905 (MBl. 84).

19. Die Unterstützung kann nur zugebilligt werden, wenn der Beamte zur Zeit des Disziplinarurteils **einen Anspruch auf Ruhegehalt hätte,** falls er in diesem Zeitpunkt wegen Dienstunfähigkeit zur Ruhe gesetzt würde. Hat daher der Disziplinarrichter dem Beamten einen Teil des Ruhegehaltsbetrages als Unterstützung zugebilligt, obwohl der Beamte, z. B. weil er noch nicht zehn anrechnungsfähige Dienstjahre zurückgelegt hat, noch keinen Ruhegehaltsanspruch hat, oder weil ein Kündigungsbeamter keine planmäßige Stelle bekleidete, so ist die Zubilligung des Disziplinarrichters wirkungslos.

Sie braucht aber nicht etwa, wie Schulze 230 unrichtig annimmt, in solchem Falle erst im ordentlichen Rechtsweg wieder beseitigt zu werden, falls nicht der Beamte freiwillig auf sie verzichtet. Denn die Zubilligung ist nur unter der stillschweigenden Voraussetzung erfolgt, daß der Beamte sonst, wenn er wegen Dienstunfähigkeit in den Ruhestand versetzt worden wäre, einen Anspruch auf Ruhegehalt hätte. Hiernach muß die vorgesetzte Dienstbehörde jedes Disziplinarurteil, in dem einem Beamten bei der Dienstentlassung ein Ruhegehaltsteil zugesprochen ist, daraufhin prüfen, ob der verurteilte

Beamte überhaupt ruhegehaltsberechtigt ist. Dabei ersetzt das Disziplinarurteil lediglich die sonst nötige Voraussetzung der Dienstunfähigkeit. Bei der Prüfung der Frage, ob die Wartezeit erfüllt ist und bejahendenfalls eine wie lange Dienstzeit der Berechnung des Ruhegehalts zugrunde zu legen ist, ist zu beachten, daß der Beamte erst mit dem Tage der Rechtskraft des auf Dienstentlassung lautenden Urteils aufhört, Beamter zu sein und seine Dienstzeit daher bis zu diesem Tage einschließlich zu berechnen ist. Nr. 5 ME. v. 29. 7. 1884 (MBl. 194); Nr. 5 ME. v. 17. 3. 1885 (JMBl. 104); Nr. 15 ME. v. 2. 3. 1886 (MBl. 37 und ZBlUV. 387).

Über die Frage, ob der Beamte ruhegehaltsberechtigt ist, entscheidet nicht das Disziplinargericht, sondern die über die Zurruhesetzung beschlußfassende Behörde und die Festsetzung des Disziplinarrichters erfolgt nur unter der Voraussetzung, daß dem Beamten überhaupt ein Ruhegehaltszuspruch zusteht. OVG. v. 31. 1. 1894 bei v. Rheinb. 176 und v. 31. 10. 1899 bei Müller 497; RDisH. v. 3. 3. 1913 Schulze-Simons 327. Hiernach ist es empfehlenswert, die Frage, ob ein Beamter ruhegehaltsberechtigt ist, schon im Laufe der Disziplinaruntersuchung aufzuklären, damit nicht dem Beamten ein Anspruch in Aussicht gestellt wird, der nicht erfüllt werden kann. Dabei ist die Hilfsbedienstetenzeit bei Würdigkeit auf die ruhegehaltsfähige Dienstzeit anzurechnen. RDisH. v. 14. 3. 1928 DJZ. **28** Sp. 945.

Bezieht ein Beamter das Militärinvalidenruhegehalt, so ist im Tenor des Disziplinarurteils zum Ausdruck zu bringen, ob dieses Ruhegehalt auf den als Unterstützung bewilligten Ruhegehaltsteil anzurechnen oder neben ihm zu gewähren ist. ME. v. 19. 12. 1889 bei Müller 496. Ein Ausspruch des Disziplinarrichters, daß die dem Angeschuldigten bewilligte Unterstützung neben seinem Invalidenruhegehalt zu zahlen ist, ist so lange zu befolgen, als die Gesamtbewilligungen (Unterstützung und Invalidenruhegehalt) noch hinter dem Ruhegehalt zurückbleiben, das dem Angeschuldigten im Falle seiner Versetzung in den Ruhestand zur Zeit der Dienstentlassung zugestanden hätte; denn solange diese Voraussetzung vorliegt, bleiben solche Bewilligungen im Rahmen der der Disziplinarbehörde erteilten Ermächtigung und sind als „Teil" des gesetzlichen Ruhegehaltsbetrages im Sinne des RBG. anzusehen. Da aber die vom Disziplinarrichter zuerkannte Unterstützung den Charakter eines Zivilruhegehalts hat (s. unter 20), so ist neben ihr das dem Verurteilten zustehende Invalidenruhegehalt in der Regel nur nach Maßgabe der Kürzungsvorschriften fortzuzahlen. ME. v. 30. 9. 1903 bei Müller 497.

20. Die dem Beamten zugebilligte Unterstützung hat **die rechtliche Natur eines Ruhegehalts.** FM. v. 8. 5. 1898 (ZBlAV. 237); KKGH. v. 12. 2. 1859 (JMBl. 309). Wird daher ein solcher Beamter im Reichs-, Staats- oder sonstigem öffentlichen Dienst wiederangestellt, so wird die Unterstützung insofern und insoweit in Wegfall gebracht oder gekürzt, als

dies bei den sonstigen Ruhegehältern geschieht. FM. v. 8. 5. 1898 (ZBlAB. 237). Ein altes früher erdientes Ruhegehalt wird neben der Unterstützung dem Beamten, der in seinem neuen Amt mit Dienstentlassung unter Belassung eines Ruhegehaltsteils bestraft ist, nach § 58 Abs. 2 nur bis zur Erreichung desjenigen Ruhegehaltsbetrages gezahlt, der sich für die Gesamtdienstzeit aus dem der Festsetzung des alten Ruhegehalts zugrunde gelegten Diensteinkommen ergibt.

Jedoch berechtigt das vom Disziplinarrichter zugebilligte Ruhegehalt die Hinterbliebenen des Beamten nicht zum Bezug von Witwen- und Waisengeld; s. ME. v. 27. 7. 1901 (MBl. 206); v. 19. Juli 1901 (ZBlUB. 741); **a. M.** Reindl JW. **26** 1415. Dagegen wird das Gnadenvierteljahr des § 69 von diesem Ruhegehalt stets gewährt, wenn es auf Lebenszeit zugesprochen ist. Ist es nur auf Zeit bewilligt, so kann das Gnadenvierteljahr nur dann gezahlt werden, wenn der Tod des Beamten in die Bewilligungsfrist fällt. FM. v. 30. 5. 1891 und v. 24. 6. 1907 (MBl. **91** 95; **07** 230); JM. v. 17. 6. 1891 (JMBl. 165).

Die Kinderzuschläge werden neben der Unterstützung in voller Höhe gezahlt. Reindl LZ. **27** 34.

Im § 7 Entw. RDStrO. ist vorgesehen, daß bei besonderen Umständen das Urteil für den Fall des Todes des Beamten seinen Hinterbliebenen einen Unterhaltszuschuß bis zur Höhe der Beträge und höchstens so lange bewilligen kann, wie sie als Witwen- und Waisengeld beansprucht werden könnten, wenn der Beamte im Zeitpunkt der Dienstentlassung gestorben wäre.

Die Vorschriften des § 6 RBG. über die Abtretungs- pp. Beschränkungen finden auch auf die vom Disziplinarrichter bewilligte Unterstützung Anwendung; a. M. Pieper 237.

21. Die Zahlung der Unterstützung **beginnt** nach preußischem Recht mit dem Ablaufe des Monats, in dem das auf Dienstentlassung lautende Urteil rechtskräftig geworden ist. Nr. 5 ME. v. 29. Juli 1884 (MBl. 194); Nr. 5 ME. v. 17. 3. 1885 (JMBl. 104); Nr. 20 ME. v. 2. 3. 1886 (MBl. 37 = ZBlUB. 387). Bei Reichsbeamten fällt der Beginn mit der Rechtskraft des Urteils zusammen. RDisH. 25. 3. 99 (F 1/99); RDisH. v. 25. 3. 1899 Schulze-Simons 334. Es ist nicht zulässig, die Unterstützung von einem bestimmten höheren Lebensalter, etwa vom 60. Lebensjahre ab zu bewilligen; s. Näheres oben Ziff. 1. Angewiesen wird die Unterstützung von denselben Behörden, von denen die Ruhegehälter festgesetzt und zur Zahlung angewiesen werden; s. § 54 RBG.

22. **Im Gnadenwege** kann der gewährte Ruhegehaltsteil erhöht oder die Zeit, für die er zugebilligt ist, verlängert werden; auch kann auf diesem Wege in Fällen, in denen überhaupt kein Ruhegehaltsteil festgesetzt ist, ein solcher bewilligt werden. Dies gilt auch, wenn der Beamte im Strafverfahren mit einer Strafe belegt worden ist, die den Verlust des Amtes kraft

Gesetzes nach sich gezogen hat, so daß ein Disziplinarverfahren nicht stattfinden konnte; s. auch unten Anm. 1 zu § 118.

An sich ist aber die Zubilligung des Ruhegehaltsteils, soweit sie durch das Urteil erfolgt, kein Gnadenakt. RDisH. v. 9. 1. 1922 Schulze-Simons 322.

§ 76.

Welche der in den §§ 73 bis 75 bestimmten Strafen anzuwenden sei, ist nach der größeren oder geringeren Erheblichkeit des Dienstvergehens mit besonderer Rücksicht auf die gesamte Führung des Angeschuldigten zu ermessen.

Liegt ein Vergehen gegen § 10a Abs. 2 und 3 im Rückfall vor, so ist auf Dienstentlassung zu erkennen.

1. **Der Abs. 2 des § 76** ist auf Grund des Gesetzes vom 21. 7. 1922 dem § 76 **neu angefügt** worden.

Bei dem dort bezeichneten Delikt (Verstoß gegen die Sicherheit der Republik) **ist bei Rückfall auf Dienstentlassung und nicht** wie gemäß § 17 Abs. 2 PDisG. u. § 16 Abs. 2 RDisG. **auf Entfernung aus dem Amt,** d. h. entweder auf Versetzung in ein anderes Amt von gleichem Range oder auf Dienstentlassung zu erkennen. Das RBG. ist also noch schärfer als die preuß. Disziplinargesetze. Es gilt nicht das im § 76 Abs. 1 enthaltene freie Strafzumessungsrecht des Disziplinarrichters. Er ist vielmehr gezwungen, auf die schwerste Strafe zu erkennen.

2. Abgesehen von dem zu 1. erörterten Ausnahmefall hat der Disziplinarrichter nach der größeren oder geringeren Erheblichkeit des Dienstvergehens **frei zu ermessen, welche Strafe anzuwenden sei.** Dabei muß er vor allem auf die sonstige Führung des Angeschuldigten, und zwar auch die außerdienstliche (RDisG. 6. 11. 99, F 7/99) Rücksicht nehmen. Auch ist von Bedeutung das Gewicht der durch die Disziplinarstrafe zu schützenden Interessen, die Schwere des Verschuldens, der Beweggrund der Verfehlung, Vorsatz oder Fahrlässigkeit, nachteilige Folgen pp. RDisH. 18. 3. 89 (F 1/89).

Die Verhängung einer milderen Strafe als Dienstentlassung gegen einen der Unterschlagung amtlicher Gelder überführten Kassenbeamten läßt sich nicht damit rechtfertigen, daß er nicht aus Gewinnsucht gehandelt, sondern die unterschlagenen Beträge zur Deckung von Fehlbeträgen, die ohne sein Verschulden in seiner Kasse entstanden waren, verwendet hat. RDisH. v. 15. 6. 1927 DJZ. **27** 1967. Bei besonderer Sachlage kann aber unter Umständen ein wegen Unterschlagung mit Gefängnis bestrafter Beamter statt mit Dienstentlassung nur mit Strafversetzung bestraft werden. RDisH. v. 14. 5. 1928 DJZ. **28** 1088.

Die Verurteilung wegen Beihilfe zur versuchten Abtreibung braucht nicht zur Strafe der Dienstentlassung im Dienststrafverfahren zu führen; insbes. ist in Fällen dieser Art auch auf die veränderte Stellungnahme des

Gesetzgebers gegenüber der Abtreibung Rücksicht zu nehmen. RDisH. 11. 1. 27 JW. **27** 919, RDisH. 5. 4. 27 DRichtZtg. **27** Rspr. Sp. 189.

Ferner bestimmt sich die Erheblichkeit eines Dienstvergehens auch nach der Bedeutung der aus ihm erwachsenen Nachteile. RDisH. v. 18. 3. 1889 bei Schulze Rspr. 100ff. Dabei können auch Vorgänge berücksichtigt werden, die sich erst im Laufe des Disziplinarverfahrens ereignet haben. RDisH. v. 14. 3. 1910 u. v. 7. 4. 1924 bei v. Rheinb. 178 u. Schulze-Simons 313, 314. Es ist also bei der Strafzumessung außer dem Dienstvergehen das gesamte dienstliche und außerdienstliche Verhalten des Beamten in Betracht zu ziehen. OVG. **32** 431.

Die Verhängung einer Gefängnisstrafe zieht nicht notwendig die Dienstentlassung nach sich. RDisH. v. 16. 3. 1914 Schulze-Simons 367.

3. **Liegen mehrere Anschuldigungspunkte vor,** so stehen nicht verschiedene selbständige, einzeln zu ahndende Tatbestände in Frage, sondern es kommt nur in Betracht, ob und inwieweit der Beamte nach Maßgabe des sich aus den Einzelhandlungen zusammensetzenden Gesamtbildes eine Pflichtverletzung begangen hat. Es kann deshalb nicht wegen einzelner Vorkommnisse auf Freisprechung erkannt werden. RDisH. v. 19. 6. 1923 Schulze-Simons 498. GrDisS. v. 31. 10. 1916 Amtl. Sammlg. 76, 77; v. 14. 11 1923 a. a. O. 110. Ob es sich um ein sog. fortgesetztes Delikt im strafrechtlichen Sinne handelt, ob also etwa die mehreren Taten auf einem einheitlichen Willensentschluß beruhen, ist für das Disziplinargericht ohne Bedeutung. RDisH. v. 10. 2. 1913 Schulze-Simons 496 u. in DJZ. 516; GrDisS. v. 10. 11. 03 bei v. Rheinb. 179; s. auch oben Anm. 4 zu § 72; s. dazu Reindl in DJZ. **13** 970; RDisH. v. 2. 3. 1903, v. 24. 2. u. 3. 11. 1913 bei Schulze Rspr. 31 u. 170; Schulze-Simons 437. Führen die zur Aburteilung gelangten Punkte bereits zur Dienstentlassung, so ist wegen der übrigen die Anklage verbraucht. Der entlassene Beamte hat keinen Anspruch auf Erschöpfung der übrigen Punkte. GrDisS. v. 31. 10. 1916 Amtl. Sammlg. 76.

Auch nach § 13 Abs. 2 Entw. RDStrO. gelten mehrere zusammentreffende Verfehlungen nur als ein Dienstvergehen und haben nur eine einheitliche Bestrafung zur Folge.

4. Im allgemeinen müssen die Verfehlungen, um zur Bestrafung zu führen, **erwiesen sein; ein bloßer Verdacht** genügt nicht. Begründen die Handlungen eines Beamten nur den Verdacht eines pflichtwidrigen Verhaltens, so sind sie nur dann disziplinarisch zu ahnden, wenn sie geeignet sind, das Ansehen des Beamtenstandes zu schädigen oder zu gefährden, sowie das Vertrauen zu dem Beamten zu erschüttern, vorausgesetzt, daß sich der Beamte einem solchen Verdacht durch bewußtes oder leichtfertiges Handeln schuldhafterweise ausgesetzt hat, mag auch der Verdacht sachlich unbegründet sein. RDisH. v. 21. 9. 1885 u. v. 2. 12. 1912 bei Schulze-Simons 300 u. Schulze Rspr. 76.

5. Die **Vorstrafen** des Beamten sind, soweit sie endgültig feststehen, als gerechtfertigt anzusehen, und dürfen auf ihre Rechtmäßigkeit nicht nachgeprüft werden; die ihm zugrunde liegenden Dienstvergehen können aber nicht zum Gegenstand selbständiger Anschuldigungen gemacht werden, sondern nur zur Würdigung des allgemeinen dienstlichen Verhaltens dienen. RDisH. 10. 11. 77; 23. 11. 78; 10. 2. 81; 14. 1. 84; 4. 2. 84; 21. 4. 84 bei Per. u. Sp. 110.

6. **Gewisse Verwaltungsmaßregeln** sind der Nachprüfung des Disziplinarrichters entzogen. So darf er z. B. nicht nachprüfen, ob ein dienstliches Interesse die Versetzung des Angeschuldigten erforderte. RDisH. 28. 11. 28 „Beamtenbund" 29 Nr. 22.

§ 77.

Im Laufe einer gerichtlichen Untersuchung darf gegen den Angeschuldigten ein Disziplinarverfahren wegen der nämlichen Tatsachen nicht eingeleitet werden.

Wenn im Laufe eines Disziplinarverfahrens wegen der nämlichen Tatsachen eine gerichtliche Untersuchung gegen den Angeschuldigten eröffnet wird, so muß das Disziplinarverfahren bis zur Beendigung des gerichtlichen Verfahrens ausgesetzt werden.

1. **Es gibt eine große Gruppe von Dienstvergehen,** die sich nicht nur als reine Dienstverstöße darstellen, sondern **gleichzeitig die allgemeine Strafsphäre berühren.** Wenn ein Beamter Unterschlagungen im Amt vornimmt oder Fälschungen amtlicher Listen und Bücher bewirkt, so ist er nicht bloß dem Disziplinarrichter, sondern auch dem Strafrichter verfallen. Denn diese Verfehlungen verstoßen nicht nur gegen die Disziplin, sondern verletzen auch die außerhalb des Beamtenkörpers stehende, im Staate vereinigte Gemeinschaft. Das Strafgesetzbuch behandelt in den §§ 331 bis 359 die Verbrechen und Vergehen im Amte. Die dort abgehandelten Verfehlungen sind sämtlich auch Disziplinarvergehen, so daß nicht bloß der Staatsanwalt, sondern auch die vorgesetzte Dienstbehörde ein auf Bestrafung abzielendes Verfahren in die Wege leiten wird. In Fällen solcher Art kommt in Frage, welcher Richter — der Strafrichter oder der Disziplinarrichter — den Beamten zunächst zur Rechenschaft zu ziehen hat und ob und inwieweit der eine Richter an die Entscheidungen des anderen gebunden ist.

2. Im § 77 ist der Grundsatz enthalten, **daß der Strafrichter bei der Aburteilung des Beamten den Vorrang haben soll.** Damit stimmen auch § 4 VDisG. und § 3 RDisG. überein; vgl. auch RDisH. v. 10. 6. 1912 bei Schulze Rspr. 176. Erst soll das gerichtliche Strafverfahren erledigt werden, ehe wegen der nämlichen Tatsachen ein Disziplinarverfahren eingeleitet oder ein schon eingeleitetes Disziplinarverfahren beendet wird. Die Verteidigung

des angeschuldigten Beamten würde erheblich beschwert werden, wenn er sich wegen der gleichen Verfehlung in zwei Untersuchungen gleichzeitig verantworten müßte. Auch macht in manchen Fällen das Strafverfahren ein Disziplinarverfahren überflüssig, so insbes. wenn im Strafverfahren eine Verurteilung ergeht, die den Amtsverlust von Rechts wegen zur Folge hat oder eine Freisprechung erfolgt ist und eine Ahndung des Freigesprochenen im Disziplinarverfahren gesetzlich ausgeschlossen (§ 78 Abs. 1) oder nicht angebracht ist. OTrieb. **27** 200; Laband **1** 468; Pieper 239; Seydel 63, 44.

3. **Ist also gegen einen Beamten eine strafgerichtliche Untersuchung anhängig, so darf gegen ihn wegen derselben Tatsachen ein Disziplinarverfahren nicht eingeleitet werden.** Unter dem Disziplinarverfahren ist nicht nur das förmliche, sondern auch das bloße Ordnungsstrafverfahren zu verstehen. Thilo 87, Arndt 124; v. Rheinb. 102; a. M. Per. u. Sp. 110, 111. Ist aber keine strafgerichtliche Untersuchung anhängig, ist also der Staatsanwalt noch nicht eingeschritten, so kann die Disziplinaruntersuchung eingeleitet und durchgeführt werden, bis der Strafrichter sich mit der Sache befaßt. Allerdings wird die Dienstbehörde in Fällen, in denen es sich um Verfehlungen handelt, die nach den allgemeinen Strafgesetzen zu ahnden sind, regelmäßig der Staatsanwaltschaft Mitteilung machen und das Disziplinarverfahren erst einleiten, wenn das Strafverfahren erledigt ist oder der Staatsanwalt ein Einschreiten abgelehnt hat. RDisH. v. 25. 5. 1925 in JurRundsch. **25** 907 = DRichtZ. **25** 157.

Eine unbedingte Verpflichtung der Dienstbehörde, der Anklagebehörde sofort Kenntnis zu geben von einem unter die allgemeinen Strafgesetze fallenden Tatbestande, besteht nicht; Per. u. Sp. 111, Arndt 124; **a. M.** Pieper 240; Kanng. 165; Schulze 234.

Ein Disziplinarverfahren darf nicht eingeleitet werden, wenn eine strafgerichtliche Untersuchung sich „im Lauf" befindet. Der Disziplinarrichter darf daher dann nicht in Tätigkeit treten, wenn eine gerichtliche Untersuchung „eröffnet" wird (s. unter 4); ein bloßes Vorermittlungsverfahren der Staatsanwaltschaft im Sinne des § 158 StPO. hindert die Einleitung des Disziplinarverfahrens an sich noch nicht. Deichmann PrVBl. **43** 336; **a. M.** Bethke PrVBl. **43** 193; Görres 63. Jedoch wird davon abzusehen sein, wenn anzunehmen ist, daß sich das Ermittlungsverfahren demnächst zu einer strafgerichtlichen Untersuchung im engeren Sinne (s. unter 4) verdichten werde.

4. **Wenn im Laufe eines Disziplinarverfahrens wegen der nämlichen Tatsachen eine gerichtliche Untersuchung gegen den Angeschuldigten eröffnet wird, so muß das Disziplinarverfahren bis zur rechtskräftigen Erledigung des gerichtlichen Verfahrens ausgesetzt werden.** Die Aussetzung des Disziplinarverfahrens kann in solchen Fällen natürlich nur erfolgen, wenn die Behörde Kenntnis von der Eröffnung der gerichtlichen Untersuchung erlangt hat. Deshalb besteht in Preußen nach der Vfg. des

JM. v. 12. 12. 1927 (JMBl. 403) eine umfassende Mitteilungspflicht der Staatsanwaltschaft.

Besteht keine gerichtliche Untersuchung, so kann der Disziplinarrichter die strafbare Handlung aburteilen, ohne zur Aussetzung gezwungen zu sein. RDisH. v. 25. 5. 1925 Schulze-Simons 440. Dasselbe gilt, wenn der Beamte die Wiederaufnahme des Strafverfahrens betreiben will. RDisH. v. 20. 5. 1924 Schulze-Simons 441.

Unter der Eröffnung der gerichtlichen Untersuchung, die zur Aussetzung des Disziplinarverfahrens führt, ist die Eröffnung der gerichtlichen Voruntersuchung (§§ 178ff. StPO.) oder der Beschluß des Gerichts über die Eröffnung des Hauptverfahrens (§ 203 StPO.) zu verstehen. Der gerichtlichen Untersuchung steht das Wiederaufnahmeverfahren (§§ 359ff. StPO.) gleich. OVG. v. 1. 10. 1892 bei v. Rheinb. 103. Dagegen stellt sich ein bloßes Ermittlungsverfahren der Staatsanwaltschaft nicht als eine gerichtliche, zur Aussetzung des Disziplinarverfahrens Anlaß gebende Untersuchung dar. StMBeschl. v. 8. 11. 1902 bei v. Rheinb. 103; Deichmann PrVBl. **43** 336; Brand BR. 716; **a. M.** Görres 63; Bethke PrVBl. **43** 193.

5. Die vorstehend erörterten Vorschriften stellen sich nur als sog. **„Soll"-vorschriften** dar. Hat also eine Disziplinarbehörde ein Verfahren eingeleitet, während schon ein gerichtliches Strafverfahren schwebte, so ist das Disziplinarverfahren nicht etwa nichtig, sondern es ist nur einstweilen auszusetzen. v. Dultzig 50, 51; Brand BR. 716.

6. Die **Amtssuspension** wird durch die Nichteinleitung oder Aussetzung des Disziplinarverfahrens nicht berührt.

7. Wird das eingeleitete und infolge des Strafverfahrens ausgesetzte Disziplinarverfahren nach Abschluß der strafgerichtlichen Untersuchung nicht fortgesetzt, so fallen **die Kosten** des Disziplinarverfahrens stets der Reichskasse zur Last, und zwar auch dann, wenn der Beamte infolge strafgerichtlichen Urteils sein Amt verloren hat. Pieper 360; Kanng. 166; Arndt 124. Der Beamte braucht auch nicht etwa, wenn er suspendiert war, sich die Verwendung des einbehaltenen Gehaltsteils außer zur Deckung der Stellvertretungskosten auch zur Deckung entstandener Untersuchungskosten gefallen zu lassen. Denn der Angeschuldigte braucht die Kosten nur zu erstatten, wenn er hierzu durch Disziplinarerkenntnis verurteilt ist; vgl. §§ 124 Abs. 2 u. 128 Abs. 4; in § 128 Abs. 4 wird ausdrücklich auf § 124 verwiesen. A.M. Pieper 241.

§ 78.

Wenn von den gewöhnlichen Strafgerichten auf Freisprechung erkannt ist, so findet wegen derjenigen Tatsachen, welche in der gerichtlichen Untersuchung zur Erörterung gekommen sind, ein Disziplinarverfahren nur noch insofern statt, als dieselben an sich

und ohne ihre Beziehung zu dem gesetzlichen Tatbestande der strafbaren Handlung, welche den Gegenstand der Untersuchung bildete, ein Dienstvergehen enthalten.

Ist in einer gerichtlichen Untersuchung eine Verurteilung ergangen, welche den Verlust des Amtes nicht zur Folge gehabt hat, so bleibt derjenigen Behörde, welche über die Einleitung des Disziplinarverfahrens zu verfügen hat (§ 84 Abs. 1), die Entscheidung darüber vorbehalten, ob außerdem ein Disziplinarverfahren einzuleiten oder fortzusetzen sei.

I. Die Bedeutung der strafgerichtlichen Freisprechung.

1. Ist ein Beamter vom ordentlichen Strafrichter rechtskräftig **freigesprochen,** so findet ein Disziplinarverfahren — und zwar sowohl ein förmliches, wie ein Ordnungsstrafverfahren — wegen der in der gerichtlichen Untersuchung erörterten Tatsachen nur insofern statt, als diese Tatsachen an sich unabhängig von dem vom Strafrichter verneinten gesetzlichen Tatbestand der strafbaren Handlung ein Dienstvergehen enthalten. Unter „Tatbestand" ist der gesamte geschichtliche Vorgang zu verstehen, der mit der dem Angeschuldigten vorgeworfenen strafbaren Handlung im Zusammenhang steht, gleichgültig, wie der Eröffnungsbeschluß oder die Urteilsgründe des Strafrichters die Tat rechtlich beurteilt haben. Ist also der Beamte im Strafverfahren von der Anklage des Diebstahls freigesprochen, so kann er im Disziplinarverfahren nicht deshalb verurteilt werden, weil er sich durch jenen Vorgang der Unterschlagung oder Hehlerei schuldig gemacht habe. PrDisH. f. nichtr. B. v. 12. 3. 1923 in JW. **24** 1797 = „Recht" **24** 497 Nr. 1721 = DJZ. **24** 832 = DRichtZ. **25** 15.

Das Gesetz will verhindern, daß zwei richterliche Behörden in demselben Fall entgegengesetzt endgültig Recht sprechen. Dabei ist es gleichgültig, ob der Strafrichter die der Anklage zugrunde liegenden Tatsachen für widerlegt oder nur für nicht erwiesen erachtet hat oder endlich ob er freigesprochen hat, weil er die Zurechnungsfähigkeit verneint oder andere Strafausschließungsgründe, z. B. Notwehr für vorliegend erachtet hat (Görres 64). Der Freispruch wegen Verjährung ist aber für den Disziplinarrichter nicht bindend, da es im Disziplinarrecht keine Verjährung gibt; Görres 64.

2. Hiernach kann wegen **derjenigen** Tatsachen, die zwar im Strafverfahren erörtert sind, die **aber nicht zum gesetzlichen Tatbestand** der strafbaren, den Gegenstand der Strafuntersuchung bildenden Handlung gehören, ohne Einschränkung ein Disziplinarverfahren eingeleitet werden. Ist also z. B. ein Beamter wegen Diebstahls angeklagt gewesen, aber freigesprochen worden, so kann, wenn sich etwa im Strafverfahren ergeben hat, daß

der Beamte in anrüchigen Lokalen und in schlechter Gesellschaft verkehre, wegen dieses unwürdigen Verhaltens, das zum Tatbestande des Diebstahls nicht gehört, disziplinarisch gegen ihn eingeschritten werden.

3. Soweit es sich aber um **Tatsachen** handelt, die **zum gesetzlichen Tatbestand eines Vergehens,** d. h. zu den im Strafgesetz aufgestellten Merkmalen dieses Vergehens gehören, so können diese Tatsachen nach erfolgter Freisprechung nur dann Anlaß zu einer Disziplinaruntersuchung geben, wenn sie unabhängig von dem strafrechtlichen Vergehenstatbestand ein Dienstvergehen darstellen. RDisH. 5. 11. 83 (F 8/83); 7. 7. 94 (F 2/94); 6. 7. 95 (F 1/95); 4. 2. 01 (F 10/1900). Ist z. B. ein Beamter lediglich wegen Unterschlagung amtlicher Gelder angeklagt gewesen und von dieser Anklage rechtskräftig freigesprochen, so kann ein Disziplinarverfahren zwar nicht wegen der Unterschlagungen, wohl aber wegen unordentlicher Kassen- und Buchführung eingeleitet werden. Ferner kann z. B. ein Beamter, der von der Anklage der vorsätzlich falschen Beurkundung aus § 348 StGB. freigesprochen ist, im Disziplinarverfahren wegen fahrlässig falscher Beurkundung bestraft werden. RDisH. v. 22. 9. 1924 Schulze-Simons 406; GrDisS. v. 8. 12. 1903 bei v. Rheinb. 107. Ferner ist Bestrafung wegen Täuschung zulässig trotz Freispruchs von der Anklage des Betruges, ferner wegen Teilnahme an einem Streik trotz Freispruchs von der Anklage des Hausfriedensbruchs. RDisH. v. 7. 5. 1912 und 30. 1. 1923 Schulze-Simons 402, 404; vgl. auch RDisH. v. 30. 9. 1924 aaO. S. 408. Auch kann z. B. ein wegen Vornahme unzüchtiger Handlungen mit Schülerinnen angeklagter, aber freigesprochener Lehrer disziplinarisch bestraft werden, wenn diese Handlungen zwar nicht für unzüchtig, wohl aber für unangemessen und anstößig gehalten werden. StMBeschl. v. 8. 2. 1906 bei v. Rheinb. 108. Ein von der Anklage des Hausfriedensbruchs oder der Beleidigung freigesprochener Beamter kann disziplinarisch nicht wegen dieser Vergehen, wohl aber wegen des Lärms und des sonstigen unangemessenen oder taktlosen Verhaltens, das er bei dem Vorfall bewiesen hat, bestraft werden. Ein wegen sinnloser Trunkenheit vom Strafrichter freigesprochener Beamter kann vom Disziplinarrichter verurteilt werden, weil er sich in diesen Zustand versetzt hat. RDisH. v. 10. 7. 1905 Schulze-Simons 399.

Ist im Widerspruch zu § 74 StGB. ein Strafverfahren wegen einer fortgesetzten strafbaren Handlung eröffnet und hernach der Angeschuldigte rechtskräftig freigesprochen, so muß im Disziplinarverfahren davon ausgegangen werden, daß er wegen einer Gesamtheit von Handlungen freigesprochen ist. Die Rechtskraft des Freispruchs wegen einer fortgesetzten Handlung umfaßt nur die Fälle, die in der Anklage oder Hauptverhandlung vorgebracht und Gegenstand des Urteils geworden sind. Eine disziplinarische Verurteilung wegen eines weiteren, damals nicht erörterten Falles aus dem rechtlichen Gesichtspunkt der Einzeltat ist also noch zulässig. PrDisH. f. nichtr. B. v. 23. 4. 1923 DJZ. **24** 912 = DRichtZ. **25** 15.

4. Auch einen **anderen straf**rechtlichen Tatbestand als den im Strafurteil verneinten, darf der Disziplinarrichter nicht feststellen. RDisH. v. 1. 4. 1876 und v. 30. 1. 1882 bei Per. u. Spill. 115, 116. Ist aber im Strafverfahren Anklage wegen zweier, miteinander in Tateinheit stehender Straftaten, z. B. wegen Betruges in Tateinheit mit Urkundenfälschung erhoben, eine Verurteilung aber nur unter dem rechtlichen Gesichtspunkt des Betruges erfolgt, so kann der Disziplinarrichter mangels Freisprechung den rechtlichen Tatbestand der Urkundenfälschung feststellen. PrDisHfnichtrB. v. 24. 11. 1924 in DJZ. **25** 436 = PrVBl. **46** 391 = Jur. Rundsch. **25** 987 = DRichtZ. **26** Rspr. Nr. 339. Ebenso ist in Fällen, wo der Strafrichter nur das eine zur Bestrafung erforderliche Merkmal der Arglist unter der Mehrheit der Merkmale verneint und deshalb freigesprochen hat, eine Untersuchung und Aburteilung der Tat nach ihrer Strafbarkeit als Verstoß gegen die Disziplinargesetze nicht ausgeschlossen. Gr DisS. v. 31. 10. 1916 Amtl. Sammlg. 77, 78.

Der Disziplinarrichter muß aber freisprechen, wenn der Beamte im Strafverfahren mangels Zurechnungsfähigkeit freigesprochen ist. RDisH. v. 24. 3. 1919 Schulze-Simons 396; s. oben Ziff. 1 Abs. 2.

5. Der Disziplinarrichter kann die Tatsachen, die an sich und ohne Beziehung zu dem Tatbestande der den Gegenstand der strafgerichtlichen Untersuchung bildenden strafbaren Handlung ein Dienstvergehen enthalten, gemäß § 108 **nach freiem Ermessen für erwiesen halten oder nicht.** Er ist hierbei an die Feststellungen des Strafrichters in keiner Weise gebunden. Es ist für sein Ermessen völlig gleich, ob der Strafrichter diese Tatsachen für widerlegt oder für nicht erwiesen erachtet und deshalb aus tatsächlichen Gründen freigesprochen hat, oder ob er sie zwar für erwiesen gehalten hat, aber aus rechtlichen Gründen zur Freisprechung gelangt ist. Die Vorschriften des § 78 besagen nicht, daß ein Disziplinarverfahren ausgeschlossen sein solle, wenn der Strafrichter die gedachten Tatsachen für widerlegt oder für nicht erwiesen erachtet habe. Der Disziplinarrichter kann auch über solche vom Strafrichter für widerlegt erachtete Tatsachen eine neue Beweisaufnahme anordnen und auf Grund dieser zu abweichenden Feststellungen gelangen. Das Disziplinarverfahren ist grundsätzlich völlig unabhängig vom Strafverfahren, und nur aus praktischen Gründen sind von diesem Grundsatz einige Ausnahmen gemacht, die aber gerade wegen ihrer Ausnahmenatur eng auszulegen sind. Übereinstimmend v. Rheinb. 108, 109; Hartmann in DJZ. **10** 71, 72 und **12** 1348; v. Dultzig 56ff.; Hatschek 304; **a. M.** RDisH. v. 23. 11. 1878; v. 14. 11. 1887 und v. 6. 5. 1907 bei v. Rheinb. 109; Schulze-Simons 393; Seydel 70, 71; Pieper 361; Per. u. Spill. 170; Thudich. 312; Schulze 325. Die abweichende — wohl als herrschend zu bezeichnende, aber m. E. mit dem Gesetze nicht zu vereinende — Meinung nimmt an, daß der Disziplinarrichter auch an die tatsächlichen Feststellungen des Strafrichters gebunden sei und ein Diszi-

plinarverfahren sich daher in den Fällen erübrige, in denen der Strafrichter die der Anschuldigung zugrunde liegenden Tatsachen für widerlegt oder für nicht erwiesen erachtet und aus diesem Grunde freigesprochen habe; nur wenn die Tatsachen erwiesen waren, aber aus rechtlichen Gründen Freisprechung erfolgt ist, soll nach dieser Meinung eine Disziplinaruntersuchung möglich sein.

6. **Der Freisprechung steht nicht gleich** ein Beschluß des Strafgerichts, durch den das Verfahren eingestellt oder die Eröffnung des Hauptverfahrens abgelehnt oder der Angeschuldigte außer Verfolgung gesetzt wird. StM. v. 6. 7. 1878 und v. 22. 9. 1904 bei v. Rheinb. 109; ME. v. 19. 3. und v. 12. 5 1866 (ZBlUV. 388, 389 = MBl. 161); GrDisS. v. 29. 4. 1913 (Y. 4. 1913); v. 28. 7. 1915 und v. 17. 12. 1918 bei Schlegelberger 1182, Amtl. Sammlg. 62; vgl. RDisH. v. 5. 6. 1899; v. 8. 7. 1901 Schulze-Simons 422; v. 25. 5. 1925 in DRichtZ. **25** 157; v. Rheinb. 109; v. Dultzig 56; s. aber dagegen RDisH. v. 4. 2. 1901. Denn das Gesetz spricht nur von den Fällen, in denen auf Freisprechung „erkannt", die Sache also durch Urteil und nicht bloß durch Beschluß erledigt ist. Bei der Ausnahmenatur der Vorschrift (s. oben unter 5) ist eine einschränkende Auslegung am Platze. Deshalb ist in Fällen dieser Art, in denen das Strafverfahren durch Beschluß abgeschlossen ist, der Disziplinarrichter bei seiner Entscheidung völlig unabhängig.

Mit dem Wortlaut des Gesetzes nicht vereinbar ist die Ansicht von Thilo 90 und wohl auch von Perels-Spill. 173, wonach nur die Einstellung des Vorverfahrens und die Ablehnung des Antrags der Staatsanwaltschaft auf Eröffnung der Voruntersuchung (§§ 170 Abs. 2, 180 StPO.) der Freisprechung nicht gleichstehe, dagegen die nach den §§ 204 ff. StPO. gefaßten Beschlüsse mit einem freisprechenden Urteil gleichbedeutend sein sollen.

7. Der Freisprechung steht ferner nicht gleich eine, wenn auch völlige **Begnadigung** des im Strafverfahren Verurteilten. Der Disziplinarrichter ist daher bei Begnadigungen an das Strafurteil nur in demselben Umfange gebunden, wie an jedes andere zur Verurteilung des Beamten gelangende Erkenntnis.

8. Stellen sich nach der Freisprechung im Strafverfahren in der Disziplinaruntersuchung **neue Tatsachen** heraus, die im Strafverfahren noch nicht erörtert sind, so ist der Disziplinarrichter in ihrer Würdigung völlig frei. Können diese neuen Tatsachen die Wiederaufnahme des Verfahrens nach § 362 StPO. rechtfertigen, so ist das weitere Verfahren dem Strafgerichte zu überlassen. Spricht dies wiederum frei, so ist nunmehr der Disziplinarrichter auch bezüglich der neuen Tatsachen an die Schranken des § 78 Abs. 1 gebunden. Per. u. Sp. 115, 116; Pieper 242.

9. Wird das Strafverfahren bei Abwesenheit oder Geisteskrankheit des Angeschuldigten **vorläufig eingestellt** (§ 205 StPO.) so ist das Straf-

verfahren noch nicht endgültig abgeschlossen, und für ein Disziplinarverfahren ist wegen der den Gegenstand des Strafverfahrens bildenden Vorgänge kein Raum. Doch wird regelmäßig bei Abwesenheit des Beschuldigten ein Disziplinarverfahren wegen unerlaubter Entfernung vom Amt eingeleitet werden können, da darin ein Dienstvergehen liegt, das nicht im Strafverfahren erörtert wird.

Bei vorläufiger Einstellung des Strafverfahrens wegen Geisteskrankheit des Beamten kann die Einleitung des Zwangspensionierungsverfahrens in Frage kommen. Doch wird hierbei mit Vorsicht vorgegangen werden müssen. Denn wenn der Beamte später wieder gesund wird, so kann das Strafverfahren wieder aufgenommen werden. Führt dann das letztere zu einem mit der Rechtsfolge des Amtsverlustes verbundenen rechtskräftigen Urteil oder doch zu einer so erheblichen Strafe, daß in einem etwa nachfolgenden Disziplinarverfahren mit Dienstentlassung gerechnet werden könnte, so würde die bereits erfolgte Zwangspensionierung höchst unerwünscht sein. Denn es würde dann ein Beamter Ruhegehalt beziehen, der auf ein solches nach Lage der Sache keinen begründeten Anspruch hätte, da er eine zum Verlust des Amts und des Ruhegehalts führende Verfehlung begangen hat. Das ihm im Zwangspensionierungsverfahren einmal zugesprochene Ruhegehalt könnte ihm weder im Strafverfahren, das eine solche Folge einer strafgerichtlichen Verurteilung überhaupt nicht kennt, noch auch im Disziplinarverfahren genommen werden. Denn wenn ein Disziplinarverfahren noch nicht eingeleitet war, so kann dem Beamten das ihm einmal zugebilligte Ruhegehalt auch nicht gemäß § 75 Abs. 2 genommen werden. Denn diese Vorschrift, wonach nach Beendigung des Amtsverhältnisses auf Verlust des Titels und des Ruhegehaltsanspruchs zu erkennen ist, findet nur dann Anwendung, wenn im Augenblicke des Aufhörens des Amtes ein Disziplinarverfahren bereits eingeleitet war. Die Einleitung eines solchen Verfahrens ist aber so lange nicht möglich, als das Strafverfahren schwebt. Hiernach wird die Einleitung des Zwangspensionierungsverfahrens sich nur dann empfehlen, wenn der Beamte unheilbar geisteskrank ist, das Strafverfahren also gegen ihn niemals abgeschlossen werden oder wenn mit Sicherheit darauf gerechnet werden kann, daß die Verfehlung des Beamten zu einem Amtsverlust weder im Strafverfahren noch in dem sich etwa anschließenden Disziplinarverfahren führen wird.

II. Die Bedeutung der strafgerichtlichen Verurteilung.

1. Ist im Strafverfahren eine rechtskräftige **Verurteilung** ergangen, die den Amtsverlust nicht zur Folge gehabt hat, so bleibt derjenigen Behörde, die über die Einleitung des Disziplinarverfahrens zu verfügen hat, die Entscheidung darüber vorbehalten, **ob außerdem ein Disziplinarverfahren einzuleiten oder fortzusetzen sei.** § 78 Abs. 2. Es muß aber ein auf „Schuldig" lautendes Urteil ergangen sein; ein nur auf Einstellung des Verfahrens

infolge Verjährung oder Nichtstellung des Strafantrags lautendes Urteil genügt nicht. RDisH. v. 3. 5. 1909 bei v. Rheinb. 110 und Schulze-Simons 452; RDisH. v. 25. 5. 1925 in JurRundsch. **25** 906. Ebenso ist die Vorschrift unanwendbar, wenn infolge einer Amnestie das Strafurteil nicht rechtskräftig geworden oder das Strafverfahren eingestellt ist. RDisH. v. 4. 4. 1921 und v. 9. 7. 1924 Schulze-Simons 417 und 431. Die Vorschrift greift aber auch Platz, wenn ein Beamter zwar der Beleidigung für schuldig, aber gemäß § 199 StGB. für straffrei erklärt worden ist. OVG. v. 10. 12. 1887 bei v. Rheinb. 117. Dagegen kommt die Vorschrift nicht zur Anwendung, wenn die Bestrafung durch einen gerichtlichen endgültigen Strafbefehl erfolgt ist. Daß der Disziplinarrichter an die einem gerichtlichen Strafbefehl zugrunde liegenden tatsächlichen Feststellungen nicht gebunden ist, erkennt auch der RDisH. an. RDisH. v. 17. 10. 1921; v. 16. 11. 1922, v. 23. 3. und 27. 10. 1925 in DRichtZ. **25** 141 und **26** Rspr. 30; Schulze-Simons 385. Ebenso Wagner und Buresch in JW. **25** 1873 und Mamroth JW. **25** 925 gegen Eisner in JW. **25** 1476. Auch ausländische Urteile binden den Disziplinarrichter unstreitig nicht. RDisH. v. 22. 9. 1924 Schulze-Simons 391; RDisH. v. 16. 12. 1924 DJZ. **26** 1423. Dasselbe gilt von verwaltungsgerichtlichen Feststellungen. RDisH. v. 15. 11. 1915 Schulze-Simons 392.

2. Die Fassung der unter 1. mitgeteilten Vorschriften hat zu der vielerörterten **Streitfrage** geführt, **ob der Disziplinarrichter an die Feststellungen des Strafrichters gebunden ist oder nicht.** Für die Bindung des Disziplinarrichters haben sich in ständiger Rechtsprechung ausgesprochen: RDisH. v. 1. 4. 1874 (Schulze-Simons 346; ZBl. 143); v. 30. 6. 1877 bei Schulze Rspr. 7; v. 2. 4. 1883; v. 5. 11. 1883; v. 14. 1. 1884; v. 9. 2. 1884; v. 25. 1. 1886; v. 5. 7. 1886; v. 24. 1. 1887; v. 14. 11. 1887; v. 16. 1. 1888; v. 21. 10. 1889; v. 26. 10. 1891; v. 30. 11. 1891; v. 22. 1. 1894; v. 27. 6. 1898; v. 29. 11. 1898; v. 24. 2. 1902 (Schulze-Simons 349; DJZ. **02** 236); v. 16. 1. 1904 bei Schulze Rspr. 99; v. 18. 3. 1912 ebenda 241; v. 6. 5. 1907, v. 1. 6. 1908 und v. 7. 12. 1908 bei v. Rheinb. 110, 116; aus neuerer Zeit: v. 3. 11. 1924 in JW. **25** 1013; v. 13. 1. 1925 in JurRundsch. **25** 189 = Schulze-Simons 352; ferner der frühere KaisDisH. für die Schutzgebiete v. 23. 12. 1907 bei v. Rheinb. 111; der Ehrengerichtshof für Rechtsanwälte in Leipzig (Entsch. d. Ehreng. **14** 65 ff., 80, 81, 84; **16** 78, 82, 215); BayrVerwGH. „Recht" **23** 382 Nr. 1308; PrOVG. **22** 429 ff.; PrOVG in JW. **23** 143; **24** 341; PrVBl. **44** 43 und 385; „Recht" **23** 38 Nr. 155; v. 31. 1. 1896; v. 9. 3. 1906 und v. 17. 3. 1908 bei v. Rheinb. 110, 116; auch im Schrifttum wird vielfach für die Bindung des Disziplinarrichters eingetreten; so: Perels-Spilling 167 ff.; Pieper 362 ff.; Arndt 125; Seydel 74; Kanng. 166; Schulze 236, 237; v. Rönne-Zorn **1** 472 und neuerdings Friedrichs PrKomVR. 102; Schmid WürttembZ. **27** 25; Schwalb DRichtZ. **27** 142; Loening im PrVBl. **46**

427 und Klüber VerwArch. **31** 212. Dagegen erachten in ebenfalls ständiger Rechtsprechung den Disziplinarrichter an die Feststellung des Strafrichters im Falle einer Verurteilung nicht für gebunden: das PrStM. in der Entsch. v. 23. 3. 1891 (MBl. 134 = ZBlUV. 340) und seitdem in ständiger Praxis; ferner der PrDisH. f. nichtr. B. DJZ. **24** 832; **25** 436; der DisSenat des KG. f. nichtr. B. v. 12. 11. 1923 in JW. **24** 1797 und auch der Große Disziplinarsenat des KG. v. 25. 4. 1899 (RheinArch. **95** 1175); die RDisKammer Schleswig v. 29. 6. 1923 in JW. **25** 1052; dieselbe Ansicht vertreten u. a. v. Rheinb. 110ff.; v. Dultzig 51ff.; Schlegelberger 1182; Hatschek 305; Brand „Beamtenrecht" 722ff.; Thümmel PrVBl. **45** 31 für die kirchlichen Disziplinargerichte; Pfeiffer, VerwArch. **27** 438; Bovensiepen DJZ. **25** 424; Sachse PrVBl. **46** 543; Apel „Beamtenrecht" Beilage der Ztschr. d. Reichb. d. höher. B. **1926** S. 17ff.; Görres 64; Kruspi in „Beamtenrecht" Beil. d. Zeitsch. d. Reichsb. höh. B. **25** 9; Harburger in SeuffBl. für RAnwend. **76** 443ff.; Jebens PrVBl. **26** 66; Ruschewey und Goldschmidt in JW. **25** 1052; Eisner in JW. **25** 1476; Schwarz JW. **26** 2165; Reindl LZ. **27** 125; Friedländer JW. **25** 2714 für das Anwaltsehrengericht.

§ 19 Abs. 3 Entw. RDienstStrafO. will die tatsächlichen Feststellungen des strafgerichtlichen Urteils für den Disziplinarrichter bindend sein lassen; der Reichsrat und der Reichstagsausschuß haben dem mit der Einschränkung zugestimmt, daß keine Bindung eintreten soll, wenn das Disziplinargericht einstimmig Zweifel an der Richtigkeit der strafgerichtlichen Feststellung hat und deshalb die Nachprüfung beschließt.

Die Streitfrage ist von der größten praktischen Bedeutung, da in zahlreichen Fällen dem Disziplinarverfahren ein Strafverfahren vorangeht, das zur Verurteilung des Beamten führt. Ist der Disziplinarrichter an die Feststellungen des Strafrichters gebunden, so hat er nur zusätzlich zu der im Strafverfahren erkannten Strafe eine Disziplinarstrafe zu verhängen, ohne daß er genötigt und berechtigt wäre, in eine erneute Prüfung des Sachverhalts einzutreten. In diesem Falle wird sich daher das Disziplinarverfahren sehr einfach und glatt abwickeln, bietet aber auch dem Beamten keine Möglichkeit, einen etwaigen Fehlspruch des Strafrichters wenigstens im Disziplinarverfahren zu beseitigen. Neue Behauptungen und neue Beweisaufnahmen kommen nicht in Betracht. Ist dagegen der Disziplinarrichter in der Beurteilung des Sachverhalts völlig unabhängig vom Strafrichter, so ist er berechtigt und verpflichtet, den dem Strafverfahren zugrunde liegenden Sachverhalt selbständig zu prüfen und zu erörtern. Bei der großen Bedeutung der Streitfrage, die immer wieder von neuem aufgerollt wird und niemals zu einer einheitlichen Lösung zu gelangen scheint, wäre eine gesetzliche Regelung, und zwar in dem Sinne erwünscht, daß der Disziplinarrichter in dem einzuleitenden oder fortzusetzenden Disziplinarverfahren an die tatsächlichen Feststellungen des Strafrichters nicht gebunden ist.

3. Nach unserer Auffassung **ist der Disziplinarrichter an die Feststellungen des Strafrichters im Falle einer Verurteilung des Beamten nicht gebunden.** Aus dem Wortlaute der Vorschriften wird nicht gefolgert werden können, daß in dem Disziplinarverfahren die Entscheidung des Strafrichters über die Schuldfrage nicht mehr in Frage gestellt werden dürfe. Die Worte „ob außerdem ein Disziplinarverfahren einzuleiten oder fortzusetzen sei", besagen nicht, daß der Disziplinarrichter in einem anhängig gemachten Disziplinarverfahren nur zu prüfen habe, ob noch zusätzlich zu der gerichtlichen Strafe eine Disziplinarstrafe geboten sei. Vielmehr ist ihr Sinn der, daß die Behörde, die über die Einleitung des Disziplinarverfahrens zu befinden hat, zu erwägen habe, ob überhaupt noch neben der strafgerichtlichen Verurteilung das dienstliche Interesse die Einleitung oder die Fortsetzung des Disziplinarverfahrens erheische. Es sind nämlich sehr wohl Fälle denkbar, in denen es die Behörde oder das Disziplinargericht nicht für erforderlich halten können, gegen einen im Strafverfahren verurteilten Beamten noch ein Disziplinarverfahren einzuleiten. Dies wird auch im § 12 Abs. 2 Entw.ReichsDienstStrafO. anerkannt. Ist aber von der zuständigen Stelle ein Disziplinarverfahren eingeleitet, so ist das Disziplinargericht bei seiner Entscheidung durch keine gesetzliche Bestimmung an die strafgerichtliche Beurteilung der Sache gebunden. Es hat vielmehr nach dem im § 108 enthaltenen allgemeinen Grundsatz, ohne an positive Beweisregeln gebunden zu sein, nach seiner freien, aus dem ganzen Inbegriffe der Verhandlungen und Beweise geschöpften Überzeugung zu beurteilen, inwieweit die Anschuldigung für begründet zu erachten ist.

In Betracht kommt ferner die verschiedenartige gesetzliche Behandlung der beiden Fälle der Freisprechung und der Verurteilung. Nur im ersteren Falle, wenn der Strafrichter zur Freisprechung gekommen ist, ist die Bindung des Disziplinarrichters klar ausgesprochen. Hätte der Gesetzgeber auch dem verurteilenden Straferkenntnis eine so weittragende Bedeutung für das Disziplinarverfahren beilegen wollen, so hätte er dies sicherlich ebenso wie bei freisprechenden Strafurteilen zum klaren Ausdruck gebracht. Dies hat er aber offenbar um deswillen nicht getan, weil er den Disziplinarrichter nicht nötigen wollte, auch gegen seine bessere Überzeugung, z. B. wenn er die Feststellungen des Strafrichters, insbesondere seine Beweiswürdigung für verfehlt hielt, die Schuldfrage in Übereinstimmung mit ihm ohne weiteres zu bejahen. Eine solche Stellungnahme des Gesetzgebers rechtfertigt sich auch aus der Erwägung, daß grundsätzlich das Disziplinarverfahren vom Strafverfahren völlig unabhängig ist und mit ihm in keinem Zusammenhange steht. Soweit von diesem Grundsatze Ausnahmen zugelassen sind, müssen sie im Gesetze ausdrücklich hervorgehoben werden. Dies ist für den Fall eines verurteilenden Straferkenntnisses nicht geschehen.

Auch die Entstehungsgeschichte der Vorschriften läßt sich nicht für die Ansicht der Bindung des Disziplinarrichters verwerten; vgl. hierzu die

Darlegungen von v. Rheinb. 112ff.; Harburger, SeuffBl. für RA. **76** 447ff.

Die hier vertretene Rechtsauffassung kann allerdings praktische Unzuträglichkeiten nach sich ziehen, so z. B. wenn ein wegen ehrenrühriger Vergehen vom Strafrichter rechtskräftig verurteilter Beamter nach seiner Freisprechung im Disziplinarverfahren in alle Ehren seines Amtes wieder eingesetzt wird. Diese Unzuträglichkeiten können aber ertragen werden, wenn auf diese Weise ein Beamter, der im Strafverfahren zu Unrecht verurteilt ist, wenigstens im Disziplinarverfahren seiner vorgesetzten Dienstbehörde gegenüber seine Unschuld dartun und sich und seiner Familie seine Lebensstellung erhalten kann. Der Disziplinarrichter wird es im Interesse der Gerechtigkeit begrüßen, nicht an die Feststellungen des Strafrichters gebunden zu sein.

Zweifellos nicht bindend für den Disziplinarrichter sind die strafgerichtlichen Feststellungen über die Vorgeschichte oder Nebenumstände der abgeurteilten Straftat. RDisH. v. 6. 6. 1911 und v. 27. 11. 1916 bei Schulze Rspr. 231 und Schulze-Simons 358. Jedoch nimmt RDisH. v. 3. 11. 1924 Schulze-Simons 370 und im JW. **25** 1013 an, daß zwischen äußerem und innerem Tatbestand nicht unterschieden werden dürfe und deshalb der Schuldausschließungsgrund, den der Strafrichter gemäß § 51 StGB. festgestellt habe, ebenso wie andere Schuld- und Strafausschließungsgründe für den Disziplinarrichter bindend sei. Auch nimmt RDisH. v. 8. 7. 1924 und v. 18. 2. 1925 Schulze-Simons 384 und in JurRundsch. **25** 418 die Bindung des Disziplinarrichters dann an, wenn das Strafurteil in der Form des § 267 Abs. 4 StPO. durch bloße Bezugnahme auf den Eröffnungsbeschluß ergangen ist. In diesen Fällen läßt aber der RDisH. (s. Entscheidung v. 27. 1. 1926 in DRichtZ. **26** Rspr. S. 159 = DJZ. **26** 1422) zu, daß eine Ergänzung des strafgerichtlich festgestellten Sachverhalts durch den Dienststrafrichter erfolgt.

Auch wer für Bindung des Disziplinarrichters eintritt, verlangt aber die Nachprüfung, ob der Angeschuldigte, der vom Strafrichter wegen eines Beamtendelikts verurteilt war, bei der Begehung der Straftat Beamter im beamtenrechtlichen Sinne war. RDisH. v. 20. 10. 1924 in DRichtZ. **25** 14. Auf dem Gebiete der Strafzumessung ist der Disziplinarrichter auch nach dieser Auffassung nicht gebunden. RDisH. v. 7. 12. 1908 und v. 22. 5. 1922 bei Schulze 243 und Schulze-Simons 361; RDisH. v. 11. 5. 1926 DRichtZ. **27** Rspr. S. 160. Auch nach dieser Auffassung hat er frei darüber zu befinden, ob in dem vom Strafrichter festgestellten Sachverhalt eine disziplinarisch zu ahnende Verfehlung zu erblicken ist. Schwalb DRichtZ. **27** 142. Dagegen ist er nach dieser Auffassung nicht nur an die vom Strafrichter vorgenommene Feststellung des geschichtlichen Sachverhalts, sondern auch an dessen Subsummierung unter das Strafgesetz gebunden. OVG. v. 14. 5. 1926 JW. **27** 1286. Er darf auch nach dieser Auffassung nicht im Widerspruch mit dem Strafrichter die Zurechnungsfähigkeit des Angeschuldigten (§ 51 StGB.) verneinen; er darf aber aus der geistigen Erkrankung des Angeschuldigten zur Zeit der Tat Milderungsgründe für das abzuurteilende Dienstvergehen herleiten. RDisH. 16. 10. 1928 ZBR. **1** 248 = DJZ. **29** 508.

III. Vorliegen eines rechtskräftigen, mit Amtsverlust verbundenen Strafurteils.

Liegt ein rechtskräftiges, auf Verurteilung lautendes Strafurteil vor, welches den Amtsverlust kraft Gesetzes nach sich zieht, so ist ein Disziplinarverfahren überflüssig und ein bereits eingeleitetes durch Beschluß einzustellen. Der Amtsverlust tritt kraft Gesetzes ein: bei Verurteilung zur Zuchthausstrafe, bei Aberkennung der bürgerlichen Ehrenrechte, bei Aberkennung der bekleideten öffentlichen Ämter oder der Fähigkeit zur Bekleidung öffentlicher Ämter (§§ 31, 33, 35, 81, 83, 84, 87—91, 94, 95, 128, 129, 315—319, 331, 339—341, 352, 353, 357, 358 StGB.). Die Wirkung des Amtsverlustes, das Erlöschen des Gehaltsanspruchs, Verlust der Titel usw., tritt mit der Rechtskraft des Urteils ein (§ 36 StGB.). Die Wirkungen des Strafurteils werden nicht wieder beseitigt, insbesondere lebt das verlorene Amt nicht wieder auf, wenn das Urteil im Wiederaufnahmeverfahren abgeändert wird; es ist vielmehr in diesem Falle eine Neuanstellung erforderlich, und für die Zwischenzeit hat der Beamte keine nachträglichen Gehaltsansprüche. RG. **22** 43; Gruchot **43** 1034; Per. u. Sp. 118; Pieper 246.

Eine dem § 7 PrVDisG. entsprechende Bestimmung, wonach das Straferkenntnis, welches auf eine Freiheitsstrafe von längerer als einjähriger Dauer, auf eine schwerere Strafe oder auf die Zulässigkeit von Polizeiaufsicht lautet, den Amtsverlust von selbst nach sich zieht, kennt das RBG. nicht.

§ 79.

Spricht das Gesetz bei Dienstvergehen, welche Gegenstand eines Disziplinarverfahrens werden, die Verpflichtung zur Wiedererstattung oder zum Schadensersatze oder eine sonstige zivilrechtliche Verpflichtung aus, so gehört die Klage der Beteiligten vor das Zivilgericht. Die Befugnis der vorgesetzten Behörde, einen Beamten zur Erstattung eines widerrechtlich erhobenen oder vorenthaltenen Wertbetrages anzuhalten, wird hierdurch nicht ausgeschlossen.

1. § 79 betont, daß der Disziplinarrichter nicht befugt sei, **über zivilrechtliche Schadenersatzansprüche,** die sich aus einem Dienstvergehen

ergeben, zu entscheiden; eine solche Entscheidung liegt vielmehr ausschließlich den Zivilgerichten ob. Das Zivilgericht braucht die Entscheidung des Disziplinargerichts nicht abzuwarten und ist an dessen Feststellungen nicht gebunden; s. unten Anhang B zu § 118. Ebenso entscheidet auch das Disziplinargericht unabhängig von den Feststellungen des Zivilgerichts.

2. Ehe es zur Klage kommt, können aber nach der Verwaltungspraxis (in Preußen nach § 100 VDisG.) **die Aufsichtsbehörden im Dienstaufsichtswege auf den Beamten,** der den Schaden angerichtet hat, **einwirken,** um zu versuchen, ihn zur außergerichtlichen Regelung der Angelegenheit zu veranlassen. Voraussetzung ist dabei allerdings, daß der Schadensersatzanspruch des geschädigten Dritten entweder von dem Beamten nicht bestritten wird oder zweifellos gerechtfertigt erscheint. Bestehen Zweifel, ob der Anspruch gerechtfertigt ist, so werden die Aufsichtsbehörden sich einer Einmischung zu enthalten und gegebenenfalls die Beteiligten auf den ordentlichen Rechtsweg zu verweisen haben. Irgendwelche Zwangsbefugnisse gegenüber dem Beamten haben die Behörden nicht. Per. u. Sp. 119; Pieper 249.

3. Wegen der **Haftpflicht der Beamten** s. oben § 13.

Von dem Disziplinarverfahren.

Vorbemerkungen.

1. Man unterscheidet **zwei verschiedene Arten** des Disziplinarverfahrens:

a) Das sogen. **Ordnungsstrafverfahren,** auch nichtförmliches Disziplinarverfahren genannt.

b) Das **förmliche Disziplinarverfahren.**

In dem ersten Verfahren werden die leichten Dienstverstöße gesühnt und es können in ihm nur Ordnungsstrafen, nämlich Warnung, Verweis oder Geldstrafe verhängt werden. Die schwersten Strafen, die auf Entfernung aus dem Amt lauten und in Strafversetzung (Versetzung in ein anderes Amt von gleichem Range) oder in Dienstentlassung bestehen, sind nur im förmlichen Disziplinarverfahren zulässig.

2. Es können nun aber alle Dienstvorgesetzten außer den eigentlichen Ordnungsstrafen gegen die ihnen unterstellten Beamten Maßnahmen verhängen, **die einen disziplinaren Charakter haben, ohne eigentliche Disziplinarstrafen zu sein.** Sie spielen in jedem Dienstbetriebe eine sehr bedeutungsvolle Rolle. Es handelt sich dabei um die **bloßen Rügen, Ermahnungen, Zurechtweisungen, Hinweise** u. dgl. wie sie bei jeder Behörde zur Abstellung von Mißständen, zur Ahndung geringfügiger Dienstverstöße usw. häufig vorkommen. Die letztgedachten Disziplinarmaßregeln bezwecken nicht, die davon betroffenen Beamten disziplinarisch zu bestrafen, sondern wollen ihnen nur vor Augen führen, daß diese oder jene Maßnahme oder Unterlassung nicht zu billigen sei. Mitunter ist nicht leicht zu erkennen, ob eine bloße Rüge oder eine wirkliche Disziplinarstrafe beabsichtigt ist. Spricht ein Vorgesetzter einem Untergebenen sein „ernstes

Mißfallen" aus, so wird trotz der strengen Fassung der Rüge im Zweifel keine förmliche Disziplinarstrafe verhängt sein. Vielmehr ist der Ausdruck nur als ein im Aufsichtsrechte der vorgesetzten Behörde begründete Kritik über das amtliche Verhalten des Untergebenen aufzufassen; vgl. OVG. v. 3. 1. 1899 u. v. 12. 11. 1907 bei v. Rheinb. 186; OVG. **73** 425; **81** 435.

Andererseits kann unter Umständen eine bloße „Rüge" als die Disziplinarstrafe der Warnung angesehen werden, wenn etwa ausdrücklich auf das Disziplinargesetz dabei Bezug genommen ist. Freilich wäre in solchem Falle das Wort „Rüge" nicht zu empfehlen, da es geeignet ist, die Absicht des Vorgesetzten zu verdunkeln, wie denn überhaupt den die Disziplin handhabenden Behörden zu empfehlen ist, sich bei der Bezeichnung der Strafen genau an den Wortlaut des Gesetzes zu halten; vgl. OVG. **79** 421; **81** 435.

Auch der Verhängung solcher bloß disziplinarischen Maßnahmen muß ein **Verfahren** vorangehen. Irgendwelche Vorschriften über die Ausgestaltung dieses Verfahrens bestehen nicht. Jedoch wird es sich empfehlen, auch in diesem Verfahren den Beschuldigten zu hören, gegebenenfalls Zeugen usw. zu vernehmen, das Ergebnis der Beweisaufnahme dem Beschuldigten mitzuteilen und ihm dabei erneut Gelegenheit zur Äußerung zu geben. Das **Verfahren** wird sich im übrigen regelmäßig **ganz formlos** abspielen; oft werden mündliche Erörterungen ohne protokollarische Festlegung der Ermittelungen genügen. Es hängt von dem freien Ermessen des Vorgesetzten ab, wie er im einzelnen das Verfahren gestalten will. Doch muß er auch hier auf eine erschöpfende Aufklärung Bedacht nehmen. Etwa entstehende Kosten (bare Auslagen) dürfen dem Beamten in Ermanglung einer gesetzlichen Vorschrift nicht auferlegt werden.

Oft wird es nicht einmal zu einer solchen Rüge usw. kommen. Nicht selten wird eine eingehende Aussprache und eine ernste Belehrung schon das Ziel der Sühne und Besserung erreichen; vgl. PrMJ. im MBl. **27** 31.

Kommt es aber zu einer Mißbilligung oder Rüge, so gibt es gegen die Erteilung einer solchen nur das Beschwerderecht im Instanzenzuge. Der Beamte kann nicht verlangen, daß das Disziplinarverfahren zur Nachprüfung der Rechtmäßigkeit der Rüge usw. eingeleitet wird; vgl. Klüber VerwArch. **31** 209. Hat der höchste Vorgesetzte, d. h. in der Regel der Fachminister eine solche Rüge ausgesprochen, so gibt es dagegen kein Rechtsmittel.

3. Auf **Wartegeldempfänger** finden die §§ 80—83 keine Anwendung. § 119 Abs. 1.

§ 80.

Jeder Dienstvorgesetzte ist zu Warnungen und Verweisen gegen die ihm untergeordneten Reichsbeamten befugt.

1. Wer **Dienstvorgesetzter** ist ergibt sich aus III, IV und V Vdg. v. 10. 8. 1928 (RGBl. I 369); s. unten S. 547. Für die Verhängung von Disziplinarstrafen gegen die Beisitzer des Vorstandes der Zusatzversorgungs-

anstalt des Reichs und der Länder, die vom RFM. ernannt werden, und die zur Dienstleistung bei der Anstalt abgeordneten Beamten, ist ausschließlich die Verwaltung zuständig, der sie als Beamte angehören. RFM. u. PrStaatsm. v. 26. 2. 29 nebst GeschäftsO. § 1 Abs. 2 u. 4, mitgeteilt durch PrFM. 5. 4. 29 (PrBesBl. 75).

2. **Die Warnung,** die mit den Rügen, Ermahnungen und Mahnungen (s. Vorbem. Ziff. 2 vor § 80) nicht zu verwechseln ist, ist die mildeste Disziplinarstrafe und bildet die Vorstufe für die Strafe des Verweises. Ein erheblicher Unterschied zwischen Warnung und Verweis ist nicht ersichtlich; doch hat man die „Warnung" beibehalten, um besonders leicht liegende Disziplinarverfehlungen als solche kennzeichnen zu können. § 18 VDisG. kennt ebenfalls die Warnung neben dem Verweis.

3. **Befugt zur Verhängung einer Warnung ist jeder Dienstvorgesetzte;** s. Anm. 1. Gegen die auftragsweise bei einer anderen Behörde beschäftigten Beamten übt während der Dauer der Beschäftigung die letztere Behörde die Ordnungsstrafgewalt aus. Dasselbe gilt von den probeweise bei Zivilbehörden beschäftigten Beamten; doch bleiben zur Ahndung militärischer Vergehen nach wie vor die Militärbehörden zuständig. ME. v. 13. 9. 1891 (MBl. 180).

Zu den Dienstvorgesetzten, welche Warnungen verhängen können, gehört der Beamte, der das volle Dienstaufsichtsrecht und nicht bloß eine beschränkte Leitungs- oder Kontrollbefugnis hat.

4. Der **Verweis** ist der „Warnung" verwandt und nach dieser die nächstschwere Disziplinarstrafe. Befugt zur Verhängung des Verweises ist jeder Dienstvorgesetzte; s. Anm. 1. Der Verweis kann mit Geldstrafe verbunden werden. § 74 Abs. 2. Im Bereich des PrVDisG. ist dies streitig und wird dort von der herrschenden Meinung verneint; s. Brand BR. S. 685.

Die Strafenverbindung wurde früher in der Praxis nicht selten angewendet, so daß ihre Beibehaltung zu empfehlen ist. Es ist mitunter sehr erwünscht, daß in Fällen, die für Verhängung der Strafe der Amtsentfernung noch zu milde liegen, die aber andererseits durch die höchste zulässige Geldstrafe auch nicht genügend gesühnt werden, die höchste Ordnungsstrafe (Geldstrafe) noch durch einen Verweis verschärft werden kann. Der Verweis bleibt auch neben einer — hohen — Geldstrafe keineswegs völlig wirkungslos. Beamte mit feiner entwickeltem Ehrgefühl werden durch die Strafe des Verweises oft ebenso oder noch empfindlicher getroffen, als durch eine Geldstrafe.

§ 81.

Geldstrafen können

1. **von der obersten Reichsbehörde gegen alle Reichsbeamte, und zwar bis zum höchsten zulässigen Betrage (§ 74 Nr. 3),**
2. **von den derselben unmittelbar untergeordneten Behörden und Vorstehern von Behörden bis zu einem Viertel des höchsten zulässigen Betrags (§ 74 Abs. 1 Nr. 3),**

3. von den den letzteren untergeordneten Behörden und Vorstehern von Behörden bis zu einem Dreißigstel des höchsten zulässigen Betrags (§ 74 Abs. 1 Nr. 3)
verhängt werden.

1. § 81 hat durch Gesetz vom 16. 5. 1923 den oben wiedergegebenen **neuen Wortlaut** erhalten. Er hatte vorher in der Fassung vom 31. 3. 1873 folgenden Wortlaut:

„Geldstrafen können

1. von der obersten Reichsbehörde gegen alle Reichsbeamte, und zwar bis zum höchsten zulässigen Betrage (§ 74 Nr. 3),
2. von den derselben unmittelbar untergeordneten Behörden und Vorstehern von Behörden bis zum Betrage von zehn Talern,
3. von den den letzteren untergeordneten Behörden und Vorstehern von Behörden bis zum Betrage von drei Talern

verhängt werden."

2. **Der Höchstbetrag der Geldstrafe** ist je nach der Stellung der sie verhängenden Behörde verschieden bemessen.

a) Die oberste Reichsbehörde (s. Ziff. I V. v. 10. 8. 1928, RGBl. I 369; s. unten S. 547) kann bis zum höchsten zulässigen Betrage gehen, der im § 74 Nr. 3 festgesetzt ist. Es ist dies bei besoldeten Beamten die Hälfte des monatlichen Diensteinkommens (Grundgehalt oder Diäten ohne Wohnungsgeldzuschuß) und bei unbesoldeten Beamten ein Achtel des monatlichen Diensteinkommens aus der ersten Gehaltsstufe der Besoldungsgruppe X (jetzt der entsprechenden Gruppe nach dem neuen RBesG. v. 16. 12. 1927).

b) Die der obersten Reichsbehörde unmittelbar untergeordneten Behörden und Vorsteher von Behörden (s. Ziff. II V. v. 10. 8. 1928, RGBl. I 369; s. unten S. 547) können bis zu einem Viertel des zu a) bezeichneten Höchstbetrags Geldstrafen verhängen.

c) Die den Behörden zu b) untergeordneten Behörden und Beamten (s. Ziff. III—V V. v. 10. 8. 1928; RGBl. I 369, s. unten S. 547) können bis zu einem Dreißigstel des zu a) bezeichneten Höchstbetrages Geldstrafen verhängen.

Bei der Ermittlung des Diensteinkommens für Bemessung der Geldstrafe kommt bloß das Gehalt, nicht auch der Wohnungsgeldzuschuß in Betracht; auch sind bei Berechnung des Diensteinkommens die Kinderbeihilfen außer Ansatz zu lassen. JM. v. 10. 1. 1925 (JMBl. 30). Dasselbe gilt von Repräsentationsgeldern usw.

Bei Bestimmung der Höhe der Geldstrafe soll den schwierigen wirtschaftlichen Verhältnissen der Beamten und insbesondere auch der Tatsache Rechnung getragen werden, daß die Vierteljahrszahlungen zurzeit fortgefallen sind. JM. v. 10. 1. 1925 (JMBl. 30).

Die Begrenzung der Geldstrafe verhindert, daß die wirtschaftliche Lage des Beamten und seiner unschuldigen Familie übermäßig gefährdet wird und ermöglicht es andererseits, dem Beamten eine empfindliche Strafe aufzuerlegen; vgl. OVG. **32** 432.

3. Der vorbezeichnete Höchstbetrag der Geldstrafe darf auch beim **Zusammentreffen mehrerer Dienstvergehen** nicht überschritten werden. OVG. **32** 431. Eine Zerlegung des Verhaltens des Beamten in einzelne Teile zu dem Zwecke, daß jeder Teil für sich Gegenstand einer gesonderten Ahndung wird, ist unzulässig. Sollen also mehrere Vergehen je mit einer Geldstrafe gesühnt werden, so muß die Höchstgrenze derart eingehalten werden, daß die Summe aller Geldstrafen nicht über das gesetzlich statthafte Höchstmaß hinausgeht. Denn sonst würde der Zweck des Gesetzes vereitelt und der Beamte und seine Familie unter Umständen wirtschaftlich schwer gefährdet werden.

Dagegen nimmt OVG. „Recht" **22** 192 Nr. 959 = PrVBl. **43** 272 an, daß die Höchstgrenze überschritten werden könne, wenn es sich um mehrere Disziplinarfälle handele, für die je eine Ordnungsstrafe festgesetzt werde. Dem kann nur mit der Einschränkung zugestimmt werden, daß es sich dabei um mehrere besondere Verfahren handeln muß, die nicht zusammengelegt werden konnten.

Bekleidet ein Beamter noch ein Nebenamt, so bemißt sich der Höchstbetrag nicht etwa nach dem Gesamtdiensteinkommen aus dem Haupt- und Nebenamt, sondern nach dem Diensteinkommen entweder nur aus dem Hauptamt oder nur aus dem Nebenamt, je nachdem die Verfehlung im Hinblick auf das Hauptamt oder auf das Nebenamt gesühnt werden soll. Die abweichende Ansicht des OVG. (**25** 412) wird v. von Rheinb. 195, 196, Jebens PrVBl. **26** 66, Görres 59 und v. Dultzig 81 mit Recht unter Hinweis darauf bekämpft, daß sonst der Beamte, der wegen desselben Dienstvergehens sowohl im Hauptamt wie im Nebenamt belangt werden könne, möglicherweise zweimal mit einer Geldstrafe belegt werden würde, die der Hälfte eines Monatsbetrages des Gesamteinkommens entspreche. Das Diensteinkommen, das die Grundlage für die Geldstrafe bildet, ist hiernach stets nur das Einkommen aus demjenigen Amte, das den Anlaß zu der Disziplinarbestrafung gegeben hat. Da dies in den weitaus meisten Fällen das Hauptamt sein wird, so kommt auch regelmäßig nur das Diensteinkommen aus diesem in Frage.

4. Bei der Verhängung der Geldstrafe ist eine Frist zu bestimmen, innerhalb der die Strafe zu der Kasse der Behörde bei Vermeidung zwangsweiser Beitreibung zu zahlen ist. Zahlt der Beamte die ihm auferlegte Strafe innerhalb der ihm bestimmten Frist nicht, so kann ihr Betrag entweder von dem zunächst fällig werdenden Diensteinkommen **einbehalten** oder in Preußen **im Wege der Zwangsvollstreckung** nach § 46 Abs. 2 V. v. 15. 11. 1899 (GS. 545), in der Fassung d. V. v. 16. 3. 1926 (GS. 103),

beigetrieben werden. JM. 31. 8. 1852 bei Müller 1629. Es unterliegt bei der Einziehung der Geldstrafen die Pfändung des Diensteinkommens — abgesehen von Dienstaufwandseinkünften — keiner Beschränkung. Dagegen dürfen die Geldstrafen im Falle des Unvermögens nicht etwa in Freiheitsstrafen umgewandelt werden. StMBeschl. 2. 3. 1850 (JMBl. 111).

5. Die Geldstrafe fließt zur **Reichskasse.**

§ 82.

Vor der Verhängung einer Ordnungsstrafe ist dem Beamten Gelegenheit zu geben, sich über die ihm zur Last gelegte Verletzung seiner amtlichen Pflichten zu verantworten.

Die Verhängung der Ordnungsstrafen erfolgt unter Angabe der Gründe durch schriftliche Verfügung oder zu Protokoll.

Ist eine Geldstrafe für den Fall der Nichterledigung einer speziellen dienstlichen Verfügung binnen einer bestimmten Frist angedroht, so kann nach Ablauf der Frist die Geldstrafe ohne weiteres festgesetzt werden.

1. Das **Ordnungsstrafverfahren,** in dem es zur Verhängung einer Ordnungsstrafe im Sinne des Disziplinargesetzes kommt, ist im Gesetze nur unzureichend geregelt, wenn auch immerhin im Gegensatze zum PrBDisG., wo es an jeder Regelung fehlt, wenigstens einige Verfahrensvorschriften vorhanden sind. Es bedarf aber das Verfahren weiterer Ausgestaltung, da jetzt der Vorgesetzte das Verfahren nach seinem Ermessen näher regeln kann. Es bleibt völlig seinem Ermessen überlassen, ob und in welchem Umfange Ermittlungen anzustellen sind. Diese Rechtslage wird aber jeden gewissenhaften Vorgesetzten doppelt zur Vorsicht mahnen. Er wird sich vor Augen halten müssen, daß er Ankläger, Untersuchungskommissar, Verteidiger und Richter in einer Person ist. Peinlichste Gewissenhaftigkeit ist daher bei diesem Verfahren besonders am Platze. Nicht nur die belastenden, sondern auch die entlastenden Umstände sind zu ermitteln. Dies ordnet § 35 Abs. 1 Entw. RDienstStrO. ausdrücklich an. Die Zeugenvernehmungen erfolgen in der Regel uneidlich; eidliche Vernehmung ist nur zulässig — und zwar durch Ersuchen der zuständigen Amtsgerichte —, wenn Gefahr im Verzuge ist oder eine wahrheitsgemäße Aussage über eine Tatsache, von der die Einleitung des förmlichen Disziplinarverfahrens abhängt, nicht zu erzielen ist. v. Dultzig 111.

2. Im einzelnen ist für das Ordnungsstrafverfahren **folgendes zu beachten:**

a) **Die vorherige Anhörung des Beamten** ist ausdrücklich vorgeschrieben. Es muß ihm vor der Verhängung einer Strafe Gelegenheit gegeben werden, sich über die ihm zur Last gelegten Verfehlungen mündlich oder schriftlich zu äußern. Dasselbe ist im § 34 Entw. ReichsDienstStrafO. vorgesehen. Darüber, ob der Beamte seine Aussage verweigern und zu seiner Entlastung sogar etwas bewußt Unrichtiges sagen darf, s. unten § 94.

b) Der **Beamtenausschuß** braucht vor der Verhängung einer Ordnungsstrafe nur gehört zu werden, wenn der zu bestrafende Beamte Mitglied des Beamtenausschusses ist.

c) Für dieselbe Pflichtverletzung, z. B. die Unterlassung einer Arbeit, kann unter Umständen, wenn wiederholt Aufforderungen zur Erledigung des Dienstgeschäfts ergangen sind, **eine mehrfache Bestrafung eintreten.** OVG. v. 4. 2. 1880 und v. 28. 1. 1908 bei v. Rheinb. 183. Doch werden sich in solchen Fällen die verhängten Strafen meist als Zwangsstrafen (s. Anm. 4) darstellen. Zulässig ist die Verhängung von Ordnungsstrafen für solche Verfehlungen, die sich vor einer früheren Bestrafung ereignet haben, damals aber nicht bekannt waren. OVG. v. 18. 9. 1903 bei v. Rheinb. 183.

d) Der **Dienstvorgesetzte,** der bei der Angelegenheit **beteiligt ist,** sich also mit ihr amtlich befaßt hat, ist von der Verhängung von Ordnungsstrafen **nicht ausgeschlossen.** OVG. v. 15. 5. 1903, v. 30. 3. 1906 und v. 28. 1. 1908 bei v. Rheinb. 183.

e) Bestreitet der Beamte die Vorwürfe, so wird in der Regel eine **Beweisaufnahme** stattfinden. Diese erübrigt sich aber, wenn der Vorgesetzte seine etwaige eigene Wahrnehmung des Dienstvergehens in einer dienstlichen Äußerung niedergelegt hat. Zeugen sind regelmäßig uneidlich durch die Verwaltungsbehörden zu vernehmen. Wird eine eidliche Zeugenvernehmung nötig, so ist hierum das zuständige Amtsgericht zu ersuchen; vgl. Anm. 1.

3. Die Ordnungsstrafen werden unter Angabe der Gründe durch besondere, dem Beamten mitzuteilende **schriftliche Verfügung** oder in Fällen, in denen die Strafe auf der Stelle verhängt wird, zu Protokoll erteilt, das der Beamte zu unterschreiben hat. Die Weigerung des Beamten, zu unterschreiben, ist unter Angabe etwa vorgebrachter Gründe unter dem Protokolle zu vermerken. Auf Verlangen ist dem Beamten eine Protokollabschrift zu erteilen. RDisH. v. 4. 2. 1884 (F. 9/83); Per. u. Sp. 120; Pieper 252; Kanng. 170; X 2 § 182 PDA.

Mündliche Erteilung ist unzulässig (OVG. **79** 425). Bei der Verhängung der Ordnungsstrafen sind das **Disziplinargesetz, die verhängte Strafe und das zu ahndende Dienstvergehen** genau zu bezeichnen. OVG. **79** 421. Auch sind die einzelnen der Bestrafung zugrunde liegenden Tatsachen so genau und besonders zu bezeichnen, daß der Beamte die gegen ihn erhobenen Vorwürfe mit Sicherheit erkennen und seine Verteidigung dagegen einrichten kann. OVG. **56** 448; **82** 166 u. 474.

4. Sind die **Formen des § 82 Abs. 1 u. 2 nicht beachtet,** so liegt eine

gültige Ordnungsstrafe nicht vor, und es ist die Beschwerde nach § 83 begründet. Jedoch ist zu beachten, daß bei Außerachtlassung der Formen die verhängten Warnungen oder Verweise oft nur als bloße Zurechtweisungen gedacht und nur mißbräuchlich als „Warnungen" oder „Verweise" bezeichnet sind.

5. Die etwa entstandenen **Kosten** des Ordnungsstrafverfahrens können dem bestraften Beamten nicht auferlegt werden; X 2 § 182 PDA. Nur im förmlichen Disziplinarverfahren können dem Angeschuldigten die baren Auslagen zur Last gelegt werden. § 124; Kanng. 170; Pieper 253; Turnau 63; ME. 22. 2. und 27. 4. 1892 (MBl. 79; EisVBl. 108).

6. Von allen Ordnungsstrafen ist zu den Personalakten des Beamten **Nachricht** zu geben; X 2 § 182 PDA.

7. Die Ordnungsstrafen sind **sofort vollstreckbar;** werden die Geldstrafen von dem Beamten auf Aufforderung nicht gezahlt, so werden sie von dem zunächst fällig werdenden Gehalt einbehalten; X 2 § 182 PDA.; die Beschwerde des § 83 hält die Vollstreckung nicht auf; Kanng. 171; Pieper 254.

8. Die Ordnungswidrigkeiten **verjähren ebensowenig** wie schwerere Disziplinarvergehen.

9. Die im Ordnungsstrafverfahren gesühnten Verfehlungen können nach einer — allerdings nicht unbedenklichen — Verwaltungsübung **im förmlichen Dienstverfahren unter gleichzeitiger Aufhebung des Ordnungsstrafbescheides geahndet werden.** StMBeschl. v. 19. 3. 1898 bei Müller 488; PrDisHfnichtrB. DJZ. **25** 895 = PrVBl. **46** 401; OVG. **61** 439. Insofern gilt der Rechtsgrundsatz „ne bis in idem" im Disziplinarverfahren nicht unbeschränkt.

10. Die **Aufsichtsbehörden** können die von ihnen festgesetzten Ordnungsstrafen auch ohne Genehmigung der vorgesetzten Behörden **wieder beseitigen.** Abweichendes gilt nur dann, wenn auf Beschwerde des betroffenen Beamten eine Entscheidung in höherer Instanz ergangen ist. JM. v. 5. 3. 1884 bei Müller 498, 499. Jedoch können die Behörden die von ihnen festgesetzten Strafen nicht später verschärfen oder wegen derselben Verfehlung eine nochmalige Strafe verhängen. OVG. **61** 446.

11. Ordnungsstrafen können **nicht mehr verhängt werden** wegen solcher Verfehlungen, die im **förmlichen Disziplinarverfahren** durch Urteil oder Einstellung des Verfahrens erledigt sind. OVG. **26** 417.

12. Die im § 82 Abs. 3 behandelte Zwangsstrafe (Exekutivstrafe) ist keine Disziplinarstrafe, sondern ein Zwangsmittel; sie besteht in einer Geldstrafe. Die Höhe dieser Geldstrafe ist der richtigen Ansicht nach durch durch § 74 beschränkt. A. M. Arndt 130; Pieper 253; Seydel 329, 330; ME. v. 5. 7. 1866 u. 12. 10. 1866 (MBl. 133; ZBlUV. 578). Jedoch wird in den letzterwähnten Ministerialerlassen empfohlen, bei Verhängung der Zwangsstrafen nur aus besonderen Gründen über den zulässigen Höchst-

betrag der reinen disziplinaren Geldstrafen hinauszugehen. Die Zwangsstrafe dient zur Erzwingung spezieller dienstlicher Verfügungen, z. B. zur Einreichung eines Berichts in bestimmter Frist, und kann nach Ablauf der für Erledigung der Verfügung bestimmten Frist ohne Anhörung des Beamten verhängt werden. Es können mehrere solcher Strafen hintereinander festgesetzt werden, da die jedesmalige neue Aufforderung an den Beamten, seiner Verpflichtung nachzukommen, und seine abermalige Weigerung einen neuen Fall bildet; OVG. v. 4. 2. 1880 u. 29. 2. 1888 bei Seydel 115 und Brauchitsch 625 Anm. 24. Es darf auch gegen den mit einer Zwangsstrafe belegten Beamten wegen derselben Sache noch disziplinarisch vorgegangen werden, etwa weil die Zwangsstrafe nicht ausreichend erscheint. Dies widerspricht nicht dem Grundsatze „ne bis in idem"; a. M. OTrib. **25**, 368; Pieper 377; Arndt 130. Die Zwangsstrafe findet sich bezüglich preußischer Beamten in § 23 G. v. 9. 4. 1879 (GS. 345), § 100 PBDisG., § 81 RDisG. und § 80 PrAGGVG.

§ 83.

Gegen die Verhängung von Ordnungsstrafen findet nur Beschwerde im Instanzenzuge statt.

1. Die Beschwerde im Instanzenzuge ist das **alleinige Rechtsmittel** im Ordnungsstrafverfahren. Sowohl der Rechtsweg sowie die Möglichkeit der Anrufung des Disziplinargerichts ist dem Beamten verschlossen. Hat sofort die oberste Reichsbehörde entschieden, so hat der Beamte überhaupt kein Rechtsmittel. Das ist ein abänderungsbedürftiger Zustand. § 38 Entw. zur RDStrO. will in gewissen Fällen dem Beamten den Antrag auf Einleitung des förmlichen Disziplinarverfahrens gegen Verhängung einer Ordnungsstrafe ermöglichen. Die Selbstverwaltungsbeamten in Preußen haben das Recht, gegen die Verhängung jeder Ordnungsstrafe durch Klage im Verwaltungsstreitverfahren die Entscheidung des Oberverwaltungsgerichts anzurufen; s. näheres Brand BR. 731 ff.

2. Die Beschwerde ist an **keine Form** und **Frist** gebunden, hält aber die Vollstreckung der Strafverfügung nicht auf. Sie kann auch mündlich zu Protokoll erklärt werden.

Nach § 21 PrBDisG. in der Fassung des Kriegsges. v. 13. 5. 1918 Art. 6 zu 1 (PrGS. 53), das gemäß G. v. 3. 1. 1928 (PrGS. 1) noch jetzt gilt, ist die Beschwerde an eine Ausschlußfrist von drei Monaten gebunden. Eine ähnliche Vorschrift wäre auch für das RBG. erwünscht. § 38 Abs. 2 Entw. RDStrO. sieht eine Beschwerdefrist von einer Woche vor.

Da es jetzt im RBG. keine Beschwerdefrist gibt, gibt es auch **keine Rechtskraft,** so daß Ordnungsstrafen noch nach Jahren mit der Beschwerde angefochten werden können. Dieser Rechtszustand ist sehr unerfreulich, da die Angelegenheit u. U. noch nach sehr geraumer Zeit, wo sich die Sachlage nicht mehr aufklären läßt, von neuem erörtert werden muß und außerdem die vorgesetzte höhere Dienstbehörde immer noch die Möglichkeit hat, die Strafverfügung der nachgeordneten Behörde aufzuheben und zu verschärfen; s. unter 4. Dadurch werden die Beamten ungemessene Zeit unter dem Druck gehalten, daß bei Gelegenheit eine neue schwerere Strafe wegen des längst erledigten Vorkommnisses über sie verhängt werden kann. Es empfiehlt sich daher, bei künftiger Neuregelung des Gesetzes nach drei Monaten die Rechtskraft der Ordnungsstrafverfügung eintreten zu lassen.

Die Ordnungsstrafen können sofort vollstreckt werden.

3. Die Beschwerde wird regelmäßig bei der **unmittelbar vorgesetzten Behörde eingereicht;** es hat diese die Beschwerde, erforderlichenfalls mit einer Äußerung, an die Beschwerdeinstanz abzugeben. Die Beschwerde kann aber auch bei der Beschwerdebehörde eingereicht werden.

4. Die **höhere Dienststelle,** die über die Beschwerde zu befinden hat, kann stets, also auch dann, wenn keine Beschwerde eingelegt ist, **über den Disziplinarfall nochmals selbständig,** und zwar gegebenenfalls unter Aufhebung der von der nachgeordneten Dienststelle getroffenen Entscheidung **befinden.** StMBeschl. v. 23. 3. 1891 (MBl. 134); OVG. **61** 429ff.; **82** 461. Dies folgt aus der Behördenorganisation. Nach dieser hat jeder höhere Beamte die Befugnis, auch von Amts wegen die Anordnungen der nachgeordneten Behörden, einschließlich der von ihnen erlassenen Ordnungsstrafen, nachzuprüfen, abzuändern oder aufzuheben.

Ohne zwingende Veranlassung wird aber die höhere Behörde von dieser Befugnis keinen Gebrauch machen. Denn sonst wird leicht die Autorität der nachgeordneten Behörde erschüttert.

Bei dieser Stellung der höheren Dienstvorgesetzten ist das Rechtsmittel der Beschwerde zweischneidig und gefährlich. Denn der Beamte muß stets damit rechnen, daß die höhere Instanz die Sache noch ungünstiger beurteilt, als der unmittelbare Vorgesetzte und deshalb die Strafe noch verschärft. Auf diese Weise wird der Beschwerde ihre wesentliche Bedeutung, den Beamten gegen ungerechte Maßnahmen der Vorgesetzten zu schützen, genommen. Denn die Beamten werden nunmehr vielfach die Beschwerde unterlassen, um sich nicht der Gefahr auszusetzen, ihre Lage noch zu verschlechtern. Es wäre daher eine Bestimmung erstrebenswert, wonach eine reformatio in peius ausgeschlossen ist. Görres hält — m. E. zu Unrecht — schon jetzt eine reformatio in peius im Beschwerdeverfahren für unzulässig.

Die Behörde kann auch die Einleitung des förmlichen Disziplinarverfahrens in die Wege leiten. Kommt es zu dieser Einleitung, so muß zuvor die Strafverfügung aufgehoben werden; denn sonst würde gegen den Grundsatz „ne bis in idem" verstoßen werden. Per. u. Sp. 121; Pieper

254; PrStMinBeschl. v. 23. 3. 1891 (MBl. 134); vgl. RDisH. v. 19. 2. 1900 (F 9/99.)

5. Es umgrenzt aber eine Ordnungsstrafverfügung, die von einem dazu zuständigen Vorgesetzten erlassen ist, den Inhalt des nichtförmlichen Disziplinarverfahrens ähnlich wie die Anschuldigungsschrift im förmlichen Verfahren dergestalt, daß die im Rechtsmittelzuge angerufenen Instanzen **andere Dienstvergehen nicht zur Grundlage der Bestrafung machen,** sondern höchstens zur Beurteilung der Gesamtpersönlichkeit des Beamten heranziehen dürfen. OVG. 81 449.

6. Das Beschwerdeverfahren erledigt sich, wenn der Beamte nach Einlegung der Beschwerde **aus dem Amte geschieden** ist; es gilt hier derselbe Grundsatz wie im förmlichen Disziplinarverfahren; **a. M.** OVG. 81 449ff.

§ 84.

Der Entfernung aus dem Amte muß ein förmliches Disziplinarverfahren vorhergehen. Die Einleitung desselben wird von der obersten Reichsbehörde verfügt.

Das Disziplinarverfahren besteht in einer schriftlichen Voruntersuchung und einer mündlichen Verhandlung.

1. Mit § 84 beginnen die sehr wichtigen Vorschriften über das **förmliche Disziplinarverfahren.** Sie sind in den §§ 84—124 enthalten. An sie schließen sich die mit dem Disziplinarverfahren in der Regel in Zusammenhang stehenden Vorschriften der §§ 125—132 über die **vorläufige Dienstenthebung** (Suspension) an.

2. Der Abschnitt über das förmliche Disziplinarverfahren (§§ 84—124) **zerfällt in folgende Teile:**

a) § 84 bezeichnet die Hauptteile des förmlichen Disziplinarverfahrens, nämlich die Voruntersuchung und die mündliche Verhandlung und handelt von der Einleitung des Disziplinarverfahrens.
b) § 85 handelt von der Ernennung des untersuchungsführenden Beamten und des Beamten der Staatsanwaltschaft.
c) §§ 86—93 behandeln die Organisation der Disziplinargerichtshöfe und ihre Zuständigkeit.
d) §§ 94—97 behandeln die Voruntersuchung.
e) §§ 98—100 handeln von der Einstellung des Verfahrens.
f) § 101 behandelt die Vorbereitung der Hauptverhandlung.
g) §§ 102—109 handeln von der Hauptverhandlung.
h) §§ 110—117 enthalten die Rechtsmittel und das Verfahren in der Berufungsinstanz.
i) § 118 handelt von der Begnadigung.
k) § 119 handelt von den Wartegeldempfängern im Disziplinarverfahren.

l) §§ 120—123 handelt von Beamten der Militärverwaltung.

m) § 124 enthält Vorschriften über die Kosten des Disziplinarverfahrens.

3. Das förmliche Disziplinarverfahren **bezweckt die Entfernung des Beamten aus dem Amt,** sei es im Wege der Strafversetzung oder der Dienstentlassung. Dadurch ist natürlich nicht ausgeschlossen, daß auch in diesem Verfahren auf eine geringere Strafe oder gar auf Freisprechung erkannt wird. Die die Disziplinaruntersuchung einleitende Behörde gibt freilich durch den Einleitungsbeschluß zu erkennen, daß sie zunächst von der Ansicht ausgehe, es werde das Verfahren mit der Entfernung des Beamten aus dem Amte enden. Ist sie dieser Ansicht nicht, glaubt sie vielmehr, daß die Verfehlung durch eine Ordnungsstrafe ausreichend gesühnt werde, so darf sie das förmliche Disziplinarverfahren nicht einleiten. KM. v. 8. 1. 1869 (MBl. 72).

Das Disziplinarverfahren dient aber auch zum Schutze des Beamten gegen willkürliche Bestrafung, insbesondere willkürliche Entziehung des Amts und in ihm sind daher in jeder Lage des Verfahrens von Amts wegen auch alle den Beamten entlastenden Punkte zu erörtern. OVG. v. 15. 2. 1927 PrVBl. **49** 21 = OVG. **82** 481; OVG. **12** 429; **80** 429.

4. **Das förmliche Disziplinarverfahren findet aber auch statt,** wenn Beamte vor dem Zeitpunkte, mit dem eine Ruhegehaltsberechtigung für sie eingetreten sein würde, dienstunfähig geworden sind. Sie können dann gegen ihren Willen nur unter Beobachtung der für die Disziplinaruntersuchung vorgeschriebenen Formen in den Ruhestand versetzt werden, s. § 68.

5. Das förmliche Disziplinarverfahren findet in der Regel nur gegen lebenslänglich angestellte Beamte statt. Die **auf Kündigung oder Widerruf angestellten Beamten** werden regelmäßig durch Kündigung oder Widerruf entlassen; vgl. KM. v. 5. 3. 1851 (MBl. 34). Das förmliche Disziplinarverfahren wird nur dann gegen sie einzuleiten sein, wenn eine Strafversetzung genügend ist oder wenn ihnen ein Teil des Ruhegehalts als Unterstützung zugebilligt oder der Anspruch aus dem Unfallfürsorgegesetz entzogen werden soll oder endlich, wenn der Beweis ihrer Schuld nur im förmlichen Disziplinarverfahren geführt werden kann; s. § 32.

6. **Das förmliche Disziplinarverfahren besteht aus der schriftlichen Voruntersuchung und der mündlichen Verhandlung.**

Für größere **Beschleunigung** der Disziplinarverfahren, die sich häufig unerträglich lange hinziehen, müßte mit allen Mitteln gesorgt werden; vgl. dazu Pfeiffer, VerwArch. **27** 438ff.; PrMJ. v. 7. 6. 1927 (MBl. 609); RJM. v. 2. 8. 1927 (RMBl. 343). Denn die Disziplinarverfehlungen erregen oft in der Öffentlichkeit großes Aufsehen und außerdem haben die betroffenen Beamten großes Interesse an baldiger Klärung ihres Schicksals.

7. Der Voruntersuchung geht häufig ein formloses **Ermittelungs- oder Vorverfahren** voraus, das meist von der dem Beamten unmittelbar vorgesetzten Behörde geführt wird und die Prüfung der Frage, ob das förmliche Disziplinarverfahren einzuleiten sei, vorbereiten soll. Es soll durch Aufklärung der tatsächlichen Verhältnisse der vorgesetzten Dienstbehörde erst die Unterlagen für ihre Entscheidung darüber beschaffen, ob ein Disziplinarverfahren überhaupt einzuleiten ist oder nicht. Dabei kann auch der Vorgesetzte von den unterstellten Beamten jederzeit Auskunft über dienstliche Vorgänge verlangen. Der im förmlichen Disziplinarverfahren geltende Grundsatz, daß niemandem zuzumuten ist, sich selbst zu belasten (RDisH. v. 26. 5. 1925 DJZ. **27** 234), tritt insoweit beim Beamten im Ermittlungsverfahren zurück; vgl. OVG. **42** 429ff.

In diesem Verfahren können nicht etwa, wie in der Voruntersuchung, Zeugen eidlich vernommen werden. Solche Vernehmungen müssen daher in dieser Lage des Verfahrens durch die zuständigen Amtsgerichte bewirkt werden. Die Amtsgerichte sind verpflichtet, dem Ersuchen zu entsprechen. OLG. **14** 325 (OLG. Posen); OLG. Celle v. 18. 3. 1903 bei Müller 499; KGJ. **10** 7; v. Rheinb. 207, 208. Denn sonst könnten die Verwaltungsbehörden mitunter keine genügende Unterlage für ihre Entschließung gewinnen. Die §§ 156, 159 GVG. sind daher entsprechend anwendbar. Die Beeidigung eines Zeugen kann in dieser Lage des Verfahrens nur verlangt werden, wenn sie eine wahrheitsgemäße Aussage über eine Tatsache herbeiführen soll, von der die Einleitung des förmlichen Disziplinarverfahrens oder die Verhängung einer Ordnungsstrafe abhängig ist. § 66 Abs. 3 StrPO. findet entsprechende Anwendung. OLG. Breslau im Goltdam. Archiv **51** 373. Bei verweigerter Rechtshilfe entscheidet das dem ersuchten Amtsgericht übergeordnete Oberlandesgericht endgültig. v. Rheinb. 208, 209.

Die Kosten (baren Auslagen) dieses Vorverfahrens fallen dem Angeschuldigten nicht zur Last.

8. Das förmliche Disziplinarverfahren ist nicht, wie das Strafverfahren, bis in alle Einzelheiten gesetzlich geregelt, und es zeigen sich daher oft Lücken des Gesetzes. Zur Ausfüllung dieser Lücken wird **auf die über das ordentliche Strafverfahren gegebenen Vorschriften der StrPO. zurückzugreifen** sein. Doch werden die Bestimmungen der StrPO. nur mit **Einschränkungen** angewendet werden können. Denn bei der völligen Unabhängigkeit des Disziplinarverfahrens vom Strafverfahren dürfen die für das letztere getroffenen Vorschriften nicht ohne weiteres auf das Disziplinarverfahren angewendet werden. Nur insoweit allgemeine, nicht nur dem gerichtlichen Strafverfahren als solchem eigentümliche Grundsätze in Frage stehen, so z. B. über die Vorladung, Vernehmung und Beeidigung von Zeugen und Sachverständigen, ihren Zwang zum Erscheinen, zum Zeugnis oder zur Eidesleistung, ferner über Durchsuchungen

und Beschlagnahmen, dürfen die Vorschriften der StrPO. auf das Disziplinarverfahren angewendet werden. Dasselbe gilt natürlich in Fällen, in denen ausdrücklich auf die allgemeinen Strafprozeßgesetze verwiesen wird, wie im § 133. Endlich findet die StrPO. auch dann Anwendung, wenn ohne Heranziehung ihrer Vorschriften das Disziplinarverfahren nicht in einer den Zwecken des Gesetzes entsprechenden Weise durchgeführt werden könnte. KGJ. **10** 3; OVG. **54** 458. Dagegen finden auf das Disziplinarverfahren alle diejenigen Vorschriften keine Anwendung, die sich aus den besonderen Grundlagen des bürgerlichen Strafprozesses ergeben, z. B. aus der Verlegung des Schwerpunktes des Verfahrens in die Hauptverhandlung, des Grundsatzes der Unmittelbarkeit, der Mündlichkeit und Öffentlichkeit der Hauptverhandlung, des sog. Legalitätsprinzips, d. h. des Zwanges zur Strafverfolgung, ferner der besonderen Fristen u. dgl.

Nach § 43 Entw. RDienstStrafO. sind die Vorschriften der StrPO. über Zeugen, Sachverständige und Augenschein, Beschlagnahme und Durchsuchung anzuwenden, soweit sich nicht aus der RDienstStrafO. etwas anderes ergibt.

9. Ein Disziplinarverfahren **darf nicht eingeleitet werden wegen solcher Verfehlungen, die bereits in einem früheren Disziplinarverfahren,** sei es durch Verurteilung oder durch Freisprechung erledigt worden sind. Denn dies würde dem Grundsatze „ne bis in idem“ widersprechen; vgl. StMBeschl. v. 15. 2. 1902 und OVG. v. 28. 2. 1891 bei v. Rheinb. 213; BayrVerwGH. „Recht“ **23** 382 Nr. 1308. Ist es aber früher wegen einer Verfehlung überhaupt nicht zur Aburteilung gekommen, so kann diese Pflichtverletzung später immer noch disziplinarisch verfolgt werden, da es eine Verjährung auf dem Gebiete des Disziplinarrechts nicht gibt und die Behörde ihre Ansicht über die Beurteilung eines Dienstvergehens im Laufe der Zeit ändern kann. GrDisS. v. 1. 10. 1889 bei v. Rheinb. 213.

Selbstverständlich kann auch die Disziplinarbehörde in einem neuen Verfahren auf solche Verfehlungen zurückkommen, die zeitlich vor einem früheren, rechtskräftig abgeschlossenen Verfahren liegen, aber erst später zur Kenntnis der Behörde gekommen sind. OVG. v. 20. 3. 1906 bei v. Rheinb. 214; s. aber Zaeschmar in DJZ. **13** 518.

Auch können frühere Verfehlungen, die durch eine Dienststrafe bereits geahndet wurden, in einem späteren Dienststrafverfahren wegen neuerlicher Verfehlungen berücksichtigt werden. BayrVGH. „Recht“ **23** 382 Nr. 1308.

10. Die **Ordnungsstrafbefugnis der Dienstvorgesetzten erlischt** — abgesehen von der bei Einstellung des Verfahrens der obersten Reichsbehörde zustehenden Befugnis — mit Einleitung des Disziplinarverfahrens hinsichtlich der den Gegenstand des Verfahrens bildenden Verfehlungen. OVG. **26** 420. Andererseits kann das förmliche Disziplinar-

verfahren gegen einen Beamten wegen derselben Tatsachen eingeleitet werden, wegen deren bereits eine vollstreckbare Ordnungsstrafverfügung ergangen ist. OVG. **61** 439ff.; s. auch StMBeschl. v. 23. 3. 1891 (MBl. 134); PrDisHnichtrV. v. 12. 1. 1925 in DJZ. **25** 895. Insofern gilt der Grundsatz „ne bis in idem" für das Disziplinarverfahren nicht unbeschränkt. Die Ordnungsstrafe muß dann aber aufgehoben werden. RDisH. v. 4. 12. 1923 Schulze-Simons 495. Die höhere Behörde muß befugt sein, die ihr unzureichend erscheinenden Maßnahmen der unteren Instanzen zu beseitigen und auf diese Weise für ordnungsmäßige Handhabung der Disziplinargewalt zu sorgen; s. aber RDisH. v. 19. 2. 1900, v. 18. 11. 1907 und v. 16. 1. 1911 bei Schulze Rsp. 96 u. 258; Schulze-Simons 494. Dies gilt natürlich erst recht, wenn wegen der Verfehlung nur eine Rüge, aber keine Dienststrafe verhängt war. RDisH. v. 26. 5. 1924 Schulze-Simons 496.

11. Ein **Pensionierungsverfahren** wird während eines Disziplinarverfahrens nicht einzuleiten und ein bereits schwebendes bis zum Abschluß des Disziplinarverfahrens auszusetzen sein. RDisH. v. 3. 7. 1922 Schulze-Simons 438; RDisH. v. 14. 12. 1925 JurRundsch. **26** Rspr. Nr 1066 = DJZ. **26** 1648. Dagegen kann auch während des Disziplinarverfahrens die Versetzung in den einstweiligen Ruhestand unbedenklich erfolgen, falls die Voraussetzungen hierfür vorliegen. Denn der einstweilig in den Ruhestand versetzte Beamte scheidet aus dem Beamtenverhältnis nicht endgültig aus und bleibt auch weiter dem Disziplinargesetz unterworfen. UM. v. 28. 3. 1924 (ZBlUV. 119); s. oben S. 191.

12. **Solange der Beamte,** dem das Disziplinarvergehen zur Last fällt, **nicht bekannt ist,** kann kein förmliches Disziplinarverfahren, sondern nur ein Ermittelungsverfahren eingeleitet werden. In diesem Verfahren ist für die Tätigkeit des Untersuchungskommissars kein Raum; s. Müller 499. Um Zeugenvernehmungen und sonstige Beweiserhebungen muß daher in solcher Lage des Verfahrens das zuständige Amtsgericht ersucht werden, s. oben Ziff. 7.

13. **Gegen ausgeschiedene Beamte** kann ein Disziplinarverfahren nicht eingeleitet werden. OVG. **54** 464. Die Beamten können gemäß § 100 RBG. ausscheiden und damit erübrigt sich jedes Disziplinarverfahren. Ebenso § 15 Entw. RdStrO. Abweichendes gilt für die preußischen Beamten; s. Brand BR. 79ff.

14. Die **Einleitung des Disziplinarverfahrens** wird nicht von dem Disziplinargericht, sondern von der obersten Reichsbehörde (Ziff. I V. v. 10. 8. 28, RGBl. 369, s. unten S. 547) verfügt. Bei Gefahr im Verzug kann auch eine andere Behörde die Einleitung verfügen; s. Näheres § 85 Abs. 2.

Bei der Einleitung des Verfahrens zum Ausdruck zu bringen, daß es mit dem Ziele der Dienstentlassung eingeleitet werde — wie dies häufig geschieht —, ist nicht zu billigen. Denn dadurch werden unwillkürlich die bei dem Verfahren beteiligten Beamten, Behörden und Gerichte von vornherein zuungunsten des Beamten beeinflußt; vgl. Görres 69.

15. Der **Inhalt des Einleitungsbeschlusses** besteht darin, daß die Anschuldigungspunkte im einzelnen unter kurzer zusammenfassender Hervorhebung des Sachverhalts angegeben werden. OVG. v. 30. 12. 1898 u. RDisH. v. 2. 4. 1906 bei v. Rheinb. 213; OVG. 1. 3. 29 Ru. PrVBl. **50** 316. Dem Angeschuldigten soll auf diese Weise ermöglicht werden, sich alsbald auf seine Verteidigung vorzubereiten. Die Einleitung wird nur erfolgen, wenn der beschuldigte Beamte nach dem vorliegenden Beweismaterial der ihm zur Last gelegten Handlung hinreichend verdächtig erscheint und diese Handlung sich als ein im förmlichen Disziplinarverfahren zu ahndendes Dienstvergehen darstellt.

Ergibt demnächst die Voruntersuchung neues Material oder werden sonst den Vorgesetzten neue Verfehlungen bekannt, so kann nachträglich die Ausdehnung des Disziplinarverfahrens und der Voruntersuchung auf diese Punkte beschlossen werden. OVG. **80** 429.

Den Umfang des Verfahrens begrenzt nicht der Einleitungsbeschluß, sondern die Anschuldigungsfrist. OVG. **80** 429.

Die Ernennung des Untersuchungskommissars (s. § 85) braucht nicht notwendig in dem Beschlusse über die Einleitung des Disziplinarverfahrens zu erfolgen. OVG. **82** 486; a. M. v. Dultzig 178, 180.

Die oberste Reichsbehörde ist nicht gehindert, wegen einer gegen sie selbst begangenen Achtungsverletzung die Einleitung des Disziplinarverfahrens zu verfügen. OVG. **82** 486.

16. Gegen den Beschluß, durch den das Disziplinarverfahren eingeleitet oder das bereits eingeleitete Verfahren oder die Voruntersuchung auf neue Anschuldigungspunkte ausgedehnt wird, ist **eine Beschwerde unzulässig**. RG. **89** 111; RDisH. v. 4. 2. 1884 Schulze-Simons 436.

17. Sind die Beamten, gegen die das Disziplinarverfahren eingeleitet werden soll, **Mitglieder des Reichstags** oder **eines Landtags**, so muß nach Art. 37 RV. während der Sitzungsperiode zunächst die Genehmigung des Reichstags oder Landtags eingeholt werden. Solange diese Genehmigung nicht erteilt ist, darf während der Sitzungsperiode kein Disziplinarverfahren gegen diese Beamten eingeleitet werden. Selbst nur vorbereitende Untersuchungshandlungen sind gegen solche Beamte jedenfalls dann unzulässig, wenn sie sich, wie z. B. Vorladungen, Haussuchungen, Beschlagnahmungen von im Besitze der Beamten befindlichen Sachen, unmittelbar gegen die Person des Abgeordneten richten oder doch seine Abwesenheit vom Parlament — wenn auch nur vorübergehend — herbeiführen. Die förmliche Einleitung des Disziplinarverfahrens gegen einen Beamten während einer Sitzungsperiode ist aber stets nur mit Genehmi-

gung des Parlaments zulässig, und zwar auch dann, wenn das vorbereitende Verfahren schon vor Beginn der Sitzungsperiode abgeschlossen war.

Dagegen halten wir mit v. Rheinb. 219 gegen RGSt. **23** 193 nicht „jede zur Förderung des Disziplinarverfahrens, zur Sicherung der Beweise und zur Erreichung der Ziele und Zwecke der Untersuchung dienende Maßnahme" für unzulässig. Denn durch derartige bloß vorbereitende Maßregeln wird der Beamte in der Ausübung seiner Rechte als Abgeordneter in keiner Weise beeinträchtigt.

18. Von der Einleitung des Disziplinarverfahrens, der Einreichung der Anschuldigungsschrift, der ergehenden Entscheidungen der Disziplinargerichte und der Suspension sind der vorgesetzten Dienstbehörde, und u. U. auch den höheren Behörden vom Beamten der Staatsanwaltschaft **Mitteilung zu machen**; s. Näheres für den Bereich der Justiz in Preußen: JM. v. 16. 12. 1927 (JMBl. 431).

§ 85.

Die oberste Reichsbehörde ernennt den untersuchungsführenden Beamten und diejenigen Beamten, welche im Laufe des Disziplinarverfahrens die Verrichtungen der Staatsanwaltschaft wahrzunehmen haben.

Ist Gefahr im Verzuge, so kann die Verfügung der Einleitung des Disziplinarverfahrens und die Ernennung des untersuchungsführenden Beamten vorläufig von einer der im § 81 unter Nr. 2 bezeichneten Behörden oder einem der dort bezeichneten Beamten ausgehen. Es ist alsdann die Genehmigung der obersten Reichsbehörde einzuholen und, sofern diese versagt wird, das Verfahren einzustellen.

1. Die oberste Reichsbehörde (s. Ziff. I V. v. 10. 8. 1928, RGBl. S. 369; unten S. 547) ernennt entweder sofort bei Einleitung des förmlichen Disziplinarverfahrens oder später:

a) **Den untersuchungsführenden Beamten** (Untersuchungskommissar). Dieser ist nach freiem Ermessen der obersten Reichsbehörde, und zwar in der Regel aus den Beamten auszuwählen, die zum Geschäftsbereich der das Verfahren einleitenden Behörde gehören. Sollen Landesbeamte bestellt werden, so bedarf es der Zustimmung der zuständigen Landesbehörde. Liegt diese vor, so müssen auch Landesbeamte der Ernennung der obersten Reichsbehörde Folge leisten. RDisH. v. 2. 4. 1883 bei Per. u. Sp. 122; Pieper 257. Die Voruntersuchung kann auch von einem Richter geführt werden; natürlich bedarf es vor der Ernennung eines Richterkommissars in solchen Fällen der Zustimmung der vorgesetzten Justizbehörden. Gegen die Bestellung des Untersuchungskommissars ist

Beschwerde nicht zulässig. RDisH. v. 2. 7. 1883 Schulze-Simons 442. Der Untersuchungskommissar übt richterliche Machtbefugnisse aus. Er hat daher grundsätzlich dieselben Rechte und Pflichten wie der Untersuchungsrichter im ordentlichen Strafverfahren.

Er kann aber wegen Besorgnis der Befangenheit nicht abgelehnt werden, s. RDisH. v. 4. 11. 1912 Schulze-Simons 451, Friedrichs 624 und die dort angef. Entsch. des OVG. Dieser Rechtszustand ist abänderungsbedürftig. Nach § 45 Abs. 1 Entw. RDienstStrO. ist die Ablehnung zulässig.

Erwägenswert wäre eine gesetzliche Vorschrift, wonach nur richterliche Beamte zu Untersuchungskommissaren in Disziplinaruntersuchungen bestellt werden könnten. Ebenso Görres 70; Schneider 264. Denn nicht selten bilden nur diese die Gewähr für eine unparteiische, sachkundige und erschöpfende Klarstellung des Sachverhalts. Selbstverständlich sind auch viele Verwaltungsbeamte ebenso geeignet wie die Richter. Aber in der Regel eignet sich der Richter vermöge seiner Ausbildung und seiner Berufsstellung zum Untersuchungsrichter besser als der Verwaltungsbeamte, dessen Tätigkeitsfeld auf ganz anderem Gebiete liegt. Richtig ist freilich, daß bei Verfehlungen gegen die besonderen Dienstpflichten ein Beamter der betreffenden Verwaltung eine genauere Kenntnis der einschlägigeu Verhältnisse hat und deshalb den Sachverhalt mitunter leichter feststellen kann, als ein Richter. Was aber dem Richter an besonderer Fachkunde fehlt, kann er sich leicht durch Vernehmung von sachverständigen Beamten und Studium des einschlägigen Verordnungsmaterials verschaffen, und er wird auch hier wieder nicht selten dem Verwaltungsbeamten durch die größere Unparteilichkeit und die ihm in Untersuchungsangelegenheiten innewohnende größere praktische Erfahrung und Gewandtheit überlegen sein. In Preußen hat man denn auch mit der Führung der Disziplinaruntersuchungen durch Verwaltungsbeamte nicht die besten Erfahrungen gemacht; vgl. ME. v. 7. 4. 1854 (MBl. 109).

Der Untersuchungskommissar kann, auch wenn er kein richterlicher Beamter ist, Zeugen und Sachverständige eidlich vernehmen. Diese Befugnis steht nichtrichterlichen Beamten außerhalb der Voruntersuchung nicht zu. EM. v. 18. 9. 1909 (EVBl. 339).

Nicht zulässig ist es, neben dem Untersuchungskommissar einen anderen Beamten als Untersuchungsführer kraft Auftrags zu bestellen, der als Stellvertreter des Kommissars Zeugen in der Voruntersuchung vernimmt. Es gibt nur einen Untersuchungskommissar, und nur dieser kann Zeugen eidlich vernehmen. PrDiHnichtrB. v. 16. 6. 1924 in DJZ. **24** 996 = „Recht" **25** 575 = DRichtZ. **26** Rspr. 30.

b) **Den Beamten der Staatsanwaltschaft.** Der Untersuchungskommissar kann zum Beamten der Staatsanwaltschaft nicht bestellt werden. StMBeschl. v. 19. 5. 1881 und v. 26. 7. 1909 bei v. Rheinb. 248. Dies gilt jedenfalls bis zum Schlusse der Voruntersuchung. OVG. **82** 486. Der Untersuchungskommissar kann also nicht nach Abschluß der Voruntersuchung aufgefordert werden, die Anschuldigungsschrift einzureichen. OVG. **82** 486.

Der Vertreter der Staatsanwaltschaft ist an die Weisungen der Stelle, die ihn bestellt hat, gebunden. PrOVG. in JurW. **23** 39 und 143 = PrVBl. **44** 43; PrOVG. 1. 3. 29 Ru. PrVBl. **50** 317. Er hat die Interessen des Dienstes und der Disziplin zu vertreten; er hat daher in erster Linie die Interessen der Reichsbehörde wahrzunehmen; diese können es erfordern, auch zugunsten eines — vielleicht sehr tüchtigen und brauchbaren — angeschuldigten Beamten insbesondere dann einzutreten, wenn er nach Ansicht der Staatsanwaltschaft schuldlos ist.

Zum Beamten der Staatsanwaltschaft kann auch ein Beamter ernannt werden, der in einem voraufgegangenen Strafverfahren als Richter mitgewirkt hat. RDisG. v. 28. 11. 1898 (F. 13./98).

Das Gesetz geht davon aus, daß der Beamte der Staatsanwaltschaft schon alsbald nach Einleitung der Voruntersuchung ernannt wird. Es ist nicht zulässig, wie im PrDisR. den Beamten der Staatsanwaltschaft erst nach Beendigung der Voruntersuchung zu ernennen. Denn nach § 94 wird der Beamte der Staatsanwaltschaft alsbald zugezogen. Es stellt sich also sofort ein Bedürfnis für die Ernennung heraus.

2. **Wenn Gefahr im Verzuge ist,** wenn es also auf schleunige Sicherung von Beweisen, sofortige eidliche Vernehmung von Zeugen, schleunige Beschlagnahme von wichtigen Papieren ankommt, kann die Ernennung des Untersuchungskommissars, nicht aber auch des Beamten der Staatsanwaltschaft, vorläufig von der obersten Reichsbehörde unmittelbar untergeordneten Behörden oder Vorsteher von Behörden (s. Ziff. II V. v. 10. 8. 1928, RGBl. I 369, unten S. 547) ausgehen. Dasselbe gilt von der Verfügung der Einleitung des förmlichen Disziplinarverfahrens (§ 84). In solchen Fällen muß aber alsbald die Genehmigung der obersten Reichsbehörde (Ziff. I V. v. 10. 8. 1928, RGBl. I 369, unten S. 547) eingeholt und, wenn diese versagt wird, das Verfahren eingestellt werden. Im Falle der Einstellung dürfen dem Angeschuldigten Kosten (bare Auslagen) nicht auferlegt werden.

§ 86.

Die entscheidenden Disziplinarbehörden, welche je nach Bedürfnis zusammentreten, sind

1. in erster Instanz die Disziplinarkammern,

2. in zweiter Instanz der Disziplinarhof.

1. Die Disziplinarkammern führen jetzt den Namen **„Reichsdisziplinarkammern“** und der Disziplinarhof **„Reichsdisziplinarhof“**. V. v. 23. 6. 1919 (RGBl. 582).

2. Die entscheidenden Disziplinarbehörden sind **keine ständigen Kollegien,** ihre Mitglieder brauchen nicht am Sitz der Disziplinargerichte ihr Hauptamt zu bekleiden. Jedoch haben drei Mitglieder des Disziplinarhofs ihren Amtssitz in Leipzig. § 91. Die Mitglieder versehen ihr Amt als unbesoldetes Nebenamt, doch erhalten die nicht am Sitz der Disziplinarbehörden wohnhaften Mitglieder Reisekosten und Tagegelder (§ 18).

3. Die entscheidenden Disziplinarbehörden sind **Reichsbehörden** und unterstehen der Aufsicht des Reichsministers des Innern; ihre Mitglieder sind in ihrer Eigenschaft als Disziplinarrichter Reichsbeamte.

4. **In Preußen** gibt es verschiedene Disziplinargerichtshöfe für die einzelnen Beamtengruppen; s. Näheres Brand BR. 776ff.

§ 87.

An folgenden Orten: Potsdam, Frankfurt a. O, Königsberg, Stettin, Köslin, Berlin I u. II, Magdeburg, Erfurt, Breslau, Liegnitz, Oppeln, Münster, Dortmund, Düsseldorf, Köln, Trier, Darmstadt, Frankfurt a. M., Kassel, Hannover, Schleswig, Leipzig, Stuttgart, Karlsruhe, Schwerin, Lübeck, Bremen, München, Nürnberg, Zweibrücken, Hamburg wird je eine Disziplinarkammer errichtet.

Durch Anordnung des Reichspräsidenten können im Einvernehmen mit dem Reichsrat einzelne Disziplinarkammern auch an anderen Orten errichtet oder nach anderen Orten verlegt werden.

Der Disziplinarhof tritt am Sitze des Reichsgerichts zusammen.

1. **Fortgefallen** als Sitz von Disziplinarkammern **sind:** Danzig, Bromberg und Posen infolge des Versailler Friedensvertrages v. 28. 6. 1919 (RGBl. 869) Art. 100 u. 87; s. auch Vdg. v. 1. 12. 1920 (RGBl. 2031).

Arnsberg ist nach Dortmund **verlegt.** V. v. 27. 9. 1922 (RGBl. 759).

Neu hinzugekommen sind: Stuttgart. V. v. 11. 7. 1923 (RGBl. 293) u. Staatsvertrag v. 31. 3. 1920 § 10 (RGBl. 659); München, Nürnberg und Zweibrücken. V. v. 1. 12. 1920 (RGBl. 2031) u. Staatsvertrag v. 29. u. 31. 3. 1921 § 10 (RGBl. 647). Berlin I u. II. V. v. 23. 5. 1922 (RGBl. 487). Hamburg. V. v. 31. 3. 1924 (RGBl. I 397).

2. **Abs. 2 § 87** hat seine jetzige Fassung durch G. v. 21. 7. 1922, Art. I F (RGBl. 585) erhalten.

3. Sofern und solange die Tätigkeit einer **innerhalb der besetzten rheinischen Gebiete** belegenen Reichsdisziplinarkammer erschwert ist, kann der Reichsdisziplinarhof auf Antrag der obersten Reichsbehörde eine außerhalb dieser Gebiete belegene Reichsdisziplinarkammer für zuständig erklären. V. v. 29. 6. 1923 (RGBl. I 552).

4. Die Reichsdisziplinarkammern treten nur **nach Bedürfnis** zusammen. § 86.

5. Im Abs. 2 ist nur das **Einvernehmen**, nicht die Zustimmung des Reichsrats zur Errichtung oder Verlegung von Disziplinarkammern vorgesehen; **a. M.** Arndt 134.

6. Der Reichsdisziplinarhof tagt in Leipzig, dem Sitz des Reichsgerichts.

§ 88.

Die Bezirke der Disziplinarkammern werden vom Kaiser (Reichspräsidenten) im Einvernehmen mit dem Bundesrate (Reichsrate) abgegrenzt.

Zuständig im einzelnen Falle ist die Disziplinarkammer, in deren Bezirk der Angeschuldigte zur Zeit der Einleitung des förmlichen Disziplinarverfahrens seinen dienstlichen Wohnsitz hat, und wenn dieser Wohnsitz im Auslande sich befindet, die Disziplinarkammer in Potsdam.

Streitigkeiten über die Zuständigkeit verschiedener Disziplinarkammern werden vom Disziplinarhof entschieden.

1. In Abs. 1 sind an die Stelle des Kaisers der Reichspräsident und an die Stelle des Bundesrats der Reichsrat getreten.

Maßgebend ist für die **Abgrenzung** der Bezirke der Disziplinarkammern die Verordnung vom 11. 7. 1873 (RGBl. 293) mit den durch die V. v. 1. 12. 1920 (RGBl. 2031) und v. 3. 2. 1926 (RGBl. I 99) erfolgten Änderungen.

Das Einvernehmen mit dem Reichsrat, das für die Abgrenzung vorgeschrieben ist, ist nicht gleichbedeutend mit Zustimmung dieser Behörde.

2. Die **Zuständigkeit** einer Reichsdisziplinarkammer richtet sich nach dem dienstlichen Wohnsitz des Angeschuldigten; was man unter dienstlichem Wohnsitz versteht, ist oben Anm. 2 zu § 19 (S. 174) näher dargelegt.

Maßgebend ist der dienstliche Wohnsitz, den der Beamte zur Zeit der Einleitung des förmlichen Disziplinarverfahrens (s. § 84 u. § 85 Abs. 2) hat. Hat er nach der Einleitung seinen dienstlichen Wohnsitz verlegt, so ist dies für die Zuständigkeit ohne Einfluß; s. Anm. 4.

Wartegeldempfänger nehmen ihr Recht vor der Reichsdisziplinarkammer, in deren Bezirk sie ihren letzten dienstlichen Wohnsitz hatten. § 119 Abs. 2.

Hat der Angeschuldigte, wie z. B. Konsuln, Gesandte, Botschafter usw., seinen dienstlichen Wohnsitz im Auslande, so ist die Reichsdisziplinarkammer in Potsdam zuständig.

3. **Streitigkeiten über die Zuständigkeit** verschiedener Reichsdisziplinarkammern entscheidet nicht etwa die oberste Reichsbehörde, sondern der Reichsdisziplinarhof in Leipzig.

Es muß sich aber hierbei um einen Streit zwischen zwei Disziplinarkammern handeln, indem entweder beide Kammern sich für zuständig oder für unzuständig erklärt haben. Wird die Zuständigkeit einer Kammer von der Anklagebehörde oder dem Angeschuldigten bestritten, so wird darüber, wenn das Gericht seine Zuständigkeit für gegeben erachtet, nur mit der Berufung anzukämpfen sein; **a. M.** v. Dultzig 191. Übrigens hat der Disziplinarrichter den Einwand der örtlichen Unzuständigkeit in jeder Lage des Verfahrens zu prüfen; § 16 StrPO. findet keine Anwendung. RDisHnichtrB. v. 3. 7. 1925 in DJZ. **26** 177 = DRichtZ. **27** Rspr. 32.

4. **Die Zuständigkeit** der entscheidenden Disziplinarbehörden erster Instanz wird **dadurch nicht verändert,** daß der Angeschuldigte nach Einleitung des Disziplinarverfahrens von seiner bisherigen Dienststelle in den Bereich einer anderen Disziplinarbehörde **versetzt wird.** Eine Änderung der Zuständigkeit der entscheidenden Disziplinarbehörden kann daher, wenn das Verfahren eingeleitet ist, nur in dem Falle des § 90 eintreten. PrDisHnichtrB. v. 17. 5. 1926 DJZ. **26** 1651 = DRichtZ. Rspr. **27** 96 = PrVBl. **47** 553. Im übrigen bestimmt sich aber die Zuständigkeit im Disziplinarverfahren im Gegensatze zum Strafverfahren nicht nach der begangenen Tat, sondern nach dem Amt, aus dem der Beamte entfernt werden soll. Die Behörde, die für die Entfernung aus dem zuletzt bekleideten Amte zuständig ist, hat dabei gegebenenfalls auch die Vergehen in einem früheren Amt abzuurteilen.

§ 89.

Jede Disziplinarkammer besteht aus sieben Mitgliedern.

Der Präsident und wenigstens zwei andere Mitglieder müssen in richterlicher Stellung im Reiche oder in einem Lande sein. Für den Präsidenten und jedes Mitglied sind Stellvertreter zu ernennen. Die übrigen Mitglieder werden aus dem Beamtenstand entnommen.

Die Disziplinarkammern entscheiden in einer Besetzung von 5 Mitgliedern mit Einschluß des Vorsitzenden. Der Vorsitzende und wenigstens ein Beisitzer müssen zu den richterlichen Mitgliedern gehören.

Auf das Verfahren sind die Gerichtsferien der ordentlichen Gerichte ohne Einfluß.

1. § 89 hat auf Grund des Gesetzes zum Schutze der Republik v. 21. 7. 1922 **die neue** — oben berücksichtigte — **Fassung** erhalten. Nach der ursprünglichen Fassung mußten der Präsident und wenigstens drei andere — jetzt nur zwei andere — in richterlicher Stellung sein; die Disziplinarkammern entschieden früher unter Mitwirkung von wenigstens drei richterlichen Mitgliedern (Vorsitzender und zwei Beisitzer), jetzt entscheiden sie nur mit wenigstens zwei richterlichen Mitgliedern (Vorsitzender und ein Beisitzer). Man hat also — im Interesse der Festigung der Republik — die Zahl der

richterlichen Mitglieder verringert und die Majorität, die früher bei den richterlichen Mitgliedern war, in der Regel, in die Hand der Mitglieder „aus dem Beamtenstand" gelegt. Zu letzteren können Reichs- oder Länderbeamte des höheren, mittleren oder unteren Dienstes gehören. Sie werden tunlichst aus dem Verwaltungszweige gewählt, dem der Angeschuldigte angehört.

2. Zur **Beschlußfähigkeit** der Kammer sind fünf Mitglieder, einschließlich des Vorsitzenden erforderlich. Bei mündlichen Verhandlungen und den auf Grund dieser getroffenen Entscheidungen darf die Zahl der in der Sitzung mitwirkenden Mitglieder fünf nicht übersteigen.

3. Ein Mitglied, das in einer Sitzung erscheinen muß, hat **seine etwaige Verhinderung** dem Präsidenten **rechtzeitig anzuzeigen.** Alle Mitglieder haben dem Präsidenten ihre dauernde Verhinderung sowie den Urlaub anzuzeigen, den sie in ihrem Hauptamt (Reichs- oder Staatsamt) bewilligt erhalten haben. § 8 GeschO.

4. **Fehlt es an der beschlußfähigen Zahl von Mitgliedern,** so wird der Reichsdisziplinarhof eine andere Reichsdisziplinarkammer zu bestimmen haben, die statt jener entscheidet; s. § 27 PrVDisG.

§ 90.

Wenn auf den Antrag des Beamten der Staatsanwaltschaft oder des Angeschuldigten der Disziplinarhof das Vorhandensein von Gründen anerkennt, welche die Unbefangenheit der zuständigen Disziplinarkammer zweifelhaft machen, so tritt eine andere durch den Disziplinarhof ernannte Disziplinarkammer an deren Stelle.

1. Im Gegensatz zur StPO. und ZPO., die nur die Ablehnung einzelner Richter vorsehen, können die **Reichsdisziplinarkammern überhaupt abgelehnt werden.** Die Ablehnung ist begründet, wenn die Unbefangenheit der Disziplinarkammer mit Recht bezweifelt wird. Die Ablehnung kann vom Beamten der Staatsanwaltschaft oder vom Angeschuldigten bewirkt werden. Über das Verfahren bei Ablehnung s. RDisH. v. 2. 4. 1906 Schulze-Simons 467.

Die Ablehnung kann nur Erfolg haben, wenn objektive Gründe vorliegen, aus denen man bei sachlicher Würdigung der Umstände eine Voreingenommenheit des Disziplinargerichts annehmen kann. Es genügt also nicht, wenn lediglich der Angeschuldigte nach seiner persönlichen Auffassung das Disziplinargericht für befangen hält, etwa weil er allen Mitgliedern des Kollegiums schon seit längerer Zeit aus seiner Diensttätigkeit als ein tadelnswerter Beamter von schlechter Führung bekannt ist. Vgl. OVG. v. 29. 6. 1928 PrVwBl. **49** 1021. Von Amts wegen kann die Kammer sich nicht für befangen erklären.

2. Der **Reichsdisziplinarhof** kann nicht abgelehnt werden, da es an einer Behörde fehlt, die an die Stelle des abgelehnten Gerichtshofes treten

könnte, und deshalb der Angeschuldigte überhaupt nicht abgeurteilt werden könnte, wenn man die Ablehnung zuließe; vgl. v. Rheinb. 232 u. 475; GrDisS. v. 15. 10. 1895 und 15. 10. 1901 bei v. Rheinb. aaO. und Amtl. Sammlg. 22.

3. Der Antrag, das Disziplinargericht für befangen zu erklären und ein anderes an seiner Stelle mit der Entscheidung zu beauftragen, kann **nur bis zum Erlaß der Entscheidung erster Instanz** gestellt werden. PrDisHfnichtrB. v. 18. 2. 1929 „Beamtenbund" **29** Nr. 22. Er ist bei der Behörde einzureichen, die für befangen erklärt wird. Diese hat ihn mit gutachtlichem Bericht dem Fachminister vorzulegen, der ihn an den Reichsdisziplinarhof weitergibt. Der letztere entscheidet über das Ablehnungsgesuch endgültig. Nach Erlaß des Urteils erster Instanz ist nur noch die Berufung zulässig. RDisH. v. 5. 11. 1883 (J Nr. 58) bei Per. u. Sp. 127. Sämtliche Kammern können (ebensowenig wie der Disziplinarhof, s. Anm. 2) nicht abgelehnt werden, da es sonst an einer entscheidenden Behörde erster Instanz fehlen würde.

4. Vor der Entscheidung des Reichsdisziplinarhofs **darf in der Sache selbst nicht verhandelt werden.** StMBeschl. v. 4. 12. 1888 bei Müller 500. Der Angeschuldigte ist befugt, die Verhandlung vor dem abgelehnten Gericht bis zur Entscheidung über das Ablehnungsgesuch zu verweigern. Wenn aber schon vorher vor dem abgelehnten Gericht verhandelt worden ist, so ist ein auf Grund dieser Verhandlung gefälltes Urteil dann nicht zu beanstanden, wenn das Ablehnungsgesuch demnächst von der zuständigen Stelle für unbegründet erklärt worden ist.

5. Über die durch das Ablehnungsgesuch entstandenen **baren Auslagen** befindet das zuständige Disziplinargericht zugleich mit der Entscheidung in der Sache selbst. DisHfnichtrB. v. 18. 12. 1909 bei v. Rheinb. 233.

6. **Hinsichtlich der Ausschließung und Ablehnung einzelner Mitglieder** der entscheidenden Disziplinarbehörden sind in Ermangelung von einschlägigen Vorschriften in den Disziplinargesetzen die Bestimmungen der StPO. entsprechend anwendbar, soweit sie mit der Natur des Disziplinarverfahrens vereinbar sind und nicht besondere Vorschriften der Disziplinargesetze entgegenstehen. RDisH. v. 5. 11. 1883 Schulze-Simons 461; GrDisS. v. 29. 9. 1896 und v. 29. 4. 1913 Amtl. Sammlg. 55ff.; v. 9. 5. 1916 aaO. S. 68; PrDisHnichtrB. v. 3. 7. 1925 in JurRundsch. **25** 1044. Hiernach gilt folgendes (vgl. v. Rheinb. 233; Schulze 252):

a) Kraft Gesetzes von der Entscheidung ausgeschlossen sind die Mitglieder, die selbst durch die zur Aburteilung stehende Tat verletzt sind oder zu dem Beamten in einem nahen Verwandtschaftsverhältnis stehen oder in der Sache als Beamter der Staatsanwaltschaft tätig gewesen oder endlich in der Voruntersuchung als Zeuge oder Sachverständiger (auch als Gutachter s. RDisH. v. 13. 7. 1881, Schulze-Simons 463) vernommen sind, vorausgesetzt, daß die Anschuldigung und die Beweisaufnahme wesentlich auf den Wahrnehmungen oder dem sachverständigen Urteile des betreffenden Mitglieds beruhen. Dagegen ist der Disziplinarrichter vom Richteramt nicht ausgeschlossen, wenn er bei den disziplinaren Vorermittlungen als Vorgesetzter mitgewirkt hat oder in einem denselben Sachverhalt betreffenden Strafverfahren als Zeuge oder Sachverständiger vernommen worden ist. DisHfnichtrB. v. 19. 4. 1926 DJZ. **26** 1109 = PrVBl. **47** 480.

Ferner ist in der Berufungsinstanz ein Mitglied ausgeschlossen, das bei der durch die Berufung angefochtenen Entscheidung mitgewirkt hat. v. Rheinb. 234. Dies gilt nicht von einem Richter, der im Strafverfahren gegen die Beamten mitgewirkt hat. RDisH. v. 26. 2. 1924 Schulze-Simons 464.

Der Untersuchungskommissar ist nach preußischem Disziplinarrecht (s. § 12 Abs. 2 G. v. 9. 4. 1879) von der Teilnahme an der Entscheidung nicht ausgeschlossen. Ebensowenig ist dort der Beamte, der die Einleitung des förmlichen Disziplinarverfahrens verfügt hat, vom Richteramt ausgeschlossen; vgl. über die Ablehnungsgründe OVG. **16** 395 und die bei Kautz-Appel. 383 angeführt. Entsch. des OVG.

b) Ein Mitglied der Disziplinarbehörde kann sowohl in den Fällen zu a, wie auch wegen Besorgnis der Befangenheit vom Vertreter der Staatsanwaltschaft oder dem Angeschuldigten abgelehnt werden. Es müssen aber, um das Gesuch begründet erscheinen zu lassen, objektive Gründe vorgebracht werden, die geeignet sind, Mißtrauen gegen die Unparteilichkeit des Disziplinarrichters zu erwecken. RDisH. v. 10. 2. 1881 Schulze-Simons 464; OVG. **53** 448; OVG. v. 29. 6. 1928 und PrVwBl. **49** 1021. Solche Gründe liegen nicht darin, daß der Angeschuldigte Dienstuntergebener des Behördenvorstandes ist, der, wie es im preuß. Beamtenrecht vorkommt, die entscheidende Disziplinarbehörde 1. Instanz ist. PrDisHfnichtrB. v. 27. 4. 1925 in DJZ. **25** 1591 = JurRdsch. **25** 980 = DRichtZ. **26** Rspr. Nr. 341. Über offenbar nicht ernstlich gemeinte, nur zur Verschleppung der Sache vorgebrachte Ablehnungsgesuche kann ohne weiteres hinweggegangen werden. RDisH. v. 2. 4. 1906 Schulze-Simons 469, 70; OVG. **53** 448; StM. v. 12. 5. 1905 bei v. Rheinb. 234; **a. M.** v. Dultzig 181. Der Willkür sittlich tiefstehender Angeschuldigter, die mit den Gerichtshöfen durch Ablehnungen ihr Spiel treiben, muß energisch entgegengetreten werden. RGSt. **30** 273; RGZ. **44** 402.

c) Das Ablehnungsgesuch muß bis zum Beginn der mündlichen Verhandlung angebracht werden. RDisH. v. 22. 10. 1923 Schulze-Simons 470. Der PrDisHfnichtrB. v. 3. 7. 1925 (JurRundsch. **25** 1044 = DJZ. **26** 91) nimmt an, daß die Ablehnung bis zur Wiedergabe der Anschuldigungsschrift durch den Berichterstatter zulässig sei. Eine besondere Glaubhaftmachung, wie dies im § 26 StrPO. vorgesehen ist, ist nicht erforderlich. Über das Gesuch entscheidet das Disziplinargericht, dem der

Abgelehnte angehört. Die Entscheidung kann nur gleichzeitig mit der Einlegung der Berufung gegen die Hauptentscheidung angefochten werden. Der abgelehnte Richter darf an der Beschlußfassung nicht teilnehmen. Hält der Abgelehnte das Ablehnungsgesuch selbst für gerechtfertigt, so ist damit ohne weitere Beschlußfassung das Gesuch als begründet zu erachten.

Wird durch das Ausscheiden abgelehnter Mitglieder das Disziplinargericht beschlußunfähig, so hat der Reichsdisziplinarhof eine andere Disziplinarkammer für die Entscheidung der Sache zu bestimmen.

Die Ablehnung des Untersuchungskommissars soll nach RDisH. 2. 7. 1883 bei Per. u. Sp. 123, OVG. v. 28. 2. 1902 und v. 15. 4. 1904 sowie StM. v. 11. 11. 1910 bei v. Rheinb. 234 unzulässig sein, weil er keine Gerichtsperson sei; ebenso PrDisHfnichtrB. v. 3. 7. 1925 in JurRundsch. **25** 1044 = DJZ. **25** 1813 = DRichtZ. **27** Rspr. 32; **a. M.** v. Dultzig 187. Dem wird nach Lage der Gesetzgebung beizustimmen sein, nicht etwa weil der Untersuchungskommissar nicht auch eine Gerichtsperson sein könnte, sondern weil der Untersuchungskommissar als solcher nicht als Gerichtsperson gelten kann. Die Bestimmungen der StrPO., wonach auch der Untersuchungsrichter abgelehnt werden kann, können insoweit keine entsprechende Anwendung finden, weil im bürgerlichen Strafprozeß der Untersuchungsrichter stets „Richter" ist, also auch gemäß § 24 StrPO. abgelehnt werden kann. Einwendungen gegen die Ernennung des Untersuchungskommissars sind bei der Disziplinarbehörde, die ihn bestellt hat, oder bei der vorgesetzten Dienstbehörde anzubringen. PrDisHfnichtrB. v. 3. 7. 1925 in JurRundsch. **25** 1044 = DJZ. **25** 1813 = DRichtZ. **27** Rspr. 32. Dieser Zustand ist abänderungsbedürftig.

§ 91.

Der Disziplinarhof besteht aus elf Mitgliedern.

Der Präsident und zwei Mitglieder müssen zu den Mitgliedern des Reichsgerichts gehören. Zwei weitere Mitglieder müssen Bevollmächtigte zum Reichsrat sein. Die übrigen Mitglieder werden aus dem Beamtenstande entnommen. Für jedes Mitglied sind vier Stellvertreter zu ernennen.

Die mündliche Verhandlung und Entscheidung in den einzelnen Disziplinarsachen erfolgt durch sieben Mitglieder. Der Vorsitzende und wenigstens ein Mitglied müssen zu den richterlichen Mitgliedern gehören.

1. § 91 ist durch das Gesetz zum Schutze der Republik v. 27. 7. 1922 (RGBl. I 585) in der oben wiedergegebenen Weise vollständig **neu gefaßt.** Wie bei den Reichsdisziplinarkammern ist auch bei dem Reichsdisziplinarhof das richterliche Element stark verringert worden. Abgesehen vom Präsidenten

mußten früher wenigstens fünf, jetzt nur noch zwei zu den Mitgliedern des Reichsgerichts gehören. Bei der mündlichen Verhandlung und Entscheidung ist jetzt abgesehen vom Vorsitzenden nur wenigstens noch ein Mitglied ein richterliches; früher waren wenigstens drei richterliche Mitglieder in der mündlichen Verhandlung tätig. Auch die Reichsratsbevollmächtigten sind von vier auf zwei herabgedrückt. Stark angewachsen sind die Mitglieder aus dem Beamtenstand; sie können Reichs- oder Länderbeamte sein und dem höheren, mittleren oder unteren Dienste angehören.

2. Zur **Beschlußfähigkeit** des Reichsdisziplinarhofs ist die Teilnahme von sieben Mitgliedern nötig; mehr als sieben dürfen bei einer mündlichen Verhandlung nicht mitwirken.

3. Der Reichsdisziplinarhof ist ein von der obersten Reichsbehörde **unabhängiger Gerichtshof.** Er hat seinen Sitz in Leipzig.

4. Die dem Reichsdisziplinarhof angehörenden **Bevollmächtigten zum Reichsrat** nehmen ihre Stellung gleich nach dem Präsidenten oder dessen Vertreter ein; ihre Reihenfolge bestimmt sich nicht nach dem Dienstalter, sondern nach ihrer Reihenfolge im Reichsrat. § 23 Nr. 4 GeschO.

5. Die beim Reichsgericht angestellten **Beamten des mittleren und unteren Dienstes** haben nach näherer Anordnung des Präsidenten des Reichsgerichts die entsprechenden Verrichtungen auch beim Reichsdisziplinarhof zu versehen. Die Bürobedürfnisse des Reichsdisziplinarhofs werden aus den Vorräten und Fonds des Reichsgerichts bestritten. Als Geschäftsgebäude des Reichsdisziplinarhofs dient das Reichsgericht. § 23 Nr. 7 GeschO.

§ 92.

Die Geschäftsordnung bei den Disziplinarbehörden, insbesondere die Befugnisse des Präsidenten und die Reihenfolge, in welcher die richterlichen Mitglieder an den einzelnen Sitzungen teilzunehmen haben, wird durch ein Regulativ geordnet, welches der Disziplinarhof zu entwerfen und dem Bundesrat (Reichsrat) zur Bestätigung einzureichen hat.

Die Geschäftsordnung ist v. 18. 4. 1880, ZentralBl. 203; sie ist recht veraltet und bedarf einer Neufassung.

§ 93.

Die Mitglieder der Disziplinarkammer und des Disziplinarhofs werden für die Dauer von drei Jahren vom Reichspräsidenten ernannt, die richterlichen Mitglieder und die des Reichsrats nach Anhörung des Reichsrats.

Die Amtsdauer der gegenwärtigen Mitglieder der Disziplinarkammern und des Disziplinarhofs findet mit dem 31. 8. 1922 ihr Ende.

1. § 93 hat durch das Gesetz zum Schutze der Republik v. 21. 7. 1922 (RGBl. I 585) die oben mitgeteilte **völlig neue Fassung** erhalten. Während früher die Mitglieder der Reichsdisziplinargerichte für die Dauer ihrer Hauptämter vom Bundesrat gewählt und vom Kaiser ernannt wurden, also **dauernd** im Amt blieben, solange sie ihr Hauptamt innehatten, ist jetzt ihre Mitgliedschaft auf drei Jahre beschränkt. Dadurch ist ihre Unabhängigkeit stark beeinträchtigt. Sie müssen gewärtigen, nach Ablauf ihrer Amtsdauer nicht wieder ernannt zu werden, wenn ihre Rechtsprechung den Regierungsgewalten nicht gefällt. Das ist ein höchst bedauerlicher und abänderungsbedürftiger Zustand. Die Wiederherstellung des früheren Zustandes — Dauer der Mitgliedschaft für die Zeit des Hauptamtes — ist dringend geboten.

Bei den Mitgliedern aus dem Beamtenstand hat der Reichspräsident völlig freie Hand; die richterlichen Mitglieder und die des Reichsrats kann er erst ernennen, wenn er den Reichsrat angehört hat; eine Zustimmung des Reichsrats ist aber auch hier nicht erforderlich.

2. Da die Mitglieder der Reichsdisziplinarbehörden nicht wie früher für die Dauer ihres Hauptamts ernannt werden, **verlieren sie die Mitgliedschaft nicht mehr, wenn sie aus dem Hauptamt** durch Versetzung, Entlassung pp. **ausscheiden.** Sie behalten vielmehr dann das Nebenamt bis zum Ablauf der drei Jahre bei. Die Pensionierung im Hauptamt hindert also nicht mehr die Weiterführung oder auch die neue Führung des Amtes als Mitglied einer Reichsdisziplinarbehörde.

3. Die Reichsbeamten **müssen die Mitgliedschaft** bei einer Reichsdisziplinarbehörde **übernehmen,** da in der Übertragung dieses Nebenamtes eine zulässige Erweiterung ihrer Amtspflichten liegt. Zudem sind die Reichsbeamten ebenso wie die Beamten der Länder und Gemeinden (Gemeindeverbände) nach Art. 13 PersonalabbauVdg. verpflichtet, jedes Nebenamt im öffentlichen Dienst anzunehmen, sofern die auszuübende Tätigkeit ihrer Vor- oder Berufsbildung entspricht (s. oben § 16 Anm. 2 S. 156). Für Preußen s. Brand BR. 506, 507. Bei dieser Rechtslage sind jetzt auch die Länderbeamten verpflichtet, als Mitglied in eine Reichsdisziplinarbehörde einzutreten.

4. Die Mitglieder der Reichsdisziplinargerichte werden vom Präsidenten des Disziplinargerichts auf die Erfüllung ihrer Amtsobliegenheiten **verpflichtet;** ihre Vereidigung ist nicht vorgeschrieben. RDisH. 2. 4. 1883 (F. 10/82).

§ 94.

In der Voruntersuchung wird der Angeschuldigte unter Mitteilung der Anschuldigungspunkte vorgeladen und der Beamte der Staatsanwaltschaft zugezogen. Dieselben werden, wenn sie erscheinen, mit ihren Erklärungen und Anträgen gehört. Die Zeugen

werden, nach Befinden eidlich, vernommen und die sonstigen Beweise erhoben. Den Vernehmungen der Zeugen darf weder der Beamte der Staatsanwaltschaft noch der Angeschuldigte beiwohnen.

Die Verhaftung, vorläufige Festnahme oder Vorführung des Angeschuldigten ist unzulässig.

1. In dem förmlichen Disziplinarverfahren **muß** der mündlichen Verhandlung **eine Voruntersuchung** vorangehen. **Ihr Zweck** ist, den Angeschuldigten gegen eine nicht hinreichend sorgfältige Prüfung der ihm zur Last gelegten Verfehlungen zu schützen. Es soll ihm in diesem die Hauptverhandlung vorbereitenden Verfahren im weitesten Umfange Gelegenheit gegeben werden, sich zu verteidigen und die ihm gemachten Vorwürfe zu entkräften. OVG. **80** 429. Andererseits muß das Sachverhältnis durch Vernehmung von Zeugen und Sachverständigen, durch Herbeischaffung und Prüfung der zur Aufklärung dienenden Urkunden sowie durch Ortsbesichtigungen und sonstige Augenscheinseinnahmen und durch Klarstellung der zur Beurteilung der Sachlage erforderlichen dienstlichen Verhältnisse in umfassendster Weise erörtert und aufgeklärt werden. Diese erschöpfenden Ermittlungen müssen schon um deswillen angestellt werden, weil das in der Voruntersuchung gesammelte Material die Grundlage bildet für die Entscheidung der wichtigen Fragen, ob der Angeschuldigte außer Verfolgung zu setzen oder anzuklagen und zur mündlichen Hauptverhandlung vorzuladen sei; vgl. OVG. **77** 491; Peters in KomRundsch. **27** 350.

Es ruht sogar der Schwerpunkt des ganzen Disziplinarverfahrens in der Voruntersuchung. RDisH. 4. 2. 1884; Arndt 147. Es findet nämlich nach den §§ 94, 105, 106 eine Beweisaufnahme in der Regel nur in der Voruntersuchung, nicht aber vor der entscheidenden Disziplinarbehörde statt. Es werden deshalb auch die Zeugen schon in der Voruntersuchung meist eidlich vernommen. In der mündlichen Verhandlung findet regelmäßig eine Wiederholung der Beweisaufnahme nicht statt.

Die Voruntersuchung ist selbst dann zu führen, wenn der Angeschuldigte in vollem Umfange geständig ist oder sonst die Anschuldigungspunkte, z. B. in einem voraufgegangenen Strafverfahren oder in einem behördlichen Ermittelungsverfahren durchweg ausreichend geklärt sind. Ohne eine ordnungsmäßig geführte Voruntersuchung würde das ganze Verfahren nichtig sein. OVG. **12** 430; **16** 398.

Eine Voruntersuchung, die in einem anderen Verfahren, z. B. in einem Zwangspensionierungsverfahren geführt ist, genügt nicht. OVG. **77** 491.

2. **Den Gegenstand der Voruntersuchung** bilden die im Einleitungsbeschlusse bezeichneten Anschuldigungspunkte. Im Laufe der Vorunter-

suchung kann das Verfahren durch Beschluß der Behörde, die das Verfahren eröffnet hat, auf weitere Anschuldigungspunkte ausgedehnt werden, nachdem zuvor der Staatsanwaltschaft Gelegenheit zu einer Äußerung gegeben worden ist. Dadurch ist aber der Untersuchungsrichter nicht etwa gehindert, schon vor solcher — den Anschuldigungsstoff erweiternden — Beschlußfassung neue Verfehlungen, die zu seiner Kenntnis kommen, wenigstens soweit zu erörtern, daß die zuständige Behörde beurteilen kann, ob sie ebenfalls zum Gegenstand eines förmlichen Disziplinarverfahrens zu machen sind; ähnlich v. Dultzig 201.

3. In der Regel beginnt die Voruntersuchung **mit der Vernehmung des Angeschuldigten.** Dieser wird zu seiner Vernehmung vorgeladen. Zwischen der Vorladung und der ersten Vernehmung muß eine von dem Kommissar nach freiem Ermessen zu bestimmende Frist liegen. RDisH. v. 9. 11. 1878 bei Per. u. Sp. 130. Bei der Vernehmung werden dem Angeschuldigten die Anschuldigungspunkte mitgeteilt, wenn er sie nicht schon aus dem ihm zugestellten Beschlusse über die Eröffnung des Verfahrens erfahren hat. Denn er soll bereits bei seiner ersten Vernehmung genau wissen, um was es sich im einzelnen handelt; nur auf diese Weise kann er sich genügend auf seine Verteidigung vorbereiten und das zu seiner Entlastung dienende Material herbeischaffen. Bei seiner Ladung brauchen ihm aber die Anschuldigungspunkte nicht mitgeteilt zu werden. RDisH. v. 9. 11. 1878 Schulze-Simons 445. Er ist zu Protokoll zu vernehmen; einseitige Aktenvermerke des Untersuchungskommissars über Angaben des Angeschuldigten sind unzulässig. PrOVG. 1. 3. 29 Ru. PrVBl. **50** 316. Der Angeschuldigte kann zum Erscheinen nicht gezwungen werden. Erscheint er aber, so muß er über alle Anschuldigungspunkte und zweckmäßig auch über seine persönlichen Verhältnisse, die für das Strafmaß und die Zubilligung eines Ruhegehaltsteils im Falle der Dienstentlassung von Bedeutung sein können, gehört werden. Dazu gehört z. B. auch die Teilnahme am Kriege. RDisH. v. 24. 2. 1919 Schulze-Simons 310. Die aus den Dienstakten, die alsbald heranzuziehen sind, festgestellten Disziplinarvorstrafen können von dem Beamten nicht als zu Unrecht erlassen angefochten werden. RDisH. v. 30. 1. 1882 und v. 4. 2. 1884 bei Schulze-Simons 307 und Schulze Rspr. 108.

Der Angeschuldigte ist berechtigt, seine Aussage zu verweigern. StMBeschl. v. 9. 4. 1910 bei v. Rheinb. 80; RDisH. v. 19. 4. 1915 Schulze-Simons 132 und v. 26. 5. 1925 DRichtZ. **25** 158. Hat er sie aber abgegeben, so darf er sich bei Vermeidung disziplinarischer Bestrafung nicht weigern, das über seine Vernehmung aufgenommene, seine Aussage richtig wiedergebende Protokoll zu unterschreiben. OVG. v. 15. 4. 1904 im PrVBl. **26** 100. Roß JurRundsch. **27** 42 und „Bürgermeister" **28** 74 nimmt dasselbe auch für das Ordnungsstrafverfahren an. Der Beamte braucht sich nicht selbst zu beschuldigen. RDisH. v. 26. 5. 1925 Schulze-Simons 163. Roß „Zeitschr. d. Verband. Preuß. Justizamtmänner" **28** 151 nimmt sogar an, daß der Angeschuldigte, ohne gegen seine Amtspflicht zu verstoßen, im förmlichen und nichtförmlichen Disziplinarverfahren wissentlich die Unwahrheit sagen dürfe. Dies ist bedenklich. Ein weiteres Recht, als das der Verweigerung der Aussage, wird man dem Angeschuldigten nicht zubilligen dürfen. So auch Teschke ZBR. **1** 51ff.

Wird die Voruntersuchung später auf weitere Anschuldigungspunkte ausgedehnt, so muß der Angeschuldigte auch über diese gehört werden.

Der Angeschuldigte braucht nicht notwendig vom Untersuchungskommissar selbst vernommen zu werden. Es kann vielmehr um die Vernehmung auch ein anderer nichtrichterlicher Beamter vom Untersuchungskommissar ersucht werden. UM. v. 22. 10. 1849 (MBl. **50** 2); v. Rheinb. 243. Jedoch wird der letztere regelmäßig nur in besonderen Fällen, z. B. bei sehr weiter Entfernung des Angeschuldigten vom Sitze des Untersuchungskommissars, von der eigenen Vernehmung absehen. Denn die Vernehmung des Angeschuldigten bildet sehr oft den wichtigsten Teil der Voruntersuchung und kann meist nur von dem Untersuchungskommissar selbst, der das ganze Material kennt und übersieht, zweckdienlich und erschöpfend gestaltet werden.

Erscheint der Angeschuldigte nicht, so muß die Voruntersuchung ohne seine Anhörung durchgeführt werden (UM. v. 15. 11. 1850, MBl. 369), falls nicht der Kommissar seine schriftliche Äußerung herbeizuführen für zweckmäßig erachtet. Aus dem Nichterscheinen läßt sich natürlich kein Schluß auf ein Zugeständnis ziehen. Im Gegenteil wird bis zu einer anderweiten Äußerung des Angeschuldigten anzunehmen sein, daß er seine Schuld in vollem Umfange bestreiten will. Zwangsweise Vorführung des Angeschuldigten ist unstatthaft. Schriftliche Eingaben des Angeschuldigten kann der Untersuchungskommissar berücksichtigen; verpflichtet hierzu ist er nicht. Zur Vermeidung von Weiterungen im späteren Verfahren wird er sie aber, soweit sie wichtig sind, beachten.

Ist der Angeschuldigte nicht vernehmungsfähig, und zwar infolge körperlicher Leiden oder geistiger Gebrechen, so muß die Voruntersuchung einstweilen ausgesetzt werden. Denn sie setzt notwendig voraus, daß der Angeschuldigte in jeder Lage des Verfahrens zu einer Äußerung imstande ist. v. Rheinb. 243, 244; Friedrichs 624.

4. **Des Beistandes eines Verteidigers** darf sich der Angeschuldigte in der Voruntersuchung **nicht bedienen.** Vielmehr gestattet § 101 Abs. 3 dem angeschuldigten Beamten nur, in der mündlichen Hauptverhandlung einen Rechtsanwalt als Beistand heranzuziehen.

Dieser Zustand ist abänderungsbedürftig. Denn der Beamte bedarf, namentlich in verwickelteren und schwierigeren Disziplinarsachen, schon in der Voruntersuchung der Unterstützung eines Verteidigers und auch die Zwecke der Disziplinarrechtspflege werden gefördert, wenn schon in diesem

Abschnitte des Verfahrens eine sachgemäße Verteidigung sich entfalten kann. Nicht selten würde gerade durch die Tätigkeit des Anwalts im Voruntersuchungsverfahren der Beschuldigung der Boden entzogen und ihre Haltlosigkeit offenbar werden. Die Zulassung eines Verteidigers in der Voruntersuchung ist auch um deswillen erwünscht, weil der Beamte der Staatsanwaltschaft schon im Laufe der Voruntersuchung tätig werden kann, da in der Voruntersuchung der Beamte der Staatsanwaltschaft nach § 94 Abs. 1 Satz 1 alsbald zugezogen und mit seinen Erklärungen und Anträgen gehört wird. Der Staatsanwalt wird aber, wenn er auch an sich verpflichtet ist, auch die zugunsten des Angeschuldigten sprechenden Gesichtspunkte zu berücksichtigen, doch im Hinblick auf seine Stellung nur zu leicht geneigt sein, die Belastungsmomente besonders scharf hervorzuheben. Deshalb wird der angeschuldigte Beamte in Fällen, wo der Staatsanwalt im Laufe der Voruntersuchung in das Verfahren eingreift, nach der Unterstützung eines rechtskundigen Beistandes besonders verlangen. Ließe man einen Rechtsanwalt als Verteidiger zu, so würde man ihm nicht nur die Anwesenheit in Terminen zu gestatten haben, in denen der Angeschuldigte vernommen wird und Beweise erhoben werden, sondern man müßte ihm auch die Einsicht in die Voruntersuchungsakten gewähren, soweit dadurch nicht der Untersuchungszweck oder dienstliche Interessen gefährdet werden. Nach § 46 Entw. RDienstStrO. kann sich der Angeschuldigte in jeder Lage des förmlichen Verfahrens, also auch schon in der Voruntersuchung des Beistandes eines Verteidigers bedienen.

Schultheiß, Archiv öffentl. R. **39** 27ff. will auch einen gemäß § 1910 BGB. für den Beamten bestellten Pfleger und etwaige gesetzliche Vertreter des Beamten schon in der Voruntersuchung zulassen. Dies ist jedenfalls, soweit der Pfleger in Frage kommt, bedenklich, da es eine Pflegschaft aus § 1910 BGB. mit dem Wirkungskreis der Vertretung des Pfleglings im Disziplinarverfahren nicht gibt; vgl. KGJ. **47** A 43 = OLG. **13** 268.

5. Sind dem Angeschuldigten in der Voruntersuchung einige den Gegenstand der Anschuldigung bildende **Anschuldigungspunkte nicht vorgehalten,** so ist, wenn durch die Unterlassung des Vorhalts die Verteidigung beeinträchtigt erscheint, dem Antrage des Angeschuldigten auf Wiederaufnahme der Voruntersuchung stattzugeben. Hat aber der Angeschuldigte den Antrag nicht rechtzeitig gestellt oder auf ihn in erster Instanz verzichtet, so kann er diesen Mangel des Verfahrens in zweiter Instanz nicht mehr geltend machen. RDisH. v. 30. 1. 1882 bei Perels-Spill, 193.

6. Nach Anhörung des Angeschuldigten **erhebt der Kommissar die erforderlichen Beweise,** sofern nicht etwa ein glaubwürdiges Geständnis vorliegt und nicht die Besorgnis besteht, daß dies vom Angeschuldigten später widerrufen werden könne.

Streitig ist, ob allgemein die Vorschriften der StrPO. über die Beweisaufnahme auf die Disziplinaruntersuchung Anwendung finden

können. Pieper 395 bejaht dies und will daher die §§ 51ff., 60ff., 70, 71, 75—80, 84, 86, 93 u. 188 StrPO. entsprechend anwenden; derselben Ansicht scheint v. Rheinb. 244ff. zu sein. Diese Ansicht ist jedoch in ihrer Allgemeinheit nicht zutreffend; so auch v. Dultzig 15. Bei jeder Vorschrift der StrPO. ist vielmehr sorgfältig zu prüfen, ob sie sich nach den Vorschriften der Disziplinargesetze und dem Wesen und Zweck des Disziplinarverfahrens ohne weiteres auf das letztere übertragen läßt. OVG. **54** 457; **82** 484. So braucht z. B. die Vereidigung der Zeugen durch den Untersuchungskommissar nicht nach § 61 StrPO. in der Regel vor der Vernehmung zu erfolgen; der Kommissar hat hier vielmehr völlig freie Hand. Auch in der Gegenüberstellung von Zeugen ist er nicht durch § 59 Abs. 2 StrPO. beschränkt. Seydel 151; 152; **a. M.** v. Rheinb. 245; vgl. hierzu auch GoltdArch. **9** 57 u. 487; **10** 820; **14** 486; Oppenhoff Rspr. **7** 315; **14** 522; **15** 18; **16** 575; KGJ. **10** 10.

Streitig ist, ob Zeugen, die in einem vorangegangenen Strafverfahren bereits vernommen sind, in einem nachfolgenden Disziplinarverfahren noch einmal vernommen werden müssen. Nötig ist dies jedenfalls dann, wenn die Zeugen im Strafverfahren nur uneidlich vernommen sind oder wenn ihre Aussagen nach irgendeiner Richtung hin Bedenken erregen oder wenn die Zeugen neue wesentliche Tatsachen bekunden sollen. v. Dultzig 202, 203 verlangt die nochmalige Vernehmung an sich in allen sonstigen Fällen unter Berufung auf § 250 StrPO., OVG. **82** 462ff. jedenfalls dann, wenn in dem Strafverfahren Einstellung erfolgt ist. Dem wird nicht zuzustimmen sein; vielmehr kann der Untersuchungskommissar unter Umständen, z. B. wenn die Zeugen bereits eingehend eidlich vernommen sind, sich darauf beschränken, die Vernehmungsprotokolle dem Angeschuldigten vorzulesen und abzuwarten, ob die Gegenerklärungen des Angeschuldigten Anlaß zur erneuten Vernehmung bieten. Die §§ 250, 251 StrPO. finden auf das Disziplinarverfahren keine entsprechende Anwendung; in der mündlichen Verhandlung können daher auch frühere Vernehmungsprotokolle, die in einem Strafverfahren entstanden sind berücksichtigt werden; **a. M.** v. Dultzig 203, 204; dagegen nimmt OVG. **82** 462ff. an, daß die in solchen Fällen unterbliebene nochmalige Vernehmung von Zeugen und die Erörterung von Urkunden vom Disziplinargericht unter Zuziehung des Angeschuldigten sowie dessen Verteidigers und des Vertreters der Staatsanwaltschaft entweder in der mündlichen Verhandlung selbst oder vorher durch einen vom Disziplinargericht beauftragten Richter nachgeholt werden müsse.

Die Vernehmung der Zeugen und Sachverständigen geschieht nach § 32 Abs. 1 VDisG. u. § 27 Abs. 1 RDisG. grundsätzlich eidlich, soweit dies nicht nach den Bestimmungen der allgemeinen Prozeßgesetze verboten ist. OVG. **80** 429. Die eidliche Vernehmung der Zeugen kann der Untersuchungskommissar auch dann bewirken, wenn er nicht zu den richterlichen

Beamten gehört. ME. v. 27. 11. 1849 (MBl. **50** 161). Amtseidliche Versicherungen bei Zeugenaussagen statt der Vereidigung sind unzulässig. ME. v. 20. 7. 1894 (MBl. 118); RGSt. **25** 96; OVG. 1. 3. 29 Ru.PrVBl. **50** 317.

Ein gegenteiliger Rechtsstandpunkt findet sich im § 94 Abs. 1 RBG., wonach im Voruntersuchungsverfahren gegen Reichsbeamte die Zeugen nach dem Ermessen des Untersuchungskommissars eidlich oder uneidlich vernommen werden können. Allerdings hat der RDisH. ständig ausgesprochen, daß die Beeidigung der Zeugen nicht in das schrankenlose Ermessen des Untersuchungskommissars gestellt sei, daß vielmehr in dieser Beziehung die Vorschriften der StrPO. gelten. RDisH. v. 28. 11. 1898 Schulze-Simons 446. Deshalb ist z. B. die Beeidigung eines Zeugen dessen Mittäterschaft für erwiesen gilt, nach § 57 Nr. 3 StrPO. unzulässig. RDisH. v. 30. 3. 1925 in DRichtZ. **25** 141 = „Recht" **25** 575 = Schulze-Simons 448. Für die sinngemäße Anwendung des § 57 Nr. 3 StrPO. im Disziplinarverfahren bedeutet der Begriff der „Tat" den gesamten tatsächlichen Vorgang, in dem ein Dienstvergehen des angeschuldigten Beamten gefunden wird. Diese „Tat" kann insofern rechtlich verschieden beurteilt werden, als sie für den Angeschuldigten ein Dienstvergehen, für den Teilnehmer eine nach dem Strafgesetz strafbare Handlung darstellt. Auf die Verschiedenheit der Ausgestaltung der „Tat" kommt es für die Anwendung des § 57 Nr. 3 nicht an. So muß z. B. in einem Disziplinarverfahren gegen einen Beamten wegen eines durch Ehebruch begangenen Dienstvergehens die Frau, mit der er Ehebruch getrieben haben soll, als Zeugin unbeeidigt vernommen werden, wenngleich gegen sie — unter gewissen Voraussetzungen — nur ein nach dem allgemeinen Strafgesetz verfolgbarer strafrechtlicher Tatbestand in Frage kommt. PrDisHfnichtrB. v. 17. 5. 1926 (DJZ. **26** 1503 = PrVBl. **47** 480).

In der Regel wird die Vereidigung von wichtigen Zeugen zweckmäßig sein, da nur auf diese Weise ein glaubwürdiges Material beschafft wird, auf Grund dessen die oberste Reichsbehörde ihre weiteren Entschließungen treffen kann. Auch wird sich bei bereits vorgenommener Beeidigung oft die nochmalige Vernehmung der Zeugen in der mündlichen Verhandlung erübrigen. Pieper 267. Dagegen halten Zedl. Neuk. 50 u. Kanng. 194 eine Vereidigung nur für zweckmäßig, wenn die Zeugen bei erheblichen Punkten offenbar mit der Wahrheit zurückhalten oder wenn sie voraussichtlich durch Krankheit, weite Entfernung usw. in der mündlichen Verhandlung nicht erscheinen können. Eine Vereidigung ist aber jedenfalls dann überflüssig, wenn der Angeschuldigte die Aussagen für richtig erklärt und nicht anzunehmen ist, daß er diese Erklärung später widerrufen wird. Kanng. 194.

Die Einschränkung des Zeugniszwanges gegen Redakteure usw. nach der neuen Vorschrift des § 53 Abs. 1 Nr. 4 StrPO. gilt auch für das Disziplinarverfahren. JM. v. 28. 12. 1926 (JMBl. 436).

Die Vernehmung der Zeugen und der Sachverständigen erfolgt in Abwesenheit des Angeschuldigten und des Vertreters der Staatsanwaltschaft.

Die Vorladung, Vernehmung und Vereidigung der Zeugen und Sachverständigen erfolgt im allgemeinen nach den Bestimmungen der StrPO. StM. v. 25. 6. 1880 (EVBl. 284); JM. v. 17. 8. 1894 bei Müller 502.

Auch die Sachverständigen werden regelmäßig zu vernehmen sein. Zweckmäßig wird es aber oft sein, daß sie vor ihrer Vernehmung — namentlich in schwierigeren Beweisfragen — ein schriftliches Gutachten einreichen.

Unwirksam ist die Vernehmung von Zeugen durch einen ersuchten Richter, der selbst zuvor in derselben Disziplinarsache als Zeuge vernommen worden war; § 22 Ziff. 5 StrPO. findet sinngemäß Anwendung. PrDisHfnichtrB. v. 1. 11. 1926 in Ztschr. d. Verbandes preuß. Justizamtmänner **27** 14 = DJZ. **27** 173 = PrVBl. **48** 213.

Hinsichtlich der Gebühren der Zeugen und Sachverständigen finden die Vorschriften der Gebührenordnung für Zeugen u. Sachverst. v. 21. 12. 1925 (RGBl. I 471) Anwendung.

Gegen Zeugen, die unentschuldigt ausbleiben oder ihr Zeugnis oder ihre Eidesleistung grundlos verweigern, kann der Untersuchungskommissar Strafen verhängen, da er sonst an einer erfolgreichen Durchführung der Voruntersuchung gehindert wäre. §§ 50, 69 StrPO. Die Dauer der Zwangshaft (§ 69 aaO.) wird sich nach der Erheblichkeit des Disziplinarvergehens zu richten haben. Delius in DJZ. **2** 48ff. Der Untersuchungskommissar braucht sich also nicht etwa zur Durchführung des Zeugniszwangs an die ordentlichen Gerichte zu wenden. OTrib. in GoltdArch. **9** 487; Oppenhoff Rspr. **1** 388; Delius in DJZ. **2** 48ff.; Arndt RBG. 139; KabO. v. 18. 7. 1844 (GS. 299); ME. v. 12. 5. 1851 (MBl. 92); ME. v. 30. 4. 1895 (ZBlUV. 431 = Bl. 110); v. Rheinb. 246; Sachse LZ. **29** Sp. 217ff.; **a. M.** Seydel 159; Friedrichs 624; Frank VerwArch. **17** 347.

Beschwerden gegen solche Strafbeschlüsse des Untersuchungskommissars wie gegen seine sonstigen beschwerdefähigen Maßnahmen, z. B. über Zubilligung von Zeugen- und Sachverständigengebühren, entscheidet das Disziplinargericht; vgl. JM. v. 17. 3. 1905 bei Müller 520; s. auch Friedrichs 625, 626. Beschwerden wegen Verweigerung oder Verzögerung der Voruntersuchung entscheidet die dem Kommissar vorgesetzte Dienstbehörde. Im übrigen sind Beschwerden gegen die Art der Führung der Voruntersuchung nicht zulässig.

Gegen den Angeschuldigten kann der Untersuchungskommissar eine Ordnungsstrafe wegen Ungebühr nicht festsetzen. Delius PrVBl. **42** 587; **a. M.** Deichmann PrVBl. **42** 490, der die für den Untersuchungsrichter im Strafverfahren geltenden Vorschriften entsprechend anwenden und gegen die Verhängung der Ungebührstrafe die Beschwerde an das erkennende Disziplinargericht geben will.

7. **Streitig ist, ob die Gerichte dem Ersuchen des Untersuchungskommissars um Vernehmung von Zeugen und Sachverständigen folgen** müssen. Obwohl es an einer gesetzlichen Vorschrift hierfür fehlt, bejaht die herrschende Lehre mit Recht die Verpflichtung der Gerichte zur Leistung der Rechtshilfe. GoltdArch. **3** 121; **9** 57 u. 487; **10** 356 u. 820; **14** 486; **52** 260; Oppenhoff Rspr. in Strafs. **1** 229 u. 388; **2** 249 u. 408; **3** 109; **7** 315; **14** 522; **15** 18; **16** 575; KGJ. **10** 3; OLG. **14** 325 (Posen); Perels-Spill. 196; Graff „Staats- u. Selbstverwaltung" **27** 378, 379; **a. M.** Pieper 395; Burghold in DJZ. **2** 171; RGSt. **19** 438; **22** 111. Die Verpflichtung zur Rechtshilfe ergibt sich aus der allgemeinen Verpflichtung aller öffentlichen Behörden zur gegenseitigen Beistandsleistung; vgl. Gutachten des KG. JMBl. **26** 160; PrGerVerf. 64. Auch §§ 35, 55 Abs. 3 Entw. RDienstStrO. bejahen die Verpflichtung der Gerichte und Verwaltungsbehörden zur Leistung der Rechtshilfe. Bei dem Ersuchen des Untersuchungskommissars um gerichtliche Vernehmung von Zeugen und Sachverständigen handelt es sich um ein Rechtshilfeersuchen im Sinne des § 87 Abs. 1 PrAGGVG. Danach kann das Amtsgericht das Ersuchen nur aus den im § 158 Abs. 2 GVG. erwähnten Gründen ablehnen oder auch, weil die ersuchende Behörde an dem Orte ihren Sitz hat, an dem die Amtshandlung vorgenommen werden soll. Über Beschwerden wegen verweigerter Rechtshilfe entscheiden in Preußen die Oberlandesgerichte endgültig. § 87 Abs. 2 PrAGGVG.; OLG. Celle im PrVBl. **28** 515.

Andere als richterliche Beamte dürfen um die eidliche Vernehmung von Zeugen und Sachverständigen nicht ersucht werden. ME. v. 28. 12. 1909 (MBl. **10** 18).

Sollen Zeugen im Auslande vernommen werden, so sind die allgemeinen Vorschriften über die Rechtshilfe im Auslande zu beachten. Müller 502; vgl. aber RDisH. v. 5. 7. 1897 Schulze-Simons 449.

Die Verpflichtung der Gerichte zur Rechtshilfe gilt auch in dem Vorvermittlungsverfahren zur Herbeiführung der disziplinarischen Bestrafung eines Beamten. OLG. Celle in GoltdArch. **52** 260.

8. Der Untersuchungskommissar hat sich nicht auf die Vernehmung von Zeugen und Sachverständigen zu beschränken, sondern **auch die sonstigen zur Aufklärung der Sache dienenden Beweise herbeizuschaffen.** Dabei hat er auch die zugunsten der Angeschuldigten sprechenden Punkte aufzuklären. OVG. v. 15. 2. 1927 PrVBl. **49** 21. Zu den sonstigen Beweisen gehören die Augenscheinsnahme, die Herbeischaffung von Akten, Urkunden, Untersuchungsstücken usw., Einholung von Auskünften u. dgl. Eine Verpflichtung zur Herausgabe von Urkunden besteht nicht; s. Näheres Friedrichs 625.

Zu **Beschlagnahmen** und **Durchsuchungen** ist der Untersuchungskommissar, nicht etwa der Beamte der Staatsanwaltschaft befugt. RGSt. 10 425; Pieper 395; v. Dultzig 206; v. Rheinb. 247; Schulze 260; Kanngieß. 195; Thudich. 319; Görres 75; **a. M.** Müller 502; Friedrichs 625; Stier-Somlo im Artikel „Beschlagnahme" im Handwörterbuch der Rechtswissenschaft 1926ff. Bd. I S. 653 und Seydel 160; letzterer hält den Untersuchungskommissar nur für befugt, Durchsuchungen in Diensträumen vorzunehmen und die Beschlagnahme von Dienstgegenständen und amtlichen Schriftstücken anzuordnen; um andere Beschlagnahmen und Durchsuchungen soll der Untersuchungskommissar nach Seydel 160 die zuständigen Organe, nämlich den ordentlichen Richter, die Staatsanwaltschaft oder die Polizei ersuchen.

Die amtlichen, in einer Disziplinaruntersuchung beschlagnahmten Papiere können seitens des betroffenen Beamten von der sie mit Beschlag belegenden Behörde im ordentlichen Rechtswege nicht herausverlangt werden. KKGH. v. 20. 4. 1850 (JMBl. 286).

Nicht befugt ist der Untersuchungskommissar zur Beschlagnahme von Briefsendungen und Telegrammen gemäß § 99 StrPO., weil Ausnahmen von dem Grundsatze der Unverletzlichkeit des Brief- und Telegraphengeheimnisses nur durch Gesetz bestimmt werden dürfen und daher die in der StrPO. nachgelassenen Ausnahmen keine entsprechende Anwendung auf das Disziplinarverfahren gestatten. Schulze 260; Perels-Spilling 194; v. Rheinb. 248. In solchen Fällen muß daher der Untersuchungskommissar das Amtsgericht um Vornahme der Beschlagnahme ersuchen. Auch zur **Verhaftung, vorläufigen Festnahme** und **Vorführung** des Angeschuldigten ist der Untersuchungskommissar nicht befugt. § 94 Abs. 2.

Streitig ist, ob der Beamte verpflichtet ist, sich — falls dies zur Aufklärung der Sachlage erforderlich ist — von einem Arzte untersuchen zu lassen. Der richtigen Ansicht nach kann er hierzu zwar nicht gezwungen werden; weigert er sich aber ohne ausreichenden Grund, so können aus seinem Verhalten ungünstige Schlüsse gezogen werden. Eine disziplinarische Bestrafung wegen Ungehorsams wird aber wegen dieses — nicht in den Dienstbereich fallenden — Verhaltens des Angeschuldigten nicht angängig sein; vgl. Görres 75. Ob der Beamte gegen seinen Willen zwecks Beobachtung seines Geisteszustandes oder zur Vorbereitung eines Gutachtens über seinen Geisteszustand in einer öffentlichen Irrenanstalt auf die Dauer von 6 Wochen untergebracht werden und § 81 StrPO. ergänzend herangezogen werden kann, ist zweifelhaft. Dafür spricht, daß die Feststellung der Zurechenbarkeit der den Gegenstand der Untersuchung bildenden Tat für das Disziplinarverfahren ebenso wesentlich wie für das gewöhnliche Strafverfahren ist. Es scheint auch mit den besonderen Zwecken des Disziplinarverfahrens nicht vereinbar zu sein, daß ein Beamter, der im Falle seiner Zurechnungsfähigkeit vielleicht Dienstentlassung zu erwarten hätte, im Amt belassen wird, nur weil die Frage der Zurechnungsfähigkeit nicht einwandfrei entschieden werden kann. Trotzdem wird man sich auf einen entgegengesetzten Standpunkt stellen und mit PrDisHfnichtrB. v. 29. 10. 1928 DJZ. **28** 1685, v. Rheinb. 263 und Schulze 260 in der Maßnahme einen unzulässigen Eingriff in die persönliche Freiheit des Angeschuldigten erblicken und sie für unzulässig halten müssen. **A. M.** GrDisSenat d. KG. v. 4. 12. 1917 (JMBl. **18** 59ff.); Perels-Spilling 194; Peters bei Goltdammer **44** 209; zweifelnd GrDisS. v. 20. 6. 1923 Amtl. Sammlg. 108. Unzulässig ist solche Maßnahme unstreitig im Zwangspensionierungsverfahren. GrDisS. v. 20. 6. 1923. Amtl. Sammlg. 108.

Wegen der Einholung von Gutachten der gerichtsärztlichen Ausschüsse in den Provinzen s. Beschl. d. Staatsm. v. 30. 4. 1921 und Ausführungsanw. d. M. f. Volksw. v. 25. 9. 1919 und v. 23. 1. 1925; s. JMBl. v. 18. 2. 1925 (JMBl. 69).

9. Bei der großen Bedeutung der Voruntersuchung wäre es wünschenswert, die Rechte des Angeschuldigten in der Voruntersuchung noch zu erweitern, insbesondere ihm die Zeugen gegenüberzustellen, ihm Gelegenheit zu geben, Fragen an die Zeugen zu richten und sich im unmittelbaren Anschluß an ihre Vernehmung über ihre Aussagen zu äußern. Ebenso Boeters DJZ. **27** 944, 945.

§ 95.

Über jede Untersuchungshandlung ist durch einen vereideten Protokollführer ein Protokoll aufzunehmen. Den vernommenen Personen ist ihre Aussage unmittelbar nach der Protokollierung vorzulesen, um denselben Gelegenheit zur Berichtigung und Ergänzung zu geben.

Bei der Vernehmung des Angeschuldigten und dem Verhöre der Zeugen (und Sachverständigen) sowie bei sonstigen Untersuchungshandlungen (Augenscheinseinnahme, Beschlagnahme usw.) ist **ein vereideter Schriftführer zuzuziehen.** Eine Verpflichtung durch Handschlag genügt nicht. PrDisHfnichtrB. v. 17. 11. 1924 DJZ. **25** 345 = JW. **25** 1684. Der Schriftführer wird zugezogen zur Vermeidung von Mißverständnissen und Irrtümern, die sich leicht bei den vom Kommissar allein aufgenommenen Verhandlungen vorfinden könnten. Der Schriftführer braucht kein Gerichtsbeamter zu sein und zur Schriftführung nicht besonders vereidigt zu werden. Hat er den allgemeinen Diensteid geleistet, so braucht er nicht noch besonders durch Handschlag an Eidesstatt und Hinweis auf den geleisteten Diensteid verpflichtet zu werden. OVG. v. 30. 5. 1899 bei v. Brauchitsch **1** 770. Gegebenenfalls hat der Untersuchungskommissar den Schriftführer für diese Tätigkeit besonders zu vereidigen. PrDisHfnichtrB. v. 17. 11. 1924 (DJZ. **25** 345 = JW. **25** 1681). Auch weibliche Personen können als Schriftführer zugezogen werden. RG. v. 11. 7. 1922; PrDisHfnichtrB. v. 17. 11. 1924 DJZ. **25** 345 = JW. **25** 1681 = JurRundsch. **25** 980 = DRichtZ. **26** Rspr. 30. Die Nichtzuziehung eines Schriftführers oder die Zuziehung einer ungeeigneten Person zu diesem Amt ist ein so wesentlicher Formfehler, daß in solchem Falle zur Erneuerung des Verfahrens geschritten werden muß. v. Rheinb. 250; vgl. OVG. **16** 395; OVG. 8. 2. 29 Ru. PrVBl. **50** 316. Dagegen nimmt PrDisHfnichtrB. v. 17. 11. 1924 (DJZ. **25** 345 = JW. **25** 1681) an, daß die unter Leistung des Zeugeneides erfolgten Vernehmungen durch den Untersuchungskommissar als eidliche Vernehmungen im Sinne des § 94 anzusehen seien, auch wenn überhaupt kein Protokollführer oder ein nicht vereideter zugezogen sei. Der dann vorliegende Mangel des Verfahrens mache dessen Erneuerung nur erforderlich, wenn nach den Umständen des Einzelfalls sich Zweifel an der Richtigkeit des Inhalts der Niederschrift ergäben.

Das aufgenommene Protokoll ist den vernommenen Personen sofort nach der Niederschrift vorzulesen; sie sollen dadurch Gelegenheit zur Berichtigung und Ergänzung erhalten. Bezügliche Erklärungen sind in das Protokoll aufzunehmen. In dem Protokoll wird zweckmäßig ein Genehmigungsvermerk aufgenommen. Daß die vernommenen Personen das Protokoll zum Zeichen der Genehmigung mit ihrem Namen unterschreiben, ist zwar nicht vorgeschrieben. Es empfiehlt sich aber, die Unterschrift einzuholen, da dadurch die Genehmigung der Niederschrift urkundlich festgelegt ist.

§ 96.

Wenn der Voruntersuchungsbeamte die Voruntersuchung für geschlossen erachtet, so teilt er die Akten dem Beamten der Staatsanwaltschaft mit. Hält dieser eine Ergänzung der Voruntersuchung für erforderlich, so hat er dieselbe bei dem Voruntersuchungsbeamten zu beantragen, welcher, wenn er entgegengesetzter Ansicht ist, die Entscheidung der obersten Reichsbehörde einzuholen hat.

1. Der Untersuchungskommissar kann die **Voruntersuchung** nur dann **für geschlossen** erachten, wenn er die Sachlage nach jeder Richtung hin für ausreichend geklärt hält. Er hat dann die Akten dem Beamten der Staatsanwaltschaft mit dem Bemerken vorzulegen, daß er die Schließung der Voruntersuchung beabsichtige.

2. Der Beamte der Staatsanwaltschaft hat die Akten gründlich durchzuarbeiten und **eine Ergänzung dann zu beantragen,** wenn er das Sachverhältnis noch nicht für genügend geklärt hält. In seinem Antrage hat er im einzelnen die der weiteren Aufklärung bedürftigen Punkte zu bezeichnen. Will der Untersuchungskommissar dem Antrage nicht stattgeben, so hat er

nicht etwa die Entscheidung der Reichsdisziplinarkammer, sondern die der obersten Reichsbehörde (s. Ziff. I V. v. 10. 8. 1928, RGBl. I 369; s. unten S. 547), die ihn nach § 85 ernannt hat, einzuholen. Dieser Entscheidung haben sich beide Teile (Untersuchungskommissar und Beamter der Staatsanwaltschaft) zu fügen. Ein Rechtsmittel gegen diese gibt es nicht.

3. Bei der etwa notwendig werdenden **Ergänzung** der Voruntersuchung sind die §§ 94, 95 u. 97 zu beachten.

4. Wird keine Ergänzung erforderlich, so wird die **Voruntersuchung geschlossen.**

§ 97.

Nach geschlossener Voruntersuchung ist dem Angeschuldigten der Inhalt der erhobenen Beweismittel mitzuteilen. Darauf werden die Akten an die oberste Reichsbehörde eingesendet.

1. Nach Schluß der Voruntersuchung **ist dem Angeschuldigten von dem Ergebnisse der Beweisaufnahme Mitteilung zu machen.** Dies ist nötig. Denn sonst kann sich der Angeschuldigte nicht genügend auf die mündliche Verhandlung vorbereiten; auch kann er nicht auf Widersprüche und Unklarheiten der Beweisaufnahme hinweisen und zur Widerlegung oder Vervollständigung des Beweisergebnisses weitere Beweise angeben. In vielen Fällen bietet daher die Schlußvernehmung Anlaß zur Vornahme weiterer Ermittelungen; vgl. OVG. **77** 491. RDisH. v. 7. 11. 1881 bei Per. u. Sp. 134, 135 nimmt allerdings an, daß der Angeschuldigte nicht verlangen könne, nach Mitteilung des Beweisergebnisses gehört zu werden. Mag er auch kein Recht hierauf haben, so erscheint es zur Vermeidung von Weiterungen doch zweckmäßig, seine Gegenerklärung entgegenzunehmen und gegebenenfalls weitere Ermittlungen anzustellen.

Die Mitteilung des Beweisergebnisses dient ferner dem Angeschuldigten dazu, sich nunmehr darüber schlüssig zu machen, ob er nach § 100 freiwillig aus dem Amte scheiden will.

2. **Die Mitteilung des Beweisergebnisses** braucht nicht schriftlich oder durch Vorlesung aller Schriftstücke zu geschehen; sie wird sich aber zweckmäßig auf den ganzen Inhalt aller Beweise erstrecken. Die selbständige Einsichtnahme der Untersuchungsakten kann der Angeschuldigte nicht beanspruchen, das Recht hat nur sein Verteidiger und erst nach Mitteilung der Anschuldigungsschrift und nach erfolgter Vorladung zur mündlichen Verhandlung; er kann auch nicht Abschriften von Teilen der Akten verlangen. RDisH. v. 29. 6. 1908 und v. 24. 7. 1924 Schulze-Simons 454. Auch hat er kein Recht auf schriftliche Verteidigung innerhalb der Voruntersuchung. ME. v. 15. 11. 1850 (MBl. 369).

3. **Erscheint der Angeschuldigte** trotz ordnungsmäßiger Ladung (§ 133) in dem Termin zur Mitteilung des Beweismittelinhalts **nicht,** so gilt die

Mitteilung als erfolgt, und die Akten werden an die oberste Reichsbehörde gesandt.

4. **Die Einsendung an die oberste Reichsbehörde** erfolgt, da diese zu beschließen hat, ob das Verfahren einzustellen und etwa gleichzeitig eine Ordnungsstrafe zu verhängen oder ob die Sache vor die Reichsdisziplinarkammer zu verweisen sei. §§ 98, 101.

§ 98.

Die oberste Reichsbehörde kann mit Rücksicht auf den Ausfall der Voruntersuchung das Verfahren einstellen und geeignetenfalls eine Ordnungsstrafe verhängen.

Der Angeschuldigte erhält Ausfertigung des darauf bezüglichen, mit Gründen zu unterstützenden Beschlusses.

1. Mit Rücksicht auf den Ausfall der Voruntersuchung **kann die oberste Reichsbehörde** (Ziff. 1 V. v. 10. 8. 1928, RGBl. I 369, s. unten S. 547) und nicht etwa die Reichsdisziplinarkammer **das Verfahren** durch Beschluß **einstellen** und im geeigneten Falle dabei eine Ordnungsstrafe (Warnung, Verweis oder Geldstrafe s. §§ 73, 74) verhängen. Diese Einstellung darf nur von der dem angeschuldigten Beamten vorgesetzten obersten Reichsbehörde verfügt werden; dabei kann sie im geeigneten Fall eine Ordnungsstrafe verhängen. Diese Maßnahme wird am Platze sein, wenn nach dem Ergebnis der Beweisaufnahme zu erwarten ist, daß das Disziplinargericht entweder auf Freisprechung oder nur auf eine Ordnungsstrafe erkennen wird. Andere, als aus dem Untersuchungsergebnisse herzuleitende Gründe dürfen zur Einstellung nicht verwertet werden; es wäre also unzulässig, wenn die oberste Reichsbehörde das Verfahren etwa nur aus politischen Gründen einstellen wollte. Dagegen kann die oberste Reichsbehörde die Einstellung auch dann beschließen, wenn der Angeklagte geisteskrank geworden ist. JM. v. 27. 3. 1895 bei Müller 503. Doch wird sich dies nur empfehlen, wenn die Geisteskrankheit voraussichtlich unheilbar ist und der Beamte daher nicht verhandlungsfähig sein wird. Ist Aussicht auf Besserung vorhanden, so wird keine endgültige, sondern nur einstweilige Einstellung am Platze sein. Die Einstellung wird auch dann erfolgen, wenn das Beamtenverhältnis durch Entlassung des Beamten auf seinen Antrag beendet worden ist. JM. v. 17. 12. 1857 bei Müller 504; OVG. **81** 449. Ebenso ist das Verfahren einzustellen, wenn der Beamte im Laufe des Verfahrens infolge Kündigung oder Widerrufs oder Todes aus dem Beamtenverhältnis ausscheidet. Bad. VGH. v. 9. 11. 1925 und v. 5. 7. 1926 DJZ. **26** 755; JW **27** 2874; abweichendes wird gelten, wenn gegen den ausgeschiedenen Beamten nach § 75 Abs. 2 auf Verlust des Titels und Ruhegehaltsanspruchs erkannt werden soll. Jedoch hat in allen Fällen dieser Art die oberste Reichsbehörde nach freiem Ermessen zu bestimmen,

ob sie einstellen will oder nicht. Ist der Beamte nicht entlassen, sucht er aber seine Entlassung nach, so muß Einstellung erfolgen, wenn die Voraussetzungen des § 100 vorliegen; s. auch § 15 Entw. RDStrO. In letzterem Falle kann nicht auf eine Ordnungsstrafe erkannt werden.

Werden dem Beamten schwere Verfehlungen zur Last gelegt, so wird regelmäßig schon im öffentlichen Interesse von einer Einstellung abzusehen und dem Disziplinarverfahren Fortgang zu geben sein. MJ. v. 18. 12. 1877 (MBl. **78** 14).

Ein Verfahren, das zu Unrecht eingestellt und dann wieder bei dem Gericht, bei dem es anhängig war, eröffnet wird, ist kein neues Verfahren, sondern nur die Fortsetzung des einmal eröffneten Disziplinarverfahrens. PrOVG. im PrVBl. **44** 43.

2. Nicht zulässig ist es, daß die Einstellung **nur auf einzelne Anschuldigungspunkte erstreckt wird.** Die oberste Reichsbehörde kann also nicht einzelne Anschuldigungspunkte aus der weiteren Untersuchung ausscheiden. **A. M.** Friedrichs 627. Vielmehr liegt der Staatsanwaltschaft die Entscheidung darüber ob, welche Vorwürfe fallen gelassen und welche der Entscheidung des Disziplinargerichts unterbreitet werden sollen. OVG. v. 5. 3. 1926 „Recht" **26** 480 = JW. **26** 2238 = OVG. **80** 435.

3. Der Einstellungsbeschluß der obersten Reichsbehörde ist nach preußischem Recht **nur bis zur Ladung** des Angeschuldigten vor die erkennende Disziplinarbehörde zulässig. ME. v. 21. 6. 1877 (MBl. 277); ME. v. 23. 8. 1887 (ZBlUV. 660); s. auch OVG. **50** 432. Nach RBG. wird man die Einstellung nicht mehr für zulässig erachten können, sobald das Verfahren vor der Reichsdisziplinarkammer auf Grund des Überweisungsbeschlusses der obersten Reichsbehörde anhängig geworden ist. § 101. Arndt RBG. 142. Die Einstellung gemäß § 100 ist aber auch noch während des Verfahrens vor der Reichsdisziplinarkammer zulässig. Die oberste Reichsbehörde hat den Beschluß, durch den sie das Verfahren eingestellt oder eine Ordnungsstrafe verhängt hat, mit Gründen zu versehen und dem Angeschuldigten in Ausfertigung zuzustellen.

Ein anderer Dienstvorgesetzter des Beamten kann, wenn die oberste Reichsbehörde das Verfahren ohne Verhängung einer Ordnungsstrafe eingestellt hat, wegen der Handlungen, die den Gegenstand der Voruntersuchung gebildet haben, eine Ordnungsstrafe nicht verhängen. OVG. **26** 422; **50** 432.

4. Die **Kosten des Verfahrens** können dem Angeschuldigten auch dann nicht auferlegt werden, wenn die Einstellung unter gleichzeitiger Verhängung einer Ordnungsstrafe erfolgt; denn Kosten können dem Angeschuldigten nur in einem Urteil des Disziplinargerichts zur Last gelegt werden; die Kosten fallen daher bei Einstellung des Verfahrens stets der Reichskasse zur Last. GrDisS. v. 20. 12. 1904 bei v. Rheinb. Es muß daher nach Erlaß des Beschlusses dem suspendiert gewesenen Angeschuldig-

ten das einbehaltene Diensteinkommen vollständig nachgezahlt werden. Abweichendes gilt im Falle des § 100.

5. **Ein Rechtsmittel** gibt es gegen den Einstellungsbeschluß weder für die Staatsanwaltschaft noch für den Angeschuldigten, und zwar auch dann nicht, wenn er mit einer Ordnungsstrafe verbunden ist. Dieser Rechtszustand ist abänderungsbedürftig, da der Angeschuldigte lediglich der Entscheidung einer einzelnen — rein politischen — Persönlichkeit unterworfen wird und ohne die Möglichkeit der Nachprüfung durch eine unparteiische Stelle bestraft wird. Übrigens vertreten PrUM. v. 8. 6. 1866 und v. 11. 1. 1898 (MBl. **66** 160; ZBlUV. **98** 250) einen etwas abweichenden Standpunkt. Sie wollen auch in Fällen, in denen nur eine Ordnungsstrafe zu erwarten ist, die Einstellung nicht zulassen, wenn es sich um Anschuldigungen handelt, die der Beamte bestreitet, und es daher auf die Würdigung der erhobenen Beweise ankommt; ähnlich UM. v. 30. 7. 1874 (ZBlUV. 539). Zu beachten bleibt auch, daß u. U. die Einstellung des Verfahrens in Verbindung mit der Festsetzung einer Ordnungsstrafe für den Angeschuldigten um deswillen nachteilig sein kann, weil er hiergegen kein Rechtsmittel hat.

§ 99.

Die Wiederaufnahme des Disziplinarverfahrens wegen der nämlichen Anschuldigungspunkte ist nur auf Grund neuer Beweise und während eines Zeitraums von fünf Jahren, vom Tage des Einstellungsbeschlusses ab, zulässig.

War eine Ordnungsstrafe verhängt (§ 98), so findet eine Wiederaufnahme des eingestellten Disziplinarverfahrens nicht statt.

1. Der Einstellungsbeschluß (§ 98) hat **die Wirkung eines rechtskräftigen Urteils.** Nur unter den Voraussetzungen des § 99 kann das Disziplinarverfahren innerhalb 5 Jahren — in Preußen fristlos— wieder aufgenommen werden. In Preußen ist die Wiederaufnahme im Gegensatze zu § 99 Abs. 2 auch dann zulässig, wenn gleichzeitig bei der Einstellung eine Ordnungsstrafe verhängt worden ist.

2. Der Einstellungsbeschluß führt aber in allen Fällen **zur Beseitigung der Ordnungsstrafgewalt** der Dienstvorgesetzten, und zwar auch dann, wenn in Verbindung mit der Einstellung keine Ordnungsstrafe verhängt war. OVG. **26** 421.

3. Wird eine Ordnungsstrafe nicht gemäß § 98, sondern im **Ordnungsstrafverfahren** gemäß §§ 80—83 verhängt, so kann ein förmliches Disziplinarverfahren — unter Aufhebung der Ordnungsstrafe — nachträglich eingeleitet werden; s. oben Anm. 9 zu § 82.

§ 100.

Die Einstellung des Verfahrens muß erfolgen, sobald der Angeschuldigte seine Entlassung aus dem Reichsdienste mit Verzicht

auf Titel, Gehalt und Pensionsanspruch nachsucht, vorausgesetzt, daß er seine amtlichen Geschäfte bereits erledigt und über eine ihm etwa anvertraute Verwaltung von Reichsvermögen vollständige Rechnung gelegt hat.

Die Verhängung einer Ordnungsstrafe ist in diesem Falle nicht zulässig. Die Kosten des eingestellten Verfahrens (§ 124) fallen dem Angeschuldigten zur Last.

1. **Im preußischen Disziplinarrecht** gibt es eine dem § 100 entsprechende Vorschrift nicht.

2. **Die Einstellung des Verfahrens muß erfolgen,** wenn der Beamte **seine Entlassung gemäß § 100** unter den dort angegebenen Voraussetzungen **nachsucht.** Die Einstellung erfolgt aber nicht, wenn der Beamte seine Pensionierung beantragt. Während einer schwebenden Disziplinaruntersuchung wird in der Regel einem Pensionierungsantrag nicht stattzugeben sein.

3. **Dem Antrage des Beamten auf Dienstentlassung gemäß § 100 muß stattgegeben werden.** Ausdrücklich ist dies allerdings im § 100 nicht gesagt. Die herrschende Ansicht folgert dies aber aus der Fassung des § 100 und nimmt an, daß mit der Einstellung stillschweigend auch die nachgesuchte Dienstentlassung gewährt werde. Ist aber der Beamte aus dem Dienste entlassen und stehen ihm auf Grund seiner Verzichtserklärung keine Rechte auf Titel, Gehalt, Ruhegehalt und Hinterbliebenenversorgung mehr zu, so ist das Disziplinarverfahren gegenstandslos geworden und deshalb einzustellen.

Ausdrücklich braucht die Verzichtserklärung zwar nicht abgegeben zu werden; man will sie stillschweigend in dem Antrage auf Entlassung finden. Die Praxis verlangt jedoch mit Recht zur Vermeidung von Weiterungen stets eine ausdrückliche Verzichtserklärung mit dem im § 100 angegebenen Inhalt; nur auf diese Weise schneidet man dem Angeschuldigten etwaige spätere Einwendungen über die Tragweite seiner Erklärung ab und schafft eine klare Rechtslage.

Solche Verzichtserklärungen sind häufig. Es empfiehlt sich, den Angeschuldigten zu ihrer Abgabe zu veranlassen, wenn die Sachlage so liegt, daß bei Fortführung des Disziplinarverfahrens mit Dienstentlassung ohne Zubilligung eines Pensionsteils zu rechnen ist. Es wird dann das meist lange Zeit dauernde und schwerfällige Disziplinarverfahren vermieden und schnell eine klare Rechtslage geschaffen. Rechnet der Angeschuldigte mit einer geringeren Strafe als Dienstentlassung oder doch mit der Gewährung eines Pensionsteils als Unterstützung, so wird er regelmäßig den Verzicht nicht erklären, vielmehr dem Disziplinarverfahren freien Lauf lassen.

Die Behörde wird stets geneigt sein, die Verzichtserklärung entgegenzunehmen, den Beamten zu entlassen und das Verfahren einzustellen; sie hat kein Interesse daran, den Beamten im Dienst zu behalten und gezwungen zu werden, das Disziplinarverfahren fortzuführen.

4. Die Einstellung des Verfahrens gemäß § 100 kann so lange erfolgen, **bis im Disziplinarverfahren ein rechtskräftiges Urteil ergangen ist.** Es ist also zulässig, daß der Angeschuldigte noch in der Berufungsinstanz den Verzicht erklärt und seine Entlassung nachsucht. Auch in diesem Falle wird das Verfahren eingestellt.

5. **Eine Ordnungsstrafe** wie im Falle des § 98 **darf** bei der Einstellung gemäß § 100 **nicht verhängt werden.** Übrigens werden die Fälle, in denen § 100 in Frage kommt, meist so schwer liegen, daß nur eine Dienstentlassung, nicht aber eine bloße Ordnungsstrafe eine angemessene Strafe für die Verfehlung sein würde.

Hat der Beamte gemäß § 100 alle Beziehungen zum Reich gelöst, so wird er wie jeder nicht beamtete Staatsbürger angesehen, so daß auch aus diesem Grunde eine Disziplinarbestrafung nicht mehr möglich ist.

6. Die **Kosten** (baren Auslagen) des Verfahrens (§ 124) sind nach § 100 Abs. 2 Satz 2 dem Angeschuldigten aufzuerlegen. Dies entspricht der Billigkeit. Denn die Verurteilung des Beamten wäre sicher zu erwarten gewesen, wenn er nicht unter Verzicht auf alle Rechte aus seinem Amt ausgeschieden wäre.

War er suspendiert, so ist der einbehaltene Teil seines Diensteinkommens (§ 128) zu den Stellvertretungskosten und der Rest zu den Untersuchungskosten zu verwenden. Der hierzu nicht verwendete Teil des Diensteinkommens wird dem Beamten nachgezahlt. (§§ 128, 129).

§ 101.

Beschließt die oberste Reichsbehörde die Verweisung der Sache vor die Disziplinarkammer, so wird der Angeschuldigte nach Eingang einer von dem Beamten der Staatsanwaltschaft anzufertigenden Anschuldigungsschrift unter abschriftlicher Mitteilung der letzteren zu einer von dem Vorsitzenden der Disziplinarkammer zu bestimmenden Sitzung zur mündlichen Verhandlung vorgeladen.

Bis zur Verkündung der Entscheidung der Disziplinarkammer kann die oberste Reichsbehörde den Verweisungsbeschluß zurücknehmen. Die Zurücknahme ist nur mit Zustimmung des Angeschuldigten zulässig. Wird der Verweisungsbeschluß zurückgenommen, so hat die oberste Reichsbehörde das Verfahren einzustellen und kann geeignetenfalls eine Ordnungsstrafe verhängen.

Der Angeschuldigte kann sich des Beistandes eines Rechtsanwalts als Verteidiger bedienen. Dem letzteren ist die Einsicht der Voruntersuchungsakten zu gestatten.

1. **Wird das Verfahren nicht eingestellt,** so beschließt die oberste Reichsbehörde die Verweisung der Sache an die Reichsdisziplinarkammer.

Dieser Beschluß wird nur der Reichsdisziplinarkammer und dem Vertreter der Staatsanwaltschaft, nicht dem Angeschuldigten mitgeteilt. Mit der Mitteilung des Beschlusses an die Kammer, nicht erst, wie Pieper 276 meint, mit dem Eingange der Anschuldigungsschrift wird das Disziplinarverfahren bei der Kammer anhängig. Der Verweisungsbeschluß kann aber das der Beurteilung der Disziplinarbehörde zu unterbreitende Material nicht begrenzen; dies kann nur die Anschuldigungsschrift. RDisG. v. 7. 7. 1894 (F. 2/94).

2. Nach Eingang des Verweisungsbeschlusses verfertigt der Beamte der Staatsanwaltschaft eine **Anschuldigungsschrift.** Diese Schrift bildet die Grundlage des Verfahrens und begrenzt den Gegenstand der Verhandlung und Entscheidung, so daß sich das Urteil auf andere Anschuldigungspunkte, als die in der Anklage aufgenommenen, nicht erstrecken darf. MJ. v. 4. 3. 1871 (MBl. 97); StMBeschl. v. 8. 11. 1902 bei v. Rheinb. 257; OVG. **80** 429; PrOVG. 1. 3. 29 Ru.PrVBl. **50** 317. Dies gilt selbst dann, wenn in der mündlichen Verhandlung der Beamte der Staatsanwaltschaft und der Angeschuldigte damit einverstanden sind, daß noch andere Anschuldigungspunkte mit abgeurteilt werden. RDisH. v. 18.12.1916 Schulze-Simons 490. Es empfiehlt sich, daß die Anschuldigungsschrift vor ihrer Einreichung an das Disziplinargericht der obersten Reichsbehörde zur Nachprüfung vorgelegt wird. PrOVG. 1. 3. 29 Ru.PrVBl. **50** 317. Die Anschuldigungsschrift braucht nur die einzelnen Tatsachen, in denen ein Dienstvergehen erblickt wird, hervorzuheben. Schlußfolgerungen aus diesen Tatsachen und Anträge auf Bestrafung sind nicht nötig; auch der Inhalt der Zeugenaussagen braucht in ihr nicht mitgeteilt zu werden.

Die Disziplinargerichte sind an Anträge des Vertreters der Staatsanwaltschaft nicht gebunden und können auch eine strengere Strafe als die beantragte verhängen; auch können sie in den Tatsachen, in denen die Staatsanwaltschaft ein Dienstvergehen nicht erblickt, ein solches feststellen.

Die Anschuldigungsschrift darf nur die im Einleitungsbeschlusse erwähnten oder später durch Nachtragsbeschluß in die Untersuchung einbezogenen Anschuldigungspunkte enthalten. StMBeschl. v. 12. 5. 1905 bei v. Rheinb. 254. Neue, in der Voruntersuchung hervortretende Verfehlungen können mit abgeurteilt werden, wenn die Voruntersuchung auf sie ausgedehnt, sie in dieser mit dem Angeschuldigten erörtert und dann in die Anschuldigungsschrift aufgenommen worden sind. Erst nach Schluß der Voruntersuchung hervorgetretene neue Tatsachen dürfen jedenfalls in Sachen, die nicht Dauerdelikte betreffen, ohne Einleitung einer neuen oder — solange noch nicht die Anschuldigungsschrift eingereicht ist — ohne Wiedereröffnung der alten Voruntersuchung nicht in die Anschuldigungsschrift aufgenommen werden. OVG. **80** 429. Treten in einer Sache, in der schon eine Anschuldigungsschrift eingereicht ist, neue Verfehlungen der Angeschuldigten hervor, die noch nicht mit ihm in der Voruntersuchung erörtert sind, so genügt zu deren Einbeziehung in das Verfahren nicht die Einreichung einer neuen Anschuldigungsschrift. Es bleibt vielmehr nur übrig, wegen der neuen Verfehlung eine neue Voruntersuchung einzuleiten, nach deren Abschluß eine neue, zweite Anschuldigungsschrift anzufertigen, die Verhandlung und Entscheidung über sie mit der Verhandlung pp. auf die erste Anschuldigungsschrift zu verbinden und dieserhalb das erste Verfahren solange auszusetzen. OVG. **80** 429; PrOVG. 1. 3. 29 Ru. PrVBl. **50** 317.

Die Anschuldigungsschrift wird der Ladung des Angeschuldigten zur mündlichen Verhandlung beigefügt; ohne Mitteilung der Anklage ist die Ladung unwirksam. RDisH. v. 23. 3. 1878 bei Perels-Spilling 204; RDisH. v. 2. 4. 1906 Schulze-Simons 444; GrDisS. v. 13. 12. 1886 Amtl. Sammlg. 9.

Die nach beendeter Voruntersuchung von der zuständigen Behörde (der Einleitungsbehörde) fallengelassenen Anschuldigungspunkte werden in die Anschuldigungsschrift nicht aufgenommen. Ein besonderer Einstellungsbeschluß ist wegen dieser Punkte nicht erforderlich.

3. **Die Sitzung zur mündlichen Verhandlung** ist so zu bestimmen, daß zwischen ihr und der Zustellung der Ladung an den Angeschuldigten ein längerer Zeitraum liegt, der es dem Beamten ermöglicht, seine Verteidigung vorzubereiten, einen Rechtsanwalt zum Verteidiger zu bestellen und mit der nötigen Information zu versehen. Auch muß die Frist — deren Dauer gesetzlich nicht bestimmt ist, da auch eine entsprechende Anwendung der einwöchigen Frist des § 217 StrPO. nicht angängig ist, OVG. v. 28. 2. 1894 MfdV. **94** 221) — um deswillen geräumig sein, damit die Staatsanwaltschaft sich auf eine etwaige Gegenerklärung des Angeschuldigten äußern und etwaige vom Angeschuldigten beantragte erhebliche Beweise beschaffen kann. Ist die Frist zu kurz bemessen, so kann dies unter Umständen zur Vertagung der mündlichen Verhandlung führen, auch mitunter als wesentlicher Mangel des Verfahrens, der auf Berufung zur Aufhebung des Urteils erster Instanz Anlaß geben kann, angesehen werden. StMBeschl. v. 4. 12. 1899 bei v. Rheinb. 255; PrOVG. 1. 3. 29 Ru. PrVerwBl. **50** 317.

4. In der **Ladung,** der eine Abschrift der Anschuldigungsschrift beizufügen ist (s. unter 2), wird dem Angeschuldigten mitzuteilen sein, daß er sich des Beistandes eines Rechtsanwalts als Verteidigers bedienen, oder wenn er nicht erscheine, sich durch einen Rechtsanwalt vertreten lassen könne. Es kann aber auch sein persönliches Erscheinen unter der Warnung angeordnet werden, daß bei seinem Ausbleiben ein Verteidiger zu seiner Vertretung nicht werde zugelassen werden. § 102. Der Angeschuldigte ist auch dann vorzuladen, wenn er in der Voruntersuchung nicht erschienen ist oder seine Aussage verweigert hat. Der Vertreter der Staatsanwaltschaft wird von der Sitzung meist durch Vorlegung der Verfügung benachrichtigt, durch die die Sitzung bestimmt ist. § 22 Nr. 1 GeschO.

Das Erscheinen des Angeschuldigten kann nicht erzwungen werden. Das Nichterscheinen hat keine anderen Folgen als die, welche sich auch sonst ergeben, wenn der Angeschuldigte nicht erscheint und sich deshalb nicht mündlich verteidigen kann. Der Angeschuldigte kann nicht Vertagung des Termins wegen Krankheit usw. verlangen. Doch wird das Gericht einem solchen Antrag entsprechen, wenn es dafür hält, daß das persönliche Erscheinen des Angeschuldigten im Interesse der Sache liegt. Zu weit geht Görres 79, 80, der ein Recht des am Erscheinen verhinderten Angeschuldigten auf Vertagung des Termins annimmt. Vielmehr unterliegt ein Vertagungsantrag des Angeschuldigten dem freien Ermessen der Reichsdisziplinarkammer. RDisH. v. 3. 3. 1877 bei Per. u. Spill. 137; s. auch RDisH. v. 27. 11. 1882 (JNr. 57), ebenda 137.

Eine Ladung des vom Angeschuldigten etwa namhaft gemachten Verteidigers ist nicht erforderlich, da § 218 StrPO. keine entsprechende Anwendung findet. v. Rheinb. 256; **a. M.** Schulze 269. Verboten ist diese Ladung aber natürlich nicht und aus Zweckmäßigkeitsgründen wird sie in der Regel erfolgen.

5. Der Angeschuldigte kann sich als Beistand oder Vertreter nur einen **Rechtsanwalt** wählen. Andere Personen werden nicht zugelassen. Die §§ 137 ff. StrPO. finden keine Anwendung. Von Amts wegen kann ein Verteidiger im Disziplinarverfahren nicht bestellt werden, sondern nur auf Antrag. Hagemann DRichtZ. **28** 348.

6. **Ein Recht auf Akteneinsicht** hat der Verteidiger, sobald der Angeschuldigte zur mündlichen Verhandlung vorgeladen ist. Im PrDisR. hat der Verteidiger ein solches Recht nicht, doch wird ihm auch hier regelmäßig die Akteneinsicht gewährt, sobald die Vorladung des Beamten zur mündlichen Verhandlung erfolgt ist. Andere Personen als der Verteidiger haben kein Recht auf Akteneinsicht. Die Akteneinsicht kann sich auch auf die Personalakten, die nicht mehr wie früher Geheimakten sind (vgl. Art. 129 Abs. 3 RV.), erstrecken. Von dem Inhalt dieser Akten darf er aber zu einem anderen Zweck als dem der Verteidigung keinen Gebrauch machen. Falck BeamtJahrb. **26** 190; Entsch. d. Ehrengerichtsh. f. d. Rechtsanw. **16** 385. Auf Antrag eines Rechtsanwalts, der nicht am Sitze des Disziplinargerichts wohnt, können die Voruntersuchungsakten zur Einsicht an eine Reichs-, Landes- oder Gemeindebehörde, am zweckmäßigsten an das für den Wohnsitz des Anwalts zuständige Amtsgericht gesandt werden. RFM. v. 23. 2. 1925 (RFBl. 51). Der Anwalt kann sich aus den Akten Auszüge und Abschriften entnehmen, aber nicht verlangen, daß das Disziplinargericht ihm solche erteilt. RDisH. v. 29. 6. 1908 Schulze-Simons 454; Falck BeamtJahrb. **26** 7.

7. Abs. 2 § 101 ist durch G. v. 17. 7. 1923 Art. I (RGBl. 683) eingefügt worden. Der dort behandelte Fall der **Zurücknahme des Verweisungsbeschlusses** wird selten vorkommen. Es ist mißlich, davon Gebrauch zu machen; es empfiehlt sich nicht, dem Disziplinarrichter, an den die Sache bereits gediehen ist, in den Arm zu fallen und die Sache einzustellen, zu-

mal wenn mit der Einstellung — was zulässig ist — eine Ordnungsstrafe verbunden wird.

§ 102.

Die mündliche Verhandlung findet statt, auch wenn der Angeschuldigte nicht erschienen ist. Derselbe kann sich durch einen Rechtsanwalt vertreten lassen. Der Disziplinarkammer steht es jedoch, sofern der Angeschuldigte seinen dienstlichen Wohnsitz im Deutschen Reiche hat, jederzeit zu, das persönliche Erscheinen des Angeschuldigten unter der Warnung zu verordnen, daß bei seinem Ausbleiben ein Verteidiger zu seiner Vertretung nicht werde zugelassen werden.

1. Der Angeschuldigte braucht in der Regel zur mündlichen Verhandlung nicht zu erscheinen. Doch können die Disziplinargerichte das **persönliche Erscheinen** des Angeschuldigten, der im Deutschen Reiche seinen dienstlichen Wohnsitz hat, jederzeit anordnen, z. B. um seine Identität mit dem Beschuldigten festzustellen, einen Eindruck von seiner Persönlichkeit zu gewinnen, zweifelhafte Punkte durch seine Vernehmung aufzuklären usw. In diesem Falle enthält die Vorladung die Verwarnung, daß im Falle seines Ausbleibens ein Verteidiger zur Vertretung nicht werde zugelassen werden; § 22 Nr. 1 GeschO. Ein weiteres Zwangsmittel gegen den Angeschuldigten, etwa seine Vorführung, ist unzulässig; § 94 Abs. 2.

2. Der Anwalt, der in Abwesenheit des Angeschuldigten auftritt, muß sich durch eine **Vollmacht,** die aber nicht beglaubigt zu sein braucht, ausweisen, sonst kann er zurückgewiesen werden.

Eine Mitteilung des Angeschuldigten zu den Disziplinarakten, daß er dem Rechtsanwalt Vollmacht erteilt habe, ist eine ausreichende Bevollmächtigung. RDisH. v. 22. 12. 1890 bei Schulze Rspr. 58.

3. **Die GebührOfRA.** findet auf die Tätigkeit der Rechtsanwälte im Disziplinarverfahren dergestalt Anwendung, daß das Verfahren vor der entscheidenden Disziplinarbehörde dem Verfahren vor der Strafkammer gleichgeachtet wird. Art. 2 Abs. 2 G. v. 28. 10. 1922 (GS. 410).

4. Es ist nicht zulässig, einen **Pfleger** gemäß § 1910 BGB. zur Wahrnehmung der Interessen des Beamten im Disziplinarverfahren zu bestellen; **a. M.** Schultheiß ArchöffentlR. **39** 27ff. Das KGJ. **47** A 43 = OLG. **13** 268 hat mit Recht die Bestellung der Ehefrau eines Beamten zur Pflegerin ihres Mannes gegenüber seiner vorgesetzten Dienstbehörde als zu Unrecht eingeleitet, aufgehoben; denn dieser Wirkungskreis des Pflegers im Rahmen der Beamtendisziplin bezieht sich auf einen nicht vertretungsbedürftigen Geschäftskreis und ist deshalb für die vorgesetzte Behörde unbeachtlich.

§ 103.

Die mündliche Verhandlung ist öffentlich. Die Öffentlichkeit kann aus besonderen Gründen auf den Antrag des Angeschuldigten, des Beamten der Staatsanwaltschaft oder von Amts wegen durch Beschluß der Disziplinarkammer ausgeschlossen oder auf bestimmte Personen beschränkt werden. Die Gründe der Ausschließung oder Beschränkung der Öffentlichkeit müssen aus dem Sitzungsprotokolle hervorgehen.

1. Die **Öffentlichkeit** erstreckt sich nur auf die mündliche Verhandlung; in der Voruntersuchung und in dem sonstigen, außerhalb der mündlichen Verhandlung stattfindenden Verfahren ist die Öffentlichkeit ausgeschlossen.

2. **Die Ausschließung oder Beschränkung der Öffentlichkeit** ist nicht, wie im Strafverfahren, an bestimmte Gründe gebunden, sondern erfolgt auf Antrag oder von Amts wegen, wenn besondere, im einzelnen nicht näher dargelegte Gründe vorliegen; die Gründe sind in das Sitzungsprotokoll aufzunehmen.

3. Zu den **Gründen der Ausschließung oder Beschränkung** der Öffentlichkeit gehört z. B. die Gefährdung der öffentlichen Ordnung, der dienstlichen Interessen oder der Sittlichkeit sowie von Amtsgeheimnissen, persönlichen Interessen des Angeschuldigten oder seiner Familie. Die Gründe müssen aber stets besondere sein; es dürfen also nicht solche sein, die gleichmäßig auch bei jeder anderen Disziplinaruntersuchung gegen die Öffentlichkeit des Verfahrens angeführt werden können; Per. u. Sp. 141.

4. **Die Verhandlung über den Ausschluß** oder die Beschränkung der Öffentlichkeit erfolgt in nichtöffentlicher Sitzung, die Verkündung des Beschlusses in öffentlicher Sitzung. Die Befolgung dieser Vorschrift muß sich aus dem Protokoll ergeben; § 22 Nr. 2 GeschO. v. 18. 4. 1880. Die unterlassene Protokollierung führt aber regelmäßig nicht zur Nichtigkeit des Verfahrens oder zu Bedenken gegen die Entscheidung, da sachliche Nachteile dadurch in der Regel nicht hervorgerufen werden; RDisH. v. 12. 11. 1900 (F. 6/1900).

5. **Nach § 35 PrBDisG.** ist die mündliche Verhandlung **nicht öffentlich.** Dagegen ist in das RDisG. die Öffentlichkeit durch G. v. 23. 12. 1917 (GS. 294) eingeführt worden; s. Näheres Brand BR. 762.

6. **Gegen die Öffentlichkeit** hat man eingewendet, es handle sich um Angelegenheiten, welche die weite Öffentlichkeit um deswillen, weil sie dienstliche Dinge beträfen, nichts angingen; außerdem bedeute für die Beamten die Öffentlichkeit in den meisten Fällen eine erhebliche Bloßstellung. Man dürfe dabei nicht nur an die Beamten denken, die Untergebene seien, sondern auch an die, welche eine Vorgesetztenstellung einnehmen. Es sei sehr mißlich, wenn letztere vor den Augen ihrer bisherigen Untergebenen abgeurteilt würden.

Andererseits ist aber zu bedenken, daß die Allgemeinheit die Möglichkeit haben muß, sich in öffentlicher Sitzung davon zu überzeugen, daß innerhalb des großen und für das Staatswohl so wichtigen Beamtenkörpers eine strenge und gerechte Disziplin gehandhabt und gegen unwürdige Beamte unnachsichtig und ohne Ansehen der Person vorgegangen wird. Auch kann von einer Bloßstellung des Beamten, insbesondere vor seinen Untergebenen, keine Rede sein. Denn wenn sich der Verdacht als unbegründet erweist und der Beamte freigesprochen wird, so dient die in vollster Öffentlichkeit stattgehabte Hauptverhandlung dazu, den Ruf des Beamten auch in den Augen seiner Untergebenen wiederherzustellen. Führt aber die Verhandlung zur Verurteilung des Beamten, so kann er sich über die Öffentlichkeit der Verhandlung nicht beklagen. Auch wird die dienstliche Stellung des Verurteilten regelmäßig nicht beeinträchtigt, da er entweder überhaupt aus seinem Amt entlassen oder an einen anderen Ort versetzt wird, an dem ihm andere Beamte als bisher unterstellt sind. Für die Öffentlichkeit auch Falck BeamtJahrb. **26** 54.

Die Öffentlichkeit, die jetzt für Reichsbeamte seit 56 Jahren besteht, hat sich durchaus bewährt.

§ 104.

Bei der mündlichen Verhandlung wird der wesentliche Inhalt der Anschuldigungsschrift von dem Beamten der Staatsanwaltschaft mündlich vorgetragen. Der Angeschuldigte wird vernommen. Gesteht derselbe die den Gegenstand der Anschuldigung bildenden Tatsachen ein und walten gegen die Glaubwürdigkeit seines Geständnisses keine Bedenken ob, so beschließt die Disziplinarkammer, daß eine Beweisverhandlung nicht stattfinde.

Andernfalls gibt ein von dem Vorsitzenden der Disziplinarkammer aus der Zahl der Mitglieder ernannter Berichterstatter auf Grund der bisherigen Verhandlungen eine Darstellung der Beweisaufnahme, soweit sie sich auf die in der Anschuldigungsschrift enthaltenen Anschuldigungspunkte bezieht.

Zum Schluß wird der Beamte der Staatsanwaltschaft mit seinem Vor- und Antrage und der Angeschuldigte mit seiner Verteidigung gehört. Dem Angeschuldigten steht das letzte Wort zu.

1. Die **Leitung** der Verhandlung, die Vernehmung des Angeschuldigten, der Zeugen und Sachverständigen und die Handhabung der Ordnung liegt **dem Vorsitzenden** ob; er kann Fragen der Parteien als unzulässig beanstanden und die Vernehmung einem anderen Mitgliede des Gerichts übertragen. RDisH. v. 4. 2. 1884 (F. 9/83).

2. Die **mündliche Verhandlung beginnt** nicht wie im § 35 PrVDisG. und § 30 RDisG. mit dem Vortrag des Berichterstatters, sondern **mit dem**

Vortrag des Beamten der Staatsanwaltschaft, der den wesentlichen Inhalt der Anschuldigungsschrift mündlich mitteilt. Knapp, klar und übersichtlich wird dieser Vortrag zu gestalten sein. Er bildet die Grundlage der ganzen Verhandlung.

Ein Verlesen der Anschuldigungsschrift ist zwar nicht zulässig, bildet aber keinen wesentlichen, zur Aufhebung des Urteils führenden Mangel des Verfahrens. RDisH. v. 4. 2. 1884 (F. 9/83).

3. Es wird sodann der **Angeschuldigte vernommen.** Die Vernehmung hat sich sowohl auf die persönlichen Verhältnisse wie auch auf die einzelnen Anschuldigungspunkte zu erstrecken. Verpflichtet zum Erscheinen ist der Angeschuldigte nicht. Er kann aber auch keine Wiedereinsetzung in den vorigen Stand verlangen, wenn das Urteil in seiner Abwesenheit ergangen ist. § 235 StrPO. findet keine Anwendung. GrDisS. v. 14. 1. 1902 bei v. Rheinb. 269.

Über Vertagungsgesuche (z. B. wegen zu kurzer Ladungsfrist oder wegen Krankheit) entscheidet das Gericht nach freiem Ermessen. RDisH. v. 3. 3. 1877 Schulze-Simons 476. Genaue Prüfung ist bei einem wegen Verhandlungsunfähigkeit gestellten Vertagungsantrag nötig. RDisH. v. 16. 12. 1912 Schulze-Simons 478. Über Anträge auf Vertagung bis zur Entlassung des Angeschuldigten aus dem Gefängnis s. RDisH. v. 27. 11. 1882 Schulze-Simons 481. Eine Ungebührstrafe kann gegen den Angeschuldigten nicht festgesetzt werden. Deichmann PrVBl. **42** 490; s. § 72 Abs. 4 LVG.

4. **Gesteht** der zur Person und zur Sache zu vernehmende Angeschuldigte oder für ihn sein Verteidiger (§ 102) in glaubwürdiger Weise alle Anschuldigungspunkte ein, so beschließt die Kammer, daß eine Beweisverhandlung gemäß den §§ 104 Abs. 2, 105 u. 106 nicht stattfinde.

5. **Gesteht der Angeschuldigte nicht** oder nur teilweise oder nicht glaubwürdig, so erhält **der Berichterstatter das Wort.** Er muß zu den Mitgliedern der erkennenden Kammer gehören [RDisH. v. 5. 11. 1883 (F. 6/83)] und vom Präsidenten bei Bestimmung der Sitzung ernannt sein; ein Nichtmitglied darf nur dann Bericht erstatten, wenn er nur als Gehilfe des eigentlichen Berichterstatters tätig wird. PrOVG. 8. 2. 29 Ru.PrVBl. **50** 316.

Der Berichterstatter wird sich natürlich nicht darauf beschränken, einfach einen Aktenauszug vorzutragen, sondern er wird unter Ordnung des gesamten Materials eine knappe und doch vollständige, klare und übersichtliche Darstellung des gesamten Sachverhalts zu geben haben. Der Sachverhalt hat sich aber auf diejenigen Punkte zu beschränken, die den Gegenstand der Anschuldigungsschrift bilden. ME. v. 4. 3. 1871 (MBl. 97); s. auch StMBeschl. v. 8. 11. 1902, v. 8. 4. 1905 und v. 11. 6. 1906 bei v. Rheinb. 257. Der Berichterstatter kann nach seiner Wahl die von ihm auf Grund der bisherigen Verhandlungen abgefaßte schriftliche Darstellung der Sache vorlesen oder auch den wesentlichen Inhalt der Darstellung frei vortragen. Ein etwa ernannter Mitberichterstatter (Korreferent) nimmt an der Berichterstattung bei der Verhandlung nicht teil. In Zweifelsfällen entscheidet darüber, ob und in welchem Umfange die Verlesung von Zeugenaussagen, Urkunden u. dgl. stattzufinden habe, das Gericht, ohne durch Anträge des Angeschuldigten oder der Staatsanwaltschaft irgendwie beschränkt zu sein. RDisH. v. 4. 2. 1884 Schulze-Simon 483.

Wegen der Verwertung der Aussagen von Zeugen, die in einem vorausgegangenen Strafverfahren vernommen sind, s. oben Anm. 6 zu § 94.

Der Untersuchungskommissar kann als Mitglied des Disziplinargerichts, ja sogar als Berichterstatter an der mündlichen Verhandlung teilnehmen.

6. Es wird sodann **der Beamte der Staatsanwaltschaft** mit seinem Vor- und Antrage und **der Angeschuldigte mit seiner Verteidigung gehört.** Der Beamte der Staatsanwaltschaft ist an die in der Anschuldigungsschrift etwa gestellten Anträge nicht gebunden; er kann sie vielmehr verschärfen oder mildern. Freilich wird er in der Regel eine abweichende Stellung nicht ohne Zustimmung der obersten Reichsbehörde einnehmen. ME. v. 28. 3. 1854 (MBl. 83); ME. v. 25. 6. 1880 (EVBl. 284). An die Weisungen der Stelle, die ihn bestellt hat, ist er gebunden. OVG. JW. **23** 39 = PrVBl. **44** 43. Mitunter kann aber eine veränderte Sachlage z. B. infolge einer neuen Beweisaufnahme es rechtfertigen, daß der Beamte der Staatsanwaltschaft seinen Antrag ohne weiteres ändert, indem er sich des stillschweigenden Einverständnisses der zuständigen Behörde vergewissert hält. Daß das Gericht an die Anträge des Staatsanwalts nicht gebunden ist und eine mildere oder strengere, als die beantragte Strafe verhängen kann, ist selbstverständlich.

Neben dem Angeschuldigten muß auch dessen Verteidiger, der sich durch eine Vollmacht auszuweisen hat, gehört werden. Doch muß die Verteidigung mündlich bewirkt werden. Die Verlesung von Verteidigungsschriften kann untersagt werden. RDisH. v. 30. 1. 1882 Schulze-Simons 512. Dies gilt auch von der Verteidigung des Angeschuldigten selbst; **a. M.** Görres 81. Dem Angeschuldigten steht das letzte Wort zu.

§ 105.

Wenn die Disziplinarkammer vor oder im Laufe der mündlichen Verhandlung auf den Antrag des Angeschuldigten oder des Beamten der Staatsanwaltschaft oder von Amts wegen die Vernehmung von Zeugen, sei es vor der Disziplinarkammer oder durch einen beauftragten Beamten, oder die Herbeischaffung anderer Beweismittel für angemessen erachtet, so erläßt sie die erforderliche Verfügung und verlegt nötigenfalls die Fortsetzung der Verhandlung auf einen anderen Tag, welcher dem Angeschuldigten bekannt zu machen ist.

1. Die Beweisverhandlung besteht regelmäßig nur in dem Vortrage des Berichterstatters (§ 104). Nur ausnahmsweise findet eine **weitere Beweisaufnahme** gemäß den §§ 105—107 statt. Im Falle des § 105 entscheidet das Disziplinargericht nach freiem Ermessen, auf Antrag oder von Amts wegen, ob Beweismittel herbeigeschafft, insbesondere ob neu benannte oder auch bereits vernommene Zeugen oder Sachverständige zur Aufklärung zweifelhaft gebliebener Punkte gehört werden sollen. Anträge auf Beweisaufnahme können vom Angeschuldigten und dem Vertreter der Staatsanwaltschaft schon vor der mündlichen Verhandlung gestellt, und auch von Amts wegen können Beweise schon vorher erhoben werden.

2. Die **beschlossene Beweiserhebung** erfolgt vor der Reichsdisziplinarkammer oder vor einem von ihr beauftragten Mitglied (PrOVG. 8. 2. 29 Ru.PrVBl. **50** 316) oder durch einen ersuchten Beamten. Die um Aufnahme der Beweise angegangenen ordentlichen Gerichte müssen dem Ersuchen Folge leisten; Anm. 7 zu § 94. Der beauftragte Beamte hat bei den Beweiserhebungen dieselben Befugnisse wie der Untersuchungskommissar in der Voruntersuchung; Anm. 6ff. zu § 94. Etwaige Einwendungen gegen die Art der Erledigung seines Auftrags können vor der Disziplinarkammer geltend gemacht werden; Pieper 286.

3. **Der Vorsitzende oder das die Beweisaufnahme bewirkende Mitglied des Gerichts haben dieselben Befugnisse gegen ungehorsame usw. Zeugen und Sachverständige wie der Untersuchungskommissar in der Voruntersuchung**; Anm. 6ff. zu § 94. Der Vorsitzende kann Fragen des Angeschuldigten an die Zeugen als unzulässig beanstanden; widerspricht der Angeschuldigte, so entscheidet auf Antrag das Gericht. Ein direktes selbständiges Fragerecht, wie es im § 240 Abs. 2 StPO. vorgesehen ist, hat weder der Angeschuldigte noch der Vertreter der Staatsanwaltschaft; der Vorsitzende kann vielmehr nach seinem Ermessen dem Angeschuldigten oder dem Staatsanwalt die direkte Befragung der Zeugen gestatten; RDisH. v. 4. 2. 1884 (F. 9./83). Die Verlesung des Protokolls über Zeugenaussagen in der mündlichen Verhandlung ist zulässig; § 250 StPO. greift für das Disziplinarverfahren, bei dem das Hauptgewicht in die schriftliche Voruntersuchung fällt und deren Ermittelungen in der mündlichen Verhandlung berücksichtigt werden, nicht Platz; RDisH. v. 4. 2. 1884 (F. 9./83); die Verlesung wird aber nur erfolgen, wenn es nach Ansicht des Vorsitzenden oder des Gerichts auf den Wortlaut der Aussagen ankommt. Die Entscheidung kann auch durch die nicht erfolgte Verlesung nicht in unzulässiger Weise beeinflußt sein, da das Gericht seine Überzeugung aus der mündlichen Vernehmung, nicht aus deren Beurkundung, schöpft; RDisH. v. 4. 2. 1884 (F. 9./83). — Ein Verzicht des Vertreters der Staatsanwaltschaft und des Angeschuldigten auf die Vereidigung eines Zeugen ist bedeutungslos und ungeeignet, die Nichtbeeidigung zu rechtfertigen; OVG. v. 7. 5. 1890 bei Brauchitsch **1** 634 Anm. 50.

4. Wird infolge von Beweiserhebungen die Verhandlung **vertagt**, so ist der neue Termin dem Angeschuldigten (zweckmäßig auch dessen Verteidiger) stets mitzuteilen, auch wenn er bisher nicht erschienen war.

§ 106.

Die Vernehmung der Zeugen muß auf Antrag des Beamten der Staatsanwaltschaft oder des Angeschuldigten in der mündlichen Verhandlung erfolgen, sofern die Tatsachen erheblich sind, über welche die Vernehmung stattfinden soll, und die Disziplinarkammer nicht die Überzeugung gewonnen hat, daß der Antrag nur auf Verschleppung der Sache abzielt.

1. Im Falle des § 106 **muß** die Vernehmung von Zeugen erfolgen.

2. Unter dem Begriff **„Zeugen"** sind nicht, wie Pieper 284 meint, auch die Sachverständigen zu verstehen. § 106 enthält eine Ausnahmebestimmung und ist daher eng auszulegen. Natürlich können die Disziplinargerichte auch Sachverständige gemäß § 105 vernehmen; nur sind sie nicht verpflichtet, diese auf Antrag zu vernehmen.

3. Die Zeugen sind, falls ihre Aussage für erheblich erachtet wird, **eidlich** zu vernehmen; RDisH. v. 28. 11. 1898 (F. 13./98).

4. Ob die Tatsachen, über welche die beantragte Vernehmung der Zeugen stattfinden soll, **erheblich** sind, entscheidet das Disziplinargericht nach freiem Ermessen. Gegen eine Ablehnung des Antrags gibt es nur die Berufung an den Reichsdisziplinarhof.

5. Sind die Tatsachen erheblich, so kann das Gericht die beantragte Vernehmung **ablehnen,** wenn es die Überzeugung, nicht nur den bloßen Verdacht gewonnen hat, daß der Antrag eine Verschleppung der Sache bezweckt, z. B. um möglichst lange das Gehalt fortzubeziehen.

§ 107.

Stehen dem Erscheinen eines Zeugen Krankheit, große Entfernung oder andere unabwendbare Hindernisse entgegen, so ist von der Disziplinarkammer dessen Vernehmung durch einen damit beauftragten Beamten unter Beiladung der Staatsanwaltschaft und des Angeschuldigten anzuordnen.

Als große Entfernung im Sinne dieses Gesetzes ist es nicht anzusehen, wenn der Zeuge sich im Bezirke der entscheidenden Disziplinarkammer aufhält.

1. § 107 erwähnt nur die **Zeugen,** nicht die **Sachverständigen;** doch wird man auch letztere einbegreifen müssen, da dies durch die Sachlage geboten sein kann.

2. Der von der Kammer mit der Vernehmung **beauftragte Beamte** kann ein Mitglied der Kammer oder ein sonstiger Beamter sein.

3. **Die Beiladung des Verteidigers** ist nicht vorgeschrieben, wird aber zweckmäßig erfolgen.

§ 108.

Bei der Entscheidung hat die Disziplinarkammer, ohne an positive Beweisregeln gebunden zu sein, nach ihrer freien, aus dem Inbegriffe der Verhandlungen und Beweise geschöpften Überzeugung zu beurteilen, inwieweit die Anschuldigung für begründet zu erachten ist.

Ist die Anschuldigung nicht begründet, so spricht die Disziplinarkammer den Angeschuldigten frei. Vorläufige Freisprechung (Entbindung von der Instanz) ist nicht statthaft. Gegen den freigesprochenen Angeschuldigten darf wegen der nämlichen den Gegenstand der Anschuldigung bildenden Handlung ein Disziplinarverfahren nicht wieder eingeleitet werden.

Ist die Anschuldigung begründet, so kann die Entscheidung auch auf eine bloße Ordnungsstrafe lauten.

Die Entscheidung, welche mit Gründen versehen sein muß, wird in der Sitzung, in welcher die mündliche Verhandlung beendigt worden ist, und spätestens innerhalb der darauf folgenden vierzehn Tage verkündet. Eine Ausfertigung der Entscheidung wird dem Angeschuldigten erteilt.

1. Bei der Entscheidung hat das Disziplinargericht, ohne an feste Beweisregeln gebunden zu sein, **nach seiner freien,** aus dem ganzen Inbegriffe der Verhandlungen und Beweise (einschließlich der in der Voruntersuchung erhobenen s. RDisH. v. 23. 3. 1878 Schulze-Simons 486) geschöpften **Überzeugung** zu beurteilen, inwieweit die Anschuldigung für begründet zu erachten sei.

Zu beachten ist dabei der Grundsatz „ne bis in idem", damit nicht ein und dieselbe Handlung mehrfach zum Gegenstand der Bestrafung gemacht wird. Dagegen ist der Disziplinarrichter nicht gehindert, einzuschreiten, wenn die Aufsichtsbehörde unterlassen hat, die Angelegenheit zu verfolgen. OVG. v. 22. 10. 1897 bei Müller 506.

Dies freie Beweiswürdigungsrecht der Disziplinargerichte ist nur für den Fall beschränkt, daß von den ordentlichen Gerichten auf Freisprechung rechtskräftig erkannt ist; s. oben § 5. Im Falle einer rechtskräftigen, strafgerichtlichen Verurteilung können die Disziplinargerichte die Schuldfrage nach freiem Ermessen auch abweichend vom Strafrichter feststellen oder verneinen; doch ist die Frage lebhaft bestritten; s. oben

§ 78. Die Disziplinargerichte können die im Strafverfahren erhobenen Beweise der Verhandlung ohne eine Wiederholung zugrunde legen. G.DisS. v. 9. 10. 1894 und StMBeschl. v. 3. 12. 1904 bei v. Rheinb. 263; s. dazu Näheres Anm. 6 zu § 94.

2. Soll eine Verurteilung erfolgen, so müssen **die Anschuldigungspunkte erwiesen** sein; bloße Verdachtsgründe reichen nicht aus. RDisH. v. 2. 12. 1912 Schulze-Simons 142; OVG. im PrVBl. **37** 201.

3. Die Entscheidung hat sich **nur mit den Anschuldigungspunkten** zu befassen. Die Anschuldigungsschrift begrenzt den Gegenstand der Urteilsfindung ebenso wie im Strafverfahren der Eröffnungsbeschluß. PrDisHfnichtrV. v. 8. 6. 1925 DJZ. **25** 1744 = JurRundsch. **25** 2026 = DRichtZ. **26** Rspr. Nr. 342; OVG. **80** 429, 436. Ob die in der Anschuldigungsschrift enthaltenen Punkte erwiesen sind oder nicht, hat das Disziplinargericht frei zu beurteilen und ist an die Feststellungen der Anschuldigungsschrift nicht gebunden. RDisH. v. 21. 9. 1885 (F. 4./85). Andererseits sind Anschuldigungspunkte, die den Gegenstand der Anschuldigungsschrift bilden, bei der Urteilsfindung auch dann zu würdigen, wenn der Beamte der Staatsanwaltschaft sie nachträglich fallen gelassen hat. PrDisHfnichtrV. v. 17. 5. 1926 DJZ. **26** 1350, 1351 = PrVBl. **47** 553. Über neue, in der Anschuldigungsschrift nicht erwähnte und in der Voruntersuchung nicht erörterte Vorwürfe darf das Gericht selbst mit Zustimmung des Angeschuldigten und des Vertreters der Staatsanwaltschaft nicht verhandeln und entscheiden. Vielmehr hat die oberste Reichsbehörde, der die neuen Fälle mitzuteilen sind, darüber zu befinden, ob und in welcher Weise die neuen Vorkommnisse Anlaß zu weiteren Disziplinarmaßregeln geben.

Das Disziplinarverfahren hat nicht die einzelnen dem Angeschuldigten im Einleitungsbeschlusse zum Vorwurf gemachten dienstlichen Verfehlungen, sondern die ihm zur Last gelegte schuldhafte Verletzung der Dienstpflicht zum Gegenstande. Vor Einreichung der Anschuldigungsschrift ist daher eine Entscheidung der erkennenden Disziplinarbehörde darüber unzulässig, welche der im Einleitungsbeschluß erwähnten Anschuldigungen zur Hauptverhandlung zu bringen sind. OVG. **80** 435. Handelt es sich nicht um neue selbständige Anschuldigungspunkte, sondern um Tatumstände, die zur Bewertung der Persönlichkeit des Angeschuldigten angeführt sind, so können sie, auch wenn die Anschuldigungsfrist sie für zweifelhaft oder nicht dargetan erachtet oder sie überhaupt nicht erwähnt hat, vom Disziplinargericht als erwiesen festgestellt werden. PrDisHfnichtrV. v. 2. 11. 1924 DJZ. **25** 820, 821 = PrVBl. **25** 382 = JurRundsch. **25** 979 = DRichtZ. **27** Rspr. 32.

4. Bei der Entscheidung dürfen nur die im Verfahren erörterten Verhandlungen und Beweise berücksichtigt werden; **die Privatwissenschaft oder die Privatsachkunde** eines Mitglieds des Gerichts darf niemals,

die Gerichtsoffenkundigkeit einer Tatsache nur dann berücksichtigt werden, wenn sie in der mündlichen Verhandlung besprochen ist. RGSt. **16** 327; Pieper 419; Perels-Spill 215; Thilo 122. **Der Inhalt von Akten** darf nur berücksichtigt werden, soweit er Gegenstand der Verhandlung gewesen ist. Es können aber u. U. bei der Strafzumessung Ereignisse berücksichtigt werden, die erst im Laufe des Disziplinarverfahrens eingetreten sind. RDisH. v. 14. 3. 1910 und v. 7. 4. 1924 Schulze-Simons 313 u. 314.

5. Der Einwand der **örtlichen Unzuständigkeit** ist in jeder Lage des Verfahrens zu prüfen. § 16 StrPO. findet keine Anwendung. PrDisHfnichtrV. v. 3. 7. 1925 in JurRundsch. **25** 1044.

Auch ist in jeder Lage des Verfahrens von Amts wegen **zu prüfen, ob ein ordnungsmäßiges gesetzlich zulässiges Disziplinarverfahren** vorliegt. Ein wirksames Disziplinarverfahren liegt aber nur dann vor, wenn es durch eine gesetzliche dafür zuständig erklärte Dienststelle, durch einen formell ausreichenden, d. h. durch einen den gesetzlichen Formvorschriften entsprechenden Einleitungsbeschluß eröffnet ist und materiell zulässig war. Nur bei Erfüllung dieser Voraussetzungen sowie beim Vorliegen einer ordnungsmäßigen Voruntersuchung und Anklageerhebung ist eine materielle Entscheidung des Disziplinarrichters möglich. OVG. **82** 458.

6. Das Disziplinargericht hat stets zu prüfen, ob der Angeschuldigte für die Verfehlungen verantwortlich gemacht werden kann, d. h. **ob er zur Zeit ihrer Begehung zurechnungsfähig war.** In der Regel wird sich die Zurechnungsfähigkeit ohne weiteres ergeben, so daß sie keiner besonderen Begründung bedarf. Ergeben sich aber Zweifel, so müssen diese durch Vernehmung von Sachverständigen und Zeugen beseitigt werden. § 51 StrGB. findet entsprechende Anwendung. Bei nicht zweifelsfreier Feststellung der Zurechnungsfähigkeit ist auf Freisprechung zu erkennen. RDisH. v. 17. 2. 1925 in JurRdsch. **25** 418; vgl. auch über die Schuldausschließungsgründe im Beamtenrecht Liedtke in Monatsschrift für Kriminalpsychologie und Strafrechtsreform 11. Jahrg. S. 239ff.

Ob es zulässig ist, daß der Disziplinarrichter die zeitweilige Beobachtung des Angeschuldigten in einer öffentlichen Irrenanstalt anordnet und § 81 StrPO. entsprechende Anwendung findet, ist zweifelhaft. Man wird sich gegen die Zulässigkeit aussprechen müssen; s. Näheres Anm. 8 a. E. zu § 94.

7. Ist der Angeschuldigte infolge von Geisteskrankheit oder Geistesschwäche **verhandlungsunfähig** — steht also nicht in Rede, ob er zur Zeit der Begehung der Verfehlungen unzurechnungsfähig war —, so kann das Verfahren nicht fortgesetzt werden; es kann dann vom Disziplinargericht unter entsprechender Anwendung des § 205 StrPO. vorläufig eingestellt werden, wobei dann die baren Auslagen der Reichskasse aufzuerlegen sind. StMBeschl. v. 13. 6. 1902 bei v. Rheinb. 263; JM. v.

26. 6. 1893 bei Müller 503; PrDisHfnichtrB. v. 25. 1. 1926 PrVBl. **47** 338. Unrichtig ist die Ansicht von Friedrichs 629, 630, der eine Einstellung des Verfahrens unter entsprechender Anwendung des § 98 für möglich hält.

Es ist aber nicht jede Geisteskrankheit oder Geistesschwäche mit Verhandlungsunfähigkeit verbunden und deshalb kann nur solche Geisteskrankheit usw. zur vorläufigen Einstellung führen, die den Angeschuldigten in der zielbewußten Vertretung seiner Interessen und zweckdienlichen Verteidigung verhindert. RGSt. **1** 149; **29** 324; PrDisHfnichtrB. v. 25. 1. 1926 (PrVBl. **47** 338). v. Rheinb. 264 hält es im Anschluß an StMBeschl. v. 25. 7. 1907 in dem Falle, daß der verhandlungsunfähige Angeschuldigte schon zur Zeit der Begehung der ihm vorgeworfenen Verfehlungen unzurechnungsfähig war oder daß sich auch abgesehen hiervon seine Unschuld herausstellt, für zulässig, den Beamten, da auch in seiner Abwesenheit verhandelt werden könne, durch Urteil freizusprechen. Dies ist bedenklich. Denn die Vorschriften der §§ 102, 104 gehen davon aus, daß der Angeschuldigte jedenfalls die Möglichkeit haben müsse, der Verhandlung beizuwohnen und in ihr seine Rechte wahrzunehmen; deshalb muß er unter allen Umständen zur mündlichen Verhandlung vorgeladen werden. Ein verhandlungsunfähiger Angeschuldigter kann aber nicht geladen werden und ist außerstande, seine Rechte selbst wahrzunehmen oder durch einen Verteidiger wahrnehmen zu lassen. Ein besonderer Vertreter wie im Falle des § 62 (bei unfreiwilliger Versetzung der Beamten in den Ruhestand) kann dem Beamten nicht bestellt werden. Ob auf Freisprechung erkannt werden wird, läßt sich auch vor dem Termin nicht voraussehen. Die Anberaumung einer mündlichen Verhandlung lediglich zu dem Zwecke, den Angeschuldigten freizusprechen, wäre unmöglich. Der richtigen Ansicht nach ist es daher, solange der Angeschuldigte verhandlungsunfähig ist, nicht angängig, durch Urteil das Verfahren abzuschließen. Ist die Verhandlungsunfähigkeit des Angeschuldigten eine dauernde, so kann nicht etwa das Verfahren durch Beschluß endgültig eingestellt werden, da das Gesetz eine solche Einstellung nicht kennt. Es bleibt dann nichts weiter übrig, als das Verfahren für tatsächlich erledigt zu erklären, da es niemals zu einer Verhandlung kommen kann. In diesem Falle wird dem Beamten die Zurruhesetzung nicht versagt werden können. JM. v. 20. 2. 1901 bei Müller 504. Wünschenswert wäre eine gesetzliche Regelung der Frage dahin, daß in derartigen Fällen die endgültige Einstellung des Verfahrens für zulässig erklärt würde. Nach § 76 Abs. 5 Entw. RDienstStrafO. ist das Verfahren vorläufig einzustellen, wenn der Beschuldigte geisteskrank wird.

8. Bei der Entscheidung dürfen nur Mitglieder mitwirken, **vor denen die mündliche Verhandlung stattgefunden hat.** Es wäre also z. B. unzulässig und müßte zur Aufhebung der Entscheidung führen, wenn das

Urteil, dessen Verkündung nicht alsbald, sondern in einem späteren Termin erfolgt, nicht von denselben Mitgliedern beraten und gefällt würde, die bei der Verhandlung mitgewirkt haben.

9. Der Vorsitzende des Disziplinargerichts leitet die **Beratung,** stellt die Fragen und sammelt die Stimmen. Bei Meinungsverschiedenheiten über die Stellung von Fragen und das Ergebnis der Abstimmungen entscheidet das Gericht. Die Entscheidungen erfolgen nach absoluter Stimmenmehrheit; vgl. § 12 Abs. 3 G. v. 9. 4. 1879 (GS. 345). Bei Stimmengleichheit entscheidet die Stimme des Vorsitzenden, nicht etwa die dem Angeschuldigten günstigere Ansicht. StMBeschl. v. 24. 5. 1865 und ME. v. 28. 7. 1865 (MBl. 177); § 28 RegierInstr. v. 23. 10. 1817 (GS. 248); § 17 Tit. 2 u. § 8 Tit. 8 Teil III AGO. Nach § 78 Entw. RDienstStrafO. ist zu jeder dem Beschuldigten nachteiligen Entscheidung, welche die Schuldfrage oder die Bemessung der Strafe betrifft, eine Mehrheit von zwei Dritteln der Stimmen erforderlich.

Bilden sich in einem Punkte — von der Schuldfrage (die stets absolute Mehrheit erfordert) abgesehen — mehr als zwei Meinungen, deren keine die Mehrheit für sich hat, so werden die dem Angeschuldigten nachteiligsten Stimmen den zunächst mindernachteiligen so lange hinzugerechnet, bis sich eine Mehrheit ergibt. Der Berichterstatter stimmt zuerst, sodann der etwa ernannte Mitberichterstatter. Auch der Untersuchungskommissar kann mitstimmen. EM. v. 14. 8. 1909 (EVBl. 526). Im übrigen wird nach dem Dienstalter abgestimmt, und zwar so, daß das jüngste Mitglied zuerst stimmt und der Vorsitzende zuletzt seine Stimme abgibt. Bei Stimmengleichheit ist seine Stimme entscheidend. §§ 6, 9 GeschO. v. 18. 4. 1880.

10. Die Entscheidung kann auch **auf eine bloße Ordnungsstrafe lauten.** Es können also alle Ordnungsstrafen (Warnung, Verweis und Geldstrafe) verhängt werden, die auch sonst gegen die Beamten im Ordnungsstrafverfahren zulässig sind. Dies hebt das Gesetz um deswillen besonders hervor, weil das Verfahren auf eine Entfernung aus dem Amte abzielt. Es wäre aber unpraktisch, wenn man den Disziplinarrichter in Fällen zur Freisprechung nötigen würde, die zwar nicht zur schweren Strafe der Entfernung aus dem Amte, wohl aber zu einer Ordnungsstrafe Anlaß bieten. Wegen der Nachzahlung des infolge Suspension vorbehaltenen Gehaltsteils s. § 130 Abs. 2. Bei der Verhängung von Geldstrafen müssen die Disziplinarkammern die Grenzen einhalten, die der obersten Reichsbehörde im § 74 Nr. 3 und § 81 gezogen sind.

Die Entscheidung kann auch auf Einstellung lauten, z. B. wenn der Angeschuldigte inzwischen verstorben oder sonst aus seinem Amt endgültig z. B. gemäß § 100 ausgeschieden ist.

11. Die Entscheidung muß **mit Gründen versehen** sein. Die Gründe müssen erkennen lassen, welche Tatsachen auf Grund der Beweisaufnahme im Hinblick auf die einzelnen Punkte der Anschuldigung das Disziplinar-

gericht für erwiesen erachtet hat und welche Gesichtspunkte für die Strafzumessung bestimmend gewesen sind. Ungenügend begründete Entscheidungen unterliegen ohne weiteres der Aufhebung.

Das Urteil braucht nicht notwendig alle Anschuldigungspunkte zu würdigen, wenn sich schon aus einzelnen die Dienstentlassung ergibt. RDisH. v. 18. 11. 1907 bei v. Rheinb. 265. Jedoch ist dies Verfahren für das Gericht erster Instanz bedenklich, weil das Berufungsgericht möglicherweise die einzelnen Anschuldigungspunkte anders würdigt. OVG. **82** 462ff.; OVG. 1. 3. 29 Ru.PrVBl. **50** 317.

Anderseits dürfen die Disziplinarurteile nicht einen zu großen Umfang annehmen. Eine möglichst gedrängte Fassung der Erkenntnisse ist dringend erwünscht. JM. v. 10. 1. 1907 bei Müller 506. Leider wird dies sehr häufig nicht beachtet und es nehmen gerade Disziplinarurteile nicht selten einen unerträglich großen Umfang an. Es liegt dies oft daran, daß das Material nicht genügend durchgearbeitet und ein Aktenauszug geboten, anstatt daß auf eine geordnete und gedrängte Darstellung Bedacht genommen wird.

12. Die Entscheidung muß sich auch mit der **Kostenfrage** befassen; s. Näheres § 124.

13. Die **Entscheidung** wird entweder in der Sitzung, in welcher die mündliche Verhandlung beendet worden ist, oder in einer der nächsten Sitzungen spätestens innerhalb der auf die mündliche Verhandlung folgenden 14 Tage **verkündet.** Bei der Verkündung brauchen außer dem Tenor nur die wesentlichsten Gründe mitgeteilt zu werden. Die Verkündung muß in Gegenwart des Beamten der Staatsanwaltschaft erfolgen. JM. v. 15. 6. 1853 bei Müller 506. Sie ist im Protokoll zu vermerken.

Die Entscheidung ist mit vollständiger Begründung spätestens innerhalb acht Tagen (StMBeschl. v. 23. 1. 1904 bei Friedrichs 631; § 275 StrPO.) nach der Verkündung schriftlich abzufassen und in der Urschrift von allen stimmberechtigten Mitgliedern des Gerichts, die bei der Entscheidung mitgewirkt haben, zu unterschreiben.

14. Das schriftliche Urteil ist mit vollständiger Begründung dem Angeschuldigten (nicht auch dem Verteidiger und dem Beamten der Staatsanwaltschaft) in einer vom Vorsitzenden zu vollziehenden Ausfertigung **zuzustellen,** und zwar nach der strikten Vorschrift des § 108 Abs. 4 Satz 2 in allen Fällen, also auch dann, wenn der Angeschuldigte bei der Verkündung der Entscheidung zugegen war. Die Zustellung (§ 133) erfolgt auch dann, wenn der Angeschuldigte zwar selbst nicht erschienen, aber durch einen Rechtsanwalt vertreten war; vgl. v. Rheinb. 490; Mügel-Ehm 484. Die Erteilung einer Ausfertigung des Urteils darf nicht davon abhängig gemacht werden, daß sich der Angeschuldigte zur Tragung der Schreibgebühren verpflichtet. StMBeschl. v. 2. 2. 1892 bei v. Rheinb. 268. Schreibgebühren sind von dem Angeschuldigten auch dann nicht zu erheben,

wenn ihm auf Antrag eine Urteilsausfertigung erteilt wird, da diese an die Stelle der von Amts wegen zuzustellenden Ausfertigung tritt. Mügel-Ehm 484.

15. **Offenbare Unrichtigkeiten** in Disziplinarurteilen wie Schreibfehler, Rechenfehler u. dgl. können jederzeit auch noch nach Rechtskraft von Amts wegen berichtigt werden. § 319 ZPO. findet entsprechende Anwendung. v. Rheinb. 268; RDisH. v. 27. 10. 1925 in DRichtZ. **26** Rspr. 27 = DJZ. **26** 1648. Materielle Änderungen oder Ergänzungen des Urteils dürfen nachträglich natürlich nicht vorgenommen werden. GrDisS. v. 9. 4. 1895 bei v. Rheinb. 268; RGSt. **15** 271. Ist z. B. versehentlich dem Angeschuldigten die Hälfte des „Diensteinkommens" statt des „Ruhegehalts" zugesprochen, so ist eine Berichtigung nicht zulässig. RDisH. v. 27. 10. 1925 in DRichtZ. **26** Rspr. 27. Doch können offenbare Widersprüche, Dunkelheiten, Auslassungen usw. eines rechtskräftigen, durch Berufung nicht mehr anfechtbaren Urteils unter Umständen in einem Nachtragsverfahren beseitigt werden. Ist z. B. der Bruchteil, um den das Diensteinkommen vermindert werden soll, versehentlich im Disziplinarurteil nicht angegeben, so darf nicht etwa die Verwaltungsbehörde den Betrag nach ihrem Ermessen bestimmen, sondern es ist die nachträgliche Festsetzung des Einkommensverlustes durch die erkennende Disziplinarbehörde zu bewirken. In welcher Form dies zu geschehen habe, ist zweifelhaft. Eine bloße Auslegung des Urteils, die Seydel 108 befürwortet, wird nicht genügen. In der Regel werden die Beteiligten (Angeschuldigter und Beamter der Staatsanwaltschaft) von neuem vorzuladen und mit ihren Erklärungen zu hören sein. ME. v. 1. 3. 1881 (MBl. 46); v. Dultzig 242.

16. Gegen den rechtskräftig freigesprochenen Angeschuldigten kann wegen derselben Anklagehandlungen ein neues Disziplinarverfahren nicht eingeleitet werden. Es gilt der Grundsatz **ne bis in idem.** Gegen die Freisprechung des Angeschuldigten durch die Disziplinarkammer steht der Staatsanwaltschaft die Berufung zu.

§ 109.

Über die mündliche Verhandlung wird ein Protokoll aufgenommen, welches die Namen der Anwesenden und die wesentlichen Momente der Verhandlung enthalten muß. Das Protokoll wird von dem Vorsitzenden und dem Protokollführer unterzeichnet.

1. Über die mündliche Verhandlung wird **eine Niederschrift aufgenommen,** welche die Namen der Anwesenden und die wesentlichen Vorgänge der Verhandlung enthalten muß. Die Niederschrift wird von dem Vorsitzenden und dem Schriftführer unterzeichnet. Zu den wesentlichen Vorgängen gehören z. B. die Angaben, daß öffentlich verhandelt

ist, daß der Berichterstatter die Sachdarstellung gegeben, der Angeschuldigte und sein etwaiger Verteidiger sowie der Vertreter der Anklagebehörde gehört sind, ferner die Anträge, die gestellt sind, und daß die Entscheidung mit Gründen verkündet ist (MJ. v. 9. 11. 1880, MBl. 293) u. dgl. Die Aussage des Angeschuldigten ist regelmäßig nur insoweit wiederzugeben, als sie wesentliche, von dem bisherigen Akteninhalt abweichende oder ihn ergänzende Angaben enthält. Die Aussagen der etwa vor dem Disziplinargericht vernommenen Zeugen und Sachverständigen sind nur nach ihrem wesentlichen Inhalt und auch regelmäßig nur in erster Instanz aufzunehmen, um der Berufungsinstanz ihre Nachprüfung zu ermöglichen. Wörtlich sind die Aussagen nur aufzunehmen, wenn es auf ihren Wortlaut ankommt, worüber der Vorsitzende und im Falle des Widerspruchs eines Beteiligten das Gericht entscheidet. ME. v. 9. 11. 1880 (MBl. 293); RDisH. v. 4. 2. 1884 Schulze-Simons 483; Arndt RBG. 150; Pieper 422.

2. Die Niederschrift führt nicht ein Mitglied des Gerichts, sondern ein **besonderer Schriftführer,** der als solcher aber nicht besonders vereidigt zu werden braucht. Es genügt die Zuziehung eines Beamten, der den allgemeinen Staatsdienereid geleistet hat. OVG. v. 11. 1. 1888 (MBl. 33); s. auch oben § 95.

3. Die Beobachtung der Förmlichkeiten kann (ebenso wie nach § 274 StrPO.) **nur durch die Niederschrift bewiesen werden.** RDisH. v. 25. 2. 1924 Schulze-Simons 457.

§ 110.

Gegen die Entscheidung der Disziplinarkammer steht die Berufung an den Disziplinarhof sowohl dem Beamten der Staatsanwaltschaft als dem Angeschuldigten offen.

Neue Tatsachen, welche die Grundlage einer anderen Beschuldigung bilden, dürfen in der Berufungsinstanz nicht vorgebracht werden.

1. Eine **Belehrung** über die zustehenden Rechtsmittel ist im Disziplinarverfahren nicht vorgeschrieben. OVG. **80** 437.

2. Die Berufung kann auch **ohne besondere Begründung eingelegt werden.** Ist dies geschehen, so wird das Berufungsgericht im vollen Umfange mit der Sache befaßt. Die Berufung kann aber auf das Strafmaß beschränkt werden: s. Näheres Anm. 4 zu § 116.

3. **Der Beamte der Staatsanwaltschaft** muß bei Einlegung der Berufung den Anweisungen der obersten Reichsbehörde, die ihn mit den staatsanwaltlichen Obliegenheiten betraut hat, folgen. In allen Fällen, in welchen nicht gegen den Antrag des Staatsanwalts auf Dienstentlassung, sondern nur auf Strafversetzung erkannt ist, wird die höhere Reichsbehörde den Beamten der Staatsanwaltschaft anweisen, Berufung einzulegen, und für den Fall,

daß sie aussichtslos erscheint, unter Einreichung der Akten und eines Gutachtens die Entscheidung der obersten Reichsbehörde wegen Weiterverfolgung der Sache einholen. Dasselbe muß geschehen, wenn auf Dienstentlassung unter Bewilligung eines Ruhegehaltsteils als Unterstützung erkannt und hierbei gegen den ME. v. 18. 11. 1898 (s. oben § 16) verstoßen ist; insbesondere muß die Berufung stets eingelegt werden, wenn dem Beamten ein Ruhegehaltsteil auf Lebenszeit gegen den Antrag des Beamten der Staatsanwaltschaft zuerkannt und nicht jeder Zweifel darüber ausgeschlossen ist, daß die Entscheidung nicht auf einem Verstoß gegen den erwähnten ME. beruht.

4. Die Staatsanwaltschaft nimmt im Disziplinarverfahren das öffentliche Interesse des Reiches an der Aufrechterhaltung und gerechten Handhabung der Disziplin wahr. Deshalb kann der Beamte der Staatsanwaltschaft **auch zugunsten des Angeschuldigten Berufung einlegen.** § 296 Abs. 2 StrPO. findet entsprechende Anwendung. StMBeschl. v. 23. 4. 1909 bei v. Rheinb. 281; OVG. **54** 457; v. Dultzig 253, 254; **a. M.** Friedrichs 632. Ferner hat jede von der Staatsanwaltschaft eingelegte Berufung die Wirkung, daß die angefochtene Entscheidung auch zugunsten des Beschuldigten abgeändert oder aufgehoben werden kann; der Grundsatz des § 301 StrPO. findet auch im Disziplinarverfahren Anwendung. RDisH. v. 15. 11. 1922 Schulze-Simons 505 unter Aufgabe der früheren abweichenden Ansicht; RDisH. v. 23. 3. 1926 DRichtZtg. Rspr. **26** 190; **a. M.** OVG. **12** 431; OTrib. **42** 133; RDisH. v. 5. 7. 1909 bei v. Rheinb. 281 u. Schulze Rspr. 329; StMBBeschl. v. 23. 1. 1904, 9. 3. 1906 u. v. 6. 5. 1908 bei v. Rheinb. 281; OVG. **54** 457.

5. Hat nur der Angeschuldigte Berufung eingelegt, so kann das Urteil (auch im Kostenpunkte) zu seinen Ungunsten nicht abgeändert werden. **Eine reformatio in peius ist unstatthaft.** Dasselbe gilt, wenn der Beamte der Staatsanwaltschaft zugunsten des Angeschuldigten Berufung eingelegt hat. Pieper 291 u. Kanng 209 meinen, daß die Staatsanwaltschaft zugunsten des Angeschuldigten Berufung nicht einlegen dürfe, da sie nur das Dienstinteresse des Reiches, nicht aber das Interesse des Angeschuldigten vertrete. Dies ist unrichtig. Denn gerade die Interessen des Reiches können es bedingen, daß die Staatsanwaltschaft für einen tüchtigen Beamten, dessen Schuld die vorgesetzte Dienstbehörde im Gegensatz zu der Disziplinarkammer nicht für erwiesen hält, Berufung einlegt, wenn der Beamte es aus irgendeinem Grunde, z. B. Krankheit oder Abwesenheit, zu tun unterläßt. Ähnlich Per. u. Sp. 148; Arndt RBG. 151. Hat nur der Beamte der Staatsanwaltschaft und zwar zuungunsten des Angeschuldigten Berufung eingelegt, so kann das Vorderurteil nicht zugunsten des Angeschuldigten abgeändert werden. RDisH. 23. 11. 78 bei Per. u. Sp. 148.

Hat nur der Angeschuldigte Berufung eingelegt, so kann der Berufungsrichter, wenn er keine höhere Strafe verhängt, einen einzelnen

Anschuldigungspunkt im Gegensatze zum ersten Richter für bewiesen ansehen oder ihn schärfer beurteilen als jener. GrDisS. v. 14. 3. 1905 u. v. 15. 1. 1895 bei v. Rheinbaben 296.

6. Hat ein Teil — entweder die Staatsanwaltschaft oder der Angeschuldigte — Berufung eingelegt, so kann sich der andere Teil, für den die Berufungsfrist abgelaufen ist, der Berufung **nicht anschließen** und seine in der Berufungsinstanz auf Abänderung des Vorderurteils gerichteten Anträge sind unbeachtlich. RDisH. v. 23. 11. 1878 bei Perels-Spilling 217; RDisH. v. 10. 11. 1877 Schulze-Simons 504; OVG. **12** 432; GrDisS. v. 27. 9. 1892 bei v. Rheinb. 282.

7. Die Berufung kann sich gegen die tatsächliche oder rechtliche Beurteilung der ersten Instanz richten. Das Berufungsgericht hat die Vorentscheidung **auch in tatsächlicher Richtung vollständig zu prüfen,** kann neue Beweise erheben und ist an die tatsächliche Feststellung des Vorderrichters nicht gebunden. Die Parteien können aber in der Berufungsinstanz nur solche neuen Tatsachen vorbringen, die sich auf die Anschuldigungspunkte beziehen, nicht auch solche, die die Grundlage einer anderen Beschuldigung bilden, selbst wenn sie erst nach Erlaß des Urteils sich ereignet haben. RDisH. v. 14. 11. 1887, F 4/87. Dies hebt § 110 Abs. 2 ausdrücklich hervor.

Es kann aber keine Berufung eingelegt werden, wenn die Entscheidung nicht in ihrem Endergebnis, sondern nur in ihrer Begründung angefochten wird; vgl. RDisH. v. 5. 7. 1886 bei Schulze Rspr. 328 (gegenstandslose Berufung).

8. **Der Verzicht auf die Berufung** ist nur wirksam, wenn er dem Gerichte gegenüber erklärt wird. OVG. v. 30. 5. 1899 bei Müller 508. Ist dies aber der Fall, so ist er unwiderruflich; vgl. RDisH. v. 5. 11. 1883 bei Schulze Rspr. 330; v. Dultzig 256. Ein früherer Verzicht auf die Einlegung eines Rechtsmittels macht die später innerhalb der Berufungsfrist eingelegte Berufung nicht unwirksam. StMBeschl. v. 3. 12. 1869 bei v. Rheinb. 282. Der Verzicht muß aber ausdrücklich sein; aus einem bloßen Stillschweigen des Berechtigten kann ein Verzicht auf das Rechtsmittel nicht hergeleitet werden. GrDisS. v. 18. 2. 1908 Amtl. Sammlg. 52ff.

9. **Die Zurücknahme der eingelegten Berufung** ist bis zum Erlasse des Urteils zweiter Instanz zulässig. Sie muß dem Gericht gegenüber erklärt werden und ist dann unwiderruflich. Das Urteil wird darauf rechtskräftig, auch wenn die Berufungsfrist noch nicht abgelaufen ist. RDisH. 5. 11. 1883 bei Arndt RBG. 151. Es kann deshalb auch die zurückgenommene Berufung auch dann nicht wiederholt eingelegt werden, wenn die Berufungsfrist noch nicht abgelaufen ist. Ein wenn auch unverschuldeter Irrtum in den Beweggründen der Zurücknahme ist bedeutungslos und beseitigt die Rechtskraft nicht. RDisH. 5. 11. 1883 (F 8/83). Die Zurücknahme kann auch nicht durch Wiedereinsetzung in den vorigen Stand rückgängig gemacht werden. RDisH. v. 7. 4. 1924 Schulze-Simons 504. Auch die Beschränkung

des Rechtsmittels auf das Strafmaß ist nicht widerruflich. RDisH. v. 1. 11. 1920 Schulze-Simons 510. Es ist aber zulässig, daß der Angeschuldigte, der die Berufung zuerst auf die Zubilligung eines nach seiner Ansicht zu geringen Pensionsteils beschränkt hat, das Urteil später innerhalb der Berufungsfrist im ganzen Umfange anficht. RDisH. v. 25. 4. 1928 DRichtZ. Rspr. Sp. 279 Nr. 618.

Der Vertreter der Staatsanwaltschaft muß die von ihm eingelegte Berufung zurücknehmen, wenn die oberste Reichsbehörde, an deren Weisungen er gebunden ist, es verlangt. Seydel 196.

§ 111.

Die Anmeldung der Berufung geschieht zu Protokoll oder schriftlich bei der Disziplinarkammer, welche die anzugreifende Entscheidung erlassen hat. Von seiten des Angeschuldigten kann sie auch durch einen Bevollmächtigten geschehen.

Die Frist zu dieser Anmeldung ist eine vierwöchentliche. Sie beginnt für den Beamten der Staatsanwaltschaft mit dem Ablaufe des Tages, an welchem die Entscheidung verkündet, für den Angeschuldigten mit dem Ablaufe des Tages, an welchem ihm die Ausfertigung der Entscheidung zugestellt worden ist.

1. Die Berufung kann auch **telegraphisch** eingelegt werden. StMBeschl v. 18. 2. 1884 bei v. Rheinb. 283; das Telegramm muß dann aber stets eine Unterschrift tragen, und zwar, wenn die Berufung von einer Behörde eingelegt ist, die Unterschrift des Beamten, der die volle Verantwortung für Form und Inhalt des Telegramms übernimmt. RDisH. v. 25. 9. 1928 DRichtZ. **28** Rspr. Sp. 392 = DJZ. **29** Sp. 315; eine Anmeldung durch Fernsprecher, die nach Müller 508 in dem StMBeschl. v. 18. 2. 1884 für zulässig erklärt sein soll, ist u. E. unzulässig. Denn mündlich kann eine Berufung nicht eingelegt werden.

Die Unterschrift ist unbedingt erforderlich; RDisH. v. 25. 9. 1928 DRichtZ. **28** Rspr. 391; v. Dultzig 258; **a. M.** v. Rheinb. Bem. 1 zu § 42 VDisG. Durch Beglaubigung kann die Schriftform nicht ersetzt werden. RDisH. v. 14. 11. 1923 und v. 1. 7. 1924 Schulze-Simons 500.

v. Rheinb. 283 will als eine Anmeldung der Berufung „zu Protokoll" auch die am Schlusse der mündlichen Verhandlung abgegebene Erklärung des Beamten, Berufung einlegen zu wollen, gelten lassen. Dem kann nicht beigetreten werden. Die mündliche Verhandlung ist mit der Verkündung des Urteils zu Ende und spätere Erklärungen des Angeschuldigten gehören nicht in das über die mündliche Verhandlung aufgenommene Protokoll. Zudem entspricht es nicht der Würde des Gerichts, von dem Angeschuldigten sofort diejenige Erklärung entgegennehmen zu müssen, die seine Unzufriedenheit mit dem soeben verkündeten Urteil deutlich zu erkennen gibt. So auch v. Dultzig 255.

2. **Das Wort „Berufung"** ist bei der Anmeldung **nicht unbedingt erforderlich.** Es genügt, wenn die Erklärung klar ergibt, daß der Angeschuldigte mit der gefällten Entscheidung unzufrieden ist und ein Urteil der höheren Instanz herbeiführen will. OVG. v. 18. 9. 1903 und StMBeschl. v. 30. 12. 1896 und v. 28. 6. 1901 bei v. Rheinb. 283; s. auch StMBeschl. v. 21. 4. 1900 bei v. Rheinb. 283.

3. Der Vertreter der Staatsanwaltschaft kann die Berufung nur selbst und nicht auch durch einen Vertreter einlegen. Dagegen kann der Angeschuldigte sie **auch durch einen Bevollmächtigten** einlegen. Schriftliche Vollmacht ist zur Vermeidung von Weiterungen zweckmäßig (RDisH. v. 22. 12. 1890 F 5/90), aber nicht erforderlich. Eine mündliche Vollmacht genügt; diese kann als vorliegend angenommen werden, wenn der Angeschuldigte durch konkludente Handlungen, z. B. persönliches Erscheinen in der mündlichen Verhandlung der Berufungsinstanz die Berufungseinlegung stillschweigend bestätigt. RGSt. **3** 425; **19** 7; Pieper 293.

Der gesetzliche Vertreter eines Beamten kann selbständig Rechtsmittel einlegen; vgl. § 298 StrPO. Es kann daher für den Beamten dessen Vormund oder ein ihm etwa bestellter Gebrechlichkeitspfleger Berufung einlegen. Die Ehefrau als solche, wenn sie nicht zum Vormund oder Pfleger ihres Mannes bestellt ist, kann aber von dem Rechtsmittel keinen selbständigen Gebrauch machen. StMBeschl. v. 4. 11. 1899 und v. 11. 11. 1910 bei v. Rheinb. 283.

4. Die Berufung muß **bei dem Disziplinargericht erster Instanz** eingelegt werden. Durch die Anmeldung bei einer anderen Behörde, z. B. der Berufungsinstanz, wird die Berufungsfrist nicht gewahrt. StM.-Beschl. v. 15. 6. 1876 (ZBlUV. 166). Jede unzuständige Behörde hat unverzüglich eine bei ihr eingehende Berufung an die zuständige erste Instanz abzugeben.

Die Berufung gilt bei der zuständigen Behörde als eingegangen, sobald sie ein zur Empfangnahme solcher Schriftstücke beauftragter Beamter dieser Behörde erhalten hat. Es genügt also nicht, wenn das Schriftstück innerhalb der Frist in den Briefkasten der Behörde oder gar erst zur Postanstalt des Sitzes der Behörde gelangt ist. StM. v. 25. 7. 1907 bei v. Rheinb. 286.

5. **Die Frist zur Einlegung der Berufung** ist eine vierwöchige. Sie beginnt für den Beamten der Staatsanwaltschaft mit dem Ablaufe des Tages, an welchem die Entscheidung verkündet worden ist, und für den Angeschuldigten in allen Fällen, also auch wenn er bei der Verkündung zugegen war, mit dem Ablaufe des Tages, an welchem ihm die Entscheidung zugestellt worden ist. Abweichendes gilt nach § 42 Abs. 2 BDisG. u. § 37 Abs. 2 RDisG.: hier beginnt die Frist für den Angeschuldigten, der bei der

Verkündung des Urteils mit Gründen zugegen war, schon mit der Verkündung des Urteils.

Die Frist läuft auch, wenn die Berufung im Ausland eingelegt ist. RDisH. v. 20. 1. 1925 Schulze-Simons 502.

Die Frist endet mit dem Ablauf des Tages, mit dem vier Wochen = 28 Tage seit dem Ablaufe des Verkündungs- oder Zustellungstages verstrichen sind; vgl. § 43 StrPO.; OVG. **12** 431. Es wird also der Tag der Verkündung oder Zustellung des Urteils bei der Frist nicht mitgerechnet. Die Frist ist eine Ausschlußfrist und kann nicht verlängert werden. Befindet sich also der Angeschuldigte im Auslande, so gilt § 114.

Wenn die Geschäftsstelle einer Disziplinarkammer die allgemeinen dienstlichen Einrichtungen einer anderen Behörde, in deren Räumen sie untergebracht ist, mitbenutzt und der Beamte der Staatsanwaltschaft nach den Umständen annehmen darf, daß Vorkehrungen getroffen sind, die in Fristsachen die Einlieferung von Schriftstücken für das Disziplinargericht auch außerhalb der Geschäftsstunden ermöglichen, so genügt es zur Wahrung der Frist zur Anmeldung der Berufung, wenn er die Berufungsschrift am letzten Tage der Frist bei Schluß der Geschäftsstelle der Disziplinarkammer auf dem Hauptbüro der anderen Behörde niederlegt. RDisH. v. 6. 7. 1926 DJZ. **26** 1567.

6. Eine beim Disziplinargericht erster Instanz **verspätet eingelegte Berufung** ist unter entsprechender Anwendung des § 319 Abs. 1 StrPO. durch Beschluß dieses Gerichts ohne Hauptverhandlung als unzulässig zu verwerfen. OVG. **80** 436. Gegen diesen Beschluß ist aber die Beschwerde an das Berufungsgericht — jedoch ohne aufschiebende Wirkung — zulässig. § 319 Abs. 2 StPO.; StMBeschl. v. 11. 10. 1895 bei Müller 289 u. 507. Für das Verfahren sind im Einklang hiermit in dem letzerwähnten Beschlusse (vgl. auch ME. v. 26. 2. 1896 (RAnz. Nr. 63) und v. 5. 2. 1896 (ZBlUV. 245) folgende auch für das RBG. anwendbare Verwaltungsgrundsätze aufgestellt worden:

a) Über die Rechtzeitigkeit der Berufung entscheidet das Disziplinargericht erster Instanz; s. auch OVG. **80** 436.

b) Gegen eine das Rechtsmittel wegen verspäteter Anmeldung als unzulässig verwerfende Entscheidung ist innerhalb einer von Zustellung des Beschlusses laufenden einwöchigen Frist die Beschwerde — ohne aufschiebende Wirkung — an die höhere Instanz gegeben.

c) Die Vollstreckung des ersten Urteils wird durch die verspätete Berufungsanmeldung nicht gehindert.

In der abweisenden Entscheidung ist auf den unter b erwähnten Beschwerdeweg ausdrücklich zu verweisen.

Die Berufungsinstanz kann übrigens eine von der ersten Instanz für rechtzeitig gehaltene und daher weitergegebene Berufung als unzulässig verwerfen, wenn sie im Gegensatz zur ersten Instanz die Berufung für verspätet hält. OVG. **80** 436.

7. Die Frist zur Anmeldung der Berufung ist eine **Ausschlußfrist.** Sie kann daher nicht etwa auf Antrag oder von Amts wegen verlängert werden. StMBeschl. v. 7. 7. 1869 (ZBlUV. **70** 4).

8. **Gegen die Versäumung der Berufungsfrist ist die Wiedereinsetzung in den vorigen Stand zulässig.** DisHsnichtrV. v. 7. 5. 1923 in DJZ. **24** 993 = DRichtZ. **25** 174; DisHsnichtrV. v. 4. 10. 1926 Ztschr. d. Reichsb. d. höher. B. **26** 163; Bad. VGH. v. 7. 2. 1927 JW. **28** 3018 = Bad. VerwZ. **27** 87; OVG. **78** 438; Apel JW. **28** 3018; Görres 86; **a. M.** OVG. **12** 431; Friedrichs 633. Die Wiedereinsetzung kann gewährt werden, wenn die angeführten Entschuldigungsgründe nach den Grundsätzen der StPO. (§ 44) eine Wiedereinsetzung rechtfertigen würden. Es muß also der die Berufung Einlegende durch Naturereignisse oder andere unabwendbare Zufälle an der Einhaltung der Frist verhindert worden sein. StMBeschl. v. 7. 7. 1869 (ZBlUV. **70** 4; Müller 507). Ob im einzelnen Falle ein unabwendbarer Zufall vorliegt, ist Tatfrage. Das StM. hat z. B. einen solchen Zufall darin erblickt, daß die richtig adressierte Berufung nur infolge einer nicht voraussehbaren Verzögerung im Geschäftsgange der Behörden verspätet vorgelegt ist. StMBeschl. v. 27. 8. 1900; RDisH. v. 22. 1. 1876, v. 30. 6. 1877 u. v. 30. 1. 1882 Schulze-Simons 501; OVG. v. 5. 4. 1910; bei v. Rheinb. 287; ferner wenn bei unrichtiger Adressierung die Berufung von der unzuständigen Behörde bei alsbaldiger Weitergabe noch rechtzeitig an die zuständige Behörde erster Instanz gelangt sein würde. StMBeschl. v. 9. 7. 1902 u. v. 12. 5. 1905 bei v. Rheinb. 287; DisHsnichtrV. v. 7. 5. 1923 in DJZ. **24** 996 = DRichtZ. **25** 174; RDisH. v. 2. 12. 1889 Schulze-Simons 501. Dagegen nimmt OVG. v. 24. 9. 1907 und v. 14. 12. 1909 (bei v. Rheinb. 287, 288) insofern einen für den Angeschuldigten ungünstigeren Standpunkt ein, als es die unzuständige Behörde, bei der das Schriftstück eingeht, nicht für verpflichtet hält, es an die zuständige Behörde, bei der das Schriftstück eingeht, alsbald weiterzugeben. Unabwendbarer Zufall liegt auch vor, wenn der Beamte ohne seine Schuld von der Zustellung des Urteils keine Kenntnis erlangt hat. StMBeschl. v. 7. 7. 1869 (ZBlUV. **70** 4). Endlich ist Grund für die Wiedereinsetzung gegeben, wenn die Fristversäumnis durch eine unrichtige Rechtsbelehrung des Beamten durch die Disziplinarbehörde veranlaßt und die Berufung innerhalb der dem Beamten bezeichneten — unrichtigen — Frist eingelegt ist. StMBeschl. v. 19. 1. 1901 bei v. Rheinb. 288; **a. M.** OVG. v. 29. 11 1895 ebenda; OVG. **80** 439.

Bei genügender, die Wiedereinsetzung rechtfertigender Entschuldigung der Versäumung der Berufungsfrist kann die Reichsdisziplinarkammer die vorläufige Aussetzung der Vollstreckung des Urteils bis zur Entscheidung des Reichsdisziplinarhofs anordnen. StMBeschl. v. 11. 11. 1895 bei Müller 507.

Ein Irrtum über die zulässigen Rechtsmittel rechtfertigt einen Antrag auf Wiedereinsetzung nicht. OVG. **80** 436. Dasselbe gilt, wenn den Verteidiger ein Verschulden trifft. RDisH. v. 17. 10. 1921 Schulze-Simons 503; PrDisHfnichtrB. v. 1. 11. 1926 DJZ. **27** 92. Kein unabwendbarer Zufall liegt ferner vor, wenn der Angeschuldigte die Berufung so spät einlegt, daß sie erst am letzten Tage vor Ablauf der vierwöchigen Berufungsfrist bei dem für die Berufungsanmeldung unzuständigen Berufungsgericht eingeht. RDisH. 26. 9. 28. „Recht" **29** 169. Dagegen ist ein Verschulden von Angestellten des von einem Angeschuldigten zum Vertreter bestellten Rechtsanwalts dem Angeschuldigten nicht zuzurechnen, sofern er für den Vertreter selbst einen unabwendbaren Zufall darstellt. Solcher liegt aber nicht vor, wenn der Anwalt die Einhaltung von Notfristen nicht überwacht, sondern seinem Bürovorsteher überlassen hat. PrDisHfnichtrB. v. 1. 11. 1926 DJZ. **27** 92 = PrVBl. **48** 213.

Für das Verfahren bei der Wiedereinsetzung gelten die §§ 45—47 StPO. entsprechend. v. Dultzig 261; PrDisHfnichtrB. v. 4. 10. 1926 Ztschr. des Reichsb. d. höher. B. **26** 163; **a. M.** v. Rheinb., Bem. V zu § 42 VDisG. Hiernach ist zwar das Gesuch um Wiedereinsetzung in den vorigen Stand gegen die Versäumung der Berufungsfrist bei dem Gericht erster Instanz anzubringen; über seine Genehmigung hat jedoch in entsprechender Anwendung des § 46 StPO. dasjenige Gericht zu entscheiden, das bei rechtzeitig erfolgter Handlung zur Entscheidung in der Sache selbst berufen gewesen wäre, mithin nicht das Gericht erster Instanz, sondern das Berufungsgericht. PrDisHfnichtrB. v. 4. 10. 1926 Ztschr. d. Reichsb. d. höher. B. **26** 163 = DJZ. **26** 1785 = PrVBl. **48** 213; OVG. **80** 439.

§ 112.

Zur schriftlichen Rechtfertigung der Berufung steht demjenigen, der dieselbe rechtzeitig angemeldet hat, eine vierzehntägige Frist, vom Ablaufe der Anmeldungsfrist gerechnet, offen.

1. Ist die Berufung rechtzeitig eingelegt, so **steht zur schriftlichen Rechtfertigung eine Frist von 14 Tagen offen.** Diese Frist läuft nicht etwa vom Tage der Anmeldung der Berufung, sondern erst vom Ablaufe der Berufungsfrist an.

Die Frist kann auf Antrag angemessen verlängert werden. § 115. Die etwa bewilligte Nachfrist ist erst vom Tage der Bekanntmachung der Bewilligung an die Beteiligten, nicht schon vom Tage der Verfügung ab zu berechnen. v. Rheinb. 290.

Die Berufungsrechtfertigungsfrist gilt auch dann als gewahrt, wenn der Schriftsatz innerhalb der Frist — statt bei der ersten Instanz — bei der Berufungsinstanz eingeht. Doch kann auch ein erst nach Ablauf der Frist eingehender Schriftsatz noch berücksichtigt werden; er hält aber die Aktenversendung an den Reichsdisziplinarhof nicht auf. Trotz der Verspätung wird die Schrift, falls sie Wesentliches enthält, dem Gegner mitzuteilen sein, da die Partei den Inhalt der Schrift doch in der mündlichen Verhandlung vor dem Reichsdisziplinarhof vorbringen wird; auf diese Weise kann sogar eine sonst nötige Vertagung vermieden werden.

Erforderlich ist eine besondere Rechtfertigung der Berufung nicht. ME. v. 18. 3. 1874 (MBl. 153).

2. **Die Rechtfertigungsschrift** ist an keine Form gebunden und kann sich auf Tatsachen und Rechtsausführungen erstrecken. Auch neue Tatsachen und Beweismittel können in ihr angeführt werden, soweit sie sich auf die Anschuldigungspunkte beziehen. Neue Tatsachen, die die Grundlage einer anderen Beschuldigung bilden, dürfen in zweiter Instanz von dem Beamten der Staatsanwaltschaft nicht vorgebracht werden, weil sonst der Angeschuldigte hinsichtlich dieser neuen Anschuldigungspunkte eine Instanz verlieren würde. RDisG. 14. 11. 87 F 4/87.

Wird die vierzehntägige Frist nicht eingehalten, so wird das Weitere in der Sache veranlaßt, ohne daß etwa noch die Rechtfertigungsschrift abgewartet wird.

§ 113.

Die Anmeldung der Berufung und die etwa eingegangene Berufungsschrift wird dem Gegner in Abschrift zugestellt, und falls dies der Beamte der Staatsanwaltschaft ist, in Urschrift vorgelegt.

Innerhalb vierzehn Tagen nach erfolgter Zustellung oder Vorlegung kann der Gegner eine Beantwortungsschrift einreichen.

1. Die Anmeldung der Berufung und die etwa eingegangene Berufungsrechtfertigung wird **dem Gegner in Abschrift zugestellt** (§ 133) oder **dem Beamten der Staatsanwaltschaft,** falls er Gegner ist, **in Urschrift vorgelegt.** Innerhalb vierzehn Tagen nach erfolgter Zustellung oder Vorlegung kann der Gegner eine nicht an eine Form gebundene Gegenschrift einreichen, in der ebenfalls neue Tatsachen und Beweise, soweit sie sich auf die Anschuldigungspunkte beziehen, vorgebracht werden dürfen. Die Frist kann auf Antrag des Berufungsgegners angemessen verlängert werden. Wegen der Erweiterung der Frist für einen im Ausland befindlichen Angeschuldigten s. § 114. Auch eine verspätete Gegenschrift ist zweckmäßig zu berücksichtigen, wenn sie Wesentliches enthält s. Anm. 1 zu § 112.

2. Nach Ablauf der unter Nr. 1 erwähnten Fristen werden **die Akten an den Reichsdisziplinarhof übersandt.** Sie dürfen aber der Berufungsinstanz nicht direkt übersandt werden, sondern müssen der zuständigen obersten Reichsbehörde zur Weitergabe an die Berufungsinstanz vorgelegt werden.

§ 114.

Befindet sich der Angeschuldigte im Auslande, so hat die Disziplinarkammer die Fristen zur Anmeldung und Rechtfertigung seiner Berufung und zur Beantwortung der Berufung des Beamten der Staatsanwaltschaft mit Rücksicht auf die Entfernung des dienstlichen Wohnsitzes des Angeschuldigten von Amts wegen zu erweitern und die betreffende Verfügung gleichzeitig mit dem Urteil beziehungsweise mit der Anmeldung der Berufung des Beamten der Staatsanwaltschaft dem Angeschuldigten zuzustellen.

1. § 114 bezieht sich besonders auf Beamte, die wie die Konsuln, Gesandten pp. **ihren dienstlichen Wohnsitz im Auslande haben,** nicht aber auf solche, die sich unerlaubt, z. B. infolge Flucht, oder sonst zu nur vorübergehendem Aufenthalt dort befinden.

2. Bei der Bemessung der zu verlängernden Frist hat die Disziplinarkammer, die **von Amts wegen** meist bei der Zustellung des Urteils oder der Berufungsanmeldung die Verlängerung ausspricht, auf die Besonderheiten des Falles (Entfernung, schlechte postalische und sonstige Verbindung pp.) Rücksicht zu nehmen.

3. **Eine Verlängerung der gemäß § 114 erweiterten Frist** soll nach Arndt RBG. 154 unzulässig sein. Dem kann nicht beigetreten werden. Es kann sich herausstellen, daß die ursprüngliche Verlängerung nicht ausreichte; es steht dann nichts im Wege, die Frist geräumiger zu gestalten. Nur die Frist zur Anmeldung der Berufung kann nicht erneut verlängert werden. § 115.

4. **Die Staatsanwaltschaft** wird von § 114 nicht berührt; für sie gelten in allen Fällen die gesetzlichen Fristen.

§ 115.

Die Fristen zur Rechtfertigung und Beantwortung der Berufung (§§ 112 bis 114) können auf Antrag von der Disziplinarkammer verlängert werden.

1. **Die Frist zur Anmeldung der Berufung,** sei es die gesetzliche des § 111 oder die erweiterte des § 114 kann **nie verlängert** werden.

2. **Der Lauf** der bewilligten verlängerten Frist **beginnt** mit Ablauf des Tages, an dem die Verfügung auf den gestellten Antrag zugestellt ist, nicht etwa mit dem Tage der Verfügung. Der Tag der Zustellung des Bescheids ist daher durch Zustellungsurkunden festzustellen. GoldArch. **3** 555; Thilo 124.

3. **Ein Recht** auf Verlängerung der Fristen zur Rechtfertigung pp. **besteht nicht.** RDisG. 4. 2. 84 F 9/83.

§ 116.

Nach Ablauf der in den §§ 113 bis 115 bestimmten Fristen werden die Akten an den Disziplinarhof eingesandt.

Der Disziplinarhof kann die zur Aufklärung der Sache etwa erforderlichen Verfügungen erlassen. Er bestimmt sodann eine Sitzung zur mündlichen Verhandlung, zu welcher der Angeschuldigte vorzuladen und der Beamte der Staatsanwaltschaft zuzuziehen ist.

In der mündlichen Verhandlung gibt zunächst ein von dem Vorsitzenden des Disziplinarhofs aus der Zahl seiner Mitglieder ernannter Berichterstatter eine Darstellung der bis dahin stattgefundenen, auf die in der Anschuldigungsschrift enthaltenen Anschuldigungspunkte bezüglichen Verhandlungen.

Im übrigen wird nach Maßgabe der in den § 101 Abs. 2, § 102, § 103, § 104 Abs. 2 und 3, § 105, § 106, § 107 Abs. 1, § 108 und § 109 enthaltenen Bestimmungen verfahren.

1. **Die Akten** sind vor der Einsendung an den Reichsdisziplinarhof mit einem Inhaltsverzeichnis (Rotulus) und mit Blattzahlen zu versehen. Die Beiakten, insbes. die Personalakten sind mitzuübersenden. § 22 Nr. 6 GeschO. 18. 4. 80.

2. Über die **Zusammensetzung** des Reichsdisziplinarhofs s. § 91. Über die von ihm zu führenden beiden Siegel s. § 23 Nr. 6 GeschO. 18. 4. 80. Das Amt der Staatsanwaltschaft bei dem Reichsdisziplinarhof wird nach Anordnung der obersten Reichsbehörde (§ 85) von der Reichsanwaltschaft oder einem besonders beauftragten Beamten wahrgenommen. § 23 Nr. 7 GeschO. 18. 4. 80.

3. Hält der Disziplinarhof nach Lage der Sache eine **weitere Aufklärung** für nötig, so hat er diese zu veranlassen. Er kann also schon vor der mündlichen Verhandlung zur Vermeidung einer Vertagung der Hauptverhandlung die nötigen Verfügungen erlassen, namentlich Zeugenvernehmungen bewirken, Akten einfordern, Beweisurkunden herbeischaffen pp.

4. Der Angeschuldigte kann sich in der mündlichen Verhandlung vor dem Reichsdisziplinarhof eines Rechtsanwalts als **Verteidigers** bedienen und sich durch ihn vertreten lassen. Der Disziplinarhof kann jederzeit das persönliche Erscheinen des im Deutschen Reiche ansässigen Angeschuldigten unter der Warnung anordnen, daß bei seinem Ausbleiben ein Verteidiger zu seiner Vertretung nicht werde zugelassen werden. Per u. Sp. 152; **a. M.** Kanng. 211, der aber übersieht, daß § 116 ausdrücklich auf § 102 hinweist.

5. **In der mündlichen Verhandlung vor dem Berufungsgericht** wird ebenso wie in der ersten Instanz verfahren. Nur beginnt die Verhandlung

nicht mit dem Vortrage der Anschuldigungsschrift, sondern mit der Sachdarstellung des Berichterstatters, die sich aber nur auf die bisherigen Anschuldigungspunkte beziehen darf. Die Beweisaufnahme wird gemäß den §§ 105—107 Abs. 1 bewirkt. Über den Sitzungsverlauf ist nach § 109 ein Protokoll aufzunehmen.

6. Zu den Verhandlungen werden **der Angeschuldigten und der Beamte der Staatsanwaltschaft** zum Termin zur mündlichen Verhandlung **vorgeladen.** Der Verteidiger des Angeschuldigten braucht nicht besonders vorgeladen zu werden; doch ist es zweckmäßig, auch ihn zu laden.

7. Das Berufungsgericht hat die angefochtene Entscheidung **in ihrem ganzen Umfange** nachzuprüfen; jedoch gilt dies dann nicht, wenn nur einzelne Punkte der Vorentscheidung als abänderungsbedürftig bezeichnet oder nur wegen des Strafmaßes Berufung eingelegt ist. DisHfnichtrB. v. 28. 5. 1923 in DJZ. **24** 996 = DRichtZ. **25** 174 = PrVBl. **45** 472, der die Beschränkung der Berufung unter sinngemäßer Anwendung der §§ 318, 327 StrPO. auf das Strafmaß für zulässig hält und annimmt, daß dadurch dem Berufungsgericht die Nachprüfung der Schuldfrage entzogen werde; ebenso RDisH. v. 10. 2. 1914 Schulze-Simons 510; v. Dultzig 256; **a. M.** RDisH. v. 24. 5. 1909 Schulze-Simons 509 und v. Rheinb. 293. Es hat also das Berufungsgericht der vom Vorderrichter getroffenen Entscheidung über die Schuldfrage regelmäßig ohne weiteres beizutreten, wenn die Berufung nur das Strafmaß bei Anerkennung der tatsächlichen Feststellungen des erstinstanzlichen Urteils bemängelt. Wenn das Strafmaß nur zu einem Teile, nämlich nur bezüglich der neben der Dienstentlassung zugebilligten Unterstützung angefochten wird, so hat der Berufungsrichter nicht nachzuprüfen, ob der nicht beanstandete Teil der Strafe, also die Dienstentlassung zu Recht verhängt worden ist. PrDisHfnichtrB. v. 27. 6. 1927 DJZ. **27** 1279 = PrVBl. **49** 93.

Selbstverständlich ist das Berufungsgericht in der Würdigung des tatsächlichen Materials vollkommen frei und in keiner Weise an die tatsächlichen Feststellungen der ersten Instanz gebunden. Es ist also nicht etwa auf die rechtliche Beurteilung der Sachlage beschränkt, wie dies bei dem Rechtsmittel der Revision der StPO. und der ZPO. der Fall ist.

Danach kann der Reichsdisziplinarhof die zur Aufklärung der Sache etwa erforderlichen Verfügungen erlassen. Er kann auch Beweise entweder selbst oder durch einen ersuchten Richter erheben.

8. Das Berufungsgericht hat, ehe es in eine sachliche Prüfung eintritt, zu untersuchen, **ob das Verfahren erster Instanz nicht an wesentlichen,** zur Wiederholung der Verhandlung nötigenden **Mängeln leidet.** Diese Untersuchung ist von Amts wegen vorzunehmen, ohne daß es hierzu eines Antrags in der Berufungsschrift bedürfte. Zu solchen wesentlichen Mängeln gehört es z. B., wenn die Vorschriften über die Voruntersuchung nicht beachtet waren, vielleicht überhaupt keine Voruntersuchung stattgefunden

hatte, wenn das Gericht erster Instanz unzuständig oder unvorschriftsmäßig besetzt war (OTrib. v. 4. 11. 1907 bei Oppenh. Rspr. 8 657; RDisH. v. 8. 5. 1923 und v. 25. 2. 1924 JW. **24 1534** und Schulze-Simons 456 und 458), die Vorschriften über die Öffentlichkeit, die Art der mündlichen Verhandlung, über die Vorladung und Anhörung des Angeschuldigten (RDisG. v. 23. 3. 1878 Schulze-Simons 474), über die Zulassung eines Verteidigers, über die Vernehmung und Beeidigung von Zeugen und Sachverständigen (RDisH. v. 7. 12. 1922, Schulze-Simons 487; OVG. **82** 480) nicht beobachtet waren u. dgl.; s. auch RDisH. 10. 2. 81; 13. 7. 81 bei Per. u. Sp. 152; Pieper 297. Auch ist es ein wesentlicher Mangel, wenn verhandelt worden ist, obwohl der Angeschuldigte wegen Krankheit nicht erscheinen konnte, zumal wenn er unter der Androhung vorgeladen war, im Falle seines Ausbleibens werde ein Verteidiger nicht zugelassen werden. RDisH. 16. 10. 28 ZBR. **1** 248 = DJZ. **29** 508.

Auch das Fehlen einer Anschuldigungsschrift ist ein wesentlicher Mangel. GrDisS. v. 18. 2. 1888 bei v. Rheinb. 495.

Ob das Berufungsgericht in solchen Fällen das Urteil erster Instanz aufheben und die Sache zur nochmaligen Verhandlung und Entscheidung an die Vorinstanz zurückverweisen oder ob es sofort selbst in der Sache entscheiden will, steht in seinem freien Ermessen. RDisH. v. 10. 7. 1905, v. 25. 2. 1924 und v. 31. 3. 1925 Schulze-Simons 458, 516 und 519. Handelt es sich um so erhebliche Mängel, daß das Verfahren erster Instanz dem Angeschuldigten oder dem Beamten der Staatsanwaltschaft die gesetzlichen Befugnisse in der Verteidigung oder der Anschuldigung in wesentlichem Maße eingeschränkt hat, so wird sich meist eine Zurückverweisung empfehlen. Denn sonst geht den Beteiligten eine ihre Rechte ordnungsmäßig beobachtende Instanz verloren. Dies wird stets der Fall sein, wenn ein unzuständiges Gericht entschieden hatte (§ 328 Abs. 3 StPO.) oder wenn das Gericht erster Instanz nicht vorschriftsmäßig besetzt war; vgl. RDisH. v. 28. 1. 1924 Schulze-Simons 54. Im letzteren Falle will das OVG. in der bei v. Rheinb. 295 mitgeteilten Entscheidung v. 1. 5. 1906 einen Grund zur Aufhebung der Vorentscheidung nicht anerkennen, weil in der Berufungsinstanz eine unbeschränkte Nachprüfung der Sache in rechtlicher und tatsächlicher Hinsicht stattfinde und Mängel in der Besetzung des erstinstanzlichen Gerichts durch die Verhandlung vor dem ordnungsmäßig besetzten Berufungsgericht geheilt würden. Diese Ansicht ist bedenklich. Sie verkennt, daß der Angeschuldigte Anspruch darauf hat, schon in erster Instanz vor seinem gesetzlichen Richter, d. h. vor einem ordnungsmäßig besetzten Gericht zu stehen und er in der Tat eine — dem Gesetz entsprechende — Instanz verliert, wenn ein Gericht über ihn aburteilt, das in einer Weise besetzt ist, die für ihn vielleicht ungünstig ist und zu einem Urteil führt, das möglicherweise bei ordnungsmäßiger Besetzung nicht erlassen worden wäre.

Eine Aufhebung und Zurückverweisung wird auch dann am Platze sein, wenn das Sachverhältnis ungenügend aufgeklärt und das Beweismaterial nicht erschöpft ist. Wenn auch an sich das Berufungsgericht in der Lage ist, selbst Beweise zu erheben, so wird es doch, wenn es sich um umfangreichere Ermittlungen handelt, die schon in erster Instanz hätten angestellt werden können und sollen, mit diesen Erhebungen die erste Instanz beauftragen, die den Verhältnissen näher steht und die Zeugen, Sachverständigen usw. meist leichter und unter Aufwendung geringerer Kosten laden kann, als die Berufungsinstanz. Bei besonderer Sachlage kann aber von der Zurückverweisung abgesehen werden. RDisH. v. 29. 4. 1918 Schulze-Simons 517. Jedoch ist die Zurückverweisung nicht angängig, wenn die Beweisaufnahme lediglich mit Rücksicht auf neue, in der Berufung vorgebrachte Behauptungen nötig wird. Denn in diesem Falle liegt ein wesentlicher Mangel des Verfahrens, der die Aufhebung der ersten Entscheidung rechtfertigen könnte, nicht vor, und es ist unzulässig, die Vorentscheidung nur deshalb aufzuheben, um dem Gericht erster Instanz eine Beweisaufnahme zu übertragen, die dem Berufungsgericht mit Weiterungen verknüpft zu sein scheint. Dagegen ist natürlich eine Zurückverweisung stets zulässig und mitunter auch zweckmäßig, wenn Zeugen oder Sachverständige, deren Auslassungen für die Entscheidung von wesentlicher Bedeutung sind, nicht gesetzmäßig vernommen oder vereidigt sind.

Bei der erneuten Verhandlung hat das Gericht erster Instanz die Rechtsauffassung des Berufungsgerichts seiner Entscheidung zugrunde zu legen. § 358 StPO. ist entsprechend anwendbar. RDisK. Berlin I in JW. **25** 1512. Das Gericht erster Instanz darf auch nicht gegen den Grundsatz, daß nach dem entsprechend anwendbaren § 331 StPO. die reformatio in peius unzulässig ist, verstoßen; es darf also nicht etwa die von ihm ausgesprochene Zubilligung eines Ruhegehaltsteils als Unterstützung neben der Dienstentlassung wegfallen lassen, wenn seine Entscheidung auf alleinige Berufung des Angeschuldigten aufgehoben und die Sache in die Vorinstanz zurückverwiesen war. RDisH. v. 3. 10. 1927 DJZ. **28** 99.

Gewisse Verfahrensverstöße können durch spätere Vorkommnisse als geheilt gelten und führen dann nicht zur Aufhebung des ersten Urteils. Dies ist z. B. der Fall, wenn der Angeschuldigte nicht vorschriftsmäßig geladen, aber trotzdem im Termin zur mündlichen Verhandlung erschienen ist oder wenn er, obwohl ihm vor seiner Vernehmung in der Voruntersuchung die Anschuldigungspunkte nicht vorschriftsmäßig mitgeteilt waren, im späteren Verlaufe der Voruntersuchung Kenntnis von den Beschuldigungen und Gelegenheit zur Äußerung über sie erhalten hatte; vgl. auch StMBeschl. v. 28. 6. 1901 und OVG. v. 28. 2. 1894 bei v. Rheinb. 295; s. auch GrDisS. v. 15. 5. 1888 bei v. Rheinb. 496. Überhaupt kann ein Mangel der Voruntersuchung, der erst in zweiter Instanz gerügt wird, nicht berücksichtigt werden. RDisH. v. 30. 1. 1882 Schulze-Simons 512.

Enthält das erste Urteil Auslassungen, Widersprüche u. dgl., die ohne Wiederholung des erstinstanzlichen Verfahrens lediglich im Wege der Berichtigung oder eines abgekürzten Nachverfahrens beseitigt oder aufgeklärt werden können, so empfiehlt es sich, daß das Berufungsgericht zunächst, ohne in eine Verhandlung der Sache einzutreten, die Akten der ersten Instanz zurückgibt. In dieser Weise ist, wie v. Rheinb. 294 mitteilt, in Preußen wiederholt dann verfahren, wenn von der ersten Instanz auf Strafversetzung unter Verminderung des Diensteinkommens erkannt, dabei aber vergessen war, den Betrag anzugeben, um den das Diensteinkommen vermindert werden sollte.

9. Da eine reformatio in peius unstatthaft ist, so darf **keine schwerere Strafe** gegen den Angeschuldigten, der allein Berufung eingelegt hat, verhängt werden, als in erster Instanz; auch hinsichtlich der Kosten darf er nicht ungünstiger gestellt werden. OVG. v. 19. 12. 1905 bei v. Rheinb. 296. Im übrigen ist aber der Berufungsrichter in der Beurteilung der Verfehlungen völlig frei, so daß er z. B., auch wenn nur der Angeschuldigte Berufung eingelegt hat, eine Straftat für erwiesen erachten kann, die der erste Richter dem Angeschuldigten nicht zugerechnet hatte. GrDisS. v. 15. 1. 1895 bei Müller 508.

Die Entscheidung kann auch auf eine Ordnungsstrafe lauten.

10. Eine **gegenstandslose Berufung,** so z. B. wenn der freigesprochene Beamte, dem die Begründung des Urteils nicht gefällt, Berufung eingelegt hat, ist durch Beschluß des Berufungsgerichts zurückzuweisen. RDisH. v. 5. 7. 1886 bei Perels-Spilling 223.

11. **Zur Einstellung des Verfahrens** durch Beschluß des Berufungsgerichts kommt es ferner, wenn der Angeschuldigte nach Einlegung der Berufung aus dem Amt geschieden oder gestorben und nicht etwa gemäß § 75 Ziff. 2 auf Titel und Ruhegehaltsanspruch verzichtet hat.

Dieser Rechtszustand ist freilich mitunter mit einer gewissen Härte verbunden, da dann dem Angeschuldigten die Möglichkeit genommen ist, sich von den ihm im ersten Urteil gemachten Vorwürfen zu reinigen. Deshalb hält auch OVG. v. 29. 10. 1890 und v. 31. 10. 1902 in solchen Fällen eine Entscheidung des Berufungsgerichts für erforderlich. Dem kann aber nicht beigetreten werden. Denn der Beamte hat in solchen Fällen durch seine eigenen Maßnahmen dem Verfahren die Grundlage genommen, so daß er sich nicht beschwert fühlen kann, wenn dem Verfahren ein Fortgang nicht gegeben wird. RDisH. v. 9. 3. 1908 bei v. Rheinb. 297. OTrib. v. 1. 12. 1871 (JMBl. **72** 14) nahm allerdings an, daß auch in solchen Fällen ein Urteil auf die Berufung ergehen müsse. Dagegen mit Recht GrDisS. v. 17. 9. 1883 bei Müller 485; s. auch OVG. v. 10. 3. 1870. Nach OVG. v. 21./22. 9. 1909 in DJZ. **10** 487 soll aber das Verfahren in dem Falle, daß die Staatsanwaltschaft zur Erzielung der Dienstentlassung Berufung eingelegt hat, auch dem ausgeschiedenen Beamten gegenüber fortgesetzt und gegebenenfalls auf Aberkennung des Titels und des etwaigen Ruhegehaltsanspruchs erkannt werden. Dies kann aber u. E. nur dann gelten, wenn der Angeschuldigte zu einer Zeit ausgeschieden ist, zu der das Disziplinarverfahren bereits schwebte; s. oben § 75.

Wird das Verfahren eingestellt, so sind die Kosten der Staatskasse aufzuerlegen. Der einbehaltene Teil des Gehalts ist dann dem suspendiert gewesenen Beamten nachzuzahlen. Sollen solche Folgen vermieden werden, so darf während des Schwebens eines Disziplinarverfahrens dem Antrage des Beamten auf Entlassung aus dem Amte nicht entsprochen werden.

12. Die **Kosten der Berufungsinstanz** sind dem aufzuerlegen, dessen Berufung erfolglos geblieben ist; vgl. § 505 Abs. 1 StPO.

Haben beide Teile Berufung eingelegt und ist diese erfolglos geblieben, so fallen die baren Auslagen dem Angeschuldigten und der Staatskasse je zur Hälfte zur Last. So wird in der von v. Rheinb. 298 bezeugten Praxis des OVG. und RDisH. verfahren; dagegen legt nach Rheinb. der GrDisS. des KG., wenn beide Berufungen verworfen werden, die baren Auslagen dem Angeschuldigten auf, jedoch mit Ausnahme der durch die Berufung der Staatsanwaltschaft entstandenen Mehrauslagen. GrDisS. v. 20. 12. 1906 bei v. Rheinb. 298. Bei der letztgedachten Kostenentscheidung wird aber die Staatskasse in ungerechtfertigter Weise vor dem Angeschuldigten bevorzugt.

Wird das erste Urteil abgeändert und der Angeschuldigte freigesprochen, so fallen die Kosten beider Instanzen der Reichskasse zur Last.

Wird das erste Urteil abgeändert und auf eine mildere Strafe erkannt, so ist die Berufung von Erfolg begleitet und es werden deshalb die Kosten der Berufungsinstanz der Reichskasse auferlegt. So mit Recht die Praxis des RDisH. bei v. Rheinb. 298, 299. Dagegen legen das OVG. und der GrDisS. dem Angeschuldigten auch in diesem Falle die Kosten der Berufungsinstanz zur Last, da er ja zu einer Strafe nach wie vor verurteilt sei; jedoch verteilt das OVG. die Kosten je zur Hälfte unter den Angeschuldigten und die Staatskasse, wenn auch der Vertreter der Staatsanwaltschaft Berufung eingelegt hatte.

Nicht zu billigen ist die Praxis des RDisH. (v. 13. 11. 1905 bei v. Rheinb. 299), wonach der Kostenpunkt im Tenor der Entscheidung zu übergehen ist, wenn die Kostenentscheidung der ersten Instanz aufrechterhalten bleiben soll und die Kosten der zweiten Instanz dem Angeschuldigten nicht zur Last fallen sollen. Denn hierdurch können leicht Unklarheiten und Zweifel darüber entstehen, wie es mit den Kosten der Berufungsinstanz zu halten sei.

Wird das erste Urteil zuungunsten des Angeschuldigten abgeändert, so fallen ihm die Kosten beider Instanzen zur Last.

Ist der Angeschuldigte, gegen den die erste Instanz mehrere Verfehlungen festgestellt hatte, in der Berufungsinstanz nur wegen eines Teils dieser verurteilt, so ist er, wenn durch die Verhandlungen der übrigen Straffälle, wegen deren er freigesprochen ist, besondere Kosten entstanden sind, von deren Tragung zu befreien; vgl. § 466 Abs. 1 StPO., der einen der Billigkeit entsprechenden allgemeinen Grundsatz enthält und deshalb auch im Disziplinarverfahren anzuwenden ist; vgl. auch StMBeschl. v. 9. 1. 1908 bei v. Rheinb. 299.

13. **Das in der Berufungsinstanz ergangene Urteil wird, da eine mündliche Verhandlung stattgefunden hat, sofort mit der Verkündung,** die spätestens innerhalb 14 Tage nach der mündlichen Verhandlung erfolgen muß, **rechtskräftig und vollstreckbar,** gleichviel ob der Angeschuldigte bei der Verkündung anwesend war oder nicht. Das Urteil des Reichsdisziplinarhofs ist zwar in allen Fällen dem Angeschuldigten zuzustellen. § 116 Abs. 4, 108 Abs. 4. Wäre aber die Zustellung entscheidend, so könnte der Angeschuldigte, indem er sich der Möglichkeit der Zustellung entzieht, den Eintritt der Rechtskraft ungebührlich hinauszögern.

§ 117.

Ein anderes Rechtsmittel als die Berufung, insbesondere auch das Rechtsmittel des Einspruchs (Opposition oder Restitution) findet im Disziplinarverfahren nicht statt.

1. Weitere Rechtsmittel als die Berufung gibt es nicht. Insbesondere **findet das Rechtsmittel des Einspruchs (Restitution oder Opposition) nicht statt.**

Art. 129 Abs. 3 RV. bestimmt allerdings, daß gegen jedes dienstliche Straferkenntnis die Möglichkeit eines Wiederaufnahmeverfahrens eröffnet sein müsse. Diese Verfassungsbestimmung stellt aber nur Richtlinien für die künftige Gesetzgebung auf und schafft nicht unmittelbar geltendes Recht. OVG. **81** 436. Bisher ist ein die Möglichkeit der Wiederaufnahme bestimmendes Gesetz nicht ergangen; vgl. Wolffstieg 72. Ebenso RDisH. v. 9. 7. 1924 u. v. 30. 9. 1925 Schulze-Simons 520 u. DRichtZ. **25** 136 = JurRundsch. **25** 1374; RDisH. v. 15. 5. 1928 DRichtZ. **28** Rspr. Sp. 311; OVG **81** 436. Die Annahme von Arndt RVG. 155, Nischk 137 und Spiller DJZ. **28** 1537ff., daß schon gegenwärtig im Hinblick auf Art. 129 Abs. 3 RV. die Wiederaufnahme zulässig sei, ist nicht zutreffend.

In den §§ 100—115 Entw. RDienstStrO. ist die Wiederaufnahme des Verfahrens eingehend geregelt.

2. **Das Wiederaufnahmeverfahren gemäß §§ 359ff. StPO. ist im Disziplinarverfahren** gegen Reichsbeamte und preußische nichtrichterliche Beamte (s. aber wegen der preuß. Richter § 43 RDisG.) **nicht zulässig.** Der Beamte, dessen Unschuld sich später herausstellt, ist daher lediglich auf die Gnade der Behörde angewiesen. Diese wird freilich in der Regel den Schaden freiwillig durch Wiederanstellung, Nachzahlung des Gehalts usw. wieder gutzumachen suchen. Dies genügt aber nicht. Der Beamte muß in der Lage sein, in einem ordnungsmäßigen Verfahren seine Nichtschuld darzutun

und, wenn dies geschehen ist, gegen das Reich einen klagbaren Anspruch auf Ersatz des Schadens geltend zu machen. Es wird aber nicht genügen, ein Wiederaufnahmeverfahren nach rechtskräftig abgeschlossenem Disziplinarverfahren zuzulassen und im Anschluß hieran die Beseitigung der Folgen des Disziplinarurteils gesetzlich zu regeln. Denn mitunter muß der Beamte ohne Disziplinarverfahren die schwerste Disziplinarstrafe, die Dienstentlassung, erleiden. Es ist dies der Fall, wenn der Beamte im ordentlichen Strafverfahren zu einer Strafe verurteilt wird, die den Amtsverlust kraft Gesetzes zur Folge hat. Ist es dem Beamten gelungen, das Strafurteil in dem nach § 359 StPO. zulässigen Wiederaufnahmeverfahren zu beseitigen und seine Freisprechung zu erzielen, so ist damit zum Ausdruck gebracht, daß der Amtsverlust zu Unrecht erfolgt ist. In welcher Weise aber der Beamte wegen der ihm erwachsenen Nachteile schadlos zu halten sei, ist gesetzlich nicht geregelt. Daher hat der Beamte zur Zeit kein Recht auf Wiederanstellung und sonstige Ausgleichung der mit der Dienstentlassung verbundenen Nachteile. Er kann daher auch z. B. nicht die Nachzahlung des Diensteinkommens seit dem Amtsverlust verlangen. RG. v. 3. 11. 1898 (JMBl. **00** 12); **a. M.** RG. **22** 40. Soweit möglich, hat aber der Disziplinarrichter den Umstand zu berücksichtigen, daß der Beamte im strafgerichtlichen Wiederaufnahmeverfahren freigesprochen worden ist. RDisH. v. 7. 11. 1910 Schulze-Simons 415.

Darüber, wie die Fälle zu regeln sein werden, in denen der Amtsverlust als Folge des rechtskräftigen Strafurteils ohne weiteres eintritt und demnächst das Strafurteil im Wiederaufnahmeverfahren aufgehoben wird, s. Näheres bei Brand Reform 79.

Es findet auch nicht die im § 235 StPO. zugelassene Wiedereinsetzung in den vorigen Stand gegen ein in Abwesenheit des Angeschuldigten erlassenes Urteil statt. GrDisG. v. 14. 1. 1902 bei Müller 506.

3. **Eine gesetzliche Regelung des Wiederaufnahmeverfahrens ist daher dringend geboten.** Es würden zweckmäßig die Vorschriften der §§ 359—379 StPO. mit gewissen, durch die Besonderheit des Disziplinarrechts bedingten Ausnahmen für entsprechend anwendbar zu erklären sein. Insbesondere muß der verurteilte Beamte die Möglichkeit haben, in den im § 373 StPO. vorgesehenen Fällen die Wiederaufnahme des Verfahrens zu beantragen. Das Wiederaufnahmeverfahren darf auch nicht nur auf solche Fälle beschränkt werden, in denen auf Dienstentlassung erkannt ist, sondern es muß auch bei der Verhängung leichter Disziplinarstrafen möglich sein. Andererseits aber muß auch die vorgesetzte Dienstbehörde des Beamten in die Lage versetzt werden, die Wiederaufnahme zuungunsten des Beamten zu betreiben, wenn das Urteil infolge falscher Zeugenaussagen, gefälschter Urkunden u. dgl. (vgl. § 362 StPO.) für den Angeschuldigten zu günstig ausgefallen ist.

Besondere Schwierigkeiten macht die Frage, ob in und welcher Weise die Beamten bei einer Regelung des Wiederaufnahmeverfahrens entschädigt werden sollen, falls sie demnächst freigesprochen oder milder bestraft werden. Wird der Beamte im Wiederaufnahmeverfahren freigesprochen, so muß er, soweit dies möglich ist, genau so gestellt werden, als wenn seine Verurteilung überhaupt nicht ergangen wäre; vgl. darüber RG. **62** 152ff.

Es muß also der aus dem Dienst entlassene Beamte wieder ein Amt erhalten, das dem von ihm früher bekleideten im Range und Gehalt gleichkommt. Ferner muß ihm nicht nur die vor seiner Dienstentlassung liegende Dienstzeit, sondern auch die nach seiner Entlassung bis zur Wiederanstellung verflossene Zeit bei der Zurruhesetzung und auf sein Besoldungsdienstalter angerechnet werden. Auch sein Gehalt muß ihm vom Tage der Dienstentlassung bis zum Wiederantritt des Dienstes insoweit nachgezahlt werden, als er durch den sonstigen, ihm infolge seiner Dienstenthebung möglich gewesenen Verdienst einen seinem Diensteinkommen entsprechenden Geldbetrag nicht erreichen konnte. Auch müssen bei der Nachzahlung berücksichtigt werden solche Gehaltszulagen oder etwa eingetretene Gehaltserhöhungen, die er erhalten haben würde, wenn er im Dienst verblieben wäre. Vorgeschlagen wird von mancher Seite, daß dem Beamten während der Zeit, innerhalb der er infolge des Disziplinarverfahrens von seiner Stellung enthoben war, die Bezüge eines auf Wartegeld gestellten Beamten gewährt werden. Dies würde nicht selten zu Härten führen.

Ist der Beamte inzwischen verstorben, so muß seinen Hinterbliebenen ein Anspruch auf Entschädigung zugebilligt werden.

Ob dem Beamten ein Entschädigungsanspruch auch dann zugebilligt werden solle, wenn er im Wiederaufnahmeverfahren zwar nicht freigesprochen, aber mit einer geringeren Strafe belegt ist, ist zweifelhaft; zweckmäßig würde die Frage dahin zu regeln sein, daß der Disziplinarrichter in seinem Urteil darüber zu befinden hätte, ob dem Beamten der ihm durch die Strafvollstreckung erwachsene Vermögensschaden ganz oder teilweise aus der Staatskasse ersetzt werden solle.

Nach § 116 Entw. RDienstStrO. erhält der im Wiederaufnahmeverfahren freigesprochene oder geringer bestrafte Beamte, von der Rechtskraft der aufgehobenen Entscheidung ab, die Stellung und die Bezüge eines Wartestandsbeamten. Außerdem kann er eine Entschädigung verlangen.

§ 118.

Der Kaiser (Reichspräsident) hat das Recht, die von den Disziplinarbehörden verhängten Strafen zu erlassen oder zu mildern.

1. Der Reichspräsident hat namens des Volkes **das Recht der Begnadigung auch gegenüber Disziplinarurteilen** und auch hinsichtlich der im Ordnungsstrafverfahren verhängten Ordnungsstrafen. Das Begnadi-

gungsrecht tritt erst nach der Rechtskraft des Urteils ein; eine Bestätigung der Disziplinarurteile, die sich im preuß. Disziplinarrecht für gewisse Fälle findet, s. Näheres Brand BR. 806, gibt es gegenüber Urteilen der Reichsdisziplinarbehörden nicht. Die Begnadigung hält in der Regel die Vollstreckung nicht auf. Die Behörden können aber die Vollstreckung bis zur Entscheidung aussetzen, wenn dem Verurteilten erhebliche Begnadigungsgründe zur Seite stehen und die Vollstreckung unwiederbringliche Nachteile haben würde.

Die Begnadigung kann sich entweder auf die Disziplinarstrafe selbst oder nur auf einzelne im Zusammenhange mit ihr getroffene Festsetzungen beziehen; sie kann die Hauptstrafe ganz beseitigen oder auch nur einzelne ihrer Wirkungen aufheben. War auf Dienstentlassung erkannt, so können dem Beamten im Gnadenwege der Titel oder Ruhegehaltsanspruch belassen werden. Der Reichspräsident kann auch die Erhöhung des vom Disziplinargericht dem Beamten gewährten Ruhegehaltsbetrages aussprechen oder dem Beamten nachträglich einen Ruhegehaltsteil auf Zeit oder lebenslänglich bewilligen. Dies ist auch dann zulässig, wenn ein Disziplinarverfahren nicht stattgefunden hatte, vielmehr der Beamte bereits infolge eines Strafurteils sein Amt verloren hat. Der Reichspräsident kann dem Beamten sogar den vollen gesetzlichen Ruhegehaltsbetrag belassen; doch ist dies streitig; **a. M.** Perels-Spill. 153; Pieper 434, Arndt RBG. 156. Ob dies auch dann geschehen kann, wenn der Beamte noch nicht ruhegehaltsberechtigt war, also im Disziplinarurteil einen Ruhegehaltsteil nicht zugebilligt erhalten konnte, ist zweifelhaft. Die herrschende Meinung (vgl. z. B. v. Rheinb. 303; Arndt 658; Perels-Spilling 225) nimmt wohl mit Recht an, daß dem Angeschuldigten im Gnadenwege nur dann ein Ruhegehalt zugebilligt werden könne, wenn er auch bei ordnungsmäßigem Ausscheiden aus dem Dienst infolge Dienstunfähigkeit ein solches beanspruchen könnte. Das Begnadigungsrecht des Reichspräsidenten geht nämlich nur auf Milderung der Strafe. Der Reichspräsident kann daher zwar nach freiem Ermessen die Strafe für den Beamten erträglicher machen. Beschränkt ist er aber insofern, als der Beamte durch den Gnadenakt nicht bessergestellt werden darf, als wenn er überhaupt nicht bestraft worden wäre. Der Reichspräsident kann auch die erkannte Disziplinarstrafe nicht in eine solche Strafe umwandeln, die es, wie z. B. die Degradation oder die Arreststrafe, überhaupt nicht gibt.

Auch nach dem Tode eines Beamten ist eine Begnadigung insofern möglich, als die für die Hinterbliebenen nachteiligen Folgen des Disziplinarurteils zu ihren Gunsten gemildert werden können.

2. Wegen der **Löschung von Disziplinarstrafen** in den Dienstakten der Beamten s. Grunds. d. Pr. Staatsm. v. 18. 8. 1917 (MBl. **21** 253). Danach kann die Löschung erfolgen, wenn sich der Beamte während einer Bewährungsfrist von 5 Jahren bei Ordnungsstrafen und von 10 Jahren bei son-

stigen Strafen seit Festsetzung der Strafe gut geführt hat. Die Vermerke in den Personalakten sind mit einem Löschungsvermerk zu versehen. Die gelöschten Strafen sollen den Beamten nicht mehr zum Vorwurf gereichen und in Berichten an vorgesetzte Behörden sowie bei Auskunftserteilung nicht mehr erwähnt werden; s. Näheres Friedrichs JV. 18, 19; auch bei der Beurteilung des Beamten dürfen sie nicht berücksichtigt werden. FM. v. 10. 6. 1926 (PrBesBl. 82).

Der Disziplinarrichter kann die Verfehlungen, die als solche durch eine **Amnestie** nicht aus der Welt geschafft sind, zur Charakterisierung des Angeschuldigten heranziehen und sie zur Bemessung des Strafmaßes bei sonstigen Verfehlungen berücksichtigen. OVG. **77** 506; PrDisHfrichtV. v. 17. 6. 1922 in JW. **24** 582 = „Recht" **24** 256 Nr. 1081; **a. M.** Appelius PrVBl. **38** 306.

Das Londoner Amnestieabkommen v. 16. 8. 1924 (RGBl. II 345) war im Disziplinarverfahren anwendbar, wenn ein Beamter einer aus politischen Gründen geschehenen Versetzung in das unbesetzte Gebiet nicht Folge leistete. Das Verfahren war einzustellen. RDisH. v. 28. 1. 1925 JurRundsch. **25** 190.

Im übrigen umfaßt eine Amnestie für Strafsachen nicht ohne weiteres auch die Dienstvergehen. GrDisS. v. 29. 11. 1922 Amtl. Sammlg. 99.

3. Ob ein Beamter auch **gegen seinen Willen begnadigt werden kann,** ist streitig. U. E. ist dies zulässig; denn aus dem Treueverhältnis, in dem der Beamte zum Staate steht, folgt, daß er auch Gnadenerweisungen aller Art entgegenzunehmen verpflichtet ist; **a. M.** Görres 89.

Anhang.

A. Die Vollstreckung der Disziplinarurteile.

1. **Die Vollstreckung** der Disziplinarurteile liegt nicht den Disziplinargerichten, sondern **den zuständigen Verwaltungsbehörden** ob. Hat z. B. ein Disziplinargericht rechtskräftig auf eine Geldstrafe oder auf Strafversetzung erkannt, so hat es die Einziehung der Geldstrafe nicht selbst zu bewirken oder die Strafversetzung nicht selbst anzuordnen, sondern alles weitere der Verwaltungsbehörde zu überlassen.

2. Die Verwaltungsbehörden können nur vollstrecken, **wenn die Rechtskraft des Urteils feststeht.** Über die Rechtskraft haben die Disziplinargerichte zu befinden. Es ist die von dem Disziplinargericht bei Rücksendung der Akten abzugebende Erklärung, daß das Urteil rechtskräftig sei, für die Verwaltungsbehörde als Grundlage für die Vollstreckung des Urteils anzusehen.

3. Ist der Beamte **vor der Rechtskraft aus dem Amte ausgeschieden,** so kann die Strafe gegen ihn nicht vollstreckt werden.

4. **Keine Rechtskraft** des Urteils tritt ein, wenn der Beamte nach Erlaß des Urteils erster Instanz und vor Ablauf der Berufungsfrist geisteskrank geworden oder gestorben ist.

B. Bindung des Prozeßrichters an rechtskräftige Disziplinarurteile.

Nach § 155 ist die rechtskräftige Entscheidung des Disziplinarrichters für den Zivilprozeßrichter darüber bindend, ob und von welchem Zeitpunkt ab ein Beamter aus seinem Amt zu entfernen ist. Unter der „Entfernung aus dem Amt" ist lediglich die als Disziplinarmaßregel von den Disziplinarbehörden oder ausnahmsweise kraft besonderer Bestimmung von den Verwaltungsbehörden verhängte Entfernung aus dem Amte zu verstehen. RG. **79** 4; **92** 431; **108** 345; **110** 193; Art. 129 Abs. 1 Satz 4 RV. steht dem nicht entgegen. RG. **108** 346. Dasselbe gilt auch für die im Wege der Kündigung erfolgende Entlassung. JW. **12** 261[35]. Dagegen nimmt RG. **110** 193 an, daß die Gerichte nachprüfen könnten, ob eine Entlassungsverfügung der vorgesetzten Dienstbehörde nichtig und deshalb ungeeignet sei, das Beamtenverhältnis zu beenden; ähnlich RG. v. 12. 10. 1928 JW. **28** 3236; SächsOVG. v. 4. 2. 1925 in JW. **26** 1366; **a. M.** Paeschner JW. **26** 1366.

Die ordentlichen Gerichte dürfen nur nachprüfen, ob die äußeren Formen der Entscheidung gewahrt sind, ob also z. B. das rechtskräftige Erkenntnis eines zuständigen Disziplinargerichts vorliegt und ob dieses Erkenntnis die Disziplinarstrafe aus einem gesetzlichen Grunde ausspricht. RJ. **71** 235. Zu den „äußeren" Formen gehört aber nicht nur die Frage, ob das betreffende Disziplinargericht z. B. das für den Beamten generell zuständige Gericht war oder ob das Disziplinargericht vorschriftsmäßig besetzt war. Vielmehr kann das ordentliche Gericht auch prüfen, ob dem Disziplinarurteil überhaupt ein ordnungsmäßiges Disziplinarverfahren zugrunde lag, z. B. ob das Disziplinarverfahren von der zuständigen Behörde eingeleitet worden ist, ob der Untersuchungskommissar ordnungsmäßig bestellt war u. dgl.

Auch die Frage, ob ein Beamter für die Zeit nach seiner Entlassung Gehaltsansprüche geltend machen kann, kann vom ordentlichen Richter nicht entschieden werden. Denn in diesem Falle könnte die Gehaltsfrage nicht entschieden werden, ohne daß gleichzeitig die Entlassungsfrage geprüft würde, was aber im ordentlichen Rechtswege nicht zulässig ist. JW. **98** 626[76]. Dabei ist aber vorausgesetzt, daß die Entlassung im Wege des Disziplinarverfahrens erfolgt ist. Der Richter kann daher nachprüfen, ob das Beamtenverhältnis durch einfache Dienstentlassung auf Antrag des Beamten beendet worden ist. RG. v. 13. 2. 1912 „Recht" **12** 207.

§ 119.

Die Vorschriften der §§ 84 bis 118 gelten auch in Ansehung der einstweilig in den Ruhestand versetzten Beamten.

Der letzte dienstliche Wohnsitz derselben ist für die Zuständigkeit im Disziplinarverfahren entscheidend.

1. **Gegen die dauernd in den Ruhestand versetzten Reichsbeamten** kann ein Disziplinarverfahren nicht eingeleitet werden; ein Ruhegehalt kann niemals wieder entzogen werden. Eine Ausnahme gilt nur für den Fall, daß zur Zeit der Zurruhesetzung ein Disziplinarverfahren bereits anhängig war; s. § 75 Ziff. 2.

2. **Gegen die einstweilig in den Ruhestand versetzten Reichsbeamten** (s. §§ 24ff.) findet zwar nicht das Ordnungsstrafverfahren (§§ 80—83), wohl aber das förmliche Disziplinarverfahren gemäß §§ 84—118 Anwendung; in letzterem kann gegen sie auch gemäß der §§ 98 oder 108 Abs. 3 eine bloße Ordnungsstrafe verhängt werden.

Wegen des dienstlichen Wohnsitzes s. Anm. 2 zu § 19.

Wegen der preußischen Wartegeldempfänger s. § 97 PDisG.

Besondere Bestimmungen in betreff der Beamten der Militärverwaltung.

§§ 120—122 sind aufgehoben durch Wehrgesetz v. 23. 3. 1921 § 48 Nr. 2 (RGBl. 329).

§ 123.

Gegen Militärbeamte kommen in betreff der Verfügung von Disziplinarstrafen, die nicht in der Entfernung aus dem Amte bestehen, die auf jene Beamten bezüglichen besonderen Bestimmungen zur Anwendung. Dasselbe gilt von der Amtssuspension aller Beamten der Militärverwaltung im Falle des Krieges.

§ 123 bezieht sich auf alle Militärbeamten, während die — aufgehobenen — §§ 120—122 sich nur auf Militär- und Marinebeamte bezogen, die ausschließlich unter Militärbefehlshabern stehen. § 123 umfaßt also auch die Militär- und Marinebeamten, die in einem doppelten Unterordnungsverhältnis (Militärbefehlshaber und Zivilbehörden) stehen, wie z. B. die oberen Militärbeamten, Marineintendanten, Kriegs- und Oberkriegsgerichtsräte usw. und ferner die Militärbeamten, die nur Zivilvorgesetzte haben, wie z. B. die Militär- und Marineintendanturräte usw.

Siehe im übrigen Gesetz betr. die Dienstvergehen der richterlichen Militärjustizbeamten v. 1. 12. 1898 (RGBl. 1927) und Gesetz betr. die Disziplinarbefugnisse der militärischen Vorgesetzten v. 17. 8. 1920 (RGBl. 1580).

Kosten des Disziplinarverfahrens.

§ 124.

Für das Disziplinarverfahren werden weder Gebühren, noch Stempel, sondern nur bare Auslagen in Ansatz gebracht.

Insoweit im förmlichen Disziplinarverfahren (§ 84) der Angeschuldigte verurteilt wird, ist er schuldig, die baren Auslagen des Verfahrens ganz oder teilweise zu erstatten. Über die Erstattungspflicht entscheidet das Disziplinarerkenntnis.

1. Ebenso wie nach preußischem Recht (§ 119 GKG.) werden auch im Reich gemäß § 124 für das Disziplinarverfahren **nur bare Auslagen** nach Maßgabe des DGKostG. und Postgebühren, aber keine Gebühren oder Stempel erhoben. Über die Kosten ist — möglichst auch dem Betrage nach — im Urteil zu entscheiden, § 22 Nr. 7 GeschO. v. 18. 4. 1880.

2. **Für die Berechnung der Auslagen** sind die Vorschriften der §§ 71 ff. DGKG. nebst den in Preußen zur Ergänzung dienenden Bestimmungen des § 109 PrGKG. maßgebend. Demnach sind jetzt wieder Postgebühren und außerdem Schreibgebühren nur für auf Antrag erteilte Ausfertigungen und Abschriften zu erheben. Der bei Mügel-Ehm 483, 484 für die Postgebühren mitgeteilte gegenteilige Rechtszustand gilt jetzt nicht mehr. Zu den Auslagen gehören jetzt auch die Zeugen- und Sachverständigengebühren.

Auch die Tagegelder und Reisekosten des Untersuchungskommissars und etwaige Reisekosten des Staatsanwalts hat der verurteilte Angeschuldigte zu tragen. Erlasse des Reichskanzlers v. 25. 4. 1874 und 22. 7. 1876 (ZBl. **74** 158; **76** 405).

Nicht zu den baren Auslagen gehören die allgemeinen Verwaltungskosten, so die Aufwendungen für die Bildung der Disziplinargerichte, die Tagegelder und Reisekosten der Mitglieder der Disziplinargerichte und des Beamten der Staatsanwaltschaft; Ausgaben für Schreibmaterialien, Beleuchtung, Herrichtung des Sitzungszimmers usw. Erlaß d. Reichskanzlers v. 22. 7. 1876 (ZBl. 405).

3. Die Erstattungspflicht bezüglich der baren Auslagen kann nur durch **Urteil im förmlichen Disziplinarverfahren,** niemals im Ordnungsstrafverfahren, festgestellt werden. Eine Einstellung des Verfahrens gemäß § 98 zieht niemals, gemäß § 100 aber stets die Erstattungspflicht nach sich. Im Falle des § 77 Abs. 2 können dem Angeschuldigten die Kosten des ausgesetzten und nach Beendigung des gerichtlichen Verfahrens nicht wieder aufgenommenen Disziplinarverfahrens selbst dann nicht auferlegt werden, wenn das Strafurteil den Amtsverlust kraft Gesetzes zur Folge gehabt hat; auch darf in diesem Falle der anläßlich der Suspension einbehaltene Gehaltsteil zur Deckung der Untersuchungskosten nicht ver-

wendet werden. Ebenso fallen die Kosten stets der Reichskasse zur Last, wenn der Angeschuldigte während der Untersuchung vor Eintritt der Rechtskraft des Urteils stirbt. ME. v. 5. 4. 1867 (ZBlUV. 266); Seydel 186.

4. Im preuß. Disziplinarrecht fehlt es an jeder Vorschrift darüber, **wem die baren Auslagen aufzuerlegen sind.** § 124 Abs. 2 trifft im Gegensatz hierzu Vorschriften, die jedoch keine nähere Regelung enthalten und dem freien Ermessen des Disziplinarrichters weitesten Spielraum lassen.

5. Ob dem verurteilten Angeschuldigten die Erstattung der baren Auslagen ganz oder zum Teil aufzuerlegen ist, entscheidet das Disziplinargericht **nach freiem Ermessen** je nach dem Grade der Verschuldung, der Höhe der Strafe, den begleitenden Umständen sowie unter Berücksichtigung der Veranlassung, durch welche die Auslagen entstanden sind; eine gänzliche Befreiung des Verurteilten von den Kosten darf nicht eintreten. Per. u. Sp. 159; Pieper 310; Thudich. 329; Kanng. 219.

Einen gewissen Anhalt für eine sachgemäße Ausübung des freien Ermessens werden dem Disziplinarrichter auch im Reich die Vorschriften der StPO. bieten. Hiernach ergibt sich folgendes:

Ist der Angeschuldigte freigesprochen, so fallen die Kosten regelmäßig der Reichskasse zur Last; nur die Kosten können dem Angeschuldigten auferlegt werden, die er durch eine schuldhafte Versäumnis verursacht hat. § 467 Abs. 1 StPO. Der zu Strafe verurteilte Beamte hat die Kosten (baren Auslagen) zu tragen; ist er bei mehreren Anschuldigungspunkten nur wegen einiger Punkte verurteilt worden, so hat er die baren Auslagen insoweit nicht zu tragen, als sie durch die Erörterung der demnächst nicht für begründet erachteten Punkte entstanden sind. Dies gilt, obwohl im Disziplinarverfahren mehrere Anschuldigungspunkte nicht „mehrere strafbare Handlungen" darstellen, sondern als einheitliches Dienstvergehen zu beurteilen sind. StMBeschl. v. 15. 2. 1902 und OVG. v. 10. 1. 1908 bei v. Rheinb. 270; RDisH. v. 2. 7. 1883 (F. 3./83); 4. 2. 1884 (F. 9./83); 18. 3. 1889 bei Schulze Rspr. 103; PrDisHfnichtrB. v. 5. 12. 1927 DJZ. **28** 250; v. Dultzig 243; s. auch §§ 465, 466 StrPO.; **a. M.** Friedrichs 638.

Ob die Vorschrift des § 467 Abs. 1 StPO., wonach die dem freigesprochenen Angeschuldigten erwachsenen notwendigen Auslagen der Staatskasse auferlegt werden können, entsprechend anwendbar ist, ist zweifelhaft. v. Rheinb. 270, 271 ist für die Anwendbarkeit der Vorschriften und hat auch die Praxis des RDisH. (v. 28. 5. 1906) für sich; ebenso Pieper § 130 Anm. 4a; **a. M.** Schulze 299. Es spricht für diese Ansicht auch durchaus die Billigkeit, da dem unschuldigen Beamten nicht zuzumuten ist, die oft erheblichen Auslagen für Reisen, Annahme eines Verteidigers usw. selbst zu tragen. Der GrDisS. d. KG. (v. 4. 9. 1881 bei v. Rheinb. 271; s. auch OVG. v. 28. 12. 1895 bei Müller 521) will aber gegen RDisH. die Kosten eines Wahlverteidigers nicht unter die notwendigen Auslagen einreihen, weil der Beamte nicht gezwungen sei, einen Verteidiger zuzuziehen. Diese Annahme ist in dieser Allgemeinheit nicht zutreffend, da in schwierigen Sachen oder aus besonderen Gründen die Zuziehung eines Verteidigers sich nach Lage der Sache als notwendig erweisen kann.

6. **Die Kosten** (baren Auslagen) **des Vorverfahrens,** d. h. der von der vorgesetzten Dienstbehörde vor der Einleitung des förmlichen Verfahrens angestellten Ermittlungen hat der Angeschuldigte nicht zu tragen, da sie nicht zu den eigentlichen Untersuchungskosten gehören. v. Rheinb. 271 in Anlehnung an OVG. v. 26. 4. 1908 im PrVBl. **30** 391; s. auch JM. v. 3. 6. 1873 und MJ. v. 23. 3. 1880 im MBl. 133; JM. v. 7. 3. 1894 bei Müller 521; **a. M.** Mügel-Ehm 484, die unter entsprechender Anwendung von § 465 StPO. dem verurteilten Beamten auch die Kosten (Auslagen) des Vorbereitungsverfahrens auferlegen wollen.

Der verurteilte Beamte hat ferner nur die Kosten des eigentlichen Disziplinarverfahrens bis zur rechtskräftigen Entscheidung zu tragen, nicht dagegen die Kosten der Strafvollstreckung. § 53 Nr. 6 HaushV.

7. **Die Beitreibung der Kosten erfolgt** (abgesehen vom Falle der Suspension) nach Rechtskraft des Urteils im Wege des Zwangsvollstreckungsverfahrens. Die beigetriebenen Kosten fließen in die Reichskasse.

8. Hinsichtlich der **Erinnerungen über den Ansatz der baren Auslagen** kommen die allgemeinen Vorschriften des DGKG. (§ 4) und die im § 115 PrGKG. bezeichneten Vorschriften des PrGKG. in Anwendung. Gegen Entscheidungen der Oberlandesgerichte über die Erinnerungen, die den Kostenansatz betreffen, findet eine Beschwerde nicht statt. JM. v. 28. 2. 1898 bei Müller 521; Mügel-Ehm 483.

Über die Kosten und deren Betrag ist der Rechtsweg nicht zulässig. KKGH. v. 18. 4. und 21. 11. 1857 im JMBl. **18**; **58** 5 und 207.

9. Die Vorschrift, wonach bare Auslagen erhoben werden, bezieht sich aber nur auf das förmliche Disziplinarverfahren. **Im Ordnungsstrafverfahren** können dem bestraften Beamten auch keine Auslagen zur Last gelegt werden. ME. v. 22. 2. 1892 (MBl. 79). Die durch die Untersuchung im Ordnungsstrafverfahren entstehenden Kosten sind auf die Reichskasse zu übernehmen. ME. v. 31. 12. 1893 bei Müller 521; HaushV. § 53 Nr. 6; Mügel-Ehm 483.

10. **Im Falle der Suspension** des Beamten wird der einbehaltene Teil des Diensteinkommens, soweit er nicht durch Stellvertretungskosten in Anspruch genommen wird, zur Deckung der Untersuchungskosten (baren Auslagen) verwendet. § 128 Abs. 4. Reicht der einbehaltene Teil zur Deckung der Untersuchungskosten nicht aus oder hat eine Suspension nicht stattgefunden, so sind die Kosten von dem verurteilten Beamten einzuziehen. Mügel-Ehm 483.

Vorläufige Dienstenthebung.

Vorbemerkungen.

1. **Die vorläufige Dienstenthebung (Suspension) ist keine Strafe, sondern eine vorläufige, durch das dienstliche Interesse gebotene Maßregel.** Sie wird verhängt, wenn gegen einen Beamten so erhebliche Beschuldigungen vorliegen, daß seine Entfernung aus dem Amt, sei es im Wege der Strafversetzung oder der Dienstentlassung, zu erwarten ist und daher die weitere Dienstausübung sich mit der Würde des Amtes nicht vertragen würde. Gruchot **30** 854; Strieth-Arch. **15** 279; JM. v. 25. 4. 1838 bei v. Kamptz **51** 473; RG. **17** 242; **22** 40; **89** 108, 112; Schlegelberger 1183.

Die Suspension wird nicht dadurch verhindert, daß der Angeschuldigte schon tatsächlich an der Ausübung des Amtes, z. B. durch Krankheit, behindert ist. Denn dieser Behinderungsgrund kann möglicherweise alsbald wieder fortfallen, so daß dann der Beamte sein Amt wieder übernehmen könnte, wenn er nicht suspendiert wäre. Außerdem hat die Suspension vermögensrechtliche Nachteile.

2. **Der Beamte verliert durch die Suspension** nicht sein Amt, sondern **nur die Befugnis zu dessen Ausübung,** so daß die von ihm trotzdem vorgenommenen Dienstgeschäfte nicht als rechtsgültige Amtshandlungen anzusehen sind; s. Näheres Friedrichs BHK. **27** 105. **Im übrigen behält er alle Rechte und Pflichten eines Beamten.** RG. **17** 242; **22** 40; RDisH. v. 2. 4. 1883 (F. 10./82); er bleibt seinem bisherigen Vorgesetzten nach wie vor unterstellt. RDisH. v. 24. 5. 1880 Schulze-Simons 161. Er bezieht ferner sein Gehalt weiter und nur zur Sicherstellung des Fiskus wegen etwaiger Ansprüche auf Ersatz der Stellvertretungs- und Untersuchungskosten wird ein Teil seines Gehalts einbehalten. Der einbehaltene Gehaltsteil ist erst dann endgültig verwirkt, wenn durch rechtskräftiges Straf- oder Disziplinarurteil dem Beamten das Amt selbst entzogen wird.

Der suspendierte Beamte hat auch die Residenzpflicht, und er darf sich bei Vermeidung disziplinarischer Ahndung nicht eigenmächtig von seinem Amtssitz entfernen, bedarf hierzu vielmehr des Urlaubs wie alle anderen Beamten. RDisH. v. 2. 4. 1883 Schulze-Simons 130; Friedrichs BHK. **27** 105; thür. DienstStrG. v. 28. 4. 1928 JW. **28** 2748; **a. M.** v. Dultzig 65. Dies gilt selbst dann, wenn er krank und dienstunfähig wird. Friedrichs BHK. **27** 106. Er darf auch ohne behördliche Genehmigung keine andere Stellung oder Beschäftigung übernehmen. StMBeschl. v. 17. 6. 1910 bei v. Rheinb. 305; vgl. MJ. und FM. v. 16. 4. 1923 (MBl. 438); OVG. v. 29. 4. 1927 PrVBl. **49** 22. Dies kann ihm schon aus der praktischen Erwägung heraus, daß die Suspension jederzeit wieder aufgehoben werden kann und er dann zur Übernahme seines Amtes verpflichtet ist, nicht ohne weiteres gestattet werden. Auch ein etwa erteilter Urlaub macht die Suspension nicht gegenstandlos. VHK. 27 107.

3. Die Tatsache der erfolgten Suspension ist **für das Disziplinargericht ohne Bedeutung.** Denn es darf seine Entscheidung nur nach dem Inbegriff der in dem Verfahren, nicht der vor diesem stattgehabten Verhandlungen treffen.

4. **Die Suspension tritt ein:**

a) kraft Gesetzes gemäß §§ 125, 126; daß sie zulässig ist, hebt Art. 129 Abs. 2 RV. besonders hervor. Der Entw. zur RDienstStrO. kennt eine Suspension kraft Gesetzes im Gegensatz zum RBG. nicht mehr;

b) kraft Verfügung der zuständigen Behörde oder des zuständigen Gerichts gemäß § 127.

In beiden Fällen, also auch im Falle des § 127 wird die Suspension sofort und nicht erst mit ihrer Bekanntmachung (Zustellung) an den Beamten wirksam; dies gilt auch von dem Eintritt der vermögensrechtlichen Wirkung der Dienstenthebung. Die Wirkungen der Suspension treten also auch gegenüber einem geschäftsunfähigen Beamten sofort ohne Bestellung eines Pflegers ein. RG. im PrVBl. **38** 225; RG. **89** 107. Zur Wirksamkeit der Suspension genügt aber nicht bloßes Aktenkundigmachen; sie muß vielmehr durch ihre Vollziehung kundgetan werden. RG. v. 20. 9. 1927 JW. **27** 2849 = JurRundsch. Rspr. 1301 = RG. **118** 50.

5. **Die Suspension endet** mit der Wiedereinsetzung in das Amt oder mit der Entlassung aus dem Dienste.

6. **Die Kündigungsbeamten** erhalten nach preuß. Recht (s. § 83 VDisG.) im Falle ihrer Suspension das volle Diensteinkommen bis zum Ablaufe der Kündigungsfrist; diese Vorschrift gilt im RBG. nicht, so daß die auf Kündigung angestellten suspendierten Reichsbeamten auch im Falle der Kündigung nur die Hälfte ihrer Bezüge erhalten. Werden die Kündigungsbeamten nicht durch einfache Kündigung entlassen, sondern verlieren sie ihr Amt im förmlichen Disziplinarverfahren oder im Strafverfahren, so unterliegen sie auch in Preußen denselben Gehaltsbeschränkungen wie andere Beamte. OVG. **28** 410; s. Näheres MJ. v. 23. 4. 1927 (MBl. 465).

7. Die **Wartegeldempfänger** können mangels eines Amtes nicht suspendiert werden. Sie beziehen daher während eines Disziplinar- oder gerichtlichen Strafverfahrens in Preußen ihr volles Wartegeld weiter. FM. v. 10. 3. 1875 und JM. v. 18. 10 1889 bei Müller 777. Dies gilt auch dann, wenn ein Wartegeldempfänger zur Zeit des Übertritts in den einstweiligen Ruhestand suspendiert war. Friedrichs VHK. **27** 106. Für Reichsbeamte gilt nach § 132 insofern ein abweichender Rechtszustand, als ihnen ein Viertel des Wartegeldes einbehalten wird, wenn im Disziplinarverfahren eine noch nicht rechtskräftige Entscheidung ergangen ist, die auf Dienstentlassung lautet.

8. Auch die **Ruhegehaltsempfänger** können in Ermangelung eines Amtes nicht suspendiert werden. Auch wird durch die Einbehaltung des halben Diensteinkommens das Ruhen eines von dem suspendierten Beamten früher erdienten Ruhegehalts nicht beeinflußt. ME. v. 29. 11. 1890 (Bl. 238).

9. Gegen die Verhängung der Suspension ist **der Rechtsweg unzulässig.** KKGH. v. 2. 11. 1850 im JMBl. **51** 44. Nur insoweit es sich um Gehaltsansprüche handelt, ist die Klage zulässig. KKGH. v. 24. 1. 1857 bei Müller 523. Es kann der Rechtsweg mit der Behauptung beschritten werden, es sei dem Beamten während der Suspension ein größerer als der gesetzlich zulässige Teil seines Diensteinkommens zurückbehalten worden. KKGH. v. 26. 6. 1849 und v. 17. 2. 1855 (JMBl. **49** 372; **55** 145); wegen der Beschwerde s. Anm. 6 zu § 127.

10. **Auf die im § 158 benannten Beamten** (Mitglieder des Reichsgerichts, Rechnungshofes usw.) finden die §§ 125—133 keine Anwendung. Über die Suspension der Mitglieder des Reichsgerichts s. § 129 Abs. 2 GVG., der Mitglieder des Rechnungshofes s. § 5 PrG. v. 27. 3. 1872 (PrGS. 278), der Mitglieder des Bundesamtes für das Heimatwesen s. § 43 G. v. 6. 6. 1870 (RGBl. 360), der Mitglieder des Reichsfinanzhofs § 36 RAbgO.

11. Die Suspension **der preußischen Beamten** regelt sich nach §§ 48 bis 54 PrBDisG. und §§ 44—50 RDisG.

§ 125.

Die vorläufige Dienstenthebung eines Reichsbeamten (Suspension vom Amte) tritt kraft des Gesetzes ein:

1. wenn im gerichtlichen Strafverfahren seine Verhaftung beschlossen oder gegen ihn ein noch nicht rechtskräftig gewordenes Urteil erlassen ist, welches den Verlust des Amtes kraft des Gesetzes nach sich zieht;

2. wenn im Disziplinarverfahren eine noch nicht rechtskräftige Entscheidung ergangen ist, welche auf Dienstentlassung lautet.

1. **Die Suspension eines Reichsbeamten vom Amte tritt kraft Gesetzes in drei Fällen ein:**

a) Wenn im gerichtlichen Strafverfahren seine Verhaftung beschlossen, d. h. die Untersuchungshaft verhängt worden ist.

Hiermit ist nicht gleichbedeutend die Inhaftnahme zur Vollstreckung einer rechtskräftig erkannten Freiheitsstrafe. Gruchot **30** 854ff. Die Verhaftung muß also gemäß den §§ 114, 207, 230 und 236 StPO. beschlossen sein; die vorläufige Festnahme nach den §§ 127ff. StPO. genügt nicht. Über die streitige Frage, ob der Beamte für die durch die Strafhaft veranlaßten Vertretungskosten dem Fiskus zivilrechtlich haftbar ist, s. oben Anm. 13 zu § 14. Praktisch wird diese Frage nur in den seltenen Fällen, in denen bis zur Strafvollstreckung eine Suspension nicht kraft Gesetzes oder Verfügung der zuständigen Behörde eingetreten ist. Jedoch tritt bei einer vom Verurteilten nicht verschuldeten Verzögerung oder Unterbrechung der Vollstreckung für die Zeit des Aufenthalts oder der Unterbrechung eine Gehaltsverkürzung nicht ein. Dasselbe gilt für die zehntägige Frist (s. § 126), wenn nicht vor deren Ablauf die Suspension vom Amt im Wege des Disziplinarverfahrens beschlossen wird. Natürlich tritt die Suspension während der Strafhaft dann ein, wenn sie gemäß § 127 besonders verfügt ist.

Die Verhaftung muß im gerichtlichen Strafverfahren beschlossen sein. Eine Verhaftung im Zivilverfahren (§§ 888, 889 Abs. 2, 901 und 908 ZPO.) reicht nicht aus.

Die Suspension tritt schon mit dem Haftbeschluß, nicht erst mit dessen Vollstreckung ein, da schon der Beschluß der Haft den Beamten zur Weiterführung des Amtes unwürdig macht. Perels-Spilling 234; v. Dultzig 280; **a. M.** Seydel 205. Dies ist besonders wegen des Zeitpunktes, von dem ab die Einbehaltung des halben Diensteinkommens zu erfolgen hat, zumal wenn der Beamte flüchtig ist, von Bedeutung. Übrigens treten bei flüchtigen Beamten auch die Folgen der unerlaubten Entfernung vom Amt ein; s. oben § 14.

b) Wenn im gerichtlichen Strafverfahren gegen ihn ein noch nicht rechtskräftig gewordenes Urteil erlassen ist, welches auf den Verlust des Amtes lautet oder diesen kraft Gesetzes nach sich zieht. Die Fälle, in denen ein Strafurteil den Verlust des Amtes unmittelbar als Strafe aussprechen kann oder kraft Gesetzes nach sich zieht, sind oben § 33 Anm. 7 aufgeführt.

c) Wenn im Disziplinarverfahren eine noch nicht rechtskräftige Entscheidung ergangen ist, welche auf Dienstentlassung lautet. Hiernach tritt in allen Fällen, in denen die Reichsdisziplinarkammern auf Dienstentlassung erkannt haben, alsbald mit der Verkündung des Urteils die Suspension kraft Gesetzes ein.

2. Damit der Fall der Suspension kraft Gesetzes der zuständigen Behörde so schnell wie möglich bekannt wird und sie die Entfernung vom Amt auch tatsächlich herbeiführen kann, haben die Beamten der Staatsanwaltschaft **die zuständige Behörde** von dem Erlaß des Haftbeschlusses und der Entlassung aus der Haft sowie von dem mit dem Amtsverlust verbundenen oder ihn verhängenden Straf- oder Disziplinarurteil sofort **zu benachrichtigen.** Den Tenor der Entscheidung haben sie sofort nach der Verkündung, nicht etwa erst nach der Rechtskraft mitzuteilen. JM. v. 16. 12. 1927 (JMBl. 431) in Verbindung mit JM. v. 12. 12. 1927 (JMBl. 395).

3. **Der Entwurf zur RDStrO.** kennt eine Suspension kraft Gesetzes im Gegensatz zum RBG. nicht mehr.

§ 126.

Im Falle des § 125 Nr. 1 dauert die Suspension bis zum Ablauf des zehnten Tages nach Wiederaufhebung des Verhaftungsbeschlusses oder nach eingetretener Rechtskraft desjenigen Urteils höherer Instanz, durch welches der angeschuldigte Beamte zu einer anderen Strafe als der bezeichneten verurteilt wird.

Lautet das rechtskräftige Urteil auf Freiheitsstrafe, so dauert die Suspension, bis das Urteil vollstreckt ist. Wird die Vollstreckung des Urteils ohne Schuld des Verurteilten aufgehalten oder unterbrochen, so tritt für die Zeit des Aufenthaltes oder der Unterbrechung eine Gehaltskürzung (§ 128) nicht ein. Dasselbe gilt für die im ersten Absatze dieses Paragraphen erwähnte Zeit von zehn Tagen, wenn nicht vor Ablauf derselben die Suspension vom Amte im Wege des Disziplinarverfahrens beschlossen wird.

Im Falle des § 125 Nr. 2 dauert die Suspension bis zur Rechtskraft der in der Disziplinarsache ergehenden Entscheidung.

1. **In dem § 125 Nr. 1 erörterten Fällen dauert die Suspension** bis zum Ablauf des zehnten Tages nach Wiederaufhebung des Verhaftungsbeschlusses oder nach eingetretener Rechtskraft desjenigen Urteils höherer Instanz, durch welches der angeschuldigte Beamte zu einer anderen Strafe als der Strafe der Dienstentlassung oder der diese Entlassung kraft Gesetzes nach sich ziehenden Strafe verurteilt wird. JM. v. 4. 5. 1901 bei Müller 510; RG. v. 20. 9. 1927 JW. **27** 2849 = JurRundsch. **27** Rspr. 1391 = RG. **118** 50. Die zehntägige Frist, die mit Ablauf des Tages des die Verhaftung aufhebenden Beschlusses oder der Rechtskraft des — milderen — Urteils der Berufungsinstanz beginnt, dient dazu, der obersten Reichsbehörde die nötige Zeit zu der Entschließung zu lassen, ob sie an Stelle der mit Ablauf der Frist endigenden gesetzlichen Suspension eine neue Suspension verfügen und das förmliche Disziplinarverfahren einleiten solle. Ferner soll die Frist verhindern, daß ein Beamter unmittelbar aus dem Gefängnis oder von der Anklagebank in sein Amt zurückkehrt. Gruchot **30** 854ff. Hat die zuständige Behörde die Fortdauer der Suspension innerhalb der zehntägigen Frist nicht beschlossen, so ist dem im Strafverfahren freigesprochenen Beamten das einbehaltene Gehalt vollständig nachzuzahlen. RG. **35** 35.

Walten gegen den Wiedereintritt des Beamten in die amtliche Tätigkeit Bedenken ob, so muß, damit keine Unterbrechung der Suspension eintritt, die zehntägige Frist dazu benutzt werden, die Fortdauer der Suspension zu beschließen. ME. v. 28. 3. 1854 (MBl. 83). Ist die zehntägige Frist ungenutzt verstrichen, so steht nichts im Wege, auch nach ihrem Ablauf die Einleitung des Disziplinarverfahrens und die Amtssuspension zu beschließen. OVG. v. 25. 2. 1893 bei Müller 509.

Zu beachten ist dabei, daß eine Wiederaufhebung des Haftbeschlusses nicht schon dann vorliegt, wenn der Verhaftete gegen Sicherheitsleistung vorläufig freigelassen wird. §§ 117, 120, 121 StPO.

Dem Urteil der höheren Instanz im Sinne des Abs. 1 § 126 steht ein den Amtsverlust nicht kraft Gesetzes nach sich ziehendes, rechtskräftiges Urteil erster Instanz gleich, wenn das frühere, den Amtsverlust kraft Gesetzes nach sich ziehende Urteil von der höheren Instanz aufgehoben und die Sache zur anderweiten Verhandlung und Entscheidung in die Vorinstanz zurückgewiesen ist. Per. u. Sp. 126; Pieper 316.

2. **Lautet das rechtskräftige Urteil auf Freiheitsstrafe,** und ging das aufgehobene Urteil auf Verlust des Amtes oder war es mit dem Amtsverlust kraft Gesetzes verbunden, so dauert die Suspension bis zur Vollstreckung des Urteils, mindestens aber noch zehn Tage. Dadurch soll verhütet werden, daß ein wegen strafbarer Handlungen kraft Gesetzes suspendierter Beamter sofort nach erfolgter Milderung des ersten Urteils sein Amt wieder antritt und es bald darauf zur Verbüßung der Strafe wieder zeitweise verlassen muß.

Die Suspension dauert aber nicht fort, wenn zwar ein rechtskräftiges, verurteilendes Straferkenntnis vorliegt, die gesetzliche Suspension aber nur wegen der im gerichtlichen Strafverfahren beschlossenen Verhaftung des Verurteilten eingetreten war. JW. **95** 301; Perels-Spilling 236; **a. M.** RG. bei Gruchot **30** 854, wonach die Suspension fortdauern soll, wenn die Verhaftung bis zur Rechtskraft des auf Freiheitsstrafe lautenden Urteils, gleich welcher Instanz, fortgedauert hat. Diese dem praktischen Bedürfnisse Rechnung tragende Ansicht des RG., die übrigens auch von v. Rheinb. 307 geteilt wird, läßt sich mit dem Wortlaut des Gesetzes nicht vereinigen.

3. In dem Falle, daß im Disziplinarverfahren eine noch nicht rechtskräftige Entscheidung ergangen ist, **die auf Dienstentlassung lautet,** dauert die dann eintretende Suspension bis zur Rechtskraft der Entscheidung.

§ 127.

Die oberste Reichsbehörde kann die Suspension, sobald gegen den Beamten ein gerichtliches Verfahren eingeleitet oder die Einleitung eines förmlichen Disziplinarverfahrens (§ 84) verfügt wird, oder auch demnächst im Laufe des einen oder anderen Verfahrens bis zur rechtskräftigen Entscheidung verfügen.

1. Die zur Einleitung der Disziplinaruntersuchung ermächtigte oberste Reichsbehörde **kann die Suspension verfügen,** sobald:

a) entweder gegen den Beamten **ein gerichtliches Strafverfahren eingeleitet ist;** vgl. RG. **10** 277. Die Einleitung des Strafverfahrens erfolgt noch nicht durch ein bloß vorbereitendes Verfahren oder die Erhebung der Klage gemäß § 151 StPO., sondern erst durch die Eröffnung der gerichtlichen Voruntersuchung oder des Hauptverfahrens sowie durch Strafbefehl des Amtsgerichts und im Falle des § 212 StPO., §§ 184, 203, 215 StPO.; s. auch JM. v. 30. 12. 1898 bei Müller 510. Die gleichzeitige Einleitung eines Disziplinarverfahrens ist für die Suspensionsverfügung nicht erforderlich; sie ist auch nicht zulässig, da während der Dauer einer strafgerichtlichen Untersuchung überhaupt ein Disziplinarverfahren nicht eingeleitet werden darf; s. oben § 77; RG. **10** 227. Die in solchen Fällen verfügte Suspension ist wieder aufzuheben, wenn das Strafverfahren eingestellt oder durch rechtskräftiges Urteil erledigt und ein förmliches Disziplinarverfahren nicht eingeleitet wird. Wird aber ein solches Disziplinarverfahren eingeleitet, so braucht zur Aufrechterhaltung der Suspension keine neue Suspension verhängt zu werden. Denn die wegen Einleitung eines gerichtlichen Strafverfahrens verfügte Suspension stellt sich als eine vorweggenommene vorläufige Amtsenthebung für die nach beendetem Strafverfahren zu eröffnende Disziplinaruntersuchung dar. RG. **10** 229;

b) oder gegen den Beamten **die Einleitung einer Disziplinaruntersuchung verfügt wird.** Diese Suspension endet erst mit der Rechtskraft der in der Disziplinarsache ergangenen Entscheidung, es sei denn, daß sie bereits früher wieder aufgehoben ist. Gruchot **30** 854; Pieper 455; **a. M.** Arndt RBG. 161. Da die Fortdauer der Suspension bis zur Rechtskraft des Urteils ipso iure eintritt, so braucht die Dauer der Suspension bei ihrer Verhängung nicht besonders hervorgehoben zu werden.

Es bleibt hiernach die Suspension auch dann bestehen, wenn die erste Instanz in einer noch nicht rechtskräftigen Entscheidung auf Freisprechung erkannt hat; jedoch wird in solchen Fällen nicht selten die Aufhebung der Suspension beschlossen werden.

Die oberste Reichsbehörde kann in den Fällen zu a) und b) die Suspension auch dann verhängen, wenn bei der Einleitung des Straf- oder des Disziplinarverfahrens diese Maßregel noch nicht ergriffen war, sie sich aber im Laufe des Verfahrens als erforderlich erweist.

Die Suspension kann jederzeit von der obersten Reichsbehörde wieder aufgehoben werden.

2. Die Suspension kann in den unter 1. erörterten Fällen **nach freiem Ermessen** der Behörde **verhängt werden.** Suspensionsgründe können z. B. sein: dringender Verdacht schwerer, voraussichtlich zur Entfernung aus dem Amt (im Wege der Strafversetzung oder der Dienstentlassung) führender Dienstvergehen, sowie Unzulässigkeit der weiteren Amtsführung wegen des damit verbundenen öffentlichen Ärgernisses oder der daraus sich ergebenden Gefahr der Verdunkelung der Untersuchung.

3. Die Suspension kann in den Fällen zu 1. sowohl **von Amts wegen**

wie auch auf **Antrag des Beamten der Staatsanwaltschaft** verhängt werden. Wird die Maßregel von Amts wegen verhängt, so wird zweckmäßig zuvor der Staatsanwaltschaft Gelegenheit zu einer Äußerung gegeben werden.

4. **Die Suspension kann auch dann verhängt werden, wenn sie bereits kraft Gesetzes eingetreten ist.** RG. **35** 35. Denn ein solcher Suspensionsbeschluß behält neben der gesetzlichen Suspension seine volle Bedeutung, da er bis zur rechtskräftigen Entscheidung des Disziplinargerichts in Kraft bleibt, wenn die gesetzliche Suspension ihr Ende erreicht hat.

5. Der Umstand, daß der Beamte **tatsächlich an der Ausübung seines Amtes,** z. B. durch Abwesenheit, Krankheit usw. verhindert ist, **ist kein Grund, die Anordnung der Suspension zu unterlassen.** Denn das Ereignis, das den Beamten zur Zeit hindert, seine Dienstgeschäfte zu versehen, kann jeden Augenblick aufhören, indem der Beamte wieder gesund wird, an seinen Wohnort zurückkehrt u. dgl.

6. **Beschwerde** ist gegen die Suspensionsanordnung der obersten Reichsbehörde **nicht zulässig.** Es fehlt an einer Vorschrift, die eine solche zuließe. Abweichendes gilt nach § 47 Abs. 1 RDisG., RG. **89** 111; JM. v. 5. 10. 1900 bei Müller 523. Auch im VDisG. findet sich im Gegensatz zum RDisG. keine Vorschrift über die Zulässigkeit der Beschwerde.

Sind neue, die Sachlage ändernde Umstände eingetreten, so muß sich der Angeschuldigte wegen Aufhebung der Suspension an die oberste Reichsbehörde wenden. Lehnt diese die Aufhebung ab, so behält es hierbei sein Bewenden.

§ 128.

Während der Suspension des Beamten wird vom Ablauf des Monats ab, in welchem dieselbe verfügt ist, die Hälfte seines Diensteinkommens innebehalten.

In Fällen der Not des Beamten ist die oberste Reichsbehörde ermächtigt, die Innebehaltung des Diensteinkommens auf den vierten Teil desselben zu beschränken.

Auf die für Dienstunkosten besonders angesetzten Beträge ist bei Berechnung des innezubehaltenden Teils vom Diensteinkommen keine Rücksicht zu nehmen.

Der innebehaltene Teil des Diensteinkommens ist zu den Kosten, welche durch die Stellvertretung des Angeschuldigten verursacht werden, der etwaige Rest zu den Untersuchungskosten (§ 124) zu verwenden. Einen weiteren Beitrag zu den Stellvertretungskosten zu leisten, ist der Beamte nicht verpflichtet.

1. Unter der verfügten Suspension im Abs. 1 ist zwar zunächst nur die behördliche des § 127 zu verstehen. Doch **ist § 128**, der in der Fassung

verunglückt ist, **auch auf die gesetzliche Suspension** des § 125 anzuwenden, da es sonst an jeder Vorschrift über die vermögensrechtlichen Folgen dieser Suspension fehlen würde. Pieper 322.

2. Der suspendierte Beamte **behält während der Suspension nur die Hälfte seines Diensteinkommens.** Die andere Hälfte des Diensteinkommens wird einbehalten zur Sicherung des Fiskus für etwaige Ansprüche gegen den Beamten wegen der Kosten der Stellvertretung und Untersuchung, also der dem Reiche durch die Schuld des Beamten erwachsenen Kosten, sowie der etwa erkannten Ordnungsstrafe. Die Einbehaltung hat hiernach **die Natur eines Sicherheitsarrestes** (RG. **22** 41; **83** 157; **a. M.** RG. **89** 112) und ist deshalb nur eine vorläufige Maßregel. Endgültig wird die Gehaltshälfte dem Beamten erst entzogen, wenn ihm sein Amt infolge rechtskräftigen Straf- oder Disziplinarurteils genommen wird. An der Gehaltshälfte, die dem Beamten verbleibt, steht dem Staat das Aufrechnungs- und Zurückbehaltungsrecht z. B. wegen veruntreuter Staatsgelder in voller Höhe zu. RG. **82** 281; **85** 116 ff., RG. v. 2. 10. 1928 JW. **29** 103 = JurRundsch. **29** Rspr. Nr. 89; die abweichenden Vfgen. des JM. v. 7. 9. 1857 (Müller 528 Ziff. 12) und v. 24. 6. 1907 (Müller 834e), (s. auch Hamburger Senat in „Der deutsche Beamte" Beil. z. Berl. Börsenztg. 1928 Nr. 8), die solche Aufrechnung bzw. Zurückbehaltung nicht zulassen, haben gegenüber RG. **85** 116 ff. ihre Geltung verloren und sind aufgehoben. Besondere wirtschaftliche Verhältnisse des Beamten und seiner unschuldigen Familie können berücksichtigt werden, so daß es nicht etwa in allen Fällen zur Einbehaltung der vollen Gehaltshälfte kommen wird. Pr. JM. v. 19. 4. 1928 (Ztschr. d. Verb. preuß. Justizamtm. **28** 212). Die Reichsbeamten stehen insofern günstiger als die preußischen Beamten, als nach § 128 Abs. 2 die oberste Reichsbehörde in Fällen der Not des Beamten und seiner Familie die Innehaltung des Diensteinkommens auf den vierten Teil beschränken kann.

Die Einbehaltung eines Gehaltsteils bedeutet stets eine schwere wirtschaftliche Schädigung des Beamten; deshalb wird vielfach vorgeschlagen, sie bei einer Neuregelung des Gesetzes ganz zu beseitigen oder doch nur auf besondere Anordnung der Eröffnungsbehörde, und zwar tunlichst nur zu einem verringerten Betrage (etwa einem Viertel) bestehen zu lassen, s. dazu Cohn DJZ. **29** 144 ff.

Mit der einbehaltenen Gehaltshälfte wird also lediglich die Tilgung einer Schuld des Beamten durch Aufrechnung bewirkt, und es kann deshalb durch die Einbehaltung und Verwendung zu diesem Zweck das Ruhen des neben dem Gehalte zu zahlenden Ruhegehalts aus einem früheren Dienstverhältnisse ebensowenig beeinflußt werden, wie wenn das Reich anderweite Ansprüche gegen den Beamten durch Einbehalten von Gehaltsteilen aufrechnen würde. ME. v. 29. 11. 1890 (MBl. 238). Delius

PrVBl. **43** 564 schlägt vor, gesetzlich festzulegen, daß der Beamte sich etwaigen Nebenerwerb, zu dem er oft Zeit und Gelegenheit habe, insoweit anrechnen lassen müsse, als er zusammen mit der ihm belassenen Gehaltshälfte das volle Diensteinkommen übersteigt.

3. **Das Diensteinkommen,** von dem der Beamte während der Suspension nur die Hälfte bezieht, **umfaßt alle Bezüge, auf die der Beamte einen Rechtsanspruch hat.** Dazu gehören insbesondere das Grundgehalt oder die Diäten sowie der Wohnungsgeldzuschuß, die Besatzungszulage und etwaige Wohnungsbeihilfe. Die Wohnungsbeihilfe oder die Besatzungszulage fallen ganz fort, sobald Verhältnisse eintreten, die nach den Umständen des Falles und nach den geltenden Bestimmungen die Gewährung dieser Bezüge an Beamte, die Dienst verrichten, überhaupt ausschließen würden, z. B. bei Rückkehr des Beamten in den Familienhaushalt.

Zu diesem Einkommen tritt der von den gekürzten Bezügen an Grundgehalt (Diäten) zu berechnende etwaige örtliche Sonderzuschlag.

Die übrigen Bezüge (Kinderzuschläge, Kinderzulage für über 21 Jahre alte Kinder und Kinderzulage zur Besatzungszulage) werden unverkürzt weitergewährt, solange nicht Umstände eintreten, die nach den allgemeinen Bestimmungen die Weitergewährung auch an Beamte, die Dienst verrichten, ausschließen würden.

JM. v. 18. 5. 1924 (JMBl. 256); vgl. MJ. v. 16. 4. 1923 (MBl. 438); FM. v. 23. 1. 1924 (PrBesBl. 18); dazu übereinstimmend Eckart PrVBl. **44** 47; Deutscher Bürgermeisterbund PrVBl. **44** 58; Friedrichs BHK. **27** 105; **a. M.** Appelius PrVBl. **44** 175; Schöneberg PrVBl. **43** 512 und Nischk 117, die zu dem Diensteinkommen im Sinne des § 128 alle Bezüge eines Beamten (auch die Kindergelder usw.) rechnen.

Die Repräsentations- und Dienstaufwandskosten bleiben bei dem zu kürzenden Diensteinkommen außer Betracht; auf diese Bezüge hat an Stelle des suspendierten Beamten, der keinen Dienst tut, der Stellvertreter als der tatsächliche Amtsinhaber allein Anspruch. Eine Nachzahlung dieser Bezüge erfolgt auch für den Fall der Freisprechung des suspendiert gewesenen Beamten nicht. ME. v. 30. 12. 1878 und 19. 1. 1874 (MBl. **74** 48; JMBl. **74** 36); FM. v. 22. 3. 1878 (ZBlAV. 113); Bolze **17** 360.

Die Kürzung kommt für das noch nicht gezahlte Gehalt in Frage, auf das bereits gezahlte Einkommen jedoch insoweit, als es in die Suspensionszeit fällt; **a. M.** Görres 95.

Hat der Beamte sachliche Diensteinkünfte, insbesondere Tagegelder und Dienstaufwandsentschädigungen auf die Zeit der Suspension bereits bezogen, so muß er sie, da er durch sie grundlos bereichert ist, alsbald zum vollen für den fraglichen Suspensionszeitraum in Betracht kommenden Betrage zurückzahlen. § 812 BGB.

4. Bestritten ist, **ob der suspendierte Beamte eine etwaige Dienstwohnung zu räumen hat.** Der richtigen Ansicht nach ist er hierzu nicht

verpflichtet, wenn er die Wohnung auf Grund eines wohlerworbenen Rechts, nicht nur auf jederzeitigen Widerruf innehat. Die §§ 128ff. regeln die vermögensrechtlichen Folgen der Suspension erschöpfend, ohne die Räumungsverpflichtung auszusprechen. Arndt RBG. 162.

Unzutreffend ist hiernach die Ansicht von Thudich. 331, der die Entfernung des suspendierten Beamten aus der Dienstwohnung in dem Falle für zulässig hält, daß die Inanspruchnahme der Wohnung mit der Amtsverwaltung in naher Beziehung steht und das Verbleiben des Suspendierten in der Wohnung nur mit Nachteil für das Amt ausführbar ist. Der suspendierte Beamte hat vielmehr nur die eigentlichen Diensträume, nicht aber die zum Dienste nicht unmittelbar erforderliche Dienstwohnung aufzugeben.

Hat der Beamte auf die Dienstwohnung keinen Rechtsanspruch, so kann ihm diese natürlich jederzeit und nicht nur im Falle seiner Suspension genommen werden; vgl. ME. v. 30. 12. 1873 und v. 9. 7. 1877 (MBl. **74** 48; **80** 306); v. 1. 11. und v. 30. 12. 1881; v. 25. 7. 1883 (JMBl. **81** 261; MBl. **82** 20; **83** 169). Wird der Beamte in solchem Falle trotz seiner Suspension vorläufig in der Dienstwohnung belassen, so hat er sich ausdrücklich zu verpflichten, sie jederzeit auf Verlangen zu räumen.

Auf die Höhe der von dem Beamten zu zahlenden Entschädigung für eine Dienstwohnung, für deren Heizung und Beleuchtung sowie für die Einnahme von Brennstoff ist die Dienstenthebung ohne Einfluß. Er muß also die volle Vergütung weiterzahlen, obwohl er nur die Hälfte des Wohnungsgeldzuschusses erhält. Wegen der Dienstkleidungszuschüsse, Schreibstoffvergütung, Hauswartsvergütung s. § 95 Abs. 3, 4 Preuß. HaushV. in Fassg. JM. v. 26. 1. 1924 (JMBl. 48), § 85 Abs. 5 Preuß. HaushV. in Fassg. JM. v. 25. 10. 1922 (JMBl. 455) und § 91 Abs. 9 Preuß. HaushV. in Fassg. JM. v. 9. 1. 1924 (JMBl. 12); JM. v. 18. 6. 1924 (JMBl. 256); Friedrichs BHK. **27** 105.

5. **Die Suspension wird wirksam** nicht erst mit der Zustellung der Suspensionsverfügung an den Beamten oder mit der Verkündung der die Suspension kraft Gesetzes nach sich ziehenden Beschlüsse oder Urteile. RG. im PrVBl. **28** 225. Die Kürzung des Diensteinkommens tritt mit Beginn des Monats ein, welcher auf den Monat folgt, in dem die Suspension wirksam geworden ist. § 128 Abs. 1; ME. v. 27. 2. 1865 und v. 9. 12. 1882 (MBl. **65** 149; ZBlAV. **83** 1); JM. v. 9. 8. 1853 und v. 6. 5. 1884 (JMBl. **53** 334; **84** 89). Abweichend für das PrBeamtenR. RG. **118** 50.

Das RG. nimmt an, daß in jedem Falle mit dem Wirksamwerden der Suspension nur die Hälfte des Gehalts beansprucht werden könne, läßt aber dahingestellt, ob der Beamte, wenn er sein Monatsgehalt bereits ganz ausgezahlt erhalten hätte, für den Rest des Monats das halbe Gehalt zurückzahlen müsse. RG. v. 20. 9. 1927 JW. **27** 2849 = JurRundsch. **27** Rspr. 1391 = RG. **118** 50.

6. Den planmäßigen Beamten wird nach der Suspension **die Gehaltshälfte monatlich im voraus bezahlt.** Die zu zahlende Gehaltshälfte soll dem Beamten die wirtschaftliche Weiterexistenz ermöglichen; sie kann aber nach RG. **85** 116ff. u. U. zur Deckung des dem Beamten in voller Höhe zur Last fallenden Defektes oder sonstiger Forderungen des Staates mit Beschlag belegt werden; s. oben Anm. 1.

Lautet das Disziplinarurteil nur auf Strafversetzung, so wird die Hälfte des Diensteinkommens nur bis zur Rechtskraft des Urteils, nicht etwa bis zur Ausführung der Versetzung einbehalten. Müller 527.

Wegen der Gehaltszahlung an Kündigungsbeamte während der Dauer der Suspension s. oben Anm. 6 zu Vorbem. vor § 125.

7. **Die Wartegeldempfänger** können in Ermangelung eines Amtes überhaupt nicht suspendiert werden und beziehen daher in der Regel während einer gegen sie schwebenden Straf- oder Disziplinaruntersuchung ihr volles Wartegeld weiter; s. aber die Ausnahmevorschrift des § 132; s. auch oben Anm. 7 Vorbem. vor § 125.

8. Der **Rechtsweg darüber,** ob die Suspension zu Recht oder Unrecht erfolgt sei, ist unzulässig. Anm. 9 Vorbem. vor § 125. Dagegen kann die Suspensionsverfügung im Rechtsweg insoweit angefochten werden, als behauptet wird, der einbehaltene Gehaltsteil übersteige die gesetzliche Grenze. Kanng. 224; KKGH. v. 17. 2. 1855 (JMBl. 145, MBl. 134).

Seydel 219, 220 und 225 und v. Rheinb. 314, 315 halten den Rechtsweg während der Dauer der Suspension überhaupt für unzulässig, da man damit stets die Befugnis zur Suspension selbst zum Prozeßgegenstand mache und es sich um einen vorläufigen Verwaltungsakt handele, dem sich der Beamte während der Dauer der Suspension unterwerfen müsse. Dies ist unrichtig. Denn wenn über die Frage, ob ein größerer als der gesetzlich statthafte Teil des Gehalts einbehalten sei, gestritten wird, wird damit noch keineswegs auch die Befugnis der Behörde zur Suspension erörtert; vielmehr geht der Prozeßrichter davon aus, daß die Suspension ein zu Recht bestehender Verwaltungsakt sei und erörtert nur, ob die mit ihm verbundenen vermögensrechtlichen Nachteile von der Behörde richtig bemessen worden sind.

9. Die Gewährung von etwa zulässigen **Gehalts- und Dienstalterszulagen** findet in der Regel an suspendierte Beamte nicht statt; Friedrichs BHK. **27** 105; s. § 4 RBesG.; **a. M.** Görres 95.

10. Der suspendierte Beamte behält auch in der Regel die ihm zustehenden freien **Naturalbezüge;** werden sie ihm genommen, so wird die ihm dafür zu gewährende Entschädigung um die Hälfte gekürzt.

11. **Reichssteuern** sind nur aus dem dem Beamten verbleibenden Gehaltsteil zu entrichten. ME. v. 9. 8. 1853, v. 12. 6. 1854, v. 18. 8. 1885 Nr. 13 (MBl. **53** 229; **54** 126; EVBl **85** 230).

12. **Ein ruhendes Pensionsrecht** wird durch die Einbehaltung des Gehaltsteils nicht berührt. Es lebt nicht etwa in solchem Falle wieder auf,

da dem Beamten der Gehaltsteil nicht dauernd entzogen, sondern nur einbehalten wird. ME. v. 29. 11. 1890 v. 5. 2. 1891 (MBl. **90** 238; EBBl. **91** 9); Friedrichs BHK. **27** 105.

§ 129.

Der zu den Kosten (§ 128) nicht verwendete Teil des Einkommens wird dem Beamten auch in dem Falle nachgezahlt, wo das Verfahren die Entfernung aus dem Amte zur Folge gehabt hat.

Dem Beamten ist auf Verlangen ein Nachweis über die Verwendung zu erteilen. Erinnerungen gegen die Verwendung können im Rechtswege nicht geltend gemacht werden.

1. **Hat das Disziplinarverfahren die Entfernung des Beamten aus dem Amt, sei es durch Strafversetzung oder Dienstentlassung, zur Folge,** so wird dem Beamten nach preußischem Beamtenrecht der einbehaltene Gehaltsteil nicht nachgezahlt, und zwar auch nicht insoweit, als er zu den Kosten der Untersuchung und der Stellvertretung nicht verwendet worden ist. § 52 Abs. 1 BDisG.; § 49 Abs. 1 RDisG.; MJ. v. 23. 4. 1927 (MBl. 465). Dieser Rechtszustand ist unerfreulich. Er verdunkelt die rechtliche Natur der Suspension, die keine Strafe, sondern eine vorläufige Sicherheitsmaßregel sein und dem Fiskus die Deckung der Untersuchungs- und Stellvertretungskosten sichern will. Es ist daher mit Recht in § 129 Abs. 1 RGB. Abs. 1 die Bestimmung getroffen, daß der zu den Kosten nicht verwendete Teil des Einkommens dem Beamten auch dann nachgezahlt werden müsse, wenn das Verfahren seine Entfernung aus dem Amt zur Folge gehabt hat.

Auch die Gehaltszulagen, die dem Beamten während der Dauer der Disziplinaruntersuchung sonst zugefallen wären, werden beim Verlust des Amtes, sei es, daß auf Dienstentlassung oder Strafversetzung erkannt oder der Beamte gemäß § 100 seine Entlassung gefordert hat, nicht nachgezahlt. (§ 4 Abs. 2 RBesG.).

Der nicht einbehaltene Teil des Diensteinkommens ist dem Beamten, falls er mit Dienstentlassung bestraft ist, bis zum Ablauf des Monats zu belassen, in dem die Entscheidung rechtskräftig und vollstreckbar geworden ist. § 53 Abs. 3 und 8 PrHaushV. in der Fassg. v. 11. 5. 1916 (JMBl. 108).

Erinnerungen über die Verwendung des einbehaltenen Einkommenteils kann der Beamte nur im Beschwerde- nicht im Rechtswege geltend machen. Es ist ihm aber auf Verlangen eine Nachweisung über diese Verwendung zu erteilen. Diese Nachweisung ist für den Beamten wichtig, da er aus ihr entnehmen kann, welche Beträge an Kosten der Untersuchung und Stellvertretung ihm in Rechnung gestellt sind. Es findet der Rechtsweg darüber statt, daß vom Gehalt zuviel einbehalten sei. KKHG. v. 17. 2. 1855 (JMBl. 145).

Ist ein wegen mehrerer Verfehlungen im Disziplinarverfahren angeklagter Beamter nur wegen einer oder einiger dieser Verfehlungen vom Amt suspendiert und demnächst wegen dieser Verfehlungen, die zur Suspension geführt haben, freigesprochen, wegen anderer Verfehlungen aber, wegen deren er nicht suspendiert war, mit Entfernung aus dem Amt bestraft worden, so findet eine Nachzahlung der einbehaltenen Gehaltshälfte nur in den Grenzen des § 129 statt. Denn entscheidend ist lediglich, daß das Verfahren zur Entfernung des Beamten aus dem Amt geführt, sich also nachträglich herausgestellt hat, daß der Beamte zu Recht vom Amte suspendiert war, mag dies auch aus anderen Gründen geschehen sein, als wie sie der Disziplinarrichter bei der Verhängung der Strafe angenommen hat.

2. Die **Stellvertretungskosten,** die aus der einbehaltenen Gehaltshälfte gedeckt werden, sind die Kosten, die der Staatskasse dadurch erwachsen, daß für den suspendierten Beamten ein anderer Beamter herangezogen wird. Zu ihnen gehören auch die Kosten für die Reise des Stellvertreters nach dem Orte, an welchem die Stellvertretung stattfindet. Tritt aber während der Stellvertretung aus dienstlicher Veranlassung ein Wechsel in der Person des stellvertretenden Beamten ein, so dürfen die Tagegelder und Fahrkosten für diesen Personenwechsel dem suspendierten Beamten nicht zur Last gelegt werden.

Über den Betrag des einbehaltenen Diensteinkommens hinaus darf der Beamte zu den Stellvertretungskosten nicht herangezogen werden. § 53 Nr. 3 PrHaushV.; StMBeschl. v. 30. 9. 1856 (MBl. 218; JMBl. 290); es haftet also für sie nur der einbehaltene Gehaltsteil und nicht auch das übrige Vermögen des Beamten. Es werden aber die Stellvertretungskosten vor den Untersuchungskosten aus dem einbehaltenen Gehaltsteil gedeckt; für die letzteren Kosten kann eine persönliche Haftung des Beamten in Frage kommen, wenn die einbehaltene Summe nicht ausreicht.

3. Unter den **Untersuchungskosten,** die aus der einbehaltenen Gehaltshälfte gedeckt werden, sind nur die Kosten (baren Auslagen) des Disziplinarverfahrens, nicht auch die des Strafverfahrens, das die Suspension herbeigeführt hat, zu verstehen. § 53 Nr. 6 PrHaushV. Es sind auch darunter nur die Kosten der eigentlichen Untersuchung bis zur rechtskräftigen Entscheidung, nicht dagegen die Kosten der Strafvollstreckung zu verstehen. § 53 Nr. 6 PrHaushV. Endlich werden die baren Auslagen des Disziplinarverfahrens zu den Untersuchungskosten gerechnet. Können diese baren Auslagen durch den einbehaltenen Gehaltsteil nicht gedeckt werden, so haftet der Beamte für sie mit seinem übrigen Vermögen. Der fehlende Betrag kann im Verwaltungszwangsverfahren beigetrieben werden. ME. v. 15. 5. 1873 (MBl. 286). Über die Art der Beitreibung ist der Rechtsweg unzulässig und nur Beschwerde möglich. KKGH. v. 18. 4. 1857 (JMBl. **58** 5).

4. **Stirbt der suspendierte Beamte** vor der Rechtskraft eines ihn verurteilenden Disziplinar- oder Straferkenntnisses, so muß der einbehaltene Gehaltsteil unverkürzt an die Erben ausgezahlt werden. ME. v. 3. 5. 1876 (MBl. 123); Per. u. Sp. 165; Pieper 327; s. auch Anm. 2 zu § 130.

§ 130.

Wird der Beamte freigesprochen, so muß ihm der innebehaltene Teil des Diensteinkommens vollständig nachgezahlt werden.

Wird er nur mit einer Ordnungsstrafe belegt, so ist ihm der innebehaltene Teil insoweit nachzuzahlen, als derselbe nicht zur Deckung der ihn treffenden Untersuchungskosten und der Ordnungsstrafe erforderlich ist. Ein Abzug wegen der Stellvertretungskosten findet nicht statt.

1. **Wird der Beamte freigesprochen,** so muß ihm der einbehaltene Teil des Diensteinkommens vollständig nachgezahlt werden. Dabei steht ihm ein Anspruch auf Aufwertung zu. RG. v. 5. 1. 1926 in JurRundsch. **26** Rspr. Nr. 723 (S. 581) = Rspr. Aufw. Ring **1** 236 = JW. **26** 1443 und dazu Arndt ebenda. Diese Nachzahlung bezieht sich aber nur auf die Freisprechung im förmlichen Disziplinarverfahren, nicht auch auf die Freisprechung im Strafverfahren. Der Freisprechung steht gleich die Einstellung des Disziplinarverfahrens durch die entscheidende Disziplinarbehörde, z. B. wegen Geisteskrankheit (UM. v. 9. 12. 1874, ZBlUV. **75** 71) oder durch die oberste Reichsbehörde ohne Verhängung einer Ordnungsstrafe. Auch im Falle dieser Einstellung des Verfahrens wird dem Beamten der im Disziplinar- oder im Strafverfahren einbehaltene Gehaltsteil völlig nachgezahlt, selbst wenn das Strafverfahren zu einer Verurteilung geführt hat. Die für Dienstunkosten besonders angesetzten Beträge gehören nicht zu dem einbehaltenen Diensteinkommen und werden niemals nachgezahlt. RG. v. 20. 9. 1927 JW. **27** 2849 = JurRundsch. **27** Rspr. 1391 = RG. **118** 50; ME. v. 18. 5. 1850; v. 9. 12. 1874; v. 4. 10. 1876; v. 22. 3. 1878; v. 29. 3. 1883; v. 2. 5. 1892 (JMBl. **50** 189; ZBlUV. **75** 71; **76** 681; ZBlAV. **78** 113; ZBlUV. **83** 297; **92** 542). Endet aber das Disziplinarverfahren gemäß § 98 mit Einstellung und Verhängung einer Ordnungsstrafe, so ist der einbehaltene Gehaltsteil, auch soweit er auf die Zeit eines etwaigen Strafverfahrens entfällt, insoweit nachzuzahlen, als er nicht zur Deckung der Ordnungsstrafe erforderlich ist. Ein Abzug wegen der Untersuchungs- und Stellvertretungskosten findet in diesem Falle nicht statt.

2. Endet das Straf- oder Disziplinarverfahren dadurch, daß **der Beamte vor der Rechtskraft des Urteils ordnungsmäßig ausgeschieden** oder vor diesem Zeitpunkt **gestorben** ist, so ist ihm oder seinen Erben die während

der Suspension einbehaltene Hälfte unverkürzt nachzuzahlen. JM. v. 12. 6. 1875 bei Müller 538; FM. v. 3. 5. 1876 (MBl. 123); KG. v. 30. 8. 1927 Staats- und Selbstv. **28** Heft 3.

3. Ging der Verurteilung im Disziplinarverfahren **ein mit rechtskräftiger Freisprechung endendes Strafverfahren vorher,** so wird der während des Strafverfahrens einbehaltene Gehaltsteil nachgezahlt, wenn die Suspension kraft Gesetzes eingetreten war. Denn die Suspension endete mit ihren vermögensrechtlichen Folgen sofort mit der Rechtskraft des freisprechenden Strafurteils. RG. **35** 36. Wenn aber eine Suspension in dem sich an das nicht mit Freisprechung endende Strafverfahren anschließenden Disziplinarverfahren verfügt und diese Verfügung innerhalb der zehntägigen Frist des § 126 Abs. 1 erlassen war, so kann der Beamte, wenn das Disziplinarverfahren zur Entfernung aus dem Amt führt, auch die während des Strafverfahrens einbehaltene Gehaltshälfte nicht zurückverlangen; vgl. § 126 Abs. 2 VDisG.

War aber die Suspension von vornherein infolge Verfügung eingetreten, so endet sie nicht mit der Rechtskraft des Strafurteils, sondern dauert fort bis zur rechtskräftigen Beendigung des Disziplinarverfahrens. RG. **10** 227.

Gleich ist, ob die Freisprechung im Strafverfahren selbst oder erst im Wiederaufnahmeverfahren erfolgt ist. RG. **22** 40; s. aber RG. v. 3. 11. 1898 (JMBl. **1900** 12).

Der Freisprechung steht die Einstellung des Verfahrens gemäß §§ 204, 205 StPO. gleich. ME. v. 9. 12. 1874 und v. 2. 5. 1892 (ZBlUV. **75** 71; **92** 542).

Folgt dem Strafverfahren kein Disziplinarverfahren, so ist in der Regel der einbehaltene Gehaltsteil ganz nachzuzahlen, und zwar auch dann, wenn im Strafverfahren eine — nicht mit dem Amtsverlust verbundene — Verurteilung erfolgt ist. Der Beamte gilt im Sinne des § 130 Abs. 1 als freigesprochen; MJ. v. 8. 8. 1895 (MBl. 193 und 225); JM. v. 9. 7. 1895 bei Müller 511; **a. M.** RG. **10** 227 und MJ. v. 7. 5. 1883 (MBl. 83), die aber durch MJ. v. 8. 8. 1895 aufgehoben ist.

War aber im Strafverfahren eine den Amtsverlust kraft Gesetzes nach sich ziehende Verurteilung ergangen, so findet ein Abzug nur wegen der Stellvertretungskosten, nicht wegen der Kosten des Strafverfahrens statt. Die Annahme von v. Rheinb. 318, daß in solchem Falle überhaupt keine Nachzahlung der einbehaltenen Gehaltshälfte stattfinde, entbehrt der gesetzlichen Stütze. Kosten des Disziplinarverfahrens sind in diesem Falle nicht entstanden und kommen daher nicht in Frage.

4. **Wird der Beamte im Disziplinarverfahren mit einer Ordnungsstrafe** (Warnung, Verweis, Geldstrafe) **belegt,** so ist der einbehaltene Gehaltsteil zunächst zur Deckung der Kosten des Disziplinarverfahrens und der Geldstrafe zu verwenden. Der übrigbleibende Betrag ist dem

Beamten auszuzahlen. Wegen der Stellvertretungskosten findet in diesem Falle ein Abzug nicht statt. Reicht der einbehaltene Gehaltsteil zur Deckung der Geldstrafe und der Kosten des Verfahrens nicht aus, so ist der Fehlbetrag von dem verurteilten Beamten einzuziehen. § 53 Nr. 4 PrHaushB.

Wird die Ordnungsstrafe außerhalb eines förmlichen Disziplinarverfahrens verhängt, so dürfen dem bestraften Beamten Kosten nicht auferlegt werden. § 52 PrHaushB.

5. Wird der Beamte im Disziplinarverfahren **zur Entfernung aus dem Amt** (Strafversetzung oder Dienstentlassung) **verurteilt,** so wird der einbehaltene Gehaltsteil nur gemäß § 129 nachgezahlt.

§ 131.

Wenn Gefahr im Verzuge ist, kann einem Beamten auch von solchen Vorgesetzten, die seine Suspension zu verfügen nicht ermächtigt sind, die Ausübung der Amtsverrichtung vorläufig untersagt werden; es ist aber darüber sofort an die oberste Reichsbehörde zu berichten.

Diese Untersagung hat eine Kürzung des Diensteinkommens nicht zur Folge.

1. **Wenn Gefahr im Verzuge ist,** d. h. wenn die Verhängung der Amtssuspension zur Abwendung wesentlicher Nachteile, z. B. Verdunkelungsgefahr, zu spät kommen würde, kann einem Beamten auch von solchen Vorgesetzten, die seine Suspension nicht verfügen dürfen, **die Ausübung der Amtsverrichtungen vorläufig untersagt werden.** Es kommt für diese Maßnahme also an Stelle der für die Verhängung der Suspension zuständigen obersten Reichsbehörde auch die höhere oder die dem Beamten direkt vorgesetzte Reichsbehörde in Betracht. Es ist aber darüber sofort an die oberste Reichsbehörde zu berichten. Diese entscheidet, ob die förmliche Suspension zu verhängen oder die vorläufige Untersagung aufzuheben ist.

2. Die vorläufige Untersagung kann sich auch auf **einzelne Amtsverrichtungen** beschränken.

3. Die Untersagung hat **eine Kürzung des Diensteinkommens nicht zur Folge.** Deshalb haben auch die auf Kündigung angestellten Beamten, denen vorläufig die Ausübung der Amtsverrichtungen untersagt ist, bis zum Ablaufe der Kündigungsfrist Anspruch auf ihr volles Diensteinkommen; MJ. v. 19. 11. 1922 (MB. 1119).

4. Diese Maßnahme stellt sich als **Vorläufer der Suspension** dar und ist nur aus disziplinarischer Veranlassung zulässig. Auf anderer Grundlage beruht die vorläufige Dienstenthebung eines Beamten, die auch, abgesehen von disziplinarischen Maßnahmen, z. B. bei plötzlicher Geisteskrankheit eines Beamten verhängt werden kann, damit dieser sofort von seinem Amt entfernt wird; s. oben § 14 Anm. 2 Abs. 2 (S. 142).

5. § 131 findet auf die **auf Widerruf oder Kündigung** angestellten Beamten, denen bereits gekündigt ist, **keine Anwendung;** denn in solchen Fällen erübrigt sich ein förmliches Disziplinarverfahren; es kann also auch eine förmliche Suspension nicht in Frage kommen. Per. u. Spill. 168; **a. M.** Pieper 332. Die Kündigungsbeamten, denen die Ausübung der Amtsverrichtungen vorläufig untersagt ist, haben jedenfalls bis zum Ablauf der Kündigungsfrist Anspruch auf ihr volles Diensteinkommen; Abweichendes gilt, sobald die Suspension verhängt ist; s. oben Anm. 3 zu § 131 und Anm. 6 der Vorb. vor § 125.

§ 132.

Dem unter Gewährung des gesetzlichen Wartegeldes einstweilen in den Ruhestand versetzten Beamten wird ein Viertel des Wartegeldes innebehalten, wenn im Disziplinarverfahren eine noch nicht rechtskräftige Entscheidung ergangen ist, welche auf Dienstentlassung lautet.

Wegen der Nachzahlung des innebehaltenen Teils vom Wartegelde kommen die Grundsätze der §§ 129 und 130 zur Anwendung.

1. Auf die kein Amt verwaltenden Wartegeldempfänger können die §§ 125ff. nicht ohne weiteres ausgedehnt werden. Ihnen gegenüber tritt **nur in einem Sonderfalle** ein vermögenrechtlicher Nachteil der Suspension ein.

2. Die Einbehaltung eines Teils des Wartegeldes findet nie infolge behördlicher Suspension, die mangels der Möglichkeit einer Amtsenthebung ausgeschlossen ist, sondern **nur kraft Gesetzes** statt. Es wird aber nur im Falle des § 125 Nr. 2 ein Wartegeldsteil einbehalten; im Falle des § 125 Nr. 1 ist die Einbehaltung überflüssig, weil für die im Strafverfahren entstehenden Kosten ein Abzug am Wartegeld ebensowenig wie ein Abzug am Gehalt zulässig ist. Stellvertretungskosten können bei Wartegeldsempfängern nie in Frage kommen.

3. Das Wartegeld wird stets **nur zu einem Viertel** einbehalten, da aus dem einbehaltenen Wartegeldsteil nur die Kosten des Disziplinarverfahrens und etwa der Betrag einer Geldstrafe, niemals aber Stellvertretungskosten, zu decken sind.

Zustellungen.

§ 133.

Alle nach den Bestimmungen der §§ 61 bis 132 erfolgenden Aufforderungen, Mitteilungen, Zustellungen und Vorladungen sind gültig und bewirken den Lauf der Fristen, wenn sie unter Beobachtung der für gerichtliche Insinuation in Strafsachen vorgeschriebenen Formen demjenigen, an den sie ergehen, zugestellt

sind. Die vereideten Verwaltungsbeamten haben dabei den Glauben der Gerichtsboten.

Hat der Angeschuldigte seinen dienstlichen Wohnsitz verlassen, ohne daß seine vorgesetzte Behörde Kenntnis von seinem Aufenthalt hat, so erfolgt die Insinuation in der letzten Wohnung des Angeschuldigten an dem dienstlichen Wohnorte desselben.

1. § 133 hat **Bedeutung für das Disziplinarverfahren** (§§ 72—132) **und das Zwangspensionierungsverfahren** (§§ 61—68).

2. Für die **Zustellungen, Vorladungen usw.** im **Zwangspensionierungs- und Disziplinarverfahren** sind die §§ 37, 40, 48ff., 72, 133, 136, 278, 216, 217ff. StPO. maßgebend; vgl. § 22 Nr. 8 GeschO. 18. 4. 1880. In der Regel kommen daher für die Zustellung gemäß § 37 StPO. die §§ 208ff. ZPO. zur Anwendung; an Stelle der Gerichtsvollzieher bewirken jetzt nach § 209 ZPO. die Urkundsbeamten der Geschäftsstellen die von Amts wegen veranlaßten Zustellungen. Wegen der Zustellungen im Ausland s. §§ 199—202 ZPO.

3. Für die nach den §§ 61—132 zu bewirkenden Zustellungen usw. sind den Urkundsbeamten der Geschäftsstellen oder Gerichtsvollziehern — Gerichtsboten als Zustellungsbeamte gibt es nicht mehr — die **vereideten Verwaltungsbeamten** gleichgestellt. Die von unvereideten Beamten bewirkten Zustellungen usw. sind ungültig und bewirken nicht den Lauf der Fristen. Seydel 91. Die Zustellung kann aber auch durch Eröffnung zu Protokoll erfolgen. OVG. v. 21. 10. 91 bei v. Rheinb. 109.

4. Abs. 2 bezweckt, die umständliche öffentliche Ladung zu vermeiden, und kommt zur Anwendung, **wenn die vorgesetzte Behörde den Aufenthalt des Beamten nicht kennt;** die Behörde braucht bezüglich seines Aufenthalts keine Ermittlungen anzustellen und der Beamte kann aus dem Mangel solcher Nachforschungen keinen Einwand gegen die Rechtsgültigkeit der an seinem letzten inländischen Wohnort bewirkten Zustellung herleiten, muß vielmehr nachweisen, daß die Behörde Kenntnis von seinem anderweiten Aufenthalt gehabt hat. Es ist aber andererseits auch unerheblich, woher die Behörde die Kenntnis vom Aufenthalt des Beamten hat. Hat der Beamte, dessen Aufenthalt unbekannt ist, einen Empfangs- oder Zustellungsbevollmächtigten bestellt, so ist an diesen, nicht nach Abs. 2 zuzustellen. Kanng. 229.

5. Hat die vorgesetzte Behörde **Kenntnis** von dem Aufenthalt des Angeschuldigten oder Zwangspensionärs, so findet Abs. 2 keine Anwendung. Die Ladung muß also dann dem Beamten, der seinen Wohnsitz verlassen hat, nach Abs. 1 zugestellt werden. RDisH. v. 23. 3. 1878 Schulze Rspr. 340.

6. Abs. 2 findet auch auf **Zwangspensionäre** unbekannten Aufenthalts Anwendung, die im weiteren Sinne auch als Angeschuldigte anzusehen sind. Sie werden im Abs. 1 durch Benennung der §§ 61 ff. ausdrücklich eingeschlossen.

Pieper 335, 336. A. M. Per. u. Spill. 170, die eine Lücke im Gesetz annehmen und gegen abwesende Zwangspensionäre Einstellung des Zwangspensionierungsverfahrens und Einleitung des förmlichen Disziplinarverfahrens verlangen.

7. Auf **Wartegeldempfänger** unbekannten Aufenthalts findet § 133 Abs. 2 und nicht § 119 Abs. 2 entsprechende Anwendung. Sie haben keinen dienstlichen Wohnsitz, und deshalb muß ihr letzter bekannter inländischer Wohnsitz für die Zustellung maßgebend sein, da so der Zweck der Zustellung — das Bekanntwerden des zuzustellenden Schriftstücks — eher erreicht wird, als wenn die Zustellung am letzten dienstlichen Wohnsitz erfolgt, den der Beamte möglicherweise schon seit langer Zeit aufgegeben hat. Ähnlich Per. u. Spill. 170; vgl. § 13 PrBDisG. A. M. Kanng. 229, Turnau 100 u. Pieper 335, die für Zustellungen an Wartegeldempfänger unbekannten Aufenthalts den letzten dienstlichen Wohnsitz für maßgebend erachten.

8. Für **preuß. Beamte** vgl. § 13 PrBDisG.

Besondere Bestimmungen über die Defekte der Beamten.

Übersicht.

1. **Die §§ 134 bis 148 über die Defekte der Beamten,** die auch auf die Personen des Soldatenstandes Anwendung finden (§ 157), sind **der Preuß. Vdg. vom 24. Januar 1844 (GS. 52) nachgebildet;** doch enthalten sie, namentlich in den §§ 140, 145 u. 146 **nicht unwesentliche Abänderungen** des preußischen Defektenrechts. Gemäß § 13 EG. ZPO. sind sie auch neben der Reichszivilprozeßordnung in Kraft geblieben. Sie stehen auch nicht im Widerspruch zu Art. 129 RV., da gegen Defektenbeschlüsse gemäß § 144 RGB. der Rechtsweg gegeben ist. RG. **55** 64; **99** 261.

Für die Reichsbahnbeamten gelten die mit §§ 134 ff. im wesentlichen übereinstimmenden Ziff. 1—13 § 31 Perso. i. d. Fassg. v. 8. 5. 26 (RMBl. **27** 23); für die Postbeamten s. die ähnlich lautenden §§ 72 ff. X 2 PDA.

2. Die Vorschriften über die Defekte der Beamten sollen **den Reichsfiskus vor Benachteiligungen** durch ungetreue oder nachlässige Verwalter von Reichskassen oder sonstigem Reichsvermögen **schützen.** Sie ermöglichen die schleunige Beschlagnahme des Vermögens eines Beamten und die sofortige Beitreibung des festgestellten Fehlbetrages durch das Gericht. Der Reichsfiskus erscheint als Kläger und Richter in einer Person und kann ohne rechtliche Gehör des Beamten erkennen und vollstrecken. Er hat hierdurch einen wichtigen Vorsprung vor anderen Gläubigern des Beamten. Die ihn hierzu ermächtigenden Vorschriften sind daher als Ausnahmevorschriften eng auszulegen. Thudich. 333; Kanng. 230; Arndt 660.

3. Unter einem **Defekt** im Sinne der §§ 134ff. versteht man nach der Praxis des Verwaltungsrechts nur den Kassendefekt, und zwar in dem weiteren auch die Materialienverwaltung umfassenden Sinne, nicht dagegen den **Rechnungsdefekt.** Pieper 337. Ein **Kassendefekt** liegt vor, wenn der tatsächliche Bestand einer Kasse, eines Magazins usw. infolge von Untreue, Irrtum oder Dienstvernachlässigung sowie von Zufall, Diebstahl, Brand oder sonstigen nicht vorherzusehenden Ereignissen geringer ist als der rechnungsmäßige Sollbestand. So ist z. B. ein Kassendefekt auch in einem Fall angenommen, in dem eine auf einen Perronwagen verladene Postsendung von der Lokomotive eines Güterzuges durch Überfahren beschädigt worden ist. Per. u. Sp. 174. Ein den Beamten zum Ersatz verpflichtender Kassendefekt setzt Vorsatz oder grobes Verschulden des Beamten voraus; vgl. § 141. Ein bloßer Rechnungsdefekt liegt vor, wenn kein Defizit in der Kasse usw. vorhanden ist, also die Einnahmen und Ausgaben ordnungsmäßig durch Belege nachgewiesen sind, wenn aber die Ausgaben infolge unrichtiger Berechnungsweise oder gegen gesetzliche oder sonstige Vorschriften bewirkt sind, wenn also die Verausgabungen auf die Kasse usw. nicht hätten angewiesen werden dürfen, Zahlungen an unrichtige oder nicht gehörig legitimierte Empfänger geleistet sind u. dgl. Für diese Rechnungsdefekte kann der Fiskus von dem schuldigen Beamten nur im ordentlichen Rechtsweg Ersatz verlangen. Laband **1** 436; Arndt 168; Kanng. 231; Pieper 337, 338; KKGH. 25. 10. 56 im JMBl. **57** 54.

4. Ein **Defekt** im Sinne der §§ 134ff. **liegt nicht vor,** wenn Einrichtungsgegenstände in den den Beamten überwiesenen Dienstwohnungen fehlen, da diese den Beamten zur persönlichen Benutzung, aber nicht zur dienstlichen Aufbewahrung oder Verwaltung anvertraut sind. Verf. d. GPA. 28. 6. 76 bei Per. u. Sp. 174.

§ 134.

Die Feststellung der Defekte an öffentlichem oder Privatvermögen, welche bei Reichskassen oder anderen Reichsverwaltungen entdeckt werden, ist zunächst von derjenigen Behörde zu bewirken, zu deren Geschäftskreise die unmittelbare Aufsicht über die Kasse oder andere Verwaltung gehört.

1. Die §§ 134 u. 136 handeln von der **objektiven Feststellung des Defekts,** der § 135 von der etwa für den Defekt verantwortlich zu machenden Person.

2. Zu den **„anderen Reichsverwaltungen"** gehören z. B. die Materialien- und Magazinverwaltungen und die Reichspostverwaltung insoweit, als es sich um die ihr zur Beförderung übergebenen Pakete und Wertbriefe handelt. Per. u. Sp. 172; Pieper 342.

3. Auch die Defekten- (Fehlbetrags-) Beschlüsse der zuständigen **Reichsbahnstellen** stehen den Defektenbeschlüssen der Reichsverwaltungen gleich

und gelten als vollstreckbare Titel im Sinne der ZPO.; vgl. § 7 RBahnPersG.; § 31 Abs. 1 Satz 1 u. 7 PersO.

Mit §§ 134 bis 136 stimmt Ziff. 1 u. 2 § 31 PersO. überein. In der Regel hat hiernach die zuständige Reichsbahndirektion den Fehlbetrag festzustellen.

§ 135.

Von dieser Behörde ist zugleich festzustellen, ob ein Reichsbeamter und eintretendenfalls welcher Beamte nach den Vorschriften des § 141 für den Defekt zu haften hat, und bei einem Defekt an Materialien, auf wie hoch die zu erstattende Summe in Gelde zu berechnen ist.

1. **Ob ein Reichsbeamter** und bejahendenfalls welcher Beamte **für haftbar zu erklären** ist, bestimmt § 141. Es ist also festzustellen, daß sich der fehlende — auch bei Materialdefekten in Geld zu berechnende — Betrag im amtlichen Gewahrsam des Beamten befunden hat und daß der Defekt entweder durch Vorsatz (§ 141 Nr. 1) oder durch grobe Fahrlässigkeit (§ 141 Nr. 2) des Beamten entstanden ist.

2. Zu den Reichsbeamten, die für den Defekt für haftbar erklärt werden können, gehören auch die **Wartegeldempfänger, Pensionäre** und die **sonst freiwillig oder unfreiwillig aus dem Dienst geschiedenen Beamten,** soweit sie zur Zeit der Entstehung des Defektes Reichsbeamte waren. Arndt 168; Pieper 337; Per. u. Sp. 178; Thudich. 333; Kanng. 231; Laband **1** 437; KKGH. 17. 4. 58 im JMBl. **58** 239 u. MBl. **59** 74; ME. 20. 8. 45 (MBl. 282).

3. **Stirbt** ein Reichsbeamter **nach Erlaß des** gegen ihn gerichteten **Defektenbeschlusses,** so richten sich die Vollstreckungs- oder Sicherheitsmaßregeln gegen seinen Nachlaß. Anm. 2 zu § 140. Der Erbe kann die Beschlagnahme nur durch Anfechtung des Defektenbeschlusses gemäß § 144 beseitigen. RG. **2** 188. Mit seinem eigenen Vermögen haftet der Erbe nur insoweit, als er nach bürgerlichem Recht für die Schulden des Erblassers mit seinem eigenen Vermögen haftet; vgl. §§ 1967 ff. BGB.; RG. **7** 335 ff.

4. **Nach dem Tode des Beamten kann gegen seine Erben ein Defektenbeschluß nicht mehr erlassen werden.** § 135, der wie alle Vorschriften des Defektenrechts eng auszulegen ist (vgl. Nr. 2 der Übersicht vor §§ 134 ff.), spricht nur von der Haftpflicht eines „Beamten", nicht auch von dessen Erben. Ob die Erben für den Defekt zu haften haben, kann daher nur im ordentlichen Rechtswege festgestellt werden. v. Zedl. Neuk. 68; Laband **1** 437; Kanng. 231; v. Rönne DStR. **1** 394; Thudich. 333. A. M. Arndt 169; Pieper 341 und anscheinend auch Per. u. Sp. 179; diese Schriftsteller wollen die vom Reichsgericht (ZS. **2** 188; **7** 335) für das preußische Defektenrecht festgelegten Grundsätze ohne weiteres auf das Reichsrecht

übertragen. Das ist schon um deswillen unzulässig, weil die bezügliche preußische Vorschrift (§ 2 der Vdg. 24. 1. 44) ihrem Wortlaute nach von der des Reichsrechts abweicht. Will man, im Gegensatze zu der hier vertretenen Ansicht, den Beschluß auch nach Reichsrecht gegen die Erben zulassen, so haften letztere jedenfalls nur, soweit sie Nachlaß hinter sich haben; sollen sie auch mit ihrem eigenen Vermögen herangezogen werden, so ist stets der Rechtsweg zu beschreiten. Arndt 661; RG. **2** 188; **7** 335.

Nach preußischem Defektenrecht halten einen Defektenbeschluß gegen die Erben für zulässig: KKGH. 17. 4. 58 (JMBl. 239) u. RG. **2** 188; **7** 335; Gruchot **25** 124. A. M. PrOTr. **36** 378, das dem Fiskus nur einen Entschädigungsanspruch gegen den Nachlaß, aber kein Vorrecht auf vorzugsweise Befriedigung aus diesem zugestehen will.

5. **Gegen Dritte,** die infolge des Defektes bereichert sind oder als Bürgen in Anspruch genommen werden sollen, ist das Defektenverfahren unzulässig und nur der Rechtsweg gegeben. Arndt 169; Laband **1** 437.

6. Die ermittelten Kassendefekte sind auch dann in der Form eines Beschlusses der unmittelbaren Dienstaufsichtsbehörde festzustellen, wenn ein Einschreiten **gegen eine bestimmte Person nicht** gerechtfertigt erscheint. In solchem Falle bezweckt der Beschluß nur die Feststellung des Defekts selbst; er darf deshalb nichts enthalten, was der weiteren Verfolgung des Defekts gegen einen etwa später zu ermittelnden haftbaren Beamten entgegenstehen könnte. Der Ausspruch, daß ein Beamter zum Ersatze des Defekts nicht verpflichtet sei, ist demnach nicht Gegenstand des zu fassenden Beschlusses, wenngleich auch die zur Schuldfrage in Beziehung stehenden Tatumstände zu erörtern sind. § 10 Z. 2 HaushV. für die Pr. Justizverwaltung.

§ 136.

Ebenso (§§ 134 und 135) hat die unmittelbar vorgesetzte Behörde die Defekte an solchem öffentlichen oder Privatvermögen festzustellen, welches, ohne zu einer Reichskasse oder anderen Reichsverwaltung gebracht zu sein, vermöge besonderer amtlicher Anordnung in den Gewahrsam eines Reichsbeamten gekommen ist.

1. Über den Begriff **„unmittelbar vorgesetzte Behörde"** vgl. Nr. IV der Vdg. 10. 8. 28 (RGBl. I 369).

2. Während die §§ 134 u. 135 von Vermögen handeln, das kraft allgemeiner amtlicher Anordnung verwaltet wird, spricht der § 136 von Vermögen, das durch **besondere** amtliche Anordnung in den Gewahrsam eines Beamten gekommen ist.

Ist Reichsvermögen, das ohne solche allgemeine oder besondere Anordnung in den Besitz des Beamten gelangt ist, veruntreut worden, so kommen nicht die Vorschriften des Defektenverfahrens, sondern die des gewöhnlichen Zivil- und Strafrechts zur Anwendung. RGSt. **4** 153; **16** 437.

3. Als **Beispiele** für die besondere amtliche Anordnung des § 136 führen Per. u. Sp. 172 an: Ein Beamter wird mit der Empfangnahme der Kaufsumme für ein seitens des Reichs verkauftes Grundstück im Auflassungstermin beauftragt, oder es findet eine Zwangsvollstreckung nach § 25 PostG. 28. 10. 71 (RGBl. 347) statt.

§ 137.

Über den Betrag des Defekts, die Person des zum Ersatz verpflichteten Beamten und den Grund seiner Verpflichtung ist von der in den §§ 134 und 135 bezeichneten Behörde ein motivierter Beschluß abzufassen.

1. **Ein Defektenbeschluß braucht nicht unbedingt erlassen zu werden,** wenn auch seine Voraussetzungen vorliegen. Die Reichsbehörden können nach freiem Ermessen statt des Defektenbeschlusses den ordentlichen Rechtsweg wählen. Gruchot **34** 1119; KKGH. 13. 2. 86 (MBl. 242); 30. 10. 15 PrVBl. **42** 14; Pieper 337. Haben sie aber einen Defektenbeschluß erlassen, so können sie nicht daneben noch den Rechtsweg beschreiten; dieser steht nur dem Beamten zu. JurW. **1900** 792 Nr. 22; vgl. Anm. zu § 144. A. M. die bei Per. u. Sp. 174 angeführte Verf. d. GPA. 6. 5. 79, welche die Behörde in diesen Fällen zur Abfassung des Defektenbeschlusses für verpflichtet hält, selbst wenn die eingeleitete gerichtliche Untersuchung noch nicht beendet ist.

2. **Der Defektenbeschluß muß** bei Vermeidung seiner Rechtsungültigkeit **enthalten** (ebenso Ziff. 4 § 31 Perso. i. d. Fassg. v. 8. 5. 26, RMBl. **27** 23):

a) den Betrag des Defektes;

b) die Bezeichnung der ersatzpflichtigen Person und die Verpflichtung zur Ersatzleistung; vgl. Anm. 1 ff. zu § 135;

c) die Kasse, welcher der Ersatz zu leisten ist;

d) den Grund der Verpflichtung des Beamten gemäß § 141 (Gewahrsam und Vorsatz oder grobes Versehen).

3. **Der Defektenbeschluß soll enthalten** eine Entscheidung:

a) über die Verpflichtung zur Zahlung von Verzugszinsen. §§ 288 ff. BGB. Die Verzugszinsen sind von dem Tage zu berechnen, an dem der Defekt entstanden, oder, wenn dieser Tag nicht bekannt ist, von dem Tage ab, an dem er entdeckt, oder, bei Defektierung von Privatvermögen, das der Reichsverwaltung anvertraut ist, von dem Tage ab, an dem hierfür Ersatz geleistet ist. ME. 31. 8. 41; 15. 3. 54 (MBl. **41** 268; **54** 91); Pieper 341. Im Geschäftsbereich der Post- und Telegraphenverwaltung ist die Verpflichtung zur Zahlung von Verzugszinsen auf die Fälle beschränkt, in denen einem Beamten eine Veruntreuung von Kassengeldern oder eine Übervorteilung der Postkasse zur Last fällt.

b) über die Verpflichtung zur Erstattung der **baren Auslagen** (§ 148); StMBeschl. 31. 8. 63 (JMBl. 222; MBl. 194); PrFM. 16. 2. 25 (PrBesBl. 28); Pieper 345; Per. u. Sp. 173. Zu den baren Auslagen gehören alle bei Ermittlung des Defekts entstandenen Kosten, insbesondere auch die Reisekosten der die Untersuchung führenden Beamten und die Gebühren für Briefe und Telegramme, die zur Verfolgung flüchtiger Beamten abgesandt werden. Verf. d. GPA. 24. 12. 75 bei Per. u. Sp. 173. Der Betrag der baren Auslagen ist, soweit er zur Zeit des Erlasses des Beitreibungsbeschlusses bereits festgestellt ist, in dem Beschlusse anzugeben. Verwaltungsgebühren und Stempel sind für den Defektenbeschluß nicht zu erheben. § 148; PrFM. 15. 1. u. 16. 2. 25 (PrBesBl. 16 u. 28).

c) über die behufs des Ersatzes des Defektes zu ergreifenden Vollstreckungs- oder Sicherheitsmaßregeln (§ 140).

Fehlt eine der Bestimmungen gemäß a bis c, so wird dadurch der Beschluß noch nicht unwirksam.

4. Der Defektenbeschluß ist **mit Gründen** zu versehen; eine beglaubigte Abschrift des Beschlusses ist sofort dem **Rechnungshofe** des Deutschen Reiches einzureichen. Per. u. Sp. 175.

5. Vor Erlaß des Beschlusses ist der **Beamte zu hören,** wenn dies ohne besondere Schwierigkeiten und ohne Gefährdung fiskalischer Interessen geschehen kann. Kanng. 232; Thudich. 334; Pieper 344, 345.

6. Ein förmlicher **Defektenbeschluß ist nicht erforderlich,** wenn der Defekt sofort gedeckt wird und wenn er ausweislich der angestellten Ermittlungen nur durch Zufall oder ohne vertretbares Verschulden eines Beamten entstanden ist. Pieper 341; Per. u. Sp. 173.

7. Läßt sich zur Zeit der Feststellung des Fehlbetrages noch nicht beurteilen, ob überhaupt ein Beamter oder welcher Beamter den Fehlbetrag zu ersetzen habe, so ist es zweckmäßig, den Beschluß zunächst **auf den sachlichen Bestand** — d. h. die Feststellung des Fehlbetrages — abzufassen, dagegen die Ermittlung der Person, die zur Ersatzleistung für verpflichtet zu erachten, einer weiteren Beschlußfassung vorzubehalten. MJ. 19. 12. 22 (MBl. 1200).

§ 138.

Nach Befinden der Umstände kann die Behörde auch mehrere Beschlüsse abfassen, wenn ein Teil des Defekts sofort klar ist, der andere Teil aber noch weitere Ermittelungen notwendig macht, ingleichen, wenn unter mehreren Personen die Verpflichtung der einen feststeht, die der anderen noch zweifelhaft ist.

Der Paragraph ist namentlich bei solchen Veruntreuungen anzuwenden, deren Umfang bei der Entdeckung des Defekts noch nicht zu übersehen ist. Die Verwaltung kann ohne Rücksicht auf das Schlußergebnis der Ermittlungen wegen des bereits festgestellten Defektenbetrages sofort die Vollstreckungs- oder Sicherungsmaßregeln treffen. Per. u. Sp. 175.

Mit § 138 stimmt Ziff. 5 § 31 Perso. überein.

§ 139.

Hat die Behörde die Eigenschaft einer höheren Reichsbehörde, so ist der Beschluß nach Maßgabe der §§ 143 und 144 vollstreckbar.

In allen anderen Fällen unterliegt der Beschluß der Prüfung der vorgesetzten höheren Reichsbehörde und wird erst nach deren Genehmigung vollstreckbar.

Von dem Beschlusse ist der obersten Reichsbehörde unverzüglich Kenntnis zu geben.

Der obersten Reichsbehörde bleibt in allen Fällen unbenommen, einzuschreiten und den Beschluß selbst abzufassen oder zu berichtigen.

1. Über den Begriff „höhere" und „oberste" Reichsbehörde s. V. 10. 8. 28 (RGBl. I 369); unten S. 547; bezüglich der Reichsbahnbeamten s. Ziff. V A V. 10. 8. 28.

2. Der Beschluß wird vollstreckbar, wenn der Rechtsweg nicht beschritten wird; ein besonderes Nachverfahren, um den Beschluß zu einem endgültigen zu machen, findet nicht statt.

3. Die oberste Reichsbehörde kann den Beschluß sogar noch nach Ablauf der Frist, in der er im Rechtsweg angefochten werden kann, berichtigen. Per. u. Sp. 176.

4. Defektenbeschlüsse der Reichsbahndirektion sind dem Generaldirektor sofort mitzuteilen, wenn es sich um aufsehenerregende Fälle oder Beträge von mehr als 3000 RM. handelt. Ziff. 6 § 31 Perso.

§ 140.

In dem abzufassenden Beschlusse ist zugleich zu bestimmen, welche Vollstreckungs- oder Sicherheitsmaßregeln behufs des Ersatzes des Defekts zu ergreifen sind.

Für diese Maßregeln sind die Gesetze des Bundesstaates, in welchem dieselben erfolgen, entscheidend.

1. Die beschließende Behörde bestimmt, ob gegen den Beamten **Vollstreckungs- oder nur Sicherheitsmaßregeln** zu ergreifen sind. Ebenso Ziff. 4 § 31 Perso. i. d. Fassg. v. 8. 5. 26 (RMBl. **27** 23). Die Sicherheitsmaßregeln bestehen in der Anordnung einer Beschlagnahme gemäß § 146. Eine Beschlagnahme des Vermögens oder Gehalts zur Sicherung des demnächst im Rechtsweg gegen subsidiär haftbare Beamte auszuführenden Anspruchs kennt das RBG. nicht; vgl. dagegen § 11 Pr. Vdg. 24. 1. 44.

2. Der Beschluß braucht **nicht die einzelnen Vollstreckungsmaßregeln** zu enthalten; es genügt der Ausspruch, daß im Nichtzahlungsfalle die Zwangsvollstreckung in das Vermögen des Beamten erfolgen solle. Ist der Beamte nach Erlaß des Beschlusses gestorben, so erstrecken sich die in letzterem angeordneten Vollstreckungs- oder Sicherheitsmaßregeln auf den Nachlaß. Gruchot **25** 124.

3. **Abs. 2 ist bedeutungslos,** seitdem die Zwangsvollstreckung in das bewegliche und unbewegliche Vermögen reichsrechtlich durch die ZPO. und das ZVG. geregelt ist.

4. Wegen Tilgung des Defekts **im Wege der Aufrechnung** mit der Gehaltsforderung des Beamten und **des Zurückbehaltungsrechts** vgl. RG. **21** 185 u. Anm. 5 zu § 143; s. auch oben Anm. 11 u. 12 zu § 6.

§ 141.

Der abzufassende Beschluß kann auf die unmittelbare Verpflichtung zum Ersatz des Defekts gerichtet werden:

1. gegen jeden Beamten, welcher der Unterschlagung als Täter oder Teilnehmer nach der Überzeugung der Reichsbehörde überführt ist;

2. a) gegen diejenigen Beamten, welchen die Kasse usw. zur Verwaltung übergeben war, und zwar auf Höhe des ganzen Defekts,

b) gegen jeden anderen Beamten, der an der Einnahme oder Ausgabe, der Erhebung, der Ablieferung oder dem Transport von Kassengeldern oder anderen Gegenständen vermöge seiner dienstlichen Stellung teilzunehmen hatte, jedoch nur auf Höhe des in seinen Gewahrsam gekommenen Betrages,

sofern der Defekt nach der Überzeugung der Reichsbehörde durch grobes Versehen entstanden ist.

Eben dies gilt gegen die in § 136 genannten Beamten in den daselbst bezeichneten Fällen.

1. Mit § 141 stimmt Ziff. 3 § 31 PersO. i. d. Fassg. v. 8. 5. 26 (RMBl. **27** 23) überein.

2. Unter der in Nr. 1 § 141 erwähnten **Unterschlagung** ist nur der strafrechtliche Begriff der Unterschlagung, nicht ein weitergehender zivilrechtlicher Begriff zu verstehen. Der Ausdruck „Unterschlagung" setzt also einen amtlichen G e w a h r s a m (Besitz im Sinne des BGB.) des Täters oder Teilnehmers voraus und begreift nur die Fälle des schweren Vertrauensbruchs, dessen sich der Beamte durch widerrechtliche Aneignung der ihm anvertrauten Gelder schuldig macht. Im Falle eines Diebstahls ist ein Defektenbeschluß nicht zulässig. Pieper 338, 349; Arndt 172; v. Zedl.Neuk. 69. A. M. Per. u. Sp. 177 und die von ihnen angeführte Entscheidung des

Appellationsgerichts in Greifswald vom 17. 7. 77, die den Begriff der Unterschlagung auf alle Fälle ausdehnen wollen, in denen es sich um rechtswidrige Aneignung seitens eines Beamten, also auch um einen Diebstahl handelt.

3. Die Reichsbehörde muß die **volle Überzeugung** von der Täterschaft oder Teilnehmerschaft des Beamten haben; ein — wenn auch dringender — Verdacht genügt nicht. Arndt 73. Ein förmlicher Nachweis ist jedoch nicht erforderlich. Kanng. 234; Per. u. Sp. 178; Pieper 350. An den Beschluß der Reichsbehörde ist selbstverständlich der Straf- und Dienststrafrichter in keiner Weise gebunden.

Es muß endlich auch ein ursächlicher Zusammenhang zwischen dem Defekt und dem schuldhaften Verhalten des Beamten gegeben sein.

4. Im Falle der Nr. 1 § 141 kann die Ersatzverpflichtung gegen Täter und Teilnehmer **solidarisch** ausgesprochen werden.

5. **Im Falle der Nr. 2a** kann der Ersatz des ganzen Defekts, **im Falle der Nr. 2b** nur der Ersatz hinsichtlich der Fehlbeträge an denjenigen Vermögenswerten verfügt werden, die in den Gewahrsam des betreffenden Beamten gekommen waren. Mit dieser Maßgabe haften die Beamten solidarisch neben den Verwaltern. Thudich. 335.

6. Nr. 2a u. b setzen voraus, daß der Beamte nach der Überzeugung der Reichsbehörde den Defekt durch **grobes Versehen** verursacht und die Gelder usw. in seine Verwaltung oder in seinen Gewahrsam bekommen hat. Ein nur mäßiges Versehen und eine bloße Verletzung der Aufsichtspflicht über einen ungetreuen oder nachlässigen Beamten kann niemals zu einem Defektenbeschlusse führen; vielmehr wird in solchen Fällen der Defekt nur objektiv festgestellt, und es bleibt gegen den schuldigen Beamten nur der ordentliche Rechtsweg. Laband **1** 437; Pieper 339, 351; Per. u. Sp. 178; Thudich. 334; RG. **75** 329; **92** 237; Reichsger. 15. 2. 27 JurRundsch. Rspr. **27** 480 u. „Recht" **27** 304.

7. Ist der Defekt **ohne Verschulden eines Beamten** durch Zufall, höhere Gewalt usw. entstanden, so ist ein Defektenbeschluß ausgeschlossen, und es bewendet bei der bloßen Feststellung des Defektes. Bestehen Zweifel über das Vorliegen eines Verschuldens des Beamten, so wird in der Regel ein förmlicher Beschluß zunächst über den objektiven Tatbestand abgefaßt und die Ermittlung des subjektiven Tatbestandes weiterer Beschlußfassung vorbehalten. Es wird aber niemals in einem Defektenbeschluß ausgesprochen, daß ein Beamter nicht ersatzpflichtig sei. ME. 15. 10. 53 (MBl. **53** 258; **54** 91); Pieper 339; Per. u. Sp. 173. Es darf auch nicht gesagt werden, daß der Verlust der Reichskasse zur Last falle. Wohl kann aber in dem Beschlusse vermerkt werden, daß sich mit Bestimmtheit nicht ermitteln lasse, worauf der Fehlbetrag zurückzuführen sei. PrMJ. 19. 12. 22 (MBl. 1199).

8. Über das Vorliegen der formellen Voraussetzungen des Defektenbeschlusses gemäß § 141 kann nicht im Rechtsweg, sondern nur gemäß § 144 im **Beschwerdewege** gestritten werden. RG. **12** 143.

§ 142

ist gegenstandslos geworden, nachdem die Kautionspflicht der Reichsbeamten durch das G. vom 20. 2. 98 (RGBl. 29) beseitigt ist.

§ 143.

Die Verwaltungsbehörde ersucht die zuständigen Gerichte, Vollstreckungsbeamten oder Hypothekenbehörden um Vollziehung des Beschlusses.

Diese sind, ohne auf eine Beurteilung der Rechtmäßigkeit des Beschlusses einzugehen, verpflichtet, wenn sonst kein Anstand obwaltet, schleunig, ohne vorgängiges Zahlungsmandat, die Zwangsvollstreckung auszuführen, die Beschlagnahme der zur Deckung des Defekts erforderlichen Vermögensstücke zu verfügen und die in Antrag gebrachten Eintragungen im Hypothekenbuche zu veranlassen.

1. § 143 ist durch § 13 EG. ZPO. **aufrechterhalten**. Er stimmt mit Ziff. 7 § 31 Perso. überein.

2. Die Reichsverwaltungsbehörden können nicht, wie die preußischen Verwaltungsbehörden (§ 14 Pr. Vdg. 24. 1. 44 u. Vdg. 15. 11. 99, GS. 545 i. d. Fassg. v. 30. 1. u. 16. 5. 23 sowie 12. 4., 28. 11. 24 u. 31. 10. 25 (GS. **23** 37 u. 271; **24** 209 u. 741; **25** 153), ihre Defektenbeschlüsse selbst vollstrecken, sondern **müssen die Gerichte usw. um die Vollziehung ersuchen.** Auch die Defektenbeschlüsse der zuständigen Reichsbahnstellen sind vollstreckbare Titel im Sinne der ZPO; s. oben § 134 Anm. 3.

3. Soweit die Zwangsvollstreckung den Gerichten übertragen ist, sind die **Amtsgerichte** zuständig; im übrigen sind die **Gerichtsvollzieher** die zuständigen Vollstreckungsbeamten (§§ 753ff., 808ff., 828ff., 864ff. ZPO.). Die Vollstreckung in das unbewegliche Vermögen erfolgt durch Eintragung einer Sicherungshypothek für die Forderung, durch Zwangsversteigerung und durch Zwangsverwaltung. § 866 ZPO.

4. Die Vollstreckungsorgane haben sofort ohne Anhörung und Zahlungsaufforderung des Beamten und ohne Prüfung der Rechtmäßigkeit des Beschlusses die Vollstreckung zu bewirken und sie nur zu unterlassen, „wenn sonst ein **Anstand** obwaltet". Was für Anstände gemeint sind, ist nicht klar; vielleicht ist daran gedacht, daß ein nicht von einer höheren Reichsbehörde erlassener oder genehmigter Beschluß nicht vollstreckt werden darf und die Vollstreckung zu unterbleiben hat, wenn die ersuchende Verwaltungsbehörde und das ersuchte Vollstreckungsorgan unzuständig oder die im Beschluß angeordneten Vollstreckungsmaßregeln gesetzwidrig sind. Ein Anstand kann auch z. B. vorliegen, wenn der Beamte, dessen Grundstück versteigert werden soll, nicht als Eigentümer im Grundbuch eingetragen ist, u. dgl. Pieper 353; Per. u. Sp. 182; Thudich. 335; ME. 19. 11. 86 (JMBl. 322).

5. Behufs Vollstreckung des Beschlusses kann sich die Verwaltungsbehörde auch den **pfändungsfähigen Teil des Diensteinkommens** (§ 850 ZPO.) **zur eigenen Einziehung überweisen lassen.** Sie kann statt dessen auch ohne Mitwirkung des Gerichts unter Beobachtung der Schranken des § 850 ZPO. (vgl. § 146: „abzugsfähiges" Gehalt) ihre Defektenforderung mit der Gehaltsforderung des Beamten aufrechnen. Per. u. Sp. 181; Pieper 352. Nach RG. **21** 185 soll sogar die Aufrechnung unbeschränkt statthaft sein; vgl. § 146 u. RG. **82** 281. S. auch oben Anm. 5ff. zu § 6.

6. Über die Zulässigkeit der **Vollstreckung in den Nachlaß** verstorbener Beamten vgl. Anm. 2 zu § 140. Gegen dritte Personen, die als Bürgen usw. verhaftet sind, kann der Beschluß nicht vollstreckt werden. Gegen sie muß im ordentlichen Rechtswege vorgegangen werden.

7. Im **Konkurse** der Reichsbeamten hat der Fiskus wegen seiner Defektenforderung kein Vorzugsrecht.

8. Bezüglich der im Amte verbleibenden Beamten wird nicht sogleich mit der Vollstreckung vorzugehen, sondern **auf freiwillige Deckung** der Defekte durch regelmäßige Teilzahlungen usw. hinzuwirken sein. Verf. d. RPA. 2. 2. 85 bei Per. u. Sp. 182.

9. Bei der Tilgung der Defekte werden **nach preußischer Verwaltungspraxis** aus den beigetriebenen Geldern erst die Kosten, dann die Verzugszinsen und schließlich die Defektenbeträge gedeckt.

§ 144.

Gegen den Beschluß, wodurch ein Beamter zur Erstattung eines Defekts für verpflichtet erklärt wird (§§ 137 und 140), steht demselben sowohl hinsichtlich des Betrages als hinsichtlich der Ersatzverbindlichkeit außer der Beschwerde im Instanzenzuge der Rechtsweg zu.

Die Frist zur Beschreitung des Rechtsweges beträgt ein Jahr, ist eine Ausschlußfrist und beginnt mit dem Tage der dem Beamten geschehenen Bekanntmachung des vollstreckbaren Beschlusses, oder wenn der Beamte an seinem Wohnort nicht zu treffen ist, mit dem Tage des abgefaßten Beschlusses.

In dem auf die Klage des Beamten entstandenen Rechtsstreit hat das Gericht über die Wahrheit der tatsächlichen Behauptungen der Parteien nach seiner freien aus dem Inbegriff der Verhandlungen und Beweise geschöpften Überzeugung zu entscheiden.

Die Vorschriften der Landesgesetze über den Beweis durch Eid sowie über die Beweiskraft öffentlicher Urkunden und gerichtlicher Geständnisse bleiben unberührt.

Ob einer Partei über die Wahrheit oder Unwahrheit einer tatsächlichen Behauptung noch ein Eid aufzuerlegen, bleibt dem Ermessen des Gerichts überlassen.

In der wegen des Defekts etwa eingeleiteten Untersuchung bleiben dem Beamten, insofern es auf die Bestrafung ankommt, seine Einreden gegen den abgefaßten Beschluß auch nach Ablauf des Jahres, wenngleich sie im Zivilprozeß nicht mehr geltend gemacht werden können, vorbehalten.

1. § 144 ist durch § 13 EG. ZPO. mit Ausnahme des durch Nr. 5 § 13 a. a. O. aufgehobenen Absatz 4 aufrechterhalten. Er stimmt mit Ziff. 8 bis 10 § 31 Perso. überein.

2. Der Defektenbeschluß bleibt so lange wirksam, bis seine Abänderung durch eine Verwaltungsbehörde oder auf gerichtlichem Wege bewirkt ist. Strieth. Arch. **26** 256.

3. Der zur Erstattung des Defekts für verpflichtet erklärte Beamte, sein Bürge oder nach seinem Tode seine Erben (Arndt 175; KKGH. 17. 4. 58, JMBl. 239) **können den Defektenbeschluß anfechten,** und zwar:

a) mit der an keine Frist und Form gebundenen **Beschwerde** (im Preuß. Beamtenrecht „Rekurs"). Sie braucht der Klage im ordentlichen Rechtsweg nicht, wie im § 150, voranzugehen und schließt den Rechtsweg nicht aus. Per. u. Sp. 183; Pieper 355; sie hält die Zwangsvollstreckung nicht auf. Sie kann aber die völlige Aufhebung des Defektenbeschlusses nach sich ziehen, während sich die Klage nicht gegen den formellen Bestand des Beschlusses, sondern nur gegen den Betrag des Defektes und die Ersatzverbindlichkeit richtet, was freilich, wie Pieper 355 hervorhebt, praktisch in der Regel auf dasselbe hinausläuft.

b) mit der **Klage** im ordentlichen Rechtsweg. Sie kann neben, auch vor oder nach der Beschwerde erhoben werden und steht nur dem Beamten, nicht auch der Behörde zu. JW. **1900** 792 Nr. 22. Sie hat unter Umständen die Einstellung der Zwangsvollstreckung zur Folge (§ 145), ist aber nur hinsichtlich des Betrages und der Ersatzverbindlichkeit zugelassen.

4. **Bestritten ist der Begriff der Ersatzverbindlichkeit.** Nach der Praxis der Gerichte (Strieth. Arch. **17** 95; Seuf. Arch. N. F. **10** 344; RG. **7** 335; **12** 143; **31** 313; **75** 329; **78** 353; JW. **03** 54[32]; **09** 230[29]; RG. 15. 2. 27 JurRundsch. Rspr. **27** Sp. 480 = JW. **27** 1591 = „Recht" **27** 304; Gruchot **34** 1119; ROHG. **20** 157) ist unter Ersatzverbindlichkeit nicht die defektenrechtliche nach § 141, sondern die allgemeine zivilrechtliche Schadensersatzverpflichtung des Beamten zu verstehen. Die Erörterung über das Vorliegen der im § 141 enthaltenen sog. formellen Voraussetzungen des Defektenbeschlusses soll nach diesen Entscheidungen im Rechtsweg, der sich nur mit dem materiellen Beschlußinhalt befassen dürfe, nicht zulässig sein. Hiernach würde im Rechtswege sofort darüber zu entscheiden sein, ob überhaupt der Beamte

nach den Vorschriften des bürgerlichen Rechts schadensersatzpflichtig sei. Nach dieser Ansicht ist sonach die gegen den Defektenbeschluß gerichtete Klage des Beamten auch in dem Fall abzuweisen, daß ihm nur ein geringes Verschulden oder nur die Verletzung der Aufsichtspflicht zur Last fällt, wenn nur seine Ersatzpflicht nach den Vorschriften des bürgerlichen Rechts begründet ist. Diese Ansicht, die vom RG. **92** 236; **97** 269; **99** 74; RG. 17. 9. 26 „Recht" **26** 685 u. RG. 15. 2. 27 (JurRundsch. **27** Rspr. Sp. 480 = „Recht" **27** 304 = JW. **27** 1591 = LZ. **27** 1269) gebilligt wird, hat den praktischen Vorteil, daß sofort eine endgültige Entscheidung über die Ersatzverpflichtung des Beamten gefällt und eine weitere Klage des Fiskus gegen den Beamten überflüssig wird. Sie läßt sich aber nach dem Wortlaute der Vorschrift und der Stellung, die der § 144 in dem System des Gesetzes einnimmt, nicht rechtfertigen. Der § 144 will dem Beamten die klageweise Anfechtung von Defektenbeschlüssen ermöglichen, welche dem Defektenbetrage nach oder hinsichtlich der ihm auferlegten Ersatzverbindlichkeit überhaupt ungerechtfertigt erscheinen; es soll daher im Rechtswege nur festgestellt werden, ob die materiellen, nach § 141 für den Erlaß eines Defektenbeschlusses vorgeschriebenen Voraussetzungen im gegebenen Falle vorhanden waren. Zu Unrecht bezeichnet RG. **12** 143ff. die im § 141 gegebenen Voraussetzungen als formelle; es sind vielmehr die materiellen, dem Privatrecht angehörenden Voraussetzungen des Beschlusses. Lagen die Voraussetzungen nicht vor, so ist der Klage stattzugeben, und es ist nicht auf Aufhebung des formell bis zu seiner Beseitigung im Beschwerdewege bestehen bleibenden Defektenbeschlusses, sondern dahin zu erkennen, daß der Beschluß nicht zu vollstrecken und etwa schon angeordnete Vollstreckungsmaßregeln wieder aufzuheben seien; vgl. Arndt 662. In diesem Defektenprozeß darf auch nicht etwa dahin entschieden werden, daß der Beamte nicht ersatzpflichtig sei; eine solche Entscheidung würde über den Rahmen dieses sich nur mit der materiellen Gültigkeit des Defektenbeschlusses befassenden Prozesses hinausgehen und bleibt einem späteren Schadensersatzprozeß vorbehalten. PrO.-Trib. **36** 382ff.; ROHG. **20** 157; JurW. **91** 77; Pieper 355ff.; OLG. Colmar „Recht" **07** 1161; Görres 106, 107; Schulze 337; **a. M.** außer den oben angeführten Entscheidungen des Reichsgerichts auch Perels-Spilling 266 u. Hatschek 311, 312. Hiernach ist auch der Klage eines Beamten stattzugeben, gegen den ein Defektenbeschluß wegen Diebstahls von Kassengeldern erlassen ist, wenn auch der Diebstahl erwiesen sein sollte; denn in diesem Falle ist eine defektenrechtliche Ersatzverbindlichkeit nicht begründet. Arndt 661; vgl. Anm. 1 zu § 141. A. M. Pieper 362, der für diesen Fall die Klage für unbegründet hält, weil der dolus niemals Rechte, also auch kein Klagerecht nach § 144 verleihen könne. Dem ist entgegenzuhalten, daß nicht der dolus des Beamten, sondern die materielle Unrechtmäßigkeit des Defektenbeschlusses das Klagefundament bildet.

Aus bloß formellen Gründen, z. B. wegen etwaiger Kompetenzüberschreitung, mangelnder Zuständigkeit usw. der Verwaltungsbehörden, ist die Anfechtung des Beschlusses im Rechtsweg unzulässig; vgl. Strieth. Arch. **17** 95; RG. **12** 143; Per. u. Sp. 183, 184. A. M. OTrib. **36** 390; v. Zedl.Neuk. 71; Görres 107; Schulze 336, 337.

Auch mitwirkendes Verschulden eines anderen Beamten führt nicht zur Entlastung des klagenden Beamten gegenüber der öffentlichen Kasse. RG. **95** 347; RG. 17. 9. 26 „Recht" **26** 685.

Ist nach den bestehenden Dienstvorschriften die vorgesetzte Behörde befugt, Mehr- und Minderbeträge in der Kasse unter gewissen Umständen gegeneinander auszugleichen, so ist dies doch völlig dem Ermessen der vorgesetzten Dienststelle überlassen; eine richterliche Nachprüfung, ob diese den richtigen Gebrauch von ihrem Ermessen gemacht hat, ist ausgeschlossen. RG. 17. 9. 26 „Recht" **26** 685.

5. Die **Beweislast** in dem Defektenprozeß fällt mangels besonderer Vorschrift nach allgemeinen prozeßrechtlichen Grundsätzen, wie in allen Schadensersatzprozessen, dem Beschädigten, also hier dem Fiskus zu, der dartun hat, daß der Defekt durch Arglist oder grobes Versehen des Beamten verursacht ist. Der Umstand, daß der Fiskus in dem Prozesse die Beklagtenrolle hat, ist nur auf das vorläufige Deckungsrecht des Fiskus zurückzuführen und mangels besonderer Bestimmungen auf die Beweislast ohne Einfluß. Gruchot **36** 1128; Laband **1** 438 Anm. 5; Pieper 362; Per. u. Sp. 185. **A. M.** v. Zedl.Neuk. 71 u. Kanng. 237. Unter Umständen hat aber der Beamte zu beweisen, daß ihn kein Verschulden trifft. RG. **120** 67.

6. Die **Ausschlußfrist von einem Jahre** kommt nur gegenüber Defektenbeschlüssen in Frage, die dem Gesetz entsprechen und von der Reichsbehörde innerhalb ihrer Zuständigkeit erlassen sind. Die Beschreitung des Rechtswegs gegen rechtsungültige Beschlüsse ist daher an die einjährige Frist nicht gebunden. v. Zedl.Neuk. 72.

7. Über die für Defektenprozesse **zuständigen Gerichte, zulässigen Rechtsmittel** und den **Prozeßvertreter des Reichsfiskus** vgl. § 153.

8. Der im Abs. 3 enthaltene Grundsatz der **freien Beweiswürdigung** ist durch § 286 ZPO. für alle Zivilprozesse eingeführt.

9. **Abs. 4 ist** durch § 13 Nr. 5 EG. ZPO. **aufgehoben;** es kommen jetzt die §§ 445 ff., 415 ff., 288 ff ZPO. zur Anwendung.

10. Dem Abs. 5 entspricht **§ 475 ZPO.**

11. **Abs. 6** bringt zum Ausdruck, daß der Beamte in einem etwa eingeleiteten Strafverfahren seine Einreden gegen den Defektenbeschluß ohne jede Fristbeschränkung geltend machen kann. Der Strafrichter ist natürlich an die Feststellungen des Defektenbeschlusses nicht gebunden. Kanng. 238.

12. § 144 findet keine Anwendung, wenn zur Zeit der Klageerhebung

noch kein Defektenbeschluß erlassen, sondern nur **eine vorläufige Beschlagnahme** nach § 146 bewirkt war. Gruchot 25 124.

§ 145.

Das Gericht hat auf Antrag des Beamten darüber Beschluß zu fassen, ob die Zwangsvollstreckung fortzusetzen oder einstweilen einzustellen sei. Die einstweilige Einstellung erfolgt, wenn der Beamte glaubhaft macht, daß die Fortsetzung der Zwangsvollstreckung für ihn einen schwer ersetzlichen Nachteil zur Folge haben würde. Das Gericht ist jedoch verpflichtet, falls es die Einstellung der Zwangsvollstreckung verordnet, an Stelle derselben auf Antrag der verklagten Reichsbehörde die erforderlichen Sicherheitsmaßregeln behufs des Ersatzes des Defekts herbeizuführen.

1. Der Paragraph kommt nur zur Anwendung, wenn von dem Beamten der **Rechtsweg** beschritten ist, nicht auch, wenn er nur Beschwerde eingelegt hat. Per. u. Sp. 186; Pieper 363; Thudich. 337. Mit § 145 stimmt Ziff. 11 § 31 Perso. überein.

2. Über die Fortsetzung oder einstweilige Einstellung der Zwangsvollstreckung beschließt nicht die Verwaltungsbehörde oder das Vollstreckungsgericht, sondern das **Prozeßgericht,** und zwar nie von Amts wegen, sondern nur auf Antrag des Beamten. Nach preußischem Defektenrecht (§ 16 Vdg. 24. 1. 44) wird die Zwangsvollstreckung bis zur rechtskräftigen Entscheidung des Prozesses fortgesetzt, wenn nicht die Verwaltung selbst von ihr Abstand nimmt.

3. **Die einstweilige Einstellung** erfolgt schon, wenn der Beamte glaubhaft macht, daß die Fortsetzung der Vollstreckung für ihn einen schwer ersetzlichen Nachteil nach sich ziehen würde; ein Nachweis des Nachteils ist nicht erforderlich. **A. M.** v. Zedl.Neuk. 72. Ob die Glaubhaftmachung bewirkt ist, entscheidet das Gericht nach freiem Ermessen.

4. An Stelle der eingestellten Zwangsvollstreckung sind vom Prozeßgericht nicht von Amts wegen (a. M. Thudich. 337), sondern nur auf Antrag der verklagten Reichsbehörde **die erforderlichen Sicherheitsmaßregeln** behufs des Defektenersatzes herbeizuführen. Über die Art der Sicherheitsmaßregeln entscheidet das Gericht nach freiem Ermessen.

§ 146.

Wenn eine nahe und dringende Gefahr vorhanden ist, daß ein Beamter, gegen welchen die Zwangsvollstreckung zulässig ist (§ 141), sich auf flüchtigen Fuß setzen oder sein Vermögen der Verwendung zum Ersatz des Defekts entziehen werde, so kann die un-

mittelbar vorgesetzte Behörde, auch wenn sie nicht die Eigenschaft einer höheren Reichsbehörde hat, oder der unmittelbar vorgesetzte Beamte das abzugsfähige Gehalt (§ 19 Nr. 1) und nötigenfalls das übrige bewegliche Vermögen des im Eingange bezeichneten Beamten vorläufig in Beschlag nehmen.

Der vorgesetzten höheren Reichsbehörde ist ungesäumt Anzeige davon zu machen und deren Genehmigung einzuholen.

1. Mit § 146 stimmt Ziff. 12 Satz 1 § 31 Perso. im wesentlichen überein.

2. Die Reichsverwaltungsbehörden können bei **Gefahr im Verzuge** ohne Anrufung der Gerichte oder Vollstreckungsbehörden (§ 143) selbständig das abzugsfähige Gehalt und nötigenfalls auch das übrige bewegliche Vermögen des Beamten **vorläufig beschlagnahmen.** Diese Befugnis hat außer der höheren Reichsbehörde jede unmittelbar vorgesetzte Behörde (Ziff. IV, für Reichsbahnbeamte Ziff. V V. 10. 8. 28 RGBl. I 369). Dieses Recht ist namentlich dann von Bedeutung, wenn sich am Wohnorte des Beamten kein Gericht befindet, das um schleunige Beschlagnahme ersucht werden kann. Kanng. 239.

3. Voraussetzung für die Anordnung nach § 146 ist außer der dringenden Gefahr das Vorliegen der **materiellen** Bedingungen des Defektenbeschlusses nach § 141. Dagegen braucht ein Defektenbeschluß noch nicht erlassen zu sein; dieser wird erst erforderlich, wenn die Zwangsvollstreckung nach § 143 erfolgen soll. Per. u. Sp. 187; Pieper 365; Kanng. 239; RG. **2** 188; **31** 308; JW. **93** 130. **A. M.** Thudich. 337.

4. Nur das **abzugsfähige** (§ 850 ZPO.), noch nicht erhobene **Gehalt** darf beschlagnahmt werden, da dem Beamten die Mittel zum notdürftigen Unterhalt verbleiben sollen. Der Hinweis auf § 19 Nr. 1 bezog sich auf die — im Gesetz geänderte — Regierungsvorlage und ist versehentlich stehen geblieben. Jetzt kommt § 850 ZPO. in Betracht. Per. u. Sp. 186; Pieper 366. S. auch oben Anm. 5 ff. zu § 6.

5. Das **übrige bewegliche Vermögen** des Beamten darf nur beschlagnahmt werden, wenn und insoweit das abzugsfähige Gehalt zur Deckung des Defektes nicht hinreicht. Gleich ist aber, ob sich das bewegliche Vermögen am dienstlichen Wohnsitze des Beamten oder außerhalb dieses befindet. Es kann auch noch nach dem Tode des Beamten beschlagnahmt werden. Kanng. 239; Pieper 366.

6. Das **unbewegliche Vermögen** des Beamten unterliegt nicht der vorläufigen Beschlagnahme, sondern nur der Zwangsvollstreckung nach § 143.

7. Die nach Absatz 2 einzuholende **Genehmigung** der vorgesetzten höheren Reichsbehörde kann auch schon vorher nachgesucht und erteilt sein. JW. **93** 130 Nr. 22; Pieper 367.

8. Wegen der **Art der Beschlagnahme** wird in Ermanglung reichsgesetzlicher Vorschriften die Pr. Vdg., betr. d. Verwaltungszwangsverfahren

v. 15. 11. 99 (GS. 545) i. d. Fassg. v. 30. 1. u. 16. 5. 23 sowie 12. 4., 28. 11. 24 u. 31. 10. 25 (GS. **23** 37 u. 271; **24** 209 u. 741; **25** 153) entsprechend angewendet werden können; natürlich ist die Reichsbehörde an die Vorschriften dieser Verordnung nicht gebunden.

9. Die Aufhebung der vorläufigen Beschlagnahme kann durch die verfügende oder deren vorgesetzte Behörde, im Prozeßwege nur durch **Anfechtung** des demnächst zu erlassenden Defektenbeschlusses erfolgen. RG. **2** 188; Gruchot **25** 124. Dagegen kann die Unzulässigkeit der gegen dritte Personen (Bürgen oder Besitzer eines zur Kaution gestellten Grundstücks) gerichteten Beschlagnahme im Prozeßwege geltend gemacht werden. Gruchot **25** 124; KKGH. 20. 10. 55 (JMBl. **56** 68).

§ 147.

Ist von den vorgesetzten Behörden oder Beamten gemäß § 146 eine Beschlagnahme erfolgt, so hat das Gericht, in dessen Bezirk die Beschlagnahme stattgefunden hat, auf Antrag des von derselben betroffenen Beamten anzuordnen, daß binnen einer zu bestimmenden Frist der in den §§ 137 und 140 vorgesehene Beschluß beizubringen sei.

Wird dieser Anordnung nicht Folge geleistet, so ist auf weiteren Antrag des Beamten die Beschlagnahme sofort aufzuheben; andernfalls kommen die Bestimmungen des § 144 zur Anwendung.

1. § 147, der mit Ziff. 12 Satz 2 u. 3 § 31 PersO. übereinstimmt, bietet dem Beamten Schutz gegen die als Ausnahme zu behandelnde vorläufige Beschlagnahme gemäß § 146. Auf den form- und fristlosen Antrag des Beamten, nicht von Amts wegen hat das im § 143 erwähnte Gericht, nicht etwa das Prozeßgericht, den Reichsbehörden eine nach freiem Ermessen bestimmte **Frist zu stellen,** innerhalb der sie den Defektenbeschluß beizubringen haben; die Frist kann auf Antrag der Behörde verlängert werden. Pieper 367.

2. Bringt die Behörde innerhalb der Frist den Beschluß bei, so verwandelt sich die vorläufige Beschlagnahme in eine endgültige und kann nur im ordentlichen Rechtswege gemäß §§ 144, 145 aufgehoben oder einstweilen eingestellt werden.

3. Bringt die Behörde innerhalb der Frist den Beschluß nicht bei, so ist auf den weiteren, frist- und formlosen Antrag des Beamten, nicht von Amts wegen die Beschlagnahme sofort aufzuheben.

4. Die Aufhebung der Beschlagnahme hindert die Behörde nicht, sich im Wege der Aufrechnung an das Diensteinkommen zu halten; vgl. Anm. 5 zu § 143. Gegen diese Aufrechnung kann sich der Beamte nur im ordentlichen Rechtsweg, nicht gemäß § 147, wenden. Pieper 367; Per. u. Sp. 188.

§ 148.

Für das Defektenverfahren im Verwaltungswege werden Gebühren und Stempel nicht berechnet.

1. Mit § 148 stimmt Ziff. 13 § 31 PersO. überein.

2. Die im Defektenverfahren entstandenen baren Auslagen z. B. für eine Dienstreise zur Feststellung des Defektes können dem schuldigen Beamten in Rechnung gestellt werden. Pieper 368; Per. u. Sp. 188. Der Defektenbeschluß hat über deren Erstattung zu befinden.

Verfolgung vermögensrechtlicher Ansprüche.

Übersicht.

1. Die §§ 149 bis 155 sind **dem PrG. vom 24. 5. 61,** betr. die Erweiterung des Rechtswegs (GS. 241), **nachgebildet** und durch § 13 EG. ZPO. aufrecht erhalten. **Art. 129 Abs. 1 Satz 4 RV.** hat jetzt allen Beamten das sofort wirksame Recht verliehen, ihre vermögensrechtlichen Ansprüche im Rechtswege geltend zu machen. RG. **108** 171. Dies Recht bezieht sich nicht nur auf die Ansprüche der Beamten selbst, sondern auch ihrer Hinterbliebenen. SächsOVG. 16. 1. 24 (PrVBl. **26** 20); Möller BeamtJahrb. **28** 418. Dies Recht kann jetzt nur noch unter den erschwerten Voraussetzungen des Art. 76 RV. beseitigt oder abgeschwächt werden. RG. **119** 301.

2. Die §§ 149ff. sind auf die **Reichsbahnbeamten** sinngemäß anzuwenden. § 8 RBahnPersG. RG. **117** 163. Dasselbe gilt für die Reichsbankbeamten. RG. 12. 4. 27 „Recht" **27** 467; RG. 2. 10. 28 DRichtZtg. **28** Rspr. Sp. 407 = JW. **29** 103 = JurRundsch. Rspr. **29** Nr. 245. Die **Berufssoldaten** haben den Rechtsweg nur für ihre vermögensrechtlichen, nicht für ihre Versorgungsansprüche. RG. 20. 12. 27 JW. **28** 1039 = RG. **119** 302 = HRR. **28** Nr. 1240. Die **Beamten** des Reichsheers haben ihre Pensionsansprüche im ordentl. Rechtsweg und nicht vor den Versorgungsgerichten geltend zu machen. RVersorgG. 13. 1. 27 DJZ. **28** 1273.

3. Die §§ 149ff. finden auch Anwendung auf die nur **auf Kündigung** usw. **angestellten Beamten** (Kanng. 240), aber nicht auf die Angestellten.

4. Die im Rechtswege verfolgbaren Ansprüche der Beamten (auf Gehalt, Ruhegehalt usw.) **gehören nicht dem Privatrecht an,** wenn sie auch vermögensrechtlicher Natur sind. Dem steht nicht entgegen, daß sie auf Geldleistungen gerichtet oder vor den ordentlichen Gerichten klagbar sind, sowie daß sie zunächst für die Person des Beamten und seine Familie bestimmt sind. Entscheidend ist, daß sie sich herleiten aus der dem öffentlichen Recht angehörenden Beamtenstellung und öffentlichen Interessen dienen. JW. **96** 677[11]; **13** 108; RG. **53** 423ff., 429; **68** 218; **107** 189; **108** 118; Löning

DJZ. **5** 10; Arndt 640; Hartmann DJZ. **10** 281 u. 1262; v. Rönne-Zorn **1** 426; Laband **1** 513; Möller BeamtJahrb. **28** 407ff.; **a. M.** StriethArch. **58** 228; **85** 368; OTrib. **52** 320; Rehm 105 bis 108; Bluntschli, Allg. Staatslehre 605, 616 u. a.

5. Über das **Verfahren,** welches bei Verfolgung von vermögensrechtlichen Ansprüchen der unmittelbaren Staatsbeamten wegen ihrer Diensteinkünfte zu beachten ist und über die **Voraussetzungen,** unter denen die Verfolgung zulässig ist, treffen §§ 149ff. nähere Bestimmungen. Diese Vorschriften gelten auch jetzt noch. Art. 129 Abs. 1 Satz 4 RV. steht nicht entgegen. RG. **122** 96; Wolffstieg 95ff. und das dort verzeichnete Schrifttum; Huber 164.

6. Nur über **vermögensrechtliche** Ansprüche der Beamten aus ihrem Dienstverhältnis findet der Rechtsweg statt. Art. 129 Abs. 1 Satz 4 RV.; § 149 RBG.

Zu diesen Ansprüchen gehören:

a) die Ansprüche auf Besoldung, d. h. auf Gehalt, Wohnungsgeldzuschuß, Kinder- und Frauenzuschläge, Dienstwohnungen, Mietentschädigung, Dienstaufwandsgelder (KKGH. 8. 2. 13 im PrVBl. **42** 13), Sonderzuschläge (OLG. Breslau im DBeamtArch. **25** 671) usw. Dabei müssen natürlich die Gerichte die in den Besoldungsgesetzen enthaltenen Vorschriften ihrer Entscheidung zugrunde legen. Auch die Ansprüche auf Tagegelder (Diäten) gehören hierher. RG. 22. 6. 26 ZBR. **1** 32. Zu den Ansprüchen auf Gehalt rechnen auch die Ansprüche auf Gebühren, die dem Beamten etwa an Stelle fester Besoldung zugesichert sind. JW. **99** 760[49]. Auch die Ansprüche auf Gewährung von Dienstalterszulagen sind erzwingbar. RG. **107** 326. Der frühere Rechtszustand, wonach nur die Richter ein Recht auf die Dienstalterszulagen hatten, ist jetzt dahin geändert, daß alle Beamten ohne Ausnahme dies Recht haben.

b) die Ansprüche auf Ersatz für bare Auslagen und sonstige im Dienstinteresse gemachten Verwendungen, z. B. für Bürobedürfnisse, für Porto, Telegrammgebühren u. dgl.;

c) die Ansprüche auf die gesetzlichen Umzugs-, Reise- und Fahrkosten sowie auf die gesetzlichen Tagegelder. Gruchot **35** 1091; RG. 9. 12. 10 im PrVBl. **32** 649.

d) die Ansprüche auf Wartegeld, Ruhegehalt, Unfallrente, Witwen- und Waisengelder usw.; vgl. OVG. im PrVBl. **24** 322; **28** 294; KKGH. 12. 4. 62 u. 14. 5. 70 im JMBl. **62** 35; **70** 270. E. 16. 1. 24 PrVBl. **26** 20. Über streitige Ruhegehaltsansprüche kann aber erst entschieden werden, nachdem die Zurruhesetzung tatsächlich erfolgt ist. RG. **89** 423; **103** 430. Eine bloße Feststellungsklage darüber, ob gewisse Teile des Diensteinkommens ruhegehaltsfähig sind, ist unzulässig. OVG. **43** 106; **45** 52; OVG. im MBl. **02** 114 u. im PrVBl. **25** 63; s. auch PrVBl. **23** 610; **24** 548; **25** 329; s. oben RG. **59** 162. Zu den Ansprüchen auf Ruhegehalt gehören auch die Ansprüche aus den §§ 1ff. UFG. RG. **28** 92; Bolze **13** 338; JW. **94** 486; OLG. **14** 407 (OLG. Breslau). Es kann auch die Frage im Rechtsweg erörtert werden, ob das Ruhegehalt ruht. RG. **36** 78; JW. **96** 80.

Diese Ansprüche (zu a bis d) können im Rechtswege nicht nur verfolgt werden, wenn das Gehalt, das Ruhegehalt usw. überhaupt entzogen oder verkürzt gewährt werden, sondern auch, wenn die Bezüge nicht dem Gesetz entsprechend berechnet werden. RG. **6** 105; **12** 74. Es können aber nur die aus einer dem Beamten verliehenen Stelle erwachsenen vermögensrechtlichen Ansprüche im Rechtswege verfolgt werden, nicht aber weitergehende Ansprüche aus einer Stelle, in die er überhaupt nicht gelangt ist. RG. **103** 430; **104** 253; **106** 38; **107** 329; **110** 268. Auch war eine verschiedene Einstufung bisher im Gehalt gleichgestellter Beamtengruppen bei Neuregelung des Besoldungswesens zulässig. RG. **122** 10. Einen Anspruch darauf, daß das Gehalt stets die gleiche Kaufkraft oder den ursprünglich vorgesehenen Goldwert hat, hat die Beamtenschaft nicht. RG. **108** 314; RG. JurRundsch. **25** 731 Nr. 1043.

Die Ansprüche auf Gehalt usw. können nicht nur in Gestalt der Leistungsklage, sondern auch im Wege der Feststellungsklage geltend gemacht werden. RG. **59** 163; **86** 376; Seuf. Arch. **36** 37; JW. **99** 827.

Es kann auch ein noch im Dienst befindlicher Beamter klagen auf Feststellung seines Rechts auf ein Unfallruhegehalt, falls er künftig infolge des Unfalls dienst- oder erwerbsunfähig werden sollte. RG. **86** 374; RG. 11. 12. 25 Gruchot **68** 658, oder auf Feststellung des Rechts seiner etwaigen Hinterbliebenen auf Witwen- und Waisengeld. Seuff. Arch. **36** 37; JurW. **99** 827 Nr. 6.

Nicht zulässig ist eine Klage auf Feststellung, daß jemand Beamter sei. Möller BeamtJahrb. **28** 429. Doch kann eine solche Klage u. U. als solche auf Feststellung eines sich auf diese Eigenschaft gründenden vermögensrechtlichen Anspruchs, z. B. eines Gehaltsanspruchs, gemeint sein. RG. **108** 118; RG. 13. 11. 28 Rundsch. f. Kommun. **28** 807. Dagegen nimmt RG. 12. 10. 28 JurRundsch. **29** Rspr. Nr. 146 = RG. **122** 118 an, daß der Beamte ein rechtliches, ihn zur Klage berechtigendes Interesse daran habe, seiner Auffassung von der Rechtsnatur seines Diensteinkommens schon dann zur gerichtlichen Anerkennung zu verhelfen, wenn zur Zeit seine geldliche Stellung durch die seine Dienststellung abweichende Beurteilung seiner obersten Dienstbehörde nicht beeinträchtigt wird.

Um einen „vermögensrechtlichen" Anspruch handelt es sich aber nicht, wenn auf Zahlung des Mehrbetrags geklagt wird, den der Kläger bei anderer Einstufung in die Besoldungsgruppen erhalten hätte. Denn dann dreht sich der Streit in erster Linie um die Frage der höheren Eingruppierung, und die Klage ist der unzulässige Versuch, diese dem Rechtsweg entzogene Frage der gerichtlichen Entscheidung zu unterstellen, als ob sie nur eine

Vorfrage für einen vor den Richter gehörigen Anspruch sei. RG. **89** 421, 429; **94** 160; **97** 180; **107** 326, 329; **108** 314 u. 405; RG. LZ. **25** 1084; **26** 51. Auch trotz Zusicherung, daß die Aufrückungsmöglichkeiten nicht beschränkt werden sollen und trotz tatsächlicher Beförderungsmöglichkeit ist kein Rechtsanspruch darauf oder auf höhere Einstufung gegeben. RG. 12. 4. 27 JW. **27** 2185. Der Rechtsweg ist auch für die Widerklage verschlossen, mit der die Feststellung erstrebt wird, daß der Beamte ein Recht auf andere Gehaltseinstufung nicht beanspruchen dürfe. RG. **110** 98; RG. 29. 1. 26 u. 9. 3. 26 JurRundsch. **26** Rspr. Nr. 1069 u. Nr. 1557. Auch begründet die gleiche Besoldung verschiedener Beamtengruppen kein Recht auf Beibehaltung dieser Gleichstellung. RG. **108** 317; RG. LZ. **26** Sp. 389; RG. 15. 5. 28 JW **28** 1935. Dagegen ist der Rechtsweg gegeben, wenn der Beamte sich auf die Behauptung stützt, es sei ihm persönlich ein Anspruch auf bestimmte Dienstbezüge oder Zulagen zugesichert worden. RG. „Recht" **25** 469 Nr. 1617; Seuff. Arch. **79** 201; RG. in DRichtZtg. **26** Nr. 166 = JurRundsch. **26** Nr. 402; RG. JW. **26** 805; RG. JurRundsch. **26** Rspr. Heft 11 Nr. 1174; RG. 11. 5. 26 „Recht" **26** 612.

Auch darf nicht der öffentlich-rechtliche Tatbestand unter dem privatrechtlichen Gesichtspunkt der Bereicherung oder der unerlaubten Handlung nur zwecks Ermöglichung des Rechtswegs zu einem privatrechtlichen gestempelt werden. RG. **62** 196; **70** 398; **87** 120; **97** 180; **99** 45; **103** 134.

Unerheblich ist, welche Parteirolle der Beamte bei dem Streit um diese vermögensrechtlichen Ansprüche aus seinem Dienstverhältnis einnimmt. Deshalb kommen §§ 149 ff. RBG. auch dann zur Anwendung, wenn nicht der Beamte, sondern der Fiskus als Kläger auftritt und gegen den Beamten einen Anspruch auf Rückzahlung von Gehalt, Ruhegehalt usw. geltend macht. RG. **32** 120.

7. Es muß sich um **Rechts**ansprüche handeln. Stehen bloße Gnadenzuwendungen, wie z. B. im Falle der §§ 37, 39 RBG. in Rede, so ist der Rechtsweg ausgeschlossen.

8. Es muß sich um Ansprüche der Beamten **aus ihrem Dienstverhältnis** handeln. Kommen Ansprüche des Beamten gegen den Fiskus in Betracht, die sich nicht unmittelbar aus dem Dienstverhältnis ergeben, z. B. Schadensersatzansprüche aus dem Haftpflichtgesetz oder aus dem BGB., so kommen die gewöhnlichen Prozeßgrundsätze zur Anwendung, und die Beschränkungen der §§ 149 ff. RBG. fallen fort. JW. **93** 370[89]; RG. 18. 5. 93 (JMBl. **94** 115); RG. **31** 255; **87** 119; **92** 240; u. 304; **93** 200; **97** 180; **103** 429; **104** 159; **105** 196; **106** 38. Möller BeamtJahrb. **27** 301 ff.; **28** 418 ff. Deshalb können z. B. Schadensersatzansprüche gegen den Fiskus im ordentlichen Rechtsweg ohne weiteres geltend gemacht werden, wenn durch Schuld des letzteren die Dienstunfähigkeit eines Beamten (durch ungesunde Dienstwohnung oder dgl.) verursacht worden ist. RG. **31** 255; **71** 245; **92** 178 u. 308; **95** 103; **100** 188; **104** 24; RG. in PrVBl. **28** 788; RG. in Selbstv. **35**

667; Möller BeamtJahrb. **28** 422 ff. a. M. für das RBG. §§ 149 ff. RG. **92** 180. Durch Art. 131 RV. ist hierin nichts geändert. RG. **104** 24.

Bisher nahm man an, daß nur die Ansprüche aus einem bereits begründeten Dienstverhältnis in Frage kommen könnten. Durch Art. 129 Abs. 1 Satz 4 RV. ist aber diese Beschränkung der Zulässigkeit des Rechtswegs fortgefallen. Deshalb ist jetzt bei Vorbehalt des Rücktritts in den Reichsdienst anläßlich des Ausscheidens eines Beamten der Rechtsweg, zwar nicht auf Wiederanstellung, wohl aber für die Klage auf Gehaltszahlung zulässig. OLG. München 10. 6. 26 JW. **26** 2305 Nr. 5; Heyland ebenda.

Für die Schadensersatzklage auf Zahlung des Unterschieds zwischen den einem Beamten tatsächlich gewährten Bezügen und dem Diensteinkommen, das er erhalten hätte, wenn nicht bei seiner Anstellung eine Amtspflichtverletzung dazwischen getreten wäre, ist der Rechtsweg zulässig. Dabei kann zwar nicht der staatliche Hoheitsakt nachgeprüft, wohl aber erörtert werden, ob bei der Vorbereitung des Staatshoheitsaktes eine Amtspflichtverletzung stattgefunden hat. RG. 24. 11. 26 JurRundsch. **27** Rspr. Nr. 408 Sp. 234. Ebenso kann der Beamte, wenn er infolge Verschuldens der Behörde vorzeitig dienstunfähig geworden ist, den Schaden ersetzt verlangen, der ihm durch Nichtverleihung einer Beförderungsstelle infolge vorzeitiger Zurruhesetzung entstanden ist. RG. 14. 6. 27 BHR. **28** 78.

9. Endlich muß ein **Beamten**dienstverhältnis in Rede stehen. Ob ein solches oder nur ein privatrechtliches Dienstmieteverhältnis vorliegt, ist im Rechtswege zu entscheiden. RG. **6** 116; **108** 118. Der Rechtsweg ist dadurch nicht ausgeschlossen, daß bei materieller Prüfung sich der Anspruch als unbegründet herausstellt; vielmehr ist dann der Anspruch durch richterliche Entscheidung zurückzuweisen. JW. **98** 95[95].

Nicht erforderlich ist natürlich, daß der Beamte sich zur Zeit der Klageerhebung oder gar bis zur Urteilsfällung im Beamtenverhältnis befindet. RG. **33** 244; **59** 332; **108** 118.

10. Liegt auch nur eine der vorerörterten Voraussetzungen nicht vor, so ist der Rechtsweg ausgeschlossen. **Hiernach findet der Rechtsweg nicht statt u. a. in folgenden Fällen:**

a) bei Streitigkeiten über den Umfang der Dienstverpflichtungen eines Beamten. KKGH. 2. 11. 50 u. 9. 3. 67 (JMBl. **51** 35; **67** 342);

b) bezüglich der Frage, ob jemand im Interesse des Dienstes zu versetzen sei. RG. **92** 431; ferner ob jemandem ein Amt, um das er sich beworben hat, zu übertragen sei oder nicht sowie ob es ihm zu einem bestimmten Zeitpunkt zu verleihen sei. KKGH. 5. 4. 51 (JMBl. 191); 25. 6. 98 Stölzel Rechtspr. Nachtr. 4; OLG. **18** 376 (Posen); s. RG. **53** 423; **69** 398; **92** 430; **104** 253; **110** 268; ferner wenn es sich handelt um Schadensersatzansprüche wegen schuldhafter Nichtverleihung oder schuldhaft verspäteter Verleihung einer Beamtenstelle. RG. **103** 429; **110** 268; RG. 7. 7. 26 BHR. **26** 97. Dies gilt auch für Militäranwärter (Versorgungsanwärter). Art. 129 RV. hat hieran nichts geändert. RG. **104** 253. Dagegen sind die gegen die „Anstellung" erhobenen Einwendungen des Betrugs und wesentlichen Irrtums vom Zivilrichter zu prüfen. JW. **14** 422; s. dazu Reindl Bayr. Gemeinde- u. Verwaltungszeitung **1922** S. 20. Auch ist der Rechtsweg dann zulässig, wenn Schadensersatzansprüche darauf gegründet werden, daß eine Stelle nicht verliehen sei, auf die jemand durch besondere Zusicherung ein subjektives Recht erworben hat. OLG. München 10. 6. 26 JW. **26** 230 Nr. 5;

c) bei Geltendmachung eines Anspruchs auf Beförderung. JW. **98** 18; auch nicht bei Ansprüchen auf Änderung oder Ergänzung der Eingliederung der Beamtenschaft in die Besoldungsklassen. RG. **107** 326; **108** 405; RG. JurRundsch. **25** 489; die Festsetzung des Besoldungsdienstalters ist für den Richter insoweit bindend, als sie, wie bei der Anstellung eines Beamten oder seiner Beförderung in eine höhere Besoldungsgruppe, Ausfluß der Ämterhoheit ist. RG. **110** 97. Es besteht auch kein klagbares Recht darauf, daß ein Beamter oder eine Beamtengruppe anderen stets gleichgestellt bleibe. RG. **108** 314 u. 405. Handelt es sich aber um die Änderung einer bereits erfolgten Festsetzung des Besoldungsdienstalters bei einem Beamten, der in eine höhere Besoldungsgruppe nicht aufgerückt ist, und wird behauptet, daß die Neuregelung in wohlerworbene Rechte des Beamten eingreife (Art. 129 RV.), so kann die Änderung im Rahmen der von dem Betroffenen auf Grund der früheren Rechtslage erhobenen vermögensrechtlichen Ansprüche von den ordentlichen Gerichten nachgeprüft werden. RG. **110** 97;

d) bei dem Anspruch auf Zulassung zu Prüfungen;

e) bei dem Anspruch auf Erteilung eines Zeugnisses oder auf Änderung eines solchen. RG. **31** 255; **78** 1; OLG. **20** 203 (KG.); **21** 185 (KG.); KKGH. 1. 7. 05 in DJZ. **06** 659; KKGH. 17. 4. 09 u. 28. 6. 11 in PrVBl. **42** 14; Falck BeamtJahrb. **29** 4 ff.; Friedrichs KomVR. 152; **a. M.** KG. 19. 5. 06 in DJZ. **06** 970; OLG. **13** 422 (Dresden); Ledermann-Brühl 80. Die Beamten können also die Erteilung oder Berichtigung eines Zeugnisses nur im Beschwerdewege bei den Aufsichtsinstanzen erzielen; vgl. OVG. 7. 10. 10 in JW. **13** 1114. § 630 BG. gilt nicht für Beamte.

Die Erteilung von Zeugnissen an ausgeschiedene Beamte und Angestellte seitens des Behördenleiters ist zulässig. Dagegen dürfen Zeugnisse über noch im Dienst befindliche Beamte im allgemeinen nur auf Ersuchen anderer Behörden ausgestellt werden. § 31 GeschO. f. d. Finanzämter v. 10. 8. 25 (RFinanzBl. 127); RFM. 7. 10. 25, mitgeteilt von Falck BeamtJahrb. **29** 7; ebenso PrMJ. u. FM. 24. 4. u. 5. 7. 26 (PrBesBl. 52 u. MBl. 651); X 1 § 12 PDA.

Auch ein Schadensersatzanspruch wegen verspäteter Erteilung oder wegen Unrichtigkeit des Zeugnisses ist nicht gegeben. Dasselbe gilt von dem Anspruch auf Aushändigung einer Anstellungsurkunde. Laue PrVBl. **43** 253; Ledermann-Brühl 80; auch ist der Rechtsweg nicht gegeben zwecks

Feststellung der Unrichtigkeit des im Zivilversorgungsschein angegebenen Entlassungsgrundes. RG. in RFBl. **25** 115 = „Recht" **25** 538 = DJZ **26** 236.

Falck BeamtJahrb. **29** 4ff. tritt dafür ein, daß bei Neuordnung des Beamtenrechts den Beamten ein im Klagewege zu verfolgender Rechtsanspruch auf Erteilung und Berichtigung des Dienstzeugnisses gegeben wird.

f) auch über die Zuständigkeit gewisser Verwaltungsbehörden zu Rechtsakten, z. B. zur Entlassung eines Beamten. Strieth. Arch. **13** 293;

g) bezüglich der Frage, ob ein Kündigungsbeamter wegen einer während seiner Dienstzeit entstandenen dauernden Dienstunfähigkeit in den Ruhestand zu versetzen sei. KKGH. 10. 5. 84 (MBl. 192); RG. **108** 173;

h) bezüglich der Frage, ob der Fall der Versetzung in den Ruhestand vorliege oder nicht, sowie hinsichtlich der Erklärung der Behörde, daß sie den Beamten nach pflichtmäßigem Ermessen für unfähig halte, seine Amtspflichten zu erfüllen. RG. **108** 173. Dies gilt auch für Dienstunfähigkeit im Falle eines Unfalls. RG. **94** 30. Daran hat Art. 129 Abs. 1 Satz 4 RV. nichts geändert. Dagegen kann im Rechtsweg auch die Frage entschieden werden, ob ein Ruhegehalt nach dem RBG. oder dem UFG. zu berechnen war. RG. im PrVBl. **28** 824.

In den Fällen zu a bis h ist an Stelle des versagten Anspruchs auf richterliches Gehör nur der Weg der Beschwerde bei den vorgesetzten Dienststellen gegeben.

Neuerdings sind beachtenswerte Bestrebungen im Gange, auch den nicht vermögensrechtlichen Rechten der Berufsbeamten mit Hilfe des Verwaltungsstreitverfahrens einen prozessualen Schutz zu geben; vgl. Falck BeamtJahrb. 14. Jahrg., Heft 8; Köttgen 249.

11. **Der Rechtsweg** ist der Rechtsweg vor den ordentlichen Gerichten, nicht vor Verwaltungsgerichten. Die Berufssoldaten haben ihre Versorgungsansprüche bei Versorgungsgerichten geltend zu machen. RG. **119** 302; RVersG. DJZ. **26** 457 = JW. **26** 1361; a. M. Möller BeamtJahrb. **28** 415; Stoll DJZ. **28** Sp. 1579. Dazu gehören auch die Ansprüche aus dem RUnfFürsG. (s. unten S. 519ff.). RVersG. (Großer Senat) v. 25. 2. 28 DRichtZ. **28** Rspr. Sp. 391.

§ 149.

Über vermögensrechtliche Ansprüche der Reichsbeamten aus ihrem Dienstverhältnis, insbesondere über Ansprüche auf Besoldung, Wartegeld oder Pension, sowie über die den Hinterbliebenen der Reichsbeamten gesetzlich gewährten Rechtsansprüche auf Bewilligungen findet mit folgenden Maßgaben der Rechtsweg statt.

1. Vgl. die Übersicht vor § 149. Näheres s. auch Möller BeamtJahrb. **28** 407ff.

2. Zu der Besoldung des § 149 gehört das gesamte Diensteinkommen im Sinne des § 4, also Grundgehalt, Wohnungsgeldzuschuß, Kinderzuschläge, Dienstaufwandsgelder usw.

3. Zu den Ansprüchen auf Pension gehören auch die Pensionsansprüche aus § 1 UFG. 18. 6. 1901 (RGBl. 211); RG. **28** 92; Bolze **13** 338 JW. **94** 486; es kann auch nicht nur das Recht auf die Festsetzung und Bewilligung der Pension selbst, sondern auch die Frage im Rechtsweg erörtert werden, ob die Pension nach § 57 ruht; RG. **36** 78; JW. **96** 80 Nr. 62.

4. Zu den Rechtsansprüchen der Hinterbliebenen der Reichsbeamten gehören die Rechte aus dem Beamtenhinterbliebenengesetz vom 17. 5. 07 (RGBl. 208); s. unten S. 500ff.

§ 150.

Die Entscheidung der obersten Reichsbehörde muß der Klage vorhergehen und letztere sodann bei Verlust des Klagerechts innerhalb sechs Monaten, nachdem dem Beteiligten die Entscheidung jener Behörde bekannt gemacht worden, angebracht werden.

In den Fällen, in welchen gemäß § 54 die höhere Reichsbehörde Entscheidung getroffen hat, tritt der Verlust des Klagerechts auch dann ein, wenn nicht von dem Beteiligten gegen diese Entscheidung binnen gleicher Frist die Beschwerde an die oberste Reichsbehörde erhoben ist.

1. **Die Klage im ordentlichen Rechtsweg** ist erst zulässig, wenn die Entscheidung der obersten Reichsbehörde (§ 159), unter der der Beamte steht oder gestanden hat (RG. 12. 10. 28, JW **28** 3234 = JurRundsch. **29** Rspr. Nr. 151 = RG. **122** 113ff. = „Recht" **29** 45), erfolgt ist. Dies ist durch Art. 129 Abs. 1 Satz 4 RV. nicht geändert. RG. **122** 96. Für die Reichsbahnbeamten gilt als oberste Reichsbehörde der Generaldirektor. § 8 Satz 2 RBahnPersG. Fehlt die Entscheidung der Reichsbehörde, so ist die Klage nicht wegen Unzulässigkeit des Rechtswegs, sondern wegen Fehlens der Voraussetzungen des Klageanspruchs abzuweisen. RG. **36** 74; **39** 354; **57** 80; JW. **11** 992. Die Vorentscheidung der Reichsverwaltungsbehörde kann aber im Prozesse auch noch in 2. Instanz, ja sogar noch in der Revisionsinstanz nachgeholt werden, muß aber zur Zeit der Urteilsfällung vorliegen. RG. **42** 282; **57** 80; **104** 24; RG. PrVBl. **42** 242; RG. JurRundsch. **25** 732 Nr. 1044; RG. LZ. **27** 536.

Zweifelhaft ist, ob diese Grundsätze auch gelten, wenn der Beamte Ansprüche auf Gehalt pp. im Wege der einstweiligen Verfügung gemäß § 940 ZPO. geltend machen will; s. dazu Jaschkowitz JW. **28** 3209.

Der Vorbescheid ist auch nötig, wenn eine Beamtenwitwe auf Zahlung des Gnadenvierteljahrs (s. oben § 7) klagen will. RG. 2. 3. 28 „Recht" 300.

2. Unter der **Entscheidung** ist die Verfügung der obersten Reichsbehörde (V. 10. 8. 28. RGBl. I 369; s. unten S. 547) zu verstehen, durch welche der Pensions- usw. Anspruch des Beamten endgültig und erschöpfend derart geregelt wird, daß aus ihr der gewährte Betrag, der Zeitpunkt des Bezugsbeginns und der Ausschluß anderweitiger Regelung im ordentlichen Verwaltungsinstanzenzuge hervorgeht. Der Entscheidung braucht nicht ein darauf gerichteter Antrag des Beamten oder ein Streit über dessen Berechtigung vorangegangen zu sein. RG. **36** 81. Vereinbarungen der Behörde und des Beamten darüber, daß ein anderer, späterer oder früherer Bescheid der Verwaltungsbehörde als der endgültige und für die sechsmonatige Frist maßgebende angesehen werden solle, sind rechtsunwirksam, da sie einen öffentlichen Rechtssatz in unzulässiger Weise abändern. RG. **26** 24; **31** 125ff.; **36** 82; **47** 46; **95** 295.

Die Reichsbehörde muß die zuzubilligende Summe bestimmt bezeichnen und darf sich nicht darauf beschränken, den Anspruch dem Grunde nach für berechtigt zu erklären. RG. PrVBl. **32** 649.

Eine Entscheidung im Sinne des § 150 liegt auch dann vor, wenn auf die Eingabe eines Bevollmächtigten (auch ein Berufsverband kann als solcher handeln) ein sachlicher Bescheid erteilt ist. Die Bekanntgabe an den Bevollmächtigten gilt in der Regel als Bekanntgabe an den Beamten. RG. 1. 11. 27 HRR. **28** 60.

Unter der Entscheidung ist aber nicht ein Bescheid zu begreifen, der spätere Erinnerungen des Beamten als unbegründet zurückweist, selbst wenn die Behörde eine nochmalige Prüfung des Anspruchs vorgenommen hat. Denn sonst könnte der Beamte den Beginn der sechsmonatigen Frist durch beliebige, an keine Zeitschranke gebundene Anträge und Bitten, die eine ihm günstigere Entscheidung bezwecken, oder durch Wiederholung seines abschlägig beschiedenen Gesuchs hinausschieben oder sich den Lauf einer neuen Frist eröffnen. ROHG. **24** 411; RG. **26** 24; **31** 130; **36** 74; **47** 46; **92** 116; **95** 351; JW. **11** 829 Nr. 53; OTrib. **61** 34; Strieth. Arch. **75** 64ff. Die Entscheidung der obersten Reichsbehörde hat auch nur Rechtsansprüche des Beamten zum Gegenstande, und sie ist endgültig getroffen, wenn die Feststellung dieser Ansprüche bestimmt und ohne Vorbehalt etwaiger anderweiter Regelung im Verwaltungswege stattgefunden hat. RG. **95** 295. Alle Bewilligungen, die nicht auf einem Rechtstitel beruhen und die aus Billigkeits- oder Zweckmäßigkeitsgründen, wie z. B. in den Fällen des § 52, gewährt werden können, stehen außerhalb der nach § 150 zu treffenden Entscheidung. RG. **47** 45.

3. Ist rechtzeitig innerhalb der sechsmonatigen Frist ein **Gehaltsanspruch** geltend gemacht, so ist auch die Frist für die spätere Geltendmachung des **Pensionsanspruchs** gewahrt, da der letztere und der Ge-

haltsanspruch sich ausschließen und der Pensionsanspruch, der teilweise eine dem letzteren widersprechende Begründung fordert, prozessualisch erst nach der Erledigung des Streits über den Gehaltsanspruch in Frage kommen kann. RG. Ann. **7** 507. Nicht jede Ablehnung eines Gehaltsanspruchs enthält auch die Ablehnung eines Ruhegehaltsanspruchs; vielmehr ist regelmäßig die Ablehnung des Gehaltsanspruchs erst die Voraussetzung für die Geltendmachung des Ruhegehaltsanspruchs. Ist also der Vorbescheid der Verwaltungsbehörde auf das Begehren nach einem Gehaltsanspruch ergangen und die Ausschlußfrist verstrichen, so kann der Beamte seine Ruhegehaltsansprüche trotz Ablaufs der Ausschlußfrist geltend machen. Er muß dann einen neuen Vorbescheid erwirken und gegen diesen läuft eine neue Ausschlußfrist von 6 Monaten. KG. 5. 7. 27 — 11 U 3206/27.

4. Über die Frage, ob die Klage binnen 6 Monaten nach der Entscheidung der obersten Reichsbehörde erhoben ist, entscheidet das angerufene **ordentliche Gericht.** RG. **31** 130. Nicht zulässig ist es, die Klage mit der Begründung abzuweisen, daß entweder die Entscheidung des Verwaltungschefs fehle oder falls sie — was dahingestellt bleiben könne — in einem Verwaltungsakt liege, die Ausschlußfrist nicht eingehalten sei. Denn eine Abweisung wegen Nichtvorliegens des Vorbescheides schließt eine neue Klageerhebung nach Einholung der Entscheidung nicht aus. Ist aber das Klagerecht durch Fristablauf verloren, so steht das aus diesem Grunde abweisende Urteil der Klage dauernd entgegen. RG. LZ. **27** 536.

5. Die Entscheidung der obersten Reichsbehörde ist nur die **formelle Voraussetzung** für die Zulässigkeit des Rechtswegs; im übrigen bindet sie den ordentlichen Richter nur gemäß § 155. RG. **6** 105.

6. Die sechsmonatige Frist ist nicht eine Verjährungs-, sondern eine **gesetzliche Ausschließungsfrist;** der Fiskus kann den Verlust des Klagerechts nicht dadurch verhindern, daß er die Einrede der Verjährung nicht erhebt. RG. **79** 3. Gegen die kurze Frist macht v. Bonin DRichtZ. **29** 18 ff. beachtenswerte Bedenken geltend.

Die Ausschlußfrist wird durch die Erhebung der Klage auch beim sachlich unzuständigen Gericht jedenfalls dann gewahrt, wenn nicht ein anderes Gericht ohne Rücksicht auf den Wert des Streitgegenstandes ausschließlich zuständig war. RG. **114** 122.

7. Durch den § 150 werden die allgemeinen Vorschriften über die **Verjährung** der im § 149 erwähnten Ansprüche nicht beseitigt. Die Ansprüche verjähren daher nach § 197 BGB. in 4 Jahren, und nach § 210 BGB. wird die Verjährung durch die Einreichung des Gesuchs an die oberste oder höhere Reichsbehörde ebenso wie durch Klageerhebung unterbrochen, wenn die Klage binnen 3 Monaten nach der Erledigung des Gesuchs erhoben wird. Der Beamte hat also zur Erhaltung seiner Ansprüche neben der besonderen Frist des § 150 auch auf Einhaltung der zur Vermeidung der allgemeinen Verjährung erforderlichen Frist zu achten.

8. Hat die höhere Reichsbehörde gemäß § 54 über die Pensionierung entschieden, so hat der Beamte die an keine Frist gebundene **Beschwerde** an die oberste Reichsbehörde. Um einer hiernach möglichen Verhinderung einer endgültigen Entscheidung durch Nichtausübung des Beschwerderechts vorzubeugen, bestimmt Abs. 2 des § 150, daß der Beamte das Klagerecht verliert, wenn er nicht binnen 6 Monaten die Beschwerde an die oberste Reichsbehörde erhebt. Tut er dies, so geht nach Abs. 1 das Klagerecht erst verloren, wenn ihm die Entscheidung der obersten Reichsbehörde bekannt gemacht ist und er innerhalb weiterer 6 Monate die Klage nicht erhebt. In solchen Fällen hat also der Beamte zweimal eine sechsmonatige Frist. Eine unzuständige Stelle muß die Beschwerde an die zuständige Behörde weiterleiten. RG. **123** 194.

Die Erhebung fernerer Ansprüche im Laufe des Rechtsstreits, die sich als tatsächliche und rechtliche Erweiterungen des ursprünglich erhobenen einheitlichen Klageanspruchs darstellen, ist nicht an die Einhaltung der sechsmonatigen Frist geknüpft. RG. **92** 117.

9. Den §§ 149, 150 ist **§ 32 WehrG.** nachgebildet; es gilt dort als oberste Reichsbehörde der Reichswehrminister, und der Reichsfiskus wird durch die zuständige oder zuständig gewesene Intendantur und, wenn der Kläger unmittelbar unter dem RWehrM., dem Chef der Heeresleitung oder Marineleitung steht oder stand, durch den RWehrM. vertreten.

10. Wegen der Pensionsansprüche der **preußischen Beamten** s. § 23 PrPG., dem der § 150 nachgebildet ist.

§ 151.

Der Reichsfiskus wird durch die höhere Reichsbehörde, unter welcher der Reichsbeamte steht oder gestanden hat, oder falls er direkt unter der obersten Reichsbehörde steht oder gestanden hat, durch die oberste Reichsbehörde vertreten.

Die Klage ist bei demjenigen Gericht anzubringen, in dessen Bezirke die betreffende Behörde ihren Sitz hat.

1. Über die Begriffe **„höhere"** und **„oberste"** Reichsbehörde s. V. 10. 8. 28 (RGBl. I 369), unten S. 547.

Für die Reichsbahnbeamten gelten als oberste Reichsbehörde der Generaldirektor; als höhere Reichsbehörden die Ziff. V A V. 10. 8. 28 (RGBl. I 369), unten S. 547 bezeichneten Behörden. § 8 Satz 2 RBahnPersG.

Klagt ein Wartegeldempfänger, der keinen dienstlichen Wohnsitz mehr hat, so ist die Behörde des Bezirks zuständig, in dem der Beamte seinen letzten dienstlichen Wohnsitz gehabt hat. RG. **95** 351.

Wegen der Vertretung des Reichsfiskus sowie der Deutschen Reichsbahngesellschaft s. JM. 9. 2. 27 (JMBl. 31). Die Klage ist gegen dasjenige Ressort zu richten, dessen Amtsbereich der Beamte zu der Zeit, zu der der streitige Anspruch entstanden ist, angehört hat. Im übrigen gehört ein Beamter grundsätzlich demjenigen Bereich an, von dem er angestellt worden ist. RG. **80** 347; **84** 34; **85** 25; RG. „Recht" **25** 359 Nr. 1187.

2. Für die Klage ist das **Landgericht** ohne Rücksicht auf den Wert des Streitgegenstandes **ausschließlich zuständig.** § 71 Abs. 2 Nr. 1 GVG.; Gruchot **30** 854. Dies gilt auch in dem Falle, daß nicht der Beamte, sondern der Fiskus als Kläger auftritt, da nicht die Parteirolle, sondern der im Streit befangene Anspruch das für die Regelung der Zuständigkeit maßgebende Moment ist. Gruchot **30** 854. Dasselbe gilt auch für Ansprüche der Reichsbeamten auf Grund des UFG. sowie für Ansprüche der Beamten der Deutschen Reichspost gegen diese auf Grund ihres Dienstverhältnisses und für die Ansprüche der Reichsbahnbeamten gegen die Deutsche Reichsbahngesellschaft. RG. **111** 341; RG. 27. 5. 27 DRichtZtg. **27** Rspr. Sp. 200 = „Recht" **27** 534 = JurRundsch. Rspr. **27** Sp. 964 Nr. 1551 = JW. **27** 2191 = RG. **117** 162; RG. „Recht" **25** 704 = Jur. Rundsch. **25** 1215. S. auch § 32 Abs. 5 WehrG. Derselbe Rechtszustand gilt auch für die Ansprüche der Hinterbliebenen verstorbener Reichsbeamten auf Auszahlung der Gnadenvierteljahre. RG. Ann. **2** 379; RG. **14** 366.

3. Die §§ 151, 152 finden auf die Ansprüche der **Militärbeamten** aus dem MPG. keine Anwendung. RG. **33** 409; **34** 419. JW. **95** 61 Nr. 7.

§ 152.

In bürgerlichen Rechtsstreitigkeiten, in welchen durch Klage oder Widerklage ein Anspruch auf Grund der Vorschriften dieses Gesetzes geltend gemacht ist, wird die Verhandlung und Entscheidung letzter Instanz im Sinne des § 8 des Einführungsgesetzes zum Gerichtsverfassungsgesetze dem Reichsgerichte zugewiesen.

1. Gegen die Entscheidung des Landgerichts (§ 151) steht den Parteien die Berufung an das Oberlandesgericht zu. § 123 Nr. 1 GVG.; § 511 ZPO.

2. Die Revision, die ohne Rücksicht auf die Beschwerdesumme zulässig ist (vgl. § 547 Nr. 2 ZPO.), geht nicht an das etwa (z. B. in Bayern) bestehende oberste Landesgericht, sondern stets an das Reichsgericht. Es soll hierdurch die Einheit der Rechtsprechung in diesen besonders wichtigen beamtenrechtlichen Entscheidungen gewahrt werden.

3. § 152 findet auch Anwendung in Fällen, in denen zwar nicht der Beamte gegen den Reichsfiskus einen Anspruch geltend macht, wohl aber der letztere gegen den Beamten auf Rückzahlung von Gehalt usw. klagt, da auch in diesem Falle über den Gehaltsanspruch des Beamten entschieden wird, also auch das Interesse an der Einheit der Rechtsprechung vorhanden ist. RG. **32** 120; JW. **82** 76; Per. u. Sp. 191; Pieper 374.

4. § 152 kommt auch zur Anwendung, wenn die Klage gegen einen inzwischen ausgeschiedenen Beamten erhoben wird. RG. **33** 245.

5. Der Wert des Streitgegenstandes bestimmt sich gemäß § 10 Abs. 3 GKG. i. d. Fassg. v. 28. 1. 27 (RGBl. I 53) auf den fünffachen Betrag des einjährigen Bezugs, falls nicht der Gesamtbetrag der geforderten Leistungen geringer ist.

§ 153.

Auf die im § 144 erwähnten Rechtsstreitigkeiten finden die Bestimmungen der §§ 151 und 152 mit der Maßgabe Anwendung, daß der Reichsfiskus durch die höhere Reichsbehörde vertreten wird, welche den Defektbeschluß abgefaßt oder für vollstreckbar erklärt hat (§ 139 Abs. 2). Ist die Abfassung durch die oberste Reichsbehörde geschehen, so übernimmt diese die Vertretung des Reichsfiskus.

1. Der § 153 handelt von den Defektenprozessen des § 144, die von dem Beamten gegen den Defektenbeschluß der Reichsbehörde anhängig gemacht werden. Zuständig für diese Prozesse ist ausschließlich ohne Rücksicht auf den Wert des Streitgegenstandes das Landgericht. Die Revision, die unbeschränkt zulässig ist, geht stets an das Reichsgericht.

2. § 153 findet keine Anwendung, wenn die Behörde in Defektensachen den gewöhnlichen Klageweg beschreitet; zu den im § 144 erwähnten Rechtsstreitigkeiten, die der § 153 anführt, gehören die letztgedachten Klagen nicht. **A. M.** Pieper 375.

3. Die oberste Reichsbehörde (V. 10. 8. 28, RGBl. I 369; s. unten S. 547), der im Falle der Abfassung des Defektenbeschlusses die Vertretung des Reichsfiskus im Prozesse obliegt, kann eine ihr unterstellte Reichsbehörde wirksam delegieren. Gruchot **36** 1128ff. Für die Reichsbahnbeamten gelten als oberste Reichsbehörde der Generaldirektor und als höhere Reichsbehörden die Ziff. V A V. 10. 8. 28 (RGBl. I 369) bezeichneten Stellen; s. auch unten S. 547. § 8 Satz 2 RBahnPersG.

§ 154.

In Rechtsstreitigkeiten über Vermögensansprüche gegen Reichsbeamte wegen Überschreitung ihrer amtlichen Befugnisse oder pflichtwidriger Unterlassung von Amtshandlungen ist sowohl dasjenige Gericht zuständig, in dessen Bezirke der Beamte zur Zeit der Verletzung seiner Amtspflicht seinen Wohnsitz hatte, als dasjenige, in dessen Bezirke derselbe zur Zeit der Erhebung der Klage seinen Wohnsitz hat.

Die Vorschrift des § 152 findet entsprechende Anwendung.

1. **Die Überschreitung der amtlichen Befugnisse** ist nicht gleichbedeutend mit einer bloß formellen Kompetenzüberschreitung, sondern umfaßt den

ganzen Umfang der Verantwortlichkeit, also alle Fälle, in denen der Beamte durch pflichtwidriges, auf Vorsatz, Fahrlässigkeit oder Irrtum zurückzuführendes Verhalten einen Schaden zugefügt hat. Denn auch wenn der Beamte zwar innerhalb seiner gesetzlichen Zuständigkeit, aber mit Verletzung der erforderlichen Sorgfalt handelt, begeht er eine materiell gesetzwidrige Handlung und überschreitet seine amtlichen Befugnisse. Gruchot **28** 463; Pieper 376, 377; Arndt 183. **A. M.** Laband **1** 435, 436, der unter gesetzwidrigen Handlungen die Fälle nicht versteht, in denen der Beamte innerhalb seiner amtlichen Befugnisse, also ohne Gesetzesverletzung, aber mit Verletzung der erforderlichen Sorgfalt, gehandelt hat.

2. Die Verfolgung der Reichsbeamten nach § 154 ist an die **Vorentscheidung** einer besonderen Behörde nicht gebunden; vgl. Anm. Bb 10 zu § 13.

3. Wenn wegen Pflichtwidrigkeiten von Reichsbeamten **das Reich in Anspruch genommen werden kann** (vgl. Anm. C 1 ff. zu § 13), so findet auf den anhängig zu machenden Rechtsstreit § 154 Anwendung, um für die zur Erörterung gelangenden beamtenrechtlichen Fragen eine einheitliche Rechtsprechung zu erzielen. Pieper 377.

4. Die Schadensersatzansprüche, die nicht durch Amtshandlungen der Beamten verursacht sind, sondern sich auf ein **nur auf dem Privatrechtsgebiet hervorgetretenes Verschulden** des Beamten gründen, sind im gewöhnlichen Prozeßwege geltend zu machen, sei es, daß der Beamte oder der Fiskus in Anspruch genommen wird. Pieper 378; RG. **18** 169; **29** 421.

5. Das für die nach § 154 zu erledigenden Prozesse sachlich zuständige Gericht ist stets das **Landgericht** (§ 70 Abs. 2 Nr. 2 GVG.), und zwar auch dann, wenn der Beamte zur Zeit der Klageerhebung schon pensioniert oder entlassen ist. Kanng. 242; Pieper 378; RG. **33** 244. Die Revision geht an das Reichsgericht.

6. **Der doppelte örtliche Gerichtsstand** des Abs. 1 ist durch § 13 Abs. 1 EG. ZPO. aufrechterhalten.

7. Über Abs. 2 vgl. § 152 und die dazu gehörigen Anmerkungen.

§ 155.

Die Entscheidungen der Disziplinar- und Verwaltungsbehörden darüber, ob und von welchem Zeitpunkt ab ein Reichsbeamter aus seinem Amte zu entfernen, einstweilig oder definitiv in den Ruhestand zu versetzen oder vorläufig seines Dienstes zu entheben sei, und über die Verhängung von Ordnungsstrafen sind für die Beurteilung der vor dem Gerichte geltend gemachten vermögensrechtlichen Ansprüche maßgebend.

1. **Das Gericht ist an eine Reihe von Verwaltungsmaßnahmen gebunden.** Denn in vielen Fällen können nur die Verwaltungsbehörden auf Grund ihrer Kenntnisse des gesamten Dienstbetriebes und der in ihm

zu stellenden Anforderungen zutreffende Entscheidungen fällen. Es sind deshalb gewisse, die richterliche Beurteilung einschränkende Vorschriften erforderlich, da sonst das öffentliche Interesse, das in erster Linie das Staatsdienstverhältnis beherrscht, beeinträchtigt werden würde. Seuf. Arch. N. F. **15** 207. Dasselbe gilt für die Reichsbankbeamten. RG. **119** 428. § 155 gilt auch gegenüber Art. 129 Abs. 1 Satz 4 RV. fort. RG. **108** 345; **110** 263; **119** 431; Möller BeamtJahrb. **28** 477 ff.; **a. M.** Jacobs „Der Deutsche Beamte" Wochenbeil. d. Berl. BörsZtg. **29** Nr. 8 u. 9. Trifft aber eine Verwaltungs- oder Disziplinarbehörde eine Entscheidung, die gesetzlich unzulässig ist, so ist sie für den ordentlichen Richter nicht maßgebend. RG. 12. 10. 28 „Beamtenbund" **28** Beil. zu Nr. 96 u. JW. **28** 3234 = RG. **122** 119 = JurRundsch. **29** Rspr. Nr. 152.

2. **Folgende Entscheidungen der Dienststraf- und Verwaltungsbehörden** sind **für den Zivilprozeßrichter bindend:**

a) D a r ü b e r, o b u n d v o n w e l c h e m Z e i t p u n k t a b e i n B e a m t e r a u s s e i n e m A m t z u e n t f e r n e n i s t. Unter der „Entfernung aus dem Amt" ist lediglich die als Disziplinarmaßregel von den Dienststrafbehörden oder ausnahmsweise kraft besonderer Bestimmung von den Verwaltungsbehörden verhängte Entfernung aus dem Amte zu verstehen. RG. **79** 4; **92** 431; **108** 345; **110** 193; Art. 129 Abs. 1 Satz 4 RV. steht dem nicht entgegen. RG. **108** 346. Dasselbe gilt auch für die im Wege der Kündigung erfolgende Entlassung. JW. **12** 261[35]. Dagegen nimmt RG. **110** 193 an, daß die Gerichte nachprüfen könnten, ob eine Entlassungsverfügung der vorgesetzten Dienstbehörde an sich geeignet sei, das Beamtenverhältnis zu beenden; ähnlich RG. 12. 10. 28 JW. **28** 3236; SächsOVG. 4. 2. 25 JW. **26** 1366; **a. M.** Taeschner JW. **26** 1366. Ähnlich hält RG. **113** 209 für zulässig, daß die Gerichte über öffentlich-rechtliche Vorfragen, z. B. über die Rechtmäßigkeit einer Versetzung entscheiden, obwohl der staatliche Hoheitsakt der Versetzung an sich nicht im Klageweg bekämpft werden kann.

Die ordentlichen Gerichte dürfen nur nachprüfen, ob die ä u ß e r e n F o r m e n der Entscheidung gewahrt sind, ob also z. B. das rechtskräftige Erkenntnis eines zuständigen Dienststrafgerichts vorliegt und ob dieses Erkenntnis die Dienststrafe aus einem gesetzlichen Grunde ausspricht. RG. **71** 235. Dies gilt für alle Beamten ohne Ausnahme. Deshalb ist auch bei der Entscheidung über die vermögensrechtlichen Ansprüche eines Richters das rechtskräftige Urteil des Disziplinarsenats maßgebend. JW. **09** 645. Zu den äußeren Formen gehört aber nicht nur die Frage, ob das betreffende Dienststrafgericht z. B. das für den Beamten generell zuständige Gericht war oder ob das Dienststrafgericht vorschriftsmäßig besetzt war. Vielmehr kann das ordentliche Gericht auch prüfen, ob dem Dienststrafurteil überhaupt ein ordnungsmäßiges Dienststrafverfahren zugrunde lag, z. B. ob das Dienststrafverfahren von der zuständigen Behörde eingeleitet worden ist, ob der Untersuchungskommissar ordnungsmäßig bestellt war u. dgl.

Auch die Frage, ob ein Beamter für die Zeit nach seiner Entlassung Gehaltsansprüche geltend machen kann, kann vom ordentlichen Richter nicht entschieden werden. Denn in diesem Falle könnte die Gehaltsfrage nicht entschieden werden, ohne daß gleichzeitig die Entlassungsfrage geprüft würde, was aber im ordentlichen Rechtswege nicht zulässig ist. JW. **98** 626[76]. Dabei ist aber vorausgesetzt, daß die Entlassung im Wege des Dienststrafverfahrens erfolgt ist. Der Richter kann daher nachprüfen, ob das Beamtenverhältnis durch einfache Dienstentlassung auf Antrag des Beamten beendigt worden ist. RG. 13. 2. 12, III 258 11 im „Recht" **12** 207.

b) Darüber, ob ein Beamter einstweilen in den Ruhestand zu versetzen ist. So ist z. B. die Entscheidung des Reichsbankdirektoriums darüber, ob und auf welchen Zeitpunkt ein Reichsbankbeamter in den einstweiligen Ruhestand zu versetzen sei, auch jetzt noch für das Gericht bindend. RG. 12. 4. 27 „Recht" **27** 467 = JW. **27** 2197. Das Gericht kann aber darüber entscheiden, ob die Verwaltungsbehörde bei der einstweiligen Versetzung eines Beamten in den Ruhestand mit Recht eine Umgestaltung der Behörden angenommen hat. RG. 9. 4. 29 III 352/28 gegen RG. **12** 70; s. Näheres oben Anm. 2 zu § 24. Es kann auch nachprüfen, ob ein Beamter überhaupt der umgebildeten Behörde angehört hat. RG. 12. 10. 28 „Beamtenbund" **28** Beil. zu Nr. 96 = JW. **28** 3234 = RG. **122** 113ff. Der ordentliche Richter kann aber nicht nachprüfen, ob die Behörde die Versetzung eines Beamten in den einstweiligen Ruhestand gemäß § 24 RBG. abgelehnt hat, weil der Beamte nicht infolge Umbildung des Staatswesens, sondern nur aus wirtschaftlichen Gründen seine Versetzung in den Ruhestand nachgesucht habe. RG. **101** 329. Eine andere Frage ist, ob der Beamte u. U. gemäß § 839 BGB. in Verbindung mit dem RHaftgG. v. 22. 5. 10 (RGBl. 798) Schadensersatzansprüche geltend machen kann.

c) Darüber, ob ein Beamter endgültig in den Ruhestand zu versetzen sei. Hiernach entscheidet die Behörde unter Ausschluß des Rechtswegs darüber, ob ein Beamter dienstunfähig und aus diesem Grunde zur Ruhe zu setzen sei, ferner von welchem Zeitpunkt an die Zurruhesetzung in Kraft treten solle. RG. **1** 35; **82** 261; **85** 194; **89** 423; **108** 173; RG. „Recht" **25** 71; 183 Nr. 620 u. 361 Nr. 1190; RG. 21. 1. 27 JW. **27** 1255; Bolze **13** 388; JW. **11** 720[26]. Der Beamte kann also nicht etwa eine Gehaltsforderung mit der Begründung geltend machen, daß er noch nicht dienstunfähig und deshalb zu Unrecht zur Ruhe gesetzt sei. JW. **11** 720[26]. Ebenso ist der Rechtsweg nicht zulässig, wenn die Behörde den Beamten für dienstfähig erklärt und deshalb seinen Antrag auf Zurruhesetzung ablehnt. RG. **1** 35. Erst nach der Entscheidung der Verwaltungsbehörden über die Dienstunfähigkeit und die Zurruhesetzung kann der ordentliche Richter über die Frage, ob und in welcher Höhe der Beamte einen Ruhegehaltsanspruch hat, entscheiden. Wie aber der ordentliche Richter für die Regelfälle darüber zu entscheiden hat, ob der Beamte eine Mindestdienstzeit von 10 Jahren zurückgelegt hat und welche Zeiten als Dienstzeiten anzurechnen sind, so hat er auch darüber zu befinden, ob die besonderen Voraussetzungen der Gewährung eines Ruhegehalts gemäß § 36 RBG. vorliegen, ob also die Dienstunfähigkeit die Folge einer Krankheit, Verwundung oder sonstigen Beschädigung ist, die sich der Beamte bei Ausübung oder aus Veranlassung des Dienstes ohne eigenes Verschulden zugezogen hat. RG. **74** 96; **81** 115.

Die gemäß AltruhegG. erfolgte ministerielle Bestimmung über die Einreihung eines Altruhegehaltsempfängers in eine bestimmte Besoldungsgruppe kann im Rechtswege nicht nachgeprüft werden. RG. **114** 108.

Zu beachten ist aber, daß unter Umständen ein Ruhegehalt gewährt werden kann, ohne daß eine Versetzung in den Ruhestand im Sinne des Gesetzes beabsichtigt ist, so z. B. wenn einem Beamten gekündigt ist und ihm später ein Ruhegehalt bewilligt wird; in einem solchen Falle ist der Rechtsweg zulässig.

Ebenso ist auch dann der Rechtsweg gegeben, wenn der die Zurruhesetzung bezweckende Antrag des Beamten durch einen wesentlichen Irrtum über seine Dienststellung veranlaßt ist; so z. B. wenn er sich für einen bloßen Kündigungsbeamten hält, während er tatsächlich fest angestellt war; denn in diesem Falle ist eine gesetzmäßige freiwillige Zurruhesetzung des Beamten nicht erfolgt, da er den Antrag nicht gestellt haben würde, wenn er gewußt hätte, daß ihm nicht gekündigt werden konnte. JW. **00** 595ff.

Dagegen nimmt KG. (II U 2795. 07) unter Billigung des RG. an, daß die Rechtsgültigkeit auch des Antrags vom Gericht nicht nachzuprüfen ist, sondern der ausschließlichen Prüfung der Behörde vorbehalten bleibt. Deshalb ist der im Prozesse auf Gehaltszahlung vorgebrachten Replik des zur Ruhe gesetzten Beamten, er sei bei Stellung des Zurruhesetzungsantrages geisteskrank gewesen und deshalb zu Unrecht zur Ruhe gesetzt, keine Beachtung zu schenken. Dies gilt auch für Reichsbeamte (§ 155 RBG.); KG. II U 9735. 13. Anderes gilt, wenn ein Beamter nicht Versetzung in den Ruhestand, sondern Dienstentlassung nachsucht, ohne Ruhegehalt zu beanspruchen; denn die Ungültigkeit der Willenserklärungen Geisteskranker steht auch im öffentlichen Recht fest, und die Nichtigkeit eines nicht auf Zurruhesetzung, sondern nur auf Ausscheiden aus dem Dienst gerichteten Gesuchs eines Beamten ist vom ordentlichen Gericht zu berücksichtigen, da § 155 RBG. unter Entfernung aus dem Amt nicht die freiwillige Dienstentlassung versteht. RG. 13. 2. 12 (ZBlfFrG. **13** 803); Jaschkowitz JW. **26** 2279 nimmt an, daß der Richter den Verwaltungsakt, z. B. die Pensionierung, auf seine gesetzliche Grundlage zu prüfen und, wo solche fehle, die Nichtigkeit des Aktes festzustellen habe, also insoweit zur Nachprüfung berechtigt und verpflichtet sei; ebenso Möller BeamtJahrb. **28** 483ff.

Darüber, ob eine Dienststellung die Zeit und die Kräfte eines Beamten nur nebenbei in Anspruch nimmt, entscheidet bei der Dienstübertragung die dem Beamten vorgesetzte Dienstbehörde mit Ausschluß des Rechtswegs; s. Näheres oben Anm. 4 zu § 38 RBG.

Auch für den Fall des im UFG. bei dauernder Dienstunfähigkeit bewilligten Ruhegehalts hat nur die Verwaltungsbehörde, nicht der Richter im Rechtswege über die Frage der dauernden Dienstunfähigkeit im Falle des Abs. 1 § 1 UFG. zu entscheiden. JW. **99** 544[43]; RG. **44** 35; **74** 103; **110** 263; daran hat auch Art. 129 Abs. 1 Satz 4 RV. nichts geändert. RG. „Recht" **25** 71. Dagegen haben die Gerichte darüber zu befinden, ob die Dienstunfähigkeit oder die völlige oder teilweise Erwerbsunfähigkeit des Beamten auf ein bestimmtes Ereignis zurückzuführen und ob dieses als Betriebsunfall im Sinne des UFG. anzusehen ist. RG. **74** 103.

d) Darüber, ob ein Beamter vom Amt zu suspendieren sei. Der Beamte kann also die ihm während der Zeit seiner Suspension einbehaltene Gehaltshälfte nicht mit der Behauptung vor den ordentlichen Gerichten einklagen, daß er zu Unrecht vom Amt suspendiert sei.

Dagegen kann der Reichsbeamte im Gegensatz zum preußischen Beamten das ordentliche Gericht darüber anrufen, ob die Gehaltsentziehung nach § 14 Abs. 3 RBG. begründet war; s. oben Anm. 12 zu § 14.

e) Darüber, ob das Besoldungsdienstalter zutreffend festgesetzt ist; s. oben S. 58.

3. Bestritten ist, ob und inwieweit die ordentlichen Gerichte an diejenigen Entscheidungen der Verwaltungsbehörden gebunden sind, welche die Entlassung der **auf Widerruf oder Kündigung angestellten Beamten** aussprechen; s. Näheres oben §§ 2, 32 RBG.

4. § 155 stimmt im wesentlichen mit dem nicht aufgehobenen **§ 5 Pr. G. v. 24. 5. 61 (GS. 241) überein.** RG. **38** 298, 299. Doch unterliegen die Reichsbeamten, zumal auch § 6 Pr. G. v. 24. 5. 61 in das RBG. nicht übernommen ist, in ihren Rechtsverhältnissen einer freieren richterlichen Beurteilung als die preußischen Beamten und haben im Gegensatz zu jenen ein weitergehendes Klagerecht; so können sie z. B. auch den Rechtsweg beschreiten wegen unzureichender Bemessung der nur von der vorgesetzten Dienstbehörde bestimmten Amtskostenentschädigungen. Gruchot **37** 1081; Pieper 384.

Schlußbestimmungen.

§ 156.

Die Reichstagsbeamten haben die Rechte und Pflichten der Reichsbeamten.

Die Anstellung der Reichstagsbeamten erfolgt durch den Reichstagspräsidenten, welcher die vorgesetzte Behörde derselben bildet.

1. Die Reichstagsbeamten sind Beamte des Reichs, aber keine Reichsbeamten im Sinne des RBG., da sie nicht vom Reichspräsidenten, sondern vom Reichstagspräsidenten ernannt werden. Die Rechte und Pflichten der Reichsbeamten mußten ihnen daher durch eine besondere Vorschrift übertragen werden.

2. Die Reichstagsbeamten stehen in bezug auf ihre Gehalts-, Pensions- usw. Rechte den Reichsbeamten gleich. Ihre unmittelbar vorgesetzte, höhere und oberste Dienstbehörde ist der Reichstagspräsident; er ernennt und vereidigt sie, setzt ihre Dienstbezüge fest, entscheidet über ihre Pensionierung und die Höhe ihrer Pension, entläßt sie, soweit sie auf Kündigung oder Widerruf angestellt sind, übt über sie die nicht förmliche Dienststrafgewalt aus und verhängt über sie die Suspension vom Amte.

3. Es fehlt an jeder Vorschrift darüber, in welcher Weise das Zwangspensionierungs- und das förmliche Dienststrafverfahren gegen die Reichstagsbeamten zu bewirken sei, wer den Untersuchungsführer zu ernennen habe, wie die entscheidenden Dienststrafbehörden zusammenzusetzen seien usw. Willkürlich ist die Ansicht von Kanng. 244, daß der Reichstag das Recht der Eröffnung der Voruntersuchung und der Ernennung des Untersuchungsführers dem Reichstagspräsidenten übertragen und die Entscheidung über die Entfernung aus dem Amt und die Zwangspensionierung sich selbst oder einem Ausschuß vorbehalten könne.

4. Bestritten war, wer zwischen zwei Legislaturperioden (Tagungen) oder Wahlperioden des Reichstags die Befugnisse des Reichstagspräsidenten auszuüben hat. Kanng. 244 will während dieser Zeit den Reichskanzler mit dem Rechte zu unaufschiebbaren Maßregeln gegen Reichstagsbeamte an Stelle des Reichstagspräsidenten beauftragen. Per. u. Sp. 193 wollen während dieser Zeit die dem Präsidenten zustehenden Rechte ruhen lassen, soweit sie nicht in herkömmlicher Weise vom Direktor des Reichstags wahrgenommen werden können. Nach Art. 27 RV. wird man dem Präsidenten der vorigen Session in der Zwischenzeit die Anstellungs- usw. Rechte zuzugestehen haben. Arndt RBG. 186.

§ 157.

Auf Personen des Soldatenstandes findet dieses Gesetz nur in den §§ 134 bis 148 Anwendung.

1. Die Personen des Soldatenstandes sind nach § 1 WehrG. v. 23. 3. 21 (RGBl. 329) die Offiziere, Unteroffiziere und Mannschaften. Darüber, daß Offiziere nicht Beamte im Sinne des RBG. sind s. RG. **89** 255. Die Militär- und Marinebeamten gehören nicht zu den Personen des Soldatenstandes, bilden aber mit ihnen zusammen den Begriff der Militärpersonen.

2. Die Pensions- und Hinterbliebenenrechte der Personen des Soldatenstandes richten sich nach den Militärgesetzen vom 31. Mai 1906 (RGBl. 565 u. 595), nach dem Militärhinterbliebenengesetze vom 17. Mai 1907 (RGBl. S. 214), dem Unfallfürsorgegesetz v. 18. 6. 1901 (RGBl. 211) und dem Wehrmachtversorgungsgesetz § 28. Hiernach können die Personen des Soldatenstandes z. B. bei Klagen auf Zahlung rückständiger Pensionsbeträge, selbst wenn die Klage gegen den Reichsfiskus gerichtet ist, sich nicht auf das RBG. u. § 70 Abs. 2 Nr. 1 GVG. stützen; für solche Ansprüche sind also die Landgerichte nicht ausschließlich zuständig. RG. **33** 411; **34** 421; Arndt 187.

3. Die §§ 3, 10a u. 10b RBG. (über die Pflichten der Beamten zum Schutze der Republik) gelten sinngemäß auch für Soldaten, ohne daß hierdurch die weitergehenden Vorschriften des WehrG. v. 23. 3. 21 (RGBl. 329), insbesondere § 36 über das Verbot politischer Betätigung berührt werden. Art. II G. 21. 7. 22 (RGBl. 590).

§ 158.

Die Bestimmungen dieses Gesetzes über die Versetzung in ein anderes Amt, über die einstweilige und über die zwangsweise Versetzung in den Ruhestand, über Disziplinarbestrafung und über vorläufige Dienstenthebung finden auf die Mitglieder des Reichsgerichts, auf die Mitglieder des Bundesamts für das Heimatwesen, auf die Mitglieder des Rechnungshofes des Deutschen Reichs und auf richterliche Militärjustizbeamte keine Anwendung.

Außerdem haben für die Mitglieder des Reichsgerichts die Vorschriften dieses Gesetzes über die Pensionierung und über den Verlust der Pension keine Geltung.

Die Vorschriften des § 60a werden hierdurch nicht berührt.

1. Der § 158 handelt von den Beamten, die zu den **richterlichen** gerechnet werden, und bezieht sich nur auf die Mitglieder der dort bezeichneten Behörden. Er ist durch Art. 102 u. 104 RV. nicht beseitigt. Die Beamten des mittleren und unteren Dienstes dieser Gerichte und Behörden unterliegen in allen Punkten den Vorschriften des RBG. Thudich. 270; Pieper 387; Per. u. Sp. 191.

Abs. 3 § 158 beruht auf G. v. 4. 8. 25 (RGBl. I 181).

2. **Folgende Vorschriften des RBG. finden auf die richterlichen Mitglieder der im § 158 bezeichneten Behörden keine Anwendung:**

a) über die Versetzung in ein anderes Amt (§ 23);
b) über die einstweilige Versetzung in den Ruhestand (§§ 24 bis 31);
c) über die zwangsweise Versetzung in den Ruhestand (§§ 60a bis 68);
d) über Dienstvergehen und deren Bestrafung (§§ 72—132).

Dagegen finden folgende Vorschriften des RBG. auf sie Anwendung:

a) die allgemeinen Bestimmungen (§§ 1 bis 22); daher müssen z. B. auch die richterlichen Mitglieder des Reichsgerichts gemäß § 12 Abs. 1 die Genehmigung des Reichsgerichtspräsidenten einholen, wenn sie ein außergerichtliches Gutachten erstatten wollen.

b) die Vorschriften über die Wiederanstellung ausgeschiedener Beamten (§ 33);

c) die Bestimmungen über die Pensionierung (§§ 34 bis 60); besonderes gilt für die Mitglieder des Reichsgerichts und des Reichsfinanzhofs (vgl. Anm. 3);

d) die Vorschriften über die Bewilligungen für Hinterbliebene (§ 69);

e) die transitorischen Bestimmungen (§§ 70, 71);

f) die Defektenvorschriften (§§ 134 bis 148);

g) die Vorschriften über die Verfolgung vermögensrechtlicher Ansprüche (§§ 149 bis 155).

3. **Die Mitglieder des Reichsgerichts** werden auf Vorschlag des Reichsrats vom Reichspräsidenten auf Lebenszeit (Art. 104 Abs. 1 RV.) ernannt.

Wird ein Mitglied des Reichsgerichts durch körperliches Gebrechen oder durch Schwäche seiner körperlichen oder geistigen Kräfte zur Erfüllung seiner Amtspflichten dauernd unfähig, so tritt seine Versetzung in den Ruhestand ein. Das jährliche Ruhegehalt beträgt sofort beim Amtsantritt (nicht erst nach zehnjähriger Dienstzeit) bis zur Vollendung des zehnten Dienstjahres $^{35}/_{100}$ des Gehalts; es erhöht sich mit der Vollendung eines jeden folgenden Dienstjahres um $^{2}/_{100}$ bis zum vollendeten 25. Dienstjahre und von da ab um $^{1}/_{100}$ des Gehalts und erreicht nach 50 Dienstjahren das volle Gehalt. Bei Berechnung der Dienstzeit wird nicht nur, wie bei anderen Reichsbeamten, die Dienstzeit mitgerechnet, die das Mitglied im Reichs- oder Staatsdienst zugebracht hat, sondern auch die Zeit, während der es im Gemeindedienste eines Deutschen Landes, als Anwalt, Advokat, Notar, oder als öffentlicher Lehrer des Rechts an einer deutschen Universität gewirkt hat. § 130 GVG. Wird die Versetzung eines Mitglieds in den Ruhestand nicht beantragt, obwohl ihre Voraussetzungen vorliegen, so hat der Präsident des Reichsgerichts an das Mitglied die Aufforderung zu erlassen, binnen einer bestimmten Frist den Antrag zu stellen; wird dieser Aufforderung nicht Folge geleistet, so ist nach vorheriger Anhörung des Mitglieds und des Oberreichsanwalts die Versetzung in den Ruhestand durch Plenarbeschluß des Reichsgerichts auszusprechen. § 131 GVG.

Ist ein Mitglied des Reichsgerichts zu einer Strafe wegen einer entehrenden Handlung oder zu einer Freiheitsstrafe von längerer als einjähriger Dauer rechtskräftig verurteilt, so kann es nach seiner und des Oberreichsanwalts vorheriger Anhörung durch Plenarbeschluß des Reichsgerichts seines Amts und Gehalts für verlustig erklärt werden. Ordnungsstrafen können gegen Mitglieder des Reichsgerichts nicht verhängt werden. §§ 127, 128 GVG.

Ist wegen eines Verbrechens oder Vergehens das Hauptverfahren gegen ein Mitglied des Reichsgerichts eröffnet, so kann dessen vorläufige Amtsenthebung nach Anhörung des Oberreichsanwalts durch Plenarbeschluß des Reichsgerichts ausgesprochen werden. Wird gegen ein Mitglied die Untersuchungshaft verhängt, so tritt für ihre Dauer die vorläufige Enthebung vom Amte von Rechts wegen ein, jedoch ohne daß das Recht auf den Gehaltsgenuß berührt wird. § 129 GVG.

Für die Mitglieder des **Reichsfinanzhofs** gelten nach § 36 RAbgO. 13. 12. 19 (RGBl. 1993) die gleichen Vorschriften.

4. **Der Vorsitzende und die Mitglieder des Bundesamts für das Heimatwesen** werden auf Vorschlag des Reichsrats vom Reichspräsidenten auf Lebenszeit ernannt. Bezüglich ihrer Rechtsverhältnisse gelten die §§ 23 bis 26 des G. betr. d. Errichtg. eines obersten Gerichtshofs für Handelss. v. 12. 6. 69 (BGBl. 201), die mit den §§ 128ff. GVG. im wesentlichen übereinstimmen. §§ 42, 43 G. 6. 6. 70 (BGBl. 360), i. d. Fassg. der Bekanntm. 30. 5. 08 (RGBl. 381). Dieses G. und damit das Bundesamt sind zwar nach § 29 V. 13. 2. 24 (RGBl. I 100) aufgehoben, jedoch mit der Maßgabe, daß bis zur Neuregelung des Rechtsverfahrens Streitigkeiten zwischen den Fürsorgeverbänden gemäß §§ 37 bis 57, 58 Abs. 2 G. über Unterstützungswohnsitz entschieden werden. Es sind also die Vorschriften des § 43 G. 6. 6. 70 einstweilen noch in Geltung. Die Mitglieder des Bundesamts stehen den Mitgliedern des Reichsgerichts gleich; an die Stelle des Plenums des Reichsgerichts tritt das Plenum des Bundesamts. Doch richtet sich ihre zwangsweise Pensionierung nach den §§ 56 bis 63 PrRDisG. 7. 5. 51 mit der Maßgabe, daß die Verrichtungen des Staatsanwalts und des Untersuchungsrichters von je einem vom Reichskanzler zu ernennenden Mitgliede des preußischen Kammergerichts wahrgenommen werden. § 43 Nr. 1 G. 6. 6. 70 u. § 25 Abs. 1 u. 5 G. 12. 6. 69 (BGBl. **70** 360; **69** 201). Für die Feststellung ihrer Pensionen gelten die §§ 41 bis 52 RBG.; § 43 Nr. 2 G. 6. 6. 70 ist durch das RBG. gegenstandslos geworden.

6. **Die Mitglieder des Rechnungshofs des Deutschen Reiches** werden vom Reichsrat gewählt und vom Reichspräsidenten angestellt. Bezüglich ihrer Rechtsverhältnisse sind keine besonderen reichsgesetzlichen Vorschriften ergangen. Nach § 19 RBG. kommen daher die §§ 5, 6 Pr. G. 27. 3. 72 über die unfreiwillige Versetzung der Mitglieder der Oberrechnungskammer auf eine andere Stelle oder in den Ruhestand und über die Disziplinarbestrafung derselben (GS. 278) auch auf die Mitglieder des Rechnungshofs zur Anwendung. Sie unterliegen daher hinsichtlich der unfreiwilligen Versetzung, der zwangsweisen Pensionierung, der Disziplinarbestrafung und der Suspension dem PrRDisG. v. 7. 5. 51 nebst Änderungen; s. Brand BR. S. 655ff.; Brand preuß. Disziplinargesetze 455, 484ff. Nach § 5 Abs. 4 des G. v. 27. 3. 72 kann aber die unfreiwillige Versetzung unter Beibehaltung des persönlichen Ranges auch in ein im Range niedriger stehendes anderes richterliches oder

höheres Verwaltungsamt erfolgen. Pieper 389. An die Stelle des im § 5 Abs. 5 G. v. 27. 3. 72 erwähnten Staatsministeriums tritt betreffs der Mitglieder des Rechnungshofs der Reichskanzler.

7. **Die richterlichen Militärjustizbeamten** unterstehen dem Gesetze betr. die Dienstverg. der richterl. Militärjustizb. u. d. unfreiw. Vers. derselben in eine andere Stelle oder in d. Ruhest. v. 1. 12. 98 (RGBl. 1297); vgl. §§ 95, 96 MilStrGO. Übrigens ist die Militärgerichtsbarkeit, abgesehen von dem Verfahren in Kriegszeiten und gegen die an Bord von in Dienst gestellten Kriegsschiffen eingeschifften Mannschaften der Kriegsmarine aufgehoben. G. 17. 8. 20 (RGBl. 1579). Deshalb hat das G. 1. 12. 98 nur noch geringe Bedeutung. Der Disziplinarhof beim Reichsmilitärgericht (§§ 7, 11 G. 1. 12. 98) ist durch den beim Reichsgericht gebildeten Disziplinarhof für richterl. Militärjustizbeamte ersetzt; s. Näheres V. 29. 3. 22 (RGBl. I 334).

Bei den **Mitgliedern des ehemal. Reichsmilitärgerichts** steigt ebenso wie bei den Mitgliedern des Reichsgerichts das Ruhegehalt bis zu $^{100}/_{100}$, also bis zum vollen Gehalt. § 81 MilStrGO.

8. Nicht ausgenommen von den Vorschriften des RBG. sind die **richterlichen Mitglieder des Reichsversicherungsamtes.** Arndt 188.

9. Abs. 2 des § 158 spricht unzutreffend von einem „Verlust der Pension"; das RBG. kennt aber nur **einen Verlust des Pensionsanspruchs,** nicht der Pension; vgl. Nr. 9 der Vorbem. zu § 34.

10. **Die Vorschriften des § 60a über die Altersgrenze** gelten neben dem § 158; s. Art. 104 Abs. 1 Satz 3 u. Abs. 3 RV.; § 8 Abs. 1 Satz 2 u. Abs. 3 GVG.

11. **Wegen der Richter in Preußen** s. Brand BR. 51 ff.; Wolfstieg 105.

12. Zu den Verwaltungsgerichten, die nicht unter dem Schutze des Art. 104 Abs. 1 Satz 1 RV. stehen, gehörte bisher das **Reichswirtschaftsgericht.** § 8 V. 21. 5. 20 (RGBl. 1167) in d. Fassg. d. EntschädV. 30. 7. 21 (RGBl. 1046); RG. 11. 11. 26 DRichtZtg. **27** Rspr. 6 = JurRundsch. **27** Rspr. Nr. 295; RG. 8. 11. 27 HRR. **28** Nr. 568. Das ist jetzt geändert; auf seine ständigen Mitglieder findet Art. 104 RV. Anwendung. G. 31. 3. 28 (RGBl. 135). **Die Richter bei den gemischten Schiedsgerichten** sind den Berufsrichtern der ordentlichen Gerichtsbarkeit nicht gleichgestellt RG. **111** 119; RG. JW. **25** 1619[8]. Wegen der Mitglieder der **Spruchbehörden in Versorgungssachen** s. § 3 G. 20. 3. 28 (RGBl. I 71).

§ 159.

Die Ausführung dieses Gesetzes regelt eine vom Kaiser zu erlassende Verordnung, durch welche namentlich diejenigen Behörden näher zu bezeichnen sind, welche unter den in diesem Gesetze erwähnten Reichsbehörden verstanden sein sollen.

Die im § 159 erwähnte V. ist neu ergangen am 10. 8. 28 (RGBl. I 369); sie ist im folgenden (S. 547) abgedruckt.

II. Beamtenhinterbliebenengesetz.

Vom 17. Mai 1907 (RGBl. S. 208) nebst Änderungen.

Allgemeiner Überblick.

1. Das Beamtenhinterbliebenengesetz v. 17. 5. 07 ist **geändert** durch die Gesetze v. 30. 4. 20 (RGBl. 805), 17. 12. 20 (RGBl. 2075), 21. 11. 21 (RGBl. 1365), 7. 4. 22 (RGBl. I 329), 25. 10. 22 (RGBl. I 802) u. 18. 6. 23 (RGBl. I 385); dazu AusfBest. 9. 7. 21 (RGBl. 886); RFM. 27. 12. 27 (RBesBl. 201).

Neben dem HFG. gilt für die sog. **Althinterbliebenen** das G. betr. Ergänzung und Regelung von Bezügen der Ruhegehalts- und Wartegeldempfänger sowie der Hinterbliebenen (Pensionsergänzungsgesetz) v. 21. 12. 20 (RGBl. 2109) i. d. Fassg. der G. 7. 4. 22 (RGBl. I 328), 6. 4. 22 (RGBl. I 331), 25. 10. 22 (RGBl. I 802), 18. 6. 23 (RGBl I 385) u. Vdg. 12. 12. 23 (RGBl. I 1181); dadurch war eine erhebliche Verbesserung ihrer bisherigen Bezüge erfolgt. Durch §§ 26 ff. RBesG. ist aber eine Schlechterstellung eingetreten insofern, als für die Berechnung der Hinterbliebenenbezüge nicht mehr wie bisher das für die aktiven Beamten maßgebende, durch die neue BesO. aufgebesserte Grundgehalt, sondern das vor dem 1. 10. 27 maßgebend gewesene Grundgehalt, verstärkt um gewisse prozentuale Zuschläge, zugrunde zu legen ist; s. oben Anm. 4 zu § 41 RBG.

Für die **Reichsbahnbeamten** gilt ebenfalls das HFG. v. 17. 5. 07. § 23 Perso.

In Preußen gilt für die **Hinterbliebenen der preußischen Staatsbeamten** das G. v. 20. 5. 82 (GS. 298) nebst zahlreichen Änderungen; s. Näheres Brand BR. 390 ff.

Über den Saarteuerungszuschlag der im Saargebiet wohnenden Wartegeldempfänger, Pensionäre und Hinterbliebenen (z. Zt. 10 vH) s. RFM. 5. 8. 24 (RBesBl. 270).

2. Nach dem Tode des Beamten werden die von dem Verstorbenen bisher bezogenen Gehälter oder Ruhegehälter den Hinterbliebenen in Gestalt des sog. **Gnadenvierteljahrs** noch 3 Monate lang nach Ablauf des Sterbemonats weitergezahlt (vgl. oben §§ 7—9, 69 RBG.). Ist der Beamte infolge eines Betriebsunfalls gestorben, so erhalten die Hinterbliebenen, sofern ihnen kein Anspruch auf das Gnadenvierteljahr zusteht, den Betrag des einmonatigen Diensteinkommens oder des einmonatigen Ruhegehalts des Verstorbenen. § 2 Abs. 1 Nr. 1 UFG.

3. Durch diese Zuwendungen (Anm. 2) ist die Familie des Beamten nur gegen den augenblicklichen Notstand geschützt. Deshalb geht das Streben aller Beamtengesetze dahin, **den Hinterbliebenen dauernde Unterhaltsmittel** zu verschaffen. Früher hatten die Beamten durch Eintritt in besondere Witwenkassen, Waisenkassen u. dgl., selbst für Beschaffung von Hinterbliebenenrenten zu sorgen. Gegenwärtig übernimmt wohl überall der Staat selbst die Versorgung der Hinterbliebenen. Die Hinterbliebenenrenten gelten von dem Beamten, der eine gewisse Mindestdienstzeit zurückgelegt hat, ohne weiteres ebenso wie das Ruhegehalt als mitverdient. Witwen- und Waisenbeiträge haben die Beamten nicht zu entrichten. Das Reich zahlt von vornherein dem Beamten Gehälter aus, die um die Summen bereits gekürzt sind, die zur Ansammlung der erforderlichen Witwen- und Waisengeldbeträge nötig sind, und sieht deshalb von der Einziehung von besonderen Beiträgen ab.

4. **Die Hinterbliebenenversorgung beruht auf dem Gedanken,** daß das Reich, das die volle Arbeitskraft des Beamten für sich in Anspruch nimmt, dafür an seiner Stelle für einen angemessenen Unterhalt seiner Angehörigen sorgt. RG. 88 329. Die Gewährung der Hinterbliebenenversorgung ist nicht nur Gegenstand eines Anspruchs der Hinterbliebenen, sondern auch eines — wenn auch bedingten und betagten — Anspruchs des noch lebenden Beamten selbst. RG. 38 322; Bolze 23 371 Nr. 697.

Anspruch auf Witwen- und Waisengeld.

§ 1.

Die Witwen und die ehelichen oder legitimierten Kinder von Beamten, welchen zur Zeit ihres Todes ein Anspruch auf Pension aus der Reichskasse im Falle der Versetzung in den Ruhestand zugestanden hätte, sowie die Witwen und die ehelichen oder legitimierten Kinder von ausgeschiedenen Beamten, welche kraft gesetzlichen Anspruchs oder auf Grund des § 39 des Reichsbeamtengesetzes lebenslängliche Pension aus der Reichskasse zu beziehen hatten, erhalten Witwen- und Waisengeld.

Keinen Anspruch auf Witwen- und Waisengeld haben die Hinterbliebenen derjenigen Beamten und ausgeschiedenen Beamten, welche nur nebenamtlich im Reichsdienst angestellt gewesen sind.

1. Für die **preußischen Beamten** gelten die ähnlich lautenden Bestimmungen der §§ 1, 7 PrHFG.

2. **Die lebenslänglich angestellten Beamten** verschaffen ihren Hinterbliebenen stets einen Anspruch auf Witwen- und Waisengeld, und zwar gleichviel, ob sie eine planmäßige Stelle bekleiden oder nicht, vorausgesetzt,

daß sie an sich nach Erfüllung der Wartezeit ruhegehaltsberechtigt sein würden.

3. **Die unter dem Vorbehalte des Widerrufs oder der Kündigung angestellten Beamten** verschaffen ihren Hinterbliebenen Ansprüche aus dem HFG. dann, wenn sie im Falle ihrer Zurruhesetzung einen Rechtsanspruch auf Ruhegehalt hätten. Einen solchen Ruhegehaltsanspruch würden diese Beamten aber nach § 37 RBG. nur dann haben, wenn sie eine in den Besoldungsetats aufgeführte Stelle bekleidet hätten.

Der Witwe und den Waisen eines Beamten, der unter dem Vorbehalte des Widerrufs oder der Kündigung angestellt gewesen ist, ohne eine in den Besoldungsetats aufgeführte Stelle bekleidet zu haben, kann Witwen- und Waisengeld bis auf Höhe derjenigen Beträge bewilligt werden, welche ihnen zustehen würden, wenn der Beamte eine in den Besoldungsetats aufgeführte Stelle bekleidet hätte. War aber ein solcher Beamter bereits in den Ruhestand versetzt, so können der Witwe und den Waisen diese Bezüge nur dann zugebilligt werden, wenn dem zur Ruhe gesetzten Beamten gemäß § 37 RBG. ein lebenslängliches Ruhegehalt bewilligt worden war.

4. Die Hinterbliebenen derjenigen Beamten, denen **gemäß § 39 RBG.** vor vollendeter Wartezeit bei vorhandener Bedürftigkeit **ein Ruhegehalt lebenslänglich bewilligt** worden ist, haben Anspruch auf Versorgung nach dem HFG. Dagegen besteht solcher Anspruch nicht, wenn das Ruhegehalt dem Beamten gemäß § 39 nur auf bestimmte Zeit bewilligt worden war. ME. 30. 12. 84 (JMBl. **85** 32); s. aber wegen der gnadenweisen Bewilligung von Hinterbliebenenbezügen § 9 HFG.

5. Die Hinterbliebenen der nur **nebenamtlich** im Reichsdienst angestellten Beamten haben keine Ansprüche aus dem HFG.

6. Die Hinterbliebenen der **Wartegeldempfänger** haben Anspruch aus dem HFG., falls den Wartegeldempfängern selbst ein Ruhegehalt zugestanden hätte.

7. Die Kinder von **weiblichen** Beamten haben ebenfalls Anspruch auf Waisengeld. Dies folgt aus Art. 128 Abs. 2 RV., wonach alle Ausnahmebestimmungen gegen weibliche Beamte beseitigt sind. Wolfstieg 45; Friedrichs 149; **a. M.** Marx 47. Der hinterbliebene Witwer erhält aber kein Witwergeld. Friedrichs 149.

8. Die Hinterbliebenen der Beamten, die im **Dienststrafverfahren unter Belassung eines Teils des Ruhegehalts als Unterstützung aus dem Dienst entlassen sind,** haben keinen Anspruch auf Witwen- und Waisengeld. Denn diese Beamten hatten auf das Ruhegehalt keinen „gesetzlichen Anspruch" im Sinne des § 1 HFG.. ME. 27. 7. 01 (MBl. 206); UM. 19. 7. 01 (ZBlUB. 741); **a. M.** Reindl JW. **26** 1415. Wenn aber der zur Dienstentlassung verurteilte Beamte vor Eintritt der Rechtskraft des Dienststrafurteils stirbt, so haben die Hinterbliebenen Anspruch auf Witwen- und

Waisengeld, vorausgesetzt, daß der Beamte, wenn er im Augenblicke seines Todes zur Ruhe gesetzt worden wäre, einen Anspruch auf Ruhegehalt gehabt hätte; vgl. ME. 3. 5. 76 (ZBlAB. 133).

Natürlich gehen die Hinterbliebenen des Anspruchs auf Witwen- und Waisengeld nicht dadurch verlustig, daß erst nach dem Tode des Beamten sich Dienstvergehen herausstellen. Denn es hätte vor dem Tode des Beamten ein rechtskräftiges, mit Amtsverlust verbundenes Straf- oder Dienststrafurteil ergehen müssen, wenn den Hinterbliebenen ihre Ansprüche hätten genommen werden sollen. RG. **38** 321.

Wird ein Ruhegehaltsempfänger in einer ruhegehaltsberechtigenden Stellung des Reichsdienstes wieder angestellt und verliert er sein neues Amt infolge strafgerichtlicher oder disziplinarischer Verurteilung, so büßt er zwar seinen Anspruch auf Ruhegehalt und damit auch den Anspruch auf Versorgung seiner Hinterbliebenen aus dem neuen Amt ein, dagegen bleiben seine Ansprüche aus dem früheren Amte bestehen, und auch seine Hinterbliebenen haben aus diesem früheren Amt Versorgungsansprüche.

Ist ein Beamter im Wege der Kündigung oder durch Dienststrafurteil wegen einer Handlung entlassen worden, die bereits seine Bestrafung im öffentlichen Strafverfahren zur Folge gehabt hatte, so zieht die etwaige Wiederaufhebung des Strafurteils im Wiederaufnahmeverfahren nicht ohne weiteres die Aufhebung der Dienstentlassung mit ihren Folgen nach sich. Der Beamte hat deshalb trotz seiner gerichtlichen Freisprechung den Anspruch auf Ruhegehalt und Versorgung seiner Hinterbliebenen nicht wiedergewonnen. ORK. 12. 12. 05 bei Dutzmann **2** 292, 293. Darin liegt eine große Härte, deren Beseitigung im Wege der Gesetzgebung zu wünschen ist.

9. Die Witwe hat einen Anspruch auf das gesetzliche Witwengeld nur unter der **Voraussetzung, daß die Ehe bis zum Tode des Beamten zu Recht bestanden hat.** Eine zur Zeit des Todes des Beamten rechtskräftig ausgesprochene Scheidung oder Nichtigkeitserklärung steht dem Bezugsrecht der Witwe — nicht auch der Kinder — entgegen. Dies ist für die Witwe in den Fällen besonders hart, in denen die Ehe ohne ihre Schuld, z. B. wegen schwerer Eheverfehlungen des Mannes, getrennt worden ist. Deshalb **kann** jetzt nach Art. 6 Abs. 2 ReichsG. 4. 8. 25 (RGBl. I 183) im Falle der Scheidung die frühere Ehefrau eines Ruhegehaltsempfängers nach dessen Tode eine Witwenbeihilfe bis zur Höhe des gesetzlichen Witwengeldes von der obersten Reichsbehörde bewilligt erhalten, wenn der Verstorbene allein für schuldig erklärt ist. Ein Rechtsanspruch auf die Witwenbeihilfe besteht aber in einem solchen Falle nicht.

Kommt neben gesetzlichen Hinterbliebenenbezügen eine Witwenbeihilfe in Frage, so dürfen durch ihre Gewährung die Ruhegehaltsbezüge des Verstorbenen nicht überschritten werden. Eine gleiche Beihilfe kann unter denselben Voraussetzungen auch für die frühere Ehefrau eines verstorbenen Beamten und Offiziers gewährt werden. Art. 6 Abs. 2 a. a. O. Diese Vorschrift entspricht dem § 13a PrHFG. Tritt der Tod des Beamten während des Schwebens eines auf Ehescheidung usw. gerichteten Rechtsstreits ein, so bleibt der Anspruch auf Witwengeld erhalten.

Ist die Ehe nicht geschieden, sondern ist nur rechtskräftig auf Aufhebung der ehelichen Gemeinschaft gemäß §§ 1575 ff. BGB. erkannt, so steht das trotz § 1586 BGB., der auf öffentliche Rechtsverhältnisse keine entsprechende Anwendung findet, für das Beamtenrecht der Scheidung nicht gleich. In solchem Falle erhält vielmehr die Witwe das Witwengeld. Doch ist die Frage bestritten; a. M. z. B. Vogels Kom. BR. 215; Dutzmann Nachtrag I S. 289.

10. Die **Eltern und Großeltern** der Beamten haben keinen Anspruch auf Hinterbliebenenversorgung. Abweichendes gilt nach § 2 Nr. 2 b UFG. (s. unten S. 528).

Berechnung des Witwen- und Waisengeldes.

§ 2.

Das Witwengeld besteht in sechzig vom Hundert derjenigen Pension, zu welcher der Verstorbene berechtigt gewesen ist oder berechtigt gewesen sein würde, wenn er am Todestag in den Ruhestand versetzt worden wäre.

Das Witwengeld soll jedoch, vorbehaltlich der im § 4 verordneten Beschränkung, nicht hinter einem Drittel des niedrigsten ruhegehaltsfähigen Diensteinkommens aus der Besoldungsgruppe A 12 zurückbleiben und nicht die Hälfte des ruhegehaltsfähigen Diensteinkommens aus der Besoldungsgruppe B 7 übersteigen.

Bei Berechnung des Witwengeldes bleibt die Verstümmelungszulage und die Alterszulage (§§ 11, 13, 32 des Offizierpensionsgesetzes vom 31. Mai 1906) stets, die Kriegszulage, Pensionserhöhung und Tropenzulage (§§ 12, 32; §§ 49, 59; §§ 66, 67; § 72 Nr. 8 ebenda) in dem Falle außer Betracht, daß die Witwe zu einer Kriegsversorgung berechtigt ist.

War der Verstorbene als Pensionär wieder in den Reichsdienst eingetreten, so wird der Berechnung des Witwengeldes derjenige Betrag zugrunde gelegt, den der Verstorbene an neuer und alter Pension bezogen hat oder hätte beziehen können.

War der Verstorbene als Pensionär außerhalb des Reichsdienstes in eine der im § 57 Nr. 2 des Reichsbeamtengesetzes bezeichneten Stellen eingetreten, so wird der Berechnung des Witwen-

geldes die festgesetzte Reichspension im vollen Betrage zugrunde gelegt.

Der Jahresbetrag des Witwengeldes ist nach oben so abzurunden, daß bei der Teilung durch drei sich volle Markbeträge ergeben.

1. **Die Fassung des Abs. 2 § 2 beruht** auf dem 9. BesErgG. v. 18. 6. 23 (RGBl. I 385). § 2 Abs. 1 u. 2 stimmt mit § 8 PrHFG. überein; § 2 Abs. 3 u. 4 entspricht dem ähnlich lautenden § 12a PrHFG. Dagegen findet sich eine dem § 2 Abs. 6 entsprechende Vorschrift über die Abrundung im PrHFG. nicht, so daß dort eine Abrundung des Witwengeldes nach oben nicht stattfindet. In Abs. 2 sind auf Grund des neuen RBesG. an Stelle der Besoldungsgruppen A I u. B 2 die Besoldungsgruppen A 12 und B 7 getreten. RFM. 27. 12. 27 (RBesBl. 201).

2. **Das Witwengeld besteht** in 60 (früher 40) vH desjenigen Ruhegehalts, zu dem der Verstorbene berechtigt gewesen ist oder berechtigt gewesen sein würde, wenn er am Todestage in den Ruhestand versetzt wäre. § 2 Abs. 1. Die Höhe des Witwengeldes ist derart bemessen, daß der Witwe unter billiger Berücksichtigung ihrer bisherigen Lebensverhältnisse und der Dienststellung des verstorbenen Mannes eine der früheren einigermaßen entsprechende Lebenshaltung ermöglicht wird. Für Notfälle stellt der Reichshaushalt den einzelnen Verwaltungen Summen zu Unterstützungen für Witwen und Waisen von Beamten zur Verfügung; an die gesetzliche Armenpflege dürfen die Hinterbliebenen von Beamten nicht verwiesen werden. ME. 27. 5. 90 (MBl. 101).

3. Um das Witwengeld ziffernmäßig festzustellen, muß stets **der Betrag des Zivilruhegehalts des Beamten** einschließlich der von ihm etwa im Heere erdienten Invalidenpension festgesetzt werden. Hat der Beamte als Angehöriger des Reichsheeres oder der Marine ein Ruhegehalt erdient und steht seinen Hinterbliebenen deshalb ein Anspruch auf Witwen- und Waisengeld zu, so ruht das Recht auf den Bezug der im Militär- und Marinedienst erdienten Witwen- und Waisengelder neben den Bezügen, die den Hinterbliebenen aus der Anstellung des Verstorbenen im Zivildienst zusteht, insoweit als das ersterwähnte Witwen- und Waisengeld unter Hinzurechnung jener anderweiten Versorgung den Betrag überschreitet, den die Hinterbliebenen nach den Vorschriften des MilHinterbG. zu beziehen hätten.

4. Bei der **Berechnung des** für die Höhe der Hinterbliebenenbezüge maßgebenden **Ruhegehalts** ist folgendes zu beachten:

a) Die ruhegehaltsfähige Dienstzeit eines im aktiven Dienst oder im einstweiligen Ruhestand verstorbenen Beamten läuft *nur bis zum Todestage* einschließlich; dies gilt, obwohl nach § 12 die Zahlung des Witwen- und Waisengeldes erst mit dem Ablaufe des Gnadenvierteljahrs beginnt.

b) Die Dienstzeiten, die bei der Zurruhesetzung berücksichtigt werden müssen, sind oben §§ 38ff. RBG. näher bezeichnet.

c) Nach den §§ 50, 52 RBG. können nun aber gewisse Dienstzeiten mit Genehmigung der obersten Reichsbehörde angerechnet werden. Um solche Dienstzeiten auch bei Gewährung der Hinterbliebenenbezüge berücksichtigen und demgemäß zu höheren Sätzen gelangen zu können, ist im § 11 HFG. dem Reichskanzler die Befugnis beigelegt, eine solche Anrechnung auch bei der Festsetzung des Witwen- und Waisengeldes zuzulassen. Diese Ermächtigung bezieht sich nicht auf die als Ruhegehaltsempfänger verstorbenen Beamten ME. 16. 2. 83 (ZBlUB. 182).

d) Die Anrechnung der in den §§ 50, 52 RBG. erwähnten Zeiten soll nur erfolgen, wenn der Beamte sich gut geführt hatte und die Hinterbliebenen würdig und bedürftig sind. Nr. 7 ME. 10. 4. 83 (MBl. 54).

5. Wegen der Berechnung des für die Ermittlung des Ruhegehalts maßgebenden **Diensteinkommens** s. oben § 4. Dabei wird der Wohnungsgeldzuschuß nach Ortsklasse B der Berechnung der Hinterbliebenenbezüge zugrunde gelegt. Hiernach kommt stets dasjenige Einkommen in Betracht, das der Beamte zur Zeit seines Todes tatsächlich bezogen hatte, ohne Rücksicht auf etwaige Veränderungen, die nach dem Todestage in sicherer Aussicht standen. Es ist aber, wenn gegen einen Beamten in einem Dienststrafurteil neben der Strafversetzung auf Verminderung des Diensteinkommens erkannt ist, der bisherige Gehaltsatz bei der Festsetzung der Hinterbliebenenbezüge nicht maßgebend, wenn der Beamte nach Rechtskraft der Entscheidung, wenn auch vor erfolgter Versetzung, mit der die Verminderung erst eintritt, stirbt; abweichendes gilt nach preuß. Beamtenrecht s. FM. 1. 9. 06 bei Müller 893.

6. Der **Mindestbetrag** des Witwengeldes beträgt vorbehaltlich der im § 4 vorgesehenen Einschränkung ein Drittel des niedrigsten ruhegehaltsfähigen Diensteinkommens aus der Besoldungsgruppe A 12 der aufsteigenden Gehälter (z. Z. 648 RM.); der **Höchstbetrag** die Hälfte des ruhegehaltsfähigen Diensteinkommens aus der Besoldungsgruppe B 7 der Einzelgehälter (z. Zt. 8721 RM.). Kein Mindest- oder Höchstbetrag ist für dasjenige Witwengeld vorgeschrieben, das im Gnadenwege gemäß § 9 gewährt wird.

7. Besonders bemessen ist das Witwengeld **im Falle des § 2 Z. 2a UFG.** (s. unten S. 528).

8. Wegen des Witwengeldes der **Althinterbliebenen** s. oben Z. 1 Abs. 2 vor § 1 HFG. S. 500.

9. Neben dem Witwengelde werden allgemein **Kinderzuschläge** gewährt. § 31 RBesG.; jedoch nur für waisengeldberechtigte Kinder, nicht für Stiefkinder. RFM. 11. 6. 28 (RFBl. 416). Das Waisengeld führt nicht zur Kürzung des Kinderzuschlags. RVersorgG. 13. 2. 28 DRichtZtg. 28 Rspr. Sp. 311.

§ 3.

Das Waisengeld beträgt jährlich:

1. für jedes Kind, dessen Mutter noch lebt und zur Zeit des Todes des Verstorbenen zum Bezuge von Witwengeld berechtigt war, ein Fünftel des Witwengeldes;

2. für jedes Kind, dessen Mutter nicht mehr lebt oder zur Zeit des Todes des Verstorbenen zum Bezuge von Witwengeld nicht berechtigt war, ein Drittel des Witwengeldes.

Der Jahresbetrag des Waisengeldes ist nach oben so abzurunden, daß bei Teilung durch drei sich volle Markbeträge ergeben.

1. § 3 Abs. 1 Z. 1 u. 2 stimmt mit § 9 **PrHFG.** überein. Dagegen findet sich eine dem Abs. 2 § 3 entsprechende Vorschrift im PrHFG. nicht, so daß dort eine Abrundung des Waisengeldes nach oben nicht stattfindet.

2. Nur die hinterbliebenen **ehelichen** oder **legitimierten Kinder** eines Beamten haben Anspruch auf Waisengeld. Ob die Legitimation der Kinder durch nachfolgende Ehe (§§ 1719 ff. BGB.) oder durch eine Verfügung der Staatsgewalt (§§ 1723 ff. BGB.) erfolgt ist, ist gleich. An Kindes Statt angenommene Kinder haben aber keinen Anspruch auf Waisengeld, wenn sie auch nach § 1757 Abs. 1 BGB. die rechtliche Stellung der ehelichen Kinder haben. ME. 1. 2. 95 (MBl. 86); ME. 23. 3. 04 (ZBlUV. 355). Andererseits verlieren diejenigen ehelichen oder legitimierten Kinder eines Beamten, die von einem anderen an Kindes Statt angenommen sind, ihren Anspruch auf Waisengeld nicht. ME. 23. 3. 04 (ZBlUV. 355). Da nur die „Kinder" der Beamten den Anspruch haben, so sind die Enkel, auch wenn ihr Vater gestorben ist, zum Bezug von Waisengeld nicht berechtigt. Abweichendes gilt aber nach § 2 Z. 2c UFG. für elternlose Enkel eines unter das UFG. fallenden Beamten.

Uneheliche Kinder haben ebenfalls keinen Anspruch auf Waisengeld. Für die Berücksichtigung der unehelichen Kinder tritt mit Recht Klumker JW. **26** 1418 ein.

3. **Das Waisengeld beträgt** nach § 3:

a) für Kinder, deren Mutter lebt und zur Zeit des Todes des Beamten zum Bezuge von Witwengeld berechtigt war, ein Fünftel des Witwengeldes für jedes Kind. Dies gilt auch dann, wenn das Recht auf den Bezug des Witwengeldes gemäß § 14 Z. 1 infolge Wiederverheiratung der Mutter erloschen ist sowie wenn dieses Recht gemäß § 15 HFG. infolge Verlustes des deutschen Indigenats seitens der Mutter ruht.

b) für Kinder, deren Mutter nicht mehr lebt oder zur Zeit des Todes des Beamten zum Bezuge von Witwengeld nicht berechtigt war, ein Drittel des Witwengeldes für jedes Kind.

Das unter 3b erörterte Waisengeld ist auch dann zu gewähren, wenn eine zum Empfange von Witwengeld berechtigte Stiefmutter vorhanden sein sollte, welche die Kinder in Pflege und Erziehung hat. Nr. 18a Vorschr. d. ORK. (MBl. **82** 171). Das höhere Waisengeld ist in allen Fällen zu gewähren, in denen die Mutter der Kinder zur Zeit des Todes des Beamten keinen Anspruch auf Witwengeld hatte, z. B. weil die Ehe geschieden war.

4. **Das Waisengeld** wird seinem Betrage nach **nicht berührt, wenn das Witwengeld** Witwen, die mehr als 15 Jahre jünger als der Verstorbene waren, gemäß § 6 Abs. 1 **gekürzt wird.** § 6 Abs. 2.

5. Wegen des Waisengeldes des Kindes eines infolge eines **Betriebsunfalles** gestorbenen Beamten s. § 2 Nr. 2a UFG. (unten S. 528).

6. Ledige waisengeldberechtigte Waisen erhalten die **Kinderzuschläge** bis zum vollendeten 21. Lebensjahre, wenn Witwengeld nicht zu zahlen ist. § 31 Satz 2 RBesG.

§ 4.

Witwen- und Waisengeld dürfen weder einzeln noch zusammen den Betrag der Pension übersteigen, zu welcher der Verstorbene berechtigt gewesen ist oder berechtigt gewesen sein würde, wenn er am Todestag in den Ruhestand versetzt worden wäre.

Ergibt sich an Witwen- und Waisengeld zusammen ein höherer Betrag, so werden die einzelnen Sätze in gleichem Verhältnisse gekürzt.

1. Mit § 4 stimmt § 10 PrHFG. überein.

2. Es sollen den Hinterbliebenen eines Beamten keine höheren Bezüge aus der Reichskasse zufließen, als der Beamte selbst bei seinem Tode an Ruhegehalt erhalten hat oder erhalten haben würde, falls er am Todestage zur Ruhe gesetzt worden wäre. Der Fall, daß die Hinterbliebenenbezüge das Ruhegehalt übersteigen, tritt regelmäßig dann ein, wenn eine Witwe und mehr als drei Kinder oder wenn mehr als fünf elternlose Kinder bezugsberechtigt sind.

§ 5.

Nach dem Ausscheiden eines Witwen- oder Waisengeldberechtigten erhöht sich das Witwen- oder Waisengeld der verbleibenden Berechtigten von dem Beginne des folgenden Monats an insoweit, als sie sich noch nicht im vollen Genusse der ihnen nach §§ 2 bis 4 gebührenden Beträge befinden.

Mit § 5 stimmt § 11 PrHFG. überein.

§ 6.

War die Witwe mehr als 15 Jahre jünger als der Verstorbene, so wird das nach Maßgabe der §§ 2, 4 berechnete Witwengeld für jedes angefangene Jahr des Altersunterschieds über 15 bis

einschließlich 25 Jahre um ein Zwanzigstel gekürzt. Nach fünfjähriger Dauer der Ehe wird für jedes angefangene Jahr ihrer weiteren Dauer dem gekürzten Betrag ein Zehntel des berechneten Witwengeldes so lange hinzugesetzt, bis der volle Betrag wieder erreicht ist.

Auf den nach § 3 zu berechnenden Betrag des Waisengeldes ist diese Kürzung des Witwengeldes ohne Einfluß.

1. Mit § 6 stimmt § 12 PrHFG. überein.

2. § 6 beruht auf der Erwägung, daß die junge Witwe eines sehr viel älteren Mannes den Vorzug eines verhältnismäßig hohen Ruhegehalts genießt und daß sie ferner bei ihrer besonders großen Überlebenswahrscheinlichkeit regelmäßig die Reichskasse erheblich länger und stärker belastet, als wenn sie in einem den Lebensjahren des Mannes entsprechenden Alter stände. Diese Gesichtspunkte treten aber zurück, je länger die Ehe dauert, und deshalb erscheint es billig, diesen jungen Frauen allmählich dasselbe Witwenruhegehalt zuzuwenden wie den übrigen Witwen.

3. Bei der vorzunehmenden Kürzung ist nötigenfalls das Witwengeld auch unter den Mindestbetrag herabzusetzen. Andererseits darf bei der Kürzung in keinem Falle von einem höheren Betrag als dem Höchstbetrage ausgegangen werden. Nr. 18d d. Vorschr. der ORK. (MBl. 82 171).

§ 7.

Liegen die Voraussetzungen einer Kürzung sowohl nach § 4 als auch nach § 6 vor, so ist zunächst das Witwen- und Waisengeld nach § 4 und erst dann das Witwengeld nach § 6 zu kürzen, demnächst aber der gemäß § 6 gekürzte Betrag des Witwengeldes dem nach § 4 gekürzten Waisengelde bis zur Erreichung des vollen Betrags zuzusetzen.

Im PrHFG. findet sich eine dem § 7 entsprechende Vorschrift nicht. Es wird aber nach denselben Grundsätzen auch für die preußischen Beamten verfahren.

§ 8.

Keinen Anspruch auf Witwengeld hat die Witwe, wenn die Ehe mit dem verstorbenen Beamten innerhalb dreier Monate vor seinem Ableben geschlossen worden und die Eheschließung zu dem Zwecke erfolgt ist, um der Witwe den Bezug des Witwengeldes zu verschaffen.

Keinen Anspruch auf Witwen- und Waisengeld haben die Witwe und die hinterbliebenen Kinder eines ausgeschiedenen Be-

amten aus solcher Ehe, welche erst nach der Versetzung des Beamten in den Ruhestand geschlossen worden ist.

1. Durch die Vorschrift des § 8 Abs. 1 **soll verhindert werden,** daß Beamte, die schwerkrank sind und möglicherweise schon im Sterben liegen, noch Ehen eingehen, um einer Frauensperson lebenslängliche staatliche Versorgung zu verschaffen. Der Anspruch auf Waisengeld bleibt aber hier — anders als im Falle des Abs. 2 — unberührt.

2. **Die Ehe darf nicht nach der Versetzung des Beamten in den endgültigen Ruhestand geschlossen sein.** § 8 Abs. 2. Der einstweilige Ruhestand steht dem endgültigen nicht gleich. RVersorgG. (Großer Senat) v. 18. 5. 27 Berl. BörsZtg. **27** Nr. 267; RG. 26. 11. 26 Zeitschr. d. Reichsb. d. höher. B. **27** 214.

Die Versetzung in den Ruhestand tritt aber nicht schon mit Erlaß der Pensionierungsverfügung, sondern erst mit dem Augenblick ein, mit dem der Beamte aus seinem Amt tatsächlich ausscheidet; es ist dies regelmäßig der im § 55 RGB. vorgesehene Zeitpunkt. Hat also ein Beamter zwar nach Erlaß der Pensionierungsverfügung, aber vor seinem tatsächlichen Ausscheiden aus dem Amt die Ehe geschlossen, so findet § 8 Abs. 2 keine Anwendung.

3. Abs. 2 entspricht nicht mehr der heutigen Auffassung, daß das Ruhegehalt und die Witwenbezüge für den Beamten aufgesparte Teile seines Gehalts darstellen.

Nach Art. 6 Abs. 1 ReichsG. 4. 8. 25 (RGBl. I 183) **kann** daher der Witwe und den hinterbliebenen Kindern eines Ruhegehaltsempfängers aus solcher Ehe, die erst nach seiner Versetzung in den dauernden Ruhestand geschlossen ist, Witwen- und Waisengeld in Grenzen der gesetzlichen Hinterbliebenenbezüge von der obersten Reichsbehörde bewilligt werden. Ein Rechtsanspruch auf diese Bezüge besteht aber nicht. Dem Art. 6 Abs. 1 RG. 4. 8. 25 entspricht die neue Fassung des § 13 Abs. 2 Satz 2 PrHFG. Auch im übrigen stimmt § 8 mit § 13 PrHFG. überein.

Es wird sich hierbei insbesondere um solche Fälle handeln, in denen

a) seinerzeit trotz des fehlenden Anspruchs auf Witwen- und Waisengeld durch vorhandenes Vermögen oder abgeschlossene Versicherungen für den Unterhalt der Hinterbliebenen ausreichend gesorgt war, diese Quellen aber z. B. durch die Folgen der Inflation ganz oder doch größtenteils versiegt sind,

b) ein Ruhegehaltsempfänger nach dem Tode seiner Ehefrau im Interesse der geordneten Weiterführung seines Haushalts sowie insbesondere zur Pflege und Erziehung seiner Kinder zu einer neuen Eheschließung genötigt worden ist,

c) ein Ruhegehaltsempfänger wegen seines eigenen Gesundheitszustandes (z. B. Schwerkriegsbeschädigter) zur besseren Pflege eine Ehe geschlossen hat.

Dagegen müssen ohne weiteres die Fälle unberücksichtigt bleiben, wo offensichtlich eine Ehe lediglich zu dem Zwecke geschlossen ist, um der Ehefrau später den Bezug von Witwengeld zu verschaffen.

Die Bestimmungen im G. 4. 8. 25 (RGBl. I 183) sind als sog. **Kannvorschriften** gefaßt. Ihre Anwendung erfolgt daher **nur auf Antrag der Beteiligten und bei Bedürftigkeit.**

Die Anträge sind dem Fachminister zur Entscheidung unter Beifügung einer Berechnung des zur Gewährung vorgeschlagenen Witwen- und Waisengeldes bzw. der Witwenbeihilfe und der Personalakten vorzulegen. Falls die Personalakten nicht zu beschaffen oder soweit sie nicht ausreichend sind, sind glaubhafte Unterlagen für die Berechnung der Bezüge anderweit, erforderlichenfalls durch Anfordern der etwa im Besitze der Hinterbliebenen befindlichen Papiere oder durch Befragen der Hinterbliebenen beizubringen.

Auf die Bezüge finden die für das gesetzliche Witwen- und Waisengeld geltenden Einschränkungen entsprechende Anwendung. Danach dürfen Witwen- und Waisengeld weder einzeln noch zusammen den Betrag des Ruhegehalts übersteigen, zu welchem der Verstorbene berechtigt gewesen ist oder berechtigt gewesen sein würde, wenn er am Todestage in den Ruhestand versetzt worden wäre. Dieser Betrag darf also auch dann nicht überschritten werden, wenn neben gesetzlichem Witwen- und Waisengeld noch eine Witwenbeihilfe in Frage kommt. Beispielsweise kann im Falle des G. 4. 8. 25, wenn eine witwengeldberechtigte Witwe (ohne waisengeldberechtigte Kinder) vorhanden ist, die Witwenbeihilfe nur 100—60 = 40 vH des vorbezeichneten Ruhegehalts betragen. Erreichen das gesetzliche Witwen- und Waisengeld zusammen schon den Betrag des Ruhegehalts, so entfällt damit die Möglichkeit der Gewährung einer Witwenbeihilfe. Durch die Gewährung von gnadenweisem Witwen- und Waisengeld oder von Witwenbeihilfe auf Grund der neuen Vorschriften wird das gesetzliche Witwen- und Waisengeld nicht berührt; seine Kürzung zugunsten etwaiger Bewilligungen nach diesen Vorschriften ist unzulässig.

In der Nachweisung zur Anweisung der Versorgungsbezüge ist ausdrücklich zu bescheinigen, daß außer den in ihr genannten Personen andere versorgungsberechtigte Hinterbliebene nicht vorhanden sind. Die Nachweisung ist mit dem Feststellungsvermerk und der Bescheinigung der Richtigkeit zu versehen.

In dem dem Fachminister zu erstattenden Bericht sind die wirtschaftlichen Verhältnisse der Antragstellerin klarzulegen. Dabei ist anzugeben, ob unterhaltspflichtige oder unterstützungsfähige Verwandte vorhanden sind und in welchem Maße sie zum Unterhalt der Antragstellerin beitragen. Bei der Prüfung der Bedürftigkeitsfrage ist allgemein ein peinliches Eindringen in die Familienverhältnisse zu vermeiden.

In den Fällen, in denen die Ehe erst nach der Versetzung des Beamten in den Ruhestand geschlossen war, ist anzugeben, ob und welches Verwandtschaftsverhältnis zum Ruhegehaltsempfänger bestanden hat. In den Fällen der Scheidung ist das Ehescheidungsurteil beizufügen und anzugeben, in welcher Höhe der Verstorbene bei Lebzeiten für den Unterhalt der geschiedenen Frau zu sorgen hatte.

In den Fällen des § 18a PrHFG. ist zu berichten, wann und mit wem die Antragstellerin sich wiederverheiratet hat und wann der zweite Ehemann gestorben ist.

Bei Bewilligungen nach diesen Vorschriften kommen etwa bisher aus der Reichskasse gezahlte laufende Zuwendungen in Fortfall.

Vfg. d. PrJM. 6. 9. 26 (PrBesBl. 71, 72), die für Reichsbeamte entsprechend anzuwenden sein dürfte.

4. Wenn ein zur Ruhe gesetzter Beamter in eine an sich zum Empfang des Ruhegehalts berechtigende Stellung des Reichsdienstes **wieder eintritt** und in dieser Stellung stirbt, so gebührt seinen Hinterbliebenen Witwen- und Waisengeld auch dann, wenn sie aus einer Ehe stammen, die während des Ruhestandes des Beamten vor seiner Wiederanstellung geschlossen ist.

§ 9.

Der Witwe und den ehelichen oder legitimierten Kindern eines Beamten, welchem, wenn er am Todestag in den Ruhestand versetzt worden wäre, auf Grund des § 39 des Reichsbeamtengesetzes eine lebenslängliche Pension hätte bewilligt werden dürfen, kann Witwen- und Waisengeld bis zu der in den §§ 2 bis 7 angegebenen Höhe durch den Reichskanzler bewilligt werden.

Die Hinterbliebenen derjenigen Beamten, denen **gemäß § 39 RBG.** vor vollendeter Wartezeit bei vorhandener Bedürftigkeit **ein Ruhegehalt lebenslänglich bewilligt** worden ist, haben Anspruch auf Versorgung nach dem HFG. Dagegen besteht solcher Anspruch nicht, wenn das Ruhegehalt dem Beamten nur auf bestimmte Zeit bewilligt worden war. ME. 30. 12. 84 (JMBl. 85 32).

§ 10.

Der Witwe und den ehelichen oder legitimierten Kindern eines Beamten, welche unter dem Vorbehalte des Widerrufs oder der Kündigung angestellt gewesen ist, ohne eine in den Besoldungsetats aufgeführte Stelle bekleidet zu haben, kann Witwen- und Waisengeld durch den Reichskanzler in Grenzen derjenigen Beträge bewilligt werden, welche ihnen zustehen würden, wenn der Verstorbene eine in den Besoldungsetats aufgeführte Stelle bekleidet gehabt hätte.

Das gleiche gilt für die Witwe und die ehelichen oder legitimierten Kinder eines ausgeschiedenen Beamten, welchem auf

Grund des § 37 des Reichsbeamtengesetzes eine lebenslängliche Pension bewilligt worden war, ohne daß er eine in den Besoldungsetats aufgeführte Stelle bekleidet hatte.

1. **Die unter dem Vorbehalte des Widerrufs oder der Kündigung angestellten Beamten** verschaffen ihren Hinterbliebenen Ansprüche aus dem HFG. dann, wenn sie im Falle ihrer Zurruhesetzung einen Rechtsanspruch auf Ruhegehalt hätten. Einen solchen Ruhegehaltsanspruch würden diese Beamten aber nach § 37 RBG. nur dann haben, wenn sie eine in den Besoldungsetats aufgeführte Stelle bekleidet hätten.

2. Der Witwe und den Waisen eines Beamten, der unter dem Vorbehalte des Widerrufs oder der Kündigung angestellt gewesen ist, **ohne eine in den Besoldungsetat aufgeführte Stelle bekleidet zu haben,** kann von dem Reichskanzler Witwen- und Waisengeld bis auf Höhe derjenigen Beträge bewilligt werden, welche ihnen zustehen würden, wenn der Beamte eine in den Besoldungsetats aufgeführte Stelle bekleidet hätte. War aber ein solcher Beamter bereits in den Ruhestand versetzt, so können der Witwe und den Waisen diese Bezüge nur dann zugebilligt werden, wenn dem zur Ruhe gesetzten Beamten gemäß RBG. ein lebenslängliches Ruhegehalt bewilligt worden war. Hat kein Anlaß bestanden, dem Kündigungsbeamten bei seinem Übertritt in den Ruhestand ein Ruhegehalt zuzubilligen, so können es auch die Hinterbliebenen des Beamten nicht als Unbilligkeit empfinden, daß sie vom Reiche nicht versorgt werden. Denn oberster Grundsatz der Hinterbliebenenversorgung ist, daß die Hinterbliebenen nur dann Witwen- und Waisengeld erhalten können, wenn auch der Beamte bei seinem Übertritt in den Ruhestand für versorgungswürdig erachtet worden ist.

§ 11.

Stirbt ein Beamter, welchem im Falle seiner Versetzung in den Ruhestand bei Berechnung seiner Pension die Anrechnung gewisser Zeiten auf die in Betracht kommende Dienstzeit nach §§ 50, 52 des Reichsbeamtengesetzes hätte bewilligt werden dürfen, so kann eine solche Anrechnung auch bei Festsetzung des Witwen- und Waisengeldes durch den Reichskanzler zugelassen werden.

Vgl. RG. 84 219.

§ 12.

Die Zahlung des Witwen- und Waisengeldes beginnt mit dem Ablaufe der Zeit, für welche Gnadengebührnisse gewährt sind, oder, wenn solche nicht gewährt sind, mit dem auf den Sterbetag folgenden Tage, für Waisen jedoch, die nach dem Tode ihres Vaters geboren sind, nicht früher als mit dem Tage ihrer Geburt.

Dasselbe gilt nach § 15 PrHFG. und der preußischen Verwaltungsübung. Wegen der Gnadengebührnisse s. § 7 RBG. RG. **93** 308.

Zahlung des Witwen- und Waisengeldes.

§ 13.

Das Witwen- und Waisengeld wird monatlich im voraus gezahlt. Die Festsetzung des Witwen- und Waisengeldes und die Bestimmung darüber, an wen die Zahlung zu leisten ist, erfolgt durch die oberste Reichsbehörde, welche diese Befugnisse auf andere Behörden übertragen kann.

1. Mit § 13 stimmt § 16 Abs. 1 **PrHFG.** überein. Über den Begriff „oberste Reichsbehörde" s. V. 10. 8. 28 (RGBl. I 369).

2. Die Zahlung des Witwen- und Waisengeldes **beginnt** mit dem Ablaufe des Gnadenvierteljahrs. § 12. Für Kinder, die erst nach Ablauf des Gnadenvierteljahrs geboren werden, wird das Waisengeld nicht schon vom ersten Tage des Geburtsmonats, sondern erst vom Tage der Geburt an gezahlt.

3. Zu dem Witwen- und Waisengeld werden **örtliche Sonderzuschläge, Besatzungszulagen** sowie **Kinderzuschläge** ebenso wie zu dem Ruhegehalt gewährt; s. Näheres oben Anm. 3 zu § 41 RBG u. § 31 RBesG. Ledige waisengeldberechtigte Waisen erhalten die Kinderzuschläge bis zum vollendeten 21. Lebensjahre, wenn Witwengeld nicht zu zahlen ist. § 31 RBesG. Die Kinderzuschläge, die neben dem Waisengelde gewährt werden, sind nicht als Waisenversorgung anzusehen und stehen der Witwe und nicht den Kindern zu. Das Waisengeld führt also nicht zur Kürzung des Kinderzuschlags. Eine unzulässige Doppelversorgung liegt nicht vor. RVersorgG. 13. 2. 28 DRichtZtg. **28** Rspr.Sp. 311, 312.

4. Auch für die **Althinterbliebenen** ist durch das Beamten-Altruhegehalts G. v. 21. 12. 20 (RGBl. 2109) nebst Änderungen eine Neuregelung und damit eine Verbesserung ihrer bisherigen Bezüge erfolgt. Dagegen hat sich die Rechtslage durch das neue BesG. verschlechtert; s. Z. 1 Abs. 2 vor § 1 HFG.

5. Wegen der **Zeit,** des **Ortes** und der **Art der Zahlung** gilt dasselbe wie für das Ruhegehalt; s. oben § 56 RBG.

6. Das Witwen- und Waisengeld kann mit rechtlicher Wirkung gemäß § 6 RBG. nur insoweit **abgetreten, verpfändet** oder **sonst übertragen** werden, als es der Beschlagnahme unterliegt. Dagegen kann es nach § 17 PrHFG. überhaupt nicht abgetreten oder verpfändet werden.

Wegen der **Pfändung** der Witwen- und Waisengelder, der Möglichkeit der **Aufrechnung** gegen sie und des **Zurückbehaltungsrechts** an ihnen gelten dieselben Grundsätze, die oben Anm. 2 ff. zu § 6 RBG. entwickelt sind.

§ 14.

Das Recht auf den Bezug des Witwen- und Waisengeldes erlischt:

1. für jeden Berechtigten mit dem Ablaufe des Monats, in welchem er sich verheiratet oder stirbt;

2. für jede Waise außerdem mit dem Ablaufe des Monats, in welchem sie das 18. Lebensjahr vollendet.

1. **Das Recht auf den Bezug des Witwen- und Waisengeldes erlischt** nach § 14, der mit § 18 PrHFG. übereinstimmt, in zwei Fällen:

a) Für jeden Berechtigten mit Ablauf des Monats, in dem er sich verheiratet oder stirbt. RG. **88** 329. Ein Gnadenvierteljahr wie im Falle des Todes eines Ruhegehaltsempfängers wird im Falle des Todes der Witwe oder eines Kindes nicht gezahlt. Wenn aber die Witwe stirbt, so erhöht sich das Waisengeld gemäß § 5 HFG.; die Wiederverheiratung der Witwe hat jedoch eine solche Erhöhung des Waisengeldes nicht zur Folge.

Nach Nichtigkeitserklärung der Ehe kann die Witwe Nachzahlung des Witwengeldes für die Zeit des tatsächlichen Bestehens der scheinbar gültigen Ehe beanspruchen. RG. **88** 328; RVersGer. 10. 12. 26 (RVersBl. 54).

Hat eine witwengeldberechtigte Witwe sich wieder verheiratet und stirbt der Ehemann innerhalb von 10 Jahren, so kann der Witwe nach seinem Tode eine Witwenbeihilfe bis zur Höhe des bei ihrer Wiederverheiratung erloschenen Witwengeldes gewährt werden. Neu erworbene Versorgungsansprüche werden darauf angerechnet. Ein Rechtsanspruch hierauf besteht nicht. Die Bewilligung der Witwenbeihilfe erfolgt durch die oberste Reichsbehörde oder die ihr nachgeordnete Behörde, welche das erloschene Witwengeld festgesetzt hatte. Art. 6 Abs. 3 G. 4. 8. 25 (RGBl. I 181). Dem entspricht § 18a PrPG.; s. PrFM. 2. 6. 26 (PrBesBl. 150).

b) Für jede Waise außerdem mit dem Ablaufe des Monats, in dem sie das 18. Lebensjahr vollendet. Bei Berechnung des Lebensalters ist der Tag der Geburt mitzuzählen. § 187 Abs. 2 Satz 2 BGB. Es vollendet demnach eine Waise, die am 1. Tage eines Monats geboren ist, ihr 18. Lebensjahr nicht erst an dem Monatsersten des auf die Geburt folgenden 18. Jahres, sondern bereits an dem letzten Tage des vorhergehenden Monats. ME. 15. 5. 01 u. 14. 6. 01 (MBl. 149; EVBl. 208; JMBl. 143). Wünschenswert wäre es, den dauernd erwerbsunfähigen und mittellosen Waisen auch über das 18. Lebensjahr hinaus Waisengeld zu gewähren.

2. **Andere Fälle des Erlöschens** des Rechts auf die Witwen- und Waisengelder **gibt es nicht.** Deshalb ist die Zahlung nicht etwa einzustellen, wenn der Berechtigte in günstige Vermögenslage kommt oder wenn er sich erheblicher Verfehlungen schuldig macht. Ebensowenig geht der Anspruch

auf Waisengeld verloren, wenn die Waise an Kindes Statt angenommen wird. Endlich geht auch der Anspruch der Witwe nicht unter, wenn sie im Reichs- oder Staatsdienst usw. ein Diensteinkommen bezieht; doch tritt ein Ruhen des Witwengeldes in diesem Falle ein; s. unten § 15.

3. **Die einzelnen Teilbeträge** des Witwen- und Waisengeldes können **durch Verjährung** verloren gehen. § 197, 198 BGB.

§ 15.

Das Recht auf den Bezug des Witwen- und Waisengeldes ruht:

1. solange der Berechtigte nicht Reichsangehöriger ist;

2. neben einer Versorgung, welche einem Hinterbliebenen aus einer außerhalb des Reichsdienstes erfolgten Wiederanstellung oder Beschäftigung des Verstorbenen im Sinne des § 57 Nr. 2 des Reichsbeamtengesetzes zusteht, insoweit das Witwen- oder Waisengeld unter Hinzurechnung jener anderweiten Versorgung den Betrag überschreitet, den der Hinterbliebene nach den Vorschriften dieses Gesetzes unter Zugrundelegung desjenigen Betrags zu beziehen hätte, welcher dem Verstorbenen gemäß § 59 des Reichsbeamtengesetzes zu zahlen gewesen ist oder zu zahlen gewesen wäre;

3. bei Verwendung im Reichs- oder in einem sonstigen öffentlichen Dienste im Sinne des § 57 Nr. 2 des Reichsbeamtengesetzes insoweit als

a) das Diensteinkommen der Witwe unter Hinzurechnung des Witwengeldes den Betrag übersteigt, der dem Verstorbenen an demselben Orte während derselben Zeit an Pension zugestanden hätte;

b) das Diensteinkommen der Waise unter Hinzurechnung des Waisengeldes die Hälfte des zu a bezeichneten Betrages übersteigt.

Bei Berechnung der unter Nr. 2 und 3 bezeichneten Gebührnisse gilt § 57 Nr. 2 Abs. 3 des Reichsbeamtengesetzes entsprechend.

Das Recht auf den Bezug des Witwen- und Waisengeldes **ruht** nach der neuen durch G. v. 18. 6. 23 (RGBl. I 385) bestimmten Fassung des § 15 **in vier Fällen:**

1. Solange der Berechtigte nicht Reichsangehöriger ist. Tritt der Verlust des Indigenats im Laufe eines Monats ein, so werden die Bezüge noch für den ganzen Monat gezahlt, da die Zahlung monatlich im voraus erfolgt. Erwirbt jemand im Laufe eines Monats das deutsche Indigenat wieder, so beginnt die Zahlung erst wieder mit dem Tage, mit dem der Erwerb des Indigenats sich vollzogen hat. Dutzmann 270.

2. Wenn der verstorbene Beamte als Ruhegehaltsempfänger außerhalb des Reichsdienstes im Staats- oder sonstigen

öffentlichen Dienst im Sinne des § 57 Nr. 2 RBG. wieder beschäftigt oder wieder angestellt worden war. In diesem Falle ist das Witwen- und Waisengeld nach dem aus Anlaß des Ausscheidens des Verstorbenen aus dem Reichsdienst festgesetzten Ruhegehalt zu berechnen. Jedoch sind auf die so ermittelten Beträge die den Hinterbliebenen aus der neuen Stellung des Verstorbenen zustehenden Versorgungsansprüche anzurechnen, insoweit die Hinterbliebenen ohne diese Anrechnung mehr beziehen würden, als ihnen nach dem HFG. zustehen würde. Hiernach ruht unter den gedachten Voraussetzungen das den Hinterbliebenen aus der früheren Tätigkeit des Beamten im Reichsdienst zustehende Witwen- und Waisengeld ganz oder zum Teil, wenn der verstorbene Beamte in der neuen Stellung Versorgungsansprüche für seine Hinterbliebenen erworben hatte. Diese Vorschriften wollen verhindern, daß die Hinterbliebenen eine Doppelversorgung erhalten. Wegen der Berechnung des früheren Diensteinkommens vgl. auch § 32 RBesG.

3. Bei Verwendung des Berechtigten (Witwe oder Waisen) im Reichs- oder in einem sonstigen öffentlichen Dienst im Sinne des § 57 Nr. 2 RBG. insoweit, als die in § 15 Z. 3 HFG. bezeichneten Voraussetzungen vorliegen.

Als Höchstgrenze, bis zu der nach § 15 Nr. 3 und § 16 HFG. das Witwengeld neben einem Diensteinkommen oder einer Pension aus einer Verwendung im öffentlichen Dienst unverkürzt gewährt wird, tritt an Stelle der im § 15 Nr. 3 bezeichneten Pension des Verstorbenen das ihrer Berechnung zugrunde liegende Diensteinkommen und an Stelle des im § 16 bezeichneten Hundertsatzes der Pension der gleiche Hundertsatz des entsprechenden Diensteinkommens. Dies gilt auch für die gleichartigen Ruhensvorschriften in anderen Reichsgesetzen. Art. 6 Abs. 4 G. 4. 8. 25 (RGBl. I 181).

4. Ein weiterer Fall des Ruhens s. **§ 16 HFG.**

5. § 15 entspricht dem **§ 19 PrHFG.**

Ruhen und Kürzung des Witwen- und Waisengeldes.

§ 16.

Das Recht auf den Bezug des Witwengeldes ruht neben einer Pension, die ganz oder zum Teil unmittelbar oder mittelbar aus öffentlichen Mitteln fließt, insoweit als diese unter Hinzurechnung des Witwengeldes 90 vom Hundert der im § 15 Nr. 3 bezeichneten Pension übersteigt.

§ 16 beruht auf G. v. 18. 6. 23 (RGBl. I 385).

Vgl. auch Anm. 3 zu § 15.

§ 17.

Tritt das Ruhen des Rechtes auf den Bezug von Witwen- und Waisengeld gemäß §§ 15, 16 im Laufe eines Monats ein, so wird die Zahlung mit dem Ende des Monats eingestellt; tritt es am ersten Tage eines Monats ein, so hört die Zahlung mit dem Beginne des Monats auf.

Lebt das Recht auf den Bezug von Witwen- und Waisengeld wieder auf, so hebt die Zahlung mit dem Beginne des Monats an.

§§ 16, 17 beruhen auf G. v. 18. 6. 23 (RGBl. I 385) und entsprechen den §§ 19a u. 19b PrHFG.; s. dazu PrFM. 2. 6. 26 (PrBesBl. 72).

§ 18.

Ist ein Beamter oder ein ausgeschiedener Beamter, dessen Hinterbliebenen im Falle seines Todes auf Grund dieses Gesetzes Witwen- oder Waisengeld zustehen würde oder bewilligt werden könnte, verschollen, so kann den Hinterbliebenen von der obersten Reichsbehörde das Witwen- und Waisengeld auch schon vor der Todeserklärung gewährt werden, wenn das Ableben des Verschollenen mit hoher Wahrscheinlichkeit anzunehmen ist. Den Tag, mit welchem die Zahlung des Witwen- und Waisengeldes beginnt, bestimmt in diesem Falle die oberste Reichsbehörde.

Eine ähnliche Vorschrift findet sich im PrHFG. nicht, so daß den preußischen Hinterbliebenen das Witwen- und Waisengeld erst nach der Todeserklärung bewilligt werden kann.

Über den Begriff der obersten Reichsbehörde s. V. 10. 8. 28 (RGBl. I 369); S. 547.

§ 19.

Für die Entscheidung über Ansprüche aus diesem Gesetze sind die Landgerichte ohne Rücksicht auf den Wert des Streitgegenstandes ausschließlich zuständig.

§§ 20 bis 24

sind ohne praktische Bedeutung und deshalb nicht mit abgedruckt.

III. Unfallfürsorgegesetz für Beamte und für Personen des Soldatenstandes.

Vom 18. Juni 1901 (RGBl. S. 211) nebst Änderungen.

§ 1.

Beamte der Reichszivilverwaltung, des Reichsheeres und der Kaiserlichen Marine sowie Personen des Soldatenstandes, welche in reichsgesetzlich der Unfallversicherung unterliegenden Betrieben beschäftigt sind, erhalten, wenn sie infolge eines im Dienste erlittenen Betriebsunfalls dauernd dienstunfähig werden, als Pension sechsundsechzigzweidrittel Prozent ihres jährlichen Diensteinkommens.

Personen der vorbezeichneten Art erhalten, wenn sie infolge eines im Dienste erlittenen Betriebsunfalls nicht dauernd dienstunfähig geworden, aber in ihrer Erwerbsfähigkeit beeinträchtigt worden sind, bei ihrer Entlassung aus dem Dienste als Pension:

1. im Falle völliger Erwerbsunfähigkeit für die Dauer derselben den im ersten Absatze bezeichneten Betrag;

2. im Falle teilweiser Erwerbsunfähigkeit für die Dauer derselben denjenigen Teil der vorstehend bezeichneten Pension, welcher dem Maße der durch den Unfall herbeigeführten Einbuße an Erwerbsunfähigkeit entspricht.

Ist der Verletzte infolge des Unfalls nicht nur völlig dienst- oder erwerbsunfähig, sondern auch derart hilflos geworden, daß er ohne fremde Wartung und Pflege nicht bestehen kann, so ist für die Dauer dieser Hilflosigkeit die Pension bis zu hundert Prozent des Diensteinkommens zu erhöhen.

Solange der Verletzte aus Anlaß des Unfalls tatsächlich und unverschuldet arbeitslos ist, kann in den Fällen des Abs. 2 Ziffer 2 die Pension bis zum vollen Betrage des Abs. 1 vorübergehend erhöht werden.

Steht dem Verletzten nach anderweiter reichsgesetzlicher Vorschrift ein höherer Betrag zu, so erhält er diesen.

Nach dem Wegfalle des Diensteinkommens sind dem Verletzten außerdem die noch erwachsenden Kosten des Heilverfahrens (§ 9 Abs. 1 Nr. 1 des Gewerbe-Unfallversicherungsgesetzes, Reichs-Gesetzbl. 1900 S. 585) zu ersetzen.

1. Das UFG. ist geändert durch G. 25. 10. 22, 18. 6. u. 12. 12. 23 (RGBl. I **22** 802; **23** 385 u. 1281).

Zurzeit liegt dem Reichsrat der Entwurf eines neuen Unfallfürsorgegesetzes für die Reichsbeamten vor.

Mit § 1 stimmt § 1 **PrUFG.** fast wörtlich überein.

2. **Alle Reichsbeamten** usw., die in reichsgesetzlich der Unfallversicherung unterliegenden Betrieben beschäftigt sind, sind der Fürsorge nach dem UFG. teilhaftig. Auch auf die in unfallversicherungspflichtigen Betrieben beschäftigten **Reichsbahnbeamten** und deren Hinterbliebene findet das UFG. sinngemäß Anwendung. § 9 RBahnPersG.; § 24 PersO.

Ansprüche von Personen des Soldatenstandes aus dem UFG. sind nicht von den ordentlichen Gerichten, sondern von den Versorgungsbehörden zu entscheiden. RVersG. (Großer Senat) v. 25. 2. 28 DRichtZ. **28** Rspr. Sp. 391.

Auch **außerplanmäßig, auf Probe, Widerruf** oder **Kündigung angestellte Beamte** kommen in Betracht. RG. **28** 29; **72** 74. Auch **weibliche** Beamte fallen unter das Gesetz.

Sind die Ansprüche der Beamten aus dem UFG. einmal entstanden, so gehen sie auch nicht dadurch verloren, daß vor der Bewilligung des Unfallruhegehalts usw. das Amtsverhältnis aus irgendeinem Grunde, z. B. infolge Kündigung oder Widerrufs bei nicht lebenslänglich angestellten Beamten oder infolge Dienstentlassung im förmlichen Dienststrafverfahren oder auf Grund eines den Amtsverlust kraft Gesetzes nach sich ziehenden Strafurteils beendet worden ist. RG. **72** 76; **86** 11; **91** 373.

Das UFG. findet aber **keine Anwendung** auf Personen, die, ohne Beamte zu sein, zur Reichsverwaltung **nur im Arbeitsverhältnis** stehen. Abweichendes gilt aber, wenn solche Personen bei der Ausüb ung von staat lichen Hoheitsakten in einem reichsgesetzlich der Unfallversicherung unterliegenden Betriebe einen Unfall erleiden. RG. **106** 21.

3. Die Reichsbeamten müssen ferner, wenn sie unter das UFG. fallen sollen, **in reichsgesetzlich der Unfallversicherung unterliegenden Betrieben beschäftigt sein.** Welche Betriebe der Unfallversicherung unterliegen, ist in den §§ 537 ff., 915 ff. u. 1046 ff. RVO. im einzelnen dargelegt; dazu gehören z. B. die Bergwerke, Salinen, Werften, Hüttenwerke, der gesamte Betrieb der Eisenbahnen und der Post- und Telegraphenverwaltung sowie die Betriebe der Reichswehrmacht. RG. **63** 124; **81** 56. Auch die Fahrzeuge oder Pferde haltenden Beamten der Reichsfinanzverwaltung gelten als Betriebsunternehmer im Sinne des UFG. RFM. 30. 3. 25 (RFMBl.

67). Die Beamten unterliegen nicht den Vorschriften der RVO., sondern fallen unter das UFG. Folgerichtig werden sie deshalb auch im § 554 Nr. 4 und 5 RVO. ausdrücklich für versicherungsfrei erklärt.

Ein Unfall, den ein Reichsbeamter oder Reichsbahnbeamter bei einer Lebensrettung (§ 553a RVO.) oder bei einem Betriebe zur Hilfeleistung bei Unglücksfällen erleidet, gilt im Sinne des UFG. als ein bei der Beschäftigung in einem reichsgesetzlich der Unfallversicherung unterliegenden Betrieb im Dienste erlittener Betriebsunfall. § 554a Abs. 1, § 554c RVO. in d. Fassung d. G. v. 20. 12. 28 (RGBl. I 405).

Wünschenswert wäre es, die Unfallfürsorge auch allen Beamten zuteil werden zu lassen, die in einem reichsgesetzlich der Unfallversicherung nicht unterliegenden Betriebe oder Dienstzweig beschäftigt sind und im Dienst einen Unfall erleiden. Zur Zeit haben diese Beamten nur Ansprüche auf Schadensersatz gegen das Reich bei schuldhafter Verletzung der Fürsorgepflicht s. oben § 13 A 6.

Zu den Beamten, die in reichsgesetzlich der Unfallversicherung unterliegenden Betrieben beschäftigt sind, gehören nicht bloß die eigentlichen Betriebsbeamten dieser Betriebe, sondern auch diejenigen Beamten ohne Unterschied des Ranges, die aus Anlaß der staatlichen oder polizeilichen Beaufsichtigung solcher Betriebe deren Gefahren gleichfalls ausgesetzt sind, z. B. die Bergbeamten, die Fabrikinspektoren oder Gewerbebeamten, die Forstbeamten usw. Es ist also nicht erforderlich, daß die Beamten dauernd in den Betrieben beschäftigt sind; es genügt vielmehr, daß sie vermöge ihrer amtlichen Tätigkeit irgendwie in den Betrieben tätig und ihren Gefahren ausgesetzt gewesen sind. RG. **60** 207; **73** 218; **75** 13; **86** 11; **87** 353.

Ein solcher Betrieb ist nicht die Rechnungsstelle eines Postscheckamts. Überhaupt kommt nicht der kaufmännische und Bürobetrieb, sondern nur der technische Betrieb in Frage, in dem die Beamten besonderen, dem Betriebe eigentümlichen Gefahren ausgesetzt sind. RG. **95** 131.

Auch die Beamten, welche die Zwecke des Betriebes nur mittelbar fördern, gehören hierher. RG. **63** 124; **81** 57.

Möglich ist auch, daß ein Beamter zugleich bei mehreren unfallversicherungspflichtigen Betrieben verunglückt und demgemäß mehrere im Verhältnis zum Verletzten als „Unternehmer" anzusehen sind. RG. **74** 220; **97** 202; **98** 249; RG. JW. **24** 1515[10].

4. Es muß ferner, um einen Anspruch aus dem UFG. zu rechtfertigen, ein **Unfall** vorliegen. Unter einem Unfall versteht man ein plötzliches, einen Körperschaden verursachendes Ereignis, nicht aber eine Summe fortwirkender schädlicher Einflüsse, die allmählich zu einer Erkrankung des Betroffenen führen. RG. **21** 77; **44** 254 u. 265; **52** 76 u. 277; **66** 434; **93** 34; JW. **98** 170[47]; **10** 843[86]; OLG. **14** 406 (Celle). Dazu gehören z. B. Unfälle infolge eines Hitzschlages oder Blitzschlages. RG. **44** 265; **52** 76.

Es gehören also die **sogenannten gewerblichen und Berufskrankheiten,** wie z. B. Bleivergiftungen, Lungenerkrankungen sowie Wurmkrankheiten im Bergwerksbetriebe nicht zu den Betriebsunfällen. Solche entwickeln sich häufig erst allmählich aus den Einwirkungen des Betriebes auf die in ihm beschäftigten Personen. Sie müssen als die gewöhnlichen und vorauszusehenden Nachteile des Betriebes von denen, die in ihm tätig sind, in Betracht gezogen werden. RG. **44** 260; **66** 435.

Dies gilt in der Regel auch von den sehr häufigen Bruchschäden. OLG. Stuttgart „Recht" **07** 1082 Nr. 2645.

5. Der Unfall muß sich im **Betriebsdienst** ereignet haben. Was unter dem Betriebsdienst zu verstehen ist, läßt sich allgemein nicht beantworten. Für jede Verwaltung ist besonders festzustellen, wie weit sich der eigentliche Betrieb erstreckt und welche Beamte daher als im Betriebsdienst tätig anzusehen sind. Regelmäßig wird ein Betriebsdienst nur insoweit vorliegen, als die vorzunehmenden Verrichtungen mit einer gewissen Unfallgefahr verbunden sind. Auf Personen, die nur mit Registratur-, Schreib- oder sonstigen Büroarbeiten beschäftigt werden, erstreckt sich daher das UFG. nicht. Denn sie sind nicht in einem gefahrbringenden „Betriebe" beschäftigt. Als Betrieb ist nur ein Kreis von fortgesetzt entfalteten Tätigkeiten, die einen wirtschaftlichen Zweck zum Gegenstand haben, anzusehen. RG. **77** 376; **99** 274.

6. Es umfaßt aber der Betrieb im Sinne des § 1 UFG. nicht nur die Summe aller derjenigen Tätigkeiten, welche den Zwecken des Betriebes unmittelbar dienen, sondern auch jene, **welche die Zwecke des Betriebes nur mittelbar fördern.** RG. **24** 124; **63** 128.

Hiernach sind auch solche Tätigkeiten, welche die Beförderung von Personen durch die Eisenbahn vorbereiten und somit den Personentransport der Eisenbahn mittelbar fördern, wie die Abfertigung und Überführung des Gepäcks zu den Zügen, die Ausgabe der Fahrkarten am Eisenbahnschalter, zum gesamten Betriebe der Eisenbahn zu rechnen. Der Dienst des Schalterbeamten der Eisenbahn unterliegt besonderen Gefahren; diese sind zurückzuführen auf die Eile, mit der die Fahrkartenausgabe an das andrängende Publikum in einer meist kurz bemessenen Zeit geschehen muß und auf die Unruhe und Aufregung, von der das Publikum erfahrungsgemäß oft ergriffen wird und die sich auf die Schalterbeamten leicht überträgt. RG. **63** 128. Diese vom Reichsgericht zunächst für die Eisenbahnverwaltung entwickelten Grundsätze werden auf die anderen Betriebsverwaltungen entsprechende Anwendung finden müssen. Es darf daher der Begriff des Betriebsdienstes nicht zu eng gefaßt werden.

Die Unfallfürsorge erstreckt sich aber auch nicht nur auf Gefahren, die dem Betriebe nach seiner Betriebsart eigentümlich sind, sondern auf jede konkrete Unfallgefahr, der ein Beamter bei der Beschäftigung ausgesetzt ist. RG. **75** 14; **81** 58.

7. Auf Personen, die nur zur Verrichtung **häuslicher** Dienste verwendet werden, findet das UFG. nur so weit Anwendung, als sich die Tätigkeit dieser Beamten auf das Reinigen usw. von Räumen bezieht, in denen der technische Betrieb oder der damit zusammenhängende Verkehr des Publikums hervortritt.

8. Es muß **ein ursächlicher Zusammenhang zwischen dem Betrieb und dem Unfall erkennbar sein.** Dieser Zusammenhang braucht kein unmittelbarer zu sein; es bedarf auch keiner Einheit von Ort und Zeit zwischen dem Betriebe selbst und dem den Unfall darstellenden Ereignis. Es genügt, daß der Beamte bei Eintritt des Unfalls in einer mit dem Betriebe im Zusammenhang stehenden, dem Betriebe dienstbaren Tätigkeit oder Situation gewissermaßen, wie es das Reichsversicherungsamt treffend ausdrückt, „im Banne des Betriebes" sich befunden hat. RG. **66** 435; **101** 220. Ausgeschlossen von der Unfallfürsorge sind hiernach solche Unfälle, die mit dem Betriebe zwar in äußerem Zusammenhange stehen, vielleicht sogar einer eigentümlichen Gefahr des Betriebes entspringen, die den Beamten jedoch außerhalb des Dienstes, etwa bei einem durch den Dienst nicht gebotenen Aufenthalt in den Betriebsräumen treffen. RG. **52** 76; **65** 207; **66** 435; **75** 14; **81** 58; **101** 220.

Der Zusammenhang des Unfalls mit dem Eisenbahnbetriebe ist z. B. gegeben, wenn es infolge Enge der Abteile der Eisenbahnwagen unmöglich war, einer Explosion auszuweichen. RG. „Recht" **21** Rspr. 129 Nr. 980.

Der Bann des Betriebes besteht **zeitlich** auch während der Arbeitspausen, insbesondere wenn sich die Beamten während dieser in den Diensträumen oder an der sonstigen Arbeitsstätte aufhalten. JW. **00** 511[10].

Örtlich besteht der „Bann" des Betriebes zunächst innerhalb der Diensträume oder der sonstigen für die dienstlichen Verrichtungen angewiesenen Stätte.

Die im Gepäckabfertigungsdienst beschäftigten Beamten sind zunächst innerhalb der zur Entgegennahme, Auslieferung, Abwiegen usw. bestimmten Räume gegen Unfälle nach dem UFG. geschützt; daneben aber kommt ihrer Tätigkeit derselbe Schutz auch insoweit zu, als sie sich außerhalb dieser Räume entfaltet, z. B. beim Be- und Entladen abgehender oder ankommender Gepäckwagen u. dgl.

Im übrigen gelten nicht nur die eigentlichen Arbeitsstätten, sondern auch die Zugänge zu ihnen, wie Wege, Treppen, Leitern u. dgl., als Orte, auf die sich der „Bann" des Betriebes erstreckt. Jeder Unfall also, der die Beamten auf dem Wege zu und von der Arbeit innerhalb der Grenzen des Dienstgrundstückes infolge der mangelhaften Beschaffenheit der Wege, Treppen u. dgl. trifft, gilt als Betriebsunfall. RG. **105** 64; RG. JW. **14** 496 Nr. 12; s. 545a RVO. i. d. Fassg. v. 9. 1. 26 (RGBl. I 9), wonach als Beschäftigung in einem der Versicherung unterliegenden Betriebe der mit der Beschäftigung in diesem Betriebe zusammenhängende Weg nach und von der Arbeitsstätte gilt.

Ein Betriebsunfall liegt auch dann vor, wenn der Betrieb nur eine der Ursachen des Unfalls bzw. der plötzlichen Erkrankung ist. RG. **66** 109; **69** 58; **73** 289; **102** 242; JW. **10** 650[6].

Auch ein pflichtwidriges Verhalten des Beamten nach dem Unfall kann den ursächlichen Zusammenhang zerstören. RG. **103** 145.

Der ursächliche Zusammenhang zwischen Betriebsunfall und Dienstunfähigkeit ist stets gegeben, wenn der Unfall nach dem natürlichen Verlauf der Dinge geeignet war, die Dienstunfähigkeit herbeizuführen. RG. **95** 104. Sogen. Rentenhysterie braucht nicht notwendig Folge des Betriebsunfalls zu sein. RG. **103** 144; **108** 225; RG. 28. 2. 28 „Recht" 300 = HRR. **28** Nr. 1510. Sie schließt jedoch den Zusammenhang zwischen Unfall und Schaden nicht schlechthin aus, ist aber gemäß § 254 BGB. zu prüfen. RG. 12. 11. 28 JW. **29** 936; s. dazu Straßmann a. a. O.

9. Der Beamte muß, um Ansprüche aus dem UFG. geltend machen zu können, infolge des Betriebsunfalls **dauernd dienstunfähig** geworden oder zwar nicht dauernd dienstunfähig, aber **in seiner Erwerbsfähigkeit beeinträchtigt und aus dem Dienst entlassen sein.**

a) Hiernach hat der Beamte, der durch den Unfall **nicht dauernd dienstunfähig wird, überhaupt keinen Anspruch auf Grund des UFG., wenn er noch weiter im Amte verbleibt.** Hierin liegt ein großer Mangel des Gesetzes, der in den Kreisen der beteiligten Beamten besonders schwer empfunden wird; s. Brand BR. 424.

Denn der Beamte, der einen keine dauernde Dienstunfähigkeit bedingenden Unfall erleidet, muß die oft sehr erheblichen Kosten des Heilverfahrens selbst bezahlen.

b) Es können also nur die Beamten Ansprüche auf Grund des UFG. erheben, die infolge eines Betriebsunfalls **dauernd dienstunfähig** geworden sind. Was unter der dauernden Dienstunfähigkeit zu verstehen ist, ist oben § 34 RBG. näher dargelegt. Der Nachweis der dauernden Dienstunfähigkeit wird in derselben Weise wie im Falle der ordnungsmäßigen Zurruhesetzung erbracht. Über die Frage, ob der Beamte infolge des Unfalls dienstunfähig sei, ist der Rechtsweg nicht zulässig. Dies gilt auch nach dem Inkrafttreten des Art. 129 Abs. 1 Satz 4 RV. RG. „Recht" **25** 183 Nr. 620 und 361 Nr. 1190. Erst wenn die Dienstunfähigkeit im Verwaltungswege bejaht ist, ist für die Frage, ob und in welcher Höhe Ansprüche aus dem UFG. erhoben werden können, die Anrufung ordentlicher Gerichte möglich. RG. **1** 34ff.

c) Unter Umständen ist Voraussetzung für die Unfallbezüge nicht dauernde Dienstunfähigkeit, sondern nur **Beeinträchtigung der Erwerbsfähigkeit,** wozu dann freilich **als weiteres Erfordernis** noch **Entlassung aus dem Dienste** treten muß. Es handelt sich hier um die auf Widerruf oder Kündigung angestellten Beamten. Das Recht auf

Entlassung oder Kündigung dieser Beamten wird der Behörde durch Eintritt des Unfalls nicht genommen, und wenn der verunglückte Beamte, der nicht dauernd dienstunfähig geworden ist, also keinen Anspruch auf Unfallruhegehalt nach § 1 Abs. 1 UFG. hat, Anlaß zur Entlassung oder Kündigung bietet, so kann die zuständige Behörde diese Maßregel verhängen. Dem Beschädigten würde dann jeder Anspruch aus der durch den Betriebsunfall verursachten Beschränkung seiner Erwerbsfähigkeit fehlen. Im Interesse dieser Beamten ist der zweite Absatz des § 1 UFG. ergangen. Hiernach erhalten diese Beamten, solange sie noch im Dienste verbleiben, kein Ruhegehalt; denn sie erhalten dann noch ihr Gehalt weiter, und aus diesem müssen sie, wie die mit festem Gehalt und Ruhegehaltsberechtigung angestellten Beamten, alle Mehrausgaben decken, die ihnen anläßlich des Unfalls erwachsen sind. Werden sie aber aus dem Dienst entlassen, so erhalten sie Ruhegehalt, das für den Fall völliger und teilweiser Erwerbslosigkeit verschieden hoch bemessen ist.

d) **Bei völliger Hilflosigkeit** des Verletzten werden besonders hohe Bezüge gewährt; s. näheres unten Anm. 10c.

10. **Die ruhegehaltsberechtigten Beamten**, die infolge eines Betriebsunfalls dauernd dienstunfähig werden, haben **folgende Ansprüche:**

a) Zunächst können sie, wie jeder andere Beamte, der wegen Dienstunfähigkeit in den Ruhestand versetzt wird, **ein Ruhegehalt verlangen.** Der Anspruch hat nach der Begründung und dem Sinn des Gesetzes den Charakter eines wirklichen Ruhegehaltsanspruchs. RG. **39** 354; **60** 215; **82** 259; **85** 192; **86** 375. Das Ruhegehalt beträgt als sog. Unfallruhegehalt nach § 1 Abs. 1 UFG. $66^2/_3$ vH des jährlichen Diensteinkommens, und zwar ohne Rücksicht auf die Dauer der Dienstzeit des Verletzten, so daß die Erfüllung der zehnjährigen Wartezeit kein Erfordernis für das Unfallruhegehalt ist. Das Unfallruhegehalt wird in der Regel höher sein als das gewöhnliche Ruhegehalt. Bei Beamten mit langer Dienstzeit ist aber das letztere, nach dem PG. zu gewährende Ruhegehalt höher als das Unfallruhegehalt. Deshalb ist im § 1 Abs. 5 UFG. bestimmt, daß der Verletzte, wenn ihm nach anderweiter gesetzlicher Vorschrift ein höherer Betrag zusteht, diesen erhält. Beamte mit sehr hohem Dienstalter beziehen daher, auch wenn ihre Dienstunfähigkeit sich auf einen Betriebsunfall gründet, ihr gewöhnliches Ruhegehalt nach dem PG.; für sie hat also insofern das UFG. keine Bedeutung.

Die $66^2/_3$ vH werden von dem zuletzt bezogenen jährlichen Diensteinkommen berechnet. Die Berechnung dieses Diensteinkommens erfolgt wie bei sonstigen Ruhegehältern nach Maßgabe des § 42 RBG.

b) Außer dem zu 1 erörterten Unfallruhegehalt steht dem Beamten im Falle dauernder Dienstunfähigkeit ein Anspruch auf Erstattung der ihm **nach dem Wegfalle des Diensteinkommens noch erwachsenden Kosten des Heilverfahrens zu.** RG. **101** 220.

Der Beamte muß aber die oft sehr großen Krankheitskosten zunächst aus eigenen Mitteln aufwenden, und erst wenn wegen dauernder Dienstunfähigkeit die Zurruhesetzung ausgesprochen, also regelmäßig eine Heilung gar nicht mehr möglich ist, kann er die dann ihm noch etwa erwachsenden Kosten des Heilverfahrens erstattet verlangen. Daß dieser Zustand dringend abänderungsbedürftig ist, erhellt ohne weiteres. **A. M.** RG. **95** 318.

Zu den Kosten des Heilverfahrens, die nach dem Wegfall des Diensteinkommens zu erstatten sind, gehören alle Aufwendungen, die zur Wiederherstellung der Gesundheit, Linderung der Schmerzen, Verhütung einer Verschlimmerung oder zum Zwecke der Abwendung des Todes gemacht werden; vgl. RG. 30. 3. 09 in MfdB. 299; RG. 8. 4. 10 „Recht" Nr. 2107; RG. 16. 5. 11 „Recht" S. 525; „Recht" **21** 420 Nr. 2656; RG. **90** 303; **108** 226. Es muß daher die im § 558 Nr. 1 RVO. erwähnte Krankenbehandlung gewährt werden. Sie umfaßt ärztliche Behandlung und Versorgung mit Arznei, anderen Heilmitteln sowie mit den Hilfsmitteln, die erforderlich sind, um den Erfolg des Heilverfahrens zu sichern oder die Folgen der Verletzung zu erleichtern (Krücken, Stützvorrichtungen u. dgl.). Erstattungsfähig sind daher auch Kosten für besondere Stärkungsmittel, Wein u. dgl., wenn sie notwendig sind, ferner für erforderliche besondere Pflege und Wartung. Auch die Kosten der Behandlung im Irrenhause oder in einer Nervenanstalt behufs Hebung einer durch den Betriebsunfall verursachten Geisteskrankheit oder Nervenzerrüttung gehören hierher. Dasselbe gilt von den Kosten in einem Sanatorium oder einer notwendigen Badereise, die zur Wiederherstellung der durch den Unfall erschütterten Gesundheit unternommen ist. RG. **64** 86; RG. 4. 4. 11 in PrVBl. **33** 98; RG. „Recht" **23** 256 Nr. 739; ob eine Badereise notwendig ist, entscheidet nicht die Meinung des Heilbedürftigen, sondern die objektive Beurteilung. **RG. 108** 226. Diese Kosten einer notwendigen Badekur können um diejenige Summe gekürzt werden, die der Beamte auch aufgewendet hätte, wenn er in derselben Zeit sich nicht an einem Badeorte zur Kur, sondern an seinem Wohnorte aufgehalten hätte. RG. **87** 74; **a. M.** Görres 129.

Die Kosten des Heilverfahrens können in Form einer Rente gewährt werden, wenn diese Aufwendungen nicht lediglich zeitweilig und vorübergehend erforderlich sind. Dem Fiskus bleibt überlassen, bei wesentlicher Veränderung der Verhältnisse gemäß § 323 ZPO. vorzugehen. RG. JW. **07** 323; RG. **95** 85.

c) In einem besonderen Falle wird ein **höheres** als das unter 1 erwähnte **Unfallruhegehalt** gewährt. Wenn nämlich der verletzte Beamte infolge des Unfalls nicht nur völlig dienst- oder erwerbsunfähig, sondern auch derart **hilflos** geworden ist, daß er ohne fremde Wartung und Pflege nicht bestehen kann, so ist für die Dauer dieser Hilflosigkeit nach § 1 Abs. 3 UFG. das Ruhegehalt bis zu 100 vH des Diensteinkommens, also zu dessen vollem Betrage zu erhöhen. Die Hilflosigkeit muß dauernd und nicht unerheblich sein. RG. **87** 73; **90** 313. Wer in den wesentlichen Verrichtungen des täglichen Lebens ohne die Hilfe Dritter auskommen kann, wie z. B. beim Verlust des rechten Armes, ist nicht völlig hilflos im Sinne des § 1 Abs. 3. RG. **122** 49 = JurRundsch. **29** Rspr. Nr. 153. Die Wartung und Pflege bleibt eine „fremde" im Sinne des Gesetzes auch dann, wenn sie von Familienangehörigen oder anderen zum Hausstande des verletzten Beamten gehörigen Personen geleistet wird. Liegt die vorbezeichnete Hilflosigkeit vor, so muß die Verwaltung das Ruhegehalt erhöhen und kann hierzu im Rechtswege angehalten werden. Bis zu welchem Prozentsatz zwischen $66^2/_3$ und 100 vH sie aber die Erhöhung eintreten lassen wolle, ist ihrem der Nachprüfung durch den ordentlichen Richter unterliegenden Ermessen vorbehalten. RG. **90** 313.

11. **Die Ansprüche der Kündigungsbeamten** sind dieselbem wie die der ruhegehaltsberechtigten Beamten, **wenn sie wegen dauernder Dienstunfähigkeit in den Ruhestand versetzt werden.**

Sie gestalten sich aber abweichend, wenn sie bei ihrer Dienstentlassung zwar nicht dauernd dienstunfähig geworden, **wohl aber in ihrer Erwerbsfähigkeit beeinträchtigt worden sind.** Es gilt dann folgendes:

a) im Falle völliger Erwerbslosigkeit erhalten sie für deren Dauer $66^2/_3$ vH ihres jährlichen Diensteinkommens;

b) im Falle teilweiser Erwerbsunfähigkeit erhalten sie für deren Dauer denjenigen Teil des unter a bezeichneten Unfallruhegehalts, der dem Maß der durch den Unfall herbeigeführten Einbuße an Erwerbsfähigkeit entspricht.

Das im Falle völliger oder teilweiser Erwerbsunfähigkeit zu gewährende Ruhegehalt wird nicht etwa auf Lebenszeit zugebilligt, sondern nur für die Dauer der völligen oder teilweisen Erwerbsunfähigkeit. Tritt also in den Verhältnissen, die für die Feststellung des Unfallruhegehalts maßgebend gewesen sind, eine wesentliche Veränderung ein, indem z. B. die Erwerbsfähigkeit vollständig oder doch zu einem erheblicheren Grade als früher wiedergewonnen wird, so hat eine anderweite Feststellung des Ruhegehalts zu erfolgen.

12. Eine besondere Vergünstigung ist den durch den Betriebsunfall **teilweise erwerbsunfähig** gewordenen Beamten durch § 1 Abs. 4 UFG. gewährt. Solange sie nämlich aus Anlaß des Unfalls tatsächlich und **unverschuldet arbeitslos** sind, kann ihr Unfallruhegehalt vorübergehend bis zu $66^2/_3$ vH ihres Diensteinkommens erhöht werden, so daß sie dann ebensoviel erhalten, als wenn sie völlig erwerbsunfähig wären. Einen Rechtsanspruch auf Erhöhung der Rente in solchen Fällen haben aber die Beamten nicht.

Wegen der höheren Rente im Falle der Hilflosigkeit und wegen Erstattung der Kosten des Heilverfahrens gilt für die Kündigungsbeamten dasselbe, was oben Anm. 10 zu b u. c für die mit Ruhegehaltsberechtigung angestellten Beamten angeführt ist.

13. Die verletzten Beamten und ihre Hinterbliebenen haben endlich **neben den eigentlichen Unfallfürsorgeansprüchen noch weitere Ansprüche** auf Ersatz ihres Schadens; s. unten S. 537ff.

§ 2.

Die Hinterbliebenen solcher im § 1 bezeichneten Personen, welche infolge eines im Dienste erlittenen Betriebsunfalls gestorben sind, erhalten:

1. als Sterbegeld, sofern ihnen nicht nach anderweiter Bestimmung Anspruch auf Gnadenquartal oder Gnadenmonat zusteht, den Betrag des einmonatigen Diensteinkommens oder der einmonatigen Pension des Verstorbenen;

2. eine Rente. Diese beträgt

a) für die Witwe bis zu deren Tode oder Wiederverheiratung, ebenso für jedes Kind bis zum Ablaufe des Monats, in welchem das achtzehnte Lebensjahr vollendet wird, oder bis zur etwaigen früheren Verheiratung zwanzig Prozent des jährlichen Diensteinkommens des Verstorbenen, jedoch für die Witwe nicht unter 216 Mark und nicht mehr als 2160 Mark, für jedes Kind nicht unter 126 Mark und nicht mehr als 540 Mark jährlich;

b) für Verwandte der aufsteigenden Linie, wenn ihr Lebensunterhalt ganz oder überwiegend durch den Verstorbenen bestritten worden war, bis zum Wegfalle der Bedürftigkeit insgesamt zwanzig Prozent des Diensteinkommens des Verstorbenen, jedoch nicht unter 126 Mark und nicht mehr als 540 Mark jährlich; sind mehrere Berechtigte dieser Art vorhanden, so wird die Rente den Eltern vor den Großeltern gewährt;

c) für elternlose Enkel, falls ihr Lebensunterhalt ganz oder überwiegend durch den Verstorbenen bestritten worden war, im Falle der Bedürftigkeit bis zum Ablaufe des Monats, in welchem das achtzehnte Lebensjahr vollendet wird, oder bis zur etwaigen früheren Verheiratung insgesamt zwanzig Prozent des Diensteinkommens des Verstorbenen, jedoch nicht unter 126 Mark und nicht mehr als 540 Mark jährlich.

Die Renten dürfen zusammen sechzig Prozent des Diensteinkommens nicht übersteigen. Ergibt sich ein höherer Betrag, so haben die Verwandten der aufsteigenden Linie nur insoweit einen Anspruch, als durch die Renten der Witwe und der Kinder der

Höchstbetrag der Renten nicht erreicht wird, die Enkel nur so weit, als der Höchstbetrag der Renten nicht für Ehegatten, Kinder oder Verwandte der aufsteigenden Linie in Anspruch genommen wird. Soweit die Renten der Witwe und der Kinder den zulässigen Höchstbetrag überschreiten, werden die einzelnen Renten in gleichem Verhältnisse gekürzt.

Steht nach anderweiter reichsgesetzlicher Vorschrift einem von den Hinterbliebenen ein höherer Betrag zu, so erhält er diesen.

Der Anspruch der Witwe ist ausgeschlossen, wenn die Ehe erst nach dem Unfalle geschlossen worden ist.

1. § 2 beruht auf G. 12. 12. 23 u. 27. 2. 24 (RGBl. I **23** 1183; **24** 158). Für die **preußischen Beamten** gilt der gleichlautende § 2 PrUFG.

2. **Voraussetzung** für alle Ansprüche der Hinterbliebenen eines infolge eines Unfalls gestorbenen Beamten ist, daß der Beamte selbst, wenn er nicht gestorben, sondern in den Ruhestand versetzt wäre, nach § 1 UFG. einen Anspruch auf Unfallrente gehabt hätte und außerdem, daß der Tod des Beamten als unmittelbare oder doch mittelbare Folge des Betriebsunfalls anzusehen ist; der Unfall braucht zwar nicht die alleinige, muß aber eine Hauptursache des Todes sein.

Die Ansprüche der Hinterbliebenen bestehen nicht, wenn der Beamte den Unfall vorsätzlich oder durch ein von besonderen Folgen begleitetes Verschulden herbeigeführt hat; s. § 7 UFG.

Ob der Tod unmittelbar bei oder nach dem Unfall oder später, vor oder nach der Zurruhesetzung des Beamten erfolgt ist, ist ohne Bedeutung. Wenn aber der Beamte, sei er auch schon wegen des Unfalls zur Ruhe gesetzt, aus anderer als auf den Unfall zurückzuführender Ursache stirbt, so bemessen sich die Ansprüche der Hinterbliebenen nach dem HFG.; vgl. ME. 4. 12. 00 (EVBl. 601).

3. Ist der Beamte infolge eines im Dienste erlittenen Betriebsunfalls gestorben, so erhalten die Hinterbliebenen gemäß § 2 UFG. ein **Sterbegeld** und eine **Rente.**

a) Das **Sterbegeld** wird in der Regel an die Witwe und wenn eine solche nicht vorhanden ist, an denjenigen Angehörigen bezahlt, der die Beerdigung besorgt hat oder voraussichtlich besorgen wird.

Das Sterbegeld wird nicht gezahlt, wenn die Hinterbliebenen nach anderweiter Bestimmung der Beamtengesetze einen Anspruch auf das Gnadenvierteljahr haben. Zu den Beamten, deren Hinterbliebene Anspruch auf das Gnadenvierteljahr, d. h. die volle Besoldung des Verstorbenen für das auf den Sterbemonat folgende Vierteljahr haben, gehören alle, die mit der Wahrnehmung einer im Haushalt aufgeführten Stelle — auch wenn sie nur auf Kündigung oder Widerruf angestellt waren — betraut sind; s. oben § 7 RBG.

Das Unfallsterbegeld ist so zu berechnen, daß der Betrag des Diensteinkommens oder des Ruhegehalts noch für den Monat gezahlt wird, der auf den Sterbemonat folgt. § 9 UFG. in Verbindung mit § 69 RBG.

b) Die **Rente** ist für die Witwe, die Kinder und die sonstigen Verwandten des Verstorbenen verschieden bemessen.

Rechtskräftig geschiedene Ehefrauen sind nach dem Tode ihres früheren Ehemannes keine Witwen im Sinne des Gesetzes und haben daher keinen Anspruch auf die Unfallrente. Dagegen hat diesen Anspruch eine nur tatsächlich von ihrem Ehemanne getrennt gewesene Witwe.

Der Anspruch der Witwe auf Rente ist nach § 2 Abs. 4 UFG. ausgeschlossen, wenn die Ehe erst nach dem Unfall geschlossen ist. Frauen, die in voller Kenntnis des voraussichtlich bald zum Tode führenden Unfalls sich mit dem verunglückten Beamten nur zur Erlangung der lebenslänglichen Witwenrente verheiratet haben, sollen keinen Anspruch auf Versorgung haben.

Dagegen findet § 6 HFG. auf die Unfallwitwenrenten keine Anwendung. Es steht also auch der um mehr als 15 Jahre jüngeren Witwe des Beamten die volle Witwenrente zu. RG. **97** 348.

Die Kinder der durch einen Betriebsunfall umgekommenen Beamten stehen günstig. Denn jedes von ihnen erhält den vollen Betrag der Witwenrente (allerdings mit der sich aus Abs. 2 § 2 UFG. ergebenden Einschränkung), während die Kinder der auf andere Weise gestorbenen Beamten nur ein Fünftel oder ein Drittel des Witwengeldes erhalten. Die Unfallkinderrenten sind gleich hoch, sei es, daß die Mutter noch lebt, sei es, daß sie ebenfalls bereits gestorben ist; auch hier besteht ein Unterschied gegenüber den sonstigen Waisen. Denn letztere erhalten, wenn ihre Mutter noch lebt weniger, als wenn sie schon gestorben ist.

Den Anspruch auf die Unfallkinderrenten haben in erster Linie die ehelichen Kinder des gestorbenen Beamten, ferner aber auch die durch nachfolgende Ehe legitimierten und die für ehelich erklärten Kinder. Die unehelichen Kinder, die an Kindes Statt angenommenen Kinder, die Stiefkinder und Schwiegerkinder sind nicht rentenberechtigt; s. dazu Klunker JW. **26** 1418.

Ob die Ehe erst nach dem Unfall geschlossen ist, macht für die Rentenberechtigung der Kinder keinen Unterschied. Ebenso ist es hierfür unerheblich, ob die Ehe, aus der die Kinder hervorgegangen sind, geschieden ist oder nicht.

4. **Die Renten dürfen zusammen 60 vH des Diensteinkommens nicht übersteigen.** Ergibt sich ein höherer Betrag als 60 vH — was beim Vorhandensein vieler Kinder, von denen jedes 20 vH erhält, eintritt —, so werden sie gemäß § 2 Abs. 2 gekürzt.

§ 3.

Die Fürsorge erstreckt sich auf die Folgen von Unfällen bei häuslichen und anderen Diensten, zu denen Personen der im § 1 bezeichneten Art neben der Beschäftigung im Betriebe von ihren Vorgesetzten herangezogen werden.

Mit § 3 stimmt § 3 PrUFG. wörtlich überein.

§ 4.

Erreicht das jährliche Diensteinkommen nicht den dreihundertfachen Betrag des für den Beschäftigungsort festgesetzten ortsüblichen Tagelohns gewöhnlicher erwachsener Tagearbeiter (§ 8 des Krankenversicherungsgesetzes, Reichsgesetzbl. 1892 S. 417), so ist dieser Betrag der Berechnung zugrunde zu legen.

Bleibt der nach Abs. 1 zugrunde zu legende Betrag hinter dem Jahresarbeitsverdienste zurück, welchen während des letzten Jahres vor dem Unfalle Personen bezogen haben, welche mit Arbeiten derselben Art in demselben Betrieb oder in benachbarten gleichartigen Betrieben beschäftigt waren, so ist dieser Jahresarbeitsverdienst der Berechnung der Rente zugrunde zu legen.

Die Vorschriften der Reichsversicherungsordnung, wonach bei Bemessung der Unfallrente der Jahresarbeitsverdienst nur zu einem Teil angerechnet wird, gelten entsprechend.

Bleibt bei den nicht mit Pensionsberechtigung angestellten Beamten (§ 1) die nach vorstehenden Bestimmungen der Berechnung zugrunde zu legende Summe unter dem niedrigsten Diensteinkommen derjenigen Stellen, in welchen solche Beamte nach den bestehenden Grundsätzen zuerst mit Pensionsberechtigung angestellt werden können, so ist der letztere Betrag der Berechnung zugrunde zu legen.

1. § 4 beruht auf G. 25. 10. 22 (RGBl. I 801). Mit § 4 stimmt **§ 4 PrUFG.** wörtlich überein.

2. Die Bestimmungen des § 4 Abs. 1 bis 3 haben nur für solche gering besoldete Beamte Bedeutung, die auf Erlangung einer mit Ruhegehaltsberechtigung verbundenen Stelle nicht rechnen können. Beamte dagegen, **die auf Erlangung einer mit Ruhegehaltsberechtigung verbundenen Stelle rechnen konnten,** aber tatsächlich noch nicht mit Ruhegehaltsberechtigung angestellt waren, wie z. B. Aktuare und andere nichtplanmäßig angestellte Beamte erhalten bei Unfällen ein Ruhegehalt, dessen Berechnung zugrunde zu legen ist mindestens der Betrag des niedrigsten Diensteinkommens derjenigen Stellen, in denen solche Beamte nach den bestehenden Grundsätzen zuerst mit Ruhegehaltsberechtigung angestellt werden können.

§ 4 Abs. 4 UFG. Bei diesen „niedrigsten Diensteinkommen" ist stets auch der Wohnungsgeldzuschuß nach der Ortsklasse B zu berücksichtigen. Durch diese Vorschriften wird vermieden, daß Beamte, die nach ihrer Vorbildung und Stellung begründete Anwartschaft auf besser bezahlte Stellen haben, bei Berechnung des Unfallruhegehalts mit den Arbeitern auf eine Stufe gestellt werden.

§ 5.

Ist das der Berechnung der Hinterbliebenenrente zugrunde zu legende Diensteinkommen infolge eines früher erlittenen, nach den reichsgesetzlichen Bestimmungen über Unfallversicherung oder Unfallfürsorge entschädigten Unfalls geringer als der vor diesem Unfalle bezogene Lohn oder das vor diesem Unfalle bezogene Diensteinkommen, so ist die aus Anlaß des früheren Unfalls bei Lebzeiten bezogene Rente oder Pension dem Diensteinkommen bis zur Höhe des der früheren Entschädigung zugrunde gelegten Jahresarbeitsverdienstes oder Diensteinkommens hinzuzurechnen.

Mit § 5 stimmt § 5 PrUFG. überein.

§ 6.

Der Bezug der Pension beginnt mit dem Wegfalle des Diensteinkommens, der Bezug der Hinterbliebenenrente mit dem Ablaufe des Gnadenquartals oder Gnadenmonats oder, soweit solche nicht gewährt werden, mit dem Ablaufe derjenigen Zeit, für welche nach § 2 Abs. 1 Ziffer 1 das Diensteinkommen oder die Pension weiter bezogen ist.

Gehört der Verletzte auf Grund gesetzlicher oder statutarischer Verpflichtung einer Krankenkasse oder der Gemeindekrankenversicherung an, so wird bis zum Ablaufe der dreizehnten Woche nach dem Eintritte des Unfalls die Pension und der Ersatz der Kosten des Heilverfahrens um den Betrag der von der Krankenkasse oder der Gemeindekrankenversicherung geleisteten Krankenunterstützung gekürzt. Der Anspruch auf das Sterbegeld und vom Beginne der vierzehnten Woche ab auch der Anspruch auf die Pension sowie auf den Ersatz der Kosten des Heilverfahrens geht bis zum Betrage des von der Krankenkasse gezahlten Sterbegeldes beziehungsweise bis zum Betrage der von dieser gewährten weiteren Krankenunterstützung auf die Krankenkasse über. Als Wert der freien ärztlichen Behandlung, der Arznei und der Heilmittel (§ 6 Abs. 1

Ziffer 1 des Krankenversicherungsgesetzes) gilt die Hälfte des gesetzlichen Mindestbetrags des Krankengeldes.

Fällt das Recht auf den Pensions- oder Rentenbezug im Laufe des Monats, für welchen die Pension oder Rente gezahlt war, fort, so ist von einer Rückforderung abzusehen. Wenn für einen Teil des Monats die Pension für den Verletzten mit der Rente für die Hinterbliebenen zusammentrifft, so haben die Hinterbliebenen den höheren Betrag zu beanspruchen.

Mit § 6 stimmt § 6 PrUFG. überein.

§ 7.

Ein Anspruch auf die in den §§ 1 bis 3 bezeichneten Bezüge besteht nicht, wenn der Verletzte den Unfall vorsätzlich oder durch ein Verschulden herbeigeführt hat, wegen dessen auf Dienstentlassung oder auf Verlust des Titels und Pensionsanspruchs gegen ihn erkannt oder wegen dessen ihm die Fähigkeit zur Beschäftigung in einem öffentlichen Dienstzweig aberkannt worden ist.

Der Anspruch kann, auch ohne daß ein Urteil der bezeichneten Art ergangen ist, ganz oder teilweise abgelehnt werden, falls das Verfahren wegen des Todes oder der Abwesenheit des Betreffenden oder aus einem anderen in seiner Person liegenden Grunde nicht durchgeführt werden kann.

1. Mit § 7 stimmt § 7 PrUFG. wörtlich überein.

2. Die Ansprüche aus dem UFG. können nicht dadurch beseitigt werden, daß der Beamte später, d. h. nach dem Unfall wegen Verletzung seiner Amtspflichten, die nicht mit dem Unfall in ursächlichem Zusammenhang steht, oder wegen unwürdigen Verhaltens aus dem Dienst entlassen wird, sei es im Wege des förmlichen Dienststrafverfahrens oder durch Kündigung bei Kündigungsbeamten oder auf Grund eines den Amtsverlust kraft Gesetzes nach sich ziehenden Strafurteils. RG. **72** 79; **106** 21.

§ 8.

Ansprüche auf Grund dieses Gesetzes sind, soweit deren Feststellung nicht von Amts wegen erfolgt, bei Vermeidung des Ausschlusses vor Ablauf von zwei Jahren nach dem Eintritte des Unfalls bei der dem Verletzten unmittelbar vorgesetzten Dienstbehörde anzumelden. Die Frist gilt auch dann als gewahrt, wenn die Anmeldung bei der für den Wohnort des Entschädigungsberechtigten zuständigen unteren Verwaltungsbehörde erfolgt ist. In solchem

Falle ist die Anmeldung unverzüglich an die zuständige Stelle abzugeben und der Beteiligte davon zu benachrichtigen.

Nach Ablauf dieser Frist ist der Anmeldung nur dann Folge zu geben, wenn zugleich glaubhaft bescheinigt wird, daß eine den Anspruch begründende Folge des Unfalls erst später bemerkbar geworden oder daß der Berechtigte von der Verfolgung seines Anspruchs durch außerhalb seines Willens liegende Verhältnisse abgehalten worden ist, und wenn die Anmeldung innerhalb dreier Monate, nachdem eine Unfallfolge bemerkbar geworden oder das Hindernis für die Anmeldung weggefallen, erfolgt ist.

Jeder Unfall, welcher von Amts wegen oder durch Anmeldung der Beteiligten einer vorgesetzten Dienstbehörde bekannt wird, ist sofort zu untersuchen. Den Beteiligten ist Gelegenheit zu geben, selbst oder durch Vertreter ihre Interessen bei der Untersuchung zu wahren.

1. Mit § 8 stimmt **§ 8 PrUFG.** wörtlich überein.

2. **Jeder Unfall,** der sich im Betriebe ereignet und der von Amts wegen oder durch Anmeldung der Beteiligten der vorgesetzten Dienstbehörde bekannt wird, **ist sofort zu untersuchen.** § 8 Abs. 3 UFG. Dies gilt selbst dann, wenn zunächst noch keine Ansprüche aus dem UFG. zu erwarten sind. Denn es müssen unter allen Umständen die in Betracht kommenden Verhältnisse klargelegt und es muß das Sachverhältnis durch Vernehmung von Zeugen, Sachverständigen sowie des Verletzten selbst, auch durch Augenscheinseinnahmen, Sektionen u. dgl. eingehend erörtert werden. Auf diese Weise werden Verdunkelungen, die im Laufe der Zeit naturgemäß eintreten müssen, vermieden, auch wichtige Beweismittel, die später wegfallen können, sichergestellt. Dies ist besonders wichtig in Fällen, wo der verletzte Beamte erst nach geraumer Zeit mit Ansprüchen an die Verwaltung herantritt.

Der mit der Untersuchung beauftragte Beamte hat festzustellen: die Veranlassung und die Art des Unfalls, die getöteten oder verletzten Personen, die Art der vorgekommenen Verletzungen, den Verbleib der verletzten Personen und die Hinterbliebenen der bei dem Unfall getöteten Personen, denen ein Anspruch auf Rente zusteht. Auch die Vernehmung von Sachverständigen wird sich oft als nötig erweisen. Den Beteiligten, insbesondere also dem verletzten Beamten, ist Gelegenheit zu geben, selbst oder durch Vertreter ihre Interessen bei der Untersuchung zu wahren. § 8 Abs. 3 Satz 2 UFG.

3. Soweit die Feststellung der Ansprüche auf Grund des UFG. nicht von Amts wegen erfolgt, muß der Beamte selbst die Ansprüche **anmelden.** Die Anmeldung muß nach § 8 Abs. 1 UFG. bei Vermeidung des Aus-

schlusses der Ansprüche vor Ablauf von 2 Jahren nach dem Eintritte des Unfalls bei der dem Verletzten unmittelbar vorgesetzten Dienstbehörde erfolgen. Auch für die Hinterbliebenen eines Beamten läuft die Frist von dem Eintritt des Unfalls und nicht erst vom Tode des Beamten ab. RG. **82** 225. Eine Anmeldung des Anspruchs liegt vor, wenn der Wille, den Anspruch geltend zu machen, genügend erkennbar ausgedrückt ist. RG. **75** 323. Der Anmeldende kann auch, wenn er noch im Dienst ist, auf Feststellung seines Rechts auf Unfallpension klagen, falls er künftig infolge des Unfalls dienst- oder erwerbsunfähig werden sollte. RG. **86** 374; s. auch RG. JurRundsch. **26** Rspr. Nr. 619; RG. 11. 12. 25 Gruchot **68** 658.

Die zweijährige Frist ist eine Ausschluß- und keine Verjährungsfrist. JW. **06** 816 u. **11** 955[31]. Nach ihrem Ablauf kann also die Verwaltung nicht rechtswirksam auf die aus der Versäumung der Frist sich ergebenden Rechtsfolgen zugunsten des Beamten verzichten.

War die Feststellung des Unfalls von Amts wegen erfolgt, so kann ein Ausschluß der Ansprüche durch Fristablauf überhaupt nicht eintreten. RG. **75** 322; JW. **11** 1018[16].

4. Der das Unfallruhegehalt festsetzende Bescheid der Verwaltungsbehörde ist **widerruflich**, wenn sich später herausstellt, daß die Voraussetzungen für die Bewilligung des Ruhegehalts nicht vorgelegen haben, insbesondere die Dienstunfähigkeit nicht auf einem Dienstunfall beruht hat. RG. **62** 237; **85** 190ff.; RG. 17. 12. 25 JurRundsch. **26** Rspr. Nr. 1070; s. dagegen mit beachtlichen Gründen Richhardt Zeitschr. d. Reichsb. Deutsch. Eisenbahnb. des mittl. nichttechn. Dienstes **29** 71 (Nr. 4).

5. Der Anspruch ist u. a. auch noch zugelassen, wenn — nach früher hervorgetretenen anderen Folgen — **„eine" Folge des Unfalls** sich erst nach Ablauf der zweijährigen Frist herausgestellt hat und die Anmeldung innerhalb dreier Monate nach dem Bekanntwerden dieser Folge bewirkt wird. Der Anspruch ist also dadurch, daß andere einen Entschädigungsanspruch begründende Folgen des Unfalls innerhalb der zweijährigen Frist hervorgetreten waren, ohne daß Ansprüche erhoben worden wären, nicht ausgeschlossen. RG. **76** 401; **101** 286. „Bemerkbar geworden" ist eine den Anspruch begründende Unfallfolge erst dann, wenn der Verletzte nach sorgfältiger Prüfung gemäß seinem Urteilsvermögen zu der gewissenhaften Überzeugung kam oder kommen mußte, sein Leiden sei durch den Unfall verursacht. Für diese gewissenhafte Prüfung und Überzeugung muß der Natur der Sache nach der Ausspruch des vom Verletzten befragten Arztes das erheblichste Gewicht haben. RG. **82** 226; **101** 286; RVAN. **93** 179.

§ 9.

Soweit vorstehend nichts anderes bestimmt ist, finden auf die nach §§ 1 bis 3 zu gewährenden Bezüge die für die Beteiligten geltenden Bestimmungen über die Pension und über die Fürsorge

für Witwen und Waisen Anwendung. Auf die Bezüge von Verwandten der aufsteigenden Linie und von Enkeln finden diese Bestimmungen entsprechende Anwendung.

Die im Falle völliger oder teilweiser Erwerbsunfähigkeit zu gewährende Unfallrente gilt, wenn sie auch regelmäßig nicht auf Lebenszeit verliehen wird, als **Ruhegehalt.** Es finden deshalb auf diese Rente diejenigen Bestimmungen Anwendung, die nach den §§ 34ff. RBG. für das gewöhnliche Ruhegehalt gelten, z. B. hinsichtlich der Beschränkung der Abtretung, Verpfändung, Beschlagnahme, des Ruhens usw. RG. **95** 318; **106** 21. Auch findet über die Ansprüche auf Gewährung dieser Rente der Rechtsweg statt.

§ 10.

Die in den §§ 1, 2 bezeichneten Personen können, auch wenn sie einen Anspruch auf Pension oder Rente nicht haben, einen Anspruch auf Ersatz des durch den Unfall erlittenen Schadens gegen die Betriebsverwaltung, in deren Dienste der Unfall sich ereignet hat, überhaupt nicht und gegen deren Betriebsleiter, Bevollmächtigte oder Repräsentanten, Betriebs- oder Arbeiteraufseher nur dann geltend machen, wenn durch strafgerichtliches Urteil festgestellt worden ist, daß der in Anspruch Genommene den Unfall vorsätzlich herbeigeführt hat.

Der hiernach zulässige Anspruch ermäßigt sich um denjenigen Betrag, welcher den Berechtigten nach dem gegenwärtigen Gesetze zusteht.

§ 11.

Die in dem § 10 bezeichneten Ansprüche können, auch ohne daß die daselbst vorgesehene Feststellung durch strafgerichtliches Urteil stattgefunden hat, geltend gemacht werden, falls diese Feststellung wegen des Todes oder der Abwesenheit des Betreffenden oder aus einem anderen in seiner Person liegenden Grunde nicht erfolgen kann.

§ 12.

Die dem Verletzten oder dessen Hinterbliebenen auf Grund des § 1 des Gesetzes, betreffend die Verbindlichkeit zum Schadenersatze für die bei dem Betriebe von Eisenbahnen, Bergwerken usw. herbeigeführten Tötungen und Körperverletzungen vom 7. Juni 1871 (Reichsgesetzbl. S. 207) gegen Eisenbahnbetriebsunternehmer zustehenden Ansprüche gehen auf die Betriebsverwaltung, welche

dem Verletzten oder dessen Hinterbliebenen auf Grund des gegenwärtigen Gesetzes oder anderweiter reichsgesetzlicher Vorschrift Pensionen, Kosten des Heilverfahrens, Renten oder Sterbegelder zu zahlen hat, in Höhe dieser Bezüge und vorbehaltlich der Bestimmungen des Artikel 8 des Gesetzes vom 20. Dezember 1875 (Reichsgesetzbl. S. 318) über.

Weitergehende Ansprüche als auf diese Bezüge stehen dem Verletzten und dessen Hinterbliebenen gegen das Reich und die Bundesstaaten nicht zu.

Die Haftung anderer, in dem § 10 nicht bezeichneter Personen bestimmt sich nach den sonstigen gesetzlichen Vorschriften. Jedoch geht die Forderung des Entschädigungsberechtigten an den Dritten auf die Betriebsverwaltung insoweit über, als sie zu den im Abs. 1 gedachten Zahlungen auf Grund dieses Gesetzes verpflichtet ist.

1. Die Ansprüche des im Betriebe verunglückten Beamten und seiner Hinterbliebenen erschöpfen sich nicht in den gegen den Fiskus geltend zu machenden Forderungen auf Gewährung eines Ruhegehalts, Erstattung der Kosten des Heilverfahrens, Sterbegeld und Rente. Denn die Leistungen, die den Beamten und ihren Hinterbliebenen von der Verwaltung gemacht werden, beseitigen nicht den ganzen ihnen durch den Unfall entstandenen Schaden, gewähren ihnen vielmehr nur eine begrenzte, wenn auch völlig sichere Entschädigung. Die Beamten und ihre Hinterbiebenen können sich daher **wegen vollen Ersatzes des Schadens an diejenigen halten, die nach sonstigen gesetzlichen Vorschriften zum Ersatze herangezogen werden können.** Diesem Gedanken ist in den §§ 10 bis 12 RUFG. Ausdruck gegeben.

2. **Der Anspruch auf Ruhegehalt** gemäß § 34 RBG. und auf **Witwen- und Waisengeld** gemäß §§ 1 ff. HFG. ist nur insoweit begründet, als er die nach den §§ 1 bis 3 UFG. zu gewährenden Bezüge übersteigt. § 1 Abs. 5 UFG. In den meisten Fällen sind die Unfallruhegehälter höher, so daß dann nur diese in Betracht kommen und die gleichzeitige Gewährung eines Ruhegehalts aus den §§ 34 ff. RBG. oder Hinterbliebenenrente aus dem HFG. nicht in Frage kommen kann. Denn eine Doppelversorgung der Reichsbeamten oder ihrer Hinterbliebenen darf auch im Falle eines Unfalls nicht eintreten.

3. **Der Anspruch gegen den Reichsfiskus ist ferner gegeben wegen schuldhaften Verhaltens seiner Organe bei Ausübung der ihnen anvertrauten öffentlichen Gewalt.** Ist auf diese Weise der Unfall des Beamten hervorgerufen, so haftet das Reich nach Art. 131 RV. und § 1 G. 22. 5. 10 (RGBl. 798). Dieser Anspruch ist aber nach § 10 UFG. für die unter das UFG. fallenden Beamten und deren Hinterbliebenen, gegen die Betriebsverwaltung, in deren

Dienste sich der Unfall ereignet hat, selbst dann nicht verfolgbar, wenn sie einen Anspruch auf Ruhegehalt oder Rente nicht haben. Dasselbe gilt nach § 10 UFG. auch dann, wenn der Fiskus an sich auf Grund privatrechtlichen schuldhaften Verhaltens seines verfassungsmäßig berufenen Vertreters in Ausübung der ihm zustehenden Verrichtung gemäß §§ 89, 31, 823 ff. BGB. haften würde. Hiernach besitzen der Beamte und seine Hinterbliebenen gegen die Betriebsverwaltung, in deren Dienst sich der Unfall ereignet hat, überhaupt keinen Schadensersatzanspruch, und zwar gleichviel, ob dieser Anspruch sich auf Art. 131 RV., das RHaftpflG. oder sonstige Vorschriften, z. B. das BGB., stützen würde. RG. **69** 349; **75** 13; **99** 274; **105** 213. Handelte es sich aber um keinen eigentlichen Unfall, sondern um eine durch Verschulden eines anderen Beamten hervorgerufene bloße Diensterkrankung oder Dienstbeschädigung, so ist — da in diesem Falle ein Unfallruhegehalt überhaupt nicht zu gewähren ist — die Möglichkeit der Geltendmachung eines zivilrechtlichen Schadensersatzanspruches unbeschränkt gegeben.

Der Schaden des Beamten, der infolge eines Unfalls in den Ruhestand versetzt werden muß, besteht, abgesehen von sonstigen Vermögensnachteilen, im Wegfall des Diensteinkommens. Auf diesen Schaden muß sich der Beamte das gesetzliche Ruhegehalt anrechnen lassen, weil dieses Ruhegehalt als Ersatz für das weggefallene Diensteinkommen gewährt wird. RG. **10** 50; **15** 114; **17** 45; **64** 350; JW. **13** 601[15].

4. **Sodann besteht der Anspruch gegen den Dritten,** der den Unfall verschuldet hat. Ist dieser Dritte ein Reichsbeamter, der in Ausübung der ihm anvertrauten öffentlichen Gewalt vorsätzlich oder fahrlässig die ihm dem verletzten Beamten gegenüber obliegende Amtspflicht verletzt hat, so ist nach Art. 131 RV. und § 1 G. 22. 5. 10 die Haftung des Beamten ausgeschlossen; vielmehr kann dann nur das Reich selbst in Anspruch genommen werden. Im übrigen ist der Dritte insoweit schadensersatzpflichtig, als sonst Beamte in Anspruch genommen werden können. Ist der Dritte Nichtbeamter, so kommen lediglich die §§ 823 ff. BGB. in Frage. Jedoch können nach § 10 Abs. 1 RUFG. die Dritten, wenn sie Betriebsleiter, Bevollmächtigte oder Repräsentanten, Betriebs- oder Arbeitsaufseher derjenigen Betriebsverwaltung sind, in deren Dienst der Unfall sich ereignet hat, nur dann haftpflichtig gemacht werden, wenn durch strafgerichtliches Urteil festgestellt worden ist, daß der in Anspruch Genommene den Unfall vorsätzlich herbeigeführt hat. Auch in diesem Falle ermäßigt sich der Anspruch um denjenigen Betrag, der dem verunglückten Beamten oder seinen Hinterbliebenen nach dem UFG. zusteht.

5. Zu den Gesetzen, auf Grund deren Schadensersatzansprüche wegen eines erlittenen Betriebsunfalls ferner geltend gemacht werden können, gehört das sog. **Reichshaftpflichtgesetz,** d. h. das G. betr. die Verbindlichkeit zum Schadensersatze für die bei dem Betriebe von Eisenbahnen, Bergwerken usw. herbeigeführten Tötungen und Körperverletzungen 7. 6. 71 (RGBl. 207).

Die Grundsätze über die Haftpflicht, wie sie früher für die Staatseisenbahnen galten, kommen auch auf die neue Reichsbahngesellschaft zur Anwendung; s. Näheres RG. 14. 11. 24 in DJZ. **24** 110, 111; OLG. Darmstadt 14. 7. 24 in DJZ. **24** 124.

a) **Hiernach haftet,** wenn beim Betriebe einer Eisenbahn ein Mensch getötet oder körperlich verletzt wird, **der Betriebsunternehmer für den dadurch entstandenen Schaden,** sofern er nicht beweist, daß der Unfall durch höhere Gewalt oder durch eigenes Verschulden des Getöteten oder Verletzten verursacht ist. § 1 G. Daß Beamte und deren Hinterbliebene, die sich auf das Haftpflichtgesetz stützen können, mehr erhalten als auf Grund des UFG., ergibt § 3 G.

Hiernach ist das Haftpflichtgesetz im Gegensatze zum UFG. bestrebt, dem Verletzten und seinen Hinterbliebenen den vollen Schaden zu ersetzen, der ihnen durch den Unfall entstanden ist. Besonders macht sich der Unterschied u. a. darin geltend, daß ein Beamter, der sich auf das HaftpflG. stützen kann, von dem Betriebsunternehmer sofortigen Ersatz aller Heilungskosten verlangen kann, während er nach dem UFG. mit solchen Ansprüchen erst hervortreten kann, wenn er dauernd dienstunfähig geworden ist. Auch brauchen der Beamte und seine Hinterbliebenen sich nach dem HaftpflG. nicht mit einem Teile des Diensteinkommens als Rente zu begnügen, sondern können verlangen, daß sie das erhalten, was ihnen zugekommen wäre, wenn sich der Unfall nicht ereignet hätte.

b) Leider können nun aber die Beamten und ihre Hinterbliebenen bei Betriebsunfällen ihre Ansprüche nur selten auf das HaftpflG. gründen. Wenn sich nämlich der Unfall ereignet **beim Betriebe eines Eisenbahnunternehmens, das für Rechnung des Reichs oder eines Landes oder eines Kommunalverbandes betrieben wird,** so müssen sich die verletzten Beamten und ihre Hinterbliebenen mit den Ansprüchen auf Grund des UFG. begnügen. Weitergehende Ansprüche stehen ihnen gegen das Reich oder ein deutsches Land usw. nicht zu. § 12 Abs. 2 RUFG.

c) Günstiger stehen die Beamten und ihre Hinterbliebenen, wenn der Unfall sich **auf einer Privateisenbahn ereignet hat** oder in einem sonstigen in privaten Händen befindlichen Bahnunternehmen, wie elektrischen Straßenbahnen, Dampfstraßenbahnen u. dgl., also bei Betrieben, die regelmäßig weder vom Reich noch von einem Lande usw. unterhalten werden. In solchen Fällen können die Beamten usw. gegen die Privatunternehmungen die weitergehenden Schadensersatzansprüche auf Grund des HaftpflG. geltend machen. RG. **63** 386. Sie können dabei eine volle Entschädigung fordern und brauchen sich nicht auf eine Ausgleichung in Höhe des Unterschiedes zwischen Gehalt und Ruhegehalt zu beschränken. RG. **63** 386; **67** 139; **73** 217. Soweit aber diese Ansprüche sich mit den auf Grund des UFG. oder anderer Gesetze, wie z. B. des RBG. und HFG. (RG. **63** 387), zu bewirkenden Leistungen decken, geht die Forderung des

Beamten usw. auf die Betriebsverwaltung über, in deren Dienst der Beamte verunglückt ist. Es wird also die Betriebsverwaltung, d. h. der Fiskus oder die Kommune, Gläubigerin des Privateisenbahnunternehmens zum vollen Betrag aller Leistungen, die sie dem verletzten Beamten oder dessen Familie auf Grund des UFG., der §§ 34ff. RBG. und des HFG. zu entrichten hat. Demgegenüber darf das private Bahnunternehmen nicht geltend machen, die ihm auf Grund des HaftpflG. obliegenden Verpflichtungen seien in ihrem Gesamtbetrage auf den Unterschied zwischen dem Diensteinkommen des Verletzten und der Summe der Unfallfürsorge und ordentlichen Ruhegehaltsleistungen des Fiskus usw. zu beschränken. RG. **63** 388; **67** 139. Jedoch entsteht die Schadensersatzpflicht des Privatbahnunternehmers insoweit nicht, als der Verletzte im Augenblicke des Unfalls nach den allgemeinen gesetzlichen Bestimmungen sich eine Ruhegehaltsberechtigung bereits erdient hatte; denn insoweit würde er durch den infolge der Dienstunfähigkeit herbeigeführten Verlust des Gehalts auch abgesehen von der gesetzlichen Unfallfürsorge nicht geschädigt worden sein. Ebenso liegt die Sache hinsichtlich desjenigen Teils der Unfallpension, der den Betrag des Ruhegehalts, das der Verletzte ohne den Unfall sich höchstens erdient haben würde, übersteigt, für die Zeit nach dem Zeitpunkt, wo die Dienstunfähigkeit auch sonst eingetreten wäre. Denn nur die Möglichkeit, sich dieses letztere Ruhegehalt zu erdienen, ist dem Verletzten durch den Unfall entzogen worden. Deshalb wird für diese Zeit die Haftung des Privateisenbahnunternehmens entsprechend eingeschränkt. RG. **67** 140.

Die Stellung der Beamten gegenüber dem Privateisenbahnunternehmer ist ebenfalls sehr günstig. Denn sie können zunächst die Ansprüche auf Grund des UFG. und der §§ 34ff. RBG. gegen die Betriebsverwaltung, in deren Dienste sie stehen, geltend machen, und soweit ihr Schaden hierdurch noch nicht gedeckt ist, können sie sich an die Privateisenbahnunternehmer halten; vgl. § 12 Abs. 3 RUFG.

d) Der **Postfiskus** kann wegen des Unfalls eines Postbeamten einen Anspruch aus § 12 gegen den aus § 1 HaftpflG. Verpflichteten auch dann geltend machen, wenn der Unfall allein durch das Verschulden eines anderen Postangestellten verursacht ist. Dabei ist vorausgesetzt, daß den Postfiskus keine Schuld an dem Verhalten des Postangestellten trifft, er vielmehr bezüglich der Auswahl den Entlastungsbeweis nach § 831 BGB. erbracht hat. Das UFG. legt dem Postfiskus eine von seinem Verschulden unabhängige Verbindlichkeit auf, gibt ihm dafür aber im Umfange dieser Verbindlichkeit den Ersatzanspruch des Verletzten aus dem HaftpflG. RG. „Recht" **24** 32 Nr. 69.

6. Neben dem Haftpflichtgesetze kommt als Grundlage für Schadensersatzansprüche besonders noch das **Bürgerliche Gesetzbuch,** insbesondere die §§ 823ff. über unerlaubte Handlungen in Frage. Nach § 823 BGB.

kann der Beamte wegen des ihm zugestoßenen Unfalls denjenigen auf Ersatz des entstandenen Schadens in Anspruch nehmen, der ihn vorsätzlich oder fahrlässig widerrechtlich verletzt hat. Wegen der Art und des Umfanges der Ersatzpflicht vgl. §§ 842 bis 847, 852, 853 und § 254 BGB.; s. dazu JW. **10** 471[9].

a) Es geht aber in solchen Fällen die Forderung des entschädigungsberechtigten Beamten an den Dritten **auf die Betriebsverwaltung insoweit über,** als sie zu den Leistungen auf Grund des UFG. verpflichtet ist. Der verletzte Beamte kann also zunächst den Fiskus anhalten, ihm alles zu gewähren, was das UFG. vorsieht, und soweit ihm auf diese Weise für den eingetretenen Schaden kein Ersatz geleistet wird, kann er sich an den schuldigen Dritten halten. § 12 Abs. 3 RUFG.

Die Betriebsverwaltung erlangt also lediglich im Wege einer gesetzlichen Zession, nicht aber schon aus der unerlaubten Handlung einen Anspruch gegen den Dritten. Insbesondere erlangt sie, da sie nur mittelbar geschädigt ist, keine Rechte aus § 823 BGB. gegen den Schadenstiftenden. Es geht nur auf sie über der Anspruch, den der Beamte gegen den Dritten aus § 823 hat, und zwar in dem Umfange, in dem die Betriebsverwaltung den Beamten wegen seiner Ruhegehalts- und sonstigen Ansprüche hat abfinden müssen. Da aber die Verwaltung nur Rechte des Beamten gegen den Dritten hat, so muß sie sich auf ihre Schadensersatzforderung das anrechnen, was der Beamte infolge Ausnützung der ihm verbliebenen Erwerbstätigkeit tatsächlich erworben hat. JW. **10** 471[9]; **12** 885[57]; **13** 601[15]; RG. **75** 214; **80** 48; s. auch RG. **60** 213; **63** 382; **67** 139; **73** 217; **80** 48; **82** 257; **94** 30. Dabei hat das Reich nur darzutun, daß zwischen dem Unfall und der Zurruhesetzung ein ursächlicher Zusammenhang besteht, nicht aber, daß der Beamte infolge des Unfalls dienstunfähig gewesen ist. RG. **94** 30. Das Reich kann den dem Beamten entstandenen Schaden auch insoweit geltend machen, als er durch das vom Fiskus usw. selbst zu zahlende Ruhegehalt ausgeglichen wird. RG. **63** 382; **67** 139; **73** 213; **80** 48; **94** 30; **98** 344; JW. **13** 601[15]. Dies gilt auch von dem Ruhegehalt, das der Verletzte bis zum Unfall bereits erdient hatte. RG. **73** 218 gegen RG. **67** 139. Dagegen erstrecken sich die Ansprüche des Fiskus gegen den Dritten nicht in die Zeit hinein, in der der Beamte auch ohne den Unfall hätte in den Ruhestand versetzt werden müssen. RG. **82** 259 gegen RG. **67** 139.

b) Der Übergang der Forderung auf das Reich **erfolgt alsbald nach der Entstehung der Forderung des Beschädigten** und nicht erst mit der Feststellung des Unfallruhegehalts usw. RG. **60** 213; **80** 50; **82** 257; **94** 30. Der entschädigungspflichtige Dritte muß diesen Übergang einredeweise geltend machen, um sich nicht der Gefahr auszusetzen, doppelt in Anspruch genommen zu werden. Hat aber der Beamte aus irgendeinem Grunde keinen Anspruch aus dem UFG., so kann er seinen Schadensersatzanspruch in voller Höhe gegen den Dritten geltend machen. RG. **60** 214.

Das Reich kann außer der Forderung des Beschädigten auch etwaige sonstige Ansprüche, die es gegen den dritten Schädiger hat, geltend machen. RG. **98** 344.

Auch die Forderung des nach dem UFG. Entschädigungsberechtigten aus § 7 KraftFG. geht nach § 12 Abs. 3 UFG. auf die Betriebsverwaltung über. RG. JurRundsch. **26** Rspr. Nr. 724 (S. 582).

c) Der Ersatzanspruch ist aber in gewissen Fällen **erheblichen Einschränkungen** unterworfen. Es kann nämlich der verletzte Beamte einen Schadensersatzanspruch gegen die Betriebsverwaltung, in deren Dienst der Unfall sich ereignet hat, überhaupt nicht und gegen deren Betriebsleiter Bevollmächtigte oder Repräsentanten, Betriebs- oder Arbeitsaufseher nur dann geltend machen, wenn durch strafgerichtliches Urteil festgestellt worden ist, daß der in Anspruch Genommene den Unfall vorsätzlich herbeigeführt hat. § 10 Abs. 1 RUVG.

Wird z. B. ein Baubeamter dadurch verletzt, daß der die Bauarbeiten leitende Beamte die zur Sicherheit der Beamten vorgeschriebenen Schutzmaßregeln zu treffen unterläßt, so kann er seine Ansprüche nur auf das UFG. gründen, nicht aber den Betriebsleiter wegen der von ihm bewiesenen Fahrlässigkeit auf Ersatz des weiteren Schadens in Anspruch nehmen.

Damit sind für die Regelfälle dem Beamten nicht nur die weitergehenden Ersatzansprüche gegen die Betriebsverwaltung (das Reich), soweit sie sich auf § 1 HaftpflG. gründen, sondern alle weitergehenden Ansprüche dieser Art genommen. RG. **69** 351; **75** 10; **101** 220; **105** 213.

d) **Dritte Personen,** die nicht Betriebsleiter usw. sind einschließlich **anderer** bei dem Unfall beteiligter **Betriebsverwaltungen,** in deren Dienste der Verletzte nicht gestanden hat, bleiben nach den Vorschriften des BGB. schadensersatzpflichtig. Jedoch tritt die Verwaltung, die den Beamten nach dem UFG. entschädigt hat, bis zur Höhe dieser Entschädigung kraft cessio legis in die Forderung des verletzten Beamten und seiner Hinterbliebenen ein.

§ 13.

Auf die in den §§ 1, 2 bezeichneten Personen finden die reichsgesetzlichen Bestimmungen über Unfallversicherung keine Anwendung.

§ 14.

Staats- und Kommunalbeamten sowie deren Hinterbliebenen, für welche durch die Landesgesetzgebung oder durch statutarische Festsetzung gegen die Folgen eines im Dienste erlittenen Betriebsunfalls eine den Vorschriften der §§ 1 bis 7 des gegenwärtigen Gesetzes mindestens gleichkommende Fürsorge getroffen ist, steht wegen eines solchen Unfalls ein reichsgesetzlicher Anspruch auf Er-

satz des durch denselben erlittenen Schadens nur nach Maßgabe der §§ 10 bis 12 des gegenwärtigen Gesetzes zu. Auf solche Staats- und Kommunalbeamten sowie deren Hinterbliebene finden die reichsgesetzlichen Bestimmungen über Unfallversicherung keine Anwendung.

1. § 14 bezieht sich nur auf solche Staats- und Kommunalbeamte, die in reichsgesetzlich der Unfallversicherung unterliegenden Betrieben beschäftigt sind. Nur zu ihren Ungunsten ordnet § 14 als Ausgleich für die ihnen gewährte Unfallfürsorge den Ausschluß von Schadensersatzansprüchen an. Erleidet also ein Beamter einen Unfall in einem nicht der Unfallversicherung unterliegenden Betriebe, z. B. in einem Bürobetriebe, so ist er nicht durch § 14 beschränkt, kann also z. B. seine Ansprüche auf Art. 131 RV. u. § 839 BGB. sowie das ReichshaftungsG. v. 22. 5. 10 stützen; vgl. RG. **111** 178ff.

2. S. im übrigen Brand BR. 440ff.

IV. Auszug aus der Reichsverfassung vom 11. August 1919 (RGBl. 1383).

Artikel 39. Beamte und Angehörige der Wehrmacht bedürfen zur Ausübung ihres Amtes als Mitglieder des Reichstages oder eines Landtags keines Urlaubs.

Bewerben sie sich um einen Sitz in diesen Körperschaften, so ist ihnen der zur Vorbereitung ihrer Wahl erforderliche Urlaub zu gewähren.

Artikel 46. Der Reichspräsident ernennt und entläßt die Reichsbeamten und die Offiziere, soweit nicht durch Gesetz etwas anderes bestimmt ist. Er kann das Ernennungs- und Entlassungsrecht durch andere Behörden ausüben lassen[1]).

Artikel 109. Alle Deutschen sind vor dem Gesetze gleich.

Männer und Frauen haben grundsätzlich dieselben staatsbürgerlichen Rechte und Pflichten.

Öffentlich-rechtliche Vorrechte oder Nachteile der Geburt oder des Standes sind aufzuheben. Adelsbezeichnungen gelten nur als Teil des Namens und dürfen nicht mehr verliehen werden.

Titel dürfen nur verliehen werden, wenn sie ein Amt oder einen Beruf bezeichnen; akademische Grade sind hierdurch nicht betroffen.

Orden und Ehrenzeichen dürfen vom Staat nicht verliehen werden.

Kein Deutscher darf von einer ausländischen Regierung Titel oder Orden annehmen.

Artikel 118 Abs. 1. Jeder Deutsche hat das Recht, innerhalb der Schranken der allgemeinen Gesetze seine Meinung durch Wort, Schrift,

---

[1] Verordnung des Reichspräsidenten über Ernennung und Entlassung von Reichsbeamten. Vom 14. Juni 1922 (RGBl. I 577) in der Fassung der Verordnung vom 6. Juli 1928 (RGBl. I 196) lautet: Auf Grund des Art. 46 der Verfassung des Deutschen Reichs vom 11. 8. 1919 übertrage ich die Ausübung des mir zustehenden Ernennungs- und Entlassungsrechts hinsichtlich der Beamten der Gruppen 4 bis 12 der Besoldungsordnung A und der Gruppen 4 bis 8 der Anlage dazu den Leitern der obersten Reichsbehörden. Diese sollen auch ermächtigt sein, dieses Recht ganz oder zum Teil auf die Leiter der ihnen nachgeordneten Behörden weiter zu übertragen. Diese Bestimmungen gelten auch für die Versetzung von Beamten in den einstweiligen Ruhestand.

Für besondere Fälle behalte ich mir das Recht der Entscheidung auch bezüglich der Beamten vor, deren Ernennung und Entlassung hiernach anderen Stellen übertragen ist.

Druck, Bild oder in sonstiger Weise frei zu äußern. An diesem Rechte darf ihn kein Arbeits- oder Anstellungsverhältnis hindern, und niemand darf ihn benachteiligen, wenn er von diesem Rechte Gebrauch macht.

Artikel 126. Jeder Deutsche hat das Recht, sich schriftlich mit Bitten oder Beschwerden an die zuständige Behörde oder an die Volksvertretung zu wenden. Dieses Recht kann sowohl von einzelnen als auch von mehreren gemeinsam ausgeübt werden.

Artikel 128. Alle Staatsbürger ohne Unterschied sind nach Maßgabe der Gesetze und entsprechend ihrer Befähigung und ihren Leistungen zu den öffentlichen Ämtern zuzulassen.

Alle Ausnahmebestimmungen gegen weibliche Beamte werden beseitigt.

Die Grundlagen des Beamtenverhältnisses sind durch Reichsgesetz zu regeln.

Artikel 129. Die Anstellung der Beamten erfolgt auf Lebenszeit, soweit nicht durch Gesetz etwas anderes bestimmt ist. Ruhegehalt und Hinterbliebenenversorgung werden gesetzlich geregelt. Die wohlerworbenen Rechte der Beamten sind unverletzlich. Für die vermögensrechtlichen Ansprüche der Beamten steht der Rechtsweg offen.

Die Beamten können nur unter den gesetzlich bestimmten Voraussetzungen und Formen vorläufig ihres Amtes enthoben, einstweilen oder endgültig in den Ruhestand oder in ein anderes Amt mit geringerem Gehalt versetzt werden.

Gegen jedes dienstliche Straferkenntnis muß ein Beschwerdeweg und die Möglichkeit eines Wiederaufnahmeverfahrens eröffnet sein. In die Nachweise über die Person des Beamten sind Eintragungen von ihm ungünstigen Tatsachen erst vorzunehmen, wenn dem Beamten Gelegenheit gegeben war, sich über sie zu äußern. Dem Beamten ist Einsicht in seine Personalnachweise zu gewähren.

Die Unverletzlichkeit der wohlerworbenen Rechte und die Offenhaltung des Rechtswegs für die vermögensrechtlichen Ansprüche werden besonders auch den Berufssoldaten gewährleistet. Im übrigen wird ihre Stellung durch Reichsgesetz geregelt.

Artikel 130. Die Beamten sind Diener der Gesamtheit, nicht einer Partei.

Allen Beamten wird die Freiheit ihrer politischen Gesinnung und die Vereinigungsfreiheit gewährleistet.

Die Beamten erhalten nach näherer reichsgesetzlicher Bestimmung besondere Beamtenvertretungen.

Artikel 131. Verletzt ein Beamter in Ausübung der ihm anvertrauten öffentlichen Gewalt die ihm einem Dritten gegenüber obliegende Amtspflicht, so trifft die Verantwortlichkeit grundsätzlich den Staat oder die

Körperschaft, in deren Dienste der Beamte steht. Der Rückgriff gegen den Beamten bleibt vorbehalten. Der ordentliche Rechtsweg darf nicht ausgeschlossen werden.

Die nähere Regelung liegt der zuständigen Gesetzgebung ob.

Artikel 132. Jeder Deutsche hat nach Maßgabe der Gesetze die Pflicht zur Übernahme ehrenamtlicher Tätigkeiten.

Artikel 176. Alle öffentlichen Beamten und Angehörigen der Wehrmacht sind auf diese Verfassung zu vereidigen. Das Nähere wird durch Verordnung des Reichspräsidenten bestimmt.

V. Verordnung über die Zuständigkeit der Reichsbehörden zur Ausführung des Reichsbeamtengesetzes.

Vom 10. August 1928 (RGBl. I 369).

Verzeichnis der Reichsbehörden.

I. Oberste Reichsbehörden.

(Vgl. Reichsbeamtengesetz §§ 8, 15, 16, 33; bei Pensionierung §§ 54, 60a, 64 bis 66, 68, 69; in Disziplinarsachen §§ 75, 81, 84, 85, 96 bis 98, 101; bei der Suspension §§ 127, 128, 131; ferner §§ 139, 150, 151, 153.)

1. Das Büro des Reichspräsidenten.
2. Die Reichskanzlei.
3. Der Reichsminister des Auswärtigen.
4. Der Reichsminister des Innern.
5. Der Reichsminister der Finanzen.
6. Der Reichswirtschaftsminister.
7. Der Reichsarbeitsminister.
8. Der Reichsminister der Justiz.
9. Der Reichswehrminister.
10. Der Reichspostminister.
11. Der Reichsverkehrsminister.
12. Der Reichsminister für Ernährung und Landwirtschaft.
13. Der Reichsminister für die besetzten Gebiete.
14. Der Rechnungshof des Deutschen Reichs.

II. Höhere, der obersten Reichsbehörde unmittelbar unterstellte Reichsbehörden und Vorsteher solcher Behörden.

(Vgl. Reichsbeamtengesetz §§ 54, 81, 85, 139, 151, 153.)

A. Geschäftsbereich der Reichskanzlei.

1. Der Vertreter der Reichsregierung München.
2. Der Leiter der Reichszentrale für Heimatdienst.

B. Geschäftsbereich des Reichsministers des Innern.

1. Der Präsident des Reichsamts für Landesaufnahme.
2. Der Präsident des Reichsgesundheitsamts.

3. Der Präsident des Bundesamts für das Heimatwesen.
4. Der Direktor der Chemisch-Technischen Reichsanstalt.
5. Der Präsident der Physikalisch-Technischen Reichsanstalt.
6. Der Präsident des Reichsarchivs.
7. Die Leiter der Filmoberprüfstelle, der Prüfstellen Berlin und München.
8. Der Direktor der Reichsstelle für das Auswanderungswesen.
9. Der Direktor des Zentralnachweiseamts für Kriegerverluste und Kriegergräber.
10. Der Reichskommissar für Überwachung der öffentlichen Ordnung.
11. Der Direktor der Reichsanstalt für Erdbebenforschung.
12. Der Leiter des Gesetzsammlungsamts.
13. Die Leiter der Oberprüfstelle für Schund- und Schmutzschriften in Leipzig, der Prüfstellen Berlin und München.

C. Geschäftsbereich des Reichsministers der Finanzen.

1. Der Präsident der Reichsschuldenverwaltung, hinsichtlich der §§ 139 und 153 das Kollegium.
2. Der Präsident des Reichsfinanzhofs.
3. Der Präsident des Reichsentschädigungsamts für Kriegsschäden.
4. Der Präsident des Reichsausgleichsamts.
5. Die Präsidenten der Landesfinanzämter.
6. Der Präsident des Reichsmonopolamts für Branntwein.
7. Der Leiter der Restverwaltung für Reichsaufgaben.

D. Geschäftsbereich des Reichswirtschaftsministers.

1. Der Präsident des Statistischen Reichsamts.
2. Der Präsident des Reichsaufsichtsamts für Privatversicherung.
3. Der Präsident des Reichswirtschaftsgerichts.
4. Der Reichskommissar für Aus- und Einfuhrbewilligung, Abwickelungsstelle.
5. Der Reichskohlenkommissar, Abwicklungsstelle.

E. Geschäftsbereich des Reichsarbeitsministeriums.

1. Der Präsident des Reichsversicherungsamts.
2. Der Präsident des Reichsversorgungsgerichts.
3. Die Direktoren der Hauptversorgungsämter.

F. Geschäftsbereich des Reichsministers der Justiz.

1. Der Präsident des Reichsgerichts.
2. Der Oberreichsanwalt.
3. Der Präsident des Reichspatentamts.

G. Geschäftsbereich des Reichswehrministers.

1. Reichsheer.

a) Für das Pensionierungsverfahren und das Disziplinarverfahren.

1. Die Oberbefehlshaber der Gruppen.
2. Die Befehlshaber in den Wehrkreisen.
3. Die Kommandeure der Kavalleriedivisionen.
4. Die Gruppen- und Wehrkreisärzte.
5. Die Gruppen- und Wehrkreisintendanten.
6. Die Verwaltungsreferenten bei den Kavalleriedivisionen.
7. Die Vorstände der Wehrkreisverwaltungsämter.
8. Die Vorstände der Wehrkreisbaudirektionen.
9. Die Oberheeresanwälte.
10. Der evangelische und der katholische Feldprobst der Armee.
11. Der Direktor der Heeresbücherei.
12. Die Vorstände der Heeresforstinspektionen.

b) Für das Verfahren bei Defekten und bei Verfolgung vermögensrechtlicher Ansprüche.

1. Die Befehlshaber in den Wehrkreisen.
2. Die Kommandeure der Kavalleriedivisionen.
3. Die Gruppen- und die Wehrkreisintendanten.
4. Die Verwaltungsreferenten bei den Kavalleriedivisionen.
5. Die Vorstände der Wehrkreisverwaltungsämter.
6. Die Vorstände der Wehrkreisbaudirektionen.
7. Die Oberheeresanwälte.
8. Der Direktor der Heeresbücherei.
9. Die Vorstände der Heeresforstinspektionen.

2. Reichsmarine.

a) Für das Disziplinarverfahren.

1. Die Stationschefs.
2. Der Flottenchef.
3. Die Inspekteure.
4. Die Gerichtsherren.
5. Die Intendanten.
6. Der Oberwerftdierektor in Wilhelmshaven.
7. Der Arsenalkommandant in Kiel.
8. Die Chefs der Sanitätsämter der Marinestationen der Ostsee und der Nordsee.
9. Die Leiter der Dienststellen der Marineleitung.

b) Für das Verfahren bei Defekten und bei der Verfolgung vermögensrechtlicher Ansprüche.

1. Die Stationschefs.
2. Die Intendanten.

3. Der Oberwerftdirektor in Wilhelmshaven und der Arsenalkommandant in Kiel.

H. Geschäftsbereich des Reichspostministers.

1. Die Präsidenten der Oberpostdirektionen.
2. Der Präsident des Reichspostzentralamts und der Vorsteher der Abteilung München des Reichspostzentralamts.
3. Der Präsident der Hauptverwaltung der Versorgungsanstalt der Deutschen Reichspost.
4. Der Direktor der Reichsdruckerei.

J. Geschäftsbereich des Reichsverkehrsministers.

1. Der Leiter des Reichskanalamts.
2. Der Präsident der Deutschen Seewarte.
3. Der Leiter der Neckarbaudirektion.
4. Der Leiter des Reichswasserschutzes.
5. Der Leiter des Reichskommissariats für Seeschiffsvermessung.
6. Der Vorsitzende des Reichsoberseeamts.
7. Der Oberpräsident (Seezeichenverwaltung) in Stettin und der Regierungspräsident (Seezeichenverwaltung) in Schleswig für den ihnen unterstellten Bereich der Seezeichenverwaltung.
8. Die Reichsinspektoren für die Seeschiffer-, Seesteuermanns-, Schiffsingenieur- und Maschinistenprüfungen.
9. Der Leiter der Zentralstelle für Flugsicherung.

K. Geschäftsbereich des Reichsministers für Ernährung und Landwirtschaft.

Der Direktor der Biologischen Reichsanstalt für Land- und Forstwirtschaft.

L. Geschäftsbereich des Reichsministers für die besetzten Gebiete.

1. Der Reichskommissar für die besetzten rheinischen Gebiete in Koblenz.
2. Der Präsident der Reichsvermögensverwaltung für die besetzten rheinischen Gebiete in Koblenz.

III. Vorgesetzte Dienstbehörden und Beamte.

(Vgl. Reichsbeamtengesetz §§ 7, 12, 38, 62.)

A. Die unter I aufgeführten Behörden.

B. Geschäftsbereich der Reichskanzlei.

Die unter II A aufgeführten Behörden.

C. Geschäftsbereich des Reichsministers des Innern.

Die unter II B aufgeführten Behörden.

D. Geschäftsbereich des Reichsministers der Finanzen.

1. Die unter II C aufgeführten Behörden.
2. Die Vorsteher der Finanzämter (Hauptzollämter).
3. Die Vorsteher des Reichsfinanzzeugamts.
4. Die Vorsteher der Reichsbauämter.
5. Die Vorsteher der Reichsforstämter.

E. Geschäftsbereich des Reichswirtschaftsministers.

Die unter II D aufgeführten Behörden.

F. Geschäftsbereich des Reichsarbeitsministers.

Die unter II E aufgeführten Behörden.

G. Geschäftsbereich des Reichsministers der Justiz.

Die unter II F aufgeführten Behörden.

H. Geschäftsbereich des Reichswehrministers.

1. Reichsheer.

Die unter II G 1 aufgeführten Behörden.

2. Reichsmarine.

1. Die unter II G 2 aufgeführten Behörden.
2. Die Befehlshaber von Verbänden von Linienschiffen und Kreuzern.
3. Die Schiffskommandanten mit Rücksicht auf IV A 2b, Nr. 4.
4. Die Gerichtsherren, denen ein anderer Gerichtsherr übergeordnet ist.
5. Die Flottillenchefs.

J. Geschäftsbereich des Reichspostministers.

Die unter II H aufgeführten Behörden.

K. Geschäftsbereich des Reichsverkehrsministers.

1. Der Leiter des Reichskanalamts.
2. Der Präsident der Deutschen Seewarte.
3. Der Leiter der Neckarbaudirektion.
4. Der Leiter des Reichswasserschutzes.
5. Der Leiter des Reichskommissariats für Seeschiffsvermessung.
6. Der Vorsitzende des Reichsoberseeamts.
7. Der Oberpräsident (Seezeichenverwaltung) in Stettin und der Regierungspräsident (Seezeichenverwaltung) in Schleswig für den ihnen unterstellten Bereich der Seezeichenverwaltung.
8. Die Reichsinspektoren für die Seeschiffer-, Seesteuermanns-, Schiffsingenieur- und Maschinistenprüfungen.
9. Der Leiter der Zentralstelle für Flugsicherung.

L. Geschäftsbereich des Reichsministers für Ernährung und Landwirtschaft.

Die unter II K aufgeführte Behörde.

M. Geschäftsbereich des Reichsministers für die besetzten Gebiete.

1. Die unter II L aufgeführten Behörden.
2. Die Leiter der Reichsvermögensämter.

IV. Unmittelbar vorgesetzte Behörden und Beamte.

(Vgl. Reichsbeamtengesetz §§ 53 und 146.)

A. Geschäftsbereich des Reichswehrministers.

1. Reichsheer.

1. Der Vorsteher (Kommandeur, Direktor usw.) jeder Behörde und militärischen Anstalt hinsichtlich der bei ihr angestellten Beamten.

2. Der Vorsteher jeder Behörde, dem eine andere oder eine militärische Anstalt unmittelbar untergeben ist, hinsichtlich des Vorstehers oder, wo ein solcher fehlt, hinsichtlich der Beamten der untergebenen Behörde.

2. Reichsmarine.

a) Für die ausschließlich unter Militärbefehlshabern stehenden Militärbeamten: der nächste Dienstvorgesetzte,

b) für die übrigen Beamten:

1. Der Vorsteher (Direktor, Kommandeur, Kommandant, Flottillenchef, Halbflottillenchef usw.) jeder Behörde und militärischen Anstalt hinsichtlich der bei ihr angestellten oder kommandierten Beamten, soweit nicht die Ausnahmen von Ziffer 2, 3 und 4 zutreffen.

2. Für die nichtrichterlichen Beamten bei den Gerichtsstellen der mit der Dienstaufsicht beauftragte richterliche Justizbeamte.

3. Jeder Obermarineanwalt und Marineanwalt hinsichtlich der ihm zugeordneten Beamten.

4. Jeder I. Offizier hinsichtlich der zum Schiffsstab gehörigen Beamten, insoweit es sich nicht um Ausübung der diesen Beamten obliegenden Amtspflichten handelt.

5. Der Vorsteher jeder Behörde, dem eine andere Behörde oder eine militärische Anstalt unmittelbar untergeben ist, hinsichtlich des Vorstehers oder, wo ein solcher fehlt, hinsichtlich der Beamten der untergebenen Behörde oder Anstalt.

B. Im übrigen gelten als unmittelbar vorgesetzte Behörden und Beamte:

1. Der Vorsteher jeder Behörde hinsichtlich der bei ihr angestellten Beamten.

2. Der Vorsteher jeder Behörde, welchem eine andere unmittelbar untergeben ist, hinsichtlich des Vorstehers oder, wo ein solcher fehlt, hinsichtlich der Beamten der untergebenen Behörde.

V. Besonderes für das Reichsverkehrsministerium bezüglich der zu seinem Geschäftsbereich gehörigen Reichsbeamten des ehemaligen Unternehmens „Deutsche Reichsbahn".

Die Reichsbahndirektionen
das Reichsbahn-Zentralamt
die zentralen Ämter } der Deutschen Reichsbahn-Gesellschaft

sind mit Wirkung vom Tage des Überganges des Rechtes zum Betriebe der Reichseisenbahnen auf die Deutsche Reichsbahn-Gesellschaft ermächtigt und beauftragt worden, gegenüber Wartegeld- und Ruhegehaltsempfängern sowie Hinterbliebenen aus dem Kreise der vor dem Übergange des Betriebsrechts vorhandenen Reichsbeamten des ehemaligen Unternehmens „Deutsche Reichsbahn" bis auf weiteres die Befugnisse auszuüben, die im Reichsbeamtengesetz und in sonstigen die Rechte und Pflichten der vorgenannten Personen regelnden Gesetzen und Verordnungen Reichsbehörden oder Beamten übertragen sind, soweit diese Befugnisse nicht vom Reichspräsidenten oder von der obersten Reichsbehörde selbst wahrgenommen werden müssen.

Im Rahmen des ihnen erteilten Auftrags gelten als:

A. Höhere Reichsbehörden (vgl. Abschnitt II)

1. die Reichsbahndirektionen
2. das Reichsbahn-Zentralamt
3. die zentralen Ämter } der Deutschen Reichsbahn-Gesellschaft.

B. Vorgesetzte Dienstbehörden (vgl. Abschnitt III)

1. die Reichsbahndirektionen
2. das Reichsbahn-Zentralamt
3. die zentralen Ämter } der Deutschen Reichsbahn-Gesellschaft.

C. Unmittelbar vorgesetzte Behörden und Beamte (vgl. Abschnitt IV).

Jede Reichsbahnstelle oder deren Vorsteher.

VI. Gesetz über die Pflichten der Beamten zum Schutze der Republik vom 21. Juli 1922 (RGBl. I S. 590).

Artikel 1. Das Reichsbeamtengesetz in der Fassung der Bekanntmachung vom 18. Mai 1907 (RGBl. 245) wird wie folgt geändert:

A. § 3 erhält folgende Fassung:

Jeder Reichsbeamte ist auf die Reichsverfassung (Artikel 176) und auf die gewissenhafte Erfüllung aller Obliegenheiten des ihm übertragenen Amtes eidlich zu verpflichten.

Die Eidesleistung soll bei der Aushändigung der Bestallung oder dem Dienstantritt, spätestens in unmittelbarem Anschluß an den Dienstantritt, stattfinden. Wird sie verweigert, so ist die Ernennung des Beamten in seinem Rechtsverhältnis zum Reich nichtig.

Über den Ersatz der Eidesleistung durch eine andere feierliche Erklärung bei Angehörigen einer Religionsgemeinschaft, denen die Eidesleistung aus religiösen Gründen verboten ist, bestimmt der Reichsminister des Innern im einzelnen Falle.

B. Hinter dem § 10 werden folgende §§ 10a und 10b eingefügt:

§ 10a. Der Reichsbeamte ist verpflichtet, in seiner amtlichen Tätigkeit für die verfassungsmäßige republikanische Staatsgewalt einzutreten.

Er hat alles zu unterlassen, was mit seiner Stellung als Beamter der Republik nicht zu vereinbaren ist. Insbesondere ist ihm untersagt:

1. sein Amt oder die ihm kraft seiner amtlichen Stellung zugänglichen Einrichtungen für Bestrebungen zur Änderung der verfassungsmäßigen republikanischen Staatsform zu mißbrauchen;

2. bei Ausübung der Amtstätigkeit oder unter Mißbrauch seiner amtlichen Stellung über die verfassungsmäßige republikanische Staatsform, die Reichsflagge oder über die verfassungsmäßigen Regierungen des Reichs oder eines Landes zur Bekundung der Mißachtung Äußerungen zu tun, die geeignet sind, sie in der öffentlichen Meinung herabzusetzen;

3. bei Ausübung der Amtstätigkeit oder unter Mißbrauch seiner amtlichen Stellung auf die ihm unterstellten oder zugewiesenen Beamten, Angestellten und Arbeiter, Zöglinge oder Schüler im Sinne mißachtender Herabsetzung der verfassungsmäßigen republikanischen Staatsform oder

der verfassungsmäßigen Regierungen des Reichs oder eines Landes einzuwirken;

4. Handlungen nach Nr. 1 bis 3 bei dienstlich unterstellten Personen, sofern sie im Dienste begangen werden, zu dulden.

Dem Reichsbeamten ist weiterhin untersagt, in der Öffentlichkeit gehässig oder aufreizend die Bestrebungen zu fördern, die auf Wiederherstellung der Monarchie oder gegen den Bestand der Republik gerichtet sind, oder solche Bestrebungen durch Verleumdung, Beschimpfung oder Verächtlichmachung der Republik oder von Mitgliedern der im Amte befindlichen Regierung des Reichs oder eines Landes zu unterstützen.

§ 10b. Weitergehende Verpflichtungen, die sich für den Reichsbeamten innerhalb oder außerhalb seines Amtes über die Bestimmungen des § 10a hinaus aus den besonderen Aufgaben des ihm übertragenen Amtes oder den Umständen des Falles nach den allgemeinen Vorschriften über die Pflichten der Reichsbeamten ergeben, bleiben unberührt.

C. Im § 72 Zeile 2 ist die Klammer „(§ 10)" zu ändern in „(§§ 10, 10a, 10b)".

D. Dem § 76 wird als Abs. 2 angefügt:

Liegt ein Vergehen gegen § 10a Abs. 2 und 3 im Rückfall vor, so ist auf Dienstentlassung zu erkennen.

E. Der § 87 Abs. 2 des Reichsbeamtengesetzes erhält folgende Fassung:

Durch Anordnung des Reichspräsidenten können im Einvernehmen mit dem Reichsrat einzelne Disziplinarkammern auch an anderen Orten errichtet oder nach anderen Orten verlegt werden.

F. § 89 erhält folgende Fassung:

Jede Disziplinarkammer besteht aus sieben Mitgliedern.

Der Präsident und wenigstens zwei andere Mitglieder müssen in richterlicher Stellung im Reiche oder in einem Lande sein. Für den Präsidenten und jedes Mitglied sind Stellvertreter zu ernennen. Die übrigen Mitglieder werden aus dem Beamtenstand entnommen.

Die Disziplinarkammern entscheiden in einer Besetzung von fünf Mitgliedern mit Einschluß des Vorsitzenden. Der Vorsitzende und wenigstens ein Beisitzer müssen zu den richterlichen Mitgliedern gehören.

Auf das Verfahren sind die Gerichtsferien der ordentlichen Gerichte ohne Einfluß.

G. § 91 erhält folgende Fassung:

Der Disziplinarhof besteht aus elf Mitgliedern.

Der Präsident und zwei Mitglieder müssen zu den Mitgliedern des Reichsgerichts gehören. Zwei weitere Mitglieder müssen Bevollmächtigte zum Reichsrat sein. Die übrigen Mitglieder werden aus dem Beamtenstand entnommen. Für jedes Mitglied sind vier Stellvertreter zu ernennen.

Die mündliche Verhandlung und Entscheidung in den einzelnen Disziplinarsachen erfolgt durch sieben Mitglieder. Der Vorsitzende und wenigstens ein Mitglied müssen zu den richterlichen Mitgliedern gehören.

H. Der § 93 erhält folgende Fassung:

Die Mitglieder der Disziplinarkammern und des Disziplinarhofs werden für die Dauer von drei Jahren vom Reichspräsidenten ernannt, die richterlichen Mitglieder und die des Reichsrats nach Anhörung des Reichsrats.

Die Amtsdauer der gegenwärtigen Mitglieder der Disziplinarkammern und des Disziplinarhofs findet mit dem 31. August 1922 ihr Ende.

Artikel 2. Die Bestimmungen der §§ 3, 10a und 10b des Reichsbeamtengesetzes gelten sinngemäß auch für Soldaten, ohne daß hierdurch die weitergehenden Vorschriften des Wehrgesetzes vom 23. März 1921 (RGBl. 329), insbesondere die Vorschriften des § 36 über das Verbot politischer Betätigung berührt werden.

Artikel 3. Durch Reichs- oder Landesgesetz kann über die bestehenden Vorschriften hinaus bestimmt werden, daß im Interesse der Festigung der verfassungsmäßigen republikanischen Staatsform nichtrichterliche Beamte, die den jetzigen Besoldungsgruppen von A XII[1] an aufwärts angehören und die entweder sich in leitender Stellung oder in der Stellung von Stellvertretern leitender Beamten befinden oder politische Entscheidungen zu treffen haben oder mit Aufgaben zum Schutze der Republik besonders betraut sind, jederzeit durch die vorgesetzte oberste Reichs- oder Landesbehörde mit Gewährung des gesetzlichen Wartegeldes einstweilen in den Ruhestand versetzt werden können. Dabei ist es unerheblich, ob die betroffenen Beamten vor oder nach dem Inkrafttreten der Reichsverfassung angestellt worden sind.

Das Gesetz hat die Kategorien von Beamten, auf die es anwendbar ist, im Rahmen der Ermächtigung des Abs. 1 näher zu bezeichnen.

Artikel 4. Auf Grund des Artikels 3 wird für nichtrichterliche Reichsbeamte folgendes bestimmt:

Durch die vorgesetzte oberste Reichsbehörde können mit Gewährung des gesetzlichen Wartegeldes im Interesse der Festigung der verfassungsmäßigen republikanischen Staatsform jederzeit einstweilen in den Ruhestand versetzt werden:

1. Leiter von Reichsbehörden und ihre Stellvertreter, die der jetzigen Besoldungsgruppe A XIII[2] oder einer höheren Gruppe angehören,
2. Ministerialräte in Dirigentenstellungen,
3. Beamte, die den jetzigen Besoldungsgruppen von A XII[3] an auf-

---

[1] Gruppe A XII des Besoldungsgesetzes vom 30. April 1920 entspricht der Gruppe A 2b des Besoldungsgesetzes vom 16. Dezember 1927.

[2] Gruppe A XIII des Besoldungsgesetzes vom 30. April 1920 entspricht der Gruppe A 1 des Besoldungsgesetzes vom 16. Dezember 1927.

[3] Vgl. die Anmerkung zu Artikel 3.

wärts angehören, wenn sie mit Aufgaben zum Schutze der Republik besonders betraut sind.

Diese Beamtenstellungen sind in dem anliegenden Verzeichnis aufgeführt. Die Reichsregierung kann das Verzeichnis unter Mitwirkung eines Ausschusses des Reichstags ändern.

Artikel 5. Beamten, die auf Grund dieses Gesetzes oder des § 25 des Reichsbeamtengesetzes in der Fassung vom 18. Mai 1907 (RGBl. 245) in den einstweiligen Ruhestand versetzt werden, sind die Kosten des Umzugs nach den für Reichsbeamte geltenden allgemeinen Vorschriften zu gewähren, sofern der Umzug bis zum Ablauf eines Jahres seit der Versetzung in den einstweiligen Ruhestand ausgeführt wird. Kann der Umzug aus wichtigen Gründen innerhalb dieser Frist nicht erfolgen, so bleibt der Anspruch auf Gewährung der Umzugskosten bei Ausführung des Umzugs innerhalb einer angemessenen Frist seit Wegfall der wichtigen Gründe unberührt.

Artikel 6. Die Folgen der Verweigerung des Eides auf die Reichsverfassung regeln sich für die Beamten, die beim Inkrafttreten dieses Gesetzes bereits angestellt sind, nach den bisher geltenden Bestimmungen.

Artikel 7. Dieses Gesetz tritt mit dem Tage der Verkündung in Kraft.

Verzeichnis

zum Artikel 4 Nr. 3 des Gesetzes über die Pflichten der Beamten zum Schutze der Republik.

Dem Artikel 4 Nr. 3 des Gesetzes über die Pflichten der Beamten zum Schutze der Republik unterfallen folgende Beamte:

der Reichskommissar für die Überwachung der öffentlichen Ordnung,

die planmäßigen und außerplanmäßigen Referenten

des Büros des Reichspräsidenten,

der Reichskanzlei,

der Abteilungen für Politik und Verfassung und für öffentliche Ordnung im Reichsministerium des Innern,

der Presseabteilung der Reichsregierung,

des Reichskommissars für die Überwachung der öffentlichen Ordnung,

die Zivilamtchefs und die planmäßigen und außerplanmäßigen Referenten des Reichswehrministeriums,

die Ministerialbürodirektoren der Büros des Reichstagspräsidenten, der Reichskanzlei, des Reichsministeriums des Innern und des Reichswehrministeriums.

VII. Verordnung über den Urlaub der Reichsbeamten und deren Stellvertretung vom 2. November 1874 (RGBl. S. 129).

§ 1.

Anträge der Reichsbeamten auf Bewilligung von Urlaub sind unter Angabe der Veranlassung und des Zweckes der unmittelbar vorgesetzten Behörde oder dem unmittelbar vorgesetzten Beamten einzureichen.

§ 2.

Der Reichskanzler bestimmt die Stellen, welche zur Erteilung von Urlaub berechtigt sind, sowie die Zeiträume, für welche von denselben Urlaub gewährt werden darf.

§ 3.

Wird ein Urlaub zur Wiederherstellung der Gesundheit nachgesucht, so ist dem Antrage eine ärztliche Bescheinigung beizufügen.

Die Stelle, welcher die Entscheidung über den Antrag zusteht, ist berechtigt, die Beibringung einer solchen Bescheinigung ausnahmsweise zu erlassen.

§ 4.

Der beurlaubte Beamte hat dafür zu sorgen, daß ihm während der Abwesenheit von seinem Wohnort Verfügungen der vorgesetzten Behörden zugestellt werden können.

§ 5.

Für die Vertretung eines beurlaubten Beamten ist zunächst von der Stelle Sorge zu tragen, welche den Urlaub erteilt.

Dieselbe setzt zugleich fest, inwieweit die dem Beurlaubten zur Bestreitung von Dienstaufwandskosten bewilligten Bezüge dem Vertreter zu überweisen sind.

§ 6.

Zur Deckung von Stellvertretungskosten findet, sofern diese nicht nach § 14 des Gesetzes vom 31. März 1873 der Reichskasse zur Last fallen, bei einem Urlaub von mehr als 1½ bis zu 6 Monaten für den anderthalb Monate übersteigenden Zeitraum ein Abzug von dem Diensteinkommen des Beurlaubten im Betrage der Hälfte desselben statt; bei fernerem Urlaub wird das ganze Diensteinkommen einbehalten.

Eine Abweichung hiervon bedarf der Genehmigung der obersten Reichsbehörde.

§ 7.

Die Urlaubsbewilligung kann jederzeit zurückgenommen werden, wenn das dienstliche Interesse es erheischt.

Für Militär- und Marinebeamte erlischt jede Urlaubsbewilligung, wenn die Kriegsbereitschaft oder die Mobilmachung der bewaffneten Macht oder einer Abteilung derselben angeordnet wird, mit der Bekanntmachung dieser Anordnung.

VIII. Gesetz betreffend Erhöhung der Pensionen von Reichsbeamten, die das fünfundsechzigste Lebensjahr vollendet haben, vom 12. September 1919 (RGBl. S. 1653)[1].

§ 1.

Die Pensionen der Reichsbeamten, die das fünfundsechzigste Lebensjahr vollendet haben oder bis zum 31. März 1920 vollenden und bis dahin ihre Versetzung in den Ruhestand nachsuchen, sowie der über fünfundsechzig Jahre alten Reichsbeamten, die seit Beginn des Krieges freiwillig in den Ruhestand getreten, aber ohne Unterbrechung im Dienste mitverwendet worden sind, werden um 10 vH, mindestens um 300 RM., erhöht.

Über den Betrag von $^{60}/_{60}$ des der Berechnung der Pension zugrunde zu legenden Diensteinkommens findet eine Erhöhung nicht statt.

§ 2.

Dieses Gesetz tritt mit dem Tage der Verkündung in Kraft.

---

[1] S. hierzu RBesBl. 1928 S. 165.

IX. Gesetz betreffend die Pensionierung von Reichsbeamten infolge der Umgestaltung des Staatswesens vom 12. September 1919 (RGBl. S. 1654).

§ 1.

Reichsbeamte, die mit der Wahrnehmung politischer Angelegenheiten betraut sind und bis zum 31. März 1920 infolge der Umgestaltung des Staatswesens ihre Pensionierung nachsuchen, können in den Ruhestand versetzt werden, ohne daß eingetretene Dienstunfähigkeit oder die Vollendung des fünfundsechzigsten Lebensjahrs Vorbedingung des Anspruchs auf Pension ist.

Im übrigen bleiben die gesetzlichen Vorschriften über die Pensionierung unberührt.

§ 2.

Das Reichsministerium bestimmt mit Zustimmung des Reichsrats, welche Beamte unter die Vorschrift des § 1 fallen, und erläßt in gleicher Weise die weiteren zur Ausführung dieses Gesetzes erforderlichen Anordnungen.

§ 3.

Dieses Gesetz tritt mit dem Tage der Verkündung in Kraft.

X. Gesetz über die Haftung des Reichs für seine Beamten.

Vom 22. Mai 1910 (RGBl. 798).

§ 1.

Verletzt ein Reichsbeamter (§ 1 des Reichsbeamtengesetzes) in Ausübung der ihm anvertrauten öffentlichen Gewalt vorsätzlich oder fahrlässig die ihm einem Dritten gegenüber obliegende Amtspflicht, so trifft die im § 839 des Bürgerlichen Gesetzbuchs bestimmte Verantwortlichkeit an Stelle des Beamten das Reich.

Ist die Verantwortlichkeit des Beamten deshalb ausgeschlossen, weil er den Schaden im Zustand der Bewußtlosigkeit oder in einem die freie Willensbestimmung ausschließenden Zustand krankhafter Störung der Geistestätigkeit verursacht hat, so hat gleichwohl das Reich den Schaden zu ersetzen, wie wenn dem Beamten Fahrlässigkeit zur Last fiele, jedoch nur insoweit, als die Billigkeit die Schadloshaltung erfordert.

Personen des Soldatenstandes stehen im Sinne dieses Gesetzes den Reichsbeamten gleich.

§ 2.

Das Reich kann von dem Beamten Ersatz des Schadens verlangen, den es durch die im § 1 Abs. 1 bestimmte Verantwortlichkeit erleidet. Der Ersatzanspruch verjährt in drei Jahren von dem Zeitpunkt an, in welchem der Ersatzanspruch des Dritten diesem gegenüber von dem Reiche anerkannt oder dem Reiche gegenüber rechtskräftig festgestellt ist.

§ 3.

Für die Ansprüche, welche auf Grund dieses Gesetzes gegen das Reich erhoben werden, sind die Landgerichte ohne Rücksicht auf den Wert des Streitgegenstandes ausschließlich zuständig.

In bürgerlichen Rechtsstreitigkeiten, in welchen durch Klage oder Widerklage ein Anspruch auf Grund dieses Gesetzes geltend gemacht ist, wird die Verhandlung und Entscheidung letzter Instanz im Sinne des § 8 des Einführungsgesetzes zum Gerichtsverfassungsgesetze dem Reichsgerichte zugewiesen.

§ 4.

Veraltet.

§ 5.

Die Vorschriften dieses Gesetzes finden keine Anwendung:

1. soweit es sich um das Verhalten solcher Beamten handelt, die, abgesehen von der Entschädigung für Dienstaufwand, auf den Bezug von Gebühren angewiesen sind;

2. soweit es sich um das Verhalten eines mit Angelegenheiten des auswärtigen Dienstes befaßten Beamten handelt und dieses Verhalten nach einer amtlichen Erklärung des Reichskanzlers politischen oder internationalen Rücksichten entsprochen hat.

§ 6.

Unberührt bleiben die Vorschriften anderer Reichsgesetze, soweit sie für bestimmte Fälle die Haftung des Reichs über einen gewissen Umfang hinaus ausschließen.

§ 7.

Den Angehörigen eines ausländischen Staates steht ein Ersatzanspruch auf Grund dieses Gesetzes nur insoweit zu, als nach einer im Reichs-

Gesetzblatt enthaltenen Bekanntmachung des Reichskanzlers durch die Gesetzgebung des ausländischen Staates oder durch Staatsvertrag die Gegenseitigkeit verbürgt ist.

XI. Gesetz über die Abtretung von Beamtenbezügen zum Heimstättenbau.

Vom 30. Juni 1927 (RGBl. I S. 133).

§ 1.

Beamte, Geistliche und Berufssoldaten, und zwar alle auch nach Versetzung in den Ruhestand, sowie ihre Hinterbliebenen können bis zu zwei Drittel des Betrags, um den ihr Diensteinkommen, Ruhegehalt und ihre sonstigen laufenden Bezüge mit Ausnahme etwaiger Dienstaufwandsentschädigungen die Summe von insgesamt fünfzehnhundertsechzig Reichsmark für das Jahr übersteigen, zu einem der im § 2 genannten Zwecke abtreten. Hat der Empfänger der genannten Bezüge kraft Gesetzes Unterhalt zu gewähren, so ist bei Unterhaltspflicht gegenüber einer Person nur die Hälfte, bei Unterhaltspflicht gegenüber mehreren Personen nur ein Drittel des Mehrbetrages abtretbar.

Ist dem Abtretenden ein Darlehn gewährt worden (§ 2), so wird die Wirksamkeit der Abtretung durch eine Verringerung der Bezüge oder eine Änderung in der Zahl der Unterhaltsberechtigten nicht berührt.

§ 2.

Die Abtretung gemäß § 1 darf nur an ein von der Reichs- oder Landesregierung bestimmtes öffentlich-rechtliches Kreditinstitut oder gemeinnütziges Unternehmen erfolgen. Zuständig für die Bestimmung ist, soweit Beamte der Länder und der der Aufsicht der Länder unterstehenden öffentlich-rechtlichen Körperschaften in Frage kommen, die Landesregierung, im übrigen die Reichsregierung.

Die Abtretung bedarf des Einverständnisses einer vom Reichsarbeitsminister mit Zustimmung des Reichsrats bestimmten Stelle. Sie ist nur zulässig zur Beschaffung, Verzinsung oder Tilgung von Darlehen, die durch Hypotheken, Grund- oder Rentenschulden auf Wohnheimstätten im Sinne des Reichsheimstättengesetzes vom 10. Mai 1920 (RGBl. 962) oder anderweitig gegen spekulative Verwertung geschützten Wohnheimstätten gesichert sind oder gesichert werden sollen.

Einer Wohnheimstätte steht ein zu ihrer Errichtung bestimmtes Grundstück gleich sowie ein Erbbaurecht, das für mindestens 50 Jahre eingeräumt ist.

§ 3.

Dem Abtretenden muß das Recht vorbehalten werden, den Vertrag bis zur Gewährung des Darlehns zum Ablauf eines Kalendervierteljahres jahrs zu kündigen. Die Kündigungsfrist darf höchstens ein halbes Jahr betragen. Durch die Kündigung erhält der Beamte nicht das Recht, das bereits eingezahlte Kapital vor dem Ende der Sparperiode zurückzuverlangen.

§ 4.

Landesgesetzliche Vorschriften finden keine Anwendung, soweit sie einer Abtretung nach Maßgabe dieses Gesetzes entgegenstehen.

§ 5.

Der Reichsarbeitsminister wird ermächtigt, im Einvernehmen mit dem Reichsminister des Innern und mit Zustimmung des Reichsrats Vorschriften zur Durchführung des Gesetzes zu erlassen[1].

---

[1] V. vom 12. März 1928 (RGBl. I 61).

Sachverzeichnis.

(Die Zahlen bedeuten die Seiten des Buches.)

D.

E.

F.

G.

L.

O.

P.

R.

T.

U.

V.

Z.

Allgemeine Staatslehre. Von Dr. **Hans Kelsen,** Professor an der Universität Wien. („Enzyklopädie der Rechts- und Staatswissenschaft", Band 23). XVII, 433 Seiten. 1925. RM 21.—
Sonderausgabe in Halbfranz gebunden RM 26.—

Aus den Besprechungen:

„Für Freund und Gegner der Grundanschauungen des bedeutenden Wiener Staatsrechtslehrers ist diese Zusammenfassung seiner Lehren für das große Stoffgebiet, das er zur Allgemeinen Staatslehre rechnet, äußerst lehrreich und anregend, ja unentbehrlich. Es ist denn auch schon an Lob und Kritik im Schrifttum Reichliches geleistet worden. Ohne eine Abhandlung zu schreiben, kann man von dem reichen Inhalt des Werkes, den eigenartigen Stellungnahmen und der Art der Stoffbehandlung keine Anschauung vermitteln. Wir müssen uns daher bei der Knappheit unseres Raumes auf eine Übersicht über die Stoffgliederung beschränken ... „Annalen des Deutschen Reichs".

Allgemeine Staatslehre. Von Dr. **Georg Jellinek,** zuletzt Professor der Rechte an der Universität Heidelberg. Dritte Auflage, unter Verwertung des handschriftlichen Nachlasses durchgesehen und ergänzt von Dr. Walter Jellinek, Professor der Rechte an der Universität Kiel. Fünfter, um ein durchgesehenes Verzeichnis der Neuerscheinungen vermehrter, im Manulverfahren hergestellter Neudruck der Ausgabe von 1914. LI, 837 Seiten. 1929. RM 34.—; gebunden RM 36.40

Grundprobleme der Reichsverfassung. Von Dr. **Hans Nawiasky,** Professor an der Universität München. Erster Teil: Das Reich als Bundesstaat. XII, 200 Seiten. 1928.
RM 10.80; gebunden RM 12.80

Aus den Besprechungen:

„Der erste Teil des Werkes gibt dem Verfasser Gelegenheit, die grundlegendsten und gleichzeitig schwierigsten und heikelsten Probleme der deutschen Reichsverfassung in Untersuchung zu ziehen und zu den umstrittensten und aktuellsten Fragen des öffentlichen Lebens, insbesondere zu den neuerdings wieder besonders lebhaft gestellten Forderungen des Einheitsstaates Stellung zu nehmen. Er entledigt sich dieser Aufgabe in wahrhaft vorbildlicher Weise, nach streng wissenschaftlicher Methode. Der besondere Reiz der Darstellung darf wohl darin gefunden werden, daß Nawiasky die einzelnen Fragen nicht bloß nach der gegebenen Rechtslage in verfassungsrechtlicher Hinsicht untersucht, sie vielmehr im Anschluß daran auch vom verfassungspolitischen Standpunkt betrachtet.

... Auf diese Weise hält sich die Darstellung ebenso frei von der Gefahr eines allzu nüchternen juristischen Dogmatismus wie umgekehrt von uferloser politischer Weitschweifigkeit und bringt das Verfassungsleben des Deutschen Reiches in einem abgerundeten, allseitig beleuchteten Bilde zur anschaulichen Betrachtung ..." „Das Neue Reich".

GPSR Compliance

The European Union's (EU) General Product Safety Regulation (GPSR) is a set of rules that requires consumer products to be safe and our obligations to ensure this.

If you have any concerns about our products, you can contact us on ProductSafety@springernature.com

In case Publisher is established outside the EU, the EU authorized representative is:

Springer Nature Customer Service Center GmbH
Europaplatz 3
69115 Heidelberg, Germany

Batch number: 10844827

Printed by Printforce, the Netherlands